«Ein Hilfswerk, das gewaltige Ausmasse angenommen hatte»

Beiträge zur Geschichte und Kultur der Juden in der Schweiz
Band 20

Schriftenreihe des Schweizerischen Israelitischen Gemeindebunds

Barbara Häne

«Ein Hilfswerk, das gewaltige Ausmasse angenommen hatte»

Otto H. Heim und die jüdische Flüchtlingshilfe
in der Schweiz 1935–1955

CHRONOS

Die Druckvorstufe dieser Publikation wurde vom Schweizerischen Nationalfonds zur Förderung der wissenschaftlichen Forschung unterstützt.

Genehmigt von der Philosophisch-Historischen Fakultät der Universität Basel, auf Antrag von Prof. Dr. Erik Petry, Prof. Dr. Patrick Kury und Prof. Dr. Alfred Bodenheimer.

Der Schweizerische Israelitische Gemeindebund und die Autorin danken allen Sponsorinnen und Sponsoren, die mit ihrer freundlichen Unterstützung die Realisierung dieser Publikation ermöglicht haben:

Dr. Alfred und Ruth Bloch-Dym-Stiftung, Zürich
Dr. h.c. Emile Dreyfus Stiftung, Basel
Israelitische Cultusgemeinde Zürich ICZ, Zürich
Jakob und Werner Wyler Stiftung, Zürich
Madeleine und Albert Erlanger-Wyler-Stiftung, Zürich
Paul Grüninger Stiftung, St. Gallen
Stiftung Edith und Helmut Steiner, Goldach

Unser ganz besonderer Dank für die überaus grosszügige Unterstützung bei der Publikation dieses Buches geht an die
OTTO UND REGINE HEIM STIFTUNG

Schriftenreihe des Schweizerischen Israelitischen Gemeindebunds
Projektleiterin: Valérie Arato Salzer
Wissenschaftlicher Beirat: Prof. Dr. Stefanie Mahrer, Prof. Dr. Jacques Picard, Dr. Zsolt Balkanyi-Guery

Umschlaggestaltung: Thea Sautter, Zürich
Umschlagfotos: Otto H. Heim, um 1950–1960, AfZ, Nachlass Otto und Régine Heim / 14 und Sitzung der Geschäftsleitung des SIG, 22. Mai 1968, AfZ, Nachlass Georges Brunschvig/32.

© 2023 Chronos Verlag, Zürich
ISBN 978-3-0340-1715-2

Inhalt

Dank 9

1   *Vorbemerkungen* 13

2   *Forschungsgrundlagen* 17
2.1   Methoden 17
2.2   Stand der Forschung 23
2.3   Quellenlage 26
2.4   «Emigranten» und Flüchtlinge – Begriffsgeschichte 30

3   *Werdegang von Otto H. Heim* 33
3.1   Kindheit und Jugend 34
3.2   Etablierung im jüdischen Zürich
      und Kampf gegen Antisemitismus 40
3.2.1   Soziales Umfeld 40
3.2.2   Reaktionen des Schweizerischen Israelitischen Gemeindebunds
        (SIG) auf politische Entwicklungen in der Schweiz
        in den 1930er-Jahren 50
3.2.3   Der Bund Schweizer Juden
        und der Schweizerische Israelitische Gemeindebund 54
3.2.4   Die Berichterstattung von Otto H. Heim
        an das Lokalsekretariat des SIG 61
3.3   Presseerzeugnisse von Otto H. Heim in den 1930er-Jahren 67
3.3.1   «Der Jude liebt daher – wie jeder Mensch – seine Heimat,
        die Stätte seiner Kindheit und seiner Jugend»:
        Otto H. Heims Assimilationskonzept 67
3.3.2   «Zahlen und Tatsachen zur Überfremdungsfrage in der Schweiz» 79

4   *Die Israelitische Cultusgemeinde Zürich (ICZ)*
    als «Vorort des VSIA», 1933–1939 87
4.1   Der Vorstand der ICZ 87
4.2   Lokale Fürsorgekommission ICZ:
      Geschichte, Aufgaben und Aufbau 91
4.3   «Der VSIA benützt die Gelegenheit der Fertigstellung des Baues,
      um sich definitiv von der lokalen Fürsorge Zürich zu trennen» 94
4.3.1   Aufbau des VSIA in den 1930er-Jahren 94

4.3.2	Personelle Verflechtungen zwischen dem VSIA, der Fürsorgekommission der ICZ und den jüdischen Frauenvereinen der Schweiz bis 1940	107
4.4	Die jüdische Flüchtlingshilfe am Standort Zürich 1933–1939: Eine Zwischenbilanz	115
4.5	Beziehung der ICZ zum SIG in den 1930er-Jahren	118
5	*Schweizerische Flüchtlingspolitik während des Zweiten Weltkriegs und Beziehungen der Behörden zum Schweizer Judentum*	121
5.1	Schweizerische Flüchtlingspolitik 1933–1945	122
5.1.1	«Gentlemen's Agreement» und Grenzschliessung für jüdische Flüchtlinge im August 1938	122
5.1.2	Die Kennzeichnung jüdischer Pässe	126
5.1.3	Berichte über die Verfolgung von Jüdinnen und Juden	128
5.1.4	Die Schliessung der Grenze am 13. August 1942	131
5.2	Innerjüdische Spannungen während der Kriegsjahre	133
5.2.1	Forderung nach Homogenität des Schweizer Judentums	133
5.2.2	Auseinandersetzung zwischen dem Vorstand der ICZ und Rabbiner Zwi Taubes im Mai 1940	137
5.2.3	Neuausrichtung im SIG	147
6	*Jüdische Flüchtlingskinder unter der Obhut von jüdischen Schweizer Familien: Eine Spurensuche*	155
6.1	«Otto hat mich Charlottchen gerufen»: Die Fluchtgeschichte von Charlotte Siesel	155
6.2	«Zwei Welten»: Das Wiedersehen von Charlotte und Alice Siesel in Palästina 1946	182
6.3	Folgen der Trennung jüdischer Flüchtlingsfamilien in der Schweiz	190

7	Der VSIA/VSJF während des Zweiten Weltkriegs und in der unmittelbaren Nachkriegszeit (1939–1950)	213
7.1	«Die schöne grosse Arbeit der Betreuung von Flüchtlingen bedarf der Mitarbeit aller sozial gesinnten Glaubensgenossen!»: Der VSJF – Statuten, Aufbau, Aufgaben, Personal	213
7.1.1	Statuten	216
7.1.2	Aufbau	220
7.1.3	Aufgaben in der praktischen Betreuung von Flüchtlingen	224
7.1.4	Das Personal des VSIA/VSJF	235
7.2	Einrichtung von «Lagern» durch den VSIA 1938	254
7.3	«Unter dem Begriff ‹Seelsorge› ist in erster Linie die Aussprache von Mensch zu Mensch zu verstehen»: Otto H. Heim als Leiter der Abteilung für kulturelle Betreuung und Seelsorge, September 1943 bis September 1944	263
7.4	Die Schweizerische Zentralstelle für Flüchtlingshilfe (SZF) als Dachverband der Flüchtlingshilfe in der Schweiz	279
7.5	Politische Positionen des VSJF 1944/45	284
7.5.1	Die Haltung des VSJF in der Frage des Mitspracherechts der Flüchtlinge	284
7.5.2	Rückkehr jüdischer Flüchtlinge nach Deutschland	291
7.6	Das Kriegsende vor Augen: Praktische Aufgaben des VSJF 1944–1946	295
7.6.1	Die Emigrationsabteilung des VSJF	295
7.6.2	Jüdische Nachkriegshilfe	306
7.7	Die Zusammenarbeit des VSJF mit den Kinderhilfswerken SHEK und SRK, Kh	314
7.8	Die Zusammenarbeit des VSJF mit internationalen jüdischen Hilfsorganisationen	336
7.9	Sachverständigenkommission für Flüchtlingsfragen des schweizerischen Bundesrats: Otto H. Heim im Ausschuss IV	350
7.10	Interne Reorganisation des VSIA 1943/44	368
7.11	Die Leitung des VSIA/VSJF 1938–1953: Silvain S. Guggenheim, Pierre Bigar und Otto H. Heim: Kontinuitäten und Brüche	377

8	«*All the last 18 years Hitler has made me a social worker to help jews in need*»: Otto H. Heim als Präsident des VSJF (1945–1955)	391
8.1	Überblick über die thematischen Schwerpunkte der jüdischen Flüchtlingshilfe in der Nachkriegszeit	391
8.1.1	Rekurs- und Beschwerdekommissionen für Flüchtlinge	395
8.1.2	Sammlungen für die Flüchtlingshilfe	398
8.1.3	«Arbeitskolonien» für Flüchtlinge?	401
8.1.4	Innerjüdische Kritik am VSJF und Reformen des Flüchtlings- und Fürsorgewesens	407
8.1.5	Folgen der Finanzmisere des VSJF für die Flüchtlinge	412
8.1.6	Der VSJF ab 1944 – ein Ressort des SIG?	415
8.1.7	Wiedergutmachungsansprüche	416
8.2	Finanzielle Probleme des VSJF in der Nachkriegszeit	426
8.2.1	«Die seinerzeitigen Abmachungen zwischen Herrn Dr. Rothmund und Herrn Saly Mayer konnten nicht für dauernd gedacht sein»: Beziehungen des VSJF zu Bund und Kantonen	426
8.2.2	«Der reiche Onkel aus Amerika»: Beziehungen des VSJF zum Joint	434
8.2.3	Nachkriegshilfe: Das Koordinationskomitee für Tbc-Aktionen	444
8.3	Aufbruch in der schweizerischen Flüchtlingspolitik? Das Dauerasyl ab 1947	454
8.4	Neue Herausforderungen für den VSJF in den 1950er-Jahren	475
8.4.1	«In allererster Linie ein ethisches Postulat»: Zur Reorganisation des VSJF 1953	475
8.4.2	Flüchtlinge aus Ungarn und Ägypten 1956	483
8.4.3	Aufarbeitung der Flüchtlingspolitik: Der Ludwig-Bericht	491
9	*Zusammenfassung und Schlussbetrachtungen*	501
9.1	Entwicklungen in der jüdischen Flüchtlingshilfe 1933–1955	501
9.2	Zum Leben und Wirken von Otto H. Heim	507

Abbildungsnachweis 515
Abkürzungen 516
Quellen und Literatur 519
Personenregister 539

*Die Mitarbeitenden der jüdischen Flüchtlingshilfe, 1933–1960
(nur digitale Ausgabe)*

Dank

Zunächst bedanke ich mich herzlich beim Erstbetreuer meiner Dissertation, Prof. Dr. Erik Petry vom Zentrum für Jüdische Studien (ZJS) der Universität Basel, der mir während des gesamten Forschungs- und Schreibprozesses mit guten Ratschlägen zur Seite stand und für die Besprechung von kleineren und grösseren Problemen stets Zeit gefunden hat. Mein Dank geht auch an Prof. Dr. Patrick Kury. Er hat mir als Zweitbetreuer wertvolle Hinweise und Lesetipps gegeben und dafür gesorgt, dass ich einen Vortrag an einem Forschungskolloquium der Universität Luzern halten konnte. Ebenfalls bedanken möchte ich mich bei Prof. Dr. Alfred Bodenheimer, der mir als Drittbetreuer dieser Forschungsarbeit zahlreiche Anregungen gab.

Ein grosser Dank geht an die Zeitzeuginnen und Zeitzeugen, die ihre Erinnerungen an Otto H. Heim mit mir geteilt haben und bereit waren, offen über ihre eigenen Erfahrungen während des Zweiten Weltkrigs zu berichten. Ich danke Amira Gezow, die Ende 2020 verstorben ist und der es ein grosses Anliegen war, das Andenken an Otto H. Heim zu bewahren. Auch ihrer Tochter Ayelet Gezow, die mir Bilder von ihrer Mutter und Otto H. Heim zukommen liess und geduldig meine Fragen beantwortete, gilt mein Dank, ebenso der ganzen Familie Gezow. Weiter bedanke ich mich bei Alice Alexander, Amira Gezows Schwester, die ebenfalls eine enge Bindung zu Otto H. Heim hatte und bereit war, mit mir ein Gespräch zu führen. Ich danke André Blum, Fred Guggenheim, Marc Heim, Walter Heim und Walter Strauss für die wertvollen Einblicke in das Leben und Wirken von Otto H. Heim. Ein weiterer Dank geht an Raffael Wieler, der mir unbürokratisch die Publikation eines Bildes seines Verwandten Richard Liebermann erlaubt hat. Bei Madeleine Erlanger möchte ich mich sowohl für ihre Bereitschaft bedanken, meine Fragen zu Personen im Umfeld von Otto H. Heim zu beantworten, als auch für die Vermittlung zahlreicher weiterer Kontakte zu Zeitzeuginnen. Ich bedanke mich herzlich bei S. B. und Margaret Schwartz, die mir auch von ihren schwierigen Erinnerungen an die Geschichten ihrer Flucht in die Schweiz erzählt haben. Mit vielen Zeitzeuginnen und Zeitzeugen haben sich persönliche Beziehungen entwickelt, die über das vorliegende Forschungsprojekt hinausgehen. Ihnen möchte ich danken für die Gastfreundschaft, die Offenheit in der Beantwortung meiner vielen Fragen und für alle weiteren Hilfestellungen beim Verfassen dieses Buches.

Ein grosses Dankeschön geht auch an die im Archiv für Zeitgeschichte (AfZ) der ETH Zürich Mitarbeitenden, die mich bei meinen Recherchen unterstützt und trotz der widrigen Umstände durch die Corona-Pandemie einen hervorragenden Service angeboten haben. Stellvertretend für das ganze

Team möchte ich mich an dieser Stelle bei Rosina Berger und Martina Stähli bedanken. Ein spezieller Dank geht an Dr. Sabina Bossert, die mir stets fachlich und freundschaftlich zur Seite stand und die sich bereit erklärt hat, das Schlusslektorat der vorliegenden umfangreichen Forschungsarbeit zu übernehmen. Noam Rachmilevitch vom Ghetto Fighters House Archive in Israel nahm sich die Zeit, mich zu beraten, und hat bei der Digitalisierung einiger Bilder aus privaten Fotoalben von Amira Gezow geholfen – besten Dank für diese Hilfestellungen. Ebenfalls danke ich den zahlreichen weiteren Archivarinnen und Archivaren, die ich nicht alle namentlich erwähnen kann. Ich danke den Mitarbeiterinnen und Mitarbeitern des Schweizerischen Bundesarchivs in Bern, des Archivs der OSE in Paris und der Staatsarchive Basel-Stadt, Bern und Zürich.

Verschiedene Fachkolleginnen und Fachkollegen haben geholfen, diese Dissertation Korrektur zu lesen. Für die wertvollen Hinweise und Anregungen bedanke ich mich bei Moritz Bauerfeind, Catrina Langenegger, Judith Müller, Tabea Richardson und Sharon Rom. Herzlichen Dank auch für die anregenden fachlichen Diskussionen, die oft für eine Erweiterung meiner Perspektive gesorgt haben.

Weiter gilt mein Dank Gerda Debrunner, die mir als Hilfswissenschaftlerin wichtige und zeitaufwendige Arbeiten abgenommen hat.

Ohne die finanzielle Unterstützung verschiedener Stiftungen wäre dieses Forschungsprojekt nicht möglich gewesen. In erster Linie möchte ich mich bei der Otto und Régine Heim-Stiftung bedanken, die diese Dissertation angeregt und während dreieinhalb Jahren grosszügig unterstützt hat. Insbesondere bedanke ich mich bei der Stiftungsratspräsidentin Suzy Mortby-Heim. Einen Teil der Finanzierung übernahm die Sulger Stiftung Basel, der ich ebenfalls zu grossem Dank verpflichtet bin. Bedanken möchte ich mich auch bei der Freiwilligen Akademischen Gesellschaft Basel, die einen Teil der Abschlussfinanzierung übernommen hat, und bei den Verantwortlichen des Programms «get on track» der Universität Basel, die während sechs Monaten die Stelle einer Hilfswissenschaftlerin für mein Projekt finanziert haben.

Sehr herzlich bedanken möchte ich mich beim Schweizerischen Israelitischen Gemeindebund für die Publikation dieses Buches, insbesondere bei Valérie Arato Salzer, Leiterin Kultur, sowie bei Prof. Dr. Stefanie Mahrer für die wissenschaftliche Beratung. Für die ideologische Unterstützung und die Einsicht in die Archivbestände danke ich dem Verband Schweizerischer Jüdischer Fürsorgen (VSJF) und dessen Präsidentin Gabrielle Rosenstein. Ich bedanke mich bei Hans-Rudolf Wiedmer und seinem Team beim Chronos Verlag für die Beratung, das sorgfältige Lektorat und die Produktion des Buches.

Zuletzt ein grosses Dankeschön an meine Familie. Mein Lebenspartner Fabian Iberg hat mir den Rücken freigehalten und unsere gemeinsame Tochter betreut. Mein Vater Martin Häne und meine Schwester Milena Häne haben Teile dieser Dissertation gelesen und mir wertvolle Anregungen und Tipps gegeben – herzlichen Dank für die grosse Hilfe.

1 Vorbemerkungen

> «Die *seelsorgerische* Fürsorge will in den Lagerinsassen jene seelischen Kräfte stärken, die sie befähigen, ihr Flüchtlingsschicksal zu ertragen, nach dem Kriege selbst eine neue Existenz aufzubauen und an der Lösung der Aufgaben, vor die die Welt sich dann gestellt sehen wird, mitzuwirken. Dieses Ziel suchen wir in erster Linie durch die unmittelbare Aussprache von Mensch zu Mensch zu erreichen [...].»[1]

Das vorliegende Buch orientiert sich an der Lebensgeschichte von Otto H. Heim und beschreibt die Reaktionen der schweizerisch-jüdischen Flüchtlingshilfe auf die Folgen der nationalsozialistischen Vertreibungs- und Vernichtungspolitik. Otto H. Heim war ab Mitte der 1930er-Jahre im jüdischen Sozialwesen engagiert. Im Zentrum der Betrachtung stehen einige Stationen aus seinem Leben und Wirken in den Jahren 1933–1955. Der zeitliche Rahmen beginnt mit der Machtergreifung der Nationalsozialisten in Deutschland 1933 und endet mit der Darstellung der Reorganisation des Verbands Schweizerischer Jüdischer Flüchtlingshilfen/Fürsorgen (VSJF) in der Nachkriegszeit. Um Kontinuitäten im Umgang mit jüdischen Flüchtlingen in der Schweiz zu demonstrieren, geht ein einzelnes Unterkapitel exemplarisch auf die Geschichte des VSJF in den Jahren 1956 und 1957 ein.

Der Verband Schweizerischer Jüdischer Armenpflegen (VSIA) wurde 1908 als Dachorganisation der Armenpflegen der einzelnen jüdischen Gemeinden gegründet und sollte vor allem armengenössige und kranke jüdische Menschen unterstützen, die nicht Mitglied einer jüdischen Gemeinde in der Schweiz waren. Ein weiteres Aufgabenfeld war die Koordination der Unterstützungsleistungen, die durchreisende, vor allem osteuropäisch-jüdische Emigrantinnen und Emigranten erhielten.[2] 1935 wurde dem VSIA vom Schweizerischen Israelitischen Gemeindebund (SIG) der Auftrag erteilt, das jüdische Flüchtlingswesen in der Schweiz zu koordinieren.[3] Der Zentralstelle des VSIA in Zürich angeschlossen waren Flüchtlingskomitees in verschiedenen grossen Ortschaften in der Schweiz.

---

[1] Otto H. Heim: Kulturelle Betreuung und Seelsorge in der Flüchtlingshilfe, o. O., o. D. (etwa Herbst 1943), S. 1, AfZ, IB VSJF-Archiv / 386 (Hervorhebung im Original).
[2] Vgl. Gerson/Hoerschelmann, Der Verband Schweizerischer Jüdischer Fürsorgen/Flüchtlingshilfen (VSJF), 2004, S. 56 f.
[3] Der Schweizerische Israelitische Gemeindebund (SIG) war 1904 als Dachorganisation der jüdischen Gemeinden in der Schweiz gegründet worden. Vgl. Mächler, Hilfe und Ohnmacht, 2005, S. 41.

Die soziale Arbeit, die Otto H. Heim leistete, war durch seine Mitgliedschaft in der Israelitischen Cultusgemeinde Zürich (ICZ) in den 1930er-Jahren zunächst lokal auf Zürich beschränkt. Heim war als Vorstandsmitglied der ICZ ab 1936 Vizepräsident der Fürsorgekommission der ICZ, ab 1940 präsidierte er die Jüdische Flüchtlingshilfe Zürich, ein Komitee des VSIA. Durch seine Arbeit in der Reorganisation des VSIA übernahm Heim 1943 eine wichtige Rolle in der Flüchtlingshilfe der Zentralstelle des Verbands. Mit der Neukonstituierung des VSIA ging seine Umbenennung in Verband Schweizerischer Jüdischer Flüchtlingshilfen/Fürsorgen (VSJF) einher. Nach Kriegsende wurde Otto H. Heim Präsident des VSJF. Die ersten Jahre seiner Präsidentschaft (1945–1955) standen dabei, beeinflusst durch das Ende des Zweiten Weltkriegs, im Zeichen des Abbaus der jüdischen Flüchtlingshilfe.

Die Forschungsfragen, die diese Arbeit untersucht, folgen den verschiedenen Stationen von Otto H. Heim in der Flüchtlingshilfe. Methodisch dem mikrohistorischen Ansatz folgend (vgl. Kapitel 2.1) wird die jüdische Flüchtlingshilfe in der Schweiz[4] aus der Perspektive einer Einzelperson geschildert. Ergänzt durch die lebensweltliche Methode bietet die Arbeit einen Einblick in den Mikrokosmos der jüdischen Flüchtlingshilfe am Standort Zürich.

Folgende Fragestellungen sollen dazu dienen, Aufbau und Entwicklung des jüdischen Flüchtlingshilfswerks aus der Perspektive Otto H. Heims zu beleuchten: Welche Beweggründe führten dazu, dass Heim sich der sozialen Arbeit in der jüdischen Gemeinde zuwandte? Welche Personen und welche politischen Entwicklungen waren für die jüdische Flüchtlingshilfe von Bedeutung? Wie war der VSIA/VSJF aufgebaut und welche Rolle nahm Otto H. Heim darin ein? Welche Beziehungen pflegte Heim zu den im VSJF Mitarbeitenden? Welches waren die Kernaufgaben der jüdischen Flüchtlingshilfe in der Schweiz? Welche Schritte zur Professionalisierung des jüdischen Flüchtlingswesens wurden unternommen und welchen Anteil hatte Otto H. Heim daran? Wie änderten sich Aufbau und Aufgabenfeld des VSIA/VSJF während des Krieges und in der unmittelbaren Nachkriegszeit?

Die vorliegende Forschungsarbeit, die 2021 als Dissertation an der Unversität Basel eingereicht wurde, untersucht schwerpunktmässig drei Phasen der jüdischen Flüchtlingshilfe in der Schweiz: eine Phase des Aufbaus (Zeitraum 1935–1942, Kapitel 4–6), eine Phase des Umbruchs (Zeitraum 1943–1945, Kapitel 7) und eine Phase des Abbaus (Zeitraum 1945–1955, Kapitel 8). Otto H. Heims Arbeit in der Flüchtlingshilfe steht in der Analyse dieser Zeitab-

---

4 Wenn im vorliegenden Buch von «jüdischer Flüchtlingshilfe» die Rede ist, können sowohl die Zentralstelle des VSIA/VSJF in Zürich als auch die Komitees des Verbands gemeint sein, also die schweizerisch-jüdische Flüchtlingshilfe in ihrer Gesamtheit. Die einzelnen Komitees des VSIA/VSJF, die sich ebenfalls als «Jüdische Flüchtlingshilfen» bezeichneten, werden durch Grossschreibung im Eigennamen gekennzeichnet. Der Begriff «Jüdische Flüchtlingshilfe Zürich» bezeichnet dementsprechend das Komitee des Verbands in Zürich.

schnitte im Zentrum. Nach einer Darlegung der Forschungsgrundlagen, auf denen die Arbeit aufbaut in Kapitel 2, wird in Kapitel 3 die Biografie Heims bis 1935 dargelegt, wobei der Schwerpunkt auf seine Tätigkeiten unmittelbar vor der Aufnahme seiner Arbeit für die ICZ in den 1930er-Jahren gelegt wird. Kapitel 4 untersucht die Zeit zwischen 1935 und 1939, in der Otto H. Heim zunächst auf Gemeindeebene für die jüdische Flüchtlingshilfe aktiv wurde. Im Zentrum der Betrachtung steht dabei das Verhältnis der Fürsorgekommission der ICZ zum VSIA. Der VSIA war das Flüchtlingshilfswerk des SIG und wurde vom Gemeindebund finanziert. Die schweizerische Flüchtlingspolitik und ihre Auswirkungen auf die Politik des SIG ab 1938 sind bereits gut erforscht und werden daher in Kapitel 5 summarisch dargelegt. Im Sinne eines Exkurses untersucht das sechste Kapitel, unter Rückgriff auf die Geschichte von Charlotte Siesel, die als Flüchtlingskind von 1943 bis 1944 bei Otto und seiner Frau Régine Heim untergebracht war, die Situation jüdischer Flüchtlingskinder, die von jüdischen Familien in der Schweiz beherbergt wurden. Der Hauptteil der Arbeit besteht aus den Kapiteln 7 und 8. In Kapitel 7 sollen die inneren Strukturen des VSIA beschrieben werden. Otto H. Heim war an der Reorganisation des VSJF ab 1943 wesentlich beteiligt. Spezifisch untersucht werden die im September 1943 neu gegründete Abteilung für kulturelle Betreuung und Seelsorge des VSJF, deren Leitung Heim übernahm, sowie die Emigrationsabteilung, als deren Leiter er ein Jahr später fungierte. Ebenfalls Gegenstand der Untersuchung sind die Zusammenarbeit des VSJF mit nationalen und internationalen Hilfswerken sowie den Schweizer Behörden. Während Kapitel 7 den Zeitraum 1943–1945 ins Zentrum stellt, werden in Kapitel 8 einige Tätigkeiten des VSJF unter Otto H. Heim ab 1945 untersucht. Mit der Beschreibung von Heims Rolle in der ersten geschichtlichen Aufarbeitung der schweizerischen Flüchtlingspolitik im Zusammenhang mit dem Ludwig-Bericht und einem Ausblick auf die neuen Aufgaben des VSJF nach seiner Reorganisation 1955 enden meine Ausführungen.

2 Forschungsgrundlagen

2.1 Methoden

Da meine Darstellung der jüdischen Flüchtlingshilfe in der Schweiz dem mikrohistorischen Ansatz folgt, orientiert sie sich an der Biografie von Otto H. Heim und bezieht insbesondere persönliche Beziehungen zwischen den Verantwortlichen des VSIA/VSJF mit ein. Zu diesem Zweck werden einerseits persönliche Unterlagen aus Nachlässen konsultiert, andererseits Ergebnisse aus Interviews mit Bekannten von Heim und von Personen aus dem engsten Kreis des VSIA/VSJF unter dem Gesichtspunkt der Oral History eingehend analysiert.

Die mikrogeschichtliche Methode fokussiert auf die Untersuchung von «kleine[n] räumliche[n] und soziale[n] Einheiten».[1] Sie wurde in den 1970er-Jahren durch italienische Historikerinnen und Historiker in der Geschichtswissenschaft verankert mit dem Ziel, das Individuum und seinen sozialen Hintergrund zu analysieren, um daraus Rückschlüsse auf grössere geschichtliche Ereignisse ziehen zu können.[2] Individuen werden durch diesen geschichtswissenschaftlichen Zugang nicht als Werkzeuge geschichtlicher Vorgänge, sondern als eigenständig handelnde Subjekte verstanden.[3] Die Mikrogeschichte beleuchtet dabei auch scheinbar unbedeutende Ereignisse und Phänomene, die für das Leben eines Einzelnen aber von grosser Wichtigkeit sein können.[4] Bis heute gilt das Werk von Carlo Ginzburg «Der Käse und die Würmer. Die Welt eines Müllers um 1600»,[5] das 1976 zum ersten Mal erschien, als wegweisend für die Einführung der Mikrogeschichte in die Geschichtswissenschaft.[6]

Durch die mikrohistorische Herangehensweise werden Prozesse innerhalb des VSIA aus einer individuellen Perspektive – in diesem Fall derjenigen von Otto H. Heim – beleuchtet, was neue Erkenntnisse in Bezug auf die Darstellung des Hilfswerks liefert. Dabei wird vor allem dem Umstand Rechnung getragen, dass der Standort Zürich einen wesentlichen Einfluss auf die Konstituierung des VSIA hatte, weil einerseits die Vertreter der dort etablierten

---

1 Hiebl/Langthaler, Im Kleinen das Grosse suchen, 2012, S. 7.
2 Vgl. Magnússon/Szijártó, What is Microhistory, 2013, S. 16. Die Frage, ob Mikrogeschichte den Anspruch erfüllen muss, Metanarrative zu vermitteln, wird von Sigurður Gylfi Magnússon allerdings infrage gestellt. Er sieht die Stärke der Mikrogeschichte im Bruch mit den Traditionen der Sozialgeschichte. Vgl. ebd., S. 10.
3 Vgl. ebd., S. 5.
4 Vgl. Magnússon, The life is never over, 2017, S. 44.
5 Vgl. Ginzburg, Der Käse und die Würmer, 1979. Das Original erschien auf Italienisch: Carlo Ginzburg: Il formaggio e i vermi. Il cosmo di un mugnaio del' 500, Torino 1976.
6 Vgl. Magnússon/Szijártó, What is Microhistory, 2013, S. 1.

jüdischen Institutionen und die karitativ tätigen Personen oft in den oberen Gremien in mehreren (jüdischen) Organisationen vertreten waren, anderseits aufgrund der Tatsache, dass sich die Stadt Zürich im Untersuchungszeitraum wie bereits im Ersten Weltkrieg mit einer besonders hohen Zahl von jüdischen Flüchtlingen konfrontiert sah.[7] Gleichzeitig befasst sich das vorliegende Buch mit der Person Otto H. Heim, seinen spezifischen Charaktereigenschaften und seinen Stärken und Schwächen, und legt dar, wie persönliche Ambitionen, soziale Hintergründe und politische Positionierungen von Einzelpersonen einen Einfluss auf Entwicklungen im VSJF hatten. Die mikrogeschichtliche Herangehensweise beruht dabei auf einer intensiven Auseinandersetzung mit dem vorhandenen Quellenmaterial.[8] Besonders Texte, die aus der Feder von Heim stammen, werden eingehend untersucht.

Der lebensweltliche Ansatz geht vor allem auf Edmund Husserl zurück, der die philosophische Phänomenologie begründete und für ein wissenschaftliches Arbeiten jenseits des Objektivitätsanspruchs eintrat.[9] Über die Disziplinen der Soziologie und Pädagogik wurde das Konzept der Lebenswelt von der Geschichtswissenschaft übernommen.[10] Der lebensweltliche Ansatz stellt das Individuum und seine Beziehungen zur Umwelt ins Zentrum der Betrachtung und löst damit den Gegensatz Individuum und System auf; individuelle Lebenswelt und gesellschaftliche Struktur werden in ihrer Interdependenz untersucht.[11] Gesellschaftliche Vorgänge lassen sich durch dieses Konzept verständlich darstellen, denn anhand der Perspektive eines Einzelnen kann auch sein soziales Netzwerk anschaulich erklärt werden. Ein wesentlicher Bestandteil der lebensweltlichen Analyse eines Individuums beruht auf dessen Erinnerungen und Aufzeichnungen in Selbstzeugnissen. Erinnerung, wie sie für das Konzept der Lebenswelt von Bedeutung ist, konstituiert sich aus der eigenen Verarbeitung des Erlebten und der «Verarbeitung der Erfahrungen anderer».[12]

Sowohl Kritikerinnen und Kritiker der Theorie der Mikrogeschichte als auch die der Theorie der Lebenswelt bemängelten das Vorgehen, aus persönlichen Erfahrungen geschichtliche Folgerungen abzuleiten. Hinterfragt wurde in diesem Zusammenhang die Annahme, dass individuelle Lebenserfahrungen Rückschlüsse auf grössere soziale Einheiten zulassen.[13] Der isländische Historiker Sigurður Gylfi Magnússon plädiert dafür, den Wert des mikro-

---

7 Vgl. Petry, Wir sind liberal, 2012, S. 83.
8 Vgl. Magnússon, The life is never over, 2017, S. 44.
9 Zum Begriff der Lebenswelt bei Edmund Husserl vgl. Ströker, Lebenswelt und Wissenschaft in der Philosophie Edmund Husserls, 1979.
10 Für eine Grundlagentheorie zur Struktur der Lebenswelt in der Soziologie vgl. Schütz/Luckmann, Strukturen der Lebenswelt, 2017.
11 Vgl. Haumann, Lebensgeschichtlich orientierte Geschichtsschreibung in den Jüdischen Studien, 2003, S. 110.
12 Haumann, Geschichte, Lebenswelt, Sinn, 2006, S. 49 f.
13 Vgl. Magnússon/Szijártó, What is Microhistory, 2013, S. 35 f.

geschichtlichen Ansatzes darin zu sehen, dass die Individualität, in der Geschichte erlebt wird, dargestellt wird. Mit diesem Konzept, als «singularization of history» bezeichnet, wird der grössere geschichtliche Kontext als sekundär betrachtet und der individuellen Erfahrung mehr Bedeutung beigemessen.[14] Diesem Verständnis von Mikrogeschichte folgend, soll in dieser Forschungsarbeit die Person von Otto H. Heim im Fokus stehen. Durch die Beschreibung der Lebenswelt des Protagonisten wird die Trennung zwischen Mikro- und Makrogeschichte wieder aufgelöst.[15]

Diese Arbeit orientiert sich an einem lebensweltlichen Ansatz. Ausgehend von der Lebensgeschichte von Otto H. Heim, also einer mikrogeschichtlichen Perspektive, werden ausgewählte Vorgänge innerhalb des jüdischen Flüchtlingswesens untersucht und in einen grösseren sozialen und politischen Kontext gestellt. Die Mikrogeschichte wird mit dem lebensweltlichen Ansatz verwoben. Heim steht dabei als eigenständiges Individuum im Zentrum, wobei sein soziales Umfeld ebenfalls analysiert wird. Dieses Vorgehen erlaubt es, Einblicke in Ereignisse zu erhalten, die die jüdische Flüchtlingshilfe geprägt haben. Im Besonderen soll auf die ähnlichen sozialen Hintergründe und die persönlichen Beziehungen der wichtigsten Akteure im VSIA/VSJF hingewiesen werden. Diese Personen haben das jüdische Flüchtlingswesen entscheidend beeinflusst.

Oral History ist eine Methode, die dazu dient, mündlich überliefertes Quellenmaterial der Geschichtswissenschaft zugänglich zu machen.[16] Historikerinnen und Historiker sind direkt am Entstehungsprozess ihres Quellenmaterials beteiligt und analysieren es zugleich.[17] Dieser Ansatz kommt häufig im Zusammenhang mit den beiden oben geschilderten methodischen Zugängen zum Einsatz, da individuelle Geschichten durch Oral History unmittelbar greifbar werden. Verbunden damit ist die Forderung nach einer demokratischen Geschichtsschreibung («Geschichte von unten»), bei der auch sogenannte kleine Leute zu Wort kommen.[18] Mündliche Quellen, zum Beispiel Interviews mit Zeitzeuginnen und Zeitzeugen, werden dafür nach klar definierten Bedingungen analysiert und ausgewertet.[19]

Für das vorliegende Buch sind Interviews mit Zeitzeuginnen und Zeitzeugen aus dem engen und weiteren Bekanntenkreis von Otto H. Heim von

---

14 Vgl. Magnússon, The life is never over, 2017, S. 48 f.
15 Der Unterschied zwischen Makro- und Mikrogeschichte löst sich im Konzept der Lebenswelt durch die Verknüpfung von Individuum und System auf. Vgl. Haumann, Geschichte, Lebenswelt, Sinn, 2006, S. 48 f.
16 Vgl. Abrams, Oral History Theory, 2010, S. 2. Vgl. dazu auch Haefeli-Waser, Oral History, e-HLS.
17 Vgl. Summerfield, Histories of the Self, 2019, S. 107.
18 Vgl. Petry, Gedächtnis und Erinnerung, 2014, S. 90.
19 Zur Frage des Settings vgl. zum Beispiel Petry, Teilnehmende Beobachtung oder Oral History, 2006, S. 145.

Bedeutung, da sie die Fassbarkeit einzelner Ereignisse erhöhen und das unmittelbare Erleben von Individuen ins Zentrum stellen. Dabei gilt es zu beachten, dass sowohl der Prozess der Aufnahme des Interviews wie auch die nachfolgende Transkription die Gesprächssituation nicht eins zu eins wiedergeben können, da wichtige Informationen wie nonverbale Kommunikationsformen (Mimik, Gestik) mehrheitlich wegfallen.[20] Zeitzeuginnen und Zeitzeugen, die für die vorliegende Untersuchung befragt wurden, waren 2020 mehrheitlich zwischen 82 und 95 Jahre alt (Jahrgänge 1922–1938). Ihre ersten Erinnerungen an einen Mann in mittleren Jahren, der durch seine unkomplizierte Art sehr nahbar wirkte und aufgrund seines grossen sozialen Engagements von vielen bewundert wurde – so geht es jedenfalls aus ihren Beschreibungen hervor –, gehen auf ihre Kinder- und Jugendjahre zurück.

Im Zusammenhang mit Oral History wird auch der Frage nach Erinnerung und Gedächtnis Bedeutung beigemessen.[21] Historikerinnen und Historiker streben mit der Befragung von Zeitzeuginnen und Zeitzeugen die Klärung folgender vier Punkte an: wie sich Ereignisse in der Vergangenheit abgespielt haben, wie sich die Gesprächspartnerinnen und Gesprächspartner dabei gefühlt haben, wie sie sich daran erinnern und in welchem grösseren Kontext sie das Erlebte verorten.[22]

Für die Einordnung der Erinnerungen von Zeitzeuginnen und Zeitzeugen und somit für die autobiografische Erzählung, sind die Erkenntnisse aus der Gedächtnisforschung relevant.[23] Das Gedächtnis bezeichnet dabei den Ort, «an dem Wissen aufbewahrt wird».[24] Die Erinnerung selbst ist also der Prozess, mittels dessen im Gehirn gespeichertes Wissen abgerufen werden kann.[25] Aus naturwissenschaftlicher Sicht wird in Bezug auf die Erinnerung zwischen implizitem und explizitem Gedächtnis unterschieden. Das implizite Gedächtnis beinhaltet Formen des Körpergedächtnisses und reagiert auf gewisse Reize.[26] So kann beispielsweise ein Geruch eine bestimmte Erinnerung hervorrufen.[27] Für Oral-History-Interviews ist vor allem das explizite Gedächtnis von Bedeutung, das das bewusste Erinnern beinhaltet. Dieses besteht

---

20 Vgl. Abrams, Oral History Theory, 2010, S. 145.
21 Vgl. ebd., S. 78–83. Abrams beschreibt die fünf von Daniel L. Schacter definierten Gedächtnisarten aus der Neurobiologie und widmet sich anschliessend dem autobiografischen Gedächtnis und dem Verhältnis zwischen individuellem und kollektivem Gedächtnis.
22 Vgl. ebd., S. 78.
23 Vgl. Petry, Gedächtnis und Erinnerung, 2014, S. 141.
24 Ebd., S. 149.
25 Vgl. ebd.
26 Vgl. ebd., S. 152 f.
27 Formen von Reizen, die bestimmte Erinnerungen hervorrufen, werden in der psychologischen Traumatherapie als «Trigger» bezeichnet. Vgl. o. A., Traumatherapie, o. D. Bereits schwache Reize können dabei gespeicherte traumatische Erfahrungen als «unmittelbares, filmartiges Wiedererleben (Flashback)» reaktivieren. Vgl. Hüllemann, Einführung in die Traumatherapie, 2019, S. 39.

wiederum aus zwei Teilbereichen, dem semantischen und dem episodischen Gedächtnis.[28] Das semantische Gedächtnis umfasst sogenanntes Faktenwissen und bedarf keiner Selbstreflexion, während das episodische Gedächtnis auch das Wissen um das eigene Dasein umfasst. Es ist eine Form des Erinnerns an verschiedene Begebenheiten, die das sich erinnernde Individuum zu einem autobiografischen Narrativ zusammenfügt.[29] Ob eine Erinnerung im episodischen Gedächtnis gespeichert wird, hängt von der eigenen Bewertung des Ereignisses ab. Als wichtig und erinnernswert werden Begebenheiten eingestuft, die ein hohes Mass an Emotionen hervorgerufen haben. Da Emotionen per se individuell gewertet werden, ist auch das episodische Gedächtnis eines Menschen einzigartig.[30] Weil die Erinnerung nicht das «unmittelbar[…] Erlebte»[31] wiedergibt, sondern im Prozess des Erinnerns bereits bis zu einem gewissen Grad verarbeitet und bewertet wird, können zwei verschiedene Personen das gleiche Ereignis unterschiedlich erinnern und erzählen. Einflüsse von aussen wiederum, wie zum Beispiel die Erzählung einer anderen Person über dieselbe Begebenheit, beeinflussen und modifizieren die eigene Erinnerung.[32] Die Interviews, die für dieses Buch von Bedeutung sind, sollen diesen Aspekten insofern Rechnung tragen, als im Hinblick auf die Darstellung der Geschichte der Familie Siesel, in der besonders Charlotte Siesel im Zentrum steht (die als Flüchtlingskind von Otto H. Heim betreut wurde), auch auf die Erinnerung von Alice Alexander (geborene Siesel, der Schwester von Charlotte) zurückgegriffen wird. Sowohl diese beiden Zeitzeuginnen als auch weitere Bekannte von Heim beschrieben nicht nur ihre eigene Geschichte, sondern auch ihre Erinnerungen an Otto H. Heim.

Bei der Erinnerung an eine Drittperson handelt es sich um Transferwahrnehmungen. Die befragten Personen beschreiben dabei, was in ihren Augen für die Drittperson (in diesem Fall Otto H. Heim) charakteristisch war und wie sie die Person erlebt haben. Transferwahrnehmungen müssen als sekundäre Quellen verstanden werden und können nur indirekt Auskunft über die Wahrnehmung von Otto H. Heim geben.[33] Die Resultate aus Interviews mit Drittpersonen bieten aber wertvolle Einblicke in das private Umfeld von Heim und können im Zusammenhang mit anderen Quellengattungen (zum Beispiel Briefen, Artikeln und weiteren persönlichen Unterlagen aus Otto H. Heims Nachlass, Voten des Protagonisten aus Sitzungsprotokollen aus den Beständen des SIG und VSJF) wichtige Ereignisse im jüdischen Flüchtlingswesen aus einer individuellen Perspektive in einen grösseren geschichtlichen Kontext stellen.

---

28 Vgl. Petry, Gedächtnis und Erinnerung, 2014, S. 153.
29 Vgl. ebd., S. 153 f.
30 Vgl. ebd., S. 155–158.
31 Haumann, Geschichte, Lebenswelt, Sinn, 2006, S. 42.
32 Vgl. ebd.
33 Vgl. Petry, Teilnehmende Beobachtung, 2006, S. 151.

Ein wichtiger Aspekt im Zusammenhang mit besonders eindrücklichen Erinnerungen, die vor allem in den Fluchtgeschichten der Zeitzeuginnen eine Rolle spielten, ist die «Blitzlichterinnerung» (engl. «flashbulb memory»). Hierbei handelt es sich um eine besonders umfassende Erinnerung, bei der oft viele Details erinnert werden und die mit starken Emotionen verbunden ist. Ebenfalls von Bedeutung sind Veränderungen von Erinnerungen, die durch das wiederholte Erzählen eines besonders bedeutsam scheinenden Ereignisses erzeugt werden. Durch den Prozess des Abrufens verfestigt sich ein Narrativ – die ursprüngliche Erinnerung erfährt dadurch verschiedene Modifikationen.[34] Das lässt sich in der vorliegenden Untersuchung besonders gut in Bezug auf Shoah-Überlebende beobachten, die ihre Geschichte bereits mehrmals vor Publikum erzählt haben. Die Reaktionen der Zuhörenden können eine Neubewertung der Erinnerung zur Folge haben.[35]

Mit allen interviewten Personen wurde im Vorfeld der Kontakt via E-Mail oder Telefon hergestellt. Mit einer Ausnahme wünschten alle Interviewpartnerinnen und -partner, dass das Gespräch in ihrem privaten Umfeld stattfindet. Mit einigen Zeitzeuginnen und Zeitzeugen wurde auch im Nachgang der Interviews ein reger schriftlicher Austausch aufrechterhalten.

Dieses Buch beruht ebenfalls auf Elementen der Biografieforschung. Dabei handelt es sich um eine soziologische Methode, die ihre Ursprünge in der qualitativen Sozialforschung hat und daher enge Verbindungen mit dem lebensweltlichen Ansatz aufweist. Der Lebenslauf der biografierten Person wird anhand von Quellen wie biografischen Erzählungen, persönlichen Dokumenten und Nachlässen rekonstruiert und in einen gesellschaftlichen Kontext gestellt.[36] Aber auch institutionalisierte Quellen wie Behördenakten können wichtige Informationen zu einer Person beinhalten, wenn sie mit Blick auf das Genre sorgfältig interpretiert werden. So sind dienstliche Briefe zwar oft standardisiert, können aber dennoch Überraschungen bereithalten, zum Beispiel in Form von Randnotizen, die in solchen Schreiben eher ungewöhnlich sind und dementsprechend analysiert und decodiert werden können.[37] Die Autorinnen und Autoren einer Biografie versprechen der Leserschaft Referenzialität und Ehrlichkeit, indem die vorhandenen Informationen über die biografierte Person «nach bestem Wissen und Gewissen»[38] verarbeitet werden. Der Bio-

---

34 Vgl. Petry, Gedächtnis und Erinnerung, 2014, S. 160 f.
35 Vgl. ebd. Weitere Erörterungen zur Theorie der Erinnerung und zur Gedächtnisforschung finden sich beispielsweise bei Harald Welzer. Vgl. Welzer, Das kommunikative Gedächtnis, 2002. Für ausführliche neurologische und psychologische Grundlagen zur Gedächtnisforschung vgl. Gudehus/Eichenberg/Welzer, Gedächtnis und Erinnerung, 2010. Kulturwissenschaftliche Ansätze zur Theorie des kulturellen und kommunikativen Gedächtnisses wie von Aleida und Jan Assmann beschrieben, spielen für die vorliegende Arbeit keine Rolle.
36 Vgl. Bossert, David Frankfurter, 2019, S. 33.
37 Vgl. Etzemüller, Biographien, 2012, S. 80 f., 90.
38 Keller, Transkulturelle Biographik und Kulturgeschichte, 2013.

grafierte soll aus der Distanz möglichst authentisch beschrieben werden, was sowohl positive als auch negative Zuschreibungen nach sich zieht. Gerade die Darstellung einer Person als fühlendes und handelndes Subjekt, das sich «in der Welt orientieren»[39] muss, widerspiegelt die Erfahrungen der Leserinnen und Leser und erleichtert die Identifikation mit der biografierten Person und ihren Erlebnissen.[40] Dabei kommt der Frage nach dem Selbst in Verbindung mit der herrschenden Ordnung eine wichtige Bedeutung zu. Pierre Bourdieu hat unter dem Begriff des «Habitus» eine Reihe von impliziten Verhaltensweisen von Individuen definiert, zum Beispiel den Lebensstil,[41] die aus der Verinnerlichung von gesellschaftlichen Regeln entstanden sind. Gleichzeitig beeinflusst eine Einzelperson durch ihre Handlungen soziale Konventionen und formt sie mit.[42] Das Postulat, die biografierte Person möglichst objektiv darzustellen, bleibt eine der grössten Herausforderungen der Biografieforschung.[43] Das Bild, das von der biografierten Person entsteht, entspricht letzlich einer subjektiven Perspektive.[44]

Den Anwendern methodischer Ansätze wie der Biografieforschung und der Oral History wurde in der Vergangenheit wiederholt der Vorwurf der Subjektivität und der fehlenden theoretischen Reflexion gemacht.[45] Dem ist entgegenzuhalten, dass neue Erkenntnisse in der Geschichtsschreibung immer auf Forschungsergebnissen von Individuen beruhen. Das betrifft sowohl die Beschreibung von Begebenheiten aus der Vergangenheit als auch den von Historikerinnen und Historikern geleisteten Interpretationsprozess.[46] Die moderne Biografieforschung folgt dem Ansatz, dass der Biograf die Position eines Beobachters einnimmt und der Gesellschaft ein Angebot zur Beobachtung der Welt durch ein Individuum bietet.[47]

2.2 Stand der Forschung

Erste Erkenntnisse über die Auswirkungen der schweizerischen Flüchtlingspolitik auf das Schweizer Judentum lieferte das Werk «Die Schweiz und die Juden 1933–1945. Schweizerischer Antisemitismus, jüdische Abwehr und

---

39 Vgl. Etzemüller, Biographien, 2012, S. 12.
40 Vgl. ebd.
41 Vgl. Bourdieu, Die feinen Unterschiede, 2014, S. 278.
42 Vgl. Etzemüller, Biographien, 2012, S. 52 f.
43 Vgl. Keller, Transkulturelle Biographik, 2013.
44 Vgl. Etzemüller, Biographien, 2012, S. 106.
45 Vgl. de Haan, Personalised History, 2017, S. 54 f. Vgl. dazu auch Bossert, David Frankfurter, 2019, S. 32 f.
46 Vgl. de Haan, Personalised History, 2017, S. 56 f.
47 Vgl. Etzemüller, Biographien, 2012, S. 21.

internationale Migrations- und Flüchtlingspolitik» von Jacques Picard.[48] Darauf aufbauend untersuchte Stefan Mächler in seinem Buch «Hilfe und Ohnmacht. Der Schweizerische Israelitische Gemeindebund und die nationalsozialistische Verfolgung 1933–1945»[49] spezifisch die Reaktionen des SIG auf die nationalsozialistische Verfolgung. Seine Forschungsarbeit widmete sich insbesondere der Flüchtlingshilfe, die vom SIG in Form des VSIA und später VSJF geleistet wurde, und dient damit der vorliegenden Arbeit als Grundlage. Ein Ziel meines mikrogeschichtlichen Forschungsansatzes ist es, einige Leerstellen zu füllen, die Mächlers Arbeit zugunsten einer Gesamtdarstellung des SIG während der nationalsozialistischen Verfolgung offengelassen hat. Basierend auf der mikrogeschichtlichen Herangehensweise orientieren sich meine Ausführungen einerseits an wichtigen Etappen der sozialen Arbeit, die von Otto H. Heim geleistet wurde, und ergänzend an innerinstitutionellen Prozessen des VSIA/VSJF, die durch das Konzept der Lebenswelt Eingang in die Arbeit finden sollen.

Die Finanzierung des jüdischen Flüchtlingswesens wurde dem SIG überlassen, der 1933 etwa 12 000 Personen repräsentierte. Welche Konsequenzen sich aus der von Bundesbeamten dem Schweizer Judentum auferlegten Verpflichtung ergaben, den Unterhalt der jüdischen Flüchtlinge zu garantieren, hat Stefan Mächler eindrücklich dokumentiert und soll in dieser Untersuchung nur punktuell und exemplarisch an Stellen wiedergegeben werden, wo es für das Verständnis innerer Prozesse des VSIA/VSJF von Bedeutung ist. Der SIG, dessen Geldbeschaffungsmöglichkeiten durch die Autonomie der jüdischen Gemeinden und das Prinzip von Freiwilligkeit und Solidarität stark eingeschränkt waren,[50] konnte einen Zusammenbruch des jüdischen Flüchtlingswesens in der Schweiz nur durch Spenden verhindern, die zunehmend aus dem Ausland kamen. Als grösster Geldgeber ist dabei das American Jewish Joint Distribution Committee (kurz: Joint) zu nennen, dessen Verbindung zum SIG vor allem über die Person des SIG-Präsidenten Saly Mayer gewährleistet war. Die Verhandlungen von Mayer mit dem Joint und dessen wachsende Bedeutung als Gewährsmann des Joint in einem der letzten freien Länder Europas während des Zweiten Weltkriegs wurden von Hanna Zweig-Strauss ausführlich dargelegt. Als Joint-Vertreter in der Schweiz war Saly Mayer auch nach seinem Rücktritt als SIG-Präsident für das jüdische Flüchtlingswerk von grosser Bedeutung.[51]

Die Konstituierung des VSIA bis 1939 ist eng verbunden mit der Geschichte der ICZ. Diese wurde 2012 von einem Team von Autorinnen und Auto-

---

48 Picard, Die Schweiz und die Juden, 1994.
49 Mächler, Hilfe und Ohnmacht, 2005.
50 Vgl. Zweig-Strauss, Saly Mayer, 2007, S. 81.
51 Vgl. ebd., S. 161–164.

ren mit Alfred Bodenheimer als Herausgeber nachgezeichnet.[52] Eine umfassende Studie zur jüdischen Geschichte in Zürich bietet überdies das Werk «Geschichte der Juden im Kanton Zürich».[53] Die vorliegende Arbeit konzentriert sich auf die Darlegung der jüdischen Flüchtlingshilfe am Standort Zürich. Für die Geschichte einzelner Lokalkomitees, die dem VSJF angeschlossen waren, sind die Werke von Noëmi Sibold von Bedeutung, in denen das Wirken der jüdischen Flüchtlingshilfe Basel analysiert wird.[54] Eine Darlegung der Arbeit des Lokalkomitees Biel bietet die Forschungsarbeit von Annette Brunschwig,[55] und Sarah Blum hat die Flüchtlingshilfe der jüdischen Gemeinde La Chaux-de-Fonds untersucht.[56]

Nicht Eingang in die vorliegende Forschungsarbeit haben überdies die folgenden spezifischen Aufgaben in der Flüchtlingshilfe gefunden, die bereits als sehr gut erforscht bezeichnet werden dürfen: die Betreuung einzelner Flüchtlingsgruppen wie der jüdischen Flüchtlinge aus Italien[57] und der ungarischen Jüdinnen und Juden, die nach Verhandlungen zwischen Saly Mayer und Rezsö Kasztner mit der Gestapo im August und Dezember 1944 mit zwei Transporten in die Schweiz gebracht wurden.[58] Eine eigene Forschungsarbeit liegt überdies für die Jugendlichen vor, die im Juni 1945 als sogenannte Buchenwaldkinder in die Schweiz kamen,[59] sodass die vorliegende Arbeit dieses Teilgebiet der jüdischen Flüchtlingshilfe nur punktuell erwähnt.

Für eingehende Erläuterungen zur Betreuung jüdischer Flüchtlingskinder in der Schweiz ist insbesondere auf die Forschungsarbeit von Salome Lienert hinzuweisen, die das Schweizer Hilfswerk für Emigrantenkinder (SHEK) ins Zentrum der Betrachtung stellt.[60]

Ebenfalls nur kurz beschrieben wird die Thematik der Quarantäne-, Auffang- und Arbeitslager sowie der Heime für Flüchtlinge in der Schweiz, die nach 1940 eingerichtet wurden. Die vorliegende Forschungsarbeit greift dieses Thema nur summarisch im Zusammenhang mit einzelnen Betreuungsaufgaben des VSJF in den Auffang- und Arbeitslagern auf. Eine Überblicksstudie zu den verschiedenen Institutionen, in denen Flüchtlinge untergebracht wurden,

---

52 Vgl. Bodenheimer, Nicht irgendein anonymer Verein, 2012.
53 Brunschwig/Heinrichs/Huser, Geschichte der Juden im Kanton Zürich, 2005.
54 Vgl. Sibold, Mit den Emigranten, 2002, sowie Sibold, Bewegte Zeiten, 2010.
55 Vgl. Brunschwig, Heimat Biel, 2011.
56 Vgl. Blum, La communauté israélite de La Chaux-de-Fonds, 2012.
57 Vgl. Longhi, Exil und Identität, 2017.
58 Eingehend untersucht wird diese Thematik bei Bauer, American Jewry and the Holocaust, 1989, S. 156–196, sowie Zweig-Strauss, Saly Mayer, 2007, S. 219–242, und Mächler, Hilfe und Ohnmacht, 2005, S. 399–407.
59 Lerf, Buchenwaldkinder, 2010.
60 Lienert, Wir wollen helfen, da wo Not ist, 2013.

hat Simon Erlanger 2006 veröffentlicht,[61] eine weitere Forschungsarbeit von Catrina Langenegger spezifisch zu den Auffanglagern ist derzeit in Arbeit.

Die schweizerische Flüchtlingspolitik und die daraus resultierenden Folgen für jüdische Flüchtlinge wurden in verschiedenen Phasen untersucht. Bis in die 1990er-Jahre waren dabei vor allem zwei Werke von Bedeutung: der Ludwig-Bericht, der 1957 publiziert wurde,[62] und die Monografie von Alfred Häsler von 1967, die in mehreren Auflagen erschien.[63] In den 1990er-Jahren untersuchte die Unabhängige Expertenkommission Schweiz – Zweiter Weltkrieg (UEK) die Beziehungen der Schweiz zum nationalsozialistischen Deutschland umfassend.[64] Für die vorliegende Arbeit wurden insbesondere zwei Bände konsultiert: das Buch «Die Schweiz und die Flüchtlinge zur Zeit des Nationalsozialismus»[65] und der Schlussbericht[66] der UEK. Ebenfalls wertvolle Hinweise in Bezug auf die Flüchtlingspolitik der Schweiz stammen aus der Forschungsarbeit von Guido Koller.[67]

Als wesentlich schlechter erforscht muss die jüdische Flüchtlingshilfe in der Nachkriegszeit bezeichnet werden. Punktuell geht die Biografie von Hannah Einhaus über Georges Brunschvig[68] auf einzelne Aspekte ein, dazu zählt beispielsweise die Aufnahme jüdischer Flüchtlinge aus Ungarn und Ägypten, die thematisch in das letzte Kapitel des vorliegenden Forschungsprojekts Eingang gefunden hat. Einige weitere Leerstellen in der Arbeit des VSJF in der Nachkriegszeit werden im achten Kapitel dargestellt. Eine umfassende Darstellung der jüdischen Flüchtlingshilfe in der Nachkriegszeit bleibt aber ein Forschungsdesiderat.

2.3   Quellenlage

Für die vorliegende Forschungsarbeit waren die Bestände des Archivs für Zeitgeschichte (AfZ) der Eidgenössischen Technischen Hochschule (ETH) Zürich am bedeutsamsten. Das AfZ verfügt über einen umfassenden Quellenbestand zur schweizerisch-jüdischen Zeitgeschichte.

Leben und Wirken von Otto H. Heim konzentrierten sich vor allem auf seine Heimatstadt Zürich. Für die Untersuchung der Bindung des VSIA an

---

61 Erlanger, Nur ein Durchgangsland, 2006.
62 Ludwig, Die Flüchtlingspolitik der Schweiz, 1957.
63 Häsler, Das Boot ist voll, 1989.
64 Von der UEK Schweiz – Zweiter Weltkrieg erschienen 25 Bände. Der Fokus der UEK lag vor allem auf den wirtschaftlichen Beziehungen zwischen der Schweiz und NS-Deutschland. Vgl. www.uek.ch/de, 19. 11. 2020.
65 Vgl. UEK, Die Schweiz und die Flüchtlinge, 2001.
66 UEK, Die Schweiz, der Nationalsozialismus und der Zweite Weltkrieg, 2002.
67 Koller, Fluchtort Schweiz, 2018.
68 Einhaus, Für Recht und Würde, 2016.

seinen Standort in Zürich spielte das Archiv der Israelitischen Cultusgemeinde Zürich (ICZ) eine entscheidende Rolle,[69] das dem Archiv für Zeitgeschichte 2010 übergeben wurde. Die Unterlagen der ICZ ergänzen die zeitgenössischen Darstellungen der schweizerisch-jüdischen Flüchtlingshilfe in den Beständen des SIG[70] und des VSJF,[71] die ebenfalls im AfZ zu finden sind. Von Bedeutung für die Forschungsarbeit waren insbesondere die Vorstandsprotokolle der 1940er- und 1950er-Jahre aus den Beständen der ICZ, des SIG und des VSJF.[72] Des Weiteren wurden Jahresberichte und Briefe, die zwischen den Institutionen versendet wurden, konsultiert.

Für die Darstellung der Personen, die im VSJF tätig waren, spielten verschiedene Nachlässe eine entscheidende Rolle. In erster Linie ist hier der Nachlass von Otto und Régine Heim von Bedeutung,[73] der viele persönliche Dokumente wie Briefe und amtliche Unterlagen, zum Beispiel Pässe, enthält. Weiter zu nennen sind der Nachlass von Pierre Bigar sowie die Nachlässe von Louis und Rosa Wyler und Hugo und Trudy Wyler-Bloch,[74] die ebenfalls wertvolle Unterlagen zum Leben von in der jüdischen Flüchtlingshilfe tätigen Personen enthalten. Im Gegensatz dazu enthält der Nachlass von Jean Nordmann[75] auch viele Dokumente, die seine Arbeit für den SIG dokumentieren.

Die Rezeption der Tätigkeiten des VSJF in der jüdischen Öffentlichkeit wurde anhand von Unterlagen der «Jüdischen Nachrichten» (JUNA)[76] und verschiedener Presseorgane, wie der «Jüdischen Pressezentrale» (JPZ), des «Israelitischen Wochenblatts» (IW) und der «Jüdischen Rundschau Maccabi» nachgezeichnet. Diese publizistischen Organe finden sich vollständig digitalisiert im AfZ.[77]

Zur Quellenlage des jüdischen Flüchtlingswesens muss konstatiert werden, dass das Archiv des VSJF lückenhaft ist. Gemäss den Erinnerungen von Edith

---

69 Vgl. AfZ, Israelitische Cultusgemeinde Zürich (ICZ), historisches Archiv (1862–2000).
70 Vgl. AfZ, Schweizerischer Israelitischer Gemeindebund (SIG) (gegr. 1904), Archiv.
71 Vgl. AfZ, Verband Schweizerischer Jüdischer Fürsorgen (VSJF) (gegr. 1908/1925), historisches Archiv.
72 Die Protokolle der ICZ, des SIG und des VSJF wurden im Untersuchungszeitraum als Wortprotokolle in der indirekten Rede verfasst, wobei die Redner in den meisten Fällen namentlich festgehalten wurden. Diskussionen in den Gremien wurden teilweise nur summarisch erfasst. Einzelne Wortmeldungen wurden zum Teil stark gekürzt wiedergegeben und auf die Kernaussagen reduziert.
73 Vgl. AfZ, NL Otto und Régine Heim.
74 Vgl. AfZ, NL Pierre Bigar; NL Louis und Rosa Wyler; Familienarchiv Hugo und Trudy Wyler-Bloch.
75 Vgl. AfZ, NL Jean Nordmann.
76 Vgl. AfZ, Jüdische Nachrichten: JUNA Geschäftsarchiv und Dokumentation der Pressestelle des SIG (1936 bis um 1970).
77 Vgl. AfZ Online Collections, Jüdische Periodika, https://collections.afz.ethz.ch, 21. 11. 2020. Die Ausgaben der «Jüdischen Pressezentrale Zürich» sind online einsehbar, die Einsicht in digitale Kopien des «Israelitischen Wochenblatts» und der «Jüdischen Rundschau Maccabi» ist via Benutzungsdienst des AfZ möglich.

Zweig,[78] Mitarbeiterin des VSJF von 1944–1979, wurden in den 1980er-Jahren viele institutionelle Unterlagen des VSJF entsorgt.[79] Ein weiterer Teil der Bestände wurde 1950 zunächst nach Genf gebracht und befindet sich heute im Archiv des American Jewish Joint Distribution Committee (JDC) in Jerusalem.[80] Ein Teil des Archivs des JDC befindet sich bei der Zentrale des JDC in New York. Der JDC verfügt auch über einen hohen Anteil an digitalisierten Unterlagen über die Zusammenarbeit des VSJF mit dem JDC,[81] vor allem ab Mitte der 1950er-Jahre. Diese sind aber für die vorliegende Untersuchung nicht relevant.

Die umfangreiche Dokumentation des VSJF über die betreuten Flüchtlinge wurde hingegen dem AfZ übergeben. Diese Flüchtlingsakten enthalten 12 250 Personendossiers aus dem Zeitraum 1938–1990,[82] die unter besonderen Auflagen einsehbar sind. Für die Rekonstruktion einzelner Flüchtlingsschicksale waren diese Personendossiers von Bedeutung. Die Informationen aus diesen Dossiers wurden, sofern vorhanden, mit den Akten, die die eidgenössische Fremdenpolizei zu den Flüchtlingen angelegt hat, verglichen. Diese befinden sich im Schweizerischen Bundesarchiv (BAR) in Bern.[83]

Für die Darstellung der Tätigkeiten von Otto H. Heim in der Schweizerischen Zentralstelle für Flüchtlingshilfe (SZF) wurden sowohl Akten aus dem AfZ als auch aus den Handakten von Heinrich Rothmund aus dem Bundesarchiv konsultiert.[84] Im Bundesarchiv sind überdies die Protokolle der Sachverständigenkommission für Flüchtlingsfragen zu finden.[85] In diese im Februar 1944 von Bundesrat Eduard von Steiger gegründete Kommission wurde Heim im November 1944 berufen.

---

78 Edith Zweig (geborene Weiss) wurde 1909 in Wien geboren. Sie besuchte das Mädchen-Reformrealgymnasium in Wien und studierte anschliessend Medizin. 1933 heiratete sie Otto Lorant. Aus der Ehe ging eine Tochter hervor. 1941 wurde Edith Zweig aus Slowenien nach Italien deportiert. Vom Herbst 1941 bis September 1943 war sie in Breganze in Italien interniert. 1943 gelang ihr die Flucht in die Schweiz. Die Ehe mit Otto Lorant wurde 1946 geschieden und Edith Lorant heiratete 1951 Otto Zweig. Zwischen 1944 und 1979 war sie für den VSJF tätig. Vgl. o. A., Biografie Edith Zweig, o. D.
79 Vgl. Edith Zweig: Interview über Flüchtlingsschicksal und Flüchtlingsbetreuung, geführt von Claude Kupfer, o. O., 24. 5. 1984, AfZ, IB SIG-Archiv / 2075.
80 Vgl. Keller, Abwehr und Aufklärung, 2011, S. 42.
81 Vgl. JDC Archives, Our Collections, https://archives.jdc.org/our-collections, 20. 11. 2020.
82 Vgl. AfZ, IB VSJF-Archiv / A.1.4.
83 Vgl. BAR, Eidgenössische Polizeiabteilung, Polizeiabteilung, Personenregistratur (1901–1979), Niederlassungsangelegenheiten von Ausländern, Aus- und Wegweisungen, Ausweisschriften für Flüchtlinge, Internierungen.
84 Vgl. AfZ, Schweizerische Flüchtlingshilfe (SFH) (gegr. 1936), historisches Archiv; BAR, Eidgenössische Polizeiabteilung (1902–1979), Polizeiabteilung, Handakten Heinrich Rothmund, Chef (1919–1960), Flüchtlinge, Hilfswerke, Schweiz. Zentralstelle für Flüchtlingshilfe.
85 Vgl. BAR, Sachverständigenkommission für Flüchtlingsfragen (1944–), Flüchtlingskommission, Arbeitsausschüsse.

Zur Beschreibung der Zusammenarbeit und der Auseinandersetzungen in der Betreuung jüdischer Flüchtlingskinder lieferte ausserdem der Bestand des Schweizerischen Hilfswerks für Emigrantenkinder (SHEK)[86] im Bundesarchiv wichtige Hinweise.

Einzelne Dokumente, die in diese Forschungsarbeit Eingang gefunden haben, stammen aus der Datenbank Dodis (Diplomatische Dokumente der Schweiz), die die Aussenbeziehungen der Schweiz dokumentiert und online zugänglich macht.[87]

Zu punktuellen Fragen konsultiert wurden verschiedene Staatsarchive in der Schweiz, zu nennen wären hier insbesondere das Staatsarchiv Basel-Stadt, das die Unterlagen der Israelitischen Gemeinde Basel enthält,[88] und das Staatsarchiv des Kantons Zürich, aus dessen Beständen einige Unterlagen zur Familiengeschichte von Otto H. Heim stammen. In Bezug auf Nachforschungen über den Verbleib von Angehörigen von Flüchtlingen, die in der Forschungsarbeit erwähnt werden, war die Online-Datenbank der israelischen Forschungs- und Gedenkstätte Yad Vashem von Bedeutung.[89] Einzelne Unterlagen, die für dieses Buch verwendet wurden, stammen aus dem Ghetto Fighters House Archive im Kibbuz Lochamei haGeta'ot.

Das schriftliche Quellenmaterial wurde durch Interviews ergänzt. Dazu habe ich zwischen 2018 und 2020 neun Interviews mit Familienmitgliedern und Bekannten von Otto H. Heim geführt und transkribiert. Die meisten Gespräche fanden in der Schweiz statt, für je ein Gespräch mit Amira Gezow (geborene Siesel) und Alice Alexander (geborene Siesel) bin ich an die heutigen Wohnorte dieser Personen nach Israel und England gereist. Amira Gezow hat ihre Geschichte als Zeitzeugin mehrmals öffentlich erzählt, zwei Interviews mit ihr lassen sich online als Tondokumente abrufen.[90]

Die Interviews lieferten einerseits wichtige Eindrücke von Otto H. Heim als Privatperson, andererseits erzählten verschiedene Personen bereitwillig von ihren eigenen Erfahrungen und Fluchtgeschichten, von denen einige Erzählungen in die vorliegende Arbeit, ergänzt durch entsprechende schriftliche Belege aus Archiven, Eingang gefunden haben. Alle Interviews konnten auf Deutsch durchgeführt werden. Die Entscheidung darüber, ob die interviewten Personen in der vorliegenden Arbeit mit ihrem Namen oder unter einem Pseudonym erwähnt werden wollten, wurde den Zeitzeuginnen und Zeitzeugen selbst überlassen. Eine Zeitzeugin, deren Fluchtgeschichte in dieser Forschungsarbeit

---

86 Vgl. BAR, Schweizer Hilfswerk für Emigrantenkinder (1933–1948).
87 Vgl. Diplomatische Dokumente der Schweiz, www.dodis.ch, 21. 11. 2020.
88 Vgl. StABS, Israelitische Gemeinde Basel, 1807–2004.
89 Vgl. Yad Vashem, The Central Database of Shoah Victims' Names, https://yvng.yadvashem.org, 20. 11. 2020.
90 Vgl. Laugwitz, Erlebte Geschichten mit Amira Gezow, 2014, sowie Schöner, Amira Gezow, 2011.

rekonstruiert wird, lebt heute ebenfalls in Israel und war bereit, mir schriftlich Auskunft zu einigen Fragen zu geben.

Weitere Hintergrundinformationen, spezifisch über die praktische Arbeit in der jüdischen Flüchtlingshilfe, konnten Interviews entnommen werden, die im Rahmen des Projekts über die Geschichte der Juden in der Schweiz in den Jahren 1984 und 1985 durchgeführt wurden. Diese Tondokumente befinden sich ebenfalls im Archiv für Zeitgeschichte in Zürich.[91]

2.4 «Emigranten» und Flüchtlinge – Begriffsgeschichte

In die Schweiz geflohene Zivilpersonen wurden laut den Darstellungen von Oscar Schürch[92] aus 1952 während des Zweiten Weltkriegs in vier verschiedene Kategorien eingeteilt: Emigranten, Flüchtlinge, politische Flüchtlinge und Refraktäre.[93] Als Entscheidung von grosser Tragweite für die jüdische Flüchtlingspolitik erwies sich die Unterteilung in politische und nichtpolitische Flüchtlinge.[94] Die Entscheidungskompetenz in der Definition politischer Flüchtlinge wurde per Bundesratsentschluss und in Absprache mit Heinrich Rothmund[95] im April 1933 der Bundesanwaltschaft übertragen. Bundesanwalt Franz Stampfli und Rothmund hielten fest, dass lediglich «hohe Staatsbeamte, Führer von Linksparteien und bekannte Schriftsteller»[96] als politische Flüchtlinge anzusehen seien.[97] Dieser Grundsatz führte dazu, dass jüdische Flüchtlinge nicht generell als politisch Verfolgte in der Schweiz aufgenommen wurden, sondern an der Grenze zurückgewiesen werden konnten. Ausgenommen waren ab 1942 einige Menschen, die aus humanitären Gründen auf sogenannte Non-Refoulement-Listen gesetzt wurden und damit Asylrecht

---

91 Vgl. AfZ, IB SIG-Archiv A.6.2.4.3.
92 Oscar Schürch (1914–1992) war nach einem Studium der Rechtswissenschaften ab 1939 Rechtsberater der Polizeiabteilung des EJPD, 1940–1954 leitete er die Sektion Flüchtlinge. Vgl. Joye-Cagnard, Oscar Schürch, e-HLS.
93 Schürch, Das Flüchtlingswesen, 1952, S. 75–79. Unter dem Begriff «Refraktäre» wurden Personen verstanden, die in ihrem Heimatland den Militärdienst verweigert hatten und deshalb flüchten mussten. Vgl. ebd., S. 79.
94 Oscar Schürch dazu: «Als politische Flüchtlinge im technischen Sprachgebrauch der Bundesbehörden waren nicht alle Ausländer zu betrachten, die sich einer politischen Gefährdung im Ausland durch Flucht entzogen hatten, sondern nur die, welche durch ausdrückliche interne Verfügung der Schweizerischen Bundesanwaltschaft auf Grund des Bundesratsbeschlusses über die Behandlung der politischen Flüchtlinge vom 7. April 1933 als solche anerkannt worden sind.» Vgl. Schürch, Das Flüchtlingswesen, 1952, S. 77.
95 Heinrich Rothmund (1888–1961) wurde 1919 Chef der Zentralstelle der Fremdenpolizei. Zwischen 1929 und 1954 leitete er die Polizeiabteilung des Justiz- und Polizeidepartements. Rothmund hatte massgeblichen Einfluss auf die schweizerische Flüchtlingspolitik und die Überfremdungsdebatte. Vgl. Steffen Gerber, Heinrich Rothmund, e-HLS.
96 Koller, Fluchtort Schweiz, 2018, S. 26.
97 Vgl. ebd., S. 26 f.

hatten.[98] Die Zahl der als politisch verfolgt aufgenommenen Menschen blieb gering und wird insgesamt auf 644 Personen beziffert.[99] Jüdinnen und Juden, denen die Einreise in die Schweiz gelungen war, wurden von offizieller Seite in der Schweiz vor Kriegsausbruch als «Emigranten» bezeichnet. Als Grund ihrer Flucht wurden die wirtschaftlichen Sanktionen der Nationalsozialisten angesehen. Diese Haltung unterstellte den Flüchtlingen, dass sie ihre Heimat aus freien Stücken verlassen hätten, und führte dazu, dass sie in der Schweiz nur temporär Aufnahme fanden.[100] Da sie unter die Gesetzgebung des «Bundesgesetzes über Aufenthalt und Niederlassung der Ausländer» (ANAG)[101] fielen, erhielten sie allenfalls kurzfristige Aufenthalts- oder Toleranzbewilligungen, die von den Kantonen erteilt werden konnten und die Flüchtlinge verpflichteten, ständig um die Organisation ihrer Weiterreise bemüht zu sein.[102] Oft mussten die Flüchtlinge eine Anfangskaution[103] entrichten und überdies im Abstand von drei Monaten bei der Fremdenpolizei vorsprechen, um eine Verlängerung der Toleranzbewilligung zu erhalten.[104] Der Begriff «Emigrant» wurde auch von jüdischen Organisationen in der Schweiz übernommen und bezeichnet in den Quellen vorwiegend Flüchtlinge, die vor Kriegsausbruch in die Schweiz kamen. Da die Bezeichnung wie oben beschrieben irreführend ist und den Opfern nationalsozialistischer Verfolgung eine Wahlmöglichkeit unterstellt, wird in dieser Arbeit generell von jüdischen Flüchtlingen die Rede sein. Wo es sich um spezifisch auf «Emigranten» oder Flüchtlinge zugeschnittene Bestimmungen handelt, wird der Begriff «Emigrant» mit der entsprechenden Kennzeichnung verwendet.

Auch der Begriff «Flüchtling» ist heute vor dem Hintergrund seiner Begriffsgeschichte kritisch zu hinterfragen. Die Figur des Flüchtlings wird spätestens seit dem 20. Jahrhundert als negativ konnotierte Gegenfigur zum Staatsbürger verstanden.[105] Während der Staatsbürger als Teil einer rechtlich definierten Gemeinschaft von Gleichgestellten gilt, symbolisiert der Flüchtling eine Deprivationsfigur, die alle als vorteilhaft empfundenen Attribute des

---

98 Die Flüchtlingsorganisationen in der Schweiz konnten dazu Personen, die sich in besonderer Gefahr befanden oder eine besondere Beziehung zur Schweiz hatten, bei der Polizeiabteilung melden. Ihre Namen wurden auf Listen vermerkt, die den Grenzorganen übergeben wurden. Vgl. ebd., S. 66.
99 Vgl. ebd., S. 27.
100 Vgl. ebd., S. 30.
101 Vgl. Kapitel 3.2.2.
102 Vgl. UEK, Die Schweiz und die Flüchtlinge, 2001, S. 23.
103 Das ANAG von 1931 sah vor, dass schriftenlose Ausländerinnen und Ausländer von einem Kanton nur eine Toleranzbewilligung erhalten konnten, wenn sie im Gegenzug eine Kaution oder andere Garantien hinterlegten. Das EJPD hatte der Toleranzerteilung durch die Kantone zuzustimmen. Das Hinterlegen einer Kaution sollte dazu dienen, allfällige spätere Kosten- oder Schadensersatzforderungen der Behörden zu befriedigen. Vgl. ebd., S. 220.
104 Vgl. Mächler, Hilfe und Ohnmacht, 2005, S. 178.
105 Vgl. Schulze Wessels, Flüchtlinge als Grenzfiguren, 2020, S. 210.

Staatsbürgers verloren hat, «den Schutz durch den Staat und die Zugehörigkeit zu jeglicher Form der Gemeinschaft in sozialer, ökonomischer, politischer und rechtlicher Hinsicht».[106] Aus diesem Grund besteht die Gefahr, die Flüchtlingsfigur auf eine passive Opferrolle zu reduzieren. Während der Staatsbürger als aktive Existenz seine Interessen wahrnehmen und in der Öffentlichkeit vertreten kann, bewegt sich der Flüchtling in diesem Verständnis im Verborgenen.[107] Flüchtlinge werden damit als vulnerable und schutzbedürftige Menschen definiert, die «auf ‹unsere› Hilfe angewiesen sind».[108] Der Begriff «Flüchtling» vereint eine Vielzahl von Bildern auf sich, er ist daher kein rein deskriptiver Ausdruck.[109] Kritisch betrachtet werden muss auch die «infantilisierende Wirkung»,[110] die durch den Diminutiv «-ling» erzeugt wird.[111] Die Verwendung des Begriffs «Flüchtling» mag dadurch einen appellativen Charakter erhalten und die Wahrnehmung des Flüchtlings als passive Opferfigur verstärken. Als Alternativen zum Flüchtlingsbegriff werden die Begriffe «Refugees», «Geflüchtete» oder «Non-Citizens» vorgeschlagen.[112]

Wenn in dieser Forschungsarbeit dennoch der Begriff «Flüchtling» zur Anwendung kommt, so sei darauf hingewiesen, dass die Autorin unter diesem Ausdruck spezifisch Menschen versteht, die vor der nationalsozialistischen Verfolgung geflüchtet sind. Mangels einer guten begrifflichen Alternative – die oben erwähnten Begriffe müssen für den vorliegenden Untersuchungsgegenstand als anachronistisch abgelehnt werden – wird in dieser Arbeit von «Flüchtlingen» die Rede sein. Der Begriff soll dabei möglichst als funktional und wertfrei verstanden werden. Um die Identität der Flüchtlinge zu schützen, wurden ihre Namen anonymisiert.

---

106 Ebd.
107 Vgl. ebd., S. 211.
108 Kersting, Flüchtling, 2020, S. 1.
109 Vgl. ebd., S. 2.
110 Ebd.
111 Vgl. ebd.
112 Vgl. ebd., S. 2 f.

3   Werdegang von Otto H. Heim

> «[...] [Es] darf aber doch wohl auch festgestellt werden, dass wir alle diese Arbeit sehr gerne geleistet haben. Sie hat nicht nur unser Selbstgefühl gesteigert, sie hat uns Befriedigung gegeben, sie hat uns in den Gremien wertvolle und freundschaftliche Beziehungen vermittelt, die unser Leben bereicherten.»[1]

Diese Bilanz zog Otto H. Heim in seiner Abschiedsrede nach seinem Rücktritt als Präsident des VSJF an der Delegiertenversammlung des SIG im Mai 1968.

Neben seinen Arbeiten für das jüdische Flüchtlingswesen war Heim langjährig im Vorstand des Verbands des Schweizerischen Textilgrosshandels tätig. In einer undatierten Rede für einen Kollegen beschrieb Heim ihre Zusammenarbeit: «Alfred Hausammann, wir beide haben viele Jahre in kameradschaftlicher Freundschaft zusammengearbeitet [...]. Es [waren] für mich Jahre eines Gedankenaustausches, der wohl für uns beide fruchtbar war, und der zusammen mit der diesem Austausch innewohnenden, menschlichen und freundschaftlichen Wärme, eine meiner reichen Lebenserfahrungen ergab, für die ich immer dankbar sein werde. Dass unsere Sprache nicht immer diplomatisch war, sei zugestanden. Die Worte ‹dumme Keib›[2] oder ‹Idiot›, um nur die salonfähigsten zu nennen, waren so selbstverständlich, dass ich ganz erstaunt war, als mir [sic] Herr Hausammann eines Tages [...] nochmals anrief, um sich für den Ausdruck ‹dummer Keib› zu entschuldigen. Ich antwortete ihm darauf, dass wir eigentlich alle Telefongespräche doppelt führen müssten, um uns gegenseitig für die angewandten, kräftigen Ausdrücke zu entschuldigen.»[3]

Die Annäherung an eine unbekannte Person erweist sich häufig als schwierig, lassen doch institutionalisierte Quellen wie Protokolle, auf die sich die vorliegende Arbeit häufig stützt, aufgrund ihrer standardisierten Sprache oft kaum Rückschlüsse auf individuelle Merkmale einer Einzelperson zu. Beim Studium zahlreicher schriftlicher Erzeugnisse von Otto H. Heim zeigte sich aber, dass der Protagonist in vielen Briefen auf die üblichen höflichen Floskeln verzichtet hat. Somit zeichnete ihn ein im Zeitgeist untypischer Schreibstil aus. Bekannte und Verwandte beschrieben ihn als extravertiert, temperamentvoll und impul-

---

1   Otto H. Heim: Abschiedsrede, gehalten an der DV des SIG, Basel, 23. 5. 1968, AfZ, NL Otto und Régine Heim / 21.
2   Der Ausdruck «Keib, Cheib» wird im Schweizerdeutschen als Ausdruck der Verachtung gegenüber einer Person gebraucht. Vgl. o. A., Cheib, 1891, S. 100.
3   Otto H. Heim: Rede für Alfred Hausammann, o. O., o. D., AfZ, NL Otto und Régine Heim / 21.

siv. Otto H. Heim hatte eine laute Stimme und ein charismatisches Auftreten,[4] er konnte aber auch arrogant und unsensibel wirken.[5]

Bisweilen scheint Heim mit der Tatsache, dass er als Person galt, die unverblümt ihre Meinung kundtat, kokettiert zu haben. So schrieb er in einem Bericht über ein multilaterales Treffen über Bundesrat Markus Feldmann, dieser habe «bereits in der Angelegenheit der erblosen Vermögen den Besuch der Vertreter des S. I. G. gehabt […] (Herren Dr. Georg Brunschvig und Professor Dr. Guggenheim) und dabei den Eindruck gewonnen […], dass dessen Leitung in ruhiger, vernünftiger und nüchterner Weise die Probleme behandle. Es ist zu hoffen, dass dieser Eindruck von dem ‹ungezügelten Temperament› des Leiters des V. S. J. F. [Otto H. Heim] nicht beeinträchtigt wurde!!!»[6]

Sein Temperament war offenbar legendär, so scheuten sich Bekannte auch nicht, diesen Charakterzug in Glückwunschkarten anlässlich des 70. Geburtstags von Otto H. Heim zu erwähnen. Walter Wreschner, Präsident der ICZ von 1955 bis 1966, schrieb beispielsweise: «Ich weiss sehr gut, dass Sie sehr rauh und manchmal beinahe grob sein können. Aber ich weiss auch etwas Anderes: dass hinter der Rauheit und Zurückhaltung ein goldenes Herz pocht.»[7]

---

4 Zur Extravertiertheit, zum Temperament und zur «lauten Stimme» von Otto H. Heim vgl. eine Bemerkung von ihm selbst in seiner Abschiedsrede, in der er seine Stimme als «nicht immer sanft» bezeichnete. Otto H. Heim: Abschiedsrede, gehalten an der DV des SIG, Basel, 23. 5. 1968, AfZ, NL Otto und Régine Heim / 21. Vgl. weiter Interview mit Marc Heim, S. 1; Interview mit Walter Heim, S. 69. Walter Heim, geboren 1928, ist der Sohn von Paul Heim, dem älteren Bruder von Otto H. Heim. Vgl. weiter Interview mit Walter Strauss, S. 1; Interview mit B. S., S. 35. Zur Nonchalance vgl. Interview mit B. S., S. 21, sowie Interview mit Alice Alexander, S. 16. Zu Heims Grosszügigkeit vgl. Interview mit Alice Alexander, S. 7 f., sowie Interview mit Amira Gezow, S. 41; Interview mit Walter Heim, S. 78.
5 Die Beziehung von André Blum zu Otto H. Heim war nicht frei von Konflikten, die, wie André Blum erzählte, auf unterschiedlichen Weltansichten beruhten. Der Vater von André Blum (geboren 1934) war ein Cousin von Otto H. Heim. In seinen Augen war Heim «ein […] Dandy mit einem sozialen Gefühl». Interview mit André Blum, S. 42.
6 Otto H. Heim: Bericht über Unterredung in Bern mit Heinrich Rothmund und Markus Feldmann, Zürich, 20. 11. 1952, AfZ, IB SIG-Archiv / 2456.
7 Walter Wreschner: Schreiben an Otto H. Heim, Zürich, 15. 11. 1966, AfZ, NL Otto und Régine Heim / 4.

3.1 Kindheit und Jugend

Otto H. Heims Vater Joseph Heim[8] stammte aus Müllheim bei Baden[9] und kam aus einfachen Verhältnissen.[10] Ab 1880 war er zunächst in Winterthur ansässig und zog anschliessend nach Zürich, wo er im Geschäft von Leopold Bollag, dem ersten Präsidenten der ICZ,[11] tätig war.[12] Zusammen mit seinem Cousin Max gründete Joseph Heim 1893 ein eigenes Textilunternehmen und lebte zentral in Zürich, an der Lintheschergasse 12 unweit des Hauptbahnhofs. Die Textilbranche war im ausgehenden 19. Jahrhundert einer der florierenden Wirtschaftszweige in der Schweiz, in der auch viele jüdische Schweizer tätig waren.[13] Am 21. November 1893 heiratete Joseph Heim Berta Blum,[14] die aus Weingarten bei Baden stammte,[15] und im darauffolgenden Jahr wurde der erste Sohn, Paul,[16] geboren. Das Ehepaar Heim-Blum hatte vier Kinder: Paul, Otto, Alice[17] und Walter.[18]

Otto H. Heim wurde am 17. November 1896 geboren. In diesen Zeitraum fällt auch der Eintritt von Joseph Heim in die ICZ.[19] Familie Heim wurde am 30. September 1911 «gegen eine Einkaufsgebühr von Fr. 400.– […] in das Bür-

---

8 Joseph Heim wurde am 18. 2. 1863 als Sohn von Israel und Jeanette Heim-Mayer geboren und starb im Juni 1951. Vgl. o. A.: Nachrichten aus Zürich, in: IW 25 (1951), S. 17. Für die Geburtsdaten der Familie Heim vgl. auch o. A.: Mitgliederverzeichnis ICZ, o. O., o. D. (um 1910), AfZ, IB ICZ-Archiv / 1723.
9 Vgl. o. A.: Geburtsschein. Auszug aus dem Geburtsregister des Zivilstandskreises Zürich von Otto Heinrich Heim, Zürich, 17. 7. 1947, AfZ, NL Otto und Régine Heim / 2.
10 Vgl. Interview mit Walter Heim, S. 1; o. A.: Israelitische Kultusgemeinde Zürich. Mitgliederverzeichnisse vom 1. Mai 1907, Zürich 1907, AfZ, IB ICZ-Archiv / 1724.
11 Leopold Bollag präsidierte die ICZ 1880–1899. Vgl. Brunschwig/Heinrichs/Huser, Geschichte der Juden im Kanton Zürich, 2005, S. 440.
12 Vgl. o. A.: Nachrichten aus Zürich, in: IW 25 (1951), S. 17.
13 Vgl. Mächler, Hilfe und Ohnmacht, 2005, S. 43.
14 Berta Heim-Blum wurde am 10. 2. 1870 geboren und starb im November 1951. Vgl. Todesanzeige, in: IW 47 (1951), S. 31.
15 Vgl. o. A.: Nachrichten aus Zürich, in: IW 48 (1951), S. 22.
16 Paul Nathan Heim-Bollag wurde am 4. 12. 1894 geboren und starb im November 1974. Vgl. o. A.: Zürcher Nachrufe, in: IW 45 (1974), S. 37.
17 Alice Rosine Guggenheim-Heim wurde am 13. 4. 1898 geboren. Sie war mit Silvain Guggenheim (1887–1952), der aus Baden stammte, verheiratet und hatte eine Tochter namens Eveline (1921–1982). Alice Guggenheim-Heim litt an einer psychischen Krankheit und war deshalb mehrmals in Behandlung. Sie starb im Mai 1949. Vgl. o. A.: Familien-Nachrichten, in: IW 19 (1949), S. 33; Karin Huser: Schreiben an die Verfasserin, 21. 11. 2019.
18 Walter Max Heim wurde am 27. 10. 1900 geboren und starb im Dezember 1923. Vgl. o. A.: Familien-Anzeiger, in: JPZ 272, 1923, S. 14, https://digicopy.afz.ethz.ch/?&guid=e7ecde7e69a04568b-0d143bdd2bccb93, 22. 12. 2020, sowie Otto H. Heim: Schreiben an die Eltern, Geschwister und Sylvain Guggenheim (Schwager), München, 14. 12. 1923, AfZ, NL Otto und Régine Heim / 22.
19 Joseph Heim wurde im Mitgliederverzeichnis der ICZ von 1899 aufgeführt. Vgl. o. A.: Alphabetisches Verzeichnis der Mitglieder der ICZ, o. O., 1899, AfZ, IB ICZ-Archiv / 1723.

Abb. 1: Joseph und Berta Heim, undatiert.

Abb. 2: Joseph, Berta und Otto H. Heim, 1920er-Jahre.

gerrecht der Stadt Zürich aufgenommen»[20] und erhielt damit automatisch die Schweizer Staatsbürgerschaft.

Otto H. Heim besuchte ab 1911 die Kantonale Handelsschule in Zürich,[21] auf welche auch sein älterer Bruder Paul ging.[22] Dieser Bildungsweg sollte die Schülerschaft unter anderem auf eine Karriere im kaufmännischen Bereich vorbereiten, sodass die Wahl der Schule vor dem Hintergrund einer künftigen Übernahme des väterlichen Textilgeschäfts zu verstehen war. Paul und Otto H. Heim führten später das Textilunternehmen des Vaters weiter und standen sich zeitlebens sehr nahe.[23]

---

20 O. A.: Landrecht. Zürich, 19. 10. 1911, StAZH, MM 3.25 RRB 1911/1922, https://suche.staatsarchiv.djiktzh.ch/detail.aspx?ID=3784519, 1. 1. 2021.
21 Vgl. o. A.: Kantonsschule Zürich. Zeugnis der Kantonalen Handelsschule, Zürich 1911, AfZ, NL Otto und Régine Heim / 1.
22 Vgl. o. A.: Kantonale Handelsschule. Verzeichnis der Schüler, Zürich 1912, S. 11, AfZ, NL Otto und Régine Heim / 1.
23 Vgl. Interview mit Walter Heim, S. 8.

Abb. 3: Von links: Walter, Paul, Alice und Otto H. Heim, 1907.

Abb. 4: Alice und Paul Heim vor der Lintherscheranlage in Zürich, undatiert.

Der Werdegang von Otto H. Heim zeugt von der schnellen Integration der Familie Heim in das bürgerlich geprägte jüdische Umfeld der ICZ:[24] Zu Heims Klassenkameraden gehörten unter anderem Hugo Wyler,[25] dessen Familie im Tuchhandel etabliert war,[26] und Kurt Guggenheim, der später als Schriftsteller zahlreiche schweizerische Literaturpreise gewann.[27]

Neben Fächern, die direkt auf kaufmännische Berufe vorbereiten sollten, wie Handelsbetriebslehre, Handelsrecht, Volkswirtschaftslehre und den klassischen naturwissenschaftlichen Fächern standen vor allem Sprachen auf dem Lehrplan (Deutsch, Französisch, Englisch und Italienisch).[28]

Obwohl Otto H. Heim mehrheitlich ein fleissiger Schüler war – in seinem Entlassungszeugnis vom 27. März 1914 erhielt er gute bis sehr gute Noten für Fleiss, Leistungen und Betragen[29] –, scheint er doch ab und zu durch aufsässiges Verhalten aufgefallen zu sein[30] und Streiche gegen die Lehrerschaft angezettelt zu haben.[31] In einem Strafaufsatz, der vom 22. Januar 1913 stammt, sinnierte der damals 16-jährige Heim über das Verhältnis zwischen Schüler- und Lehrerschaft und die abnehmende Disziplin der Schüler, die mit deren Alter korreliere: «Dans les premiers trois ans de temps scolaire l'ordre en classe est vraiment perfect, car les élèves ont une tel peure à leur maître, qu'ils ne fient pas à être inquiet. – Dans les trois ans de suite, l'ordre en classe n'est plus si excellent comme autrefois, car l'élève est été plus grand et il pense: ‹Oh, je suis grand, je n'ai pas peur à mon maître.› Mais, c'est domage, (pour les élèves?) le maître est toujours encore le plus fort et l'écolier le sente (quand) malheureusement pas moins, quand il recoit les coups du maître, parce qu'il a revolté.»[32]

---

24 Vgl. Zweig-Strauss, David Farbstein, 2002, S. 30.
25 Hugo Wyler, 1896 in Zürich geboren, erwarb das Handelsschuldiplom und danach die Maturität. Ab 1915 nahm er ein Studium der Jurisprudenz auf und promovierte 1921. Danach war er als Jurist tätig. 1925 heiratete er Trudy Bloch. Hugo Wyler starb 1990 in Zürich. Vgl. Keller, Bürger und Juden, 2015, S. 11, 33, 174, 189, 194.
26 Vgl. ebd., S. 58.
27 Vgl. o. A.: Kantonale Handelsschule. Verzeichnis der Schüler, Zürich 1912, S. 4, AfZ, NL Otto und Régine Heim / 1. Zu Kurt Guggenheim vgl. Aeppli, Kurt Guggenheim, e-HLS.
28 Vgl. o. A.: Zeugnisse der Kantonalen Handelsschule, Zürich 1911–1914, AfZ, NL Otto und Régine Heim / 1.
29 Vgl. o. A.: Kantonale Handelsschule. Entlassungs-Zeugnis Otto Heim, Zürich, 27. 3. 1914, AfZ, NL Otto und Régine Heim / 1.
30 Vgl. o. A.: Kantonale Handelsschule. Zeugnis für die 1. und 2. Klasse für Heim, Otto, Zürich 1911–1913, AfZ, NL Otto und Régine Heim / 1.
31 Im Nachlass von Otto H. Heim findet sich zum Beispiel ein Verzeichnis der Noten der Schüler, das gemäss einer Notiz auf der ersten Seite von Heim «am 22. Okt. 1912 im Papierkorb gefunden» wurde. Das zerrissene «Notenbüchlein v. Prof. Bize» wurde, vermutlich von Otto H. Heim, wieder zusammengeklebt. Darin finden sich die detaillierten Bewertungen von Schülern verschiedener Klassen. Vgl. o. A.: Schüler-Verzeichnis der Kantonalen Handelsschule, Abteilung der Kantonsschule, o. O., 1911/12, AfZ, NL Otto und Régine Heim / 1.
32 Otto H. Heim: L'ordre en classe. Klassenstrafaufsatz bei Louis Bize, Zürich, 22. 1. 1913, AfZ, NL Otto und Régine Heim / 1.

Ein Empfehlungsschreiben seines Englischlehrers zeugt davon, dass Otto H. Heim trotz seiner jugendlichen Streiche ein gelehrsamer Schüler war: «He proved to be one of the best boys in English of the form, if not *the* best.»[33]

Nach seinem Schulabschluss absolvierte Otto H. Heim einen Auslandsaufenthalt in London. Aus Briefen, die er im August und Oktober 1914 aus London an seine Eltern schrieb, geht hervor, dass er zusammen mit seinem Bruder Paul für das Textilunternehmen Charles Bayer & Co. tätig war, das hauptsächlich Korsetts herstellte.[34]

Im ersten Brief aus London bat Otto H. Heim um die Überweisung von Geld, da er und sein Bruder aufgrund der «schlechten Zeiten»[35] weniger Lohn erhalten würden.[36] Im zweiten Brief vom 1. Oktober 1914 thematisierte Otto H. Heim den Postverkehr, der trotz der Kriegsereignisse tadellos funktioniere («bis jetzt sind *alle* Eure Schreiben uneröffnet angekommen»).[37] Weiter beschrieb er die Fehlinformationen der Öffentlichkeit durch die englische, deutsche und schweizerische Presse. Dazu schrieb der 18-jährige Otto H. Heim süffisant: «Natürlich wird über die armen Deutschen schwer hergezogen, der Kaiser ist, wie ich heute morgen ähnlich in der Times las, nicht besser als ein Räuberhäuptling.»[38] Mit den Schweizer Medien ging er sogar noch härter ins Gericht: «Ich glaube natürlich prinzipiell nur 50% was ich lese; $^1/_{1000}$ $^o/_{oo}$ glaube ich aber nur den Schweizer Nachrichten. Tatsache ist, dass aus den neutralen Ländern die grössten Schwindeleien kommen.»[39]

Obwohl der ganze Brief in einem ironischen und zuweilen altklug anmutenden Grundton gehalten ist, befasste sich Otto H. Heim auch seriös mit dem politischen Tagesgeschäft und scheint sich sowohl über Zeitungen in der Schweiz als auch in England auf dem Laufenden gehalten zu haben. Es gelang ihm dabei mehrheitlich, die Kriegspropaganda als solche zu erkennen und eine eigene realistische Einschätzung der politischen Lage abzugeben: «Die engl. Blätter beklagen sich, dass die Zeitungen neutraler Länder wie auch der Schweiz unter deutschem Einfluss ständen. Ich denke mir, die deutsche Schweiz, ich meine die Stadt Zürich z. B., nimmt im Kriege für Deutschland Partei; ganz neutral werdet Ihr doch nicht sein. – Auf dem Kriegsschauplatz gibt's nichts neues, obwohl die engl. Zeitungen in einer Spalte schreiben, die

---

33 W. Walker: Empfehlungsschreiben für Otto Heim. Zürich, 28. 3. 1914. AfZ, NL Otto und Régine Heim / 1 (Hervorhebung im Original).
34 Vgl. Shaw, The large Manufacturing Employers of 1907, 1990, S. 4.
35 Otto H. Heim: Schreiben an Joseph und Berta Heim, London, 15. 8. 1914, AfZ, NL Otto und Régine Heim / 1.
36 Vgl. ebd.
37 Otto H. Heim: Schreiben an Joseph und Berta Heim, London, 1. 10. 1914, AfZ, NL Otto und Régine Heim / 1 (Hervorhebung im Original).
38 Ebd.
39 Ebd.

Alliierten hätten Erfolge und würden advancieren, bemerken sie in den andern, es wäre keine Änderung in der Stellung eingetreten.»[40]

Bezeichnend ist auch, dass Otto H. Heim sich selbst als neutralen Beobachter einschätzte, indem er seine Eltern durch das Pronomen «Ihr» mit der «deutschen Schweiz» beziehungsweise der «Stadt Zürich» gleichsetzte, sich aber nicht mit einschloss. Neben den Kriegsereignissen beschrieb Heim seine Tätigkeiten für die Firma. Die Nebenschauplätze seines Briefes, darunter ein Bericht über den Besuch einer Synagoge und ein Seitenhieb auf seinen Bruder, geben Einsicht in den Alltag und die Gedankenwelt des jungen Otto H. Heim in London: «Gefastet habe ich ausgezeichnet, hoffe ich auch dasselbe von Euch, der Gottesdienst jedoch in einer Synagoge nicht grösser als unser Betsaal hat mir aber nicht imponiert; in eine grosse Synagoge konnten wir der Distanz wegen nicht gehen. Paul hat sich einen schönen blauen Anzug machen lassen; ich, der dies vielleicht noch nötiger gehabt hätte, habe davon abgestanden; der Krieg ist auch da wieder schuld.»[41]

Nach ihrer Rückkehr in die Schweiz während des Ersten Weltkriegs waren Otto und Paul Heim im Textilgeschäft ihres Vaters tätig.[42] Das Textilunternehmen wurde in Joseph Heim Söhne unbenannt, denn in dieser Zeit kam es zu einem Zerwürfnis zwischen Joseph und Max Heim. Max Heim wollte seinen Sohn Robert ins Textilunternehmen mit einbinden, was Joseph Heim ablehnte. Der Familienstreit zog sich jahrelang dahin.[43]

3.2 Etablierung im jüdischen Zürich und Kampf gegen Antisemitismus

3.2.1 Soziales Umfeld

Über die Tätigkeiten von Otto H. Heim zwischen 1918 und 1933 sind wenig schriftliche Quellen erhalten, da er damals noch nicht in öffentlichen Ämtern tätig war. Gespräche mit Verwandten von Otto H. Heim und zahlreiche Fotografien aus dieser Zeit vermitteln den Eindruck, dass er als junger Erwachsener einen ausschweifenden und grossbürgerlichen Lebensstil pflegte.[44] Allerdings

---

40 Ebd.
41 Ebd.
42 Vgl. o. A.: Zürcher Nachrufe. Nachruf Paul Heim-Bollag, in: IW 45 (1974), S. 37.
43 Vgl. Interview mit Walter Heim, S. 15.
44 Vgl. Interview mit André Blum, S. 17, 71.

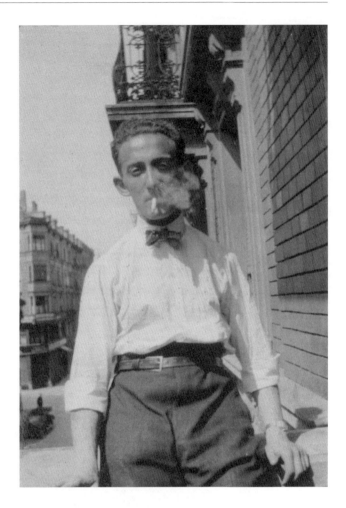

Abb. 5: Otto H. Heim um 1920.

war er auch in die Pflege seines jüngeren Bruders Walter involviert, der nach einer Krankheit im Alter von 23 Jahren starb.[45] Dieses Erlebnis prägte ihn stark.[46]

45 Vgl. Otto H. Heim: Schreiben an die Eltern, Geschwister und Sylvain Guggenheim (Schwager), München, 14. 12. 1923, AfZ, NL Otto und Régine Heim / 22, sowie nk: Zürcher Nachrufe. Abschied von Otto H. Heim, in: IW 20 (1978), S. 26.
46 Otto H. Heim verbrachte die letzten Lebensstunden seines Bruders an dessen Krankenbett und informierte die Familie über Walters Tod. Er schrieb über dieses Erlebnis: «– dennoch war dieser Schlag, – als er mich traf, – der schwerste meines Lebens.» Otto H. Heim: Schreiben an die Eltern, Geschwister und Sylvain Guggenheim (Schwager), München, 14. 12. 1923, AfZ, NL Otto und Régine Heim / 22. Zu einem unbekannten Datum liess Heim zwei grafologische Gutachten erstellen und kommentierte die Ergebnisse handschriftlich. In einem der Gutachten

Abb. 6: Otto H. Heim in Wimbledon, Ferienreise Sommer 1920, mit Beschriftung «a most distinguished spectator in Wimbledon!» von Otto H. Heim.

Abb. 7: Otto H. Heim, Ferienreise Sommer 1920, London, mit Beschriftung «le prince O. H.» von Otto H. Heim.

Abb. 8: Otto H. Heim in St. Moritz, 22. 2. 1920.

Abb. 9: Otto H. Heim in Arosa, Dezember 1921.

Abb. 10: Walter (links) und Otto H. Heim, 1921.

Abb. 11: Otto H. Heim, um 1921.

Abb. 12: Otto H. Heim in Locarno, September 1921.

Abb. 13: Régine Heim (rechts) und Freundin Enid, August 1934.

Am 29. März 1934 heiratete Otto H. Heim Régine Frajdenraich.[47] Das Ehepaar wohnte an der Restelbergstrasse 6 in Zürich.[48]
Régine Heim stammte ursprünglich aus Stryków (Polen) und verliess mit zehn Jahren ihr chassidisch geprägtes Elternhaus, um bei ihrem Grossvater zu leben, der als Rabbiner in der Genfer Agudas-Achim-Synagoge tätig

---

wurde konstatiert: «Zwischen 25 u. 28 Jahren ein sehr starkes Erleben; eine Krankheit, fast Lebenserfahrungskrankheit, – Umstellung. – Ein neuer Schicksalsstrang fängt an.» Schulthess: Gutachten, o. O., o. D., AfZ, NL Otto und Régine Heim / 11. Otto H. Heim kommentierte diesen Satz mit: «Stimmt!» Ebd.

47 Régine Heims Mädchenname wurde alternativ auch mit «Freudenreich», «Freidenreich» oder «Fraydenraich» transkribiert. Offiziell hiess sie Ryfka Frajdenraich. Vgl. Kersten/Blum, Liebe, 2004, S. 246. Anhand ihrer Schulzeugnisse aus Genf, in dem ihr Name mit «Regina Freidenreich» angegeben wird, lässt sich vermuten, dass sie nach ihrem Umzug in die Schweiz «Regina» und später «Régine» genannt wurde. Vgl. Schulzeugnisse von Régine Heim, Genf 1920–1922, AfZ, NL Otto und Régine Heim / 19.

48 Vgl. Genfer Lebensversicherungs-Gesellschaft: Schreiben an Otto H. Heim, Zürich, 8. 11. 1934, AfZ, NL Otto und Régine Heim / 21.

war.⁴⁹ Ihr Geburtsdatum ist unklar, in offiziellen Dokumenten tauchen verschiedene Daten auf. Aufgrund der Recherchen von Wolfgang Kersten und André Blum lässt sich vermuten, dass sie am 15. April 1908 geboren wurde.⁵⁰ Régine Heim hatte zwei Schwestern, Brandla und Fela,⁵¹ und einen Bruder namens Boris.⁵² Mit ihnen korrespondierte Régine Heim regelmässig.⁵³ Ihre Eltern und Geschwister liessen sich 1927 in Frankreich nieder.⁵⁴ Régine Heim war in erster Ehe mit Charles Edmond Maillot, einem Katholiken aus Genf, verheiratet,⁵⁵ die Ehe wurde jedoch am 27. Mai 1931 geschieden.⁵⁶ Aufbauend auf ihrem Studium der Musik, absolvierte Régine Heim in den 1930er-Jahren ein Studium der Kunst in Zürich. In den 1950er-Jahren liess sie sich in Paris und St. Tropez weiterbilden.⁵⁷ In den frühen 1930er-Jahren lernte sie Otto H. Heim kennen. Die Ehe blieb kinderlos. Otto und Régine Heim betreuten aber immer wieder Flüchtlingskinder.⁵⁸ Nach 1945 wohnte Walter Heim, Otto H. Heims Neffe, zeitweise bei Otto und Régine Heim, da er sich viel mit seinem Vater gestritten habe. Seinem Onkel Otto habe er nahegestanden.⁵⁹ Régine Heim soll sehr introvertiert gewesen sein. Sie beschäftigte sich

49 Vgl. o. A.: Ehrendoktorwürde für Régine Heim, in: Jüdische Rundschau Maccabi 46 (1988), S. 9.
50 Vgl. Kersten/Blum, Liebe, 2004, S. 246. In den Pässen von Régine Heim wird der 3. 4. 1907 als Geburtsdatum angegeben. Vgl. NL Otto und Régine Heim / 19. Régine Heim habe später häufig erklärt, dass ihr Vater sie bei ihrer Einwanderung in die Schweiz als älter ausgegeben habe, damit sie in eine höhere Schulklasse eingeteilt würde. Vgl. Kersten/Blum, Liebe, 2004, S. 246.
51 Brandla Frajdenraich wurde 1909 geboren, Fela 1916. Vgl. Aktennotizen der Eidg. Polizeiabt., BAR, E4264#1985/197#131*.
52 Vgl. zahlreiche Briefe von Boris und Fela Frajdenraich an Régine und Otto Heim, AfZ, NL Otto und Régine Heim / 25. Boris Frajdenraich wurde 1911 geboren. Vgl. Fela Frajdenraich: Fragebogen der Eidg. Fremdenpolizei, o. O., 15. 1. 1943, BAR, E4264#1985/197#131*.
53 Vgl. Briefe von Boris Frajdenraich an Régine Heim, AfZ, NL Otto und Régine Heim / 25. Der erste Brief aus dem Dossier stammt von Boris Frajdenraich aus dem Jahr 1930 und wurde in Colmar verfasst. Vgl. Boris Frajdenraich: Schreiben an Régine Heim, Colmar, 24. 10. 1930, AfZ, NL Otto und Régine Heim / 25.
54 Im September 1942 flüchteten Brandla und Fela Frajdenraich in die Schweiz. Boris kam in deutsche Kriegsgefangenschaft. Brandla Frajdenraich gab bei ihrer Einvernahme bei der Polizei Zürich an, dass sie mit 17 Jahren mit ihrer Familie von Warschau nach Colmar umgezogen sei. Bis 1939 habe die Familie dort gelebt, danach zogen sie nach Vorey. Vgl. Brandla Frajdenraich: Bericht an das Polizeikommando Zürich, Zürich, 22. 9. 1942, BAR, E4264#1985/197#131*. Den Eltern von Régine Heim gelang 1943 die Flucht in die Schweiz. Otto H. Heim habe die Familie materiell stets unterstützt. Vgl. Fela Frajdenraich: Bericht an die Eidg. Fremdenpolizei, Sonnenberg, 3. 11. 1944, BAR, E4264#1985/197#131*.
55 Vgl. Kersten/Blum, Liebe, 2004, S. 251.
56 Vgl. Familien-Büchlein, Zürich, 29. 3. 1934, AfZ, NL Otto und Régine Heim / 2.
57 Vgl. Madeleine Erlanger: Régine Heim, Nachruf als Vorlage für den Rabbiner anlässlich der Beerdigung von Régine Heim am 3. 5. 2004 auf dem Oberen Friesenberg, Zürich 2004; Horisberger, Heim, Régine, 1998, S. 471 f.
58 Vgl. Kapitel 6.1.
59 Vgl. Interview mit Walter Heim, S. 8.

Abb. 14: Georges Bloch in Liverpool, Ferienreise, Sommer 1920.

intensiv mit der jüdischen Mystik und vertiefte sich in Studien der Kabbala, was sich auch in ihrer Kunst zeigte.[60] Ihre Beziehung zu Otto H. Heim war für Drittpersonen nicht immer einfach zu verstehen, waren Otto und Régine Heim doch vom Charakter her sehr unterschiedlich.[61] Zudem habe Otto H. Heim lange wenig Interesse an Régines künstlerischem Werdegang gezeigt und sich erst in späteren Jahren, als sie sich als Künstlerin bereits etabliert hatte, positiv über ihr Werk geäussert.[62] Jedoch erlaubte sein materieller Wohlstand ihr einen sorgenfreien Lebensstil.[63] Ihr gegenüber, wie auch anderen Personen in seinem Umfeld, war Otto H. Heim finanziell stets sehr grosszügig.[64] Régine Heim starb am 10. Mai 2004 in Genf.[65]

60 Vgl. Kersten/Blum, Liebe, 2004, S. 241.
61 Vgl. Interview mit André Blum, S. 4; vgl. Interview mit Madeleine Erlanger, S. 8.
62 Vgl. Interview mit André Blum, S. 44 f., sowie Kersten/Blum, Liebe, 2004, S. 251; Interview mit Madeleine Erlanger, S. 9, und Interview mit Amira Gezow, S. 42.
63 Vgl. Interview mit André Blum, S. 4, sowie Interview mit Madeleine Erlanger, S. 9.
64 Vgl. Interview mit Madeleine Erlanger, S. 8 f.
65 Vgl. Todesschein Régine Heim, Genf, 10. 5. 2004, AfZ, NL Otto und Régine Heim / 19.

Abb. 15: Georges Bloch, um 1920.

Abb. 16: Georges Bloch und seine Frau Jenny Margot, 1930er-Jahre.

Abb. 17: Tout de même, Itschnach, Bauarbeiten, Sommer 1929.

Abb. 18: Josef Wyler bei der Arbeit, undatiert.

In den 1930er-Jahren bewegte sich Otto H. Heim vor allem in den grossbürgerlichen jüdischen Kreisen der Stadt Zürich. Sein bester Freund, Georges Bloch,[66] hatte nach einer kaufmännischen Ausbildung ebenfalls im väterlichen Textilgeschäft Fuss gefasst.[67] 1929 hatten Otto H. Heim und Georges Bloch auf einer Waldparzelle in Itschnach (Küsnacht), die sie gemeinsam erworben hatten, ein «Wochenend-Häuschen» errichtet,[68] das sie «Tout de même» nannten.[69] Mit Bloch verband Heim eine lebenslange Freundschaft. In einer Rede, die Georges Bloch anlässlich des 70. Geburtstags von Otto H. Heim hielt, sinnierte er über den Charakter ihrer Freundschaft: «Was ist diese Freundschaft zwischen Dir, mein lieber Jubilar und mir? Sie ist, glaube ich, der Weg, um hinzugehen zum

---

66 Georges Bloch wurde 1901 in Zürich geboren. 1930 heiratete er Jenny Margot. Neben seinen Tätigkeiten als Kaufmann und im sozialen Bereich war er als Kunstsammler tätig. Er erwarb zahlreiche Grafiken seines Bekannten Pablo Picasso, die er 1972 der Gottfried-Keller-Stiftung sowie der Grafischen Sammlung der ETH Zürich vermachte. 1981 wurde er zum Ehrendoktor der Universität Zürich ernannt. Er starb 1984 in Zürich. Vgl. Chessex, Georges Bloch, e-HLS.
67 Vgl. ebd.
68 Vgl. o. A.: Waldrodung, Zürich, 24. 5. 1929, StAZH, MM 3.43 RRB 1929/1035, https://suche.staatsarchiv.djiktzh.ch/detail.aspx?ID=3854334, 20. 2. 2018.
69 Vgl. Interview mit Walter Heim, S. 11.

Abb. 19: Josef Wyler, undatiert.

Abb. 20: Der «All Sport Club», undatiert, im Zentrum (Sechster von links) Otto H. Heim, rechts neben ihm Georges Bloch und Max Wyler.

Andern mit allen Sorgen und Freuden. [...] Man mag etwas Dummes angestellt haben, Nichtfreunde würden einem verurteilen. Der Freund versteht. [...] Du sagtest jeweils, ich sei ein Trottel, ein Tubel, ein Tschumpel,[70] aber es kam von Herzen, und es half. Wir sagten uns die Wahrheit, auch dort, wo sie unbequem war. [...] Aber da sind nicht nur die Nöte und Sorgen, sondern auch die Freuden. [...] Nur der Freund freut sich wirklich, neidlos, so etwa, wie wenn ihn der Glücksfall selber betroffen hätte. Das sind einige, wenn auch nicht alle Vorzüge unserer Freundschaft.»[71]

---

70 Das Wort «Tschumpel» bedeutet auf Schweizerdeutsch «gutmütiger, einfältiger Mensch». Vgl. o. A.: Tschump, Tschumpel, in: Schweizerisches Idiotikon, Bd. 14, o. O., 1986, S. 1739, https://digital.idiotikon.ch/idtkn/id14.htm#!page/141739/mode/1up, 27. 11. 2020.
71 Georges Bloch: Rede anlässlich des 70. Geburtstags von Otto H. Heim im Restaurant Savoy, Zürich, 17. 11. 1966, AfZ, NL Otto und Régine Heim / 6.

Zu Otto H. Heims engem Freundeskreis gehörten überdies der Arzt Josef Wyler[72] sowie der Rechtsanwalt Salomon Spivak.[73] Letzterer war im Gegensatz zu Georges Bloch und Josef Wyler nicht in der Flüchtlingshilfe tätig. Am Freitagabend war Heim jeweils bei Familie Wyler zu Gast.[74] Regelmässig trafen sich Georges Bloch, Josef Wyler und Otto H. Heim am Sonntagmorgen und wanderten mit ihren Hunden auf den nahen Uetliberg.[75]

Viele von Heims Freunden verkehrten im All Sport Club in Zürich. Beim All Sport Club handelte es sich um einen exklusiven Verein, der nur ausgewählte und einflussreiche jüdische Personen zu seinem Kreis zählte.[76] Während die Mitglieder in den Gründungsjahren tatsächlich noch viele Sportarten wie Tennis und Golf betrieben, mutierte der «All Sport Club» später zu einem wöchentlichen Treffen unter alten Freunden, bei dem vor allem soziale Kontakte bei einem Abendessen im Restaurant Savoy gepflegt wurden. Die Präsidentschaft des Clubs rotierte nach einem Turnus. Die Frauen der Mitglieder des «All Sport Club» trafen sich jeweils ebenfalls bei einer der Ehefrauen zu Hause zum Essen.[77] Der Club nahm mit Ausnahme von Edi Braunschweig keine neuen Mitglieder auf und löste sich daher nach dem Ableben der Mitglieder auf.[78]

---

72 Josef Wyler wurde 1904 in Baden als ältester von vier Söhnen geboren. Sein Vater Louis Wyler war als Vorsteher der Jüdischen Gemeinde Baden tätig gewesen. Seine Mutter hiess Rosa Wyler, geborene Kahn. Josef Wyler absolvierte seine obligatorische Schulzeit in Baden, danach erlangte er in Zürich die Maturität. Er studierte an der Universität Zürich Medizin. 1933 heiratete er Trudy Keller, mit der er eine gemeinsame Tochter namens Ruth hatte. Josef Wyler bildete sich zum Urologen weiter und eröffnete 1938 eine eigene Praxis an der Falkenstrasse in Zürich. Seine Tätigkeit als Arzt führte er bis 1987 weiter. Neben seiner 30-jährigen ehrenamtlichen Tätigkeit für den VSJF war Josef Wyler fast 40 Jahre Präsident des Hilfsvereins für jüdische Lungenkranke in der Schweiz und betreute die Heilstätte Etania. Er starb 1993 in Celerina. Vgl. nk: Dr. med. Josef Wyler s. A., in: IW 33 (1993), S. 32; Erich Goldschmidt: Dr. Josef Wyler s. A., in: Jüdische Rundschau Maccabi 34 (1993), S. 11; Josef Wyler: Anzeige, in: JPZ 994, 1938, S. 12, https://digicopy.afz.ethz.ch/?&guid=20ff952143 2a45f88006f579acd14f3e, 17. 12. 2020.
73 Vgl. Interview mit Walter Heim, S. 12. Zur Freundschaft mit Salomon Spivak vgl. Interview mit Alice Alexander, S. 7; Interview mit B. S., S. 32; Bettina Girsberger-Littmann: Adolf Mil s. A., in: IW 1 (2000), S. 19.
74 Vgl. Interview mit B. S., S. 22, 47, 67. Vgl. Interview mit Amira Gezow, S. 44 f.
75 Vgl. Interview mit B. S., S. 32; Interview mit Walter Heim, S. 12, 79. Einer der Hunde, die Otto H. Heim im Laufe der Jahre hatte, hiess Peterli, ein weiterer Quick. Vgl. Interview mit Walter Heim, S. 79; vgl. Interview mit Alice Alexander, S. 16, 124.
76 Vgl. Interview mit Walter Heim, S. 4, sowie Interview mit André Blum, S. 43.
77 Vgl. Interview mit Walter Heim, S. 4, 49.
78 Vgl. ebd., S. 5.

3.2.2 Reaktionen des Schweizerischen Israelitischen Gemeindebunds (SIG) auf politische Entwicklungen in der Schweiz in den 1930er-Jahren

Otto H. Heims politische Laufbahn nahm in den 1930er-Jahren ihren Anfang. Seine ersten Tätigkeiten in der jüdischen Öffentlichkeit in Zürich waren Auseinandersetzungen mit dem virulenten Antisemitismus.[79]

In der Schweiz lassen sich im 19. und 20. Jahrhundert kontinuierlich antisemitische Tendenzen nachweisen. In der Bundesverfassung von 1848 wurde dem schweizerischen Judentum die Rechtsgleichheit verwehrt; die Niederlassungsfreiheit wurde erst 1866 im Gesetz verankert. Antisemitisch motiviert waren in der Schweiz auch die Einführung des Schächtverbots 1893, die Versuche, die osteuropäisch-jüdische Einwanderung zu unterbinden, und die speziell gegen Jüdinnen und Juden gerichteten Wucherprozesse während des Ersten Weltkriegs.[80]

Zu Beginn des 20. Jahrhunderts drückte sich in der Schweiz mit dem Begriff der «Überfremdung» eine antisemitisch beeinflusste politische Haltung aus. Diese manifestierte sich im 1931 konzipierten Bundesgesetz über Aufenthalt und Niederlassung der Ausländer (ANAG), das die Hürde für die Einbürgerung von Ausländerinnen und Ausländern wesentlich erhöhte. De facto richtete sich das Gesetz vor allem gegen osteuropäische Jüdinnen und Juden,[81] aber auch Schweizer Jüdinnen und Juden waren von öffentlichen Anfeindungen betroffen und als machtlose Minderheit in ihrer Handlungskompetenz gegenüber dem sich ausbreitenden Antisemitismus weitgehend eingeschränkt.[82] Vor diesem Hintergrund ist die Politik des Schweizerischen Israelitischen Gemeindebunds (SIG) zu verstehen, die sich, abgesehen von einigen Aktionen in den frühen 1930er-Jahren, vor allem durch ihre Konformität mit den Vorgaben der schweizerischen Behörden auszeichnete.

Die ersten Statuten des SIG stammen von 1904, dem Gründungsjahr des Gemeindebunds. 1924 kam es zu einer Statutenrevision, in deren Rahmen als Ziel des SIG die Vertretung der «allgemeinen Interessen des Judentums in der Schweiz, sowie die Unterstützung der Wohlfahrtseinrichtungen der Schweizer Juden»[83] festgehalten wurde. Die wichtigsten Gremien des SIG waren in

---

79 Mit dem Begriff «Antisemitismus» wird seit der zweiten Hälfte des 19. Jahrhunderts operiert. Im Gegensatz zu älteren Formen von Judenfeindschaft, die in der Regel als Antijudaismus bezeichnet werden und oft religiös motiviert waren, umschreibt Antisemitismus die «Infragestellung der bürgerlichen Gleichstellung der Juden», unterlegt «durch rassistische Theorien». Knoch-Mund, Antisemitismus, e-HLS.
80 Vgl. ebd. Zur antisemitischen Komponente der Wucherprozesse vgl. Gehringer, Der Teufel sei ein Jude, 2015, S. 5–22.
81 Vgl. Kury, Über Fremde reden, 2003, S. 185 f.
82 Vgl. Mächler, Hilfe und Ohnmacht, 2005, S. 18.
83 O. A.: Statuten SIG, Basel 1924, AfZ, IB SIG-Archiv / 1. Bei der jüdischen Bevölkerung der Schweiz, die im 20. Jahrhundert etwa 18 000 bis 20 000 Personen umfasste, handelte es sich vor

den 1930er-Jahren die Delegiertenversammlung (DV)[84] und das Centralcomité (CC).[85]

Der Austausch mit den Schweizer Behörden lag zu Beginn der 1930er-Jahre vor allem in den Händen des SIG-Präsidenten Jules Dreyfus-Brodsky,[86] der Kontakt zu den höchsten Instanzen im Bundeshaus pflegte. Er spielte die antisemitischen Vorkommnisse der «Hakenkreuzwelle» in den Jahren 1923/24[87] herunter mit dem Ziel, keine Unruhe unter dem Schweizer Judentum aufkommen zu lassen.[88]

Die politische Lage in der Schweiz war in der Zwischenkriegszeit, unter dem Eindruck des als bedrohlich wahrgenommenen Landesstreiks von 1918, geprägt durch eine rechtskonservative Konsolidierung. Auch die schweizerische Exportwirtschaft zeigte sich von der Weltwirtschaftskrise in den 1930er-Jahren betroffen. Die Arbeitslosigkeit wuchs zwischen 1929 und 1933 sprunghaft an. Eine der Auswirkungen der sich verbreitenden Krisenstimmung war die Entstehung zahlreicher Erneuerungsbewegungen in den 1920er- und 1930er-Jahren. Diese Bewegungen vertraten konservatives, reaktionäres und autoritäres Gedankengut und zeichneten sich auch durch eine graduelle Nähe zum Faschismus aus.[89]

Das Frühjahr 1933 sollte später als «Frontenfrühling» in die Schweizer Geschichte eingehen.[90] Im März 1933 hatte sich unter der Bezeichnung «Nationale Front» eine faschistische Bewegung gebildet, die sich in einer Koalition mit bürgerlichen Parteien im September für die Wahlen in Zürich aufstellen liess. Das Programm der Nationalen Front beinhaltete einen Antisemitismus

---

allem um eine städtische Bevölkerung. Die grössten jüdischen Gemeinden waren in Zürich, Basel, Genf, Lausanne und Bern zu finden. Vgl. Mächler, Hilfe und Ohnmacht, 2005, S. 41.

84 Die Delegiertenversammlung setzte sich aus Vertretern der Mitgliedsgemeinden des SIG zusammen. Die Zahl der Delegierten, die einer jüdischen Gemeinde zur Verfügung standen, war abhängig von der Mitgliedszahl der Gemeinde. Die DV hatte legislative Funktion. Vgl. o. A.: Statuten SIG, Basel 1924, S. 5, AfZ, IB SIG-Archiv / 1.

85 Das Zentralkomitee bildete die Exekutive des SIG und bestand gemäss den Statuten von 1924 aus «dem Präsidenten und sieben bis zwölf Mitgliedern». Ebd. Die maximale Anzahl CC-Mitglieder wurde per Beschluss der DV 1932 auf 15 erhöht. In derselben Sitzung wurde die Etablierung eines Arbeitsausschusses aus fünf Mitgliedern des CC beschlossen. Seine Kompetenzen wurden jedoch noch nicht definiert. Vgl. o. A.: Prot. DV SIG, Biel, 22. 5. 1932, S. 6, AfZ, IB SIG-Archiv / 29.

86 Jules Dreyfus-Brodsky (1859–1942) war zwischen 1906 und 1936 Präsident der Israelitischen Gemeinde Basel. 1915–1935 präsidierte er den SIG. Vgl. Guth Biasini, Jules Dreyfus, e-HLS.

87 Als «Hakenkreuzwelle» wurde der antisemitische Aktionismus in der Schweiz bezeichnet, der nach dem Ersten Weltkrieg einsetzte und 1923/24 seinen Höhepunkt hatte. Beeinflusst wurde die «Hakenkreuzwelle» vom Aufkommen des Nationalsozialismus und antisemitischen Ereignissen in Mittel- und Osteuropa. Vgl. Metzger, Antisemitismus in der Stadt St. Gallen, 2006, S. 72.

88 Vgl. Mächler, Hilfe und Ohnmacht, 2005, S. 32 f.
89 Vgl. Werner, Für Wirtschaft und Vaterland, 2000, S. 39–45.
90 Vgl. Glaus, Die Nationale Front, 1969, S. 96.

Abb. 21: Saly Braunschweig, undatiert.

nach deutschem und italienischem Vorbild,[91] Zürich wurde dabei ein Zentrum frontistischer Aktivitäten und Presseerzeugnisse.[92]

Die Delegierten des SIG zeigten sich durch die Machtergreifung der Nationalsozialisten in Deutschland im Januar 1933 höchst beunruhigt. Im März 1933 wurden die Mitglieder des CC über die vom Arbeitsausschuss[93] und vom Präsidenten des SIG ergriffenen Massnahmen orientiert: Man habe sich bereits mit dem Bundesrat in Verbindung gesetzt, der eine Botschaft an den SIG verfasst habe. Der Bundesrat habe kommuniziert, dass kein Anlass zur Beunruhigung bestehe.[94]

Die Reaktion des SIG auf die beunruhigenden Neuigkeiten war also in erster Linie die Kontaktaufnahme mit den Behörden. Dies mit dem Ziel, eine Rückversicherung zu erhalten, dass die Schweizer Jüdinnen und Juden nichts zu befürchten hätten. Auf ähnliche Weise sollte der SIG bis zum Kriegsausbruch und darüber hinaus reagieren, wenn neue Berichte über judenfeindliche Verordnungen im nahen Ausland in der Schweiz eintrafen: Der SIG unternahm bis 1942 keine Schritte, ohne sich vorab bei den Behörden abzusichern, dass sie im Einklang mit der offiziellen Politik der Schweiz stün-

---

91 Vgl. Picard, Die Schweiz und die Juden, 1994, S. 56.
92 Vgl. Brunschwig/Heinrichs/Huser, Geschichte der Juden im Kanton Zürich, 2005, S. 355.
93 Durch die neuen Statuten des SIG, die 1936 in Kraft gesetzt wurden, wurde der Arbeitsausschuss neu als Geschäftsausschuss (GA) bezeichnet. Festgelegt wurde, dass der Geschäftsausschuss aus drei bis fünf Mitgliedern zusammengesetzt sein solle und dass das CC die Aufgaben der GA festzulegen habe. Vgl. o. A.: Statuten SIG, Zürich 1936, S. 6, AfZ, IB SIG-Archiv / 2.
94 Vgl. Mächler, Hilfe und Ohnmacht, 2005, S. 31.

den. Diese defensive Politik war hauptsächlich der eigenen Machtlosigkeit geschuldet.[95]

Dennoch blieb der SIG in den 1930er-Jahren nicht untätig und lancierte den Kampf gegen den Antisemitismus in der Schweiz. Im Mai 1933 wurde die sogenannte Aktion gegründet, die mehrere «Lokalcomités»[96] in verschiedenen Städten umfasste, die Abwehrmassnahmen gegen den Antisemitismus ergreifen sollten. Diese Massnahmen umfassten die Dokumentation von und die Reaktion auf antisemitische Vorkommnisse, aber auch die Beziehungspflege mit Nichtjüdinnen und Nichtjuden und die Schliessung der eigenen Reihen. Damit wurde das Ziel verfolgt, von aussen als homogene Gesellschaft wahrgenommen zu werden.[97]

Das Lokalsekretariat der Aktion in Zürich, zuständig für die Kantone Zürich, Schaffhausen, Aargau, Glarus und Zug,[98] befand sich in der Löwenstrasse 1 und wurde im Mai 1933 eröffnet. Max Braunschweig war zuständiger Sekretär, Obmann des Lokalsekretariats war Saly Braunschweig,[99] der zu dieser Zeit auch Präsident der Israelitischen Cultusgemeinde Zürich (ICZ) war.

Vor allem in der Anfangsphase der jüdischen «Abwehr» fielen die Massnahmen gegen den Antisemitismus deutlich öffentlichkeitsorientierter aus als in den späten 1930er-Jahren, was der politischen Lage geschuldet war. Zwischen 1932 und 1935 reagierte der SIG häufig mit politischen und rechtlichen Vorstössen auf antisemitisch geprägte Ereignisse.[100]

In den Gemeindeversammlungen der ICZ wurde die Lage in Deutschland häufig thematisiert. Die Leitung der ICZ appellierte an die Gemeinde, im Einklang mit der Politik des SIG einerseits Geld für deutsche Flüchtlinge zu sammeln, andererseits den Abwehrkampf gegen den Antisemitismus in der

---

95 Vgl. ebd., S. 448.
96 Die Schweiz wurde in sieben Kreise unterteilt, welchen je ein Lokalsekretariat vorstand. Als Aktionschef wurde Saly Mayer bestimmt. Vgl. ebd., S. 70.
97 Vgl. ebd. Im Zürcher SIG-Lokalsekretariat wurde 1935 eine interne Stelle mit der Bezeichnung «Schädlingsbekämpfung» eingerichtet, die vorbeugend intervenieren sollte, wenn vermeintliches Fehlverhalten jüdischer Mitbürger und Mitbürgerinnen zu antisemitischen Reaktionen hätte führen können. Vgl. Erlanger, Schädlingsbekämpfung, 2005, S. 9.
98 Vgl. Max Braunschweig: Schreiben an das Lokal-Sekretariat des SIG, Zürich, 19. 5. 1933, AfZ, IB SIG-Archiv / 1251; Lokal-Sekretariat SIG Zürich: Schreiben an Saly Mayer, Zürich, 22. 5. 1933, AfZ, IB SIG-Archiv / 1251; Saly Braunschweig: Schreiben «an unsere Obmänner und Vertrauensleute», Zürich, 12. 9. 1933, AfZ, IB SIG-Archiv / 1251.
99 Saly Braunschweig (1891–1946) war zwischen 1931 und 1946 Präsident der ICZ und präsidierte zwischen 1943 und 1946 den SIG. Vgl. Weingarten, Saly Braunschweig, e-HLS. Sein grosser Einsatz im Dienst des Schweizer Judentums und insbesondere für die jüdischen Flüchtlinge wäre ohne die Hilfe seines Bruders Alfred Braunschweig kaum möglich gewesen. Alfred Braunschweig führte das Familienunternehmen weiter, von dessen Einnahmen beide Brüder leben konnten. Vgl. Interview mit Madeleine Erlanger, S. 32.
100 Vgl. Picard, Die Schweiz und die Juden, 1994, S. 94.

Schweiz zu lancieren.[101] Die ICZ betraute Georg Guggenheim[102] mit der Aufgabe, in den Schweizer Presseerzeugnissen antisemitische Artikel zu identifizieren: «Ueber die rechtlichen Fragen, die mit der Abwehrarbeit zusammenhängen und die Interventionen bei den Behörden werde entsprechend der Arbeitsteilung Herr Dr. Georg Guggenheim Bericht erstatten. Wir haben ein sorgfältiges Archiv über Presse Erzeugnisse angelegt die durch Vertrauensleute ständig auf Artikel etc. hin untersucht werden, die uns Juden angehen. Wir lancierten Artikel, brachten Richtigstellungen und konnten durch Rücksprache bei Redaktionen Missverständnisse aufklären und Abhilfe schaffen.»[103]

Die Abwehrarbeit des SIG war in dieser Phase also sowohl durch ein passives Dokumentieren von judenfeindlichen Presseartikeln als auch durch eine aktive Replik auf diese Artikel gekennzeichnet. Im Protokoll der ICZ wird festgehalten, dass die Interventionen der «Abwehr» bisweilen erfolgreich gewesen seien und die «gehässigen Artikel» verschwunden seien, jedoch sei «[d]ie Frontenpresse selbst [...] unverbesserlich».[104] Als Reaktion auf die antisemitischen Artikel der «Frontenpresse» habe die ICZ ein «Gegenflugblatt» erstellt und verteilt.[105]

Einige Mitglieder der ICZ wünschten sich einen offensiveren Abwehrkampf und kritisierten nicht nur die Politik des SIG, sondern auch die der ICZ an den Gemeindeversammlungen wiederholt.[106]

In die oben erwähnte Abwehrtätigkeit des SIG in Form von Sammeln und Archivieren von antisemitischen Presseberichten waren verschiedene Organisationen involviert, so auch der Bund Schweizer Juden (BSJ). Die erfolgreiche Integration des BSJ in die Kreise des SIG war allerdings ein Prozess, der von längeren Konflikten begleitet wurde.

3.2.3 Der Bund Schweizer Juden und der Schweizerische Israelitische Gemeindebund

Der Bund Schweizer Juden (BSJ) war eine Zürcher Organisation, die 1933 als Reaktion auf die antisemitischen Parolen der Schweizer Frontenbewegung entstanden war. Der BSJ sprach insbesondere die jüngere Generation an und

---

101 Vgl. Petry, Wir sind liberal, 2012, S. 128 f.
102 Georg Guggenheim (1897–1987) engagierte sich seit den 1920er-Jahren öffentlich für das Schweizer Judentum. Ab 1922 war er Mitglied der ICZ, deren Präsidentschaft er 1943–1955 übernahm. Georg Guggenheim war ab 1928 auch im SIG aktiv. Sein jüngerer Bruder Paul Guggenheim war Staatsrechtsprofessor. Vgl. o. A., Biografie Guggenheim, Georg, o. D.
103 O. A.: Prot. GV ICZ, Zürich, 29. 10. 1933, S. 153, AfZ, IB ICZ-Archiv / 144.
104 Ebd.
105 Vgl. ebd.
106 Vgl. Petry, Wir sind liberal, 2012, S. 137–139.

zählte 200–300 Mitglieder.[107] Die Präsidentschaft des BSJ hatten nacheinander Saly Guggenheim, Paul Brunschweig und Willy Wyler-Guggenheim inne.[108] Otto H. Heim war ab 1933 politisch im BSJ aktiv und während mehrerer Jahre Mitglied des Vorstands. Die Gründungsgeschichte des BSJ war eng mit der Weigerung des schweizerischen Bund für Volk und Heimat (BVH)[109] verbunden, Juden aufzunehmen.[110]

In den Statuten des BSJ von 1933 wurden die Ziele des Bundes folgendermassen definiert:

«Der Bund bezweckt:

a) Die Intensivierung des Abwehrkampfes gegen den Antisemitismus in Gemeinschaft mit dem Schweiz. Israelit. Gemeindebund.

b) Entschlossenes Eintreten für die Wehrhaftigkeit der Schweiz und Festhalten am vaterländischen Standpunkt.

c) Voranstellung des Allgemeinwohls über persönliche Interessen.

d) Weder religiöse noch parteipolitische Ziele.»[111]

Das Programm drückte zwei Schwerpunkte aus: Abwehr von Antisemitismus und schweizerischem Patriotismus unter dem Eindruck der allgemeinen Stimmungslage in der Schweiz und der «geistigen Landesverteidigung».[112] Der BSJ wollte den Kampf gegen den Antisemitismus verstärkt lancieren, da die

---

107 Vgl. Sadinksy, Elias B.: Schreiben an Saly Mayer, Zürich, 27. 9. 1933, S. 2, AfZ, IB SIG-Archiv / 2343. Vgl. weiter Picard, Die Schweiz und die Juden, 1994, S. 109; Mächler, Hilfe und Ohnmacht, 2005, S. 81.

108 Vgl. Bund Schweizer Juden: Schreiben an das Lokalsekretariat des SIG, Zürich, 1. 9. 1933, AfZ, IB SIG-Archiv / 1438. Vgl. dazu auch o. A.: Bund Schweizer Juden, in: JPZ 852 (1935), S. 15, https://digicopy.afz.ethz.ch/?&guid=12ea6a8b46c94e71a090f8609c7d1b61, 22. 12. 2020, sowie Willy Wyler-Guggenheim: Schreiben an das Lokal-Sekretariat des SIG, Zürich, 1. 3. 1936, AfZ, IB SIG-Archiv / 1561.

109 Der BVH wurde am 28. 5. 1933 gegründet und richtete sich entsprechend seinem Programm gegen sozialistische, kommunistische und materialistische Aktivitäten. Der BVH war eine bürgerliche Vereinigung, die wirtschaftspolitisch und ausgesprochen patriotisch und föderalistisch ausgerichtet war. Obwohl nicht dezidiert antisemitisch, sympathisierte der BVH auch mit frontistischem Gedankengut. Bekannte Mitglieder des BVH fielen immer wieder durch antisemitische Äusserungen auf. Die Entscheidung, ob Juden im BVH aufgenommen werden sollten, überliess die übergeordnete Schweizerische Bundesobmannschaft des BVH den einzelnen kantonalen Obmannschaften. Der BVH begrüsste die Gründung des BSJ und wies jüdische Bewerber darauf hin, dass sie sich dem BSJ anschliessen sollten. Damit hatte der BVH eine bequeme Lösung gefunden, ohne sich eindeutig politisch positionieren zu müssen, denn die wichtigsten BVH-Gönner machten ihre Spende von einer klar christlichen Ausrichtung des BVH abhängig. Vgl. Werner, Wirtschaft, 2000, S. 80–87, 104 f.

110 Vgl. Mächler, Hilfe und Ohnmacht, 2005, S. 80.

111 O. A.: Statuten BSJ, Zürich, 12. 6. 1933, § 2, S. 1, AfZ, IB SIG-Archiv / 1438.

112 Unter den Begriff «geistige Landesverteidigung» fallen Bewegungen, die schweizerische Werte in der Abgrenzung von faschistischen, nationalistischen und kommunistischen Totalitarismen ins Zentrum stellten. Im Gegensatz zur negativen Rezeption in den 1970er-Jahren wird «geistige Landesverteidigung» aktuell nicht mehr als rein rechtsbürgerliche Bewegung verstanden, sondern in einem breiteren politischen Spektrum angesiedelt. Vgl. Jorio, Geistige Landesverteidigung, e-HLS.

Abb. 22: Saly Mayer, undatiert.

Abwehrarbeit des SIG gegen Antisemitismus von den Mitgliedern des BSJ als zu harmlos betrachtet wurde. Der BSJ nahm überdies ausschliesslich «unbescholtene jüdische Schweizerbürger»[113] auf und war dezidiert antikommunistisch.[114]

In der Retrospektive fasste Georg Guggenheim, der seit 1933 in die Abwehr gegen den Antisemitismus tätig war, in seiner Abhandlung über die jüdische Abwehr im Jahr 1954 zusammen, dass «ein Teil der Jugend»[115] sich 1933 im BSJ zusammengeschlossen und «stets mit unserer [derjenigen des SIG] Abwehrorganisation zusammen»[116] gearbeitet habe. Was Georg Guggenheim als nahtlosen Übergang in eine problemlose Zusammenarbeit beschrieb, war jedoch Resultat langfädiger Diskussionen zwischen dem SIG und dem BSJ.

Die Differenzen offenbarten sich zeitgleich mit der Gründung des BSJ. Der SIG missbilligte die Konstituierung einer jüdischen Parallelorganisation und wollte dem BSJ den Wind aus den Segeln nehmen, indem er versuchte, die Mitglieder in die Reihen der Abwehr gegen Antisemitismus der ICZ zu integrieren. Der SIG, der in den 1930er-Jahren immer noch schwach strukturiert

---

113 O. A.: Statuten BSJ, Zürich, 12. 6. 1933, § 3, S. 1, AfZ, IB SIG-Archiv / 1438.
114 Ebd., § 4, S. 2. Zum Programm des BSJ vgl. auch Mächler, Hilfe und Ohnmacht, 2005, S. 81.
115 Guggenheim, Abwehr und Aufklärung, 1954, S. 58.
116 Ebd., S. 58 f.

war, da die Ämter im SIG ehrenamtlich ausgeübt wurden,[117] scheint eine zersetzende Wirkung durch den BSJ befürchtet zu haben. Die Bestrebungen, dem SIG eine Vormachtstellung in der Vertretung gesamtschweizerischer jüdischer Interessen einzuräumen, schienen durch die Gründung von Organisationen wie dem BSJ gefährdet. Obwohl sich der BSJ um einen Austausch mit dem SIG bemüht zeigte, fielen die Reaktionen des Gemeindebundes, der sich durch den BSJ existenziell bedroht sah, relativ heftig aus und zementieren den Eindruck, dass die Position des SIG im gesamtschweizerischen Kontext noch keineswegs so gefestigt war, dass er die Gründung von jüdischen Parallelorganisationen mit einem ähnlichen Programm hätte dulden können.

Der SIG zeigte sich ausserdem mit der Betonung des patriotischen Moments durch den BSJ nicht einverstanden, denn eine Diskriminierung von Jüdinnen und Juden, die über keine Schweizer Staatsbürgerschaft verfügten, sollte vermieden werden. Sein Ansinnen war, die Stimme aller Juden in der Schweiz zu sein. Dazu hielt Saly Mayer,[118] der Sekretär des SIG, in einem Brief an Saly Braunschweig fest: «Die gute Absicht der Gründung des B. S. J. wird nicht verkannt. Sie würde jedoch durch ihre Verwirklichung mit der vom Gemeindebund betriebenen Politik der Einheit der Juden in der Schweiz in Widerspruch geraten. Nachdem wir seit vielen Jahren bei zahlreichen Gelegenheiten vor vielen Behörden und Instanzen für die Gleichberechtigung aller Juden eingestanden sind, würde es einen bemühenden Eindruck machen, dass wir ausgerechnet heute einen andern Standpunkt einnehmen würden.»[119]

Aus seinen Zeilen sprach auch der mühevolle Kampf des SIG, dass Jüdinnen und Juden von den Schweizer Behörden als vollwertige Staatsbürgerinnen und Staatsbürger wahrgenommen wurden. Diese Position verteidigte der SIG mit allen Mitteln.

Am 18. Juni 1933 fand eine Delegiertenversammlung des SIG in Zürich statt. Aus der Präsenzliste der jüdischen Zürcher Gemeinden wird ersichtlich, dass sich zusätzlich zu den 20 offiziellen Delegierten 23 Gäste angemeldet hatten.[120] Mitglieder des BSJ wurden allerdings nicht an die DV eingeladen. In einem Brief an den Präsidenten der DV drückte der BSJ sein Befremden über diese Tatsache aus: «Der BSJ, welcher seiner Konstituierung, seine Ziele und Zwecke dem SIG anlässlich einer Besprechung mit den Herren Sally [sic]

---

117 Vgl. Mächler, Hilfe und Ohnmacht, 2005, S. 42.
118 Saly Mayer (1882–1950) übernahm 1929 ehrenamtlich das Sekretariat des SIG. In dieser Position war er als «Aktionsobmann» für die Koordination der jüdischen Abwehr zuständig. Zwischen 1921 und 1933 war er politisch im Gemeinderat St. Gallen engagiert, 1936–1943 übernahm er die Präsidentschaft des SIG. Ab 1940 war er Repräsentant der amerikanischen Hilfsorganisation American Jewish Joint Distribution Committee (Joint). In dieser Funktion übte er über seine Amtszeit hinaus einen grossen Einfluss auf den SIG aus. Vgl. Mayer, Saly Mayer; vgl. Zweig-Strauss, Saly Mayer, 2007, S. 35–62.
119 Saly Mayer: Schreiben an Saly Braunschweig, o. O., 15. 8. 1933, AfZ, IB SIG-Archiv / 1251.
120 Vgl. o. A.: Prot. DV SIG, S. 1, Zürich, 18. 6. 1933, AfZ, IB SIG-Archiv / 29.

Braunschweig und Fritz Bloch[121] zur Kenntnis gebracht hat, um dem SIG in loyalster Weise seine Mitarbeit in der Aktivierung des Abwehrkampfes gegen den Antisemitismus zu versichern, ist äusserst erstaunt, vom SIG keine Einladung zur Teilnahme an der [...] in Zürich stattfindenden Delegierten-Versammlung erhalten zu haben.»[122]

Trotz dieses negativen Signals des SIG, was eine Zusammenarbeit mit dem BSJ betraf, formulierte der BSJ mehrere Vorschläge, welche Massnahmen der SIG gegen den Antisemitismus ergreifen könnte. Der BSJ versuchte, damit aktiv auf die Abwehrtätigkeiten des Schweizer Judentums Einfluss zu nehmen. In der DV des SIG wurde auf diese Ideen nicht eingegangen. Hingegen wurde von Delegierten vorgeschlagen, den Eintritt jüngerer Männer in jüdische Gemeinden zu erleichtern, indem der Mitgliederbeitrag auf «einen Minimalbeitrag»[123] reduziert werden sollte. Die Delegierten des SIG gingen an der Sitzung auf einen Vorschlag des CC ein, die den Eintritt von Neumitgliedern zwischen den jüdischen Gemeinden regulieren sollte.[124] Mit der Eingliederung junger Männer in die jüdischen Gemeinden wollte der SIG verhindern, dass sich unter Jugendlichen Parallelorganisationen zum SIG formierten.[125]

Als Resultat der DV des SIG sollten die eingeladenen Jugendverbände künftig an den Sitzungen der «Aktion» teilnehmen,[126] so auch der BSJ.[127] In der Folge rapportierte der BSJ dem Lokalsekretariat des SIG in Zürich über die antisemitische Berichterstattung in Zeitungen.[128] Im Juli 1933 fanden auch erste direkte Kontakte für einen Informationsaustausch zwischen dem BSJ und

---

121 Fritz Bloch war für das Jugendressort Versammlung, Jugend, Abwehr (VIA) des SIG zuständig. Vgl. Joseph Littmann: Schreiben an das Lokalsekretariat des SIG, Zürich, 7. 12. 1933, AfZ, IB SIG-Archiv / 1554.
122 BSJ: Schreiben an den Präsidenten der DV des SIG, Zürich, 16. 6. 1933, AfZ, IB SIG-Archiv / 1438.
123 O. A.: Prot. DV SIG, Zürich, 18. 6. 1933, S. 25, AfZ, IB SIG-Archiv / 29. In einem Schreiben an Saly Mayer bestätigte Saly Braunschweig diesen Grundsatz und fügte an, dass «Personen, die das 25. Altersjahr noch nicht vollendet haben oder die nach vollendetem 25. Lebensjahr noch nicht ein Jahr im Kanton Zürich niedergelassen sind», keine Gemeindesteuer zu entrichten hätten. «Diese Erleichterung kommt in erster Linie den volljährig gewordenen Söhnen unserer Gemeindemitglieder zu Gute.» Saly Braunschweig: Schreiben an Saly Mayer, Zürich, 5. 7. 1933, AfZ, IB SIG-Archiv / 1251.
124 Die Zugehörigkeit zu einer jüdischen Gemeinde beruhte in der Schweiz auf Freiwilligkeit. Vgl. o. A.: Statuten ICZ, Zürich 1931, AfZ, IB ICZ-Archiv / 195.
125 Im BSJ waren allerdings auch Männer vertreten, die bereits einer jüdischen Gemeinde angehörten. Otto H. Heim war bereits Mitglied der ICZ und dort jedenfalls so bekannt, dass er am 3. 6. 1934 zur Wahl eines ICZ-Ersatzdelegierten im SIG vorgeschlagen wurde. Er erreichte das absolute Mehr nicht. Vgl. o. A.: Prot. GV ICZ, Zürich, 3. 6. 1934, S. 255, AfZ, IB ICZ-Archiv / 144.
126 Vgl. o. A.: Prot. DV SIG, Zürich, 18. 6. 1933, S. 25, AfZ, IB SIG-Archiv / 29.
127 Vgl. BSJ: Schreiben an Fritz Bloch, Zürich, 4. 7. 1933, AfZ, IB SIG-Archiv / 1438.
128 Vgl. dazu zum Beispiel Max Braunschweig: Schreiben an Saly Mayer, Zürich, 26. 6. 1933, AfZ, IB SIG-Archiv / 1251.

Saly Mayer statt.[129] Dennoch sah sich der SIG bereits im August 1933 genötigt, eine Erklärung zu verfassen, die «in den beiden jüd. Zeitungen erscheinen»[130] solle, in der die Zweckbestimmung des SIG anhand des ersten Paragrafen aus den Statuten veröffentlicht wurde.[131] Damit wollte sich der SIG vom BSJ scharf abgrenzen. Die Gründung anderer Organisationen und «Bünde [...] mit Zweckbestimmungen, welche letzten Endes mit denen des Gemeindebundes identisch sind»,[132] wurde als obsolet betrachtet.

Mitte August 1933 stellte Saly Mayer fest: «Die anfänglich separatistische Bewegung der Jugend ist in ein ruhigeres Stadium getreten.»[133] Der BSJ sei «darüber orientiert, dass die Aktion des SIG seine Tätigkeit [des BSJ] nach aussen gänzlich ablehnt».[134] In einem Brief an Saly Braunschweig forderte Saly Mayer ihn auf, dem BSJ klarzumachen, dass weder «Konkurrenzbedenken»[135] noch die «Kritisierung unserer Arbeit durch eine andere Organisation»[136] den SIG zu diesem Schritt bewogen hätten, sondern «einzig und allein das von meinen Obmänner-Kollegen geäusserte Bedenken, nach aussen hin nicht mehr durch eine einzige schweizerische jüdische Repräsentanz wirksam und anerkannt auftreten zu können».[137] Auch sei der Zeitpunkt für «interne Polemik»[138] im Judentum gänzlich falsch.[139] Aus seinen Aussagen sprach die Unsicherheit des SIG und des Schweizer Judentums vor der Wahrnehmung durch die nichtjüdische Mehrheitsgesellschaft.

Die Bitte von Saly Mayer an Saly Braunschweig, dieser möge beschwichtigend auf den BSJ einwirken, deutet darauf hin, dass die Kommunikation zwischen dem BSJ und dem SIG in erster Linie über das Lokalsekretariat des SIG in Zürich lief. Saly Braunschweig kannte als Präsident der ICZ viele Mitglieder des BSJ persönlich.

Aus den Protokollen der Gemeindeversammlungen der ICZ geht hervor, dass sich die Zürcher Gemeinde auf den Appell des SIG berief und die Mitglieder des BSJ aufforderte, der Gemeinde beizutreten, um gemeinsam mit dem SIG gegen Antisemitismus zu kämpfen. Gemeindepräsident Saly Braunschweig konstatierte: «Wenn aber die einzelnen Mitglieder dieses Bundes [BSJ] in die Gemeinde eintreten so kann der ‹Bund› auf diesem Wege auf den Gemeindebund Einfluss nehmen. Die politische Situation, in der wir uns

---

129 Vgl. BSJ: Schreiben an Saly Mayer, Zürich, 10.7.1933. AfZ, IB SIG-Archiv / 1251.
130 O. A.: Erklärung, o. O., 7.8.1933, AfZ, IB SIG-Archiv / 1438.
131 Vgl. ebd.
132 Ebd.
133 Saly Mayer: Rapport über die Situation, St. Gallen, 18.8.1933, AfZ, IB SIG-Archiv / 29.
134 Ebd.
135 Saly Mayer: Schreiben an Saly Braunschweig, o. O., 15.8.1933, AfZ, IB SIG-Archiv / 1251.
136 Ebd.
137 Ebd.
138 Ebd.
139 Vgl. ebd.

befinden, verlangt ein geschlossenes Auftreten des gesamten Judentums der Schweiz, dessen Vertreter allein der SIG darstellt.»[140]
Der Vorsitz des Lokalsekretariats des SIG in Zürich plädierte für eine mildere Haltung dem BSJ gegenüber, denn es wurde befürchtet, dass die Haltung des SIG den BSJ veranlassen könnte, eine oppositionelle Position einzunehmen. Sowohl Saly Braunschweig als auch Max Braunschweig wollten die Lage entschärfen.[141]
In einem dreiseitigen Exposé an Saly Mayer und Saly Braunschweig, das Max Braunschweig in seiner Rolle als Sekretär des Lokalsekretariats des SIG in Zürich im September 1933 verfasste, bemerkte er die Kontraproduktivität der Aktionen des SIG gegen den BSJ. Obwohl er die Gründung des BSJ persönlich nicht befürworte, müsse der SIG doch anerkennen, dass der BSJ einem Bedürfnis entspreche. Der SIG sollte seiner Ansicht nach seine negative Einstellung gegenüber dem BSJ aufgeben, andernfalls bestünde die Gefahr, dass «der B. S. J. die bequeme und billige Oppositionshaltung einnehmen [kann]: *Wir* sind die Jungen und Arbeitsfreudigen, die man unten hält, *Ihr* vom Gemeindebund seid die alte ängstliche, untätige Generation.»[142] Max Braunschweig appellierte an den SIG, einen Weg zu finden, wie man sich die Empörung der Mitglieder des BSJ im eigenen Kampf gegen den Antisemitismus zunutze machen könne. Er schlug vor, dass «die leitenden Leute des B. S. J. zum Abwehrkampf herangezogen werden, etwa indem man einen Beobachter des B. S. J. ohne Stimmrecht ins Centralcomité aufnimmt oder einen Vertreter des B. S. J. in eines der Obmännercomités wählt».[143]
Seine Vorschläge stiessen im SIG auf Resonanz: Ab November 1933 stand der BSJ offiziell im Austausch mit dem SIG und räumte dem BSJ Sitz und Stimme im «Lokalcomité»[144] des SIG in Zürich ein.[145] In einem Schreiben an Saly Mayer Ende November 1933 berichtete Max Braunschweig, dass Saly Guggenheim als Vertreter des BSJ an der Sitzung des Lokalkomitees anwesend war und dass «die Zusammenarbeit sehr gut zu klappen»[146] scheine. Im Protokoll des CC vom 3. Dezember 1933 wurde zum Thema BSJ festgehalten, «dass eine Einigung mit diesem Bund über die Zusammenarbeit zustandegekommen ist».[147]

---

140 O. A.: Prot. GV ICZ, Zürich, 29. 10. 1933, S. 154, AfZ, IB ICZ-Archiv / 144.
141 Vgl. Saly Braunschweig: Schreiben an Saly Mayer, Zürich, 11. 9. 1933, AfZ, IB SIG-Archiv / 1251.
142 Max Braunschweig: Exposé betreffend die Stellung des Gemeindebundes zum BSJ, Zürich, 28. 9. 1933, S. 3, AfZ, IB SIG-Archiv / 1563 (Hervorhebung im Original).
143 Ebd.
144 Präsident des BSJ: Schreiben an das Lokalsekretariat des SIG, Zürich, 28. 1. 1934, AfZ, IB SIG-Archiv / 1561.
145 Vgl. ebd. sowie Saly Braunschweig (Lokalsekretariat SIG): Schreiben an den BSJ, o. O., 13. 11. 1933, AfZ, IB SIG-Archiv / 1561.
146 Max Braunschweig: Schreiben an Saly Mayer, Zürich, 20. 11. 1933, AfZ, IB SIG-Archiv / 1251.
147 O. A.: Prot. CC SIG, Basel, 3. 12. 1933, S. 7, AfZ, IB SIG-Archiv / 85.

Das Zugeständnis des SIG entschärfte den Konflikt zwischen dem SIG und dem BSJ. In der internen Korrespondenz mit Saly Mayer als Aktionschef war der BSJ kein Thema mehr. Zahlreiche Dokumente zeugen davon, dass der BSJ seine Massnahmen gegen den Antisemitismus in der Folge hauptsächlich mit Umweg über das Lokalsekretariat des SIG in Zürich abwickelte, indem antisemitische Vorfälle und Zeitungsartikel dem Lokalsekretariat gemeldet und dort analysiert wurden.[148]

3.2.4 Die Berichterstattung von Otto H. Heim an das Lokalsekretariat des SIG

Otto H. Heim war im Auftrag der Presseabteilung des BSJ verantwortlich für die Berichte an den SIG.[149] 1934 und im Frühjahr 1935 lieferte er in dieser Funktion zahlreiche Wochenberichte an das Lokalsekretariat des SIG in Zürich. Dazu abonnierte der BSJ Zeitungen, die für ihre antisemitische Berichterstattung bekannt waren, zum Beispiel den «Volksbund».[150] Beim «Volksbund» handelte es sich um eine Nordschweizer Gruppierung um Major Ernst Leonhardt aus Basel, der sich im September 1933 zusammen mit Frontisten aus Aargau und Luzern von der Nationalen Front abgelöst hatte.[151] Häufig wurde auch über die Berichterstattung der «Front» rapportiert.[152] Gelegentlich liess Otto H. Heim auch persönliche Bemerkungen in seine Berichte an den SIG einfliessen, die darauf schliessen lassen, dass er als Vertreter des BSJ die Abwehrarbeit des SIG als zu harmlos erachtete. Am 26. März 1934 schrieb er beispielsweise an den SIG: «Zusammenfassend möchte ich mir auch noch erlauben festzustellen, dass abgesehen von der informatorischen Arbeit die der Pressedienst des BSJ leistet, die Verwertung oder die Entgegnung in Bezug auf die gemeldeten Tatsachen [...] bis jetzt leider noch nicht im Sinne der Statuten des BSJ ausgeführt wurde. (Intensivierung des Abwehrkampfes!)»[153]

---

148 Vgl. zum Beispiel Otto H. Heim: Schreiben an das Sekretariat des SIG, Zürich, 24. 10. 1934, AfZ, IB SIG-Archiv / 1562; A. Rosenbaum: Schreiben an Otto Heim, Kilchberg, 24. 11. 1936, AfZ, IB SIG-Archiv / 1561.

149 Vgl. Otto H. Heim: Schreiben an Saly Mayer, Zürich, 28. 11. 1934, AfZ, IB SIG-Archiv / 1438.

150 Dies geht aus einer Bemerkung, vermutlich von Otto H. Heim, in einer Berichterstattung an den SIG hervor. Vgl. o. A.: Notiz an den SIG, o. O., 17. 2. 1934, AfZ, IB SIG-Archiv / 1562. «Volksbund» wurde das Presseorgan des Volksbundes genannt, das mit vollem Namen «Pressedienst des Volksbundes für die Unabhängigkeit der Schweiz» hiess.

151 Vgl. Glaus, Die Nationale Front, 1969, S. 103–108. Zu Ernst Leonhardt und zum «Volksbund» vgl. auch Heini, Wir werden nicht ruhen, 2019, S. 35–57.

152 Vgl. Otto H. Heim: Schreiben an das Lokalsekretariat des SIG, Zürich, 29. 10. 1934, AfZ, IB SIG-Archiv / 1562.

153 Der Verfasser des Berichts wird nicht erwähnt, aus dem Inhalt des Rapports geht jedoch hervor, dass es sich um Otto H. Heim handelt. Otto H. Heim: Wochenrapport, o. O., 26. 3. 1934, AfZ, IB SIG-Archiv / 1562.

Der BSJ war also immer noch bemüht, den SIG zu einem offensiveren Abwehrkampf zu veranlassen und damit den Forderungen seiner Mitglieder und den Statuten des BSJ gerecht zu werden. Manche Berichte des BSJ an den SIG zeigen einen ähnlich appellativen Charakter. Der BSJ versuchte in Fällen, in denen er sich gute Erfolgschancen einer Reaktion auf die antisemitische Berichterstattung versprach, den SIG direkt zum Handeln aufzufordern. Otto H. Heim hielt in einem seiner Wochenberichte fest: «Aus einem Artikel der ‹Front› vom 23. Mai, betitelt ‹Jude, mehr Ehrlichkeit bitte› sollte ein Punkt gefunden werden, von dem aus der Gemeindebund zum Angriff gehen könnte. [...] Hier sollten doch Erkundigungen angestellt werden, ob diese Zitate stimmen & wenn nicht, könnte sicherlich dagegen etwas unternommen werden. – Ich beantrage daher rasche Erledigung.»[154]

Die Wochenberichte von Heim schlugen aber auch einen versöhnlichen Ton an, wenn er betonte, dass ihm die «unendlichen Schwierigkeiten»,[155] die sich dem SIG im «Abwehrkampf» entgegenstellen würden, bewusst seien.[156]

Aus Briefen der Presseabteilung des BSJ geht hervor, dass der BSJ zumindest sporadisch selbst auf antisemitische Zeitungsberichte reagierte. So berichtete Otto H. Heim an das Lokalsekretariat des SIG: «Höfl. bezugnehmend auf unseren gestrigen Bericht teilen wir Ihnen mit, dass Herr Heim von der ‹Zürichsee Zeitung› folgende Antwort erhielt: ‹Sehr geehrter Herr! Wir machen Sie auf den in heutiger No. 274 erschienenen Artikel aufmerksam, wo ein Wissenschaftler unserem Einsender in der Montagnummer erwidert.› Die betr. Entgegnung legen wir zur Orientierung bei.»[157]

In den Beständen des SIG im Archiv für Zeitgeschichte in Zürich finden sich keine Reaktionen auf diese Aktionen des BSJ. Der SIG dürfte dem BSJ also einen kleinen Handlungsspielraum in der Abwehrarbeit gegen Antisemitismus eingeräumt haben. Im Frühjahr 1934 scheinen der SIG und der BSJ einen Modus Vivendi gefunden zu haben. Dafür spricht auch die Bemerkung von Otto H. Heim anlässlich seines Wochenberichts an den SIG, in dem er schrieb, der BSJ halte sich «eine event. Entgegnung»[158] auf die antisemitische Berichterstattung einer Zeitung vor, «die wir Ihnen dann vorlegen würden».[159] Vorschläge an den SIG für einen offensiveren Abwehrkampf formulierte der BSJ als Empfehlungen. Heim berichtete dazu an das Lokalsekretariat des SIG in Zürich: «Wesentlich und zugleich erfreulich erscheint uns die Meldung, dass der Basler Regierungsrat einen Beschluss gefasst hat, der sich gegen die antise-

---

154 Otto H. Heim: Wochenrapport, Zürich, 28. 5. 1934, AfZ, IB SIG-Archiv / 1562.
155 Otto H. Heim: Wochenrapport, o. O., 26. 3. 1934, AfZ, IB SIG-Archiv / 1562.
156 Vgl. ebd.
157 Otto H. Heim: Schreiben an das Lokalsekretariat des SIG, Zürich, 23. 11. 1934, AfZ, IB SIG-Archiv / 1562.
158 Otto H. Heim: Wochenbericht an das Lokalsekretariat des SIG, Zürich, 28. 12. 1934, AfZ, IB SIG-Archiv / 1562.
159 Ebd.

mitische Hetze richtet und Ausschreitungen dieser Art unter Strafe stellt. Wir möchten dem Gemeindebund die Anregung machen, das Seinige zu tun, um vom Zürcher Regierungsrat eine ähnliche Massnahme zu erwirken.»[160]

Otto H. Heim bezog sich dabei auf eine gemeinsame Eingabe der Israelitischen Gemeinde Basel (IGB) und des SIG vom 4. Dezember 1934 an den Grossen Rat in Basel.[161] Die jüdische Gemeinde war an das Polizeidepartement herangetreten, um ein Verbot der Zeitung «Volksbund» zu erwirken. Am 7. Dezember 1934 legten das Justizdepartement und das Polizeidepartement Basel dem Grossen Rat den Entwurf eines Verbots vor, «wonach gestützt auf § 18 der Kantonsverfassung der Personen, die für Druck, Herausgabe und Redaktion der in Basel erscheinenden Zeitung ‹Volksbund› unter Androhung strafrechtlicher Ahndung gemäss § 52 des Strafgesetzes jede gemeine Schmähung oder Verunehrung der jüdischen Rasse und des jüdischen Glaubens untersagt werden soll».[162]

Der Regierungsrat Basel-Stadt verfügte daraufhin, gestützt auf § 18 der «die Wahrung des religiösen Friedens verlangt und die Gleichheit der Bürger vor dem Gesetze gewährleistet»,[163] dass antisemitische Äusserungen im «Volksbund» unter der Androhung von Strafen verboten wurden. Konkret wurden folgende Formulierungen verboten: «Der öffentliche Gebrauch der Verwünschung: ‹Juda verrecke›; die öffentliche Verbreitung des Anwurfes, dass die Juden zu ritualen Zwecken Menschen töten; die öffentliche Aufforderung, sich des Verkehrs mit Juden als etwas Entehrendem zu enthalten; jede gemeine Verspottung oder böswillige Verunehrung der Gegenstände, die von den Juden aus religiösen Gründen verehrt werden oder ihrem Kultus dienen.»[164]

Da es sich nur um eine regierungsrätliche Verfügung handelte, die keinen Eingang in die Strafgesetzgebung fand, tauchten in Basel allerdings bereits im Herbst 1936 neue Schriften antisemitischen Inhalts auf, die aus den Federn des «Volksbundes» stammten.[165]

Parallel zu diesen Vorstössen in Basel wurden in Zürich Bemühungen unternommen, der antisemitischen Hetze der Nationalen Front juristisch bei-

---

160 Otto H. Heim: Wochenbericht an das Lokalsekretariat des SIG, Zürich, 11. 12. 1934, AfZ, IB SIG-Archiv / 1562.
161 Vgl. Sibold, Bewegte Zeiten, 2010, S. 78. Dem Prozess gegen den «Volksbund» gingen verschiedene antisemitische Sachbeschädigungen in Basel voraus, unter anderem am Israelitischen Lehrhaus im Februar 1933 und im Frühjahr 1934. Die Verantwortlichen waren mehrheitlich jung und wurden laut eigenen Aussagen von Ernst Leonhardt angestiftet. Vgl. o. A.: Schreiben an die Verwaltungskommission der Stiftung «Israelitisches Lehrhaus in Basel», Basel, 30. 11. 1934, AfZ, NL Marcus Cohn / 63; vgl. o. A.: Zum Prozess gegen den «Volksbund» in Basel, in: JPZ 814, 1934, S. 11, https://digicopy.afz.ethz.ch/?&guid=621e94b28d1d4370a5d5e405108c95c2, 22. 12. 2020.
162 O. A.: Prot. Regierungsrat, Basel, 7. 12. 1934, S. 788, StABS, Protokolle Regierungsrat 322.
163 Ebd.
164 Ebd.
165 Vgl. Sibold, Bewegte Zeiten, 2010, S. 79.

zukommen. Am 7. Januar 1935 wurde im Stadtrat Zürich eine Vorlage unter dem Titel «Volksinitiative zum Schutze der verfassungsmäßigen Ordnung»[166] eingereicht. Laut Aussagen von Eduard Bosshardt aus Winterthur, der Präsident der Kommission war, wurde ein Gegenvorschlag zur Initiative ausgearbeitet, um den Prozess für ein Ausführungsgesetz zu vereinfachen. Er formulierte drei Ziele der Vorlage: «[...] den Schutz der Demokratie, den Schutz der Staatsautorität und den Schutz des Rechtsstaates.»[167] Sie richtete sich damit nicht gegen eine klar definierte Gruppe, auch wenn durch die protokollierten Äusserungen der Kantonsräte impliziert wurde, dass damit neben kommunistischen vor allem antisemitische Aktionen unterbunden werden sollten. Die Quintessenz der Rede von Justizdirektor Robert Hafner dazu: «Wenn wir aus den Vorgängen in unsern Nachbarländern für unsere Freiheiten und unsere Demokratie eine praktische Lehre ziehen wollen, sind wir für eine bessere gesetzliche Ordnung von Ruhe und Sicherheit und damit grundsätzlich für die Vorlage.»[168]

Auch Kantonsrat Heinrich Weisflog beantragte im Namen der freisinnigen Fraktion, die Vorlage anzunehmen, und warnte einerseits vor der Willkür des Kommunismus («Das sozialistische Unwesen im Osten schützt sich, indem es die Leute ohne Gesetz an die Wand stellt»),[169] andererseits vor der Demokratiefeindlichkeit der Nationalen Front («Der Redner erinnert an die Reden frontistischer Führer, die Attentate auslösten; sie lehren, daß man den Anfängen steuern muss»).[170]

Die Vorlage wurde mit 120 gegen 81 Stimmen angenommen. Sie wurde insbesondere von den bürgerlichen Parteien befürwortet, während Sozialisten und Mitglieder der Frontenbewegung eine ablehnende Haltung einnahmen. Kantonsrat Otto Lang störte sich insbesondere an der Möglichkeit eines «Zeitungsverbot[s] bis zur Dauer von zwei Monaten»,[171] welches «eine Zeitung wirtschaftlich ruiniert».[172]

Im Gegensatz zum konkreten Verbot von antisemitischen Äusserungen durch den Regierungsrat in Basel war die Vorlage in Zürich nicht ausschliesslich gegen die Agitationen der «Front» gerichtet, sondern gegen alle als demokratiefeindlich eingestuften Bewegungen. Eine genaue Definition, welche Aktionen und Äusserungen man damit unterbinden wollte, fehlt im Protokoll des Kantonsrats.

---

166 O. A.: Volksinitiative zum Schutze der verfassungsmäßigen Ordnung, Zürich, 7. 1. 1935, StAZH, MM 24.58 KRP 1935/105/0787, https://suche.staatsarchiv.djiktzh.ch/Dateien/129/D647086.pdf, 2. 1. 2021.
167 Ebd., S. 1489.
168 Ebd., S. 1498.
169 Ebd., S. 1499.
170 Ebd.
171 Ebd., S. 1492.
172 Ebd.

Die Verabschiedung der Vorlage wurde von jüdischer Seite dennoch als positive Entwicklung gewertet. In seinem Wochenbericht kommentierte Otto H. Heim die Reaktion der Nationalen Front auf die Interpellation: «Bemerkenswert für diese Woche ist, dass die ‹Front› anscheinend über die bekannten Interpellationen im Stadtrat nervös wurde und jetzt schon fürchtet, dass vom Regierungsrat ein Verbot judenfeindlicher Kundgebungen vorbereitet werde.»[173]

1935 wurden die Intervalle zwischen den Berichten des BSJ an das Lokalsekretariat des SIG vergrössert.[174] Die Gründe dafür lagen einerseits beim SIG, der seit Anfang 1934 das Budget für die «Aktion» verringert hatte, weil die Ausgaben in der Flüchtlingshilfe stetig zunahmen, andererseits in der Abnahme der Bedeutung der Nationalen Front.[175] Im Februar 1935 schrieb Otto H. Heim dazu folgende Zeilen über antisemitische Presseerzeugnisse: «Die einzige Zeitung, die sich z. Zt. mit der Judenfrage noch befasst, ist die ‹Front› und auch diese verhält sich in der letzten Zeit in dieser Hinsicht auffallend ruhig.»[176] Die Nationale Front löste sich im März 1940 auf. Im Sommer 1943 wurde eine Nachfolgeorganisation mit ähnlichem Programm vom Bundesrat verboten.[177]

Was die Zusammenarbeit zwischen dem SIG und dem BSJ betrifft, scheint die Strategie des SIG, den BSJ in die jüdische Abwehr zu integrieren, von Erfolg gekrönt gewesen zu sein. Im Oktober 1935 wurde Paul Brunschwig als Delegierter des BSJ zum Lokalsekretär des SIG ernannt und tauschte sich regelmässig über antisemitische Vorkommnisse mit Saly Braunschweig aus.[178] In seiner Abwesenheit nominierte er Otto H. Heim zum Ersatzdelegierten.[179] 1936 übernahm der SIG die Abwehrarbeit des BSJ gegen Antisemitismus ganz.[180]

Wie oben beschrieben, stand Heim durch sein Engagement für die Presseabteilung des BSJ in ständigem Kontakt mit Vorstandsmitgliedern der ICZ und verlagerte seine Tätigkeiten, wie vom SIG in Bezug auf die Mitglieder des BSJ gefordert, immer mehr auf die Gemeindearbeit. Am 28. Juni 1936 trat Otto H.

---

173 Otto H. Heim: Wochenbericht an das Lokalsekretariat des SIG, Zürich, 7. 1. 1935, AfZ, IB SIG-Archiv / 1562.
174 Vgl. Otto H. Heim: Wochenbericht an das Lokalsekretariat des SIG, Zürich, 18. 2. 1935, AfZ, IB SIG-Archiv / 1561.
175 Vgl. Mächler, Hilfe und Ohnmacht, 2005, S. 92.
176 Otto H. Heim: Wochenbericht an das Lokalsekretariat des SIG, Zürich, 12. 2. 1935, AfZ, IB SIG-Archiv / 1562.
177 Vgl. Glaus, Die Nationale Front, 1969, S. 107.
178 Vgl. Paul Brunschwig: Schreiben an Saly Braunschweig, Zürich, 10. 10. 1935, AfZ, IB SIG-Archiv / 1561.
179 Vgl. Paul Brunschwig: Schreiben an das Lokalsekretariat des SIG, Zürich, 23. 10. 1935, AfZ, IB SIG-Archiv / 1561.
180 Vgl. Picard, Die Schweiz und die Juden, 1994, S. 109; Mächler, Hilfe und Ohnmacht, 2005, S. 81.

Heim zusammen mit Paul Brunschwig aus dem Vorstand des BSJ zurück. An die Stelle der beiden zurückgetretenen Vorstandsmitglieder wurden Georges Bloch und A. Rosenbaum in den Vorstand gewählt.[181]

In der Berichterstattung des BSJ an den SIG lässt sich eine häufige Distanzierung von bolschewistischem Gedankengut und dem Vorwurf, Jüdinnen und Juden hätten eine Affinität zum Kommunismus, feststellen.[182] Die zahlreichen Reaktionen von Otto H. Heim im Auftrag der Presseabteilung des BSJ auf solche Andeutungen in der frontistischen Presse zeugen davon, dass diese Behauptungen als besonders stossend betrachtet wurden. Der SIG hatte ein gespaltenes Verhältnis zum BSJ. Er war in den 1930er-Jahren bemüht, seine Vormachtstellung als Sprachrohr des Schweizer Judentums zu verteidigen. Die Kritik am Patriotismus des BSJ, der sich gemäss Statuten explizit als Organisation für jüdische Schweizer Bürger verstand, war hingegen zweitrangig. In der öffentlichen Abwehr des Antisemitismus war die Rhetorik des SIG sogar ausgeprägt patriotisch[183] und der SIG schreckte auch nicht davor zurück, interne Disziplinierungsmassnahmen zu ergreifen, um in der Öffentlichkeit möglichst nicht anzuecken und das bürgerliche Selbstbild gegen aussen nicht zu gefährden.[184]

Im Zusammenhang mit seinem Engagement gegen Antisemitismus hat sich Otto H. Heim in den 1930er-Jahren mit den Themen «Assimilation» und «Überfremdung» intensiv auseinandergesetzt. Im Dezember 1933 verfasste er eine elfseitige Abhandlung unter dem Titel «Was verstehen wir unter Assimilation»,[185] im März 1935 einen Aufsatz zum Thema «Zahlen und Tatsachen zur Überfremdungsfrage in der Schweiz».[186] Heims «Betrachtungen zur Assimilation» waren zunächst Gegenstand eines Vortrags vor dem BSJ. 1934 erschienen sie unter leicht abgeändertem Titel in der «Jüdischen Pressezentrale Zürich» (JPZ),[187] dem 1918 gegründeten offiziellen Hausblatt der ICZ.[188] Der Aufsatz zum Thema «Überfremdung» in der Schweiz fand ebenfalls unter

---

181 Vgl. o. A.: Bund Schweizer Juden, in: JPZ 900, 1936, S. 9, https://digicopy.afz.ethz.ch/?&guid=96ac4019056442e6bb721ad6dda0899c, 22. 12. 2020.
182 Vgl. zum Beispiel Otto H. Heim: Schreiben an den Gemeindebund, o. O., 15. 3. 1934, AfZ, IB: SIG-Archiv / 1562.
183 Vgl. Picard, Die Schweiz und die Juden, 1994, S. 113.
184 Vgl. Anm. 97, S. 54.
185 Vgl. Otto H. Heim: Was verstehen wir unter Assimilation, o. O., Dezember 1933, AfZ, NL Otto und Régine Heim / 21. Der maschinengeschriebene Text wurde teilweise von Hand nachbearbeitet, wahrscheinlich vom Verfasser selbst.
186 Vgl. Otto H. Heim: Zahlen und Tatsachen zur Überfremdungsfrage in der Schweiz, o. O., März 1935, AfZ, NL Otto und Régine Heim / 21.
187 Vgl. Otto H. Heim: Betrachtungen zur Assimilation, in: JPZ 821, 1934, S. 14 f., https://digicopy.afz.ethz.ch/?&guid=d140c64d9ad640f982e5eb91cabe0eda, 22. 12. 2020.
188 Vgl. Oehler Brunnschweiler, Schweizer Judentümer, 2013, S. 67, 182 f.

einem anderen Titel Eingang in die Zeitschrift. Am 1. März 1936 erschienen Otto H. Heims Erläuterungen als Leitartikel.[189]

3.3 Presseerzeugnisse von Otto H. Heim in den 1930er-Jahren

Die Themen von Otto H. Heims Abhandlungen lassen sich in der Auseinandersetzung mit der jüdischen Kultur verorten, die als Kontinuität in der jüdischen Schweizer Presse der 1930er-Jahre bezeichnet werden kann. Das Bild des Judentums als Kulturgemeinschaft lieferte dabei eine mögliche Identitätsofferte.[190] Heims Schriften zeichneten sich durch eine intensive Recherche aus und zeugen von den literarischen Fähigkeiten des Verfassers. Sein Schreibstil wechselte zwischen historisch hergeleiteten Fakten und pathetischen Beschreibungen der Vaterlandsliebe von Jüdinnen und Juden. Darüber hinaus geben seine Abhandlungen Aufschluss darüber, welches Verständnis von jüdischer Identität er hatte.

3.3.1 «Der Jude liebt daher – wie jeder Mensch – seine Heimat, die Stätte seiner Kindheit und seiner Jugend»: Otto H. Heims Assimilationskonzept

Ein Artikel von Otto H. Heim mit der Leitfrage, was unter Assimilation zu verstehen sei, erschien im Dezember 1934 in der JPZ. Der Titel seiner Abhandlung wurde leicht abgeändert und lautete: «Betrachtungen zur Assimilation».[191]

Der Text von Heim ist unter zwei Gesichtspunkten bezeichnend für die Positionierung der Schweizer Juden in den 1930er-Jahren: Einerseits setzte er sich mit der Bedeutung der Assimilation[192] für die jüdische Minderheit in Europa auseinander, andererseits wurden die Grundvoraussetzungen für eine erfolgreiche Anpassung an die Mehrheitsbevölkerung analysiert. Das Konzept

---

189 Vgl. Otto H. Heim: Die konfessionelle und nationale Gliederung der Bevölkerung der Schweiz, in: JPZ 882 (1936), S. 1 f., https://digicopy.afz.ethz.ch/?&guid=db4eba652d3540f69e19293697e-576fe, 3. 1. 2021.
190 Vgl. Oehler Brunnschweiler, Schweizer Judentümer, 2013, S. 176–178.
191 Die nachfolgende Analyse basiert hauptsächlich auf dem Text «Was verstehen wir unter Assimilation» aus dem Nachlass von Otto und Régine Heim, bei dem es sich um die ursprüngliche Version handeln dürfte. Auf handschriftliche Änderungen im Text und auf Unterschiede zur publizierten Version in der JPZ wird hingewiesen.
192 Im zeitgenössischen Diskurs hatte der Begriff «Assimilation» keine negative Bedeutung und wurde als solcher kaum hinterfragt, daher verzichte ich darauf, den Terminus anzuführen. Diskussionen um die Problematik des Begriffs fanden in Deutschland erst in den 1980er-Jahren statt. Als störend wurde in diesem Kontext besonders die Totalität der psychischen Selbstaufgabe einer Person empfunden, die die Bezeichnung suggeriere. Vgl. Aumüller, Assimilation, 2009, S. 33.

der Assimilation wurde dabei nicht grundsätzlich kritisiert, Heim stellte allerdings den Willen der Mehrheitsbevölkerung, Jüdinnen und Juden als gleichberechtigte Bürgerinnen und Bürger zu betrachten, infrage. Es ging bei ihm also nicht lediglich um eine Aufgabe, die Jüdinnen und Juden zu erfüllen hätten, es wurden auch Faktoren formuliert, die eine erfolgreiche Assimilation behinderten. Bestechend wirkt der Text durch seine kritische Auseinandersetzung mit nationalsozialistischem Gedankengut.[193]

Im Zusammenhang mit dem Begriff «Assimilation» stellt sich die Frage, welches Verständnis Otto H. Heim vom Judentum hatte. Jüdische Glaubenspraxis dürfte für Heim eine untergeordnete Rolle gespielt haben, obwohl sein Vater Joseph Heim «mit dem Zylinder [...] dem Cutaway [und] mit dem Spazierstock in die Synagoge» gegangen sei, und zwar «jeden Samstag».[194] Otto H. Heim hingegen wurde von Bekannten und Verwandten als «nicht religiös»[195] eingeschätzt. Das jüdische Selbstbild von Heim muss also auch vor dem Hintergrund säkularer Bestrebungen verstanden werden.

Der Begriff Assimilation leitet sich aus dem Lateinischen «assimilare» oder «assimulare» ab, was sich mit «ähnlich machen», «nachbilden», «vergleichen» oder «nachahmen» übersetzen lässt.[196] Im 19. Jahrhundert wurde Assimilation als Schlagwort im Zusammenhang mit der politischen Emanzipation der Juden in deutschen Gebieten populär. Eng mit dem Terminus Assimilation verbunden sind die Begriffe «jüdische Emanzipation» und «Haskala».

Haskala ist der hebräische Begriff für die Erneuerungsbewegungen im Judentum seit den 1770er-Jahren, die mit den Ideologien der Aufklärung verbunden sind. Die Haskala-Bewegung in Westeuropa betrachtete Assimilation als Grundvoraussetzung für die bürgerliche Emanzipation der Juden. Gefordert wurde unter anderem die Säkularisierung des jüdischen Schulwesens.[197]

---

193 Die Reichweite der JPZ lässt sich heute schwer beurteilen, da die Zeitung nur bis 1940 bestand. Rudolf Zipkes, Journalist der JPZ, äusserte in einem Gespräch mit Marlen Oehler Brunnschweiler die Vermutung, dass auch nichtjüdische Kreise die Zeitung lasen. Zipkes beschrieb den Chefredaktor Oscar Grün als «weltoffenen Idealisten, als Internationalisten und Weltbürger sowie als überzeugten Diaspora-Juden». Oehler Brunnschweiler, Schweizer Judentümer, 2013, S. 69. Diese Haltung dürfte die Publikation von Otto H. Heims Ideen zu Assimilation und «Überfremdung» begünstigt haben.
194 Interview mit Walter Heim, S. 22 f.
195 Ebd., S. 22, 64. Walter Heim hat seinen Onkel im Laufe des Gesprächs zweimal dezidiert als «nicht religiös» bezeichnet. Auch andere Bekannte von Otto H. Heim bestätigten diesen Eindruck. Vgl. zum Beispiel Interview mit Alice Alexander, S. 66, 128. Vgl. auch Interview mit Amira Gezow, S. 44, sowie Interview mit B. S., S. 52.
196 Vgl. Aumüller, Assimilation, 2009, S. 27.
197 Vgl. Shochat/Baskin/Slutsky, Haskala, 2007, S. 434-436, http://go.galegroup.com/ps/retrieve.do?resultListType=RELATED_DOCUMENT&userGroupName=unibas&inPS=true&contentSegment=9780028660974&prodId=GVRL&isETOC=true&docId=GALE|CX2587508507, 22. 12. 2020.

Unter jüdischer Emanzipation wurde die rechtliche und politische Gleichstellung der Juden verstanden. Von den jüdischen Gemeinden wurde als Gegenleistung erwartet, dass sie ihre Autonomie, die sich zum Beispiel in Form der Selbstverwaltung äusserte, zugunsten einer höheren staatlichen Kontrolle aufgaben. Diese Forderung war auch vor dem Hintergrund der staatlichen Disziplinierung im Zusammenhang mit der deutschen Reichsgründung von 1871 zu verstehen.[198] Das Konzept der Assimilation kann insofern als irreführend bezeichnet werden, als es von einer utopischen «Vorstellung des kulturell homogenen Staatsvolkes»[199] ausging, dem sich die Juden angleichen sollten.[200]

Otto H. Heim definierte den Begriff Assimilation folgendermassen: «Assimilation ist der überall und zu allen Zeiten nachweisbare natürliche Vorgang der allmählichen Angleichung eines Einzelnen oder einer Volksgruppe, die in einer anders gearteten Umgebung leben, an diese Umwelt; sie ist im soziologischen Sinne die Verwandlung fremden Kulturgutes in eigenes, die Eingliederung fremden Volkstums in eigenes.»[201]

Hervorzuheben sind die Termini «natürlich», «allmählich» und «Kulturgut». Die Politikwissenschaftlerin Jutta Aumüller bezeichnete die Definition von Assimilation, die im 19. Jahrhundert bedeutsam war, als «evolutionistisches Prinzip».[202] Assimilation findet dabei, orientiert an der Vorstellung einer Gesellschaft als Organismus, durch eine stufenartige Angleichung statt. Zuwandernde Personen verbinden sich mit diesem Organismus in einem fortschreitenden Prozess. In diesem Diskurs wurde die Gesellschaft als «Volksganzes» verstanden.[203] Otto H. Heims Verständnis des Assimilationsbegriffs ist vor diesem Hintergrund zu verstehen. Darauf deutet die wiederholte Anwendung des Begriffs «Wirtskörper» hin. Heim verwendete diesen Terminus in seinen Darstellungen mehrmals, ohne dessen negative Konnotation im Zusammenhang mit der nationalsozialistischen Rhetorik, die Jüdinnen und Juden mit Parasiten gleichsetzte, zu thematisieren.[204] Ebenfalls vor diesem Hintergrund ist Otto H. Heims Bezeichnung des Assimilationsprozesses als «natürlich» und «allmählich» zu verstehen.[205] Der soziologische Erklärungsansatz, «fremdes Kulturgut» werde durch den Prozess der Assimilation in eigenes verwandelt, deutet darauf hin, dass Heim das Judentum vor allem als Kulturgemeinschaft verstand.[206]

---

198 Vgl. Aumüller, Assimilation, 2009, S. 139 f.
199 Ebd., S. 39.
200 Vgl. ebd.
201 Heim, Was verstehen wir unter Assimilation, 1933, S. 1.
202 Vgl. Aumüller, Assimilation, 2009, S. 37.
203 Vgl. ebd., S. 37 f.
204 Zur Sprache im Nationalsozialismus vgl. diesbezüglich zum Beispiel Bein, Der jüdische Parasit, 1965, S. 127 f.
205 Vgl. Heim, Was verstehen wir unter Assimilation, 1933, S. 1.
206 In diesem Sinne interpretierte auch Marlen Oehler Brunnschweiler die Abhandlung von Otto H. Heim. Sie definierte den Begriff «Kulturgemeinschaft», wie das Schweizer Judentum ihn

Befeuert durch die Theorien von Rassentheoretikern vollzog sich zu Beginn des 20. Jahrhunderts eine antihumanistische Wende in Deutschland, vor deren Hintergrund vermeintliche Rassenunterschiede als hinderlich für den Assimilationsprozess definiert wurden.[207] Als nicht assimilierbar wurden in der Folge besonders Jüdinnen und Juden identifiziert.

Im jüdischen Kontext wurde der Begriff Assimilation kontrovers diskutiert; für deutsch-jüdische Gelehrte der Haskala hatte er mehrheitlich eine positive Konnotation und wurde häufig synonym zum Emanzipationsbegriff verwendet. Die zionistische Bewegung deutete den Begriff hingegen eher negativ als eine «Abwendung vom Judentum»[208] und sah die Assimilation als inhärente Gefahr für die jüdische Identität.[209]

Otto H. Heims Assimilationsbegriff war nicht abschliessend positiv oder negativ konnotiert. Bevor er die Geschichte der Assimilation der Jüdinnen und Juden seit «den biblischen Zeiten»[210] nachzeichnete, kam er auf den besonderen Stellenwert der Assimilation für die Juden zu sprechen: «Für die Geschichte [...] der Juden bildet der Assimilationsprozess eine sicherlich besonders schicksalsschwere Rolle, es handelt sich [...] darum, ob die Geschichte des Juden, in der Diaspora auf eine vollständige Assimilation, auf ein restloses Aufgehen in den Wirtsvölkern tendieren soll, – oder aber wie weit der Jude entschlossen ist, – unter Beibehaltung seiner spezifisch jüdischen Eigenart, – sich den Wirtsvölkern einzugliedern.»[211]

Von der «passiven Assimilierung»,[212] welche Otto H. Heim auch «als Assimilation schlechthin»[213] bezeichnete, unterschied er das «bewusste Hinwirken auf weitgehende Assimilation»,[214] das durch die Emanzipation eingeleitet worden sei: «Diese Tendenzen wurden durch die im Westen immer mehr fortschreitende Aufklärung, die auch bei den Juden eine Abschwächung des spezifisch religiösen Empfindens bewirkte, verstärkt, sowie durch die von der französischen Revolution hervorgerufenen neuen politischen und ideellen Strömungen erleichtert.»[215]

---

in den 1930er-Jahren verstand, als «eine gemeinsame, vielseitig imaginierte jüdische Kultur [...] an geteilte kulturelle Traditionen über Raum und Zeit hinweg». Oehler Brunnschweiler, Schweizer Judentümer, 2013, S. 176.
207 Vgl. Morris-Reich, Assimilation, 2011, S. 172.
208 Ebd., S. 174.
209 Vgl. ebd., S. 174 f.
210 Heim, Was verstehen wir unter Assimilation, 1933, S. 1.
211 Ebd. In seinem Textentwurf aus dem Nachlass zeichnete Otto H. Heim die Entwicklung des Assimilationsprozesses nach (vgl. auch das folgende Zitat). In der publizierten Fassung wurde die geschichtliche Abhandlung gekürzt und setzt erst im 19. Jahrhundert ein. Vgl. Heim, Betrachtungen zur Assimilation, 1934, S. 14.
212 Heim, Was verstehen wir unter Assimilation, 1933, S. 2.
213 Ebd.
214 Ebd., S. 3.
215 Ebd.

Diese Entwicklungen hätten dazu geführt, dass sich mehr Gegensätze innerhalb des Judentums gezeigt hätten. Während einige sich komplett davon abgewendet hätten, hätten andere dafür plädiert, das Judentum als Religion zu verstehen. Ausserdem hätten diese Vorgänge dafür gesorgt, dass die «unbewusste Assimilation»[216] weiter vorangetrieben wurde. Otto H. Heim formulierte zwei Faktoren, die für Jüdinnen und Juden im Prozess der «natürlichen Assimilation»[217] hinderlich seien, und zwar «die spezifische Eigenart der Juden einerseits und die mangelnde Aufnahme-Bereitwilligkeit der Wirtsvölker andererseits».[218]

Als «spezifische Eigenart der Juden»[219] definierte Heim das «Zusammengehörigkeitsgefühl»,[220] dessen Ursprung er in der jahrhundertelangen Verfolgung von Jüdinnen und Juden identifizierte, und «den jüdischen Geist».[221] Als Kerngedanke dieses «jüdischen Geistes» sah Otto H. Heim «seine Diesseitslehre in Gerechtigkeit und sittlichem Gebot».[222] In diesem Zusammenhang formulierte Heim auch den Gedanken, dass Jüdinnen und Juden durch die Verfolgungen, denen sie ausgesetzt waren, ein besonderes Mitgefühl entwickelt hätten, das dem Staatswesen insgesamt dienen würde: «In allen Ländern der Erde sind die Juden hervorragend an den charitativen Werken ihrer Wirtsvölker beteiligt.»[223] In dieser Passage unterstrich Otto H. Heim die Leistungen des Judentums im Dienste der Gesamtbevölkerung. Die Lehren des Judentums verstand er dabei als ethische Richtlinien. Diese Überzeugung mag einen Einfluss auf sein späteres eigenes Wirken im karitativen Bereich gehabt haben.

Otto H. Heims Abhandlung über Assimilation setzte sich nicht nur mit den Voraussetzungen für eine erfolgreiche Angleichung der jüdischen Bevölkerung an ihre Umwelt auseinander, sie unterwanderte gleichzeitig die Ideologien der Rassentheoretiker mit eigenen Ideen zum Begriff «Rasse». «Rassentypische» Merkmale, wie die Nationalsozialisten sie für die von ihnen zum Ideal stilisierte «nordische Rasse» definiert hatten,[224] finden sich bei Heim durchgängig in seinen Beschreibungen von Jüdinnen und Juden. Seinen Darstellungen zufolge handelte es sich dabei aber um Kriterien, die umgebungsabhängig fluktuierten: «Es gibt beispielsweise in Nordafrika wohl keine ansässigen blonden Juden, während in Europa dieser Typus des öfteren anzutreffen ist, und zwar auch in Familien, die sich durch Jahrhunderte hindurch rein jüdisch erhiel-

---

216 Ebd., S. 1.
217 Ebd., S. 5.
218 Ebd.
219 Ebd., S. 6.
220 Ebd.
221 Ebd.
222 Ebd.
223 Ebd.
224 Vgl. Brylla, Der semantische Kampf um den Begriff des Nordens, 2009, S. 161 f., https://edoc.hu-berlin.de/bitstream/handle/18452/2617/brylla.pdf, 22. 12. 2020.

ten. – Afrikanische, deutsche, russische Juden (es gibt sogar chinesische Juden) haben alle ihren eigenen [...] Typus, der sich stark an den Typus des Wirtsvolks anpasst.»[225]

In diesem Zusammenhang muss auch die Unterscheidung zwischen verschiedenen «primären Volksgemeinschaften» von Otto H. Heim erwähnt werden. Er bediente sich dabei der Beispiele «Jude, Südländer, Arier»[226] wobei er den Begriff «Arier» mit einem Ausrufezeichen in Klammern hervorhob.[227] Das kann als Hinweis darauf gewertet werden, dass er der Bezeichnung, obwohl er sie übernahm, nicht vorbehaltlos gegenüberstand. Heim liess allerdings eine kritische Auseinandersetzung mit dem pseudowissenschaftlichen Begriff missen, vielleicht auch deshalb, weil es dem Zeitgeist entsprach, diesen Terminus relativ unbedarft zu übernehmen. Einzelne jüdische Gemeinden setzten sich aber durchaus gegen diese von den Nationalsozialisten geführte Rhetorik zur Wehr. Die Jüdische Gemeinde St. Gallen reagierte beispielsweise im November 1933 auf die Verwendung des Begriffs «Arier» in einer Annonce in der «Neuen Zürcher Zeitung», indem sie sich mit der Frage an das Lokalsekretariat der Abwehr des SIG in St. Gallen wandte, ob der SIG derartige Ausschreibungen verhindern könne.[228]

Otto H. Heim ging auf die Bedeutung des Begriffs «Arier» in seiner Abhandlung nicht weiter ein, sondern führte seine Ideen zum Konzept der Assimilation weiter aus. Im Folgenden definierte er den Unterschied zwischen einem «äusserlichen Assimilationsprozess»,[229] der tatsächlich an der äusseren Erscheinung der Menschen zu erkennen sei, und einem inneren Prozess der Assimilierung, den er als «geistige und seelische Assimilation»[230] bezeichnete und dem er einen ungleich höheren Stellenwert beimass.[231] Über den inneren Prozess der Assimilierung schrieb Otto H. Heim: «Die moderne Psychologie lehrt, dass die bestimmensten [sic] Eindrücke [sic] die der Mensch in sich aufnimmt vom frühen und frühesten Kindesalter ausgehen. – Das Heimatsgefühl, das wie ein schöner seelischer Ruhepunkt wohl jedem Menschen innewohnt, ist sicherlich durch die Eindrücke der Kindheit und Jugend bedingt und bildet in diesem Falle, d. h. für die Entwicklung des Assimilationsprozesses ein ganz sicher wesentliches und tief gehendes seelisches Moment. Der Jude liebt daher – wie jeder Mensch – seine Heimat, die Stätte seiner Kindheit und seiner

---

225 Heim, Was verstehen wir unter Assimilation, 1933, S. 4. Im Text wurde nachträglich das Wort «nachweisbar» aus dem Satz «die sich durch Jahrhunderte hindurch nachweisbar rein jüdisch erhielten» gestrichen.
226 Ebd., S. 3.
227 Vgl. ebd.
228 Vgl. Lokalsekretariat St. Gallen: Schreiben an das Lokalsekretariat Zürich, St. Gallen, 22. 11. 1933, AfZ, IB SIG-Archiv / 1251.
229 Heim, Was verstehen wir unter Assimilation, 1933, S. 4.
230 Ebd.
231 Vgl. ebd.

Jugend, die Natureindrücke, die sich ihm von früh an einprägten, und aus diesem Heimatsgefühl heraus wächst, durch je mehr Generationen hindurch sich dieses Erlebnis vertiefen kann, die Verbundenheit, das Gefühl der Zusammengehörigkeit zu Land und Volk.»[232]

Die Erfahrungen der frühen Kindheit und Jugend wurden laut dieser Darstellung als wesentlich in der Entwicklung eines Individuums verstanden und wirkten sich konstituierend auf den Assimilationsprozess aus. Heim beschrieb an dieser Stelle einen Prozess der Verwurzelung mit der Heimat. Diesen Prozess empfand er als «natürlich», den Widerstand gegen das Phänomen der inneren Assimilation als gegen den Gang der Dinge gerichtet. Entsprechend dieser Überlegungen wurzelt ein Mensch vergleichbar mit dem Wachstumsprozess einer Pflanze mit jeder neuen Generation tiefer.

Diese Passage ist auch vor dem Hintergrund von Otto H. Heims eigener Herkunft zu verstehen: Seine Familie war 1911 in der Schweiz eingebürgert worden, seine Eltern stammten aus dem badischen Raum. Hinter der Formulierung, dass der «Jude […] seine Heimat, die Stätte seiner Kindheit und seiner Jugend» liebe, spiegelte sich vermutlich auch Heims eigene Empfindung als besonders tief in der Schweiz verwurzelter Staatsbürger. Sprachlich sind seine Formulierungen an dieser Stelle sehr emotional.

Die Aktualität seines Textes wird mit Bezug auf damalige Ereignisse deutlich. Ohne direkt von Antisemitismus zu sprechen, bezog sich Otto H. Heim implizit auf Vorkommnisse, die von einem antisemitischen Diskurs in der Bevölkerung zeugen: «Nur Uebelwollende werden uns jüdische Gesetze, Lehren oder sogar geheime Vorschriften unterschieben, die wie z. B. die mehr berüchtigten wie berühmten ‹Protokolle der Weisen von Zion› den Juden Sonderabsichten oder gar Vorherrschaftspläne zuschreiben, die ihre gewissenhafte Anpassung in Frage stellen sollen und in ebenso schamloser wie lächerlicher Art das Judentum und dessen Lehren zu diskriminieren versuchen.»[233]

Indem Otto H. Heim die Verbreiter solcher Ansichten als «Übelwollende» einer klar definierbaren Gruppe zuordnete, machte er klar, dass er die Mehrheit der Schweizer Bevölkerung als frei von solchem Gedankengut betrachtete. Aktuell war Heims Hinweis auf die «Protokolle der Weisen von Zion». Diese Schriften, die in den 1930er-Jahren bereits als Fälschungen identifiziert worden waren, bezichtigten die Juden der Verschwörung mit dem Ziel, die Weltherrschaft zu erlangen.[234] Im Frühjahr 1933 hatte der SIG als Reaktion auf die

---

232 Ebd.
233 Ebd., S. 5. Im Originaltext heisst es: «Nur Uebelwollende und Dunkelmänner», der zweite Begriff wurde jedoch vermutlich in einem Überarbeitungsprozess vom Autor selbst gestrichen. Damit wurde die Darstellung der hier angesprochenen Antisemiten entschärft, denn der Begriff «Dunkelmänner» impliziert, dass die Angesprochenen Kriminelle seien.
234 Eine ausführliche Auseinandersetzung mit der Geschichte der «Protokolle der Weisen von Zion» und den Gerichtsprozessen in der Schweiz liefert Hagemeister, Die «Protokolle der Weisen von Zion» vor Gericht, 2017.

zunehmende Judenfeindschaft in der Schweiz beschlossen, gegen die Verbreitung der «Protokolle» rechtliche Schritte einzuleiten. Im Juni 1933 erstattete die Israelitische Kultusgemeinde Bern Strafanzeige gegen die Verbreiter der Schriften in der Schweiz.[235]

Auch mit der Frage nach dem Verständnis des Judentums setzte sich Otto H. Heim auseinander. Seiner Ansicht nach hatte die «Stellung der Juden innerhalb der Völker [...] – allgemein gesprochen – keine unabhängig nationale Tendenz, – auch keine Tendenz zu antinationalen, entnationalisiertem Internationalismus [...], es ist lediglich ein geistig-seelischer Zusammenhang, zum grössten Teil ohne eigene nationale Interessen».[236]

Otto H. Heims Verständnis des Judentums als Volk war damit abstrakt («geistig-seelischer Zusammenhang»). Vom Verdacht des «Internationalismus», der in der antisemitischen Propaganda immer wieder auftauchte, wollte er das Judentum befreien. Jüdinnen und Juden wurden von ihm als staatstreue Bürgerinnen und Bürger dargestellt. Otto H. Heim ging von einem Verbleiben der Juden in der Diaspora aus, wobei sich Jüdinnen und Juden unter der Beibehaltung einiger «spezifischer Eigenarten»[237] der Mehrheitsbevölkerung anpassen würden. Ein konkretes realpolitisches Ziel in Form eines jüdischen Staates hätten die meisten Jüdinnen und Juden nicht. Diese Ansicht stand im Widerspruch zu den politischen Zielen des Zionismus, zu denen Heim wie folgt Stellung nahm: «Ein Teil der Juden sieht nur ein Ziel – Jerusalem. Aber auch die fanatischsten Zionisten werden zugeben müssen, dass eine Aufsaugung und Umwandlung der jüdischen Gesamtmasse durch die zionistische Bewegung im begrenzten Raum von Palästina nicht einmal ins Auge gefasst werden kann. Diese Bewegung kann nur eine Teillösung der Judenfrage bilden, eine Möglichkeit den Juden eine öffentlich-rechtlich geschützte und historische Heimstätte auszubauen, den Verfolgten eine neue Heimat mit neuen Lebensmöglichkeiten zu bieten, dem Judentum ein kulturelles und geistiges Zentrum zu schaffen.»[238]

Otto H. Heim verstand Zionismus also vor allem als Möglichkeit, verfolgten Jüdinnen und Juden eine Emigrationsmöglichkeit zu verschaffen. Diese Idee war unter dem Schweizer Judentum verbreitet: Zionismus wurde zwar nicht explizit abgelehnt, aber auch nicht als Option für eine eigene neue Existenzgründung gesehen. In diesem Zusammenhang ist Heims Wortwahl von Bedeutung: Zwar lehnte er die zionistische Idee für die Gesamtheit der Jüdinnen und Juden ab, dennoch orientierte sich diese Textpassage an bekannten zionistischen Formulierungen. Im «Baseler Programm», der gemeinsamen Erklärung der Zionisten nach ihrem ersten Kongress in Basel im Jahr 1897, wurde explizit «die Schaffung einer öffentlich-rechtlich gesicherten Heimstätte

---

235 Vgl. ebd., S. 82 f.
236 Heim, Was verstehen wir unter Assimilation, 1933, S. 7.
237 Ebd., S. 6.
238 Ebd., S. 7 f.

in Palästina»²³⁹ gefordert. Otto H. Heim hatte sich also offensichtlich mit dem zionistischen Gedankengut auseinandergesetzt, auch wenn er dieses mehrheitlich ablehnte.

Obwohl nach dem ersten Zionistenkongress 1897 in Basel eine erste zionistische Ortsgruppe entstanden war, hatte die Bewegung in Westeuropa bis in die 1930er-Jahre wenig Bedeutung und selbst die Anhängerschaft des Zionismus zog eine eigene Auswanderung ins damalige Mandatsgebiet Palästina kaum in Erwägung. Erst der grassierende Faschismus änderte die Ausgangslage und führte dazu, dass die zionistische Bewegung besonders unter Jugendlichen viele Sympathisantinnen und Sympathisanten gewann.²⁴⁰ Otto H. Heims Abhandlung bildete diese Hinwendung zu den Ideen des Zionismus zumindest teilweise ab. So ging er zwar davon aus, dass «der weitaus grösste Teil der Juden […] aber weiter und immer in der Diaspora und über die ganze Welt verteilt leben und zu versuchen haben [wird] sich mit seinen Wirtsvölkern zu verständigen und soweit zu assimilieren, dass ein Mitgehen – und nicht ein Aufgehen – als Möglichkeit und Ziel angestrebt wird».²⁴¹ Gleichzeitig wies er aber auf die «Schwierigkeiten im Zusammenleben»²⁴² hin, die sich in Form von Antisemitismus äussern würden.

In den Augen von Otto H. Heim würde sich das Judentum also mehrheitlich assimilieren, ohne seine Identität aufzugeben. Im Wesentlichen ging er vom Status quo des Judentums in Westeuropa aus. Gleichzeitig machte er auf den Antisemitismus aufmerksam, der oft gerade die besonders angepassten Jüdinnen und Juden getroffen habe. Dabei griff er auf ein Zitat von Theodor Herzl zurück, in dem sich dieser mit den vergeblichen Bemühungen des Judentums um Akzeptanz auseinandersetzte. Herzl habe in einer Rede darauf hingewiesen, dass auch Jüdinnen und Juden, die sich als besonders treue Patriotinnen und Patrioten ausgezeichnet hätten, nicht von der Mehrheitsbevölkerung akzeptiert würden.²⁴³

Vor dem Hintergrund des Topos der eigenen Verwurzelung in der Heimat sind auch Otto H. Heims Überlegungen zum Antisemitismus interessant: «Der Antisemitismus ruht tief in der Volkspsyche, oft scheint er unausrottbar, unbekämpfbar, denn er wurzelt offenbar in Sphären, an die der Verstand und die Aufklärung nicht herankommen. Viele Kämpfe der Welt werden auf unserem Rücken ausgetragen.»²⁴⁴

---

239 O. A.: Baseler Programm, Am Ersten Zionistenkongress in Basel 1897 verabschiedet, in: Haumann, Der Erste Zionistenkongress, 1997, S. 22.
240 Vgl. Kury, Jüdische Lebenswelten in einer Zeit raschen Wandels, 2005, S. 147 f.
241 Heim, Was verstehen wir unter Assimilation, 1933, S. 8.
242 Ebd.
243 Vgl. ebd., S. 8 f.
244 Ebd., S. 8. Der Begriff «Volkspsyche» wurde von Otto H. Heim nachträglich handschriftlich eingesetzt. Die ursprüngliche Version dieser Passage lautete: «Der Antisemitismus ruht in den Völkern tief Innen […].» In der JPZ wurde der originale Wortlaut wiederaufgenommen, dafür

Ebenso wie das Judentum in den Ländern der Diaspora Wurzeln geschlagen habe, wurzelte auch der Antisemitismus, so Otto H. Heim, «tief in der Volkspsyche».[245] Damit standen sich zwei Interessen diametral gegenüber: Assimilation und Antisemitismus. Dabei bediente sich Heim erneut der Metapher der Verwurzelung. Die Wurzeln des Antisemitismus schienen aber in seiner Abhandlung eher einem wuchernden Geschwür als einer verwurzelten Pflanze zu gleichen. Heim drehte dabei die nationalsozialistische Propaganda, die Jüdinnen und Juden mit Schmarotzern und Parasiten verglich, ins Gegenteil. Der Prozess der Assimilation wurde als positiv und natürlich beschrieben, als Errungenschaft der Aufklärung, die mit einem Siegeszug des Verstandes einherging. Antisemitismus hingegen sei irrational und widernatürlich. Ähnlich einer Krankheit sei dem Antisemitismus aber nicht leicht beizukommen.

Otto H. Heim zitierte eine längere Passage von Herzl, die er als «prophetisch»[246] bezeichnete. Herzl nannte die Assimilationsversuche der Jüdinnen und Juden darin «vergebens»,[247] da die Mehrheitsbevölkerung ihnen die Chance verwehren würde, in der «umgebenden Volksgemeinschaft unterzugehen».[248] Während Herzl sich aus diesen Gründen enttäuscht von seiner Heimat abgewandt hatte, sah Heim im Antisemitismus auch eine Chance, sich mit dem Judentum neu auseinanderzusetzen: «Aber gerade aus dem Antisemitismus heraus erwächst dem Judentum ein neues erstarktes Bewusstsein zum Judentum [...].»[249] In seinen Augen sei Antisemitismus widernatürlich, denn «so arbeitet er [der Antisemitismus] dem organischen und natürlichen Anpassungsprozess entgegen».[250] Heim war also überzeugt, dass das Aufgehen des Judentums in der Mehrheitsbevölkerung ein Prozess war, der naturgegeben war und sich nur künstlich aufhalten liesse.

Otto H. Heims abschliessende Frage lautete: «Was verstehen wir unter Assimilation und wie glauben wir sie – allen Schwierigkeiten zum Trotz – entwickeln zu können?»[251] In politischer Hinsicht betrachtete Heim die Assimilation als vollendet; Jüdinnen und Juden seien in ihren jeweiligen Heimatländern in allen politischen Parteien anzutreffen und hätten sich längst als wertvolle Staatsbürgerinnen und Staatsbürger erwiesen. In seinem Fazit wies Otto H. Heim explizit darauf hin, dass Jüdinnen und Juden nicht nur im linken, sondern auch im bürgerlichen Parteispektrum anzutreffen seien, denn «das poli-

wurde der zweite Teil der Aussage leicht modifiziert, es heisst dort: «[Der Antisemitismus] wurzelt offenbar im Instinkt, in Sphären, an die der Verstand und die Aufklärung nicht herankommen.» Heim, Betrachtungen zur Assimilation, 1934, S. 15.
245 Heim, Was verstehen wir unter Assimilation, 1933, S. 8.
246 Ebd.
247 Ebd.
248 Ebd.
249 Ebd., S. 9.
250 Ebd.
251 Ebd.

tische Parteibild der Juden»²⁵² entspreche «dem Parteibild ihres Bürgerstaates, sie sind in allen Parteien anzutreffen, es gab und gibt nicht nur bedeutende jüdische Linkspolitiker».²⁵³ Wie die meisten jüdischen Schweizerinnen und Schweizer²⁵⁴ stammte Otto H. Heim aus einem bürgerlichen Elternheim, das am Liberalismus orientiert war. Er wollte sich durch seine Ausführungen zur politischen Ausrichtung der Jüdinnen und Juden auch gegen die antisemitisch motivierte Behauptung stellen, dass Jüdinnen und Juden eine besondere Affinität zum Kommunismus hätten. Besonders jüdische Migrantinnen und Migranten aus Osteuropa wurden häufig als «Schieber», «Wucherer» und «Bolschewisten» bezeichnet.²⁵⁵ Ihnen wurde mit dem Argument, sie seien die Hauptbeteiligten an der bolschewistischen Revolution gewesen, die Einreise in die Schweiz nach dem Landesstreik 1918 häufig verweigert.²⁵⁶ Otto H. Heim führte weiter aus, dass Jüdinnen und Juden sich in kultureller und geistiger Hinsicht wie alle zugewanderten Volksschichten problemlos und mit Freude assimilieren würden. Das einzige Hemmnis sah er im Widerstand gegen diese ehrlichen Assimilationsversuche.

In diesem Zusammenhang wird ersichtlich, dass Otto H. Heim von einem tiefen Glauben an den Siegeszug demokratischer Staatswerte erfüllt war. Die antisemitischen Strömungen hingegen würden sich nicht behaupten können, denn, so Heim, «die Menschheit [kann sich] auf die Dauer […] nur im Streben nach den ewigen Menschheitsrechten, im Vertrauen auf Freiheit und Gerechtigkeit erhalten. – Und keine Staatsform kommt der Verwirklichung dieser Ideen näher als die der Demokratie.»²⁵⁷

Otto H. Heim sah die Assimilation von Jüdinnen und Juden als Beitrag an die Demokratisierung. Dabei war es seiner Ansicht nach irrelevant, ob der Assimilationsprozess aktiv oder passiv ablaufe, wichtig sei, «dass die Juden […] eine Mission in der Weltgeschichte haben».²⁵⁸ Die Machtergreifung der Nationalsozialisten in Deutschland dürfte er in diesem Zusammenhang als vorübergehendes Phänomen ohne Chancen auf Bestand verstanden haben. Die Tendenz, den deutschen Nationalsozialismus zu unterschätzen, war unter Schweizer Jüdinnen und Juden verbreitet.²⁵⁹

In Otto H. Heims Diskurs über Assimilation wird die Vorstellung eines «jüdischen Geist[es]»,²⁶⁰ der auf den ethischen Grundsätzen des Judentums

---

252 Ebd.
253 Ebd.
254 Vgl. Picard, Die Schweiz und die Juden, 1994, S. 123.
255 Vgl. Kury, Über Fremde reden, 2003, S. 137–140.
256 Vgl. Gast, Von der Kontrolle zur Abwehr, 1997, S. 132.
257 Heim, Was verstehen wir unter Assimilation, 1933, S. 10.
258 Ebd. Der Begriff «Mission» taucht in diesem Zusammenhang zweimal in Otto H. Heims Erläuterungen auf.
259 Vgl. Zweig-Strauss, Saly Mayer, 2007, S. 53.
260 Heim, Was verstehen wir unter Assimilation, 1933, S. 6.

basiere, sichtbar. Marlen Oehler Brunnschweiler wies darauf hin, dass Albert Einstein bereits 1932 solche Überlegungen zum Judentum in der JPZ geäussert habe.[261] Es dürfte daher kaum Zufall sein, dass Heim seine Ausführungen mit einem Zitat von Einstein schloss, den er als «eine[n] der grössten lebenden Juden»[262] bezeichnete.

In der Abhandlung von Otto H. Heim manifestierte sich ein Gegendiskurs zum Antisemitismus. Dabei kam es zu einer positiven Umdeutung von negativen Zuschreibungen. Der Rede der Fremdheit der Jüdinnen und Juden in der Schweiz wurde in diesem Rahmen ein betont schweizerisch-jüdischer Patriotismus entgegengesetzt.[263]

In den frühen 1930er-Jahren war bereits klar, dass der Wille des westeuropäischen Judentums zur Assimilation vor dem Hintergrund einer Mehrheitsbevölkerung, die sich zunehmend nationalistisch und damit exkludierend definierte, kaum von Belang war. Die Ambivalenz dem Begriff der Assimilation gegenüber ist daher wenig überraschend. Bestechend hingegen wirkt das Angebot eines alternativen Identitätsverständnisses. Dabei werden Vorstellungen von tief im Judentum verankerten ethischen und demokratischen Werten von Bedeutung. Durch Otto H. Heims Überlegungen zur Assimilation wird deutlich, dass der Verfasser der Schweizer Mehrheitsbevölkerung die Integration des Judentums als erstrebenswert erscheinen lassen wollte. In seiner Darstellung verfügt das Judentum intrinsisch über positive Schweizer Werte, nämlich demokratische Werte, und wird damit als wertvoll für die Schweiz definiert. Heim verstand Gleichberechtigung damit als Belohnung für gefälliges Verhalten.

Die Überlegungen von Heim zum Assimilationsbegriff lassen auf eine Suche nach der eigenen jüdischen Identität des Verfassers schliessen. Die Mitglieder des BSJ, zu denen auch Otto H. Heim zählte, drückten eine proschweizerische Haltung aus und strebten dabei eine Verschmelzung mit dem Bürgertum an. In den 1930er-Jahren wurden Jüdinnen und Juden in der Schweiz aber mit einem zunehmenden Antisemitismus konfrontiert. Viele Anhänger der Frontenbewegung stammten aus einem bürgerlichen und intellektuellen Elternhaus[264] und hatten damit einen ähnlichen Hintergrund wie das bürgerliche Judentum Zürichs, dem Otto H. Heim ebenfalls zugehörte. Heim betrachtete Antisemitismus als historisches Phänomen. So wies er auf die Langlebigkeit und Verwurzelung des Antisemitismus hin. Im Gegensatz zu den Errungenschaften der Französischen Revolution, dem Demokratieverständnis, das schliesslich die Menschheit auf eine höhere Stufe heben würde, sollte Antisemitismus hingegen als niederes menschliches Gefühl aktiv bekämpft werden.

---

261 Vgl. Oehler Brunnschweiler, Schweizer Judentümer, 2013, S. 183.
262 Heim, Was verstehen wir unter Assimilation, 1933, S. 10 f.
263 Vgl. Oehler Brunnschweiler, Schweizer Judentümer, 2013, S. 184, 279.
264 Vgl. Picard, Die Schweiz und die Juden, 1994, S. 55.

3.3.2 «Zahlen und Tatsachen zur Überfremdungsfrage in der Schweiz»

Im März 1935 verfasste Otto H. Heim einen Text unter dem Titel «Zahlen und Tatsachen zur Überfremdungsfrage in der Schweiz».[265] Seine Abhandlung wurde ein Jahr später als Leitartikel in der JPZ veröffentlicht. Während inhaltlich lediglich eine zusätzliche Passage angefügt wurde, fällt besonders die Änderung des Titels auf. Heims Überlegungen wurden 1936 unter dem Titel «Die konfessionelle und nationale Gliederung der Bevölkerung der Schweiz»[266] publiziert. Der Verzicht auf den Ausdruck «Überfremdung» dürfte mit dessen für die jüdische Bevölkerung in der Schweiz problematischer Konnotation in Zusammenhang gestanden haben.

In den Jahren 1880–1930 flohen zwei Millionen osteuropäische Jüdinnen und Juden vor rechtlicher und sozialer Diskriminierung, wirtschaftlicher Not und Pogromen. Viele davon wanderten nach Amerika aus, wobei einige in Europa blieben, unter anderem auch in der Schweiz.[267] Im Begriff der «Überfremdung» manifestierten sich antisemitische Stereotype, die sich vor allem gegen Ostjüdinnen und Ostjuden richteten. Der Überfremdungsdiskurs beeinflusste massgeblich die Politik der Schweiz im Umgang mit Ausländerinnen und Ausländern und deren Integration in die Schweiz. Laut Patrick Kury trug gerade die begriffliche Unschärfe dazu bei, dass der Terminus «Überfremdung» sich als langlebig erwies und in der Amtssprache immer wieder aufgegriffen wurde.[268] Verschiedene Exponenten der eidgenössischen Fremdenpolizei,[269] darunter Ernst Delaquis, zwischen 1919 und 1929 Chef der Polizeiabteilung der eidgenössischen Fremdenpolizei,[270] und Max Ruth, der der erste Adjunkt der Polizeiabteilung im Justiz- und Polizeidepartement war und die Debatte um das schweizerische Bürger- und Niederlassungsrecht und die Flüchtlingspolitik wesentlich mitprägte,[271] nahmen den Begriff auf und formten die Überfremdungsdebatte der 1920er- und 1930er-Jahre mit.[272] Max Ruth warnte anlässlich einer Tagung der Expertenkommission des EJPD

---

265 Vgl. Otto H. Heim: Zahlen und Tatsachen zur Überfremdungsfrage in der Schweiz, o. O., März 1935, AfZ, NL Otto und Régine Heim / 21.
266 Vgl. Otto H. Heim: Die konfessionelle und nationale Gliederung der Bevölkerung der Schweiz, in: JPZ 882, 1936, S. 1 f.
267 Vgl. Kury, Man akzeptierte uns nicht, man tolerierte uns, 1998, S. 9.
268 Vgl. Kury, Über Fremde reden, 2003, S. 12 f.
269 Um die vermeintliche Gefahr der «Überfremdung» abzuwehren, wurde 1917 eine zentralstaatliche Institution, die eidgenössische Fremdenpolizei, gegründet. Chef der neuen Einrichtung war zwischen 1919 und 1954 Heinrich Rothmund. Vgl. Mächler, Kampf gegen das Chaos, 1998, S. 357 f.
270 Vgl. Steffen Gerber, Ernst Delaquis, e-HLS.
271 Vgl. Kury, Max Ruth, e-HLS.
272 Vgl. Kury, Über Fremde reden, 2003, S. 120.

1920[273] vor einer «Überfremdung» durch die Einwanderung von osteuropäischen Jüdinnen und Juden.[274] Als Grundbedingung für eine mögliche Einbürgerung definierte Max Ruth die «Assimilationsfähigkeit».[275] Aus seinen Äusserungen geht hervor, dass er als Alternative zur Einbürgerung assimilierter Ausländerinnen und Ausländer einzig eine Zulassungsbeschränkung für Ausländer in Betracht zog.[276]

Ernst Delaquis identifizierte zwei Gruppen von Ausländerinnen und Ausländern, deren Niederlassung in der Schweiz er durch eine Beschränkung der Einwanderung beikommen wollte:

«1. Fernzuhalten sind die politisch unerwünschten Elemente, Bolschewisten etc., Leute mit schlechtem Vorleben

2. Schwieriger ist es der wirtschaftlichen Ueberfremdung zu steuern und hiefür Bestimmungen zu formulieren.»[277]

Weitere Voten, die die Begriffe «Anarchisten, Schieber usw.»[278] in die Aufzählung «unerwünschter Ausländer» aufnehmen, verstärken den Eindruck, dass durch die Skizzierung dieses Feindbilds vor allem Jüdinnen und Juden osteuropäischer Herkunft gehindert werden sollten, in die Schweiz einzuwandern. Die Diskussion drehte sich dabei auch um das Hausiererwesen, das ebenfalls häufig mit osteuropäischen Jüdinnen und Juden in Verbindung gebracht wurde. Albert Mächler, ein Regierungs- und Nationalrat aus St. Gallen und Mitglied der Kommission, kam dabei auf «gewisse östliche Ausländer»[279] zu sprechen, die «eine Vorliebe für das Hausieren [haben] und [...] beinahe eine Landplage»[280] seien. Allen Beteiligten dürfte klar gewesen sein, dass er damit auf osteuropäische Jüdinnen und Juden anspielte. Im Gegensatz zu anderen Wirtschaftszweigen ging die Expertenkommission davon aus, dass zu wenig Schweizer Bürgerinnen und Bürger im Hausiererwesen tätig seien, um von einer allfälligen Reziprozität für den freien Handel zu profitieren.

---

273 Die Expertenkommission war vom Eidgenössischen Justiz- und Polizeidepartement (EJPD) einberufen worden und traf sich für fünf Sitzungen zwischen dem 6. und 10. 9. 1920. Vorsitzender war Bundesrat Heinrich Häberlin. Die Kommission setzte sich aus Regierungsmitgliedern aus verschiedenen Kantonen und Mitgliedern der Polizeiabteilung des EJPD zusammen. Am 15. 9. 1920 wurden die Resultate der Sitzungen der Öffentlichkeit zugänglich gemacht. Vgl. o. A.: Verhandlungen der vom Eidgenössischen Justiz- und Polizeidepartement einberufenen Expertenkommission zur Beratung der künftigen Niederlassungsgesetzgebung, Solothurn 1920, BAR, E4300B#1000/844#102*.
274 Vgl. Kury, Über Fremde reden, 2003, S. 123.
275 O. A.: Verhandlungen der vom Eidgenössischen Justiz- und Polizeidepartement einberufenen Expertenkommission zur Beratung der künftigen Niederlassungsgesetzgebung, Solothurn 1920, S. 8, BAR, E4300B#1000/844#102*.
276 Vgl. ebd.
277 Ebd., S. 23 f.
278 Ebd., S. 25.
279 Ebd., S. 69.
280 Ebd.

Die allgemein xenophobe Haltung der Fremdenpolizei nahm mit der Fokussierung auf jüdische Migrantinnen und Migranten aus Osteuropa eine antisemitische Tendenz an. In der Stadt Zürich schlug sich diese Sachlage in einer rechtlichen Diskriminierung von osteuropäisch-jüdischen Migrantinnen und Migranten nieder. Bereits 1906 hatte Zürich seine Einbürgerungsbestimmungen explizit für russisch-jüdische Zuwandernde verschärft.[281] Zwischen 1912 und 1920 gab es einzig für diese Gruppe eine Zulassungsbeschränkung für Einbürgerungen.[282] Der Leiter der Fremdenpolizei Zürich, Hans Frey, fiel ebenfalls durch antisemitische Aussagen auf, die sich vor allem gegen Jüdinnen und Juden osteuropäischer Herkunft richteten.[283]

Antisemitismus als Teil der Überfremdungsdebatte hatte damit in der Schweiz bis in die 1930er-Jahre bereits eine gewisse Kontinuität.

Nach der Machtergreifung der Nationalsozialisten 1933 begründeten die Behörden gegen Flüchtlinge gerichtete Beschlüsse wie das Arbeitsverbot und die Transitmaxime[284] mit dem Argument, man wolle das Schweizer Judentum vor Antisemitismus schützen. Die Gefahr der «Überfremdung» durch jüdische Flüchtlinge würde andernfalls dazu führen, dass sich in der Schweiz antisemitische Bewegungen nach deutschem Vorbild etablieren könnten. Diese paradoxe Begründung wurde auch während der Kriegsjahre nach Gutdünken dafür benutzt, Jüdinnen und Juden in der Schweiz indirekt selbst für Antisemitismus verantwortlich zu machen.[285]

Unter diesen Prämissen wurde 1936 Otto H. Heims Beitrag zum Überfremdungsdiskurs publiziert. Analysiert man den Inhalt seiner Abhandlung, wird klar, weshalb die Redaktion einen neuen Titel wählte. Hauptsächlich beschäftigte sich Heim in seiner Schrift mit drei Themenbereichen: Anteil der jüdischen Bevölkerung an der Gesamtbevölkerung der Schweiz, Herkunft von Ausländerinnen und Ausländern in der Schweiz und Einbürgerungen. Otto H. Heim wollte anhand seiner Darlegungen beweisen, dass die Angst vor einer «Überfremdung» in der Schweiz zwar nicht übertrieben, dass aber der Eindruck eines übermässigen Anteils von Jüdinnen und Juden als «Überfremdungsfaktor» eine Fehlwahrnehmung sei. Anhand von Zahlen und statistischen Beispielen, die er, wie er selbst angab, zumindest teilweise vom Eidgenössischen Statistischen Amt übernommen hatte,[286] wollte er empirisch belegen, dass Jüdinnen und Juden nicht für die «Überfremdung» verantwortlich seien. Die Eliminierung des Wortes «Überfremdung» im Titel war vor dem

---

281 Vgl. Brunschwig/Heinrichs/Huser, Geschichte der Juden im Kanton Zürich, 2005, S. 370.
282 Vgl. Kury, Über Fremde reden, 2003, S. 136.
283 Vgl. ebd., S. 139.
284 Vgl. dazu auch Kapitel 4.3.1.
285 Vgl. Mächler, Kampf gegen das Chaos, 1998, S. 396.
286 Vgl. Heim, Die konfessionelle und nationale Gliederung der Bevölkerung der Schweiz, S. 2.

Hintergrund, dass der Text von einem jüdischen Autor geschrieben worden war, vermutlich als opportun erschienen.

Für die Publikation hatte Otto H. Heim seine Darlegungen wesentlich ergänzt, und zwar durch eine Richtigstellung der Fehlwahrnehmung des Anteils der jüdischen Bevölkerung an der schweizerischen Gesamtbevölkerung. Heim verglich dazu die Zahlen des jüdischen Anteils an der Bevölkerung verschiedener Länder, um zu belegen, dass die Debatte über eine jüdische «Überfremdung» in der Schweiz an der Realität vorbeiging: «Es ist dabei interessant, festzustellen, daß dieser Prozentsatz [Anteil der jüdischen Bevölkerung an der Gesamtbevölkerung der Schweiz im Jahr 1930: 0,4 Prozent] nur die Hälfte der Verhältniszahl beträgt, die der jüdische Anteil an der Gesamtbevölkerung der ganzen Welt erreicht. [...] Wenn man bei diesen Zahlen von Indien, vom Fernen Osten, von Zentral-Afrika, d. h. von Gebieten absieht, in denen es praktisch keine Juden gibt und nur die Teile und Länder der Welt in Betracht zieht, in denen die europäische Kultur und sog. weiße Rasse vorherrschen, erhöht sich der jüdische Anteil auf 1,6 %, d. h. bei einer entsprechenden Totalbevölkerung von einer Milliarde. Der jüdische Bevölkerungsanteil der Schweiz mit 0,4 % ist also äußerst bescheiden und ganz beträchtlich unter dem entsprechenden Durchschnittsverhältnis der Weltbevölkerung.»[287]

Otto H. Heim wies darauf hin, dass im städtischen Raum – in seinem Beispiel erwähnte er Zürich – jüdische Einwohnerinnen und Einwohner einen grösseren Anteil an der Gesamtbevölkerung ausmachten als im schweizerischen Durchschnitt. Doch auch hier relativierte er die Zahlen, indem er belegte, dass diese Zahl seit Ende 1934 im Sinken begriffen sei. Heim machte für die Wahrnehmung einer «Überfremdung» der Stadt Zürich besonders Gruppen von Ausländerinnen und Ausländern einer bestimmten Nation verantwortlich. So schrieb er, dass Deutsche und Italiener den grössten Anteil an Ausländerinnen und Ausländern in Zürich ausmachten: «Die hohen Ausländerquoten bilden von jeher ein Problem, das besonders in den Städten die Gefahr einer gewissen Ueberfremdung in sich birgt, stieg doch solche in der Stadt Zürich anläßlich einer Volkszählung i. J. 1910 auf 33,8 %. Seither ist sie zwar rapid gesunken und betrug i. J. 1930 15,6 %. Ende 1934 lebten in der Stadt Zürich bei einer Totalbevölkerung von 314 000 über 37 000 Ausländer, d. h. nur noch ca. 12 %, wovon ca. 20 000 Deutsche (ca. 7 %) und 8500 Italiener.»[288]

Folgt man Otto H. Heims Argumentation, wird klar, dass er den Begriff «Überfremdung» als solchen kaum kritisch hinterfragte. Die Verinnerlichung dieses Konzepts im damaligen schweizerischen Diskurs machte auch vor der jüdischen Bevölkerung der Schweiz nicht halt, obwohl sie direkt von den negativen Auswirkungen betroffen war. Heim versuchte, anhand von Zahlen zu

---

287 Ebd., S. 1.
288 Ebd., S. 2.

beweisen, dass die Schweiz nicht durch jüdische Emigrantinnen und Emigranten, sondern durch andere Gruppen «überfremdet» sei. Vor dem Hintergrund von Otto H. Heims eigener jüdischer Abstammung und dem jüdischen Medium, in dem der Text publiziert wurde, wirkt der Text defensiv. Heim wollte den Fokus des Überfremdungsdiskurses vom Judentum weg auf andere Bevölkerungsgruppen lenken. Otto H. Heim nahm auch zur Einbürgerungsfrage Stellung: «Wenn nun in diesem Zusammenhang oft von einer Sonderstellung der Juden in der Einbürgerung gesprochen und deren relativ großer Anteil beanstandet wird, so ergibt sich daß die absolute und gesamte Proportion der Juden an der schweizerischen Bevölkerung nur eine sehr geringe ist.»[289]

Diese Stelle unterstreicht, dass Heim die Vorwürfe, dass Jüdinnen und Juden sich besonders häufig einbürgern lassen würden, falsifizieren wollte. Es war ihm in dieser Darstellung nicht daran gelegen, den unmotivierten Antisemitismus an sich zu entlarven, sondern er versuchte, antisemitische Behauptungen durch rationale Argumente, nämlich durch Zahlen als Fakten, zu widerlegen. Otto H. Heim legte dar, dass der Anteil der jüdischen Bevölkerung an der Gesamtbevölkerung marginal war. Er kam daher zum Schluss, «daß für die Entwicklung der schweizerischen Bevölkerung die nationale Gliederung [der Ausländer] viel entscheidender im Einfluss auf die gesamten sozialen, wirtschaftlich politischen und kulturellen Verhältnisse zu werten ist, als die konfessionelle, soweit sie sich auf den Anteil der Juden bezieht. – Die aufgeführten Zahlen sprechen dafür eine zu klare Sprache. – Der Einfluß, den man dem in der Schweiz zahlenmässig nur ca. ½ % und in der Stadt Zürich 2,3 % betragenden jüdischen Bevölkerungsanteil oft tendenziös zuschreibt, ist sicherlich unbedeutend im Verhältnis zu den Ausländerquoten.»[290]

Im Gegensatz zu seinem früheren Text «Betrachtungen zur Assimilation» von 1933, in dem er noch zwischen osteuropäischen und Schweizer Jüdinnen und Juden unterschieden hatte, verabschiedete sich Otto H. Heim im 1936 publizierten Text von dieser Idee. Angesichts der antijüdischen Massnahmen der Nationalsozialisten in Deutschland, die keinen Unterschied zwischen Jüdinnen und Juden osteuropäischer Herkunft und «assimilierten» Jüdinnen und Juden machten, wurden innerjüdisch empfundene Unterschiede nicht mehr an die Öffentlichkeit getragen, um das Bild eines homogenen Judentums nicht zu gefährden. Gleichzeitig versuchte Heim implizit, den Vorwurf zu widerlegen, dass sich aufgrund der jüdischen Bevölkerungszahlen ein Antisemitismus nach deutschem Vorbild in der Schweiz etablieren könnte.

Im Text von Otto H. Heim lässt sich ein Umdenken in eine andere Richtung feststellen: Davon ausgehend, dass nach seinen Berechnungen vor allem

---

289 Ebd.
290 Ebd., S. 3.

nichtjüdische Deutsche durch Einbürgerungen zu Stadtzürchern wurden,[291] schien Heim zu suggerieren, dass die Gefahr, durch eine deutsche «Überfremdung» könnte sich nationalsozialistisches Gedankengut in Zürich verbreiten, als real betrachtet werden müsse. Diese Darstellung wurde der Annahme der Behörden entgegengestellt, dass die jüdische Zuwanderung einen Anstieg von Antisemitismus zur Folge habe. «Ausländische Einflüsse»[292] seien besonders durch «Eheschliessungen zwischen Schweizern und Ausländerinnen»[293] zu erwarten. Da Otto H. Heim durch seine Abhandlung empirisch belegte, dass nur wenige Jüdinnen und Juden von Einbürgerungen profitieren konnten, wird ersichtlich, dass er sich auf den wesentlich grösseren Teil eingebürgerter Deutscher bezieht. Diese könnten, so Heim, «die Struktur und die Entwicklung der Schweiz unzweifelhaft ungleich problematischer und schwerwiegender beeinflussen».[294] Otto H. Heims Überlegungen zur «Überfremdung» können somit auch als Warnung gelesen werden, den Einfluss deutscher Einwanderer, die womöglich nationalsozialistisches Gedankengut in der Schweiz verbreiten könnten, nicht zu unterschätzen. Damit wird der Diskurs um das «Überfremdungsproblem» in eine neue Richtung gelenkt: An die Stelle jüdischer Bolschewisten aus dem Osten treten deutsche Nationalsozialisten, die beeinflusst vom totalitären Gedankengut die schweizerische Demokratie bedrohen könnten.

Assimilation und «Überfremdung»: Diese Themen waren im schweizerischen Diskurs um den Umgang mit Ausländerinnen und Ausländern seit den 1920er-Jahren eng miteinander verknüpft. Otto H. Heim reagierte mit seinem Artikel zur «Überfremdungsfrage» auch auf den latenten Vorwurf, Jüdinnen und Juden osteuropäischer Herkunft seien besonders schwer assimilierbar. Obwohl das schweizerische Judentum mit Wurzeln im südbadischen Raum und im Elsass sich häufig selbst vom osteuropäischen Judentum abgrenzte, zeichnete sich hier, mitbeeinflusst durch die Entwicklungen in Deutschland, eine Solidarisierung mit Jüdinnen und Juden osteuropäischer Herkunft ab. Patrick Kury wies darauf hin, dass es in der Schweiz bereits in den 1920er-Jahren eine klar antijüdische Haltung gab, die sich explizit auch gegen Jüdinnen und Juden richtete, die vor der Jahrhundertwende in der Schweiz sesshaft geworden und eingebürgert worden waren.[295] Die Solidarisierung des etablierten Schweizer Judentums mit osteuropäischen Jüdinnen und Juden muss auch vor dem Hintergrund des Auftretens des SIG als homogene Gesellschaft verstanden werden. Inwiefern die Veröffentlichung im Hausblatt der ICZ öffentlichkeitswirksam war, sei dahingestellt. Möglicherweise war Otto H. Heims

---

291 «Von diesen ca. 1000 stadtzürcherischen Einbürgerungen [im Jahr 1933] entfallen 642 allein auf Deutschland und von diesen (642 Deutschen) waren 30 Juden.» Ebd., S. 2.
292 Ebd., S. 3.
293 Ebd.
294 Ebd.
295 Vgl. Kury, Über Fremde reden, 2003, S. 133.

Darlegung daher eher als Appell an Schweizer Jüdinnen und Juden zu verstehen, Einheit zu demonstrieren. Sein öffentliches Engagement gegen Antisemitismus dürfte auch von der Tatsache, dass die Nationale Front bei den Kantonsratswahlen 1935 mit 6,2 Prozent Stimmenanteil ein Glanzresultat erreicht hatte, beeinflusst gewesen sein.[296]

Otto H. Heim übersah in seinen Darlegungen, dass dem latenten Antisemitismus, der den Diskurs bestimmte, kaum mit rationalen Argumenten beizukommen war. Seine Artikel in der JPZ sind vor allem vor dem Hintergrund eines allgemeinen schweizerisch-jüdischen Diskurses über Heimatliebe und Verwurzelung der Schweizer Jüdinnen und Juden[297] als Gegenrede zum Diskurs der «Überfremdung» zu verstehen.

---

[296] Vgl. Illi, Zürich (Kanton), e-HLS.
[297] Vgl. Oehler Brunnschweiler, Schweizer Judentümer, 2013, S. 277.

4 Die Israelitische Cultusgemeinde Zürich (ICZ) als «Vorort des VSIA», 1933–1939

4.1 Der Vorstand der ICZ

Fast zeitgleich mit seiner Niederschrift der Abhandlung über die «Überfremdungsfrage» in der Schweiz im März 1935 wurde Otto H. Heim am 7. April 1935 in den Vorstand der Israelitischen Cultusgemeinde Zürich (ICZ) gewählt.[1]

Mit der ICZ hatte sich in der Schweiz die grösste jüdische Gemeinde konstituiert, die seit den 1880er-Jahren einen kontinuierlichen Zuwachs von Mitgliedern verzeichnen konnte.[2] Nach dem Ende des Ersten Weltkriegs wurde die Mitgliederzahl auf 694 beziffert,[3] am 31. Dezember 1935 zählte die ICZ bereits 1048 Mitglieder.[4] Die ersten Statuten wurden am 21. Dezember 1912 an der Gemeindeversammlung verabschiedet.[5] Die ICZ setzte sich gemäss den überarbeiteten Statuten aus dem Jahr 1931 aus den Mitgliedern der Gemeinde, der Gemeindeversammlung und dem Vorstand zusammen.[6] Präsident und Vorstand wurden an der Urne gewählt.[7]

Der Vorstand der ICZ bestand 1935 aus dem Präsidenten Saly Braunschweig und acht weiteren Vorstandsmitgliedern, die je einer Kommission vorstanden.[8] Otto H. Heim übernahm im Vorstand das Amt des Quästors und wurde gleichzeitig Stellvertreter des Aktuars Georg Guggenheim. Heim hatte das Amt des Quästors während seiner gesamten Amtszeit im Vorstand der ICZ inne.[9] Im Frühjahr 1943 schied er im Zuge der Gesamterneuerungswahlen der Gemeindekollegien[10] aus dem Vorstand der ICZ aus. Otto H. Heim blieb auch nach der Neukonstitution des Vorstandes weiterhin Mitglied der Fürsorgekommission der ICZ.[11]

---

1 O. A.: 73. GB ICZ, Zürich, März 1936, S. 3, AfZ, IB ICZ-Archiv / 217.
2 Vgl. Gerson, 1862–1914: Bürgerliches Selbstbewusstsein, 2012, S. 51.
3 Vgl. Petry, Wir sind liberal, 2012, S. 92.
4 O. A.: 73. GB ICZ, Zürich, März 1936, AfZ, IB ICZ-Archiv / 217.
5 Vgl. o. A.: Statuten ICZ, Zürich 1913, S. 24, AfZ, IB SIG-Archiv / 661.
6 Vgl. o. A.: Statuten ICZ, Zürich 1931, S. 15, AfZ, IB ICZ-Archiv / 195.
7 Vgl. ebd., S. 20.
8 Die Zahl der Vorstandsmitglieder war 1934 von sieben auf neun erhöht worden. Vgl. o. A.: Prot. GV ICZ, 30. 5. 1943, o. S., AfZ, IB ICZ-Archiv / 148.
9 Vgl. o. A.: 73. GB ICZ, Zürich, März 1936, S. 3, sowie o. A.: 80. GB ICZ, Zürich, März 1943, S. 31, AfZ, IB ICZ-Archiv / 217.
10 O. A.: Gemeindekollegien Neuwahlen. AfZ, IB ICZ-Archiv / 148.
11 Vgl. o. A.: 81. GB ICZ, Zürich, April 1944, S. 30, AfZ, IB ICZ-Archiv / 217. Otto H. Heim wurde bis zur Reorganisation des VSJF 1955 als Mitglied der Fürsorgekommission der ICZ

Als ständige Gemeindekommissionen wurden 1931 folgende Ressorts definiert: Die Geschäfts- und Rechnungsprüfungskommission, die Steuerkommission, die Schulpflege, die Synagogenkommission, die Ritualkommission, die Fürsorgekommission und die Bestattungskommission. Der Vorstand wählte einen Präsidenten und einen Vizepräsidenten für jede Kommission aus den eigenen Reihen.[12]

1939 wurde die Fürsorgekommission der ICZ in eine «Lokale Fürsorge» und eine «Flüchtlingshilfe» unterteilt.[13] Während Georges Bloch Präsident der Fürsorge blieb, übernahm Otto H. Heim die Präsidentschaft der Flüchtlingshilfe Zürich ab 1940, nachdem Georges Bloch zunächst beide Stellungen innegehabt hatte.[14] Eine scharfe Trennung zwischen den beiden Stellen lässt sich auch nach 1939 nicht feststellen – beide unterstanden der Fürsorgekommission der ICZ –, was wohl auch innerhalb der ICZ immer wieder zu Verwirrungen in Fragen der Zuständigkeitsbereiche führte. Im Protokoll der Vorstandssitzung der ICZ vom 7. Juli 1940, welches als einziges Traktandum die «Frage der Weiterführung der Jüdischen Flüchtlingshilfe» zum Inhalt hatte, wurden folgende Personen als Mitglieder der Fürsorgekommission der ICZ protokolliert: Berty Guggenheim-Wyler, Silvain S. Guggenheim, Rabbiner Zwi Taubes, Rabbiner Martin Littmann,[15] Thekla Silberstein-Biedermann,[16] Hugo Wyler und Hugo Schmuklerski. Zum «Ausschuss der Flüchtlingshilfe Zürich» wurden

  vermerkt. Vgl. o. A.: 92. GB ICZ, Zürich, Mai 1955, S. 26, AfZ, IB SIG-Archiv / 663. Infolge der Neuorganisation des jüdischen Flüchtlingswesens wurden die Fürsorgekommission der ICZ und die Jüdische Flüchtlingshilfe Zürich ab 1955 getrennt geführt, wobei Heim zu den Mitgliedern der Jüdischen Flüchtlingshilfe Zürich gezählt wurde. Vgl. o. A.: 93. GB ICZ, Zürich, März 1956, S. 39, AfZ, IB SIG-Archiv / 663. Zur Reorganisation des VSJF 1955 vgl. Kapitel 8.4.1.
12 Vgl. o. A.: Statuten ICZ, Zürich 1931, S. 32 f. AfZ, IB ICZ-Archiv / 195.
13 Vgl. Petry, Wir sind liberal, 2012, S. 150, Anm. 310.
14 Vgl. o. A.: 78. GB ICZ, Zürich, April 1941. AfZ, IB ICZ-Archiv / 217.
15 Martin Littmann (1864–1945) stammte aus Deutschland und war zwischen 1893 und 1936 als Rabbiner der ICZ tätig. Er war an der Gründung des «Israelitischen Wochenblatts für die Schweiz» massgeblich beteiligt und hatte einen prägenden Einfluss auf die jüdische Gemeinde in Zürich. Vgl. Weingarten, Martin Littmann, e-HLS.
16 Thekla Silberstein-Biedermann wurde 1896 geboren. 1918 heiratete sie Armin Silberstein und wurde Mutter von drei Kindern. Ab 1935 war sie Vorstandsmitglied des Israelitischen Frauenvereins Zürich. Neben ihren fürsorgerischen Tätigkeiten war sie in der Textilbranche tätig. Nach dem Tod ihres Ehemannes zog sie nach Lugano und eröffnete ein eigenes Textilunternehmen. Thekla Silberstein-Biedermann starb 1960. Vgl. o. A.: Unsere Toten, in: IW 40 (1960), S. 29. Zu Thekla Silberstein-Biedermanns Tätigkeiten in der jüdischen Flüchtlingshilfe vgl. auch Kapitel 7.1.3.

Willy Hallheimer, Max Guggenheim, Siegfried E. Guggenheim-Ullmann[17] und Sylvain Guggenheim-Wyler[18] gezählt.[19]

Die meisten dieser Personen sollten sich jahrelang intensiv in der Flüchtlingshilfe engagieren, insbesondere Silvain S. Guggenheim, von den VSIA-Mitarbeitenden auch häufig «S. S. G.» genannt, war massgeblich am Aufbau des jüdischen Flüchtlingswerks beteiligt und wurde als «Seele» des VSIA bezeichnet.[20] An ihn richteten sich sowohl Verbandsmitarbeitende als auch Flüchtlinge mit ihren Sorgen und Nöten. Silvain S. Guggenheim, 1882 in Baden geboren und ab 1895 in Zürich wohnhaft, war mit einer Beteiligung an einer Seidenfabrik wohlhabend geworden und zog sich 1934 aus dem Berufsleben zurück, um seine Aufmerksamkeit vollumfänglich der Flüchtlingshilfe zu widmen. Das Geschäft führte sein Bruder Fritz allein weiter. Silvain S. Guggenheim stand nicht gerne im Rampenlicht, sowohl sein Bruder als auch er selbst seien sehr introvertiert gewesen. Seine liebenswürdige und umgängliche Art wurde aber sowohl von den Mitarbeitenden im VSIA als auch von den Repräsentanten des SIG und den Schweizer Behörden sehr geschätzt.[21]

17 Siegfried E. Guggenheim-Ullmann wurde 1892 in Baden geboren. In seiner Jugend trat er in das Textilunternehmen seines Vaters ein, das von Baden nach Zürich verlegt wurde. 1912 gründete er ein eigenes Geschäft in Italien. 1927 heiratete er Martha Ullmann und wurde Vater von zwei Kindern. Neben seinen Tätigkeiten in der jüdischen Fürsorge war er 24 Jahre lang im Vorstand des schweizerischen Textilgrosshandels tätig und ab 1949 im Vorstand der Textiltreuhandstelle Zürich. Siegfried E. Guggenheim-Ullmann soll neben seinen öffentlichen Ämtern in der jüdischen Flüchtlingshilfe einigen seiner Verwandten zur Emigration aus NS-Deutschland verholfen haben. Er starb 1955. Vgl. nk.: Siegfried E. Guggenheim-Ullmann s. A., in: IW 14 (1955), S. 24.

18 Sylvain Guggenheim-Wyler wurde 1892 in Zürich geboren. Er war als Kaufmann in der Textilbranche tätig, zunächst bei der Firma Baruch Brandenburger, später als Teilhaber derselben Firma unter dem Namen «Brandenburger & Guggenheim». 1928 heiratete er Ilse Wyler. Aus der Ehe gingen eine Tochter und ein Sohn hervor. Sylvain Guggenheim-Wyler wurde als warmherzig und aufgeschlossen bezeichnet und war jahrzehntelang in der jüdischen Fürsorge tätig. Zwischen 1946 und 1950 war Sylvain Guggenheim-Wyler CC-Mitglied des SIG. 1954 trat er aus gesundheitlichen Gründen von seinen Ämtern im Vorstand der ICZ zurück. 1959 verstarb er nach einer schweren Krankheit. Vgl. o. A.: Sylvain Guggenheim-Wyler s. A., in: IW 35 (1959), S. 33; o. A.: Sylvain Guggenheim-Wyler s. A., in: IW 36 (1959), S. 25; RG: ICZ GV vom 8. Juli 1954, in: IW 29 (1954), S. 19; Claudia Hoerschelmann: Überblick über die Mitglieder in den SIG-Gremien gemäss dem Historischen Archiv im AfZ (1904–1985), in: Interne Dokumentation des Archivs für Zeitgeschichte zu AfZ, IB SIG-Archiv. Die Dokumentation wurde Barbara Häne auf Anfrage zur Verfügung gestellt.

19 Vgl. o. A.: Prot. VS ICZ, Zürich, 7. 7. 1940, S. 1, AfZ, IB ICZ-Archiv / 51.

20 Vgl. o. A.: Prot. GV VSIA, Bern, 22. 10. 1944, S. 9, AfZ, IB SIG-Archiv / 2402 (Votum Saly Braunschweig), sowie Pierre Bigar: Beilage zum Prot. der GV des VSJF vom 17. 6. 1945 in Bern, AfZ, IB VSJF-Archiv / 16.

21 Vgl. Mächler, Hilfe und Ohnmacht, 2005, S. 59 f. Vgl. weiter Interview mit Madeleine Erlanger, S. 21. In einem zeitgenössischen Bericht über die jüdische Flüchtlingshilfe wurde Silvain S. Guggenheims «Zurückhaltung und Einfachheit» als «charakteristisch […] für alteingesessenes Schweizer Judentum» bezeichnet. Vgl. o. A.: Eine Viertelstunde in der jüd. Flüchtlingshilfe Zürich. Eine Unterredung, in: JPZ 1004, 1938, S. 4, https://digicopy.afz.ethz.ch/?&guid=e-9d3a1a6c64c4337b68e2b4e85e92405, 22. 7. 2020.

Abb. 23: Silvain S. Guggenheim, undatiert.

Nach seinem Rücktritt als Präsident des VSJF war er bis zu seinem Tod 1948 weiterhin im Flüchtlingswesen tätig, einerseits in der Kommission «Hilfe und Aufbau» des SIG, andererseits als Vizepräsident der Schweizerischen Zentralstelle für Flüchtlingshilfe (SZF).[22]

In der Stadt Zürich befanden sich ab 1939 verschiedene Institutionen, die sich für die Versorgung jüdischer Flüchtlinge zuständig zeigten: einerseits die Institutionen der ICZ, die sich aus einer Fürsorgekommission und einem Ausschuss der Flüchtlingshilfe zusammensetzten, andererseits der VSIA, dessen Aufgabe in der Koordination des Fürsorgewesens definiert worden war. Die enge Bindung des VSIA an die Fürsorge der ICZ war historisch erwachsen. Die beiden nachfolgenden Kapitel sollen einerseits die Entwicklungen innerhalb der Fürsorgekommission der ICZ aufzeichnen, andererseits die Ereignisse, die zu einer Emanzipation des Verbands Schweizerischer Israelitischer Armenpflegen von der Fürsorgekommission der ICZ führten.

---

22 Vgl. JUNA: Silvain S. Guggenheim. Zum Andenken an einen jüdischen Wohltäter, AfZ, S. Biografien Sachthemen / 41. Die SZF war im Februar 1936 gegründet worden. Die meisten schweizerischen Flüchtlingshilfswerke schlossen sich der SZF an, obwohl sie in sich konfessionell, weltanschaulich und grössenmässig unterschiedlich waren. Der VSIA war ebenfalls Mitglied der SZF. Vgl. Mächler, Hilfe und Ohnmacht, 2005, S. 140 f.

4.2 Lokale Fürsorgekommission ICZ: Geschichte, Aufgaben und Aufbau

Das Versorgen von Armen und Kranken war für das jüdische Gemeindeleben konstituierend. Soziales Wirken wird als religiöse Pflicht verstanden, wobei im Hebräischen zwei verschiedene Begriffe für «Wohltätigkeit» existieren, die zwei unterschiedliche Aspekte beinhalten:[23] «Zedakah» umfasst das pflichtgemässe wohltätige Handeln als ausgleichende soziale Gerechtigkeit, «Gemilut Chessed» steht «für die barmherzige jüdische Liebestätigkeit».[24]

Mit der offiziellen Gründung der ICZ 1862 ging daher die Einrichtung einer Armenkasse einher.[25] ICZ-Mitglieder waren laut Statuten von 1913 verpflichtet, neben der Grundsteuer eine «Armen- und Hilfssteuer» zu entrichten. Die Zusatzsteuer wurde als «Zuschlag von 15 Prozent der Grundsteuer» erhoben. Davon waren 10 Prozent für den Armenfonds vorgesehen. Die Höhe der Steuerabgaben der Mitglieder wurde anhand des Einkommens und Vermögens bestimmt, wobei die Einteilung in eine Steuerklasse in erster Linie auf einer Selbsteinschätzung der Mitglieder beruhte.[26]

In Zürich und anderen Schweizer Städten kam es zu Beginn des 20. Jahrhunderts zu einer Zuwanderung aus Osteuropa, da zahlreiche Jüdinnen und Juden ihre Heimatländer aufgrund von Pogromen und schlechten Lebensbedingungen verliessen. Viele von ihnen befanden sich auf der Durchreise und waren auf Unterstützung angewiesen.[27] In der ICZ und im SIG herrschte die Haltung, dass die osteuropäisch-jüdischen Emigrantinnen und Emigranten zur Weiterreise angehalten werden sollten, damit sie sich nicht in der Schweiz niederliessen.[28] Daher erhielten sie oft einen einmaligen Geldbetrag von lokalen Fürsorgestellen jüdischer Gemeinden.[29] Viele Schweizer Juden, die erst seit einigen Jahrzehnten die vollen Bürgerrechte besassen,[30] nahmen der osteuropäischen Emigration gegenüber eine ablehnende Haltung ein. Die Traditionen und Bräuche der sogenannten Ostjüdinnen und Ostjuden unterschieden sich stark von denjenigen des westeuropäischen Judentums und vor dem Hinter-

---

23 Vgl. Hennings, Jüdische Wohlfahrtspflege, 2008, S. 64–69.
24 Ebd., S. 69.
25 Vgl. Brunschwig/Heinrichs/Huser, Geschichte der Juden im Kanton Zürich, 2005, S. 220.
26 Vgl. o. A.: Statuten ICZ, Zürich 1913, S. 9 f., AfZ, IB SIG-Archiv / 661.
27 Vgl. Zweig-Strauss, David Farbstein, 2002, S. 133 f.
28 Vgl. ebd., S. 134.
29 Vgl. Kury, Man akzeptierte uns nicht, man tolerierte uns, 1998, S. 34.
30 Frauen erwarben seit der Totalrevision der Bundesverfassung von 1874 durch Eheschluss das Heimatsrecht des Mannes. Bei der Heirat mit einem Ausländer verloren sie ihr Schweizer Bürgerrecht bis 1953. Erst 1981 erhielten Frauen in der Schweiz die volle Gleichstellung in der Bürgergesetzgebung. Für Frauen galten die vollen Bürgerrechte also erst ab 1981, weshalb im Folgenden in Bezug auf die Bürgerrechte nur von «Juden» die Rede sein wird und auf das weibliche Pendant der Bezeichnung verzichtet wird. Vgl. Eidgenössische Kommission für Frauenfragen, Stellung von Frau und Mann, o. D.

grund der politischen Entwicklungen in der Schweiz wurde ihre Integration in die jüdischen Gemeinden nur widerwillig unterstützt, da ostjudenfeindliche Stereotype die Überfremdungsdebatte mitbestimmten.[31]

Nach dem Ausbruch des Ersten Weltkriegs wandten sich zahlreiche jüdische Flüchtlinge an das Büro der Armenpflege der ICZ, woraufhin eine separate «Fürsorgekommission» eingerichtet wurde, um den Ansturm zu bewältigen. Bald gelang es der ICZ, der Fürsorgekommission die Hilfe weiterer Organisationen zu sichern, unter anderem des Israelitischen Frauenvereins und der Israelitischen Religionsgesellschaft Zürich (IRG). Die Fürsorgekommission wurde damit von mehreren Institutionen unterhalten, grösster Geldgeber blieb aber die ICZ. Das Aufgabenfeld der Fürsorgekommission war vielfältig und beinhaltete finanzielle und praktische Unterstützung der Flüchtlinge. Das dafür benötigte Geld stammte vorwiegend aus Spendenaktionen.[32]

Auch nach 1918 blieben Armenpflege und Fürsorge ein wichtiger Teil der Gemeindearbeit der ICZ, denn es herrschte in vielen europäischen Ländern auch nach den Kriegsjahren eine wirtschaftlich kritische Lage, und Jüdinnen und Juden waren von den Auswirkungen besonders häufig betroffen.[33]

1925 wurde der Verband Schweizerischer Israelitischer Armenpflegen (VSIA) neu gegründet, nachdem der SIG seit 1908 bestrebt war, die Wohltätigkeitsarbeit der jüdischen Gemeinden zu zentralisieren. Vor dem Ersten Weltkrieg blieb der VSIA aber als Dachorganisation der einzelnen Armenpflegen der jüdischen Gemeinden von untergeordneter Bedeutung. Sein Aufgabenfeld war kaum definiert und es fehlten institutionelle Strukturen.[34] Geleitet wurde der VSIA 1910 von Victor Wyler aus Basel,[35] ab Mitte der 1920er-Jahre übernahm der Leiter der Fürsorgekommission der ICZ gleichzeitig die Präsidentschaft des VSIA.[36] Der VSIA unterstand damit zunächst Wilhelm Simon, 1925 übernahm Silvain S. Guggenheim die Präsidentschaft. In seiner ersten VSIA-Sitzung bemerkte Silvain S. Guggenheim, er habe die Präsidentschaft der Armenpflege der ICZ zwar erst ein halbes Jahr inne, jedoch habe «er seit dieser Zeit vom Verband und dessen Tätigkeit nichts gemerkt».[37] Zum VSIA gehörten 1925 die Armenpflegen der jüdischen Gemeinden Baden, Basel, Biel, Genf, Lausanne, Luzern, St. Gallen, Winterthur und aus Zürich sowohl die der ICZ

---

31 Vgl. Zweig-Strauss, David Farbstein, 2002, S. 133–136.
32 Vgl. Petry, Wir sind liberal, 2012, S. 83–86.
33 Vgl. Brunschwig/Heinrichs/Huser, Geschichte der Juden im Kanton Zürich, 2005, S. 297.
34 Zu den Statuten des VSIA vgl. auch Kapitel 7.1.1.
35 Vgl. o. A.: Prot. VSIA, Basel, 15. 2. 1920, S. 4, StABS, IGB-REGa H 10.3. Victor Wyler wollte die Präsidentschaft bereits 1920 an Wilhelm Simon abgeben, dieser lehnte aber «wegen Arbeitsüberhäufung» ab. Vgl. ebd.
36 Vgl. Sekretariat SIG: Bericht über die Zusammenarbeit SIG-VSJF, Zürich, 14. 3. 1944, AfZ, IB SIG-Archiv / 2384; vgl. weiter: Gerson/Hoerschelmann, Der Verband Schweizerischer Jüdischer Fürsorgen/Flüchtlingshilfen (VSJF), 2004, S. 56 f.
37 O. A.: Prot. VSIA, Olten, 15. 11. 1925, S. 2, StABS, IGB-REGa H 10.3.

als auch die der IRG.[38] 1928 legte Silvain S. Guggenheim das Amt des Präsidenten der Armenpflege der ICZ und des VSIA nieder,[39] bereits 1931 trat er aber wieder in die neu gegründete Fürsorgekommission der ICZ ein.[40]

Während der Zwischenkriegsjahre waren die Fürsorgen der ICZ und der VSIA vor allem mit Fragen der Zuständigkeit beschäftigt. 1925 übergab die Fürsorgekommission der ICZ die Unterstützung der Lungenkranken beispielsweise dem VSIA.[41]

Auch innerhalb der ICZ wurden die Zuständigkeiten im Bereich Fürsorge und Armenpflege neu definiert. Dem Geschäftsbericht der ICZ von 1931 ist zu entnehmen, dass im Zuge der Statutenrevision der Gemeinde die «Armenpflege» mit der «Fürsorge-Kommission» fusionierte und die Kassen der beiden Kommissionen zusammengelegt wurden. Diese Handhabung erlaubte der ICZ, freier über den Einsatz der Gelder zu verfügen. Am Tätigkeitsfeld der Kommissionen, das vor allem die Unterstützung sogenannter Passantinnen und Passanten[42] und von Armen umfasste, wurden keine inhaltlichen Änderungen vorgenommen. Neue Mitglieder in der fünfköpfigen Fürsorgekommission waren unter anderen Silvain S. Guggenheim und Berty Guggenheim-Wyler,[43] die beide in der schweizerisch-jüdischen Flüchtlingshilfe eine bedeutende Rolle spielen sollten. Neben der engen Zusammenarbeit mit dem Israelitischen Frauenverein, «andern jüdischen Institutionen und dem Städtischen Wohlfahrtsamt» wird auch erwähnt, dass die Fürsorgekommission der ICZ weiterhin als «Vorort der Schweizer. Israel. Armenpflegen» dienen solle.[44] Diese Formulierung taucht auch in späteren Berichten immer wieder auf.[45]

---

38 Vgl. ebd., S. 1.
39 Vgl. o. A.: Prot. der Fürsorge der IGB, o. O., 4. 5. 1928, StABS, IGB-REGa H 10.3. Bis Erwin Hüttner 1935 die Präsidentschaft des VSIA übernahm, waren Hugo Justitz (1928–1931), Georg Guggenheim (1931–1933) und Eugen Weil zwischenzeitlich mit der Präsidentschaft der Armenpflege beziehungsweise Fürsorgekommission der ICZ und des VSIA beauftragt. Vgl. ebd. Zur Präsidentschaft von Hugo Justitz vgl. Theodora Dreyfuss, Jenny Meyer: Prot. GV VSIA, Bern, 6. 6. 1943, S. 1, AfZ, IB SIG-Archiv / 2402. Zur Übernahme der Fürsorgekommission durch Georg Guggenheim nach dem Rücktritt von Hugo Justitz vgl. o. A.: 69. GB ICZ, Bericht der Fürsorgekommission, Zürich, 8. 1. 1932, S. 17, AfZ, IB ICZ-Archiv / 144.
40 Vgl. o. A.: 69. GB ICZ, Bericht der Fürsorgekommission, Zürich, 8. 1. 1932, S. 17, AfZ, IB ICZ-Archiv / 144.
41 Vgl. Petry, Wir sind liberal, 2012, S. 90 f.
42 Unter diesem Begriff wurden in der Regel aus Osteuropa stammende Jüdinnen und Juden gefasst, die vor Pogromen geflüchtet waren und oft über keine gültigen Heimatpapiere verfügten. Die Abgrenzung von den sogenannten Emigrantinnen und Emigranten oder Durchwanderer, die die Schweiz lediglich auf ihrer Durchreise in ein Drittland (häufig die USA) passierten, blieb häufig unklar. Vgl. Kury, Man akzeptierte uns nicht, man tolerierte uns, 1998, S. 34–48.
43 O. A.: 69. GB ICZ, Bericht der Fürsorgekommission, Zürich, 8. 1. 1932, S. 17, AfZ, IB ICZ-Archiv / 144. Auch Sophie Abraham gehörte neu der Fürsorgekommission an. Auf Berty Guggenheim-Wyler wird in Kapitel 4.3.2 näher eingegangen.
44 Ebd., S. 18.
45 Vgl. Kapitel 4.3.1 und 7.1.1.

Dass die Fürsorgekommission der ICZ auch für die Leitung des VSIA zuständig war, findet sich bis 1935 lediglich als Randnotiz in den Geschäftsberichten der ICZ. Eine Bedeutungserweiterung in der Wahrnehmung des VSIA, die mit der Übernahme der Koordination des jüdischen Flüchtlingswesens insgesamt zusammenhängt, lässt sich erst ab Mitte der 1930er-Jahre feststellen.

Festzuhalten ist, dass die Unterstützung bedürftiger Personen als traditionelle Aufgabe der Armenpflege (später Fürsorge) verstanden wurde, unabhängig davon, ob es sich um «niedergelassene Arme» handelte oder um «Passanten», «Durchwanderer» und «Emigranten».

Nach der Machtergreifung der Nationalsozialisten in Deutschland und dem landesweiten Geschäftsboykott am 1. April 1933 flohen etwa 20 000 Menschen, davon ein grosser Teil jüdischer Herkunft, in die Schweiz. Obwohl viele Flüchtlinge nur einige Wochen in der Schweiz blieben, um anschliessend in Drittländer weiterzureisen, stellte die Versorgung des Menschenstroms die Fürsorgen der jüdischen Gemeinden vor eine Herausforderung neuen Ausmasses. Betroffen waren besonders die Fürsorgestellen in Basel und Zürich.[46]

4.3 «Der VSIA benützt die Gelegenheit der Fertigstellung des Baues, um sich definitiv von der lokalen Fürsorge Zürich zu trennen»[47]

4.3.1 Aufbau des VSIA in den 1930er-Jahren

Um die Entwicklung des VSIA von einem losen Verband mit schwachen Strukturen zum Dreh- und Angelpunkt der jüdischen Flüchtlingshilfe zu verstehen, wird hier zunächst die Rolle der ICZ in der jüdischen Flüchtlingshilfe seit der Machtergreifung der Nationalsozialisten in Deutschland näher beschrieben.

Die enge Verbindung zwischen der ICZ und dem VSIA hatte sich durch die Zuständigkeit des Präsidenten der Fürsorgekommission der ICZ für den VSIA etabliert. Dass die Schaltstelle der jüdischen Flüchtlingshilfe weiterhin in Zürich und in Verbindung mit der ICZ geführt werden sollte, hing mit den Reaktionen des SIG auf die erste Welle jüdischer Flüchtlinge, die die Schweiz erreichten, zusammen. Saly Braunschweig, Präsident der ICZ, gab an der Delegiertenversammlung des SIG vom 18. Juni 1933 bekannt: «Am 5. April wurden die CC-Mitglieder der Zürcher Gemeinden als Zentralkomitee[48] für die deutsche Flüchtlingsfürsorge eingesetzt mit Kooptionsrecht, auf Grund dessen sie die Vertreter der Isr. Armenpflege und des Isr. Frauenverbandes beizogen. Das

---
46 Vgl. Mächler, Hilfe und Ohnmacht, 2005, S. 56.
47 Zitat von Georges Bloch zum Thema Flüchtlingshilfe in: o. A.: Prot. VS ICZ, Zürich, 16. 10. 1939, AfZ, IB ICZ-Archiv / 49.
48 Alternativ wurde auch die Schreibweise «Central-Comité» oder «Centralcomité» verwendet.

Zentralkomité setzte für die laufenden Arbeiten einen Arbeitsausschuss ein und übt seine Tätigkeit in Verbindung mit den örtl. Armenpflegen und Lokalkomités aus.»[49]

Den Vorsitz des Zentralkomitees hatte Saly Braunschweig inne. Das Zentralkomitee für die deutsche Flüchtlingsfürsorge wurde an der Uraniastrasse 36 in Zürich eingerichtet,[50] wobei das Komitee vor allem als koordinierende Stelle wirken sollte. In grösseren Städten entstanden Lokalkomitees, die die praktischen Arbeiten in der Flüchtlingshilfe übernehmen sollten.[51] In der Regel wurden die Stellen in den Lokalkomitees mit Personen besetzt, die in den Armenpflegen der einzelnen jüdischen Gemeinden tätig waren.[52]

Durch die Schaffung eines Zentralkomitees für die ersten Flüchtlinge, die infolge der nationalsozialistischen Verfolgung in die Schweiz flohen, wurde Zürich von Beginn an das Zentrum der Organisation der jüdischen Flüchtlingsbetreuung in den 1930er- und 1940er-Jahren.

In erster Linie war das Zentralkomitee für die Koordinierung von Sammlungen zugunsten der deutschen Flüchtlinge zuständig. Die einzelnen jüdischen Gemeinden konnten die Sammelerträge der Spendenaktionen für ihre lokalen Fürsorgestellen einsetzen mit der Einschränkung, dass das Zentralkomitee über die Verwendung von allfälligen Restbeträgen bestimmen könne. Eine weitere Aufgabe, die das Zentralkomitee übernehmen sollte, war die Organisation der sogenannten Weiterwanderung, also Emigration von Flüchtlingen. In diesem Zusammenhang machte Saly Braunschweig darauf aufmerksam, dass das Zentralkomitee in naher Zukunft auf Geld angewiesen sein würde. Die lokalen Fürsorgestellen wurden per «Zirkulare[n] und Schreiben [...], womit Hr. Silvain Guggenheim, Zürich, ständig beschäftigt sei»,[53] über die Entscheidungen des Zentralkomitees informiert.[54]

Um die Emigration in ein Drittland zu organisieren, arbeitete das Zentralkomitee mit der HICEM[55] zusammen. Saly Braunschweig nahm dazu an einer

---

49 O. A.: Prot. DV SIG, Zürich, 18. 6. 1933, S. 10, AfZ, IB SIG-Archiv / 29.
50 Vgl. Saly Braunschweig: Aufruf des SIG, Centralcomité für Flüchtlingshilfe, Zürich, o. D., StABS, IGB-REGa H 11.8.
51 Vgl. Mächler, Hilfe und Ohnmacht, 2005, S. 58.
52 Vgl. VSIA: Übernahme der Aufgaben der bisherigen Flüchtlingscomités, Zürich, 24. 12. 1934, S. 1, AfZ, IB SIG-Archiv / 2381.
53 O. A.: Prot. DV SIG, Zürich, 18. 6. 1933, S. 12, AfZ, IB SIG-Archiv / 29.
54 Vgl. ebd., S. 10.
55 Die HICEM, 1927 hervorgegangen aus einem Zusammenschluss der Organisationen Hebrew Sheltering and Immigration Aid Society of America (HIAS), Jewish Colonisation Association (ICA) und Vereinigtes Comité für Auswanderung (Emigdirect), sollte die jüdische Emigration regulieren. Zwischen 1938 und 1952 war die Organisation von ausserordentlicher Bedeutung für den VSIA/VSJF in der Zusammenarbeit für die Überseeauswanderung von Flüchtlingen. Vgl. Picard, Die Schweiz und die Juden, 1994, S. 273 f. Die HICEM war einerseits an der Abwicklung der Formalitäten für die Auswanderung massgeblich beteiligt, finanzierte andererseits die Emigrationen weitgehend. Vgl. Mächler, Hilfe und Ohnmacht, 2005, S. 67.

von der HICEM organisierten Tagung der jüdischen Hilfsorganisationen am 20. April und am 11. Juni 1933 teil und hielt fest: «*Deutsche*, sowie *Staatenlose*, die nicht mehr nach Deutschland zurückkönnen, werden der Hicem in Paris zur Emigration vorgeschlagen. Bis sich eine Placierungsmöglichkeit für sie ergibt und solange sie die fremdenpolizeiliche Aufenthaltsbewilligung haben, sind sie von den Comités zu unterstützen.»[56]

Die HICEM übernahm sowohl die Vermittlung von Emigrationsmöglichkeiten als auch einen beträchtlichen Teil der Kosten für die Emigration.[57] Die Zusammenarbeit mit der HICEM bedeutete damit für das jüdische Flüchtlingswesen in der Schweiz einerseits eine finanzielle Entlastung, andererseits zeugen die gemeinsamen Tagungen von den Bemühungen jüdischer Hilfsorganisationen, den Folgen der systematischen Vertreibung mit einer koordinierten Emigration beizukommen. Damit gab sich das jüdische Flüchtlingswesen zumindest gegen aussen der Illusion hin, die Situation kontrollieren zu können.

Der SIG reagierte mit den vom Zentralkomitee angestrebten Ausreisen von Flüchtlingen in ein Drittland auf die Vorgaben der Schweizer Behörden in der Flüchtlingspolitik, die auf vier Eckpfeilern beruhten: enge Flüchtlingsdefinition, Transitmaxime, Privatfinanzierung und Erwerbsverbot für Flüchtlinge.[58]

Bereits 1933 reisten viele Flüchtlinge aus Deutschland ziellos von einem Ort zum anderen, da sie nirgendwo erwünscht waren, und viele kehrten trotz der sich verschlechternden Bedingungen nach Deutschland zurück, da sie im Ausland keine Existenzgrundlage fanden. An der Londoner Hilfskonferenz für deutsche Juden, an der 44 jüdische Landesorganisationen und Gemeinden aus Europa und Übersee teilnahmen, wurde der Beschluss gefasst, den chaotischen Bedingungen durch eine geplante Emigration beizukommen. Dieses Ziel verfolgte auch das Zentralkomitee für Flüchtlingshilfe, wobei die Emigration als letztes Mittel verstanden wurde und den deutschen Jüdinnen und Juden in der Regel geraten wurde, wenn möglich in Deutschland zu bleiben.[59]

Der Grund für diese Empfehlung waren in erster Linie finanzielle Überlegungen. Das Thema der Finanzierung beschäftigte das jüdische Flüchtlingswesen und den SIG bereits nach der ersten Flüchtlingswelle 1933 permanent. Der SIG hatte seine ordentlichen Jahresbeiträge schon 1933 bis zum statutarisch bestimmten Limit erhöht. Bis Mitte September 1933 hatte das Schweizer Judentum 86 000 Franken für die Flüchtlinge aufgebracht, dazu kamen weiterhin die Kosten für Gemeindemitglieder, die fürsorgerisch betreut werden mussten, und

---

56 Saly Braunschweig: JB des Centralcomités für Flüchtlingshilfe, 7. 4. 1933–30. 4. 1934, S. 3, Zürich, o. D., AfZ, IB SIG-Archiv / 2380 (Hervorhebung im Original).
57 Vgl. ebd., S. 5.
58 Vgl. Mächler, Hilfe und Ohnmacht, 2005, S. 62 f. Zur Schweizer Flüchtlingspolitik und zu den Beziehungen der Schweizer Behörden zum Schweizer Judentum vgl. Kapitel 5.
59 Vgl. ebd., S. 61–66. Wie das Fallbeispiel von K. M. in Kapitel 7.8 zeigt, wurde Flüchtlingen in der Schweiz noch 1940 vom VSIA geraten, wenn möglich nach Deutschland zurückzukehren.

die «Passantinnen» und «Passanten».⁶⁰ Mitte Mai 1934 gab die jüdische Flüchtlingshilfe bekannt, dass sie ihre Büros schliessen müsse, da die Mittel des SIG erschöpft seien. Erste Spendenaktionen brachten über 500 000 Franken ein, die unterschiedlich hohen Sammelbeiträge, die die jüdischen Gemeinden aufgebracht hatten, führten aber zu Missstimmungen zwischen den Gemeinden.⁶¹

Das Zentralkomitee für Flüchtlingshilfe wurde offiziell bereits im Oktober 1934 wieder aufgelöst, da seine Aufgabe als erfüllt betrachtet wurde. Saly Braunschweig gab dazu anlässlich der CC-Sitzung des SIG vom 10. Oktober 1934 zu Protokoll: «Die verbleibenden Aufgaben sind im Rahmen der Armenpflege und lokalen Fürsorgen durchzuführen. Der Verband Schweiz. Isr. Armenpflegen wird mit der Weiterführung betraut, in Verbindung mit den lokalen Stellen. Dem CC für Flüchtlingshilfe wird Décharge erteilt.»⁶²

In der Sitzung wurde der Entschluss gefasst, auf diesen Beschluss einzutreten. Das Zentralkomitee sollte aber noch die Leitung der Übergabe der Arbeiten an den VSIA und die lokalen Fürsorgestellen übernehmen.

Wie die Übergabe der Aufgaben des Zentralkomitees an den VSIA im Einzelnen praktisch aussehen sollte, geht aus einem Schreiben des VSIA an die ihm angeschlossenen Komitees am 24. Dezember 1934 hervor. Der VSIA bat die einzelnen Fürsorgestellen, die Flüchtlingsfälle zu übernehmen, in der Annahme, «dass in den meisten Fällen eine gewisse Personalunion zwischen den einzelnen Mitgliedern der Armenpflegen und der s. Zt. gebildeten Flüchtlingscomités besteht».⁶³

Die Lokalkomitees der Flüchtlingshilfen waren also in der Regel aus den Fürsorgestellen der jüdischen Gemeinden hervorgegangen. Nachdem der VSIA Ende 1934 den Auftrag erhalten hatte, die Flüchtlingsarbeit zu koordinieren, unterstanden diese Lokalkomitees dem VSIA.⁶⁴ Kleinere Gemeinden, deren Fürsorgekommissionen strukturell begrenzt waren, sollten sich an grössere Gemeinden wenden, «die bisher schon Flüchtlingsfälle behandelt haben. Es sind dies die Fürsorgen und Armenpflegen in *Basel, Bern, St. Gallen, Genf, Lausanne, Luzern* und *Zürich.*»⁶⁵ Bis Januar 1945 sollte die Zahl der Lokalkomitees des VSJF auf 21 anwachsen.⁶⁶

---

60 Vgl. Zweig-Strauss, Saly Mayer, 2007, S. 81.
61 Vgl. Mächler, Hilfe und Ohnmacht, 2005, S. 108.
62 O. A.: Prot. CC SIG, Basel, 10. 10. 1934, S. 3, AfZ, IB SIG-Archiv / 86.
63 VSIA: Schreiben an die Präsidenten der lokalen Armenpflegen, Zürich, 24. 12. 1934, AfZ, IB SIG-Archiv / 2381.
64 Vgl. dazu auch VSIA: Ein Jahrzehnt Schweizerische Jüdische Flüchtlingshilfe 1933–1943, Zürich, März 1944, S. 13, AfZ, IB SIG-Archiv / 2382: «Bis zum Oktober 1934 oblagen die Aufgaben der Flüchtlingshilfe dem Centralcomité für Flüchtlingshilfen und den Lokalcomités. Diese Letzteren waren praktisch mit den Comités des V. S. I. A. identisch.»
65 VSIA: Schreiben an die Präsidenten der lokalen Armenpflegen, Zürich, 24. 12. 1934, AfZ, IB SIG-Archiv / 2381 (Hervorhebung im Original).
66 Vgl. Sekretariat SIG: Schreiben an die Delegierten des SIG, Zürich, 23. 1. 1945, S. 2, AfZ, IB SIG-Archiv / 32. Auf der Präsenzliste der GV des VSJF vom 17. 6. 1945 sind 18 Komitees

Neben den Fürsorgestellen der jüdischen Gemeinden waren vor allem Frauenvereine Mitglieder im VSIA.[67] Die Mitgliedschaft der Fürsorgen der jüdischen Gemeinden beim VSIA war allerdings fakultativ, sodass einige jüdische Gemeinden dem VSIA nicht beitreten wollten.[68]

Wenn nötig, wurden die Fürsorgestellen auch mit Nachdruck aufgefordert, dem VSIA beizutreten. So wurde im Protokoll der Generalversammlung des VSIA 1938 konstatiert, dass La Chaux-de-Fonds und Freiburg trotz Aufforderung des VSIA nicht beigetreten seien, und Erwin Hüttner bat den SIG-Präsidenten Saly Mayer um Rücksprache mit diesen Gemeinden. Implizit geht aus dem Protokoll auch hervor, weshalb der VSIA auf möglichst viele Mitglieder hoffte: Aufgrund seiner Aufwendungen für die Flüchtlinge war er auf die Beiträge der jüdischen Gemeinden dringend angewiesen.[69]

Der VSIA unterschied 1934 zwischen drei Kategorien von zu unterstützenden Personen, nämlich «Dauerfälle, Beförderungsfälle» sowie «[f]lottante Fälle», für die unterschiedliche Unterstützungsansätze definiert wurden.[70] Unter den «Beförderungsfällen» wurden Passanten- und Flüchtlingsfälle zusammengefasst, denn die lokalen Flüchtlingskomitees sollten darum bemüht sein, dass Menschen, die unter diese Kategorie fielen, entweder zurück an ihren Ausgangspunkt oder «zu nahen Familienangehörigen»[71] befördert werden konnten. Die Ausreise der Flüchtlinge war also der Hauptauftrag des VSIA.

Der Aufgabenbereich des VSIA wurde mit der Übernahme einer Koordination der Flüchtlingshilfe entscheidend erweitert, was sich für die weiteren Entwicklungen in der jüdischen Flüchtlingshilfe als Entscheid von grosser Tragweite erweisen sollte. Die Zentralisierung der Flüchtlingshilfe unter dem VSIA machte vor dem Hintergrund, dass dieser als übergeordnete Institution der lokalen Fürsorgestellen gegründet worden war, durchaus Sinn. Da dem Verband bis zu diesem Zeitpunkt allerdings eine marginale Rolle in der Behandlung der Flüchtlingsfrage zugekommen war, war er zum Zeitpunkt der Übernahme dieses Mandats vom SIG noch keineswegs auf diese Aufgaben vorbereitet.

---

    verzeichnet, vgl. o. A.: Prot GV VSJF, Bern, 17. 6. 1945, S. 7, AfZ, IB SIG-Archiv / 2402, und auch Pierre Bigar erwähnte in einer GA-Sitzung des VSJF im März 1945 diese Zahl, vgl. o. A.: Prot. GA VSJF, Zürich, 27. 3. 1945, AfZ, IB VSJF-Archiv / 24. Die Unterschiede lassen sich vermutlich damit erklären, dass teilweise die angeschlossenen Frauenvereine dazugezählt wurden und zwischen der Zentralstelle des VSJF, der Fürsorge und der Flüchtlingshilfe Zürich unterschieden wurde, die alle ebenfalls Mitglieder des VSJF waren.

67 Vgl. Heim, Jüdische soziale Arbeit, 1954, S. 26.
68 Vgl. dazu zum Beispiel o. A.: Prot. GV VSIA, Bern, 22. 2. 1937, S. 2, AfZ, IB SIG-Archiv / 2401.
69 Vgl. o. A.: Prot. GV VSIA, Bern, 13. 2. 1938, S. 2, AfZ, IB SIG-Archiv / 2401.
70 Vgl. VSIA: Schreiben an die Präsidenten der lokalen Armenpflegen, Zürich, 24. 12. 1934, S. 1, AfZ, IB SIG-Archiv / 2381.
71 Ebd., S. 2.

1934 hatte Erwin Hüttner den Vorsitz der lokalen Fürsorgekommission der ICZ von Eugen Weil übernommen. Erwin Hüttner war damit gleichzeitig mit der Leitung des VSIA beauftragt. Neben seiner ehrenamtlichen Tätigkeit in der jüdischen Flüchtlingshilfe war Hüttner in einer Versicherungsgesellschaft tätig. Quästor des VSIA war Silvain S. Guggenheim, der das Amt unter der Bedingung angetreten hatte, dass der SIG die neuen Aufgaben des VSIA, also die Flüchtlingshilfe, finanziere.[72] Als Bindeglied zwischen der Flüchtlingshilfe und dem SIG fungierte aber auch nach der Auflösung des Zentralkomitees für Flüchtlingsfragen zunächst weiterhin ICZ-Präsident Saly Braunschweig selbst, der seit 1932 Mitglied des CC des SIG war.[73] Er berichtete an den Vorstandssitzungen der ICZ jeweils von den Massnahmen, die der SIG und die anderen jüdischen Gemeinden für die Flüchtlingshilfe ergriffen hatten.[74] Um eine engere Verbindung zwischen dem Flüchtlingswerk und dem SIG zu gewährleisten, wurde auf Antrag von Saly Braunschweig 1936 Erwin Hüttner ins CC des SIG gewählt, obwohl seine Wahl eigentlich statutenwidrig war, da er kein von der ICZ gewählter SIG-Delegierter war.[75]

Als Vizepräsident der Fürsorgekommission der ICZ wurde Jacob Zucker[76] bestimmt.

Bereits im Jahr 1936 übernahm aber Otto H. Heim diese Aufgabe von Jacob Zucker, da dieser das Ressort wechselte.[77] Heim und Zucker waren langjährig im Vorstand der ICZ und später in der jüdischen Flüchtlingshilfe gemeinsam tätig und waren befreundet.[78] Als Mitglieder des VSIA, der häufig auch als «Zentralstelle» bezeichnet wurde, wurden 1937 Silvain S. Guggenheim, Rabbiner Martin Littmann, Berty Guggenheim-Wyler, Sophie Abraham

---

72 Vgl. Mächler, Hilfe und Ohnmacht, 2005, S. 110.
73 Vgl. Claudia Hoerschelmann: Überblick über die Mitglieder in den SIG-Gremien gemäss dem Historischen Archiv im AfZ (1904–1985), in: Interne Dokumentation des Archivs für Zeitgeschichte zu AfZ, IB SIG-Archiv. Die Dokumentation wurde Barbara Häne auf Anfrage zur Verfügung gestellt.
74 Vgl. zum Beispiel J. Kratzenstein: Prot. VS ICZ, Zürich, 16. 9. 1935, S. 1, AfZ, IB ICZ-Archiv / 15.
75 Vgl. o. A.: Prot. DV SIG, Zürich, 21. 5. 1936, S. 12 und o. A.: Prot. DV SIG, Basel, 29. 11. 1936, S. 9, AfZ, IB SIG-Archiv / 30.
76 Jacob Zucker (1883–1960) wurde in Berlin geboren. Er besuchte das orthodoxe Rabbinerseminar und war nach einem geisteswissenschaftlichen Studium als Journalist und später als Staatssekretär im deutschen Finanzministerium tätig. Beeinflusst von der zunehmenden Judenfeindlichkeit zog er 1924 in die Schweiz, wo er seinen Lebensunterhalt mit der Beratung von Banken bestritt. Jacob Zucker war Zionist und übernahm zwischen 1951 und 1960 die Präsidentschaft des Schweizerischen Zionistenverbands. Vgl. Keller, Jacob Zucker, e-HLS.
77 Vgl. o. A.: 74. GB ICZ, Bericht der Fürsorgekommission, Zürich, März 1937, S. 18 f., AfZ, IB ICZ-Archiv / 217.
78 Vgl. Xam: Zürich meldet, Gedenkstunde für Jacob Zucker, in: Jüdische Rundschau Maccabi 3 (1961), S. 8.

Abb. 24: Jacob Zucker, um 1958.

und Regina Boritzer[79] aufgeführt.[80] Das Jahr 1936 ist als Ausgangspunkt von Otto H. Heims langjähriger Tätigkeit im Bereich der Fürsorge und Flüchtlingshilfe zu betrachten, die erst mit seinem Rücktritt als Präsident des VSJF im Jahr 1968 ihr Ende nahm.[81]

Obwohl klar kommuniziert worden war, dass der VSIA durch den SIG finanziert werden sollte, war zu Beginn des Jahres 1935 noch kein Finanzierungsplan vorhanden. Deshalb hatte der SIG dem VSIA für 1934 über das Budget der Kommission «Hilfe und Aufbau» vorschussweise Geld zur Verfügung gestellt.[82] Saly Braunschweig erklärte in diesem Zusammenhang an der Delegiertenversammlung im März 1935, «dass die Ausgaben für das Flüchtlingswesen die Erwartungen überstiegen».[83]

---

79 Regina Boritzer wurde 1909 in Lützen (Preussen) geboren. Sie absolvierte ein Studium der Sozialpädagogik. Ab 1932 war sie als Fürsorgerin in Leipzig tätig. Sie emigrierte 1936 via Frankreich in die Schweiz. Neben ihren Tätigkeiten im jüdischen Flüchtlingswesen studierte sie ab 1941 am Institut für angewandte Psychologie in Zürich. 1949 wanderte sie nach Israel aus und war dort als Abteilungsleiterin im Wohlfahrtsministerium tätig. Vgl. Wichers, Regina Boritzer, e-HLS.
80 Vgl. o. A.: Prot. GV VSIA, Bern, 22. 2. 1937, S. 2, AfZ, IB SIG-Archiv / 2401.
81 Vgl. o. A.: Prot. VSJF, Zürich, 22. 9. 1967, S. 2, AfZ, IB VSJF-Archiv / 48.
82 Vgl. o. A.: Prot. DV SIG, Luzern, 24. 3. 1935, S. 5, sowie o. A.: Ausgaben 1934. Beilage Prot. DV SIG, Luzern, 24. 3. 1935, beides in AfZ, IB SIG-Archiv / 29. Ab 1936 wurde «Hilfe und Aufbau» in den VSIA integriert. Vgl. Saly Mayer: Prot. CC SIG, Zürich, 23. 6. 1936, S. 3; S. 7 f., AfZ, IB SIG-Archiv / 88. Aus dem Protokoll der Delegiertenversammlung des SIG von 1930 geht hervor, dass der VSIA für die «Wanderfürsorge und Krankenfürsorge» in den vorangegangenen Jahren jeweils Subventionen in der Höhe von 500 Franken erhalten hatte. Vgl. o. A.: Prot. DV SIG, Genf, 15. 6. 1930, S. 11, AfZ, IB SIG-Archiv / 28.
83 O. A.: Prot. DV SIG, Luzern, 24. 3. 1935, S. 2, AfZ, IB SIG-Archiv / 29.

Abb. 25: Jacob Zucker und Nahum Goldmann anlässlich einer Veranstaltung, Basel, 5. 5. 1960, Foto: Alex Jzbicki, Zürich.

Die Übertragung der Flüchtlingshilfe an den VSIA bedingte daher die Umstrukturierung des SIG-Geldflusses an das Flüchtlingswesen. Bis Ende 1935 musste der VSIA seine Aufwendungen, bedingt durch die neue Flüchtlingswelle nach dem Erlass der Nürnberger Gesetze, verdoppeln.[84] Erwin Hüttner berichtete dazu im Juni 1936: «Seit dem 3. Quartal 1935 ist die Zahl der Flüchtlinge gestiegen, namentlich infolge der Nürnberger Gesetze. Der Andrang war besonders gross in Zürich und Basel. Im Vordergrund stehen mehr die Schriften- und Staatenlosen. Die Möglichkeit der Abschiebung in Nachbarländer ist geringer geworden. Die überseeische Auswanderung ist vielfach die einzige Lösung. Doch bedeutet sie meist einen vorherigen längern Aufenthalt in der Schweiz, […] woraus erhebliche Unterstützungskosten erwachsen.»[85]

Obwohl zur Finanzierung des Flüchtlingswerkes verpflichtet, liessen die Zahlungen des SIG auf sich warten, denn einige Mitgliedsgemeinden des SIG waren mit den Zahlungen ihrer Mitgliederbeiträge in Rückstand geraten, wie das Protokoll des CC des SIG vom 19. April 1936 bezeugt: «Der Appell an die Gemeinden vom 26. Februar hatte den Erfolg, dass von Fr. 45 000.– Mitgliederbeiträgen *Fr. 20 000.–* eingingen […]. Der über keine eigenen Mittel verfügende Verband Schweiz. Israel. Armenpflegen, welchem seinerzeit die Bereitstellung der Mittel zugesichert worden war, musste immer von Neuem dringend um solche ersuchen, da er ausser den laufenden Kosten der Flüchtlingshilfe auch seine Rückstände gegenüber den Gemeindefürsorgen zu decken hat, die ihrerseits z. T. ihre Mittel erschöpft haben.»[86]

---

84 Vgl. Mächler, Hilfe und Ohnmacht, 2005, S. 136.
85 O. A.: Prot. CC SIG, Zürich, 23. 6. 1936, S. 6, AfZ, IB SIG-Archiv / 88.
86 O. A.: Prot. CC SIG, Basel, 19. 4. 1936, S. 1, AfZ, IB SIG-Archiv / 88 (Hervorhebung im Original).

Folgt man den Ausführungen im Protokoll, drohte den lokalen Fürsorgestellen der Gemeinden und dem VSIA der finanzielle Kollaps, da der SIG sich mit den Zahlungen an den VSIA im Rückstand befand. In dieser paradoxen Situation bot einzig die Aufnahme eines Kredits einen Ausweg und verhinderte den finanziellen Ruin des VSIA und die Schliessung von Büros der lokalen Flüchtlingshilfen, die ihrerseits ihre Mittel vom VSIA bezogen.[87]

1937 nahm Erwin Hüttner Kontakt zum Joint auf und verhandelte mit dem Europadirektor der Organisation, Bernhard Kahn, über eine mögliche Subventionierung des VSIA, denn die Finanzen des VSIA waren trotz aller Versuche, sie durch eine minimale Unterstützung und die Weiterleitung von Flüchtlingen in Drittländer in den Griff zu bekommen, in einem desolaten Zustand. 1937 erhielt der VSIA vom Joint jedoch lediglich 3000 Dollar.[88]

Neben der Frage der Mittelbeschaffung stand auch die Frage im Zentrum, wie sich die Zusammensetzung des VSIA durch die Erweiterung seiner Aufgaben verändern sollte. 1935 registrierte die lokale Fürsorgekommission der ICZ einen beträchtlichen Anstieg des Arbeitsanfalls, der auf die Übernahme des Auftrags des SIG an den VSIA zurückzuführen war: «Das Arbeitsgebiet ist außerdem noch dadurch gewachsen, dass die Fürsorge der I. C. Z. den Verband der Schweizerischen Israelitischen Armenpflegen leitet. Der Letztere hat im Berichtsjahr auf Wunsch des Schweizerischen Israelitischen Gemeindebundes auch die Durchführung weiterer jüdisch-sozialer Aufgaben übernommen, die bis anhin von besonderen Organisationen besorgt worden waren.»[89]

Gleichzeitig fielen die steigenden Kosten im Flüchtlingswesen in letzter Konsequenz an die einzelnen jüdischen Gemeinden zurück. Der Geschäftsbericht der ICZ hielt dazu für das Jahr 1935 fest: «[...] zum ersten Mal seit Inkraftsetzung der gegenwärtigen Statuten [wurde] die Erhebung eines Steuerzuschlags von 33 1/3 beschlossen und zwar mit Rücksicht auf die außerordentlichen und gesteigerten Aufgaben der Gemeinde im Gebiet der lokalen wie der Flüchtlings-Fürsorge.»[90]

Wie weiter oben beschrieben, war gemäss den Statuten von 1913 für die Gemeindemitglieder eine Zusatzsteuer in der Höhe von 10 Prozent in den Armenfonds geflossen.[91] Dieser Ansatz wurde in den neuen Statuten 1931 übernommen.[92] Bedingt durch die Machtergreifung der Nationalsozialisten in Deutschland stiegen die Betreuungskosten für Flüchtlinge aber exorbitant. Die «Jüdische Pressezentrale Zürich» berichtete von der Gemeindeversammlung und kommentierte den beschlossenen Steuerzuschlag mit den Worten:

---

87 Vgl. Mächler, Hilfe und Ohnmacht, 2005, S. 136.
88 Vgl. ebd., S. 139.
89 O. A.: 73. GB ICZ, Zürich, März 1936, S. 17 f., AfZ, IB ICZ-Archiv / 217.
90 Ebd., S. 4.
91 Vgl. Kapitel 4.2.
92 Vgl. o. A.: Statuten ICZ, Zürich 1931, S. 14, AfZ, IB ICZ-Archiv / 195.

«Außergewöhnliche Zeiten erfordern auch außergewöhnliche Opfer.»[93] Der Steuerzuschlag von 33 1/3 Prozent wurde von der Gemeinde erneut für das Jahr 1937 «mit Rücksicht auf die großen Aufwendungen, die sowohl die lokale wie die Flüchtlingsfürsorge erfordern»,[94] beschlossen.

Die Gleichsetzung der lokalen Fürsorge mit der Flüchtlingsfürsorge im Geschäftsbericht weist darauf hin, dass im Bewusstsein der Vorstandsmitglieder der ICZ die Flüchtlingshilfe weiterhin als Aufgabengebiet der ICZ betrachtet wurde. Eine Trennung zwischen den Angelegenheiten der lokalen Fürsorge und des VSIA findet in den Berichten kaum statt. Im Protokoll der ersten ordentlichen Gemeindeversammlung der ICZ am 1. März 1936 beschrieb Erwin Hüttner das Verhältnis zwischen der Lokalen Fürsorgekommission Zürich und dem VSIA: «Soweit zu unserer lokalen Fürsorge. Dieselbe ist aber nun leider nicht mehr nur lokale Fürsorge, sondern auch Vorort des Verbandes Schweizerischer Israelitischer Armenpflegen. [...] Durch die Uebertragung der Arbeit auf den Verband ist die Zentralisierung und Rationalisierung der ganzen Flüchtlingshilfe möglich gewesen.»[95]

Wie aus den Bemerkungen von Hüttner hervorgeht, zog die Fürsorge der ICZ auch Vorteile aus der Mitbetreuung des VSIA. Das Gehalt der gemeinsamen Fürsorgerin der ICZ und des VSIA wurde beispielsweise mehrheitlich vom SIG getragen. Im Gegenzug leistete das Personal der Fürsorge der ICZ immer mehr Arbeit zugunsten des VSIA. Über die Aufgaben des Quästors der lokalen Fürsorgekommission der ICZ, Léon Bloch, bemerkte Erwin Hüttner: «Er unterstütze nicht nur den Fürsorgekassier [...], sondern führe auch im Verband die ganze Zentralbuchhaltung.»[96] Zwischen der Fürsorgekommission der ICZ und dem VSIA herrschte also eine Personalunion.

Die Erläuterungen Hüttners geben auch Aufschluss über die Reaktion anderer jüdischer Gemeinden über die Vorreiterrolle der ICZ im VSIA: «Von allen Seiten sei der Gemeinde Zürich der Dank ausgesprochen worden für die Führung des Verbandes und die Hilfeleistung durch Zurverfügungstellung des Lokals, der Arbeitskräfte etc.»[97] Folgt man Erwin Hüttners Ausführungen, wurde die Vormachtstellung der ICZ in der Frühphase der jüdischen Flüchtlingshilfe damit von anderen jüdischen Gemeinden kaum kritisiert.[98] Diese Haltung dürfte mit dem enormen Zeitaufwand und den fehlenden Ressourcen der anderen jüdischen Gemeinden in Zusammenhang gestanden haben.

---

93 O. A.: Gemeindeversammlung der Israel. Cultusgemeinde, in: JPZ 836, 1935, S. 9, https://collections.afz.ethz.ch/index.php/Detail/objects/2833, 17. 9. 2019.
94 O. A.: 74. GB ICZ, Zürich, März 1937, S. 4, AfZ, IB ICZ-Archiv / 217.
95 O. A.: Prot. GV ICZ, Zürich, 1. 3. 1936, S. 65, AfZ, IB ICZ-Archiv / 145.
96 O. A.: Prot. VS ICZ, Zürich, 1. 3. 1937, S. 4, AfZ, IB ICZ-Archiv / 16.
97 Ebd.
98 Vgl. dazu auch Kapitel 7.1.1.

Erwin Hüttner hatte sich in seiner Funktion als Vorsteher der Fürsorgekommission bereits in der Sitzung des Vorstands der ICZ vom 1. März 1937 Bedenkzeit ausgebeten in der Frage, ob er sich für eine weitere Amtsdauer zur Verfügung stellen wolle.[99] In der darauffolgenden Vorstandssitzung Ende März 1937 gab Saly Braunschweig bekannt, dass Erwin Hüttner seine Demission erklärt habe. Aus der Reaktion des Präsidenten der ICZ wird ersichtlich, dass eine Weiterführung der Flüchtlingshilfe ohne Hüttner unmöglich schien. Saly Braunschweig berichtete dem Vorstand der ICZ, wie er Erwin Hüttner zum Rückzug der Demission habe bewegen wollen: «Er berichtet über eine lange Unterredung, die er mit Herrn Hüttner führte […]. Er weist auf die fatale Lage hin, die durch den […] sehr späten Eingang der Demission entsteht, indem […] überhaupt keine Zeit mehr sei, um sich nach einer verantwortungsvollen Neubesetzung dieses schweren und wichtigen Amtes umzusehen. Nach langer Debatte wird der Präsident beauftragt, Herrn Hüttner mitzuteilen, dass der Vorstand […] ihn […] dringend bitte, die Demission zurückzuziehen, falls er sich durchaus nicht sollte entschliessen können, das Amt beizubehalten, was der Vorstand in erster Linie begrüssen würde.»[100]

Die Dringlichkeit in den Formulierungen des Appells von Braunschweig an Hüttner weist darauf hin, dass sich der Vorstand der ICZ ausserstande sah, kurzfristig einen Ersatz für den Vorstand der Fürsorgekommission zu stellen, ungeachtet der Tatsache, dass Hüttner in seinem Demissionsschreiben verkündet hatte, «dass ich bis zur Einarbeitung meines Nachfolgers das Fürsorgewerk und die von mir selbst mitgeschaffene Organisation nicht im Stiche lassen werde».[101] Aus der Aussage von Hüttner geht auch hervor, wie viel Pionierarbeit einzelne Personen im Aufbau der jüdischen Flüchtlingshilfe leisten mussten. Obwohl Hüttner bemüht war, diese Aufbauarbeit nach bestem Wissen zu leisten, dürfte die Abhängigkeit von den Leistungen von Einzelpersonen und deren grossem persönlichem Anteil am Aufbau eines neuen Systems in der Flüchtlingshilfe die Übergabe der Fürsorgekommission und des VSIA kaum einfacher gemacht haben.

Inhalt und Resultat von Saly Braunschweigs erneuter Unterredung mit Erwin Hüttner haben keinen Eingang in die Protokolle gefunden, seine Worte scheinen jedoch ihr Ziel nicht verfehlt zu haben: Die Neukonstituierung des Vorstands war für den 27. April 1937 vorgesehen. Im Protokoll der Sitzung wurde kommentarlos Erwin Hüttner als Präsident der Fürsorgekommission vermerkt.[102] Im November 1937 akzeptierten die Vorstandsmitglieder schliesslich den Rücktritt Hüttners, wenn auch, wie aus den Protokollen hervorgeht, widerwillig.[103]

---

99 Vgl. o. A.: Prot. VS ICZ, Zürich, 1. 3. 1937, S. 4, AfZ, IB ICZ-Archiv / 16.
100 O. A.: Prot. VS ICZ, Zürich, 30. 3. 1937, S. 4, AfZ, IB ICZ-Archiv / 16.
101 Ebd.
102 Vgl. o. A.: Prot. VS ICZ, Zürich, 27. 4. 1937, S. 1, AfZ, IB ICZ-Archiv / 16.
103 Vgl. o. A.: Prot. VS ICZ, Zürich, 29. 11. 1937, S. 7, AfZ, IB ICZ-Archiv / 16.

Otto H. Heim war als Vizepräsident der Fürsorgekommission prädestiniert, die Fürsorge der ICZ zu übernehmen. Er lehnte die Übernahme dieses Amtes jedoch vehement ab: «Otto H. Heim erklärt als Vizepräsident der Fürsorge zum vorherein, dass er keineswegs gewillt sei, das Präsidium der Fürsorge zu übernehmen. Abgesehen davon, dass es im gegebenen Moment inopportun wäre, das Quästorat jemand anderem zu übergeben [...] sei das Präsidium der Fürsorge und des Verbandes der schwierigste Posten [...]. Keine Arbeit ausser der des Gemeindepräsidenten erfordere soviel Tagesarbeit. Es gehe aber auch nicht an, diesen ausserordentlich wichtigen und schwierigen Posten durch irgendwen neu zu besetzen.»[104]

Die Weigerung Heims, die Leitung der Fürsorgekommission zu übernehmen, deutet darauf hin, dass sich die Vorstandsmitglieder der ICZ aufgrund des stetig wachsenden Arbeitsanfalls, der mit dem Vorstand der Fürsorgekommission und der Präsidentschaft des VSIA einherging, scheuten, das Amt zu übernehmen. Es wurde beschlossen, dass Silvain S. Guggenheim gebeten werden sollte, den VSIA zu präsidieren. Der Präsident forderte überdies Jacob Zucker auf, sich zu überlegen, ob er sich die Übernahme des Ressorts der lokalen Fürsorge vorstellen könne.[105]

Eine Aufgabenteilung zwischen dem Präsidium des VSIA und der lokalen Fürsorgekommission wurde damit erstmals in Angriff genommen. Nachdem sich Hüttner im Dezember 1937 bereit erklärt hatte, die Arbeit in der Fürsorge bis zur Wahl eines Ersatzmannes weiterzuführen,[106] glätteten sich die Wogen im ICZ-Vorstand kurzfristig.

In der darauffolgenden Vorstandssitzung der ICZ im Januar 1938 ging der Gemeindepräsident Saly Braunschweig erneut auf die Schwierigkeiten ein, für die Fürsorgekommission einen geeigneten Nachfolger zu finden. Er schloss einen Ressortwechsel von Otto H. Heim ebenfalls aus, denn es «sei [zwar] naheliegend, dass Herr Heim als Vizepräsident der Fürsorge das Präsidium der Fürsorge übernehme»,[107] jedoch sei es «in Anbetracht der Aufgabe, vor der die Gemeinde stehe, [...] unmöglich, das Quästorat in neue Hände zu legen».[108] Begründet wurde dieser Entscheid mit der Komplexität der Gemeindefinanzen, die besonders mit dem geplanten Bau des Gemeindehauses einer erfahrenen und eingearbeiteten Person bedürfen würden.[109]

Otto H. Heim schlug für den vakanten Posten des Präsidiums der Fürsorgekommission seinen engen Freund Georges Bloch vor.[110] Bloch wurde in der

---

104 Ebd.
105 Vgl. ebd., S. 8.
106 Vgl. o. A.: Prot. VS ICZ, Zürich, 13. 12. 1937, S. 6, AfZ, IB ICZ-Archiv / 16.
107 O. A.: Prot. VS ICZ, Zürich, 13. 1. 1938, S. 6, AfZ, IB ICZ-Archiv / 49.
108 Ebd.
109 Die Grundsteinlegung für das neue Gemeindehaus fand am 13. 11. 1938 statt. Vgl. Petry, Wir sind liberal, 2012, S. 147.
110 Vgl. o. A.: Prot. VS ICZ, Zürich, 13. 1. 1938, S. 6, AfZ, IB ICZ-Archiv / 49.

Folge zwar Mitglied der Fürsorgekommission, Jacob Zucker erklärte sich aber bereit, den Vorsitz der Fürsorgekommission zu übernehmen. Heim blieb weiterhin Vizepräsident der Fürsorge.[111] Georges Bloch wurde am 31. Juli 1938 an der Urne offiziell Mitglied des Vorstandes[112] und übernahm im August 1938 die Präsidentschaft der Fürsorgekommission der ICZ.[113]

In dieser Funktion berichtete er im Frühjahr 1939 nicht nur über die aktuellen Entwicklungen in der Fürsorge, sondern auch ausführlich über die Flüchtlingshilfe im Allgemeinen, also insbesondere über das Tätigkeitsfeld des VSIA. Durch Blochs Bericht zeigt sich, dass die Belange des VSIA weiterhin als Aufgabe der ICZ wahrgenommen wurden.[114]

In der Frühphase ihrer Tätigkeit in der Flüchtlingshilfe zeigte sich die jüdische Gemeinschaft in der Schweiz mit dem Ausmass dieser Aufgabe überfordert. Die Abhängigkeit von Einzelpersonen, die sich aufgrund ihrer Erfahrungen und ihrer zeitlichen Verfügbarkeit als unentbehrlich für den VSIA erwiesen, weist auf die schwachen Strukturen der Flüchtlingshilfe in den 1930er-Jahren hin. Die Flüchtlingshilfe entpuppte sich zunehmend als Bürde, die der Aufmerksamkeit des gesamten ICZ-Vorstandes bedurfte. Bis Ende 1937 war der VSIA keine eigenständige Organisation, sondern wurde von der Fürsorgekommission der ICZ geleitet. Nachdem die Leitung des VSIA an Silvain S. Guggenheim übertragen worden war und Jacob Zucker die Präsidentschaft der Fürsorgekommission der ICZ übernommen hatte, zeichnete sich eine erste strukturelle Trennung der beiden Stellen ab. Personell blieben der VSIA und die Fürsorgekommission der ICZ jedoch weiterhin eng verwoben.

---

111 Vgl. o. A.: Prot. VS ICZ, Zürich, 7. 2. 1938, S. 9, AfZ, IB ICZ-Archiv / 49.
112 Vgl. o. A.: Prot. VS ICZ, Zürich, 15. 8. 1938, S. 1, AfZ, IB ICZ-Archiv / 17.
113 Vgl. o. A.: 76. GB ICZ, Bericht der Fürsorgekommission, Zürich, März 1939, S. 19, AfZ, IB ICZ-Archiv / 217.
114 Vgl. o. A.: Prot. VS ICZ, Zürich, 22. 5. 1939, S. 2–5, AfZ, IB ICZ-Archiv / 18.

4.3.2   *Personelle Verflechtungen zwischen dem VSIA,*
        der Fürsorgekommission der ICZ und
        den jüdischen Frauenvereinen der Schweiz bis 1940

Zu Überschneidungen mit der Fürsorgekommission der ICZ kam es auch in der personellen Besetzung der leitenden Gremien im VSIA. Bereits erwähnt wurden in diesem Zusammenhang Silvain S. Guggenheim, Otto H. Heim, Jacob Zucker und Georges Bloch, die alle zunächst in der Fürsorgekommission der ICZ tätig gewesen waren. Die Liste der in den höheren Gremien des VSIA/VSJF Mitarbeitenden, die zunächst in der lokalen Fürsorgekommission der ICZ gewirkt hatten, umfasst aber viele weitere Namen.

Obwohl sie sowohl in den zeitgenössischen Berichten als auch in der einschlägigen Sekundärliteratur häufig nur in einer Randnotiz erwähnt wird,[115] spielte die karitative Arbeit von Frauen für den VSIA eine entscheidende Rolle. Der Aufgabenbereich der Fürsorge, der Betreuung armer, internierter und kranker Menschen, wurde traditionell häufig von Frauen übernommen.[116] Die Beteiligung von Frauen an den Fürsorgetätigkeiten wurde daher als selbstverständlich erachtet.[117]

Mit der Gründung der grösseren jüdischen Gemeinden in Basel und Zürich in der ersten Hälfte des 19. Jahrhunderts etablierten sich auch die ersten jüdischen Frauenvereine, die in den Gemeinden fürsorgerische Aufgaben übernahmen. Zwölf dieser israelitischen Frauenvereine schlossen sich 1924 zum Bund Schweizerischer Jüdischer Frauenorganisationen (BSJF) zusammen.[118]

Der BSJF als Dachverband der israelitischen Frauenvereine in der Schweiz beschloss an seiner zweiten Generalversammlung am 29. Mai 1927, dem VSIA beizutreten.[119] Auch an der Gründung des Zentralkomitees für Flüchtlingshilfe

---

115 Der Mangel an aussagekräftigem Quellenmaterial ist hierbei ein Problem, das die Arbeit in der jüdischen Flüchtlingshilfe in der Frühphase im Allgemeinen betrifft. Er sollte die Erforschung des Themenbereichs meines Erachtens aber nicht per se ausschliessen.
116 Vgl. Weingarten-Guggenheim, Zwischen Fürsorge und Politik, 1999, S. 13.
117 Erst in den 1960er-Jahren zeichnete sich allmählich eine Bewusstseinsänderung im Hinblick auf die Stellung der schweizerischen Frau ab, die sich beispielsweise 1971 in der Annahme des Stimm- und Wahlrechts für Frauen äusserte. Vgl. Voegeli, Frauenstimmrecht, e-HLS. Der Präsident der ICZ Walter Wreschner formulierte in seiner Rede anlässlich der Trauerfeier für Berty Guggenheim-Wyler folgende Überlegungen zur Mitarbeit der Frauen in der Fürsorge: «Wir haben es immer – und hier spreche ich als früheres Mitglied der Fürsorgekommission unserer Gemeinde – ganz besonders dankbar empfunden, dass der Frauenverein mit uns gemeinsam zum Wohl und Segen unserer Armen und Bedrängten, unserer Alten und unserer Kinder wirkt und handelt und dass diese Mitarbeit unseres Frauenvereins nicht etwa nebensächlicher, sondern gleichberechtigter, oft sogar führender Natur wurde.» Walter Wreschner: Rede an der Trauerfeier von Berty Guggenheim-Wyler, in: o. A.: Stunde des Gedenkens für Frau Berty Guggenheim-Wyler s. A., Ehrenpräsidentin des Israelitischen Frauenvereins Zürich, Zürich, 16. 5. 1965, S. 13, AfZ, NL Wyler-Bloch / 25.
118 Vgl. Weingarten-Guggenheim, Zwischen Fürsorge und Politik, S. 15–20.
119 Vgl. ebd., S. 31.

war der BSJF beteiligt. Frauen übernahmen häufig praktische Arbeiten, waren aber in den 1930er-Jahren mehrheitlich nicht in den leitenden Gremien der Flüchtlingshilfe vertreten,[120] eine Ausnahme ist Berty Guggenheim-Wyler, die seit 1931 in der Fürsorgekommission tätig war und später im VSIA eine wichtige Persönlichkeit wurde. Berty Guggenheim-Wyler organisierte beispielsweise Sammlungen für die Kleiderkammer.[121]

An der Person von Berty (Bertha) Guggenheim-Wyler (1892–1965) lassen sich viele klassische Merkmale der Rolle der jüdischen Frauen der oberen Mittelschicht in Zürich in den 1930er-Jahren festmachen. Sie war das älteste von vier Kindern von Joseph und Melanie Wyler (geborene Bernheim). Joseph Wyler war durch das mit seinem Bruder gemeinsam geführte Geschäft im Tuchhandel vermögend geworden und war seit Ende des 19. Jahrhunderts in Zürich ansässig.[122] Die Familie Wyler-Bernheim hatte vier Kinder: Berty, Max, Hugo und Hans.[123] Als Frau blieb Berty Wyler das angestrebte Medizinstudium verwehrt und 1912 heiratete sie auf Wunsch ihres Vaters dessen Geschäftspartner Simon Guggenheim. Die Ehe blieb kinderlos. Madeleine Erlanger, die Nichte von Berty Guggenheim-Wyler, bezeichnete die Ehe als «nicht glücklich».[124] Berty Guggenheim-Wyler war zeitlebens eng mit Silvain S. Guggenheim und dessen Bruder Fritz befreundet.[125]

Berty Guggenheim-Wyler machte das Beste aus ihrer Situation und engagierte sich im sozialen Bereich. 1920 wurde sie Vorstandsmitglied im Israelitischen Frauenverein Zürich (IFZ) und übernahm 1926 die Präsidentschaft des Vereins.[126] Der IFZ beschloss 1925, ein Kinderheim einzurichten. Das jüdische Kinderheim Wartheim in Heiden (SG) wurde bis zur Schliessung 1987 vom Frauenverein geleitet.[127] Zwischen 1924 und 1951 war Berty Guggenheim-Wyler ausserdem Vorstandsmitglied des BSJF.[128] Der IFZ arbeitete eng mit der Fürsorgekommission der ICZ zusammen. Dazu wurde im Protokoll der GV des IFZ 1936 festgehalten: «Die Zusammenarbeit mit der Fürsorge der I. C. Z. ist nicht nur gut, sondern eine Notwendigkeit, da wir in fast allen Fällen Hand in Hand arbeiten müssen.»[129]

Der BSJF engagierte sich in den 1930er-Jahren vor allem im Gebiet der Ferienunterbringung jüdischer Kinder aus dem Ausland, die zur Erholung in

---
120 Vgl. Mächler, Hilfe und Ohnmacht, S. 59.
121 Vgl. Regina Boritzer: Interview zur Flüchtlingsbetreuung (VSJF Zürich), Interview geführt von Frau Hartmann, o. O., 19. 7. 1984, AfZ, IB SIG-Archiv / 2051.
122 Vgl. Keller, Bürger und Juden, 2015, S. 57–59.
123 Vgl. ebd., S. 169.
124 Interview mit Madeleine Erlanger, S. 21.
125 Vgl. ebd.
126 Vgl. Keller, Bürger und Juden, S. 171 f.
127 Vgl. Weingarten-Guggenheim, Zwischen Fürsorge und Politik, S. 30.
128 Vgl. ebd., S. 201.
129 O. A.: Prot. GV IFZ, Zürich, 3. 3. 1936, AfZ, IB IFZ-Archiv / 2.

Abb. 26: Berty Guggenheim-Wyler, undatiert, Foto: Atelier Schrader Zürich.

die Schweiz geschickt wurden.¹³⁰ Das Engagement des BSJF war in Absprache mit ICZ-Präsident Saly Braunschweig erfolgt, dessen Frau Elsa Braunschweig ebenfalls Vorstandsmitglied des BSJF war. Die Organisation der Ferienaufenthalte wurde mit dem SIG und dem Schweizerischen Hilfswerk für Emigrantenkinder (SHEK) koordiniert.¹³¹ Berty Guggenheim-Wyler war von 1931 bis 1943 in der Fürsorgekommission der ICZ tätig und mit allen wichtigen Persönlichkeiten aus der jüdischen Flüchtlingshilfe bekannt. Die ICZ hatte zwar 1930 das Frauenstimmrecht abgelehnt,¹³² 1931 aber die «Wahl einer Frau in die Fürsorgekommission»¹³³ bewilligt. Es ist für ihren Status in der Fürsorge-

---

130 Zu den Ferienkindern vgl. Kapitel 6.1.
131 Vgl. Weingarten-Guggenheim, Zwischen Fürsorge und Politik, S. 42–47.
132 Vgl. Petry, Wir sind liberal, 2012, S. 122.
133 O. A.: 69. GB ICZ, Bericht der Fürsorgekommission, Zürich, 8. 1. 1932, S. 17, AfZ, IB ICZ-Archiv / 144. Vgl. auch Walter Wreschner: Rede an der Trauerfeier von Berty Guggenheim-Wyler, in: o. A.: Stunde des Gedenkens für Frau Berty Guggenheim-Wyler s. A., Ehrenpräsidentin des Israelitischen Frauenvereins Zürich, Zürich, 16. 5. 1965, S. 13, NL Wyler-Bloch / 25.

arbeit bezeichnend, dass Berty Guggenheim-Wyler sogleich in die Fürsorgekommission gewählt wurde.[134]

In der Fürsorgekommission der ICZ waren in den 1930er- und 1940er-Jahren kaum Frauen zu finden. Besonders die Mithilfe der Ehefrauen der Kommissionsmitglieder wurde aber allem Anschein nach als selbstverständlich erachtet. Hinweise auf ihre Mitarbeit in der Fürsorgekommission findet man verstreut in einigen Protokollen der Vorstandssitzungen der ICZ. Georges Bloch erwähnte in seinem Bericht über die Schwierigkeiten, die sich für die Fürsorge im Zusammenhang mit der Hilfe für deutsche Verwandte von Gemeindemitgliedern ergab, die Mitarbeit von Jenny Meyer.[135] Jenny Meyer arbeitete seit Mitte der 1930er-Jahre in der Fürsorge der ICZ mit. Sie war zunächst im Lokalsekretariat des SIG tätig,[136] allerdings stellte Saly Braunschweig schon im Januar 1936 fest, dass sie «nunmehr durch die Fürsorgearbeit voll in Anspruch genommen»[137] sei. Die Juristin entwickelte sich bald zu einer wertvollen Mitarbeiterin in der Fürsorge. 1938 schlug Georges Bloch nochmals vor, ihr Aufgabengebiet zu erweitern: «Ihm [Georges Bloch] schwebe vor, dass Frau Dr. Meyer, die in juristischen und fremdenpolizeilichen Fragen am gewandtesten sei, speziell mit der Verwandtenhilfe betraut werden sollte. […] Frau Dr. Meyer könnte dann mit einer Hilfskraft ev. doch auch noch in der Juna und im Lokalsekretariat mitarbeiten.»[138]

---

134 Vgl. Kapitel 4.2.
135 Eugénie (Jenny) Perlmann wurde 1905 als Tochter russisch-jüdischer Eltern in St. Gallen geboren. Ihre Eltern hatten sich 1903 in Krinau (St. Gallen) einbürgern lassen. Sie besuchte die Schule in St. Gallen und studierte ab 1927 Jurisprudenz an der Universität Zürich. Während ihres Studiums lernte sie ihren späteren Ehemann Robert Meyer kennen. 1931 promovierte sie an der Universität Zürich. Ab 1935 war sie für das Lokalsekretariat des SIG tätig, wobei sie ab etwa 1936 unter dem Namen «Jenny Meyer» bekannt war. Neben ihrer Tätigkeit für die jüdische Flüchtlingshilfe arbeitete sie in einer Anwaltskanzlei in St. Gallen. Robert und Jenny Meyer sollen ein für die damalige Zeit unkonventionelles Ehemodell geführt haben und sich vorwiegend am Wochenende in Rapperswil getroffen haben. Jenny Meyer war Sozialdemokratin und setzte sich für die Gleichberechtigung von Mann und Frau aktiv ein. Nachdem sie Ende der 1960er-Jahre einen Schlaganfall erlitten hatte, zog sie zu ihrem Mann Robert nach Zürich. Dieser pflegte sie bis zu ihrem Tod am 19. 1. 1974 aufopferungsvoll. Vgl. Eichholzer, Eugénie Meyer-Perlmann (1905–1974), Archiv für Frauen-, Geschlechter- und Sozialgeschichte, o. D., https://frauenarchivostschweiz.ch/portraits.html, 22. 12. 2020; Margrith Bigler-Eggenberger: Zum Gedenken an Dr. iur. Eugénie Meyer-Perlmann, in: Die Frau in Leben und Arbeit 3 (1974), sowie o. A.: Curriculum vitae für Frau Dr. jur. Eugénie Meyer, Perlmann, o. O., o. D., Archiv für Frauen-, Geschlechter- und Sozialgeschichte Ostschweiz. Vgl. ausserdem o. A.: Zürcher Nachrufe, in: IW 6 (1974), S. 27; Prot. VS ICZ, 15. 5. 1939, S. 8, AfZ, IB ICZ-Archiv / 50; Prot. VS-Sitzung VSJF, 23. 10. 1944, AfZ, IB SIG-Archiv / 2404. Zu Robert Meyer vgl. Anm. 60, S. 221.
136 Vgl. E. Perlmann: Schreiben an das Lokalsekretariat SIG Basel, Zürich, 10. 4. 1935, AfZ, IB SIG-Archiv / 1489. Zu den Lokalsekretariaten des SIG vgl. Kapitel 3.2.2.
137 R. Schärf: Prot. VS ICZ, Zürich, 13. 1. 1936, S. 2 f., AfZ, IB ICZ-Archiv / 15.
138 O. A.: Prot. VS ICZ, Zürich, 21. 11. 1938, S. 5., AfZ, IB ICZ-Archiv / 50.

Allerdings erwiesen sich gerade die fundierten Kenntnisse von Jenny Meyer auf dem Gebiet der Fürsorge als unerlässlich, und sie blieb bis zu ihrer Kündigung 1944 in der Flüchtlingshilfe tätig.

Die Arbeit der Frauen wurde lobend erwähnt und oft als unentbehrlich eingeschätzt, so bedankte sich Georges Bloch in seinen Ausführungen zum Budget der Gemeinde, die nahtlos zu einem Bericht über die jüdische Flüchtlingshilfe überführen, «speziell [für] die aufopferungsvolle Arbeit von Frl. Beritzer [sic] und Frau Dr. Meyer, deren wertvolle Arbeitskraft der Schweiz. Israel. Gemeindebund uns überliess».[139]

Neben den leitenden Gremien, die ehrenamtlich geführt wurden, kümmerte sich eine bezahlte Sozialarbeiterin um die Korrespondenz mit den Fürsorgefällen. Auch mit dieser Aufgabe wurde kontinuierlich eine Frau betraut. Vor 1935 bekleidete Thea Meyerowitz diesen Posten.[140] Sie wurde durch Regina Boritzer ersetzt, deren Arbeitsfeld mit «mannigfaltig» umschrieben wurde, was die Verwaltung des Sekretariats des VSIA mit einschloss.[141]

Durch die ansteigenden Flüchtlingszahlen kam der VSIA 1938 an die Grenzen seiner personellen Ressourcen. Nach wie vor war es Usus, Personen aus dem Vorstand der ICZ oder aus deren Umfeld für den VSIA zu rekrutieren, wie eine Bemerkung von Georges Bloch im November 1938 beweist: «Er [Georges Bloch] weist darauf hin, dass die Flüchtlingshilfe dringend mehr Personal braucht. Der Personalbestand, der früher für etwa 100 Flüchtlinge ausreichte, ist heute noch fast unverändert. Herr Silvain Guggenheim und Frl. Boritzer müssen unbedingt entlastet werden. Er bittet das Kollegium, ihm etwaige Bekannte zu nennen, die für die Einreihung in die Leitung der Flüchtlingshilfe in Frage kommen. Es müssten Menschen sein, die nach einiger Zeit der Einarbeitung in der Lage wären, selbständig Sprechstunden zu halten, mit der Hicem zu verkehren etc.»[142]

Die Antwort des Gemeindepräsidenten zu den Bemerkungen von Georges Bloch lässt darauf schliessen, dass es schwierig war, innert nützlicher Frist geeignetes Personal zu finden, das die Flüchtlingshilfe unterstützen könnte: «Der Sprechende [Saly Braunschweig] teilt mit, dass er bereits ein Inserat aufgegeben habe, um für die Flüchtlingshilfe eine Hilfskraft zu finden. Die Arbeit dürfe keinesfalls unter dem Personalmangel leiden. Es fehlt nicht nur an selb-

---

139 O. A.: Prot. GV ICZ, Zürich, 12. 3. 1939, S. 360, AfZ, IB ICZ-Archiv / 146. Gemäss Aussage von Madeleine Erlanger half auch Régine Heim in der jüdischen Flüchtlingshilfe mit, indem sie Sekretariatsarbeiten übernahm. Vgl. Interview mit Madeleine Erlanger, S. 8. Régine Heim betreute während des Zweiten Weltkriegs auch die Schweizerische Sektion für die Jugendeinwanderung nach Palästina mit Hauptsitz in London. Vgl. Isabelle Somary: Régine Heim, Bildhauerin, in: Weltwoche, 6. 4. 1989, AfZ, PA Biographische Sammlung Heim, Otto H.
140 Vgl. o. A.: 73. GB ICZ, Zürich, März 1936, S. 16 f., AfZ, IB ICZ-Archiv / 217.
141 Vgl. o. A.: 74. GB ICZ, Zürich, März 1937, S. 19, AfZ, IB ICZ-Archiv / 217.
142 O. A.: Prot. VS ICZ, Zürich, 21. 11. 1938, S. 3 f., AfZ, IB ICZ-Archiv / 50.

ständigen Mitarbeitern, sondern auch an technischen Hilfskräften, um die riesige Post von ca. 130 Briefen täglich zu bewältigen.»[143]

Unter «technischen Hilfskräften» wurde die Mitarbeit in administrativen Aufgaben verstanden.[144]

Nach dem «Anschluss» Österreichs Mitte März 1938 kam es zu massiven Ausschreitungen gegen Jüdinnen und Juden, vor allem durch österreichische Nazis.[145] Die ersten Wellen von jüdischen Flüchtlingen aus Österreich konnten vom VSIA zwar noch bewältigt werden,[146] es wurde aber bereits ein höherer Arbeitsanfall registriert und die Betreuungsaufgaben nahmen kontinuierlich zu. Im Frühjahr 1939 berichtete Georges Bloch, «dass die Arbeitsüberlastung der leitenden Personen eine derartige sei, dass es auf die Dauer nicht so bleiben könne. Es brauche mehr Menschen. Was Silvain S. Guggenheim leiste, grenze ans Unmögliche, und er selbst verbringe mehr als einen halben Tag täglich damit, was er auf die Dauer nicht mehr könne.»[147]

Die Vermutung liegt nahe, dass angesichts des riesigen Arbeitsanfalls vor allem die Verfügbarkeit einer Person ein Kriterium zur Mitarbeit im VSIA wurde.[148] In erster Linie wurde also auf die Ereignisse mit bestem Wissen reagiert, aber eine gezielte Planung des Aufbaus der Flüchtlingshilfe war erst an zweiter Stelle möglich.

Die formale Trennung der Fürsorgekommission der ICZ und des VSIA wurde erst 1939 vollzogen. Dass bis 1939 unklar war, welche Personen welcher Institution zuzuteilen sind, lässt sich auch anhand des Protokolls der Generalversammlung des VSIA vom 16. April 1939 festmachen. Als Anwesende von der «Zentralstelle» (des VSIA) wurden dabei folgende Personen festgehalten: Silvain S. Guggenheim, Georges Bloch, Léon Bloch, Regina Boritzer, Otto H. Heim, Rabbiner Martin Littmann und Berty Guggenheim-Wyler. Separat wurden die Mitglieder der Fürsorge der ICZ notiert, wobei Berty Guggenheim-Wyler nochmals aufgeführt wurde.[149] Heim wurde an der Generalversammlung 1940 wieder unter den Mitgliedern der Fürsorge notiert,[150] da er die Flüchtlingshilfe Zürich übernommen hatte.

---

143 Ebd., S. 5.
144 Für eine genaue Definition des Personals der jüdischen Flüchtlingshilfen vgl. Kapitel 7.1.4.
145 Vgl. Mommsen, Das NS-Regime, 2014, S. 89.
146 Vgl. Mächler, Hilfe und Ohnmacht, 2005, S. 151. Vgl. auch Kapitel 5.1.1.
147 O. A.: Prot. VS ICZ, Zürich, 22. 5. 1939, S. 3 f., AfZ, IB ICZ-Archiv / 18.
148 Regina Boritzer berichtete, dass angesichts des riesigen Andrangs von Flüchtlingen auf die Büros des VSIA im Sommer 1938 die Frage gewesen sei, wie man an Personal komme. Vgl. Regina Boritzer, Interview geführt von Frau Hartmann, 1984, AfZ, IB SIG-Archiv / 2051. Auch Marianne Lothar berichtete vom riesigen Arbeitsaufwand in ihrer Anfangszeit beim VSIA, die Angestellten in der Flüchtlingshilfe hätten oft über 60 Stunden pro Woche gearbeitet. Vgl. Marianne Lothar, Interview zur Flüchtlingsbetreuung (Leiterin der Jüdischen Flüchtlingshilfe Zürich), geführt von Ralph Weingarten, o. O., November 1984, AfZ, IB SIG-Archiv / 2070.
149 Vgl. o. A.: Prot. GV VSIA, Bern, 16. 4. 1939, S. 1, AfZ, IB SIG-Archiv / 2401.
150 Vgl. o. A.: Prot. GV VSIA, Bern, 21. 4. 1940, S. 1, AfZ, IB SIG-Archiv / 2402.

Zur endgültigen Trennung des VSIA von der Fürsorgekommission der ICZ protokollierte Georges Bloch als Vorstand der Lokalen Fürsorge und Flüchtlingshilfe der ICZ: «Der V. S. I. A. benützt die Gelegenheit der Fertigstellung des Baues [des Gemeindehauses], um sich definitiv von der Lokalen Fürsorge Zürich zu trennen. Dadurch hätte die Lokale Fürsorge die Flüchtlingshilfe weiterzuführen. Die Fürsorge und Flüchtlingshilfe sollen aber getrennt bleiben. Wir gründen eine Subkommission der Fürsorge-Kommission unserer Gemeinde, genannt Jüdische Flüchtlingshilfe Zürich.»[151]

Erst die räumliche Trennung machte also die Loslösung des VSIA von der Lokalen Fürsorge der ICZ komplett. Ausserdem wurde 1939 in der ICZ eine neue Subkommission für Flüchtlingshilfe gegründet, die abgelöst von der Fürsorgekommission arbeiten sollte.[152] Bloch hatte schon in der Vorstandssitzung der ICZ vom 21. August 1939 zu Protokoll gegeben, dass seiner Ansicht nach nur Personen für die neue Subkommission der ICZ infrage kamen, «die bereits bisher in der Flüchtlingshilfe tätig waren».[153] Den Vorsitz übernahm Hugo Schmuklerski. Als Mitglieder der Flüchtlingshilfe waren des Weiteren Otto H. Heim, zwei Frauen aus dem Frauenverein und ein Kassier vorgesehen.[154] Die lokale Flüchtlingshilfe Zürich, auch als «Lokalcomité Zürich» bezeichnet, war also ebenfalls aus der Fürsorgekommission der ICZ hervorgegangen. Auch an anderen Orten waren die Lokalkomitees in der Regel aus den Fürsorgekommissionen der jüdischen Gemeinden entstanden, so zum Beispiel in Basel.[155] Die dortige Flüchtlingshilfe wurde vom Präsidenten der Fürsorge, Alfred Goetschel,[156] geleitet. Obwohl die Flüchtlingskomitees dem VSIA angeschlossen und damit formal von der jüdischen Gemeinde unabhängig waren, bestanden, wie die Beispiele Zürich und Basel zeigen, häufig Personalunionen zwischen den beiden Institutionen.[157] In Zürich war die Situation durch die Verschränkung der Fürsorgekommission der ICZ mit dem VSIA zusätzlich kompliziert.

Silvain S. Guggenheim widmete sich in der Folge ausschliesslich der Leitung des VSIA, der neu im Gemeindehaus der ICZ an der Lavaterstrasse untergebracht wurde.[158] Auch Regina Boritzer war nun hauptsächlich für den VSIA tätig. Des Weiteren scheint der VSIA laut einem Votum von

---

151 O. A.: Prot. VS ICZ, Zürich, 16. 10. 1939, S. 7, AfZ, IB ICZ-Archiv / 50.
152 Vgl. ebd.
153 O. A.: Prot. VS ICZ, Zürich, 21. 8. 1939, S. 6, AfZ, IB ICZ-Archiv / 50.
154 Vgl. o. A.: Prot. VS ICZ, Zürich, 16. 10. 1939, S. 7, AfZ, IB ICZ-Archiv / 50.
155 Vgl. Sibold, Bewegte Zeiten, 2010, S. 260.
156 Alfred Goetschel war gleichzeitig Präsident der IGB. Vgl. ebd.
157 Vgl. ebd.
158 Die Jüdische Flüchtlingshilfe Zürich war an der Nüschelerstrasse untergebracht. Vgl. Edith Zweig, Interview geführt von Claude Kupfer, 1984, AfZ, IB SIG-Archiv / 2075. Im März 1945 wurden die Büros des VSJF von der Lavaterstrasse an die Olgastrasse verlegt. Vgl. Jacob Zucker: Rundschreiben an alle Comités des VSJF, alle Lager und Heime und Hilfsorganisationen, Zürich, 19. 2. 1945, AfZ, IB SIG-Archiv / 2413. Der VSJF übernahm zehn Räume in der zweiten Etage. Vgl. o. A.: Prot. GA VSJF, Zürich, 30. 1. 1945, AfZ, IB VSJF-Archiv / 24.

Georges Bloch vor allem aus Sekretariatspersonal bestanden zu haben.[159] Silvain S. Guggenheim blieb formal weiterhin Mitglied der Fürsorgekommission, deren Leitung Georges Bloch innehatte, wurde jedoch «von der Arbeit dispensiert»,[160] da die Leitung des VSIA seiner vollständigen Aufmerksamkeit bedurfte. Die Verbindung zur Fürsorgekommission blieb indessen eng: Im Vorfeld des 60. Geburtstags von Silvain S. Guggenheim 1942 bat Otto H. Heim die Vorstandsmitglieder, Guggenheim eine Glückwunschkarte zukommen zu lassen. Saly Braunschweig sollte an der am 4. August 1942, am Geburtstag von Silvain S. Guggenheim, stattfindenden Fürsorgesitzung eine kurze Rede für ihn halten. Des Weiteren, gab Heim bekannt, hätten die Fürsorgekommissionsmitglieder den Entschluss gefasst, Guggenheim «privat einen Kultusgegenstand zu schenken».[161]

Unter dem Traktandum «Diverses» diskutierte der Vorstand der ICZ im Oktober 1939 über die neue Arbeitsteilung zwischen dem VSIA, der lokalen Fürsorgekommission und der Flüchtlingshilfe Zürich. Aus Bemerkungen von Georges Bloch lässt sich schliessen, dass die Anstellungsmodalitäten nicht in jedem Fall klar zu sein schienen: «Dr. Strumpf, der von amtswegen der Kommission zugeteilt ist, sei von der Kommission dispensiert worden, damit er weiter in der Flüchtlingshilfe arbeiten könne. [...] Besonders wesentlich sei nun, dass neben Frau Dr. Mayer [vermutlich ist Dr. Jenny Meyer gemeint] und etlichen Angestellten Dr. Strumpf in der Flüchtlingshilfe und nicht mehr in der Lokalen Fürsorge beschäftigt sein werde und der Sprechende beantragt, die Stellung von Hrn. Dr. Strumpf innerhalb der Gemeinde nicht zu verändern, sondern davon Kenntnis zu nehmen, dass vorübergehend Dr. Strumpf von seiner Arbeit innerhalb der Lokalen Fürsorge dispensiert werde und dafür im Sekretariat der Flüchtlingshilfe mitzuarbeiten habe.»[162]

Gleichzeitig schlug Bloch vor, dass Marianne Kater,[163] die Fürsorgerin der Jüdischen Flüchtlingshilfe Zürich, in die Lokale Fürsorge wechseln solle. Saly Braunschweig bemerkte dazu, dass der Vorstand der ICZ über ihre Anstellung zu entscheiden habe, da «es sich in diesem Fall nicht um eine Angestellte der

---

159 Vgl. o. A.: Prot. VS ICZ, Zürich, 16. 10. 1939, S. 9, AfZ, IB ICZ-Archiv / 50.
160 Ebd.
161 P. Hutmacher: Prot. VS ICZ, Zürich, 5. 6. 1942, S. 10, AfZ, IB ICZ-Archiv / 20.
162 O. A.: Prot. VS ICZ, Zürich, 16. 10. 1939, S. 9, AfZ, IB ICZ-Archiv / 50. David Strumpf war zusammen mit Julius Kratzenstein Lehrer der Religionsschule und Vorbeter der ICZ. Julius Kratzenstein, der aus Deutschland stammte, bekleidete diese Funktionen seit 1929. Vgl. Brunschwig/Heinrichs/Huser, Geschichte der Juden im Kanton Zürich, 2005, S. 333. Vgl. dazu auch Petry, Wir sind liberal, 2012, S. 97. Zu Kratzensteins Aussagen bezüglich seiner Herkunft vgl. o. A.: VS ICZ, Vernehmlassung, Zürich, 28. 5. 1940, o. S., AfZ IB ICZ-Archiv / 50. Als Beamter der Gemeinde war ausserdem M. Neu tätig. Vgl. o. A.: Prot. VS ICZ, Zürich, 15. 5. 1939, S. 6, AfZ, IB ICZ-Archiv / 50.
163 Marianne Lothar (1906–1996), geborene Kater, war 1939/40 in der jüdischen Flüchtlingshilfe tätig, danach emigrierte sie mit ihrem Ehemann in die Dominikanische Republik. 1971 kehrte sie in die Schweiz zurück. Vgl. Ludi, Marianne Lothar, e-HLS.

Flüchtlingshilfe, die ihre Gelder selbst verwaltet, sondern um eine Angestellte der Lokalen Fürsorge» handle.[164]

Neben der Verteilung der Angestellten wurde auch über die Mietkosten, die dem VSIA für die Miete der Räumlichkeiten im Gemeindehaus angerechnet werden sollten, diskutiert. Bezeichnenderweise engagierte sich an dieser Stelle Georges Bloch als Präsident der Fürsorgekommission für einen moderateren Mietzins, obwohl die Gemeinde durch die Vermietung der Räumlichkeiten an den VSIA von SIG-Geldern profitierte.[165] Mit dem Hinweis, «dass wir mit der Zurverfügungstellung dieser Räume der Flüchtlingshilfe einen Dienst erweisen und keinen Verdienst erzielen wollen», hatte Otto H. Heim bereits an der 22. Vorstandssitzung für einen tiefen Mietzins plädiert.[166] Die Voten von Georges Bloch und Otto H. Heim zeugen von ihrer engen Bindung an die jüdische Flüchtlingshilfe, die vor allem auf private Beziehungen zurückzuführen sein dürfte. An der Generalversammlung des VSIA im März 1941 dankte Heim als Präsident der Flüchtlingshilfe Zürich im Namen seiner Mitarbeitenden und der Flüchtlinge der Zentralstelle insbesondere Silvain S. Guggenheim für «die gewaltige Arbeit».[167]

Regina Boritzer bezeichnete ihre Beziehung zu Otto H. Heim und Georges Bloch als «eng und freundschaftlich»,[168] während es wenig Berührungspunkte zwischen der Leitstelle des VSIA und den Flüchtlingen gegeben habe. Das Schweizer Judentum habe, so Boritzer, allgemein wenig persönliche Kontakte zu Flüchtlingen gehabt, was ihm später auch vorgeworfen wurde. Regina Boritzer selbst empfand das als «Schweizer Eigenschaft, nicht als eine jüdische».[169]

4.4 Die jüdische Flüchtlingshilfe am Standort Zürich 1933–1939: Eine Zwischenbilanz

Folgende Faktoren erweisen sich als von Bedeutung für die Konstituierung des VSIA: die Bindung an die lokale Fürsorgekommission der ICZ, persönliche Beziehungen und die Unsicherheit der Finanzierung.

Eine strukturelle Trennung des VSIA von der lokalen Fürsorgekommission der ICZ erfolgte erst mit der räumlichen Trennung im Jahr 1939. Für die Aktenlage des VSIA vor den Kriegsjahren bedeutet diese Erkenntnis, dass für den Verband in der Vorkriegszeit keine eigenen Quellen bestehen und dass alle

---

164 O. A.: Prot. VS ICZ, Zürich, 16. 10. 1939, S. 9, AfZ, IB ICZ-Archiv / 50.
165 Vgl. ebd.
166 O. A.: Prot. VS ICZ, Zürich, 2. 10. 1939, S. 3, AfZ, IB ICZ-Archiv / 50.
167 O. A.: Prot. GV VSIA, Bern, 30. 3. 1941, S. 17, AfZ, IB SIG-Archiv / 2402.
168 Regina Boritzer, Interview geführt von Frau Hartmann, 1984, AfZ, IB SIG-Archiv / 2051.
169 Ebd.

Aussagen über dessen Arbeit anhand von Unterlagen aus Fürsorgeberichten der ICZ gemacht werden müssen, ergänzt durch einige ausgewählte Berichte, die sich in den Beständen des SIG finden lassen. Es erweist sich daher als schwierig, Erkenntnisse zum Wirken des VSIA in den frühen 1930er-Jahren isoliert von den Tätigkeiten der Fürsorge der ICZ zu gewinnen.

Im Bericht der Fürsorgekommission der ICZ von 1934 wird beispielsweise «die Eingliederung der Flüchtlings- in diejenige der lokalen Passantenfürsorge»[170] erwähnt. Obwohl der VSIA nicht explizit erwähnt wird, geht aus dem Kontext hervor, dass die Mitteilung sich an dieser Stelle auf den Verband bezieht, der historisch bedingt für die Versorgung der «Passantinnen» und «Passanten» zuständig war. Interpretiert man das Quellenmaterial also präzise, lassen sich doch einige Aussagen zur Arbeit der jüdischen Flüchtlingshilfe vor 1939 machen.

Der VSIA musste sich mit seinem massiv erweiterten Tätigkeitsfeld ab 1935 neu erfinden. Die Koordination der jüdischen Flüchtlingshilfe als Aufgabenfeld, das an Komplexität stetig zunahm, verlangte nach einer personellen Erweiterung des Verbands. In dieser entscheidenden Phase des Aufbaus wurden die leitenden Gremien des VSIA durch die Mitglieder der Gemeindekommission aus den Reihen der Fürsorgekommission der ICZ besetzt. Die dafür infrage kommenden Personen stammten alle aus einem ähnlichen sozialen Umfeld und kannten sich häufig persönlich. Die traditionelle Mitarbeit von Frauen in der Fürsorge wurde fortgeführt und ausgebaut, wobei Frauen hauptsächlich für die praktische Arbeit im Hintergrund verantwortlich waren. Bedingt durch die Faktoren Verfügbarkeit und Erfahrung in der Fürsorgearbeit kamen nur wenige Personen aus gut situierten Verhältnissen für die komplexe Aufbauarbeit des VSIA infrage. Inwiefern diese Voraussetzungen für die Konstituierung des VSIA gewinnbringend oder hindernd waren, lässt sich nicht abschliessend bewerten.

Mündliche Berichte von Angehörigen aus dem Kreis der ICZ aus der Nachkriegsgeneration unterstützen die Beobachtung, dass die persönlichen Beziehungen bei der Wahl in leitende Gremien der ICZ und des SIG eine entscheidende Rolle spielten. Häufig wurde der Vorstand der ICZ als eine Art «Kuchen» bezeichnet,[171] zu dessen exklusivem Kreis sich nur einige privilegierte Personen zählen konnten und der es Aussenstehenden schwierig machte, einen Zugang zu finden. In diesem Zusammenhang sind die Parallelen in den Familienkonstellationen auffällig: Sowohl Saly Braunschweig als auch Silvain S. Guggenheim konnten sich vollkommen in den Dienst der jüdischen Allgemeinheit stellen und ihre gesamte Arbeitskraft der karitativen Arbeit zur Verfügung stellen, weil ein Bruder das Familienunternehmen weiterführte, dessen Erträge geteilt wurden.[172] Dieses Muster lässt sich auch auf die Familie Heim

---

170 O. A.: 72. GB ICZ, Zürich, März 1935, S. 16, AfZ, IB ICZ-Archiv / 217.
171 Vgl. Interview mit B. S., vgl. dazu auch Interview mit Madeleine Erlanger, S. 39–41.
172 Vgl. Interview mit Madeleine Erlanger, S. 19.

übertragen: Da Otto H. Heim ab 1945 fast seine gesamte Zeit der sozialen Arbeit im VSJF widmete, legte Josef Heim die Verantwortung für das Textilgeschäft zunehmend in die Hände von Paul Heim, der nach Kriegsende in die Schweiz zurückgekehrt war. Die Einnahmen aus dem Geschäft wurden unter den Brüdern geteilt.[173]

Von diesen Faktoren ausgehend, erklärt sich die enge Bindung des VSIA an die ICZ, die wohl eine der Voraussetzungen dafür war, dass der VSIA in seinem Aufbau bis in die Nachkriegszeit relativ autonom blieb und sich die leitenden Personen in der jüdischen Flüchtlingshilfe gegen eine Eingliederung in den SIG zur Wehr setzten.

Obwohl die Aufgabe der Flüchtlingsversorgung den VSIA weitgehend unvorbereitet traf und seine Strukturen auf eine konstante Reaktion auf unvorhergesehene Ereignisse zurückzuführen sind, scheint das CC des SIG nach dem «Anschluss» Österreichs zur Einsicht zu gelangen, dass sich die Lage für die jüdischen Gemeinden in Europa in absehbarer Zeit nicht verbessern würde. Die finanziellen Verpflichtungen, die der SIG-Präsident Saly Mayer und VSIA-Präsident Silvain S. Guggenheim gegenüber der schweizerischen Fremdenpolizei zugunsten der jüdischen Flüchtlinge eingegangen waren, sollten schwer wiegen.[174] Bereits vor den ersten grossen Flüchtlingswellen aus Österreich war die jüdische Flüchtlingshilfe finanziell in Bedrängnis gekommen – und eine Besserung der Lage war nicht in Sicht. Saly Braunschweig berichtete im September 1938 in diesem Zusammenhang anlässlich einer Vorstandssitzung der ICZ: «Das C. C. hat vor 14 Tagen die Durchführung einer Sammlung für die Flüchtlingshilfe beschlossen. […] Die politische Situation sei unklar, es sei aber zu befürchten, dass die Anforderungen noch grösser werden würden. Man könne daher nicht vorsichtig genug sein im Bereitstellen der Mittel.»[175] Diese Aussage sollte sich als prophetisch erweisen. Bereits im März 1939 rechnete Saly Braunschweig der DV des SIG vor, dass sich die erwerbstätigen Jüdinnen und Juden in der Schweiz bald mit den unterstützten Flüchtlingen die Waage halten würden.[176] Die Beschaffung von finanziellen Mitteln für die Flüchtlingshilfe beschäftigten SIG und VSIA/VSJF während der Kriegsjahre und in der Nachkriegszeit permanent und die prekären finanziellen Bedingungen zwangen den VSIA/VSJF zu drastischen Entscheiden, die sich auf die Bewertung der Arbeit der Leitung des VSIA/VSJF und des SIG insgesamt negativ auswirken sollten.

---

173 Vgl. Interview mit Walter Heim, S. 20. Otto H. Heim sei am Morgen jeweils eine Viertelstunde im Geschäft erschienen, habe sich danach aber der Flüchtlingshilfe gewidmet.
174 Vgl. Kapitel 5.1.1.
175 O. A.: Prot. VS ICZ, Zürich, 5. 9. 1938, S. 4, AfZ, IB ICZ-Archiv / 49.
176 O. A.: Votum Saly Braunschweig an der DV des SIG vom 26. 3. 1939, o. O., o. D., AfZ, IB SIG-Archiv / 30. Ausgehend von einer 18 000 Personen zählenden jüdischen Bevölkerung in der Schweiz ging Braunschweig von 4000–6000 Erwerbstätigen aus. Die Zahl der unterstützten Flüchtlinge betrug 3500.

4.5 Beziehung der ICZ zum SIG in den 1930er-Jahren

Die grösseren jüdischen Gemeinden, die bereits vor der rechtlichen Gleichstellung der Jüdinnen und Juden in der Schweiz bestanden, wie die ICZ (Gründungsjahr 1862)[177] und die IGB (Gründungsjahr 1805),[178] mussten sich in der Schweiz bis zur Gleichstellung als Bürger vor dem Gesetz lange gedulden. Emanzipation und Aufnahme der jüdischen Bevölkerung ins Bürgerrecht wurde erst 1874 schweizweit gesetzlich verankert.[179] Bis zur Gründung des SIG 1904 agierten die jüdischen Gemeinden in der Schweiz autonom, und auch die Bestrebungen des SIG als Gemeinschaftswerk der jüdischen Gemeinden waren bis in die 1920er-Jahre auf die Abschaffung des Schächtartikels konzentriert. 1923 und 1924 war aus den Reihen der ICZ Kritik an der einseitigen Politik der SIG-Leitung geäussert worden. Angesichts des erstarkenden Antisemitismus wünschten sich die ICZ-Delegierten ein vermehrtes Engagement des SIG in der Bekämpfung antisemitischer Auswüchse. Einen Konsens in der politischen Ausrichtung des SIG zu finden, erwies sich allerdings als schwierig.[180]

Die Beziehung zwischen der ICZ als grösster jüdischer Gemeinde der Schweiz und dem SIG war in den 1930er-Jahren angespannt. Regelmässig wurde an den Gemeindeversammlungen der ICZ über die Tätigkeiten des Gemeindebundes berichtet und seit 1930 gab es hierfür im Geschäftsbericht einen Abschnitt.[181] In der ICZ wurden scharfe Debatten über die Reaktion der Gemeinde auf den Antisemitismus und die Ereignisse in Deutschland geführt.[182] In den Augen vieler ICZ-Delegierten reagierte der SIG zu zögerlich auf die Entwicklungen in Deutschland. Die ICZ verlangte wiederholt Transparenz über die Arbeit des SIG. In der Delegiertenversammlung vom 10. Mai 1934 erkundigten sich die Delegierten der ICZ beispielsweise, wie die Beziehungen des SIG zur eidgenössischen Fremdenpolizei aussehen würden: «Das CC wird eingeladen, Bericht darüber zu erstatten, ob mit den eidgenössischen und den kantonalen Fremdenpolizeibehörden betreffend die Behandlung von Aufenthalts- & Niederlassungsgesuchen ausländischer Glaubensgenossen, insbesondere deutscher Staatsangehöriger, seitens des CC während

---

177 Vgl. Mahrer, Kurze Vorgeschichte der ICZ, 2012, S. 17.
178 Als Gründungsdatum der aktuellen jüdischen Gemeinde in Basel wird 1805 angenommen, es existierten aber bereits im Mittelalter jüdische Gemeinden in Basel. Vgl. Haumann, Von der Gründung einer neuen Gemeinde, 2005, S. 67.
179 Vgl. Haumann, Juden in Basel und Umgebung, 1999, S. 22.
180 Vgl. Funk/Gast/Keller, Eine kleine Geschichte des Schweizerischen Israelitischen Gemeindebundes, 2004, S. 24–26.
181 Vgl. Petry, Wir sind liberal, 2012, S. 155.
182 Vgl. ebd., S. 137.

des Berichtsjahres Verhandlungen gepflogen wurden und welchen Inhalt sie hatten.»[183]

In diesem Antrag der ICZ wurde impliziert, dass das CC gemeinsame Sache mit den schweizerischen Behörden machen würde, was die Flüchtlingsfrage betraf. Skepsis oder sogar Misstrauen gegenüber den Tätigkeiten des SIG gehen aus den Voten der ICZ-Delegierten hervor. Georg Guggenheim, ICZ-Abgeordneter in der DV des SIG, erwähnte dazu gar einen Fall, in dem ein Bundesrat aufgrund der Äusserung eines Vertreters des Gemeindebunds die Einreise eines jüdischen Glaubensgenossen abgelehnt habe.[184] Die Vorwürfe waren brisant, da Gerüchte über die Zusammenarbeit des SIG mit der Fremdenpolizei in den jüdischen Gemeinden kursierten.[185] Der Delegierte der Basler Gemeinde, Werner Bloch, doppelte nach, indem er eine Distanzierung der offiziellen Vertreter der schweizerischen Judenschaft von der Fremdenpolizei verlangte, denn in dieser Behörde sei eine antisemitische Grundhaltung verbreitet.[186]

Der SIG wurde von einzelnen CC-Mitgliedern aufgefordert, die Konformität mit der offiziellen Politik der Schweizer Behörden zugunsten eines Bekenntnisses den verfolgten Glaubensgenossen gegenüber aufzugeben. Stellung zu den Vorwürfen nahm der damalige Sekretär und spätere SIG-Präsident Saly Mayer. Er gab zu, dass man auf der «Londoner Konferenz»[187] Fühlung mit der eidgenöss. Fremdenpolizei genommen»[188] habe. Zur konkreten Frage der ICZ, ob Verhandlungen zwischen dem CC des SIG und der Fremdenpolizei stattgefunden hätten, gab Mayer wie folgt Auskunft: «Wenn ohne nähere Angaben von einer offiziösen Vertretung gesprochen wurde, so war es sicher nicht die offizielle. Das CC hat nirgends eine offiziöse Vertretung accreditiert.»[189] Diese vage Erklärung ergänzte Mayer durch die Aussage, man könne nicht definieren, «welche Stellung das CC in Zukunft einnehmen wird, […] da jeder Fall anders liege».[190] Die Weigerung, gegenüber dem kritischen Flügel der

---

183 O. A.: Prot. DV SIG, Lausanne, 10. 5. 1934, AfZ, IB SIG-Archiv / 29.
184 Vgl. ebd.
185 Vgl. Mächler, Hilfe und Ohnmacht, 2005, S. 100.
186 Vgl. ebd., S. 101.
187 Die internationale Hilfskonferenz in London, die im Herbst 1933 stattgefunden hatte, hatte sich zum Ziel gesetzt, Hilfeleistungen für die deutschen Jüdinnen und Juden inner- und ausserhalb Deutschlands zu koordinieren. Für den SIG hatten Jules Dreyfus-Brodsky, Saly Mayer und Saly Braunschweig teilgenommen. Als Resultat aus der Konferenz ging die Jüdische Informationszentrale in Amsterdam hervor. James McDonald wurde zum «Hochkommissar für Flüchtlinge aus Deutschland» ernannt. Konkrete politische Massnahmen wurden ansonsten nicht ergriffen. Den deutschen Jüdinnen und Juden sollte vielmehr nahegelegt werden, das jüdische Leben in Deutschland aufrechtzuerhalten. Vgl. Zweig-Strauss, Saly Mayer, 2007, S. 74–76.
188 O. A.: Prot. DV SIG, Lausanne, 10. 5. 1934, S. 4, AfZ, IB SIG-Archiv / 29.
189 Ebd.
190 Ebd.

SIG-Delegierten Konzessionen zu machen, führte während der Kriegsjahre zu einer stetigen Verschärfung innerjüdischer Auseinandersetzungen.

Im September des darauffolgenden Jahres verlangte die ICZ an der Sitzung des CC des SIG Protestkundgebungen in allen grösseren Schweizer Städten als Reaktion auf den Erlass der «Nürnberger Gesetze» in Deutschland. Das CC lehnte dieses Ansinnen ab, denn eine Mehrheit der CC-Mitglieder versuchte, sowohl die möglichen negativen Folgen eines Protests für deutsche Jüdinnen und Juden als auch eine allfällige ablehnende Haltung des Bundesrats zu antizipieren. Aus den Verhandlungen im CC resultierte lediglich eine Eingabe an Bundesrat Motta in seiner Funktion als Präsident der Kommission für Minderheiten im Völkerbund. Einige jüdische Gemeinden wie Bern und St. Gallen unterstützten dieses Vorgehen, nicht so die ICZ, in deren Reihen sich viele Kritiker der behördenkonformen Politik des SIG fanden. Das CC sah sich schliesslich gezwungen, seine ablehnende Haltung einer Protestveranstaltung gegenüber aufzugeben, und im November 1935 wurden in Zürich und Basel Kundgebungen durchgeführt.[191]

Der SIG kooperierte aber mangels Handlungsalternativen weiterhin mit den Schweizer Behörden und kritisierte die Haltung der eidgenössischen Fremdenpolizei bis 1942 öffentlich nicht, wie unten dargestellt werden soll. Die innerjüdischen Differenzen wurden häufig auch stellvertretend geführt, denn der SIG hatte faktisch nicht die Macht, die Politik der Schweizer Behörden zu beeinflussen.[192]

---

191 Vgl. Mächler, Hilfe und Ohnmacht, 2005, S. 117.
192 Vgl. ebd., S. 20.

5 Schweizerische Flüchtlingspolitik während des Zweiten Weltkriegs und Beziehungen der Behörden zum Schweizer Judentum

Die Überfremdungsdebatte und ihre antisemitischen Tendenzen bestimmten massgeblich den Umgang der Schweizer Behörden mit jüdischen Flüchtlingen während der nationalsozialistischen Machtperiode. In der Folge wurde das Transitgebot für Flüchtlinge sowohl von ihnen als auch vom grössten Teil der Vertreter öffentlicher Ämter des Schweizer Judentums internalisiert. Daher nahm die geplante Emigration von Flüchtlingen, auch als «Weiterwanderung» bezeichnet, in der Vorkriegszeit einen wichtigen Stellenwert in der jüdischen Flüchtlingsbetreuung ein. Da viele Staaten der jüdischen Einwanderung ebenfalls ablehnend gegenüberstanden, gestaltete sich dieses Unterfangen bereits vor dem Krieg schwierig. Ab 1940 war die Schweiz gänzlich von den Achsenmächten umschlossen, die Wege aus der Schweiz hinaus sollten sich erst 1944 wieder öffnen.[1]

Die Verbindungen zwischen dem SIG und den Schweizer Behörden wurden bereits eingehend erforscht und sollen nachfolgend zusammenfassend wiedergegeben werden, sofern sie einen direkten Einfluss auf die Politik der schweizerisch-jüdischen Flüchtlingshilfe hatten. Eine Gesamtdarstellung der Reaktionen und Leistungen des SIG und des VSIA/VSJF während der Zeit des Nationalsozialismus findet sich bei Stefan Mächler,[2] auf dessen Forschungsarbeit sich das vorliegende Kapitel im Wesentlichen beruft. Weitere Informationen wurden den Werken von Hanna Zweig-Strauss[3] und Noëmi Sibold[4] entnommen. Für die Darlegung der schweizerischen Flüchtlingspolitik wurde vor allem auf die Forschungsergebnisse von Guido Koller,[5] der UEK[6] und Gaston Haas[7] zurückgegriffen. Ein Beispiel des Umgangs mit den Spannungsfeldern, in denen sich Schweizer Jüdinnen und Juden bewegten, ist in der Darstellung des Konflikts zwischen dem Vorstand der ICZ und dem Gemeinderabbiner in Kapitel 5.2.2 zu finden. Otto H. Heims Rolle steht darin im Zentrum.

---

1 Vgl. ebd., S. 437–440.
2 Mächler, Hilfe und Ohnmacht 2005.
3 Zweig-Strauss, Saly Mayer, 2007.
4 Sibold, Mit den Emigranten, 2002.
5 Koller, Der J-Stempel, 1999, S. 371–374; Koller, Fluchtort Schweiz, 2018.
6 UEK, Die Schweiz und die Flüchtlinge, 2001; UEK, Die Schweiz, der Nationalsozialismus und der Zweite Weltkrieg, 2002.
7 Haas, Wenn man gewusst hätte, 1994.

5.1 Schweizerische Flüchtlingspolitik 1933–1945

5.1.1 «Gentlemen's Agreement» und Grenzschliessung für jüdische Flüchtlinge im August 1938

Aus Österreich erreichte eine erste Flüchtlingswelle die Schweiz unmittelbar nach dem «Anschluss» im März 1938. Die Zahl der ankommenden Flüchtlinge blieb aber zunächst überschaubar, was auch auf die Einführung der Visumspflicht für die Inhaberinnen und Inhaber österreichischer Pässe am 1. April 1938 zurückzuführen ist.[8] An der Vorstandssitzung der ICZ am 11. April 1938 wurde die Frage, welche Hilfsmassnahmen der SIG für österreichische Jüdinnen und Juden geplant habe, angeschnitten. Der Vorstand der ICZ bewilligte einen Antrag des damaligen Quästors Otto H. Heim, dem SIG, «dessen Kassen infolge grosser Aufgaben leer sind, Fr. 20 000.– an die Gesamtjahresschuld von Fr. 55 000.– zu überweisen».[9] Etwaige Hilfeleistungen des SIG an jüdische Flüchtlinge aus Österreich waren also zumindest teilweise von Vorauszahlungen der ICZ abhängig, da sich der SIG wegen ausstehender Mitgliederbeiträge anderer jüdischer Gemeinden ausserstande sah, dem VSIA die nötigen finanziellen Mittel bereitzustellen.[10]

Ab Juni 1938 trafen immer mehr jüdisch-österreichische Flüchtlinge in der Schweiz ein. Sie wurden vom VSIA übernommen und in Zürich betreut. Die Aufnahmekapazität Zürichs war jedoch bald erschöpft und der VSIA forderte seine Lokalkomitees per Rundschreiben auf, zur Entlastung des VSIA Flüchtlinge zu übernehmen.[11] Die sprunghaft ansteigende Zahl jüdischer Flüchtlinge hatte zur Folge, dass das Budget des VSIA bereits Ende Juni 1938 erschöpft war. Der Flüchtlingsandrang war so gross, dass die Polizei einen Ordnungsdienst organisierte, um einen geregelten Ablauf zur Erfassung der vor der Zentrale des VSIA Schlange stehenden Flüchtlinge zu garantieren.[12] Unter den Gemeindemitgliedern der ICZ fanden sich viele Freiwillige, die Regina Boritzer bei der Bewältigung ihrer Aufgaben in der Erfassung der Flüchtlinge beistanden.[13]

---

8 Vgl. Mächler, Hilfe und Ohnmacht, 2005, S. 151.
9 O. A.: Prot. VS ICZ, Zürich, 11. 4. 1938, S. 4, AfZ, IB ICZ-Archiv / 49.
10 Vgl. o. A.: Prot. DV SIG, Basel, 6. 3. 1938, S. 5, AfZ, IB SIG-Archiv / 30. Im Rückstand mit den Jahresbeiträgen waren vor allem die IGB, La Chaux-de-Fonds und einige kleinere Gemeinden, die nur wenige finanzkräftige Mitglieder in ihren Reihen hatten. Vgl. o. A.: Prot. VS ICZ, Zürich, 11. 4. 1938, S. 4, AfZ, IB ICZ-Archiv / 49; o. A.: Prot. CC SIG, Basel, 31. 1. 1938, S. 5, AfZ, IB SIG-Archiv / 90. Zusätzlich zu den Mitgliederbeiträgen erwartete der SIG Beiträge in einer bestimmten Höhe an die Sammlung für die Flüchtlingshilfe von den jüdischen Gemeinden. Die IGB sollte einen Betrag über 50 000 Franken beisteuern. Wie die jüdischen Gemeinden das Geld beschafften, wurde ihnen überlassen. Vgl. Sibold, Bewegte Zeiten, 2010, S. 264 f.
11 Vgl. Mächler, Hilfe und Ohnmacht, 2005, S. 157.
12 Vgl. ebd., S. 159.
13 Vgl. Regina Boritzer, Interview geführt von Frau Hartmann, 1984, AfZ, IB SIG-Archiv / 2051.

Am 15. Juli 1938 fand in Evian eine internationale Flüchtlingskonferenz statt, an der auch Heinrich Rothmund teilnahm.[14] Die «Jüdische Presszentrale Zürich» berichtete seit Mai 1938 regelmässig und ausführlich über die Konferenz. Am 24. Juni wurde die Brisanz der Flüchtlingskonferenz so eingeschätzt: «Auf der Konferenz von Evian, auf die sich 500 000 verzweifelte Augenpaare in höchster Bedrängnis richten, ruht eine enorme Verantwortung. Möge sie durch Aktivität und Abstreifen kleinlicher Hemmungen sich der Größe ihrer Aufgaben gewachsen zeigen. Jetzt ist nicht Zeit für deklamatorische Bekundungen des Mitgefühls, sondern, wenn Worte einen Sinn haben sollen, dann muß ihnen die befreiende Tat auf dem Fuße folgen.»[15]

Obwohl man besonders von jüdischer Seite im Vorfeld grosse Hoffnungen in eine internationale Lösung der Flüchtlingsfrage gesetzt hatte, blieb die Konferenz ohne konkrete Resultate.[16]

Unter dem Eindruck der kollabierenden Flüchtlingsbetreuung signalisierten VSIA und SIG, die in ständigem Austausch mit Schweizer Behörden standen, dass die finanzielle Kapazität der jüdischen Flüchtlingshilfe am Ende sei. Nacheinander mussten die Komitees des VSIA in Basel, Zürich und St. Gallen bekannt geben, dass sie keine weiteren Flüchtlinge aufnehmen konnten. Anlässlich einer gemeinsamen Besprechung am 16. August 1938 wurden Saly Mayer und Silvain S. Guggenheim von Heinrich Rothmund dennoch verpflichtet, eine Garantie für die weitere Finanzierung der Betreuung und der Weiterreise jüdischer Flüchtlinge abzugeben. In dieser Zwangslage sahen die beiden Vertreter des Schweizer Judentums keine andere Möglichkeit, als der Forderung zuzustimmen, wurden sie doch indirekt von Heinrich Rothmund darauf hingewiesen, dass andernfalls die Kantone illegal anwesende Flüchtlinge ausweisen könnten. Da von der Besprechung keine Aufzeichnungen angefertigt wurden, wurde das Abkommen als «Gentlemen's Agreement» bezeichnet. Aussagen über dessen Inhalt wurden anhand späterer Berichte von Heinrich Rothmund und der protokollierten Äusserungen Saly Mayers und Silvain S. Guggenheims an der CC-Sitzung des SIG vom 18. August 1938 rekonstruiert.[17] Noch während im SIG angestrengt nach einer Lösung gesucht wurde, um die finanzielle Misere zu überwinden, beschloss die eidgenössische Fremdenpolizei in Absprache mit den kantonalen Polizeidirektoren, die Einreise jüdischer Flüchtlinge ohne gültiges Visum zu verbieten.[18]

---

14 Vgl. Mächler, Hilfe und Ohnmacht, 2005, S. 157.
15 O. A.: Vor 700 Jahren und heute, in: JPZ 996 (1938), S. 2, https://digicopy.afz.ethz.ch/?&-guid=e18ca01b5a324f31b46ad23b97bd8a9a, 22. 12. 2020.
16 Vgl. Mächler, Hilfe und Ohnmacht, 2005, S. 157. Vgl. dazu auch Zweig-Strauss, Saly Mayer, 2007, S. 99–101.
17 Vgl. Mächler, Hilfe und Ohnmacht, 2005, S. 161.
18 Vgl. ebd., S. 159–163. Vgl. dazu auch Zweig-Strauss, Saly Mayer, 2007, S. 101–105.

Stefan Mächler hat darauf hingewiesen, dass in der Schweiz traditionell auch von anderen Solidargruppen (zum Beispiel der «Roten Hilfe») eine Privatfinanzierung «eigener» Flüchtlinge erwartet wurde, jedoch nicht im gleichen Ausmass, wie es von der schweizerisch-jüdischen Flüchtlingshilfe verlangt wurde.[19] Zynisch mutet unter den gegebenen Umständen die wiederholte Behauptung der eidgenössischen Fremdenpolizei an, das Schweizer Judentum habe sich freiwillig bereit erklärt, die Flüchtlinge ohne staatliche Hilfe materiell zu unterstützen.[20] Kritik an der Praxis der Schweizer Behörden gegenüber den Flüchtlingen wurde von den leitenden Figuren im jüdischen Flüchtlingswesen bis 1942 kaum geäussert, im Gegenteil, es wurde die gute Zusammenarbeit mit den Behörden und deren menschliche Haltung gegenüber den Flüchtlingen erwähnt. Dafür war einerseits «Angst vor einem sich verstärkenden Antisemitismus»[21] ausschlaggebend, anderseits schien gerade Saly Mayers Haltung auch von der ehrlichen Überzeugung geprägt, dass die schweizerische Regierung sich menschlich und grosszügig verhalte.[22] Auch Silvain S. Guggenheim hatte bis zum Bruch mit der Schweizer Fremdenpolizei im August 1942 eine mehrheitlich positive Wahrnehmung von der Zusammenarbeit mit den Behörden. In der Generalversammlung des VSIA im April 1940 äusserte er: «Diese Zahlen [der vom VSIA unterstützten Flüchtlinge] und unsere Arbeit haben auch bei den Behörden die Resonanz gefunden und man kann sagen, dass die gewaltige Opferbereitschaft der schweizer Juden für die Flüchtlinge ihnen mehr Achtung bei den Behörden und der Bevölkerung einbrachte, als die letzten 70 Jahre der Emanzipation. Die Behörden in Bern kennen durch den dauernden Kontakt, den wir mit ihnen haben, unsere Nöte und wir sind überzeugt davon, dass sie für uns da sein werden, wenn wir nicht weiter können.»[23]

Die Auffassung, Behörden und Bevölkerung würden die enormen Leistungen des Schweizer Judentums in der Flüchtlingshilfe wohlwollend zur Kenntnis nehmen, stellte sich allerdings als Trugschluss heraus, denn eine öffentliche Anerkennung der Arbeit der jüdischen Flüchtlingshilfe blieb aus.[24]

Für die Mittelbeschaffung zur Finanzierung des Flüchtlingswesens beschloss das CC des SIG drei Sofortmassnahmen: Aufnahme eines Kredits, Verhandlungen mit jüdischen Organisationen im Ausland mit der Bitte um finanzielle

---

19 Vgl. Mächler, Hilfe und Ohnmacht, 2005, S. 451.
20 Vgl. beispielsweise ein Referat von Heinrich Rothmund an der GV des SIG vom 26. 3. 1939. Seine Aussagen zur jüdischen Flüchtlingshilfe wurden folgendermassen protokolliert: «Die Ansicht ist zu teilen, dass die vom schweizerischen Judentum geleistete Hilfe nicht als eine rechtliche Verpflichtung aufgefasst werden kann. [...] Es ist eine Aufgabe, der sich das Judentum freiwillig unterzogen hat.» O. A.: Prot. DV SIG, Traktandum Flüchtlingshilfe, Zürich, 26. 3. 1939, S. 6, AfZ, IB SIG-Archiv / 30.
21 Mächler, Hilfe und Ohnmacht, 2005, S. 388.
22 Vgl. ebd., 387 f.
23 O. A.: Prot. GV VSIA, Bern, 21. 4. 1940, S. 3, AfZ, IB SIG-Archiv / 2402.
24 Vgl. Mächler, Hilfe und Ohnmacht, 2005, S. 386 f.

Unterstützung und Zusammenarbeit mit Organisationen in der Schweiz, die die jüdische Auswanderung organisierten.[25] Im Spätsommer 1938 wurde ausserdem eine weitere Sammelaktion für die Flüchtlingshilfe eingeleitet. Ein Bericht von Saly Braunschweig demonstriert dabei die rigorose Vorgehensweise der SIG-Vertreter: «Vor 8 Tagen wurde eine kleine Gruppe der kapitalkräftigsten Mitglieder zusammengerufen, im Hause von Dir. Armand Dreyfus. Von 20 Eingeladenen erschienen 12. Referate hielten Saly Mayer, Silvain Guggenheim und der Sprechende. Man trat mit einer bestimmten Forderung an die Herren heran. Der Appell war nicht zwecklos. Sie ergab 12–13 Zeichnungen im Gesamtbetrag von Fr. 245 000.–. Am folgenden Tag kamen noch Fr. 80 000.– dazu [...].»[26]

Zu ähnlichen Sammelaktionen für die Flüchtlingshilfe, die wie die oben beschriebene an Nötigung grenzten, sah sich der SIG auch während der Kriegsjahre und bis in die Nachkriegszeit immer wieder gezwungen. Ein Zeitzeuge, der von Hanna Zweig-Strauss befragt wurde, berichtete, dass Saly Mayer wohlsituierte Bekannte in sein Büro in St. Gallen eingeladen und ihnen unverblümt seine Vorstellungen von ihrer moralischen Verpflichtung dargelegt habe. So habe er innert einer Stunde Zusicherungen für einen Betrag über 400 000 Franken erhalten.[27]

Die Sammelaktionen wurden demgemäss von Repräsentanten aus den oberen Gremien des SIG und den jüdischen Gemeinden durchgeführt. Eine Zeitzeugin erläuterte dazu am Beispiel von Otto H. Heim, dass diese Personen über die entsprechenden Beziehungen zu wohlsituierten jüdischen Schweizerinnen und Schweizern verfügten, denn sie hätten «in diesen Kreisen, die viel Geld hatten, von Kind auf» verkehrt.[28] Die Geldsammlung habe auf diese Weise bisweilen auch eine zwanglose und gar komische Seite gehabt. So habe Heim, wenn er mit der Höhe des gespendeten Betrags nicht zufrieden war, jeweils gesagt: «Ich möchte kein Trinkgeld, ich möchte Geld.»[29] Diese Äusserung habe sich sogar zu einem «Bonmot»[30] von Otto H. Heim entwickelt.

Trotz aller Anstrengungen, die Sammlungstätigkeiten zu verstärken, war sich die Leitung des SIG bewusst, dass die nötigen Summen für die Flüchtlingshilfe nicht allein von Schweizer Jüdinnen und Juden aufgebracht werden konnten. Saly Mayer wandte sich deshalb im Sommer 1938 an den Europadirektor des Joint in Paris und erhielt nach seinem Besuch am 23. August 1938 die Zusicherung, dass der Joint sich an den Finanzierungskosten der jüdischen Flüchtlingshilfe in der Schweiz zu zwei Dritteln beteilige. Vorläufig sollte der

---

25 Vgl. ebd., S. 164.
26 O. A.: Prot. VS ICZ, Zürich, 5. 9. 1938, AfZ, IB ICZ-Archiv / 49.
27 Vgl. Zweig-Strauss, Saly Mayer, 2007, S. 82.
28 Interview mit B. S., S. 3.
29 Ebd.
30 Ebd.

VSIA vom Joint 20 000 Dollar pro Monat erhalten. Die Ausgaben des VSIA beliefen sich 1938 auf 1 633 000 Franken und waren damit im Vergleich zum Vorjahr um das Vierzehnfache gestiegen. Neben 415 000 Franken vom Joint erhielt der VSIA 205 000 Franken von der SZF, der einzige namhafte Betrag von nichtjüdischer Seite.[31] Die Beiträge vom Joint an den VSIA betrugen 1939 rund 2 005 636 Franken und 1940 etwa 744 409 Franken.[32]

5.1.2   Die Kennzeichnung jüdischer Pässe

Seit Herbst 1938 hatte es erste Gerüchte über Verhandlungen der Schweiz mit NS-Deutschland gegeben, die zur Einführung des J-Stempels in den Pässen deutscher Jüdinnen und Juden führten. Dennoch wurden Berichte, dass die Schweiz die Einführung eines «Arierparagrafen»[33] erwäge, von der jüdischen Presse als undenkbar abgetan.[34] Tatsächlich führten die deutschen Behörden den J-Stempel im Oktober 1938 ein.[35]

Über den Anteil, den Schweizer Behörden an der Einführung des J-Stempels hatten, wurde erst nach einem Artikel im «Schweizerischen Beobachter» in der Nachkriegszeit ausführlich diskutiert.[36] Es gilt mittlerweile als belegt, dass die eidgenössische Fremdenpolizei 1938 in erster Linie bemüht war, eine gegenseitige Visumspflicht mit Deutschland zu verhindern. Dennoch war die antisemitische Praxis, die Papiere ausländischer Jüdinnen und Juden zu kennzeichnen, bereits Usus geworden. In einigen Kantonen tauchten bereits 1936 auf Aufenthaltsbewilligungen für jüdische Flüchtlinge J-Stempel auf.[37] Obwohl die Schweizer Behörden auf die Einführung eines «Arierparagrafen» verzichteten, führten sie eine Reihe von Massnahmen ein, die von der Verinnerlichung rassischer Kategorien nach nationalsozialistischem Vorbild zeugen. Die bürgerliche Gleichstellung des Schweizer Judentums wurde damit graduell wieder zurückgenommen. Besonders problematisch war die Gewährung der

---

31   Vgl. Mächler, Hilfe und Ohnmacht, 2005, S. 167 f. Die Ausgaben des VSIA finden sich im Bericht von Silvain S. Guggenheim an die DV des SIG im März 1939. Vgl. Silvain S. Guggenheim: Bericht des VSIA an die DV des SIG, o. O., 26. 3. 1939, AfZ, IB SIG-Archiv / 30.
32   Vgl. zu 1939: Silvain S. Guggenheim: Referat über die Flüchtlingshilfe an die DV des SIG, o. O., 7. 4. 1940, AfZ, IB SIG-Archiv / 2392. Zu den Beiträgen des Joint 1938–1940 vgl. SIG Hilfsaktion: Wissenswertes für unsere Mitarbeiter, o. O., o. D. (vermutlich 1943), AfZ, IB SIG-Archiv / 2417.
33   Der «Arierparagraf» war Teil der von den Nationalsozialisten eingeführten Gesetze im April 1933, die alle Gegnerinnen und Gegner des NS-Regimes und vor allem Jüdinnen und Juden aus ihren Berufen und aus dem öffentlichen Leben verdrängen wollten. Ziel war die «Gleichschaltung» des öffentlichen Dienstes. Vgl. Scriba, Der «Arierparagraph», 2015.
34   Vgl. Mächler, Hilfe und Ohnmacht, 2005, S. 182.
35   Vgl. Jorio, Judenstempel, e-HLS.
36   Vgl. Kapitel 8.4.3.
37   Vgl. Koller, Fluchtort Schweiz, 2018, S. 124, sowie Koller, Der J-Stempel, 1999, S. 371.

Reziprozität, die NS-Deutschland das Recht eingeräumt hätte, bei einer allfälligen Einreise von Schweizer Jüdinnen und Juden nach Deutschland auch die Kennzeichnung von deren Pässen zu verlangen.[38]

Wie reagierten die öffentlichen Repräsentanten des Schweizer Judentums auf die diskriminierende Gesetzgebung, die die bürgerlichen Grundrechte von Jüdinnen und Juden infrage stellte? Die unmittelbaren Reaktionen auf die Kennzeichnung der Pässe blieben in der jüdischen Presse moderat. Im September und Oktober 1938 besuchte Saly Mayer, zum Teil in Begleitung von Silvain S. Guggenheim, mehrmals Heinrich Rothmund in dessen Büro, um über das Abkommen mit NS-Deutschland zu diskutieren. Saly Mayer und Silvain S. Guggenheim nahmen dabei eine vermittelnde Funktion zwischen den Schweizer Behörden und jüdischen Vertretungen im Ausland ein, die die Regelung als Beginn einer Rassengesetzgebung interpretierten. Heinrich Rothmund stellte es in seinen Berichten ebenfalls so dar, als sei Kritik vor allem von ausländischen jüdischen Vertretern geäussert worden. Protokolle des Geschäftsausschusses des SIG zeugen jedoch auch von kritischen Stimmen aus den jüdischen Gemeinden in der Schweiz.[39] Der Gemeindebund blieb aber in seinen Formulierungen zu den diskriminierenden Einreisebestimmungen für jüdische Flüchtlinge äusserst vage. Diese Zurückhaltung war auch auf die Tatsache zurückzuführen, dass der VSIA trotz der Sammelaktionen keine Mittel hatte, weitere Flüchtlinge zu versorgen. Auf Beschluss des Geschäftsausschusses verfasste Saly Mayer am 31. Oktober 1938 dennoch ein Protestschreiben an den Bundesrat. Obwohl der Geschäftsausschuss den ungewohnt scharfen Ton Mayers monierte und beschloss, Georg Guggenheim mit der Umformulierung zu beauftragen, beschloss Saly Mayer eigenmächtig, den Brief anlässlich eines Besuchs bei Max Ruth am 2. November 1938 zu übergeben. Bundesrat Johannes Baumann[40] fand sich zu diesem Treffen ein und versicherte Saly Mayer, gewisse Anpassungen vorzunehmen. Obwohl es zweifelhaft ist, dass die vorgenommenen Erleichterungen für gewisse deutsche Jüdinnen und Juden[41] auf Mayers Intervention zurückzuführen waren, hielt Saly Mayer eine weitere offizielle Eingabe an den Bundesrat für hinfällig. Eine Protestwelle gegen die Kennzeichnung jüdischer Pässe blieb also insgesamt aus.[42]

---

38 Vgl. Mächler, Hilfe und Ohnmacht, 2005, S. 182. Vgl. dazu auch o. A.: Nationalrat Sommersession 1954, Auszug aus dem stenografischen Prot., Bern, 16. 6. 1954, S. 7, www.eda.admin. ch/dam/parl-vor/2nd-world-war/1950-1969/fluechtlingspolitik-obrecht.pdf, 4. 1. 2021.
39 Vgl. Kreis, Die Rückkehr des J-Stempels, 2000, S. 36. Vgl. dazu auch Mächler, Hilfe und Ohnmacht, 2005, S. 184.
40 Bundesrat Johannes Baumann (1874–1953) war zwischen 1934 und 1940 Chef des EJPD. Vgl. Fuchs, Johannes Baumann, e-HLS.
41 Es wurden deutsche Jüdinnen und Juden in westlichen Staaten von der Stempelpflicht befreit, bei denen man davon ausgehen konnte, dass ihre Ausreise aus der Schweiz unmittelbar bevorstand. Wichtiger als die Interventionen des SIG waren wirtschaftliche Faktoren, denn die Hotellerie hatte ebenfalls bei Bundesrat Baumann gegen die Kennzeichnung der Pässe Einspruch erhoben. Vgl. Mächler, Hilfe und Ohnmacht, 2005, S. 188.
42 Vgl. ebd., S. 186–189.

5.1.3 Berichte über die Verfolgung von Jüdinnen und Juden

Die Schweiz wurde während der Kriegsjahre durch verschiedene Quellen über die Vorgänge in NS-Deutschland und in den besetzten Gebieten informiert. Bis 1939 wurden Jüdinnen und Juden öffentlich diskriminiert und verfolgt. Über die Vorgänge nach dem «Anschluss» Österreichs war die schweizerische Öffentlichkeit beispielsweise vollumfänglich informiert. Die Massnahmen, die zu einer vollständigen Vernichtung des europäischen Judentums eingeleitet wurden, wurden vom NS-Regime hingegen geheim gehalten.

Die Schweizer Behörden wurden dennoch über verschiedene Quellen über Massentötungen an der jüdischen Bevölkerung unterrichtet. Das Militär wurde durch die Befragung von Flüchtlingen und deutschen Deserteuren im Februar 1942 auf Massenerschiessungen in Babi Jar und Odessa aufmerksam gemacht.[43] Durch die schweizerische Ärztemission an der Ostfront gelangten ebenfalls Augenzeugenberichte von Massentötungen an der jüdischen Bevölkerung an den Bundesrat. Über die deutsche mediale Berichterstattung war man überdies im Bild über die Rhetorik Hitlers, der aus seinen Plänen der Vernichtung des Judentums kein Geheimnis machte.[44]

Zwei weitere Informationskanäle waren ebenfalls von Bedeutung: die Berichte von schweizerischen Botschaftern und Diplomaten, die im Ausland stationiert waren, und die Informationen, die über den World Jewish Congress (WJC)[45] in Genf an die Öffentlichkeit gelangten.

Nach Kriegsbeginn wurde das Eidgenössische Politische Departement (EPD) in Bern über seine diplomatischen und konsularischen Vertretungen im Ausland über die Judenverfolgungen unterrichtet.[46] In Deutschland wurden die Berichte der konsularischen Vertretungen zunächst an die schweizerische Gesandtschaft in Berlin geschickt und von dort aus ans EPD weitergeleitet.[47] Mit Hans Frölicher, der als Nachfolger von Paul Dinichert seit 1938 das Amt des Gesandten der Schweiz in Berlin bekleidete, wurde diese Position durch eine Person besetzt, die dem Nationalsozialismus positiv zugewandt war.[48] Ab Ende 1940 schickte Franz Rudolf von Weiss, der als Konsul in Köln tätig war, detaillierte Berichte an Hans Frölicher über die «Euthanasie»[49] geistig Behinderter und ab 1941 über die Deportation der

---

43 Vgl. UEK, Schlussbericht, 2002, S. 122. Vgl. auch Haas, Wenn man gewusst hätte, 1994, S. 107 f.
44 Vgl. UEK, Schlussbericht, 2002, S. 121 f.
45 Vgl. Kapitel 7.8.
46 Vgl. o. A.: Geschichte des EDA, Eidgenössisches Departement für auswärtige Angelegenheiten EDA, 27. 11. 2017, www.eda.admin.ch/eda/de/home/das-eda/geschichte-des-eda.html, 18. 9. 2019.
47 Vgl. Haas, Wenn man gewusst hätte, 1994, S. 65.
48 Vgl. Perrenoud, Hans Frölicher, e-HLS.
49 Euthanasie bedeutete im Zusammenhang mit der nationalsozialistischen Ideologie die Tötung von Personen, deren Leben als unwert und überflüssig betrachtet wurde. 1933 erliess die

Kölner Jüdinnen und Juden. Frölicher informierte das EPD und den Bundesrat über diese Nachrichten.⁵⁰

Berichte über Massenmorde an Jüdinnen und Juden gelangten auch über René de Weck, Gesandter der Schweiz für Rumänien und Griechenland mit Sitz in Bukarest, an den Bundesrat. De Weck informierte Bundesrat Marcel Pilet-Golaz, der seit März 1940 als Nachfolger von Giuseppe Motta die Leitung des EPD übernommen hatte,⁵¹ im Juli 1941 über das Pogrom von Iași.⁵² De Weck berichtete regelmässig über die Judenvernichtung in Rumänien nach Bern. Über mögliche Reaktionen des Bundesrates schrieb René de Weck am 29. November 1941 desillusioniert: «J'en [violences inhumaines, déportations, exécutions et massacres] tiens notre gouvernement aussi exactement informé qu'il m'est possible, mais je ne puis guère espérer, dans les circonstances actuelles, qu'il élève une protestation officielle.»⁵³

Im Dezember 1941 berichtete de Weck von einem Massaker an der jüdischen Bevölkerung von Odessa, das sich nach dem Einmarsch rumänischer Truppen Mitte Oktober 1941 zugetragen hatte.⁵⁴ Die Berichte wurden ihm über Industrielle und Geschäftsleute zugetragen, die Kontakte zu deutschen Offizieren pflegten. Das EPD reagierte nicht auf diese Informationen.⁵⁵

Auch Schweizer Konsuln, die an anderen Orten wie Belgrad oder Zagreb stationiert waren, berichteten über die Verfolgung und Ermordung der jüdischen Bevölkerung. Ihre Berichterstattung zeugte aber vor allem von Desinteresse oder gar Sympathie für die faschistischen Regierungen.⁵⁶ Das EPD reagierte auf die Berichterstattung der Konsuln kaum und legte die Nachrichten kommentarlos zu den Akten.⁵⁷ Das Departement versuchte seit Oktober

---

NSDAP mit dem Gesetz zur Verhütung erbkranken Nachwuchses erste Massnahmen, die von eugenischen Vorstellungen geprägt waren. Zunächst wurden Personen mit bestimmten Krankheitsbildern wie zum Beispiel Schizophrenie, angeborener Blind- oder Taubheit zwangssterilisiert. Ab 1939 wurde geplant, diese Menschen gezielt zu töten. Unter dem Decknamen «Aktion T4» wurden zwischen Kriegsbeginn und August 1941 rund 70 000 Patientinnen und Patienten, die als geisteskrank eingestuft worden waren, ermordet. Vgl. Friedländer, Das Dritte Reich und die Juden, 2008, S. 52, 229, 394 f.

50 Vgl. Haas, Wenn man gewusst hätte, 1994, S. 65–70. Zu Franz Rudolf von Weiss vgl. Perrenoud, Franz Rudolf von Weiss, e-HLS.
51 Vgl. Favez, Marcel Pilet-Golaz, e-HLS.
52 Vgl. Haas, Wenn man gewusst hätte, 1994, S. 75–79. Zu René de Weck vgl. Hubler, René de Weck, e-HLS. In Iași wurden ab dem 26. 6. 1941 Tausende von Jüdinnen und Juden von rumänischen und deutschen Abwehroffizieren und einheimischen Polizeieinheiten ermordet. Vgl. Friedländer, Das Dritte Reich, 2008, S. 607.
53 René de Weck: Schreiben an J. Chenevière (IKRK), Bukarest, 29. 11. 1941, Diplomatische Dokumente der Schweiz, https://dodis.ch/47314, 18. 9. 2019.
54 Vgl. Friedländer, Das Dritte Reich, 2008, S. 608.
55 Vgl. Haas, Wenn man gewusst hätte, 1994, S. 82–85.
56 Vgl. ebd., S. 94–97.
57 Vgl. ebd., S. 66, 68, 71.

1941 auch, Presseberichte über die Kriegsverbrechen von NS-Deutschland in der Schweiz zu unterbinden.[58]

Im Sommer 1942 wurden jüdische Kreise in der Schweiz über den an der Wannseekonferenz gefassten Plan zur systematischen Vernichtung des europäischen Judentums unterrichtet. Die Nachricht gelangte auf zwei verschiedenen Wegen an Benjamin Sagalowitz, den Leiter der Jüdischen Nachrichtenagentur (JUNA) seit 1938,[59] einerseits über den Basler Professor Edgar Salin, der von einem befreundeten Oberstleutnant der Wehrmacht informiert worden war, andererseits über den deutschen Industriellen Eduard Schulte.[60]

Die JUNA war 1936 anstelle der «Aktion»[61] vom SIG eingesetzt worden und diente als Informationsforum des SIG. Die Zusammenarbeit zwischen der Leitung des SIG und der JUNA gestaltete sich allerdings schwierig, da Sagalowitz die Beziehung zwischen SIG und schweizerischen Behörden hinterfragte und die Politik des SIG im Allgemeinen kritisierte. Georg Guggenheim konnte als direkter Vorgesetzter von Sagalowitz dessen von Saly Mayer und Saly Braunschweig geplante Entlassung verhindern, gleichzeitig war die Auseinandersetzung zwischen dem SIG und der JUNA symptomatisch für die politischen Grabenkämpfe, die innerhalb des SIG wüteten.[62]

Am 1. August 1942 trafen sich Benjamin Sagalowitz und Gerhart M. Riegner, Leiter des Genfer Büros des WJC, die in regelmässigem Kontakt standen. Sagalowitz unterrichtete Riegner über den Bericht von Schulte. Gemeinsam beschlossen sie in Absprache mit Paul Guggenheim,[63] die Alliierten und den WJC in New York zu informieren.[64] Am 13. August entwarf Sagalowitz einen Brief an Georg Guggenheim, in dem er die Berichte, die er erhalten hatte, schilderte. Dieses Schreiben sandte er jedoch nicht ab, sodass der SIG erst einige Tage später durch einen polnischen Informanten, der mit Julius Kühl in Kontakt getreten war, benachrichtigt wurde. Der Gemeindebund wurde Mitte

---

58 Vgl. ebd., S. 73 f.
59 Benjamin Sagalowitz wurde 1901 in Witebsk (heute Weissrussland) geboren. 1914 liess er sich in der Schweiz nieder. Er war als Redaktor für verschiedene jüdische Zeitschriften in der Schweiz tätig. Zwischen 1938 und 1964 leitete er die JUNA als Pressestelle des SIG. In der Nachkriegszeit wurde er als Berichterstatter Zeuge der Nürnberger Nachfolgeprozesse und des Eichmann-Prozesses. Benjamin Sagalowitz starb 1970 in Zürich. Vgl. Huser, Benjamin Sagalowitz, e-HLS.
60 Vgl. Haas, Wenn man gewusst hätte, 1994, S. 182–185.
61 Vgl. Kapitel 3.2.2.
62 Vgl. Mächler, Hilfe und Ohnmacht, 2005, S. 252–256.
63 Paul Guggenheim (1899–1977), der Bruder von Georg Guggenheim, war nach einem Studium des Rechts in Genf tätig. Ab 1941 war er Professor am Institut universitaire de hautes études internationales. 1955 übernahm er den Lehrstuhl für internationales öffentliches Recht an der Universität Genf. Er war neben seinen Tätigkeiten an der Universität unter anderem an internationalen Gerichten tätig. Vgl. Haggenmacher, Paul Guggenheim, e-HLS.
64 Vgl. Haas, Wenn man gewusst hätte, 1994, S. 188.

August 1942 und damit vergleichsweise früh über die Vernichtungslager der Nationalsozialisten informiert.[65]

5.1.4 Die Schliessung der Grenze am 13. August 1942

Zwischen dem 10. Mai und dem 25. Juni 1940 besetzte die deutsche Wehrmacht Belgien, die Niederlande und Luxemburg. Frankreich musste sich ebenfalls militärisch geschlagen geben und unterbreitete Deutschland ein Waffenstillstandsangebot, das am 22. Juni 1940 unterzeichnet wurde.[66] In den besetzten Gebieten wurden infolgedessen kontinuierlich antisemitische Gesetzgebungen eingeführt. Ab Frühling 1942 wurden in Belgien, Holland und im besetzten Teil von Frankreich Jüdinnen und Juden verhaftet, in Sammellager gebracht und in Vernichtungslager in Polen deportiert.[67] Ab Juni 1942 nahm die Zahl illegaler Einreisen von Jüdinnen und Juden aus den Niederlanden und Belgien in die Schweiz daher stark zu. Den Schweizer Behörden war bewusst, dass den Flüchtlingen bei einer Rückweisung der Tod drohte, auch wenn sie im Juli 1942 noch keine Details über den Plan zur systematischen Vernichtung des europäischen Judentums kannten.[68] In Absprache mit Heinrich Rothmund beschloss das EJPD am 13. August 1942 die ausnahmslose Rückweisung von «Flüchtlinge[n] nur aus Rassegründen, z. B. Juden».[69] Diese Flüchtlinge seien nicht als politische Flüchtlinge zu betrachten, obwohl Rothmund am 30. Juli in einem Schreiben an Bundesrat Eduard von Steiger[70] darauf aufmerksam gemacht hatte, dass den Flüchtlingen «Gefahr für Leib und Leben»[71] drohe. In den darauffolgenden Tagen erfuhr die Schweizer Öffentlichkeit sukzessive vom Inhalt der Weisung vom 13. August.[72] Die Schweizer Presse nahm die Nachricht auf und viele Schweizer Zeitungen protestierten gegen die Rückweisungsmassnahmen.[73]

Die Verschärfung der Abweisungspolitik durch die rigorose Grenzsperre sollte eine Verschlechterung des Verhältnisses zwischen dem SIG und den Schweizer Behörden zur Folge haben. Im SIG regte sich Widerstand gegen die

---

65 Vgl. Mächler, Hilfe und Ohnmacht, 2005, S. 287–290.
66 Vgl. Scriba, Die deutsche Westoffensive 1940, 2015.
67 Vgl. UEK, Die Schweiz und die Flüchtlinge, 2001, S. 107.
68 Vgl. ebd., S. 92.
69 O. A.: Kreisschreiben der Polizeiabt., o. O., 13. 8. 1942, zitiert nach UEK, Schlussbericht, 2002, S. 116.
70 Eduard von Steiger (1881–1962) war zwischen 1941 und 1951 Chef des EJPD. Er war Verfechter einer restriktiven Flüchtlingspolitik und prägte durch eine Rede im Jahr 1942 die Metapher vom «stark besetzten Rettungsboot». Vgl. Zürcher, Eduard von Steiger, e-HLS.
71 Bundesrätliche Verfügung, o. O., 29. 7.–4. 8. 1942, zitiert nach UEK, Schlussbericht, 2002, S. 116.
72 Vgl. Mächler, Hilfe und Ohnmacht, 2005, S. 300–305.
73 Vgl. ebd., S. 316.

Kooperationspolitik, der schliesslich in eine Reorganisation des SIG und die Demission des Präsidenten Saly Mayer münden sollte.

Im Protokoll der Vorstandssitzung der IGB vom 17. August 1942 wurde festgehalten, dass alles versucht werden müsse, damit die Flüchtlinge aus Holland und Belgien in der Schweiz Asyl erhielten. Vorstandsmitglied und Jurist Marcus Cohn setzte sich dezidiert dafür ein, dass die jüdischen Flüchtlinge in der Schweiz aufgenommen würden, denn sie seien als politische Flüchtlinge zu betrachten. Unterstützt vom Präsidenten der IGB, Alfred Goetschel, und Silvain S. Guggenheim, wiederholte Marcus Cohn in einer gemeinsamen Sitzung zwischen dem CC des SIG und Heinrich Rothmund sein Postulat, den jüdischen Flüchtlingen sei in der Schweiz Asyl zu gewähren.[74]

Besagte Sitzung fand am 20. August 1942 in Bern statt. Da Saly Mayer die Mitglieder des CC vorab nicht über Rothmunds Anwesenheit informiert hatte, befanden sich viele in den Ferien, darunter auch Personen, die sich häufig kritisch zur Politik des SIG geäussert hatten, wie zum Beispiel Georg Guggenheim.[75] Im Anschluss an Heinrich Rothmunds Erläuterungen zur Grenzschliessung hielt Saly Braunschweig ein eindringliches Referat, in dem er auf die Verhaftung und Deportation von Tausenden von Jüdinnen und Juden jeder Altersstufe aufmerksam machte und an die humanitäre Tradition der Schweiz erinnerte. Silvain S. Guggenheim nahm in seiner Ansprache ebenfalls Abstand vom Verfahren der Rückweisung und informierte Heinrich Rothmund darüber, dass er und seine Mitarbeitenden es nicht mehr mit ihrem Gewissen vereinbaren könnten, die illegal Eingereisten bei der Polizei anzumelden, wie es bisher Usus gewesen war. Dies ist insofern bemerkenswert, als der VSIA in einem von Saly Mayer redigierten Rundschreiben[76] vom 12. August 1942 seine Komitees noch explizit aufgefordert hatte, jüdische Flüchtlinge, die sich nicht selbst bei den Grenzstellen gemeldet hätten, «aus Gründen der allgemeinen Schweizerischen Sicherheit und auch um die Flüchtlinge vor Unannehmlichkeiten zu bewahren, [...] unvorzüglich [sic] der zuständigen Polizeibehörde zu melden».[77]

Der Inhalt des Schreibens impliziert, dass viele Komitees bereits vor der Sitzung des CC am 20. August davon abgesehen hatten, die örtlichen Behörden zeitnah über die Ankunft von Flüchtlingen zu informieren.

Heinrich Rothmund beharrte trotz der eindringlichen Voten der CC-Mitglieder auf dem Standpunkt, dass den zurückgewiesenen Flüchtlingen keine tödliche Gefahr drohe, und verliess die Versammlung, ohne dem CC Zugeständnisse zu machen. Das CC konnte sich nicht dazu entschliessen, öffentlich gegen die Weisungen zu protestieren. Der Gang an die Öffent-

---

74 Vgl. Häne, Wir arbeiten täglich bis Mitternacht, 2016, S. 11.
75 Vgl. Mächler, Hilfe und Ohnmacht, 2005, S. 314.
76 Vgl. Zweig-Strauss, Saly Mayer, 2007, S. 168.
77 VSIA: Rundschreiben Nr. 235, Zürich, 12. 8. 1942, AfZ, IB SIG-Archiv / 2411.

lichkeit wurde CC-Mitglied Georges Brunschvig[78] als Privatperson und Paul Dreyfus-de Gunzburg als Nichtmitglied des CC überlassen. Die Schweizer Presse schreckte die Öffentlichkeit gleichzeitig mit Berichten über Flüchtlingsschicksale auf.[79] Durch die öffentliche Kritik sah sich das EJPD veranlasst, die Weisung vom 13. August etwas abzuschwächen. Laut einer neuen Weisung vom 26. September 1942 sollte einerseits von Ausweisungen von Flüchtlingen abgesehen werden, die das Landesinnere erreicht hatten, andererseits wurden einige Ausnahmen definiert, die Grenzwächter dazu anhalten sollten, Kranke, Schwangere, Flüchtlinge mit Kindern unter 16 Jahren und alte Menschen über 65 Jahren in die Schweiz einreisen zu lassen. Französische Jüdinnen und Juden sollten jedoch ausnahmslos zurückgewiesen werden, da sie nicht als im Heimatland gefährdet betrachtet wurden.[80] Die neue Weisung wurde bereits am 29. Dezember wieder verschärft, behielt aber im Wesentlichen bis 1944 Gültigkeit.[81]

5.2 Innerjüdische Spannungen während der Kriegsjahre

5.2.1 Forderung nach Homogenität des Schweizer Judentums

Der seit den 1930er-Jahren zunehmende Ruf nach innerjüdischer Einigkeit hatte Auswirkungen auf die Wahrnehmung jüdischer Identität in der Schweiz gegen innen und aussen. Der SIG leitete verschiedene Massnahmen ein, um jüdische Homogenität zu suggerieren und den Patriotismus der jüdischen Bevölkerung herauszustreichen.

Gegen aussen lassen sich folgende Faktoren beobachten: Exklusivitätsanspruch des SIG in der Vertretung jüdischer Interessen gegenüber den Behörden und der Öffentlichkeit, Kooperation mit den Schweizer Behörden, Betonung des eigenen Patriotismus und die unkommentierte Annahme der von der Schweiz auferlegten Verpflichtung, für Unterhalt und Weiterreise jüdischer Flüchtlinge zu sorgen.

Gegen innen wurden folgende Massnahmen ergriffen: innere Disziplinierung durch eigens dafür eingerichtete Stellen, Schliessung der «eigenen

---

78 Georges Brunschvig (1908–1973) war ein bekannter Anwalt. 1933–1935 war er am Berner Prozess gegen die «Protokolle der Weisen von Zion» beteiligt, ab 1943 verteidigte er David Frankfurter (1909–1982), der 1936 den Landesleiter der NSDAP in der Schweiz, Wilhelm Gustloff, ermordet hatte. Brunschvig war 1940–1948 Präsident der Jüdischen Gemeinde Bern. Ab 1943 war er Mitglied der Geschäftsleitung des SIG, dessen Präsidentschaft er zwischen 1946 und 1973 übernahm. Vgl. Einhaus, Für Recht und Würde, 2016, S. 10 f., und Einhaus, Georges Brunschvig, 2014, S. 399–403. Zu David Frankfurter vgl. Bossert, David Frankfurter, 2019.
79 Vgl. Mächler, Hilfe und Ohnmacht, 2005, S. 314–316.
80 Vgl. Koller, Fluchtort Schweiz, 2018, S. 38–40.
81 Vgl. ebd., S. 40 f.

Reihen»,[82] Appell an alle Jüdinnen und Juden in der Schweiz, sich einer jüdischen Gemeinde anzuschliessen, Kontrolle der Flüchtlinge, sozialer Druck auf wohlsituierte Schweizer Jüdinnen und Juden (auch ausserhalb jüdischer Gemeinden), sich am jüdischen Flüchtlingswerk finanziell zu beteiligen, und Forderung nach einer finanziellen Beteiligung jüdischer Flüchtlinge am schweizerisch-jüdischen Flüchtlingswerk.

Die Kooperation mit den Behörden gehörte zum politischen Selbstverständnis des SIG und hatte bei der Übernahme der Präsidentschaft durch Saly Mayer bereits Tradition.[83] Die Zusammenarbeit mit der Regierung ist nicht als spezifisch schweizerisch-jüdisch zu betrachten, denn im internationalen Kontext der westlichen Welt herrschte ein ähnliches Verhältnis zwischen Staaten und jüdischen Gemeindevertretern.[84] In voremanzipatorischer Zeit war es üblich gewesen, dass vor allem vermögende Juden gegen die Bezahlung eines gewissen Betrags direkt dem Schutz der jeweiligen Herrscher unterstellt wurden. Der Automatismus, sich bei einer Bedrohungslage direkt an die obersten Behörden zu wenden, dürfte daher ein internalisiertes Verhalten widerspiegeln.[85]

Auch die Betonung des eigenen Patriotismus und der damit verbundenen Loyalität gegenüber dem Nationalstaat lässt sich in vielen europäischen Ländern beobachten und sollte den Vorwurf der «doppelten Loyalität» entkräften.[86] Als Beispiel dafür ist der Stellenwert des Militärdienstes zu sehen. Erst durch die Anerkennung staatsbürgerlicher Rechte wurde es Juden erlaubt, für ihr Land Militärdienst zu leisten. In Deutschland erhielten viele jüdische Frontsoldaten im Ersten Weltkrieg das Eiserne Kreuz als Auszeichnung für ihre Dienste für das Vaterland. Obwohl sich gerade in der Judenzählung der wehrpflichtigen jüdischen Soldaten in Deutschland während des Ersten Weltkriegs bereits antisemitische Elemente manifestierten, konnten viele deutsche Jüdinnen und Juden auch angesichts der sukzessiven Entrechtung nach der Machtergreifung der Nationalsozialisten in Deutschland nicht glauben, dass sie stigmatisiert wurden.[87] In der Schweiz war der Aktivdienst ebenfalls ein wichtiges Element im Erzählen

---

82 Vgl. Kapitel 3.2.2 sowie Anm. 97, S. 54.
83 Vgl. Zweig-Strauss, Saly Mayer, 2007, S. 49. Zweig-Strauss verweist auf die Kooperation von Mayers Vorgänger Jules Dreyfus-Brodsky mit den Schweizer Behörden in der Bekämpfung des Antisemitismus in den 1920er-Jahren.
84 Vgl. ebd., S. 25–28.
85 Vgl. ebd., S. 49 f.
86 Vgl. ebd., S. 25. Unter «doppelter Loyalität» ist in diesem Zusammenhang die Loyalität gegenüber dem Nationalstaat und der jüdischen Solidarität zu verstehen.
87 Zur Bedeutung des Militärdienstes für deutsche Juden im Ersten Weltkrieg vgl. zum Beispiel Brenner, Kleine jüdische Geschichte, 2008, S. 272 f. Amira Gezow erzählte, dass ihr Vater noch 1940, als Familie Siesel nach Gurs deportiert wurde, nicht glauben konnte, dass man ihn als Jude verfolge. Vgl. Interview mit Amira Gezow, S. 4 f. Zur Geschichte der Familie Siesel vgl. Kapitel 6.1.

über den Ersten und Zweiten Weltkrieg.[88] Im Geschäftsbericht der ICZ 1940 schrieb Saly Braunschweig beispielsweise zum Thema Generalmobilmachung der Schweizer Armee: «Seit dem 10. Mai, als dem Tage, an dem die gesamte Armee remobilisiert wurde, steht auch der jüdische Soldat in Reih' und Glied mit seinen Mitbürgern zur Verteidigung der Heimat bereit.»[89]

Es ist darauf hinzuweisen, dass die meisten Schweizer Jüdinnen und Juden in den 1930er-Jahren den Vergleich mit dem deutschen Judentum wohl scharf abgelehnt hätten, denn in ihren Augen war die Lage in der Schweiz nicht mit der politischen Situation in Deutschland vergleichbar. Schweizerischer Antisemitismus wurde häufig als ausländisches Exportgut deutscher Herkunft verstanden. Noëmi Sibold wies in ihrer Lizenziatsarbeit über die Flüchtlingshilfe der IGB anhand des Beispiels des Gemeindepräsidenten Alfred Goetschel darauf hin, dass den deutschen Jüdinnen und Juden sogar eine gewisse Teilschuld an ihrer Situation gegeben wurde.[90] Damit versuchte Goetschel einerseits, eine gewisse Distanz zum deutschen Judentum herzustellen, um die Option, dass etwas Ähnliches sich auch in der Schweiz abspielen könnte, auszuschliessen. Andererseits sollten die Schweizer Jüdinnen und Juden angehalten werden, sich unauffällig zu verhalten, und im Rahmen der Anpassung an ihr Umfeld andere Berufe als diejenigen, die mit Textilhandel und kaufmännischen Tätigkeiten im Allgemeinen in Verbindung standen, erlernen.[91] Jüdische Flüchtlinge in der Schweiz wurden im Rahmen von beruflichen Umschulungen handwerklichen und landwirtschaftlichen Berufen zugeführt. An diesen Bestrebungen beteiligte sich auch der Bund, da mögliche Auswanderungsländer für jüdische Flüchtlinge vor allem auf der Suche nach Handwerkern und Landwirten waren.[92]

Flüchtlinge wurden neben dem schweizweit geltenden Arbeitsverbot durch weitere Regelungen in ihrer Bewegungsfreiheit eingeschränkt. Es wurde eine Ausgangsbeschränkung beschlossen sowie das Verbot, einige öffentliche Plätze wie zum Beispiel den Bahnhof und bestimmte Restaurants zu betreten. Das

---

88 Vgl. zum Ersten Weltkrieg zum Beispiel den Umgang mit den Erlebnissen aus dem Aktivdienst von Hugo Wyler. Vgl. Keller, Bürger und Juden, S. 178. Der Stellenwert der Wehrpflicht im Spiegel der jüdischen Presse in der Schweiz wurde von Marlen Oehler Brunnschweiler untersucht und unter den Begriff «Topos der Opferbereitschaft für das Vaterland» subsumiert. Vgl. Oehler Brunnschweiler, Schweizer Judentümer, 2013, S. 277, 283–286. In den Interviews mit Walter Heim und Fred Guggenheim wurde der Aktivdienst als wichtiges Motiv für die Generation ihrer Eltern genannt. Vgl. Interview mit Walter Heim, S. 10, 50, 58, sowie Interview mit Fred Guggenheim, S. 1 f.
89 O. A.: 78. GB ICZ, Zürich, April 1941, S. 3, AfZ, IB ICZ-Archiv / 217.
90 Vgl. Sibold, Mit den Emigranten, 2002, S. 72 f.
91 Vgl. ebd., S. 73 f. Die Forderung nach einer Berufsumschichtung für Juden tauchte seit den 1930er-Jahren häufig in der jüdischen Propaganda als Reaktion gegen die antisemitischen Stereotype von Jüdinnen und Juden als Kapitalistinnen und Kapitalisten (zum Beispiel Warenhausbesitzer) auf.
92 Vgl. Picard, Die Schweiz und die Juden, 1994, S. 330.

Lokalkomitee der Fürsorge der IGB wurde in den Entscheidungsprozess über die Verhaltensregelungen für Flüchtlinge mit einbezogen. Man wollte vermeiden, dass Flüchtlinge der Stadtbevölkerung negativ auffielen, in der Annahme, dass durch in den Augen der schweizerischen Öffentlichkeit nichtkonformes Verhalten eine antisemitische Reaktion hervorgerufen werde. Der VSIA empfahl seinen Komitees solche Vermeidungsstrategien, und die Behörden versuchten, den Kontakt zwischen der Bevölkerung und den Flüchtlingen auf ein Minimum zu reduzieren.[93]

Die Forderung, dass vermögende jüdische Flüchtlinge sich an der Finanzierung des Flüchtlingswerkes beteiligen sollen, wurde im Laufe der 1930er-Jahre lauter. Durch die desolate finanzielle Lage verschärfte sich der Umgangston an den Gemeindeversammlungen, und wiederholt wurde der SIG aufgefordert, wohlsituierte Flüchtlinge und jüdische Unternehmer ausserhalb jüdischer Gemeinden zur Kasse zu bitten.[94] Die Rhetorik der Delegierten des SIG war dabei geprägt vom Aufruf zur Einheit. Dazu wurde beispielsweise Paul M. Blums Äusserung in der DV vom 26. März 1939 festgehalten: «Im Jahre 1939 müssen Alle mitmachen; es dürfe keine Deserteure mehr geben. Das Central-Comité soll prüfen, wie man Widerstrebende zwingen könne, […] damit Alle ihre Pflicht erfüllen, wenn nötig auf Grund von Sanktionen.»[95]

Jüdische Flüchtlinge, die nicht völlig mittellos in die Schweiz gekommen waren, wurden ab März 1941 von der Schweizer Regierung zu einer «Solidaritätsabgabe» zugunsten der Flüchtlingshilfe verpflichtet.[96] Betroffen waren besonders Flüchtlinge, die vor 1938 in die Schweiz gekommen waren und unter die Kategorie «Emigranten» fielen.[97] Die Fremdenpolizei hatte durch einen Bundesratsbeschluss vom 17. Oktober 1939 die Möglichkeit, als Bedingung für die Gewährung einer Toleranzbewilligung die finanzielle Mitbeteiligung wohlhabender Flüchtlinge an den Flüchtlingswerken zu verlangen.[98] De facto betraf die «Solidaritätsabgabe» hauptsächlich jüdische Menschen, das Geld kam aber allen Hilfswerken zugute. Die Strategie, Geld von jüdischen Flüchtlingen einzutreiben, ging also für SIG und VSIA nicht auf.[99]

Die Forderung, dass vermögende Flüchtlinge sich am Flüchtlingshilfswerk beteiligen sollen, war auch darauf zurückzuführen, dass eine stetig abnehmende Zahl von wohlsituierten jüdischen Schweizerinnen und Schweizern für immer mehr Flüchtlinge finanziell aufzukommen hatte. Eine grosse Zahl

---

93 Vgl. Sibold, Mit den Emigranten, 2002, S. 76–84.
94 Vgl. Mächler, Hilfe und Ohnmacht, 2005, S. 249.
95 O. A.: Prot. DV SIG, Zürich, 26. 3. 1939, S. 8, AfZ, IB SIG-Archiv / 30.
96 Vgl. Mächler, Hilfe und Ohnmacht, 2005, S. 250.
97 Im November 1943 wurde die finanzielle Verpflichtung auch auf Flüchtlinge übertragen, die nach dem 1. 8. 1942 in die Schweiz gekommen waren. Vgl. UEK, Die Schweiz und die Flüchtlinge, 2001, S. 238.
98 Vgl. ebd., S. 237.
99 Vgl. Mächler, Hilfe und Ohnmacht, 2005, S. 249–251.

finanzstarker jüdischer Schweizerinnen und Schweizer verliess angesichts der Bedrohungslage ab Herbst 1938 die Schweiz in Richtung Übersee. Betroffen von dieser Emigrationsbewegung war vor allem die ICZ, die bis Ende 1940 bereits ein Drittel der finanzstärksten Gemeindemitglieder verloren hatte,[100] aber auch andere jüdische Gemeinden kämpften mit dem Verlust von Mitgliedern. Der VSIA musste infolgedessen auf den Eingang von Spendengeldern von diesen Personen weitgehend verzichten, woraufhin die Zürcher Regierung sogar die Möglichkeit einer Bundesfluchtsteuer in Erwägung zog, da die Behörden befürchteten, dass das jüdische Flüchtlingshilfswerk sonst in absehbarer Zeit staatlich unterstützt werden müsste.[101]

Die grösseren jüdischen Gemeinden in der Schweiz verstanden sich als Einheitsgemeinden[102] und waren bemüht, verschiedene religiöse und weltanschauliche Strömungen unter sich zu vereinen. Diese Aufgabe erwies sich schon zu Friedenszeiten als schwierig und unter dem Druck von aussen kam es zunehmend zu Auseinandersetzungen in den jüdischen Gemeinden. Diffuse Probleme im Bemühen, einen Konsens zu finden, wurden in die Gremien des SIG hineingetragen und verstärkt.

5.2.2 Auseinandersetzung zwischen dem Vorstand der ICZ und Rabbiner Zwi Taubes im Mai 1940

Im Frühjahr 1940 kam es im ICZ zu Auseinandersetzungen zwischen dem Vorstand und Rabbiner Zwi Taubes. Taubes stammte aus Wien und hatte das Amt des Rabbiners der ICZ seit 1936 inne. Er hatte die Stelle von Martin Littmann übernommen, der nach 44-jähriger Amtszeit abgetreten war.[103] Martin Littmann, der als charismatische Persönlichkeit galt,[104] hatte sich während seiner Amtszeit besonders durch sein Engagement im Fürsorgewesen hervorgetan.[105] Martin Littmann war auch nach seinem Rücktritt als Rabbiner aktiv in der lokalen Fürsorge der ICZ tätig. Georges Bloch bemerkte dazu in einer Vorstandssitzung der ICZ am 5. September 1938: «Für die lokale Fürsorge ist nun eine besondere Sprechstunde eingerichtet worden, die von Frau Silberstein,

---

100 In einer Sitzung des Zürcher Regierungsrates am 21.11.1940 wurde festgestellt, dass ein Drittel der finanzkräftigsten jüdischen Zürcherinnen und Zürcher ausgewandert war. Vgl. Brunschwig/Heinrichs/Huser, Geschichte der Juden, 2005, S. 361.
101 Vgl. Mächler, Hilfe und Ohnmacht, 2005, S. 242.
102 Dazu sind unter anderem folgende Gemeinden zu zählen: die ICZ, die IGB, die Communauté Israélite de Genève (CIG), die Jüdische Gemeinde Bern (JGB) und die Jüdische Gemeinde St. Gallen (JGSG). Vgl. von Cranach, Judentum nach 1945, e-HLS.
103 Vgl. Brunschwig/Heinrichs/Huser, Geschichte der Juden im Kanton Zürich, 2005, S. 333.
104 Vgl. Edwin Guggenheim: Zum Rücktritt von Rabbiner Dr. Martin Littmann, in: IW 35 (1936), S. 5, sowie Brunschwig/Heinrichs/Huser, Geschichte der Juden im Kanton Zürich, 2005, S. 333.
105 Vgl. o. A.: 74. GB ICZ, Zürich, März 1937, S. 4 f., AfZ, IB ICZ-Archiv / 217.

Frau Berty Guggenheim, Rabb. Dr. Littmann und dem Sprechenden oder O. Heim in seiner Vertretung übernommen wurde.»[106]

Für die Fürsorge der ICZ, die, wie bereits dargelegt, nicht genügend Personal rekrutieren konnte und überdies viele Mitarbeitende an die Flüchtlingshilfe Zürich und den VSIA abgegeben hatte, war das ununterbrochene freiwillige Engagement von Martin Littmann ein Gewinn, verfügte er doch über langjährige Erfahrungen in der Wohltätigkeitsarbeit. Für Rabbiner Taubes hingegen dürfte sich damit die Aufgabe, als Ansprechperson von bedürftigen Gemeindemitgliedern wahrgenommen zu werden, erschwert haben.

In den Protokollen der Vorstandssitzungen der ICZ werden bereits 1939 Unstimmigkeiten in der Zusammenarbeit zwischen der Flüchtlingshilfe und Rabbiner Taubes bemerkbar. Im Mai 1939 äusserten Maurice Braunschweig-Schwab und Gemeindepräsident Saly Braunschweig unter Traktandum 5 «Regelung des Beamtendienstes» ihr Missfallen darüber, dass sie sich genötigt sähen, ein neues Pflichtenheft, das die Aufgaben der Beamten genau definieren sollte, herauszugeben.[107] In den Augen des Vorstandes war diese Massnahme ein Armutszeugnis. Der Präsident störte sich insbesondere daran, dass der Rabbiner «an Beerdigungen von Flüchtlingen keine deutsche Abdankung halte»,[108] fand es aber im Allgemeinen «ungeheuerlich, Dinge in ein Pflichtenheft zu schreiben, die Beamte aus Pflichtgefühl und Anstand von selbst erfüllen sollten».[109]

Anlass zur Klage hatte auch das Fernbleiben des Rabbiners und seiner Vorbeter vom Morgengottesdienst gegeben. Otto H. Heim verteidigte in dieser Hinsicht den Lehrer und Vorbeter David Strumpf,[110] der viel Arbeit für die Flüchtlingshilfe geleistet habe. Heims Äusserungen über Rabbiner Taubes wurden hingegen so festgehalten: «Dr. Taubes sei laut Vertrag und Pflichtenheft ebenfalls zur Fürsorgetätigkeit verpflichtet, an den Sitzungen nehme er teil, für Recherchen oder Besuche von Armen existiere er aber nicht. Er habe auch keine Schulung dafür. [...] Dr. Littmann leiste in der lokalen Fürsorge unschätzbare Dienste. Die Armen gehen alle zu ihm, die Wenigsten zu Dr. Taubes.»[111]

Das Votum von Otto H. Heim weist darauf hin, dass viele Gemeindemitglieder sich mit ihren Problemen immer noch an Littmann wandten, der über die Jahre ein Vertrauensverhältnis zu ihnen aufgebaut hatte. An seiner Arbeit wurde nun die von Taubes gemessen, der, so scheint es, den Erwartungen nicht gerecht wurde. In die gleiche Richtung deutet die Äusserung von Vorstands-

---

106 O. A.: Prot. VS ICZ, Zürich, 5. 9. 1938, S. 8, AfZ, IB ICZ-Archiv / 49.
107 Vgl. o. A.: Prot. VS ICZ, Zürich, 15. 5. 1939, S. 5, AfZ, IB ICZ-Archiv / 50.
108 Ebd.
109 Ebd.
110 Zu David Strumpf und den Beamten der ICZ vgl. Anm. 162, S. 114.
111 O. A.: Prot. VS ICZ, Zürich, 15. 5. 1939, S. 6, AfZ, IB ICZ-Archiv / 50.

mitglied Erwin Stiebel, dass Rabbiner Taubes nicht an allen Trauergottesdiensten anwesend sei, während Littmann nie einen versäumt habe.[112]

Zum Eklat zwischen dem Gemeindevorstand und dem Gemeinderabbiner kam es im Mai 1940, nachdem Zwi Taubes Zürich für einige Tage in Richtung Westschweiz verlassen hatte, um seine Familie angesichts des drohenden Einmarschs der deutschen Wehrmacht in die Schweiz zu evakuieren, und die Gemeinde sich mit der Situation konfrontiert sah, den Schabbat ohne Rabbiner halten zu müssen. Mit Zwi Taubes zusammen hatten auch die beiden Vorbeter Julius Kratzenstein und David Strumpf die Stadt verlassen. Deren Versäumnis wurde allerdings milder gewertet als das des Rabbiners.[113] Die Gemeindebeamten der ICZ waren bei weitem nicht die einzigen jüdischen Funktionäre, die angesichts der kritischen politischen Lage im nahen Ausland fluchtartig ihre Gemeinden verliessen. Die Zentralstelle des VSIA wurde nach Absprache mit den Behörden im Frühjahr 1940 zweimal teilweise nach Lausanne verlegt.[114]

Am 10. Mai 1940 griff NS-Deutschland im sogenannten Westfeldzug Belgien, Luxemburg und die Niederlande an, am 12. Mai folgte der Angriff auf Frankreich.[115] Die Schweiz reagierte mit der zweiten Generalmobilmachung am 11. Mai 1940.[116] Ein deutscher Überfall auf die Schweiz schien unmittelbar bevorzustehen. Besonders in der Nacht vom 14. auf den 15. Mai wurde mit einem Einfall der Deutschen bei Basel gerechnet. Geschätzte 25 000 Baslerinnen und Basler flüchteten daraufhin aus der Stadt in Richtung Westschweiz, darunter auch viele Jüdinnen und Juden, die bei einer Annexion der Schweiz durch das nationalsozialistische Deutschland mit dem Schlimmsten rechneten.[117] Auch aus anderen Landesteilen flohen jüdische Menschen in die West- oder Innerschweiz, viele Personen mit Führungsaufgaben in ihren Gemeinden verliessen aber gerade angesichts der erhöhten Bedrohungslage ihre Posten nicht, um ein Umgreifen der Panik zu vermeiden.[118]

Einen Einblick in die familiären Krisengespräche der Familie Heim im Zusammenhang mit der Frage der möglichen Evakuation bieten die Erinnerungen von André Blum, einem Verwandten von Otto H. Heim. André Blum war damals sechs Jahre alt. Er schilderte, dass die ganze Familie angesichts der als existenziell empfundenen Bedrohung in der Lintheschergasse, dem Domizil von Joseph und Berta Heim, zusammengekommen sei: «Die Juden in Zürich hatten damals diese ganz tolle Idee, man müsse nach Genf emigrieren, weil äh, da sei man dann sicher, wenn die Nazis kommen [...]. Und da gab's also einen

---

112 Vgl. ebd.
113 Vgl. o. A.: Prot. ausserordentliche VS ICZ, Zürich, 20. 5. 1940, AfZ, IB ICZ-Archiv / 50.
114 Vgl. Mächler, Hilfe und Ohnmacht, 2005, S. 229. Zur Verlegung der Zentralstelle des VSIA vgl. o. A.: Prot. GV VSIA, Bern, 30. 3. 1941, S. 2, AfZ, IB SIG-Archiv / 2402.
115 Vgl. UEK, Die Schweiz und die Flüchtlinge, 2001, Anhang, S. 394.
116 Vgl. Petry, Wir sind liberal, 2012, S. 149.
117 Vgl. Sibold, Mit den Emigranten, 2002, S. 107 f.
118 Vgl. Mächler, Hilfe und Ohnmacht, 2005, S. 229.

grossen Familienrat und die Situation war so zum Schneiden dick, ich war das kleine Büblein und ich hatte nichts zu sagen. Der Grossvater, der Joseph, der ging auf dem Teppich auf und ab. Und die Berta, also wirklich, die Situation war, ja, man war am Leben bedroht. [...] Und die Berta sagte: ‹Joseph! Geh' nicht immer quer über den Teppich, geh' auch mal aussen rum.›»[119]

Auch Otto H. Heim war eine der leitenden Personen, die die Stellung in der Gemeinde hielten. In einem Brief an seinen Schwager Boris Frajdenraich vom 30. Mai 1940 begründete er seinen Entscheid rückblickend mit seinen Funktionen innerhalb der jüdischen Gemeinde und bezeichnete seinen Entschluss als «selbstverständlich». Aus dem Brief geht ebenfalls hervor, dass Joseph und Berta Heim vorübergehend in Montreux unterkamen: «Il y a 15 jours nous avons cru être mêlés dans cette guerre. Il y avait des évacuations volontaires en grandes nombres. Ainsi mes parents se trouvent toujours à Montreux malgré nous ne voyons aucun danger pour la Suisse pour le moment. Il va de soi qu [sic] je n'ai jamais quitté Zurich et que j'ai rempli mes multiples fonctions et ainsi j'ai eu beaucoup de travail ce qui m'a permis de mieux passer ces jours fatals.»[120]

Die gemeinnützige Arbeit Otto H. Heims in dieser Zeit der erhöhten Anspannung war also auch eine willkommene Ablenkung. In den Besprechungen, wie die Gemeinde auf die Flucht des Gemeinderabbiners und der Vorbeter reagieren sollte, war Heim eine der federführenden Personen, denn er hatte während jener Maitage als Vertreter von Saly Braunschweig die Präsidentschaft der ICZ inne und wurde im Vorfeld der Ereignisse von Rabbiner Taubes und den Vorbetern aufgesucht, da er die Befugnis hatte, über allfällige Urlaubsgesuche der Gemeindebeamten zu entscheiden.[121]

In einem dreiseitigen Memorandum beschrieb Otto H. Heim detailliert, wie er am 14. Mai von den Gemeindebeamten um eine Vorauszahlung ihrer Saläre gebeten worden war, um die Evakuation ihrer Familien anzustrengen.[122] Heim schilderte die Vorgänge im Vorfeld der Abreise der Gemeindebeamten: «Am Dienstag, den 14. Mai 1940 wünschten die Herren Dr. Taubes, Dr. Strumpf und Dr. Kratzenstein mich dringend zu sprechen. Ich [...] nahm die Wünsche der Herren entgegen, die dahingingen, dass man ihnen à Conto ihrer Pensions-Ansprüche grössere Beträge sofort auszahle, um die Evakuationen ihrer Familien zu ermöglichen.»[123]

Die Forderung nach Auszahlung der Pensionskassengelder lehnte Otto H. Heim ab, er bot jedoch an, allen drei Antragstellern einen Vorschuss zu gewäh-

---

119 Interview mit André Blum, S. 6.
120 Otto H. Heim: Schreiben an Boris Frajdenraich, Zürich, 30. 5. 1940, AfZ, NL Otto und Régine Heim / 25.
121 Vgl. O. A.: Prot. VS ICZ, Zürich, 28. 5. 1940, o. S., AfZ, IB ICZ-Archiv / 50.
122 Vgl. Otto H. Heim: Memorandum, Zürich, 19. 5. 1940, AfZ, IB ICZ-Archiv / 50.
123 Ebd., S. 1.

ren. Heim betonte, dass ihm die Beamten zugesichert hätten, «dass sie selbst in Zürich bleiben würden».[124] Nach einer weiteren Besprechung am nächsten Tag erklärte sich Otto H. Heim auf die eindringliche Bitte von Rabbiner Taubes bereit, auch einen Teil des Lohnes für Juni in Form eines Vorschusses auszuzahlen. Des Weiteren gab Heim zu Protokoll, dass David Strumpf ihm gegenüber als Einziger kommuniziert habe, dass er seine Familie begleiten werde. Er, Heim, habe dies unter der Bedingung bewilligt, dass David Strumpf am Donnerstagabend zurückkommen würde, Strumpf habe sich jedoch nicht an diese Abmachung gehalten. Auch Rabbiner Zwi Taubes sei im Laufe des Donnerstags abgereist.[125]

Die Nachricht über die Abreise des Rabbiners verbreitete sich in jüdischen Kreisen in Zürich wie ein Lauffeuer. Otto H. Heim beschrieb die Situation wie folgt: «Am Donnerstag Nachmittag verbreitete sich zuerst unter unseren Flüchtlingen und dann unter hier verbleibenden Gemeindemitgliedern das Gerücht, Herr Dr. Taubes wäre geflohen.»[126] Im Protokoll der Vorstandssitzung der ICZ erwähnte Heim auch, «dass zu dieser Zeit in der Flüchtlingshilfe, wo sich auch politische Flüchtlinge befinden, eine gewaltige Aufregung geherrscht habe. Allein das ruhige Verhalten von Fräulein Kater und der anderen Beamten hat sie etwas beruhigt.»[127]

Die Kontrolle über die ohnehin schon angespannte Situation drohte dem Gemeindevorstand durch die Abreise des Rabbiners zu entgleiten. Otto H. Heim versuchte daraufhin am Donnerstag und Freitag, Rabbiner Taubes und die beiden Vorbeter telefonisch oder per Telegramm zu erreichen. Rabbiner Taubes antwortete am Freitagnachmittag auf gleichem Weg und liess Heim wissen, dass eine Rückreise wegen des bald beginnenden Schabbats nicht zur Debatte stehe. Otto H. Heim schrieb daraufhin die folgenden Zeilen an Zwi Taubes: «Fragen Sie Ihr Gewissen, ob Sabbathruhe wichtiger [ist] als Pflichtbewusstsein und Desertion von Ihrem Rabbineramt. I. C. Z. Heim.»[128]

Aus einem Brief an Rabbiner Zwi Taubes vom 16. Mai 1940 geht hervor, wie Otto H. Heim persönlich über das Fernbleiben des Rabbiners dachte. Unmissverständlich brachte Heim seine Meinung zum Ausdruck, dass der Rabbiner gerade in unsicheren Zeiten wie diesen der Gemeinde Halt geben müsste: «In so schweren Zeiten gehört der Rabbiner an die Spitze seiner Gemeinde.»[129] Als positives Gegenbeispiel erwähnte er das Verhalten des Rabbiners der IRG: «Zur gleichen Zeit wurde mir bekannt, dass eine beträchtliche Anzahl der Mit-

---

124 Ebd.
125 Vgl. ebd.
126 Ebd.
127 O. A.: Prot. ausserordentliche VS ICZ, Zürich, 20. 5. 1940, o. S., AfZ, IB ICZ-Archiv / 50. Zu Marianne Kater vgl. Anm. 163, S. 114.
128 Otto H. Heim: Memorandum, Zürich, 19. 5. 1940, S. 2, AfZ, IB ICZ-Archiv / 50.
129 Otto H. Heim: Kopie eines Schreibens an Rabbiner Zwi Taubes, Zürich, 16. 5. 1940, AfZ, IB ICZ-Archiv / 50.

glieder der Israel. Religionsgesellschaft Trost bei ihrem Rabbiner Dr. Kornfein suchten und dort auch fanden. Unsere Rabbiner waren in diesen schweren Tagen nicht da!»[130]

Rabbiner Taubes' Verhalten wurde angesichts der angespannten Lage also auch in einem Rahmen analysiert, der über den Kreis des Vorstands der ICZ hinausging und die moralische Verpflichtung des Rabbiners gegenüber seiner Gemeinde ins Zentrum stellte. Am Samstagmittag rief die Frau des Rabbiners im Geschäft von Otto H. Heim an und brachte zum Ausdruck, «dass ihr Mann über mein [Otto H. Heims] Telegramm konsterniert sei». Auf ihre Begründung, sie seien aufgrund der alarmierenden Nachrichten abgereist, habe Heim zurückgegeben: «In Deutschland sind Rabbiner unter viel schwereren Umständen bei ihrer Gemeinde verblieben, nehmen Sie das zur Kenntnis.»[131]

Wie das Memorandum drückte auch Otto H. Heims Brief an Rabbiner Taubes Empörung und Enttäuschung über dessen Verhalten aus. Prägnant sind auch die Begriffe, mit denen Heim operierte. Im Brief an Rabbiner Taubes schrieb er etwa: «Ich persönlich betrachte Ihr Verhalten als eine Fahnenflucht.»[132]

Die Verwendung der Begriffe «Desertion», «Fahnenflucht» und «Evakuation» weisen eine Nähe zur Militärsprache auf und entstammen einer Kriegsrhetorik. Obwohl die Schweiz trotz der Bedrohungslage von einer deutschen Invasion verschont blieb, unterstrich Otto H. Heim mit seiner Wortwahl den Ernst der Lage. Die Gemeindemitglieder der ICZ sahen sich einer akuten Gefahr ausgesetzt. In den Augen des Vorstandes sollte die Leitung der Gemeinde gerade in solchen Zeiten bereit sein, die Stellung zu halten und durch ihre Präsenz Sicherheit zu vermitteln. Dazu wurde eine Äusserung von Saly Braunschweig an der Vorstandssitzung der ICZ am 20. Mai 1940 protokolliert: «Ein Rabbiner stelle das moralische Rückgrat der Gemeinde dar, und in solchen Tagen bedürfe die Gemeinde mehr denn je eines moralischen Rückgrats.»[133] Als besonders stossend empfinde er, dass «[g]erade Dr. Taubes, der immer von Gottvertrauen und Widerstandskraft gepredigt habe, [...] durch sein Verhalten das Gegenteil bewiesen» habe.[134] Der Vorstand der Gemeinde zweifelte also daran, dass ihr Rabbiner in der Lage sei, den Gemeindemitgliedern in schweren Zeiten beizustehen.

Obwohl das Vertrauen in die geistige Leitung der Gemeinde nachhaltig erschüttert war, sah der Vorstand davon ab, Massnahmen wie eine allfällige Kündigung des Arbeitsvertrags mit dem Rabbiner zu ergreifen, aus Rücksicht

---

130 Otto H. Heim: Memorandum, Zürich, 19. 5. 1940, S. 2, AfZ, IB ICZ-Archiv / 50.
131 Ebd.
132 Otto H. Heim: Kopie eines Schreibens an Rabbiner Zwi Taubes, Zürich, 16. 5. 1940, AfZ, IB ICZ-Archiv / 50.
133 O. A.: Prot. ausserordentliche VS ICZ, Zürich, 20. 5. 1940, o. S., AfZ, IB ICZ-Archiv / 50.
134 Ebd.

auf dessen Hintergrund als sogenannter Emigrant. Wie Saly Braunschweig zu Protokoll gab, hätte eine Auflösung des Arbeitsverhältnisses «die Aufhebung der Aufenthaltsbewilligung in der Schweiz nach sich ziehen»[135] können. Otto H. Heim fasste die Situation so zusammen: «Die Zeiten sind heute so schwer, dass man alle Entscheidungen doppelt überlegen sollte. Aber gerade mit Rücksicht auf diese Zeiten wiegt das Versagen von Dr. Taubes umso schwerer. Ich bin auch der Meinung, dass man ihn vorläufig seiner Funktionen in der Synagoge beurlaube, ihn aber nicht entlassen sollte.»[136]

Heim erklärte ausserdem, nicht mehr mit Rabbiner Taubes und den beiden Vorbetern in einer Kommission zusammenarbeiten zu wollen. Aus seinen Bemerkungen geht hervor, dass auch Georges Bloch und Berty Guggenheim-Wyler eine weitere Zusammenarbeit mit Zwi Taubes und David Strumpf ablehnten.[137]

Als Strafe für sein Verhalten sollte der Rabbiner also vor allem aus seinen öffentlichen Funktionen entfernt werden, einerseits durch die Beurlaubung von den Auftritten in der Synagoge, andererseits durch die Entbindung von seinen Aufgaben im Dienst der Fürsorge. Rechnung getragen wurde auf der anderen Seite dem Umstand, dass Rabbiner Taubes um seine Familie besorgt gewesen war, die sich, so wurde es protokolliert, ohne Wohnung und gültige Aufenthaltsbewilligung in der Westschweiz eingefunden hatte.[138]

Am 28. Mai 1940 fand auf Veranlassung des ICZ-Präsidenten Saly Braunschweig eine Vernehmlassung von Rabbiner Taubes, David Strumpf und Julius Kratzenstein im Rahmen einer Vorstandssitzung der ICZ statt, zu welcher neben den Vorstandsmitgliedern auch die Mitglieder der Synagogenkommission eingeladen worden waren. Saly Braunschweig berichtete, dass er zusammen mit Otto H. Heim und weiteren in den Vorfall involvierten Mitgliedern aus dem Gemeindevorstand mit den Betroffenen vorgängig eine Aussprache geführt habe.[139]

Der Aufbau der Zusammenkunft kam einer Gerichtssituation nahe, worauf bereits der Titel «Vernehmlassung» hindeutet. Zu ihrer Verteidigung berichteten Rabbiner Taubes, Kratzenstein und Strumpf von den Schikanen, die sie als ausländische Juden vonseiten der schweizerischen Behörden beim Versuch, ihre Familien zu evakuieren, hatten erdulden müssen. Aus ihren Äusserungen wird auch die panikartige Stimmung ersichtlich, die besonders unter Jüdinnen und Juden deutscher und österreichischer Herkunft um sich gegriffen hatte.

---

135 Ebd.
136 Ebd.
137 Vgl. ebd.
138 Vgl. ebd., Votum von Wolf Zucker: «In Vevey und Montreux erhielt die Familie keinen Aufenthalt und Dr. Taubes sei den ganzen Tag unterwegs, um an irgendeinem Ort eine Aufenthaltsbewilligung zu erwirken.»
139 Vgl. o. A.: VS ICZ, Vernehmlassung, Zürich, 28. 5. 1940, o. S., AfZ IB ICZ-Archiv / 50.

Rabbiner Taubes formulierte seine Gemütslage so: «Ich will hinzufügen, dass die Panikstimmung und die Tatsache, dass ich mit aller Bestimmtheit weiss, dass ich, wenn ich in die Hände der Deutschen falle, als Erster umgebracht worden wäre, mit eine Rolle gespielt haben.»[140]

Mit hoher Wahrscheinlichkeit bezog Zwi Taubes, der aus Wien stammte, sich mit dieser Bemerkung auf die Erfahrungen, die die österreichischen Jüdinnen und Juden nach dem «Anschluss» Österreichs ans nationalsozialistische Deutschland gemacht hatten.[141] In seiner Zusammenfassung der Ereignisse wies Saly Braunschweig darauf hin, dass auch bei den Mitgliedern des Vorstandes ein Interessenkonflikt zwischen der Pflicht, der Gemeinde beizustehen, und dem Sicherheitsbedürfnis der eigenen Familie gegenüber bestanden habe. Er kam dabei zu folgendem Fazit: «Es sind verletzt worden [...] schwere Verpflichtungen erster Natur gegenüber der Gemeinschaft und Sie [Rabbi Taubes, Julius Kratzenstein und David Strumpf] haben damit in der Gemeinde einen schweren Riss geschaffen. Schwer sind die Zeiten, die wir durchleben nicht nur für Sie, meine Herren, für alle, für jeden einzelnen und es gibt noch viele, die noch hier sind und die nicht eine Stunde Zürich verlassen haben. [...] Sie haben als Offiziere versagt [...]. Das Versagen unserer religiösen Führung ist es, was die Gemeinde empfindet, nicht formale Fehler. Der Beweis des Gottvertrauens hat gefehlt. [...] Wenn wir in Ihrem Sinne entschieden hätten, dann würde die Gemeinde schon lange ohne Verwaltung dastehen.»[142]

Aus Saly Braunschweigs Schlussvotum geht hervor, dass die Umgehung der Amtswege weniger schwer wog als das verletzte Vertrauen der Gemeinde in die religiöse Führung der Gemeinde. Es wurden implizit Zweifel an den Fähigkeiten des Rabbiners in der Vermittlung religiöser Inhalte an die Gemeinde geäussert.

Im Laufe der weiteren Besprechung des Gemeindevorstands, der ohne die Betroffenen stattfand, unterstrich Georg Guggenheim als, wie er betonte, Unbeteiligter,[143] dass in seinen Augen das Hauptproblem in der mangelnden «inneren Haltung» des Rabbiners und seiner Vorbeter liege.[144] Auch er bediente sich der oben beschriebenen Kriegsrhetorik, wenn er, ähnlich wie Saly Braunschweig und Otto H. Heim, die Beamten als «Offiziere» mit einer «Führerfunktion» bezeichnete,[145] einer Rolle, der sie nicht gerecht geworden seien. Führt man diesen Gedankengang weiter, kommt man zum Schluss, dass

---

140 Ebd.
141 Im Oktober 1938 waren insgesamt ungefähr 10 000 Flüchtlinge in der Schweiz, darunter sollen sich mindestens 4000 österreichische Jüdinnen und Juden befunden haben. Vgl. Hoerschelmann, Exilland Schweiz, 1997, S. 58, sowie Ludwig, Die Flüchtlingspolitik der Schweiz in den Jahren 1933 bis 1955, 1957, S. 83.
142 O. A.: VS ICZ, Vernehmlassung, Zürich, 28. 5. 1940, o. S., AfZ IB ICZ-Archiv / 50.
143 Vgl. ebd.
144 Vgl. ebd.
145 Vgl. ebd.

die Schweiz und die ICZ zwar von einer deutschen Invasion verschont geblieben waren, dass sich die jüdischen Gemeinden jedoch in einer so unsicheren Position und unter so viel Druck befanden, dass Verfehlungen quasi stellvertretend zum Ausbruch eines metaphorischen Krieges innerhalb der jüdischen Gemeinde führten. Die in der einschlägigen Fachliteratur häufig beschriebene Machtlosigkeit der jüdischen Funktionäre entlud sich damit in einem kontrollierbaren Rahmen.

Von Bedeutung sind in diesem Zusammenhang auch andere Faktoren, die in den Protokollen der Vorstandssitzungen der ICZ, auf denen die obige Darstellung des Konflikts hauptsächlich beruht, gar nicht zum Ausdruck kamen oder nur angedeutet wurden. Man denke dabei zum Beispiel an die Unterschiede, die sich aus dem Emigrantenstatus des Rabbiners und der Vorbeter im Vergleich zur Schweizer Staatsbürgerschaft der Vorstandsmitglieder der ICZ ergaben. Während es den Schweizer Jüdinnen und Juden immerhin freistand, ihre Familien in die Westschweiz zu evakuieren, war dies für «Emigrantinnen» und «Emigranten» mit vielen Umständen verbunden.[146] Ein weiteres Problem, das den Quellen inhärent ist, ist die einseitige Perspektivierung aus der Sicht des Vorstands als eine der beiden Konfliktparteien. Die persönliche Ebene des Streits darf in diesem Zusammenhang nicht unterschätzt werden, die oben beschriebenen vorgängigen Auseinandersetzungen über die aus Sicht des Vorstands ungenügende Pflichterfüllung des Rabbiners deuten es an. Weiter soll darauf hingewiesen werden, dass möglicherweise viele Vorstandsmitglieder, ähnlich wie es bei Otto H. Heim der Fall gewesen war, eine Evakuierung ins Auge gefasst, dann aber darauf verzichtet hatten. Welche Gründe dafür ausschlaggebend waren, auf die Evakuierung zu verzichten, lässt sich nicht abschliessend bewerten. Der Entscheid, die Pflicht über das eigene Wohlergehen zu stellen, dürfte vielen Vorstandsmitgliedern nicht leichtgefallen sein, was auch aus den Voten Saly Braunschweigs hervorgeht. Angesichts dessen wurde die Abreise des Rabbiners als Verrat an einer gemeinsamen höheren Sache gewertet.

An den beschlossenen Sanktionen – Suspendierung des Rabbiners und seiner Vorbeter von der Predigt und Ausschluss aus der Fürsorgekommission – wurde vorläufig festgehalten. Die Möglichkeit einer inoffiziellen Kündigung, um den Aufenthaltsstatus nicht zu gefährden, wurde in Erwägung gezogen, aber wieder verworfen.[147]

---

146 Die Bewegungsfreiheit der «Emigrantinnen» und «Emigranten» war durch regelmässige Kontrollen und Bestimmungen eingeschränkt. Vgl. UEK, Schlussbericht, 2002, S. 129 f. Über welche Form der Aufenthaltsbewilligung die Beamten verfügten, geht nicht aus den Unterlagen hervor, es dürfte sich aber um Aufenthalts- und Toleranzbewilligungen gehandelt haben, die kantonal ausgestellt wurden und damit nicht zum Aufenthalt in einem anderen Kanton berechtigten. Darauf weist auch die Aussage von Julius Kratzenstein hin, dass Ausländer aufgefordert worden seien, sich bei der Fremdenpolizei ihres Kantons zu melden. Vgl. o. A.: VS ICZ, Vernehmlassung, Zürich, 28. 5. 1940, o. S., AfZ IB ICZ-Archiv / 50.
147 Vgl. o. A.: VS ICZ, Vernehmlassung, Zürich, 28. 5. 1940, o. S., AfZ, IB ICZ-Archiv / 50.

Die Frage der Sanktionen war auch Gegenstand der darauffolgenden Sitzung des Vorstandes am 10. Juni 1940. Braunschweig hatte die Vorstandsmitglieder im Vorfeld schriftlich darüber abstimmen lassen, ob man die Suspendierung von Rabbiner Taubes aufheben wolle und welche Konsequenzen die Vorfälle für künftige Vertragsschlüsse mit Beamten der Gemeinde haben sollten. Die Ergebnisse der Abstimmung sollten in Form von geänderten Bedingungen über die Zeitdauer der Verträge mit Beamten der Gemeinde in die neuen Statuten der ICZ einfliessen.[148] Obwohl sich die Vorstandsmitglieder vor allem in der Frage der Einstellung der Sanktionen gegen Rabbiner Zwi Taubes nicht einig waren – fünf stimmten für die Aufhebung der Suspendierung, vier dagegen –, wurde beschlossen, die Verträge zu kündigen und durch Verträge unter den statutarisch neu festgelegten Bedingungen zu ersetzen. Diese Statuten wurden jedoch erst 1943 in Kraft gesetzt. Ausser Otto H. Heim, der für eine Kündigung «ohne Vorbehalt» plädierte, stimmten die Gemeindevorstandsmitglieder im Sinne des Gemeindepräsidenten milder, und zwar für eine Kündigung mit Zusatz. Jacob Zuckers Fazit der Gemütslage des Vorstands der ICZ wurde so zusammengefasst: «[…] niemand im Vorstand [würde] die Hand dazu bieten […], dass einer unserer Beamten zum Emigranten werde. Praktisch heisse dies aber, dass z. B. Dr. Taubes einen Freibrief habe für alles, womit er uns noch überraschen könne.»[149]

Der Unmut über das als Versagen empfundene Verhalten des Rabbiners blieb also bestehen. Die ICZ stand vor der Situation, in der sie sich, bestimmt von äusseren Bedingungen, in ihrem Handelsspielraum eingeschränkt sah. Obwohl am ethischen und moralischen Urteilsvermögen der Gemeindebeamten, insbesondere demjenigen des Rabbiners, gezweifelt wurde, sollte der Konflikt nicht nach aussen getragen, sondern intern geregelt werden. Das Verhalten des Rabbiners in einer bedrohlichen Ausnahmesituation wurde von einigen Gemeindemitgliedern und vom Vorstand als untragbar empfunden, denn gerade in solchen Krisensituationen erwartete man vom Gemeinderabbiner eine grössere Loyalität dem eigenen Aufgabenfeld gegenüber als von einem durchschnittlichen Gemeindebeamten. In den Augen der Vorstandsmitglieder sollte der Rabbiner in der Lage sein, seine Ängste und Bedürfnisse hinter das Wohl der Allgemeinheit zu stellen. Bedingt durch die prekäre Lage, in die man

---

148 Die Anstellungsbedingungen für Gemeindebeamte und Gemeindeangestellte wurden in den Statuten von 1943 entsprechend angepasst. Für Rabbiner, Prediger, Kantor und Religionslehrer wurde neu eine maximale Amtsdauer von drei Jahren festgelegt, während in den Statuten von 1927 die Zeit bis zur Erneuerungswahl des Rabbiners noch auf maximal sechs Jahre ausdehnbar gewesen war. Vgl. o. A.: Statuten ICZ, Zürich 1927, S. 20, AfZ, IB ICZ-Archiv / 195. Neu hinzugefügt wurde 1943 auch der Passus: «Die Gemeindeversammlung kann, wenn besondere Umstände es rechtfertigen, diese Beamten auf eine kürzere Amtsdauer, mindestens aber auf die Dauer eines Jahres wählen.» O. A.: Statuten ICZ, Zürich 1943, S. 55, AfZ, IB ICZ-Archiv / 195.
149 O. A.: Prot. VS ICZ, Zürich, 10. 6. 1940, S. 3, AfZ, IB ICZ-Archiv / 51.

den Rabbiner durch seine Entlassung versetzt hätte, wurde von einer Kündigung abgesehen. Der Gemeindevorstand beschäftigte sich zwar intern intensiv mit der Frage, ob die geistige Leitung der Gemeinde durch den Rabbiner noch gewährleistet sei, einer Frage, die angesichts der desperaten Lage des europäischen Judentums nicht auf die leichte Schulter genommen werden konnte, de facto hatte das Fehlverhalten der Gemeindebeamten jedoch keine messbaren Konsequenzen.

5.2.3 Neuausrichtung im SIG

Auch im SIG kam es infolge des politischen Drucks, der von den Schweizer Behörden ausgeübt wurde, zu innerjüdischen Stellvertreterkonflikten.

Ausgelöst von den Gerüchten um einen bevorstehenden deutschen Überfall auf die Schweiz flohen im Mai 1940 auch viele wichtige Personen aus den Gremien des Gemeindebunds in Richtung West- und Innerschweiz. Das CC des SIG beschloss daraufhin, ein aus drei Leuten bestehendes Exekutivkomitee zu bilden, das umfassende Vollmachten erhielt und dafür sorgen sollte, dass der SIG im Notfall handlungsfähig blieb. Die Exekutive bestand aus Saly Mayer, Saly Braunschweig und Pierre Bigar[150] und ersetzte den fünfköpfigen Geschäftsausschuss; Alfred Goetschel und Georg Guggenheim gehörten dem neu gebildeten Gremium nicht mehr an. Der Einsatz eines Exekutivkomitees war statutenwidrig und sorgte für Unruhe im SIG.[151]

Im März 1941 forderten liberale Mitglieder des CC die Abschaffung der Dreierexekutive und eine Wiedereinsetzung des Geschäftsausschusses, was aber erst im November 1941 realisiert wurde. Die Unstimmigkeiten innerhalb des SIG liessen sich damit nicht bereinigen und führten im März 1942 zu einem weiteren Eklat im CC,[152] woraufhin der Geschäftsausschuss erneut abgesetzt wurde und Saly Mayer bis Dezember 1942 die Geschäfte des SIG im Alleingang leitete. Der SIG war damit in seiner Handlungsfähigkeit stark eingeschränkt.[153]

Viele ICZ-Delegierte kritisierten seit den 1930er-Jahren das in ihren Augen mangelnde Engagement und das zu zögerliche Auftreten des SIG in

---

150 Pierre Bigar (1889–1964) war Inhaber eines Hotels und eines Warenhauses in Genf. Er war 1942–1944 Leiter des Amtes für Kriegswirtschaft in Genf. Vgl. o. A., Biografie Bigar, Pierre, o. D.
151 Vgl. Mächler, Hilfe und Ohnmacht, 2005, S. 230 f.
152 Saly Braunschweig erwähnte im Protokoll der CC-Sitzung vom 25. 3. 1942 etwa, dass das «Nichtmehrvorhandensein einer Atmosphäre im Ausschuss, die Gewähr bietet, […] dass die Arbeiten des Ausschusses in der notwendigen, zufriedenstellenden Weise erfolgen können», der Grund für seine Demission sei. Vgl. o. A.: Separatbeilage zum Prot. CC SIG, Bern, 25. 3. 1942, S. 3, AfZ, IB SIG-Archiv / 94.
153 Vgl. Mächler, Hilfe und Ohnmacht, 2005, S. 262.

der Bekämpfung des Antisemitismus.[154] Ein permanentes Ärgernis war vielen Gemeindemitgliedern der ICZ die Haltung SIG-Delegierter gegenüber dem Schweizerischen Vaterländischen Verband (SVV).[155] Trotz der negativen Erfahrungen, die SIG-Vertreter mit Eugen Bircher,[156] einem Mitbegründer des SVV, seit den 1920er-Jahren gemacht hatten, waren viele von ihnen Mitglieder des SVV.[157] Die ICZ erhob die Forderung einer Unvereinbarkeit von offiziellen Ämtern im SIG mit einer gleichzeitigen Mitgliedschaft im SVV – mit mässigem Erfolg.[158] In der DV des SIG vom 13. Dezember 1942 ergriff Georg Guggenheim das Wort und appellierte in aller Deutlichkeit an die Mitglieder der DV des SIG, sich öffentlich vom SVV zu distanzieren.[159] Das Votum Guggenheims fiel unter dem Traktandum «Flüchtlingswerk» im Rahmen einer «Interpellation von 12 Delegierten betreffend Angelegenheiten der schweizerischen Judenheit und Flüchtlingsfrage».[160] Die Diskussionen drehten sich aber allgemein um die Politik des SIG.[161]

Durch die Verschränkung der «Flüchtlingsfrage» mit der «Frage des Antisemitismus» wurde versucht, die Zweifel, die viele Gemeindemitglieder der ICZ an der behördenkonformen Politik des SIG äusserten, in die Delegiertenversammlung des SIG zu tragen. Die antisemitische Grundhaltung der Behörden im Umgang mit der Frage der Aufnahme der verfolgten jüdischen Flüchtlinge war vielen Gemeindemitgliedern bewusst. Im Zusammenhang mit den Gerüchten über die Massenvernichtung jüdischer Menschen, die im Laufe des Sommers 1942 in der Schweiz zunehmend kursierten, forderten viele vehement eine Kursänderung in der Politik des SIG.[162] Ein Patentrezept, wie man dem latenten behördlichen Antisemitismus beggnen sollte, hatte indessen niemand. Der geforderte politische Richtungswechsel zeugt vielmehr von der Ohnmacht und Hilflosigkeit der jüdischen Gemeindemitglieder angesichts der Ungeheuerlichkeit der Nachrichten aus dem Ausland.

154 Vgl. Kapitel 4.5.
155 Vgl. Petry, Wir sind liberal, 2012, S. 154–156, vgl. auch Mächler, Hilfe und Ohnmacht, 2005, S. 79 f. Der SVV war 1919 als Reaktion auf den Landesstreik entstanden und zeichnete sich durch eine restriktive und ausländerfeindliche Politik aus. Sein Programm bewegte sich auf einer bürgerlichen Linie, jedoch grenzte sich der SVV nicht grundsätzlich von faschistischen und antisemitischen Strömungen ab. Vgl. Thürer, Schweizerischer Vaterländischer Verband, e-HLS.
156 Eugen Bircher (1882–1956) war nach einem Medizinstudium in Basel und Heidelberg während des Ersten Weltkriegs als Kriegschirurg in Bulgarien tätig. Während des Zweiten Weltkriegs war er Leiter der schweizerischen Ärztemission an der Ostfront. Er lehnte das Gedankengut der politischen Linken klar ab und sympathisierte zumindest zeitweise mit der frontistischen und nationalsozialistischen Gesinnung. Vgl. Heller, Eugen Bircher, e-HLS.
157 Vgl. Zweig-Strauss, Saly Mayer, 2007, S. 58 f.
158 Vgl. o. A.: 80. GB ICZ, Zürich, März 1943, S. 6 f., AfZ, IB ICZ-Archiv / 217.
159 Vgl. o. A.: Prot. DV SIG, Zürich, 13. 12. 1942, 2. Teil, S. 5, AfZ, IB SIG-Archiv / 31.
160 Ebd., S. 1.
161 Vgl. ebd., S. 1–14.
162 Vgl. Kapitel 5.1.4.

Kritik kam vor allem aus einem Personenkreis um Alfred Goetschel, Georg und Paul Guggenheim, Georges Brunschvig und Max Gurny.[163] Hauptkritik an Gemeindebundspräsident Saly Mayer waren dessen Verhandlungen mit den Schweizer Behörden ohne Absprachen mit den leitenden SIG-Gremien und seine Informationspolitik im Allgemeinen.[164] An Saly Mayers Seite standen vor allem seine alten Weggefährten, die neben Silvain S. Guggenheim auch Saly Braunschweig und Pierre Bigar umfassten. Braunschweig und Bigar hatten jedoch beide angesichts der Streitigkeiten im SIG ihren Rücktritt angekündigt.[165]

Unter dem Eindruck der politischen Entwicklungen der Vernichtungspolitik der Nationalsozialisten verlagerten sich Saly Mayers Prioritäten immer weiter weg von den Ereignissen in der Schweiz ins Ausland.[166] Im September 1942 stellte Saly Mayer seinen Rücktritt als SIG-Präsident auf die Traktandenliste einer Sitzung des CC.[167] Als Nachfolger wurde an der Delegiertenversammlung des SIG vom 28. März 1943 sein langjähriger Vizepräsident Saly Braunschweig gewählt. Braunschweig war wie Mayer ein Vertreter der konservativen und behördenkonformen Politik des SIG – eine Zäsur stellte seine Wahl nicht dar.[168] Im Zusammenhang mit der neuen Zusammensetzung des SIG forderten Delegierte der IGB eine Reorganisation des VSIA und die Umbenennung der Flüchtlingshilfe zu «Verband Schweizerischer Jüdischer Flüchtlingshilfen» (VSJF).[169] Silvain S. Guggenheim hatte in der DV des SIG im März 1943 ebenfalls seinen Rücktritt bekannt gegeben.[170] Der VSIA wurde selten direkt kritisiert und niemand zweifelte an der Integrität von Silvain S. Guggenheim. Dieser begründete seinen Entscheid mit der zusätzlichen Belastung durch die Kritik am Flüchtlingswerk: «Die Arbeit in der wir stehen, stellt eine derartige tagtägliche seelische Belastung für alle vollamtlichen Mitarbeiter dar, dass sie untragbar wird, wenn sie in einer Athmoshäre [sic] der leidenschaftlichen Angriffe und masslosen Kritik geleistet werden muss, wie dies im vergangenen Jahr der Fall war. [...] es wird Sache der Generalversammlung des VSIA sein, sowohl dessen Neuorganisation wie auch meine Nachfolge zu regeln.»[171]

---

163 Vgl. Mächler, Hilfe und Ohnmacht, 2005, S. 255–262. Max Gurny (1899–1994) stammte ursprünglich aus Warschau und studierte ab 1917 in Zürich Rechtswissenschaften. Er erhielt 1927 die Schweizer Staatsbürgerschaft und machte sich als Jurist und ab 1944 als Zürcher Oberrichter einen Namen. Vgl. o. A., Gurny, Max, o. D.
164 Vgl. Zweig-Strauss, Saly Mayer, 2007, S. 153.
165 Vgl. ebd., S. 155–157.
166 Vgl. ebd., S. 158–163.
167 Vgl. ebd., S. 176 f.
168 Vgl. Mächler, Hilfe und Ohnmacht, 2005, S. 369.
169 Vgl. o. A.: Prot. DV SIG, Bern, 28. 3. 1943, S. 23, AfZ, IB SIG-Archiv / 32.
170 Vgl. ebd., S. 24.
171 Silvain S. Guggenheim: Bericht an die DV des SIG, o. O., 28. 3. 1943, S. 6, AfZ, IB SIG-Archiv / 2392.

Aus Silvain S. Guggenheims Bericht geht zweierlei hervor: einerseits die negativen Auswirkungen, die die Streitigkeiten im SIG auf den VSIA und dessen Mitarbeitende hatten, andererseits das Selbstbild des VSIA als unabhängige Instanz, die sich selbständig organisierte. Silvain S. Guggenheim sah die Autonomie des VSIA als eine Grundbedingung des Verbandes, was im SIG und im VSIA noch zu Diskussionen führen sollte.[172] Er führte das Amt des Präsidenten bis Oktober 1944 weiter, um dem Verband bei der Reorganisation beizustehen.[173] Im März 1943 wurden Otto H. Heim und Georges Bloch in die Kommission zur Reorganisation des VSIA gewählt.[174]

Die heftigen Debatten, die im SIG geführt wurden, fanden zum Teil in den Gemeindeversammlungen der ICZ ihre Fortsetzung, denn viele Gemeindemitglieder standen der Leitung des Gemeindebunds kritisch gegenüber. Im März 1943 war eine Gemeindeversammlung einberufen worden, an der lediglich zwei Traktanden auf der Liste standen: die Neuwahlen des Vorstandes der ICZ und ein Bericht über die Tätigkeiten des SIG im Jahr 1942 von Saly Braunschweig.[175] Für die Diskussionen darüber wurde eine eigene Gemeindeversammlung einberufen.[176]

Die ICZ sollte sich im Zuge der Gesamterneuerungswahl des Vorstands und der Kommissionen der ICZ am 30. Mai 1943 neu formieren. Neben der Wahlkommission, die Saly Levy als neuen Gemeindepräsidenten vorgeschlagen hatte, hatte sich ein Aktionskomitee gebildet, das Georg Guggenheim zur Wahl aufstellte und sich mehrheitlich aus Kritikern an der Politik des SIG zusammensetzte.[177] Otto H. Heim, dessen Amtsperiode im Vorstand gemäss den Statuten der ICZ abgelaufen war,[178] wurde bei der Wahlversammlung der Gemeindeversammlung am 23. Mai 1943 von der Wahlkommission als Mitglied der Fürsorgekommission und als Delegierter der ICZ zum SIG vorgeschlagen.[179]

An der Gemeindeversammlung der ICZ vom 30. Mai 1943 wurde nach lebhaften Auseinandersetzungen Georg Guggenheim zum Gemeindepräsi-

---

172 Vgl. Kapitel 7.10.
173 Vgl. Mächler, Hilfe und Ohnmacht, 2005, S. 370.
174 Vgl. o. A.: Prot. DV SIG, Bern, 28. 3. 1943, S. 23, AfZ, IB SIG-Archiv / 32. Neben Otto H. Heim und Georges Bloch waren folgende Personen Mitglieder der Kommission: Saly Braunschweig (Zürich), Alfred Goetschel (Basel), Armand Brunschvig (Genf) und Josef Guggenheim-Fürst (St. Gallen). Als Präsident wurde Silvain S. Guggenheim gewählt.
175 Vgl. o. A.: Prot. GV ICZ, Zürich, 14. 3. 1943, o. S., AfZ, IB ICZ-Archiv / 148.
176 Vgl. o. A.: Prot. GV ICZ, Zürich, 22. 3. 1943, o. S., AfZ, IB ICZ-Archiv / 148.
177 Vgl. Petry, Wir sind liberal, 2012, S. 156.
178 Vgl. o. A.: 81. GB ICZ, Zürich, April 1944, S. 4, AfZ, IB ICZ-Archiv / 217. Ebenfalls nicht mehr in den Vorstand wählbar waren Saly Braunschweig, Emil Braunschweig, Georges Bloch, Erwin Stiebel und Jacob Zucker.
179 Vgl. o. A.: Prot. GV ICZ, Zürich, 23. 5. 1943, S. 29 f., AfZ, IB ICZ-Archiv / 148. Otto H. Heim wurde an der GV vom 30. 5. 1943 neben Rabbiner Littmann, Hugo Schmuklerski, Thekla Silberstein, Hugo Wyler und Amanda Pionkowski in die Fürsorgekommission gewählt. Vgl. o. A.: Prot. GV ICZ, 30. 5. 1943, o. S., AfZ, IB ICZ-Archiv / 148.

denten gewählt. Er war einer der Hauptkritiker an der Politik des SIG und an Saly Mayer. Wie Erik Petry dargestellt hat, «ging es [in den Redebeiträgen der einzelnen «Werberedner» für Kandidaten] weniger um Dinge, die die ICZ unmittelbar als jüdische Gemeinde betrafen [sondern] hauptsächlich um das Verhältnis der Kandidaten zum SIG, das Verhalten der Kandidaten im SIG und ob man für oder gegen Saly Mayer sei».[180]

Vor diesem Hintergrund ist auch das Votum von Otto H. Heim zu verstehen, in dem er monierte, dass wichtige Vorstandsmitglieder der ICZ wie Saly Braunschweig, Silvain S. Guggenheim, Georges Bloch und Sylvain Guggenheim-Wyler nicht auf der Liste des Aktionskomitees auftauchten. Implizit warf er dem Aktionskomitee vor, Männer, die sich jahrelang in der Flüchtlingsarbeit verdient gemacht hatten, nur aus dem Grund nicht zur Wahl aufgestellt zu haben, weil sie diese Arbeit unter der Leitung des «alten» SIG geleistet hätten. Diesbezüglich merkte Heim an: «Es [Das Aktionskomitee] scheint auch bei der Auswahl dieser Kandidierten von dem Grundsatz ausgegangen zu sein, möglichst nur solche Männer zu wählen, die für die Gemeinde noch nie tätig waren oder sonst unsere Gemeindeversammlungen noch nie besuchten. Auch Verdienste zählen nichts, im Gegenteil, die geleistete Arbeit scheint direkt die Eignung zum Delegierten für den S. I. G. auszuschliessen.»[181]

Er warf der Opposition überdies vor, dass sie «meistens nur mit Worten und nicht durch Taten zu uns stehen».[182] Auch wenn er «persönlich sicherlich auch nicht gegen die politisch linksstehenden Persönlichkeiten unserer Gemeinde und noch weniger gegen unsere Zionisten»[183] sei, habe diese Seite bisher in philanthropischer Hinsicht für die Gemeinde nichts geleistet. Gleichzeitig wies er darauf hin, dass nicht nur «Zionisten» und «linksgerichtete Kreise» über «eine positive jüdische Weltanschauung»[184] verfügen würden. Er sei der Ansicht, «dass auch in der Philantropie [sic] und gerade in ihr, auch ein schönes Stück Weltanschauung liegt».[185] Im Anschluss an die Rede von Otto H. Heim sprach

---

180 Petry, Wir sind liberal, 2012, S. 157. Zu den Differenzen zwischen Saly Mayer und Georg Guggenheim vgl. auch Zweig-Strauss, Saly Mayer, 2007, S. 146 f.
181 O. A.: Prot. GV ICZ, Zürich, 30. 5. 1943, o. S., AfZ, IB ICZ-Archiv / 148.
182 Ebd.
183 Ebd. Diese Äusserung von Otto H. Heim war zutreffend. Aus den Protokollen der ICZ in den 1930er-Jahren geht hervor, dass Heim sich entgegen seiner liberalen Einstellung je nach Inhalt eines Geschäfts auch mit Personen aus dem zionistischen Lager solidarisierte, vor allem mit Jacob Zucker, mit dem er jahrelang im Vorstand tätig war. Vgl. dazu zum Beispiel R. Schärf: Prot. VS ICZ, Zürich, 20. 1. 1937, S. 6, AfZ, IB ICZ-Archiv / 16, sowie o. A.: Prot. GV VSJF, Bern, 17. 6. 1945, S. 40, AfZ, IB SIG-Archiv / 2402. Auch mit Robert Meyer, der sich zu den Sozialdemokraten zählte, arbeitete Otto H. Heim eng zusammen. Vgl. zum Beispiel Kapitel 7.3, 7.5.1 und 8.3.
184 O. A.: Prot. GV ICZ, Zürich, 30. 5. 1943, o. S., AfZ, IB ICZ-Archiv / 148.
185 Ebd. Im Zusammenhang mit dieser Äusserung sei nochmals auf den Aufsatz von Otto H. Heim von 1933/34 verwiesen, in dem er die überdurchschnittliche Beteiligung jüdischer Menschen

Veit Wyler als Vertreter des Zionismus. Veit Wyler[186] war der jüngere Bruder von Josef Wyler, einem engen Freund Otto H. Heims. Aus seiner Rede geht zweierlei hervor, erstens, dass Otto Heim seine an der Gemeindeversammlung geäusserten Ansichten Veit Wyler bereits im Vorfeld mitgeteilt hatte («Otto Heim erklärt, und hat mir schriftlich mitgeteilt, es scheine geradezu, dass die Verdienste und die geleistete Arbeit nicht gewürdigt würden»),[187] zweitens das Anliegen des Aktionskomitees, die politischen Ämter von den Aufgaben in der Flüchtlingshilfe zu entflechten («Da sind wir aus sachlichen Motiven heraus [...] zu der Einsicht gekommen, dass es besser sei, zu trennen zwischen einem überwiegend politischen Gremium [S. I. G.-Delegation] und einem Gremium der Flüchtlingshilfe [V. S. I. A.]»).[188] Veit Wyler bemühte sich, den Vorwurf der Undankbarkeit für geleistete Arbeiten zu entkräften, indem er betonte, dass jeder im Aktionskomitee um die Verdienste des bisherigen Gemeindevorstands wisse. Das Aktionskomitee sei aber der Überzeugung, dass die Flüchtlingshelfer durch die von ihm angestrebte Trennung von politischen Aufgaben und Flüchtlingshilfe entlastet werden sollten: «[...] es ist deswegen eher eine Belastung für den V. S. I. A. oder die Stellen, welche sich vorwiegend mit Flüchtlingshilfe befassen, wenn sie sich an den politischen Kämpfen beteiligen müssen [...]. Deswegen wollten wir fein säuberlich trennen, was in ein politisches Gremium gehört und was an Fürsorgetätigkeit in alltäglicher schwerer, mühseliger Arbeit geleistet werden muss.»[189]

Die Gemeindeversammlung der ICZ folgte der Wahlempfehlung des Aktionskomitees in Bezug auf die Wahl des Gemeindepräsidenten – Georg Guggenheim wurde Präsident der ICZ –, hingegen wurden die Kandidaten der Wahlkommission in den Vorstand gewählt.[190] Auch bei der Wahl der SIG-Delegierten wurde mehrheitlich den Vorschlägen der Wahlkommission Folge geleistet, auch Otto H. Heim und Georges Bloch wurden neu zu ICZ-Delegierten im SIG.[191]

---

an karitativen Organisationen betonte und diese als historisch erwachsen und identitätsstiftend bezeichnete. Vgl. Kapitel 3.3.1.

186 Veit Wyler (1908–2002) studierte Jurisprudenz und Philosophie und eröffnete in den 1930er-Jahren eine eigene Anwaltskanzlei in Zürich. Durch seine Beteiligung an der Verteidigung des deutschen Kommunisten Heinz Neumann und von David Frankfurter wurde Veit Wyler einem grösseren Personenkreis bekannt. 1939 schloss er sich der Zionistischen Ortsgruppe Zürich an. Während des Zweiten Weltkriegs arbeitete er unter anderem mit Nathan Schwalb, Heini Bornstein und Benjamin Sagalowitz zusammen und ermöglichte durch seine Interventionen vielen jüdischen Verfolgten die Flucht. Vgl. Kury, Veit Wyler, 1997, S. 211 f.
187 O. A.: Prot. GV ICZ, Zürich, 30. 5. 1943, o. S., AfZ, IB ICZ-Archiv / 148.
188 Ebd.
189 Ebd.
190 Vgl. Kandidatenliste der Wahlkommission: o. A.: Prot. GV ICZ, Zürich, 23. 5. 1943, S. 29 f., AfZ, IB ICZ-Archiv / 148.
191 Vgl. o. A.: Prot. GV ICZ, Zürich, 30. 5. 1943, o. S., AfZ, IB ICZ-Archiv / 148. Otto H. Heim erzielte mit 162 Stimmen das viertbeste Resultat.

Im oben zitierten Votum von Veit Wyler spiegeln sich die negativen Erfahrungen, die das Schweizer Judentum in den Jahren seit der Machtergreifung Hitlers in Verhandlungen mit den Schweizer Behörden gemacht hatten. Die Tatsache, dass vor allem jüdische Flüchtlinge in der Schweiz nach Schutz vor der Verfolgung suchten, schwächte die Verhandlungsposition zusätzlich; SIG und VSJF wirkten als ständige Bittsteller. Den Vertretern des oppositionellen Flügels in der ICZ mochten – wie von Otto H. Heim moniert – die praktischen Erfahrungen in der Flüchtlingsarbeit fehlen; aus ihrer Perspektive hatte sich die Verschränkung zwischen politischen Forderungen und Flüchtlingsarbeit als wenig gewinnbringend erwiesen. Dass diese Beobachtungen in einer Gemeindeversammlung der ICZ geäussert wurden, zeugt wiederum von der engen lokalen Bindung des Flüchtlingswerks an Zürich. Die Forderung der Trennung der Flüchtlingshilfe des VSIA von den politischen Ämtern im SIG wurde von Benjamin Sagalowitz und David Farbstein unterstützt, die in der Folge ebenfalls als Redner auftraten.[192] Dieser Personenkreis, häufig auch als «Opposition» bezeichnet, hatte also nicht nur auf Gemeindeebene, sondern auch im SIG und VSIA wesentlichen Einfluss darauf, dass alte Strukturen und Hierarchieordnungen hinterfragt wurden. Konflikte, die sich zunächst auf Gemeindeebene bemerkbar gemacht hatten, wurden später auf gesamtschweizerischer Ebene ausgetragen: Eine Koalition aus linksgerichteten und zionistisch eingestellten ICZ-Mitgliedern um David Farbstein und dem bürgerlich eingestellten Georg Guggenheim rebellierten dabei gegen die Leitung des SIG. Auch der VSIA, dessen Leitung sich ausschliesslich aus Personen aus dem bürgerlichen Umfeld der ICZ zusammensetzte, war mitbetroffen. Viele Flüchtlingshelfer, allen voran Silvain S. Guggenheim, der sich intensiv für die Flüchtlinge eingesetzt hatte, aber auch Otto H. Heim, fühlten sich zu Unrecht kritisiert und reagierten defensiv, indem sie ihre Kritiker aufforderten, ihren Worten auch Taten folgen zu lassen. Sowohl in der Leitung des SIG als auch im VSIA kam es Ende 1943 zwar zu Veränderungen, eine Zäsur zur bisherigen Politik zeichnete sich jedoch nicht ab.

192 Vgl. ebd.

6 Jüdische Flüchtlingskinder unter der Obhut von jüdischen Schweizer Familien: Eine Spurensuche

6.1 «Otto hat mich Charlottchen gerufen»: Die Fluchtgeschichte von Charlotte Siesel

An der Wannseekonferenz am 20. Januar 1942 beschlossen die Nationalsozialisten die Durchführung der «Endlösung» mit dem erklärten Ziel, das europäische Judentum zu vernichten.[1] Im März 1942 wurden die ersten Transporte in europäische Vernichtungslager organisiert. Die Massendeportationen wurden im Sommer 1942 in Wellen durchgeführt.[2] Bereits ab Ende März wurden jüdische Menschen sowohl aus der besetzten Zone als auch aus Vichy-Frankreich deportiert.[3] Im Frühsommer 1942 versuchten Tausende von Jüdinnen und Juden aus Westeuropa in die Schweiz zu flüchten.[4] Die Schweiz schloss infolgedessen im August 1942 ihre Grenzen für Flüchtlinge. Ab September 1942 wurden Ausnahmebestimmungen definiert, welche Flüchtlinge als Härtefälle galten und aufzunehmen waren. Dazu gehörten unbegleitete Kinder unter 16 Jahren.[5] In Frankreich galt die Œuvre de secours aux enfants (OSE) als eine der wichtigsten Organisationen, die jüdische Kinder versteckte und Kinder über die Grenze zur Schweiz schmuggelte. Zusammen mit den Eclaireurs israélites de France (EIF) und dem Mouvement de la jeunesse sioniste (MJS) etablierte die OSE eine Handlungslinie, die jüdische Kinder in die Schweiz brachte.[6] Mutmasslich mit der Hilfe dieser Organisationen gelang am 1. Dezember 1942 der 13-jährigen Charlotte Siesel der Grenzübertritt in die Schweiz.[7]

---

1 Vgl. Mommsen, Das NS-Regime, 2014, S. 107, 187.
2 Vgl. ebd., S. 195.
3 Vgl. Friedländer, Das Dritte Reich, 2008, S. 759. Nach der Besetzung von Paris durch deutsche Truppen am 14. 6. 1940 hatten Frankreich und Deutschland am 22. 6. einen Waffenstillstand geschlossen. Frankreich wurde in eine besetzte und eine unbesetzte Zone unterteilt. Die unbesetzte Zone, auch als «Vichy-Frankreich» bezeichnet, kollaborierte mit NS-Deutschland und wirkte an der Verfolgung von Jüdinnen und Juden mit. Vgl. Salewski, Deutschland und der Zweite Weltkrieg, 2005, S. 127–135.
4 Vgl. UEK, Die Schweiz und die Flüchtlinge, 2001, S. 107.
5 Vgl. Koller, Fluchtort Schweiz, 2018, S. 40.
6 Vgl. Picard, Die Schweiz und die Juden, 1994, S. 435. Die OSE war 1912 in St. Petersburg gegründet worden, um die prekären hygienischen Umstände, unter denen Jüdinnen und Juden in Russland lebten, zu verbessern. Die EIF waren 1923 entstanden. Der MJS war aus der zionistischen Bewegung hervorgegangen. Vgl. Fivaz-Silbermann, La fuite en Suisse, 2017, S. 612.
7 Vgl. o. A.: Karthothek der Flüchtlinge ab 1942, Siesel, Charlotte, o. O., 15. 3. 1943, BAR, J2.55#1000/1246#195*. Zu Charlottes Flucht über Perpignan und Grenoble in die Schweiz vgl. Interview mit Amira Gezow, S. 13 f.

Abb. 27: Charlotte Siesel kurz nach ihrer Ankunft in der Schweiz, um 1942.

77 Jahre später erinnerte sich Charlotte, die seit 1945 in Israel lebt und nun Amira Gezow heisst,[8] dass es für sie klar war, dass sie in die Schweiz flüchten würde, denn sie habe ihren Eltern bei der Trennung im französischen Internierungslager Rivesaltes versprochen, dass sie sich in der Schweiz wieder treffen würden, nämlich bei Otto und Régine Heim.[9]

Charlotte Siesel kannte Otto und Régine Heim damals bereits seit einigen Jahren, denn sie hatte 1938 einen Monat bei ihnen verbracht. Charlotte[10] war nicht das erste Kind, das Otto und Régine Heim beherbergten. Bereits ab 1935 hatten sie jährlich ein bis zwei Ferienkinder aus Frankreich aufgenommen. Diese Ferienaktionen für «Emigrantenkinder» aus Paris wurden in Zürich von der Sektion Zürich des Comité suisse d'aide aux enfants d'émigrés (ab 1935 Schweizerisches Hilfswerk für Emigrantenkinder, SHEK) organisiert. Ziel der Ferienaufenthalte war es, die Kinder medizinisch zu versorgen und sie mit reichhaltigem Essen zu versorgen, denn viele der Kinder waren untergewichtig.[11]

---

8 Amira Gezow ist im Dezember 2020 gestorben. Die nachfolgenden Ausführungen wurden im Zeitraum davor erstellt, weswegen einige Formulierungen im Präsens stehen.
9 Vgl. Interview mit Amira Gezow, S. 15.
10 Beide Schwestern, Alice und Charlotte Siesel, sind seit ihrer Jugend in Sprachräumen wohnhaft, in denen es üblich ist, sich mit dem Vornamen anzusprechen. Im Nachfolgenden wird der Vorname «Charlotte» verwendet, wenn es um die Fluchtgeschichte von Amira Gezow geht. Auch für ihre Schwester Alice Alexander wird zum Teil der Vorname benutzt.
11 Vgl. Comité suisse d'aide aux enfants d'émigrés: Flugblatt zur Ferien-Anmeldung, o. O., o. D. (vermutlich Ende 1935), BAR, J2.55#1000/1246#50*. Das Comité suisse d'aide aux enfants d'émigrés wurde 1934 als Verband lokaler Hilfskomitees in der Schweiz gegründet, nachdem

Abb. 28: Otto H. Heim mit Ferienkindern im «Hüsli», von links: Igor Weiss, Otto H. Heim, Charlotte Siesel, Eva Jakob, Itschnach 1938.

Abb. 29: Régine Heim mit Ferienkindern im «Hüsli», von links: Igor Weiss, Eva Jakob, Régine Heim, Charlotte Siesel, Itschnach 1938.

Abb. 30: Ferienkinder von Otto und Régine Heim, von links: Igor Weiss, Eva Jakob, Charlotte Siesel, Itschnach 1938.

In den Akten des SHEK tauchen die Namen von zwei Kindern auf, die ihre Ferien bei Otto und Régine Heim verbrachten: Eva Hanne Jakob[12] und Igor Weiss.[13] Eva Jakob verbrachte ab 1935 mehrmals einen Ferienaufenthalt bei Otto und Régine Heim.[14] Der damals sechsjährige Igor Weiss dürfte im Mai 1936 das erste Mal in Zürich bei Otto und Régine Heim untergebracht gewesen sein.[15] Aus einem Brief von Hanna Eisfelder, Mitgründerin der Assistance médicale aux enfants d'émigrés in Paris, geht hervor, dass Otto Heim auch mit dem Vater von Eva Jakob in Kontakt stand.[16]

Amira Gezow sprach im Zusammenhang mit ihrem Ferienaufenthalt 1938 bei der Familie Heim von mehreren anderen Ferienkindern, die sie getroffen habe.[17] Wie aus ihrem Bericht von 2010 und aus Fotos hervorgeht, war sie zeitgleich mit Igor Weiss und Eva Jakob bei Otto und Régine Heim.[18]

---

es sich vom Comité d'aide aux enfants d'émigrés getrennt hatte, das 1933 in Paris entstanden war, um den deutschen Flüchtlingskindern in Frankreich zu helfen, die unter sehr schlechten Bedingungen lebten. Vgl. Schmidlin, Eine andere Schweiz, 1999, S. 26–31.

12 Eva Jakob wurde 1929 geboren. Vgl. Comité suisse d'aide aux enfants d'émigrés: Informationen zu Ferienkindern, o. O., o. D., BAR, J2.55#1970/95#48*. Über ihren Verbleib nach 1938 ist nichts bekannt.

13 Igor Weiss wurde 1930 geboren, sein Verbleib nach 1938 ist unbekannt. Vgl. E. S. (vermutlich Ellen Seeburger-Vogel): Brief an die Assistance médicale aux enfants de réfugiés in Paris, Zürich, 9. 5. 1938, sowie o. A.: Verzeichnis der vom SHEK 1936 in der Schweiz untergebrachten Kinder, o. O., o. D., BAR, J2.55#1970/95#48*.

14 Belegt sind ihre Ferienaufenthalte 1935 (vermutlich in den Monaten Mai bis Juni und im November) und 1936 (26. 8.–28. 9.) gemäss Listen der «Kindertransporte» und Briefen der Assistance médicale d'aide aux enfants d'émigrés in BAR, J2.55#1970/95#48*.

15 Für 1936 hält eine Liste des SHEK fest, dass Igor Weiss vom 5. 5. bis 8. 9. in der Schweiz untergebracht gewesen sei. Ob er den ganzen Aufenthalt bei Otto und Régine Heim in Zürich verbrachte, geht aus den Unterlagen nicht hervor. 1938 war Igor Weiss vermutlich zweimal für einen Ferienaufenthalt bei Otto und Régine Heim (Mai bis Juni und August bis 7./8. September). Alle Angaben zu Igor Weiss stammen aus Listen der «Kindertransporte» der Assistance médicale d'aide aux enfants d'émigés in BAR, J2.55#1970/95#48*. Igor Weiss war ebenfalls auf der Liste für einen Ferienaufenthalt bei Familie Heim im August 1939. Ob dieser Transport zustande kam, ist nicht klar, da das SHEK seinen Sektionen den Entscheid überliess, angesichts der angespannten politischen Lage Transporte durchzuführen. Salome Lienert beschreibt, dass die Sektionen Zürich und Basel Kinder unterstützen wollten, falls diese von ihren ehemaligen Gastfamilien eingeladen wurden, was bei Igor Weiss der Fall gewesen sein dürfte. Kinder, die sich bei Kriegsausbruch noch in der Schweiz befanden, seien aber so schnell wie möglich zu ihren Eltern zurückgeschickt worden. Vgl. Lienert, Wir wollen helfen, 2013, S. 113.

16 Vgl. Hanna Eisfelder: Brief an das Comité suisse d'aide aux enfants d'émigrés, Paris, 27. 5. 1935, BAR, J2.55#1970/95#48*.

17 Im Zusammenhang mit der Rettung in die Schweiz 1942 bemerkte Amira zu ihrem Aufenthalt bei Otto und Régine Heim 1938, sie habe bei diesem Aufenthalt «zwei Kinder kennengelernt». Interview mit Amira Gezow, S. 13.

18 Vgl. Amira Gezow: In Erinnerung an Otto und Régine Heim, Eilon Juni 2005, S. 1, AfZ, PA Biographische Sammlung Heim, Otto H. Amiras Schwester Alice erinnerte sich, von Igor gehört zu haben: «Er [Otto Heim] hatte noch, ausser meiner Schwester Charlotte, ja? Die bei ihm von 1938, bei ihm war, ja? Da war noch ein Junge aus Jugoslawien. Igor. Aber die haben nie mehr von ihm gehört.» Interview mit Alice Alexander, S. 9.

Das SHEK berichtete in diesem Zusammenhang im Mai 1938: «Igor Weiss ist mit dem B-Transport zu Herrn Heim eingeladen. An Stelle von Eva Jakob wird Familie Heim diesen Sommer ein Kind aus Deutschland zu sich nehmen, sodass wir diesen Platz leider nicht mit einem unserer Kinder besetzen können.»[19]

Vermutlich hatten sich Otto und Régine Heim entschlossen, die damals neunjährige Charlotte Siesel für einen Ferienaufenthalt bei sich aufzunehmen, weil ein Brief der Assistance médicale aus Paris im Mai 1938 nicht mehr von der Notwendigkeit eines Ferienaufenthalts für Eva Jakob ausging: «Dagegen lebt Eva Jakob in wirtschaftlich ausgezeichneten Verhaeltnissen: sie hat eine Verschickung in keiner Weise noetig. Wir vermuten aber wohl mit Recht, dass Herr Heim sie privat einladen moechte, oder sollen wir fuer ihn ein anderes Kind in Vorschlag bringen?»[20]

Der Brief deutet darauf hin, dass Kinder, deren Aufenthalt nicht mehr medizinisch indiziert war, auf private Einladung trotzdem in die Schweiz einreisen durften.

Wahrscheinlich kam Otto H. Heim bereits kurz nach der Gründung des Comité suisse d'aide aux enfants d'émigrés durch seinen engen Freund Georges Bloch mit der Kinderhilfe in Berührung. Kurz nach der Machtergreifung der NSDAP 1933 flohen die ersten Jüdinnen und Juden aus Deutschland in die Nachbarländer.[21] Georges Bloch beschäftigte sich bereits früh mit der Frage, was mit deren Kindern geschehe, und schloss sich dem Comité suisse an. Er und seine Frau Jenny Bloch-Margot hatten zwischen 1934 und 1939 regelmässig drei Flüchtlingskinder aus Frankreich als Gäste.[22] 1936 übernahm Georges Bloch das Amt des Kassiers des SHEK.[23] Georges Bloch besetzte dieses Amt bis zur Auflösung des SHEK Ende 1948 und war der einzige Mann, der für die Zentralstelle des SHEK tätig war.[24] An der Zentralstelle des SHEK arbeiteten neben Georges Bloch Ellen Seeburger-Vogel als Präsidentin und Nettie Sutro

---

19 SHEK: Brief an die Assistance médicale aux enfants de réfugiés in Paris, Zürich, 20. 5. 1938, BAR, J2.55#1970/95#48*.
20 Assistance médicale aux enfants de réfugiés in Paris: Brief an das SHEK, Paris, 16. 5. 1938, BAR, J2.55#1970/95#48*.
21 Vgl. Lienert, Wir wollen helfen, da wo Not ist, 2013, S. 23.
22 Diese Information hat Salome Lienert einem Interview mit Georges Bloch von 1984 entnommen, vgl. Lienert, Wir wollen helfen, 2013, S. 54, und o. A.: Interview mit Georges Bloch, o. O., 1984, AfZ, IB SIG-Archiv / 2049, S. 6. In einem Brief an die Assistance médicale aux enfants de réfugiés in Paris wird allerdings erwähnt, dass Georges Bloch sich nach dem Befinden von vier Kindern erkundigt habe: «Falls sie erholungsbedürftig sind, wäre Herr Bloch bereit, sie wieder bei sich aufzunehmen.» Diese Aussage könnte darauf hindeuten, dass er und seine Frau Jenny zwischen 1934 und 1938 mehr als drei Kinder für Ferienaufenthalte aufgenommen haben. Vgl. E. S. (vermutlich Ellen Seeburger-Vogel): Brief an die Assistance médicale aux enfants de réfugiés in Paris, Zürich, 9. 5. 1938, BAR, J2.55#1970/95#48*.
23 Vgl. Lienert, Wir wollen helfen, 2013, S. 54.
24 Vgl. ebd., S. 48.

als Generalsekretärin.[25] Nettie Sutro, die aus einer liberalen jüdischen Familie stammte, leitete überdies die Sektion Zürich und war eine der wichtigsten Persönlichkeiten im Kinderhilfswerk.[26]

Sowohl Georges Bloch als auch Otto H. Heim unterstützten das Zürcher Komitee des SHEK auch im Vorstand der ICZ. So sprach sich Heim in Vorstandssitzungen der ICZ mehrmals zugunsten finanzieller Beiträge der ICZ ans SHEK aus. Das Protokoll der 23. Vorstandssitzung der ICZ vom 20. Dezember 1937 hält dazu fest: «*E. Hüttner* stellt seinerseits den Antrag auf Streichung des Postens ‹Schweizer Hilfswerk für Emigrantenkinder›, da es sich um keine ausgesprochen jüdische Sache handle. *Otto Heim* ist für Beibehaltung des Postens. Er erklärt, dass die Gelder jüdischer Spender ausschliesslich jüdischen Kindern zukommen. Das Comité leiste sehr viel, insbesondere für jüdische Kinder.»[27]

Erwin Hüttner zog daraufhin seinen Antrag zurück. Während der Vorstandssitzung vom 30. Januar 1939 nahm Otto Heim wiederum explizit zugunsten des SHEK Stellung: «Das Schweizer Hilfswerk für Emigrantenkinder ersucht um Erhöhung des letztjährigen Beitrages von Fr. 200.– auf Fr. 500.–. *O. Heim* befürwortet die Erhöhung unter Hinweis auf die wichtige Arbeit dieser Institution, die fast ausschliesslich jüdischen Kindern zu gute kommt.»[28]

Unterstrichen wird in beiden Zitaten, dass das SHEK viele seiner Hilfeleistungen jüdischen Kindern zukommen lasse. Damit wurde die finanzielle Unterstützung eines interkonfessionellen Hilfswerks durch Gelder der ICZ als gerechtfertigt erachtet.

Charlotte Siesel verbrachte ihre Zeit als Ferienkind in der Schweiz 1938 im Wochenendhäuschen von Otto H. Heim in Itschnach.[29] Auch der Neffe von Otto H. Heim traf dort gelegentlich mit Ferienkindern zusammen.[30]

Otto und Régine Heim standen nach dem Ferienaufenthalt von Charlotte Siesel mit ihren Eltern in regelmässigem Kontakt. Familie Siesel habe auch kleine Geschenke in die Schweiz verschickt, meistens Handarbeiten von Ida, Charlottes Mutter, und von Charlotte selbst.[31] Die Beziehung zwischen Otto und Régine Heim und den beiden Töchter Siesel wurde, bedingt durch die politischen Entwicklungen in Deutschland ab 1938, immer enger. Nachfol-

---

25 Vgl. ebd., S. 47 f.
26 Vgl. ebd., S. 34, 62.
27 O. A.: Prot. VS ICZ, Zürich, 20. 12. 1937, S. 8 f., AfZ, IB ICZ-Archiv / 49 (Hervorhebung im Original).
28 O. A.: Prot. VS ICZ, Zürich, 30. 1. 1939, o. S., AfZ, IB ICZ-Archiv / 50 (Hervorhebung im Original).
29 Vgl. Interview mit Amira Gezow, S. 29, sowie Amira Gezow: In Erinnerung an Otto und Régine Heim, Eilon Juni 2005, S. 1, AfZ, PA Biographische Sammlung Heim, Otto H.
30 Vgl. Interview mit Walter Heim, S. 66.
31 Vgl. Interview mit Amira Gezow, S. 15.

gend wird die Geschichte der Familie Siesel vor allem anhand von zwei Interviews, die die Verfasserin mit den beiden Töchtern Alice Alexander und Amira Gezow gehalten hat, rekonstruiert.

Alice Alexander (geborene Siesel) habe ich am 26. und 27. März 2018 bei ihr zu Hause in London interviewt. Sie lebt heute unweit ihrer Tochter und deren Kinder in einem Haus, ihr Mann verstarb 2003. Alice Alexander hat über ihre Erinnerungen vor allem in Bezug auf die Reichspogromnacht bereits einige Male an Gedenktagen und in Schulen in Deutschland berichtet.[32] Sie erzählte ihre Geschichte relativ frei und unstrukturiert, auf gewisse Ereignisse kam sie im Laufe des Interviews wiederholt zu sprechen.

Amira Gezow (geborene Charlotte Siesel) habe ich am 3. und 4. April 2019 an ihrem heutigen Wohnort in Israel getroffen. Amira Gezow ist verwitwet, hat aber eine grosse Familie, einige Grosskinder und Urgrosskinder. Viele Familienmitglieder wohnen bis heute in ihrer Nähe. Amira Gezow hat ihre Geschichte häufiger öffentlich erzählt als Alice Alexander, unter anderem im Rahmen von Gedenktagen, in Schulen und in Radiointerviews.[33] Sie übersetzt bis heute Briefe und weiteres Quellenmaterial für das Ghetto Fighters House Archive. Im ersten Teil des Interviews konnte sie monologartig und gut strukturiert ihre Geschichte bis zu ihrer Emigration nach Israel erzählen, im zweiten Teil des Interviews hatte ich die Gelegenheit, gezielt vorbereitete Fragen zu stellen.

Sowohl Alice Alexander als auch Amira Gezow sprechen ein ausgezeichnetes Deutsch, da sie aber schon seit über 75 Jahren in einem anderen Sprachraum leben, sind ihnen einige Wörter in spontanen Äusserungen nicht sofort eingefallen. Vor dem Hintergrund, dass die hier wiedergegebenen mündlichen Erzählungen bereits durch den Prozess des Transkribierens als Interpretation zu betrachten sind,[34] wurde zugunsten einer authentischen Wiedergabe weitgehend auf eine Bereinigung von grammatikalischen oder lexikalischen Fehlern verzichtet. Zusätzliche Informationen über die Zeit, die Charlotte Siesel in der Schweiz verbracht hat, sind vor allem zwei Dossiers aus dem Bundesarchiv entnommen: dem Personendossier zu Charlotte Siesel, das vom SHEK erstellt wurde und einem Dossier, das von der Polizeiabteilung der eidgenössischen Fremdenpolizei über sie angelegt worden war.

Charlotte Siesel wurde am 20. Mai 1929 in Coesfeld als zweitälteste Tochter von Walter (1898–1942) und Ida Siesel (geborene Bendix, 1897–1942) geboren. Ihre ältere Schwester Alice (geboren am 20. Juni 1925) wurde im Mai 1939

---

32 Vgl. Interview mit Alice Alexander, S. 3.
33 Vgl. Laugwitz, Erlebte Geschichten mit Amira Gezow, 2014, sowie Schöner, Amira Gezow, 2011.
34 Vgl. Abrams, Oral History Theory, 2016, S. 145.

mit einem Kindertransport[35] zu einer Schwester der Mutter nach England geschickt.[36]

Alice Siesel konnte einige Monate bei ihrer Tante leben, dann wurde sie von ihrem Onkel, der sie und ihre Tante schlecht behandelt habe, weggeschickt. Alice beschrieb den Hergang dieser Situation: «Er [ihr Onkel] war überhaupt, er war ganz erbarmungslos. Schlechter Kerl, ja? Und nach ein paar Monaten hat er gesagt: ‹Ich will keine Deutsche in meinem Haus haben, raus!› Da kam ich an ein Hostel. [...] Im Hostel war es ganz schlimm. Mein Hostel war ein Heim für Kinder.»[37]

Die Tante in England musste einen hohen Geldbetrag an die englische Regierung zahlen, damit sie Alice Siesel nach London holen konnten. Sie sei aber nicht wohlhabend genug gewesen, um diesen Betrag auch für Charlotte aufzubringen.[38] Die Kindertransporte wurden in Deutschland von der Abteilung Kinderauswanderung der Zentralwohlfahrtsstelle, ab 1935 Teil der «Reichsvertretung der deutschen Juden», organisiert. Nach der Reichspogromnacht fanden die meisten Kinderauswanderungen ohne die Begleitung der Eltern statt.[39] Amira Gezow erzählte in diesem Zusammenhang, dass die Trennung von Alice besonders für ihre Mutter sehr schwer gewesen sei.[40]

Als besonders dringende Fälle definierte die Abteilung Kinderauswanderung Kinder, die folgende Kriterien erfüllten: halbwüchsige Kinder, insbesondere Jungen, Staatenlose, Kinder aus Heimen und Waisenhäusern, Kinder, deren Väter inhaftiert waren, und Kinder aus sozial schwachen Schichten. Es wurden ausserdem vor allem Kinder in die Kindertransporte aufgenommen, die Bürgen und Pflegestellen bei Verwandten in England vorweisen konnten.[41] Die Bürgschaft durch die Schwester von Ida Siesel in London dürfte also ein Hauptgrund dafür gewesen sein, dass Alice einen Platz in einem Kindertransport erhielt, denn nach der Reichspogromnacht kam es zu einem Ansturm von

---

35 Zwischen Dezember 1938 und September 1939 wurden im Rahmen der Kindertransporte insgesamt 9354 jüdische und «nichtarische» Kinder aus Deutschland, Österreich, der Tschechoslowakei, Sbaszyn und Danzig nach Grossbritannien gebracht. Möglich gemacht wurden diese Kindertransporte durch die britische Regierung, die erleichterte Einreiseformalitäten für die Kinder einrichtete, und britische Hilfskomitees und Privatpersonen. Die Organisation der Transporte wurde vom Movement for the Care of Children from Germany / Refugee Children's Movement (RCM) übernommen. Vgl. Curio, Verfolgung, Flucht, Rettung, 2006, S. 9 f.
36 Vgl. Interview mit Alice Alexander, S. 13, 40.
37 Interview mit Alice Alexander, S. 43. Aus den weiteren Beschreibungen des Hostels von Alice Alexander geht hervor, dass es sich um ein Hostel des RCM gehandelt haben dürfte. Zu den vom RCM geführten Hostels vgl. Curio, Verfolgung, Flucht, Rettung, 2006, S. 165–171.
38 Vgl. Interview mit Alice Alexander, S. 50. Amira Gezow bestätigte im Wesentlichen die Aussagen ihrer Schwester. Vgl. Interview mit Amira Gezow, S. 27.
39 Vgl. Curio, Verfolgung, Flucht, Rettung, 2006, S. 43.
40 Vgl. Interview mit Amira Gezow, S. 13.
41 Vgl. Curio, Verfolgung, Flucht, Rettung, 2006, S. 58.

Eltern, die ihre Kinder ins Ausland schicken wollten, um sie zu retten.[42] Möglicherweise spielte auch die Inhaftierung von Walter Siesel, auf die weiter unten näher eingegangen wird, eine Rolle.

Charlotte und Alice Siesel stammten aus einer säkularen jüdischen Familie. Charlotte besuchte zunächst einen katholischen Kindergarten und Alice eine öffentliche Schule. Bis 1933 war ihr Vater als Häuser- und Gütermakler in Dortmund tätig. Sie seien nicht reich gewesen, aber das Geschäft sei gut gelaufen. Mit der Machtergreifung der Nationalsozialisten verlor Walter Siesel seine Existenzgrundlage. Laut den Erzählungen von Alice Alexander sind zwei seiner Angestellten Nationalsozialisten gewesen und haben «ihm das ganze Bankkonto gestohlen».[43] Im Mai 1934 zog Familie Siesel nach Mannheim, wo der Vater durch die finanzielle Unterstützung durch seinen Vater eine Mietwaschküche eröffnen konnte.[44]

Zwischen 1936 und 1938 wurde Walter Siesel auf der Strasse angehalten und im Konzentrationslager Kislau[45] inhaftiert. Er sei dort über 18 Monate festgehalten worden, bevor er aufgrund eines neuen Gesetzes freigelassen wurde. Alice Alexander ging davon aus, dass ihr Vater entlassen wurde, weil er im Ersten Weltkrieg gedient hatte und das Eiserne Kreuz erhalten hatte. Der Vater habe während seiner Zeit im KZ Kislau Zwangsarbeit leisten müssen, «aber sie durften Briefe schreiben einmal die Woche und mein Vater hat nie seinen Mut verloren».[46] Alice Alexander beschrieb ihr Wiedersehen mit dem Vater: «[...] da schellte es bei uns an der Tür. Und ähm, ich mache auf und der Mann sagt: ‹Bitte, ist die Mutti daheim? Ruf die Mutti.› Und ich dachte: ‹Wer ist dieser Kerl?› Ich hab' meinen Vater nicht erkannt. Kahlgeschorener Kopf und ganz mager, hab' ich ihn nicht erkannt. Ich bin dann raufgegangen, hab' der Mutti gesagt: ‹Da ist ein Mann da, der will sprechen mit dir.› Und sofort als sie sich gesehen haben, ich kann mich noch erinnern, haben beide geheult.»[47]

Beiden Schwestern blieb aus der Zeit vor der Reichspogromnacht in Erinnerung, dass ein Sohn des Hausbesitzers in Mannheim ein «Nazi» gewesen sei, der sich immer in seiner Uniform präsentiert habe und «den Hund [...] immer auf meine Schwester und mich gehetzt» habe.[48] Sowohl Alice Alexander

---

42 Vgl. ebd., S. 41.
43 Vgl. Interview mit Alice Alexander, S. 73.
44 Vgl. Gezow, Walter und Ida Siesel, o. D. Vgl. dazu auch Interview mit Alice Alexander, S. 74.
45 Das ehemalige Jagd- und Lustschloss Kislau lag unweit Karlsruhe und diente seit der ersten Hälfte des 19. Jahrhunderts als Strafanstalt. 1936 wurde das KZ, das als «Bewahrungslager» bezeichnet wurde, in einem Nebengebäude eingerichtet. Gemäss dem Augenzeugenbericht eines dort inhaftierten politischen Gefangenen verrichteten die Häftlinge zehn Stunden Arbeit am Tag, vor allem in der Küche oder in angeschlossenen Werkstätten und landwirtschaftlichen Betrieben. Vgl. Borgstedt, Das nordbadische Kislau, 2002, S. 217–220.
46 Interview mit Alice Alexander, S. 74 f.
47 Ebd., S. 75 f.
48 Interview mit Amira Gezow, S. 3. Vgl. auch Interview mit Alice Alexander, S. 76.

als auch Amira Gezow erinnerten sich an weitere Ereignisse, bei denen sie als Kinder in Mannheim antisemitisch angegangen wurden.[49]

Im Vorfeld der Reichspogromnacht seien sie jedoch vom Nachbarn, der «Nazi-Offizier»[50] war, gewarnt worden. Er habe ihre Wertsachen für sie versteckt und nach den gewaltsamen Ereignissen alles wieder zurückgegeben. Die beiden Mädchen wurden bei christlichen Bekannten der Familie versteckt, die Eltern seien während der Ausschreitungen ausserhalb von Mannheim mit dem Auto herumgefahren.[51]

Familie Siesel wurde im Anschluss an die Reichspogromnacht im November 1938 gezwungen, die Wäscherei aufzugeben und in die Altstadt, in ein sogenanntes Judenhaus,[52] umzuziehen. Walter Siesel zeigte sich aber flexibel und war zunächst für eine Baufirma tätig, danach übernahm er zusammen mit seiner Frau für die jüdische Gemeinde die Betreuung von Sozialfällen.[53] Amira Gezow erzählte, dass drei Menschen bei ihnen lebten, die ihre Eltern zu pflegen hatten, ein Mann älteren Jahrgangs, eine körperlich behinderte Frau namens Lilly und ein Mann namens Heinrich, der vermutlich psychisch krank oder geistig behindert war und vor dem sie «furchtbare Angst»[54] gehabt habe. Während dieser Zeit konnte Alice nach England emigrieren. Sie habe von ihrem Vater trotz der schwierigen Lage «witzige Briefe» erhalten, in denen er beispielsweise beschrieben habe, wie er eine Mikwe für die jüdische Gemeinde gebaut habe. Er habe sich sehr darüber amüsiert, weil er «gar keine Ideen, nicht, von irgendwelchen Sachen im Judentum» gehabt habe.[55] Der Vater liess sich trotz der schwierigen Lage gegenüber seiner Tochter nichts anmerken. Auch aus den französischen Internierungslagern Gurs und Rivesaltes erhielt Alice später nie Briefe, in denen die Eltern ihre desperate Lage zu erkennen gegeben hätten.[56]

Am 22. Oktober 1940 wurden Walter, Ida und Charlotte Siesel mit der ersten geplanten Deportation aus Deutschland nach Gurs gebracht. Im Rahmen dieser Aktion wurden 6538 jüdische Deutsche aus Baden, der Pfalz und dem Rheinland nach Gurs deportiert. Die Betroffenen hatten kaum Zeit,

---

49 Vgl. Interview mit Alice Alexander, S. 31. Alice erzählte, wie sie in der Schule gedemütigt und gezwungen wurde, die Lehrerin mit «Heil Hitler» zu grüssen. Amira berichtete, dass sie und Alice von Kindern des «Bunds Deutscher Mädel» und der «Hitlerjugend» verfolgt wurden, nachdem sie aus Gründen, an die sie sich nicht mehr erinnerte, eines der Kinder ins Wasser geschubst habe. Vgl. Interview mit Amira Gezow, S. 50 f.
50 Vgl. Interview mit Amira Gezow, S. 3, und Interview mit Alice Alexander, S. 76.
51 Vgl. Interview mit Amira Gezow, S. 3.
52 Das Gesetz über Mietverhältnisse vom April 1939 sah die Konzentration von Jüdinnen und Juden in sogenannten Judenhäusern vor. Vgl. Fritsche, Ausgeplündert, zurückerstattet und entschädigt, 2013, S. 469.
53 Vgl. Gezow, Walter und Ida Siesel, o. D.
54 Interview mit Amira Gezow, S. 4.
55 Interview mit Alice Alexander, S. 78 f.
56 Vgl. ebd., S. 91.

zu packen, und durften maximal 100 Reichsmark pro Person mitnehmen.[57] Amira Gezow erlebte diesen Tag folgendermassen: «[...] am frühen Morgen [kamen] äh, zw..., drei Männer, nicht in Uniform, kamen von der Geheimpolizei und meinen Eltern auftragten, dass sie in einer Stunde zurückkommen und uns abholen werden. Wir [...] dürfen einen Koffer packen für jeden und wir dürfen 100 Mark mit uns nehmen [...]. Also wir drei waren gepackt sowie die anderen drei, Lilly, die Gelähmte, und Heinrich, der ‹Anormale›, und der alte Mann, waren angezogen und hatten ihr Gepäck fertig. [...] Mich hat meine Mutter geschickt um einzukaufen, so viel ich einkaufen konnte für die [...] Rationierungskarten. Und ich kam zurück, fast zusammen [...] mit der Geheimpolizei, die uns abholen kam, mein Vater führte eine Diskussion [...] mit ihnen, das sei ein, ein Irrtum, uns könnte man [...] doch nicht holen von zu Hause, denn er wäre doch vier Jahre im Krieg gewesen [...] für Deutschland, seine Heimat, und er hat das Eiserne Kreuz bekommen. Und er hat es auch gezeigt. Es wäre unmöglich, dass man uns sowas antun könnte.»[58]

Charlottes Vater sei gezwungen worden, die Wohnung abzuschliessen, die gehbehinderte Lilly hätten sie zurücklassen müssen. Hinter ihnen wurde die Wohnung plombiert.[59] Auf der Strasse hätten viele Passantinnen und Passanten, die auf dem Weg zur Arbeit waren, applaudiert, dass man die jüdischen Menschen aus Mannheim zusammentrieb. Andere hätten sich aber auch geschämt und «die Augen verdeckt».[60] Die Zugfahrt dauerte fünf Tage. Bereits am ersten Tag habe der alte Mann, den Familie Siesel betreute, zu weinen und zu schreien angefangen, woraufhin Soldaten mit Waffen gekommen seien und ihn abgeholt hätten. Am zweiten oder dritten Tag sei auch Heinrich mitgenommen worden. Am fünften Tag kamen sie in Gurs an. Ähnlich wie aus vielen anderen Berichten von Überlebenden dieses Transports hervorgeht, beschrieb auch Amira Gezow die Dunkelheit, den Regen und die Kälte bei ihrer Ankunft. Aus ihren Schilderungen wird ersichtlich, wie sie die Reise und die Ankunft im Internierungslager aus einer kindlichen Perspektive erlebte – Amira Gezow war zu diesem Zeitpunkt elf Jahre alt. Sie berichtete von ihren ersten Eindrücken nach der Ankunft: «Ich war schön angezogen, so hat meine Mutter mich angezogen, ich hatte, ich trug Lackschuhe, schwarze Lackschuhe, denn wir gingen doch auf 'nen Weg. Konnte man nicht mit einfachen Sachen gehen. Und ich bin in die, nicht nur [...] Pfützen, das war Schlamm. Da, da bin ich reingefallen und verlor schon einen Schuh. Ich kam mit einem Lackschuh nach Gurs.»[61]

Der Umstand, dass sie einen ihrer guten Schuhe verloren hatte, war für das Kind prägend. Nachdem sie in Gurs angekommen seien, habe man die Männer

---

57 Vgl. Mächler, Hilfe und Ohnmacht, 2005, S. 236.
58 Interview mit Amira Gezow, S. 4.
59 Über den weiteren Verbleib von Lilly ist nichts bekannt.
60 Interview mit Amira Gezow, S. 5.
61 Ebd., S. 6.

von den Frauen getrennt. Charlotte blieb bei ihrer Mutter. Amira Gezow beschrieb den schlechten Zustand des Internierungslagers, wie er auch in der einschlägigen Fachliteratur und in anderen Augenzeugenberichten immer wieder geschildert wurde:[62] beengte Platzverhältnisse, fehlende Infrastruktur, mangelnde hygienische Verhältnisse und vor allem zu wenig Essen. Geholfen hätten ihnen «Spanierinnen, [...] Flüchtlinge aus Spanien, die den Bürgerkrieg in Spanien [...] mitgemacht haben».[63] Sie habe in ihrer Baracke auch zwei Mädchen kennengelernt, Margot und Hannelore Schwarzschild, mit denen sie Freundschaft geschlossen habe.[64] Besonders eindrücklich beschrieb Amira Gezow den Hunger, der in Gurs geherrscht habe. In diesem Zusammenhang blieb ihr vor allem eine Episode nachdrücklich im Gedächtnis: «Meine Mutter hat immer meine Brotration für den ganzen Tag zu sich genommen, denn sie hat mir den ganzen Tag über, immer, wenn ich geweint habe, dass ich essen will, hat sie mir, hat sie mir vom Stücke Brot gegeben, kleine Stücke Brot und so hab' ich [...] tagtäglich gelebt. Eines Tages hab' ich das Böseste getan, was man seiner Mutter antun konnte. Ich hab' ihr gesagt, dass sie mein Brot selbst isst. Und ich will nicht mehr, dass sie mein Brot in Empfang nimmt, ich will es. Natürlich am nächsten Tag war das so, ich hab' mein Brot genommen und auf einmal gegessen. Und ich hatte den ganzen Tag nichts zu essen und abends gab mir meine Mutter ihre Brotration. Aber sie hat furchtbar geweint, dass ich ihr sowas zutraute. Dass sie mein Brot gegessen hätte. Dass, bis heute, wenn ich dran denke, wird mir sehr, sehr bös' zu ... Ich kann das nicht vergessen.»[65] Während Amira Gezow ihre restliche Geschichte relativ neutral und affektlos schildern konnte, fiel ihr die Erinnerung an diese Episode aus Gurs schwer.

Wie es Walter Siesel in Gurs erging, lässt sich nicht rekonstruieren. Amira erzählte in einem Radiointerview von 2014, dass sie ihren Vater ab und zu sehen konnte, da sie als Botin Briefe zwischen den verschiedenen Ilôts[66] vermittelt habe.[67] Amira Gezow gelang es auch, ein Porträt von ihrem Vater zu

---

62 Vgl. dazu zum Beispiel Mächler, Hilfe und Ohnmacht, 2005, S. 236 f.; Picard, Die Schweiz und die Juden, 1994, S. 396. Eine Darstellung der Ankunft in Gurs aus der Perspektive eines Kindes bieten auch die Zeitzeuginnenberichte von Margot und Hannelore Wicki-Schwarzschild, vgl. Wicki-Schwarzschild, Als Kinder Auschwitz entkommen, 2011, S. 22 f. Einige Augenzeugenberichte über die Zustände in Gurs finden sich auch in der Forschungsarbeit von Sabine Zeitoun über die OSE; vgl. Zeitoun, L'Œuvre de secours aux enfants (O. S. E.), 1990, S. 92 f.
63 Interview mit Amira Gezow, S. 7.
64 Vgl. ebd. Amira Gezow sprach von «Margot und Hannelore Wicki», wie die beiden Frauen nach ihrer Heirat hiessen.
65 Ebd., S. 8.
66 Das Internierungslager Gurs bestand aus 428 Baracken, die in 13 Blocks unterteilt wurden. Die Blocks wurden als «ilôts» bezeichnet. Sie waren durch Stacheldraht voneinander getrennt. Vgl. Laharie, Gurs, 2005, S. 19.
67 Vgl. Laugwitz, Erlebte Geschichten mit Amira Gezow, 2014. Für diese Botengänge erhielt Charlotte zusätzliche Brotrationen. Vgl. ebd.

Abb. 31: Walter Siesel in Gurs, Porträt von Richard Liebermann, 14. Dezember 1940.

retten, das am 14. Dezember 1940 in Gurs vom gehörlosen Maler Richard Liebermann angefertigt worden war.[68]

Im Frühjahr 1941 wurden Walter, Ida und Charlotte Siesel nach Rivesaltes gebracht. Ursprünglich als Militärlager errichtet, diente Rivesaltes ab dem 15. Januar 1941 als Internierungslager.[69] Zwischen dem 11. und 14. März 1941 wurden rund 1200 jüdische deutsche Familien aus Gurs nach Rivesaltes gebracht.[70] Laut einer Liste, die Alexandre Doulut im Auftrag des Musée Memorial du camp de Rivesaltes über die internierten Kinder in Rivesaltes erstellt hat, war Charlotte Siesel vom 19. April bis 21. November 1941 in

---

68 Richard Liebermann (1900–1966) wurde in Neu-Ulm geboren. Er war seit seiner Geburt gehörlos. Sein Mal- und Zeichentalent wurde bereits in seiner Kindheit entdeckt. Zwischen 1921 und 1930 wurde er an der Akademie für bildende Künste in München ausgebildet. Richard Liebermann wurde am 22. 10. 1940 nach Gurs deportiert. Viele seiner Familienmitglieder starben in französischen Internierungslagern. 1943 entkam Richard mithilfe seiner Geschwister aus dem Spitallager Noé und wurde in einem Hospiz versteckt. Er lebte bis zu seinem Lebensende von einer schmalen Wiedergutmachungsrente. Vgl. Wiehn, Eine verdichtete Familiensaga, 2010, S. 206 f.
69 Doulut, Les Juifs au camp de Rivesaltes, 2014, S. 15.
70 Vgl. ebd., S. 29.

Rivesaltes interniert.⁷¹ Amira berichtete, dass es im Vergleich zu Gurs in Rivesaltes weniger geregnet habe, aber sehr windig gewesen sei. Infrastruktur und Ernährung in Rivesaltes seien ein wenig besser gewesen als in Gurs.⁷² Während des Transports nach Rivesaltes sei ihre Mutter allerdings sehr krank geworden: «Und sie [Ida Siesel] kam fast bewusstlos in Rivesaltes an, s'war auch abends, [...] alle Leute, Männer und Frauen eilten in die Baracken und ich blieb mit meiner Mutter draussen, denn meine Mutter war nicht fähig, zu gehen. Sie lag auf dem Boden. Ich blieb mit ihr die Nacht über, so dass ich auch keinen Platz in einer Baracke gehabt hätte.»⁷³

Die Mutter habe sich glücklicherweise aber wieder erholt. Während ihrer Zeit in Rivesaltes konnte Walter Siesel, der in einer Männerbaracke untergebracht war, ihnen ab und zu Brot zukommen lassen. Er habe verschiedene Arbeiten angenommen und dadurch mehr Lebensmittel erhalten.⁷⁴ Während der Zeit in Gurs und Rivesaltes standen Charlotte Siesel und ihre Eltern weiterhin in Kontakt mit Otto und Régine Heim, die ihnen Lebensmittel in die Internierungslager geschickt und auch Briefe zwischen ihnen und Alice Siesel vermittelt hätten.⁷⁵

1941 begann die OSE damit, Kinder aus Gurs und Rivesaltes zu befreien und in Heimen unterzubringen. Vivette Samuel, die später die OSE leitete, liess sich dafür mehrere Monate in Rivesaltes einsperren, um Eltern zu überzeugen, dass ihre Kinder getrennt von ihnen ausserhalb der Internierungslager bessere Überlebenschancen hätten.⁷⁶ Amira Gezow zufolge hätten ihre Eltern in Rivesaltes Gerüchte gehört, dass Kinder in Kinderheime geschickt werden könnten, und hätten sie überzeugt, dass das ihre Rettung sein könnte.⁷⁷ Sie sei daraufhin zusammen mit 13 anderen Mädchen zunächst ins Château de Montintin gebracht worden, einige Zeit später wurden die Mädchen ins Château de Couret gebracht, da Montintin überfüllt gewesen sei.⁷⁸ Bei den beiden Schlössern handelte es sich um Kinderheime, die von der OSE geführt wurden.⁷⁹ Eine

---

71 Vgl. Alexandre Doulut: Liste des enfants internés à Rivesaltes, zugestellt durch Dominique Rotermund, Archiv OSE Paris, am 6. 2. 2020. Für die Vermittlung des Kontakts zur OSE Paris danke ich Lilly Maier.
72 Vgl. Interview mit Amira Gezow, S. 9. Trotz der beschriebenen Verbesserungen im Vergleich zu Gurs betrug die durchschnittliche tägliche Kalorienzufuhr in Rivesaltes nach einer Berechnung von Joseph Weill von der OSE im Mai 1941 500 Kalorien. Vgl. Zeitoun, L'Œuvre de secours aux enfants (O. S. E.), 1990, S. 93.
73 Interview mit Amira Gezow, S. 9.
74 Vgl. ebd., S. 10.
75 Vgl. ebd., S. 15. Alice war sich nicht mehr ganz sicher, ob ihre Briefe direkt über die Schweiz gingen oder über Freunde von Otto H. Heim in Portugal und in der freien Zone Frankreichs. Vgl. Interview mit Alice Alexander, S. 89.
76 Vgl. Maier, Arthur und Lilly, 2018, S. 164.
77 Vgl. Interview mit Amira Gezow, S. 11.
78 Vgl. ebd.
79 Vgl. Zeitoun, L'Œuvre de secours aux enfants (O. S. E.), 1990, S. 117–130.

Liste von Le Couret belegt, dass Charlotte Siesel am 25. Dezember 1941 dort angekommen war. Charlotte verbrachte also rund einen Monat in Montintin.[80]

Aus ihrer Zeit in Le Couret ist Amira Gezow die bessere Ernährungslage in positiver Erinnerung geblieben. Auch die Mithilfe bei der Hausarbeit wertete sie nicht als schlechte Erfahrung, das Personal hingegen, besonders «die beiden Direktoren dieses Schlosses waren unmenschlich zu uns».[81] Sie sei aber sonst in Le Couret gut versorgt gewesen, habe viel an ihre Eltern gedacht und ihnen täglich geschrieben. Ausserdem habe sie ihnen Brot geschickt. Amira Gezow schilderte diese Begebenheit so: «Wir hatte es nicht schlecht. [...] Wir bekamen täglich vier Stücke, Scheiben Brot. Ich habe zwei Scheiben gegessen und zwei Scheiben hab' ich getrocknet auf dem, entweder draussen oder auf dem Ofen in der Küche und ich hab' sie gesammelt und wenn ich genug hatte, hab' ich meinen Eltern ein Packet mit, mit Zwieback, mit getrocknetem Brot geschickt. Das kam manchmal verschimmelt bei ihnen an, aber sie haben alles aufgegessen, nix wurde weggeworfen.»[82]

Im September 1942 wurde Le Couret geräumt. Die Razzien der deutschen Besatzungsbehörden waren zunächst auf den Raum Paris beschränkt gewesen, im Juli 1942 wurden dort über 12 000 jüdische Personen verhaftet und interniert, in der Folge wurden die Verfolgungen auch auf die französischen Kinderkolonien ausgedehnt.[83] Am 30. August 1942 wurden die Behörden der freien Zone in Frankreich darüber informiert, dass alle ausländischen Jüdinnen und Juden, die nicht nach Drancy gebracht worden seien, nach Rivesaltes gebracht werden sollten.[84] Das Innenministerium bestimmte auch, dass alle Kinder, die in Kinderkolonien untergebracht waren, wieder zurück zu ihren Familien gebracht werden sollten, unter dem Vorwand, dass Familien nicht getrennt werden sollten, oder, wie der Historiker Alexandre Doulut treffend formulierte: «Façon polie de ne pas dire *déporter* les familles au complet.»[85] Amira Gezow erzählte in einem Radiointerview von 2014, eines Tages seien Lastwagen vorgefahren, und «man erklärte uns, man nehme uns nach Rivesaltes zurück, da uns die Eltern fordern».[86] Diese Erklärung scheint öfter ange-

---

80 Vgl. o. A.: Liste des enfants se trouvant dans la maison d'enfants du Couret, o. O., 31. 12. 1941, zugestellt durch Dominique Rotermund, Archiv OSE Paris, am 6. 2. 2020. Gemäss einer Notiz auf demselben Dokument befanden sich am 31. 12. 1941 71 Mädchen in Le Couret. Knaben wurden keine vermerkt. In der Liste wurde aufgezeichnet, dass Charlotte Siesel am 27. 11. 1941 aus Rivesaltes befreit worden sei. Aus dem Vergleich mit der Liste von Alexandre Doulut, in der festgehalten wird, dass Charlotte Siesel am 21. 11. 1941 aus Rivesaltes ausgetreten sei, ergibt sich eine Diskrepanz von sechs Tagen. Vgl. Alexandre Doulut: Liste des enfants internés à Rivesaltes, zugestellt durch Dominique Rotermund, Archiv OSE Paris, am 6. 2. 2020.
81 Vgl. Interview mit Amira Gezow, S. 11.
82 Ebd.
83 Vgl. Schmidlin, Eine andere Schweiz, 1999, S. 258.
84 Vgl. Doulut, Les Juifs au camp de Rivesaltes, 2014, S. 69 f.
85 Ebd., S. 68 (Hervorhebung im Original).
86 Laugwitz, Erlebte Geschichten mit Amira Gezow, 2014.

wendet worden zu sein,[87] sie dürfte dazu gedient haben, dass viele Kinder sich weitgehend widerstandslos in die Internierungslager zurückbringen liessen. So berichtete Amira Gezow: «Wir, wir Kinder sind gesprungen aufs, auf den Wagen, denn gibt es was Besseres, als zu den Eltern zurückzukommen?»[88] Charlotte kam am 2. September 1942 zum zweiten Mal in Rivesaltes an.[89] Im Gegensatz zu vielen anderen Kindern, deren Eltern bereits deportiert worden waren, traf Charlotte ihre Eltern in Rivesaltes noch an. Es habe ein grosses Durcheinander geherrscht: «War kein Regime mehr, denn nichts zu essen, die Lage war fürchterlich, Männer und Frauen waren zusammen. [...] Man musste jeden Morgen aufstehen und auf den, den Zentralplatz kommen und Namen wurden aufgerufen und dann musste man sich an den Tisch, wo die Leute und die Soldaten sassen, musste man hin und danach, da waren schon die Züge, waren im Lager selbst, die Leute wussten alle, wohin die Lager gingen. Über Drancy nach Auschwitz.»[90]

Da die Papiere der Familie Siesel noch nicht nach Rivesaltes zurückgeschickt worden waren – Charlottes waren noch in Le Couret, die der Eltern an den Orten, wo sie zuletzt Arbeitseinsätze geleistet hatten[91] – wurde mit der Deportation zugewartet.[92] Charlotte verbrachte nochmals zwölf Tage mit ihren Eltern zusammen. Schliesslich seien alle Unterlagen wieder in Rivesaltes eingetroffen und am 14. September 1942 stand die Familie Siesel auf der Deportationsliste. Amira beschrieb diesen Tag folgendermassen: «Und so wurden wir, unser Name aufgerufen und wir gingen, diesmal in Viehwagen stopfte, stopfte man uns rein. Aber ich war mit Vater und mit Mutter, ich war geborgen. Und als man das, schon die Wagen vollgestopft hat, um auf den Weg zu kommen, fast bis dahin, kamen Schwestern vom Roten Kreuz. Wir nahmen die als solche auf. Die kamen, die gingen in die Wagen rein, um Kinder rauszuholen. [...] Nicht alle Eltern erlaubten den Kindern wegzugehen. [...] Meine

---

87 Die Leiterin des SHEK Nettie Sutro berichtete über ihre Reise im Auftrag der OSE nach Frankreich Anfang September 1942, dass «unter dem Vorwand der Wiedervereinigung mit ihren Familien [...] jüdische Kinder aus verschiedenen Heimen in die Lager gebracht wurden». Man habe, «um die öffentliche Meinung nicht gegen die Massnahme aufzuhetzen, [...] an den Eisenbahnwaggons das Plakat ‹Ferienkolonie› angebracht». Schmidlin, Eine andere Schweiz, 1999, S. 390 f., Anm. 14. Sutro hatte Ende August 1942 anlässlich einer Sitzung in Genf Kontakt zu Vertretern der Young Men's Christian Association, der Quäker, der Union internationale de secours aux enfants, der OSE und des International Migration Service aufgenommen. Vgl. Lienert, Wir wollen helfen, 2013, S. 147.
88 Interview mit Amira Gezow, S. 12.
89 Vgl. Alexandre Doulut: Liste des enfants internés à Rivesaltes, zugestellt durch Dominique Rotermund, Archiv OSE Paris, am 6. 2. 2020.
90 Interview mit Amira Gezow, S. 12.
91 Laut den Angaben von Amira Gezow war ihr Vater, bevor er nach Rivesaltes zurückgebracht wurde, in Perpignan in einem Arbeitslager interniert gewesen. Ihre Mutter habe «in Weinbergen gearbeitet». Ebd., S. 12.
92 Vgl. ebd.

Mutter hat, hat mich an sich gerissen und sie gab mich nicht los und mein Vater, der endlich verstanden hat, dass er kein Deutscher mehr ist und kein Frontsoldat mehr ist und kein Eisernes Kreuz mehr hat und er hat mit meiner Mutter sehr schwer, eine sehr schwere Debatte gehabt. […] Und mein Vater übergab mich dem Roten Kreuz gegen meinen Willen natürlich und beschwor mich, dass nach dem Krieg holen sie mich ab.»[93]

Walter und Ida Siesel wurden mit dem fünften Transport vom 14. September 1942, der 594 Personen umfasste, aus Rivesaltes deportiert. Dieser Transport ging über das Sammellager Drancy im Nordosten von Paris. Mit dem 33. Transport («Convoi 33») wurden die meisten Deportierten am 16. September 1942 aus Drancy über Cosel nach Auschwitz transportiert.[94] Einige Männer wurden in Cosel zur Zwangsarbeit ausgewählt, die meisten Personen, darunter alle Frauen aus Rivesaltes, wurden aber nach Auschwitz weitertransportiert.[95] Am 18. September 1942 kamen die Deportierten, darunter Walter und Ida Siesel, in Auschwitz an.[96] Beide wurden in Auschwitz ermordet.

Während ihre Eltern sich auf dem Weg nach Drancy befanden, blieb Charlotte für eine weitere Nacht in Rivesaltes: «Und ich ging mit den Schwestern [des Roten Kreuzes], so wie auch viele andere Kinder, die uns in eine, in die Baracke des Roten Kreuzes brachten und wo wir übernacht. Mir gab man sofort ein Baby, das die Eltern dem Roten Kreuz gaben. Und ich pflegte, wie konnte ich pflegen? Ich war doch selbst ein Kind. Aber ich, ich hielt das Baby. […] In der Nacht hörten wir, wie die Züge fuhren, und das Weinen aller Kinder ist nie zu vergessen.»[97]

Amira Gezow ging wie erwähnt damals davon aus, dass es sich bei den Frauen, die sie befreit hatten, um Schwestern des Roten Kreuzes gehandelt habe. Für die Befreiungen aus den Internierungslagern waren nach heutigen Erkenntnissen Personen aus Organisationen verantwortlich, die schon vor dem August 1942 Kinder in den Internierungslagern in Frankreich betreut hatten, dazu gehörten der Secours suisse aux enfants,[98] die OSE, das

---

93 Ebd., S. 12 f.
94 Vgl. Doulut, Les Juifs au camp de Rivesaltes, 2014, S. 71. Für eine Übersicht über die aus Rivesaltes deportierten Personen, darunter auch Walter und Ida Siesel, vgl. ebd., S. 157–200, hier S. 191. Detaillierte Angaben zum Transport 33 finden sich auch im Archiv von Yad Vashem, https://deportation.yadvashem.org/?language=de&itemId=5092606, 25. 2. 2020.
95 Vgl. Doulut, Les Juifs au camp de Rivesaltes, 2014, S. 71.
96 Vgl. o. A., Opfer der Verfolgung der Juden, 2019.
97 Interview mit Amira Gezow, S. 13.
98 Mehrere ehemalige in der Schweizerischen Arbeitsgemeinschaft für kriegsgeschädigte Kinder (SAK) Mitarbeitende widersetzten sich den offiziellen Anweisungen des Schweizerischen Roten Kreuzes und befreiten Kinder illegal aus den Lagern. Dazu gehörten Friedel Bohny-Reiter und Rösli Naef, die von Yad Vashem als «Gerechte unter den Völkern» geehrt wurden. Die SAK fusionierte auf Geheiss des Bundesrates per 1. 1. 1942 mit dem Schweizerischen Roten Kreuz. Vgl. Schmidlin, Eine andere Schweiz, 1999, S. 197. Zu Bohny-Reiter und Naef vgl. o. A.: Rightous among the Nations Honored by Yad Vashem, Yad Vashem, The World Holocaust

CIMADE[99] und die Quäker.[100] Finanziell unterstützt wurden die Befreiungen aus den Internierungslagern auch durch Gelder des SHEK.[101]

Zwischen den schriftlich festgehaltenen Daten der Deportation der Eltern von Charlotte am 14. September und ihrer von den Schweizer Behörden registrierten Ankunft in der Schweiz vom 1. Dezember liegen zweieinhalb Monate, in denen Charlotte in Frankreich versteckt wurde. Schriftliche Belege darüber, wer sich während dieser Zeit um Charlotte kümmerte, waren im Rahmen dieser Forschungsarbeit nicht auffindbar, sodass sich die nachfolgende Darstellung an den Aussagen von Amira Gezow orientiert. Es gibt allerdings einen vereinzelten Hinweis darauf, dass Otto H. Heim bereits im Oktober 1942 über die Befreiung von Charlotte aus Rivesaltes informiert wurde. In den Akten des SHEK findet sich ein Gesuch, das laut der von Heim ausgefüllten Datierung vom 19. Oktober 1942 stammte. Dieses einzelne Dokument kann als Hinweis darauf gewertet werden, dass er bereits im Herbst über einen möglichen Fluchtversuch von Charlotte in die Schweiz informiert war, denn als aktueller Aufenthaltsort von Charlotte wird das «Institut Hotel» in Grenoble angegeben[102] – einer der Orte, an die Charlotte mutmasslich nach ihrer Befreiung aus Rivesaltes gebracht wurde.[103] Neben den Personalien von Otto H. Heim und Charlotte wurde nach den familiären Verhältnissen von Charlotte und ihren Beziehungen zur Familie Heim gefragt. Aufschlussreich sind auch die Fragen nach der Finanzierung: Heim gab an, Charlotte Siesel für die gesamte allfällige Aufenthaltsdauer aufnehmen zu wollen und für alle Kosten für ihren Lebensunterhalt aufzukommen. Weiter wird aus dem Gesuch ersichtlich, dass Charlotte beim Roten Kreuz angemeldet worden war. Eine der Fragen lautete: «Wurde das Kind zwecks Hereinnahme in die Schweiz bereits bei einer Organisation gemeldet?»[104] Otto H. Heim bejahte diese Frage und gab an, Charlotte sei beim Roten Kreuz angemeldet worden, und zwar bei der Sektion Zürich

---

Remembrance Center, 1. 1. 2019, www.yadvashem.org/righteous/statistics.html, 25. 2. 2020. Für eine ausführliche Darstellung der Tätigkeiten des Secours suisse in Frankreich vgl. Wisard, Les Justes suisses, 2007, S. 18–50.

99 Das protestantische Hilfswerk Comité inter-mouvement auprès des évacués (CIMADE) wurde 1939 gegründet, in erster Linie, um Glaubensgenossen zu helfen, die auf Befehl der französischen Regierung aus dem Elsass evakuiert wurden. Das CIMADE verfügte über gute Verbindungen in die Schweiz. In einer ersten Phase kümmerte sich das Hilfswerk besonders um die «nichtarischen» protestantischen Gefangenen in den Internierungslagern von Vichy, später auch um deren Befreiung. Das Hilfswerk kümmerte sich aber auch um die Unterbringung und Flucht zahlreicher Jüdinnen und Juden, die nicht zum protestantischen Glauben übergetreten waren. Vgl. Fivaz-Silbermann, La fuite en Suisse, 2017, S. 711–713.

100 Vgl. Doulut, Les Juifs au camp de Rivesaltes, 2014, S. 79 f. Zur Rolle der OSE vgl. Zeitoun, L'Œuvre de secours aux enfants (O. S. E.), 1990, S. 106 f.

101 Vgl. Lienert, Wir wollen helfen, 2013, S. 147.

102 Vgl. Otto H. Heim: Gesuch an das SHEK, Zürich, 19. 10. 1942, BAR, J2.55#1000/1246#91*.

103 Vgl. Interview mit Amira Gezow, S. 13 f. Amira Gezow erzählte, dass das Hotel ganz in der Nähe des Bahnhofs gewesen sei, was auf das Hotel Institut hinweist, das heute noch existiert.

104 Otto H. Heim: Gesuch an das SHEK, Zürich, 19. 10. 1942, BAR, J2.55#1000/1246#91*.

«vor ca. 4 Wochen».[105] Weitere Informationen, wer die Anmeldung vorgenommen hatte, lassen sich aus den Akten nicht rekonstruieren, auch konnten keine weiteren Belege dafür gefunden werden, dass Otto H. Heim über Charlottes Verbleib nach ihrer Befreiung aus Rivesaltes informiert war. Es ist aber durchaus denkbar, dass er durch seine Beziehung zum SHEK, insbesondere zu Georges Bloch, über die Situation von Charlotte im Herbst 1942 orientiert war. Nettie Sutro pflegte einen engen persönlichen Kontakt zur OSE und unternahm im September 1942 eine Reise nach Frankreich, bei der sie Zeugin der «Lagerbefreiungen» von Kindern durch die OSE wurde.[106] Über Joseph Weill, den medizinischen Leiter der OSE in Frankreich, wurde der SIG direkt über die Deportationen in Frankreich orientiert, möglicherweise stammten die Informationen über Charlotte Siesel von dieser Seite her.[107]

Am Tag nach der Trennung von ihren Eltern wurde Charlotte zusammen mit einem anderen Mädchen nach Perpignan gebracht. Dort habe sie gefälschte Papiere erhalten. Die beiden Mädchen wurden anschliessend bei einer jüdischen Familie in Grenoble versteckt. Wie Amira bemerkte, hatten diese Leute «die französische Bürgerschaft und denen […] hat man noch nichts getan».[108] Danach sei sie zusammen mit einem Mädchen namens Céline zu einer anderen Familie gekommen. Diese Familie sei in der Résistance aktiv gewesen.[109] Charlotte wurde angeboten, dass sie zusammen mit Céline in die USA emigrieren könne, doch sie habe das stets mit der Aussage abgelehnt: «Nach Amerika komm ich nicht, ich hab meinen Eltern versprochen, dass ich in die Schweiz gehe zu Otto und Régine Heim.»[110] Daraufhin habe man ihre Flucht in die Schweiz organisiert. Die Flucht in die Schweiz wurde mithilfe eines Passeurs eingeleitet. Zusammen mit Charlotte wurden ein weiteres Mädchen und ein «älterer Mann»[111] auf den Weg in die Schweiz geschickt. «Wir sind über Berge, im Schnee, sind wir nach der Schweiz gekommen. Der Passeur war immer weit entfernt von uns, aber er hat uns Zeichen gemacht, wo wir, wie wir weitergehen sollen. Wir kamen an die Schweizer Grenze, wir sahn auf dem ganzen Weg sahen wir die Italiener mit den Hunden, aber die haben sich nicht um uns geschert. […] Und wir waren Kinder, wir hatten, ich weiss nicht, ich glaube nicht, dass ich je Angst empfunden hatte.»[112]

Bei dem von Amira beschriebenen Mädchen, das gemeinsam mit ihr die Schweizer Grenze passierte, handelte es sich vermutlich um Berthe Klein.

---

105 Ebd.
106 Vgl. Lienert, Wir wollen helfen, 2013, S. 147.
107 Vgl. o. A.: Prot. CC SIG, Bern, 20. 8. 1942, S. 2, AfZ, IB SIG-Archiv / 94.
108 Interview mit Amira Gezow, S. 14.
109 Vgl. ebd., S. 14.
110 Ebd., S. 15.
111 Ebd., S. 16.
112 Ebd.

Diese Vermutung legt der Wortlaut eines Briefs von Berta Hohermuth[113] an Nettie Sutro vom 7. Dezember 1942 nahe: «Die ca. 13 j. *Charlotte Siesel*, welche Ende letzter Woche aus Frankreich mit ihrer Freundin Berthe Klein hierankam, musste heute früh mit dem Transport nach Büren verreisen.»[114]

Amira Gezow zufolge wurde der ältere Mann von den Grenzwächtern zurück nach Frankreich geschickt und auch das andere Mädchen sollte zurückgeschickt werden, aber sie habe die Grenzwächter angefleht, dass auch ihre Begleiterin bleiben dürfe, und so habe man sie schliesslich ebenfalls aufgenommen.[115] Aus den Akten der Polizeiabteilung geht hervor, dass Charlotte kurz nach ihrer Ankunft in der Schweiz in einer Befragung angegeben hat, sie habe die Grenze «dans la région de Jussy»[116] überquert und sich bei der Polizei gemeldet. Auch nach allfälligen Bekannten und Verwandten in der Schweiz wurde gefragt, wobei Charlotte neben Otto H. Heim dessen Sekretärin Irmgard Weinberg[117]

---

113 Berta Hohermuth wurde 1903 in St. Gallen geboren und absolvierte eine Ausbildung an der Sozialen Frauenschule in Zürich. Hohermuth war Quäkerin und 1940/41 für den Service social d'aide aux émigrants in Marseille tätig. Ab 1941 war sie Leiterin des Internationalen Sozialdienstes in Genf, 1947–1950 war sie für die IRO in Frankfurt am Main tätig. Bis zu ihrem Tod 1977 betätigte sich Berta Hohermuth im sozialen Bereich. Vgl. Schmidlin, Berta Hohermuth, e-HLS.

114 Berta Hohermuth: Schreiben an Nettie Sutro, Genf, 7. 12. 1942, BAR, J2.55#1000/1246#91* (Hervorhebung im Original). Bei Berthe Klein, geboren 1928, dürfte es sich um die Tochter von Cécile Klein-Hechel gehandelt haben. In einem Schreiben an die Schweizerische Flüchtlingshilfe schrieb sie, dass ihre Tochter, «geführt von einem orientierten christlichen Pfadfinder», Anfang Dezember 1942 die Schweizer Grenze illegal überquerte. Für die These, dass es sich um dieselbe Berthe Klein handelte, spricht auch Amira Gezows Erinnerung, dass die Familie des Mädchens, das sie begleitete, in Grenoble geblieben war. Vgl. Cécile Klein-Hechel: Schreiben an Paul Vogt, Baden Februar 1944, zitiert nach Happe/Lambauer/Maier-Wolthausen, Die Verfolgung und Ermordung der europäischen Juden, 2015, S. 797–799. Eine Berthe Klein, geboren 1928, taucht auch auf einer Liste des Territorialkommandos Genf über die illegalen Grenzübertritte vom 5. 12. 1942 auf. Ihr Name wird direkt unter dem von Charlotte Siesel aufgeführt. Vgl. A. Guillermet: Liste der illegal eingereisten Flüchtlinge, die unter militärische Kontrolle gestellt wurden, an den Kommandanten der Armee, Polizeiabt., Genf, 4. 12. 1942, BAR, E4264#1985/196#12144*.

115 Vgl. Interview mit Amira Gezow, S. 17.

116 Nach einer nicht repräsentativen Stichprobe von Ruth Fivaz-Silbermann fanden vom September bis November 1942 4–8 Prozent aller Grenzübertritte in die Region Genf bei Jussy statt. Vgl. Fivaz-Silbermann, La fuite en Suisse, 2017, S. 453.

117 Irmgard Weinberg, geboren 1916, stammte aus Zürich. Sie war nicht nur Otto H. Heims Sekretärin, sondern auch seine rechte Hand. Sie führte seine private Korrespondenz und kümmerte sich um Charlotte Siesel. 1947 heiratete sie Saul Gurewicz und wanderte im darauffolgenden Jahr mit ihm in die USA aus. Die Ehe wurde aber bald darauf geschieden und Irmgard Weinberg heiratete erneut. Vgl. Irmgard Weinberg: Fragebogen betr. Überweisung von USA, Zürich, 28. 11. 1946; Saul Gurewicz, Irmgard Weinberg: Hochzeitsanzeige, Zürich, 13. 4. 1947, AfZ, IB VSJF-Archiv / G.806. Vgl. weiter Irene Eger: Prot. GA VSJF 15. 4. 1948, S. 1, AfZ, IB VSJF-Archiv / 26. Vgl. ausserdem Ayelet Gezow: Schreiben an die Verfasserin, o. O., 1. 1. 2021; Interview mit Alice Alexander, S. 14 f., sowie Interview mit Amira Gezow, S. 43.

Abb. 32: Irmgard Weinberg und Otto H. Heim bei der Arbeit, um 1942.

Abb. 33: Irmgard Weinberg, undatiert.

angab sowie einen Onkel namens Adolf Guttmann, der bereits in die Schweiz geflüchtet war.[118]

Nach dem Grenzübertritt kam Charlotte in verschiedene Flüchtlingslager in der Schweiz. Die Akten der eidgenössischen Fremdenpolizei zeichnen minutiös die Wege von Flüchtlingen, die es in die Schweiz geschafft hatten, nach, so auch den von Charlotte.

Aufgrund eines Bundesratsbeschlusses von 1940 war es möglich geworden, Flüchtlinge in Arbeitslagern zu internieren. Die Schweiz hatte bei Charlottes Grenzübertritt bereits ein «Lagersystem»[119] etabliert, das darauf ausgerichtet war, arbeitsfähige Männer und Frauen für diese «Lager» auszuwählen. Ältere Leute, Kinder, Schwangere und Mütter von Kleinkindern wurden in anderen Einrichtungen untergebracht. Nach der Erstregistrierung der Flüchtlinge durch die Grenzwächter oder die örtliche Polizei wurden sie in Quarantänelager gebracht, wo sie einige Wochen blieben. Danach kamen sie in sogenannte Auffanglager. Die Aufenthaltsdauer bis zum Entscheid, wo die Flüchtlinge letztendlich hingebracht werden sollten, konnte aber bedingt durch die je aktuellen Zahlen von neu ankommenden Flüchtlingen stark variieren und zwischen einigen Wochen und einigen Monaten dauern.[120] Quarantäne- und Auffanglager wurden militärisch geführt.[121] Durch den endgültigen Entscheid der Unterbringung von Erwachsenen in Arbeitslagern wurden Familien getrennt. Während die Eltern in den separat für Männer und Frauen geführten Arbeitslagern tätig waren, wurden die Kinder in Schweizer Familien untergebracht, oft mithilfe des SHEK.[122] Im Dezember 1942, also zeitgleich mit Charlottes Ankunft in der Schweiz, war die «Lagerbefreiung» von Kindern das Hauptaufgabengebiet des SHEK geworden. Die Organisation hatte per 1. Dezember 1942 vom Bundesrat den Auftrag erhalten, sich um alle alleinstehenden Flüchtlingskinder unter 16 Jahren zu kümmern und alle Schulkinder über sechs Jahren an Schweizer Pflegefamilien zu vermitteln. Unterstützung für diese Aufgabe erhielt das SHEK von der Kinderhilfe des Roten Kreuzes.[123]

---

118 Vgl. Charlotte Siesel: Declaration, Genf, 2. 12. 1942, und Polizeiposten Jussy: Rapport d'arrestation, Genf, 1. 12. 1942, BAR, E4264#1985/196#12144*. Gemäss den Erzählungen von Alice war der Onkel ein Jahr in einem «KZ in Deutschland», nach seiner Entlassung sei er «sofort ausgerissen in die Schweiz». Interview mit Alice Alexander, S. 30 f.

119 Obwohl die oft jahrelange Internierung in den «Lagern» in der Schweiz für viele Flüchtlinge sehr negative Auswirkungen hatte, kann das schweizerische «Lagersystem» nicht mit deutschen Arbeits- und Konzentrationslagern verglichen werden. Vgl. Erlanger, Nur ein Durchgangsland, 2006, S. 15. In den folgenden Ausführungen wird versucht, wenn möglich zwischen Typen von «Lagern» in der Schweiz zu unterscheiden. Wo dies nicht möglich ist, wird der Begriff «Lager» angeführt, um zu verdeutlichen, dass es sich um Schweizer «Lager» handelt.

120 Vgl. ebd., S. 101 f., 125.

121 Vgl. ebd., S. 174.

122 Vgl. Schmidlin, Eine andere Schweiz, 1999, S. 132. Zum «Lagersystem» der Schweiz vgl. Langenegger, Die Flüchtlingslager des Territorialkommandos Basel, 2019, S. 89.

123 Vgl. Lienert, Wir wollen helfen, 2013, S. 156–161.

Amira Gezow erinnerte sich, dass sie zuerst im Auffanglager Bout-du-Monde in Genf interniert wurde. Danach sei sie im Auffanglager Büren an der Aare und anschliessend in einem «Lager» in Biel gewesen. In Biel sei sie einige Monate geblieben, den Aufenthalt dort empfand sie als weniger schlimm als in den anderen «Lagern», denn dort habe es ein Ehepaar gegeben, das sich um sie gekümmert habe.[124] Das Auffanglager Büren beschrieb sie hingegen als «hässlich».[125] Ausserdem sind ihr der Zaun und die Wachen in Erinnerung geblieben und die Tatsache, dass sie ganz auf sich gestellt war: «Ich glaub, ich war das einzige Kind dort. Das einzige Mäd[chen], da waren Familien. Ich weiss nicht, ob das ein Arbeitslager war oder nic[ht]. Ich war ganz allein. Und einer der Soldaten, die drin waren, der hat sich mir irgendwie erbarmt und der hat mir von zu Hause was mitgebracht, Obst oder irgendwas und die Leute, die Leute haben mich davon abgehalten, die anderen Flüchtlinge. Und dann, dann wollte ich nicht mehr zu ihm hingehen.»[126]

Ob der betreffende Soldat gute oder schlechte Absichten hatte, sei dahingestellt. Allein die Tatsache, dass ein Kind allein und völlig ungeschützt unter fremden Erwachsenen leben musste, machte es für alle Formen des Missbrauchs verletzlich. Die Betreuung der Kinder durch das SHEK und das Schweizerische Rote Kreuz sorgte dafür, dass die Anwesenheit von Kindern in den «Lagern» zumindest registriert wurde, und das SHEK war bemüht, die Kinder zeitnah in Familien zu platzieren, dennoch konnte dieser Prozess, wie in Charlottes Fall ersichtlich, mehrere Monate dauern, und dies, obwohl sich Otto und Régine Heim sofort bereit erklärt hatten, sich um Charlotte zu kümmern.

Amira Gezow berichtete, dass sie bereits kurz nach ihrer Ankunft jemanden gebeten habe, Familie Heim zu informieren, dass sie in der Schweiz angekommen sei.[127] Das habe aber nicht auf Anhieb geklappt: «Keiner hat mich angemeldet und dann hab ich von Bout-du-Monde hab ich geschrieben, ich hatte sein, deren Adresse [von Otto und Régine Heim] und dann hab ich sofort Pakete bekommen und die versuchten, zu mir zu kommen, das ging nicht so gut[128] und die haben alles getan, um mich wieder zu ihnen zu bringen. Das haben sie mir dann versprochen.»[129]

Aus den Akten des SHEK geht hervor, dass die Organisation über Charlotte Siesels Ankunft in der Schweiz spätestens eine Woche nach Grenzübertritt Bescheid wusste. Berta Hohermuth informierte das SHEK am 7. Dezem-

---

124 Es handelte sich dabei um das Auffanglager Prêles, wie aus den Akten des EJPD hervorgeht. Vgl. SHEK: Schreiben an die Polizeiabt. des EJPD, Zürich, 8. 3. 1943, BAR, E4264#1985/196#12144*.
125 Interview mit Amira Gezow, S. 18.
126 Ebd.
127 Vgl. ebd., S. 18–20.
128 In den Quarantänelagern war Besuch ganz verboten, in den Auffanglagern streng reglementiert. Vgl. Erlanger, Nur ein Durchgangsland, 2006, S. 174. Vgl. dazu ebenfalls Kapitel 7.3.
129 Interview mit Amira Gezow, S. 19.

ber 1942, dass Charlotte mit «ca. 200 Leuten von den beiden Lagern hier nach Büren verreist»[130] sei, «darunter viele Kinder».[131] Vermutlich durch das SHEK wurde Hohermuth gleichentags informiert, dass Otto H. Heim das Mädchen aufnehmen wolle: «Herr Otto Heim, […] welcher sich zuerst zur Aufnahme eines unbestimmten Flüchtlingskindes während vorläufig 6 Mte anmeldete, erfuhr nun, dass ein früheres Ferienkind, Charlotte Siesel, in die Schweiz gekommen sei und möchte nun unbedingt dieses Mädchen aufnehmen.»[132]

Wie aus dem Brief hervorgeht, hatte sich Otto Heim demnach unabhängig von der Ankunft von Charlotte beim SHEK für die Unterbringung eines Flüchtlingskindes angemeldet. Bis Charlotte die Schweizer «Lager» verlassen konnte, vergingen fast drei Monate. Am 24. Februar 1943 konnte sie zu Otto und Régine Heim an die Restelbergstrasse in Zürich ziehen,[133] eine lange Aufenthaltsdauer in den Schweizer «Lagern» für ein 13-jähriges Mädchen, das in mehreren Internierungslagern in Frankreich gewesen und der Deportation knapp entkommen war. Bemerkenswert scheint auch die Tatsache, dass Charlotte zwar in verschiedenen «Lagern» interniert wurde, ein offizieller Internierungsbeschluss jedoch erst am 18. Februar 1943 ausgestellt wurde, und dies, dies lässt zumindest die Aktenlage vermuten, erst auf Anfrage des SHEK vom 9. Februar 1943.[134]

Bei Otto und Régine Heim fühlte sich Charlotte gut aufgenommen. Sie konnte die Schule wieder besuchen, wobei man sie zuerst in die Primarschule geschickt habe, danach kam sie in die Sekundarschule. Otto H. Heim sei ihre Schulbildung sehr wichtig gewesen: «Otto wollte, dass ich […] je mehr, desto besser lernen soll. Und hauptsächlich, äh, er liebte Mathematik. Und das war genau das, was ich nicht konnte. Und jeden Mittag fing das von Neuem an. Er wollte, dass ich alle Probleme der Mathematik lösen soll.»[135]

Sie habe Freundschaften geschlossen, die bis heute bestehen würden, allerdings stellte sie auch fest, dass sie sich durch ihre Erlebnisse von den anderen Kindern unterschieden habe: «Die Schweizer Kinder waren eben Schweizer

---

130 Bertha Hohermuth: Schreiben an Nettie Sutro, Genf, 7. 12. 1942, BAR, J2.55#1000/1246#91*.
131 Ebd.
132 O. A.: Schreiben an Bertha Hohermuth, o. O., 7. 12. 1942, BAR, J2.55#1000/1246#91*.
133 Vgl. SHEK: Schreiben an die Polizeiabt. des EJPD, Zürich, 8. 3. 1943, BAR, E4264#1985/196#12144*. Vgl. dazu auch A. Junni, Kommandant des Flüchtlingslagers Prêles: Schreiben an das SHEK, Prêles, 24. 2. 1943, BAR, J2.55#1000/1246#91*. Gemäss dem Inhalt dieses Schreibens wurde Charlotte von Régine Heim in Prêles abgeholt.
134 Vgl. Robert Jezler: Beschluss zur Unterbringung von Flüchtlingskindern betr. Charlotte Siesel, Bern, 18. 2. 1943, sowie SHEK: Schreiben an die Polizeiabt. des EJPD, Zürich, 9. 2. 1943, BAR, E4264#1985/196#12144*.
135 Interview mit Amira Gezow, S. 30. Die Tatsache, dass Charlotte ansonsten gute Noten hatte, besänftigte Otto H. Heim nicht. Er habe dazu gesagt: «natuerlich, unter den Blinden ist der Einaeugige Koenig» und einen Privatlehrer für sie engagiert. Vgl. Amira Gezow: In Erinnerung an Otto und Régine Heim, Eilon Juni 2005, S. 4, AfZ, PA Biographische Sammlung Heim, Otto H.

Kinder, die in guten, denen es gut ging. Und die nicht wie ich dachten.»[136] Zusammen mit ihrer Schulfreundin Bessie Schauffer, die mit Régine Heim verwandt war, schloss sich Charlotte bald der zionistischen Jugendbewegung Haschomer Hazair an. Régine Heim habe sie dabei unterstützt, während es Otto lieber gesehen hätte, wenn sie sich den Schweizer Pfadfindern angeschlossen hätte.[137] Im Zusammenhang mit Otto Heim erinnerte sich Amira Gezow auch lebhaft daran, dass dieser dafür gesorgt habe, dass sie schwimmen lerne, denn, so habe er gesagt: «‹Das gibt es nicht, dass ein Kind, das in der Schweiz lebt, nicht schwimmen kann.› Dann bekam ich eine Lehrerin, die mich schwimmen lehrte im Zürichsee.»[138] Otto H. Heim sei auch selbst regelmässig im Zürichsee geschwommen.[139]

Charlotte scheint von Otto und Régine Heim in allen Lebensbereichen gut integriert worden zu sein, so wurde sie zu Heims Freundinnen und Freunden mit eingeladen[140] und nahm an Ferienreisen teil.[141]

Amira Gezow berichtete, dass sie nicht dauerhaft bei Otto und Régine Heim bleiben wollte, weil sie zur Selbständigkeit erzogen worden sei: «Ich weiss nicht, ich hab eine Erziehung von zu Hause bekommen, nie etwas von anderen anzunehmen.»[142] Dasselbe Bild von ihrem Elternhaus vermittelte Alice Alexander anhand einer Anekdote aus ihrer Kindheit: «Mein Vater war so ehrlich, dass es schrecklich war, zum Beispiel, wie er mich aufgezogen hat, er hat mir erzählt, ich darf niemals eine Belohnung annehmen für Dienste, die ich geleistet habe, ja? [...] Und einmal, wo ich noch ganz jung war [...] [hat mich] eine Nachbarin [...] gebittet, ich soll ihr Zucker oder Essig oder irgendwas einkaufen [...]. Und als ich ihr lieferte, wollte sie mir Geld geben, ein paar Pfennig. Und ich hab gesagt: ‹Nein, ich darf nichts annehmen.› Und die Frau

---

136 Interview mit Amira Gezow, S. 21.
137 Vgl. ebd. Der Eindruck, dass Régine Heim Charlottes Begeisterung für die zionistische Jugendbewegung eher förderte als Otto scheint sich auch durch das spätere Prozedere der Aufnahme Charlottes ins Jugendalijah-Heim in Bex zu bestätigen. Die Anfrage ans SHEK – dies lässt die Korrespondenz vermuten – wurde von Régine Heim gestellt. Vgl. dazu SHEK: Schreiben an Régine Heim, o. O., 4. 4. 1944, BAR, J2.55#1000/1246#91*. Otto Heim akzeptierte Charlottes Entscheidung aber offensichtlich und unterstützte sie in ihren Bestrebungen zumindest finanziell.
138 Interview mit Amira Gezow, S. 20.
139 Vgl. Interview mit Alice Alexander, S. 141. Vgl. auch Amira Gezow: In Erinnerung an Otto und Régine Heim, Eilon Juni 2005, S. 4, AfZ, PA Biographische Sammlung Heim, Otto H.
140 Vgl. Interview mit Amira Gezow, S. 44.
141 Davon zeugt ein Antwortschreiben des SHEK auf eine Anfrage von Otto Heim, in dem das SHEK schreibt: «Gleichzeitig teilen wir Ihnen mit, dass Sie infolge einer Besprechung unserer Zentralstelle mit der Polizeiabteilung des eidg. Justiz- und Polizeidepartements Ihr interniertes Kind ruhig auf Ihre Ferienreise mitnehmen dürfen. Sie sind jedoch gehalten, jede Ortsveränderung desselben auf unserem Hilfswerk schriftlich zu melden, zusammen mit der vorgesehenen Dauer der Reise. Weitere Mitteilungen an Kanton oder Gemeinde erübrigen sich.» SHEK: Schreiben an Otto Heim, Zürich, 4. 5. 1943, BAR, J2.55#1000/1246#91*.
142 Interview mit Amira Gezow, S. 21.

hat sich sehr geärgert, sie hat gesagt: ‹Du musst es nehmen.› [...] Sie hat mich gezwungen, da hat sie das Geld in meine Tasche getan, ja? Und als ich nach Hause ging [...] hab ich das reingeworfen [in einen Gully]. Hab ich gebeichtet, hab ich gesagt: ‹Lieber Vater, ich habe getan, wie du wolltest.› [...] So hat er uns erzogen, ja?»[143]

Sowohl Alice als auch Amira führten ihr Bedürfnis, schon in jungen Jahren auf eigenen Füssen zu stehen, auf ihre Erziehung zurück. Amira berichtete auch, dass sie Otto H. Heim nicht auf der Tasche habe liegen wollen. Später habe sie aber herausgefunden, dass er sämtliche Ausgaben für ihren Aufenthalt in der zionistischen Jugendbewegung und ihre Alijah übernommen habe.[144] Lachend quittierte sie dies mit der Aussage: «Das wusste ich nicht. Sonst wäre ich doch bei ihnen geblieben. Bin umsonst in die Jugendalijah gekommen.»[145] Ihr Verhältnis zu Otto und Régine Heim blieb auch später eng. Für ihre Kinder seien die beiden die Grosseltern gewesen.[146] Sie selbst habe Otto und Régine als Onkel und Tante bezeichnet.[147]

Gemäss den Aussagen von Amira ist Otto H. Heim während ihres Aufenthalts täglich früh aufgestanden und zur Arbeit gegangen. Régine Heim sei ebenfalls wenig zu Hause gewesen, da sie in ihrem Atelier gearbeitet habe. In der Abwesenheit von Otto und Régine Heim habe sich Käthchen, «das Mädchen»,[148] um sie gekümmert. Sie sei von ihr «sehr verwöhnt»[149] worden. Käth-

---

143 Interview mit Alice Alexander, S. 29. Alice führte die Absichten von Charlotte, Alijah zu machen, ebenfalls auf das Motiv der finanziellen Unabhängigkeit, beeinflusst durch die elterliche Erziehung, zurück. Vgl. ebd., S. 102.
144 Diese Aussagen lassen sich auch aus den institutionellen Unterlagen verifizieren; so schreibt das SHEK am 19. 12. 1944 an Otto Heim die folgenden Zeilen: «Wir erfahren durch Herrn S. Guggenheim, dass Sie sich ihm gegenüber bereit erklärten die für Charlottes Auswanderung nach Palästina notwenige Summe von £ 80 zu bezahlen.» SHEK: Schreiben an Otto Heim, o. O., 19. 12. 1944, BAR, J2.55#1000/1246#91*. Auch ein Schreiben des SHEK an das Jugendalijah-Heim in Bex bestätigt die Kostenübernahme durch die Familie Heim, darin wird vermerkt: «Die Pflegefamilie kommt selbst für den Unterhalt des Kindes auf.» SHEK: Schreiben an R. Kohn (Jugendalijah-Heim «Villa les Bains»), o. O., 31. 3. 1944, BAR, J2.55#1000/1246#91*.
145 Interview mit Amira Gezow, S. 23.
146 Vgl. ebd.
147 Vgl. ebd., S. 30. Auch Alice scheint Otto und Régine manchmal als «Onkel» und «Tante» bezeichnet zu haben, vgl. diverse Briefe von Alice Siesel an Otto und Régine Heim, 1946, AfZ, NL Otto und Régine Heim / 37. Im Frühjahr 2018 berichtete Alice Alexander, sie habe Otto als «Pop» (von «Poppa», «Daddy») bezeichnet, während er sie «Pip» genannt habe. Vgl. Interview mit Alice Alexander, S. 7. Dasselbe berichtete Alice Alexander in einer E-Mail von 2014 an die damalige Präsidentin des Stiftungsrats der Otto und Régine Heim-Stiftung Susanna Merkle. Vgl. Alice Alexander: Schreiben an Susanna Merkle, London o. D. (aus einer E-Mail von Suzy Mortby-Heim, der heutigen Präsidentin der Stiftung, geht hervor, dass die E-Mail von 2014 stammte).
148 Interview mit Amira Gezow, S. 39.
149 Ebd.

chen sei eine ältere nichtjüdische Dame um die 80 Jahre aus Köln gewesen, die bereits Jahrzehnte für die Familie Heim gearbeitet habe.[150]

Ab dem 17. April 1944 wurde Charlotte Siesel im Jugendalijah-Heim in Bex-les-Bains untergebracht.[151] Dieses Heim für Flüchtlinge war Ende 1943 vom Schweizerischen Zionistenverband und der linkszionistischen Jugendbewegung Hechaluz[152] eingerichtet worden mit dem Ziel, Jugendliche auf ihr zukünftiges Leben in Palästina vorzubereiten.[153] Eine Anfrage wegen Aufnahme von Charlotte durch das SHEK an das Jugendalijah-Heim in Bex formulierte dabei die Beweggründe für Charlottes mögliche Übersiedlung nach Bex so: «Auf Ihr Schreiben vom 2. ds. senden wir Ihnen [...] eine Erklärung der Pflegeeltern, dass Charlotte nach Palästina tendiert und dass es im Interesse des Mädchens ist, wenn es schon in der Schweiz auf sein künftiges Leben vorbereitet wird.»[154]

Am 14. April 1944 wurde die Aufnahme von Charlotte vom Jugendalijah-Heim bestätigt. Dass die Vorbereitung auf das Leben in Palästina vor allem Arbeiten in der Landwirtschaft beinhaltete, geht aus der Empfehlung im Bestätigungsschreiben hervor, man solle Charlotte «Arbeitskleider (Overall) und starke Schuhe»[155] nach Bex mitgeben. Des Weiteren wurde darauf hingewiesen, dass «die Versetzung des Mädchens nach Bex raschest durchzuführen»[156] sei. Diesem Ansinnen wurde nachgekommen, Charlotte trat bereits drei Tage später ins Heim ein.

Auch während ihres Aufenthalts im Jugendalijah-Heim blieb Charlotte in Kontakt mit Otto und Régine Heim. Amira beschrieb ihre Zeit in Bex als «sehr glücklich».[157] Otto und Régine Heim hätten sie regelmässig besucht, und sie hätten einen regen Briefkontakt gepflegt.[158] Aus einem Brief von R. Kohn an die Sektion des SHEK in Lausanne geht hervor, dass Charlotte beispielsweise die Chanukka-Feiertage bei Otto und Régine Heim verbringen wollte: «Wir

---

150 Vgl. ebd. Laut den Erzählungen von Alice Alexander habe Käthchen schon als Haushälterin für Otto H. Heims Eltern gearbeitet. Vgl. Interview mit Alice Alexander, S. 136. Charlotte erkundigte sich auch nach ihrer Auswanderung ins damalige Mandatsgebiet Palästina in ihren Briefen an Otto und Régine Heim nach dem Befinden von Käthchen. Vgl. dazu zum Beispiel Charlotte Siesel: Schreiben an Otto und Régine Heim, Eilon, 21. 9. 1945, AfZ, NL Otto und Régine Heim / 38.
151 Vgl. SHEK: Schreiben an die Polizeiabt. des EJPD, Zürich, 20. 4. 1944, BAR, J2.55#1000/1246#91*. Die Kinderheime und Ausbildungsstätten Versoix und Bex wurden vom Hechaluz in Zusammenarbeit mit dem VSJF geführt. Vgl. o. A.: TB VSJF, 1. 10. 1944–1. 5. 1945, o. O., o. D., S. 3, AfZ, IB SIG-Archiv / 2393.
152 Vgl. Lerf, Buchenwaldkinder, 2010, S. 41.
153 Vgl. ebd., S. 188.
154 SHEK: Schreiben an das Jugendalijah-Heim in Bex, o. O., 11. 4. 1944, BAR, J2.55#1000/1246#91*.
155 R. Kohn: Schreiben an das SHEK, Bex, 14. 4. 1944. BAR, J2.55#1000/1246#91*.
156 Ebd.
157 Interview mit Amira Gezow, S. 22.
158 Vgl. ebd., S. 22 f.

beehren uns Ihnen mitzuteilen, dass obiges Mädchen [Charlotte Siesel] bei uns ansuchte, Ihren Onkel Herrn Otto Heim, [...] während des Chanukkah-Festes besuchen zu dürfen.»[159] Das SHEK bewilligte das Urlaubsgesuch, wonach es Charlotte gestattet wurde, zwischen dem 16. und 19. Dezember 1944 die Familie Heim zu besuchen.[160] Ein weiteres Urlaubsgesuch stellte Charlotte Siesel im März 1945, um die Pessach-Feiertage bei der Familie Heim zu verbringen.[161]

6.2 «Zwei Welten»: Das Wiedersehen von Charlotte und Alice Siesel in Palästina 1946

Charlotte verliess die Schweiz nach etwas mehr als einem Jahr Aufenthalt in Bex mit dem ersten Palästinatransport, einem Gruppentransport, am 29. Mai 1945.[162] Laut einem Dokument aus den Beständen der eidgenössischen Fremdenpolizei wurde der Gruppentransport, für den 210 Personen vorgesehen waren, von den «Delegierten in der Schweiz des Intergouvernementalen Komitees für die Flüchtlinge organisiert».[163] Die Reise von Charlotte ging über Genf und Barcelona, danach wurden sie per Schiff nach Haifa gebracht. Eine Nacht habe sie im «Auffanglager der Briten»[164] in Atlit verbracht, dort habe sie ihre Papiere erhalten und sei danach in den Kibbuz Eilon gekommen.[165] Charlotte war als Pionierin am Aufbau des Kibbuz beteiligt und lernte dort ihren Mann kennen.

Ihr erster Sohn wurde 1948 geboren. Otto Heim habe sich immer sehr gefreut und sei sehr «stolz»[166] gewesen, wenn sie Mutter geworden sei. Auch nach ihrer Auswanderung blieb Charlotte in regem schriftlichem Kontakt mit Otto und Régine Heim. Sie hätten ihr jeden Monat ein Paket mit Schokolade geschickt[167] und sie mehrmals in Israel besucht.[168]

159 Kohn R.: Schreiben an das SHEK, Bex, 6. 12. 1944, BAR, J2.55#1000/1246#91*.
160 Vgl. SHEK: Schreiben an das Jugendalijah-Heim in Bex, o. O., 8. 12. 1944, BAR, J2.55#1000/1246#91*.
161 Vgl. R. Kohn: Schreiben an das SHEK, Bex, 10. 3. 1945, BAR, J2.55#1000/1246#91*.
162 Vgl. SHEK: Schreiben an die Polizeiabt. des EJPD, Zürich, 4. 6. 1945. BAR, J2.55#1000/1246#91*. In diesem Schreiben werden die Namen von 50 Kindern und Jugendlichen der Jahrgänge 1927–1937 aufgelistet.
163 Meyer: Notiz betreffend Charlotte Siesel, Bern, 3. 5. 1945, BAR, E4264#1985/196#12144*.
164 Interview mit Amira Gezow, S. 26.
165 Vgl. ebd.
166 Ebd., S. 23.
167 Vgl. ebd. Auch Alice Alexander berichtete, dass Otto Heim ihr während ihres Palästinaaufenthalts 1946 Nahrungsmittelpakete geschickt habe, weil Lebensmittel noch rationiert gewesen seien. Vgl. Interview mit Alice Alexander, S. 27.
168 Einer der Besuche von Otto Heim dürfte im Frühjahr 1950 stattgefunden haben, darauf deutet ein Bericht von Otto Heim aus seinem Nachlass hin. Vgl. Otto Heim: Von Elon nach Elath. Reisebericht aus Israel März/April 1950, o. O., 9. 4. 1950, AfZ, NL Otto und Régine Heim / 21.

Abb. 34: Charlotte Siesel, Kibbuz Eilon, 1947, Foto: Alice Siesel.

Abb. 35: Régine und Otto Heim mit Charlotte Siesel, Kafarnaum (Israel), vermutlich Frühjahr 1950.

Abb. 36: Otto Heim mit Hund Toby, undatiert.

Anfang der 1950er-Jahre konnte Charlotte mit ihrem ältesten Sohn in die Schweiz reisen und Otto und Régine Heim besuchen.[169]

Amira Gezow erzählte, dass es damals im Kibbuz üblich war, dass Neuankömmlinge ihre Namen änderten, «damit wir unsere Jugend und Kindheit vergessen sollen».[170] Sie empfindet das unterdessen als falsch. Man habe ihr den Namen Leah vorgeschlagen (von Charlotte und ihren Spitznamen Lottie und Lotte abgeleitet). Da ihr die Bedeutung des Namens aber nicht gefiel, entschied sie sich für den Namen Amira, der ihre eigene Erfindung gewesen sei.[171]

Im Jahr 1946 kreuzten sich im Kibbuz Eilon die Wege der beiden Schwestern Alice und Charlotte Siesel wieder.

---

169 Interview mit Amira Gezow, S. 22 f. Amira Gezow glaubt sich zu erinnern, dass ihr Sohn bei ihrem Besuch in Zürich ungefähr fünf Jahre alt war, womit der Besuch ungefähr im Jahr 1953 stattgefunden haben dürfte.
170 Ebd., S. 60.
171 Ebd., S. 60–62. Amira fügte erklärend an, dass sich ihr Name im Gegensatz zum arabischen Namen «Amira» mit dem hebräischen Buchstaben Ajin schreibe.

Abb. 37: Gruppenaufnahme, Kibbuz Eilon, 1946, mittlere Reihe Dritte von links Alice Siesel, rechts daneben Charlotte Siesel.

Alice hatte, nachdem sie als 14-Jährige nach London gekommen war, ein ganz anderes Schicksal erlebt als Charlotte. Dennoch musste sie wie Charlotte früh lernen, alleine zurechtzukommen. Da Alices Onkel sie nicht mehr in seinem Haus haben wollte, kam sie in ein Hostel. Ihren Eltern gegenüber habe sie in Briefen den Rauswurf bei Onkel und Tante verharmlost, damit sie sich keine Sorgen machen würden. So habe sie geschrieben, sie sei ins Hostel geschickt worden, weil «meine Tante wollte, dass ich mit jungen Menschen zusammen bin. Das war eine Lüge.»[172] Die Eltern hätten der Darstellung von Alice Alexander zufolge ebenfalls versucht, ihre Tochter in England zu beschützen, wenn sie ihr die schlimmen Verhältnisse in Gurs und Rivesaltes verschwiegen. Wie es dort gewesen sei, habe sie erst später von ihrer Schwester erfahren, denn, so Alice Alexander, «meine Eltern haben sich nie beschwert».[173] Alice Alexander erzählte, dass sie aus dem Hostel ausgerissen sei und sich danach selbst finanziell durchgeschlagen habe, zunächst habe sie Arbeit in

---

172 Interview mit Alice Alexander, S. 83.
173 Ebd., S. 82.

einer Hutfabrik, danach sie in einer Gesellschaft eine Anstellung gefunden, in der sie kleinere Büroarbeiten verrichten konnte. Sie sei damals 14 oder 15 Jahre alt gewesen.[174] Noch während des Krieges trat Alice in die britische Armee ein. Dort habe es ihr gut gefallen, sie habe «viel erlebt dort und viel gesehen».[175] Alice Alexander war fünf Jahre in der britischen Armee, zwei davon verbrachte sie in Palästina.[176]

Im April 1945 ging ein Brief bei der Zentralstelle des SHEK in Zürich ein, wonach sich Alice Siesel aus London nach dem genauen Deportationsdatum der Eltern erkundigt habe.[177] Nach Kriegsende machte sich Alice mit der finanziellen Unterstützung der britischen Armee[178] auf eigene Faust auf die Suche nach ihren Eltern. Sie reiste nach Frankreich, um Informationen über den Verbleib der Eltern zu finden.[179] Offensichtlich war sie noch nicht über die Alijah ihrer Schwester ins Mandatsgebiet Palästina unterrichtet worden, denn am 21. Juni 1945 schrieb der VSJF ans SHEK:

«Wir erhalten heute vom American Joint Distribution Committee aus Paris, nachfolgenden Bericht:

‹Nous vous serions très obligés de vouloir bien informer Mademoiselle Charlotte Siesel habitant à l'adresse indiquée ci-dessus [Bex-les-Bains], que sa sœur Alice est venue à Paris, pour retrouver trance de ses parents. Mais, malheureusement n'ayant pu obtenir aucun renseignement intéressant à leur sujet, elle est repartie pour l'Angleterre.›»[180]

Alice Alexander berichtete, dass sie in Frankreich erfahren habe, dass ihre Eltern nach Auschwitz deportiert worden seien und dort «sofort umgekommen sind».[181] Sie habe auch nach Gurs und Rivesaltes fahren wollen, aber «die Polizei»[182] habe ihr gesagt, dass niemand mehr da sei und dass eine Reise dorthin Zeitverschwendung wäre. Sie schilderte ihre Gefühle dabei: «Ich konnte es nicht glauben. Ich hab gesagt: ‹Nein, das kann nicht stimmen. Vielleicht sind sie noch am Leben› oder irgendwas. [...] Und es war ein ganz schlimmer Schlag für mich, denn ich bin ja nicht auf eine Vergnügungsfahrt gegangen.»[183]

Alice Alexander blieb in der britischen Armee und reiste in deren Auftrag 1946 nach Palästina. Sie berichtete, dass sie in der Armee sehr gute Freunde

---

174 Vgl. ebd., S. 45 f.
175 Ebd., S. 48 f.
176 Vgl. ebd., S. 27.
177 Vgl. Fürsorgedienst für Ausgewanderte: Schreiben an das SHEK (Zentralstelle), Genf, 6. 4. 1945, BAR, J2.55#1000/1246#91*.
178 Alice bekam das Geld für die Reise von der britischen Armee ausgelegt. Alle weiteren Ausgaben musste sie selbst bestreiten. Vgl. Interview mit Alice Alexander, S. 98.
179 Vgl. ebd.
180 Edith Lorant: Schreiben an das SHEK, Zürich, 21. 6. 1945, BAR, J2.55#1000/1246#91*.
181 Interview mit Alice Alexander, S. 99.
182 Ebd., S. 100.
183 Ebd., S. 99 f.

gehabt habe, «die gewusst haben, dass ich wegen meiner Schwester nach dort ging».[184]

Das Wiedersehen zwischen Alice und Charlotte im damaligen Mandatsgebiet Palästina war geprägt von Missverständnissen und einem Gefühl von Entfremdung.[185] Alice kam als Soldatin der britischen Armee, in den Augen der jüdischen Bevölkerung Palästinas die Besetzungsmacht. Amira Gezow berichtete dazu: «Sie [Alice] war jede Woche bei mir. Jeden Schabbat kam sie. Freitag. Und zwar kam sie mit der Uniform. Und man brachte, Freunde brachten sie immer mit dem Jeep aus Jerusalem. Und wenn sie hierherkam, dann mit den, [...] mit ihrer Uniform! Wer waren die Engländer für uns? Feinde.»[186]

Amira Gezow erzählte, sie habe sich damals für das Auftreten der britischen Soldatinnen und Soldaten geschämt. Unterdessen sei sie der Auffassung, dass das «Blödsinn»[187] gewesen sei. Alice hingegen empfand gegenüber England eine grosse Dankbarkeit für ihre Aufnahme während des Krieges und fand in der Kameradschaft im Militär wohl so etwas wie eine Ersatzfamilie. Sie beschrieb in diesem Zusammenhang eine Situation, in der sie die Offiziere der britischen Armee in den gemeinschaftlichen Essraum des Kibbuz mitnahm. Sie bot das als höfliche Geste an, denn die Offiziere hätten sie in den Kibbuz gefahren, um ihr einen Gefallen zu tun. Im Esssaal habe dann demonstrativ niemand mit den britischen Offizieren gesprochen.[188] Alice Alexander fasste ihre Beziehung so zusammen, dass sie und ihre Schwester sich zwar lieben würden, «aber wir haben ein ganz anderes Leben».[189] Sie sei 1946 in der Absicht nach Palästina gegangen, dort zu bleiben, habe aber festgestellt, dass das Leben im Kibbuz ihr nicht zusagte. Sie kam sich dort fremd und unerwünscht vor. Illustriert hat sie die Unstimmigkeiten zwischen Charlotte und ihr an einem Beispiel: «Ich kann mich noch erinnern, ich brachte, nachdem ich meine Schwester das erste Mal nach so vielen Jahren wiedersah, brachte ich ihr, ich hatte nicht viel Geld, Militär bekommt man nicht viel Geld, ich hatte ihr eine sehr sehr schöne Hausschuh, in richtigem Pelz, gebracht. Weil es dort sehr kalt war und sie in einem Zelt wohnte. Und sie hat gesagt: ‹Ich kann das nicht annehmen.› Und es hat mich sehr gekränkt. Und sie hat das aus ideellen Gründen getan, weil sie, weil die andern konnten das nicht haben. [...] Aber es hat

---

184 Ebd., S. 49.
185 Der Begriff «Entfremdung» ist polymorph, hat Wurzeln in der Philosophie (Marxismus) und wird in der modernen Psychologie verwendet. Vgl. Wollenhaupt, Die Entfremdung des Subjekts, 2018, S. 9–13. In meinen Ausführungen soll der Begriff vor allem mit der gebräuchlichsten Form seiner alltagsverwendung im Sinn einer Entfremdung zweier Personen voneinander verstanden werden, also als Synonym für «Abkühlung, Riss», vgl. o. A., Entfremdung, o. D.
186 Interview mit Amira Gezow, S. 54.
187 Ebd.
188 Vgl. Interview mit Alice Alexander, S. 54.
189 Ebd., S. 53.

mich sehr gekränkt. Ich hab nie richtig verstanden. Hab ich einfach die Dinger genommen, hab sie weggeworfen.»[190]

Amira Gezow wiederum beschrieb ein Missverständnis zwischen Alice und ihr: «Und dann ist der König Georg gestorben und ich habe gewagt, mit 16 Jahren,[191] hab ich gesagt: ‹Oh, noch ein Schwein weniger.› Und da wurde sie [Alice] böse! ‹Wenn ich das auf deinen Weizmann› – Chaim Weizmann – ‹das, sowas gesagt hätte, was hättest du mir angetan!›»[192]

Amira quittierte dieses Vorkommnis mit der Bemerkung: «Zwei Welten. Ich war in einer anderen Welt als sie.»[193]

Sowohl Alice als auch Charlotte schrieben regelmässig Briefe an Otto und Régine Heim.[194] Besonders Charlotte sprach darin die Schwierigkeiten zwischen Alice und ihr manchmal explizit an: «Ja, ich bin sehr froh, dass Alice sich entschlossen hat, hier zu bleiben. Ich bin mit Dir einverstanden, lb. Tante Régine, dass das ein tapferer Entschluss von ihr ist. Es bedeutet doch etwas, aus einer festen Existenz, denn sie hat doch ihre gute Stelle gehabt, in ein Land, dessen Sprache und Sitten nicht gewohnt sind, zu kommen. […] Wir verstehen uns jetzt schon viel besser als vorher, die schwierigen Momente haben wir zum Glück überwunden. Wir haben beide eingesehen, dass wir in 2 verschiedenen Welten gelebt u. erzogen wurden (od. uns selbst erzogen haben!) u. dass man das nicht vergessen darf.»[195]

Das Verhältnis zwischen den beiden Schwestern blieb aber brüchig. Am 21. Januar 1947 schrieb Charlotte: «Was Alice anbetrifft: Wir verstehen uns nicht glänzend. Wir sind aus 2 verschiedenen Welten, u. es scheint, das [sic] jede neue Begegnung den Abgrund zwischen uns nur vertieft. Wir versuchen beide unser Bestes, aber es kommt nicht zu Stande.»[196]

Alice kehrte nach England zurück, heiratete im Jahr 1956 und wurde Mutter einer Tochter. Direkt nach ihrer Rückkehr habe sie keine Wohnung gefunden. Als sie Otto H. Heim davon geschrieben habe, habe er in die Wege

---

190 Ebd., S. 53 f.
191 An dieser Stelle lag ein Bruch in der Linearität der Erinnerung bei Amira Gezow vor, denn König Georg verstarb erst 1952. Amira Gezow assoziierte diese Geschichte aber direkt mit dem Verhältnis zu ihrer Schwester bei deren Besuch 1946. Im Zusammenhang mit Erinnerungsinterviews können solche assoziativen Geschichten dann auftauchen, wenn sie für die Erzählerin im Zusammenhang mit der damaligen Situation Sinn machen und somit Kongruenz in der Erzählung erzeugen. Vgl. Niethammer, Fragen – Antworten – Fragen, 2012, S. 49 f.
192 Interview mit Amira Gezow, S. 55.
193 Ebd., S. 56.
194 Einige davon sind im Nachlass von Otto und Régine Heim im Archiv für Zeitgeschichte der ETH Zürich zu finden. Es handelt sich dabei um die Signaturen AfZ, NL Otto und Régine Heim / 37–38.
195 Charlotte Siesel: Schreiben an Otto und Régine Heim, Eilon, 29. 7. 1946, AfZ, NL Otto und Régine Heim / 38.
196 Charlotte Siesel: Schreiben an Otto und Régine Heim, Eilon, 21. 1. 1947, AfZ, NL Otto und Régine Heim / 38.

geleitet, dass Alice bei einer Bekannten von ihm wohnen konnte. Später habe sie herausgefunden, «dass Otto ihr Geld dafür geschickt hat».[197] Er habe auch wiederholt versucht, sie zu einem Umzug in die Schweiz zu bewegen.[198] Er habe sie dann zusammen mit Régine mehrmals in London besucht und auch Alice war mehrere Male in der Schweiz.[199] Einige Erlebnisse mit ihm sind ihr in lebhafter Erinnerung geblieben, so die folgende Anekdote: «Ich kann mich noch erinnern, auf, auf einer unserer Reisen, in seinem [Otto H. Heims] Auto durch Italien. Er hatte einen Hund, der hat Quick geheissen. Und er hat diesen Hund geliebt. […] und auf einmal war ein schrecklicher Geruch im, auf dem Auto. Und alle haben gesagt: ‹What's this?› – You know. Und da stellte sich heraus, dass Quick ist, […] wo wir gestoppt haben, war im Land irgendwo, ist durch, äh, Dreck gegangen. […] Otto, vor Régine, vor dieser fremden Frau [die sie unterwegs mitgenommen hatten] und mir fremden Frau, hat die Hosen ausgezogen, stand in seiner Unterwäsche, ist mit Quick in den See gegangen. […] Régine war empört. Aber wir andern, wir zwei haben gelacht. Also er war ein richtiger Mensch, ja?»[200]

Die Ungezwungenheit von Otto Heim wurde auch von anderen Zeitzeuginnen beschrieben, die Otto H. Heim als Kind und Jugendliche erlebt hatten. S. B. beschrieb ihn mit fast denselben Worten: «Er [Otto H. Heim] war sehr präsent und er war sehr offen. Und er war sehr, auf Jiddisch sagen die Leute: ‹Das is a Mensch.›»[201]

Charlotte blieb im Kibbuz, heiratete 1948 und wurde Mutter von vier Kindern. Mittlerweile ist sie mehrfache Urgrossmutter. Die beiden Schwestern hatten zeitweise über Jahre keinen Kontakt. Die Beziehung zwischen Alice Alexander und Amira Gezow hat sich aber mit der zeitlichen Distanz und einem objektiveren Blick auf die Gründe der gegenseitigen Entfremdung auch wieder verbessert. Beide verstehen unterdessen die unterschiedlichen Erfahrungen, die sie in sehr jungen Jahren gemacht haben und die zu einer jahrelangen räumlichen Trennung geführt haben, als Ursache dafür, dass sie die Lebenswelt der je anderen nach dem Krieg nicht richtig erfassen konnten.

Das Verhältnis beider Schwestern zur Familie Heim blieb über die Jahre hinweg eng. Alice Alexander beschrieb das retrospektiv: «Für mich und Schwesterchen waren Heims einfach die näheste Familie, bestimmt dazu die

---

197 Interview mit Alice Alexander, S. 24.
198 Vgl. ebd., S. 23 f.
199 Vgl. ebd., S. 26. Alice erwähnt ihre diversen Besuche zwischen 1948 und 1960 auch in ihrem Schreiben an Susanna Merkle. Vgl. Alice Alexander: Schreiben an Susanna Merkle, London o. D.
200 Interview mit Alice Alexander, S. 16 f.
201 Interview mit B. S., S. 35. Auch im Verlauf des Interviews erwähnte sie dieses Motiv noch einmal: «Ich mochte ihn [Otto H. Heim] einfach, er war so eine menschliche Figur. In dieser ganzen wohlbehüteten, eleganten, steifen Welt, oder?» Ebd., S. 73. Auf die Biografie der Zeitzeugin wird in Kapitel 6.3 näher eingegangen.

allerbesten Freunde. Jeder Abschied war traurig beiderseits. Ich habe viele physische Andenken von ihnen. Régine war oft ernst und Otto meist spasshaft, munter und besonders lebhaft. Ich werde ihrer stets in Liebe gedenken.»[202]

Auch Amira Gezow blieb Otto H. Heim in sehr guter Erinnerung. Nach dem Tod von Régine Heim hielt sie zu ihrem Verhältnis zu den Eheleuten Heim fest: «Ich liebte meine Eltern sehr, und ihren Verlust habe ich nie ueberwunden. Aber Otto und Regine waren die, zu denen meim [sic] Schiksal [sic] mich fuehrte, sie waren meine Wahleltern und ich werde ihnen in Gedanken immer dankbar sein und treu bleiben.»[203]

Auf die Frage, wie Otto H. Heim als Person war, antwortete Amira Gezow, für sie sei er «der beste Mensch [gewesen], der existiert hat».[204]

Die dargestellte Entfremdung zwischen Familienmitgliedern durch die Kriegssituation betraf indessen unzählige Familien. Auch die Flüchtlingspolitik der Schweiz, die eine Trennung von Kindern ab sechs Jahren von ihren Eltern vorsah, trug das Ihrige dazu bei. Obwohl die Motive des Kinderhilfswerks, das ab 1942 hauptsächlich für die Unterbringung der Kinder ausserhalb der «Lager» verantwortlich war, auf humanitären Gründen beruhten – man wollte die Kinder nicht den Bedingungen der «Lager» aussetzen[205] –, waren die Folgen für viele Kinder prägend. Im nachfolgenden Kapitel sollen einige Problematiken dieser an sogenannten Freiplätzen platzierten Kinder nachgezeichnet werden.

6.3 Folgen der Trennung jüdischer Flüchtlingsfamilien in der Schweiz

In seinem Bericht an die DV des SIG gab Silvain S. Guggenheim am 28. März 1943 bekannt, dass der Bundesrat an einem Beschluss arbeite, demgemäss «über 60 Jährige, Arbeits- und lagerunfähige Personen» und «Mütter mit Kin-

---

202 Alice Alexander: Schreiben an Susanna Merkle, London o. D.
203 Amira Gezow: In Erinnerung an Otto und Régine Heim, Eilon, Juni 2005, S. 8.
204 Interview mit Amira Gezow, S. 41.
205 Neben dem Schulunterricht, der in den «Lagern» nicht organisiert werden könne, wurde teilweise auch über eine ungenügende Ernährung von Kindern in den Auffanglagern berichtet. Georges Bloch thematisierte die Mangelernährung in verschiedenen Zusammenhängen in Sitzungen des VSJF. Vgl. o. A.: Sitzung der Zentralstelle, Zürich, 7. 6. 1944, IB SIG-Archiv / 2403: «Georges Bloch berichtet, dass trotz mehrfacher Intervention beim Roten Kreuz eine Besserung in der Betreuung nicht eingetreten ist. Die Ernährung der Kinder in den Auffanglagern ist unzureichend [...].» Vgl. weiter o. A.: Protokoll der Zentralstelle des VSJF, Zürich, 2. 7. 1944, S. 3, AfZ, IB VSJF-Archiv / 29 «Georges Bloch teilt mit, dass nach Ansicht des Roten Kreuzes und von Schwester Kasser die Ernährung von Kleinkindern in den Auffanglagern ausreichend ist. Dies widerspricht den Feststellungen unserer Comités [...].»

dern unter 6 Jahren» an Freiplätzen[206] untergebracht werden sollten.[207] Für die Unterbringung von Kindern zwischen 6 und 16 Jahren, die als «lagerunfähige Personen» klassifiziert wurden, sollte das SHEK sorgen.[208] An die Bereitschaft, jüdische Flüchtlingskinder zu betreuen, hatte das SHEK einige Bedingungen geknüpft. Neben der finanziellen Unterstützung durch den Bund beinhalteten die Forderungen des Kinderhilfswerks, dass jüdische Kinder auch an christlichen Freiplätzen untergebracht werden konnten.[209] Der VSIA war zwar bemüht, die jüdischen Kinder aus den «Lagern» in jüdischen Familien unterzubringen, die Suche nach sogenannten Freiplätzen gestaltete sich jedoch schwierig, da es sich besonders nach der Besetzung der freien Zone Frankreichs um eine grosse Anzahl Kinder handelte, die aus den «Lagern» «befreit» werden sollten.[210] An einer Sitzung der Zentralstelle des VSIA am 11. November 1942 gab Georges Bloch bekannt, dass die ICZ 1200 Fragebogen zur Erfassung von Freiplätzen für Kinder an jüdische Familien verschickt habe. 47 Familien hätten sich zur Aufnahme eines Kindes bereit erklärt, wobei nur acht erklärt hätten, die Kinder auch längerfristig beherbergen zu können. Die Landeskirchliche Flüchtlingshilfe hingegen könne 148 Plätze zur Verfügung stellen und er persönlich finde, «dass eine solche Hilfsbereitschaft nicht zurückgestossen werden darf».[211] Georges Bloch fügte an, es würden nochmals Anstrengungen unternommen, jüdische «Freiplätze» für Kinder zu finden, jedoch ging als Quintessenz aus der Sitzung hervor, dass eine Unterbringung der Kinder bei christlichen Familien wahrscheinlich weder zu umgehen noch komplett abzulehnen sei.[212]

Da die jüdische Flüchtlingshilfe sowohl auf organisatorischer als auch auf finanzieller Ebene die Versorgung aller Kinder nicht leisten konnte, stimmte der SIG den Forderungen des SHEK zu, jüdische Kinder auch in einem christlichen Umfeld platzieren zu können. Insbesondere Mitglieder der orthodoxen jüdischen Gemeinden in der Schweiz[213] zeigten gegenüber dem SHEK Skep-

---

206 Unter dem Begriff «Freiplatz» wurde ein privates Angebot einer Familie verstanden, eine Person kostenlos bei sich aufzunehmen und zu verköstigen. Bei Kindern wurde in diesem Zusammenhang auch von Pflegeplätzen gesprochen. Durch das Bereitstellen eines Freiplatzes konnten Flüchtlinge die «Lager» verlassen, weswegen auch von «Lagerbefreiungen» die Rede war. Vgl. Lienert, Wir wollen helfen, 2013, S. 156; Mächler, Hilfe und Ohnmacht, 2005, S. 350. Freiplätze wurden in der Regel für mindestens sechs Monate zur Verfügung gestellt. Vgl. Votum von Georges Bloch in: Theodora Dreyfuss, Jenny Meyer: Prot. GV VSIA, Bern, 6. 6. 1943, S. 8, AfZ, IB SIG-Archiv / 2402.
207 Vgl. Silvain S. Guggenheim: Bericht an die DV des SIG, o. O., 23. 3. 1943, S. 3, AfZ, IB SIG-Archiv / 2392.
208 Vgl. Lienert, Wir wollen helfen, 2013, S. 160.
209 Vgl. ebd., S. 150.
210 Vgl. ebd., S. 148.
211 R. Boritzer: Prot. Zentralstelle VSIA, Zürich, 11. 11. 1942, S. 2, AfZ, IB IFZ-Archiv / 2.
212 Vgl. ebd., S. 2 f.
213 Der Begriff «orthodox» ist in Bezug auf die jüdischen Gemeinden in der Schweiz durchlässig. Die meisten Einheitsgemeinden im SIG verstehen sich als orthodox. Je 20 Prozent der Schweizer Jüdinnen und Juden sind Mitglied einer liberal-religiösen oder charedischen Gemeinde. Als

sis und forderten, dass jüdische Kinder in jüdischen Familien untergebracht werden sollten. In diesem Sinne äusserte sich René Meyer, Präsident der IRG von 1941 bis 1952,[214] anlässlich einer Sitzung des CC des SIG Anfang Dezember 1942: «Jüdische orthodoxe Kreise würden nur ungenügend zu Rate gezogen. Genauso wie Katholiken von Katholiken, Protestanten von Protestanten, sollten Juden von Juden betreut werden können. Auch sollten die jüdischen Kinder nur bei Juden untergebracht werden. Das hinterste jüd. Kind sollte einen Freiplatz bei Juden finden.»[215]

Silvain S. Guggenheim war anderer Ansicht, zumal nicht genügend jüdische Freiplätze zur Verfügung stehen würden. Seines Erachtens müsse man «froh sein, wenn die Kinder überhaupt untergebracht werden können».[216] Da die Unterbringung der Kinder ausserhalb der «Lager» als erste Priorität definiert wurde, nahm der SIG die Platzierung jüdischer Kinder in christlichen Familien in Kauf. Das SHEK versuchte aber, auf religiöse Bedürfnisse, so gut es ging, einzugehen, so wurden spezielle Heime für «rituell lebende[…] eingerichtet».[217]

Die Trennung der Kinder von den Eltern wurde von den betroffenen Familien häufig als traumatische Erfahrung erlebt. Das Reglement des SHEK sah zwar Besuche der Kinder bei den Eltern vor, jedoch nur alle drei Monate. Oft waren die Familienmitglieder auch in verschiedenen «Lagern» in der ganzen Schweiz untergebracht, was die Besuche organisatorisch beinahe unmöglich machte.[218] Das SHEK richtete für die gemeinsamen Treffen von Eltern und Kindern sogenannte Urlaubsheime ein, «aus psychologischen Gründen»,[219] wie in den Richtlinien des SHEK für Urlaubsreisen festgehalten wurde. Damit sollten Spannungen zwischen den Eltern der Kinder und den Gastfamilien vermieden werden. Im Begleitschreiben des Reglements wurde an die Eltern der Kinder appelliert, «nicht ungebeten»[220] bei den Gastfamilien ihrer Kinder aufzutauchen «und sich auch tunlichst nicht in die Erziehung einzumischen».[221] Diese Vorgaben habe das SHEK zum Wohl der Kinder entworfen denn «je sel-

---

ultraorthodox oder charedisch werden unter anderem die Israelitische Religionsgesellschaft (IRG), Agudas Achim und die Israelitische Religionsgesellschaft Basel eingeordnet. Vgl. Gerson/Bossert/Dreyfus, Schweizer Judentum im Wandel, 2010, S. 3. In den 1940er-Jahren wurden unter dem Begriff «orthodox» häufig Personen aus dem Umfeld der IRG und von Agudas Achim bezeichnet. Es wurden aber bisweilen auch praktizierende Jüdinnen und Juden aus den Einheitsgemeinden als «orthodox» charakterisiert.

214 Vgl. Brunschwig/Heinrichs/Huser, Geschichte der Juden im Kanton Zürich, 2005, S. 441.
215 O. A.: Prot. CC SIG, Bern, 3. 12. 1942, S. 6, AfZ, IB SIG-Archiv / 94.
216 Ebd.
217 Theodora Dreyfuss, Jenny Meyer: Prot. GV VSIA, Bern, 6. 6. 1943, S. 8, AfZ, IB SIG-Archiv / 2402.
218 Vgl. Lienert, Wir wollen helfen, 2013, S. 156 f.; Mächler, Hilfe und Ohnmacht, 2005, S. 348–350.
219 SHEK: Richtlinien für Urlaubsreisen, Zürich, 15. 4. 1943, AfZ, IB SIG-Archiv / 2517.
220 SHEK: Schreiben an die Eltern unserer Kinder, Zürich, 15. 4. 1943, AfZ, IB SIG-Archiv / 2517.
221 Ebd.

tener Sie Ihrem Kind immer neuen Trennungsschmerz bereiten, desto ruhiger und gesünder wird es sich entwickeln».[222]

Der Brief des SHEK an die Eltern beinhaltete die implizite Botschaft, dass Eltern, die entgegen diesen Vorschriften versuchen würden, ihr Kind häufiger zu treffen, die Integration des Kindes in die Gastfamilie verhindern und ihrem Kind damit schaden würden. Auch wenn man dem SHEK die guten Absichten nicht absprechen kann, zeugen Briefe wie dieser von wenig Verständnis für die Situation der Flüchtlinge. Obwohl das SHEK vordergründig vorgab, die Beweggründe der Eltern zu verstehen, geht aus dem Brief hervor, dass Eltern, die ihre Kinder nichtsdestotrotz häufiger zu sehen versuchten, vom Hilfswerk als lästig empfunden wurden. Es schwingt auch der Vorwurf mit, dass solche Eltern, ähnlich wie Kinder, nicht ganz zurechnungsfähig und vernünftig seien, womit der paternalistische Umgangston vermutlich als gerechtfertigt betrachtet wurde.

Der SIG und der VSIA mussten die Trennung der Familien als Teil der schweizerischen Flüchtlingspolitik zwar offiziell unterstützen, das Thema wurde aber innerhalb des VSIA kontrovers diskutiert. Im Bericht an die Delegiertenversammlung des SIG beschrieb der VSIA beispielsweise eine gemeinsame Besprechung von Bundesrat Eduard von Steiger, dem Territorialkommando der Armee, das für die Auffanglager zuständig war, und den Hilfsorganisationen, unter anderem dem VSIA. Der VSIA gab zu Protokoll, dass er «Verständnis und Unterstützung in den uns besonders am Herzen liegenden Fragen gefunden [habe], sei es bezüglich der unmotivierten Trennungen der Familien, sei es in Bezug auf die rituelle Verpflegung des starken Prozentsatzes Orthodoxer».[223]

Obwohl der VSIA die Zusammenarbeit mit den Behörden also positiv bewertete, suggeriert der Ausdruck der «unmotivierten Trennung», dass die Separierung von Familienmitgliedern kritisch betrachtet wurde. Im Rahmen des Berichts wurde auch der Mangel an jüdischen Freiplätzen thematisiert. Der VSIA erwähnte in diesem Zusammenhang die gute Zusammenarbeit mit den christlichen Hilfswerken.[224] Auch andere Hilfswerke standen der Trennung von Familien skeptisch gegenüber, wie aus einer Bemerkung von Pfarrer Paul Vogt[225] im Februar 1944 hervorgeht: «Dankbar erwähnt Pfarrer Vogt

---

222 Ebd.
223 Silvain S. Guggenheim: Bericht an die DV des SIG, o. O., 28. 3. 1943, S. 1, AfZ, IB SIG-Archiv / 32.
224 Vgl. ebd., S. 3 f.
225 Paul Vogt wurde 1900 geboren. Ab 1929 war er Gemeindepfarrer in Walzenhausen (AG). Seit Beginn der 1930er-Jahre setzte er sich für sozial benachteiligte Menschen ein, wobei er auch gegen die Verfolgung von Jüdinnen und Juden durch NS-Deutschland Stellung nahm. Er war Mitgründer der SZF im Jahr 1936. Zwischen 1943 und 1947 amtete er als Flüchtlingspfarrer in Zürich. Nach Kriegsende engagierte er sich für den christlich-jüdischen Dialog und die Anerkennung des Staates Israel. 1947 wurde er zum Ehrendoktor der Universität Zürich er-

das Bestreben der Zentralleitung,[226] die auseinandergerissenen Familien heute nach Möglichkeit wieder zu vereinigen, so dass es scheint, dass die Bitten und Anregungen der Hilfswerke in dieser Richtung doch nicht ganz ungehört verhallten.»[227]

Auch im SHEK war man sich grundsätzlich einig, dass die Trennung der Kinder von den Eltern abzulehnen sei, wegen des offiziellen Auftrags des Bundesrats, die Kinder aus den «Lagern» zu befreien, kümmerte sich die Hilfsorganisation in der Folge aber um die Erfassung und Unterbringung der Kinder ausserhalb der «Lager».[228] Der VSIA bemühte sich indessen, die Zahl der Kinder, die in christlichen Familien untergebracht werden mussten, möglichst tief zu halten. Mit verschiedenen Mitteln, zum Beispiel mit Aufrufen im «Israelitischen Wochenblatt» im Dezember 1942,[229] wurde versucht, dem Mangel an jüdischen Freiplätzen beizukommen. Im Laufe des Jahres 1943 schien sich jedoch immer mehr herauszukristallisieren, dass die jüdischen Familien an die Grenzen ihrer Aufnahmekapazitäten gestossen waren. So berichtete Silvain S. Guggenheim in einer Sitzung der SZF im Juni 1943 im Zusammenhang mit dem Traktandum «Orientierung über Arbeitslager und Interniertenheime»: «Die jüdische Gemeinde in der Schweiz wurde erneut dringlich aufgefordert, für Freiplätze zu werben, er glaubt jedoch nicht an einen grossen Erfolg, da eine grosse Zahl von jüdischen Familien bereits verwandte Flüchtlinge aufgenommen oder Kinderfreiplätze angeboten hat.»[230]

Silvain S. Guggenheim erwähnte in diesem Zusammenhang also auch die erhöhte Belastung von jüdischen Haushalten durch die Betreuung von Verwandten, die vor allem aus Deutschland und Frankreich stammten und in die Schweiz geflüchtet waren.

Der SIG und der VSJF lancierten vor allem 1943 noch mehrere Aufrufe, «Freiplätze» für Flüchtlinge zur Verfügung zu stellen. Neben Plätzen für «ältere, kränkliche und arbeitsdienstuntaugliche Personen»[231] wurden darin insbesondere Plätze für «Mütter mit kleinen Kindern»[232] gesucht, denn viele

---

nannt. Paul Vogt starb 1984 in Zizers. Vgl. Lerf, Paul Vogt, e-HLS, sowie Rusterholz, «... als ob unseres Nachbars Haus nicht in Flammen stünde», 2015, S. 24.

226 Die Zentralleitung der Lager und Heime (ZL) hatte seit 1940 die Leitung der «Arbeitslager für Emigranten» unter sich. Vgl. Erlanger, Nur ein Durchgangsland, 2006, S. 22.
227 Milly Furrer: Protokoll der Schweiz. Zentralstelle für Flüchtlingshilfe, S. 3, Zürich, 28. 2. 1944, BAR, E4800.1#1967/111#145*.
228 Vgl. Lienert, Wir wollen helfen, 2013, S. 255.
229 Vgl. Mächler, Hilfe und Ohnmacht, 2005, S. 350. Nach dem Aufruf erklärten sich rund 300 jüdische Familien bereit, ein Kind aufzunehmen, das entspricht fast jedem zehnten jüdischen Haushalt. Auch Otto und Régine Heim hatten sich auf den Aufruf gemeldet. Vgl. Kapitel 6.1.
230 M. Furrer: Prot. SZF, Zürich, 9. 6. 1943, S. 4, AfZ, IB SFH-Archiv / 44.
231 Saly Braunschweig (SIG) und Silvain S. Guggenheim (VSIA): Aufruf für Freiplätze, Zürich, 20. 5. 1943, StABS, IGB-REGa H 11.8.
232 Ebd.

Mütter sahen sich gezwungen, ihre Kleinkinder abzugeben, obwohl offiziell erst für Kinder ab sechs Jahren eine Trennung von den Eltern vorgesehen war.

Für das Organisieren von Freiplätzen zeigte besonders Pfarrer Paul Vogt grosses Engagement. Im Frühjahr 1943 lancierte er die «Freiplatzaktion», die mit diversen Aufrufen bemüht war, Schweizer Familien zu finden, die sich für die Aufnahme besonders vulnerabler Personen, wie schwangerer Frauen, Frauen mit Kleinkindern, Kranker und älterer Menschen, zur Verfügung stellten. Im Rahmen dieser Aktion meldeten sich Privatleute, die sich bereit erklärten, einen Flüchtling kostenlos zu beherbergen und zu verpflegen. Auch Spenden sowie von Pfarrgemeinden und Hilfsorganisationen finanzierte Unterkünfte waren Teil der Aktion.[233] Zwischen 1943 und 1947 wurden so etwa 1800 meist jüdische Flüchtlinge an privaten Plätzen untergebracht.[234] In seinem Bericht über die jüdische Flüchtlingshilfe im Jahr 1943 fasste Silvain S. Guggenheim die Zusammenarbeit mit dem SHEK und Pfarrer Paul Vogt für die Delegiertenversammlung des SIG zusammen: «In der Schweiz befinden sich total 4300 Flüchtlingskinder im Alter bis zu 16 Jahren. Wie Ihnen bekannt, unterstehen die Kinder von 6–16 Jahren dem Schweizer Hilfswerk für Emigrantenkinder, durch welches ca. 2300 Kinder teils in Freiplätzen, teils in Heimen untergebracht sind. […] Die ca. 1500 Kinder unter 6 Jahren sind grösstenteils mit ihren Müttern in Heimen der Zentralleitung untergebracht, die übrigen durch uns und Pfarrer Vogt an Freiplätzen gemeinsam mit ihren Müttern.»[235]

Silvain S. Guggenheim berichtete weiter, dass 415 Personen im Rahmen der Freiplatzaktion von Paul Vogt untergebracht werden konnten, «in jüdischen Familien, zum Teil bei Angehörigen»[236] seien 269 Personen untergekommen oder hätten einen «Kostplatz» erhalten.[237] Aus den von Salome Lienert erhobenen Daten geht hervor, dass drei Viertel aller Kinder an Pflegeplätzen untergebracht wurden, die Hälfte davon in christlichen Familien. Neun bis siebzehn Prozent der in christlichen Familien untergebrachten Kinder zwischen 1944 und 1946 wurden als alleinstehend oder verlassen bezeichnet. 1944 wurde die Zahl dieser Kinder vom VSJF auf 410 geschätzt.[238]

Grundsätzlich wurde die Trennung der Familien trotz der Bedenken, die man hinsichtlich des seelischen Wohls der Kinder hatte, akzeptiert. In einem undatierten Protokoll vermutlich der Jüdischen Flüchtlingshilfe Zürich Ende 1942 berichtete Otto H. Heim über die Auffanglager: «Für Männer sind die

---

233 Vgl. UEK, Die Schweiz und die Flüchtlinge, 2001, S. 70.
234 Vgl. Lerf, Buchenwaldkinder, 2010, S. 254 f.
235 Silvain S. Guggenheim: Bericht über die Tätigkeit des Verbandes Schweizerischer Jüdischer Flüchtlingshilfen im Jahre 1943, Zürich, 1. 2. 1944, S. 5, AfZ, IB SIG-Archiv / 32.
236 Ebd.
237 Vgl. ebd.
238 Vgl. Lienert, Wir wollen helfen, 2013, S. 262.

Unterbringungen durchaus ausreichend, [...] für Frauen ist das Strohlager sehr ungünstig und für Kinder ist die Lagerunterbringung abzulehnen.»[239] Auch im Laufe des Jahrs 1943 wurde die «Lagerbefreiung» der Kinder als prioritär betrachtet. Georges Blochs Votum dazu lautete: «Georges Bloch [führt] aus, dass die Befreiung der Kinder aus den neuen Auffanglagern vordringlich sei und die Freiplätze in den Heimen und den Familien in erster Linie diesen Kindern zukommen müssen [...]. Es sei insbesondere nicht haltbar, die neueingereisten Kinder auf den Winter hin auf Stroh schlafen zu lassen.»[240]

Neben der schlechten Infrastruktur, die für Kinder keinesfalls genüge, wurde auch die Stimmung unter den Flüchtlingen als den Kindern nicht zuträglich beschrieben. So hielt Rabbiner Poljakoff aus Genf für die Abteilung kulturelle Betreuung und Seelsorge[241] zu Beginn des Jahres 1944 in Bezug auf die Auffanglager fest, dass «die scharfe militärische Disziplin [...] die Flüchtlinge in den Auffanglagern stark»[242] deprimiere: «Traurig ist die Lage der Kinder, besonders der Kleinkinder – ihnen muss in erster Linie geholfen werden. In diesen Lagern ermangelt es am Nötigsten: Kleider, Wäsche, Lebensmitteln.»[243] Trotz der schlechten Bedingungen und der fehlenden Infrastruktur wollten viele Eltern ihre Kinder nicht ohne Weiteres abgeben, so wurde der Abteilung für kulturelle Betreuung und Seelsorge über das Flüchtlingsheim Finhaut berichtet: «Die Zustände im Lager sind keineswegs erfreulich. [...] Ferner haben die Frauen viele Klagen wegen der Separation von den kleinen Kindern unter dem Schreckgespenst, dass die Kinder über 6 Jahre fortkommen.»[244]

Neben den emotional schwierigen Voraussetzungen wurde auch über eine sich einstellende Entfremdung der Kinder von den Eltern berichtet. In diesem Zusammenhang zu erwähnen ist eine psychologische Studie, die von Saul Gurewicz[245] über das «Lagerleben» erstellt wurde. Wie er in seinem Bericht schreibt, war er selbst für 60 Tage in einem Arbeitslager interniert, in dem

---

239 O. A.: Prot. [vermutlich Jüdische Flüchtlingshilfe Zürich], o. O., o. D. (etwa Ende 1942), S. 2, AfZ, IB IFZ-Archiv / 2.
240 Max Dreifuss: Prot. VSJF, o. O., 11. 10. 1943, S. 3, BAR, J2.55#1970/95#107*. Diese Sitzung des VSJF drehte sich um die religiöse Betreuung der Kinder, die in einem christlichen Umfeld untergebracht worden waren. Auf die dafür gegründete Abteilung des VSJF wird in Kapitel 7.7 näher eingegangen.
241 Vgl. Kapitel 7.3.
242 Lilly Wolffers: Prot. VSJF, Abt. für kulturelle Betreuung und Seelsorge, Zürich, 6. 2. 1944, S. 1, AfZ, IB VSJF-Archiv / 386.
243 Ebd.
244 O. A.: Bericht über Lagerbesuche in der Westschweiz vom 8.–11. 2. 1944, o. O., o. D., S. 3, AfZ, IB VSJF-Archiv / 386.
245 Saul Gurewicz, geboren am 10. 12. 1920, stammte aus Wilna (heute Litauen) und war im September 1941 über Frankreich in die Schweiz geflüchtet. Ab Januar 1944 studierte er mit Unterstützung des VSJF am Psychologischen Seminar des Instituts für angewandte Psychologie in Zürich. Vgl. H. Biäsch: Bestätigung für Saul Gurewicz, Zürich, 5. 1. 1944, sowie o. A.: Eintrag Saul Gurewicz, Zentralregister, o. O., 24. 5. 1944, AfZ, IB VSJF-Archiv / G.806.

er Feldforschung für seine Studie betrieb. Im Abschnitt «Seelische Einflüsse des Lagerlebens und deren Auswirkungen» schrieb er über die Trennung der Familien: «Oft auch tritt zwischen Eltern und Kindern Entfremdung ein. Die Erziehung der Kinder in Heimen oder in fremden Familien bringt es mit sich, dass Bräuche und Traditionen vernachlässigt werden.»[246]

Die Trennung der Kinder von den Eltern wurde im VSJF also als zweischneidiges Schwert betrachtet: Einerseits seien die Bedingungen in den «Lagern» für Kinder unzumutbar, andererseits war die Wegnahme der Kinder für die Familien oft zusätzlich traumatisch, mussten sie doch, nachdem sie bereits ihre gesamte Habe und ihre Heimat verloren hatten, oft um das Leben von Verwandten bangen, denen die Flucht nicht gelungen war.

Im Nachfolgenden soll anhand von Beispielen demonstriert werden, wie die Trennung sich auf jüdische Familien auswirken konnte. Die dargelegten Geschichten beziehen sich fast ausschliesslich auf Kinder, die in jüdischen Familien im Umfeld von Otto Heim untergebracht waren. Der hier beschriebene Mikrokosmos von Kindern, die von Mitgliedern der ICZ aufgenommen wurden, ergibt sich einerseits aus Interviews mit Zeitzeuginnen und aus einem schriftlichen Kontakt, andererseits aus den Akten der eidgenössischen Fremdenpolizei und des VSJF sowie aus der Sekundärliteratur. Im Vordergrund steht die Frage, wie die Trennung von Kindern von ihren Eltern sich auf deren Beziehung auswirkte und wie die Kinder ihre Unterbringung an Freiplätzen erlebten.

Am 4. Februar 1944 überquerte M. S. mit ihren drei Kindern die Schweizer Grenze in der Nähe von Genf. M. S. war 1909 in Deutschland geboren und hatte bis 1933 dort gelebt. 1933 studierte sie ein Jahr in Zürich. Von 1933 bis 1935 lebte sie mit ihren Eltern in Saint-Louis (Frankreich). Nach ihrer Heirat 1935 zog sie nach Mulhouse (Frankreich) um, wo sie bis 1939 lebte. Bei Ausbruch des Krieges flüchtete sie mit ihrem Mann A. S. in die Nähe von Lyon. A. S. wurde Ende 1943 deportiert.[247] Vermutlich durch die Vermittlung eines Verwandten in Genf und der Résistance gelang M. S. und ihren Kindern über Chambon-sur-Lignon mithilfe eines Passeurs der Grenzübertritt in die Schweiz.[248] In einem undatierten «Lebenslauf und Verfolgungsvorgang» zuhanden des VSJF beschrieb M. S. ihre Flucht: «Einige Tage vor dem Ausbruch des Krieges verliessen wir Mulhouse und begaben uns nach Gerardmer (Vogesen), von wo wir im Mai 1940 flüchten mussten [...]. Unter grössten Schwierigkeiten mussten wir von einem Ort zum anderen vor den vorrückenden Deutschen fliehen [...]. Schliesslich gelang es uns, die unbesetzte Zone zu

---

246 Saul Gurewicz: Lager und Berufsumstellung, o. O., Dezember 1944, S. 23, AfZ, IB SIG-Archiv / 2474.
247 M. S.: Erklärung, Genf, 7. 2. 1944, sowie Comité suisse d'aide aux enfants d'émigrés: Questionnaire, o. O., o. D., BAR, E4264#1985/196#32024*.
248 Vgl. Interview mit B. S., S. 1 f., 68–70.

erreichen, und auf diese Weise kamen wir nach Lyon, wo sowohl die Unterkunft als auch die Verpflegungsverhältnisse äusserst schwierig waren. Dort baute sich mein Mann mit grossen Anstrengungen eine neue Existenz auf. Im Dezember 1943 aber wurde er verhaftet und dann nach Montluc und dann nach Drancy und später nach Auschwitz deportiert.»[249]

Die Familie war danach sehr besorgt und riet M. S. zur Flucht in die Schweiz.[250] Nach der Ankunft in der Schweiz wurde die Familie zum Grenzposten von Vireloup gebracht und kam danach ins Auffanglager Les Charmilles. Schliesslich wurde M. S. mit ihren Kindern im Centre Henri Dunant untergebracht.[251] Als Verwandtschaft in der Schweiz gab M. S. unter anderen Armand Brunschvig[252] in Genf an.[253]

M. S. stammte aus einer religiösen Familie und stellte daher bereits im Februar 1944 den Antrag, in ein Arbeitslager mit rituell geführter Küche gebracht zu werden.[254] Im März 1944 beantragte M. S. einen vierwöchigen Urlaub, um sich mit ihren Familienmitgliedern in Zürich zu beraten, ob für ihre Kinder Unterbringungsmöglichkeiten ausserhalb der «Lager» infrage kämen.[255] Unterstützt in ihrem Ansinnen wurde sie vom Lokalkomitee des VSJF in Genf und von der VSJF Zentrale in Zürich.[256] Im Juni 1944 forderte das Schweizerische Rote Kreuz, Kinderhilfe (SRK, Kh),[257] den Internierungsbeschluss von B. S., der Tochter von M. S., an mit der Begründung, es stehe für das Mädchen ein Pflegeplatz in Aussicht.[258] Die Polizeiabteilung hielt in einem Schreiben an die Zentralleitung der Arbeitslager fest, dass der entscheidende Impuls für die Unterbringung für B. S. ausserhalb des «Lagers» von der Mutter

---

249 M. S.: Lebenslauf und Verfolgungsvorgang, o. O., o. D., AfZ, IB VSJF-Archiv / S.107.
250 Vgl. Interview mit B. S., S. 70.
251 Vgl. Grenzposten Vireloup: Anhalterapport M. S., Vireloup, 5. 2. 1944; o. A.: Auffanglager Les Charmilles, M. S., o. O., 14. 2. 1944; Thévenoz (Polizeiabt.): Schreiben an M. S., Bern, 14. 3. 1944, BAR, E4264#1985/196#32024*.
252 Armand Brunschvig war Mitglied des CC seit 1925 und sowohl in der Jüdischen Gemeinde Genf als auch im jüdischen Flüchtlingswesen eine wichtige Figur. Vgl. Mächler, Hilfe und Ohnmacht, 2005, S. 238 f.; vgl. Claudia Hoerschelmann: Überblick über die Mitglieder in den SIG-Gremien gemäss dem Historischen Archiv im AfZ (1904–1985), in: Interne Dokumentation des Archivs für Zeitgeschichte zu AfZ, IB SIG-Archiv. Die Dokumentation wurde Barbara Häne auf Anfrage zur Verfügung gestellt.
253 Vgl. M. S.: Erklärung, Genf, 7. 2. 1944, BAR, E4264#1985/196#32024*.
254 Vgl. Polizeiabt. (EJPD): Schreiben an M. S., Bern, 14. 3. 1944, BAR, E4264#1985/196#32024*.
255 Vgl. Territorialkommando Genf: Schreiben an die Polizeiabt. des EJPD, Genf, 7. 3. 1944, BAR, E4264#1985/196#32024*; M. S.: Schreiben an das Territorialkommando Genf, 21. 4. 1944, AfZ, IB VSJF-Archiv / S.107.
256 Vgl. VSJF: Schreiben an das Terr. Inspektorat in Zürich, o. O., 7. 3. 1944; Michel Smidorf (Komitee Genf): Schreiben an den VSJF, o. O., 3. 3. 1944, AfZ, IB VSJF-Archiv / S.107.
257 Die Kinderhilfe des SRK wurde 1941 gegründet. Das SHEK arbeitete eng mit dem SRK, Kh zusammen, es gab jedoch auch Differenzen zwischen den Organisationen. Vgl. Lienert, Wir wollen helfen, 2013, S. 141–148.
258 Vgl. SRK, Kh: Schreiben an die Polizeiabt. des EJPD, Bern, 26. 6. 1944, BAR, E4264#1985/196#32024.

gekommen sei: «Das Schweizerische Rote Kreuz, Kinderhilfe, teilt uns nun mit, dass dieses Kind auf Wunsch seiner Mutter an einem Freiplatz untergebracht werden soll.»[259]

Für die Platzierung ausserhalb der «Lager» setzten sich sowohl das SRK, Kh als auch der VSJF ein. M. S. selbst scheint sich ebenfalls um Freiplätze für ihre Kinder bemüht zu haben, vor allem vor dem Hintergrund, dass sie ihren Verwandten in der Schweiz nicht finanziell zur Last fallen wollte, so geht es zumindest aus den Akten des VSJF hervor. Die finanzielle Abhängigkeit von den Verwandten sei für M. S. schwer zu akzeptieren gewesen, daher entschloss sie sich, ihre Kinder an Freiplätzen unterzubringen.[260]

Das Motiv, nicht abhängig sein zu wollen, beeinflusste die Entscheidungsfindung vieler Flüchtlinge und zeigt, wie schwierig die Lage für Menschen war, die ihren Lebensunterhalt selbst bestritten hatten und, plötzlich mittellos geworden, auf die finanzielle Unterstützung der jüdischen Flüchtlingshilfe oder der Verwandtschaft angewiesen waren. Im Fall von M. S. versuchte das lokale Flüchtlingskomitee in Genf sogar in Absprache mit dem VSJF, Familie S. eine Wohnung zu verschaffen und es so aussehen zu lassen, als würde die jüdische Flüchtlingshilfe dafür aufkommen, während sich in Tat und Wahrheit M. S.s Verwandte Armand Brunschvig und L. W. bereit erklärt hatten, die Kosten zu tragen: «Frau S. will keinerlei Unterstützung von ihren Verwandten [...] annehmen. Es wäre nun aber für die Gesundheit ihrer drei Kinder sehr wünschenswert, dass sie mit ihnen in den Bergen leben könnte. [...] Besteht die Möglichkeit, dass Frau S. mit ihren Kindern in einer Gemeinde eine Wohnung finden könnte? Die Kosten hierfür würden von Herrn Armand Brunschvig und Herrn L. W. gedeckt werden und zwar *durch Ihre Vermittlung.*»[261]

Unten wurde angefügt: «Wir bitten Sie, Frau S. von diesem Brief keine Kenntnis zu geben.»[262] In den Akten der Fremdenpolizei wurde im Urlaubsgesuch von M. S. auf den fragilen Gesundheitszustand der Kinder hingewiesen,[263] was ebenfalls ein Grund dafür sein könnte, dass die «Lagerbefreiung» der Kinder als dringend erforderlich erachtet wurde. Am 1. August 1944 teilte das SRK, Kh der Polizeiabteilung des EJPD mit, dass sich die Verwandten von Familie S. in Zürich bereit erklärt hätten, B. S. aufzunehmen.[264] Am 21. August

---

259 Jäggi (Polizeiabt. EJPD): Schreiben an die Zentralleitung für Arbeitslager, Bern, 31. 7. 1944, BAR, E4264#1985/196#32024.
260 Vgl. Interview mit B. S., S. 41.
261 Lokalkomitee Genf: Schreiben an den VSJF, Genf, 20. 4. 1944, AfZ, IB VSJF-Archiv / S.107 (Hervorhebung im Original).
262 Ebd.
263 O. A.: Bericht für Oscar Schürch, o. O., 24. 5. 1944, BAR, E4264#1985/196#32024. Eines der Kinder von M. S. wurde in der Erfassung des SRK, Kh auch als «unterernährt» bezeichnet, vgl. SRK, Kh: Fragebogen, Genf, 2. 4. 1944, BAR, E4264#1985/196#32024.
264 Vgl. S. N.: Schreiben an die Polizeiabt. des EJPD, Bern, 1. 8. 1944, BAR, E4264#1985/196#32024.

1944, kurz vor ihrem sechsten Geburtstag, wurde B. S. zu ihrer Pflegefamilie in Zürich gebracht.[265]

B. S. erzählte, dass sie die Geschichte ihrer Flucht nur aus zweiter Hand rekonstruieren könne, denn sie habe keinerlei Erinnerungen an die Zeit vor der Flucht: «Und ich bin froh, weiss ich nichts mehr von dieser Geschichte. Es ist einfach, es meine Kindheitsgeschichte, aber ist alles weg.»[266] Auch ihr Bruder, der ein Jahr älter war als sie, könne sich an nichts mehr erinnern.[267] Im Laufe des Gesprächs kristallisierten sich aber einzelne Erinnerungsfragmente heraus, so erzählte B. S. im Zusammenhang mit ihrer Flucht in die Schweiz: «Ich kann mich nur erinnern, dass wir zum Schluss gerannt sind. Und über einen Bach gesprungen sind. Und mehr weiss ich nicht.»[268]

Für B. S. wurde das Heim ihrer Pflegefamilie zu ihrem neuen Zuhause. Sie bezeichnete ihre Aufnahme durch die Verwandtschaft in Zürich als Glücksfall.[269] Ihre Pflegemutter wurde ihre «Hauptbezugsperson»,[270] mit der sich eine enge Beziehung entwickelte.[271] Die frühkindlichen Erfahrungen von Verfolgung und Flucht hinterliessen aber auch ihre Spuren. Später habe man ihr erzählt, dass sie in der ersten Zeit «eingeschüchtert in eine Ecke gekrochen» sei, «wenn fremde Leute kamen»:[272] «Und dann kamen viele Leute rein, die ich nicht kannte. Und ich habe mich immer hinter dem Vorhang verkrochen, wenn es wieder geklingelt hat und habe gefragt, ob das jüdische Leute seien.»[273]

B. S. führte dieses Verhalten, an das sie sich nicht erinnern könne, auf die Tatsache zurück, dass sie sich als Kind in Frankreich habe verstecken müssen, wenn jemand an der Türe geklingelt habe, denn «man wusste ja nie, wann die Gestapo kommt oder so».[274] Daraus habe sie als Kind wohl den Schluss gezogen, dass «alle, die reinkamen, [...] böse» waren.[275] Obwohl ihre Verwandten sie wie eine eigene Tochter behandelt hätten, erzählte B. S., liess ihr weiteres Umfeld sie nicht vergessen, dass sie als Flüchtlingskind in die Schweiz gekommen sei. Sie beschrieb dieses Gefühl folgendermassen: «Aber es gab eben sehr viele, die so von oben herabgeschaut haben. Als Flüchtling wurde man akzeptiert, und natürlich: ‹Hier hast du auch etwas zu essen› oder irgendso. Aber irgendwo blieb immer etwas hängen.»[276] Sie sei als Kind immer «furchtbar

---

265 Vgl. SRK, Kh: Schreiben an die Polizeiabt. des EJPD, Bern, 29. 8. 1944, BAR, E4264#1985/196#32024.
266 Interview mit B. S., S. 2.
267 Vgl. ebd.
268 Ebd., S. 70.
269 Vgl. ebd., S. 5.
270 Ebd., S. 13.
271 Vgl. ebd.
272 Ebd., S. 60.
273 Ebd., S. 60 f.
274 Ebd., S. 61.
275 Ebd.
276 Ebd., S. 11 f.

brav»²⁷⁷ gewesen, weil sie nicht «unangenehm auffallen»²⁷⁸ wollte. Es sei vorgekommen, dass alteingesessene ICZ-Mitglieder auch viel später noch negative Bemerkungen über ihre Herkunft gemacht hätten, die suggerierten, dass Flüchtlinge Menschen zweiter Klasse seien.²⁷⁹

Während für B. S. eine Unterbringung in der Familie gefunden wurde, wurden ihre Geschwister J. S. und E. S. ebenfalls beim SRK, Kh angemeldet. J. S. wurde gleichzeitig auch vom SHEK erfasst.²⁸⁰ Die Geschwister kamen in ein Kinderheim in Chardonne; J. S. am 25. Juni und E. S. am 4. Oktober 1944.²⁸¹ Durch die Fremdplatzierung der Kinder und durch die Erlaubnis der Polizeiabteilung und der Einwohnerkontrolle des Kantons Genf war es M. S. möglich, im Herbst 1944 ein Praktikum bei der ORT Schweiz²⁸² anzutreten. Dazu wurde sie an einem Freiplatz in Genf untergebracht.²⁸³ Das Praktikum dürfte ihr durch Armand Brunschvig vermittelt worden sein, dem Vorsteher der ORT Schweiz.²⁸⁴

Gegen Ende des Krieges, am 6. April 1945, erhielt M. S. eine Nachricht von der eidgenössischen Fremdenpolizei, dass sie am 25. April 1945 gemeinsam mit ihren Kindern im Camp Les Charmilles erscheinen solle, damit sie ein «Laisser-passer» für ihre Rückreise nach Frankreich sowie ihre Wertsachen in Empfang nehmen könne.²⁸⁵ Sowohl M. S. als auch Armand Brunschvig baten daraufhin bei der Fremdenpolizei um einen Aufschub der Rückreise der Familie und begründeten die Bitte mit der Arbeit, die M. S. für die ORT leiste, und mit der Situation der Kinder.²⁸⁶ Trotz der Interventionen der ORT musste M. S. im Juli 1945 die Schweiz in Richtung Frankreich verlassen.²⁸⁷ Durch den Aufschub der Ausreise hatte die ORT Schweiz zumindest Zeit gewonnen,

---

277 Ebd., S. 14.
278 Ebd.
279 Vgl. ebd., S. 17.
280 Vgl. SHEK: Fragebogen, Genf, 2. 4. 1944, BAR, E4264#1985/196#32024.
281 Vgl. für J. S.: SRK, Kh: Schreiben an die Polizeiabt. des EJPD, Bern, 28. 6. 1944 und für E. S.: SRK, Kh: Schreiben an die Polizeiabt. des EJPD, Bern, 18. 11. 1944, BAR, E4264#1985/196#32024.
282 Bei der ORT handelt es sich um eine jüdische Organisation, die 1880 in St. Petersburg gegründet wurde und das Ziel hatte, Selbsthilfe durch Arbeit zu ermöglichen. Die ORT unterhielt ab den 1920er-Jahren mehrere europäische Ableger. Während des Zweiten Weltkriegs verlegte die ORT ihren Hauptsitz nach Genf. Vgl. Picard, Die Schweiz und die Juden, 1994, S. 275 f.
283 Vgl. Einwohnerkontrolle des Kantons Genf: Schreiben an die Polizeiabt. des EJPD, Genf, 9. 11. 1944, BAR, E4264#1985/196#32024.
284 Vgl. SIG: JB und Rechnungs-Ablage für das Jahr 1944, Zürich, 30. 3. 1945, S. 7, AfZ, IB SIG-Archiv / 378.
285 Polizeiabt. (EJPD): Schreiben an M. S., Bern, 6. 4. 1945, BAR, E4264#1985/196#32024.
286 Vgl. Brunschvig Armand (ORT Schweiz): Schreiben an die Polizeiabt. des EJPD, Genf, 17. 4. 1945, und M. S.: Schreiben an die Polizeiabt. des EJPD, Genf, 18. 4. 1945, BAR, E4264#1985/196#32024.
287 Vgl. Polizeiabt. (EJPD): Schreiben an M. S., Bern, 14. 6. 1945, BAR, E4264#1985/196#32024. Laut einer Notiz in ihrem Dossier hatte sie die Schweiz am 11. 7. 1945 verlassen.

um M. S. einen Arbeitsort bei der Organisation in Paris zu verschaffen.[288] Die Kinder blieben vorläufig in der Schweiz unter der Obhut des SRK, Kh mit der Begründung, dass «die Situation der Mutter in Frankreich noch eine ganz prekäre»[289] sei. M. S. kam im Frühjahr 1946 in die Schweiz zurück und war wiederum für die ORT tätig.[290] J. S. und E. S. erhielten im Juli 1946, B. S. im November 1946 eine reguläre Aufenthaltsbewilligung für die Schweiz.[291] J. und E. S. blieben zunächst im Kinderheim, später lebten sie wieder bei ihrer Mutter,[292] während B. S. bei den Verwandten in Zürich blieb. E. S. sei, als sie ungefähr sieben Jahre alt war, bei der Familie des Vaters in Colmar untergebracht worden, die «orthodox»[293] gewesen sei. B. S. besuchte ihre Schwester dort ab und zu, die orthodoxe Lebenswelt der Familie war ihr aber sehr fremd geworden. Generell hätten sich die Geschwister nach der Trennung von der Mutter 1944 nicht mehr oft gesehen, erst «viel später»[294] sei der Kontakt wieder möglich gewesen.[295]

B. S. hat sich später die Unterlagen über ihre Familie im Bundesarchiv und im VSJF angesehen und kam zum Schluss, dass ihre Mutter «doch wirklich sehr viel mitgemacht»[296] habe. Obwohl ihre Mutter und die drei Kinder durch ihre Flucht in die Schweiz der Verfolgungssituation entkommen waren, fanden die Familienmitglieder bedingt durch die lange Trennung nicht mehr zu einem Alltag als Familie zurück. Für B. S. wurde ihre Pflegefamilie zu ihrem Zuhause. Mit ihrem Bruder habe sich der Kontakt aber später normalisiert.[297]

Einen ähnlichen Fluchtweg wie die Familie S. hatte Familie Rosner hinter sich, deren Flucht und Aufenthalt in die Schweiz von Erich Keller nachgezeichnet wurde.[298] Im September 1942 floh die siebenjährige Fritzi Rosner gemeinsam mit ihren Eltern von Lyon mithilfe eines Passeurs in die Schweiz. Fritzi konnte zunächst bei ihrer Mutter im Auffanglager Aeugstertal bleiben, während der Vater in einem anderen Auffanglager untergebracht wurde. Im Dezember 1942 wurden die Unterlagen des Kindes an das SHEK weitergeleitet und ein Freiplatz wurde für sie gesucht. Ende Dezember 1942 wurde sie

---

288 Vgl. ORT Schweiz: Schreiben an die Polizeiabt. des EJPD, Genf, 22. 5. 1945, BAR, E4264#1985/196#32024.
289 SRK, Kh: Schreiben an die Polizeiabt. des EJPD, Bern, 25. 1. 1946, BAR, E4264#1985/196#32024.
290 Vgl. Polizeiabt. Genf: Schreiben an die Polizeiabt. des EJPD, Genf, 11. 3. 1946, BAR, E4264#1985/196#32024.
291 Vgl. für J. und E. S.: Einwohnerkontrolle Lausanne: Schreiben an die Polizeiabt. des EJPD, o. O., 9. 7. 1946 und für A. S.: SRK, Kh: Schreiben an die Polizeiabt. des EJPD, Bern, 21. 12. 1946, BAR, E4264#1985/196#32024.
292 Vgl. Irene Eger (VSJF): Aktennotiz, Zürich, 11. 11. 1955, AfZ, IB VSJF-Archiv / S.107.
293 Vgl. Interview mit B. S., S. 90.
294 Ebd.
295 Vgl. ebd., S. 90 f.
296 Ebd., S. 89.
297 Vgl. B. S.: Telefongespräch mit Barbara Häne, 16. 1. 2021.
298 Vgl. Keller, Bürger und Juden, 2015, S. 266–274.

von Hugo und Trudy Wyler aufgenommen, die sich wie viele andere jüdische Familien beim SHEK gemeldet hatten, um einen Pflegeplatz zur Verfügung zu stellen. Hugo Wyler und Otto Heim waren in der Kantonalen Handelsschule Klassenkameraden,[299] sie pflegten aber später keinen nennenswerten Kontakt.[300] Mit Hugo Wylers Schwester Berty Guggenheim-Wyler hingegen arbeitete Otto Heim im VSIA zusammen.

Obwohl Fritzi sich in ihrer Gastfamilie sehr gut aufgenommen fühlte, sei die Trennung von der Mutter für sie «traumatisch»[301] gewesen und sie hätte es bevorzugt, «weiterhin auf dem Fabrikboden»[302] zu schlafen, um mit ihrer Mutter zusammen sein zu können. Sie sei lange traurig gewesen und habe unter Heimweh gelitten. In der Familie Wyler-Bloch habe sie aber «eine neue Familie gefunden».[303] Obwohl die Eltern im Frühjahr 1943 eine Anstellung fanden und eine kleine Wohnung beziehen konnten, musste Fritzi bei ihrer Pflegefamilie bleiben.[304]

Ähnliches berichtete Margaret Schwartz, geborene Hendeles, die als Kind bei Hugo Wylers Bruder Hans und dessen Frau Roselies, geborene Braunschweig,[305] untergebracht war. Am 12. April 1943 kam die knapp fünfjährige Margaret Hendeles als Pflegekind zur Familie Wyler.[306]

Margaret hatte mit ihrer Mutter Leah am 20. September 1942 bei Genf die Schweizer Grenze überquert.[307] Leah Hendeles, geboren am 21. September 1910, war polnischer Abstammung, sie selbst war aber in Belgien geboren und aufgewachsen. Im Juli 1942 floh Familie Hendeles nach Frankreich, Leahs Mann Israel Hendeles wurde am 31. 8. 1942 von Nizza aus über Drancy

---

299 Vgl. Kantonale Handelsschule: Schülerverzeichnis, 1911/1912, AfZ, NL Otto und Régine Heim / 1. Zur Familie Wyler-Bernheim vgl. auch Kapitel 4.3.2.
300 Madeleine Erlanger, die Nichte von Hugo Wyler, bezeichnete den Kontakt als lose: «Sie haben sich gekannt.» Sie hätten aber in anderen Kreisen verkehrt, was sie auch auf die schwierigen finanziellen Verhältnisse bei Hugo Wyler, der während des Krieges als jüdischer Anwalt kaum eine Beschäftigung fand, zurückführt. Vgl. Interview mit Madeleine Erlanger, S. 53 f.
301 E-Mail von Frau Fritzi Shay-Rosner an Erich Keller, 15. 2. 2010, zitiert nach Keller, Bürger und Juden, 2015, S. 273.
302 Zitiert nach ebd.
303 Vgl. ebd., S. 274.
304 Vgl. ebd., S. 272–274.
305 Roselies Braunschweig war die Tochter von Saly und Elsa Braunschweig.
306 Vgl. SHEK: Schreiben an die Polizeiabt. des EJPD, Zürich, 15. 4. 1943, BAR, E4264#1985/196#5211*.
307 Vgl. o. A.: Bericht zum Grenzübertritt Hendeles Leah und Margaretha an Herrn Jezler, o. O., 7. 10. 1942, BAR, E4264#1985/196#5211*.

Abb. 38: Margaret Hendeles, um 1943.

Abb. 39: Leah Hendeles, um 1943.

nach Auschwitz deportiert.[308] Seine Spuren verlieren sich in Dachau im Januar 1945.[309]

Margaret Schwartz erinnerte sich in Bezug auf ihre Flucht von Belgien nach Frankreich daran, dass sie mit dem Zug unterwegs gewesen seien und ihre Mutter sie angewiesen habe, so zu tun, als schliefe sie, falls ein Kontrolleur käme.[310] Die Fluchtroute von Frankreich in die Schweiz bewältigten ihre Mutter und sie als Teil einer kleinen Gruppe, der mithilfe von Passeuren unter «enormen Schwierigkeiten»[311] der illegale Grenzübertritt gelang. Es sei eine lange Wanderung bei Nacht in den Bergen gewesen, bei der sie durch Wälder gehen mussten und Flüsse überquert hätten.[312] Margaret Schwartz habe ihrer Mutter gesagt, dass sie nicht mehr gehen könne. Sie habe erwartet, dass ihre Mutter sie tragen würde, aber diese habe ihr einen Ast von einem Baum abgeschnitten und zu ihr gesagt: «Hier, das ist dein Gehstock, er wird dir beim

---

308 Vgl. Polizeiabt. (EJPD): Fragebogen, o. O., 15. 1. 1943, BAR, E4264#1985/196#5211*. Zu Israel Hendeles vgl. auch https://yvng.yadvashem.org/index.html?language=en&s_lastName=hendeles&s_firstName=Israel&s_place=&s_dateOfBirth=&cluster=true, 26. 3. 2020, sowie Margaret Schwartz: Schreiben an die Verfasserin, o. O., 13. 12. 2020.
309 Vgl. Margaret Schwartz: Schreiben an die Verfasserin, o. O., 19. 11. 2020.
310 Vgl. ebd.
311 Margaret Schwartz: Schreiben an die Verfasserin, o. O., 12. 1. 2021.
312 Vgl. ebd.

Abb. 40: Margaret Hendeles (unterste Reihe, Erste von rechts) im Kindergarten von Adliswil, Herbst 1942.

Gehen helfen.»[313] Sie hätten alle Angst gehabt, entdeckt zu werden, zumal auch ein schreiendes Baby Teil ihrer Gruppe gewesen sei.[314]

Nach ihrer Flucht in die Schweiz kam Leah Hendeles mit ihrer Tochter zunächst bei Bekannten in Zürich unter. Im September 1942 meldete sie sich bei der ICZ an und stellte sich dann der Polizei.[315] Im Oktober 1942 wurde sie zusammen mit ihrer Tochter im Auffanglager Adliswil interniert.[316] Margaret Schwartz erinnerte sich noch gut an ihre Zeit in Adliswil, die sie als «schrecklich»[317] bezeichnete.

---

313 Ebd.
314 Vgl. ebd.
315 Vgl. Leah Hendeles: Rapport an das Polizeikommando, Zürich, 22. 9. 1942, BAR, E4264#1985/196#5211*.
316 Vgl. Polizeiabt. (EJPD): Fragebogen, o. O., 15. 1. 1943, BAR, E4264#1985/196#5211*.
317 Margaret Schwartz: Schreiben an die Verfasserin, o. O., 19. 11. 2020.

Auf engstem Raum seien dort sehr viele Flüchtlinge untergebracht worden und es habe keinerlei Einrichtung gegeben, sondern nur Stroh als Schlafstätte in einer grossen Halle. Sie könne sich noch an kleine Käfige erinnern, die herumgestanden seien, möglicherweise handelte es sich dabei um Mäuse- oder Rattenfallen.[318] Ihre Mutter habe ihr erzählt, dass das Vogelkäfige seien, um sie zu beruhigen, aber sie habe schon als Kind Zweifel an dieser Erklärung gehegt.[319] Während der Zeit, die sie dort verbracht habe, habe man versucht, die Umstände zu verbessern, so sei ein Kindergarten eingerichtet worden. Die Kindergärtnerin sei allerdings eine sehr strenge Frau gewesen, die «offenbar weder Kinder noch jüdische Leute gemocht»[320] habe. Margaret Hendeles freundete sich aber mit zwei anderen Kindern an, zu denen sie auch später noch den Kontakt gepflegt habe. Sie hätten sich in Adliswil so gelangweilt, dass die beiden Knaben ihr, mit ihrem Einverständnis, die Haare abgeschnitten hätten. Ihre Mütter hätten nicht geschimpft, da sie Verständnis für die Lage der Kinder gehabt hätten. Adliswil sei für sie als Kind ein übler Ort gewesen, jedoch habe die Präsenz ihrer Mutter ihr Sicherheit und Geborgenheit gegeben.[321]

Am 12. November 1942 wurde Margaret Hendeles vom SHEK erfasst. Nettie Sutro hielt unter der Rubrik «Event. Bemerkungen betr. Unterbringung des Kindes»[322] fest: «Mutter möchte sich *nicht von dem Kind trennen*, weil das Kind so tief empfindet (O. Heim kennt das Kind).»[323] Woher Otto H. Heim Margaret kannte, wird nicht ersichtlich, möglicherweise hatte er die Mutter und das Kind bei deren Anmeldung bei der ICZ angetroffen.[324] Auch

---

318 Vgl. ebd.
319 Vgl. Margaret Schwartz: Schreiben an die Verfasserin, o. O., 13. 12. 2020.
320 Margaret Schwartz schrieb, ihre Mutter sei so böse auf die Kindergärtnerin gewesen, dass sie deren Gesicht auf einem Gruppenbild herausgeschnitten habe. Das Foto (Abb. 40) habe sie von ihrem Bekannten erhalten, der ebenfalls als Kind in Adliswil war. Vgl. Margaret Schwartz: Schreiben an die Verfasserin, o. O., 19. 11. 2020.
321 Vgl. ebd.
322 Nettie Sutro: Fragebogen SHEK, Adliswil, 12. 11. 1942, BAR, E4264#1985/196#5211*.
323 Ebd. (Hervorhebung im Original).
324 Möglicherweise kannte Leah Hendeles die Schwägerin von Otto Heim, Fela Frajdenraich, die ebenfalls im September 1942 illegal in die Schweiz gekommen war und in Adliswil interniert wurde. Beide Frauen wurden vom Polizeikommando in Zürich gleichzeitig zur Emigration angemeldet und bei der jüdischen Flüchtlingshilfe registriert. Vgl. Polizeikommando Zürich: Schreiben an das Armeekommando, Zürich, 23. 9. 1942, BAR, E4264#1985/196#5211*. Die Anmeldung beim VSIA wurde ebenfalls am 23. 9. 1942 vorgenommen. Vgl. VSIA: Fragebogen, Zürich, 23. 9. 1942, AfZ, IB VSJF-Archiv / H.302. Otto H. Heim soll laut den späteren Schilderungen von Régine Heim massgeblich dazu beigetragen haben, dass Régines Schwestern 1942 in die Schweiz einreisen konnten. Vgl. Interview mit Madeleine Erlanger, S. 27–30, sowie Interview mit André Blum, S. 23. Ausser den mündlichen Aussagen von Régine Heim gegenüber Madeleine Erlanger sind dazu wenig Belege zu finden. Da es sich aber um ein sehr sensibles Thema handelt, liegt die Vermutung nahe, dass Otto H. Heim seine Beziehungen eingesetzt hat, um Régines Familie zu helfen, ohne dass dazu schriftlich etwas festgehalten wurde. Margaret Schwartz hält es auch für möglich, dass Otto H. Heim sie mit einer Gruppe von Menschen, darunter Roselies Wyler, im Spital besucht habe. Sie sei aufgrund der grassierenden

das beschriebene «tiefe Empfinden» wird nicht näher erläutert.[325] Dass ein vierjähriges Kind nicht von seiner Mutter getrennt werden möchte, erklärt sich von selbst. Der Internierungsbeschluss für Margaret Hendeles wurde, ähnlich wie bei Charlotte Siesel,[326] erst im Nachhinein und auf Nachfrage des SHEK erstellt, nämlich am 18. Februar 1943.[327] Es wurde festgehalten, dass es «angezeigt und dringlich»[328] scheine, «das Kind an einem Freiplatz in einem privaten Haushalt unterzubringen».[329] Diesem Begehren wurde offensichtlich Folge geleistet: Am 9. März 1943 wurde Margaret bei Georges Bloch untergebracht, wo sie einige Wochen verbrachte, bevor sie zur Familie Wyler-Braunschweig kam.[330] Es wurden also keineswegs nur Kinder über sechs Jahre von ihren Eltern getrennt; Margaret, die am 7. Mai 1938 geboren war, war bei der Trennung von ihrer Mutter noch keine fünf Jahre alt. Inwiefern die Mutter freiwillig oder unter Druck in die Fremdplatzierung ihres Kindes eingewilligt hatte, lässt sich anhand der Akten nicht rekonstruieren. Es darf angenommen werden, dass Leah Hendeles angesichts der schlechten Infrastruktur in Adliswil empfänglich für Überzeugungsversuche war.

Madeleine Erlanger-Wyler, die Tochter von Hans und Roselies Wyler, erinnerte sich, dass sie damals als Kind an Windpocken litt und dass Margaret deswegen zunächst zu Georges Bloch gebracht wurde.[331] Die Verbindung zwischen der Familie Wyler und Georges Bloch sei danach bestehen geblieben und auch mit ihrer Pflegeschwester vertrug sich Madeleine Erlanger sehr gut, sie bemerkte dazu: «Sie ist wie meine Schwester.»[332] Der Kontakt sei bis heute eng geblieben und Margaret, die unterdessen in Israel lebe, würde sie jedes Jahr besuchen.[333] Margaret Schwartz beschrieb ihr Leben bei Familie Wyler als sehr gut. Madeleine Wyler habe alles mit ihr geteilt und sie wurde als Teil der Familie behandelt. Aber sie habe unter der Trennung der Mutter sehr gelitten, auch heute noch falle es ihr schwer, darüber zu schreiben.[334] Sie habe sich sehr

---

Kinderkrankheiten in Adliswil zusammen mit anderen Kindern für kurze Zeit in Quarantäne gewesen. Vgl. Margaret Schwartz: Schreiben an die Verfasserin, o. O., 12. 1. 2021.
325 Margaret Schwartz denkt, dass damit vielleicht darauf angespielt wurde, dass sie als kleines Kind bereits zwei traumatische Trennungserfahrungen gemacht hatte, nämlich zuerst von der Familie in Antwerpen und danach von ihrem Vater in Nizza. Vgl. Margaret Schwartz: Schreiben an die Verfasserin, o. O., 12. 1. 2021.
326 Vgl. Kapitel 6.1.
327 Vgl. SHEK: Schreiben an die Polizeiabt. des EJPD, Zürich, 9. 2. 1943, sowie Polizeiabt. (EJPD): Internierungsbeschluss, Bern, 18. 2. 1943, BAR, E4264#1985/196#5211*.
328 Polizeiabt. (EJPD): Internierungsbeschluss, Bern, 18. 2. 1943, BAR, E4264#1985/196#5211*.
329 Ebd.
330 Vgl. SHEK: Schreiben an die Polizeiabt. des EJPD, Zürich, 16. 3. 1943, BAR, E4264#1985/196#5211*.
331 Vgl. Madeleine Erlanger: Schreiben an die Verfasserin, o. O., 13. 12. 2020.
332 Interview mit Madeleine Erlanger, S. 2.
333 Vgl. ebd.
334 Vgl. Margaret Schwartz: Schreiben an die Verfasserin, o. O., 19. 11. 2020.

dagegen gewehrt, von ihrer Mutter weggebracht zu werden.[335] Ihre Mutter habe ihr davor ermutigende Worte zugesprochen, um sie zu überzeugen, dass es ihr in einer Familie besser gehen würde und dass sie dort mit anderen Kindern zusammen sein könne, aber sie habe trotzdem grosse Angst gehabt, von ihr getrennt zu werden.[336]

Leah Hendeles blieb zunächst im Auffanglager Adliswil, am 4. August 1943 wurde sie ins Interniertenheim Sonnenberg in Luzern gebracht,[337] wo sie bis Ende des Krieges blieb. Madeleine Erlanger erzählte, dass sich Mutter und Tochter Hendeles nur sehr wenig sehen durften, daran sei trotz der geringen Entfernung ihres Wohnorts zu Adliswil und Sonnenberg «nicht zu rütteln»[338] gewesen. Die Urlaubsregelungen des SHEK waren, wie oben beschrieben, sehr streng: Die Eltern durften ihre Kinder nur alle drei Monate für drei Tage sehen.[339] Viele Flüchtlinge hatten in den Arbeitslagern aber alle sechs Wochen Urlaub und versuchten, ihre Kinder häufiger zu sehen, was das SHEK unterbinden wollte.[340]

Nach dem Krieg hätten Mutter und Tochter Hendeles sofort emigrieren müssen, obwohl «das […] keinerlei Bedürfnis von unserer Seite her»[341] war, wie Madeleine Erlanger berichtete. Weiter bemerkte sie, dass ihrer Ansicht nach die Flüchtlingskinder in den Familien, die sie kannte, jeweils voll integriert wurden, «es gab dann keine Unterschiede».[342] Margaret habe ihre Pflegemutter stets als «Tante» angesprochen, was von ihrer Mutter vermutlich so gewollt gewesen sei.[343] Auf der Austrittsmeldung von Leah Hendeles ist vermerkt, dass sie am 2. Juni 1945 aus Sonnenberg ausgetreten und nach Belgien ausgereist sei.[344]

Margaret Schwartz erinnerte sich gut ans Kriegsende. Am 7. Mai 1945 läuteten die Glocken der Kirchen und Roselies Wyler fragte sie und Madeleine, was wohl der Anlass dafür sei. Margaret habe zögernd gefragt, ob es wohl daran liege, dass an diesem Tag ihr siebter Geburtstag sei, obwohl sie den Verdacht gehabt habe, dass sie damit falsch liege, da ihr bewusst gewesen sei, dass sie jüdisch war. Sie habe zwiespältige Gefühle gehabt, einerseits sei sie glücklich gewesen, wieder mit ihrer Mutter vereint zu sein, andererseits sei ihr die

---

335 Vgl. Margaret Schwartz: Schreiben an die Verfasserin, o. O., 13. 12. 2020.
336 Vgl. ebd. sowie Margaret Schwartz: Schreiben an die Verfasserin, o. O., 19. 11. 2020.
337 Interniertenheim Sonnenberg: Eintrittsmeldung, Kriens, 4. 8. 1943, BAR, E4264#1985/196#5211*.
338 Interview mit Madeleine Erlanger, S. 3, 13.
339 Madeleine Erlanger erinnerte sich, dass Margaret ihre Mutter in Adliswil einmal im Monat für einige Stunden besuchen durfte. Vgl. Madeleine Erlanger: Schreiben an die Verfasserin, o. O., 13. 12. 2020.
340 Vgl. Lienert, Wir wollen helfen, S. 167.
341 Interview mit Madeleine Erlanger, S. 12.
342 Ebd., S. 24.
343 Vgl. ebd., S. 24 f.
344 Vgl. Interniertenheim Sonnenberg: Austrittsmeldung, Kriens, 5. 6. 1945, BAR, E4264#1985/196#5211*.

Abb. 41: Roselies Wyler mit ihrer Tochter Madeleine (links) und Margaret Hendeles (rechts), um 1944.

Abb. 42: Madeleine Wyler (links) und Margaret Hendeles (rechts) an ihrem ersten Schultag, 24. April 1945.

Trennung von Familie Wyler auch sehr schwergefallen. Die Heimkehr nach Belgien sei schwierig gewesen, ein Teil der Familie wurde in der Shoah ermordet. Sie und ihre Mutter lebten zunächst in Antwerpen, wie vor dem Krieg. Ihre Mutter habe ihr die Stabilität und die Liebe gegeben, die für ein Kind wichtig waren. Sie fand Arbeit und heiratete 1950 erneut, nachdem sie noch längere Zeit gehofft habe, dass Israel Hendeles vielleicht doch überlebt haben könnte.[345] 1965 emigrierte Margaret Schwartz nach Israel, wo sie seither lebt.[346]

Die Probleme, die die Trennung von jüdischen Flüchtlingsfamilien verursachten, konnten vielschichtig sein.[347] Die Kinder, vermutlich häufig durch die Flucht traumatisiert, mussten sich in einem völlig neuen Umfeld zurechtfinden. Die Eltern, die bereits alles verloren hatten, wollten verständlicherweise für ihre Kinder nur das Beste und beugten sich zum Teil dem Druck von Kinderhilfswerken, die die Infrastruktur der «Lager» als ungeeignet für Kinder qualifizierten. Wie die Kinder die Aufnahme durch die Pflegeeltern erlebten, dürfte höchst individuell gewesen sein. Die hier geschilderten Beispiele zeugen von einer guten Integration der Kinder in jüdische Familien. Auch über die Kriegszeit hinaus blieben die Kontakte zwischen den Pflegekindern und ihren Gastfamilien häufig bestehen.[348] Dass die Fremdplatzierung eines Kindes trotz der Überprüfung der Pflegefamilie durch das SHEK[349] aber auch schieflaufen konnte, zeigt beispielsweise ein Fall, den Stefan Mächler erfasst hat. Die dort geschilderte Fremdplatzierung eines elfjährigen Mädchens endete damit, dass das Mädchen weglief, «um den schlimmen Erfahrungen, die sie mit ihrem Pflegevater gemacht hatte, zu entrinnen – Erfahrungen, die sie mit solcher Scham erfüllten, dass sie sich nicht einmal ihren Eltern anvertraute».[350] Das Mädchen sei daraufhin in einem Heim für Schwererziehbare untergebracht worden und habe sehr unter der Situation gelitten.[351] Ähnlich wie im oben geschilderten Beispiel von Charlotte Siesel, die sich ganz allein in einem «Lager» befand, waren Kinder auch ihren Pflegefamilien bis zu einem gewis-

---

345 Durch einen Brief des Roten Kreuzes habe die Familie erfahren, dass es keine weiteren Hinweise zum Verbleib von Israel Hendeles nach seiner Ankunft in Dachau 1945 gab. Vgl. Margaret Schwartz: Schreiben an die Verfasserin, o. O., 26. 1. 2021.
346 Vgl. Margaret Schwartz: Schreiben an die Verfasserin, o. O., 19. 11. 2020.
347 Eine gute Darstellung der Spannungsfelder, in denen sich fremdplatzierte Kinder bewegten, findet sich bei Salome Lienert. Vgl. Lienert, Wir wollen helfen, 2013, S. 186–195.
348 Über eine enge Bindung berichtete auch André Blum, dessen Familie während des Zweiten Weltkriegs ebenfalls ein Flüchtlingskind beherbergte. Vgl. Interview mit André Blum, S. 31–34. Auch Bruno Guggenheim und seine Frau Paula beherbergten ein Flüchtlingskind während des Zweiten Weltkriegs. Allerdings hätten sie nach dem Krieg nie mehr etwas von diesem Mädchen gehört. Vgl. Interview mit Fred Guggenheim.
349 Das SHEK stattete den Kindern in Pflegefamilien regelmässig Besuche ab, das erste Mal nach zwei Wochen, dann in einem Rhythmus von zwei bis drei Monaten. Vgl. Lienert, Wir wollen helfen, 2013, S. 191.
350 Mächler, Hilfe und Ohnmacht, 2005, S. 351.
351 Vgl. ebd., S. 351 f.

sen Grad ungeschützt ausgeliefert. Am Beispiel von B. S. wird auch ersichtlich, dass die lange Trennung von Familienmitgliedern gerade bei kleinen Kindern zur Entfremdung von der Ursprungsfamilie führen konnte. Hatten die Kinder sich nach zwei, drei Jahren vollständig in ihr neues Umfeld integriert, konnte es, wie im Beispiel von Margaret Hendeles dargestellt wurde, dazu kommen, dass die Kinder zu einer sofortigen Repatriierung mit ihren Eltern in ihr Herkunftsland gezwungen wurden und wieder ein vertraut gewordenes Umfeld verlassen mussten. Auch bei der Familie S. wäre vorgesehen gewesen, dass die Kinder zusammen mit der Mutter nach Frankreich zurückreisen, letztlich wurde die erzwungene Rückreise der Kinder vermutlich nur durch die guten familiären Beziehungen, die M. S. in der Schweiz hatte, verhindert.

7 Der VSIA/VSJF während des Zweiten Weltkriegs und in der unmittelbaren Nachkriegszeit (1939–1950)

7.1 «Die schöne grosse Arbeit der Betreuung von Flüchtlingen bedarf der Mitarbeit aller sozial gesinnten Glaubensgenossen!»: Der VSJF – Statuten, Aufbau, Aufgaben, Personal

Im Umfeld von Otto H. Heim waren, wie in den vorgängigen Kapiteln dargelegt, die meisten seiner jüdischen Bekannten durch die Flüchtlingswelle im Sommer 1942 betroffen. Viele engagierten sich privat für Flüchtlinge, indem sie Verwandte unterstützten, denen die Flucht gelungen war, oder indem sie Flüchtlingskinder aufnahmen. Darüber hinaus waren Otto H. Heim und sein enger Freund Georges Bloch seit Mitte der 1930er-Jahre im Vorstand der ICZ tätig, der seinen Kernaufgaben, bedingt durch die politischen Ereignisse mit der antijüdischen Gesetzgebung in Deutschland und den 1938 einsetzenden Verfolgungen der jüdischen Bevölkerung Österreichs, immer weniger nachkommen konnte. Die jüdische Flüchtlingshilfe war durch ihre Zentralstelle eng an Zürich gebunden. Mithilfe vieler Mitglieder der jüdischen Gemeinden, die sich freiwillig zur Verfügung stellten, und anderer Institutionen wie des jüdischen Frauenbunds wurde ein System entwickelt, um jüdische Flüchtlinge zu unterstützen. Der VSIA war dabei weniger ein Produkt sorgfältiger Planung als ein Konstrukt, das aus der Reaktion auf ständig wechselnde Problemstellungen entstanden war. Durch die Auseinandersetzungen im SIG im Sommer 1942, die zu den Rücktrittserklärungen von Saly Mayer und Silvain S. Guggenheim führten, musste sich die Leitung des SIG neu konstituieren. Das Problem der Finanzierung der Flüchtlingshilfe, der eigenen Positionierung in der Flüchtlingsfrage und der Trennung der Kompetenzbereiche in der Entscheidungsfindung nahm fast die gesamten Ressourcen des Gemeindebunds in Anspruch. Auch der Aufbau des jüdischen Flüchtlingswesens sollte im Zuge der Reorganisation des SIG neu geplant und systematisch organisiert werden.[1] Wichtigster Geldgeber für die jüdische Flüchtlingshilfe war der Joint. Die amerikanisch-philanthropische Organisation operierte jedoch vom Frühjahr 1942 bis Ende 1944 unter erschwerten Bedingungen.
Nach dem Kriegseintritt der USA am 11. Dezember 1941 konnte der Joint nur noch über die Landesvertreter in neutralen Ländern Geld an die Verfolg-

---

[1] Vgl. ebd., S. 370.

ten in den besetzten Ländern Europas transferieren, da die Alliierten Aktionen verboten, die den Achsenmächten von Nutzen sein konnten. Nach einer Besprechung mit Joseph Schwartz,² der seit 1940 die europäischen Aktivitäten des Joint von Lissabon aus leitete, erhielt Saly Mayer im Februar 1942 die Zusage, dass der Joint seine Beträge an den SIG verdopple unter der Voraussetzung, dass der SIG einen Betrag aus seinen Einnahmen in derselben Höhe für die NS-Verfolgten im Ausland einsetze.³ Bereits ab März 1942 gab es aber, bedingt durch den Beschluss der USA, Guthaben der europäischen Länder einzufrieren, Schwierigkeiten bei der Transaktion von Dollar in Schweizer Franken. Die Schweizerische Nationalbank stellte die Geldgeschäfte mit den USA ein. Aufgrund dieser Probleme erhielt Saly Mayer zwischen dem 11. Mai 1942 und Februar 1943 kein Geld vom Joint mehr. Die Hälfte der 235 000 Dollar, über die er für 1942 noch verfügte, wurden dem VSIA überwiesen. Obwohl ab 1943 unter bestimmten Bedingungen Geldtransaktionen aus den USA wieder möglich waren, konnte der Joint erst Ende 1944 wieder ohne Verluste Geld in die Schweiz transferieren.⁴ 1944 erhielt der VSJF monatlich 300 000 Franken beziehungsweise rund 3 250 000 Franken für das ganze Jahr.⁵

Die Zahl der unterstützten Flüchtlinge des VSIA betrug 1939 2535 (davon reisten 1840 aus) und 1940 2296 (davon reisten 384 aus und 502 wurden in Arbeitslager eingewiesen).⁶ Bis Ende 1941 waren 2558 jüdische Flüchtlinge beim VSIA registriert, am 1. Januar 1943 wurden 7344 Flüchtlinge von der jüdischen Flüchtlingshilfe betreut und bis Ende Dezember 1943 war die Zahl auf 16 154 angewachsen.⁷ Die grösste Anzahl Flüchtlinge betreute der VSJF im

---

2 Joseph Schwartz, geboren 1899, war US-Amerikaner. Er hatte eine Ausbildung zum Sozialarbeiter absolviert und trat 1939 in die Dienste des Joint ein. 1940 wurde er nach Paris geschickt und zum Europadirektor des Joint ernannt. Nach der Besetzung Frankreichs durch NS-Deutschland verlegte er das Büro des Joint nach Portugal. Schwartz unterstützte viele Rettungsaktionen zugunsten verfolgter Jüdinnen und Juden, auch illegale Aktivitäten, die vom Joint offiziell nicht gebilligt wurden. In der Nachkriegszeit war er am Aufbau von DP-Lagern in Deutschland beteiligt und unterstützte Jüdinnen und Juden aus Osteuropa bei ihrer Auswanderung nach Israel. Bis zu seiner Pensionierung 1970 arbeitete er für jüdische Organisationen. Joseph Schwartz starb 1975. Vgl. o. A., Schwartz, Joseph J., o. D., sowie Bauer, American Jewry and the Holocaust, 1981, S. 23.
3 Mit diesem politischen Manöver vermied der Joint, mit dem amerikanischen Gesetz in Konflikt zu geraten, das Verhandlungen mit den Achsenmächten durch den «Trade with the Enemy Act» verbot. Vgl. Mächler, Hilfe und Ohnmacht, 2005, S. 270.
4 Vgl. ebd., S. 270–273.
5 Vgl. Sekretariat SIG: Bericht VSJF an die Delegierten des SIG, Zürich, 23. 1. 1945, S. 3, AfZ, IB SIG-Archiv / 32. Für eine detaillierte Darstellung der Beiträge des Joint zwischen 1939 und 1950 vgl. auch UEK, Die Schweiz und die Flüchtlinge, 2001, S. 205.
6 Vgl. SIG Hilfsaktion: Wissenswertes für unsere Mitarbeiter, o. O., o. D. (vermutlich 1943), AfZ, IB SIG-Archiv / 2417.
7 Vgl. Silvain S. Guggenheim: Bericht über die Tätigkeit des VSJF 1943 an der ausserordentlichen DV des SIG, Bern, 23. 1. 1944, S. 2, AfZ, IB SIG-Archiv / 2392.

Winter 1944/45, nämlich 23 000 Flüchtlinge, wovon rund 10 000 auch materiell unterstützt werden mussten.[8]

Die Forderung, auch den VSIA zu reorganisieren und zu professionalisieren, führte dazu, dass im Frühjahr 1943 zahlreiche Neuerungen vorgenommen wurden. In die Reorganisationskommission des VSIA war auch Otto H. Heim gewählt worden,[9] sodass er direkt auf die Neugestaltung des jüdischen Flüchtlingswesens Einfluss nehmen konnte. Die jüdische Flüchtlingshilfe bestand neu aus dem Verband Schweizerischer Jüdischer Fürsorgen und dem Verband Schweizerischer Jüdischer Flüchtlingshilfen (VSJF). Die für beide Verbände auftretende Abkürzung VSJF zeugt davon, dass die Trennung nur auf dem Papier bestand und einem Desiderat des SIG entsprach, de facto aber sowohl aus personellen als auch aus finanziellen Gründen unmöglich war.[10]

Durch die Schaffung zweier Verbände sollten die Aufgabenbereiche getrennt werden. Die Fürsorge sollte sich auf ihr ursprüngliches Aufgabenfeld in der Betreuung Kranker und Armer ausserhalb von jüdischen Gemeinden zurückbesinnen, während die Flüchtlingshilfe für die Betreuung von Flüchtlingen und Hilfestellungen bei deren Emigration in ein Drittland zuständig sein sollte.

Definiert wurde der Verband Schweizerischer Jüdischer Fürsorgen als «Zusammenschluß der Fürsorge-Institutionen der jüdischen Gemeinden der Schweiz und des Bundes Schweiz. Israelitischen Frauenvereine».[11] Neben den bereits erwähnten Aufgaben sollte der VSJ Fürsorgen in der Nachkriegszeit dafür sorgen, dass «möglichst viele Personen in den Arbeitsprozeß»[12] eingegliedert würden. 1945 schlug der Geschäftsausschuss des VSJF dem SIG vor, dass grössere Gemeinden nach einem bestimmten Schlüssel für die Unterstützung von Personen aufkommen sollten, die keiner jüdischen Gemeinde angehörten, da die Beiträge des Bundes Schweizerischer Jüdischer Frauenorganisationen (BSJF), die dem VSJ Fürsorgen zur Verfügung standen, bereits gebunden waren.[13]

Bis zur Reorganisation des VSIA blieb Silvain S. Guggenheim Präsident der jüdischen Flüchtlingshilfe. Auf die konkreten Neuerungen innerhalb des Verbandes soll in den Kapiteln 7.3, 7.6 und 7.7 eingegangen werden, das Kapitel 7.1 befasst sich vor allem mit den Kernaufgaben des VSIA/VSJF, die einer gewissen Kontinuität unterlagen. Es wird dargelegt, wie der VSJF strukturell

---

8 Vgl. Mächler, Hilfe und Ohnmacht, 2005. S. 408.
9 Vgl. Kapitel 5.2.3.
10 Vgl. Picard, Die Schweiz und die Juden, 1994, S. 235.
11 O. A.: TB VSJF 1947, Zürich, o. D., S. 24, AfZ, IB VSJF-Archiv / 3.
12 Ebd., S. 4.
13 Vgl. o. A.: Prot. GA VSJF, Zürich, 30. 11. 1945, S. 1 f., AfZ, IB VSJF-Archiv / 24. Die Beiträge des BSJF wurden für die Unterstützung von zurückgekehrten jüdischen Auslandschweizerinnen und -schweizern eingesetzt. Vgl. Else Finkler: Prot. GA VSJF, Zürich, 5. 11. 1945, S. 2, AfZ, IB VSJF-Archiv / 24.

und personell aufgebaut war, welche Aufgaben zentral geregelt wurden und wie die Betreuung der Flüchtlinge im Einzelnen aussah. Der Fokus liegt dabei einerseits auf der Zeit nach dem «Anschluss» Österreichs ans nationalsozialistische Deutschland und der Kriegszeit (1938–1945), andererseits auf der unmittelbaren Nachkriegszeit (1945–1950).

7.1.1 Statuten

Trotz der eminenten Wichtigkeit des VSIA als jüdisches Flüchtlingswerk präsentierte sich die Flüchtlingsorganisation bis zur Reorganisation strukturell schwach. Das Sekretariat des SIG stellte 1943 fest, dass der Verband bis 1933 nach den Richtlinien seines Reglements gearbeitet hatte, das aus den Gründungsjahren stammte: «Nach mündlichen Mitteilungen hat er unter der Leitung der Fürsorgekommission der I. C. Z., die als Vorort fungierte, seine Arbeit beständig nach Massgabe des oben skizzierten Regulativs fortgeführt.»[14]

Die hier erwähnten mündlichen Aussagen dürften aus dem Vorstand des VSJF stammen, möglicherweise von Silvain S. Guggenheim, der eng mit der Leitung des SIG arbeitete, persönlich. Silvain S. Guggenheim war seit 1925 in der Fürsorge tätig und konnte daher über die Konstitution des VSIA aus erster Hand berichten. Das oben genannte Regulativ, das 1911 von der Delegiertenversammlung des SIG besprochen worden war,[15] bestand aus einer Auflistung von acht Paragrafen, die vor allem den Umgang mit sogenannten Passantinnen und Passanten[16] regeln sollten.[17] Die Delegierten des SIG nahmen das Regulativ 1911 in globo einstimmig an, allerdings blieben die Anerkennung des Regulativs und der Beitritt zum VSIA den einzelnen jüdischen Gemeinden überlassen.[18]

Das Reglement des VSIA, erstellt von der «Commission für Centralisierung der Isr. Armenpflegen der Schweiz» unter dem Präsidenten Victor Wyler aus Basel und Hermann Schmuklerski aus Zürich als Aktuar, wurde bereits im Mai 1908 entworfen und war wesentlich ausführlicher als das Regulativ. Neben dem konkreten Zweck, nämlich der Regulierung des Passantenwesens, wurden die Grundvoraussetzungen zur Konstituierung des VSIA definiert: «Aufnahmeberechtigt ist jede Isr. Armenpflege der Schweiz, sobald sie

---

14 Sekretariat SIG: Bericht über die Zusammenarbeit SIG-VSJF, Zürich, 14. 3. 1944, S. 1, AfZ, IB SIG-Archiv / 2384.
15 Vgl. o. A.: Prot. DV SIG, Basel, 29. 1. 1911, AfZ, IB SIG-Archiv / 24. Für eine kurze Zusammenfassung über die Zusammenarbeit des SIG und des VSIA vgl. Sekretariat SIG: Bericht über die Zusammenarbeit SIG-VSJF, Zürich, 14. 3. 1944, AfZ, IB SIG-Archiv / 2384.
16 Zum Begriff «Passant» vgl. Anm. 42, S. 93.
17 Vgl. o. A.: Regulativ für die Schweiz. Israelitischen Armenpflegen, o. O., o. D., AfZ, IB SIG-Archiv / 24.
18 Vgl. o. A.: Prot. DV SIG, Basel, 29. 1. 1911, AfZ, IB SIG-Archiv / 24.

sich unterschriftlich bereit erklärt hat dem Verbande angehören zu wollen und die Bestimmungen des Reglements zu befolgen.»[19] Der VSIA wurde bereits in diesem Reglement als «Centralstelle»[20] bezeichnet, dessen Aufgabe in der Koordinierung lag. Als Kernauftrag wurde ausserdem das Sammeln von Angaben zu den Unterstützten definiert.[21] Jährlich sollte eine Generalversammlung von Delegierten aus den angeschlossenen Armenpflegen einberufen werden.[22] Das oberste Organ des VSIA war die Generalversammlung. Die Leitung der Zentralstelle sollte in einem Turnus von drei Jahren an eine der Armenpflegen erteilt werden.[23] Wie beschrieben, wurde diese Regelung aber bereits Mitte der 1920er-Jahre geändert, sodass die Leitung des VSIA bis zur Abspaltung des VSIA von der Fürsorge der ICZ 1938 kontinuierlich dem Präsidenten der Fürsorgekommission der ICZ oblag.[24] Diese Praxis war auch der Tatsache geschuldet, dass keine andere jüdische Gemeinde das zeitraubende Amt übernehmen wollte. 1933 wollten Georg Guggenheim und Silvain S. Guggenheim «infolge Arbeitsüberlastung»[25] die Leitung des VSIA an Basel übergeben. Jules Jung, der die Fürsorge Basel bereits seit langem im VSIA vertrat,[26] lehnte mit der Erklärung ab, «dass er das Präsidium der Fürsorge Basel niederlege und für seinen Nachfolger die Uebernahme der Verbandsleitung nicht verantworten könne».[27] Ein letzter erfolgloser Versuch, die Leitung des VSIA an eine andere jüdische Gemeinde abzugeben, wiederum an Basel,[28] ist für 1937 belegt. Erwin Hüttner brachte an der Generalversammlung des VSIA am 22. Februar 1937 den Wunsch an, «dass der Vorort des Verbandes in eine andere Stadt verlegt wird».[29] Zwei Vertreter jüdischer Gemeinden, Jules Jung für Basel und Albert Meyer für Genf, baten darum, dass Zürich sich weiterhin zur Leitung der Zentralstelle bereit erkläre, woraufhin Zürich «einstimmig wieder als Vorort des Verbandes gewählt»[30] wurde.

Im Reglement des VSIA von 1908 wurde bereits eine Zusammenarbeit mit ausländischen jüdischen Organisationen angestrebt, die sich ebenfalls der Betreuung von Flüchtlingen widmeten. Der Austritt aus dem VSIA war den Armenpflegen der jüdischen Gemeinden in der Schweiz freigestellt; eine Kündi-

---

19 O. A.: Reglement VSIA, o. O., Mai 1908, S. 1, StABS, IGB-REGa H 1 (1).
20 Ebd., S. 2.
21 Vgl. ebd.
22 Vgl. ebd.
23 Vgl. ebd.
24 Vgl. Kapitel 4.2.
25 O. A.: Prot. Delegiertentagung VSIA, Biel, 29. 1. 1933, S. 4, AfZ, IB SIG-Archiv / 2400.
26 Vgl. o. A.: Prot. GV VSIA, Olten, 6. 11. 1927, S. 1, StABS, IGB-REGa H 10.3.
27 O. A.: Prot. Delegiertentagung VSIA, Biel, 29. 1. 1933, S. 4, AfZ, IB SIG-Archiv / 2400.
28 Vgl. o. A.: Sitzung Fürsorge Basel, o. O., 1. 3. 1937, S. 1, StABS, IGB-REGa H 10.3.
29 Regina Boritzer: Prot. GV VSIA, Bern, 22. 2. 1937, S. 8, StABS, IGB-REGa H 10.3.
30 Ebd., S. 9.

gung war vierteljährlich möglich.[31] An der GV des VSIA 1927 erklärte Salomon Bloch-Roos, der als Vertreter des SIG eingeladen war, dass «der Gemeindebund […] ein lebhaftes Interesse an den Arbeiten des Verbandes»[32] habe und dass «er […] an sämtliche, dem Verbande nicht angeschlossene Gemeinden eine Aufforderung zum Beitritt erlassen»[33] werde. Während 1925 noch ausschliesslich die Armenpflegen einzelner Gemeinden als Mitglieder des VSIA vermerkt wurden,[34] spielten die neu angeschlossenen Frauenvereine ab 1927, auch finanziell, eine nicht unwesentliche Rolle. Neben dem BSJF schlossen sich die israelitischen Frauenvereine der Gemeinden Baden und Zürich dem VSIA an.[35]

Das jüdische Flüchtlingswerk erhielt erst durch die Reorganisation 1943 ein neues Reglement. Die schriftlichen Vereinbarungen, nach denen der VSIA nach der Machtergreifung der Nationalsozialisten in Deutschland in der Zusammenarbeit mit seinen Komitees operierte, basierten also auf einem Regulativ, das aus der Zeit vor dem Ersten Weltkrieg stammte und dementsprechend vor allem die Zusammenarbeit der Armenpflegen der jüdischen Gemeinden für das damals virulente Problem der Flüchtlinge aus Osteuropa regelte. Die meisten Vereinbarungen, die in Bezug auf die Opfer nationalsozialistischer Verfolgung getroffen worden waren und sich im Umgang mit den Flüchtlingen etabliert hatten, beruhten auf Absprachen zwischen der Zentralstelle des VSIA und den Lokalkomitees.

Otto H. Heim erläuterte an der Sitzung des CC des SIG vom 31. August 1944 den Aufbau des VSJF. Neben der Generalversammlung bestehe ein «Ausschuss, der 7 Mitglieder umfasst»[36] und sich aus den «Vertreter[n] einiger der grössten Flüchtlingshilfen»[37] zusammengeschlossen habe. Dieser Arbeitsausschuss war auf Anregung von Silvain S. Guggenheim an der Generalversammlung des VSIA vom 21. April 1940 etabliert worden. Silvain S. Guggenheim hatte damals vorgeschlagen, dass die drei grössten Komitees Basel, St. Gallen und Zürich sowie eine Vertretung aus der Westschweiz mindestens alle zwei Monate zusammenkommen sollten, «um grundsätzlich wichtige Fragen zu besprechen».[38] Auf Vorschlag von Alfred Goetschel sollte jedes Komitee darin vertreten sein, das mehr als 100 Flüchtlinge zu betreuen hatte.[39] In der darauffolgenden Generalversammlung des VSIA im März 1941 wurde festgehalten,

---

31 Vgl. o. A.: Reglement VSIA, o. O., Mai 1908, StABS, IGB-REGa H 1 (1). Eine kurze Zusammenfassung des Reglements von 1908 findet sich auch bei Gerson/Hoerschelmann: Der Verband Schweizerischer Jüdischer Fürsorgen/Flüchtlingshilfen (VSJF), 2004, S. 57.
32 O. A.: Prot. GV VSIA, Olten, 6. 11. 1927, S. 5, StABS, IGB-REGa H 10.3.
33 Ebd.
34 Vgl. Kapitel 4.2.
35 Vgl. o. A.: Prot. GV VSIA, Olten, 6. 11. 1927, S. 6, StABS, IGB-REGa H 10.3.
36 G. Rosenblum: Prot. CC SIG, Bern, 31. 8. 1944, S. 14, AfZ, IB SIG-Archiv / 97.
37 Ebd.
38 O. A.: Prot. GV VSIA, Bern, 21. 4. 1940, S. 5, AfZ, IB SIG-Archiv / 2402.
39 Vgl. ebd.

dass «der im April beschlossene Arbeitsausschuss [...] zweimal zusammen[getreten sei] und [...] ausführlich akute Fragen»[40] besprochen habe. Der Arbeitsausschuss, der aus einer reduzierten Anzahl Personen bestand, wies gewisse Parallelen zum Geschäftsausschuss des SIG auf, der als Reaktion auf die Flucht vieler Gemeindemitglieder im Mai 1940 geschaffen worden war.[41] Die Reduktion der anwesenden Komiteemitglieder hatte zum Ziel, durch regelmässige Absprachen in einem kleinen Kreis effizienter auf kurzfristige Veränderungen reagieren zu können.

Die Statuten des VSJF von 1943 waren ein Produkt zäher Verhandlungen zwischen der Leitung des VSIA und dem SIG, denn laut dem am 17. August 1944 genehmigten Regulativ über die Zusammenarbeit des VSJF mit dem SIG musste das Reglement vom SIG bewilligt werden.[42] Der Hergang der Reorganisation des VSIA und die konkreten Verhandlungsergebnisse zwischen dem VSJF und dem SIG, aus denen das Regulativ hervorging, soll weiter unten eingehend analysiert werden, nachfolgend werden einige wichtige Punkte des neuen Reglements des VSJF wiedergegeben.

Das fünfseitige Reglement definierte die Leitung der Flüchtlingshilfe als Zweck des VSJF. Ferner war der VSJF dafür zuständig, dass lokale Fürsorgeinstitutionen sich um die Flüchtlinge kümmerten, und übernahm die Erstellung von «verbindliche[n] Weisungen»[43] an die Lokalkomitees und die «angeschlossenen Mitglieder».[44] Der VSJF war für die Vertretung der Interessen der jüdischen Flüchtlingshilfe nach aussen verantwortlich.[45]

Als oberstes Organ wurde wie bis anhin die jährlich stattfindende Generalversammlung des VSJF definiert.[46] Die Generalversammlung war dazu bemächtigt, die Höhe der Mitgliederbeiträge an den VSJF festzulegen und jährlich eine Kontrollstelle zur Rechnungsüberprüfung zu bestimmen. Weiter konnte die GV die Auflösung des VSJF beschliessen. Die nötigen finanziellen Mittel, um eine sachgerechte Durchführung der Flüchtlingshilfe zu gewährleisten, hatte weiterhin der SIG zur Verfügung zu stellen.[47]

Der VSJF sollte aus einem Präsidenten, der von der GV für ein Jahr gewählt wurde,[48] dem Geschäftsausschuss (Präsident, Vizepräsident und ein bis zwei weitere Vorstandsmitglieder)[49] und einem Vorstand (fünf bis dreizehn Mitglie-

---

40 O. A.: Prot. GV VSIA, Bern, 30. 3. 1942, S. 3, AfZ, IB SIG-Archiv / 2402.
41 Vgl. Mächler, Hilfe und Ohnmacht, 2005, S. 227–229.
42 Vgl. o. A.: Regulativ über die Zusammenarbeit des VSJF mit dem SIG, Zürich, 1. 12. 1944, AfZ, IB SIG-Archiv / 2385.
43 O. A.: Reglement VSJF, o. O., o. D., Art. 2, S. 1, AfZ, IB SIG-Archiv / 2385.
44 Ebd.
45 Vgl. ebd., Art. 9, S. 4.
46 Vgl. ebd., Art. 4, S. 2.
47 Vgl. ebd., Art. 10, S. 4.
48 Vgl. ebd., Art. 6, S. 3.
49 Vgl. ebd., Art. 7, S. 3.

der sowie ein Vertreter aus dem SIG)⁵⁰ zusammengesetzt sein. Zu den Generalversammlungen zugelassen waren die Mitglieder der angeschlossenen Komitees, die Vorstandsmitglieder des VSJF und zwei Vertreter des SIG.⁵¹

Die Vorstandsmitglieder standen je einem Ressort vor.⁵² Sie waren befugt, eine Kommission zu bilden, die vom Vorstand genehmigt werden musste. Mitglieder der Kommission waren keine Vorstandsmitglieder, konnten aber «vom Geschäftsausschuss mit beratender Stimme zugezogen werden».⁵³

Diese Regelungen waren zwischen 1943 und 1955 verbindlich, 1955 wurde ein neues Reglement des VSJF in Kraft gesetzt.⁵⁴

7.1.2 Aufbau

Nach dem Rücktritt von Erwin Hüttner hatte die ICZ Mühe bekundet, einen Ersatz für die Leitung ihrer Fürsorgestelle zu finden, was nicht unwesentlich mit der damit implizierten Verantwortung für den VSIA im Zusammenhang stand.⁵⁵ Die Präsidentschaft erwies sich bereits zur Amtszeit von Silvain S. Guggenheim als tagesfüllende Aufgabe.⁵⁶ Silvain S. Guggenheim, der seinen Rücktritt im März 1943 erklärte, blieb bis Ende 1944 im Amt. An der Sitzung der Zentralstelle des VSJF vom 7. Juni 1944 erklärte er, «dass sein längst bekanntgegebener Rücktritt nunmehr in kürzester Zeit verwirklicht werden soll. Georges Bloch, O. H. Heim und S. Guggenheim-Wyler sollen sich mit den übrigen Ausschussmitgliedern in Verbindung setzen und zu Handen der nächsten Generalversammlung vom 9. Juli einen geeigneten Nachfolger nominieren.»⁵⁷

Zwischen Oktober 1944 und Mai 1945 übernahm Pierre Bigar die Präsidentschaft des VSJF. Nach seinem Rücktritt stellte die Geschäftsleitung des SIG fest: «Das Ideal [eines Nachfolgers als VSJF-Präsident] wäre eine Persönlichkeit, die sich als vollamtlicher Präsident zur Verfügung stellt, sie wird aber schwerlich zu finden sein.»⁵⁸ Damit kam nur eine Person infrage, die wirtschaftlich abgesichert war – das Präsidentschaftsamt wurde ehrenamtlich geführt – und bereits über viel Erfahrung im jüdischen Flüchtlingswesen verfügte, denn die Aufgabe war logistisch hoch anspruchsvoll.

---

50 Vgl. ebd, Art. 5, S. 3.
51 Vgl. ebd.
52 Vgl. ebd, Art. 5, S. 3.
53 Ebd., Art. 8, S. 4.
54 Vgl. Kapitel 8.4.1.
55 Vgl. Kapitel 4.3.1.
56 Vgl. Mächler, Hilfe und Ohnmacht, 2005, S. 60.
57 O. A.: Prot. Zentralstelle VSJF, o. O., 7. 6. 1944, S. 1, AfZ, IB SIG-Archiv / 2403.
58 O. A.: Prot. GL SIG, Zürich, 24. 5. 1945, S. 2, AfZ, IB SIG-Archiv / 175.

Zusammen mit dem Präsidenten war der Vorstand des VSJF Entscheidungsträger in der Koordinierung des jüdischen Flüchtlingswesens. Analog zum Aufbau des SIG, wo je ein Mitglied der Geschäftsleitung für ein Ressort zuständig war, wurden im Frühjahr 1943 verschiedene Ressorts geschaffen, für die je ein Vorstandsmitglied verantwortlich war. An der Generalversammlung des VSJF vom 22. Oktober 1944 wurden folgende Personen in den Vorstand gewählt: Georges Bloch (Verbindung SHEK und Internationales Komitee vom Roten Kreuz, IKRK), Max Dreifuss (religiöse Betreuung der Kinder, RBK), Berty Guggenheim-Wyler (Kleideraktion/Kleiderkammer und Verbindung mit dem BSJF), Siegfried E. Guggenheim-Ullmann (Quästor), Sylvain Guggenheim-Wyler (italienische Abteilung), Otto H. Heim (Nachkriegsfragen), Fritz Mannes[59] (rituelle Betreuung und Seelsorge), Robert Meyer[60] (Kulturelles), Josef Wyler (medizinische Betreuung) und Jacob Zucker (Fürsorge). Der Geschäftsausschuss setzte sich aus dem Präsidenten Pierre Bigar, dem Vizepräsidenten Otto H. Heim und Josef Wyler zusammen.[61]

Dem Vorstand hierarchisch untergeordnet waren die Fürsorgerinnen und Fürsorger beziehungsweise die Bürokräfte des VSJF. Nur die wenigsten Fürsorgerinnen und Fürsorger hatten eine Ausbildung absolviert, die derjenigen von heutigen Sozialarbeitenden nahekommt,[62] und selbst Regina Boritzer

---

59 Fritz Mannes war zwischen 1952 und 1955 Präsident der IRG. Vgl. Brunschwig/Heinrichs/Huser, Geschichte der Juden im Kanton Zürich, 2005, S. 442.
60 Robert Meyer wurde am 14. 12. 1907 geboren. Er schloss 1931 ein Studium der Rechtswissenschaften ab. 1933 war er an der Dokumentationsarbeit für den Ehrverletzungsprozess, in dessen Rahmen um ein Wahlbündnis zwischen rechtsbürgerlichen Parteien und der Nationalen Front verhandelt wurde, beteiligt. Robert Meyer eröffnete 1934 eine eigene Anwaltskanzlei in Zürich. Politisch zählte er sich zu den Sozialdemokraten. Er war ab 1943 im VSJF tätig, ab 1944 in dessen neu konstituierten Vorstand. Er war massgeblich an der Ausarbeitung von Richtlinien für die Einführung des Dauerasyls für Flüchtlinge in der SZF beteiligt. Im Juni 1947 demissionierte er aus dem Vorstand des VSJF, er blieb aber bis Ende 1950 im Vorstand der SZF tätig. 1956 wurde er vom Kantonsrat als Mitglied des Kassationsgerichts gewählt, ab 1965 fungierte er als dessen Vizepräsident. Am 5. 11. 1965 wurde er Präsident des Kassationsgerichts. Seit 1966 war er zusätzlich als Ersatzrichter an der Staatsrechtlichen Abteilung des Bundesgerichts tätig und hatte einen Lehrauftrag für Strafprozesse an der Universität Zürich. Am 19. 1. 1974, kurz nach dem Tod seiner Frau Jenny, die er lange Zeit gepflegt hatte, schied Robert Meyer freiwillig aus dem Leben. Vgl. Eichholzer, Eugénie Meyer-Perlmann (1905–1974), Archiv für Frauen-, Geschlechter- und Sozialgeschichte, o. D., https://frauenarchivostschweiz.ch/portraits.html, 22. 12. 2020. Vgl. weiter o. A.: Zürcher Nachrufe, in: IW 6 (1974), S. 27; o. A.: Kassationsgerichtspräsident Dr. Robert Meyer gestorben, sowie o. A.: Die Wahlen in das Kassationsgericht, in: Neue Zürcher Zeitung, 9. 11. 1973, beides AfZ, PA Biographische Sammlung, Robert Meyer, Todesanzeige. Zur Demission aus dem Vorstand des VSJF vgl. Charlotte Färber et al.: GV VSJF, Zürich, 16. 6. 1947, S. 15, AfZ, IB VSJF-Archiv / 18. Zu Robert Meyers Tätigkeiten für das Dauerasyl in der SZF vgl. Kapitel 8.3.
61 Vgl. o. A.: Prot. GV VSIA, Bern, 22. 10. 1944. S. 9, AfZ, IB SIG-Archiv / 2402; o. A.(SIG): Schreiben an die Delegierten des SIG, Zürich, 23. 1. 1945, S. 1 f., sowie Alice Brandenburger, Leo Littmann: Prot. DV SIG, Lausanne, 10. 5. 1945, S. 20 f., AfZ, IB SIG-Archiv / 32.
62 Zu nennen ist an dieser Stelle Regina Boritzer, die in Deutschland eine Ausbildung als Sozialarbeiterin absolviert hatte. Vgl. Regina Boritzer, Interview geführt von Frau Hartmann, 1984, AfZ,

und Jenny Meyer, die lange Jahre für die Zentralstelle des VSIA tätig waren, wurden zuweilen als «Sekretärinnen»[63] bezeichnet, was der Verantwortung, die sie im Umgang mit Flüchtlingen zu tragen hatten, in keiner Weise gerecht wird. Im Herbst 1943 wurde in einer Sitzung des CC des SIG festgehalten, dass «ein ausgesprochener Mangel an Fürsorgerinnen für die Betreuung der Flüchtlinge»[64] bestehe. Als Idealbesetzungen wurden «Töchter im Alter von 18 bis 25 Jahren»[65] bezeichnet, die über eine entsprechende theoretische und praktische Ausbildung verfügten. Es wurde beschlossen, dass Georges Bloch mit dem BSJF und der Sozialen Frauenschule in Zürich Kontakt aufnehmen solle, um über einen möglichen Studienfachgang Fürsorge zu diskutieren.[66]

Neben den ehrenamtlich im Vorstand des VSJF Mitarbeitenden und Regina Boritzer als professioneller Fürsorgerin ab 1935[67] wurden vor allem während der Kriegsjahre Flüchtlinge zur Mitarbeit in der Flüchtlingshilfe herangezogen. Die Fürsorgerinnen und Fürsorger waren in der Regel in den 1930er-Jahren in die Schweiz gekommen und verfügten als «Emigrantinnen» beziehungsweise «Emigranten» über einen anderen Rechtsstatus als die erst nach Kriegsbeginn in die Schweiz gekommenen «Flüchtlinge».[68] Die praktische Arbeit beinhaltete Büroarbeiten wie das Abtippen von Briefen, aber auch die direkte Betreuung der Flüchtlinge in Sprechstunden. Besonders in den ersten Kriegsjahren waren angestellte Flüchtlinge als sogenannte Ordner dafür verantwortlich, dass die neu zu registrierenden Flüchtlinge betreut wurden, bis eine Fürsorgerin sich ihrer annehmen konnte.[69]

Die an die Fürsorgerinnen und Fürsorger herangetragenen Anliegen von Flüchtlingen wurden in den gemeinsamen Vorstandssitzungen besprochen, die gemäss der Aussage von Josef Wyler «stundenlang»[70] dauern konnten. Voraussetzung für die Mitarbeit an der Zentralstelle des VSIA/VSJF oder in den

---

IB SIG-Archiv / 2051. Marianne Lothar (geborene Kater) hatte in Zürich eine entsprechende Ausbildung abgeschlossen, vgl. Ludi, Marianne Lothar, e-HLS. Edith Zweig, die ab 1944 für den VSJF tätig war, verfügte gemäss eigenen Aussagen zwar über gewisse Vorkenntnisse in der Fürsorgearbeit, wurde aber vor allem aufgrund ihrer Sprachkenntnisse für den VSJF rekrutiert. Vgl. Edith Zweig, Interview geführt von Claude Kupfer, 1984, AfZ, IB SIG-Archiv / 2075. Zur Biografie von Edith Zweig vgl. Dokumente aus ihrem Nachlass, AfZ, NL Edith Zweig / 2–3.

63 O. A.: Prot. GV VSJF, Bern, 22. 10. 1944, S. 10, AfZ, IB SIG-Archiv / 2402.
64 O. A.: Prot. CC SIG, Zürich, 7. 10. 1943, S. 7, AfZ, IB SIG-Archiv / 95.
65 Ebd.
66 Vgl. ebd., S. 7 f.
67 Vgl. Kapitel 4.3.2.
68 Vgl. Koller, Fluchtort Schweiz, 2018, S. 30.
69 Vgl. Marianne Lothar, Interview geführt von Ralph Weingarten, 1984, AfZ, IB SIG-Archiv / 2070. Es ist anzunehmen, dass der Begriff «Ordner» mit der Zeit aus dem Sprachgebrauch der Flüchtlingshilfe verschwand. In den einschlägigen Akten des VSJF und des SIG taucht er nur vereinzelt auf, zum Beispiel in einem Votum von Veit Wyler in der DV des SIG. Vgl. o. A.: Prot. DV SIG, Bern, 23. 1. 1944, S. 7, AfZ, IB SIG-Archiv / 32.
70 Joseph Wyler: Flüchtlingsbetreuung, Interview geführt von Claude Kupfer, Zürich, 22. 5. 1984, AfZ, IB SIG-Archiv / 2072.

Lokalkomitees war ausserdem die Beherrschung einer oder mehrerer Landessprachen sowie eine gute Schulbildung.[71]

Die Unterstützung der sogenannten Emigrantinnen und Emigranten und der Flüchtlinge ausserhalb Zürichs sollte direkt über das jeweilige Lokalkomitee der geografisch am nächsten gelegenen jüdischen Gemeinde geleistet werden.[72] Oft waren die Lokalkomitees der Flüchtlingshilfe mit den Fürsorgeorganisationen der jüdischen Gemeinden identisch oder aus diesen hervorgegangen.[73] Der Begriff «Lokalkomitee» konnte also sowohl eine eigens geschaffene Stelle für Flüchtlingshilfe als auch die jeweilige Fürsorgestelle der jüdischen Gemeinden beinhalten. Die genaue Regelung vor Ort war Sache der jüdischen Gemeinden.

Der VSIA und später der VSJF kommunizierte hauptsächlich über sogenannte Rundschreiben mit den Komitees. 1938 verfügten Zürich, Basel und St. Gallen über «spezielle Bureaux für Flüchtlinge»,[74] in allen übrigen Orten kümmerten sich die jüdischen Fürsorgen um die Flüchtlinge, ausgenommen Schaffhausen und Lugano, die direkt dem VSIA unterstanden.[75] Im Oktober 1943 war die Zahl der Flüchtlingskomitees auf elf gewachsen. Neben den bereits 1938 bestehenden Komitees hatten Genf, Luzern, Bern, Biel, La Chaux-de-Fonds, Lausanne, Schaffhausen und Vevey Stellen eingerichtet, die sich ausschliesslich um die Belange der Flüchtlinge kümmerten.[76]

Während der Kriegsjahre fand jährlich eine Generalversammlung des VSIA/VSJF statt, an der neben den Vorstandsmitgliedern der Zentralstelle die Verantwortlichen aus den Lokalkomitees sowie Frauen aus den angeschlossenen Frauenvereinen anwesend waren. Daneben waren ein bis zwei Vertreter aus dem SIG präsent; Saly Mayer wurde nach seinem Rücktritt als SIG-Präsident als Vertreter des Joint eingeladen.[77]

---

71 Vgl. Edith Zweig, Interview geführt von Claude Kupfer, 1984, AfZ, IB SIG-Archiv / 2075.
72 Vgl. Bericht über die Flüchtlingshilfe durch Erwin Hüttner vor dem CC des SIG: «Die angeschlossenen Gemeinden [...] besorgen den direkten Verkehr mit den Flüchtlingen. Die Zentralleitung führt die Abrechnung und Kontrolle.» O. A.: Prot. CC SIG, Basel, 19. 4. 1936, S. 7, AfZ, IB SIG-Archiv / 88.
73 Vgl. Kapitel 4.3.1.
74 O. A.: Bericht über die Israelitische Flüchtlingshilfe in der Schweiz 1938, St. Gallen, Zürich, März 1939, S. 27, AfZ, IB SIG-Archiv / 2391.
75 Vgl. ebd.
76 Vgl. VSJF (Abt. für kulturelle Betreuung und Seelsorge): Was jeder Mitarbeiter der jüdischen Flüchtlingshilfe wissen muss, o. O., Oktober 1943, AfZ, IB SIG-Archiv / 2416. Im Unterschied zu den Flüchtlingskomitees kümmerten sich die lokalen Fürsorgestellen traditionell in erster Linie um kranke und arme Gemeindemitglieder. Die Einrichtung eines Flüchtlingskomitees ist daher als Spezialisierung zu betrachten.
77 Vgl. o. A.: Prot. GV VSJF, Bern, 22. 10. 1944, S. 1, AfZ, IB SIG-Archiv / 2402.

7.1.3   Aufgaben in der praktischen Betreuung von Flüchtlingen

Die Aufgaben des VSIA wurden im Frühjahr 1938 wie folgt definiert: «Bereitstellung der Unterkunftsmöglichkeiten für Einzelne, Gruppen und in Lagern. Unterhalt durch Barunterstützung. Bekleidung und Wäsche. Konstruktive Hilfe durch Emigration, Vorbereitung hiefür durch Umschulung und Sprachkurse.»[78]

Ferner wurden die Verhandlungen mit den Behörden zur Erreichung dieser Ziele sowie der Kontakt zu anderen jüdischen Organisationen und die briefliche Vermittlung zwischen den von der nationalsozialistischen Verfolgung betroffenen Jüdinnen und Juden im Ausland und ihren jüdischen Bekannten und Verwandten in der Schweiz als Angelegenheit des VSIA angesehen.[79] Kernaufgabe des VSIA bis 1938 war die Vorbereitung der Weiterreise der Flüchtlinge. Daneben wurden nach der ersten grossen Flüchtlingswelle 1938 die praktische und materielle Versorgung der Flüchtlinge von Bedeutung, also das Vermitteln von Unterkünften und der Verkehr mit kantonalen und eidgenössischen Behörden.

Der VSIA zeigte sich trotz der Transitmaxime schon in der Vorkriegszeit bemüht, in der Verhandlung mit den Behörden für einzelne Flüchtlinge auch «Niederlassungsmöglichkeiten, Arbeitserlaubnis etc»[80] zu erlangen, sofern das gesetzlich zugelassen war, jedoch setzte sich der VSIA dafür ein, dass «wo nicht nachweisbar ein bestimmtes Ziel und Arbeitsmöglichkeit vorhanden ist»,[81] die betreffenden Personen an ihren Ausgangspunkt zurückgeschickt würden. Bezeichnenderweise wurde in diesem Zusammenhang auch 1938 vor allem auf «die wilde Wanderung in Polen»[82] hingewiesen, die abzulehnen sei.

Arbeitsbewilligungen bedurften einer Zustimmung der eidgenössischen und der kantonalen Fremdenpolizei sowie des Arbeitsamtes des Kantons, in dem der Betroffene die Stelle antreten wollte. Bis in die Nachkriegszeit konnte der VSIA/VSJF seinen Schützlingen nur in Ausnahmefällen Arbeitsbewilligungen verschaffen, nämlich dann, wenn es sich um sogenannte Mangelberufe handelte, für die sich keine Schweizerinnen und Schweizer fanden.[83]

---

78 O. A.: Bericht über die Israelitische Flüchtlingshilfe in der Schweiz 1938, St. Gallen, Zürich, März 1939, S. 27, AfZ, IB SIG-Archiv / 2391.
79 Vgl. ebd., S. 29 und o. A.: Prot. GV VSIA, Bern, 30. 3. 1941, S. 2, AfZ, IB SIG-Archiv / 2402. Der direkte Kontakt der lokalen Komitees mit der Fremdenpolizei ihrer jeweiligen Kantone wurde aber gern gesehen und gefördert, der VSIA sollte nur in schwierigen Fällen mit einbezogen werden. «Im Interesse einer vertrauensvollen Zusammenarbeit von Behörden und Hilfscomités ist es wünschenswert, die persönliche Fühlung mit der Kantonalen Fremdenpolizei aufzunehmen.» VSIA: Rundschreiben Nr. 8, o. O., Oktober 1937, AfZ, IB SIG-Archiv / 2410.
80 O. A.: Prot. GV VSIA, Bern, 13. 2. 1938, S. 3, AfZ, IB SIG-Archiv / 2401.
81 Ebd., S. 4.
82 Ebd.
83 Vgl. o. A.: Prot. GV VSIA, Bern, 22. 10. 1944, S. 14, AfZ, IB SIG-Archiv / 2402. Vgl. auch UEK, Die Schweiz und die Flüchtlinge, 2001, S. 60. Auch Edith Zweig, die seit 1944 in der

Ab 1940 war die Emigration in ein Drittland für Flüchtlinge aus der Schweiz beinahe unmöglich geworden.[84] Über die Bedingungen für die Ausreise informierte der VSIA die Komitees weiterhin via Rundschreiben,[85] jedoch wurden die Emigrationen aus der Schweiz, die durch den VSIA vermittelt wurden, zahlenmässig bedeutungslos. Der VSIA widmete sich daher vermehrt der Schaffung eigener Infrastrukturen und der Koordinierung der Betreuung von Flüchtlingen in Zusammenarbeit mit den Lokalkomitees. Damit eine einheitliche Aktenablage gewährleistet war, mussten die Lokalkomitees verschiedene Formulare ausfüllen, wenn ein Flüchtling emigrieren konnte, diese Papiere hatten je nach Inhalt andere Farben.[86] Über die Flüchtlinge wurden Dossiers angelegt,[87] wobei Familien zusammen erfasst wurden und verheiratete Frauen unter dem Namen des Ehemannes geführt wurden.[88] Der VSIA arbeitete seit der Einführung der Arbeitslager 1940 auch vermehrt mit der Polizeiabteilung zusammen, um Flüchtlinge zu erfassen, die als prädestiniert für den Arbeitsdienst eingestuft wurden. Der VSIA wandte sich dabei an die Komitees mit der Bitte, männliche Flüchtlinge zu melden, «die *köerperlich* [sic] *und moralisch* geeignet sind und für den Namen des jüdischen Emigranten und für das Judentum *Ehre einlegen*».[89] In erster Linie wurde dabei nach «kräftige[n] Handwerker[n]»[90] gesucht.

Flüchtlingshilfe tätig war, hob die Schwierigkeiten, die es dem Verband bereitete, Arbeitsbewilligungen für Flüchtlinge zu erhalten, hervor. Vgl. Edith Zweig, Interview geführt von Claude Kupfer, 1984, AfZ, IB SIG-Archiv / 2075.

84 Vgl. o. A.: Prot. GV VSIA, Bern, 30. 3. 1941, S. 2, AfZ, IB SIG-Archiv / 2402. Eine Liste der vom VSIA/VSJF unterstützten Emigrationen zwischen 1933 und 1952 findet sich bei Picard, Die Schweiz und die Juden, 1994, S. 370.
85 Vgl. dazu zum Beispiel diverse Rundschreiben des VSIA an die Komitees aus den Jahren 1938 und 1939, die in den Beständen der Israelitischen Fürsorge Basel zu finden sind, StABS, IGB-REGa H 11.8. Vgl. auch Rundschreiben des VSIA zwischen 1937 und 1941 im Bestand des SIG, AfZ, IB SIG-Archiv / 2410; Rundschreiben des VSIA zwischen 1942 und 1943, AfZ, IB SIG-Archiv / 2411, und Rundschreiben des VSIA 1944, AfZ, IB SIG-Archiv / 2412.
86 In einem Rundschreiben an die Komitees beschrieb der VSIA beispielsweise die unterschiedliche Bedeutung der Formulare C., D. und E. «Formular C. gelbes Papier (Aufbau): Bei jeglicher Emigration oder Beförderung nach England. [...] Formular D. grünes Papier (Ausreisen): Dieses Formular steht nicht in direkter Verbindung mit Formular C. Es soll dem Verband die Statistik der monatlichen Ausreisen ermöglichen und erleichtern. [...] Formular D. orange [sic] Papier (Rekapitulation der Ausgaben) [enthielt verschiedene Kolonnen für die Erfassung der jeweiligen Ausgaben für die unterstützten Flüchtlinge].» Silvain S. Guggenheim: Rundschreiben Nr. 10, Zürich, 10. 3. 1939, StABS, IGB-REGa H 11.8.
87 Vgl. Gerson/Hoerschelmann, Der Verband Schweizerischer Jüdischer Fürsorgen/Flüchtlingshilfen (VSJF), 2004, S. 67.
88 Zur Zusammenfassung von Familien in Dossiers vgl. einzelne Flüchtlingsdossiers im Bestand des VSJF im AfZ, zum Beispiel AfZ, IB VSJF-Archiv / W.93 (Beispiel einer Frau, deren Dossier in dasjenige ihres Ehemannes integriert wurde), sowie AfZ, IB VSJF-Archiv IB VSJF-Archiv / A.309, S.107 (Beispiele von Kindern, deren Daten in den Dossiers ihrer Eltern erfasst wurden).
89 Silvain S. Guggenheim: Rundschreiben Nr. 126, Zürich, 12. 3. 1940, S. 1, AfZ, IB SIG-Archiv / 2410 (Hervorhebung im Original).
90 Ebd., S. 2.

Seit 1936 hatte der VSIA nur jene Flüchtlinge unterstützt, die polizeilich angemeldet waren. Illegal Eingereiste wurden angehalten, sich bei der Polizei zu melden.[91] Die Kooperation mit den Behörden auf dieser Ebene änderte sich mit der Grenzschliessung im August 1942. Silvain S. Guggenheim gab an einer gemeinsamen Sitzung des CC und Vertretern der eidgenössischen Fremdenpolizei bekannt, dass man angesichts der Meldungen, dass die Flüchtlinge bei einer Rückweisung an Leib und Leben bedroht seien, diese Praxis nicht weiterführen könne: «[…] wir sind deshalb *nicht mehr in der Lage*, die polizeilichen Anmeldungen durchzuführen oder zu veranlassen.»[92] Heinrich Rothmund entband den VSIA daraufhin von der Anmeldepflicht für Flüchtlinge.[93] Wie Alfred Goetschel, Präsident der Fürsorge Basel, bemerkte, waren die Lokalkomitees nicht umgehend nach dem Erlass der Grenzschliessung vom 13. August über die neuen Weisungen informiert worden, woraufhin man Flüchtlinge also rund eine weitere Woche zur polizeilichen Anmeldung aufgefordert habe, obwohl das eine Rückweisung bedeuten konnte.[94]

Der August 1942 ist als Zäsur in der direkten Zusammenarbeit zwischen den Schweizer Behörden und dem VSIA zu verstehen. Wie Silvain S. Guggenheim an der folgenden Sitzung des CC vom 24. September 1942 bemerkte, ging danach «der Instanzenweg […] über die Schweiz. Zentralstelle für Flüchtlingshilfe».[95] Der VSIA sah sich in der Rolle einer unterstützenden Stelle für die Flüchtlinge. Während man bis 1942 davon ausgegangen war, dass die Kooperation mit den Behörden den bestmöglichen Beistand der Flüchtlinge garantiere, setzte nach den restriktiven Massnahmen mit der Grenzschliessung im August 1942 ein schrittweises Umdenken ein.

Finanzielle Sorgen bestimmten den Handlungsspielraum der jüdischen Flüchtlingshilfe jedoch kontinuierlich mit. Bedingt durch die Dollarblockade ab Mai 1942 hatte Saly Mayer keinen Zugriff auf die Gelder des Joint und musste dem VSIA 118 000 Franken aus seinem Privatvermögen vorschiessen. Ausserdem beschloss das CC des SIG, der Flüchtlingshilfe das gesamte Vermögen des SIG der jüdischen Flüchtlingshilfe als Vorschuss zur Verfügung zu stellen. Dennoch ging der VSIA davon aus, dass das Geld nicht reichen würde, um die bisher unterstützten Flüchtlinge bis Ende 1942 zu finanzieren. Der Bund wurde deshalb gebeten, die finanzielle Last mitzutragen, was im März 1943 zum Beschluss des Bundesrates führte, dass die Kantone die Unterbringungskosten für Flüchtlinge übernehmen mussten, die nach dem 1. August

---

91 Vgl. Marcus Cohn: Prot. CC SIG, Bern, 20. 8. 1942, S. 6, AfZ, IB SIG-Archiv / 94.
92 Ebd. (Hervorhebung im Original).
93 Vgl. ebd., S. 7.
94 Vgl. ebd., S. 8, sowie Mächler, Hilfe und Ohnmacht, 2005, S. 315.
95 O. A.: Prot. CC SIG, Zürich, 24. 9. 1942, S. 2, AfZ, IB SIG-Archiv / 94. Zur Schweizerischen Zentralstelle für Flüchtlingshilfe vgl. Anm. 22, S. 90.

1942 in die Schweiz flüchten konnten.[96] Ab dem Herbst 1942 entwickelten die Schweizer Behörden ein «Lagersystem», das alle Flüchtlinge durchliefen, denen die Flucht in die Schweiz gelungen war.[97]

Wie Flüchtlinge untergebracht wurden, die nicht in Arbeitslager eingewiesen wurden, hing davon ab, welche Unterkunftsmöglichkeiten den einzelnen Lokalkomitees des VSJF zur Verfügung standen. Vor der Einrichtung der «Lager» ab 1938 kamen dafür neben der privaten Unterbringung die Unterkunft in «Gasthöfen, Herbergen, Asylen, Ferienkolonien etc.»[98] infrage. Nach der Einrichtung der Arbeitslager 1940 übernahm der Bund die Kosten für Unterkunft und Verpflegung der Flüchtlinge. Für die Ausstattung der Flüchtlinge, zum Beispiel mit Kleidern, Schuhen und Decken, war weiterhin der VSIA verantwortlich.[99] In den grösseren Städten richteten die Komitees des VSIA zu diesem Zweck Gemeinschaftsküchen und Kleiderkammern ein. Die in den Arbeitslagern tätigen Flüchtlinge mussten während der regelmässig erteilten Urlaube[100] ebenfalls vom VSIA unterstützt werden, wenn sie über keine eigenen Mittel verfügten. Sie erhielten darüber hinaus – sofern dies nicht durch die jeweiligen Konsulate der Herkunftsländer gewährleistet war – ein Taschengeld.[101] Die jüdische Flüchtlingshilfe übernahm auch einen Teil der medizinischen und zahnärztlichen Versorgungskosten für die Flüchtlinge sowie die Anschaffung von Toilettenartikeln.[102] Der VSIA war bemüht, dass jeweils mindestens eine Fürsorgerin oder ein Fürsorger ein Besuchsrecht für die Auffang- und Arbeitslager erhielt. Ab dem Frühjahr 1943 richtete der VSIA darüber hinaus eine seelsorgerische Betreuung der «Lager» der Zentralleitung (ZL) durch Rabbiner und Lehrer

---

96 Vgl. Mächler, Hilfe und Ohnmacht, 2005, S. 326. Zum Beschluss des CC vgl. o. A.: Prot. CC SIG, Zürich, 24. 9. 1942, S. 2, AfZ, IB SIG-Archiv / 94.
97 Vgl. Langenegger, Die Flüchtlingslager des Territorialkommandos Basel, 2019, S. 88.
98 O. A.: Prot. CC SIG, Basel, 18. 8. 1938, S. 2, AfZ, IB SIG-Archiv / 90. Zu den «Lagern» des VSIA vgl. Kapitel 7.2.
99 Vgl. o. A.: Prot. GV VSIA, Bern, 21. 4. 1940, AfZ, IB SIG-Archiv / 2402.
100 Die «Lagerinsassen» hatten jährlich Anspruch auf 50 Urlaubstage. Das erste Reglement dazu stammte vom 17. 7. 1940, ein weiteres wurde im Februar 1942 erlassen. Vgl. Erlanger, Nur ein Durchgangsland, 2006, S. 170.
101 Vgl. dazu die Diskussion über die Regelung der Bezahlung von Urlauben zwischen den Komitees des VSIA, Theodora Dreyfuss, Jenny Meyer: Prot. GV VSIA, Bern, 6. 6. 1943, S. 6 f., AfZ, IB SIG-Archiv / 2402. Zu den Taschengeldern vgl. Silvain S. Guggenheim: Bericht an die DV des SIG, o. O., 28. 3. 1943, S. 5, AfZ, IB SIG-Archiv / 32, und Silvain S. Guggenheim: Bericht über die Tätigkeit des VSJF 1943 an der ausserordentlichen DV des SIG, Bern, 23. 1. 1944, S. 2, AfZ, IB SIG-Archiv / 2392. Der VSIA übernahm auch die Aufgabe, mit den diplomatischen Vertretungen Kontakt aufzunehmen. In erster Linie musste der VSIA die Taschengelder für staatenlose Glaubensgenossen im Arbeitsdienst übernehmen.
102 Vgl. Silvain S. Guggenheim: Bericht über die Tätigkeit des VSJF 1943 an der ausserordentlichen DV des SIG, Bern, 23. 1. 1944, S. 2, 8, AfZ, IB SIG-Archiv / 2392.

ein.¹⁰³ Daneben verfügte der VSJF über Flickstuben, Schuhmachereiwerkstätten, ärztliche Dienste und, zumindest in Zürich, über eine eigene Warenabteilung.¹⁰⁴ Einige dieser Einrichtungen wurden vom VSIA/VSJF in Eigenregie geführt, während für andere Kooperationen mit dem Bund oder anderen jüdischen Hilfswerken bestanden.

Aus einer Sitzung von jüdischen Ärzten aus Zürich geht hervor, dass seit 1941 Bemühungen im Gang waren, für Ärzte unter den Flüchtlingen Arbeitsbewilligungen zu erhalten, mit dem Ziel, einen Ärztedienst zu organisieren. Erste medizinische Abklärungen konnten damit unentgeltlich von «Emigrantenärzten» durchgeführt werden. Vertrauensarzt der jüdischen Flüchtlingshilfe war zu diesem Zeitpunkt Dr. Jacques Wyler.¹⁰⁵ Ab 1942 übernahm Josef Wyler diesen Posten.¹⁰⁶ Er und sein Team hatten die Aufgabe, zu beurteilen, ob bestimmte medizinische Behandlungen wie Erholungsaufenthalte, Krankenzulagen, Spitalaufenthalte oder teure Medikamente medizinisch indiziert waren. Aus seinem Bericht 1944/45 geht hervor, dass es «wegen des sehr angespannten Budgets […] unumgänglich [war], dass Bewilligungen für Sonderausgaben nur sehr zurückhaltend gegeben wurden».¹⁰⁷ Dies habe auch zu Spannungen mit den Komitees des VSJF geführt.¹⁰⁸

Die in Zürich eingerichtete Gemeindeküche für Flüchtlinge befand sich im Gemeindehaus der ICZ in der Lavaterstrasse. Eröffnet wurde sie am 11. November 1940, die Räumlichkeiten und das Mobiliar wurden von der ICZ kostenlos zur Verfügung gestellt. Die Leitung der Küche oblag dem Israelitischen Frauenverein Zürich, Therese Brandeis übernahm diesen Posten. Finanzielle Unterstützung erhielt die Gemeindeküche von der ICZ, der Chewra Kadischa¹⁰⁹ der ICZ, dem All Sport Club Zürich und der Augustin Keller-Lo-

---

103 Vgl. Silvain S. Guggenheim: Bericht an die DV des SIG, o. O., 28. 3. 1943, S. 1, AfZ, IB SIG-Archiv / 32. Zur Abteilung für kulturelle Betreuung und Seelsorge des VSIA vgl. Kapitel 7.3. Zu den Quarantänelagern hatten zeitweise nur die Rabbiner Zugang, vgl. Silvain S. Guggenheim: Bericht über die Tätigkeit des VSJF 1943 an der ausserordentlichen DV des SIG, Bern, 23. 1. 1944, S. 3, AfZ, IB SIG-Archiv / 2392.
104 Vgl. Otto H. Heim: TB VSJF 1945, o. O., o. D., S. 5, AfZ, IB VSJF-Archiv / 3. Die Lebensmittelabteilung wurde im Juli 1941 gegründet. Die Jüdische Flüchtlingshilfe Zürich kaufte dazu Lebensmittel wie Kartoffeln, Zucker, Konfitüre, Gemüsekonserven, Mehl, Teigwaren, Reis, Sardinen, Käse, Eier en gros ein und gab sie zum Selbstkostenpreis ab. Vgl. Otto H. Heim: TB der Jüdischen Flüchtlingshilfe Zürich 1941, Zürich, März 1942, S. 3, AfZ, IB IFZ-Archiv / 2.
105 Vgl. o. A.: Prot. Ärztesitzung, Zürich, 24. 6. 1941, AfZ, IB IFZ-Archiv / 2.
106 Vgl. o. A.: 80. GB ICZ, Zürich, März 1943, S. 22, AfZ, IB ICZ-Archiv / 217.
107 O. A.: TB VSJF, 1. 11. 1944–31. 5. 1945, o. O., o. D., o. S., AfZ, IB VSJF-Archiv / 3.
108 Vgl. ebd.
109 Die Chewra Kadischa («Heilige Vereinigung») ist eine zur jüdischen Gemeinde gehörende Institution. Seit das Wohlfahrtswesen im späten 19. Jahrhundert zur Aufgabe der Gemeinde wurde, sind die Chewrot hauptsächlich für die Betreuung von Kranken und Sterbenden, für die Totenehrung und für die Betreuung der Trauernden zuständig. Vgl. Rothschild, Gesinnung und Tat, 1948, S. 24–29.

Abb. 43: Hemden-
klinik, Neumarkt 11,
Zürich, 1940er-Jahre.

Abb. 44: Gemeinde-
küche, Lavaterstrasse,
Zürich, 1940er-Jahre.

Abb. 45: Essens-
ausgabe Gemeinde-
küche, Lavaterstrasse,
Zürich, 1940er-Jahre.

ge.[110][111] Die Küche, die ausser am Samstag täglich geöffnet war, ermöglichte die rituelle Verpflegung zu einem günstigen Preis. Eine Mahlzeit kostete zu Beginn der 1940er-Jahre 50 Rappen.[112] Ab Oktober 1941 wurde das Angebot erweitert und es konnte neben einem Mittag- auch ein Abendessen in der Gemeindeküche eingenommen werden, das ebenfalls 50 Rappen kostete. Die Gemeindeküche arbeitete autonom, die Jüdische Flüchtlingshilfe Zürich übernahm jedoch einen Teil der Kosten. Flüchtlinge, die am Mittag in der Gemeindeküche assen, konnten das Abendessen zu 10 Rappen beziehen, die Differenz wurde von der jüdischen Flüchtlingshilfe übernommen.[113] Die Einnahme der Mahlzeiten in der Gemeindeküche war daher, wie die Flüchtlingshilfe Zürich im Geschäftsbericht der ICZ von 1943 festhielt, «im Prinzip obligatorisch»,[114] denn die Flüchtlinge bezahlten nur einen Teil der Mahlzeiten selbst, während der Rest vom Unterstützungsansatz abgezogen wurde.[115]

Die Arbeiten in den Gemeindeküchen wurden von Flüchtlingen durchgeführt.[116] Die Küchenarbeiten beinhalteten sowohl das «Vorbereiten, Rüsten, Gemüse rüsten»[117] als auch die dabei anfallenden Putzarbeiten vor und nach den Mahlzeiten.[118] Die Einrichtungen von Gemeindeküche, Wäscherei und Schuhmacherei entstanden einerseits, um die Flüchtlinge möglichst günstig mit Kleidern und Essen zu versorgen, andererseits, um den Flüchtlingen eine Beschäftigung zu bieten.[119] Wie aus einem Protokoll der Jüdischen Flüchtlingshilfe Zürich von 1941 hervorgeht, entschieden die Komitees, für welche Arbeiten Flüchtlinge eingeteilt wurden. Otto H. Heim wurde in diesem Zusammenhang von Therese Brandeis gebeten, einigen weiblichen Flüchtlingen, die ihre Arbeit in der Küche zugunsten eines Arbeitsplatzes in der Flickstube oder Wäscherei aufgeben wollten, «sehr energische Briefe zu schreiben»[120] und sie

---

110 Die Augustin-Keller-Loge wurde 1909 in Zürich gegründet. Augustin Keller (1805–1883) war Regierungspräsident im Kanton Aargau und setzte sich für die rechtliche Gleichstellung der Jüdinnen und Juden in der Schweiz ein. Vgl. o. A.: Geschichte der AKL, B'nai B'rith Augustin Keller-Loge Zürich, o. D. Zu Augustin Keller vgl. Kurmann, Augustin Keller, e-HLS.
111 Vgl. Jüdische Flüchtlingshilfe Zürich, Gemeindeküche: TB, 11. 11. 1940–31. 12. 1941, Zürich, 24. 2. 1942, S. 3, AfZ, IB IFZ-Archiv / 2. Zur Leitung der Gemeindeküche vgl. Otto H. Heim: TB der Jüdischen Flüchtlingshilfe Zürich 1941, Zürich, März 1942, S. 2, AfZ, IB IFZ-Archiv / 2. Die Einrichtung der Gemeindeküche Zürich ging auf eine Initiative von Sylvain Guggenheim-Wyler zurück. Vgl. o. A.: Jüdische Gemeindeküche in Zürich, in: IW 46 (1940), S. 8.
112 Vgl. Jüdische Flüchtlingshilfe Zürich, Gemeindeküche: TB, 11. 11. 1940–31. 12. 1941, Zürich, 24. 2. 1942, S. 1, AfZ, IB IFZ-Archiv / 2.
113 Vgl. ebd., S. 3.
114 O. A.: 81. GB ICZ, Zürich, April 1944, S. 18, AfZ, IB ICZ-Archiv / 217.
115 Vgl. ebd., S. 18 f.
116 Vgl. Regina Boritzer, Interview geführt von Frau Hartmann, 1984, AfZ, IB SIG-Archiv / 2051.
117 Joseph Wyler, Interview geführt von Claude Kupfer, 22. 5. 1984, AfZ, IB SIG-Archiv / 2072.
118 Vgl. ebd.
119 Vgl. Regina Boritzer, Interview geführt von Frau Hartmann, 1984, AfZ, IB SIG-Archiv / 2051. Zur Frage der Entlöhnung der Mitarbeitenden vgl. Kapitel 7.1.4.
120 I. Eger: Prot. Jüdische Flüchtlingshilfe Zürich, o. O., 7. 8. 1941, S. 2, AfZ, IB IFZ-Archiv / 2.

daran zu erinnern, dass «Flüchtlinge sich ihre Arbeit nicht auswählen können».[121] Flüchtlinge, die für die Einrichtungen des VSJF tätig waren, konnten von der Arbeit in Arbeitslagern dispensiert werden, wenn sich die kantonale Fremdenpolizei bereit erklärte, den Betroffenen eine Aufenthaltsbewilligung im Kanton zu erteilen. Die Gesuche des VSJF wurden aber häufig abgelehnt, wie das folgende Fallbeispiel demonstriert.

H. L. stammte aus Deutschland und absolvierte eine Ausbildung zum Rabbiner. Er befand sich seit 1937 in der Schweiz.[122] Seit 1940 war er in Arbeitslagern interniert. Während seines regulären Urlaubs arbeitete er freiwillig in der Gemeindeküche in Zürich, wobei Rabbiner Zwi Taubes ihm erklärt habe, so H. L. in einem Brief an Otto H. Heim, dass es das Rabbinat gerne sähe, wenn er die Aufsicht über die Küche übernehmen würde.[123] Der VSJF befürwortete H. L.s Verbleib in Zürich, «jedoch nur dann, wenn Sie sowohl in der Küche arbeiten als auch die rituelle Aufsicht führen».[124] Einem Gesuch des VSJF für eine Arbeitsbewilligung für H. L. an die kantonale Fremdenpolizei Zürich[125] wurde jedoch nicht stattgegeben; ein Brief von H. L. vom 5. Juli 1943 zeugt davon, dass er sich wieder im Arbeitslager befand.[126]

Ein weiteres Aufgabenfeld des VSJF war das Besorgen von Kleidern für Flüchtlinge. Viele Flüchtlinge kamen buchstäblich nur mit den Kleidern in die Schweiz, die «sie auf dem Leibe trugen».[127] Die jüdische Flüchtlingshilfe sorgte dafür, dass diese Menschen mit der nötigen Kleidung ausgestattet wurden. Für die Verteilung zuständig waren die Kleiderkammern. Die Kleiderkammer in Zürich befand sich wie die Gemeindeküche an der Lavaterstrasse.[128] Sie wurde von Theodora Dreifuss geleitet, während Berty Guggenheim-Wyler die Aufsicht innehatte.[129] Die grösseren Gemeinden wie Basel, St. Gallen, Genf und Bern richteten ebenfalls eigene Kleiderkammern[130] sowie eigene Schuhmachereien und Flickstuben ein. Diese wurden wie in Zürich von ehrenamtlich Mitarbeitenden geleitet,[131] wobei der Kleiderbestand der Kleiderkammern variie-

---

121 Ebd.
122 Vgl. H. L.: Lebenslauf, o. O., o. D. (vermutlich Juli 1943), AfZ, VSJF-Archiv / L.352.
123 Vgl. H. L.: Schreiben an Otto H. Heim, Zürich, 31. 5. 1943, AfZ, VSJF-Archiv / L.352.
124 VSJF: Schreiben an H. L., 15. 6. 1943, AfZ, VSJF-Archiv / L.352.
125 Vgl. VSIA: Schreiben an die kantonale Fremdenpolizei, Zürich, 29. 6. 1943, AfZ, VSJF-Archiv / L.352.
126 Vgl. H. L.: Schreiben an den VSIA, Liestal, 5. 7. 1943, AfZ, VSJF-Archiv / L.352.
127 Silvain S. Guggenheim: Bericht über die Tätigkeit des VSJF 1943 an der ausserordentlichen DV des SIG, Bern, 23. 1. 1944, S. 2, AfZ, IB SIG-Archiv / 2392.
128 Vgl. Joseph Wyler, Interview geführt von Claude Kupfer, 1984, AfZ, IB SIG-Archiv / 2072.
129 Vgl. o. A.: TB VSJF, 1. 10. 1944–1. 5. 1945, o. O., o. D., S. 3, AfZ, IB SIG-Archiv / 2393.
130 Für 1938 sind bereits Kleiderkammern in Zürich, St. Gallen und Basel verzeichnet, vgl. o. A.: Bericht über die Isr. Flüchtlingshilfe in der Schweiz 1938, St. Gallen, Zürich, März 1939, S. 10, AfZ, IB SIG-Archiv / 2391.
131 Vgl. zu Basel Sibold, Mit den Emigranten, 2002, S. 47. Im Bericht des VSIA für 1938 ist von «israelitischen Frauenvereinen und Private[n]» die Rede, die die Kleiderkammern führten. Vgl.

ren konnte und von freiwilligen Kleiderspenden abhängig war. So wurde im Protokoll der GV des VSIA von 1940 festgehalten: «Otto H. Heim, Zürich, berichtet über einen sehr gut gelungenen Versuch, den Zürich mit einer grossen Haussammlung durch die Jugendbünde machte. Durch die Verbindungen von Frl. Kater konnten wir ausserdem die Hilfe einer nichtjüdischen Organisation, der Winterhilfe, für die Ausstattung der Arbeitsdienstler erreichen.»[132]

Basel und St. Gallen hingegen berichteten, dass ihre Kleiderkammern leer seien, und baten um Zukäufe durch den VSIA.[133] Der VSIA unterstützte die Kleiderkammern seiner Komitees zeitweise mit Textilien aus Zürich, musste aber an der GV des VSIA im Juni 1943 feststellen, dass «die Spenden immer mehr zurückgegangen»[134] seien und sich der VSIA daher ausserstande sehe, «anderen Hilfsposten auszuhelfen».[135] Diese Bemerkung wirkt wenig überraschend, wenn man bedenkt, dass die Kleiderkammer in Zürich zwischen September 1942 und Ende Juli 1943 allein an die Internierten in den «Lager[n] ca. 16 000 Stück Wäsche, ca. 5000 Stück Kleider und Mäntel, über 2000 Paar Schuhe etc.»[136] verteilte. Die Kleiderspenden stammten sowohl aus jüdischen als auch aus nichtjüdischen Kreisen.[137]

Das Komitee des VSIA in Genf berichtete 1943 von einem erfolgreichen «Appell für Kleiderspenden»,[138] während Basel von einem Mangel an eingehenden Textilien berichten musste. Silvain S. Guggenheim gab zu Protokoll, dass «Schweizer Kreise»[139] in den USA eine Kleidersammlung durchgeführt hätten. Diese Kleider würden dem VSIA zur Verfügung gestellt, sobald alle «Formalitäten unter Mithilfe der Behörden in Bern und der Gesandtschaft»[140] erledigt seien. Die von ihm als «Schweizer Freunde» bezeichneten Personen hätten telegrafisch mit dem Israelitischen Frauenverein Zürich Kontakt aufge-

---

    o. A.: Bericht über die Isr. Flüchtlingshilfe in der Schweiz 1938, St. Gallen, Zürich, März 1939, S. 10, AfZ, IB SIG-Archiv / 2391.
132 O. A.: Prot. GV VSIA, Bern, 21. 4. 1940, S. 9, AfZ, IB SIG-Archiv / 2402.
133 Vgl. ebd.
134 Theodora Dreyfuss, Jenny Meyer: Prot. GV VSIA, Bern, 6. 6. 1943, S. 8, AfZ, IB SIG-Archiv / 2402.
135 Ebd.
136 VSJF (Abt. für kulturelle Betreuung und Seelsorge): Was jeder Mitarbeiter der jüdischen Flüchtlingshilfe wissen muss, o. O., Oktober 1943, S. 2, AfZ, IB SIG-Archiv / 2416. An dieser Stelle wurden unter dem Begriff «Lager» vermutlich Auffang-, Arbeitslager und Interniertenheime zusammengefasst, denn es wurden die Leistungen des VSJF für die Flüchtlinge in all diesen Unterkünften betont.
137 Vgl. VSIA: Bericht über die Isr. Flüchtlingshilfe in der Schweiz 1938, St. Gallen, Zürich, März 1939, S. 10, AfZ, IB SIG-Archiv / 2391.
138 Theodora Dreyfuss, Jenny Meyer: Prot. GV VSIA, Bern, 6. 6. 1943, S. 8, AfZ, IB SIG-Archiv / 2402.
139 Ebd., S. 9.
140 Ebd.

nommen.¹⁴¹ Bei den erwähnten Kreisen dürfte es sich vorwiegend um ehemalige Schweizer Jüdinnen und Juden gehandelt haben, die in die USA emigriert waren.

Nach einer Umstrukturierung der Kleiderkammer im November 1944 wurde die Aufgabe, Kleider einzukaufen und an die Kleiderkammern der Komitees zu verteilen, von der Zentralstelle des VSJF übernommen.¹⁴² Ein grosser Teil der dazu notwendigen Auslagen wurde, wie der Vorstand des VSJF anlässlich seiner Sitzung vom 4. Dezember 1944 festhielt, vom Joint übernommen. Es wurde festgehalten, dass «Bestellungen für Fr. 150 000.–»¹⁴³ getätigt werden sollten.¹⁴⁴ Für das erste Halbjahr 1945 wurden 300 000 Franken für die Kleiderkammer budgetiert.¹⁴⁵

Das Angebot der Kleiderkammern der Komitees blieb ein virulentes Thema: An der GV des VSJF im Juni 1945 wies Marcel Bloch vom Berner Komitee darauf hin, dass die Kleiderkammer in Bern zwar viele Kleiderspenden erhalten habe, dass diese jedoch die Nachfrage nicht befriedigen könnten.¹⁴⁶ Die erhöhte Nachfrage dürfte einerseits mit der einsetzenden Weiterreise vieler Flüchtlinge nach Kriegsende in Zusammenhang gestanden haben, andererseits benutzten viele Flüchtlinge die Schweiz in der unmittelbaren Nachkriegszeit als Transitland. Am 31. Oktober 1946 wurde die Kleiderkammer in Zürich geschlossen, die Lokalkomitees mussten fortan selbst um die textile Ausstattung der Flüchtlinge bemüht sein. Sie erhielten jedoch vom VSJF je nach Anzahl der Betreuten einen bestimmten Betrag zur Verfügung gestellt.¹⁴⁷ Die meisten Kleiderkammern wurden im Laufe des Jahres 1948 geschlossen.¹⁴⁸

Flickstuben, Wäscherei, Schneiderei und Schuhmachereiwerkstätten waren ebenfalls wichtige Angebote des VSJF. Neben der materiellen Versorgung der betreuten Personen wurde die Arbeit in einem Handwerk wie der Schuhmacherei auch als kostengünstige Umschulungsmöglichkeit betrachtet. Viele

---

141 Vgl. Silvain S. Guggenheim: Bericht an die DV des SIG, o. O., 28. 3. 1943, S. 5, AfZ, IB SIG-Archiv / 32.
142 Vgl. o. A.: TB VSJF, 1. 10. 1944–1. 5. 1945, o. O., o. D., S. 3, AfZ, IB SIG-Archiv / 2393.
143 Lily Wolffers: Prot. VS VSJF, Zürich, 4. 12. 1944, S. 1, AfZ, IB VSJF-Archiv / 29.
144 Vgl. ebd.
145 Vgl. o. A.: Prot. GA VSJF, Zürich, 29. 5. 1945, S. 1, AfZ, IB VSJF-Archiv / 24.
146 Vgl. o. A.: Prot. GV VSJF, Bern, 17. 6. 1945, S. 7, AfZ, IB SIG-Archiv / 2402. Eine detaillierte Aufstellung über alle ausgegebenen Kleider, von Unterwäsche über Anzüge, Rucksäcke und Koffer bis zu Taschentüchern und Windeln, findet sich im Tätigkeitsbericht des VSJF von 1945, vgl. Otto H. Heim: TB VSJF 1945, o. O., o. D., S. 22., AfZ, IB VSJF-Archiv / 3. Aus dem Bericht geht nicht hervor, ob es sich nur um die Kleiderausgaben der Kleiderkammer in Zürich handelt oder ob eine schweizweite Erhebung gemacht wurde. Aufgrund der Zahlen und in Anbetracht der starken Orientierung Otto H. Heims am Standort Zürich dürfte es sich um die Zahlen der Kleiderkammer Zürich gehandelt haben.
147 Vgl. o. A.: TB VSJF 1946, o. O., o. D., S. 4, 22, AfZ, IB SIG-Archiv / 2394, sowie C. Catala: Prot. GA VSJF, Zürich, 17. 9. 1946, S. 1, AfZ, IB VSJF-Archiv / 25.
148 Vgl. o. A.: TB VSJF 1948, Zürich, o. D., S. 7, AfZ, IB SIG-Archiv / 2395.

handwerkliche Einrichtungen wurden in Zusammenarbeit mit der ORT betrieben. Die ORT bot in Zusammenarbeit mit der ZL Umschulungskurse an, dazu zählten zum Beispiel Zuschneider-, Näh- und Kinooperateurkurse.[149] Die Kurse entsprachen jedoch keiner vollen Berufsausbildung und Praktika waren behördlich untersagt.[150] Regina Boritzer erwähnte an der GV des VSIA 1941 «junge Schulentlassene»[151] als mögliche Anwärter für eine Anstellung in der Schuhmacherei des VSIA, denn infolge der Einrichtung der Arbeitslager hatte die Schuhmacherei in Zürich einige ihrer ausgelernten Handwerker an den Arbeitsdienst verloren.[152]

Die Flickstube in Zürich unterstand im Gegensatz zu den anderen Flickstuben in der Schweiz der ZL.[153] Leiterin der Wäscherei und Flickstube am Neumarkt in Zürich war Thekla Silberstein-Biedermann, ehrenamtliche Mitarbeiterin der Flüchtlingshilfe Zürich. Bis 1941 hatte sich der Betrieb zu einem «Grossbetrieb ausgewachsen»[154] und war auch für die Wäschebelieferung von sechs Arbeitslagern zuständig. Laut den Angaben von Thekla Silberstein-Biedermann wurden 1944 monatlich «ca. 20 000 Wäschestücke gebügelt und geflickt. [...] 30 bis 40 Leute flicken täglich und ca. 10 Frauen und Mädchen werden ständig zum Bügeln beschäftigt. [...] In der Schneiderei arbeiten täglich 3–4 Berufsschneider und 4–5, die angelernt werden. So wurden ca. 860 Mäntel und Anzüge hergerichtet und in Stand gestellt.»[155]

Auch bei den Arbeiten in der Wäscherei und der Flickstube wurde auf die Umschulung hingewiesen, die als förderlich für die Auswanderung galt. 1944 waren gesamtschweizerisch 185 «Emigrantinnen» in Flickstuben tätig.[156]

Wie Otto H. Heim erklärte, wurde in der Flickstube Zürich im Gegensatz zu den Flickstuben anderer Kantone für Mitarbeitende eine Kranken- und Unfallversicherung abgeschlossen.[157] Pierre Bigar, ab Herbst 1944 Präsident des VSJF, plädierte daher dafür, dass dies auch in anderen Einrichtungen Usus werden sollte. Die Abklärung der Details überliess er Josef Wyler und Otto H. Heim.[158]

149 Vgl. VSJF: Rundschreiben Nr. 594, Zürich, 5. 3. 1945, AfZ, IB SIG-Archiv / 2413.
150 Vgl. Mächler, Hilfe und Ohnmacht, 2005, S. 174.
151 O. A.: Prot. GV VSIA, Bern, 30. 3. 1941, S. 15, AfZ, IB SIG-Archiv / 2402.
152 Vgl. ebd.
153 Vgl. o. A.: Prot. GA VSJF, Zürich, 30. 1. 1945, AfZ, IB VSJF-Archiv / 24. Otto H. Heim erwähnte, dass neben Zürich die Städte Basel, St. Gallen und Lugano über eine Flickstube verfügten.
154 O. A.: Prot. GV VSIA, Bern, 30. 3. 1941, S. 15, AfZ, IB SIG-Archiv / 2402.
155 Ebd. Zur Rolle von Thekla Silberstein-Biedermann vgl. auch o. A.: Prot. Fürsorgekommission ICZ, 8. 1. 1941, AfZ, IB IFZ-Archiv / 2.
156 Vgl. o. A.: Prot. GV VSJF, Bern, 22. 10. 1944, S. 14, AfZ, IB SIG-Archiv / 2402.
157 Vgl. o. A.: Prot. GA VSJF, Zürich, 30. 1. 1945, S. 1, AfZ, IB VSJF-Archiv / 24. Das war darauf zurückzuführen, dass die Flickstube in Zürich gemeinsam mit der ZL geführt wurde. Diese hatte seit April 1940 für alle Flüchtlinge, die unter ihrer Obhut standen, kollektiv eine Unfallversicherung abgeschlossen. Vgl. Erlanger, Nur ein Durchgangsland, 2006, S. 133.
158 Vgl. o. A.: Prot. GA VSJF, Zürich, 30. 1. 1945, S. 1, AfZ, IB VSJF-Archiv / 24.

Die Flickstube in Zürich wurde 1947 von der ZL aufgelöst, da infolge der Ausreise von Flüchtlingen viele «Lager» und Heime geschlossen wurden. Der VSJF versuchte zunächst, die Flickstube weiterzuführen, indem man nach Privatklientel suchte, «um so den dort tätigen Emigranten und Flüchtlingen den Arbeitsverdienst zu erhalten».[159] Es blieb aber beim Versuch; durch die ausbleibenden Aufträge der ZL konnte die Flickstube nicht kostendeckend arbeiten. Aus dem Tätigkeitsbericht des VSJF von 1947 geht jedoch hervor, dass «die meisten dort tätig gewesenen Emigranten und Flüchtlinge [...] in der Privatwirtschaft Arbeit»[160] fanden.

Die Schuhmacherei musste 1946 geschlossen werden, der Auftrag der Organisation von Schuhwerk wurde von der ZL übernommen. Auch für die in der Schuhmacherei angestellten Flüchtlinge wurden neue Arbeitsplätze in der Privatwirtschaft gefunden.[161]

Die Gemeinschaftsküchen in Basel, Genf und Zürich wurden zunächst weitergeführt, da immer noch eine rege Nachfrage nach diesem Angebot bestand. Für die Küche in Zürich wurde allerdings schon im November 1945 von einem Defizit berichtet, dass der VSJF übernehmen musste.[162] Ab 1950 wurde die Gemeindeküche von den drei jüdischen Gemeinden in Zürich übernommen,[163] wobei sich der VSJF weiterhin finanziell beteiligte.[164]

7.1.4 Das Personal des VSIA/VSJF

> «Ein grosser Stab von ehrenamtlichen Mitarbeitern unterstützte das Personal der zentralen und lokalen jüdischen Flüchtlingshilfen, und zahlreiche Emigranten und Flüchtlinge stellten sich selbstlos in den Dienst der gemeinsamen Sache.»[165]

Analog zum Amt des Präsidenten war die Zentralstelle des VSIA bis 1943 vorwiegend mit Personen besetzt, die aus der Fürsorgekommission der ICZ oder aus der Flüchtlingshilfe Zürich stammten.[166] Das änderte sich auch nach der Reorganisation des VSIA nicht; von den zehn Vorstandsmitgliedern, die im

---

159 O. A.: TB VSJF 1947, Zürich, o. D., S. 6 f., AfZ, IB SIG-Archiv / 2395.
160 Ebd., S. 7.
161 Vgl. o. A.: TB VSJF 1946, o. O., o. D., S. 3 f., AfZ, IB SIG-Archiv / 2394.
162 Vgl. o. A.: TB VSJF 1947, Zürich, o. D., S. 7, AfZ, IB SIG-Archiv / 2395. Zum Defizit vgl. o. A.: Prot. GA VSJF, Zürich, 5. 11. 1945, S. 1, AfZ, IB VSJF-Archiv / 24.
163 Vgl. Leo Ortlieb: JB Flüchtlingshilfe Zürich 1950, Zürich, 31. 12. 1950, S. 4, AfZ, IB VSJF-Archiv / 14.
164 Vgl. Irene Eger: Prot. VS VSJF, Zürich, 1. 11. 1950, S. 5, AfZ, IB VSJF-Archiv / 35.
165 Otto H. Heim über das Personal der jüdischen Flüchtlingshilfe. Vgl. Heim, Jüdische soziale Arbeit, 1954, S. 39.
166 Vgl. Kapitel 4.3.2.

Oktober 1944 gewählt wurden, waren sieben in der Fürsorgekommission oder in der Flüchtlingshilfe Zürich tätig gewesen (Georges Bloch, Berty Guggenheim-Wyler, Siegfried E. Guggenheim-Ullmann, Sylvain Guggenheim-Wyler, Otto H. Heim, Josef Wyler, Jacob Zucker). Ausser dem neuen Präsidenten Pierre Bigar stammten alle Vorstandsmitglieder aus den jüdischen Gemeinden Zürichs.[167] Die Aufgaben in der Leitung des VSJF wurden weiterhin ehrenamtlich erledigt.

Die wenigsten Angestellten des VSIA erhielten eine reguläre Bezahlung. Die Ausgaben für Saläre betrugen für das Jahr 1938 beispielsweise 11 580 Franken, was 0,6 Prozent der gesamten Ausgaben des VSIA ausmachte.[168] Der VSIA bestand 1938 aus «15 ehrenamtliche[n] und bezahlte[n] Kräfte[n]».[169] Um den ständig anwachsenden Arbeitsaufwand bewältigen zu können, wurden sogenannte Emigrantinnen und Emigranten sowie Flüchtlinge zur Mitarbeit im VSIA/VSJF herangezogen.[170] Einige «Emigrantinnen» und «Emigranten» wurden regulär entlöhnt, nämlich diejenigen, die über eine Arbeitsbewilligung verfügten. Die meisten Mitarbeitenden wurden jedoch als «freiwillige» Arbeitskräfte rekrutiert und erhielten für ihre Arbeit den normalen Unterstützungsansatz des VSIA und eine Mitarbeitendenzulage. Die folgende Darstellung der Saläre bezieht sich daher lediglich auf die Mitarbeitenden mit einer Arbeitsbewilligung. Die Zahlungen, die der VSIA an die «freiwilligen» Mitarbeitenden vornahm, wurden vermutlich als Unterstützungszahlungen verbucht.

Bis Anfang 1940 hatten sich die Saläre der Mitarbeitenden auf 2,4 Prozent oder 91 000 Franken der Gesamtausgaben erhöht, was einen Bruchteil des Gesamtbudgets des VSIA ausmachte.[171] Ende 1940 machten die Gehälter der Mitarbeitenden rund 2,9 Prozent der Gesamtausgaben des VSIA aus.[172] Dieser

---

167 Ebenfalls in den Vorstand gewählt wurden Robert Meyer (ICZ), Max Dreifuss (ICZ) und Fritz Mannes (IRG). Vgl. o. A.: Prot. GV VSIA, Bern, 22. 10. 1944. S. 9, AfZ, IB SIG-Archiv / 2402. Otto H. Heim sah mit der Wahl von Fritz Mannes als Vertreter der IRG und Jacob Zucker als «zionistisches Mitglied […] die Oeffentlichkeit in weitem Masse vertreten». G. Rosenblum: Prot. CC SIG, Bern, 31. 8. 1944, S. 14, AfZ, IB SIG-Archiv / 97.
168 Vgl. o. A.: Bericht über die Israelitische Flüchtlingshilfe in der Schweiz 1938, St. Gallen, Zürich, März 1939, S. 19, AfZ, IB SIG-Archiv / 2391.
169 Ebd., S. 27.
170 Wo die meisten Mitarbeitenden beschäftigt wurden, kann anhand der Jahresrechnungen des VSIA nicht abschliessend beantwortet werden, da die Ausgaben pro Komitee lediglich Auskunft darüber geben, wie hoch die Ausgaben für «Spesen» waren, was die Posten «Gehälter» und «Spesen» beinhaltete. Mit Vorbehalt darf aber angenommen werden, dass die meisten VSIA-Mitarbeitenden an der Zentralstelle tätig gewesen waren, gefolgt von den Komitees Zürich, Basel und St. Gallen, wie es 1940 und 1941 der Fall gewesen war. Vgl. VSIA: Detailausgaben Flüchtlingshilfe (aufgeschlüsselt nach Komitee) 1940 und 1941, Zürich, Januar 1941 und 1942, AfZ, IB SIG-Archiv / 715.
171 Vgl. Silvain S. Guggenheim: Referat an die DV des SIG, o. O., 7. 4. 1940, AfZ, IB SIG-Archiv / 2392.
172 Gehälter 1940: 68 650 Franken bei Gesamtausgaben von 2 364 965 Franken. Vgl. VSIA: Details zur Jahresrechnung 1940, Zürich, Januar 1941, AfZ, IB SIG-Archiv / 715.

Prozentsatz sank in den darauffolgenden Jahren aber wieder und pendelte sich bis 1947 zwischen 2,3 und 2,6 Prozent ein.[173] Die Ausgaben des VSIA/VSJF für die Löhne der Mitarbeitenden betrugen damit in den Jahren 1939–1947 konstant unter 3 Prozent der Gesamtausgaben des jüdischen Flüchtlingswerks. Zwischen 1948 und 1952 machte der Anteil der Löhne an den Gesamtausgaben des VSJF 7–8 Prozent aus.[174] Der grosse Anstieg hing damit zusammen, dass ab Januar 1948 alle Gehälter der Mitarbeitenden unter «Saläre» gebucht werden mussten.[175]

Bis Juni 1945 war die Zahl der Mitarbeitenden allein an der Zentralstelle auf 70 angewachsen, Ende 1945 wurden sogar 75 Mitarbeitende verzeichnet, danach nahm die Zahl der Beschäftigten an der Zentralstelle kontinuierlich ab und betrug Ende 1946 55, Ende 1947 34, Ende 1948 27 und im Mai 1949 noch 23.[176]

Flüchtlinge, die für eine Anstellung in der jüdischen Flüchtlingshilfe der Schweiz infrage kamen, hatten häufig eine akademische Ausbildung absolviert. Bezahlt wurden sie aus demselben Budget wie die unterstützten Flüchtlinge, «aber das spielte keine Rolle. Sie hatten einen Status […].»[177] Die Menschen, die für die jüdische Flüchtlingshilfe arbeiteten, fühlten sich als Angestellte und nicht als unterstützte Flüchtlinge. Die Arbeiten des VSJF wären ohne sie nicht zu bewältigen gewesen.[178] Dass die Angestellten, die selbst als Flüchtlinge in die Schweiz gekommen waren, nicht immer eine einfache Rolle hatten, demonstriert ein Brief, den ein Flüchtling an Ludwig Mandel, einen Angestellten der Flüchtlingshilfe Zürich, schrieb. Mandel musste dem betreffenden Flüchtling, der seine Anstellung verloren hatte, im August 1948 mitteilen, dass es nicht möglich sei,

---

173 1942: 64 412 Franken für Gehälter bei Totalausgaben von 2 476 234 Franken: 2,6 Prozent. Vgl. o. A.: VSIA Jahresrechnung 1942, AfZ, IB SIG-Archiv / 2427. 1944: 133 782 Franken für Gehälter bei Totalausgaben von 5 688 312 Franken: 2,3 Prozent. 1945 und 1946/47 betrug der Anteil der Gehälter der Mitarbeitenden ebenfalls zwischen 2,3 und 2,5 Prozent an den Gesamtausgaben. Vgl. Otto H. Heim: TB VSJF 1945, o. O., o. D., S. 5, AfZ, IB SIG-Archiv / 2393, sowie o. A.: TB VSJF 1946, o. O., o. D., S. 3, AfZ, IB SIG-Archiv / 2394 und o. A.: TB VSJF 1947, Zürich, o. D., S. 31, AfZ, IB SIG-Archiv / 2395.
174 1948: 7,8 Prozent, 1949: 8,1 Prozent, 1950: 7,9 Prozent und 1952: 7,4 Prozent. Alle Zahlen sind den Tätigkeitsberichten des VSJF 1948–1952 entnommen. Vgl. AfZ, IB VSJF / 3.
175 Vgl. o. A.: Erläuterungen zu den Buchstaben auf der Übersichtstabelle über die Ausgaben und Einnahmen des VSJF 1933–1951, o. O., o. D., AfZ, IB VSJF-Archiv / 56. Im Geschäftsausschuss des VSJF war im Oktober und November 1947 festgehalten worden, dass eine Verbuchung der Saläre der Mitarbeitenden des Komitees als «Unterstützung und Mitarbeiterzulage» nicht mehr zulässig sei. Vgl. Eger: Prot. GA VSJF, Zürich, 9. 10. 1947, S. 1, AfZ, IB VSJF-Archiv / 25, sowie Irene Eger: Prot. GA VSJF, Zürich, 20. 11. 1947, S. 1, AfZ, IB VSJF-Archiv / 25.
176 Vgl. Pierre Bigar: Trakt. 2, Beilage zum Prot. GV VSJF, Bern, 17. 6. 1945, AfZ, IB VSJF-Archiv / 16, sowie o. A.: VSJF Detailaufstellung über Saläre, Zürich, 19. 5. 1949, AfZ, IB SIG-Archiv / 2453.
177 Regina Boritzer, Interview geführt von Frau Hartmann, 1984, AfZ, IB SIG-Archiv / 2051.
178 Vgl. ebd.

ihn weiter zu unterstützen, denn die «katastrophale Finanzlage»[179] des VSJF lasse das nicht zu. Daraufhin erhielt er ein Schreiben folgenden Inhalts:
«Sehr geehrter Herr Mandel!
Ich habe Ihren Brief [...] erhalten und möchte Ihnen dazu folgendes erwidern. Meiner Meinung nach haben Sie gar kein Recht Entscheidungen zu treffen, die über das Schiksal von Menschen von Ausschlag sein können. Sie sind genau nicht mehr oder weniger als ich nämlich – Emigrant. Durch Ihre Stellung bei der Flüchtlingshilfe sind Sie für mich noch lange keine Persönlichkeit, die Kompetenz hat über gerechte Verteilung der Unterstützungsgelder eine Entscheidung zu treffen.»[180]
Angestellte mit «Emigranten»-Status waren demzufolge gerade durch ihre Nähe zu den Flüchtlingen bei der Mitteilung unpopulärer Entscheidungen auch Zielscheibe für deren Reaktionen. Dennoch wurde die Betätigung im Dienst des jüdischen Flüchtlingswesens vom Vorstand des VSJF als förderlich für die psychische Gesundheit von Flüchtlingen eingeschätzt, denn die angestellten Flüchtlinge konnten einer sinnstiftenden Arbeit nachgehen und waren nicht nur passive Empfängerinnen und Empfänger von Unterstützungsgeldern.[181] Zusätzlich zu den regulär ausgezahlten Unterstützungen erhielten die im VSIA/VSJF tätigen Flüchtlinge eine Mitarbeitendenzulage.

Aussagen über die Höhe der Unterstützungsansätze für Flüchtlinge vor der Reorganisation des VSIA zu treffen, gestaltet sich angesichts der dünnen Aktenlage schwierig. Einzelne Protokolle der Flüchtlingshilfe Zürich liefern aber Anhaltspunkte. So erwähnte Otto H. Heim in der Sitzung der Fürsorgekommission vom 2. Juli 1940 unter dem Traktandum «Flüchtlingshilfe», dass ein Unterstützungsansatz von 17 Franken pro Woche bezahlt werde.[182]

Die Unterstützung wurde im Herbst 1941 auf 19 Franken und im Oktober 1942 auf 20.40 Franken wöchentlich erhöht.[183] Dabei handelte es sich um den

---

179 Ludwig Mandel: Schreiben an E. E., o. O., 2. 8. 1948, AfZ, IB VSJF-Archiv / E.32.
180 E. E.: Schreiben an Ludwig Mandel, Zürich, 11. 8. 1948, AfZ, IB VSJF-Archiv / E.32.
181 Vgl. Regina Boritzer, Interview geführt von Frau Hartmann, 1984, AfZ, IB SIG-Archiv / 2051.
182 Vgl. o. A.: Prot. Fürsorgekommission ICZ, o. O., 2. 7. 1940, S. 2, AfZ, IB IFZ-Archiv / 2. Es dürfte sich dabei um die Unterstützungszahlungen an Einzelpersonen gehandelt haben. Besonders in den ersten beiden Kriegsjahren scheint der Unterstützungsansatz Schwankungen zu unterliegen und tendenziell zu sinken. Im Lied eines Zürcher «Emigranten», das vom Juni 1939 stammt, wird erwähnt, dass er jede Woche 18 Franken Unterstützung erhalten habe: «Wenn ich bin kejn Zürich gekymmen / Hot mich die Khyly gur wojl aufgenymmen, / Ich kryg jede Woch 18 Franken / Dafar tih ich mich schön bedanken.» Fiderer Chaim: Züricher Emigrantenlied, Zürich, 17. 6. 1939, AfZ, IB IFZ-Archiv / 2. Im Geschäftsbericht der ICZ 1940 hielt die Jüdische Flüchtlingshilfe Zürich fest, dass die Unterstützungssätze von 18.50 Franken pro Person auf 18 Franken reduziert worden seien. Vgl. o. A.: 77. GB ICZ, Zürich, März 1940, S. 23, AfZ, IB ICZ-Archiv / 217.
183 Zu 1941 vgl. Otto H. Heim: TB der Jüdischen Flüchtlingshilfe Zürich, Zürich, März 1942, S. 2, AfZ, IB ICZ-Archiv / 20. Zu 1942 vgl. Silvain S. Guggenheim: Bericht an die DV des SIG, o. O., 28. 3. 1943, S. 5, AfZ, IB SIG-Archiv / 2392.

Unterstützungsansatz für Einzelpersonen. Zum Vergleich: Ungelernte Arbeiter verdienten in der Schweiz 1942 im Schnitt 240 Franken im Monat.[184] Die Unterstützungsansätze bewegten sich zwischen Ende 1942 und Mitte 1944 zwischen etwa 82 und 115 Franken monatlich. Diese Ansätze galten für die als «Emigrantinnen» und «Emigranten» bezeichneten Flüchtlinge; für Personen, die nach August 1942 in die Schweiz gekommen waren, trug in erster Linie der Bund die Kosten. Obwohl die Flüchtlinge nur «absolut grundlegend»[185] unterstützt wurden, war die Kasse des VSIA am Ende des Monats oft leer und Silvain S. Guggenheim musste der Flüchtlingshilfe häufig einen Kredit aus seinem Privatvermögen gewähren.[186]

Otto H. Heim stellte in der Vorstandssitzung des VSJF im Juli 1944 den Antrag, die Unterstützungsansätze für Alleinstehende anzuheben. Für die dazu benötigten zusätzlichen Mittel von rund 250 000 Franken sollte Saly Mayer um eine Erhöhung der Mittel vom Joint gebeten werden.[187] Ab dem 1. September 1944 konnte der VSIA die Unterstützungsansätze für «Emigrantinnen» und «Emigranten» erhöhen, und zwar «für Alleinstehende von Fr. 115.– auf 130.–, für Ehepaare von Fr. 178.– auf Fr. 200.– monatlich».[188] Die Unterstützungsansätze für «Flüchtlinge» waren wie folgt geregelt: Für Alleinstehende 130 Franken, für zwei zusammenlebende Personen 240 Franken und für jede weitere Person 100 Franken.[189]

Die «Emigrantinnen» und «Emigranten» waren gegenüber den «Flüchtlingen» also finanziell benachteiligt. An der Sitzung des Geschäftsausschusses im Juli 1945 wurde eine Angleichung der Unterstützung für Ehepaare vorgeschlagen, nämlich auf 240 Franken im Monat. Damit wollte man das Missverhältnis beseitigen. Da der Joint dafür jedoch keine weiteren Mittel sprach, schlug Jacob Zucker vor, die Erholungsurlaube für Flüchtlinge zu reduzieren,[190] an denen sich der VSJF bisher finanziell beteiligt hatte.[191] Im November 1945 wurde nochmals festgehalten, dass die Erhöhung der Unterstützung ohne

---

184 Vgl. Leimgruber, Schutz für Soldaten, nicht für Mütter, 2009, S. 91.
185 Regina Boritzer, Interview geführt von Frau Hartmann, 1984, AfZ, IB SIG-Archiv / 2051.
186 Vgl. ebd.
187 Vgl. Jenny Meyer: Prot. VS VSJF, Zürich, 2. 7. 1944, S. 2, AfZ, IB SIG-Archiv / 2403.
188 G. Rosenblum: Prot. CC SIG, Bern, 31. 8. 1944, S. 10, AfZ, IB SIG-Archiv / 97.
189 Vgl. Sekretariat SIG: Bericht VSJF an die Delegierten des SIG, Zürich, 23. 1. 1945, S. 3, AfZ, IB SIG-Archiv / 32. Im Gegensatz dazu erhielten «Emigrantinnen» und «Emigranten» nur 80 Franken für jede weitere Person, die im gleichen Haushalt lebte.
190 Vgl. Else Finkler: Prot. GA VSJF, Zürich, 2. 7. 1945, S. 1, AfZ, IB VSJF-Archiv / 24. Die Ansätze wurden nach erwachsenen Personen, die im gleichen Haushalt leben, festgelegt. Diese Unterstützungsbeiträge wurden allesamt erhöht. Der Ansatz für Alleinstehende betrug hingegen weiterhin 130 Franken. Für Kinder wurden je nach Alter bestimmte Zulagen gesprochen, die teilweise erhöht wurden.
191 Vgl. Kapitel 7.1.3.

Züricher Emigrantenlied.

ZU singen nach der Melodie: Ich bin schojn a Mejdl in die Juren.

Wie ich bin kejn Zürich gekymmen
Hot mich die Khyly gur wojl aufgenymmen
Ich kryg jede Woch 18 Franken
Dafar tih ich mich schön badanken.

In der ganzer Welt is doch bakannt
As die Schweiz is a ganz schön Land
A jeder lebt sich ganz zufrieden
Saj die Christen in saj die Jiden.

In Zürich senen du nor gyte Menschen
Gott soll sej mit allem gyten benschen
Sej machen leichter ynser traurig Leben
Wus mir darfen tijen sej ynz geben.

Zürich is a Schtejtel a mechaje
Menschen lejben sich du emes freie
Oj is dus a Schtejtale puschyt a Antyk
Du zu bleiben wollt gewejn a Glück.

Kykt Euch un die Züricher Kehyly
Wus sie leistet is doch a Peyly
Wenn ich well awekfuren fyn danen
Well ich tumyt sich un ihr dermanen.

S'is du a Referentin hejsst sie Mayer
Far ihr wollt ich gegangen in Fajer
Oj is dus a GYTE-NESCHUME
Zikymmen zu ihr is a Milchume.

Hot men endlich sich zu ihr derschlugen
Wus sollich yzter Euch noch sugen
Wie a Mame zu ihre Kinder
Tit sie helfen a jeden basynder.

In der früh kymm ich zum Ordner Präger
Baschtellt er mich gur auf 4 a Sejger
Bin ich zu der Zeit ungekymmen
Beim Presidenten is sie schojn farnymmen.

Wer dus is wet a jeder wissen
Schwarz is sie MULE-CHEJN zum kyschen
Will men ober mit ihr epes rejden
Kenn men kymmen früher in GAN-EJDEN.

Chotsch men mejnt as sie is a Schlechte
Glojbt schet mir sie is a Gerechte
Nyscht far jeden kenn men sajn a Gyter
Wenn men is vyn Kuhels Geld a Hüter.

S'is du a Jid mitn Numen Wyler
Oj is dus a Gyter in a Schtyler
Fyn ihm kenn men doch alz verlangen
Bin ich tumyt zu ihm gegangen.

Wie zu a REBBEN tijt men zu ihm gehen
A jedens Zures tijt er gyt varschtehen
A GYT-HARZ hot er ich soll asoj leben
Gott soll ihm nocj lange Juren geben.

Dr. Strumpf is doch auch a Gyter
Tejlen tejlt er ESSBONNS wie a Myter
Ich well taky ejbig ihm gedenken
Gott soll ihm a sach Bruches schenken.

Plyzem is epes bei ihm geschehen
In der IVRIA kenn men mehr nischt gehen
A punem es losst sich aus die Pyschke
Bald wet wejren lejdig auch die Kyschke.

Antkegen Strumpf sitzt sich a wojl Wajbel
Gyt is is sie puschyt wie a Tajbel
Oj hot sie gur a gyte Maale
Jeden Emigrant frejgt sie a Schaale:

Mit Euer furen wus tijt sich hejren?
Epes mysst Ihr unhojben zu klejren
Chotsch sie wejsst nebych ganz gyt allejn
Vyn Zürich kenn men weiter nischt gehn.

Mir Emigranten darfen nischt kein Führer
Mir hoben a gyten Kassierer
Wenn er tejlt dus Geld mit seine Finger
Ojfn Harz wejrt a bissl gringer.

Bejten well ich beim Frl. Etlinger
A neuer Emigrant hot auch a Hinger
Dafar soll sie auch a Ojg zijdryken
In soll ihm uhn Geld nischt awekschyken.

A Mejdel is gewejn ganz lustig frejlech
Ausgesehn hot sie wie a BAS-MEJLECH
Ihre schöne Ojgen ihr chejnewdig Punym
Gekennt hot sie noch lejben lange Schunym

Gewejn is ihr Charakter asoj ejdel
Gekennt hot sie schojn sajn a KALE-MEJDEL
Wenn men is zu ihr noch Hilf gekymmen
Mit a BREJT-HARZ hot sie aufgenymmen

A grojss Ymglyk is plyzem geschehen
Zu Frl. R. kenn men mehr nischt gehen
Schwer is gewejn vyn ihr sich zu schejden
Soll sie rijhen in lichtigen GAN-EJDEN.

Kykt Euch zi zu ynser President
Wie es rijhen nischt seine Hend
Tug in Nacht tijt er nur klejren
Wie asoj es soll ynz besser wejren

Auf sein Punem seht men kejn schym Schmejchel
Oj is er a grojsser BAL-SEJCHEL
Mit ihm zu rejden is nur du ein Mittel
Wie a GYTEN-JIDEN schreiben ihm a Kwytel.

Abb. 46: Chaim Fiderer: Züricher Emigrantenlied, Zürich, 17. Juni 1939.

Gewejn bin ich bei alle Konsulaten
  Getracht hob ich s'kenn doch gurnyt schaten
Oj OCH in WEH is zu meine Juren
Vyn Zürich kenn men weiter nischt furen.

ZU alle Komites tih ich schreiben
  As in Zürich kenn ich nischt varbleiben
Ich will bydaj in London sajn a Meschures
In putyr zu wejren schojn die Zurys.

Gebojren bin ich in Land vyn der Sloty
  In derfar hob ich die beste Quote
Ich darf warten blojs 3 Juren
Kedej in GOLDEN-LAND zukennen furen

Nechten in der frih 9 a Sejger
  Is gekymmen zu mir der Briefträger
Ich hob gemejnt er brengt mir a Jedije
As gekymmen is schojn die Jeschije

Wie ich hob geefent dus Papier
  Hob ich gesehen wie bitter es is mir
Die Fremden-Polizei tijt mir schreiben
As 6 Wochen kenn ich du noch bleiben

Noch einmul hojb ich un probieren
  As men soll dem Ausweiss mir sistieren
Ich schreib ihr as ich well alles tijn
Abi nischt zu kymmen mehr kein Wien.

Oj ich hob doch nischt wus zu lachen
  Auf die alte JUren myss ich lernen Schprachen
Kojm kenn ich schojn a byssale Englisch
  Myss ich unhojben lernen Schpanisch.

Geschrieben hob ich zu mein Weibel Sure
  Gekymmen is auf mir a neue Zure
In dem LAGER will men mich schojn geben
Yzter is a broch zu mein Leben

S'helft kein bejten auch nischt kein Protest
  Ausser ich kenn brengen ein Atest
Hojb ich un a byssl nuchzydenken
Wie asoj hejbt men un zu krenken

Zúm Dr. Bollag hot men mich geschikt
  Ich hob sich puschyt mit ihm derkwykt
Chotsch mein Krenk is doch asa Harte
LAGERFÄHIG schreibt er auf mein Karte

Gewejn bin ich bei alle Referenten
  Yzter prief ich gehn zum Presidenten
Efscher kenn er geben mir a Ejzy
Wie zu kejren Zürich schojn die Plejzy.

Oj wie gyt es is ynz Emigranten
  Asin ergyz loest men ynz nischt landen
Zyjgemacht is jede Medijne
Fur ich ILLEGAL kein Palestine

Chotsch men furt in ganzen 6 Wochen
  In bis men kymmt ahin is men zybrochen
Dafar senen mir doch epes Jiden
In mir mysen sajn mit alz zufrieden

Ich hojb sich un zu raschen inzu kulen
  Weil 3o Pfund myss men doch bazulen
Wie nemt men oj dus byssale Mesymen
Kein EJREZ-JISRUEL unzykymmen

Bakymmen a Gedank hob ich plyzem
  Efscher soll ich schreiben zu der Hicem
Helfen soll sie mir zu der Nessije
Sein wet dann far Bejde a Refije

Doch die Hicem tijt sich überlegen
  Sie unterschtützt kein KRYME-WEJGEN
Oj gewalt wus wet mit mir geschehn
In wiahin soll ich yzter gehn

Hitler hot ynz alz awekgenymmen
  In mir myssen noch fremde Hilf unkymen
Sollt Ihr Emigrantalech nischt mejnen
As mir wellen ejbig asoj wejnen

Bakymmen wet er HUMENS Mapule
  Dus wet sajn far ihm die beste Klule
A Megyle wellen mir ihm singen
As die Sonym wellen zyschpringen.
                    FIDERER — MARGULIES.

Zuschuss des Joint nicht möglich sei.[192] Otto H. Heim erklärte zu den Finanzen des VSJF in einer CC-Sitzung des SIG Ende Oktober 1945, der VSJF habe monatliche Ausgaben in der Höhe von 600 000 Franken. Er brachte seine Enttäuschung über das Sammlungsergebnis der SZF zum Ausdruck, das wesentlich schlechter ausgefallen sei als die Sammlung 1944. Besonders das Schweizer Judentum müsste doch, so Heim, mehr am Schicksal der Flüchtlinge Anteil nehmen. Es sei ausserdem paradox, wenn «immer davon gesprochen [wird], dass man die Flüchtlinge besser unterstützen solle, dabei reicht der Beitrag der Schweizerischen Judenheit kaum für einen Monat der Ausgaben des V. S. J. F. aus».[193] Die Schuld für die minimalen Unterstützungsbeiträge, die die jüdische Flüchtlingshilfe leisten konnte, wurde also in den eigenen Reihen gesucht.

Die Erhöhung der Unterstützungsansätze für «Emigrantinnen» und «Emigranten» gelang erst 1946.[194] Die Höhe der vom VSJF geleisteten Beiträge blieb bis 1947 gleich, wobei allen Vorstandsmitgliedern des VSJF klar war, dass es unmöglich war, von diesen Beträgen zu leben. Jacob Zucker bezeichnete die Unterstützungsleistungen in einer Vorstandssitzung als «Schande»,[195] während Otto H. Heim die niedrigen Ansätze damit rechtfertigte, dass «noch sehr viele Leute Geschäfte aller Art machen, um sich einen Nebenverdienst zu sichern».[196] Robert Meyer wies darauf hin, dass der VSJF die «moralische Handhabe [...] gegen illegale Geschäfte und Schwarzhandel»[197] verliere, wenn der Verband sich auf den Standpunkt stelle, dass die Höhe des Unterstützungsbeitrags angemessen sei. Das Problem sei aber auch in der SZF bekannt und werde dort diskutiert.[198] Die Unterstützungsansätze des VSJF und diejenigen der an die SZF angeschlossenen Hilfswerke wurden im Laufe des Jahres 1947 vereinheitlicht. Sie betrugen ab dem 1. November 1947 für eine Einzelperson 160 Franken pro Monat, für Ehepaare 270 Franken.[199]

---

192 Vgl. o. A.: Prot. GA VSJF, Zürich, 5. 11. 1945, S. 1, AfZ, IB VSJF-Archiv / 24. Saly Mayer gab Ende November 1945 in einem Brief an den VSJF bekannt, dass für 1946 mit geringeren Subventionen des Joint zu rechnen sei, daher empfehle er die Erhöhung der Unterstützungsgelder nicht. Vgl. Saly Mayer: Schreiben an den VSJF, St. Gallen, 27. 11. 1945, AfZ, IB VSJF-Archiv / 24.
193 O. A.: Prot. CC SIG, Bern, 25. 10. 1945, S. 3, AfZ, IB SIG-Archiv / 98.
194 Vgl. Otto H. Heim: TB VSJF 1945, o. O., o. D., S. 5, AfZ, IB SIG-Archiv / 2393, sowie o. A.: TB VSJF 1946, o. O., o. D., S. 3, AfZ, IB SIG-Archiv / 2394.
195 Theodora Dreifuss: Prot. VS VSJF, Zürich, 2. 6. 1947, S. 4, AfZ, IB VSJF-Archiv / 32.
196 Ebd.
197 Ebd., S. 5.
198 Vgl. ebd.
199 Vgl. Anni Fischelson: Prot. VS VSJF, Zürich, 8. 9. 1947, S. 3 f.; Anni Fischelson: Prot. VS VSJF, Zürich, 4. 11. 1947, S. 4 f., AfZ, IB VSJF-Archiv / 32, sowie H. Weber: Prot. SZF, Zürich, 14. 6. 1950, S. 9 f., BAR, E4800.1#1967/111#145*. Ab 1948 übernahm der Bund auch für «Emigrantinnen» und «Emigranten» einen grösseren Anteil an den Unterstützungsleistungen. Vgl. Kapitel 8.2.1.

Aufgrund des herrschenden Erwerbsverbots war die Entlöhnung von Flüchtlingen untersagt und wurde daher offiziell als «Unterstützung» verbucht.[200] Obwohl viele der beim VSJF angestellten Flüchtlinge deshalb offiziell nicht als Mitarbeitende entlöhnt wurden, entwickelte der VSJF ein System, diesen Menschen zusätzliche finanzielle Leistungen zukommen zu lassen. Durch die enge Zusammenarbeit zwischen Vorstandsmitgliedern des VSJF und Flüchtlingen setzten sich viele Personen aus den leitenden Positionen im VSJF für die angestellten Flüchtlinge ein. So hielt Jacob Zucker in einem Rundschreiben des VSJF im Oktober 1945 fest: «Formell besteht für die ausreisenden Mitarbeiter (Emigranten und Flüchtlinge) die Verpflichtung zur Rückzahlung der von uns erhaltenen Unterstützungsbeiträge. Viele unserer Mitarbeiter haben uns jahrelang ihre Arbeitskraft zur Verfügung gestellt, und wir empfinden es als unrichtig, die ihnen ausbezahlten Beträge als Unterstützung zu betrachten. Aus diesem Grunde bitten wir Sie, Ihre ausreisenden Mitarbeiter davon zu unterrichten, dass eine Rückzahlungspflicht [...] in Zukunft nicht besteht.»[201]

Zusätzlich erhielten Flüchtlinge, die im jüdischen Flüchtlingswerk tätig waren, auch Zuwendungen zu Feiertagen wie Pessach oder anlässlich persönlicher Lebensereignisse wie der Hochzeit.[202]

Für Kontroversen im VSJF sorgten besonders die Mitarbeitendenzulagen. Veit Wyler wies den VSJF Anfang 1944 darauf hin, dass die Löhne der Mitarbeitenden – und hier bezog er sich explizit auf diejenigen, die zusätzlich zu ihrer Unterstützung nur einen Minimalzuschlag erhielten – an Ausbeutung grenzen würden: «Ein Teil der jüdischen Beamten und Angestellten, die Emigranten sind, werden normal honoriert. Die Flüchtlinge, die erst kurze Zeit in der Schweiz sind, auch qualifizierte Kräfte, bekommen nur Ordnergebühr. Durch diese Gebühr wird das Existenzminimum nie erreicht.»[203]

Informationen zu den Anstellungsmodalitäten der VSIA-Mitarbeitenden lassen sich auch in ihren Flüchtlingsdossiers finden.

Im September 1944 stellte R. B., seit 1938 in der Schweiz im Kinderheim Wartheim in Heiden angestellt,[204] einen Antrag auf Unterstützung des VSJF. Sie sei eine «Emigrantin deutscher Herkunft, jetzt staatenlos und [...] in Heiden

---

200 Vgl. Mächler, Hilfe und Ohnmacht, S. 170 und S. 484, Anm. 37.
201 Jacob Zucker: Rundschreiben Nr. 701, Zürich, 1. 10. 1945, AfZ, IB SIG-Archiv / 2413.
202 Vgl. E. W.: Schreiben an Regina Boritzer, Davos, 1. 5. 1943, AfZ, IB VSJF-Archiv / W.93. E. W., der sich als «ständiger Mitarbeiter» von Josef Brumlik, dem Leiter der Fürsorge der Jüdischen Gemeinschaft Davos, bezeichnete, erhielt eine «Pessachgratifikation in Höhe von Fr. 20.–». Zu seiner Hochzeit erhielt E. W. von der Jüdischen Flüchtlingshilfe Davos in Absprache mit Otto H. Heim 100 Franken. Vgl. Josef Brumlik: Schreiben an die Finanzabteilung des VSJF, Davos, 13. 4. 1945, AfZ, IB VSJF-Archiv / W.93.
203 O. A.: Prot. DV SIG, Bern, 23. 1. 1944, S. 7, AfZ, IB SIG-Archiv / 32.
204 Vgl. Berty Guggenheim-Wyler: Schreiben an den VSIA, Zürich, 22. 10. 1939, AfZ, IB VSJF-Archiv / A.309.

toleriert».²⁰⁵ Für ihre Arbeit im Kinderheim hatte sie kein reguläres Einkommen erhalten, sondern Kost und Logis.²⁰⁶ Jenny Meyer erkundigte sich daraufhin in einem Brief mit Bezug auf eine früher geführte Korrespondenz, ob R. B. Interesse an einer Mitarbeit als Bürokraft des VSJF in Zürich habe.²⁰⁷ R. B. bekundete daraufhin grosses Interesse, wollte aber in Erfahrung bringen, ob es sich um eine bezahlte Anstellung handle: «Das ist mir aber nur möglich, wenn der Verdienst bei Ihnen mir ein bescheidenes Auskommen sichert. Ich glaube auch, dass meine Arbeit, die ich zu leisten imstande bin, ein entsprechendes Salär rechtfertigt.»²⁰⁸

Jenny Meyer antwortete darauf, dass der VSJF nicht in der Lage sei, eine Arbeitsbewilligung für R. B. zu erhalten. Daher seien nur die folgenden Anstellungsbedingungen möglich: «Ihre Mitarbeit bei uns würde ehrenamtlich erfolgen, hingegen wären wir bereit, Sie in die reguläre Unterstützung aufzunehmen, wobei Sie Fr. 130.– plus eine Mitarbeiterzulage von ca. Fr. 85.– im Monat erhalten würden.»²⁰⁹

Die Höhe der Mitarbeitendenzulage, die an Flüchtlinge entrichtet wurde, konnte variieren, gemäss einem Schreiben von Otto H. Heim an Josef Brumlik²¹⁰

---

205 R. B.: Schreiben an den VSJF, Heiden, 8. 9. 1944, AfZ, IB VSJF-Archiv / A.309.
206 Vgl. R. B.: Schreiben an Regina Boritzer, Heiden, 3. 6. 1940, AfZ, IB VSJF-Archiv / A.309. Der Unterhalt des Kindes von R. B. im Kinderheim wurde vom Israelitischen Frauenverein Zürich finanziert. Vgl. SHEK: Schreiben an den VSJF, Zürich, 13. 4. 1945, AfZ, IB VSJF-Archiv / A. 309. Berty Guggenheim-Wyler setzte sich zum Teil persönlich für R. B. ein, wie aus Dokumenten aus dem Flüchtlingsdossier der Betroffenen hervorgeht. Vgl. zum Beispiel Berty Guggenheim-Wyler: Schreiben an den VSIA, Zürich, 22. 10. 1939, AfZ, IB VSJF-Archiv / 309.
207 Vgl. Jenny Meyer: Schreiben an R. B., Zürich, 15. 9. 1944, AfZ, IB VSJF-Archiv / A.309.
208 R. B.: Schreiben an Jenny Meyer, Heiden, 19. 9. 1944, AfZ, IB VSJF-Archiv / A.309. Aus einem früheren Schreiben von R. B. geht hervor, dass sie als Sekretärin ausgebildet war und über mehrere Jahre Berufserfahrung verfügte. Vgl. R. B.: Schreiben an Jenny Meyer, Arosa, 7. 7. 1944, AfZ, IB VSJF-Archiv / A.309.
209 Jenny Meyer: Schreiben an R. B., Zürich, 24. 9. 1944, AfZ, IB VSJF-Archiv / A.309. Edith Zweig, die ab Ende 1944 beim VSJF angestellt war, berichtete ebenfalls, sie habe eine reguläre Unterstützung und eine Mitarbeitendenzulage erhalten. Vgl. Edith Zweig, Interview geführt von Claude Kupfer, 1984, AfZ, IB SIG-Archiv / 2075.
210 Josef Brumlik wurde 1913 in Giessen unter dem Namen Horst Josef Brumlik geboren. Er stammte aus einer bürgerlichen jüdischen Familie. In seiner Jugend schloss er sich der zionistischen Jugendbewegung an. Ende 1938 konnte er über Jugoslawien in die Schweiz flüchten. 1942 lernte er seine zukünftige Frau, Recha Mohrer, kennen, die ebenfalls aus Deutschland stammte und über Frankreich in die Schweiz geflüchtet war. Josef Brumlik war in der Schweiz als Leiter der Jüdischen Flüchtlingshilfe Davos tätig. 1947 wurde sein Sohn Micha Brumlik geboren. Nach Unstimmigkeiten zwischen der Zentralstelle des VSJF und dem Komitee Davos legte Josef Brumlik am 1. 8. 1948 sein Amt als Leiter nieder. Er war danach als Direktor für Sanatorien zuständig, die von einer zionistischen Organisation für ehemalige KZ-Internierte eingerichtet worden waren. 1952 kehrte die Familie Brumlik nach Deutschland zurück. Zur Biografie von Josef und Recha Brumlik vgl. Brumlik, Kein Weg als Deutscher und Jude, 1996, S. 10–14. Zum Rücktritt von Josef Brumlik aus der jüdischen Flüchtlingshilfe vgl. o. A.: TB der Jüdischen Flüchtlingshilfe Davos 1948, o. O., o. D., S. 1, AfZ, IB VSJF-Archiv / 6. Zu den Differenzen mit der Zentralstelle des VSJF vgl. Kapitel 8.4.1.

betrug die maximale Höhe der Zulage im Mai 1945 140 Franken.[211] Die Zulagen wurden je nach Verantwortungsgrad und Vorbildung der Flüchtlinge festgelegt.[212]

Bei einzelnen Mitarbeitenden wurden die Saläre nach Kriegsende erhöht, da ihre Dienste für den VSJF bedeutend waren und man fürchtete, sie könnten ansonsten in die Privatwirtschaft wechseln.[213] Otto H. Heim berichtete an der CC-Sitzung des SIG im Oktober 1945 auch, «dass der V. S. J. F. alles tue, um die Unkosten möglichst niedrig zu halten, dass er aber Wert darauf lege, nicht zu niedrige Löhne zu zahlen, dass er heute mehr Angestellte und weniger ‹Mitarbeiter› habe, d. h. Flüchtlinge die früher mit einer Mitarbeiterzulage von Fr. 40.– Arbeiten verrichteten, für die Schweizer mit Fr. 400.– bis 800.– Gehalt angestellt werden müssten; heute erhalten sie bis Fr. 140.–».[214]

Alleinstehende Flüchtlinge ohne Arbeitsbewilligung erhielten somit 1945 maximal 270 Franken, die sich aus 130 Franken Unterstützungsgeldern und 140 Franken Mitarbeitendenzulagen zusammensetzten.

Sowohl die Unterstützungsansätze für Flüchtlinge als auch die maximale Höhe der Mitarbeitendenzulagen wurden vom VSIA bestimmt und waren für alle Komitees verbindlich. Wie aus dem Protokoll des VSIA vom 6. Juni 1943 hervorgeht, zahlten einige Komitees ihren Mitarbeitenden höhere Beträge, was sich unter den Flüchtlingen herumsprach. Alfred Goetschel, Leiter des Komitees Basel, bemerkte dazu: «Das schafft böses Blut und erschwert die Arbeit.»[215] Silvain S. Guggenheim ermahnte daraufhin alle Komitees, sich an die Vorgaben des VSIA zu halten.[216]

An der GV des VSJF vom 17. Juni 1945 waren die Unterstützungsansätze der Flüchtlinge ein Thema, das wiederum von Alfred Goetschel aufgebracht wurde. Er machte darauf aufmerksam, dass die Unterstützungsansätze für die Flüchtlinge so niedrig seien, dass es kaum möglich sei, davon zu leben, und

---

211 Vgl. Otto H. Heim: Schreiben an Josef Brumlik, o. O., 23. 5. 1945, AfZ, IB VSJF-Archiv / W.93. Der in diesem Dossier erwähnte Mitarbeiter war bereits seit 1942 für das Komitee Davos tätig. Vgl. Josef Brumlik: Schreiben an den VSJF, Davos, 2. 10. 1945, AfZ, IB VSJF-Archiv / W.93.

212 Es wurde folgendermassen zwischen verschiedenen Kategorien von Mitarbeitenden unterschieden: «Leicht ersetzbare M. A. [Mitarbeitende], zum Beispiel solche, die Botengänge, Ordnungsdienst usw. leisten, erhalten eine Zulage von Fr. 70.– monatlich; Qualifizierte Schreibkräfte erhalten eine Zulage von Fr. 100.–; Mitarbeiter, die verantwortliche Fürsorgearbeit leisten, erhalten eine Zulage von Fr. 140.– » O. A.: Lebensunterhalt und Unterstützungen, o. O., o. D. (um 1945), S. 31, AfZ, IB VSJF-Archiv / 1.

213 Otto H. Heim berichtete beispielsweise an der Vorstandssitzung des VSJF im September 1946, Frau Levy vom Komitee Genf fordere eine Lohnerhöhung auf monatlich 500 Franken, sonst wechsle sie die Stelle. Er stellte gleichzeitig zur Diskussion, ob man die Saläre von drei weiteren Mitarbeitenden erhöhen müsse. Es handelte sich dabei um hoch qualifizierte Personen. Vgl. Lilly Szönyi: Prot. VS VSJF, Zürich, 2. 9. 1946, S. 2, AfZ, IB VSJF-Archiv / 31.

214 Leo Littmann: Prot. GL SIG, Zürich, 25. 10. 1945, S. 5, AfZ, IB SIG-Archiv / 175.

215 Theodora Dreyfuss, Jenny Meyer: Prot. GV VSIA, Bern, 6. 6. 1943, S. 2, AfZ, IB SIG-Archiv / 2402.

216 Vgl. ebd., S. 3.

kritisierte zugleich die Höhe der ausbezahlten Mitarbeitendenzulagen, die vom «Comité Zürich»[217] bestimmt würden und in der Folge für alle Komitees verbindlich wären: «Wenn jemand eine Unterstützung bekommt in der Höhe von Fr. 130.– und erhält eine Mitarbeiterzulage von Fr. 120.–, so ergibt dies Fr. 250.–. Ein armer Teufel, der diese Arbeiten nicht übernehmen kann, muss mit Fr. 130.– hungern. Ich glaube, dass das eine haarsträubende Ungerechtigkeit ist […].»[218]

Er sprach in diesem Zusammenhang auch von einem «Wettrennen mit den Mitarbeiter-Zulagen»[219] und verlangte vom Vorstand, die Widersprüche im Reglement des VSJF zu bereinigen, die dazu führen würden, dass die Höhe der Unterstützungsansätze nicht eindeutig sei. Otto H. Heim ergriff in der Diskussion Partei für die Flüchtlinge, die für den VSJF tätig waren, indem er darauf hinwies, dass der VSJF auf diese Mitarbeitenden angewiesen sei und für regulär angestellte Schweizer Fürsorgerinnen und Fürsorger wesentlich mehr bezahlen müsste: «Diejenigen Emigranten, die bei uns mitarbeiten, verdienen die Zulagen, die man ihnen zu den Unterstützungssätzen gewährt, voll und ganz. Wenn wir diese z. T. wirklich verdienten und tüchtigen Menschen *nicht* hätten, müssten wir Kräfte anstellen, die 5- oder 600 Frs. pro Monat kosten würden. Wir *sparen* also bei dem jetzigen Verfahren. Wenn jemand 250 oder – das Maximum – 270.– Frs. im Monat erhält, so ist das nicht zu viel für die Arbeit, die er von morgens bis abends bei uns leisten muss […].»[220]

Wie Otto H. Heim bemerkte, waren die Löhne der Angestellten mit Arbeitsbewilligung wesentlich höher. In der Sitzung der Zentralstelle des VSJF vom 20. September 1944 wurde in diesem Zusammenhang beispielsweise vom Komitee St. Gallen vorgeschlagen, «einen Herrn Helmuth Steiner (Deutschen mit Arbeitsbewilligung) für Fr. 500.– anzustellen».[221]

Auch gegenüber dem SIG verteidigte der Vorstand des VSJF die Beträge, die an seine Mitarbeitenden bezahlt wurden. Die Erhöhung der Saläre nach Kriegsende wurde auch damit begründet, dass viele ehemalige Mitarbeitende ausgereist waren und durch Schweizerinnen und Schweizer ersetzt werden mussten: «Was die Saläre anbelangt, muss zugegeben werden, dass die Angestellten des V. S. J. F. heute besser bezahlt werden als beispielsweise vor einem Jahr. Wir glauben aber, dies in vollem Umfange vertreten zu können, da wir

---

217 O. A.: Prot. GV VSJF, Bern, 17. 6. 1945, S. 4, AfZ, IB SIG-Archiv / 2402. Alfred Goetschel suggerierte mit seiner Aussage auch, dass der Vorstand des VSJF der Flüchtlingshilfe Zürich mehr Entgegenkommen zeigen würde, als das bei anderen Komitees der Fall sei: «Das Comité Zürich war bei diesen Erhöhungen das Erste im Rennen; die anderen Comités rennen dann nach. Der Vorstand ist gezwungen, den Zürcher Freunden etwas nachzugeben; die Folge sind Erhöhungen in der ganzen Schweiz.» Ebd.
218 Ebd.
219 Ebd., S. 5.
220 Ebd., S. 6 (Hervorhebung im Original).
221 Jenny Meyer: Prot. Zentralstelle VSJF, o. O., 20. 9. 1944, o. S., AfZ, IB SIG-Archiv / 2403.

Wert darauf legen, dass unser Personal nach Leistungen und im Verhältnis zu den heutigen Lebenskosten bezahlt wird. Ganz abgesehen davon muss festgestellt werden, dass wir durch die Ausreisen von Emigranten-Mitarbeitern mehr schweiz. Personal einstellen mussten. Qualifiziertes technisches Personal ist heute nur schwer und nur bei einer Salärierung von Fr. 350.– bis Fr. 400.– pro Monat erhältlich.»[222]

Aus der Verteidigung der höheren Saläre wird ersichtlich, dass der Vorstand des VSJF um eine gerechte Entlöhnung seines Personals bemüht war. Es zeigt sich an dieser Stelle eine Soldarisierung mit den eigenen Angestellten. Inwiefern finanzielle Überlegungen dazu geführt haben, dass schlechter bezahlte, aber möglicherweise auch schlechter qualifizierte Flüchtlinge ausgebildetem Fachpersonal vorgezogen wurde, lässt sich nicht abschliessend beantworten und wäre ein Forschungsdesiderat für eine quantitative Untersuchung zur jüdischen Flüchtlingshilfe in der Schweiz.

Auch in der Nachkriegszeit führten die Mitarbeitendenzulagen, die ausbezahlt wurden, zu Unstimmigkeiten im VSJF. Im Fall des bereits erwähnten H. L.,[223] der vorübergehend in der Gemeinschaftsküche des VSJF tätig gewesen war und später als Wanderlehrer in Davos für die Abteilung religiöse Betreuung der Kinder (RBK) des VSJF arbeitete, intervenierte Otto H. Heim im Januar 1946, weil die RBK sich nicht an die vereinbarte Maximalauszahlung gehalten hatte: «Wir möchten Sie vor allem darauf aufmerksam machen, dass es nicht angängig ist, Emigranten und Flüchtlinge, die für Ihre Abteilung arbeiten, anders zu behandeln als die Mitarbeiter in den Comités und in unserem Zentralbüro. Sie wissen, dass die max. Mitarbeiter-Zulage pro Monat Fr. 140.– beträgt, ein Betrag, der nur ganz ausnahmsweise [...] überschritten werden darf. [...] Wir hatten bereits mit einem Comité Schwierigkeiten, weil es uns mit Recht darauf hinwies, dass Ihre Abteilung Angestellte höher entlöhnt als die Comités und der V. S. J. F., trotzdem wir Mitarbeiter haben, die seit vielen Jahren an leitender Stellung in unserem Betrieb stehen.»[224]

Mitarbeitendenzulagen wurden, darauf deuten auch die oben beschriebenen Voten von Alfred Goetschel an der Generalversammlung des VSJF hin, verglichen. Die Mitglieder der einzelnen Komitees beschwerten sich bei festgestellten Ungleichheiten in der Auszahlung von Mitarbeitendenzulagen beim VSJF. Die jeweiligen Vorstandsmitglieder der Komitees arbeiteten oft jahrelang eng mit ihren Mitarbeitenden zusammen. Diese Flüchtlinge erhielten keine reguläre Entlöhnung, was dazu führte, dass sich die Komitees umso dezidierter dafür einsetzten, dass ihre Mitarbeitenden im Vergleich zu denen anderer Komitees nicht benachteiligt wurden. Auch Otto H. Heim erwähnte im oben erwähnten Beispiel den hohen Arbeitseinsatz und die Verantwortung seiner

---

222 Else Finkler: Prot. GA VSJF, Zürich, 18. 12. 1945, o. S., AfZ, IB VSJF-Archiv / 24.
223 Vgl. Kapitel 7.1.3.
224 Otto H. Heim: Schreiben an die RBK, o. O., 4. 1. 1946, AfZ, IB VSJF-Archiv / L.352.

eigenen Angestellten an der Zentralstelle des VSJF. Josef Brumlik, Leiter des Komitees in Davos, wandte sich daraufhin direkt an Heim und rechtfertigte die Zulagen für die betreffende Person, H. L., mit dem Arbeitsaufwand und den schwierigen Bedingungen, die die Arbeit in Davos mit sich bringe. Der Brief enthält auch Andeutungen, dass man sich in den Büros in Zürich keine Vorstellung von der Arbeit vor Ort machen könne: «Herr Dr. L. leistet [...] – und das wollen wir festhalten – eine Arbeit, von deren Umfang Sie sich wahrscheinlich schlecht einen Begriff machen können. Das verstehen wir.»[225] Diese impliziten Vorwürfe scheinen Otto H. Heim schwer verärgert zu haben und so antwortete er dementsprechend pikiert: «Wir beschäftigen in unserer Zentrale und in allen unseren Comités tatsächlich über 100 Emigranten und wir nehmen es als selbstverständlich an, dass jeder Mitarbeiter sein Bestes gibt. Es berührt uns aber eigentümlich, dass dann immer und immer wieder versucht wird, die Mehrarbeit in klingender Münze belohnt zu sehen. Sie dürfen uns glauben, dass auch bei uns im V. S. J. F. nicht gefaulenzt wird und dass nicht nur an die Leitung, sondern auch an einzelne Mitarbeiter Forderungen an Aufwand von Zeit und Kraft gestellt werden, die bestimmt überdurchschnittlich sind.»[226]

Die Streitigkeiten zwischen dem Komitee Davos und der Zentralstelle des VSJF betrafen nicht nur die Entlöhnung von H. L., sondern auch weitere Fälle, in denen sich Davos über die Bestimmungen des VSJF hinwegsetzte. Otto Heim kündigte Josef Brumlik daher an, man werde die Angelegenheit an der nächsten Vorstandssitzung des VSJF besprechen. 1946 wurden die Mitarbeitendenzulagen erhöht und betrugen neu maximal 375 Franken pro Monat für alleinstehende Flüchtlinge.[227]

Zum Verhältnis zwischen den leitenden Stellen des VSJF und den mitarbeitenden Flüchtlingen lässt sich zwar keine abschliessende Bewertung vornehmen, da zwischenmenschliche Beziehungen per se stark individuell erlebt werden. Aus den Quellen geht jedoch hervor, dass sich die Leitungen der Komitees mit den bei ihnen angestellten Flüchtlingen häufig solidarisierten, was darauf schliessen lässt, dass durch die Zusammenarbeit eine enge persönliche Beziehung entstand. Dasselbe lässt sich bei der Leitstelle des VSJF beobachten: Obwohl die Struktur hierarchisch war, wurden die mitarbeitenden Flüchtlinge als Teil eines Kollektivs verstanden, das ein gemeinsames Ziel verfolgte: die bestmögliche Betreuung der unterstützten Flüchtlinge. Die neuere Forschungsliteratur zur jüdischen Flüchtlingshilfe hat bereits auf die unterschiedlichen Voraussetzungen hingewiesen, unter denen Akteure der höheren Gremien des Schweizer Juden-

---

225 Josef Brumlik: Schreiben an den VSJF, Davos, 7. 1. 1946, AfZ, IB VSJF-Archiv / L.352.
226 Otto H. Heim: Schreiben an das Komitee Davos, o. O., 10. 1. 1946, AfZ, IB VSJF-Archiv / L.352.
227 Vgl. Else Finkler: Prot. GA VSJF, Zürich, 8. 3. 1946, S. 1, AfZ, IB VSJF-Archiv / 25. Darin dürfte der Unterstützungsansatz von 130 Franken mit einberechnet gewesen sein.

tums und Flüchtlinge agierten.²²⁸ Während Erstere von den Verfolgungen des Nationalsozialismus nur indirekt betroffen waren, hatten Letztere oft Formen der Gewalt erlebt, in deren Zuge sie an Leib und Leben bedroht gewesen waren und ausser dem nackten Leben wenig oder nichts hatten retten können. In der Schweiz sahen sie sich zwar nicht unmittelbar bedroht, die ständigen Nachweise, dass sie sich um ihre Emigration bemühten, konnten aber kaum dazu führen, dass sie sich willkommen fühlten. Diejenigen, die sich in der Flüchtlingsarbeit betätigten, konnten zwar womöglich sinnstiftendere Arbeit leisten, als das in den Arbeitslagern der Fall gewesen wäre, nichtsdestotrotz befanden sie sich in einem Abhängigkeitsverhältnis.

Trotz der oben festgestellten engen Beziehung zwischen den leitenden Stellen im VSJF und den mitarbeitenden Flüchtlingen lassen sich in den Akten auch immer wieder aus heutiger Sicht undifferenzierte und stereotypisierte Aussagen von Personen, die in der Leitung der jüdischen Flüchtlingshilfe tätig waren, finden.²²⁹ Otto H. Heim liess sich beispielsweise 1941 an der Sitzung der Fürsorgekommission der ICZ mit dem Traktandum Flüchtlingshilfe zur Bemerkung hinreissen, «dass neben einer Anzahl sehr anständiger und wertvoller Flüchtlinge der grosse Teil aus weichen, arbeitsscheuen Elementen besteht».²³⁰ Was die Schweizer Jüdinnen und Juden betrifft, die im VSJF arbeiteten, ist aber zu bedenken, dass bereits die freiwillige Beteiligung an einer karitativen Organisation wie dem VSJF ein grosses soziales Engagement beinhaltete. Ungeachtet der Tatsache, dass die rein ehrenamtliche Betätigung im VSJF so zeitraubend war, dass eine geregelte Erwerbstätigkeit in einem Angestelltenverhältnis daneben kaum möglich war und daher ein gewisser Wohlstand vorausgesetzt wurde, waren die Vorstandsmitglieder des VSJF überdurchschnittlich sozial engagiert.

Was die mitarbeitenden Flüchtlinge im VSJF angeht, muss bedacht werden, dass vermutlich viele von ihnen aus dem höheren Bildungsbürgertum des deutschen Sprachraums stammten, in dem auch viele Schweizer Jüdinnen und Juden ihre Wurzeln hatten. Auch die Prämissen für eine Mitarbeit im VSJF waren damit zumindest teilweise festgelegt und hatten zur Folge, dass diese Flüchtlinge kaum als repräsentativ für das Gros der Flüchtlinge betrachtet werden dürfen. Die folgenden Versuche, dennoch einige Aussagen über das Verhältnis zwischen der Leitung und den VSJF-Mitarbeitenden zu machen, sind vor diesem Hintergrund zu verstehen. Im Gegensatz zu einer allgemeinen

---

228 Vgl. zum Beispiel Mächler, Hilfe und Ohnmacht, 2005, S. 23, 169 f., 347 f., 358–361, sowie Sibold, Bewegte Zeiten, 2010, S. 272–274.
229 Vgl. dazu zum Beispiel die Aussage von Erwin Hüttner von Ende 1936, der gewisse Flüchtlinge als «Durchwanderer [...] aus blosser Wandersucht» bezeichnete, eine Bemerkung, die auf osteuropäisch-jüdische Flüchtlinge gemünzt war. Hüttner: Prot. GV ICZ, 13. 12. 1936, S. 160, zitiert nach Mächler, Hilfe und Ohnmacht, 2005, S. 138.
230 M. Bollag: Prot. Jüdische Flüchtlingshilfe Zürich, Zürich, 28. 1. 1941, S. 1, AfZ, IB IFZ-Archiv / 2.

Distanz zwischen Schweizer Jüdinnen und Juden und Flüchtlingen kam es im Mikrokosmos der jüdischen Flüchtlingshilfen zu einem täglichen Austausch zwischen den beiden Gruppen. Die persönlichen Kontakte führten unweigerlich zu einem differenzierteren und oft positiveren Bild der jeweils anderen Gruppe.

Regina Boritzer und Edith Zweig wurden in Interviews in den 1980er-Jahren befragt, wie sie das Verhältnis zwischen Schweizer Jüdinnen und Juden und den Flüchtlingen erlebt hätten. Beide hoben Otto H. Heim subjektiv als positives Beispiel im Umgang mit Mitarbeitenden hervor, während im Allgemeinen eine grosse Reserviertheit gegenüber den jüdischen Flüchtlingen geherrscht habe. B. S., die als Flüchtlingskind bei einem Freund von Otto H. Heim untergebracht war, empfand das soziale Umfeld im grossbürgerlichen jüdischen Milieu in Zürich allgemein als «wohlbehütet, elegant»[231] und «steif».[232] Heim sei ihr dabei als «menschliche Figur»[233] begegnet, der «nie einen Unterschied gemacht» habe «zwischen Flüchtlingen und keinen Flüchtlingen».[234]

Von der reservierten Haltung der Mitglieder der ICZ gegenüber den Flüchtlingen wurde vor allem mündlich berichtet; in den Protokollen der ICZ fand diese Zurückhaltung selten Niederschlag. Eine Ausnahme kann in der Diskussion des Vorstands der ICZ bezüglich der Vergabe von Plätzen in der Synagoge 1942 gesehen werden. Da die vorderen Plätze auch die teuersten waren, konnten nicht alle vermietet werden. Infolgedessen durften Flüchtlinge dort gratis am Gottesdienst teilnehmen.[235] Der Vorstand beschloss unter Miteinbezug der Synagogenkommission, die Vermietung der Plätze neu zu taxieren. Jacob Zucker wehrte sich an der Sitzung des Vorstands der ICZ vom 6. Juli 1942 energisch dagegen, dass der Vorstand einen Beschluss vor der Gemeindeversammlung in dem Sinne formulieren wollte, dass man auf die Klagen einiger Gemeindemitglieder reagiere, die «es als stossend [empfunden hätten], dass gerade ihre Nachbarsplätze freigegeben wurden».[236] Er verwahrte sich dagegen, dass «der Vorstand in seiner Motivierung des Antrags zwei Kategorien von Juden schafft».[237]

Einzelne alteingesessene, Georg Guggenheim zufolge vor allem ältere Gemeindemitglieder wollten während des Gottesdienstes nicht neben Flüchtlingen stehen. Einige Vorstandsmitglieder, so auch Otto H. Heim, wiesen darauf hin, dass man die Gebühren für die Plätze vor allem aus finanziellen Überlegungen neu definieren wolle, jedoch müsse man auch Rücksicht auf

---

231 Interview mit B. S., S. 74.
232 Ebd.
233 Ebd.
234 Ebd., S. 19, 74.
235 Vgl. P. Hutmacher: Prot. VS ICZ, Zürich, 6. 7. 1942, S. 6, AfZ, IB ICZ-Archiv / 20.
236 Ebd.
237 Ebd.

Abb. 47: Edith Zweig, undatiert.

die Gemeindemitglieder nehmen, die, so Maurice Braunschweig-Schwab, «die Balbatim [Hausbesitzer]»[238] seien und «der Synagoge den Anstrich geben».[239] Jacob Zucker nahm dazu Stellung: «Bei der vorliegenden Motivierung handelt es sich aber nun um eine Gesinnungsfrage; wenn wirklich Mitglieder der Gemeinde sich vornehmer fühlen als Emigranten – ich weiss nicht, wann sie Emigranten sein werden und ein Emigrantenschicksal irgendwo erleben werden –, so darf sich der Vorstand nicht dem Verdacht aussetzen, dass er sich mit einer solchen Auffassung identifiziere.»[240]

Die Tatsache, dass sich wohlhabende alteingesessene Gemeindemitglieder daran störten, neben Flüchtlingen in der Synagoge zu stehen, war an der Vorstandssitzung also weniger Gegenstand der Debatte als die Haltung, die der Vorstand in dieser Sache gegenüber der Gemeindeversammlung einnehmen sollte. Das von vielen Flüchtlingen beschriebene Gefühl von Berührungsängsten einheimischer Jüdinnen und Juden vor Flüchtlingen wurde also durchaus als Problem angesehen, es wurde aber selten in dieser Deutlichkeit erwähnt.

---

238 Ebd., S. 7.
239 Ebd.
240 Ebd., S. 8.

Regina Boritzer berichtete von einer freundschaftlichen Beziehung mit Georges Bloch und Otto H. Heim, Letzterer habe auch «die jüdischen Fürsorger aus dem Ausland»[241] zu sich nach Hause eingeladen.[242] Edith Zweig erzählte über die Beziehung des Vorstandes zu den Flüchtlingen: «Wir hatten auch den Herrn Otto Heim als Chef, also ich muss sagen, der hat wirklich unschätzbar viel getan. Der kam jeden Tag, der hat die Flüchtlinge gekannt, der hat jeden Brief gekannt. Aber sehr viele wollten das einfach nicht.»[243] Sie hob ebenfalls positiv hervor, dass Otto H. und Régine Heim ihr und ihrem Mann an einem der Hohen Feiertage seinen und den Stammplatz seiner Frau in der Synagoge in der Löwenstrasse überlassen hätten, denn für Flüchtlinge standen an den Feiertagen nur Plätze in der Lavaterstrasse zur Verfügung, da in der Löwenstrasse fast alle vermietet waren.[244] Heim habe auch im Gegensatz zu vielen Schweizer Jüdinnen und Juden wenig Reserviertheit Flüchtlingen gegenüber gezeigt.[245]

Dafür spricht auch ein kurioses Beispiel: Am 26. November 1940 reichte Otto H. Heim zusammen mit A. B. beim Eidgenössischen Amt für geistiges Eigentum ein Patent ein für eine «an Fahrrädern zu befestigende Vorrichtung zum Stützen derselben bei Nichtgebrauch und zum Sichern gegen Diebstahl».[246] Der dreiseitige Antrag umfasste neben den technischen Beschreibungen des Fahrradständers auch eine Zeichnung, wie die Vorrichtung montiert wird.[247] Heim, der aufgrund einer Rachitiserkrankung gehbehindert war und daher öfter mit dem Auto unterwegs war als mit einem Fahrrad,[248] leistete dem aus Österreich stammenden Flüchtling A. B. mit der Eingabe des Patents vermutlich einen Freundschaftsdienst. A. B. war vor seiner Flucht in die Schweiz am 17. Juli 1938 in Wien wohnhaft und dort als Konstrukteur und Zeichner

241 Regina Boritzer, Interview geführt von Frau Hartmann, 1984, AfZ, IB SIG-Archiv / 2051.
242 Vgl. ebd. Regina Boritzer schrieb Otto H. Heim 1976 anlässlich seines 80. Geburtstags einen Brief, der von einem ungezwungenen Verhältnis zwischen den beiden zeugt: «Lieber Otto, wie gerne hätten wir Sie heute hier, in Jerusalem, im King David-Hotel und um Sie versammelt Verwandte, Freunde alles Menschen die Ihnen zugetan sind und von ganzen Herzen alles Gute und Schöne wünschen wollen. […] Ich kenne Sie jetzt 40 Jahre – eine schöne runde Zahl. Wir waren jünger und haben mehrere Jahre und Aufgaben gemeinsam erlebt. Ich kannte Sie als jüngeren temperamentvollen Kämpfer für die Sache der Flüchtlinge […].» Regina Boritzer: Schreiben an Otto H. Heim, Jerusalem, 10. 11. 1976, AfZ, NL Otto und Régine Heim / 22.
243 Edith Zweig, Interview geführt von Claude Kupfer, 1984, AfZ, IB SIG-Archiv / 2075.
244 Vgl. ebd.
245 Vgl. Regina Boritzer, Interview geführt von Frau Hartmann, 1984, AfZ, IB SIG-Archiv / 2051, sowie Edith Zweig, Interview geführt von Claude Kupfer, 1984, AfZ, IB SIG-Archiv / 2075.
246 Otto H. Heim und A. B.: An Fahrrädern zu befestigende Vorrichtung zum Stützen derselben bei Nichtgebrauch und zum Sichern gegen Diebstahl, o. O., 16. 5. 1940, StAZH, PAT 2, 126 e, Nr. 219562, http://worldwide.espacenet.com/publicationDetails/originalDocument?CC=CH&NR=219562&DB=worldwide.espacenet.com&locale=de_EP, 29. 6. 2020.
247 Vgl. ebd.
248 Vgl. Interview mit Walter Heim, S. 10. Eine weitere Zeitzeugin erinnerte sich, dass Otto H. Heim eine Schwäche für schöne Autos gehabt habe. Vgl. Interview mit B. S., S. 24, 43.

Abb. 48: Irene Eger, 1940er-Jahre.

tätig gewesen. Er wurde von der Jüdischen Flüchtlingshilfe Zürich unterstützt, wo er auch mit Otto H. Heim in Kontakt gekommen sein dürfte.[249] Nach einer kurzzeitigen Internierung im Arbeitslager Felsberg, aus dem er aus gesundheitlichen Gründen entlassen wurde,[250] war er während mehrerer Jahre als Mitarbeiter in der Flickstube Zürich tätig.[251] In einem Lebenslauf, den A. B. 1946 verfasste, schrieb er, dass er schon mehrere «technische Neuheiten»[252] geschaffen habe, «so dass ich hier in der Schweiz ein Patent zur Anmeldung brachte, welches auch angenommen wurde».[253] Am 13. September 1947 emigrierte A. B. mithilfe der Emigrationsabteilung des VSJF und der HIAS in die USA.[254] Die Mitarbeitenden der Jüdischen Flüchtlingshilfe Zürich und des VSJF blieben ihm aber offenbar in guter Erinnerung, so schrieb er im Oktober 1947 einen Brief an Irene Eger[255] aus New York, in dem er auch Otto H. Heim, Edith Zweig und Theodora Dreifuss herzlich grüssen liess.[256] Irene Eger beant-

249 Vgl. VSJF: Fragebogen, Zürich, 15. 7. 1945, AfZ, IB VSJF-Archiv / B.485.
250 Vgl. ZL: Schreiben an den VSIA, Zürich, 18. 2. 1941, AfZ, IB VSJF-Archiv / B.485.
251 Vgl. Irene Eger: Schreiben an den VSJF, Zürich, 12. 2. 1946, AfZ, IB VSJF-Archiv / B.485.
252 A. B.: Curiculum vitae, Zürich, November 1946, AfZ, IB VSJF-Archiv / B.485.
253 Ebd.
254 Vgl. Edith Lorant: Statistik, Zürich, 17. 9. 1947, AfZ, IB VSJF-Archiv / B.485.
255 Irene Eger wurde 1894 in Breslau (damals Deutsches Kaiserreich, heute Polen) geboren. Sie war in der Zwischenkriegszeit in Berlin fürsorgerisch tätig, zunächst beim Roten Kreuz, später für die Jüdische Gemeinde Berlin. 1939 emigrierte sie in die Schweiz und fand eine Anstellung als Leiterin der Jüdischen Flüchtlingshilfe Zürich. Bis zu ihrer Pension im Jahr 1968 war sie für den VSJF tätig. 1980 starb sie im Altersheim in Lengnau. Vgl. o. A. Irene Eger sel. A., in: IW 32 (1980), S. 23 f.; O. H. H. (vermutlich Otto H. Heim): Dank an Irene Eger, in: IW 2 (1968), S. 17; Reiseausweis Irene Eger, Bern, 28. 7. 1947, BAR, E4264#1988/2#25144*.
256 Vgl. A. B.: Schreiben an Irene Eger, New York, 11. 10. 1947, AfZ, IB VSJF-Archiv / B.485.

wortete das Schreiben und liess ihn wissen: «Hier geht alles seinen gewohnten Gang. Ihre Grüsse habe ich bestellt; sie werden von allen herzlich erwidert.»[257]

Wie bereits erwähnt zeugen viele Dokumente im Zusammenhang mit den Zulagen für Mitarbeitende von einer gewissen Solidarität der Leitung mit den mitarbeitenden Flüchtlingen im Komitee selbst. Darauf weist auch der Einsatz für die Erhöhung der Saläre der mitarbeitenden Flüchtlinge hin, bis sie eine reguläre Entlöhnung erhielten. Edith Zweig hob auch hier das positive Engagement von Otto H. Heim hervor.[258] Dass Zweig ein gutes Verhältnis zu Heim pflegte, wird auch in einem Nachruf erwähnt: «Schon früh begann sie [Edith Zweig] ihre segensreiche Arbeit unter der Führung von Otto Heim, den sie immer verehrte und als Vorbild betrachtete.»[259]

7.2 Einrichtung von «Lagern» durch den VSIA 1938

Nach der Flüchtlingswelle aus Österreich im Sommer 1938 bekundeten viele Komitees des VSIA Schwierigkeiten bei der Suche nach Privatunterkünften für Flüchtlinge. Der VSIA begann daher mit der Einrichtung von Massenunterkünften für Flüchtlinge, die als «Lager» oder «Heime» bezeichnet wurden.[260] Bis Ende Dezember 1938 wurden 877 Flüchtlinge in 13 «Lagern» oder Heimen untergebracht. Auf behördliche Anordnung wurden die «Lager» vor allem ausserhalb der Städte eingerichtet, um die Berührungspunkte zwischen Flüchtlingen und Zivilbevölkerung zu minimieren.[261] Die Behörden begründeten die Separation der Flüchtlinge damit, dass die jüdischen Flüchtlinge alleine durch ihre Anwesenheit Antisemitismus erzeugen könnten.[262] Die Tendenz, Jüdinnen und Juden für Antisemitismus selbst verantwortlich zu machen, wurde auch von den Schweizer Hilfswerken nicht hinterfragt und führte dazu, dass die jüdischen Gemeinden ihre Mitglieder wiederholt aufforderten, kein Aufse-

---

257 Irene Eger: Schreiben an A. B., o. O., 24. 10. 1947, AfZ, IB VSJF-Archiv / B.485.
258 Vgl. Edith Zweig, Interview geführt von Claude Kupfer, 1984, AfZ, IB SIG-Archiv / 2075. Edith Zweig betonte unter anderem Heims Engagement für eine reguläre Bezahlung der VSJF-Mitarbeitenden: «Zuerst habe ich da einfach als Flüchtling gearbeitet und eine sogenannte Mitarbeiterzulage erhalten, das war, also ich hatte die normale Unterstützung, das waren 120 Franken im Monat und dann noch 70 Franken Mitarbeiterzulage. Das ging dann bis '46, '47. Dann hat sich Herr Heim eingesetzt und dann hatten wir dann richtig Lohn. Ich erinnere mich, der erste war 700 glaube ich.» Ebd.
259 W. Halpern: Edith Zweig zum Gedenken, Ilg April 1995, AfZ, NL Edith Zweig / 3.
260 Vgl. Erlanger, Nur ein Durchgangsland, 2006, S. 73.
261 Vgl. VSIA: Ein Jahrzehnt Schweizerische Jüdische Flüchtlingshilfe 1933–1943, Zürich, März 1944, S. 21, AfZ, IB SIG-Archiv / 2382. Regina Boritzer führte ebenfalls den Mangel an Privatunterkünften als Grund für die Einrichtung der ersten «Lager» an. Vgl. Regina Boritzer, Interview geführt von Frau Hartmann, 1984, AfZ, IB SIG-Archiv / 2051.
262 Vgl. Erlanger, Nur ein Durchgangsland, 2006, S. 78.

Abb. 49: Otto H. Heim, April 1942.

hen zu erregen. Diese Devise galt umso mehr für jüdische Flüchtlinge.²⁶³ Die ersten «Lager» befanden sich in den Kantonen Zürich, Basel-Stadt, St. Gallen und Schaffhausen, also an den Orten, die 1938 auch den grössten Andrang von Flüchtlingen zu bewältigen hatten.²⁶⁴ Die Leitung der Unterkünfte war unterschiedlich geregelt, manche Einrichtungen wurden von Flüchtlingen selbst, andere von Schweizer Juden oder nichtjüdischen Einheimischen oder von der Polizei geleitet.²⁶⁵

Ende 1938 zog der VSIA ein positives Fazit erster Erfahrungen mit den «Lagern» und beurteilte die Kontrolle über die Flüchtlinge, die Möglichkeit, sie besser für Umschulungen und «Umschichtungen»²⁶⁶ zu erfassen und sie an

263 Vgl. Mächler, Hilfe und Ohnmacht, 2005, S. 172.
264 Vgl. o. A.: Bericht über die Israelitische Flüchtlingshilfe in der Schweiz 1938, St. Gallen, Zürich, März 1939, S. 8, AfZ, IB SIG-Archiv / 2391. Für eine detaillierte Darstellung der «Lager» in Basel vgl. Sibold, Mit den Emigranten, 2002, S. 44–55, sowie Sibold, Bewegte Zeiten, 2010, S. 274–278. Zu Basel und St. Gallen vgl. Erlanger, Nur ein Durchgangsland, 2006, S. 71–82.
265 Vgl. Mächler, Hilfe und Ohnmacht, 2005, S. 172.
266 Unter «Umschichtungen» wurde die Umschulung von Jüdinnen und Juden in sogenannte produktive Berufe verstanden. Vgl. Sibold, Bewegte Zeiten, 2010, S. 95.

Ort und Stelle zu verpflegen, als Vorteile. Als negativ wurde die Entfernung von den Lokalkomitees gewertet, was sich insbesondere hinsichtlich der Planung der Emigration als schwierig erwies.[267]

In Zürich war die Jüdische Flüchtlingshilfe unter Otto H. Heim für die «Lager» und Heime, die 1938 errichtet wurden, verantwortlich. Der Fokus des vorliegenden Kapitels liegt auf den von der Jüdischen Flüchtlingshilfe Zürich verwalteten «Lagern». Ende 1938 gehörten die «Lager» Albis, Fällanden, Hasenberg, Herzberg, Lengnau und Stäfa dazu.[268] Auf den Flüchtlingsheimabrechnungen ab Dezember 1939 tauchen Hasenberg und Herzberg nicht mehr auf, neu dazukommen hingegen Girenbad und Ägeri.[269]

Die Einrichtung der «Lager» und Heime wurde in enger Absprache mit dem Bund vorgenommen. In seiner Funktion als Präsident der Fürsorgekommission berichtete Georges Bloch im Herbst 1938 an den Vorstand der ICZ über den Stand der Dinge in der Errichtung von Massenunterkünften für Flüchtlinge: «Georges Bloch teilt mit, dass die Flüchtlingshilfe nunmehr an die Einrichtung von Lagern herangehe. Es seien im Einverständnis mit Dr. Briner[270] und Dr. Rothmund 3–4 Lager geplant […].»[271] Die erwähnten Einrichtungen standen aber im Gegensatz zu anderen von den Komitees des VSIA geführten «Lagern» nicht unter Polizeiaufsicht, wie Leo Littmann[272] anlässlich der Generalversammlung des VSIA am 16. April 1939 berichtete. Die Personenzahl pro «Lager» war mit 50–60 relativ überschaubar. Littmann erwähnte als Schwierigkeit, dass die meisten Flüchtlinge «an das Stadtleben»[273] gewöhnt seien, jedoch seien «die vernünftigen Emigranten […] mit dem Aufenthalt in

---

267 Vgl. o. A.: Bericht über die Israelitische Flüchtlingshilfe in der Schweiz 1938, St. Gallen, Zürich, März 1939, S. 9, AfZ, IB SIG-Archiv / 2391.

268 Vgl. o. A.: Bericht über die Israelitische Flüchtlingshilfe in der Schweiz 1938, St. Gallen, Zürich, März 1939, S. 8, AfZ, IB SIG-Archiv / 2391. Das «Lager» Herzberg befand sich in einem «Volksbildungsheim, das von dr. Fritz Wartweiler [sic] in uneigennütziger Weise zur Verfügung gestellt» wurde. Ebd., S. 7. Regina Boritzer zufolge war das erste «Lager», das eingerichtet wurde, das «Lager» Hasenberg. Vgl. Regina Boritzer, Interview geführt von Frau Hartmann, 1984, AfZ, IB SIG-Archiv / 2051. Die «Lager» Hasenberg, Herzberg und Lengnau lagen im Kanton Aargau. Im Laufe des Jahres 1939 kam das «Lager» Girenbad dazu. Vgl. Sieber, Internierten-, Arbeits-, Emigranten- und Flüchtlingslager im Kanton Zürich, 2008, S. 161–175.

269 Vgl. o. A.: Flüchtlingsheimabrechnung, Dezember 1939, AfZ, IB IFZ-Archiv / 2.

270 Der Jurist Robert Briner (1885–1960) war zwischen 1935 und 1951 Mitglied des Regierungsrats des Kantons Zürich für die Demokratische Partei, wo er zum rechten Flügel zählte. Zwischen 1938 und 1945 war er Präsident des SZF. Vor allem in dieser Funktion war er für die SIG und den VSIA/VSJF ein wichtiger Verhandlungspartner und genoss hohes Ansehen trotz der restriktiven Haltung, die er in der Flüchtlingspolitik einnahm. Vgl. Bürgi, Robert Briner, e-HLS. Vgl. weiter Mächler, Hilfe und Ohnmacht, 2005, S. 322.

271 O. A.: Prot. VS ICZ, Zürich, 3. 10. 1938, o. S., AfZ, IB ICZ-Archiv / 49.

272 Leo Littmann war zwischen 1943 und 1970 Sekretär des SIG. Vgl. Claudia Hoerschelmann: Überblick über die Entwicklung des SIG-Personals nach Gremien gemäss dem Historischen Archiv im AfZ (1904–1985), in: Interne Dokumentation des Archivs für Zeitgeschichte zu AfZ, IB SIG-Archiv. Die Dokumentation wurde Barbara Häne auf Anfrage zur Verfügung gestellt.

273 O. A.: Prot. GV VSIA, Bern, 16. 4. 1939, S. 7, AfZ, IB SIG-Archiv / 2401.

den Lagern zufrieden».[274] Über ähnliche Erfahrungen berichtete Albert Gidion in Schaffhausen, wobei er erwähnte, dass die Grenznähe der «Lager» sich negativ auf die Stimmung der Flüchtlinge auswirke.[275]

In der Vorstandssitzung der ICZ vom 24. Oktober 1938 warf Georges Bloch die Frage auf, ob die Flüchtlinge in den «Lagern» rituell zu verpflegen seien. Ein Mitbestimmungsrecht habe die Flüchtlingshilfe, so Bloch, nur in den «Lagern», die sie selbst eingerichtet habe, was zum Beispiel Herzberg ausschloss: «Im Lager Herzberg von Dr. Wartenweiler sei rituelle Verpflegung nicht möglich, da man Fr. 2– pro Person und Kopf bezahle, und daher keine Vorschriften machen könne, umso weniger, als den Emigranten dort die Möglichkeit gegeben sei, zu Ausbildungszwecken zu arbeiten, und ihnen ausserdem kulturell sehr viel geboten werde [...].»[276]

Georges Bloch selbst sprach sich gegen eine generelle rituelle Verpflegung aus, einerseits, weil diese seiner Ansicht nach für die wenigsten Flüchtlinge von Belang sei, andererseits aus finanziellen Überlegungen. Er befürwortete den Lösungsvorschlag, ein «Sonderlager»[277] für Flüchtlinge einzurichten, «die ausdrücklich Wert darauf legen».[278] Saly Braunschweig hingegen wies auf die grössere Dimension des Problems hin. Er befürchtete eine falsche Signalwirkung an den Bundesrat, wenn man die Versorgung der Flüchtlinge mit Kosherfleisch als unwichtig deklariere, denn, so Braunschweig, es «besteht die Gefahr, dass der Bundesrat die Koscherfleischversorgung überhaupt aufhebt».[279] Die Koscherfleischversorgung war zu diesem Zeitpunkt nur noch durch Importe aus Frankreich möglich, da Italien das Schächten ebenfalls verboten hatte. Er schlug deshalb vor, dass «die von uns geführten Lager [...] unbedingt kosher geführt werden».[280] Dagegen könne man bei den bereits bestehenden Betrieben auf eine Umstellung der Verpflegung verzichten.[281]

Das Vorstandsprotokoll der ICZ vom 21. November 1938 erlaubt weitere Einblicke in die Leitung der «Lager». Georges Bloch gab zur Organisation der «Lager» in Zürich bekannt, dass den Einrichtungen Obleute zugeteilt worden seien (Herzberg: Max Dreifuss, Albis: Otto H. Heim, Stäfa: Walter Solna, Fällanden: Hugo Schmuklerski, Lengnau: Dr. Lewin und Silvain S. Guggenheim,

---

274 Ebd.
275 Vgl. ebd., S. 8.
276 O. A.: Prot. VS ICZ, Zürich, 24. 10. 1938, o. S., AfZ, IB ICZ-Archiv / 50. Fritz Wartenweiler (1889–1985) war Lehrer und Mitbegründer der SAK. Er war wesentlich an der Gründung des Volksbildungsheims Herzberg in der Gemeinde Densbüren im Aargau beteiligt. Sein Interesse galt der Förderung der Volksbildung. Vgl. Grunder, Fritz Wartenweiler, e-HLS. Zur SAK vgl. Anm. 98, S. 171.
277 Ebd.
278 Ebd.
279 Ebd.
280 Ebd.
281 Vgl. ebd. In der Schweiz war das Schächten per Volksinitiative 1893 verboten worden. Vgl. Kapitel 3.2.2. Das Schächtverbot ist bis heute in Kraft.

Hasenberg: Siegfried E. Guggenheim-Ullmann). Dem Obmann war jeweils ein Flüchtling als Lagerleiter untergeordnet, der in regelmässigem Austausch mit dem Obmann stand. Die technische Leitung der Organisation übernahm Leo Littmann. Er sollte auch bei allfälligen Schwierigkeiten konsultiert werden.[282] Ausserdem wurden weitere Fachpersonen in die Leitung der «Lager» mit einbezogen: «[…] zwei Fachleute für die technische Leitung der Lager, Werkstätten etc. […]: ein Mitarbeiter des Psychotechnischen Instituts und ein Ingenieur. Die Leitung des geistigen Programms liegt wiederum in andern Händen. Es wird für Sprachkurse, Lektüre, Zeitungen, Vorträge, letztere speziell von Schweizer Referenten, um die Flüchtlinge mit dem schweizerischen Staatsgedanken vertraut zu machen, gesorgt. Aus dem Kreis der Emigranten sind zwei Lagerärzte bestimmt worden. Da sie aber in der Schweiz keine Rezepte ausstellen dürfen, wurde noch ein Schweizer Vertrauensarzt zugehogen [sic].»[283]

Es wurden also Bemühungen unternommen, den Flüchtlingen, die durch das Arbeitsverbot zum Nichtstun verurteilt waren, Ablenkung in Form kultureller Angebote zu bieten. Es zeigt sich durch den Einbezug eines psychologisch geschulten Mitarbeiters auch bereits ein Bewusstsein der psychologischen Schwierigkeiten, die die Internierungssituation, die ungewisse Zukunft sowie die Sorge um im NS-Machtbereich zurückgebliebene Angehörige für Einzelne mit sich bringen konnten.[284] Andererseits wurde durch das spezifische Angebot von Vorträgen zum «schweizerischen Staatsgedanken»[285] auch ein Disziplinierungseffekt verfolgt. Zum «Lager» Lengnau wurde bemerkt, es werde «rituell geführt»;[286] bei allen anderen Einrichtungen fehlen Anmerkungen zur Form der Verpflegung.[287] Im Dezember 1938 wurde im CC des SIG beschlossen, den von Saly Braunschweig schon in der Vorstandssitzung der ICZ vom 24. Oktober formulierten Vorschlägen zu folgen und die Koscherverpflegung in allen vom VSIA geführten «Lagern» einzuführen, mit der Einschränkung, darauf zu verzichten, wenn es die «örtlichen Verhältnisse»[288] nicht erlaubten. Die Kontrolle unterstehe dabei den «Organe[n] des V. S. I. A.».[289]

In einem Interview, das Marianne Lothar, ehemalige Fürsorgerin des VSIA, gab, berichtete sie, dass sie das «Lager» auf dem Hasenberg alle 14 Tage besucht

---

282 Vgl. o. A.: Prot. VS ICZ, Zürich, 21. 11. 1938, o. S., AfZ, IB ICZ-Archiv / 50.
283 Ebd.
284 Darauf deutet auch folgende Äusserung von Silvain S. Guggenheim an der GV des VSIA im April 1939 hin: «Er [Silvain S. Guggenheim] befürwortet jedoch Beschäftigung und Betätigung der Leute, wo sie irgendwie durchgeführt werden könne, da es schlecht für sie [die Flüchtlinge] ist, wenn sie ständig Zeit hätten, über ihr Schicksal und das Schicksal ihrer Angehörigen in Deutschland nachzudenken.» O. A.: Prot. GV VSIA, Bern, 16. 4. 1939, S. 9, AfZ, IB SIG-Archiv / 2401.
285 O. A.: Prot. VS ICZ, Zürich, 21. 11. 1938, o. S., AfZ, IB ICZ-Archiv / 50.
286 Ebd.
287 Vgl. ebd.
288 O. A.: Prot. CC SIG, Basel, 18. 12. 1938, S. 6, AfZ, IB SIG-Archiv / 90.
289 Ebd.

habe, um Gesundheitskontrollen durchzuführen und «Hilfeleistungen in der eventuellen Auswanderung»[290] zu erbringen.[291] Ein regelmässiger Besuch der Fürsorgerin war auch in der Lagerordnung für das Arbeitsdienstlager Kemleten vorgesehen.[292] Vermutlich wurde durch die Betreuung der Flüchtlinge durch Fürsorgerinnen versucht, dem oben geschilderten Problem der Entfernung der in den «Lagern» untergebrachten Flüchtlinge von den Komitees beizukommen, denn die Planung ihrer Emigration in ein Drittland wurde als prioritär betrachtet.

Die von der Flüchtlingshilfe unterhaltenen «Lager» hatten bedingt durch die Einrichtung der Arbeitslager des Bundes 1940 oft nur kurz Bestand. Das «Lager» Hasenberg beherbergte beispielsweise hauptsächlich ledige junge Männer, die ab 1940 in den Arbeitsdienst eingezogen wurden.[293] Es blieb aber als Interniertenheim bestehen.[294]

Einige Dokumente, die im Bestand des Israelitischen Frauenvereins Zürich enthalten sind, deuten darauf hin, dass bei der Einrichtung einzelner Arbeitslager auf die Expertise der Jüdischen Flüchtlingshilfe Zürich zurückgegriffen wurde. Im Dezember 1939 wurde ein Entwurf über die Eröffnung des Arbeitslagers Kemleten im Kanton Zürich erstellt, das der Flüchtlingshilfe Zürich unterstand. Obwohl das Dokument nicht unterzeichnet ist, darf davon ausgegangen werden, dass die Jüdische Flüchtlingshilfe Zürich das Konzept entworfen hat.[295]

Das geplante «Lager» wurde für 20 Leute konzipiert, die bei der «Herstellung von Holzwegen und Durchführung anderer Hilfsarbeiten im Forstgebiet»[296] eingesetzt werden sollten. Als Oberleiter des «Lagers» und für die Arbeitsaufsicht waren der Forstmeister sowie der Staatsförster vorgesehen. Der Kanton wünsche im Übrigen «eine jüdische Lagerleitung [...], dazu eine weitere weibliche Hilfskraft, – ausserdem einen Emigranten als Techniker

---

290 Marianne Lothar, Interview geführt von Ralph Weingarten, 1984, AfZ, IB SIG-Archiv / 2070.
291 Vgl. ebd.
292 Vgl. Otto H. Heim: Arbeitsdienstlager Kemleten, Arbeitsordnung, Zürich, 4. 4. 1940, AfZ, IB IFZ-Archiv / 2.
293 Vgl. Marianne Lothar, Interview geführt von Ralph Weingarten, 1984, AfZ, IB SIG-Archiv / 2070.
294 Vgl. Jacob Dränger: Schreiben an Veit Wyler, Hasenberg, 28. 3. 1944, AfZ, IB JUNA-Archiv / 1029.
295 Ein Dokument «Lagerordnung» für das Arbeitsdienstlager Kemleten, erstellt am 4. 4. 1940 wurde vom damaligen Leiter der Jüdischen Flüchtlingshilfe Zürich, Otto H. Heim, unterzeichnet. In Punkt 1 wird festgehalten, dass das «Lager» der Jüdischen Flüchtlingshilfe Zürich unterstehe. Vgl. Otto H. Heim: Arbeitsdienstlager Kemleten, Arbeitsordnung, Zürich, 4. 4. 1940, AfZ, IB IFZ-Archiv / 2. Im Dokument wird eine Teilung von organisatorischen und finanziellen Leistungen zwischen Kanton und jüdischer Flüchtlingshilfe vorgeschlagen. Vgl. o. A.: Entwurf Arbeitslager Kemleten, Kanton Zürich, o. O., 26. 12. 1939, S. 1, AfZ, IB IFZ-Archiv / 2.
296 O. A.: Entwurf Arbeitslager Kemleten, Kanton Zürich, o. O., 26. 12. 1939, S. 1, AfZ, IB IFZ-Archiv / 2.

oder Vorarbeiter».[297] Die Jüdische Flüchtlingshilfe Zürich regte an, dass sie die adminstrative Leitung stelle, während der Kanton für eine technische Leitung besorgt wäre. Auch eine geteilte Finanzierung wurde vorgeschlagen, wobei der Kanton die Unterkunft, die Heizkosten, einen Beitrag an die Verpflegungskosten, ein Taschengeld für die «Lagerinsassen», die Unfallversicherung, Arbeitsschuhe und -kleider übernehmen sollte. Die Jüdische Flüchtlingshilfe Zürich hingegen sollte neben dem Beitrag an die Verpflegungskosten, die Verwaltungskosten, das Wasch- und Putzmaterial, den ärztlichen Dienst, die fürsorgerische Betreuung und Freizeitgestaltung und Ersatz für mögliche Schäden am Inventar leisten. Das Taschengeld der arbeitenden Flüchtlinge wurde an die jüdische Flüchtlingshilfe ausgezahlt, die dann entscheiden konnte, «in welcher Weise sie es an die Emigranten auszahlen wird».[298]

Die von Otto H. Heim unterzeichneten 16 Punkte zur «Lagerordnung», die im April 1940 erstellt wurden und «beim nächst erreichbaren Appell vorzulesen und am offiziellen Brett an sichtbarer Stelle anzuschlagen»[299] seien, enthalten neben der Definition der Arbeitszeit (6.30 Uhr bis 17 Uhr) und der Verwaltung des «Lagers» einige Einschränkungen der persönlichen Freiheit der Flüchtlinge.[300] So wurde das Gebiet, auf dem sich Flüchtlinge bewegen durften, auf zwei Kilometer eingegrenzt.[301] Des Weiteren sollten sie Dörfern und Wirtshäusern fernbleiben. Sie wurden angehalten, sich nicht politisch zu äussern und sich möglichst unauffällig zu verhalten: «Die Arbeitsdienstler sind inner- und ausserhalb des Lagers zu diszipliniertem, unauffälligem Benehmen verpflichtet. Sie haben sich eines sittlich und moralisch einwandfreien Lebenswandels zu befleissigen. Der Verkehr mit der einheimischen Bevölkerung ist auf das unbedingt notwendige Mass zu beschränken.»[302]

---

297 Ebd.
298 Ebd. In den von der ZL betriebenen Arbeitslagern erhielten die Flüchtlinge anfänglich einen Sold von 1 Franken pro Tag, jene, die sich 1942 schon längere Zeit in den Arbeitslagern befanden, erhielten 1.80 Franken. Die Hälfte davon wurde auf ein Sperrkonto ausgezahlt und sollte für die Kosten der späteren Emigration eingesetzt werden. Vgl. UEK, Die Schweiz und die Flüchtlinge, 2001, S. 172.
299 Otto H. Heim: Arbeitsdienstlager Kemleten, Arbeitsordnung, Punkt 16, Zürich, 4. 4. 1940, S. 2, AfZ, IB IFZ-Archiv / 2.
300 Vgl. ebd., S. 1 f.
301 Vgl. ebd., Punkt 7, S. 1. Einen ähnlichen Erlass, der die Bewegungsfreiheit der Flüchtlinge geografisch einschränkte, verfasst von der Israelitischen Fürsorge Basel, findet sich bei Sibold, Bewegte Zeiten, 2010, S. 279. Gemäss Mächler wurden die Disziplinierungsmassnahmen des VSIA über verschiedene Wege verbreitet: Über Einzelschreiben, Rundbriefe, Reglements oder mündlich. Manchmal waren sie mit anderen Hilfswerken oder den Behörden abgesprochen, wobei Letztere auch eigene zusätzliche Regeln für Flüchtlinge aufstellten. Die Vorschriften waren zudem abhängig von Faktoren wie Ort, Zeit und von einzelnen Mitarbeitenden. Vgl. Mächler, Hilfe und Ohnmacht, 2005, S. 173 f.
302 Otto H. Heim: Arbeitsdienstlager Kemleten, Arbeitsordnung, Punkt 6, Zürich, 4. 4. 1940, S. 1, AfZ, IB IFZ-Archiv / 2.

Bei einem Verstoss gegen diese Regeln wurden in leichten Fällen «Verweis, Entzug von Vergünstigungen und Strafdienste»[303] vorgesehen, schwere Zuwiderhandlungen sollten durch die jüdische Flüchtlingshilfe an die Polizeibehörden rapportiert werden und konnten «die behördliche Ahndung zur Folge haben».[304]

Das Arbeitslager Kemleten wurde im März 1940 eröffnet.[305] Im Mai verkündete Otto H. Heim, dass man mit dem Arbeitsdienstlager Kemleten gute Erfahrungen gemacht habe und «der Forstmeister mit der Leistung und der Einstellung der Leute sehr zufrieden»[306] sei. Paul Reis, der ab 1940 regelmässig über die Kosten der Flüchtlingsheime an den Verwaltungsausschuss der Flüchtlingsheime berichtete,[307] hielt fest, dass das «Lager» Kemleten ein kantonales Arbeitslager sei, weshalb es in der Statistik getrennt von den anderen «Lagern» geführt werde.[308] Das Taschengeld betrug 5 Franken pro Woche. Auf die Art der Auszahlung wird in den Akten nicht weiter eingegangen. Auch darüber, ob die Flüchtlinge das «Lager» ebenso positiv bewerteten wie die Flüchtlingshilfe, geht aus den Unterlagen wenig hervor. Paul Reis erwähnte jedoch, dass «in Kemleten die Insassen das Essen gerade *quantitativ* als unzureichend bezeichnen».[309] Angesichts der Tatsache, dass die Flüchtlinge zur Verrichtung der körperlichen Tätigkeiten einen erhöhten Kalorienbedarf hatten, dürfte die unzureichende Menge an Nahrungsmitteln für Verstimmung gesorgt haben.

Die meisten «Lager» und Heime im Kanton Zürich, die von der jüdischen Flüchtlingshilfe unterhalten wurden, wurden 1940 wieder aufgelöst.[310] An der

303 Ebd., Punkt 14, S. 2.
304 Ebd.
305 Vgl. Paul Reis: Schreiben an den Verwaltungsausschuss der Flüchtlingsheime, Zürich, 4. 4. 1940, AfZ, IB IFZ-Archiv / 2.
306 O. A.: Prot. Fürsorgekommission ICZ, Traktandum Flüchtlingshilfe, o. O., 1. 5. 1940, S. 1, AfZ, IB IFZ-Archiv / 2.
307 Über den Verwaltungsausschuss der Flüchtlingsheime lässt sich aus den konsultierten Dossiers nur wenig in Erfahrung bringen. Als Revisor war Hugo Kahn tätig, für den buchhalterischen Abschluss per 31. 12. 1939 war laut Schreiben von Paul Reis Léon Bloch zuständig, der auch Kassier des VSIA war. 1940 übernahm Sigmund Weil-Heinsheimer, der Léon Bloch auch im VSIA ersetzte, diese Aufgabe. Die Schreiben von Paul Reis gingen an den Präsidenten der Jüdischen Flüchtlingshilfe Zürich Otto H. Heim, den Präsidenten des VSIA Silvain S. Guggenheim, die «Heimobmänner», die Mitarbeiter der Verwaltung der Heime und die Mitglieder der Fürsorgekommission der ICZ. Vgl. Paul Reis: Schreiben an den Verwaltungsausschuss der Flüchtlingsheime, Zürich, 9. 2. 1940, AfZ, IB IFZ-Archiv / 2, sowie weitere Schreiben von Paul Reis an den Verwaltungsausschuss im Frühjahr und Sommer 1940, AfZ, IB IFZ-Archiv / 2. Zum Rücktritt von Léon Bloch und der Übernahme seiner Arbeiten durch Sigmund Weil-Heinsheimer vgl. o. A.: Prot. GV VSIA, Bern, 21. 4. 1940, S. 5, AfZ, IB SIG-Archiv / 2402.
308 Vgl. Paul Reis: Schreiben an den Verwaltungsausschuss der Flüchtlingsheime, Zürich, 4. 4. 1940, AfZ, IB IFZ-Archiv / 2.
309 Paul Reis: Schreiben an den Verwaltungsausschuss der Flüchtlingsheime, Zürich, 21. 4. 1940, AfZ, IB IFZ-Archiv / 2 (Hervorhebung im Original).
310 Im April 1940 waren bereits zwei «Lager» geschlossen worden. Vgl. o. A.: Prot. GV VSIA, Bern, 21. 4. 1940, S. 8, AfZ, IB SIG-Archiv / 2402.

Sitzung der Fürsorgekommission vom 28. Januar 1941 hielt Otto H. Heim fest, dass ausser dem Flüchtlingsheim in Lengnau alle Flüchtlingsheime, die von der Flüchtlingshilfe Zürich unterhalten worden waren, aufgehoben worden seien.[311]

Durch den Bundesratsbeschluss vom 12. März 1940 wurde die Einweisung der Flüchtlinge in Arbeitslager beschlossen.[312] Da diese Einrichtungen vom Bund unterhalten wurden, reduzierten sich die finanziellen Pflichten des VSIA für die Flüchtlinge, die in den Arbeitsdienst eintraten, weshalb der VSIA anfänglich eine mehrheitlich positive Haltung gegenüber den Arbeitslagern einnahm und Flüchtlinge aktiv aufforderte, sich für den Arbeitsdienst zu melden.[313] In der Generalversammlung des VSIA vom 21. April 1940 bezeichnete Silvain S. Guggenheim die Errichtung der Arbeitslager durch den Bund als «eine von uns längst verlangte Lösung der Arbeitsfrage»[314] und Otto H. Heim zeigte sich überzeugt, dass «die Einrichtung der Arbeitslager unsere Aufgabe sehr erleichtern wird».[315]

Der VSIA hatte tatsächlich bereits seit 1938, zum Teil mit Unterstützung der SZF, versucht, den Bund zur Einführung eines eidgenössischen Arbeitsdiensts zu bewegen. Neben den finanziellen Überlegungen bereitete dem VSIA auch die Gemütslage der zur Untätigkeit verurteilten Flüchtlinge Sorgen, weiter wurde gehofft, dass die Flüchtlinge so ins Landesinnere verschoben werden würden, da die Grenznähe zunehmend als bedrohlich empfunden wurde. Zu Beginn des Jahres 1940 kündigte der Joint eine Kürzung der Beiträge an den VSIA an, und obwohl die Reduktion der Beiträge nicht wie angedroht durchgeführt wurde, musste eine Lösung zur Weiterfinanzierung des VSIA gefunden werden. Der Bundesrat unterstellte die Arbeitslager der Zentralleitung der Arbeitslager für Emigranten (ZLA), die ihrerseits der eidgenössischen Polizeiabteilung unterstellt war. Damit hatte sich die Hoffnung der Hilfswerke, die Arbeitslager selbst leiten zu können, zerschlagen. Im Gegenteil, sie wurden aufgefordert, weiterhin Unterstützungsleistungen an ihre Flüchtlinge zu erbringen, obwohl sie kein Mitspracherecht erhielten. Die Einweisung in die Arbeitslager brachte dem VSIA nicht die gewünschte finanzielle Entlastung, denn 1940 wurde nur etwa ein Siebtel der Flüchtlinge in Arbeitslager eingewiesen, für alle anderen hatte der VSIA weiterhin vollumfänglich finanziell aufzukommen. Die Praxis, Flüchtlinge in Arbeitslager einzuweisen, wurde bald sowohl von jüdischer als auch von nichtjüdischer Seite her kritisch betrachtet.[316]

---

311 Vgl. M. Bollag: Prot. Jüdische Flüchtlingshilfe Zürich, Zürich, 28. 1. 1941, S. 1, AfZ, IB IFZ-Archiv / 2.
312 Als Grundlagenwerk zu den Arbeitslagern in der Schweiz gilt die Monografie von Simon Erlanger. Vgl. Erlanger, Nur ein Durchgangsland, 2006.
313 Vgl. Zweig-Strauss, Saly Mayer, 2007, S. 138 f.
314 O. A.: Prot. GV VSIA, Bern, 21. 4. 1940, S. 4, AfZ, IB SIG-Archiv / 2402.
315 Ebd., S. 8.
316 Vgl. Mächler, Hilfe und Ohnmacht, 2005, S. 222–228.

7.3 *«Unter dem Begriff ‹Seelsorge› ist in erster Linie die Aussprache von Mensch zu Mensch zu verstehen»: Otto H. Heim als Leiter der Abteilung für kulturelle Betreuung und Seelsorge, September 1943 bis September 1944*

Ein Kulturleben in «Lagern» und Heimen entwickelte sich vielerorts auf Initiative von Flüchtlingen. So hatten Flüchtlinge im Sommercasino in Basel bereits im Sommer 1938 Theatervorstellungen organisiert, eine «Lagerzeitung», einen «Lagerchor» und eine kleine Bibliothek eingerichtet.[317]

Die Frage nach Freizeitbeschäftigungen der Flüchtlinge in den Heimen und «Lagern» wurde von den Mitarbeitenden in den Komitees und in der Zentrale des VSIA häufig thematisiert. Marianne Kater zeigte ein grosses Engagement, den Flüchtlingen ein kulturelles Leben zu bieten, und war ab 1939 für die redaktionelle Betreuung der Flüchtlingszeitung «H. B. Nachrichten» (Hasenberg-Nachrichten) zuständig.[318] Im Januar 1940 fand eine Sitzung der Fürsorgerinnen Irene Eger und Marianne Kater sowie Régine Heim mit einigen Flüchtlingen statt, darunter der österreichische Dramatiker Fritz Hochwälder[319] und Ernst Lothar Deutsch, Marianne Katers späterer Ehemann, die an der Schaffung eines Kulturangebots interessiert waren. Ihr Ziel war, dass «nicht nur Abende veranstaltet und Vorträge gehalten werden»,[320] sondern dass die Flüchtlinge sich am künstlerischen Programm beteiligten. Neben Darbietungen wie Theateraufführungen und Konzerten, sollten eine «Heimzeitung» geschaffen, eine Reihe von Vorträgen gehalten, Sprachkurse eingeführt und sportliche Betätigungen angeboten werden.[321] Zur Mittelbeschaffung wurde, neben einem Antrag an den Verwaltungsausschuss, vorgeschlagen, eine «Aufführung im Saal des jüd. Gemeindehauses»[322] durchzuführen, deren Ertrag an die Kulturarbeit gehen sollte.[323] Aus diesen Bestrebungen ging eine kleine Kabarettgruppe hervor, die mithilfe der Fürsorgerinnen an der Zentralstelle des VSIA an die «Lager» vermittelt wurde.[324] Aus den Abrechnungen der von

---

317 Vgl. Erlanger, Nur ein Durchgangsland, 2006, S. 75.
318 Vgl. Hoerschelmann, Exilland Schweiz, 1997, S. 155.
319 Fritz Hochwälder, geboren 1911, wuchs in Wien auf und wurde als Autor verschiedener Theaterstücke bekannt. 1938 musste er aufgrund seiner jüdischen Herkunft und seines politischen Hintergrunds (Hochwälder war «bekennender Linker») in die Schweiz fliehen. Er starb 1986 in Zürich. Vgl. Bortenschlager, Der Dramatiker Fritz Hochwälder, 1979, sowie o. A.: Fritz Hochwälder, geschichte.wiki.wien.gv.at, o. D., www.geschichtewiki.wien.gv.at/Fritz_Hochw%C3%A4lder, 8. 12. 2020.
320 Irene Eger: Prot. Verwaltung der Flüchtlingsheime, Zürich, 25. 1. 1940, S. 1, AfZ, IB IFZ-Archiv / 2.
321 Vgl. ebd., S. 1 f.
322 Ebd., S. 2.
323 Vgl. ebd.
324 Vgl. Marianne Lothar, Interview geführt von Ralph Weingarten, 1984, AfZ, IB SIG-Archiv / 2070.

der Jüdischen Flüchtlingshilfe Zürich betriebenen «Lager», die ab Dezember 1939 vorliegen, geht hervor, dass ein kleiner Betrag pro «Lager» für «Sprachunterricht» und «Freizeitgestaltung» vorgesehen war, der aber im Dezember 1939 nur rund 0,7 Prozent der Gesamtausgaben für die «Lager» ausmachte und im ersten Halbjahr 1940 sogar sank.[325] Das kulturelle Programm blieb also bis 1940 bescheiden.

Nach der Einrichtung der eidgenössischen Arbeitslager im Frühjahr 1940 wurden an der Generalversammlung des VSIA vom 21. April 1940 auch Detailfragen über die Rolle der jüdischen Flüchtlingshilfe in diesen «Lagern» erörtert. Josef Brumlik stellte in der Diskussion die Vermutung auf, «dass bei der ungewohnten Arbeit die Flüchtlinge in der ersten Zeit kein Interesse für geistige Betätigung haben. Bei Gewöhnung an die Arbeit wird das Bedürfnis aber dennoch auftreten, insbesondere bei Leuten, die ein bestimmtes Ziel haben.»[326]

Er schlug deshalb vor, in Koordination mit anderen Organisationen, wie zum Beispiel dem Hechaluz, eine Freizeitgestaltung je nach Interesse zu ermöglichen. Während keine Reaktion der versammelten Flüchtlingshelferinnen und -helfer aus den Komitees auf sein Votum protokolliert wurde, wurde dem Vorschlag von Lothar Rothschild[327] von der Fürsorge Basel, eine Kulturzentrale in Absprache mit den Behörden einzurichten, mehr Beachtung geschenkt. Silvain S. Guggenheim bezeichnete die Idee als «beachtenswert»[328] und schlug vor, dass man sie im Rahmen der Sitzung des Arbeitsausschusses wieder aufgreifen solle.[329]

In ihren Ausführungen über die Arbeitslager an der Generalversammlung des VSIA 1941 kam Regina Boritzer auf das Thema der Freizeitgestaltung in den «Lagern» zurück. Die ZL habe jedem «Lager» ein Budget von monatlich 150 Franken für diesen Posten zur Verfügung gestellt.[330] Über die bisherigen

---

325 Vgl. o. A.: Flüchtlingsheimabrechungen, Dezember 1939, AfZ, IB IFZ-Archiv / 2. Vgl. ebenfalls o. A.: Flüchtlingheimabrechungen Januar-Juli 1940, AfZ, IB IFZ-Archiv / 2. In der letzten Abrechnung von März 1940, in der noch alle fünf «Lager» existierten, betrug der Anteil für Sprachunterricht und Freizeitgestaltung 0,5 Prozent der Gesamtausgaben.

326 O. A.: Prot. GV VSIA, Bern, 21. 4. 1940, S. 7, AfZ, IB SIG-Archiv / 2402.

327 Lothar Rothschild wurde 1909 in Karlsruhe geboren. Er studierte in Basel und Breslau. Zwischen 1934 und 1938 war er als Rabbiner in Saarbrücken tätig. Er kehrte 1938 nach Basel zurück und arbeitete zwischen 1939 und 1943 für die Israelitische Flüchtlingshilfe Basel. Zwischen 1943 und 1969 war er als Rabbiner in St. Gallen tätig, danach bis zu seinem Tod 1974 in Kreuzlingen. Lothar Rothschild war ein Verfechter des religiös-liberalen Judentums und unterrichtete an der Hochschule St. Gallen und der Universität Zürich. Er war Herausgeber der Zeitschrift «Tradition und Erneuerung» und Vorsitzender der Christlich-Jüdischen Arbeitsgemeinschaft. 1968 wurde er zum Ehrendoktor des Hebrew Union College in Cincinnati ernannt. Vgl. Weingarten, Lothar Rothschild, e-HLS.

328 O. A.: Prot. GV VSIA, Bern, 21. 4. 1940, S. 9, AfZ, IB SIG-Archiv / 2402.

329 Vgl. ebd.

330 Vgl. o. A.: Prot. GV VSIA, Bern, 30. 3. 1941, S. 14, AfZ, IB SIG-Archiv / 2402.

kulturellen Angebote berichtete sie: «Jedes Lager hat einen sog. Lagerausschuss gebildet, der Theater- und Musikaufführungen, Vorträge und Sprachkurse veranstaltet. Geplant ist ferner ein reger Vortragsdienst. [...] Ferner werden den Lagern Bücherkisten von der Volksbücherei und der jüd. Bibliothek zugestellt. In Aussicht ist die Gründung einer Lagerzeitung, deren Kosten vom Freizeitfonds getragen würden, ferner die Einführung von 1 Stunde obligator. Sprachunterrichts.»[331]

Aus ihren Ausführungen geht hervor, dass auch in den Arbeitslagern die Flüchtlinge selbst die Initiative ergriffen hatten, um der Eintönigkeit des «Lagerlebens» etwas entgegenzusetzen.[332] Die «Freizeit-Ausschüsse» in den «Lagern», in denen sich kulturell interessierte Flüchtlinge engagierten, mussten von der ZL und der jeweiligen «Lagerleitung» bewilligt werden.[333]

Die Arbeitslager wurden regelmässig von Fürsorgerinnen und Fürsorgern und Seelsorgern des VSIA besucht. Die gezielte Förderung kultureller Aktivitäten wurde beim VSIA aber erst im Herbst 1943 ein Thema, nachdem der Christliche Verein Junger Männer mit dem Service d'aide aux réfugiés civils internés en Suisse (SARCIS) seit Juni 1943 über eine Einrichtung zur Freizeitgestaltung verfügte.[334] Ein besonderes Problem stellten dabei die militärisch geführten Auffanglager dar. Eine Besuchsbewilligung für die Fürsorgerinnen und Fürsorger zu erhalten, war für diese Einrichtungen wesentlich schwieriger als für die Arbeitslager, obwohl der VSIA ein System errichtet hatte, bei dem die Auffanglager je nach Standort einem bestimmten Komitee zur Betreuung angegliedert waren.[335]

Otto H. Heim berichtete dazu an der Ausschusssitzung der Jüdischen Flüchtlingshilfe Zürich am 18. November 1942, dass ein neues Flüchtlingslagerressort unter Sylvain Guggenheim-Wyler geschaffen worden sei. Von der Jüdischen Flüchtlingshilfe Zürich waren vier Auffanglager zu betreuen. Als «Lagerfürsorgerin» wurde Theodora Dreifuss bestimmt. Sylvain Guggenheim-Wyler berichtete von den Schwierigkeiten, eine Genehmigung für den Besuch der Auffanglager zu erhalten: «Wir haben für die direkte Betreuung der Flüchtlinge 4 ehrenamtliche Damen bestimmt, die die Lager besuchen sollen. Vorläufig ist die Genehmigung von Bern aber noch nicht eingegangen, was zu grossen Misshelligkeiten führt. Nur Frl. Bor. [Regina Boritzer] und Ettl. [Erna Ettlinger] vom V. S. I. A. haben die Genehmigung, die Lager zwecks Besprechung der Emigration zu besuchen. Der V. S. I. A. soll ersucht werden, wegen der Lagerbesuch-Er-

---

331 Ebd.
332 Vgl. dazu auch UEK, Die Schweiz und die Flüchtlinge, 2001, S. 168 f.
333 Vgl. Hoerschelmann, Exilland Schweiz, 1997, S. 154. Hoerschelmann zufolge befanden sich viele «politische Flüchtlinge» in den «Freizeitausschüssen». Vgl. ebd.
334 Vgl. Mächler, Hilfe und Ohnmacht, 2005, S. 410. Eine Orientierung über die Arbeit der SARCIS findet sich im Protokoll der SZF vom Januar 1944. Vgl. Berta Hohermuth: Prot. SZF, Zürich, 24. 1. 1944, S. 2 f., BAR, E4800.1#1967/111#145*.
335 Vgl. R. Boritzer: Prot. Zentralstelle VSIA, Zürich, 11. 11. 1942, S. 3, AfZ, IB IFZ-Archiv / 2.

laubnis *dringend* bei der Militärbehörde vorstellig zu werden, da andernfalls die Betreuung der Lager von uns nicht durchgeführt werden kann.»[336]

Otto H. Heim, der mit der Schaffung einer Abteilung für kulturelle Betreuung und Seelsorge im VSJF betraut wurde, waren als dem Präsidenten der Jüdischen Flüchtlingshilfe Zürich die Probleme, die die Betreuung der Flüchtlinge in den Auffanglagern betraf, bestens bekannt.[337]

Im Zuge der Reorganisation des VSIA, an der Heim massgeblich beteiligt war, wurde im September 1943 geprüft, wie eine Abteilung für religiöse und kulturelle Betreuung zu organisieren sei. Die Abteilung sollte den direkten Kontakt zwischen der Flüchtlingshilfe und den Flüchtlingen ermöglichen, der über die rein fürsorgerische Tätigkeit, die sich mehrheitlich den materiellen Fragen widmete, hinausgehen sollte.[338] Saly Braunschweig nahm zu diesem Zweck Kontakt mit Altprediger Joseph Messinger (Bern) und Josua Jehouda (Genf) auf, um zu eruieren, wie eine derartige Betreuung aufgebaut werden konnte.[339] Die neu gegründete Abteilung sollte sich dabei an der bereits geleisteten Arbeit des «Comité[s] für religiöse Betreuung» orientieren.[340] Im CC des SIG wurde am 7. Oktober 1943 bekannt gegeben, dass Ende September 1943 eine erste Sitzung des neu geschaffenen «Ressort[s] der kulturellen Betreuung» unter der Leitung von Otto H. Heim stattgefunden habe. Als stellvertretender Leiter des Ressorts fungierte Robert Meyer, während Salomon Ehrmann vollamtlich zum Flüchtlingsseelsorger ernannt wurde. Weitere Mitglieder des Zentralausschusses waren Max Ruda und Rabbiner Zwi Taubes.[341]

---

336 O. A.: Prot. Ausschuss-Sitzung der Jüdischen Flüchtlingshilfe, o. O., 18. 11. 1942, S. 2, AfZ, IB IFZ-Archiv / 2 (Hervorhebung im Original). Erna Ettlinger war seit mindestens 1939 für die Zentralstelle des VSIA tätig. Vgl. H. L.: Schreiben an den VSIA, Bern, 15. 2. 1939, AfZ, IB VSJF-Archiv / L.352.
337 Otto H. Heims Amtszeit im Vorstand der ICZ war im Frühjahr 1943 zu Ende, bis November 1944 blieb er aber Präsident der Jüdischen Flüchtlingshilfe Zürich. Vgl. o. A.: 82. GB ICZ, Zürich, März 1945, S. 25 f., AfZ, IB ICZ-Archiv / 217. Zusammen mit Heim wechselten Siegfried E. Guggenheim-Ullmann, Sylvain Guggenheim-Wyler, Josef Wyler und Robert Meyer von der Jüdischen Flüchtlingshilfe Zürich zum VSJF. Nachfolger von Otto H. Heim im Komitee Zürich wurde Leo Ortlieb.
338 Vgl. Silvain S. Guggenheim: Bericht an die DV des SIG, o. O., 28. 3. 1943, S. 5 f., AfZ, IB SIG-Archiv / 2392.
339 Vgl. Saly Braunschweig: Schreiben an die Mitglieder des GA des SIG, Zürich, 1. 9. 1943, AfZ, IB VSJF-Archiv / 386.
340 Vgl. Otto H. Heim: Die Tätigkeit der Abt. für kulturelle Betreuung und Seelsorge, o. O., o. D. (vermutlich September 1944), AfZ, IB JUNA-Archiv / 154. Das Komitee für religiöse Flüchtlingsfragen in Zürich, das zum grössten Teil vom VSJF unterhalten wurde und unter der Leitung von Josef Rothschild (IRG) stand, wurde nach der Trennung der Abteilung für kulturelle Betreuung und Seelsorge in die Seelsorge integriert. Vgl. o. A.: Prot. CC SIG, Bern, 10. 2. 1944, S. 13, AfZ, IB SIG-Archiv / 96; vgl. ebenfalls o. A.: TB VSJF, 1. 11. 1944–31. 5. 1945, Bericht der Abt. religiöse Betreuung und Seelsorge, o. O., o. D., AfZ, IB VSJF-Archiv / 3.
341 Vgl. Otto H. Heim: Rapport Nr. 1 über die Tätigkeit der Abt. für kulturelle Betreuung und Seelsorge, Zürich, 2. 11. 1932 (sic, 1943), AfZ, IB VSJF-Archiv / 386.

Obwohl zunächst lediglich von einer Betreuung der Arbeitslager die Rede gewesen war, wurde bereits an der Gründungsversammlung der Abteilung am 22. September 1943 beschlossen, das Angebot auf die Auffanglager auszudehnen. Die kulturelle Betreuung sollte in Zusammenarbeit mit der ZL, den Flüchtlingen und nichtjüdischen Organisationen organisiert werden. Als Zweck der neu geschaffenen Abteilung wurden die «Aufklärung durch Vorträge und Broschüren»[342] und die «Erziehung»[343] durch «Rabbiner und Lehrer»[344] definiert.

An der Sitzung vom 12. Oktober 1943 wurden neben den rein organisatorischen Fragen auch die Beweggründe des jüdischen Flüchtlingswerks für die Schaffung der Abteilung thematisiert. Anwesend waren neben den Vorsitzenden auch die Fürsorgerinnen, die bereits Erfahrungen mit Besuchen in den «Lagern» gemacht hatten, sowie einige jüdische Seelsorger. Otto H. Heim legte seine Ideen für die neue Abteilung für kulturelle Betreuung und Seelsorge dar. Eine zentrale Stelle in Zürich sollte die Koordination der Abteilung übernehmen. Nach dem Vorbild des Aufbaus des VSIA sollten Regionalkomitees gegründet werden, die die Arbeit vor Ort betreuen würden.[345] Grössere Komitees sollten dabei die Tätigkeiten auf dem Gebiet der kulturellen Betreuung und Seelsorge für die umliegenden kleineren Komitees übernehmen.[346] Die seelsorgerische Betreuung, die Salomon Ehrmann unterstand, sollte zumindest teilweise dezentral organisiert werden. Unter Einbezug der lokalen Gemeindebeamten und freiwilliger Helferinnen und Helfer sollten alle «Lager» besucht werden. Für die «Lagerbetreuung» wurden vor allem Rabbiner und Lehrer unter den Flüchtlingen selbst herangezogen.[347] Durch die seelsorgerische Betreuung sollte den Flüchtlingen eine Ansprechperson für ihre Probleme und Fragen spiritueller Natur zur Verfügung stehen. Die seelsorgerisch tätigen «Lagerbetreuer» hielten ausserdem Vorträge zur jüdischen Weltanschauung und Religion.[348]

An der zweiten Sitzung der Abteilung wurde auf die Benachteiligung der jüdischen Seelsorge in den «Lagern» gegenüber der christlichen hingewiesen. Christliche Seelsorger hätten wesentlich früher Zugang zu den Einrichtungen

---

342 O. A.: Prot. Abt. für kulturelle Betreuung und Seelsorge, Zürich, 22. 9. 1943, S. 1, AfZ, IB VSJF-Archiv / 386.
343 Ebd.
344 Ebd.
345 Vgl. Irene Eger: Prot. Abt. für kulturelle Betreuung und Seelsorge, Zürich, 12. 10. 1943, S. 1, AfZ, IB VSJF-Archiv / 386.
346 Vgl. Otto H. Heim: Die Tätigkeit der Abt. für kulturelle Betreuung und Seelsorge, o. O., o. D. (vermutlich September 1944), S. 1, AfZ, IB JUNA-Archiv / 154. Das Komitee Zürich betreute beispielsweise Schaffhausen und Luzern mit.
347 Vgl. ebd.
348 Vgl. Salomon Ehrmann: Die seelsorgerische Betreuung der Lager und Heime, o. O., September 1944, S. 1, AfZ, IB JUNA-Archiv / 154.

des Bundes erhalten. Weiter sei ihre Tätigkeit nicht auf die eigenen Glaubensgenossen innerhalb der «Lager» beschränkt worden.[349] Es wurde befürchtet, dass sich jüdische Menschen zum christlichen Glauben bekehren lassen würden, da in den «Lagern» in jüdisch-spiritueller Sicht ein Vakuum herrschte. Angesprochen wurde auch die angestrebte klare Trennung zwischen der fürsorgerischen und der seelsorgerischen Betreuung, die, wie die Anwesenden vermuteten, schwierig zu gestalten sein würde. Rabbiner Salomon Ehrmann hielt dazu in seinem Erfahrungsbericht vom September 1944 fest, dass es zur Aufgabe eines Seelsorgers gehöre, sich auch die Wünsche nach einer praktischen Erledigung «materieller Angelegenheiten»[350] anzuhören und diese den zuständigen Instanzen weiterzuleiten.[351]

Thematisiert wurde an der Sitzung im Oktober 1943 auch die distanzierte Haltung, die einige jüdische Schweizerinnen und Schweizer den jüdischen Flüchtlingen gegenüber einnähmen: «Die Versammlung ist sich darüber einig, dass die Zurückhaltung der Schweizer Juden gegenüber den Flüchtlingen, die von diesen als schmerzlich empfunden wird, korrigiert werden muss. Eine entsprechende Einwirkung auf die jüd. Oeffentlichkeit ist Sache der Rabbiner. Man muss den Flüchtlingen menschlich nah kommen und es darf ihnen keine Veranlassung gegeben werden, sich als ‹Objekte der Wohltätigkeit› zu fühlen.»[352]

Ein erster Schritt für das Mitspracherecht der Flüchtlinge machte die Abteilung für kulturelle Betreuung und Seelsorge durch den Einbezug von Hermann Levin Goldschmidt in die Sitzung. Goldschmidt war Mitglied des Ausschusses der Kulturgemeinschaft der Emigranten in Zürich, einer Selbsthilfeorganisation für Flüchtlinge, die im Herbst 1941 gegründet worden war und sich der kulturellen Arbeit widmete.[353] Otto H. Heim hatte als Leiter der Jüdischen Flüchtlingshilfe Zürich die Kulturgemeinschaft der Emigranten finanziell und organisatorisch unterstützt.[354] Ebenfalls vorgeschlagen wurde, Freiwillige zu finden, die bereit wären, jüdische Flüchtlinge zu beherbergen, und der Ausbau von Patenschaften für Flüchtlinge, eine Praxis, die sich in Zürich bereits bewährt hatte.[355]

---

349 Vgl. o. A.: Prot. Abt. für kulturelle Betreuung und Seelsorge, Zürich, 12. 10. 1943, S. 1 f., AfZ, IB VSJF-Archiv / 386.
350 Salomon Ehrmann: Die seelsorgerische Betreuung der Lager und Heime, o. O., September 1944, S. 1, AfZ, IB JUNA-Archiv / 154.
351 Vgl. ebd.
352 O. A.: Prot. Abt. für kulturelle Betreuung und Seelsorge, Zürich, 12. 10. 1943, S. 2, AfZ, IB VSJF-Archiv / 386.
353 Vgl. Morawietz, Die Kulturgemeinschaft der Emigranten in Zürich 1941–1945, 2005, S. 1, 24.
354 Vgl. ebd., S. 82–85.
355 Vgl. o. A.: Prot. Abt. für kulturelle Betreuung und Seelsorge, Zürich, 12. 10. 1943, S. 2, AfZ, IB VSJF-Archiv / 386.

Die vorgesehene Zusammenarbeit mit den Lokalkomitees des VSJF funktionierte nicht immer reibungslos. Aus einem Brief, den Otto H. Heim Ende Oktober 1943 an Gustave Dreyfuss, den Leiter des Lokalkomitees Lausanne, schrieb, geht hervor, dass die Abteilung Probleme damit bekundete, verantwortliche Personen auf dem Gebiet der kulturellen Betreuung in der Westschweiz zu finden.[356] Einige Komitees wie Basel verkündeten, die neue Aufgabe autonom zu organisieren, während andere, wie St. Gallen, gar nicht antworteten oder wie im Fall von Bern lediglich bekannt gaben, «die Regelung der Seelsorge im Sinne unserer Vorschläge»[357] zu gestalten. Während sich die Komitees der seelsorgerischen Betreuung in den «Lagern» annahmen, wurde hinsichtlich der kulturellen Arbeit wenig unternommen, sodass Otto H. Heim Anfang November 1943 bekennen musste, dass «die kulturelle Betreuung [...] noch in ihren Anfangs-Stadien»[358] stehe und er nur von einzelnen kulturellen Aktivitäten in Zürich berichten könne.

Auch das Interesse der ZL an einer Zusammenarbeit mit der Abteilung für kulturelle Betreuung und Seelsorge wurde von Otto Heim als mässig bezeichnet, so schrieb er, dass eine gemeinsame Sitzung mit der ZL zwar vorgesehen sei, jedoch habe «bis jetzt [...] Herr Zaugg anscheinend die Zeit nicht dazu» gefunden.[359] Ende November 1943 fand die anberaumte Sitzung mit der ZL doch noch statt. Hinsichtlich des Aufgabenfelds der Abteilung kulturelle Betreuung und Seelsorge wurde festgehalten, «dass auch die ZL derart mit Arbeit überhäuft ist, dass sie die Erledigung der Geschäfte z. T. über Gebühr verschleppt».[360] In seinem Bericht an die JUNA äusserte sich Otto H. Heim auch kritisch, was die Zusammenarbeit der Abteilung für kulturelle Betreuung und Seelsorge mit den Behörden betraf. Er hielt fest, dass «das Verständnis, das wir von der Polizeiabteilung für die Bewilligung von Referenten verlangen zu können glauben, uns in manchen Fällen nicht gezeigt» wurde.[361] Er relativierte diese Aussage aber mit dem Hinweis, dass die Behörden der Arbeit der Abtei-

---

356 Vgl. Otto H. Heim: Schreiben an Gustave Dreyfuss, o. O., 27. 10. 1943, sowie Otto H. Heim: Vertraulicher Rapport über meine Reise nach Genf und Lausanne betr. Organisierung der Arbeit für kulturelle Betreuung und Seelsorge, Zürich, 27. 10. 1943, AfZ, IB VSJF-Archiv / 386.
357 Otto H. Heim: Rapport Nr. 1 über die Tätigkeit der Abt. für kulturelle Betreuung und Seelsorge, Zürich, 2. 11. 1932 (sic, 1943), S. 1, AfZ, IB VSJF-Archiv / 386.
358 Ebd.
359 Otto H. Heim: Rapport Nr. 1 über die Tätigkeit der Abt. für kulturelle Betreuung und Seelsorge, Zürich, 2. 11. 1932 (sic, 1943), S. 2, AfZ, IB VSJF-Archiv / 386. Otto Zaugg (1906–1998) war Gründungsmitglied der SZF und stand seit April 1940 der eidgenössischen Zentralleitung der Arbeitslager für Emigranten (ZL) vor. 1945 wurde die Stelle in Zentrallager der Heime und Lager umbenannt. Otto Zaugg blieb bis 1950 deren Chef. Vgl. Lerf, Otto Zaugg, e-HLS.
360 O. A. (vermutlich Otto H. Heim): Rapport Nr. 2 über die Tätigkeit der Abt. für kulturelle Betreuung und Seelsorge, Zürich, 3. 12. 1943, S. 2, AfZ, IB VSJF-Archiv / 386.
361 Otto H. Heim: Die Tätigkeit der Abt. für kulturelle Betreuung und Seelsorge, o. O., o. D. (vermutlich September 1944), S. 3, AfZ, IB JUNA-Archiv / 154.

lung grundsätzlich positiv gegenüberstünden.³⁶² Etabliert hatten sich bis Ende 1943 regelmässige Besuche der jüdischen Seelsorger in den «Lagern», die, wie im Bericht festgehalten wurde, «einem dringenden Bedürfnis»³⁶³ entsprochen hätten und auf positive Resonanz gestossen seien.³⁶⁴ Als schwierig erwies sich die umfassende Betreuung aller Heime und Arbeitslager in der Schweiz, zumal sich manche in abgelegenen Gebieten befanden.³⁶⁵

Mit den Rabbinern und Seelsorgern, die für die Abteilung tätig waren, kommunizierte die Zentralstelle für kulturelle Betreuung und Seelsorge über Rundschreiben. Aus einem solchen Schreiben vom Dezember 1943 geht hervor, dass die Zentralstelle Richtlinien für «das religiöse Kulturprogramm»³⁶⁶ erstellt hatte. Die Vorgaben sollten vorwiegend dazu dienen, das seelsorgerische Angebot auf ein breites Publikum abzustimmen, um keiner bestimmten religiösen oder ideologischen Richtung den Vorzug zu geben, «weder eine[r] agudistische[n] noch eine[r] zionistische[n] noch eine[r] assimilatorische[n] Richtung».³⁶⁷ Im Hinblick auf die bevorstehenden Chanukka-Feierlichkeiten wurde darauf hingewiesen, dass alle «Lager» von einem Seelsorger besucht werden sollten.³⁶⁸ Im Januar 1944 konnte Otto H. Heim diesbezüglich berichten, dass in allen «Lagern» eine Chanukka-Feier stattgefunden habe. Geschenke für Kinder wurden von den lokalen Frauenvereinen und auch «aus christlichen Kreisen der Umgegend der einzelnen Lager»³⁶⁹ beigesteuert. Der Besuchsdienst der Seelsorger in den «Lagern» und Heimen wurde kontinuierlich ausgebaut und dürfte gegen Ende 1944 und während des ersten Halbjahrs 1945 die grösste Ausdehnung erfahren haben.³⁷⁰

---

362 Vgl. ebd.
363 O. A. (vermutlich Otto H. Heim): Rapport Nr. 2 über die Tätigkeit der Abt. für kulturelle Betreuung und Seelsorge, Zürich, 3. 12. 1943, S. 1, AfZ, IB VSJF-Archiv / 386.
364 Vgl. ebd.
365 Vgl. Otto H. Heim: Kulturelle Betreuung und Seelsorge in der Flüchtlingshilfe, o. O., o. D., S. 1, AfZ, IB VSJF-Archiv / 386. Aus einem Bericht von Otto H. Heim vom April 1944 geht hervor, dass auch die Häufigkeit der Besuche der Seelsorger variierte, was er auf das persönliche Engagement der Seelsorger selbst und der Lokalkomitees zurückführte. Vgl. Otto H. Heim: Bericht der Abt. kulturelle Betreuung und Seelsorge für Februar und März 1944, Zürich, 17. 4. 1944, S. 2, AfZ, IB VSJF-Archiv / 386.
366 O. A.: Rundschreiben Nr. 2 an die Rabbiner und Seelsorger, Zürich, 11. 12. 1943, AfZ, IB VSJF-Archiv / 386.
367 Ebd.
368 Vgl. ebd.
369 Otto H. Heim: Rapport Nr. 3 über die Tätigkeit der Abt. für kulturelle Betreuung und Seelsorge, Zürich, 12. 1. 1944, AfZ, IB VSJF-Archiv / 386.
370 Eine Liste der Seelsorger und Fürsorgerinnen und Fürsorger pro «Lager» enthält ein Rundschreiben von Ende Dezember 1945. Vgl. Otto H. Heim: Rundschreiben Nr. 555, Zürich, 27. 12. 1944, AfZ, IB SIG-Archiv / 2412. Aus dem Tätigkeitsbericht des VSJF von 1945 geht hervor, dass die seelsorgerische Betreuung im zweiten Halbjahr 1945 kontinuierlich abgebaut wurde. Vgl. Otto H. Heim: TB VSJF 1945, o. O., o. D., S. 19, AfZ, IB SIG-Archiv / 2393.

Wie Heim betonte, war die Abteilung «in Unkenntnis der lokalen Verhältnisse»[371] auf die Mithilfe der Komitees angewiesen. In diesem Zusammenhang wurde auch erwähnt, dass sich die seelsorgerische Betreuung der «Lager» als einfacher zu organisieren erwiesen hatte als die kulturelle.[372] In seinem Bericht an den VSJF im April 1944 führte Otto H. Heim aus, dass die kulturelle Betreuung sich immer noch schwierig gestalte, was er auf das mangelnde Engagement einiger Komitees zurückführte.[373] Entsprechend seinen Angaben bereitete bereits das Erstellen eines monatlichen Berichts zur Übersicht über die Aktivitäten der Abteilung Probleme, weil die Komitees der Zentrale ihre Meldungen sehr unzuverlässig zustellten.[374]

Dafür entscheidend dürften die diffuse Definition dieser Arbeit sowie die unklare Zuständigkeit gewesen sein. Während für die Seelsorge nur ein klar definierter Personenkreis von Rabbinern und seelsorgerisch geschulten Persönlichkeiten infrage kam, wurde in der kulturellen Betreuung einerseits eine Zusammenarbeit mit den Lokalkomiteemitarbeitenden, andererseits mit den bereits bestehenden Freizeitausschüssen der Flüchtlinge[375] gesucht. Geplant waren auch zentral organisierte kulturelle Angebote wie Vortragsreihen, Theateraufführungen und Ähnliches.

Als zusätzliche Schwierigkeit erwiesen sich die zwischenmenschlichen Beziehungen. Aus einem Bericht, den Otto H. Heim über seinen Besuch in der Westschweiz für die Organisation der Abteilung anfertigte und an Silvain S. Guggenheim, Saly Braunschweig und Gustave Dreyfuss richtete, geht hervor, dass die Leitungen des Centralkomitees in Lausanne und Genf mit den Rabbinern Schulmann und dem oben erwähnten Josua Jehouda ein schwieriges Verhältnis pflegten, was eine fruchtbare Zusammenarbeit für die Abteilung von Beginn an erschwerte. Dazu wies Heim darauf hin, es sei ihm bei seinem Besuch in der Westschweiz aufgefallen, «wie wenig die einzelnen Comités zueinander Beziehung hatten».[376] Die Absicht, die kulturelle und seelsorgerische Betreuung der «Lager» einer übergeordneten Stelle in der Westschweiz zu überlassen, erwies sich daher als Herausforderung, dennoch fand sich mit

---

371 Otto H. Heim: Schreiben an Gustave Dreyfuss, o. O., 27. 10. 1943, AfZ, IB VSJF-Archiv / 386.
372 Vgl. ebd.
373 Vgl. Otto H. Heim: Bericht der Abt. für kulturelle Betreuung und Seelsorge für Februar und März 1944, Zürich, 17. 4. 1944, S. 1, AfZ, IB VSJF-Archiv / 386.
374 Vgl. Otto H. Heim: Bericht der Abt. für kulturelle Betreuung und Seelsorge für April und Mai 1944, Zürich, 6. 6. 1944, S. 1, AfZ, IB VSJF-Archiv / 386.
375 Zu den Freizeitausschüssen vgl. Kapitel 7.5.1.
376 Otto H. Heim: Vertraulicher Rapport über meine Reise nach Genf und Lausanne betr. Organisierung der Arbeit für die kulturelle Betreuung und Seelsorge für unsere Flüchtlinge in der Westschweiz, Zürich, 27. 10. 1943, AfZ, IB VSJF-Archiv / 386.

Georges Picard aus Lausanne schliesslich ein Vorsitzender für das Regionalkomitee Westschweiz.[377]

Besser zu funktionieren schien der Ansatz, bereits bestehende Angebote wie Aufführungen von Theatergruppen finanziell zu unterstützen und von der Zentrale aus gewisse Angebote wie einen Bücherdienst anzubieten,[378] obwohl sich auch die Beschaffung von Medien, insbesondere der Lehrbücher für die hebräische Sprache, als Herausforderung erwies.[379] Otto H. Heim wandte sich in seinen Bemühungen, die entsprechenden Bücher zu beschaffen, an Benjamin Sagalowitz. Über die Anfrage an die jüdische Öffentlichkeit durch Informationsbriefe der JUNA wurde versucht, den Bücherbestand zu erweitern. Andererseits hoffte Heim, durch Benjamin Sagalowitz selbst und seine guten Beziehungen in den Besitz von Lehrbüchern für die Abteilung zu gelangen. Gefragt waren dabei neben hebräischen Lehrbüchern auch solche für Englisch oder Französisch.[380] Durch das Aneignen einer Fremdsprache bereiteten sich die Flüchtlinge auf ihre mögliche Emigration in ein Drittland vor. Die Abteilung für kulturelle Betreuung und Seelsorge wirkte in dieser Hinsicht vermittelnd zugunsten des Bedürfnisses der Flüchtlinge, sich auf ihre Zukunft vorzubereiten.

Der Bücherdienst wurde im Laufe des Jahres 1944 von der Bibliothek der ICZ übernommen und auch die IGB öffnete ihre Bibliothek für Flüchtlinge aus den «Lagern» und Heimen.[381] Im Januar 1944 konnte Otto H. Heim berichten, dass ein Vortragsdienst lanciert worden sei, der bereits einige Veranstaltungen in den «Lagern» abgehalten habe. Auch für die Kinder in den «Lagern» wurde ein kleines Angebot in die Wege geleitet, so wurden Farbstifte und Malbücher zur Verfügung gestellt,[382] was die Eintönigkeit des «Lageralltags» für Kinder[383] etwas erleichtert haben dürfte.

377 Vgl. o. A. (vermutlich Otto H. Heim): Rapport Nr. 2 über die Tätigkeit der Abt. für kulturelle Betreuung und Seelsorge, Zürich, 3. 12. 1943, S. 1, AfZ, IB VSJF-Archiv / 386.
378 Vgl. dazu Otto H. Heim: Kulturelle Betreuung und Seelsorge in der Flüchtlingshilfe, o. O., o. D., S. 2 f., sowie o. A.: Aus einem Bericht der Jüdischen Flüchtlingshilfe, Abt. für kulturelle und seelsorgerische Betreuung, o. O., 7. 12. 1943, AfZ, IB VSJF-Archiv / 386.
379 Vgl. o. A. (vermutlich Otto H. Heim): Rapport Nr. 2 über die Tätigkeit der Abt. für kulturelle Betreuung und Seelsorge, Zürich, 3. 12. 1943, AfZ, IB VSJF-Archiv / 386. Vgl. auch Otto H. Heim: Rapport Nr. 3 über die Tätigkeit der Abt. für kulturelle Betreuung und Seelsorge, Zürich, 12. 1. 1944, S. 2, AfZ, IB VSJF-Archiv / 386.
380 Vgl. Otto H. Heim: Schreiben an Benjamin Sagalowitz, Zürich, 25. 11. 1943, AfZ, IB JUNA-Archiv / 1029.
381 Vgl. Otto H. Heim: Die Tätigkeit der Abt. für kulturelle Betreuung und Seelsorge, o. O., o. D. (vermutlich September 1944), S. 3, AfZ, IB JUNA-Archiv / 154. Zur IGB vgl. o. A.: TB VSJF, 1. 11. 1944–31. 5. 1945, Robert Meyer: TB der Abt. für Kulturelles, Zürich, Ende Mai 1945, S. 5, AfZ, IB VSJF-Archiv / 3.
382 Vgl. Otto H. Heim: Rapport Nr. 3 über die Tätigkeit der Abt. für kulturelle Betreuung und Seelsorge, Zürich, 12. 1. 1944, S. 1, AfZ, IB VSJF-Archiv / 386.
383 Vgl. dazu Kapitel 6.3.

In der gemeinsamen Sitzung aller in der Abteilung für kulturelle Betreuung und Seelsorge Mitarbeitenden im Februar 1944 berichteten die Seelsorger über ihre Besuche in den «Lagern». Als psychisch besonders belastend für die Flüchtlinge wurde die ungewisse Zukunft bezeichnet. Weiter wurde von einer grossen Frustration der Flüchtlinge gegenüber dem Schweizer Judentum berichtet, dessen Engagement als zu gering empfunden würde. Diese sei zum Teil auf die geringen Unterstützungsgelder und Taschengelder des VSJF zurückzuführen.[384]

Neben dem allgemeinen Erfahrungsaustausch wurde an der Sitzung das Vorgehen für die anstehenden Pessach-Feierlichkeiten besprochen. Vorgesehen war lediglich die rituelle Verpflegung jener Flüchtlinge in «Lagern» und Heimen, die auch während des Jahres rituell lebten. Dagegen protestierten die Seelsorger, die auf den besonderen Stellenwert der rituellen Verköstigung an Pessach hinwiesen.[385]

Flüchtlinge, die in nicht rituell geführten «Lagern» und Heimen untergebracht waren, aber «nachweislich»[386] rituell lebten, sollten für die gesamte Dauer der Pessachfeier beurlaubt werden, damit sie die Feiertage an Orten verbringen konnten, an denen eine rituelle Verpflegung möglich war. Gesuche dafür konnten an die Abteilung für kulturelle Betreuung und Seelsorge gerichtet werden. Damit gewährleistet war, dass die Flüchtlinge gemäss den von der Abteilung definierten Standards rituell lebten,[387] sollte das Gesuch von der jeweiligen «Lagerleitung» gegengezeichnet werden. Die Information der Flüchtlinge über die speziellen Regelungen während Pessach wurde ebenfalls den «Lagerleitungen» übertragen.[388]

Im Februar 1944 wurde als Reaktion auf die Forderungen der Rabbiner bestimmt, dass für Personen, die nicht rituell leben würden, aber während der Pessachfeiertage Wert auf eine rituelle Verpflegung legten, die Möglichkeit geschaffen werden sollte, Pessach in einem rituell geführten «Lager» zu verbringen. Ausserdem war eine Versorgung der «Lager» mit Mazzen auch für all diejenigen vorgesehen, die während Pessach auf den Verzehr von Brot verzichteten. Die Flüchtlinge mussten dazu vorgängig ihre Rationierungsmarken[389] an die Abteilung schicken, damit die Lieferung von Mazzen möglich war.[390]

---

384 Vgl. Lilly Wolffers: Prot. VSJF, Abt. für kulturelle Betreuung und Seelsorge, Zürich, 6. 2. 1944, S. 3, AfZ, IB VSJF-Archiv / 386.
385 Vgl. ebd., S. 4.
386 Otto H. Heim: Rundschreiben Nr. 386, Zürich, 25. 1. 1944, AfZ, IB SIG-Archiv / 2412.
387 Als Nachweis galten eine vorliegende Anmeldung für ein rituelles «Lager» oder Heim und der Verzicht auf Fleischgenuss am aktuellen Aufenthaltsort. Vgl. ebd.
388 Vgl. ebd.
389 Ab August 1939 wurden in der Schweiz wichtige Lebensmittel wie Zucker, Hülsenfrüchte, Getreide, Fette und Öle rationiert und waren nur durch das Einlösen der entsprechenden Rationierungsmarken erhältlich. Später wurden auch Fleisch, Milch und Eier rationiert. Vgl. Degen, Rationierung, e-HLS.
390 Vgl. Otto H. Heim: Rundschreiben Nr. 390, Zürich, 15. 2. 1944, AfZ, IB SIG-Archiv / 2412. Es konnten Brotmarken, Mehlmarken oder Mahlzeitencoupons in einer jeweils definierten

Flüchtlinge, die sich während Pessach rituell verpflegen wollten, wurden aufgefordert, sich bei der Abteilung für kulturelle Betreuung und Seelsorge zu melden. Es gingen Anmeldungen von ungefähr 2500 Flüchtlingen ein. Die Abteilung für kulturelle Betreuung und Seelsorge richtete daraufhin für Pessach in 15 Arbeitslagern und Interniertenheimen rituelle Küchen für die Feiertage ein. Daneben wurden in 15 weiteren «Lagern» Sederabende durchgeführt.[391] Flüchtlinge, die in «Lagern» lebten, in denen keine rituelle Küche eingerichtet werden konnte, konnten einen Sonderurlaub von sieben Tagen beantragen.[392] Des Weiteren erreichte Salomon Ehrmann, dass in sieben zentral gelegenen Auffanglagern eine rituelle Küche eingerichtet wurde, in die Flüchtlinge, die sich an Pessach rituell verpflegen wollten, transferiert wurden.[393] Auch die Gemeindeküchen der Komitees des VSJF wurden finanziell unterstützt, damit die beurlaubten Flüchtlinge dort verpflegt werden konnten.[394]

Der finanzielle Aufwand für die Pessachfeiertage überschritt die 50 000 Franken, die dafür budgetiert worden waren,[395] um ungefähr 12 000 Franken.[396] Otto H. Heim hielt dazu fest: «Die Pessach-Feiertage alleine bedingten dieses Jahr Ausgaben, die grösser sind als diejenigen, die mit der sonstigen Tötigkeit [sic] unserer Abteilung gesamthaft für ein ganzes Jahr verbunden sind.»[397]

Bezüglich der jüdischen Feiertage im Herbst (Rosch ha-Schana, Jom Kippur und Sukkot) wurde von der ZL beschlossen, den Flüchtlingen keinen ausserordentlichen Urlaub zu gewähren. Es stand ihnen hingegen frei, ihre regulären Urlaubstage für Rosch ha-Schana oder Jom Kippur einzusetzen, rituell lebende Flüchtlinge konnten ihren Urlaub auch für Sukkot beantragen. Auf Anweisung der ZL mussten die Flüchtlinge, die in den Arbeitslagern blieben, an Rosch ha-Schana und Jom Kippur nicht arbeiten, für rituell Lebende galt auch Arbeitsruhe an Sukkot. Für Flüchtlinge, deren «Ausgangsrayon»[398] ihnen den Besuch einer Synagoge in einer jüdischen Gemeinde nicht erlaubte,

---

Anzahl an den VSJF geschickt werden.
391 Vgl. Otto H. Heim: Die Tätigkeit der Abt. für kulturelle Betreuung und Seelsorge, o. O., o. D. (vermutlich September 1944), S. 2, AfZ, IB JUNA-Archiv / 154.
392 Längere Urlaube wurden von der ZL nicht bewilligt. Als Kompromiss wurde ausgehandelt, dass die Flüchtlinge zwei weitere Tage von der Arbeit im Arbeitslager befreit wurden. Vgl. Robert Meyer: Rundschreiben Nr. 402, Zürich, 8. 3. 1944, AfZ, IB SIG-Archiv / 2412.
393 Vgl. Fritz Mannes: Bericht über die Durchführung der Pessach-Feiertage 1944, Zürich, 30. 5. 1944, S. 2, AfZ, IB JUNA-Archiv / 1029.
394 Vgl. ebd.
395 Vgl. ebd.
396 Vgl. ebd., S. 3.
397 Otto H. Heim: Die Tätigkeit der Abt. für kulturelle Betreuung und Seelsorge, o. O., o. D. (vermutlich September 1944), S. 2, AfZ, IB JUNA-Archiv / 154.
398 Robert Meyer: Rundschreiben Nr. 490, Zürich, 31. 8. 1944, S. 1, AfZ, IB SIG-Archiv / 2412.

wurden eigene Gottesdienste abgehalten.[399] Die Komitees wurden überdies angehalten, mittellosen privat internierten Flüchtlingen die Teilnahme an einem Gottesdienst, entweder zu Rosch ha-Schana oder zu Jom Kippur, in der nächstgelegenen jüdischen Gemeinde zu ermöglichen.[400]

Das Bedürfnis der Flüchtlinge, insbesondere der Jugendlichen, sich an einem öffentlichen Ort austauschen zu können, wurde in den Sitzungen der Abteilung für kulturelle Betreuung und Seelsorge ebenfalls zur Sprache gebracht. Im Einklang mit der Politik des Bundes und des SIG war der VSJF bemüht, ein erhöhtes Aufkommen von Flüchtlingen an öffentlichen Orten zu vermeiden. Regina Boritzer hielt dazu in der Sitzung der Abteilung für kulturelle Betreuung und Seelsorge vom 12. Oktober 1943 fest, dass sie «eine Art Clubzimmer als Treffpunkt für die Urlauber aus den Lagern (besonders für Jugendliche) für wünschenswert [halte], um sie von Caféhausbesuchen fernzuhalten».[401] Tatsächlich gelang es der Jüdischen Flüchtlingshilfe Zürich, die ICZ zu bewegen, ab Oktober 1943 zwei Räume als Treffpunkt im Gemeindehaus an der Lavaterstrasse zur Verfügung zu stellen.[402]

Die kulturelle Betreuung durch die Unterstützung bereits bestehender Strukturen, die von den Flüchtlingen selbst geschaffen worden waren, beispielsweise Theatergruppen, stellte sich in einigen Fällen als problematisch heraus, denn die Abteilung für kulturelle Betreuung und Seelsorge wurde damit auch in ideologische Streitigkeiten zwischen Flüchtlingen verwickelt. Im Frühjahr 1944 beschwerte sich beispielsweise Jacob Dränger aus dem Interniertenheim Hasenberg bei Veit Wyler und Robert Meyer darüber, dass die Abteilung für kulturelle Betreuung und Seelsorge sich für die «jiddische Kulturarbeit»[403] und Sprache einsetzen würde, während er als Zionist die hebräische Sprache gefördert sehen wolle.[404] Sein Brief war eine Reaktion auf eine gemeinsame Konferenz von Flüchtlingen aus verschiedenen Lagern mit der Abteilung für kulturelle Betreuung und Seelsorge.[405] Robert Meyer nahm dazu Stellung, indem er betonte, dass die Abteilung die Mitarbeit jedes Flüchtlings zu schätzen wisse. Die überproportionale Anwesenheit von Personen jiddischer Muttersprache an der Konferenz erklärte er damit, dass Jiddisch häufig

---

399 Vgl. ebd. sowie Robert Meyer: Schreiben an die Komitees, Zürich, 31. 8. 1944, S. 1, AfZ, IB SIG-Archiv / 2412.
400 Vgl. Robert Meyer: Rundschreiben Nr. 490, Zürich, 31. 8. 1944, S. 1, AfZ, IB SIG-Archiv / 2412.
401 O. A.: Prot. Abt. für kulturelle Betreuung und Seelsorge, Zürich, 12. 10. 1943, S. 1, AfZ, IB VSJF-Archiv / 386.
402 Vgl. o. A.: 81. GB ICZ, Zürich, April 1944, S. 22, AfZ, IB ICZ-Archiv / 217.
403 Jacob Dränger: Schreiben an Robert Meyer, Hasenberg, 30. 3. 1944, S. 2, AfZ, IB JUNA-Archiv / 1029.
404 Vgl. ebd. sowie Jacob Dränger: Schreiben an Veit Wyler, Hasenberg, 28. 3. 1944, S. 2, AfZ, IB JUNA-Archiv / 1029.
405 Vgl. ebd.

die einzige Sprache sei, die von den Flüchtlingen verstanden werde, und daher das Jiddische aus rein praktischen Gründen unterstützt werde. Das einzige Ziel sei, allen Internierten in den «Lagern» und Heimen kulturelle Anlässe zu bieten. Robert Meyer bemerkte dazu: «Ich kenne und anerkenne bei dieser Arbeit auch keine politische Parteirichtungen, sondern nur kulturell wertvolle und interessierte Menschen.»[406] Die Abteilung für kulturelle Betreuung und Seelsorge wollte es vermeiden, in politische Differenzen zwischen den Flüchtlingen verwickelt zu werden. Ziel war es, ein Angebot für alle «Lagerinsassen» schaffen. Die Verkennung der Tatsache, dass die Bevorzugung von bestimmten bestehenden kulturellen Angeboten bereits als politische Positionierung und damit von den Vertretern anderer ideologischer Gesinnungen als Affront verstanden wurde, dürfte das Ziel eines umfassenden kulturellen Angebots jedoch von Anfang an schwierig gemacht haben.

Die Tatsache, dass einige Veranstaltungen der Abteilung für kulturelle Betreuung und Seelsorge einen impliziten politischen Inhalt hatten, führte auch zu Spannungen in der Zusammenarbeit mit der Polizeiabteilung. Zu einer Auseinandersetzung zwischen den Behörden und der Abteilung für kulturelle Betreuung und Seelsorge, die im EJPD bis zur Chefebene gelangte, kam es im April 1944. In einem Brief wurden die Leitungen der Auffang- und Arbeitslager sowie der Interniertenheime von der Abteilung aufgefordert, jüdischen Flüchtlingen die Gelegenheit zu geben, der Räumung und des Aufstands des Warschauer Ghettos im April 1943 zu gedenken. Die «Lagerleiter» wurden dazu durch einen Brief von Robert Meyer um ihre Kooperation gebeten: «Wir wären Ihnen dankbar, wenn während der Arbeit eine Minute der Ruhe und des Schweigens eingelegt würde und wenn am Abend ein Flüchtling die Möglichkeit hätte, seinen Kameraden in einigen Worten die Bedeutung des Tages darzulegen.»[407]

Die Gedenkanlässe sollten am 19. April (erster Jahrestag des Aufstandes im Warschauer Ghetto) stattfinden. Am 21. April 1944 erhielt Robert Meyer einen Brief, der von Bundesrat Eduard von Steiger persönlich unterzeichnet war. Er bemängelte, dass der Inhalt des Schreibens von Robert Meyer nicht früh genug mit dem Leiter der ZL, Otto Zaugg, abgesprochen worden sei. Aus von Steigers Brief geht hervor, dass die Polizeiabteilung dem Gedenkanlass ablehnend gegenüberstand, denn, so Eduard von Steiger: «Wir können den Ausländern, die sich auf Schweizerboden aufhalten, politische Kundgebungen nicht erlau-

---

406 Robert Meyer: Schreiben an Jacob Dränger, Zürich, 3. 4. 1944, AfZ, IB JUNA-Archiv / 1029.
407 Robert Meyer: Schreiben an die Territorial-Kommandos I–XII, die ZL, die Lagerleitungen der Arbeitslager und Interniertenheime sowie die Komitees des VSJF, Zürich, 17. 4. 1944, AfZ, IB SIG-Archiv / 2412.

ben [...].»⁴⁰⁸ Religiöse Feiern hingegen würden geduldet, «immer vorausgesetzt, dass daraus nicht politische Kundgebungen entstehen könnten».⁴⁰⁹

In seinem Antwortschreiben entschuldigte Robert Meyer sich für die späte Information an Zauggs Stellvertreter – Zaugg selbst sei abwesend gewesen – mit der Begründung, dass der VSJF selbst erst spät die Bedeutung des 19. April realisiert habe. Robert Meyer betonte ausdrücklich, dass Zauggs Stellvertreter informiert worden sei und sein Einverständnis mit dem Inhalt des Rundschreibens erklärt habe, bevor es an die «Lager» und Heime gesandt worden sei. Überdies stellte er in Abrede, je eine politische Absicht mit der Gedenkfeier verfolgt zu haben, mit dem Hinweis, man habe den Rahmen der Feier völlig offengelassen. Die Berichte, die er erhalten habe, würden davon zeugen, dass «die Feier denn auch überall in würdiger Form verlaufen»⁴¹⁰ sei.

Der Brief an den Bundesrat zeugt vom politischen Geschick Robert Meyers. Es ist davon auszugehen, dass sowohl Meyer als auch allen anderen in der Abteilung für kulturelle Betreuung und Seelsorge Mitarbeitenden bewusst war, dass Veranstaltungen für Flüchtlinge bereits beim Verdacht, sie könnten eine politische Komponente beinhalten, von den Schweizer Behörden abgelehnt wurden. Das Schreiben Robert Meyers mit der Aufforderung, sich am Gedenktag zu beteiligen, enthält durchaus auch eine politische Note, indem der Aufstand zu einem letzten heroischen Kampf stilisiert wird: «Sie [die Juden des Warschauer Ghettos] kämpften und starben, um sich und der Nachwelt zu beweisen, dass man jüdische Menschen wohl knechten und peinigen kann, dass es aber auch dem mächtigsten und grausamsten Verfolger nicht gelingt, ihm seine menschliche Würde zu rauben.»⁴¹¹

Die späte Information Meyers an die ZL mit der Begründung, man sei sich der Bedeutung des Tages erst kurzfristig bewusstgeworden, mag ebenfalls politischem Kalkül entsprungen sein. Das Rundschreiben von Robert Meyer stiess in der schweizerischen Presse auf ein grosses Echo und wurde, wie die JUNA an Otto H. Heim schrieb, «an eine grosse Anzahl schweizerischer Tageszeitungen»⁴¹² weitergeleitet. Robert Meyer wurde zwar vom Bundesrat gerügt, ein Verstoss gegen die Vorschriften konnte ihm aber nicht nachgewiesen werden. So zeigte sich Eduard von Steiger auch mit der Entschuldigung von Robert Meyer zufrieden und schrieb, er «stelle mit Befriedigung fest, dass Sie selber

---

408 Eduard von Steiger: Schreiben an Robert Meyer, Bern, 21. 4. 1944, AfZ, IB VSJF-Archiv / 386.
409 Ebd.
410 Robert Meyer: Schreiben an Eduard von Steiger, o. O., 25. 4. 1944, AfZ, IB VSJF-Archiv / 386.
411 Robert Meyer: Schreiben an die Territorial-Kommandos I–XII, die ZL, die Lagerleitungen der Arbeitslager und Interniertenheime sowie die Komitees des VSJF, Zürich, 17. 4. 1944, AfZ, IB SIG-Archiv / 2412.
412 O. A.: Schreiben an Otto H. Heim, o. O., 24. 4. 1944, AfZ, IB JUNA-Archiv / 1029. Zumindest in der «Neuen Bündner-Zeitung» und in der «Basler Arbeiter-Zeitung» wurde der Inhalt des Rundschreibens in voller Länge abgedruckt. Vgl. ebd.

die Zweckmässigkeit einer rechtzeitigen Benachrichtigung verstehen».[413] Die Affäre hatte damit weder für die Abteilung für kulturelle Betreuung und Seelsorge noch für Robert Meyer weitere Konsequenzen.

Ab Herbst 1944 übernahm Otto H. Heim das Ressort «Nachkriegshilfe» im VSJF. Die kulturellen und die seelsorgerischen Arbeiten wurden ab November 1944 voneinander abgekoppelt. Die Komitees des VSJF wurden angehalten, die Aufgabenbereiche in Zukunft wenn möglich ebenfalls getrennt zu führen.[414] Robert Meyer übernahm das Ressort «Kulturelles», Fritz Mannes das «Rituelle».[415]

Die kulturelle Betätigung beschränkte sich zunehmend auf die Organisation der «geistigen Nachkriegsvorbereitung».[416] Darunter wurde die Abklärung juristischer Fragen verstanden, die hinsichtlich der Auswanderung der Flüchtlinge getroffen werden mussten. Robert Meyer übernahm zusätzlich den Rechtsdienst der SZF. Durch die Auswanderung vieler Flüchtlinge mussten Theatergruppen aufgelöst und Flüchtlingszeitungen eingestellt werden. Selbstkritisch hielt Otto H. Heim im Tätigkeitsbericht des VSJF von 1945 fest, dass «der V. S. J. F. [...] die kulturelle Betreuung relativ spät in seinen Aufgabenkreis einbezogen»[417] habe. In erster Linie sei der Mangel an Mitarbeitenden, die sich diesen Fragen hätten widmen können, Ursache dafür gewesen.[418] Es sei «schwer zu sagen, ob unsere Arbeit erfolgreich war oder nicht».[419] Die Abteilung habe jedoch dafür gesorgt, dass Flüchtlinge sich geistig und künstlerisch hätten entfalten können, habe damit positiv auf das Selbstbewusstsein der Flüchtlinge eingewirkt und manche bewogen, selbst tätig zu werden.[420] Als positive Entwicklung in diesem Sinne hob Robert Meyer die Schaffung eines überinstitutionellen Gremiums «Freizeitkommission» der SZF hervor, in der verschiedene Hilfswerke (VSJF, SARCIS, Arbeiterhilfswerk und Caritas), die ZL und fünf von den Flüchtlingen gewählte Delegierte vertreten waren.[421] Wie Robert Meyer bemerkte, war damit «zum ersten Mal ein Gremium geschaffen [worden], in welchem Behörden, Hilfsorganisationen und Flüchtlinge gleichberechtigt zusammenarbeiten».[422] Aus den Reihen der Freizeitkommission

---

413 Eduard von Steiger: Schreiben an Robert Meyer, Bern, 26. 4. 1944, AfZ, IB VSJF-Archiv / 386.
414 Vgl. Robert Meyer: Rundschreiben Nr. 520, Zürich, 8. 11. 1944, AfZ, IB SIG-Archiv / 2412.
415 Vgl. o. A.: Prot. GV VSJF, Bern, 22. 10. 1944, S. 9, AfZ, IB SIG-Archiv / 2402. Otto H. Heim blieb der Abteilung für Kulturelles aber als Stellvertreter von Robert Meyer verbunden. Vgl. o. A.: TB VSJF, 1. 11. 1944–31. 5. 1945, Robert Meyer: TB der Abt. für Kulturelles, Zürich, Ende Mai 1945, AfZ, IB VSJF-Archiv / 3.
416 Otto H. Heim: TB VSJF 1945, o. O., o. D., S. 18, AfZ, IB SIG-Archiv / 2393.
417 Ebd., S. 19.
418 Vgl. ebd.
419 Ebd.
420 Vgl. ebd.
421 Vgl. Robert Meyer: TB der Abt. für Kulturelles, Zürich, Mai 1945, S. 1 f., AfZ, IB VSJF-Archiv / 3.
422 Ebd., S. 3.

sollten 1945 die Flüchtlingsvertreter für die gemischte Kommission der SZF für Rück- und Weiterwanderung rekrutiert werden.[423] Ebenfalls positiv hervorgehoben wurde, dass die ZL eingewilligt hatte, Flüchtlingszeitungen zuzulassen, die von den Flüchtlingen selbst redigiert wurden («Über die Grenzen», «Der Beginnen»).[424] Die Abteilung für Kulturelles setzte sich des Weiteren dafür ein, dass Flüchtlinge mit einer eigenen Vertretung an der Konferenz von Montreux, die Ende Februar 1945 stattfand, teilnehmen konnten, da an dieser Tagung über die Zukunft der Flüchtlinge nach dem Ende des Krieges verhandelt werden sollte.[425]

Die Abteilung für religiöse Betreuung und Seelsorge berichtete, dass im zweiten Halbjahr 1945 infolge der Auswanderung einerseits die zu betreuenden «Lager» und Heime deutlich reduziert worden seien, andererseits viele Seelsorger ausgereist seien. Die Abteilung betreute die restlichen «Lager» und Heime weiterhin und war um die Beschaffung von Ritualien sowie die Organisation von Gottesdiensten an den hohen Feiertagen bemüht.[426] Sie kümmerte sich des Weiteren um die Schaffung eines geistigen Lebens in den «Lagern». Durch die Intervention der Abteilung konnten rituell lebende Flüchtlinge in «Lagern» untergebracht werden, die über eine koscher geführte Küche verfügten. Durch die Erfahrungen mit der aufwendigen Durchführung der Pessachfeiertage 1944 wurde für 1945 eine eigene «Abteilung Pessach» innerhalb der Abteilung religiöse Betreuung und Seelsorge geschaffen. Im Gegensatz zu 1944 bewilligte die ZL jedoch keine Spezialurlaube für Flüchtlinge mehr, sodass die Abteilung bemüht war, in möglichst vielen «Lagern» und Heimen Spezialküchen einzurichten.[427]

7.4 Die Schweizerische Zentralstelle für Flüchtlingshilfe (SZF) als Dachverband der Flüchtlingshilfe in der Schweiz

Seit 1936 hatten sich viele nationale Hilfswerke der Schweiz in der Schweizerischen Zentralstelle für Flüchtlingshilfe (SZF) zusammengeschlossen. Gemeinsam war den Hilfswerken, dass die meisten sich als unpolitisch bezeichneten, ansonsten unterschieden sie sich konfessionell, weltanschaulich und grössen-

---

423 Vgl. Otto H. Heim: TB VSJF 1945, o. O., o. D., S. 19, AfZ, IB SIG-Archiv / 2393.
424 Vgl. Robert Meyer: TB der Abt. für Kulturelles, Zürich, Mai 1945, S. 3, AfZ, IB VSJF-Archiv / 3.
425 Vgl. o. A.: TB VSJF, 1. 11. 1944–31. 5. 1945, Robert Meyer: TB der Abt. für Kulturelles, Zürich, Ende Mai 1945, S. 3–5, AfZ, IB VSJF-Archiv / 3. Vgl. dazu auch Kapitel 7.5.1.
426 Vgl. Otto H. Heim: TB VSJF 1945, o. O., o. D., S. 18–20, AfZ, IB SIG-Archiv / 2393.
427 Vgl. o. A.: TB VSJF, 1. 11. 1944–31. 5. 1945, Mannes Fritz: Bericht der Abt. religiöse Betreuung und Seelsorge, o. O., o. D., AfZ, IB VSJF-Archiv / 3.

mässig. Die SZF verstand sich als überkonfessionell und politisch neutral.[428] Der VSIA trat der SZF nach anfänglichem Zögern bei, das vor allem mit einem möglichen Beitritt der kommunistischen Roten Hilfe Schweiz in Zusammenhang stand. Andererseits herrschte im VSIA auch die Meinung vor, es handle sich bei der Flüchtlingsfrage nicht um ein Problem rein humanitären Ursprungs.[429]

Die SZF arbeitete eng mit den Schweizer Behörden zusammen. Polizeichef Heinrich Rothmund diktierte dabei die Bedingungen der Kooperation, nämlich die Anmeldepflicht der Flüchtlinge bei der Polizei, die Zusage der Hilfswerke, keine illegal anwesenden Flüchtlinge zu unterstützen, das Hochhalten der Transitmaxime, das Verbot von politischen Tätigkeiten und das Vermitteln von Informationen an die Fremdenpolizei für die Abklärung von Einzelfällen. Silvain S. Guggenheim und zwei Vertreter des Basler Komitees des VSIA wehrten sich anfänglich gegen die geforderte Anmeldepflicht, in der ersten Generalversammlung der SZF Anfang November 1936 gaben sie allerdings ihre Haltung auf.[430] Wie oben beschrieben, blieb der VSIA bis zur Grenzsperre im August 1942 der Praxis der Anmeldepflicht von Flüchtlingen an die Polizei treu.

Seit 1938 war Robert Briner, Regierungsrat und Vorsteher des Polizeidepartements in Zürich, Präsident der SZF. Das Sekretariat der SZF befand sich in Zürich. Zwischen 1938 und 1945 fanden jährlich zwei bis drei Generalversammlungen und mehrere Sitzungen des Arbeitsausschusses statt.[431] Silvain S. Guggenheim nahm regelmässig an den Sitzungen des Arbeitsausschusses teil, meistens in Begleitung von Regina Boritzer. Ab Ende 1943 nahmen sporadisch auch andere an der Zentralstelle des VSJF Mitarbeitende wie Otto H. Heim oder Jenny und Robert Meyer an den Sitzungen teil. Georges Bloch war in seiner Funktion als Kassier des SHEK an den Sitzungen anwesend.[432] Heim setzte sich in einer Sitzung im Januar 1944 dafür ein, dass verschiedene Organisationen, die kulturelle Anlässe für «Lagerinternierte» organisierten, darunter der VSJF und die SARCIS, eine Zusammenarbeit suchen sollten.[433]

Die SZF hatte politisch wenig Einfluss und konnte gegenüber den Behörden lediglich Vorschläge formulieren. In Bern wurde die SZF aber als offizielle Vertretung der Hilfswerke für Flüchtlingsfragen in der Schweiz verstanden.[434] Für den VSIA spielte die Dachorganisation in den ersten Jahren ihres Beste-

---

428 Vgl. SZF: Die Flüchtlingshilfe gibt Rechenschaft, o. O., o. D. (Ende 1945), AfZ, IB SFH-Archiv / 6.
429 Vgl. Mächler, Hilfe und Ohnmacht, 2005, S. 140.
430 Vgl. ebd., S. 140 f.
431 Vgl. Geschäftsberichte SZF 1938–1945, AfZ, IB SFH-Archiv / 6.
432 Vgl. Protokolle der Sitzungen des Arbeitsausschusses der SZF 1942–1956, BAR, E4800.1#1967/111#145*.
433 Vgl. Berta Hohermuth: Prot. SZF, Zürich, 24. 1. 1944, S. 8, BAR, E4800.1#1967/111#145*.
434 Vgl. Picard, Die Schweiz und die Juden, 1994, S. 237.

hens eine untergeordnete Rolle. Zwar wurde die Vertretung gewisser Anliegen mit der Unterstützung einer breiteren Basis geschätzt,[435] der VSIA verhandelte aber in erster Linie direkt mit den Behörden.[436] Nach einer Absprache zwischen der SZF und Heinrich Rothmund erhielten die Hilfswerke, darunter auch der VSIA, ab 1937 staatliche Subventionen, diese fielen für den VSIA mit 5600 Franken im ersten Jahr sehr bescheiden aus.[437] Die SZF sammelte zugunsten der Flüchtlinge regelmässig Geld, das dann nach einem bestimmten Schlüssel an die Hilfswerke verteilt wurde.[438]

Der Umweg, die eigenen Anliegen über die SZF an die Behörden heranzutragen, wurde vom SIG mehrmals genutzt, vor allem bei finanziellen und politischen Forderungen grösseren Ausmasses, bei denen sich der SIG ungern öffentlich positionierte. Dazu gehörten der Protest gegen die Grenzschliessung von 1942, die Forderung nach staatlicher Unterstützung für die Flüchtlinge[439] und die Forderung nach einem Rückweisungsstopp für Flüchtlinge an der Grenze, die das CC des SIG im Februar 1943 erhob. Dieses Anliegen wurde von der jüdischen Flüchtlingshilfe an die SZF herangetragen, die die Forderung allerdings mit dem Argument, man könne nicht alle Flüchtlinge aufnehmen, ablehnte. SZF-Präsident Robert Briner war ein dezidierter Gegner der Forderung und drohte sogar mit seinem Rücktritt, falls die SZF den Antrag des VSJF annehmen sollte. Im CC des SIG forderten daraufhin einige Mitglieder den Austritt des VSJF aus der SZF. Von dieser Massnahme wurde aber schliesslich abgesehen.[440] Silvain S. Guggenheim wünschte, dass wenigstens eine begriffliche Erweiterung des Terminus «politischer Flüchtling», die auch jüdische Flüchtlinge umfassen würde, in Betracht gezogen werde. Robert Briner machte einen halbherzigen Versuch, den Bund zu bewegen, seine Flüchtlingsdefinition zu überdenken. Bundesrat Eduard von Steiger lehnte aber Änderungen am Begriff «politischer Flüchtling» im August 1943 ab, woraufhin Proteste der SZF und des SIG ausblieben.[441] Auf dem politischen Parkett blieben die Inter-

---

435 Die SZF unterstützte den VSIA beispielsweise bei den Verhandlungen für die Vorbereitung der Weiterreise der Flüchtlinge. Vgl. o. A.: Prot. GV VSIA, Bern, 16. 4. 1939, S. 3, AfZ, IB SIG-Archiv / 2401.
436 Vgl. Mächler, Hilfe und Ohnmacht, 2005, S. 141.
437 Vgl. ebd., S. 146.
438 Vgl. E. Schläpfer: GB SZF 1938, o. O., o. D., AfZ, IB SFH-Archiv / 6.
439 Am 22. 12. 1939 hatte die SZF eine Eingabe an den Bundesrat gerichtet, die zum Inhalt hatte, «dass die Flüchtlingshilfe eine humanitäre gesamtschweizerische Aufgabe sei», und neben der Einrichtung von Internierungslagern einen Bundeskredit für die Flüchtlingshilfe verlangt. Beide Forderungen wurden abgelehnt. Zwei weiteren Anträgen, auf einen Kredit für die Emigrationen und auf Arbeitsbeschaffung in Arbeitslagern, wurde stattgegeben. Vgl. Silvain S. Guggenheim: Referat über die Flüchtlingshilfe an die DV des SIG, o. O., 7. 4. 1940, S. 2, AfZ, IB SIG-Archiv / 2392.
440 Vgl. Picard, Die Schweiz und die Juden, 1994, S. 421 f.
441 Vgl. Mächler, Hilfe und Ohnmacht, 2005, S. 345 f. Zu Silvain S. Guggenheims Bericht vgl. Silvain S. Guggenheim: Bericht an die DV des SIG, o. O., 28. 3. 1943, S. 6, AfZ, IB SIG-Archiv /

ventionen der SZF also blass. Die Zusammenarbeit der verschiedenen Hilfsorganisationen war daher für die jüdische Flüchtlingshilfe erst ab 1944 fruchtbar, und zwar vor allem in Bezug auf das Mitbestimmungsrecht von Flüchtlingen in Bezug auf ihre Zukunftsplanung.

In den letzten Monaten des Jahres 1943 und zu Beginn des Jahres 1944 gelang der sowjetischen Armee an der Ostfront der kontinuierliche Vormarsch.[442] Die Kriegsniederlage der Achsenmächte zeichnete sich seit dem Verlust der Schlacht von Stalingrad im Februar 1943 ab. Ab 1944 beschäftigte sich die SZF daher zunehmend mit den anstehenden «Nachkriegsproblemen».[443] Im Zentrum stand dabei die Frage, wohin die Flüchtlinge nach dem Krieg auswandern könnten, denn ihr permanenter Verbleib in der Schweiz wurde weiterhin nicht in Betracht gezogen. Die Wünsche der Flüchtlinge betreffend eine mögliche Rückkehr in ihr «Ursprungsland» oder eine «Weiterwanderung» in ein Drittland sollten aber berücksichtigt werden mit dem Ziel, «den Flüchtlingen das Bewusstsein zu geben, dass sie nicht nur Objekte in dieser Angelegenheit sind, sondern dass ihre eigene Meinung auch gehört werden will».[444] Dazu wurde in Genf ein Fragebogen ausgearbeitet, der mit der Bewilligung von Heinrich Rothmund zur Befragung von 500 Flüchtlingen eingesetzt wurde.[445] Diese Enquete, die unter der Leitung von Berta Hohermuth von der Aide aux émigrés, der Schweizer Sektion des interkonfessionellen International Migration Service,[446] durchgeführt wurde, kam zum Resultat, dass die Mitbestimmung über die eigene Zukunft ein Hauptanliegen der Flüchtlinge war.[447] Für die praktische Befragung der «Lagerinsassen» wurden Flüchtlinge beigezogen.[448]

2392.
442 Vgl. Friedländer, Das Dritte Reich, 2008, S. 923.
443 Berta Hohermuth: Prot. SZF, Zürich, 24. 1. 1944, BAR, E4800.1#1967/111#145*.
444 Ebd., S. 5.
445 Vgl. ebd. Für eine ausführliche Darstellung der «Flüchtlingsenquête» vgl. Erlanger, Nur ein Durchgangsland, 2006, S. 202–218.
446 Haupttätigkeit des Fürsorgediensts waren die Wiedervereinigung von Familien, die Beschaffung von Zivildokumenten, die Forschung nach vermissten Verwandten von Flüchtlingen im Ausland und die Bearbeitung von Rück- und Auswanderungsfragen. Vgl. o. A.: Die öffentlichen Träger des Flüchtlingswesens, in: Schweizerische Zentralstelle für Flüchtlingshilfe (SZF) (Hg.): Flüchtlinge wohin? Bericht über die Tagung für Rück- und Weiterwanderungs-Fragen in Montreux: Aussprache zwischen Behörden, Hilfswerken und Flüchtlingen: 25. Februar bis 1. März, Montreux 1945, S. 312 f.
447 Vgl. Mächler, Hilfe und Ohnmacht, 2005, S. 412. Bertha Hohermuth berichtete an der Konferenz von Montreux, dass an der ersten Befragung 366 Flüchtlinge «in- und ausserhalb der Lager» teilgenommen hätten. Vgl. Bertha Hohermuth: Bericht über die Fragebogen-Enquête, in: SZF (Hg.): Flüchtlinge wohin? Bericht über die Tagung für Rück- und Weiterwanderungs-Fragen in Montreux: Aussprache zwischen Behörden, Hilfswerken und Flüchtlingen: 25. Februar bis 1. März, Montreux 1945, S. 45.
448 Vgl. Akten zur Enquete aus dem Nachlass von Ernst Kaldeck, der 1942 in die Schweiz geflüchtet war. AfZ, NL Ernst Kaldeck 3.1. Berta Hohermuth machte hinsichtlich einer weiteren Ausdeh-

Vom Herbst 1944 bis Anfang Januar 1945 wurde die Enquete mit der finanziellen Unterstützung des Zwischenstaatlichen Komitee für Flüchtlinge in London auf alle zivilen Flüchtlinge ausgedehnt, ausgenommen diejenigen, die aus Frankreich, den Niederlanden, Belgien, Italien oder England stammten. Von diesen Flüchtlingen wurde angenommen, dass sie mehrheitlich in ihre Herkunftsländer zurückkehren würden. Aus der Erhebung gingen 5000 ausgefüllte Fragebogen hervor, wobei Familien in einem Fragebogen erfasst wurden.[449]

Neben den Vorbereitungen für die Auswanderung der Flüchtlinge in der Nachkriegszeit war für den VSJF die Gründung eines Schulungskurses für fürsorgerische Hilfskräfte von Bedeutung. An der Gründungssitzung des Kurses, der konfessionell und politisch neutral sein und auch Flüchtlingen offenstehen sollte, waren 29 Organisationen vertreten, wie Georges Bloch im Februar 1944 an die SZF berichtete. Geleitet wurde der Kurs von einem Aktionskomitee bestehend aus zwei Vertreterinnen der Sozialen Frauenschule und fünf Vertreterinnen und Vertretern der Flüchtlingshilfswerke. Von der SZF wurden 20 000 Franken für den Unterhalt von Flüchtlingen bereitgestellt, die am Kurs teilnahmen.[450] Ein erster Kurs, der sechs Monate dauern und sich aus 20 Schweizerinnen und Schweizern und 20 Flüchtlingen zusammensetzen sollte, war für Mai 1944 geplant. Teilnehmerinnen und Teilnehmer, die bereits über praktische fürsorgerische Vorkenntnisse verfügten, mussten nur den zweiten Teil des Kurses besuchen.[451] Wie Georges Bloch der JUNA im September 1944 berichten konnte, hätten sich «alle Teilnehmer, (Schweizer und Flüchtlinge) [...] zur Arbeitsleistung in der Nachkriegszeit im kriegsgeschädigten Ausland zur Verfügung gestellt».[452] Die Kurse wurden 1945 fortgesetzt,[453] an den Kosten beteiligte sich auch der VSJF.[454]

---

nung der Enquete im Juli 1944 den Vorschlag, für die Befragung vor allem die Dienste liberierter Flüchtlinge in Anspruch zu nehmen. Vgl. Wildbolz W. (Flüchtlingskommissar): Rapport über die Teilnahme an der Sitzung der SFZ, o. O., 5. 7. 1944, S. 3, BAR, E4800.1#1967/111#145*.
449 Vgl. Berta Hohermuth: in: SZF, Flüchtlinge wohin, 1945, S. 46–49.
450 Vgl. Milly Furrer: Prot. SZF, Zürich, 28. 2. 1944, S. 7 f., BAR, E4800.1#1967/111#145*.
451 Vgl. Milly Furrer: Prot. SZF, Zürich, 24. 4. 1944, S. 7 f., BAR, E4800.1#1967/111#145*.
452 Georges Bloch: Schulungskurse für fürsorgerische Hilfskräfte in der Nachkriegszeit, o. O., September 1944, AfZ, IB JUNA-Archiv / 154.
453 Vgl. Vortragsserie Saul Gurewicz für den Einführungskurs für fürsorgerische Hilfskräfte in der Nachkriegszeit, Schulungslager Birmensdorf, Juli/August 1945, AfZ, NL Gertrud Kurz / 146.
454 Vgl. Jacob Zucker: Prot. GA VSJF, Zürich, 19. 12. 1944, S. 1, AfZ, IB VSJF-Archiv / 23, sowie Margrit Silberstein: Prot. VS VSJF, Zürich, 11. 12. 1944, S. 4, AfZ, IB SIG-Archiv / 2404.

7.5 Politische Positionen des VSJF 1944/45

7.5.1 Die Haltung des VSJF in der Frage des Mitspracherechts der Flüchtlinge

Bereits im Juni 1944 hatten ausserhalb der «Lager» lebende Flüchtlinge Initiativausschüsse gebildet, die die «Weiterwanderung» nach dem Krieg und die Gestaltung der Freizeitaktivitäten zum Inhalt hatten. Diese Flüchtlinge wandten sich an den VSJF und forderten ein Recht auf Mitbestimmung.[1]

In der SZF setzte sich Silvain S. Guggenheim für ein Mitspracherecht der Flüchtlinge ein. Die SZF zeigte sich dem Anliegen gegenüber zuerst skeptisch, wie Silvain S. Guggenheim an einer Sitzung der Zentralstelle des VSJF berichtete.[2] Ende August 1944 gelang es ihm, die SZF zur Gründung eines Freizeitausschusses zu bewegen, und ab Oktober hatten die «Lagerinsassen» ein Mitspracherecht in der Freizeitgestaltung.[3] Die Freizeitkommission tagte einmal monatlich. Sie organisierte im Turnus jeden Monat eine Regionaltagung, an der die Freizeitgestalter der «Lager» und Heime vertreten waren. Die «Lagerinsassen» konnten dazu zwei Vertreterinnen oder Vertreter aus ihren Reihen bestimmen. Die Freizeitgestalter wiederum wurden ermächtigt, aus ihrer Mitte einen Regionalsekretär und weitere Mitarbeitende zu wählen. Neben der Freizeitgestaltung waren Umschulungs- und Auswanderungsfragen Themen, die in den Regionaltagungen besprochen wurden. Die Abteilung für Kulturelles des VSJF stand über die Freizeitkommission ständig in Kontakt mit den Flüchtlingen.[4]

Im November 1944 wurde in der Sitzung der SZF über die Abhaltung einer Tagung diskutiert, die aus Vertretern der Polizeiabteilung, der SZF und von Flüchtlingen, die sich an der Flüchtlingsenquete beteiligt hatten, zusammengesetzt sein sollte. Die Konferenz sollte den direkten Austausch zwischen Behörden, Flüchtlingshilfswerken und Flüchtlingen über Rück- und Weiterwanderungsfragen ermöglichen.[5] Während Robert Meyer und Pfarrer Paul Vogt sich für die Teilnahme der Freizeitgestalter an der Konferenz aussprachen, sperrte sich Heinrich Rothmund dagegen, da er befürchtete, es könnte sich ein «Flüchtlingsparlament» konstituieren. Auf Rothmunds Antrag wurden schliesslich nur die Flüchtlinge, die von Berta Hohermuth an der Enquete als Befragende eingesetzt worden waren, an die Tagung eingeladen. Vom 25. Feb-

---
1 Vgl. Mächler, Hilfe und Ohnmacht, 2005, S. 412 f.
2 Vgl. Jenny Meyer: Prot. Zentralstelle VSJF, Zürich, 21. 8. 1944, S. 4, AfZ, IB VSJF-Archiv / 29.
3 Vgl. Mächler, Hilfe und Ohnmacht, 2005, S. 412 f.
4 Vgl. o. A.: TB VSJF, 1. 11. 1944–31. 5. 1945, Robert Meyer: TB der Abt. für Kulturelles, Zürich, Ende Mai 1945, S. 3 f., AfZ, IB VSJF-Archiv / 3.
5 Vgl. Milly Furrer: Prot. SZF, Zürich, 13. 11. 1944, S. 2 f., BAR, E4800.1#1967/111#145*.

ruar bis 1. März 1945 trafen sich in Montreux Vertreterinnen und Vertreter von Flüchtlingshilfswerken und Behörden sowie 320 Flüchtlinge für eine mehrtägige Konferenz zur Besprechung der Rück- und Weiterwanderung.[6] Neben Referaten von Personen aus der Flüchtlingshilfe, Flüchtlingen selbst, Rechtsexpertinnen und -experten und Personen aus der Polizeiabteilung standen jeden Tag Diskussionsgruppen auf dem Programm. Am ersten Tag (26. Februar 1945) beinhaltete die Diskussion thematisch «Allgemeine Rück- und Weiterwanderungsprobleme, Gestaltung der Zusammenarbeit zwischen Flüchtlingen, Behörden und Hilfswerken».[7] Am zweiten Tag wurde über «Rechtliche Probleme»[8] diskutiert und am dritten Tag über «Geistige Probleme».[9] Robert Meyer übernahm am zweiten Tag die Tagespräsidentschaft.[10] Die SZF fasste nach der Konferenz die wichtigsten Resultate aus der Veranstaltung zusammen, wobei als erster Punkt festgehalten wurde, dass das Ergebnis der Konferenz sich mit dem der Enquete decke und «98 Prozent der Flüchtlinge und Emigranten den Wunsch haben, die Schweiz wieder zu verlassen, um sich in ein Land zu begeben, das ihnen durch die Gewährung von Niederlassung und Arbeitsrecht die Voraussetzungen eines normalen Lebens und des Wiederaufbaus einer selbständigen Existenz zu gewähren vermag».[11]

Als Ausnahmen von dieser Regel wurden alte und kranke Menschen, diejenigen, die Familie in der Schweiz hatten, und Waisenkinder genannt, für die es «wünschenswert»[12] wäre, in der Schweiz bleiben zu können. Die Transitmaxime hatte also nicht nur bei den Flüchtlingswerken ihre Spuren hinterlassen. Durch die jahrelangen Aufforderungen an die Flüchtlinge, ihre Emigration vorzubereiten, zog eine Mehrheit von ihnen eine permanente Niederlassung in der Schweiz nicht in Betracht. Der zweite Teil des oben erwähnten Zitats deutet den Grund dafür an: Ohne Niederlassungsrecht und Arbeitsbewilligung gab es keine Hoffnung auf den Aufbau einer eigenen Existenz. Die jahrelange Abhängigkeit von der jüdischen Flüchtlingshilfe und dem Wohlwollen der Behörden wirkte zermürbend auf die Betroffenen. In Bezug auf die Emigration wurden die Behörden als Resultat der Konferenz von Montreux lediglich gebeten, nicht über die Köpfe der Flüchtlinge hinweg über eine Rück- und Weiterwan-

---

6 Für eine Zusammenfassung der Tagung vgl. Mächler, Hilfe und Ohnmacht, 2005, S. 413 f., und Erlanger, Nur ein Durchgangsland, 2006, S. 218 f. Vgl. auch SZF: Zusammenfassung der Diskussionsergebnisse der Tagung über Rück- und Weiterwanderungsfragen in Montreux, Zürich, März 1945, AfZ, IB SIG-Archiv / 2691.
7 SZF, Flüchtlinge wohin, 1945, S. 18.
8 Ebd., S. 19.
9 Ebd., S. 20.
10 Vgl. ebd., S. 16.
11 SZF: Zusammenfassung der Diskussionsergebnisse der Tagung über Rück- und Weiterwanderungsfragen in Montreux, Zürich, März 1945, S. 1, AfZ, IB SIG-Archiv / 2691.
12 Ebd., S. 2.

derung zu entscheiden und individuelle Wünsche zu berücksichtigen.[13] Weiter forderten die Flüchtlinge mehr Mitbestimmungsrecht in den «Lagern», weitere Möglichkeiten der Berufsschulung und -umschulung und den Verzicht auf diskriminierende Massnahmen wie Einschränkung des Bewegungsradius, Einschränkung der Heiratsbewilligung und Einschränkungen im Publikationsrecht.[14] Die Flüchtlinge plädierten an die Behörden, es möge ihnen gestattet werden, sich in «Interessensgemeinschaften zusammenzuschliessen»,[15] um sich über mögliche Problemstellungen der Rückwanderung[16] mit Gleichgesinnten austauschen zu können. Auch politischen Flüchtlingen sollte diese Möglichkeit geboten werden, sofern dies nicht gegen die Neutralität der Schweiz verstosse.[17] Als wichtigstes Resultat aus der Konferenz ging die Erlaubnis hervor, dass Flüchtlinge eigene Delegierte wählen durften, die sich mit Vertreterinnen und Vertretern der Behörden und der Hilfswerke über die Rück- und Weiterwanderung austauschen sollten. Die Rechte der Flüchtlingsvertreter wurden von Bundesrat Eduard von Steiger aber massiv eingeschränkt.[18] Die Ergebnisse der Konferenz von Montreux wurden, einschliesslich aller gehaltenen Referate, von der SZF veröffentlicht.[19]

Viele Vertreterinnen und Vertreter des SIG und VSJF zeigten sich mit der jüdischen Präsenz an der Tagung unzufrieden. Der SIG war nicht nach Montreux eingeladen worden und damit gar nicht an der Konferenz vertreten.[20] Für den VSJF hatten zwar Otto H. Heim, Charlotte Spitz, Jacob Zucker, Robert Meyer und der neue Präsident Pierre Bigar teilgenommen,[21] sein Auftritt blieb

13 Vgl. ebd., S. 3.
14 Vgl. ebd., S. 4.
15 Ebd.
16 Unter «Rückwanderung» wurde die Rückkehr eines Flüchtlings in das Land verstanden, über dessen Staatsbürgerschaft er oder sie verfügte, aber auch die Rückreise in das Land, in welchem ein Flüchtling sich vor der Einreise in die Schweiz aufgehalten hatte. Vgl. Otto H. Heim, Charlotte Spitz: Bericht der Abt. Emigration, in: o. A.: TB VSJF, 1. 11. 1944–31. 5. 1945, o. O., o. D., S. 1, AfZ, IB VSJF-Archiv / 3.
17 Vgl. SZF: Zusammenfassung der Diskussionsergebnisse der Tagung über Rück- und Weiterwanderungsfragen in Montreux, Zürich, März 1945, S. 4, AfZ, IB SIG-Archiv / 2691.
18 Vgl. Mächler, Hilfe und Ohnmacht, 2005, S. 414; Picard, Die Schweiz und die Juden, 1994, S. 348.
19 Vgl. SZF (Hg.): Flüchtlinge wohin? Bericht über die Tagung für Rück- und Weiterwanderungs-Fragen in Montreux: Aussprache zwischen Behörden, Hilfswerken und Flüchtlingen: 25. Februar bis 1. März, Montreux 1945.
20 Vgl. Mächler, Hilfe und Ohnmacht, 2005, S. 414–416.
21 Vgl. Erna Freudenberg: Prot. VS VSJF, Zürich, 5. 3. 1945, AfZ, IB SIG-Archiv / 2404. Überdies erwähnte Otto H. Heim die Anwesenheit von Irene Eger von der Jüdischen Flüchtlingshilfe Zürich und Hugo Wolf, dem Leiter des Komitees Lugano. Beide verfügten in der Schweiz über «Emigrantenstatus». Weitere Flüchtlinge, die für den VSJF tätig waren, nahmen ebenfalls teil. Für eine Liste der Teilnehmerinnen und Teilnehmer, die gleichzeitig für den VSJF und seine Komitees arbeiteten, vgl. SZF: Liste der Emigranten und Flüchtlinge, die an der Tagung über Rück- und Weiterwanderung in Montreux teilnehmen werden, Zürich, Februar 1945, AfZ, NL Rachel Michel-Frumes / 30.

aber blass, und abgesehen von Pierre Bigars Exposé am letzten Tag der Tagung, das im Wesentlichen eine Dankesbekundung an die Behörden beinhaltete, hielt kein VSJF-Vertreter eine öffentliche Rede. Als enttäuschend wurden auch die Voten von Pfarrer Paul Vogt und Gertrud Kurz empfunden, die sich für eine «Rückwanderung» von jüdischen Flüchtlingen nach Deutschland ausgesprochen hatten. War bis anhin in jüdischen Kreisen das Engagement von Paul Vogt und Gertrud Kurz für Flüchtlinge positiv gewertet worden, empfand man die Wortmeldungen für eine Rückkehr von Jüdinnen und Juden nach Deutschland als Affront. Die schweizerisch-jüdische Presse bewertete die behördliche Zusage, keine Massenabschiebungen in neue Lager im Ausland vorzunehmen, als einziges positives Resultat der Konferenz. Kritisch bewertet wurden hingegen die vielen Voten für eine jüdische «Rückwanderung» nach Deutschland, Österreich und Polen, während über Palästina als mögliches Einwanderungsland nicht gesprochen worden sei. Das Mitspracherecht der Flüchtlinge sei indessen durch die zahlreichen Einschränkungen Eduard von Steigers zur Farce geworden.[22] Otto H. Heim, der an der Vorstandssitzung vom 5. März 1945 über die Konferenz berichtete, bezeichnete den Auftritt des VSJF zusammenfassend als «enttäuschend».[23] Allgemein sei «das jüdische Element [...] auf der Tagung zu kurz gekommen».[24]

Das «Israelitische Wochenblatt» (IW) publizierte im Anschluss an die Konferenz von Montreux einige Artikel, in denen es sich kritisch mit den Resultaten der Konferenz auseinandersetzte.[25] Paul Vogt und Gertrud Kurz drückten daraufhin in den SZF-Sitzungen gegenüber Otto H. Heim als Vizepräsidenten des VSJF ihr Erstaunen über diese Berichterstattung aus. Paul Vogt sandte Heim auch eine Kopie des Schreibens, das er selbst als Replik beim «Israelitischen Wochenblatt» eingereicht hatte.[26] Ihr Appell war nicht umsonst. In einem empörten Brief wandte sich Otto H. Heim an den SIG. Er verlangte, dass sich der SIG offiziell vom IW distanziere, das er als «übles Presseorgan»[27] bezeichnete, welches sich anmasse, als Vertreter des Schweizer Judentums aufzutreten. Darüber hinaus befürchtete er, die negative Berichterstattung über Personen wie Paul Vogt und Gertrud Kurz, die sich dezidiert für jüdische Flüchtlinge eingesetzt hätten, schade der Zusammenarbeit mit den christlichen Hilfsorganisationen: «Diejenigen Mitarbeiter des VSJF und SIG, die in der sozialen jüdischen Arbeit stehen, wissen, was für verhängnisvolle Folgen ein dummer Artikel im Jsrael. Wocheblatt haben kann und leider erschienen dort

---

22 Vgl. Mächler, Hilfe und Ohnmacht, 2005, S. 416; Picard, Die Schweiz und die Juden, 1994, S. 347–349.
23 Erna Freudenberg: Prot. VS VSJF, Zürich, 5. 3. 1945, S. 2, AfZ, IB SIG-Archiv / 2404.
24 Ebd.
25 Vgl. Picard, Die Schweiz und die Juden, 1994, S. 348 f.
26 Vgl. Otto H. Heim: Schreiben an den SIG, Zürich, 28. 3. 1945, AfZ, IB SIG-Archiv / 157.
27 Ebd.

in letzter Zeit sehr viele dumme, unsachliche und tendenziöse Artikel [...]. Die christlichen Freunde, die sich im Besonderen dem Flüchtlingsproblem annehmen und die auf diese Art und Weise angerempelt werden, müssen doch in ihrem guten Glauben erschüttert werden, wenn von offizieller, jüdischer Seite aus nichts gegen diese Anremplungen geschieht.»[28]

Otto H. Heim war der Überzeugung, dass eine Mehrheit im SIG die im IW geäusserte Kritik an Paul Vogt und Gertrud Kurz nicht billige und die Artikel im IW nicht die Meinung des Schweizer Judentums spiegeln würden. Eine Kopie seines Briefes ging an den Präsidenten des CC des SIG, Paul Guggenheim. Dieser brachte in einem Antwortschreiben sein Interesse zum Ausdruck, «über die Vorfälle, die in den Kreisen der Flüchtlingshilfe gegen das Israel. Wochenblatt vorgebracht wurden, des genaueren informiert»[29] zu werden. Es sei wichtig, dass der SIG, der in der Vergangenheit zum Teil mit «diletantischen [sic] Methoden»[30] mit Pressefragen umgegangen sei, sich hier vorsichtig positioniere, wenn er sich einen Einfluss auf das IW erhoffe.[31] Mit anderen Worten: Der SIG müsse zurückhaltend Kritik üben, um sich nicht dem Verdacht auszusetzen, jüdische Zeitschriften zu zensurieren. Paul Guggenheim machte sich vorwiegend Gedanken über das Verhältnis des SIG zur Schweizer Presse, das er als grundsätzliches Problem betrachtete. Otto H. Heim hingegen fürchtete direkte negative Auswirkungen der Berichterstattung des IW auf die Zusammenarbeit mit den christlichen Hilfswerken, von deren Hilfe sich der VSJF eine stärkere Position gegenüber den Behörden versprach.

Am 6. April 1945 erschien im IW erneut ein kritischer Bericht über die SZF, inhaltlich richtete sich der Artikel gegen die Wahl von Pfarrer Henry-Louis Henriod zum Direktor der SZF, da dieser «verantwortlich für das Verbot, in den Lagern über Zionismus und Palästina zu reden»,[32] sei. Auch die Wahl Heinrich Rothmunds zum Delegierten des Intergouvernementalen Flüchtlingskomitees wurde kritisch kommentiert.[33] In seiner Antwort an Paul Guggenheim vom 6. April 1945 nahm Otto H. Heim dazu wie folgt Stellung: «Man kann Herrn Pfarrer Henriod als Direktor der neuen Zentralstelle für Flüchtlingshilfe ablehnen oder akzeptieren, aber es ist ein Akt politischer Dummheit, ihn in einer jüdischen Zeitung auf diese Art und Weise anzugreifen.»[34]

Die Zusammenarbeit mit den christlichen Vertretern der Hilfswerke in der SZF werde durch die Angriffe in der jüdischen Presse nicht nur erschwert, es

---

28 Ebd.
29 Paul Guggenheim: Schreiben an Otto H. Heim, Genf, 4. 4. 1945, S. 1, AfZ, IB SIG-Archiv / 157.
30 Ebd.
31 Vgl. ebd., S. 1 f.
32 Omega: Um die Flüchtlingsvertretung. Ein Angriff gegen Rothmund, in: IW 14 (1945), S. 12.
33 Vgl. ebd.
34 Otto H. Heim: Schreiben an Paul Guggenheim, Zürich, 6. 4. 1945, AfZ, IB SIG-Archiv / 157.

werde «den Flüchtlingen und der jüdischen Allgemeinheit geschadet».[35] Wie Otto H. Heim selbst zu den Personen stand, die im IW angegriffen wurden, geht aus seinen Briefen nicht hervor. Seine Ablehnung scheint sich weniger gegen die Kritik an sich gerichtet zu haben als gegen die negativen Auswirkungen, die er für den VSJF und die Flüchtlinge befürchtete. Die Abhängigkeit des VSJF von der Zusammenarbeit mit den anderen Flüchtlingshilfswerken in der SZF wird allerdings deutlich illustriert. Diese betraf einerseits die Vertretung jüdischer Flüchtlinge gegenüber den Behörden, andererseits die leidige finanzielle Frage.

Im Vorstand des VSJF wurde intensiv über das Problem der negativen Berichterstattung des IW diskutiert. Saly Braunschweig, der regelmässig an den Vorstandssitzungen teilnahm, betonte, dass das IW nie offizielles Presseorgan des SIG gewesen sei, was aber in der Öffentlichkeit nicht so wahrgenommen werde. Daraus ergebe sich eine paradoxe Situation: «Die Oeffentlichkeit glaubt, dass das [...] was das Wochenblatt sagt, die Ansicht der Judenheit sei.»[36] Saly Braunschweig berichtete, dass das IW sich bereit erklärt habe, gegebenenfalls seine Artikel über die Flüchtlingshilfe vor dem Erscheinen dem SIG zur Zensur vorzulegen. Robert Meyer warnte aber vor einer solchen Massnahme, da damit der Eindruck entstünde, «wir wären für alles verantwortlich».[37] Es wurde beschlossen, einen eigenen Artikel im IW zu veröffentlichen, der die Zusammenarbeit mit anderen Flüchtlingshilfswerken positiv hervorheben und sich von den Angriffen gegen Persönlichkeiten aus der SZF distanzieren sollte.[38] Damit war das Problem für den VSJF vorläufig erledigt, wie Paul Guggenheim jedoch in einem Brief an Otto H. Heim schrieb, blieben die Konflikte zwischen dem IW und dem SIG weiterhin ungelöst.[39]

Nach der Konferenz von Montreux arbeitete der VSJF aktiv an einer Verwirklichung des Mitspracherechts der Flüchtlinge hinsichtlich der «Rück- und Weiterwanderungsfragen» weiter. In den SZF-Sitzungen setzte sich neben Silvain S. Guggenheim auch Robert Meyer, seit Oktober 1944 Leiter des Ressorts Kulturelles im VSJF, dezidiert für ein Mitbestimmungsrecht der Flüchtlinge in der Frage der Nachkriegsplanung ein. Er war massgeblich an der Schaffung von Rahmenbedingungen für eine Flüchtlingsvertretung beteiligt.[40] Die Erlaubnis der Behörden an die Flüchtlinge, eine eigene Vertretung für Fragen

---

35 Ebd.
36 Erna Freudenberg: Prot. VS VSJF, Zürich, 9. 4. 1945, S. 3, AfZ, IB VSJF-Archiv / 30.
37 Ebd.
38 Vgl. ebd., S. 4. Vgl. auch o. A.: Prot. GA VSJF, Zürich, 10. 4. 1945, o. S., AfZ, IB VSJF-Archiv / 24.
39 Paul Guggenheim: Schreiben an Otto H. Heim, Genf, 15. 4. 1945, AfZ, IB SIG-Archiv / 157. An der DV des SIG vom 10. 5. 1945 wurde über die Gründung einer Gemeindebundzeitung diskutiert, das Projekt war allerdings noch nicht ausgereift und einige Delegierte machten auf die hohen Kosten eines solchen Eigenprodukts aufmerksam. Vgl. Alice Brandenburger, Leo Littmann: Prot. DV SIG, Lausanne, 10. 5. 1945, S. 15–17, AfZ, IB SIG-Archiv / 32.
40 Vgl. M. Furrer: Prot. SZF, Zürich, 17. 2. 1945, S. 7 f., AfZ, IB SFH-Archiv / 45.

der «Rück- und Weiterwanderung» zu wählen, wurde daher als Erfolg für den VSJF gewertet. Im Tätigkeitsbericht von 1945 wurde festgehalten, dass der VSJF für die Ausarbeitung des Wahlstatuts und für das Wahlverfahren für die Vertretung der Flüchtlinge verantwortlich war. Nach den Wahlen im Juni 1945 nahm die Flüchtlingsvertretung ihre Arbeit auf. Der Flüchtlingsvertretung wurde eine rein beratende Funktion zugesprochen. An einer Versammlung von 220 Delegierten aus Flüchtlingskreisen in Gwatt am 5. Juni 1945 wurden neun Vertreterinnen und Vertreter der Flüchtlinge gewählt. Die Flüchtlingsvertreterinnen und -vertreter nahmen an den Sitzungen der Kommission der SZF für Rück- und Weiterwanderung teil.[41] Dieses Forum wurde als «gemischte Kommission» bezeichnet. Die konstituierende Sitzung der Kommission fand am 13. Juni 1945 statt. Vertreter des VSJF waren Otto H. Heim und Robert Meyer, der als Vizepräsident fungierte. Präsidentin der Kommission war Berta Hohermuth, als Präsident der Flüchtlingsvertretung wurde Hans Klee gewählt.[42] Die Flüchtlingsvertretung wurde ab 1946 regelmässig zu den Generalversammlungen des VSJF eingeladen.[43]

Bis September 1945 fanden sieben gemeinsame Sitzungen der gemischten Kommission für «Rück- und Weiterwanderung» der SZF statt. An den Sitzungen nahmen neben den Vertreterinnen und Vertretern des VSJF und der SZF auch Regina Boritzer als Vertreterin der Kommission Hilfe und Aufbau des SIG teil[44] sowie Vertreter der Polizeiabteilung und des Intergouvernementalen Komitees. Die Exponentinnen und Exponenten der Flüchtlingsorganisationen und der Flüchtlinge führten jeweils im Vorfeld der Sitzungen der «gemischten Kommission» vormittags eine eigene Besprechung durch.[45]

Robert Meyer und Otto H. Heim kämpften im Sommer 1945 gemeinsam dafür, dass Vertreterinnen und Vertreter der Flüchtlinge an den Vorstandssitzungen des VSJF teilnehmen könnten. Zur Diskussion, die darüber im Vorstand entbrannte, bemerkte Robert Meyer: «Wir haben nun zwei Jahre lang für das Mitspracherecht der Flüchtlinge gekämpft. Wir haben es so weit gebracht, dass der Bund sich direkt Flüchtlinge anhört in Fragen, die das Schicksal der Flüchtlinge in bezug auf ihre Rück- und Weiterwanderung betreffen. […] Es geht doch nicht an, dass wir das Mitspracherecht bei anderen befürworten und in unserem eigenen Vorstand ablehnen.»[46]

---

41 Vgl. U. Wildbolz: Prot. Ausschuss IV Sachverständigenkommission, Bern, 19. 9. 1945, S. 8, BAR, E9500.193#1969/150#28*.
42 Vgl. Otto H. Heim: TB VSJF 1945, o. O., o. D., S. 5 f., AfZ, IB SIG-Archiv / 2393, sowie Henriod, H. L.: JB SZF, 15. 5. 1945–12. 9. 1946, Zürich, 11. 9. 1946, S. 4, AfZ, IB SFH-Archiv / 6.
43 Vgl. Theodora Dreifuss: Prot. GV VSJF, Zürich, 16. 6. 1946, S. 2, AfZ, IB VSJF-Archiv / 17.
44 Vgl. Kapitel 7.6.2.
45 Vgl. U. Wildbolz: Prot. Ausschuss IV Sachverständigenkommission, Bern, 19. 9. 1945, S. 8–10, BAR, E9500.193#1969/150#28*.
46 Lilly Wolffers: Prot. VS VSJF, Zürich, 25. 6. 1945, S. 6, AfZ, IB SIG-Archiv / 2404.

Heim schloss sich dieser Meinung an. Georges Bloch, Siegfried E. Guggenheim-Ullmann und Josef Wyler sprachen sich gegen die Teilnahme der Flüchtlinge an allen Sitzungen des Vorstandes aus.[47] Georges Bloch machte in diesem Zusammenhang darauf aufmerksam, dass der Vorstand manchmal «harte Entscheidungen»[48] zu treffen habe, die von den Flüchtlingen womöglich abgelehnt würden. Angenommen wurde schliesslich der Vorschlag von Sylvain Guggenheim-Wyler, gemeinsame Sitzungen für Flüchtlinge und Vorstandsmitglieder einzurichten, jedoch bedeutete dies eine Ablehnung der Teilnahme von Flüchtlingen an den Vorstandssitzungen.[49]

7.5.2 Rückkehr jüdischer Flüchtlinge nach Deutschland

Für das Schweizer Judentum wurde im Frühjahr 1945 die Frage politisch brisant, welche Position gegenüber einer allfälligen Rückkehr jüdischer Flüchtlinge nach Deutschland einzunehmen sei. In der Vorstandssitzung des VSJF am 12. März 1945 bemerkte Robert Meyer, dass die Flüchtlinge in den «Lagern» und Heimen eine klare Stellungnahme des VSJF in diesem Zusammenhang erwarten würden.[50] Sowohl der SIG als auch der VSJF zeigten sich verärgert über die von kommunistischen Flüchtlingen propagierte Parole «Zurück nach Deutschland», die sich laut Jacob Zucker vor allem in den Initiativausschüssen, aber auch in der Flüchtlingszeitschrift «Ueber die Grenzen» und an der Tagung in Montreux manifestiert hatte.[51] Der Kampf gegen eine Rückkehr von jüdischen Flüchtlingen nach Deutschland sei dem VSJF damit, so Jacob Zucker, «aufgezwungen worden».[52] Im März 1945 wurde daher in den Vorstandssitzungen des VSJF an einer Stellungnahme zu diesem Thema gearbeitet. Am 12. April 1945 wurde die vom VSJF formulierte Resolution von der Geschäftsleitung des SIG genehmigt.

Die Resolution beinhaltete im Wesentlichen die Formulierung, dass sich der SIG «gegen die Rückkehr von jüdischen Flüchtlingen nach Deutschland»[53] ausspreche. Es handelt sich dabei um die erste Stellungnahme des SIG, in der Deutschland als treibende Kraft bei der Verfolgung und Ermordung der Jüdinnen und Juden in Deutschland und den besetzten Gebieten explizit genannt

---

47 Vgl. ebd.
48 Ebd., S. 5.
49 Vgl. ebd., S. 6.
50 Vgl. Erna Freudenberg: Prot. VS VSJF, o. O., 12. 3. 1945, S. 4, AfZ, IB SIG-Archiv / 2404.
51 Vgl. Erna Freudenberg: Prot. VS VSJF, o. O., 19. 3. 1945, S. 2, AfZ, IB SIG-Archiv / 2404.
52 Ebd.
53 Alice Brandenburger: Prot. GL SIG, Zürich, 12. 4. 1945, S. 1 f., AfZ, IB SIG-Archiv / 175. Ungeachtet des Wortlauts der Resolution lehnten viele VSJF-Mitarbeitende auch die «Rückwanderung» nach Österreich ab und forderten, dass man diese nicht finanziell unterstütze. Vgl. O. A.: Prot. GV VSJF, Bern, 17. 6. 1945, S. 40–42, AfZ, IB SIG-Archiv / 2402.

wird.⁵⁴ Der Inhalt der Resolution wurde zunächst nur den VSJF-Mitarbeitenden und den Flüchtlingen selbst bekannt. Flüchtlinge, die nach Deutschland zurückkehren wollten, wurden durch die Resolution gegenüber denen, die in ein anderes Land zurückkehrten, schlechter gestellt. Sie erhielten für ihre Rückreise kein «Zehrgeld».⁵⁵

Für den VSJF ging es jedoch in der Debatte – dies geht aus den langen Diskussionen zwischen den Vorstandsmitgliedern hervor – weniger um die praktischen Auswirkungen der Resolution als um die eigene Position gegenüber der Judenverfolgung. Davon zeugt auch die Emotionalität, mit der über das Thema verhandelt wurde.

Im Zentrum stand die Definition der eigenen jüdischen Identität und der Positionierung in grundlegenden Fragen, die das Judentum nach der Shoah betrafen, wie aus zahlreichen Protokollen des VSJF und SIG im Zusammenhang mit diesem Thema hervorgeht. Festmachen lässt sich diese Beobachtung am inflationären Gebrauch der Begriffe «jüdisches Bewusstsein»⁵⁶ und «jüdisches Empfinden»,⁵⁷ das denjenigen abgehe, die eine Rückkehr nach Deutschland in Betracht ziehen würden. Einig waren sich alle Vorstandsmitglieder des VSJF darin, dass die Rückkehr von jüdischen Flüchtlingen nach Deutschland abzulehnen sei. Vor allem Robert Meyer trat aber dezidiert dafür ein, dass diejenigen, die eine Rückkehr nach Deutschland beabsichtigten, dieselben Unterstützungsleistungen vom Verband erhalten sollten wie alle anderen «Rückwanderinnen» und «Rückwanderer». Saly Braunschweig hielt in diesem Zusammenhang fest, dass es sich in der Frage einer möglichen Rückkehr von jüdischen Flüchtlingen nach Deutschland «um die Grundlage der politischen Linie, die der Verband gestützt auf die politische Linie des SIG, einzunehmen hat»,⁵⁸ gehe. Otto H. Heim und Jacob Zucker traten dafür ein, dass es an der Zeit sei, einen «jüdischen Standpunkt»⁵⁹ in der Frage der «Rückwanderung» nach Deutschland einzunehmen, und zwar als Gegengewicht zu jenen Flüchtlingen, die aufgrund ihrer sozialistischen oder kommunistischen Überzeugung die Existenz einer «Judenfrage» durch einen Systemumbruch als erle-

---

54 Bei Simon Erlanger wird der Wortlaut der Resolution vollständig wiedergegeben. Vgl. Erlanger, Nur ein Durchgangsland, 2006, S. 215. Zur SIG-Resolution und deren Folgen vgl. Mächler, Hilfe und Ohnmacht, 2005, S. 417–420.
55 Vgl. Mächler, Hilfe und Ohnmacht, 2005, S. 418.
56 Votum von Jacob Zucker an der Sitzung des Vorstandes des VSJF am 19. 3. 1945, S. 2, AfZ, IB SIG-Archiv / 2404.
57 Votum von Otto H. Heim an der Sitzung des Vorstandes des VSJF am 12. 3. 1945, S. 5, AfZ, IB SIG-Archiv / 2404, vgl. ebenfalls Votum von Saly Braunschweig an der Sitzung des Vorstandes des VSJF am 19. 3. 1945, S. 4, AfZ, IB SIG-Archiv / 2404.
58 Votum von Saly Braunschweig an der Sitzung des Vorstandes des VSJF am 19. 3. 1945, S. 3, AfZ, IB SIG-Archiv / 2404.
59 Vota von Otto H. Heim und Jacob Zucker an der Sitzung des Vorstandes des VSJF am 5. 3. 1945, S. 6, AfZ, IB SIG-Archiv / 2404.

digt betrachten und daher die jüdische «Rückwanderung» nach Deutschland, Österreich und Polen fördern würden.[60]

Es sei nicht möglich – darin gingen die Vorstandsmitglieder einig –, die Rückkehr von jüdischen Flüchtlingen nach Deutschland zu verbieten, jedoch wurde denjenigen, die diese Möglichkeit in Betracht zogen, ihr «jüdisches Bewusstsein»[61] abgesprochen. Mit anderen Worten: Es wurde bezweifelt, ob diese Personen überhaupt als jüdisch betrachtet werden konnten. Robert Meyer, dem es in erster Linie darum ging, jüdische Rückkehrende nach Deutschland nicht zu diskriminieren, sah in der Schlechterstellung dieser Flüchtlinge eine Massnahme, die moralisch nicht zu rechtfertigen sei, denn Druck auf die Flüchtlinge auszuüben, würde «dem jüdischen moralischen Empfinden»[62] widersprechen.

In der Suche nach der «richtigen», der «jüdischen» Gesinnung, in der Abgrenzung von der verlorenen jüdischen Identität, spiegelt sich auch das Bedürfnis nach einer klaren politischen Richtung. Im VSJF wird dies beispielsweise durch das Votum von Lothar Rothschild ersichtlich, der an der Generalversammlung des VSJF vom 17. Juni 1945 die Wahl von Otto H. Heim zum Präsidenten des VSJF mit Genugtuung zur Kenntnis nahm, denn dieser habe sich in der Einhaltung der «jüdische[n] Direktion»[63] in den letzten Monaten positiv hervorgetan. Die Haltung der Flüchtlinge, die sich aufgrund ihres sozialistischen und kommunistischen Gedankenguts am Aufbau eines neuen Deutschlands beteiligen wollten, wurde vom VSJF klar abgelehnt. Obwohl es sich objektiv betrachtet nur um ein marginales Problem handelte, denn es kehrten nur vereinzelt jüdische Flüchtlinge nach Deutschland zurück, ging es implizit um die Suche nach einer ideologischen Haltung. Der SIG und der VSJF sahen sich aufgefordert, in ihrer Aufgabe, die jüdischen Interessen in der Schweiz zu vertreten, klar Stellung zu den Ereignissen der Kriegsjahre zu beziehen. Mit der Resolution wurde signalisiert, dass man die Judenverfolgung durch das nationalsozialistische Deutschland nicht vergessen und zum Tagesgeschäft übergehen wollte.

In der Delegiertenversammlung des SIG wurde die Resolution gegen die «Rückwanderung» nach Deutschland deshalb auch im Rahmen weiterer Beschlüsse verhandelt, die von Paul Guggenheim und weiteren 25 Delegierten an die Versammlung herangetragen wurden. Sie beinhalteten die Unterstützung des Palästinaaufbaus, die Forderung nach der Wiederherstellung der

---

60 Vgl. Votum Jacob Zucker an der Sitzung des Vorstandes des VSJF am 5. 3. 1945, S. 4–6, AfZ, IB SIG-Archiv / 2404.
61 Votum Jacob Zucker an der Sitzung des Vorstandes des VSJF am 19. 3. 1945, S. 2, AfZ, IB SIG-Archiv / 2404.
62 Vota von Robert Meyer an der Sitzung des Vorstandes des VSJF am 19. 3. 1945, S. 5, AfZ, IB SIG-Archiv / 2404.
63 O. A.: Prot. GV VSJF, Bern, 17. 6. 1945, S. 39, AfZ, IB SIG-Archiv / 2402.

Rechte von Jüdinnen und Juden, die Bekämpfung des Antisemitismus, die Hilfe beim Wiederaufbau der zerstörten jüdischen Gemeinden, die Zusammenarbeit der internationalen jüdischen Organisationen und die Rettung der überlebenden jüdischen Kinder.[64] Verhandelt wurde über die politische Richtung, die das Schweizer Judentum hinsichtlich der Nachkriegsprobleme einnehmen wollte. Die Delegiertenversammlung stimmte der Resolution zu, wobei der erste Absatz zur Palästinafrage gestrichen wurde. Von einer Publikation der Resolution wurde abgesehen.[65]

Die Resolution über die «Rückwanderung» nach Deutschland führte im Sommer 1945 zu weiteren Diskussionen, vor allem, was die Schlechterstellung der «Rückwanderinnen» und «Rückwanderer» nach Deutschland und Österreich betraf. Bis Juli 1945 hatten auch die Mitglieder der SZF Kenntnis von der Resolution des VSJF und SIG, die «Rückwanderung» nach Deutschland nicht zu unterstützen.[66] Einige christliche Mitglieder der SZF äusserten ihr Unverständnis über diese Massnahme,[67] aber auch auf jüdischer Seite war man sich uneins, ob Flüchtlinge, die nach Deutschland zurückkehrten, dieselben Unterstützungsleistungen des VSJF erhalten sollten. Otto H. Heim berichtete an einer Vorstandssitzung des VSJF, Hans Klee, der Präsident der Flüchtlingsvertretung, und Rabbiner Salomon Ehrmann hätten sich gegen eine Schlechterstellung dieser Flüchtlinge ausgesprochen. Ein Vorschlag von Saly Braunschweig, die Ausrüstung der «Rückwanderinnen» und «Rückwanderer» nach Deutschland und Österreich zu finanzieren, ihnen jedoch kein Geld für allfällige Fahrkosten jenseits der Schweizer Grenze zur Verfügung zu stellen, wurde akzeptiert, wobei sich Jacob Zucker weiterhin gegen jegliche Unterstützungsleistungen von «Rückwanderinnen» und «Rückwanderern» nach Deutschland aussprach und Robert Meyer für ihre Gleichstellung auf allen Ebenen plädierte.[68] Robert Meyer war es auch, der an der Vorstandssitzung des VSJF am 12. November 1945 einen Wiedererwägungsantrag betreffend die Unterstützungsleistungen an «Rückwanderinnen» und «Rückwanderer» nach Deutschland stellte. Aus den Voten der Vorstandsmitglieder geht hervor, dass viele sich angesichts der mangelnden Unterstützung der vom VSJF gegen die «Rückwanderung» nach Deutschland ergriffenen Massnahmen aus jüdischen und nichtjüdischen Kreisen geneigt sahen, dem Wiedererwägungsantrag von Robert Meyer zuzustimmen. Robert Meyer wies ausserdem darauf hin, dass auch die «Rückwanderung» nach Polen finanziell unterstützt würde, obwohl

---

64 Vgl. Alice Brandenburger, Leo Littmann: Prot. DV SIG, Lausanne, 10. 5. 1945, S 6 f., AfZ, IB SIG-Archiv / 32.

65 Vgl. ebd., S. 12.

66 Vgl. dazu eine Bemerkung von Rodolfo Olgiati an einer SZF-Sitzung im Juli 1945. Vgl. Milly Furrer: Prot. SZF, Zürich, 5. 7. 1945, S. 6 f., AfZ, IB SFH-Archiv / 45.

67 Vgl. Votum von Silvain S. Guggenheim an der Sitzung des Vorstandes des VSJF. Vgl. Theodora Dreifuss: Prot. VS VSJF, Zürich, 12. 11. 1945, S. 2, AfZ, IB SIG-Archiv / 2404.

68 Vgl. o. A.: Prot. VS VSJF, Zürich, 9. 7. 1945, S. 1–4, AfZ, IB SIG-Archiv / 2404.

dort «mindestens so viel Antisemitismus»[69] herrsche wie in Deutschland oder Österreich. Daher sei die Schlechterstellung der «Rückwanderinnen» und «Rückwanderer» nach Deutschland «nicht logisch».[70] Der Wiedererwägungsantrag von Robert Meyer wurde mit fünf zu vier Stimmen knapp angenommen.[71] Damit wurden Flüchtlinge, die nach Deutschland zurückzukehren wünschten, gleichbehandelt wie alle anderen Flüchtlinge, die repatriiert wurden.

7.6 Das Kriegsende vor Augen: Praktische Aufgaben des VSJF 1944–1946

7.6.1 Die Emigrationsabteilung des VSJF

Die Vorbereitung und Durchführung der Emigration von Flüchtlingen wurde ab Sommer 1944 wieder zu einer Kernaufgabe des VSJF. Während es zwischen 1940 und 1944 beinahe unmöglich geworden war, geplante Emigrationen in ein Drittland durchzuführen, konnten VSJF und SIG dank des Kriegsverlaufs Flüchtlinge wieder bewegen, auszureisen. Massgebend dafür waren die Vorgaben des Bundes, der nach wie vor nur den Transit von Flüchtlingen zuliess. Allerdings sorgte auch die finanzielle Misere des VSJF dafür, dass Gedankenspiele betreffend andere Lösungen, vor allem grösseren Ausmasses, bereits im Keim erstickt wurden.[72]

In einer der ersten Sitzungen des designierten VSJF-Präsidenten Pierre Bigar im August 1944 wurde dessen Votum folgendermassen paraphrasiert: «Die Vorbereitung der Auswanderung müsse nun intensiviert werden, damit die Flüchtlinge bei erster Gelegenheit die Schweiz verlassen, nachdem wir während 10 Jahren unsere Pflicht erfüllt hätten.»[73] Vorgesehen sei, dass er selbst sich um die Organisation der Ausreisen kümmere, während Silvain S. Guggenheim «z. B. das Ressort der ‹Vorbereitung der Auswanderung›, den Verkehr mit Konsulaten und Behörden übernehme».[74] Silvain S. Guggenheim lehnte es jedoch entschieden ab, weiterhin eine leitende Position im VSJF zu besetzen.

Im Hinblick auf die Generalversammlung des VSJF wurde im September 1944 beschlossen, Pierre Bigar, Otto H. Heim und Josef Wyler als Mitglieder

---

69 Theodora Dreifuss: Prot. VS VSJF, Zürich, 12. 11. 1945, S. 3, AfZ, IB SIG-Archiv / 2404.
70 Ebd.
71 Vgl. ebd., S. 4.
72 Vgl. Erlanger, Nur ein Durchgangsland, 2006, S. 188 f., sowie Mächler, Hilfe und Ohnmacht, 2005, S. 420.
73 Jenny Meyer: Prot. Zentralstelle VSJF, o. O., 21. 8. 1944, S. 1, AfZ, IB VSJF-Archiv / 29.
74 Ebd.

des engeren Geschäftsausschusses des VSJF vorzuschlagen. Ausserdem wurde das Ressort «Nachkriegsfragen» unter der Leitung von Otto H. Heim gegründet. Regina Boritzer sollte eine leitende Position in dieser Abteilung übernehmen. In der Kommission sollte auch der SIG vertreten sein, «der sich ebenfalls mit Nachkriegsproblemen befasst».[75] Die «Rück- und Weiterwanderung» der Flüchtlinge wurden als dringendstes Problem der Nachkriegsfragen für den VSJF definiert.[76]

Schliesslich wurde eine Emigrationsabteilung unter der Leitung von Otto H. Heim eingerichtet. Charlotte Spitz war für die praktische Arbeit zuständig, nachdem Regina Boritzer auf Ende September 1944 ihre Kündigung eingereicht und die Arbeit im VSJF Ende November endgültig niedergelegt hatte.[77] Die Emigrationsabteilung des VSJF übernahm die Vorbereitung und Durchführung aller Ausreisen von Flüchtlingen.

Bezüglich der Frage, wie die von den Alliierten befreiten Länder mit der Repatriierung von Flüchtlingen umzugehen gedachten, hielt der VSJF seine Komitees jeweils via Rundschreiben auf dem Laufenden. So wurde am 23. Oktober 1944 berichtet, Belgien und die Niederlande hätten sich bereit erklärt, Flüchtlinge, die vor dem Krieg im Land ansässig gewesen seien, wieder aufzunehmen. Frankreich hingegen habe erklärt, dass «vorläufig nur *französische Staatsangehörige* zurückkehren»[78] könnten. Für die Rückkehr von Flüchtlingen, die vor dem Krieg in Frankreich gelebt hätten, habe man hingegen bisher keine verbindliche Vereinbarung getroffen.[79] Im Dezember 1944 berichtete Otto H. Heim an alle Komitees und «Lager», dass die französische Regierung sich bereit erklärt habe, «alle Flüchtlinge zu repatriieren».[80] Es sei daher mit Massenausreisen von Flüchtlingen zu rechnen. Für die Ausreise müsse bei der Fremdenpolizei des zuständigen Kantons ein Formular im Doppel ausgefüllt werden.[81] Der VSJF arbeitete für eine organisierte Repatriierung der Flüchtlinge nach Frankreich auch mit dem französischen Konsulat zusammen.[82] Er informierte die Komitees darüber, dass sie alle Daten der Flüchtlinge aus den «Lagern» und Heimen im Konsulatsbezirk Zürich, die nach Frankreich zurückzukehren wünschten, mittels eines Formulars erfassen sollten. Das

---

75 Jenny Meyer: Prot. Zentralstelle VSJF, o. O., 20. 9. 1944, AfZ, IB VSJF-Archiv / 29. Die GV des VSJF vom 22. 10. 1944 bestätigte Otto H. Heims Wahl in den Vorstand als Leiter der Abteilung «Nachkriegsfragen». Vgl. Kapitel 7.1.2.
76 Vgl. Otto H. Heim, Charlotte Spitz: Bericht der Abt. Emigration, in: o. A.: TB VSJF, 1. 11. 1944–31. 5. 1945, o. O., o. D., S. 4, AfZ, IB VSJF-Archiv / 3.
77 Zu den Umständen der Kündigung vgl. Kapitel 7.11.
78 VSJF: Rundschreiben Nr. 505, Zürich, 23. 10. 1944, AfZ, IB SIG-Archiv / 2412 (Hervorhebung im Original).
79 Vgl. ebd.
80 Otto H. Heim: Rundschreiben Nr. 556, Zürich, 24. 12. 1944, AfZ, IB SIG-Archiv / 2412.
81 Vgl. ebd.
82 Vgl. Otto H. Heim: Rundschreiben Nr. 608, Zürich, 22. 3. 1945, AfZ, IB SIG-Archiv / 2413.

französische Konsulat sende die eingegangenen Karten mit den Personalien der Flüchtlinge zur Überprüfung weiter nach Paris.[83]

Die Ausreise erfolgte keineswegs immer auf freiwilliger Basis,[84] vielmehr wurden die Flüchtlinge ungeachtet der Beschlüsse der Konferenz in Montreux häufig von der Fremdenpolizei vor vollendete Tatsachen gestellt, was die Rückkehr in ein als «zumutbar» eingestuftes Land anging.[85] In der Frage der Repatriierung von Flüchtlingen nach Frankreich wurde der VSJF im November 1944 von der Polizeiabteilung informiert, dass «die Schweiz es selbstverständlich nicht dem Belieben des Einzelnen überlassen» kann, «wenn er ausreisen will».[86] Der erweiterte Geschäftsausschuss des VSJF beschloss, dieser Vorgabe zu folgen, jedoch in Einzelfällen bei der Polizeiabteilung zu intervenieren. Weiter wurde beschlossen, zusammen mit der Zentralstelle der SZF einen Antrag zu stellen, damit die Ausreisefrist nach dem Aufgebot zur Ausreise von zwei auf acht Tage verlängert werde.[87] Im Januar 1945 informierte die Geschäftsleitung des SIG den VSJF darüber, wie er sich in der Frage der Rückkehr der französischen Flüchtlinge nach Frankreich zu positionieren habe. Der SIG bezeichnete die Rückkehr als zumutbar,[88] nachdem sich die eidgenössische Fremdenpolizei bereit erklärt hatte, «die überstürzten Ausreise-Befehle»[89] einzustellen. Wahrscheinlich hatte der SIG in dieser Hinsicht gar keine andere Wahl, denn die Fremdenpolizei wollte die Ausreisen, nun, da sie wieder realisierbar waren, so rasch wie möglich durchführen. Allerdings informierte der VSJF seine Komitees auch über Möglichkeiten, einzelne Gruppen von Flüchtlingen vor der Repatriierung zu schützen. So berichtete Otto H. Heim, dass Kinder und Jugendliche bis 20 Jahre unter Angabe eines Grundes von der Repatriierung zurückgestellt werden konnten.[90]

Viele Flüchtlinge warteten weder den Bescheid der Fremdenpolizei noch das Laisser-passer des französischen Konsulats ab und reisten illegal nach Frankreich zurück. Der VSJF nahm die illegalen Ausreisen mehr oder weniger passiv zur Kenntnis, während die Fremdenpolizei sich zugunsten einer geordneten und kontrollierten Ausreise gegen die illegale Rückwanderung stellte.[91]

---

83 Vgl. ebd.
84 Vgl. Kapitel 6.3.
85 Vgl. dazu auch UEK, Die Schweiz und die Flüchtlinge, 2001, S. 180.
86 O. A.: Kurzbericht über die Sitzung des erweiterten GA des VSJF, Zürich, 28. 11. 1944, S. 1, AfZ, IB VSJF-Archiv / 23.
87 Vgl. ebd.
88 Vgl. Sekretariat SIG: Schreiben an die Delegierten des SIG, Zürich, 23. 1. 1945, S. 6, AfZ, IB SIG-Archiv / 32.
89 L. Littmann: Prot. GL SIG, o. O., 22. 1. 1945, S. 6, AfZ, IB SIG-Archiv / 175. Gemäss einer Mitteilung des VSJF-Präsidenten Pierre Bigar an die GL des SIG waren die knappen Ausreisefristen von Frankreich festgesetzt worden und nicht von der Schweiz. Vgl. ebd.
90 Vgl. Otto H. Heim: Rundschreiben Nr. 568, Zürich, 30. 1. 1945, AfZ, IB SIG-Archiv / 2413.
91 Otto H. Heim und Charlotte Spitz schrieben beispielsweise für den Tätigkeitsbericht des VSJF 1944/1945, die Auswanderung werde durch die «verschiedenen Regierungen, Konsulate und

Gegenüber der Unterkommission der Sachverständigenkommission im Ausschuss IV nahm Otto H. Heim zu den illegalen Ausreisen Stellung: «*Herr Heim* erklärt, dass oft Flüchtlinge während ihres Urlaubes bei den Fürsorgeinstitutionen vorsprächen und ihre Absicht der illegalen Ausreise vorbrächten. Die Institutionen seien dann in einem Gewissenskonflikt, besonders wenn sich die Familie des Betreffenden bereits in Frankreich befinde. Die illegale Ausreise könne, da sie nicht ungefährlich sei, nicht empfohlen werden. Aber es gebe Fälle, bei welchen dieser Standpunkt als sehr hart erscheine.»[92]

Oscar Schürch äusserte zwar Verständnis für die zwiespältige Lage, in der sich die Hilfsorganisationen befanden, verwies jedoch auf ein Abkommen zwischen Frankreich und der Schweiz, das es einzuhalten gelte.[93] Misslungene illegale Ausreisen wurden offenbar zumindest teilweise mit einer Freiheitsstrafe geahndet. So gab Otto Zaugg auf Anfrage von Robert Meyer in der Unterkommission bekannt, «dass in solchen Fällen der Mann an der Grenze ein paar Tage in Haft behalten werde, dagegen seine Frau sofort wieder ins Lager zurückkehren könnte. Die illegale Ausreise nach Frankreich sei bekanntlich untersagt und müsse daher mit einer geringen Strafe geahndet werden.»[94]

Bereits Anfang Januar 1945 hatte Jacob Zucker die Komitees angewiesen, den VSJF über Personen zu orientieren, die legal oder illegal ausgereist waren.[95] Der VSJF versuchte auf diese Weise den Überblick über die ausreisenden Flüchtlinge zu behalten und zu vermeiden, dass jemand missbräuchlich Unterstützungsgelder bezog. Wiederholt wurden die Komitees durch Rundschreiben angehalten, den ihnen unterstellten Flüchtlingen, die nach Frankreich zurückkehren wollten, dringend von einer Kontaktaufnahme mit der Mission in Genf oder der Fremdenpolizei in Bern abzuraten, um zu erfahren, wann ihre Repatriierung stattfinde.[96] Die Organisation der Ausreisen werde dadurch

---

 Behörden» so kompliziert gestaltet, dass man es den Flüchtlingen «nicht verargen» könne, wenn sie eine illegale Ausreise vorzögen. Vgl. Otto H. Heim, Charlotte Spitz: Bericht der Abt. Emigration, in: o. A.: TB VSJF, 1. 11. 1944–31. 5. 1945, o. O., o. D., S. 1, AfZ, IB VSJF-Archiv / 3. Heinrich Rothmund hingegen erwähnte an der 2. Sitzung des Ausschusses IV der Sachverständigenkommission, dass «die Polizeiabteilung [...] wichtige Gründe dagegen» habe, «dass die Flüchtlinge schwarz ausreisen». Er wies auf die Zustände in der Vorkriegszeit hin, in der Flüchtlinge zwischen den Landesgrenzen hin- und hergeschoben wurden. Solche Zustände seien unbedingt zu vermeiden. Vgl. H. Müri: Prot. Ausschuss IV Sachverständigenkommission, Bern, 2. 10. 1944, BAR, E9500.193#1969/150#28*.

92 H. Müri: Prot. Unterkommission Ausschuss IV, Bern, 18. 4. 1945, S. 4, BAR, J2.55#1970/95#31* (Hervorhebung im Original).
93 Vgl. ebd.
94 H. Müri: Prot. Unterkommission Ausschuss IV, Bern, 1. 5. 1945, S. 4, BAR, J2.55#1970/95#31*.
95 Vgl. Jacob Zucker: Rundschreiben Nr. 567, Zürich, 23. 1. 1945, AfZ, IB SIG-Archiv / 2413.
96 Vgl. dazu zum Beispiel Otto H. Heim: Rundschreiben Nr. 637, Zürich, 25. 5. 1945, AfZ, IB SIG-Archiv / 2413.

erschwert und die Zusammenarbeit zwischen dem VSJF und den Behörden leide darunter.[97]

Unter «Weiterwanderung» wurde die Emigration nach Übersee verstanden, wobei die meisten Flüchtlinge in die USA emigrieren wollten.[98] Die Emigration in die USA war jedoch einer Quotenregelung[99] je nach Herkunftsland der Flüchtlinge unterworfen und für den VSJF mit vielen Schwierigkeiten verbunden; unter anderem waren die Transportmöglichkeiten in die USA eingeschränkt und mit hohen Kosten verbunden.[100] Otto H. Heim fasste den Arbeitsaufwand des VSJF für die Auswanderung nach Übersee 1954 so zusammen: «Jede einzelne Emigration nach Übersee – und der V. S. J. F. vermittelte viele Tausende – erforderte ein ausserordentliches Mass von fürsorgerischer und administrativer Arbeit [...].»[101]

Ob die USA einem Einwanderungsbegehren stattgaben oder nicht, hing im Wesentlichen davon ab, über welche Beziehungen in die USA Auswanderungswillige verfügten. In diesem Zusammenhang waren Affidavits, die von Bekannten und Verwandten in den USA stammten und Garantien enthielten, dass ein Flüchtling in den USA finanziell abgesichert sei, hilfreich.[102] Gemäss Marianne Lothar war auch der Verwandtschaftsgrad entscheidend, da das amerikanische Konsulat Affidavits von nahen Verwandten eine höhere Glaubwürdigkeit zusprach.[103] Die Emigrationsabteilung des VSJF übernahm in der

---

97 Vgl. Otto H. Heim: Rundschreiben Nr. 664, Zürich, 24. 7. 1945, AfZ, IB SIG-Archiv / 2413.
98 Vgl. Otto H. Heim, Charlotte Spitz: Bericht der Abt. Emigration, in: o. A.: TB VSJF, 1. 11. 1944–31. 5. 1945, o. O., o. D., S. 1 f., AfZ, IB VSJF-Archiv / 3. An einer Sitzung der Unterkommission der Sachverständigenkommission des Ausschusses IV schätzte Otto H. Heim die Zahl der Flüchtlinge, die in die USA auszureisen wünschten, auf 20 000. Robert Meyer gab zu Protokoll, dass 90 Prozent der staatenlosen Flüchtlinge in die USA zu emigrieren beabsichtigten. Vgl. H. Müri: Prot. Unterkommission Ausschuss IV, Bern, 27. 6. 1945, S. 7, BAR, J2.55#1970/95#31*.
99 Die USA kannten seit 1920 eine Quotenregelung für die Einwanderung. Zwischen Herbst 1945 und Ende Juni 1946 sollten entsprechend einer präsidentiellen Proklamation 1413 Personen österreichischer Herkunft und 25 957 Personen deutscher Herkunft zur Einwanderung zugelassen werden. Für bestimmte Gruppen von DPs, zum Beispiel die Opfer der Verfolgungen von NS-Deutschland, gab es ab 1948 Ausnahmeregelungen. Vgl. Neyer, Auswanderung aus Österreich, 1995, S. 65, sowie Karg, Die Einwanderung der Heimatvertriebenen, 1979, S. 53, 66–69.
100 Vgl. o. A.: TB VSJF 1946, o. O., o. D., S. 13, AfZ, IB SIG-Archiv / 2394.
101 Heim, Jüdische soziale Arbeit, 1954, S. 42.
102 Laut den Bestimmungen zur Einwanderung in die USA brauchte die antragsberechtigte Person eine Bürgschaft, dass sie in den USA einer Berufstätigkeit würde nachgehen können, ohne eine Person, die im Besitz der Staatsbürgerschaft war, von ihrem Arbeitsplatz zu verdrängen. Die Bürgschaft musste auch garantieren, dass die auswanderungswillige Person und ihre Angehörigen nicht der öffentlichen Wohlfahrt zur Last fallen würden und dass Wohnraum bereitstand. Vgl. Karg, Die Einwanderung der Heimatvertriebenen, Konstanz 1979, S. 66 f.
103 Vgl. Marianne Lothar, Interview geführt von Ralph Weingarten, 1984, AfZ, IB SIG-Archiv / 2070.

Nachkriegszeit häufig eine vermittelnde Funktion zwischen Flüchtlingen, die in die USA emigrieren wollten, und dem amerikanischen Konsulat.[104]

Die Emigrationsabteilung des VSJF sollte gemeinsam mit der HICEM geleitet werden. Mit der HICEM arbeitete der VSIA seit 1932 eng zusammen, wobei mit finanzieller Unterstützung der HICEM vor allem sogenannte Passantinnen und Passanten über Paris und die Schweiz zurück nach Osteuropa befördert worden waren.[105] Nach dem Einsetzen der ersten Flüchtlingswelle von Jüdinnen und Juden aus Deutschland 1933 war die Zusammenarbeit mit der HICEM vom Zentralkomitee für Jüdische Flüchtlingshilfe in der Schweiz übernommen worden.[106]

Die Zweigstelle der europäischen HICEM hatte sich bis zur Besetzung Frankreichs durch die Nationalsozialisten in Paris befunden. Ab Mitte 1940 wurde die HICEM-Zentrale ins neutrale Portugal übergesiedelt.[107] Ende 1941 hatte der VSIA die Generalvertretung der HICEM in Europa übernommen. Die Auswanderungsbemühungen waren aber bis zu diesem Zeitpunkt fast vollständig zum Erliegen gekommen.[108] Im Tätigkeitsbericht des VSJF von 1943 war festgehalten worden, dass der Verband von der HICEM Listen der in die USA emigrierten Personen erhalten habe, die es möglich machten, über den «Service de recherche des familles» die Kontakte zwischen Verwandten wiederherzustellen. Die Aufrechterhaltung der Kontakte mit den Ausgereisten war für den Verband auch deshalb von Interesse, weil in der Schweiz verbliebene mittellose Flüchtlinge ihre Verwandten in den USA um finanzielle Unterstützung bitten konnten und der Verband Unterstützungskosten einsparte. Die HICEM hatte sich 1943 ausserdem mit 1000 Franken monatlich an den Bürokosten des VSIA beteiligt.[109] 1944 konnte das Büro der HICEM in Paris wieder geöffnet werden.[110]

Nach Kriegsende wurde die Zusammenarbeit zwischen der Emigrationsabteilung des VSJF und der HICEM wieder intensiviert. Dazu wurden gemeinsame Sitzungen zwischen dem VSJF, dem SIG und der HICEM anberaumt, um über die Koordinierung der Emigrationsbestrebungen zu verhandeln.[111] Die HICEM übernahm zwei Drittel der Administrationskosten für die

---

104 Laut Edith Zweig akzeptierte das US-Konsulat nur Affidavits, die durch die Emigrationsabteilung des VSJF und der HIAS eingegangen waren. Vgl. Edith Lorant: Schreiben an E. E., Zürich, 19. 3. 1948, AfZ, IB VSJF-Archiv / E. 32.
105 Vgl. o. A.: 70. GB ICZ, Zürich, 1. 3. 1933, S. 17, AfZ, IB ICZ-Archiv / 144, und o. A.: Prot. Delegiertentagung des VSIA, Biel, 29. 1. 1933, S. 2, AfZ, IB SIG-Archiv / 2400.
106 Vgl. Kapitel 4.3.1.
107 Vgl. Shoah Resource Center, HICEM, o. D.
108 Vgl. Mächler, Hilfe und Ohnmacht, 2005, S. 266.
109 Vgl. Silvain S. Guggenheim: Bericht über die Tätigkeit des Verbandes Schweizerischer Jüdischer Flüchtlingshilfen im Jahre 1943, Zürich, 1. 2. 1944, S. 7, AfZ, IB SIG-Archiv / 32.
110 Vgl. o. A.: TB VSJF, 1. 11. 1944–31. 5. 1945, o. O., o. D., S. 2, AfZ, IB VSJF-Archiv / 3.
111 Aus einem undatierten Dokument aus dem Bestand des VSJF geht hervor, dass die Emigrationsabteilung aus Vertretern des SIG (Saly Braunschweig), des VSJF (Silvain S. Guggenheim,

Emigrationsabteilung. Die Hauptverantwortung für die Abteilung lag beim VSJF: «Die gemeinsame Emigrationsabteilung des V. S. J. F. und der Hicem untersteht somit den Beschlüssen des Vorstandes des V. S. J. F.»[112] Die Kosten für die Emigrationen, mit Ausnahme derjenigen für die Einwanderung nach Israel, wurden von der HICEM getragen. Der VSJF war dafür verantwortlich, dass, wenn immer möglich, ein Teil der Kosten für die Emigration von den Betroffenen selbst, deren Verwandten oder von den Behörden getragen wurde. Auswanderungen sollten aber gleichzeitig nie an der Kostenfrage scheitern.[113] Neu wurde die Abteilung «Emigrationsabteilung des VSJF und der HICEM» genannt. Die Leitung wurde Jacob Zucker übertragen, nachdem Otto H. Heim die Präsidentschaft des VSJF übernommen hatte.[114] Nachdem sich die HICEM Europa aufgelöst hatte, hiess die Abteilung «Emigrationsabteilung des VSJF und der HIAS».[115]

Die Hauptaufgaben der Abteilung bestanden darin, den Flüchtlingen Informationen über die infrage kommenden Aufnahmeländer zu liefern und die für die Einreise benötigten Dokumente zu beschaffen, sowie in der praktischen Durchführung der Emigration.[116] Ab dem 1. Februar 1947 wurde die Emigrationsabteilung offizielle Emigrationsstelle des Joint und arbeitete zu 50 Prozent an den Fällen der HIAS und zu 50 Prozent an denen des Joint. Die administrativen Kosten der Emigrationsabteilung wurden dabei hälftig von diesen beiden Organisationen übernommen. Das Aufgabenfeld scheint sich im Wesentlichen nicht geändert zu haben und umfasste immer noch Hilfe bei der Repatriierung von Flüchtlingen und der Auswanderung in ein Drittland, vor allem nach Übersee.[117] Wie Otto H. Heim an einer Vorstandssitzung des VSJF Ende 1946 berichtet hatte, hatte sich der Direktor der Emigrationsabteilung des Joint, Irvin Rosen, mit der Bitte an ihn gewandt, dass die Emigrationen des Joint über den VSJF organisiert werden sollten. Aufgrund seiner finanziellen Abhängigkeit vom Joint sah sich der VSJF genötigt, dieser Bitte nachzukommen, auch wenn Schwierigkeiten mit der HICEM befürchtet wurden.[118]

    Otto H. Heim, Robert Meyer und Jacob Zucker) und der HICEM (David Schweitzer) bestehen sollte. David Schweitzer konnte während seiner Abwesenheit einen Vertreter nominieren. Überdies sollten «je nach Umfang der Arbeiten» weitere Mitarbeitende hinzugezogen werden. Vgl. o. A.: Emigrationsabt. des VSJF und der HICEM, o. O., o. D. (vermutlich Sommer/Herbst 1945), AfZ, IB VSJF-Archiv / 24.
112 Ebd.
113 Vgl. ebd.
114 Vgl. Else Finkler: Prot. VS VSJF, Zürich, 24. 9. 1945, S. 2, AfZ, IB VSJF-Archiv / 30.
115 Vgl. Theodora Dreifuss: Prot. VS VSJF, Zürich, 10. 12. 1945, S. 7, AfZ, IB VSJF-Archiv / 30.
116 Vgl. Otto H. Heim: TB VSJF 1945, o. O., o. D., S. 16, AfZ, IB SIG-Archiv / 2393.
117 Vgl. o. A.: TB VSJF 1947, Zürich, o. D., S. 14–16, AfZ, IB SIG-Archiv / 2395.
118 Vgl. Theodora Dreifuss: Prot. VS VSJF, Zürich, 3. 12. 1946, S. 2, AfZ, IB VSJF-Archiv / 31. HIAS und Joint schlossen sich 1955 unter dem Namen United HIAS Service (UHS) zusammen, um ihre Unterstützungsleistungen für Emigrationen zu konzentrieren, wobei sich die neu gegründete Organisation bereit erklärte, 50 Prozent der Spesen der Emigrationsabteilung des

Nach der Staatsgründung Israels 1948 verzeichnete die Emigrationsabteilung einen starken Zuwachs an Auswanderungen nach Israel. Unterstützt wurden die Flüchtlinge dabei entweder von der Emigrationsabteilung oder direkt vom Palästinaamt.[119]

Ab 1948 übernahm die International Refugee Organization (IRO)[120] einen beträchtlichen Teil der Kosten für die Auswanderung in die USA, nach Kanada sowie in südamerikanische Länder und an europäische Destinationen.[121] Nach 1951 wurden Emigrationen aus der Schweiz in die USA vor allem aus dem Fonds des President Escapee Program finanziert, wie im Tätigkeitsbericht des VSJF festgehalten wurde. Durch diesen Fonds wurden Flüchtlinge, die aus kommunistisch regierten Ländern Osteuropas geflohen waren, die Einreise in die USA ermöglicht. Alle anderen Kategorien von Flüchtlingen wurden durch die Nachfolgeorganisation der IRO, die ICEM, weiterbefördert. Vermittelt wurden Gelder aus diesem Fonds von der HIAS und dem Joint.[122]

Auch E. E., ein vom VSJF betreuter Flüchtling, wurde von der Emigrationsabteilung des VSJF unterstützt. E. E. war 1908 in Wien geboren und 1938 in die Schweiz geflohen. Er hatte einen Cousin in New York, der für ihn ein Affidavit ausgestellt hatte.[123] Während der Kriegsjahre hatte E. E. für den VSJF gearbeitet.[124] Im Frühling und Sommer 1946 nahm Alfred Haber, Mitarbeiter der Emigrationsabteilung des VSJF und der HIAS, für E. E. mit der HIAS in Paris Kontakt auf.[125] Das Visum für E. E. war laut Haber bereits bestätigt wor-

---

VSJF zu übernehmen. Vgl. o. A.: JB und Rechnungsablage VSJF 1955, Zürich, Januar 1956, S. 35, AfZ, IB SIG-Archiv / 378, sowie Otto H. Heim: Aktennotiz Konferenz des American Joint Distribution Committee in Paris, Zürich, 9. 11. 1954, S. 1, AfZ, NL Jean Nordmann / 25.

119 Vgl. o. A.: TB VSJF 1948, Zürich, o. D., S. 14, AfZ, IB SIG-Archiv / 2395. Das Palästinaamt war 1933 als Zweigstelle der Jewish Agency in Basel gegründet worden und hatte in dessen Auftrag Zertifikate für Palästina erteilt. Durch die Beschränkung der Einwanderungsquote durch die englische Mandatsregierung 1935/36 wurde Palästina zeitweise als Emigrationsziel sekundär. 1940 wurde das Palästinaamt, das unterdessen von Samuel Scheps geleitet wurde, nach Genf verlegt. Vgl. Sibold, Bewegte Zeiten, 2010, S. 125–128.

120 Die IRO wurde 1946 von der UNO eingesetzt, um Flüchtlinge und DPs zu unterstützen. Am 1. 7. 1947 übernahm die IRO ihre Tätigkeiten, die die Betreuung der Flüchtlingslager, Berufsausbildung, Hilfe bei der Suche nach einer Emigrationsmöglichkeit und die Suche nach verschollenen Angehörigen umfasste. Die IRO bestand bis Januar 1952. Vgl. o. A.: International Refugee Organization, britannica.com, o. D., www.britannica.com/topic/International-Refugee-Organization-historical-UN-agency, 19. 11. 2020.

121 Vgl. o. A.: TB VSJF 1948, Zürich, o. D., S. 14, AfZ, IB SIG-Archiv / 2395, sowie o. A.: TB VSJF 1949, Zürich, o. D., S. 17, AfZ, IB VSJF-Archiv / 3.

122 Vgl. o. A.: TB VSJF 1952, Zürich, o. D., S. 13, AfZ, IB SIG-Archiv / 2395.

123 Vgl. VSJF: Fragebogen, Zürich, 28. 8. 1948, AfZ, IB VSJF-Archiv / E.32.

124 Vgl. Jacob Zucker: Bestätigung für E. E., o. O., 13. 6. 1945, AfZ, IB VSJF-Archiv / E.32. E. E.s Tätigkeiten für den VSJF werden nicht näher umschrieben.

125 Alfred Haber arbeitete für die Emigrationsabteilung des VSJF und kümmerte sich insbesondere um die Korrespondenz und Überweisungen von Geld nach Shanghai. Vgl. o. A.: Rundschreiben Nr. 626, Zürich, 7. 5. 1945, AfZ, IB SIG-Archiv / 2413. Nach der Kündigung von Charlotte

den,[126] die Ausreise scheiterte aber an den hohen Transportkosten, an denen sich die Verwandten in den USA nicht beteiligen konnten.[127] Nachdem das amerikanische Konsulat den Cousin von E. E. als Affidavitgeber abgelehnt hatte, da er über zu wenig Einkommen und Vermögen verfügte,[128] gab E. E. einen «Bekannten» in den USA als Affidavitgeber an.[129] Inzwischen hatte E. E. geheiratet und war Vater einer Tochter geworden, sodass die ganze Familie gemeinsam emigrieren wollte.[130] E. E., der nicht in der Lage war, in der Schweiz eine Arbeit zu finden, geriet auch vonseiten des VSJF und der eidgenössischen Fremdenpolizei zunehmend unter Druck. Die Emigrationskosten wurden ab 1949 direkt über die IRO abgewickelt.[131] Auch E. E. meldete sich und seine Familie bei der IRO an,[132] und obwohl die Affidavits als ausreichend anerkannt wurden, mussten E. E. und seine Familie weiterhin abwarten, da sie unter die österreichische Quote fielen, die «stark überschrieben»[133] war. Zur Auswanderung sollte es nicht mehr kommen. E. E., unterdessen Vater von drei Kindern, wurde im Februar 1952 krank und musste hospitalisiert werden.[134] Einer Aktennotiz von Irene Eger zufolge erschien E. E. im April 1952 in einer «körperlich und nervlich […] ausserordentlich schlechten Verfassung»[135] im Büro der Jüdischen Flüchtlingshilfe Zürich. Seine private und finanzielle Lage wurde als desperat beschrieben.[136] Im Mai 1952 wurde er erneut hospitalisiert[137] und starb am 14. Juni 1952.[138]

Einen besseren Ausgang hatten die Verhandlungen der Emigrationsabteilung VSJF/HIAS im Fall von R. B., deren Geschichte bereits im Zusammen-

---

Spitz Ende September 1946 übernahm Theodora Dreifuss die Leitung der Emigrationsabteilung. Vgl. Lilly Szönyi: Prot. VS VSJF, Zürich, 2. 9. 1946, S. 2, AfZ, IB VSJF-Archiv / 31.
126 Vgl. Alfred Haber: Schreiben an HIAS Paris, o. O., 2. 12. 1946, AfZ, IB VSJF-Archiv / E.32.
127 Vgl. HIAS Paris: Schreiben an VSJF, Paris, 30. 12. 1946, AfZ, IB VSJF-Archiv / E.32.
128 Vgl. Teller, Hugh H.: Schreiben an E. E., Zürich, 7. 1. 1948, AfZ, IB VSJF-Archiv / E.32.
129 Aus dem Inhalt eines Briefes von Edith Zweig geht hervor, dass es sich dabei vermutlich um Affidavits gehandelt hat, die von einem Unbekannten gefälligkeitshalber ausgestellt worden waren, vgl. Edith Zweig: Schreiben an die Fremdenpolizei des Kantons Zürich, o. O., 20. 2. 1950, AfZ, IB VSJF-Archiv / E.32.
130 Vgl. Ardé Bulova: Affidavit, Biel, 29. 11. 1947, AfZ, IB VSJF-Archiv / E.32.
131 Vgl. o. A.: TB VSJF 1949, Zürich, o. D., S. 27, AfZ, IB VSJF-Archiv / 3.
132 Vgl. IRO: Schreiben an die Eidg. Fremdenpolizei, Genf, 2. 9. 1949, AfZ, IB VSJF-Archiv / E.32.
133 Edith Zweig: Schreiben an die Fremdenpolizei des Kantons Zürich, o. O., 20. 2. 1950, AfZ, IB VSJF-Archiv / E.32. Der Ausdruck «stark überschrieben» impliziert, dass die Nachfrage wesentlich höher war als das Angebot.
134 Vgl. Kantonsspital Zürich: Schreiben an den VSJF, Zürich, 3. 3. 1952, AfZ, IB VSJF-Archiv / E.32.
135 Irene Eger: Aktennotiz, Zürich, 24. 4. 1952, AfZ, IB VSJF-Archiv / E.32.
136 Vgl. ebd.
137 Vgl. Kantonsspital Zürich: Schreiben an die Jüdische Flüchtlingshilfe Zürich, Zürich, 30. 5. 1952, AfZ, IB VSJF-Archiv / E.32.
138 Vgl. Edith Zweig: Schreiben an das amerikanische Konsulat Zürich, o. O., 18. 6. 1952, AfZ, IB VSJF-Archiv / E.32.

hang mit einer möglichen Anstellung beim VSJF thematisiert wurde.[139] Im Dezember 1945 erhielt R. B. für sich und ihre Tochter eine Visumszusage des US-Konsulats.[140] Nachdem die Emigrationsabteilung ihren Vater in den USA kontaktiert hatte, konnte er den Betrag für die Reisekosten über die HIAS in New York überweisen,[141] sodass seine Tochter und seine Enkelin am 25. Mai 1946 nach New York ausreisen konnten.[142]

Wie die beiden Fallbeispiele verdeutlichen, war es trotz des definierten Ziels der Emigrationsabteilung, Auswanderungen nicht von den finanziellen Mitteln der Flüchtlinge abhängig zu machen, oft eine Frage des Geldes, ob die Emigrationsabteilung bei einer Ausreise behilflich sein konnte oder nicht.

Das gilt auch für A. G., der im März 1946 zu seiner Tochter nach England emigrieren wollte. Charlotte Spitz schrieb diesbezüglich ans Komitee St. Gallen: «Wir sind leider nicht in der Lage, einen Flugplatz zu buchen, bevor die Kostenfrage geregelt ist [...]. Andernfalls bitten wir um Angabe der genauen Adresse der Tochter des Herrn G. in Manchester, damit wir durch die HIAS London ermitteln können, ob die Tochter in der Lage ist, die Flugkosten für ihren Vater zu übernehmen.»[143]

Nachdem Charlotte Spitz die Adresse seiner Tochter ausfindig gemacht hatte, wandte sie sich an die HIAS in London mit der Bitte, die Tochter zwecks Besprechung der Übernahme der Reisekosten zu kontaktieren. Wie Charlotte Spitz schrieb, war A. G. bereits im Besitz eines Visums für England.[144] Nach der Übernahme der Reisekosten durch die Tochter konnte A. G.s Ausreise nach England am 1. Mai 1946 erfolgreich abgewickelt werden.[145] Der Sohn von A. G. blieb in der Schweiz und konnte mit der Unterstützung des VSJF eine Umschulung zum Chauffeur absolvieren.[146] Zwischen 1947 und 1964 war er für Otto H. Heim als Chauffeur tätig.[147]

Flüchtlinge wurden vom VSJF aufgefordert, persönlich in den Büros des VSJF zu erscheinen, um, wie Otto H. Heim an einer CC-Sitzung des SIG im Oktober 1945 berichtete, «ihre weiteren Pläne zu besprechen».[148] Per Brief,

---

139 Vgl. Kapitel 7.1.4.
140 Vgl. Komitee St. Gallen: Schreiben an Theodora Dreifuss, St. Gallen, 11. 12. 1945, AfZ, IB VSJF-Archiv / A.309.
141 Vgl. Charlotte Spitz: Schreiben an M.J., o. O., 8. 5. 1946, AfZ, IB VSJF-Archiv / A.309.
142 Vgl. Edith Lorant: Statistik, Zürich, 31. 5. 1946, AfZ, IB VSJF-Archiv / A.309.
143 Charlotte Spitz: Schreiben an das Komitee St. Gallen, o. O., 6. 3. 1946, AfZ, IB VSJF-Archiv / G.261.
144 Vgl. Charlotte Spitz: Schreiben an die HIAS London, o. O., 18. 3. 1946, AfZ, IB VSJF-Archiv / G.261.
145 Vgl. Edith Lorant: Statistik, o. O., o. D., AfZ, IB VSJF-Archiv / G.261.
146 Vgl. Fanny Neu: Schreiben an das Komitee Zürich, o. O., 9. 5. 1946, AfZ, IB VSJF-Archiv / G.261.
147 Vgl. Irene Eger: Schreiben an A. Emsheimer, o. O., 31. 1. 1964, AfZ, IB VSJF-Archiv / G.261.
148 O. A.: Prot. CC SIG, Bern, 25. 10. 1945, S. 3, AfZ, IB SIG-Archiv / 98.

der von Otto H. Heim persönlich unterzeichnet war,[149] wurden die Flüchtlinge ersucht, zu einem festgelegten Zeitpunkt persönlich beim VSJF vorzusprechen. Die Besprechungen erfolgten gruppenweise, wobei jeweils «nur die Hälfte oder 2/3 der Aufgebotenen»[150] erschienen seien. Heim fügte an, dass diese «Aussprachen» mit viel Aufwand verbunden seien, jedoch einen guten Erfolg zu verzeichnen hätten.[151] Die Aktionen würden von der Polizeiabteilung begrüsst, wie Otto H. Heim von der Sitzung des Unterausschusses IV der Sachverständigenkommission für Flüchtlingsfragen mitteilen konnte.[152] Der VSJF verfügte durch die permanenten Bemühungen, Flüchtlingen eine Emigrationsmöglichkeit zu verschaffen, bis Herbst 1945 über beträchtliche Praxiserfahrung auf diesem Gebiet, wie Heim hervorhob. Auch in der Frage der Nachbetreuung der bereits emigrierten Flüchtlinge habe der VSJF ein Beziehungsnetz mit ausländischen jüdischen Hilfsorganisationen aufgebaut.[153] Der VSJF hatte sich damit zu einem Musterschüler bei der Durchführung der behördlichen Vorgabe der Emigration von Flüchtlingen entwickelt.

Während die Praxis, Flüchtlinge auch mit Nachdruck zur Weiterreise zu bewegen, während der Kriegsjahre kaum hinterfragt wurde, formierte sich bei Kriegsende leichter Widerstand gegen die Haltung des VSJF in dieser Frage. Otto H. Heim stellte dabei die Professionalität des Verbands in Fragen der Emigration in den Fokus, während einige CC-Mitglieder des SIG eine kritische Haltung gegenüber der Kooperation des VSJF mit den Behörden einnahmen.

In der Diskussion im CC des SIG wies Veit Wyler auf die Problematik der Methode hin, Flüchtlinge über ihre Weiterwanderungspläne zu befragen. Man mache sich zum «verlängerte[n] Arm»[154] der Polizeiabteilung und schiebe die Flüchtlinge, «zwar etwas manierlicher als die Polizeiabteilung»,[155] aber dennoch aus der Schweiz ab. Er befürchte deshalb, dass viele sich gegen ihre Überzeugung für eine Rückwanderung entschliessen würden und illegal ausreisten. Otto H. Heim stellte dies in Abrede. Man habe keine negativen Reaktionen auf die ergriffenen Massnahmen erhalten, die meisten Flüchtlinge seien «froh, die Emigrationsmöglichkeiten besprechen zu können».[156] Langfristiges Ziel des VSJF sei jedoch, für die Flüchtlinge, die im Land verbleiben würden, Arbeits- und Niederlassungsbewilligungen zu erhalten.[157]

---

149 Ein Exemplar des Briefes findet sich zum Beispiel unter AfZ, IB VSJF-Archiv / 30.
150 U. Wildholz: Prot. Unterkommission Ausschuss IV, Bern, 17. 10. 1945, S. 4, BAR, J2.55#1970/95#31*.
151 Vgl. ebd.
152 Vgl. o. A.: Prot. CC SIG, Bern, 25. 10. 1945, S. 3, AfZ, IB SIG-Archiv / 98.
153 Vgl. U. Wildholz: Prot. Unterkommission Ausschuss IV, Bern, 17. 10. 1945, S. 6, BAR, J2.55#1970/95#31*.
154 O. A.: Prot. CC SIG, Bern, 25. 10. 1945, S. 3, AfZ, IB SIG-Archiv / 98.
155 Ebd.
156 Ebd., S. 5.
157 Vgl. ebd., S. 3–5.

7.6.2 Jüdische Nachkriegshilfe

Die Verhandlungen mit den Behörden in Fragen der Nachkriegshilfe führten zu Unklarheiten über die Zuständigkeit zwischen dem SIG und dem VSJF. An der Sitzung des Vorstandes des VSJF vom 4. Dezember 1944 berichtete Otto H. Heim als Vorsitzender vom Beschluss des SIG über die Aufteilung der Kompetenzen, was die Nachkriegsfragen angehe. Der VSJF solle sich um die Flüchtlinge in der Schweiz kümmern, namentlich um deren Umschulung, Repatriierung und Emigration, während der SIG «sich mit jüdischer Hilfe für Juden in kriegsgeschädigten Ländern zu beschäftigen»[158] habe. Obwohl sich die Anwesenden mit diesem Punkt einverstanden erklärten, gab die Vorgabe, dass ein Vertreter des SIG bei Verhandlungen, beispielsweise bei Besprechungen mit Konsulaten, Gesandtschaften und Behörden, anwesend zu sein habe, Anlass zu Diskussionen. Besonders Robert Meyer wies darauf hin, dass dieser Punkt dem Reglement des VSJF widerspräche («Der Vorstand vertritt den V. S. J. F. nach aussen»).[159] Schliesslich stimmte der Vorstand des VSJF dem Begehren des SIG unter dem Vorbehalt zu, dass sich der an der Sitzung abwesende Pierre Bigar einverstanden erkläre.[160]

Ende Januar 1945 konstituierte sich die Kommission «Hilfe und Aufbau» des SIG auf Antrag der GL.[161] Der Kommission wurde vom SIG ein Kredit von 100 000 Franken zur Verfügung gestellt, was mit 50 Prozent einem beträchtlichen Teil des Vermögens des SIG entsprach.[162] An der Gründungssitzung vom 28. Januar 1945 waren der Gemeindebundspräsident und «die massgebenden jüdischen Organisationen […], die auf dem Gebiet der Fürsorge tätig sind»,[163] anwesend. Dazu wurden neben den Vertretern der Kommission für Nachkriegsprobleme des SIG (Georges Brunschvig, Saly Braunschweig, Werner Baer, Paul Dreyfus-de Gunzburg, Max Gurny, Jacob Zucker, Silvain S. Guggenheim) der VSJF, die OSE, die ORT, der Bund Israelitischer Frauenvereine und das SHEK gezählt. Der VSJF sollte zwei Delegierte aus seinen Reihen für die Arbeit in der Kommission bestimmen.[164] Das Ziel der Abtei-

---

158 Lily Wolffers: Prot. VS VSJF, Zürich, 4. 12. 1944, S. 2, AfZ, IB VSJF-Archiv / 29.
159 O. A.: Reglement VSJF, o. O., o. D., AfZ, IB SIG-Archiv / 2453.
160 Vgl. Lily Wolffers: Prot. VS VSJF, Zürich, 4. 12. 1944, S. 3, AfZ, IB VSJF-Archiv / 29.
161 Eine Aufbauhilfe des SIG gab es bereits seit den 1930er-Jahren. 1936 wurde die Aufbaukommission vom VSIA übernommen. Vgl. Kapitel 4.3.1.
162 Vgl. Alice Brandenburger, Leo Littmann: Prot. DV SIG, Lausanne, 10. 5. 1945, S. 18, AfZ, IB SIG-Archiv / 32.
163 Sekretariat SIG: Einschaltung in der Offiziellen Rubrik des Israel. Wochenblattes, Zürich, 30. 1. 1945, AfZ, IB SIG-Archiv / 2739. Anwesend waren Alfred Goetschel, Paul Dreyfus-de Gunzburg (Basel), Jean Nordmann (Fribourg), Gerhart Riegner, Paul Guggenheim (Genf), Georges Brunschvig (Bern), Saly Braunschweig, Jacob Zucker, Otto H. Heim, Georges Bloch, Werner Baer, Silvain S. Guggenheim, Elsbeth Herzog und Nettie Sutro (alle Zürich). Vgl. Saly Braunschweig: Schreiben an Alfred Goetschel, o. O., 31. 1. 1945, AfZ, IB SIG-Archiv / 2739.
164 Vgl. Saly Braunschweig: Schreiben an den VSJF, o. O., 15. 12. 1944, AfZ, IB SIG-Archiv / 2739.

lung, so wurde die jüdische Öffentlichkeit in der Schweiz informiert, sei es, ein gemeinsames Programm in der Nachkriegshilfe zu entwickeln und die Zusammenarbeit zwischen den Organisationen zu intensivieren. Angesichts der eingeschränkten finanziellen und technischen Möglichkeiten des Schweizer Judentums sei es nötig, den Fokus auf einige bestimmte Aktionen zu legen, um Jüdinnen und Juden im Ausland zu helfen.[165] Dazu sollte die Kommission in verschiedene Unterausschüsse aufgeteilt werden, die folgende Aufgaben zu übernehmen hätten: «Emigration (Rück- und Weiterwanderung, elternlose Kinder, Palästina), Schulung und Umschulung, politische Fragen und Rechtsfragen, Auskunftsstelle, Kontakt mit Behörden (Inland und Auslandsvertretungen), Hilfsmassnahmen aus der Schweiz für Juden um [sic] Ausland.»[166]

Durch den von Saly Braunschweig definierten Bereich bezüglich der Betreuung von Kriegswaisen, den die Kommission abdecken sollte, wird ersichtlich, aus welchen Gründen der SIG auch Vertreter des Kinderhilfswerks eingeladen hatte, das im Gegensatz zu den anderen hier genannten Organisationen konfessionell neutral war. Als Vertreter des VSJF in die Kommission «Hilfe und Aufbau» wurden Otto H. Heim und Georges Bloch bestimmt.[167]

Heim berichtete dem Vorstand des VSJF im Mai 1945 über die Aufgaben der Kommission «Hilfe und Aufbau». Es hätten bis zu diesem Zeitpunkt vier Sitzungen stattgefunden. Es gehe in erster Linie um eine bescheidene Hilfe für Glaubensgenossinnen und -genossen im Ausland, die von Verfolgungen des NS-Regimes betroffen gewesen seien. Man denke dabei vor allem an die Aufnahme von Kindern aus Konzentrationslagern und habe diesbezüglich mit der Schweizer Spende[168] Kontakt aufgenommen, um über eine mögliche Finanzierung ins Gespräch zu kommen.

Neben Silvain S. Guggenheim als «Sprecher der Kommission»[169] waren Jean Nordmann als Ressortleiter und Regina Boritzer als Sekretärin für «Hilfe und Aufbau» tätig.[170] Die Abgrenzung gegen die Aufgaben des VSJF definierte Otto H. Heim so: «Die Nachkriegsaufgabe der *Hospitaliesierung* [sic] *der kriegsgeschädigten* Juden ist eine neue Aufgabe, mit der man den Verband nicht mehr belasten sollte. Die kriegsgeschädigten Menschen sind dann keine Flüchtlinge mehr. Der Verband ist ein so gewaltiges Unternehmen, dass die

---

165 Vgl. Sekretariat SIG: Einschaltung in der Offiziellen Rubrik des Israel. Wochenblattes, Zürich, 30. 1. 1945, AfZ, IB SIG-Archiv / 2739.
166 Saly Braunschweig: Schreiben an den VSJF, o. O., 15. 12. 1944, AfZ, IB SIG-Archiv / 2739.
167 Vgl. VSJF: Schreiben an den SIG, Zürich, 20. 12. 1944, AfZ, IB SIG-Archiv / 2739.
168 Die Schweizer Spende an die Kriegsgeschädigten, kurz Schweizer Spende, war Ende 1944 von Parlament und Bundesrat eingesetzt worden. Die Finanzierung erfolgte je hälftig durch den Bund und Spenden aus der Schweizer Bevölkerung und der Wirtschaft. Vgl. Lienert, Wir wollen helfen, 2013, S. 79 f.
169 O. A.: Prot. VS VSJF, Zürich, 22. 5. 1945, S. 3, AfZ, SIG-Archiv / 2404.
170 Vgl. ebd.

Aufnahme einer neuen Abteilung ‹Kinderhilfe› oder ‹Hilfe und Aufbau› nicht mehr in seinen Wirkungskreis hineingehört.»[171]

Die Frage der Abgrenzung dieser Betreuungsaufgaben von den Tätigkeitsfeldern des VSJF war von Anfang an unklar, und viele Aufgaben der Kommission «Hilfe und Aufbau» wurden sukzessive dem VSJF übertragen. Im Mai 1945 lehnte der Vorstand des VSJF jedoch die Übernahme weiterer Tätigkeitsfelder zunächst ab.[172]

Im CC des SIG wurde ebenfalls über die Frage diskutiert, wie die Aufgaben der Kommission «Hilfe und Aufbau» von denen des VSJF zu trennen seien.[173] Mit Verweis auf die hohe Arbeitsbelastung des VSJF und der Forderung nach Abbau und finanziellen Einsparungen bat Otto H. Heim die CC-Mitglieder jedoch, «die Organisation V. S. J. F./S. I. G. vorläufig so zu belassen wie sie ist».[174]

Im Juli 1945 wurde Otto H. Heim zusammen mit Regina Boritzer zu einer Sitzung der Geschäftsleitung des SIG eingeladen, um über Flüchtlingsfragen zu diskutieren. Heim plädierte dafür, dass der VSJF vom SIG bevollmächtigt werde, sich um jene Nachkriegsfälle zu kümmern, die nicht den Kategorien «Kinder» oder «Tuberkulosekranke» angehörten.[175] Es ging dabei in erster Linie um die Betreuung von Displaced Persons (DPs),[176] die sich nur vorübergehend in der Schweiz aufhielten und auf ihren Weitertransport in ein Drittland warteten. Die GL des SIG bezeichnete dies als «eine Art Passantenverkehr, wie er vor 1933 vom ehemaligen V. S. J. A. [sic] geregelt wurde».[177] Es wurde vorgeschlagen, dass die Lokalkomitees des VSJF sich der Kommission «Hilfe und Aufbau» bei der Unterstützung dieser Personen zur Verfügung stellen würden, dass die Buchhaltung dafür aber getrennt von den restlichen Aufgaben des VSJF geführt werden solle.[178] Heim gab seine Zusage, dass die Komitees des VSJF einige praktische Arbeiten der Kommission «Hilfe und

---

171 Ebd. (Hervorhebung im Original).
172 Vgl. ebd., S. 9.
173 Vgl. Voten von Paul Dreyfus de-Gunzburg, Veit Wyler und Charles Liatowitsch, o. A.: Prot. CC SIG, Bern, 18. 6. 1945, S. 2, 12, AfZ, IB SIG-Archiv / 98.
174 Ebd., S. 13.
175 Vgl. G. Rosenblum: Prot. GL SIG, Bern, 8. 7. 1945, S. 8, AfZ, IB SIG-Archiv / 175.
176 Der Begriff «DP» hat sich nach dem Zweiten Weltkrieg auch im deutschen Sprachraum etabliert. Darunter fielen Millionen von Menschen in Mitteleuropa, die verschleppt oder deportiert worden waren und sich nach der Befreiung durch die Alliierten ausserhalb ihrer Heimatländer befanden, beispielsweise jüdische Konzentrationslagerüberlebende, Zwangsarbeiterinnen und -arbeiter und politische Gefangene. Vgl. Schnellbach, Diplaced Persons (DPs), 2015.
177 G. Rosenblum: Prot. GL SIG, Bern, 8. 7. 1945, S. 8, AfZ, IB SIG-Archiv / 175.
178 Vgl. ebd., S. 8 f. Im Januar 1946 schrieb Otto H. Heim an den Quästor des VSJF und erinnerte ihn daran, dass die Kassen für die Nachkriegshilfe, auch was die Buchenwald-Jugendlichen betreffe, unbedingt von der des VSJF getrennt geführt werden müsse. Vgl. Otto H. Heim: Schreiben an Siegfried E. Guggenheim-Ullmann, Zürich, 21. 1. 1946, AfZ, IB SIG-Archiv / 2778.

Aufbau» übernehmen würden, und kommunizierte diesen Beschluss anschliessend dem Geschäftsausschuss des VSJF.[179]

Im Herbst 1945 wurde der VSJF angehalten, weitere Aufgaben der Kommission «Hilfe und Aufbau» zu übernehmen, denn «es habe sich in der Praxis gezeigt, dass Hilfe und Aufbau nicht über genügend Kräfte für die Bewältigung der Arbeit verfüge und die Mithilfe unserer Ressorts [...] benötige».[180] Die meisten Vorstandsmitglieder, allen voran Otto H. Heim, forderten daraufhin, dass der VSJF für die «neuen Flüchtlinge» vollumfänglich für verantwortlich erklärt werde, sobald sie in der Schweiz seien. Dieses Ansinnen lehnte die Kommission «Hilfe und Aufbau» mit dem Hinweis darauf ab, dass man sich das Recht, vor allem Jugendliche aus Buchenwald[181] mitbetreuen zu können, schwer erkämpft habe und nun befürchte, dass diese jüdische Mitbetreuung[182] durch die Übertragung an den VSJF eingestellt werde. Der Vorstand des VSJF lehnte in der Folge ab, die Kommission durch die Übernahme zusätzlicher Aufgaben weiter zu entlasten, mit der Begründung, es seien Überschneidungen der Arbeitsgebiete zu befürchten: «Der Vorstand erklärt sich infolgedessen nur dann bereit, die Arbeit zu übernehmen, wenn er sie im eigenen Namen und unter eigener Verantwortung durchführen kann.»[183] Der VSJF setzte sich damit für eine Wahrung seiner Autonomie ein. Eine rein technische Übernahme der fürsorgerischen Betreuungsaufgaben ohne die dazu gehörende Kompetenzübertragung lehnte er ab.

Saly Braunschweig kam in der nächsten Sitzung des VSJF-Vorstandes auf den Entschluss des VSJF zurück und stellte einen Wiedererwägungsantrag. Erneut forderte er die Übernahme der Fürsorge für die Jugendlichen aus Buchenwald durch den VSJF. Obwohl einige Vorstandsmitglieder des

---

179 Vgl. o. A.: Prot. GA VSJF, Zürich, 11. 7. 1945, AfZ, IB VSJF-Archiv / 24.
180 Else Finkler: Prot. VS VSJF, Zürich, 2. 10. 1945, S. 3, AfZ, IB VSJF-Archiv / 30.
181 Im Juni 1945 wurden 374 Jugendliche aus dem befreiten Konzentrationslager Buchenwald mithilfe der Schweizer Spende in die Schweiz geholt. Die ersten Versuche, diese Kinder und Jugendlichen jüdisch mitbetreuen zu können, waren von der Schweizer Spende und dem SRK, Kh, die ebenfalls die Betreuung übernehmen sollten, abgelehnt worden. Vgl. Lerf, Buchenwaldkinder, 2010, S. 13, 29, 77.
182 Bei der Auswahl der Kinder und Jugendlichen in Buchenwald war es zu Unregelmässigkeiten gekommen, die dazu geführt hatten, dass sich nicht wie vorgesehen ausschliesslich Kinder unter 16 Jahren auf dem Transport befanden. Dafür wurde in erster Linie die UNRRA (United Nations Relief and Rehabilitation Administration) verantwortlich gemacht, die den Transport koordiniert hatte. Vgl. Lerf, Buchenwaldkinder, 2010, S. 59–67. Offensichtlich entlud sich der Frust über den angeblichen Betrug der UNRRA aber auch über den jüdischen Organisationen in der Schweiz, so berichtete Jean Nordmann der GL des SIG am 8. 7. 1945, sowohl das Rote Kreuz als auch die Schweizer Spende sperrten sich gegen einen Besuch eines jüdischen Fürsorgers und Rabbiners bei den Jugendlichen, weil sie das Gefühl hätten, «von der UNRRA betrogen worden zu sein», und nun dafür plädieren würden «dass die vor 1928 Geborenen wieder über die Grenze gestellt würden». G. Rosenblum: Prot. GL SIG, Bern, 8. 7. 1945, S. 9, AfZ, IB SIG-Archiv / 175.
183 Else Finkler: Prot. VS VSJF, Zürich, 2. 10. 1945, S. 4, AfZ, IB VSJF-Archiv / 30.

VSJF weiterhin Bedenken äusserten, dass es zu Kompetenzüberschneidungen kommen könne, wurde beschlossen, dass der VSJF sich künftig um die Menschen kümmern werde, die dank «Hilfe und Aufbau» in die Schweiz kämen, sobald sie sich in der Schweiz befänden.[184] Eine Vereinbarung zwischen dem VSJF und dem SIG, die Gegenstand von Verhandlungen zwischen dem VSJF und dem Sekretariat des SIG war, sollte die Kompetenzen zwischen dem VSJF und der Kommission «Hilfe und Aufbau» genau festlegen.[185] In der von Otto H. Heim überarbeiteten Fassung vom 19. Oktober 1945 wurden die Entscheidungsbefugnisse des VSJF noch einmal stark erweitert und dessen Autonomie in der Vertretung nach aussen betont.[186] Die Übergabe gewisser Aufgaben von der Kommission an den VSJF war also an einige Bedingungen geknüpft. Die Zusammenarbeit zwischen dem VSJF und der Kommission «Hilfe und Aufbau» sollte auch intensiviert werden, indem Heim im Oktober 1945 Mitglied der Kommission wurde.[187] Otto H. Heim begründete diesen Entscheid in der Sitzung des erweiterten Geschäftsausschusses des VSJF damit, dass der VSJF auf diese Weise bei der Planung von Projekten unmittelbar zu deren Durchführbarkeit Stellung nehmen könne. Die Gründung eines Ressorts für die neuen Aufträge im VSJF wurde abgelehnt. Die durch die Kommission «Hilfe und Aufbau» übertragenen Arbeiten seien je nach Inhalt an das jeweils zuständige Ressort zu verteilen. Mit der Koordination wurde das Ressort «Fürsorge» betraut, das von Jacob Zucker geleitet wurde. Erste Ansprechperson war Charlotte Hümbelin.[188]

Im November 1945 wurde nichtsdestotrotz im VSJF ein neues Ressort gegründet, das in direktem Zusammenhang mit der Übernahme der Buchenwald-Jugendlichen von «Hilfe und Aufbau» stand, nämlich das Jugendressort.[189] Es war zuständig für alle vom VSJF betreuten Jugendlichen zwischen dem 16. und dem 25. Lebensjahr. Ende 1946 waren 493 Jugendliche durch das Ressort erfasst, 270 davon stammten aus der Buchenwaldgruppe.[190] Neben dem Ressortleiter Jacob Zucker, der gleichzeitig für das Fürsorge- und Emigra-

---

184 Vgl. Renate Grünberg: Prot. VS VSJF, Zürich, 16. 10. 1945, S. 6 f., AfZ, IB VSJF-Archiv / 30.
185 Vgl. SIG Sekretariat: Entwurf einer Vereinbarung zwischen VSJF und SIG wegen der praktischen Arbeit in der Kommission des SIG für Hilfe und Aufbau, Zürich, 11. 10. 1945, AfZ, IB SIG-Archiv / 2739.
186 Vgl. Otto H. Heim: Schreiben an die GL des SIG, Zürich, 19. 10. 1945, sowie Otto H. Heim: Schreiben an die GL des SIG, 23. 10. 1945, AfZ, IB SIG-Archiv / 2739. Die GL übernahm die überarbeitete Fassung von Otto H. Heim auf Empfehlung des CC des SIG tel quel. Vgl. Leo Littmann: Prot. GL SIG, Zürich, 25. 10. 1945, S. 1, AfZ, IB SIG-Archiv / 175.
187 Vgl. Leo Littmann: Prot. GL SIG, Zürich, 18. 10. 1945, S. 1, AfZ, IB SIG-Archiv / 175.
188 Vgl. Theodora Dreifuss: Prot. erweiterter GA VSJF, Zürich, 22. 10. 1945, AfZ, IB VSJF-Archiv / 24.
189 Vgl. o. A.: TB VSJF 1946, o. O., o. D., S. 7–9, AfZ, IB SIG-Archiv / 2394. 1947 wurde das Jugendressort in ein Jugendreferat umgewandelt. Vgl. o. A.: TB VSJF 1947, Zürich, o. D., S. 12, AfZ, IB SIG-Archiv / 2395.
190 Vgl. o. A.: TB VSJF 1946, o. O., o. D., S. 7, AfZ, IB SIG-Archiv / 2394.

tionsressort zuständig war,[191] und Charlotte Hümbelin kümmerte sich mit Saul Gurewicz ein pädagogisch geschulter Jugendberater um die Interessen der Jugendlichen, die vom VSJF betreut wurden.[192] Zwei weitere Fürsorgerinnen besuchten die Jugendlichen an den Orten, an denen sie untergebracht waren.[193] Die meisten Jugendlichen hatten das Ziel, nach Palästina zu emigrieren.[194]

Auch in den Folgemonaten mussten die Kompetenzen zwischen der Kommission «Hilfe und Aufbau» und dem VSJF ständig neu definiert werden. Dabei kam es auch zu Konflikten. Vonseiten der Kommission wurde die fehlende Kommunikationskultur des VSJF bemängelt, während sich der VSJF auf den Standpunkt stellte, er sei «für alle in sein Gebiet fallende Arbeiten autonom».[195] Probleme bereitete auch die Frage bezüglich der Übernahme der Kosten, die im Speziellen durch die Betreuung der Buchenwald-Jugendlichen entstanden waren. Otto H. Heim schrieb im Anschluss an eine Besprechung mit Saly Mayer bezüglich allfälliger zusätzlicher Joint-Gelder zugunsten der Buchenwald-Jugendlichen an die Kommission «Hilfe und Aufbau», der VSJF sei angewiesen worden, bei der Bestreitung der anfallenden Kosten nicht auf zusätzliche Joint-Gelder zu spekulieren, da «der Beitrag des Joint an den V. S. J. F. trotz der verringerten Anzahl von Emigranten und Flüchtlingen nicht reduziert wurde».[196] Gegenüber der Kommission «Hilfe und Aufbau» stellte der VSJF klar, der Verband sei «daher der Ansicht, dass wir für diese Ausgaben nicht mehr Ihnen, sondern direkt dem Joint gegenüber verantwortlich sind, sodass sich eine Genehmigung unseres diesbezüglichen Budgets Ihrerseits erübrigt».[197] Ab Juli 1946 war der VSJF für die Betreuung aller in der Schweiz befindlichen Personen, die durch «Hilfe und Aufbau» eingereist waren, also auch die Buchenwald-Jugendlichen, sowie für alle neu einreisenden Personen verantwortlich.[198]

Im VSJF beschweren sich die Vorstandsmitglieder darüber, dass der VSJF vom SIG zwar zusätzliche Aufgaben übernommen habe, die versprochenen Gelder dafür aber nicht erhalte. Eine Wortmeldung des Quästors des VSJF, Siegfried E. Guggenheim-Ullmann, an der Vorstandssitzung des VSJF im März

---

191 Vgl. ebd., S. 1.
192 Vgl. Theodora Dreifuss: Prot. VS VSJF, Zürich, 15. 1. 1946, S. 3, AfZ, IB VSJF-Archiv / 31. Zu Saul Gurewicz vgl. Anm. 245, S. 196.
193 Vgl. Otto H. Heim: TB VSJF 1945, o. O., o. D., S. 8–10, AfZ, IB SIG-Archiv / 2393. Lilly Szönyi war für Jugendliche in Zürich zuständig und Liselotte Epstein für Jugendliche an allen anderen Orten. Vgl. Theodora Dreifuss: Prot. VS VSJF, Zürich, 15. 1. 1946, S. 3, AfZ, IB VSJF-Archiv / 31.
194 Vgl. Otto H. Heim: TB VSJF 1945, o. O., o. D., S. 8–10, AfZ, IB SIG-Archiv / 2393.
195 Else Finkler: Prot. GA VSJF, Zürich, 18. 12. 1945, o. S., AfZ, IB VSJF-Archiv / 24.
196 Otto H. Heim: Schreiben an die Kommission «Hilfe und Aufbau», o. O., 12. 9. 1946, AfZ, IB SIG-Archiv / 2778.
197 Ebd.
198 Vgl. Regina Boritzer: Schreiben an Otto H. Heim, Zürich, 4. 7. 1946, AfZ, IB SIG-Archiv / 2739.

1946 wurde folgendermassen protokolliert: «Der SIG ist ein sehr schlechter Zahler, und wir haben andauernd Aussenstände [sic], die uns nicht vergütet werden. Das gleiche trifft auf die Kommission ‹Hilfe und Aufbau› zu. Die Nachkriegshilfe sorgt dafür, dass wir mehr Ausgaben haben, aber mit Eingängen ist nicht zu rechnen. Herr Guggenheim möchte nunmehr wissen, welche Spesen der SIG übernimmt und bittet, dass wir keinerlei weiteren Aufgaben im Rahmen des SIG ‹Hilfe und Aufbau› resp. Nachkriegshilfe übernehmen, bevor die finanziellen Sicherungen gegeben sind.»[199]

Die Betreuung der Buchenwald-Jugendlichen oblag ab Oktober 1945 ausschliesslich dem VSJF, während die Kommission «Hilfe und Aufbau» ab diesem Zeitpunkt ihre Nachforschungen bezüglich vermisster Familienmitglieder der Buchenwaldgruppe und anderer Flüchtlinge intensivierte. Sie kümmerte sich aber auch um die Vorbereitung von Einreisegesuchen für Personen, die Verwandte in der Schweiz hatten, um die Briefvermittlung, die Kleideraktion für Jüdinnen und Juden in Stuttgart sowie um Bücher- und Paketsendungen für ehemalige Insassen des Lagers von Gurs.[200]

Regina Boritzer reiste für die Kommission «Hilfe und Aufbau» im November 1945 nach Deutschland und besuchte die amerikanische Zone und die befreiten Lager. Danach habe sie ungefähr alle drei Monate Bergen-Belsen besucht. Viele der Überlebenden litten an Tuberkulose und bedurften einer ärztlichen Behandlung. Einige konnten mithilfe der Kommission auch in die Schweiz einreisen. Die Kommission arbeitete dabei eng mit anderen Organisationen zusammen, beispielsweise mit der OSE.[201] Bis Ende 1945 befand sich der Hauptsitz des Weltverbandes der OSE in der Schweiz, danach konstituierte sich 1946 ein Ableger des Hilfswerks als OSE Schweiz in Genf.[202]

Da die Ernährungslage in den besetzten Zonen Deutschlands und in den befreiten Gebieten sehr schlecht war und viele Güter fehlten, sandte «Hilfe und Aufbau», teilweise in Zusammenarbeit mit anderen Hilfswerken, Lebensmittel, Medikamente und Kleider in die betroffenen Gebiete.[203] Die Koordination mit den verschiedenen Hilfswerken gestaltete sich dabei aber schwie-

---

199 Theodora Dreifuss: Prot. VS VSJF, Zürich, 11. 3. 1946, S. 5, AfZ, IB VSJF-Archiv / 31. Auch in der Besprechung des Halbjahresberichts des VSJF an einer Vorstandssitzung im September desselben Jahres wurde konstatiert, dass die Ausgaben für «Hilfe und Aufbau» 427 829 Franken betragen hätten, wovon nur 194 362 Franken eingegangen seien. Vgl. Lilly Szönyi: Prot. VS VSJF, Zürich, 2. 9. 1946, S. 1, AfZ, IB VSJF-Archiv / 31.
200 Vgl. o. A.: Prot. CC SIG, Bern, 25. 10. 1945, S. 7, AfZ, IB SIG-Archiv / 98.
201 Vgl. Mächler, Hilfe und Ohnmacht, 2005, S. 427 f. und Regina Boritzer, Interview geführt von Frau Hartmann, 1984, AfZ, IB SIG-Archiv / 2051. Vgl. dazu auch Kapitel 8.2.3.
202 Vgl. T. Gordonoff: Aufgaben und Tätigkeiten der Gesellschaft OSE in der Schweiz, Genf, o. D. (um 1953), S. 1, AfZ, IB SIG-Archiv / 2841.
203 Vgl. o. A.: Prot. GL SIG, Bern, 13. 12. 1945, S. 1 f., AfZ, IB SIG-Archiv / 175. Mit Nahrungsmitteln und Medikamenten wurden vor allem die an die Schweiz grenzenden Gebiete bedacht. Vgl. Theodora Dreifuss: Prot. GV VSJF, Zürich, 16. 6. 1946, S. 14, AfZ, IB VSJF-Archiv / 17.

rig, sodass geplante Aktionen immer wieder im Sand verliefen, wie ein Brief von Regina Boritzer an verschiedene Hilfsorganisationen im Oktober 1946 belegt.[204] Im Dezember 1946 konnte Boritzer dennoch berichten, dass «Hilfe und Aufbau» in Zusammenarbeit mit anderen Hilfswerken Geld und Lebensmittel in die französische Zone geschickt habe.[205]

Daneben war «Hilfe und Aufbau» bemüht, kriegsbetroffenen Kindern für einige Monate einen Erholungsaufenthalt in der Schweiz zu ermöglichen, wie es in der Vorkriegszeit Praxis gewesen war. Silvain S. Guggenheim berichtete an einer Vorstandssitzung des VSJF im Januar 1946, dass bereits 50 Kinder aus den Niederlanden in der Schweiz beherbergt würden und dass im Februar weitere 25 Kinder zu erwarten seien.[206]

Im Juni 1946 wurde in der Geschäftsleitung des SIG über die Ressortverteilung diskutiert, nachdem an der Delegiertenversammlung des SIG im Mai 1946 Georges Brunschvig zum neuen Präsidenten des SIG gewählt worden war und Otto H. Heim, Georg Guggenheim und Jean Brunschvig neu in die Geschäftsleitung gewählt worden waren.[207] Jean Nordmann war weiterhin als Leiter des Ressorts «Hilfe und Aufbau» vorgesehen. Ausserdem sollte eine Kommission bestehend aus Alfred Goetschel und Silvain S. Guggenheim gewählt werden. Silvain S. Guggenheim, der an der Delegiertenversammlung des SIG Ende Mai 1946 aus der GL zurückgetreten war, erklärte an der Versammlung, er stelle der Kommission weiterhin seine Arbeitskraft zur Verfügung, sehe sich aber ausserstande, «wie bisher, täglich ins Bureau zu kommen».[208] Die Kommissionsmitarbeitenden, die sich aus einer Sekretärin, einer Korrespondentin und ein bis zwei Hilfskräften zusammensetze, seien allgemein überlastet. Da Jean Nordmann nicht täglich nach Zürich kommen konnte, wurde vorgeschlagen, dass mit Otto H. Heim ein weiteres Mitglied aus Zürich gewählt werde. Dieser schlug vor, zusätzlich eine Frau für «Kinderfragen» in die Kommission aufzunehmen, was von der Geschäftsleitung angenommen wurde.[209]

Am 1. Januar 1949 wurde die Kommission «Hilfe und Aufbau» vollständig vom VSJF übernommen. Im Kommentar zur Jahresrechnung des VSJF wurde festgehalten, dass der SIG dem VSJF infolge der Übernahme der Kommission

---

204 Vgl. Kommission Hilfe und Aufbau: Schreiben an den Hilfsverein für jüdische Auswanderung, Zürich, 25. 9. 1946, AfZ, IB SIG-Archiv / 2739. Zu den Schwierigkeiten in der Koordination vgl. Regina Boritzer: Schreiben an Agudas Israel, Weltzentrale des Hechaluz, Hijefs, Union Makkabi, Misrachi-Landesorganisation, Palästinaamt, Zionistenverband, Herren Erwin Isaac, Leo Weisbord und Robert Wieler, Zürich, 3. 10. 1946, AfZ, IB SIG-Archiv / 2739.
205 Vgl. Regina Boritzer: Schreiben an die HIJEFS, Zürich, 12. 12. 1946, AfZ, IB SIG-Archiv / 2739. Es wurden 1000 Franken in bar und 800 Franken in Form von Lebensmitteln an verschiedene Orten der französischen Zone verteilt.
206 Vgl. Theodora Dreifuss: Prot. VS VSJF, Zürich, 15. 1. 1946, S. 5, AfZ, IB VSJF-Archiv / 31.
207 Vgl. Gerda Rosenblum, Alice Brandenburger: Prot. DV SIG, Bern, 30. 5. 1946, S. 9 f., AfZ, IB SIG-Archiv / 33.
208 O. A.: Prot. GL SIG, Bern, 13. 6. 1946, S. 3, AfZ, IB SIG-Archiv / 176.
209 Vgl. ebd., S. 3 f.

dem VSJF ein Mehr an 33 000 Franken hatte zukommen lassen, was aber in keinem Verhältnis zum Betrag stand, den der SIG für die Kommission «Hilfe und Aufbau» vor der Übernahme ausgegeben hatte. Im Tätigkeitsbericht des VSJF wurde daher vermerkt, «daß der SIG im Jahre 1948 noch die ehemalige Kommission ‹Hilfe und Aufbau› mit Fr. 250 000.– subventioniert hatte, sodaß tatsächlich die Leistungen des SIG um ca. Fr. 220 000.– zurückgingen».[210] Wie weiter unten dargelegt wird, musste sich der VSJF nach dem Kriegsende regelmässig beim SIG dafür rechtfertigen, dass die Kosten für die Flüchtlingsbetreuung trotz Repatriierungen und Auswanderungen nicht sanken. Die Bemerkung im Jahresbericht von 1949 dürfte daher der Tatsache geschuldet sein, dass der VSJF mit der Übernahme der Kommission «Hilfe und Aufbau» zwar zusätzliche Aufgaben übernommen hatte, dass dafür aber deutlich geringere Mittel zur Verfügung gestellt wurden, als der SIG selbst dafür benötigt hatte.

7.7 Die Zusammenarbeit des VSJF mit den Kinderhilfswerken SHEK und SRK, Kh

Mit der Reorganisation hatte sich das jüdische Flüchtlingswerk des SIG 1943 den veränderten Bedingungen unterworfen, die durch die Kriegsereignisse und die darauffolgende Reaktion der schweizerischen Flüchtlingspolitik entstanden waren. Dazu zählte die kulturelle und seelsorgerische Betreuung der internierten Flüchtlinge, aber auch die Hinwendung zur Zukunftsplanung. Für die Repatriierung oder «Weiterwanderung» der Flüchtlinge sollte das Ressort Nachkriegshilfe sorgen.

Die Tatsache, dass sich in den Auffanglagern immer mehr Kinder befanden, war vom VSJF Ende 1942 mit Sorge registriert worden.[211] Mit kleinen Gesten wurde versucht, die Bedingungen für Kinder in den Auffanglagern zu erleichtern. Berty Guggenheim-Wyler schlug beispielsweise in einer Sitzung der Zentralstelle des VSIA im November 1942 vor, kleine Chanukka-Feiern in den «Lagern» zu organisieren und den Kindern Obst und Schokolade zu schenken.[212] Otto H. Heim versprach, ein «möglichst grosses Schokoladen-Quantum»[213] für die Kinder zu beschaffen.

Mit der Übernahme der jüdischen Kinder durch das SHEK Ende 1942[214] und der damit verbundenen Unterbringung jüdischer Kinder in christlichen

---

210 O. A.: TB VSJF 1949, Zürich, o. D., S. 25, AfZ, IB VSJF-Archiv / 3.
211 Vgl. dazu zum Beispiel ein Votum von Otto H. Heim, der die Bedingungen in den Auffanglagern als unzureichend für Kinder beschrieben hatte. Vgl. Kapitel 6.3.
212 Vgl. R. Boritzer: Prot. Zentralstelle VSIA, 11. 11. 1942, S. 3, AfZ, IB IFZ-Archiv / 2.
213 Ebd.
214 Vgl. Kapitel 6.3.

Familien tat sich der VSJF schwer. Otto H. Heim fasste die damalige Lage in der Retrospektive 1954 so zusammen: «Das Problem der Flüchtlingskinder in der Schweiz war von Anfang an ein sehr schwieriges. Es wäre gewiss zu begrüssen gewesen, wenn sie ausschliesslich in jüdischen Familien oder in jüdischen Heimen Zuflucht gefunden hätten. Dieser Regelung standen aber unüberwindliche Hindernisse mannigfacher Art entgegen.»[215]

Innerhalb des jüdischen Flüchtlingswerks und in der Zusammenarbeit mit anderen nationalen Hilfswerken kam es vor allem gegen Kriegsende zu hitzigen Debatten, die bis in die Nachkriegszeit andauern sollten. Finanziell wurde das SHEK vom Schweizerischen Roten Kreuz (SRK) unterstützt. Ende 1943 wurde zwischen den beiden Hilfswerken verhandelt. Das Schweizerische Rote Kreuz, Kinderhilfe (SRK, Kh),[216] wünschte nun, die Betreuung von Flüchtlingskindern ganzheitlich zu übernehmen, anstatt lediglich als Geldgeber zu fungieren. Das SRK, Kh nahm sich in der Folge aller Flüchtlingskinder an, die nach dem 1. Februar 1944 in die Schweiz einreisten, mit Ausnahme der Geschwister jener Kinder, die sich bereits vor diesem Stichdatum in der Schweiz befunden hatten und daher vom SHEK betreut wurden.[217]

Das interkonfessionelle SHEK genoss vor allem beim liberalen Judentum in der Schweiz hohes Ansehen und wurde, wie erwähnt, auch finanziell unterstützt.[218] Es ist davon auszugehen, dass Otto H. Heim das Kinderhilfswerk, an dessen Aktionen er sich mit der Aufnahme von Ferienkindern aktiv beteiligte, ideologisch unterstützte und sich in Anbetracht des langjährigen Engagements seines engen Freundes Georges Bloch im SHEK auch mit dessen Zielen identifizierte. In Abwesenheit von Georges Bloch hatte sich Otto H. Heim 1939 an den Vorstandssitzungen der ICZ für eine Weitersubventionierung des Kinderhilfswerks ausgesprochen[219] und in der Retrospektive im Jahr 1954 bezeichnete er das Engagement des SHEK und des SRK, Kh als «vorbildlich».[220]

Durch Georges Bloch, der Kassier der Zentralstelle und Gründungsmitglied des SHEK war, bestanden enge persönliche Beziehungen zwischen dem SIG, dem VSIA und dem SHEK. Während diese Verbindungen sich während

---

215 Heim, Jüdische soziale Arbeit, 1954, S. 32.
216 Das SRK, Kh nahm seine Arbeit am 1. 1. 1942 auf. Die neue Abteilung des SRK war das Resultat aus einer Fusion des SRK mit der Schweizerischen Arbeitsgemeinschaft für kriegsgeschädigte Kinder (SAK). Vgl. Schmidlin, Eine andere Schweiz, 1999, S. 214.
217 Vgl. Lienert, Wir wollen helfen, 2013, S. 152, sowie Berta Hohermuth: Prot. SZF, Zürich, 24. 1. 1944, S. 3, BAR, E4800.1#1967/111#145*.
218 Vgl. Kapitel 6.1.
219 Vgl. P. Hutmacher: Prot. VS ICZ, Zürich, 30. 10. 1939, S. 3, AfZ, IB ICZ-Archiv / 5. Der Antrag wurde vom Vorstand bewilligt, unter der Voraussetzung, dass das Geld dem Standort des SHEK in Zürich zugutekommen würde. Mit der Mitteilung des Entscheids an Georges Bloch wurde wiederum Otto H. Heim beauftragt.
220 Vgl. Heim, Jüdische soziale Arbeit, 1954, S. 32.

der Kriegszeit als nützlich erwiesen, löste das gleichzeitige Engagement im SHEK und im VSJF bei Georges Bloch in der Nachkriegszeit einen Loyalitätskonflikt aus, wurde doch die Betreuung jüdischer Kinder in christlichen Kreisen innerjüdisch kontrovers diskutiert und führte schliesslich zum Bruch des VSJF mit dem SHEK.

Der Entscheid des Bundesrates, die Betreuung von Flüchtlingskindern in die Hände des SHEK zu legen, führte zu ersten, zunächst innerjüdisch ausgetragenen Spannungen. Wie bereits im Zusammenhang mit der als problematisch empfundenen Trennung jüdischer Flüchtlingsfamilien in Kapitel 6.3 beschrieben, stellte sich der VSIA zunächst auf einen pragmatischen Standpunkt: Die Betreuung jüdischer Kinder in christlichen Familien sei angesichts des Mangels an zur Verfügung stehenden jüdischen Freiplätzen zu akzeptieren. Dieser Standpunkt wurde vom SIG weitgehend geteilt.[221] Besonders die ultraorthodoxen jüdischen Gemeinden in der Schweiz, beispielsweise die Agudas Achim, äusserten jedoch umgehend ihre Sorge über das geistige Wohlergehen der Kinder und ihre jüdisch-religiöse Erziehung. Die Unterbringung der Kinder in christlichen Familien führe zu einer Isolation vom Judentum, und die Kinder seien allfälligen Missionierungstendenzen schutzlos ausgeliefert, wenn sich das Schweizer Judentum nicht um die Erteilung eines regelmässig stattfindenden Religionsunterrichts für diese Kinder kümmere, so der Tenor aus diesen jüdischen Gemeinden.[222] Auch die HIJEFS[223] wollte vor allem polnische und tschechische Kinder selbst betreuen, was aber vom SHEK, dem SIG und den Schweizer Behörden gleichermassen abgelehnt wurde. Generell war die Bereitschaft, Freiplätze für jüdische Kinder anzubieten, in orthodox-jüdischen Kreisen in der Schweiz prozentual am grössten, 40 Prozent der Mitglieder der Gemeinde Agudas Achim in Zürich hatten jüdische Flüchtlingskinder bei sich zu Hause aufgenommen.[224]

Saly Mayer teilte dem Schweizer Landeskomitee Agudat Israel[225] im Januar 1943 mit, dass für die Betreuung der «Lager» bereits Rabbiner im Einsatz seien, während die religiöse Betreuung von Kindern an Freiplätzen noch zu organisieren sei. Für die Planung eines Wanderlehrersystems für die Kinder war Georges

---

221 Vgl. dazu beispielsweise die Voten der CC-Mitglieder des SIG, als im November 1943 die Aufnahme von 1500 jüdischen Kindern aus Frankreich zur Debatte stand. Vgl. o. A.: Prot. CC SIG, Bern, 28. 11. 1943, S. 2–6, AfZ, IB SIG-Archiv / 95.
222 Vgl. Robert Guggenheim: Schreiben an Saly Mayer, Luzern, 3. 1. 1943, AfZ, IB SIG-Archiv / 2517.
223 Der Hilfsverein für jüdische Flüchtlinge in Schanghai (HIJEFS) war 1938 von Recha Sternbuch gegründet worden. Nach 1943 vertrat die HIJEFS die amerikanisch-kanadische Rabbiner-Union. Vgl. Picard, Die Schweiz und die Juden, 1994, S. 266.
224 Vgl. Mächler, Hilfe und Ohnmacht, 2005, S. 350.
225 Bei der Agudat Israel handelte es sich um eine orthodoxe Weltorganisation mit Hauptsitz in London, in New York und während des Zweiten Weltkriegs auch in Luzern. Vgl. Picard, Die Schweiz und die Juden, 1994, S. 244, 264 f.

Bloch zuständig.[226] Im Auftrag von Saly Mayer, der die religiöse Betreuung der Kinder gegenüber der Agudat Israel als «äusserst wichtig»[227] bezeichnet hatte, bat Georges Bloch die Sektionen des SHEK, mit den lokalen jüdischen Gemeinden in Kontakt zu treten und sie darüber zu informieren, wie viele jüdische Kinder in der entsprechenden Region in christlichen Familien untergebracht seien, und diejenigen Kinder, denen ein Besuch der nächstgelegenen jüdischen Religionsschule nicht möglich sei, bei der Zentralstelle des SHEK zu melden.[228] Anfang Februar 1943 setzte der VSIA seine Komitees bezüglich dieser Massnahmen via Rundschreiben in Kenntnis. Die Komitees des VSIA sollten sich direkt an die jeweils zuständige SHEK-Sektion wenden, falls die entsprechenden Zahlen nicht geliefert würden. Des Weiteren bat die Zentralstelle des VSIA, ihr mitzuteilen, welche der betroffenen Kinder der Religionsschule der Gemeinde fernblieben.[229] Das Ziel des VSIA lautete, durch systematisches Erfassen aller jüdischen Flüchtlingskinder deren religiöse Schulung sicherzustellen.

Im April 1943 wandte sich Rabbiner Eugen Messinger, der Sohn von Joseph Messinger aus Bern,[230] an Saly Mayer und schlug vor, seinen Bruder Jacques als Wanderlehrer für die Region Bern einzusetzen, da «das vom VSIA geplante Wanderlehrersystem [...] offenbar nicht in absehbarer Zeit verwirklicht werden kann»[231] und eine «Sofort-Lösung»[232] zu begrüssen sei. Saly Mayer zeigte sich über diese Eigeninitiative erfreut und bewilligte den Antrag mit dem Hinweis darauf, dass die Sektion Bern des SHEK zu informieren sei und für Biel und Delsberg bereits je ein Wanderlehrer im Einsatz sei.[233] Bereits am 17. April schrieb Jacques Messinger einen ersten Wochenbericht über die Betreuung der 21 Flüchtlingskinder, die er besucht hatte. Seine Darlegungen bestätigten die Befürchtungen, dass das christliche Umfeld einen grossen Einfluss auf die jüdischen Kinder habe: «Mit grosser Sorge musste ich in den meisten der bisher besuchten Familien christlicher Konfession feststellen, dass alles daran gesetzt wird, die Kinder zum Christentum zu bekehren. [...] Bei den Acht- bis Zehnjährigen [...] musste ich es erleben, dass mir grosse Geschichten von Jesus, als ihrem Heiland, erzählt wurden, dass sie in die Kirche und in die Unterweisung zum Pfarrer gehen.»[234]

---

226 Vgl. Saly Mayer: Schreiben an das Schweizerische Landeskomitee Agudat Israel Luzern, St. Gallen, 11. 1. 1943, AfZ, IB SIG-Archiv / 2517.
227 Ebd.
228 Vgl. ebd. sowie Georges Bloch: Schreiben an Saly Mayer, Zürich, 20. 1. 1943, AfZ, IB SIG-Archiv / 2517.
229 Vgl. VSIA: Rundschreiben Nr. 277, Zürich, 9. 2. 1943, AfZ, IB SIG-Archiv / 2411.
230 Vgl. Mächler, Hilfe und Ohnmacht, 2005, S. 355.
231 Eugen Messinger: Schreiben an Saly Mayer, Bern, 4. 4. 1943, AfZ, IB SIG-Archiv / 2517.
232 Ebd.
233 Vgl. Saly Mayer: Schreiben an Eugen Messinger, St. Gallen, 8. 4. 1943, AfZ, IB SIG-Archiv / 2517.
234 Jacques Messinger: Schreiben an Saly Mayer, 1. Wochenbericht, Bern, 17. 4. 1943, AfZ, IB SIG-Archiv / 2517.

Auch in seinen folgenden Wochenberichten an Saly Mayer betonte Jacques Messinger, dass jüdische Kinder in vielen christlichen Familien fortgesetzten Bekehrungsversuchen ausgesetzt seien. Eine umfassende Betreuung der Kinder durch jüdische Seelsorger sei daher unumgänglich.[235] Ein Wanderlehrersystem für jüdische Kinder, die in christlichen Familien untergebracht worden waren, hatte sich also im Frühjahr 1943 ad hoc formiert, wobei sich noch keine Systematik in der Erfassung jüdischer Flüchtlingskinder entwickelt hatte.

Im August 1943 erstattete Georges Bloch dem CC des SIG einen Bericht über die Geschichte und den Auftrag des SHEK, da «ein gewisses Misstrauen von jüdischer Seite [bestehe], ob ein interkonfessionelles Hilfswerk in der Lage [sei], das jüdische Flüchtlingskind fürsorgerisch richtig zu betreuen».[236] Er gab bekannt, dass diesbezüglich eine Aufgabenteilung zwischen dem SIG und dem SHEK ausgehandelt worden sei. Gemäss dieser Vereinbarung würden jüdische Flüchtlingskinder, die nicht in der Nähe einer jüdischen Gemeinde untergebracht seien, durch ein Wanderlehrersystem des SIG betreut, während die Organisation der Unterbringung sowie die fürsorgerischen Pflichten weiterhin zum Aufgabenbereich des SHEK zählen würden.[237]

Gleichzeitig mit der Abteilung für kulturelle Betreuung und Seelsorge wurde im VSJF im Oktober 1943 die Abteilung religiöse Betreuung der Kinder (RBK) geschaffen, die Georges Bloch und Max Dreifuss unterstand. Diese Abteilung sollte das bisher unkoordinierte Wanderlehrersystem strukturieren.[238] Am 11. Oktober 1943 wurde an einer gemeinsamen Sitzung der jüdischen Religionslehrer und der RBK das Ziel formuliert, die Kinder zu «bewussten Juden»[239] zu erziehen. Da es vielen Kindern selbst am elementaren Basiswissen mangle, sollten im Unterricht die Grundlagen der jüdischen Religion und der jüdischen Geschichte vermittelt werden. Die Dringlichkeit der religiösen Betreuung der Kinder wurde von allen Anwesenden betont.[240] Waren zunächst drei Wanderlehrer im Einsatz,[241] gab Georges Bloch in seinem Bericht über die Abteilung RBK im September 1944 bekannt, dass Kinder, die an Orten ohne Anbindung an eine jüdische Gemeinde untergebracht waren, in 77 Zentren von 19 Wanderlehrern (davon 6 hauptamtlich und 13 nebenamtlich) unterrichtet würden.[242] Laut dem Bericht kamen 1500 Kinder in den

---

235 Vgl. Jacques Messinger: Schreiben an Saly Mayer, 2. und 3. Wochenbericht, Bern, 30. 4. 1943 und 6. 5. 1943, AfZ, IB SIG-Archiv / 2517.
236 O. A.: Prot. CC SIG, Zürich, 26. 8. 1943, S. 3, AfZ, IB SIG-Archiv / 95.
237 Vgl. ebd., S. 3 f.
238 Vgl. o. A.: Prot. CC SIG, Zürich, 7. 10. 1943, S. 6, AfZ, IB SIG-Archiv / 95.
239 Max Dreifuss: Prot. RBK, o. O., 11. 10. 1943, S. 1, BAR, J2.55#1970/95#107*.
240 Vgl. ebd., S. 3.
241 Vgl. Silvain S. Guggenheim: Bericht über die Tätigkeit des VSJF 1943 an der ausserordentlichen DV des SIG, Bern, 23. 1. 1944, S. 5, AfZ, IB SIG-Archiv / 2392.
242 Bis Januar 1945 war die Zahl der Unterrichtszentren auf 125 gestiegen. Vgl. Sekretariat SIG: Schreiben an die Delegierten des SIG, Zürich, 23. 1. 1945, S. 5, AfZ, IB SIG-Archiv / 32.

Genuss dieses Unterrichts. Das Augenmerk richtete sich dabei auf Kinder und Jugendliche im Alter zwischen sieben und sechzehn Jahren, die mindestens zweimal monatlich Unterricht erhalten sollten. Die für den Unterricht nötigen Lehrmittel konnten die Wanderlehrer in der Bibliothek der ICZ beziehen.[243] Im Januar 1945 wurde die Zahl der von der RBK erfassten Kinder auf 3000 geschätzt. Die Frequenz des Unterrichts durch die Wanderlehrer war ebenfalls erhöht worden, sodass die Kinder nun zwei- bis dreimal pro Monat unterrichtet wurden. Die Zahl der Wanderlehrer hatte sich auf 29 erhöht, wobei sich sowohl Schweizer als auch Flüchtlinge unter den Wanderlehrern befanden.[244]

Die Abteilung RBK wurde ähnlich organisiert wie die Abteilung für kulturelle Betreuung und Seelsorge, nämlich mit einer zentralen Organisationsstelle in Zürich und lokalen Ablegern, die für die praktische Arbeit zuständig waren. Ab August 1944 wurden die jüdischen Gemeinden aufgefordert, Vertrauensleute aus dem Kreis der Gemeinde zu bestimmen, «die für die Durchführung der religiösen Betreuung der Flüchtlingskinder zuständig sind».[245] Diese erhielten eine Liste der vom SHEK und vom SRK, Kh betreuten Kinder und hatten dafür zu sorgen, dass die Flüchtlingskinder, die sich im näheren Umkreis ihrer Gemeinde befanden, an der religiösen Unterweisung der Gemeinde teilnahmen. Sie wurden gleichzeitig darüber informiert, dass «Kinder an Freiplätzen ausserhalb Ihres Gemeindebereichs […] nicht in Ihr Aufgabengebiet [fallen] und […] durch unsere Wanderlehrer unterrichtet [werden]».[246] Die RBK konstatierte ausserdem, dass «leider ein Teil der jüdischen Gemeinden dieser Sache nur geringe Aufmerksamkeit geschenkt [hat]. Dies ist um so bedauerlicher, als die religiöse Erziehung dieser zu uns geflüchteten Kinder für ihr späteres Leben von grösster Tragweite ist.»[247]

Bis Herbst 1944 gehörten elf Personen der RBK an und kümmerten sich um eine Vielzahl von Aufgaben. Georges Bloch nannte als Beispiele die Sekretariatsarbeit, die Vermittlung von Lehrmitteln, aber auch die Koordination der Wanderlehrer und die Zusammenarbeit mit den Kinderhilfswerken.[248] Im Frühjahr 1944 war auch die Frage, wie die Kinder die Pessachtage verbringen sollten, ein intensiv diskutiertes Thema.[249] Ebenso wurden anstehende Bar-Mitzwot für Flüchtlingsknaben organisiert und Geschenke zu Chanukka verteilt.[250]

---

243 Vgl. RBK: Richtlinien für die Wanderlehrer, o. O., o. D., AfZ, IB VSJF-Archiv / 386.
244 Vgl. Erna Freudenberg: Prot. VS VSJF, Zürich, 15. 1. 1945, S. 5, AfZ, IB SIG-Archiv / 2404.
245 VSJF (RBK): Rundschreiben Nr. 498, Zürich, 25. 9. 1944, S. 1, AfZ, IB SIG-Archiv / 2412.
246 Ebd.
247 Ebd., S. 2.
248 Vgl. Georges Bloch: Die religiöse Betreuung der Kinder, o. O., September 1944, AfZ, IB SIG-Archiv / 2392, sowie RBK: Richtlinien für die Wanderlehrer, o. O., o. D., AfZ, IB VSJF-Archiv / 386.
249 Vgl. Leopold Brandeis: Prot. Sitzung RBK, Zürich, 29. 3. 1944, BAR, J2.55#1970/95#107*.
250 Vgl. Erna Freudenberg: Prot. VS VSJF, Zürich, 15. 1. 1945, S. 6 f., AfZ, IB SIG-Archiv / 2404.

Im Dezember 1944 gab Georges Bloch aufgrund seiner hohen Arbeitsbelastung seinen Rücktritt bekannt.[251] Max Dreifuss übernahm daraufhin die Leitung der RBK. Die Abteilung setzte sich aus einem Arbeitsausschuss (Marcel Guggenheim, Ernst Braunschweig, Paul Nordmann, Leopold Brandeis, Max Dreifuss und Lotte Wertheimer), einem Fachausschuss, Vertretern der Wanderlehrer und Vertreterinnen des BSJF zusammen.[252] Im Laufe des Jahres 1945 verringerte sich die Zahl der vom RBK betreuten Kinder von 2850 auf 850, da viele Flüchtlingskinder gemeinsam mit ihren Angehörigen repatriiert wurden oder mit der Jugendalijah nach Palästina auswanderten. Daher wurde die Zahl der Wanderlehrer beträchtlich reduziert.[253] Bis Ende 1946 waren noch neun Wanderlehrer und vier interne Lehrkräfte in Heimen und 44 Zentren tätig. Da die Zahl der zu betreuenden Kinder abgenommen hatte, wurde die Betreuung intensiviert, und die Kinder wurden in der Folge wöchentlich bis zweiwöchentlich besucht.[254]

Durch eine klare Aufteilung der Kompetenzen zwischen den Pflegeeltern, den Hilfsorganisationen und den Wanderlehrern wurde versucht, Konflikte auf ein Minimum zu reduzieren. Die von der RBK erstellten Richtlinien hielten fest, dass die Wanderlehrer dem Umstand Rechnung zu tragen hätten, «dass die Kinder zum Teil in nicht-jüdischen Familien leben».[255] Daher sollten sie «auf keinen Fall Gewissenskonflikte bei diesen Kindern hervorrufen».[256] Weiter sollten sich die Wanderlehrer wie auch die RBK in der Frage der Unterbringung der Kinder nicht einmischen. Vorgesehen war ein einziger Besuch des Wanderlehrers bei den Pflegeeltern des Kindes, um abzuklären, wie der Religionsunterricht organisiert werden sollte. Allfällige Fragen der Pflegeeltern, die fürsorgerische Themenbereiche betrafen, sollten der Lokalsektion des SHEK, dem SRK, Kh oder der RBK gemeldet werden. Die RBK kontrollierte auch den schriftlichen Verkehr zwischen den Wanderlehrern und den Kindern. Zudem hatten die Wanderlehrer der RBK monatliche Berichte über ihre Tätigkeiten zu erstatten.[257]

Wie die Anstellung von Wanderlehrern konkret vonstattenging, lässt sich am Beispiel von H. L. demonstrieren, der bereits im Zusammenhang mit der Gemeindeküche und der Bezahlung von VSJF-Mitarbeitenden erwähnt wurde.[258] Im Januar 1943 wurde H. L. von Rabbiner Lothar Rothschild, Mitarbeiter des Komitees Basel, der Fürsorge in St. Gallen für eine Anstellung

---

251 Vgl. Lienert, Wir wollen helfen, 2013, S. 259.
252 Vgl. Erna Freudenberg: Prot. VS VSJF, Zürich, 15. 1. 1945, S. 5, AfZ, IB SIG-Archiv / 2404.
253 Vgl. Otto H. Heim: TB VSJF 1945, o. O., o. D., S. 20 f., AfZ, IB SIG-Archiv / 2393.
254 Vgl. o. A.: TB VSJF 1946, o. O., o. D., S. 21, AfZ, IB SIG-Archiv / 2394.
255 RBK: Richtlinien für die Wanderlehrer, o. O., o. D., AfZ, IB VSJF-Archiv / 386.
256 Ebd.
257 Vgl. ebd.
258 Vgl. Kapitel 7.1.3 und 7.1.4.

als Wanderlehrer empfohlen.»[259] Am 19. Februar folgte die offizielle Bewerbung von H. L. an den SIG.[260] H. L. befand sich seit 1940 im Arbeitsdienst, im Frühjahr 1943 im Arbeitslager Bad Schauenburg.[261] Saly Mayer leitete die Bewerbung von H. L. an Max Rosenthal, den Präsidenten des Verbandes Israelitischer Religionslehrer in St. Gallen, weiter. Wie aus einem Schreiben von Lothar Rothschild an den VSIA hervorgeht, war unklar, wer für die Einstellung zuständig war. Rothschild fügte an: «Um diesen Kreislauf zu beenden, bitten wir Sie, sich dieser Angelegenheit anzunehmen, und sobald es nötig ist zu veranlassen, dass Herr Dr. L. eingesetzt werden kann.»[262] Wie aus der weiteren Korrespondenz hervorgeht, war der «Kreislauf» aber damit nicht beendet, denn Regina Boritzer leitete den Briefwechsel erneut an Saly Mayer weiter.[263] In einem weiteren Schreiben an Lothar Rothschild erklärte Regina Boritzer, der VSIA habe «mit dieser Sache glücklicherweise nichts zu tun».[264] Da eine Anstellung als Wanderlehrer nicht in Aussicht zu stehen schien, bewarb sich H. L. unterdessen für die religiöse Aufsicht der Gemeindeküche in Zürich. Im September 1943 erkundigte er sich beim SIG, «wie weit sich inzwischen die Angelegenheit der religiösen Betreuung der in den Arbeitslagern befindlichen Flüchtlingen bezw. der Erteilung von Religionsunterricht an Flüchtlingskinder bereits zu konkreten Vorschlägen entwickelt hat. Da ich mich, wie Sie wissen, für diese Frage interessiere, wäre ich Ihnen für eine gelegentliche diesbezügliche Information verbunden.»[265]

Am 10. September 1943 wurde er durch ein Schreiben von Leo Littmann darüber informiert, «dass in obiger Angelegenheit [religiöse Betreuung von Flüchtlingen, Religionsunterricht für Flüchtlingskinder] immer noch keine Regelung getroffen worden ist».[266] Man wolle ihn aber informieren, sobald die Sache weiter vorangeschritten sei.[267] Anfang November kam die Angelegenheit doch noch ins Rollen: H. L. schrieb an den Gemeindebund, dass er im Anschluss an ein Schreiben von Georges Bloch eine Anfrage der Israelitischen Kultusgemeinde Liestal erhalten habe, ob er bereit wäre, den Religionsunterricht von Flüchtlingskindern zu übernehmen.[268] Am 3. Dezember 1943 gab Georges Bloch H. L. bekannt, dass er «von unserer Kommission als Wander-

---

259 Vgl. Lothar Rothschild: Schreiben an M. Rosenthal, o. O., 28. 1. 1943, AfZ, IB VSJF-Archiv / L.352.
260 Vgl. H. L.: Schreiben an den SIG, Zürich, 19. 2. 1943, AfZ, IB VSJF-Archiv / L.352.
261 Vgl. Lothar Rothschild: Schreiben an Saly Mayer, Basel, 24. 2. 1943, AfZ, IB VSJF-Archiv / L.352.
262 Lothar Rothschild: Schreiben an den VSIA, Basel, 4. 3. 1943, AfZ, IB VSJF-Archiv / L.352.
263 Vgl. Regina Boritzer: Schreiben an Saly Mayer, o. O., 11. 3. 1943, AfZ, IB VSJF-Archiv / L.352.
264 Regina Boritzer: Schreiben an Lothar Rothschild, o. O., 12. 4. 1943, AfZ, IB VSJF-Archiv / L.352.
265 H. L.: Schreiben an den SIG, Bad Schauenburg, 5. 9. 1943, AfZ, IB VSJF-Archiv / L.352.
266 Leo Littmann: Schreiben an H. L., Zürich, 10. 9. 1943, AfZ, IB VSJF-Archiv / L.352.
267 Vgl. ebd.
268 Vgl. H. L.: Schreiben an den SIG, Bad Schauenburg, 3. 11. 1943, AfZ, IB VSJF-Archiv / L.352.

lehrer für den Kanton Zürich und näheren Umgebung bestimmt worden»[269] sei. Er solle sich betreffend die bei den Behörden einzuholenden Bewilligungen an Regina Boritzer wenden.[270] Dies sollte sich aber als schwierig erweisen, wie die Korrespondenz zwischen dem VSJF und der kantonalen Fremdenpolizei Zürich zeigt. H. L. besass zwar eine Toleranzbewilligung des Kantons Bern, Zürich verlangte aber einen Austausch von «Emigranten», um H. L. eine Arbeitserlaubnis im Kanton zu erteilen. Der VSJF und H. L. selbst bemühten sich bereits seit August 1943, einen Tausch zwischen einem «Emigranten», der eine Toleranzbewilligung für Zürich besass, und H. L. zu arrangieren. Eine solche Person war auch gefunden worden und hatte eine Erklärung unterzeichnet, dass sie zu einem Kantonswechsel bereit sei,[271] gemäss einem Schreiben der Fremdenpolizei des Kantons Zürich war die Fremdenpolizei Bern aber nicht bereit, in den «Tausch» einzuwilligen.[272] Auch die eidgenössische Fremdenpolizei stellte sich quer, indem sie sich weigerte, H. L. eine Arbeitsbewilligung zu erteilen, und ausschloss, dass dieser sich in Zürich niederlassen könne, «sofern nicht eine Austauschmöglichkeit mit einem im Kanton Zürich ansässigen Emigranten gefunden wird».[273] Schliesslich wurde doch noch eine Lösung gefunden, indem H. L. täglich von Bern nach Zürich reiste. Die eidgenössische Fremdenpolizei erteilte daraufhin eine Arbeitsbewilligung bis Juni 1944.[274] Bereits bei der Verlängerung der Arbeitsbewilligung kam es aber erneut zu Schwierigkeiten, die darauf zurückzuführen waren, dass infolge von Unklarheiten bezüglich der Zuständigkeit im VSJF eine Verlängerung nicht rechtzeitig beantragt worden war. Aus einem Schreiben von Leopold Brandeis, Mitglied der RBK, an den VSJF geht hervor, dass die RBK davon ausgegangen war, der VSJF kümmere sich «selbstverständlich»[275] um die Verlängerung.[276] Jenny Meyer stellte daraufhin einen entsprechenden Antrag an die eidgenössische Fremdenpolizei, empfahl aber H. L., seine Tätigkeit als Wanderlehrer vorläufig einzustellen,[277] was mit erheblichen organisatorischen Schwierigkeiten verbunden war, da alle Kinder informiert werden mussten, damit sie nicht vergeblich zu den Zentren reisten, in denen der Unterricht stattfand.[278] Im Juli 1944 wurde eine andere Lösung gefunden, indem H. L. fortan im

---

269 Georges Bloch: Schreiben an H. L., o. O., 3. 12. 1943, AfZ, IB VSJF-Archiv / L.352.
270 Vgl. ebd.
271 Vgl. H. L.: Schreiben an den VSIA, Bad Schauenburg, 31. 8. 1943, AfZ, IB VSJF-Archiv / L.352.
272 Vgl. Fremdenpolizei Zürich: Schreiben an den VSJF, Zürich, 19. 1. 1944, AfZ, IB VSJF-Archiv / L.352.
273 Eidg. Fremdenpolizei: Schreiben an den VSJF, Bern, 10. 3. 1944, AfZ, IB VSJF-Archiv / L.352.
274 Vgl. Eidg. Fremdenpolizei: Schreiben an den VSJF, Bern, 15. 4. 1944, AfZ, IB VSJF-Archiv / L.352.
275 Leopold Brandeis: Schreiben an den VSJF, Zürich, 15. 6. 1944, AfZ, IB VSJF-Archiv / L.352.
276 Vgl. ebd.
277 Vgl. H. L.: Schreiben an Leopold Brandeis, Zürich, 20. 6. 1944, AfZ, IB VSJF-Archiv / L.352.
278 Vgl. Leopold Brandeis: Schreiben an Jenny Meyer, Zürich, 18. 6. 1944, AfZ, IB VSJF-Archiv / L.352.

Kanton Bern als Wanderlehrer beschäftigt wurde, während David Grünwald, ein Schweizer Rabbiner, den Kanton Zürich übernehmen konnte.[279] Die eidgenössische Fremdenpolizei erteilte die Verlängerung der Arbeitsbewilligung für H. L. aber weiterhin nur widerwillig, wie aus einer Aktennotiz von Lily Wolffers vom 5. Februar 1945 hervorgeht: «Tel. Anfrage, wie die Sache steht. Der Betr. Herr sagt mir eine vorläufige Bewilligung zu, bis der endgültige Bescheid kommt. Er steht der Sache skeptisch gegenüber, da er der Ansicht ist, man könnte die Beschäftigung der Wanderlehrer besser lokalisieren.»[280] Trotz dieser Bedenken erhielt H. L. weiterhin eine Arbeitsbewilligung und wurde im Dezember 1945 von der RBK nach Davos versetzt.[281]

Die Frage der Unterbringung der Kinder sorgte weiterhin für Kontroversen. An der Delegiertenversammlung des SIG im Mai 1944 richtete René Meyer, der sich schon früher in dieser Sache engagiert hatte,[282] einen Aufruf an die Delegierten, eine andere Lösung als die Platzierung jüdischer Kinder in christlichen Familien durch das SHEK zu finden. Es gehe nicht an, dass Kinder «dem Judentum verloren gehen, wo Hunderttausende von Juden uns leider schon verloren gegangen sind».[283] Georges Bloch, der als Delegierter der ICZ anwesend war und «nicht als Beauftragter des Kinderhilfswerks»,[284] verteidigte die Arbeit des SHEK. Er gab zu, dass angesichts der grossen Anzahl zu betreuender Kinder Fehler vorkommen könnten und dass «manche Mutter […] nur das Kind aus dem Stroh heraus haben und […] schneller ja zu einer christlichen Familie»[285] gesagt habe. Andererseits müsse man bedenken, dass das Schweizer Judentum den finanziellen Kraftakt, der erforderlich sei, um Kinder in Heimen unterzubringen, nicht leisten könne und die Anzahl jüdischer Freiplätze weiterhin nicht genüge. Aus den Diskussionen wurde ersichtlich, dass es, wie Veit Wyler formulierte, nun, da das Leben der betreffenden Kinder gerettet war, auch um die Frage ihrer Zukunft ging.[286]

Eine Lösung wurde an der Delegiertenversammlung nicht gefunden, denn es war klar, dass für eine Unterbringung der Kinder in jüdischen Heimen viel Geld nötig war – Geld, das dem SIG und dem VSJF sowieso an allen Ecken und Enden fehlte. Auch während der Generalversammlung des VSJF im Oktober 1944 wurden verschiedene Stimmen laut, die die Unterbringung der jüdischen Kinder in christlichen Familien kritisierten und deren Platzierung bei

---

279 Vgl. Jenny Meyer: Schreiben an die Eidg. Fremdenpolizei, o. O., 18. 7. 1944, AfZ, IB VSJF-Archiv / L.352.
280 Lily Wolffers: Aktennotiz, Zürich, 5. 2. 1945, AfZ, IB VSJF-Archiv / L.352.
281 Vgl. Marcel Guggenheim: Schreiben an Otto H. Heim, Zürich, 27. 12. 1945, AfZ, IB VSJF-Archiv / L.352.
282 Vgl. Kapitel 6.3.
283 O. A.: Prot. DV SIG, Zürich, 17. und 18. 5. 1944, S. 53, AfZ, IB SIG-Archiv / 32.
284 Ebd.
285 Ebd., S. 54.
286 Vgl. ebd., S. 55.

jüdischen Familien oder in Heimen forderten.[287] Saly Mayer wies darauf hin, dass man bei der Betreuung auf die Hilfe der christlichen Mehrheitsbevölkerung angewiesen sei. René Meyer forderte, es sei im VSJF ein Ressort zu gründen, das sich der Unterbringung der Kinder widme.[288]

Im Frühjahr 1945 wurde von der RBK eine Resolution erstellt, die «religiös gefährdete»[289] Kinder schützen sollte. Es wurde festgehalten, dass jüdische Kinder wenn möglich «in ein jüdisches Milieu»[290] eingegliedert werden sollten. Wo nötig, sollten die Kinder umplatziert werden. Überdies waren als Massnahmen die «Intensivierung des Wanderlehrer-Unterrichts»,[291] eine bessere Erfassung von Kindern in abgelegenen Gebieten und eine raschere Wiedervereinigung der Kinder mit ihren Eltern vorgesehen.[292]

Die Resolution wurde vom Vorstand des VSJF abgelehnt und dem Geschäftsausschuss zur Bearbeitung vorgelegt. Die bearbeitete Fassung war deutlich weniger drastisch formuliert und enthielt im Wesentlichen nur noch die Forderung, «dass alle dem SHEK von der RBK unterbreiteten jüdisch gefährdeten Fälle gründlich geprüft und dass die Kinder im Sinne der Ausführungen des SHEK – wenn so entschieden wird – umplaziert werden».[293] Weiter wurde festgehalten, dass «die Unterbringung der Kinder und deren fürsorgerische Betreuung»[294] beim SHEK und dem SRK, Kh bleiben würden und «dass die verständnisvolle Zusammenarbeit des SHEK und der RBK intensiviert»[295] werde. Die RBK zeigte sich mit der Stellungnahme des SHEK und den vom Kinderhilfswerk ausgearbeiteten Verfügungen, die besagten, dass gefährdete Kinder in «ein jüdisches Milieu»[296] umzuplatzieren seien, zufrieden.[297]

Dieser Frieden währte allerdings nicht lange, denn die Kontroversen um die Unterbringung jüdischer Kinder spitzte sich im Laufe des Jahres 1945 immer mehr zu, und Salome Lienert hat mit ihrer Darstellung der Ereignisse und der Erkenntnis, dass es sich dabei um «Stellvertreterkonflikte zwischen den Werken, insbesondere zwischen den verschiedenen jüdischen Gruppierungen»,[298] handelte, zumindest teilweise recht. Die Frage nach der Unterbringung jüdischer Kinder wurde im VSJF kontrovers diskutiert. Die RBK sah sich mit

---

287 Vgl. o. A.: Prot. GV VSJF, Bern, 22. 10. 1944, S. 12, AfZ, IB SIG-Archiv / 2402.
288 Vgl. ebd.
289 RBK: Resolution der Arbeitstagung, o. O., 18. 4. 1945, AfZ, IB VSJF-Archiv / 24.
290 Ebd.
291 Ebd.
292 Vgl. ebd.
293 O. A.: Prot. GA VSJF, Zürich, 22. 5. 1945, o. S., AfZ, IB VSJF-Archiv / 24.
294 Ebd.
295 Ebd.
296 TB VSJF, 1. 11. 1944–31. 5. 1945, Bericht der Abt. religiöse Betreuung der Kinder, o. O., o. D., AfZ, IB VSJF-Archiv / 3.
297 Vgl. ebd.
298 Lienert, Wir wollen helfen, 2013, S. 262.

ihren Forderungen von der Mehrheit im Vorstand des VSJF immer häufiger an die Wand gedrängt.

Otto H. Heim war einer der Verfechter einer fürsorgerischen Betreuung jüdischer Flüchtlingskinder durch das SHEK, obwohl er die Sorge um die religiöse Gefährdung Kinder und Jugendlicher als durchaus berechtigt ansah. Seine Haltung, die von vielen Mitgliedern des VSJF geteilt worden sein dürfte, lässt sich anschaulich anhand eines Briefes darlegen, den er im April 1945 an die RBK verfasst hatte und der hier in Auszügen zitiert wird. Da Heim nicht an der geplanten Sitzung der RBK teilnehmen konnte, war es ihm ein Anliegen, seine Haltung zum Traktandum 1 und zur Frage «Inwiefern ist das jüdische Flüchtlingskind religiös gefährdet?»[299] zum Ausdruck zu bringen: «Ich glaube, dass die Kreise, die über die religiöse Gefährdung des jüdischen Flüchtlingskindes Besorgnis haben, immer vergessen, dass es sich hier ja nur um einen kleinen Ausschnitt der aktuellen Probleme des Judentums handelt, der an und für sich nicht ohne Zusammenhang mit dem grösseren Fragenkomplex behandelt werden kann. Mit anderen Worten: Ihr Traktandum könnte genau so gut lauten ‹Inwiefern ist das jüdische Kind schlechthin gefährdet?›»[300]

Otto H. Heim riss mit seinen Überlegungen die Frage der religiösen Erziehung jüdischer Flüchtlingskinder damit aus dem Kontext und überschrieb sie mit dem allgemeinen Desinteresse, die jüdische Jugendliche an Religion zeigen würden. Seine Überlegungen mögen wohl der Realität entsprochen haben, dennoch spiegelt sich darin eine relativistische Haltung. Durch das Herabbrechen der individuellen Problembehandlung auf eine vermeintlich allgemein gültige Entwicklung, ein Totschlagargument, wird die Diskussion über die Unterbringung der jüdischen Flüchtlingskinder in einem christlichen Umfeld bedeutungslos. Heim beschrieb in seinem Brief die eigenen Erfahrungen dahingehend, dass sowohl die schweizerische Jugend als auch jüdische Flüchtlingskinder kein Interesse an der jüdischen Religion zeigten. Um die Flüchtlingskinder hatte man sich in seinen Augen nicht intensiv genug bemüht: «Ich muss in diesem Zusammenhang nochmals daran erinnern, dass im Jahre 1938 jüdische Emigrantenkinder in die Schweiz kamen, die heute nach 7 Jahren eine vollkommen negative Einstellung zur jüdischen Religion haben. Ich weiss ebenso aus Erfahrung, dass in Zürich für diese jüdischen Emigrantenkinder von der zuständigen Seite aus sehr wenig getan wurde, sodass diese Entwicklung nicht überrascht.»[301]

Seine weiteren Ausführungen legen nahe, dass es sich bei der hier kritisierten «zuständigen Seite» um jüdische Kreise handelt. Auf diesen Punkt geht sein Brief allerdings nicht näher ein, Otto H. Heim erwähnte jedoch, dass es

---

299 Otto H. Heim: Schreiben an die RBK, o. O., o. D. (Anfang April 1945), S. 1, BAR, J2.55#1970/95#107*.
300 Ebd.
301 Ebd., S. 1 f.

«dahingestellt [werden müsse], ob jüdische Flüchtlingskinder in freidenkenden jüdischen Familien nicht ebenso religiös gefährdet sind».[302] Weiter geht er auf die Rolle der Zionisten ein, die er, wie er zweimal betont, nicht kritisieren wolle («es liegt mir besonders ferne, die zionistische Jugend zu kritisieren die meiner Ansicht nach der besondere Stolz und die besondere Zuversicht der Juden bildet»),[303] jedoch gebe es «zionistische Kreise, in denen die Jugendlichen vollkommen uninteressiert an der jüdischen Religion sind, die gar keine Feiertage halten und die es lächerlich finden, rituell zu leben».[304] Sein Fazit zur religiösen Gefährdung jüdischer Flüchtlingskinder lautete daher, es sei «zu vermeiden, dass man mit Kanonen auf Spatzen schiesst und an einer Entwicklung Kritik übt, für die bestimmt nicht die Hilfsorganisationen verantwortlich sind, sondern die im Wesen der heutigen Epoche des Judentums liegt».[305] Man solle sich daher lieber auf die Qualität der religiösen Unterrichtung der Kinder konzentrieren, denn «was man der Jugend bietet und wie man es der Jugend bietet, auf das kommt es an».[306] Heim hatte also eine dezidierte Meinung zur religiösen Gefährdung der jüdischen Flüchtlingskinder.

Sowohl Personen aus dem SHEK als auch aus der RBK trugen ihre Konflikte um die Unterbringung der Kinder im Sommer 1945 häufig über Otto H. Heim und Georges Bloch aus, die mit beiden Stellen eng zusammenarbeiten.[307]

Obwohl Heim dem Problem der religiösen Gefährdung der Kinder in christlichen Familien keine Priorität einräumte, befürwortete er klar, dass die Verantwortung für die Betreuung jüdischer Flüchtlingskinder vom SHEK an den VSJF übergehen sollte. An einer Vorstandssitzung des VSJF im Mai 1945 nahm er dazu Stellung, indem er betonte, dass es «*[h]eute* […] Aufgabe der *Juden* [sei], sich der jüdischen kriegsgeschädigten Kinder anzunehmen».[308] Das SHEK sei interkonfessionell und müsse daher durch ein jüdisches Komitee ersetzt werden.[309]

Im Sommer 1945 nahmen die Konflikte um die Platzierung jüdischer Kinder in christlichen Familien auch im VSJF zu. Georges Bloch gab an der Vorstandssitzung vom 9. Juli 1945 bekannt, er habe sich für die Umplatzierung religiös gefährdeter jüdischer Kinder eingesetzt, er sei aber gegen eine generelle

---

302 Ebd., S. 2.
303 Ebd.
304 Ebd.
305 Ebd.
306 Ebd.
307 Personen aus der Leitung des SHEK beschwerten sich beispielsweise über die Einmischung von Wanderlehrern und jüdisch orthodoxen Kreisen bei Georges Bloch und Otto H. Heim. Vgl. dazu zum Beispiel o. A. (SHEK): Schreiben an Otto H. Heim, Zürich, 2. 10. 1945. BAR, J2.55#1970/95#107*.
308 O. A.: Prot. VS VSJF, Zürich, 22. 5. 1945, S. 3, AfZ, SIG-Archiv / 2404 (Hervorhebung im Original).
309 Vgl. ebd.

Herausnahme jüdischer Kinder aus christlichen Familien. Falls der VSJF einen Beschluss in diese Richtung treffe, lege er sein SHEK-Verhandlungsmandat nieder.[310] Der amerikanische Rabbinerverband hingegen verlangte, dass die RBK sich um eine Umplatzierung jüdischer Kinder aus christlichen Familien kümmere, und stellte dazu finanzielle Unterstützung in Aussicht.[311]

Das Verhältnis des SHEK gegenüber der RBK und den Wanderlehrern scheint von zunehmendem Misstrauen geprägt gewesen zu sein. Im September 1945 berichtete Max Dreifuss dem Vorstand des VSJF diesbezüglich, dass das SHEK eine Teilnahme eines jüdischen Wanderlehrers an den «Studienwochen für das kriegsgeschädigte Kind»[312] verhindert habe, wodurch «der jüdische Standpunkt [...] nur mit Mühe oder nur teilweise durchgedrungen»[313] sei.

Im Herbst 1945 stellte der VSJF die Forderung an das SHEK und das SRK, Kh, jüdische Kinder seien wenn immer möglich in jüdische Familien oder Heime umzuplatzieren. Die Frage des Verhältnisses des VSJF zum SHEK nahm an den Vorstandssitzungen des VSJF einen grossen Raum ein. Es wurde beschlossen, eine Resolution auszuarbeiten, die dem SHEK vorzulegen sei. Viele Redner, darunter auch Jacob Zucker, waren der Ansicht, dass dem SHEK von schweizerisch-jüdischer Seite her zwar Dank gebühre, dass die Zeiten sich nun aber geändert hätten: «Von 1939 bis 1942 musste man alles akzeptieren, was von nichtjüdischer Seite gemacht wurde, aber diese Dankbarkeit darf kein Grund für uns sein, das jüd. Kind zu opfern. Wir müssen denen danken, die uns geholfen haben, aber diese Dankesschuld darf nicht dazu führen, dass wir auf das jüd. Kind verzichten.»[314]

In der Folge erarbeitete Otto H. Heim Richtlinien bezüglich der Umplatzierung der jüdischen Flüchtlingskinder, die vom erweiterten Geschäftsausschuss des VSJF mehrheitlich angenommen wurden.[315]

Da der VSJF keine generelle Herausnahme jüdischer Kinder aus christlichen Familien verlangte, sahen er und das SHEK sich aber mit heftigen Vorwürfen seitens des HIJEFS konfrontiert. Isaak Sternbuch äusserte sich in einem Brief vom 14. November an Otto H. Heim dahingehend, dieser wolle sich trotz seines «sonst klaren und objektiven Blicks zum Wortführer jener unjüdischen Opposition machen, welche die seit Jahr und Tag vorgebrachte unheilvolle Argumentation wiederholen».[316] Er verlangte im Namen

---

310 Vgl. o. A.: Prot. VS VSJF, Zürich, 9. 7. 1945, S. 4 f., AfZ, IB SIG-Archiv / 2404.
311 Vgl. ebd.
312 Else Finkler: Prot. VS VSJF, Zürich, 24. 9. 1945, S. 5, AfZ, IB VSJF-Archiv / 30.
313 Ebd.
314 Renate Grünberg: Prot. VS VSJF, Zürich, 16. 10. 1945, S. 3, AfZ, IB VSJF-Archiv / 30.
315 Vgl. Theodora Dreifuss: Prot. erweiterter GA VSJF, Zürich, 22. 10. 1945, S. 3 f., AfZ, IB VSJF-Archiv / 24.
316 Isaak Sternbuch: Schreiben an Otto H. Heim, Montreux, 14. 11. 1945, AfZ, IB VSJF-Archiv / 30.

des HIJEFS eine «sofortige generelle Herausnahme der Kinder aus christlichen Häusern»[317] und die Übertragung der fürsorgerischen Betreuung der Kinder an jüdische Organisationen.[318] Ein solch rigoroses Vorgehen lehnte der Geschäftsausschuss des VSJF ab.[319] Gegenüber dem SHEK sollte aber das Mitspracherecht des VSJF bei der Umplatzierung jüdischer Flüchtlingskinder unterstrichen werden.[320]

Am 21. November 1945 fand dazu eine Aussprache zwischen dem SHEK, dem SRK, Kh und dem VSJF statt. Die Sitzung sollte «zur Klärung und zur Beseitigung von Schwierigkeiten führen […], die die gemeinsame Arbeit in letzter Zeit belastet haben».[321] Georgine Gerhard betonte als Leiterin der Sitzung den guten Willen des SHEK, die Bestrebungen des VSJF, den Kindern eine geistig-religiöse Erziehung angedeihen zu lassen, zu unterstützen. Das SHEK habe die Arbeit der Wanderlehrer gefördert, indem es an die Pflegeeltern appelliert habe, die Kinder am Religionsunterricht teilnehmen zu lassen.[322]

Obwohl aus der Sitzung sieben gemeinsam formulierte Beschlüsse resultierten, lassen sich anhand der aufgezeichneten Voten grundsätzliche Meinungsverschiedenheiten feststellen, die die verschiedenen Positionen der Hilfswerke demonstrieren. Als Mitglieder des Vorstandes des VSJF vertraten Otto H. Heim und Jacob Zucker gemeinsam die Konsensentscheidung des VSJF, die dahin ging, «dass das jüdische Bewusstsein dem jüdischen Kind erhalten bleiben müsse und dass die Kinder nicht weiter dem Judentum entfremdet werden».[323] Eine religiöse Unterweisung durch Wanderlehrer ersetze dabei «die Atmosphäre eines jüdischen Milieus nicht».[324] Jacob Zucker unterstützte das Votum von Otto H. Heim und wies darüber hinaus darauf hin, dass «eine unbewusste Beeinflussung in christlichen Familien […] nicht verhindert werden»[325] könne. Georgine Gerhard nahm die Äusserung von Jacob Zucker zum Anlass, um darauf hinzuweisen, dass das SHEK interkonfessionell sei und sich jüdische Vertreterinnen und Vertreter in allen SHEK-Sektionen finden lassen würden.[326] Inwiefern dadurch eine jüdische Erziehung von Kindern in christlichen Familien gewährleistet war, liess sie offen. Indessen scheint bei den Gesprächen zwischen dem SHEK und dem VSJF ein gehässiger Unter-

---
317 Ebd.
318 Vgl. ebd.
319 Vgl. o. A.: Prot. GA VSJF, Zürich, 20. 11. 1945, S. 1, AfZ, IB VSJF-Archiv / 24.
320 Vgl. ebd.
321 Liselotte Hilb: Prot. der Aussprache zwischen VSJF einerseits und SHEK und SRK, Kh andrerseits, Zürich, 21. 11. 1945, S. 1, BAR, J2.55#1970/95#107*.
322 Vgl. ebd.
323 Ebd., S. 2.
324 Ebd.
325 Ebd.
326 Vgl. ebd.

ton geherrscht zu haben. Georgine Gerhard unterstellte Jacob Zucker, der ein bekennender Zionist war, implizit, er gehöre zu jenen Kreisen, die versuchten, die Kinder für ihre politischen Zwecke zu instrumentalisieren, während das SHEK, das sich ausschliesslich dem Wohl der Kinder widme, politisch neutral sei: «Seine [SHEK] Aufgabe kann es nicht darin sehen, jüdisch-nationale Belange zu verfechten.»[327] Von Therese Mannes, Vertreterin der IRG im VSJF, stammt die vielleicht objektivste protokollierte Äusserung: «Frau Mannes berichtet, dass sie bereits etwas Einblick in die Arbeit des SHEK und SRK, KH bekommen habe. Sie kann verstehen, dass ein interkonfessionelles Hilfswerk fast unmöglich den gleichen Standpunkt vertreten kann, den eine rein jüdische Organisation sich wünschen würde. Wenn man mitarbeiten wolle, müsse man ganz neutral bleiben und damit komme man vielleicht auf den Kernpunkt des Problems.»[328]

Am versöhnlichsten wirken die Aussagen von Nettie Sutro und Therese Mannes. Nettie Sutro wies darauf hin, dass das SHEK vor allem seine bisherigen Betreuungsaufgaben im Interesse der von ihm betreuten Kinder abzuschliessen wünsche.[329] Therese Mannes erklärte, dass der VSJF von den Erfahrungen des SHEK in der Betreuung der Kinder nur profitieren könne. Gleichzeitig brachte sie den Wunsch an, dass SHEK möge «auch den guten Willen vom jüdischen Standpunkt» begreifen.[330]

Die sieben Beschlüsse der gemeinsamen Sitzung beinhalteten im Wesentlichen die Forderung, bei einer allfälligen Umplatzierung von jüdischen Waisenkindern einen jüdischen Freiplatz oder ein jüdisches Heim vorzuziehen. Weiter sollten die SHEK-Sektionen ihre jüdischen Mitarbeitenden beim VSJF melden, damit der VSJF mit ihnen Rücksprache nehmen könne. Ausserdem enthielten die Abmachungen den Passus: «Der VSJF wird sich bei evtl. Angriffen auf das SHEK mit der vorliegenden Vereinbarung solidarisieren.»[331]

---

327 Ebd.
328 Ebd.
329 Vgl. ebd., S. 4.
330 Ebd.
331 Otto H. Heim: Prot. der Aussprache zwischen VSJF und SHEK, bezw. SRK, KH, Zürich, 21. 11. 1945, BAR, J2.55#1970/95#107*. Liselotte Hilb vom SHEK hatte im Gegensatz dazu diesen Punkt folgendermassen protokolliert: «Der VSJF wird sich künftig bei eventuellen Angriffen auf das SHEK mit diesem solidarisch erklären, da er dessen Praxis billigt.» Dieser Punkt war jedoch handschriftlich mit einem Fragezeichen versehen und durchgestrichen worden. Vgl. Liselotte Hilb: Prot. der Aussprache zwischen VSJF einerseits und SHEK und SRK, Kh andrerseits, Zürich, 21. 11. 1945, BAR, J2.55#1970/95#107*. In der endgültigen Fassung der Vereinbarung vom 6. 4. 1946 wurde der Wortlaut dieses Punktes nochmals geändert und lautete nun: «Der VSJF wird sich künftig bei Angriffen auf die Placierungspraxis des SHEK und SRK, KH solidarisch erklären, sofern diese mit Abschnitt 1–5 übereinstimmen.» O. A.: Vereinbarung zwischen dem VSJF und den Kinderhilfswerken SHEK und SRK, Kh, Zürich, 6. 4. 1946, AfZ, IB VSJF-Archiv / 31. Das Ringen um einen Konsens in der Frage der Formulierung zeugt ebenfalls von der angespannten Beziehung zwischen dem SHEK und dem VSJF.

Als problematisch muss das Vorurteil vieler Mitarbeitenden im SHEK und im SRK, Kh bezeichnet werden, die den jüdischen Kreisen permanent vorwarfen, ihre eigenen Interessen über jene der Kinder zu stellen und an deren Schicksal kaum Anteil zu nehmen. Dieser weitgehend ungerechtfertigte Vorwurf scheint ab November 1945 bereits Allgemeingültigkeit zu besitzen und dürfte zumindest teilweise auf die seit 1942 ständig wiederholte Kritik zurückzuführen sein, dass jüdische Familien nicht bereit seien, genügend Freiplätze für Flüchtlingskinder bereitzustellen. Angesichts der hohen Zahl jüdischer Familien die Flüchtlingskinder aufnahmen, Schätzungen gehen von 10–40 Prozent der jüdischen Haushalte in der Schweiz aus,[332] sind diese Vorwürfe als haltlos zu bezeichnen. Die Neigung vieler jüdischer Repräsentanten wie Silvain S. Guggenheim und Otto H. Heim, diesem Vorurteil nur teilweise zu widersprechen oder gar beizupflichten, trug nicht dazu bei, der Entwicklung dieser stereotypisierten Behauptung beizukommen.

Natürlich fühlte sich auch der VSJF in erster Linie dem Wohl des Kindes verpflichtet. Auf die permanente Suggestion, dem sei nicht so, reagierte Heim in einem Brief an das SHEK im Oktober 1945 mit einem subtil formulierten Konter. Inhaltlich ging es dabei um die vom SHEK vorgenommene Umplatzierung eines Kindes. Medizinische Indikationen hatten den VSJF bewogen, dem SHEK vorzuschlagen, das betreffende Kind in ein rituell geführtes Heim in Celerina zu versetzen. Diesem Begehren war das SHEK nicht nachgekommen und hatte das Kind stattdessen in ein anderes Heim versetzt. Otto H. Heim nahm dazu wie folgt Stellung: «Wir legen Wert darauf festzustellen, dass für uns rituelles Leben nicht mit jüdischem Leben identisch ist und dass wir infolgedessen niemals dafür eintreten werden, dass jedes jüdische Kind in ein Heim kommt, in dem es rituell leben muss. Aber wir müssen anderseits doch auch daran festhalten, dass ein jüdisches Kind nur deswegen nicht in ein jüdisches Heim kommt, weil es rituell geführt ist. Wir dürfen vielleicht auch darauf hinweisen, dass trotz der guten Zusammenarbeit zwischen Ihnen und uns zuweilen bei Nichteingeweihten der Eindruck erweckt werden kann, dass vom SHEK aus ein Standpunkt eingenommen wird, der nicht im Interesse der jüdischen Erziehung und Beeinflussung jüdischer Kinder liegt.»[333]

Zwischen 1944 und 1946 waren zwischen neun und siebzehn Prozent der jüdischen Flüchtlingskinder – in effektiven Zahlen waren das im Oktober 1945 112 – ohne Zustimmung der Eltern in christlichen Familien untergebracht. Diese Kinder wurden als verlassen oder alleinstehend bezeichnet. 1946 lebten 206 jüdische Kinder in einem christlichen Umfeld. Bei 146 dieser Kinder lag eine Einverständniserklärung der Eltern vor. Bei 60 Kindern war es dem

---

332 Vgl. Mächler, Hilfe und Ohnmacht, 2005, S. 350.
333 Otto H. Heim: Schreiben an das SHEK, o. O., 4. 10. 1945, AfZ, IB VSJF-Archiv / 30.

SHEK nicht gelungen, mit den Eltern in Kontakt zu treten, sodass bei diesen Kindern das Einverständnis der Eltern fehlte.[334]

Angesichts der geringen Zahl von «verlassenen» Kindern hielten viele Vertreterinnen und Vertreter des VSJF den Zeitpunkt für gekommen, die verbleibenden Kinder der Obhut des VSJF zu übergeben. Die Forderung wurde im VSJF von einer breiten Basis unterstützt und die Darstellung, dass vor allem orthodox-jüdische Kreise und Mitglieder der RBK die Übergabe der Kinder an das jüdische Hilfswerk forderten, greift entschieden zu kurz.[335] Aus heutiger Sicht mögen die Interventionen von jüdischer Seite her lediglich als Resultat der Differenzen zwischen verschiedenen jüdischen Gruppen mit unterschiedlicher religiöser Orientierung bewertet werden; diese Auslegung lässt aber ausser Acht, in welch prekärer Situation sich das Schweizer Judentum während der Zeit des Nationalsozialismus befand, und trägt der Komplexität der Sache für die Jüdinnen und Juden in der Schweiz wenig Rechnung. Angesichts der Entrechtung des europäischen Judentums in den umliegenden Ländern und der geringen Bereitschaft der Schweizer Regierung in dieser Zeit, die Bürgerrechte des Schweizer Judentums zu wahren, hatten verschiedene religiöse und ideologische Strömungen innerhalb des Schweizer Judentums während des Zweiten Weltkriegs im Interesse des jüdischen Allgemeinwohls eine Art Burgfrieden geschlossen und vor allem gegenüber der Öffentlichkeit eine Einigkeit demonstriert, die es so nie gab. Der Beschluss der Schweizer Behörden, dem Schweizer Judentum die Übernahme der Verpflegungs- und Unterbringungskosten für jüdische Flüchtlinge aufzubürden, führte zu einem permanenten Geldmangel, sodass die Übernahme weiterer finanzieller Verpflichtungen, wie es die Übernahme jüdischer Flüchtlingskinder bedeutet hätte, gar nie in Erwägung gezogen werden konnte. Weiter finden sich in den Akten sowohl des SIG als auch des VSIA/VSJF Berichte über teils gelungene Versuche, die Kinder zu bekehren,[336] was die Befürchtungen jüdischer Kreise, jüdische Kinder würden dem Judentum verloren gehen, befeuerte.

Das Übereinkommen, das der VSJF im November 1945 mit dem SHEK getroffen hatte, regelte auch die Umplatzierung von jüdischen Flüchtlingskindern neu. Der VSJF erhielt grösseren Einfluss auf die jüdischen SHEK-Mitarbeitenden, sodass bei geplanten Umplatzierungen jüdischer Waisenkinder gewährleistet war, dass primär nach Plätzen in jüdischen Familien oder

---

334 Vgl. Lienert, Wir wollen helfen, 2013, S. 262. Im Tätigkeitsbericht des VSJF von 1946 wird die Zahl der vom SHEK oder vom SRK, Kh betreuten Kinder, die in christlichen Familien oder Heimen untergebracht waren, mit 156 angegeben. Vgl. o. A.: TB VSJF 1946, o. O., o. D., S. 20, AfZ, IB SIG-Archiv / 2394.
335 Vgl. dazu zum Beispiel die Voten von Alfred Goetschel, Jean Nordmann und Robert Wieler, o. A.: Prot. GV VSJF, Bern, 17. 6. 1945, S. 6, AfZ, IB SIG-Archiv / 2402.
336 Vgl. zum Beispiel o. A.: Prot. DV SIG, Zürich, 17. und 18. 5. 1944, S. 53, AfZ, IB SIG-Archiv / 32; Else Finkler: Prot. VS VSJF, Zürich, 2. 10. 1945, S. 1, AfZ, IB VSJF-Archiv / 30. Vgl. auch Mächler, Hilfe und Ohnmacht, 2005, S. 434.

Heimen Ausschau gehalten wurde. Über die Unterbringung aller anderen Kinder konnten deren Eltern oder nahe Verwandte bestimmen.[337] Das Abkommen zwischen dem SHEK und dem VSJF trat im April 1946 in Kraft.[338] Max Dreifuss berichtete aber bereits im Mai 1946 über neue Schwierigkeiten in der Zusammenarbeit des SHEK mit der RBK.[339]

Auf Antrag der Delegiertenversammlung des SIG vom 30. Mai 1946 wurde der Geschäftsleitung des SIG die Aufgabe übertragen, Verhandlungen mit den Kinderhilfswerken aufzunehmen, um die endgültige Umplatzierung von jüdischen Kindern an christlichen Freiplätzen vorzubereiten.[340] Dieser Schritt bewog Georges Bloch zum Rücktritt aus dem Vorstand des VSJF.[341] Das SHEK beschloss aufgrund der fortwährenden Differenzen um die Betreuung der jüdischen Kinder seine Auflösung.[342]

Anlässlich einer gemeinsamen Sitzung des VSJF und der jüdischen Gemeinden am 22. September 1946 orientierte Otto H. Heim die Versammlung über die geplante Auflösung des SHEK. Die Betreuung der verbliebenen 660 Flüchtlingskinder solle dem VSJF übergeben werden.[343] Heim wies auf die Schwierigkeiten hin, die Betreuung der Kinder zu organisieren. Gleichzeitig sei es «richtig, dass es beim SHEK für jüdische Fragen ziemlich an Verständnis fehlt».[344] Einerseits stellten die zusätzlichen organisatorischen Aufgaben für den VSJF eine Herausforderung dar, andererseits würde «ein Rückzug des SIG […] einen enormen Prestigeverlust bedeuten, das SHEK würde dann für die jüdischen Wünsche überhaupt kein Verständnis mehr zeigen».[345] Daher müsse die Übernahme gut geplant werden.[346]

An der Vorstandssitzung des VSJF am darauffolgenden Tag war die mögliche Auflösung des SHEK ebenfalls Hauptthema. Otto H. Heim bemerkte dazu, dass die Spannungen zwischen dem VSJF und dem SHEK sich durch die Interventionen der RBK verschärft hätten.[347] Er wiederholte seine Kritik an einigen Mitarbeiterinnen des SHEK, die «dem Problem der jüdischen Kinder im Grunde verständnislos gegenüber[stehen]»[348] würden. Für die künftige Betreuung der SHEK-Kinder müsse vom SIG eine neue Organisation gegrün-

---

337 Vgl. Picard, Die Schweiz und die Juden, 1994, S. 449.
338 Vgl. Theodora Dreifuss: Prot. VS VSJF, Zürich, 11. 4. 1946, S. 1 f., AfZ, IB VSJF-Archiv / 31.
339 Vgl. Theodora Dreifuss: Prot. VS VSJF, Zürich, 6. 5. 1946, S. 5 f., AfZ, IB VSJF-Archiv / 31.
340 Vgl. Gerda Rosenblum, Alice Brandenburger: Prot. DV SIG, Bern, 30. 5. 1946, S. 25, AfZ, IB SIG-Archiv / 33.
341 Vgl. Theodora Dreifuss: Prot. GV VSJF, Zürich, 16. 6. 1946, S. 12, AfZ, IB VSJF-Archiv / 17.
342 Vgl. Lienert, Wir wollen helfen, 2013, S. 268.
343 Vgl. Weiss: Prot. im Rahmen einer Sitzung des VSJF und den jüdischen Gemeinden, Zürich, 22. 9. 1946, S. 7, AfZ, IB SIG-Archiv / 2406.
344 Ebd., S. 8.
345 Ebd.
346 Vgl. ebd.
347 Vgl. Charlotte Catala: Prot. VS VSJF, Zürich, 23. 9. 1946, S. 1–4, AfZ, IB VSJF-Archiv / 31.
348 Ebd., S. 1.

Abb. 50: Bruno und Paula Guggenheim mit Sohn Fred, 1937.

det werden, da der VSJF in seiner aktuellen Form ausserstande sei, die Betreuung der Kinder vom SHEK zu übernehmen.[349]

In der GL-Sitzung vom 3. Oktober 1946 beantragten der Präsident des SIG, Georges Brunschvig, und Otto H. Heim, die GL möge dem VSJF empfehlen, die Betreuung der Kinder wie bis anhin auf der Basis der Vereinbarung vom April 1946 mit dem SHEK weiterzuführen.[350]

Im November 1946 gaben Max Dreifuss und der gesamte Arbeitsausschuss der RBK ihre Demission bekannt. Neuer Leiter der RBK wurde Bruno Guggenheim.[351]

---

349 Vgl. ebd., S. 4.
350 Vgl. Leo Littmann: Prot. GL SIG, Bern, 3. 10. 1946, S. 2, AfZ, IB SIG-Archiv / 176.
351 Vgl. o. A.: TB VSJF 1946, o. O., o. D., S. 21, AfZ, IB SIG-Archiv / 2394. Bruno Guggenheim stammte aus einer alteingesessenen Familie aus Endingen. Er war Inhaber der einzigen Mazzenfabrik in Zürich und zwischen 1955 und 1964 Präsident der IRG. Er war auch im SIG aktiv, 1958–1964 in dessen CC. Er sei politisch «bürgerlich-liberal» gewesen. Die Zusammenarbeit zwischen Otto H. Heim und Bruno Guggenheim sei unkompliziert gewesen. Sein Sohn Fred Guggenheim erinnerte sich, dass seine Familie Otto H. Heim immer als «OHH» bezeichnet habe. Vgl. Interview mit Fred Guggenheim sowie Clara Schnetzer: Prot. DV SIG, Basel, 14./15. 5. 1958, S. 16, AfZ, IB SIG-Archiv / 34, und Claudia Hoerschelmann: Überblick über die Entwicklung des SIG-Personals nach Gremien gemäss dem Historischen Archiv im AfZ (1904–1985), in: Interne Dokumentation des Archivs für Zeitgeschichte zu AfZ, IB SIG-Archiv. Die Dokumentation wurde Barbara Häne auf Anfrage zur Verfügung gestellt. Vgl. weiter Brunschwig/Heinrichs/Huser, Geschichte der Juden im Kanton Zürich, 2005, S. 442.

Im Vorfeld war es zu Unstimmigkeiten zwischen der Leitung des VSJF und der RBK gekommen. Der RBK wurde vorgeworfen, durch eigenmächtiges Vorgehen die Verhandlungen zwischen VSJF, SIG und den Kinderhilfswerken zu torpedieren, während die RBK der Ansicht war, dass die Leitung des VSJF die Bemühungen der RBK zur Umplatzierung der jüdischen Flüchtlingskinder nicht genügend unterstütze.[352] In der Folge wurde die RBK aufgefordert, «Briefe von prinzipieller und weittragender Bedeutung nicht abzuschicken, ohne sie mit Herrn Heim besprochen zu haben».[353] Des Weiteren regte Otto H. Heim den Umzug der RBK in die Räumlichkeiten des VSJF an,[354] wodurch die RBK von der Zentralstelle besser kontrolliert werden konnte. Die Mitglieder der RBK fühlten sich deshalb in ihren Kompetenzen beschnitten. Die Demissionsankündigung von Max Dreifuss wurde von Otto H. Heim und weiteren Vorstandsmitgliedern dezidiert abgelehnt,[355] es wurde festgehalten, «dass ein Austritt des Herrn Dreifuss aus der RBK schon aus Prestigegründen gegenüber dem SHEK nicht in Frage komme».[356] Nichtsdestotrotz demissionierten im November 1946 sämtliche Kommissionsmitglieder der RBK.[357] Die Kommissionsmitglieder der RBK richteten heftige Vorwürfe an Otto H. Heim persönlich und an den Gesamtvorstand des VSJF. So hielten die Kommissionsmitglieder in einem gemeinsamen Brief, der von Max Dreifuss an der Vorstandssitzung am 19. November 1946 verlesen wurde, Heim folgende Versäumnisse und Verfehlungen vor: «Sie haben […] durch mangelnde Entschlusskraft in der Frage der jüdischen Flüchtlingskinder und durch Ihre oft gegensätzlichen Massnahmen die praktische Anwendung der von der […] RBK loyal verfolgten, jüdischen Linie verunmöglicht, damit unsere Basis geschwächt und uns vielfach gerade bei den wichtigsten Entschlüssen die Rückendeckung gegen Aussen versagt.»[358]

Des Weiteren warfen sie ihm vor, sich dem SHEK gegenüber stets kooperativ verhalten zu haben, während er der RBK seine Hilfe versagt habe. Die RBK sehe sich tagtäglich einem Zweifrontenkampf ausgesetzt, gegen das SHEK einerseits und gegen den Vorstand des VSJF andererseits.[359] Otto H. Heim reagierte auf die Vorwürfe mit Befremden, da er nicht den Eindruck gehabt habe, dass «grundlegende Meinungsverschiedenheiten»[360] zwischen ihm und der RBK geherrscht hätten: «Herr Heim glaubt, dass die RBK theoretisch zwar

---

352 Vgl. Lilly Szönyi: Prot. VS VSJF, Zürich, 2. 9. 1946, S. 4 f., AfZ, IB VSJF-Archiv / 31.
353 Ebd., S. 4. Beim hier erwähnten Brief handelte es sich um ein Schreiben der RBK an das SRK, Kh.
354 Vgl. ebd.
355 Vgl. Theodora Dreifuss: Prot. VS VSJF, Zürich, 21. 10. 1946, S. 8 f., AfZ, IB VSJF-Archiv / 31.
356 Ebd., S. 9.
357 Vgl. Charlotte Catala: Prot. VS VSJF, Zürich, 19. 11. 1946, S. 1, AfZ, IB VSJF-Archiv / 31.
358 Ebd., S. 2.
359 Vgl. ebd., S. 3.
360 Ebd., S. 4.

oft im Recht gewesen sei, aber manchmal nicht verstanden hätte, dass es sich in jedem Fall um einen Menschen handelte und dass vor allem das Glück und das Wohl des Kindes auf dem Spiele stehen.»[361]

Darüber hinaus warf er Max Dreifuss vor, dieser würde «das ganze Problem rein dogmatisch betrachte[n]».[362] Robert Meyer stellte sich hinter Otto H. Heim und erklärte, er halte die Arbeit der RBK vor allem für eine politische und nicht für eine fürsorgerische.[363] Durch die neue Leitung der RBK unter Bruno Guggenheim entspannte sich die Situation zwischen dem VSJF und dem SHEK.[364]

Infolge der Auflösung des SHEK und der damit verbundenen Übernahme von 373 Kindern und Jugendlichen durch den VSJF[365] gründete der Vorstand des Verbandes ein eigenes Kinderressort. Die konstituierende Sitzung fand am 19. September 1947 statt und diente der Vorbereitung der Übernahme der Kinder vom SHEK.[366] Gleichzeitig wurde die RBK aufgelöst.[367] Im Bericht der RBK wurde festgehalten, dass mit der Auflösung des SHEK und der Betreuung der Kinder durch den VSJF ein «Hauptproblem»[368] der Abteilung wegfalle. Die Abteilung sah sich aber weiterhin für die religiöse Erziehung der Kinder verantwortlich, sie betreute 1947 immer noch 409 Kinder. Sie wurden von neun Wanderlehrern und vier intern beschäftigten Lehrern in 44 Zentren unterrichtet.[369]

Jüdische Kinder, die in christlichen Familien untergebracht waren, beschäftigten den VSJF bis in die 1950er-Jahre. Bruno Guggenheim berichtete dem VSJF in diesem Zusammenhang im April 1950 exemplarisch von 17 Kindern, die noch in christlichen Familien lebten. Einige davon waren bereits getauft worden, waren über ihre jüdische Herkunft gar nicht aufgeklärt oder hatten sich ihrer Herkunftsfamilie völlig entfremdet.[370]

---

361 Ebd.
362 Ebd., S. 5.
363 Vgl. ebd.
364 Vgl. Theodora Dreifuss: Prot. VS VSJF, Zürich, 5. 5. 1947, S. 4, AfZ, IB VSJF-Archiv / 32.
365 Vgl. o. A.: TB VSJF 1948, Zürich, o. D., S. 11, AfZ, IB SIG-Archiv / 2395. Der VSJF übernahm gemäss den Angaben des SHEK 352 Kinder, davon 27 Kinder vom SRK, Kh. Die übrigen rund 300 SHEK-Kinder wurden weiteren konfessionellen Hilfswerken wie der Caritas übergeben oder auf Wunsch der Eltern nicht mehr von einer Organisation betreut. Eine Rumpforganisation des SHEK betreute weiterhin 34 Kinder, deren Verhältnisse als ungeklärt galten. Vgl. Lienert, Wir wollen helfen, 2013, S. 343 f.
366 Vgl. o. A.: TB VSJF 1947, Zürich, o. D., S. 13, AfZ, IB VSJF-Archiv / 3.
367 Vgl. Anni Fischelson: Prot. VS VSJF, Zürich, 8. 9. 1947, S. 2, AfZ, IB VSJF-Archiv / 32.
368 O. A.: TB VSJF 1947, Zürich, o. D., S. 21, AfZ, IB VSJF-Archiv / 3.
369 Vgl. ebd., S. 19–21.
370 Vgl. Bruno Guggenheim: Bericht über diejenigen Kinder, die sich heute noch in christlichem Milieu befinden, o. O., 26. 4. 1950, AfZ, IB VSJF-Archiv / 35.

7.8 Die Zusammenarbeit des VSJF mit internationalen jüdischen Hilfsorganisationen

Obwohl der SIG die Verantwortung für die Finanzierung des jüdischen Flüchtlingshilfswerks trug und in diesem Zusammenhang vor allem für die Verhandlungen mit dem amerikanischen Hilfswerk Joint zuständig war, pflegte der VSIA auch eigenständig Kontakte mit jüdischen Hilfsorganisationen im In- und Ausland. Dabei handelte es sich vor allem um die HIAS und die HICEM, die OSE und die ORT.

Die Zusammenarbeit zwischen dem Schweizer Judentum und diesen jüdisch-philanthropischen Organisationen wurde in der Forschungsliteratur, vor allem was deren Wirkungsbereich während der Zeit des Nationalsozialismus betrifft, bereits eingehend dargestellt.[371] Dieses Kapitel stellt daher die Beziehung des VSIA/VSJF zu diesen Hilfswerken während der Zeit des Nationalsozialismus resümierend dar, fokussiert aber vor allem auf die unmittelbare Nachkriegszeit.

Nach der Übernahme der Koordinierung des jüdischen Flüchtlingswesens durch den VSIA im Jahr 1935 hatte der Verband bis 1938 bereits Erfahrungen im Umgang mit der Situation gesammelt, dass mit möglichst wenig Geld möglichst vielen Flüchtlingen zur Weiterreise verholfen werden musste. Durch den «Anschluss» Österreichs im März 1938 nahm die Zahl der Flüchtlinge aber eine ganz andere Dimension an. Der Jahresbericht des VSIA von 1938 zeugt von der Überforderung des schweizerischen Judentums, Summen aufzubringen, die für den Unterhalt und eine allfällige Weiterreise von Flüchtlingen nötig waren. Im Bericht wird dieses Gefühl als «unheimliches Zerrinnen der Gelder der jüdischen Aktionen in der Schweiz»[372] umschrieben. Als Reaktion auf die Ereignisse beschloss das CC des SIG zwei Massnahmen: einerseits die Aufnahme eines Bankkredits, andererseits eine Intensivierung der Zusammenarbeit mit dem Joint und jüdischen Auswanderungsorganisationen wie zum Beispiel der HICEM.[373] Der VSIA erhielt ab 1938 regelmässige Zuwendungen vom Joint,[374] geriet aber, wie Mächler treffend schreibt, auch zunehmend unter

---

371 Eine Übersicht über die philanthropischen Organisationen findet sich bei Picard, Die Schweiz und die Juden, 1994, S. 270–278. Zu den Tätigkeiten des ORT in Bezug auf die soziale «Umschichtung» der Flüchtlinge in der Schweiz vgl. ebd., S. 340–343. Die finanzielle Abhängigkeit des SIG (und des VSIA/VSJF) vom Joint wurde eingehend von Stefan Mächler analysiert, vgl. Mächler, Hilfe und Ohnmacht, 2004, insbesondere S. 221–224. Mächler beschreibt ebenfalls die Zusammenarbeit des SIG mit den jüdischen Hilfsorganisationen zwischen 1933 und 1945. Vgl. dazu insbesondere S. 274–281. Eine detaillierte Darstellung von Saly Mayers Rolle als Funktionär des Joint bietet einerseits Bauer, American Jewry and the Holocaust, 1981, S. 217–235, andererseits Zweig-Strauss, Saly Mayer, 2007, S. 158–266.
372 O. A.: Bericht über die Israelitische Flüchtlingshilfe in der Schweiz 1938, St. Gallen, Zürich, März 1939, S. 28, AfZ, IB SIG-Archiv / 2391.
373 Vgl. ebd., S. 6, 28.
374 Vgl. Kapitel 5.1.1.

dessen Einfluss.[375] Den Angaben des VSJF an die SZF zufolge hatte der VSJF von 1933 bis zum 30. Juni 1945 Totalausgaben in der Höhe von 26 156 970 Franken. Davon seien 13 368 617 Franken aus den USA, also vom Joint und der HICEM, übernommen worden.[376]

Die HICEM war, wie oben erläutert, für das jüdische Flüchtlingswesen in der Schweiz vor allem aus zwei Gründen von Bedeutung: Einerseits unterstützte es Flüchtlinge bei ihrer Emigration, andererseits konnten Kontakte zu Verwandten im Ausland aufgebaut werden. Wie das im Einzelnen ablief, lässt sich anhand zweier Fallbeispiele demonstrieren.

Die 47-jährige K. M. reiste am 1. Februar 1940 von Frankfurt am Main mit einem Visum für 14 Tage in die Schweiz ein.[377] Das Visum hatte sie erhalten, weil ihr Mann und ihr Sohn sich aufgrund gesundheitlicher Beschwerden seit mehreren Jahren in der Schweiz aufhielten, wobei K. M., was für die damaligen Verhältnisse unüblich war, keine finanzielle Garantie hatte leisten müssen.[378] Am 18. Februar 1940 wandte sich die lokale Fürsorgestelle der jüdischen Gemeinde Vevey-Montreux an den VSIA und schlug vor, Frau M. 18 Franken wöchentlich zu zahlen, da sie mittellos in die Schweiz gekommen sei und sich um ihren kranken Mann in Leysin[379] kümmere.[380] Am 21. Februar 1940 antwortete der VSIA mit einem Brief an die Fürsorgestelle in Vevey und stellte einige Fragen zur Antragstellerin. Das Komitee Vevey-Montreux wurde darauf hingewiesen, dass der VSIA aus finanziellen Gründen keine neuen Fälle aufnehme.[381] Da K. M. bereits über ein Visum für die USA verfüge, sollte sie zur Rückkehr nach Deutschland angehalten werden: «Nachdem sie [K. M.] nach Deutschland zurückkehren kann, ist es für sie am günstigsten, dass sie ihr Visum dort erhält, da die amerikanischen Konsulate in Deutschland viel entgegenkommender in der Erteilung der Visa sind.»[382]

Der VSIA erklärte sich bereit, einmalig einen Betrag von 50 Franken an K. M. zu entrichten, schrieb aber gleichzeitig, dass die amerikanischen Verwandten der Familie M. für eine weitere Unterstützung angeschrieben werden sollten, falls K. M. vorhabe, weiterhin in der Schweiz zu bleiben.[383] K. M.

---

375 Vgl. Mächler, Hilfe und Ohnmacht, 2005, S. 222.
376 Vgl. o. A.: Totalausgaben der privaten Schweizerischen Hilfscomités von 1933, resp. deren Gründung bis 30. Juni 1945, o. O., o. D., AfZ, IB SFH-Archiv / 187. Aus dem Dokument geht nicht hervor, ob darin auch die Kosten für die jüdische Flüchtlingshilfe vor 1935 einkalkuliert worden waren.
377 Vgl. VSIA: Fragebogen, Leysin, 19. 2. 1940, AfZ, IB VSJF-Archiv / M.203.
378 Vgl. J. Bloch: Schreiben an den VSIA, Vevey, 22. 2. 1940, AfZ, IB VSJF-Archiv / M.203.
379 In Lausanne wurde 1929 auf private Initiative die Association israélite pro Leysin gegründet, die die Heilkosten für jüdische Tuberkulosekranke in den Sanatorien in Leysin ganz oder teilweise übernahm. Vgl. Heim, Jüdische soziale Arbeit, 1954, S. 27.
380 Vgl. J. Bloch: Schreiben an den VSIA, Vevey, 18. 2. 1940, AfZ, IB VSJF-Archiv / M.203.
381 Vgl. VSIA: Schreiben an J. Bloch, o. O., 21. 2. 1940, AfZ, IB VSJF-Archiv / M.203.
382 VSIA: Schreiben an J. Bloch, o. O., 1. 3. 1940, AfZ, IB VSJF-Archiv / M.203.
383 Vgl. ebd.

schrieb daraufhin die folgenden Zeilen an die Fürsorgestelle in Vevey: «Die Vorschläge vom Verband wieder nach Deutschland zurück zukehren, mag vom Verband aus ja ganz gut gemeint sein, doch wer in diesem Elend so lange mitgemacht hat und einmal dem Elend entronnen ist, möchte nicht mehr zurückkehren, selbst wenn man hungern muss. Auch die angegebenen Verwandten in U. S. A. sind meistens frisch eingewanderte, wo nicht in der Lage sind mich zu unterstützen.»[384]

Das Postulat, K. M. möge zur vereinfachten Anerkennung ihres Affidavits nach Deutschland zurückkehren, wurde in einem weiteren Brief des VSIA an J. Bloch wiederholt.[385] K. M. blieb entgegen diesen Empfehlungen in der Schweiz und wandte sich im Januar 1941 erneut mit der Bitte um Unterstützung an den VSIA, da ihre Mittel komplett erschöpft seien.[386] Da der VSIA ihr im März mitteilte, dass der Verband sich ausserstande sehe, neue Unterstützungsfälle zu übernehmen, erwiderte K. M. in einem verzweifelt klingenden Brief, sie sei ratlos, wie sie ihren Lebensunterhalt nun bestreiten solle: «[…] so fühle ich mich in meiner gegenwärtigen Lage gezwungen nochmals an meinen Antrag zu appelieren mit der flehenden Bitte mir doch eine Unterstützung zukommen zu lassen, um nicht auf der Strasse liegen zu müssen und meinem Leben seinem Schicksal zu überlassen.»[387]

J. Bloch in Vevey empfahl, K. M. eine regelmässige Unterstützung zukommen zu lassen.[388] Der VSIA erkundigte sich aber zunächst nach dem Stand der Auswanderungsbestrebungen von K. M. Zu diesem Zweck nahm der Verband mit dem SHEK, das für die Betreuung des Sohnes zuständig war, und mit J. Bloch in Vevey Kontakt auf. Ausserdem holte der VSIA Erkundigungen bei der Zweigstelle der HICEM in Lissabon ein, die mitteilte, dass für die Emigration von K. M. und ihrem Sohn bei der HIAS in New York Geld hinterlegt worden sei.[389] Daraufhin schrieb der VSIA eine Mitteilung an die HIAS in New York mit der Bitte, mit den Verwandten der Familie M. Kontakt aufzunehmen: «Wir bitten Sie daher, die Verwandten zu veranlassen, sofort an Frau M. Unterstützungen zu senden.»[390] Die aktuelle Adresse von K. M. wurde beigelegt.[391]

Der VSIA überwies im Frühjahr 1941 nochmals vereinzelte Unterstützungszahlungen, regelmässige Beiträge vom VSIA über 50 Franken erhielt

---

384 K. M.: Schreiben an J. Bloch, Leysin, 5. 3. 1940, AfZ, IB VSJF-Archiv / M.203.
385 Vgl. VSIA: Schreiben an J. Bloch, o. O., 13. 3. 1940, AfZ, IB VSJF-Archiv / M.203.
386 Vgl. K. M.: Schreiben an den VSIA, Engelberg, 19. 1. 1941, AfZ, IB VSJF-Archiv / M.203.
387 K. M.: Schreiben an den VSIA, Leysin, 9. 3. 1941, AfZ, IB VSJF-Archiv / M.203.
388 Vgl. J. Bloch: Schreiben an den VSIA, Leysin, 30. 3. 1941, AfZ, IB VSJF-Archiv / M.203.
389 Vgl. HICEM Portugal: Schreiben an den VSIA, Lissabon, 14. 5. 1941, AfZ, IB VSJF-Archiv / M.203.
390 VSIA: Schreiben an die HIAS in New York, o. O., 20. 5. 1941, AfZ, IB VSJF-Archiv / M.203.
391 Vgl. ebd.

K. M. jedoch erst ab Juli 1941.[392] Im September 1943 verstarb K. M. im Kantonsspital Lausanne.[393] Nach ihrem Tod wandte sich die Schwiegertochter in New York über den Service de recherche des familles an die HICEM in Lissabon und fragte nach dem Befinden des Ehemannes von K. M. und des jüngeren Sohns und ob diese Unterstützung benötigten.[394] Dieses Schreiben wurde über den VSJF und das Komitee in Vevey an den Ehemann von K. M. übermittelt.[395]

Über die HIAS in New York und Frankreich wurden dem VSJF ab Herbst 1944 Listen von geretteten Flüchtlingen an ihre Verwandten und Bekannten in den USA übermittelt und so der Kontakt wiederhergestellt.[396] Die HICEM, die ab Dezember 1945 auch in der englisch, französisch und amerikanisch besetzten Zone Deutschlands Büros eingerichtet hatte, erklärte sich bereit, kurze Nachrichten von Privatpersonen weiterzuleiten, denn der Postverkehr mit Deutschland war nach Kriegsende zusammengebrochen. Die Briefe konnten an die Komitees des VSJF gesendet werden, die diese an die Zentralstelle zur Weiterleitung an die HICEM weitergaben.[397] Das Engagement des VSJF bei der Kontaktwiederherstellung zwischen Flüchtlingen und ihren Verwandten hatte auch einen pekuniären Hintergrund, liessen sich dadurch von den amerikanischen Verwandten doch auch Gelder für die Bestreitung des Lebensunterhalts der Flüchtlinge generieren.[398]

Die Kontakte zwischen dem VSIA und internationalen jüdischen Organisationen wie der HICEM trugen aber offenbar zumindest in Einzelfällen auch dazu bei, dass Flüchtlinge in die Schweiz gerettet werden konnten, wie anhand eines Beispiels demonstriert werden soll.

Am 7. August 1942 telegrafierte die HICEM-Zweigstelle in Marseille an den VSIA in Zürich betreffend J. P., der sich im Camp Les Milles in Frankreich befand und dessen Deportation unmittelbar bevorstand. Die HICEM bat um sofortige Hilfe durch SIG-Präsident Saly Mayer, der als «Cousin» von J. P. bezeichnet wurde.[399] Am 10. August 1942 wurde die Union générale des

---

392 Vgl. VSIA: Schreiben an das Komitee Vevey, o. O., 8. 7. 1941, AfZ, IB VSJF-Archiv / M.203.
393 Vgl. Komitee Vevey-Montreux: Schreiben an VSJF, Vevey, 21. 9. 1943, AfZ, IB VSJF-Archiv / M.203.
394 Vgl. HICEM Portugal (Service de recherche des familles): Schreiben an den VSJF, Lissabon, 20. 4. 1944, AfZ, IB VSJF-Archiv / M.203.
395 Vgl. VSJF: Schreiben an das Komitee Vevey, o. O., 4. 5. 1944, AfZ, IB VSJF-Archiv / M.203.
396 Vgl. o. A.: Prot. GV VSJF, Bern, 22. 10. 1944, S. 15, AfZ, IB SIG-Archiv / 2402, sowie o. A.: TB VSJF, 1. 10. 1944–1. 5. 1945, o. O., o. D., S. 3, AfZ, IB SIG-Archiv / 2393.
397 Vgl. VSJF: Rundschreiben Nr. 731, Zürich, 7. 12. 1945, AfZ, IB SIG-Archiv / 2413.
398 Vgl. o. A.: Prot. GV VSJF, Bern, 22. 10. 1944, S. 15, AfZ, IB SIG-Archiv / 2402, sowie o. A.: TB VSJF, 1. 10. 1944–1. 5. 1945, o. O., o. D., S. 3, AfZ, IB SIG-Archiv / 2393.
399 Vgl. HICEM: Schreiben an VSIA, Marseille, 7. 8. 1942, AfZ, IB VSJF-Archiv / P.166. Für eine Verwandtschaft mit Saly Mayer gibt es in den weiteren Unterlagen aus dem Dossier keine weiteren Hinweise, sodass davon auszugehen ist, dass es sich eher um eine entfernte Verwandtschaft oder Bekanntschaft handelte.

israélites de France (UGIF)[400] in Marseille darüber in Kenntnis gesetzt, dass der VSIA Saly Mayer umgehend informiert habe und dieser sein Möglichstes tue, um J. P. zu helfen. Gleichzeitig gab der VSIA den Namen eines Anwaltes bekannt, mit dem die UGIF in Kontakt treten solle.[401] Am 17. August 1942 gab die HICEM in Marseille bekannt, dass J. P. im Lager Les Milles habe bleiben können.[402]

Bereits im September wandte sich die HICEM erneut an den VSIA und teilte mit, J. P. sei ins Internierungslager Rivesaltes transportiert worden. Die Situation sei sehr gefährlich und man bitte Saly Mayer, für J. P. umgehend ein Visum für die Schweiz zu besorgen.[403] Nachdem der VSIA alle Hebel für die Rettung von J. P. in Bewegung gesetzt hatte, wurde am 2. Oktober 1942 nach Perpignan und an die UGIF geschrieben, dass das Visum unterwegs sei.[404] Gemäss einem weiteren Telegramm des VSIA sollte das Ausreisevisum für J. P. am 6. Oktober 1942 von der schweizerischen Vertretung in Toulouse ausgestellt werden.[405] Am 1. Dezember 1942 konnte J. P. in die Schweiz einreisen,[406] Näheres über die Umstände seiner Flucht in die Schweiz lässt sich aus den Akten jedoch nicht rekonstruieren.

Auch mit der OSE arbeiteten der SIG und der VSJF zusammen. Da der Gemeindebund ab Sommer 1941 mit der OSE in Frankreich in Kontakt stand, wurde beschlossen, dass er sich neben der Flüchtlingshilfe im eigenen Land für die verfolgten jüdischen Kinder einsetzen wolle.[407] Joseph Weill, der medizinische Leiter der OSE in Frankreich, werde demnächst für eine Besprechung aus Montpellier anreisen.[408] Da sich der Gemeindebund ausserstande sah, «etwas Wesentliches»[409] zugunsten der verfolgten Jüdinnen und Juden unternehmen zu können, beschränkte sich das Engagement des SIG auf die Übernahme von Patenschaften für Kinder, die in den Heimen der OSE in Südfrankreich unter-

---

400 Die UGIF wurde im November 1941 auf Anordnung der deutschen Besetzungsmacht gegründet. Die UGIF repräsentierte sowohl französische als auch ausländische Jüdinnen und Juden und bestand aus je einer Organisation für die besetzte und die unbesetzte Zone. In der freien Zone wurde die UGIF von bestehenden Hilfsorganisationen wie der HICEM, der OSE und der ORT geleitet. Vgl. Laffitte, L'UGIF, 2006, S. 45–64.
401 Vgl. VSIA: Schreiben an die UGIF, o. O., 10. 8. 1942, AfZ, IB VSJF-Archiv / P.166.
402 Vgl. HICEM: Schreiben an den VSIA, Marseille, 17. 8. 1942, AfZ, IB VSJF-Archiv / P.166.
403 Vgl. HICEM: Schreiben an VSIA, Marseille, 25. 9. 1942, AfZ, IB VSJF-Archiv / P.166.
404 Vgl. VSIA: Schreiben an die UGIF, Zürich, 2. 10. 1942, AfZ, IB VSJF-Archiv / P.166.
405 Vgl. VSIA: Schreiben an die UGIF, o. O., 5. 10. 1942, AfZ, IB VSJF-Archiv / P.166. Von einigen Schweizer Konsulaten in Frankreich, so auch von der Vertretung in Toulouse, ist bekannt, dass sie bis Ende 1942 entgegen anderslautenden Weisungen aus der Schweiz vereinzelt Einreisebewilligungen an Jüdinnen und Juden ausstellten. Vgl. UEK, Die Schweiz und die Flüchtlinge, 2001, S. 114.
406 Vgl. J. P.: Gesuch um die Gewährung des Daueraysls, Kreuzlingen, 10. 6. 1947, AfZ, IB VSJF-Archiv / P.166.
407 Vgl. o. A.: Prot. CC SIG, Bern, 11. 2. 1942, S. 8, AfZ, IB SIG-Archiv / 94.
408 Vgl. ebd., S. 9.
409 Ebd., S. 8.

gebracht worden waren.[410] Eine Zweigstelle der OSE in Genf, die sich für die Rettung von Kindern aus Paris einsetzte, wurde vom SIG ebenfalls finanziell unterstützt.[411] Diese war 1943 gegründet worden und bestand aus einem fünfköpfigen Komitee unter der Leitung von Boris Tschlenoff.[412]

Die in die Schweiz geflüchtete Fürsorgerin Ruth Lambert, die für die OSE in Internierungslagern in Südfrankreich tätig gewesen war,[413] übernahm im Rahmen der Zusammenarbeit der OSE mit dem VSJF im Mai 1944 die Betreuung von Jugendlichen in den «Lagern».[414] Auch in Fragen bezüglich der Organisation der möglichen Auswanderung von Flüchtlingskindern aus den besetzten Gebieten arbeitete die OSE mit dem VSJF zusammen.[415] Ende 1944 begann die OSE in Genf auch Nachforschungen über den Verbleib jüdischer Personen in Frankreich anzustellen. Anfragen dazu wurden über den VSJF an die OSE übermittelt.[416] Die OSE kümmerte sich überdies um die Ausbildung von geflüchteten Jugendlichen in der Schweiz und um die Möglichkeit für geflüchtete Ärzte, in Schweizer Krankenhäusern zu hospitieren.[417]

In der Zusammenarbeit mit internationalen Organisationen wie der OSE und der ORT stellte sich der SIG auf den Standpunkt, dass sich diese bei der Verlagerung ihrer Büros in die Schweiz neu konstituieren und hauptsächlich den Kontakt zu den schweizerisch-jüdischen Institutionen wie dem SIG und dem VSIA pflegen sollten. In der CC-Sitzung des SIG vom 7. Oktober 1943 berichtete Saly Braunschweig, dass der Vizepräsident der ORT, Aaron Syngalowski, sich gegen einen Eingriff des SIG in die Selbstverwaltung der ORT gewehrt habe.

Armand Brunschvig, der mit Syngalowski befreundet war, ergriff zugunsten der ORT das Wort: «Man soll aus dieser Angelegenheit keine Sache des Prestiges machen. In Dr. Syngalowski kann man Vertrauen haben. Er arbeitet vorzüglich.»[418]

Armand Brunschvig betonte, dass der «Kontakt mit den Behörden»[419] dem SIG vorbehalten bleibe – eine Voraussetzung dafür, dass der SIG die Autonomie der ORT akzeptieren konnte, befürchtete der SIG doch eine unerwünschte politische Einmischung der international organisierten Hilfswerke.[420]

410 Vgl. Mächler, Hilfe und Ohnmacht, 2005, S. 239.
411 Vgl. o. A.: Prot. CC SIG, Zürich, 7. 10. 1943, S. 8, AfZ, IB SIG-Archiv / 95.
412 Vgl. Boris Tschlenoff: Memorandum of the Swiss OSE to the Medical Department of the AJDC, o. O., o. D. (vermutlich 1949), S. 1, GFH, 1195.
413 Vgl. Strobl, Die Angst kam erst danach, 1998, S. 67, sowie Businger, Stille Hilfe und tatkräftige Mitarbeit, 2015, S. 220.
414 Vgl. o. A.: Prot. Zentralstelle VSJF, o. O., 25. 5. 1944, S. 1, AfZ, IB VSJF-Archiv / 29.
415 Vgl. ebd.
416 Vgl. VSJF: Rundschreiben Nr. 522, Zürich, 13. 11. 1944, AfZ, IB SIG-Archiv / 2412.
417 Vgl. o. A.: TB VSJF, 1. 10. 1944–1. 5. 1945, o. O., o. D., S. 3, AfZ, IB SIG-Archiv / 2393.
418 O. A.: Prot. CC SIG, Zürich, 7. 10. 1943, S. 12, AfZ, IB SIG-Archiv / 95.
419 Ebd.
420 Vgl. ebd., S. 11.

Auch VSIA-Präsident Silvain S. Guggenheim hielt im Tätigkeitsbericht Ende 1943 fest, die Schweizer ORT habe «bereits wertvolle praktische Arbeit»[421] für jugendliche Flüchtlinge geleistet, denn die von ihr geförderte handwerkliche Ausbildung könne sich in der Nachkriegszeit nur als nützlich erweisen.[422]

Seit Syngalowskis Flucht aus Frankreich in die Schweiz Ende 1942 baute er zusammen mit einigen Gesinnungsgenossen das Werk der ORT, das auf dem Grundsatz «Selbsthilfe durch Arbeit» basierte, in der Schweiz allmählich wieder auf. Bis zum Spätsommer 1943 konnten so mit der Duldung des SIG und der Unterstützung des VSJF 43 ORT-Institutionen entstehen. Dazu gehörten fünf Tagesschulen, vier Lehrwerkstätten, neun Kinderwerkstätten und 20 Fachkurse, in denen Flüchtlinge in handwerklichen und technischen Tätigkeiten ausgebildet wurden. Die finanziellen Mittel dazu erhielt die ORT vorwiegend vom Joint.[423] So wurde beispielsweise hinsichtlich eines geplanten Zuschneiderinnenkurses der ORT im Juli 1944 beschlossen, den Joint um zusätzliche Mittel anzufragen.[424] Aaron Syngalowski wandte sich überdies an die ZL und legte dieser ein Programm für Berufskurse vor. Otto Zaugg zog im Oktober 1944 eine sehr positive Bilanz bezüglich der von der ORT angebotenen Kurse und lobte Syngalowskis Arbeit.[425]

Im Herbst 1945 informierte Otto H. Heim die Komitees des VSJF, dass die ORT Schweiz und die Schweizer Spende die Finanzierung der Ausrüstungsgegenstände für die Flüchtlinge übernehmen werde, die sich in den «kriegsgeschädigten» Ländern eine neue Existenz aufbauen wollten. Man habe sich zu diesem Schritt entschlossen, «da wir uns bewusst waren, dass sie [die ORT] als Experte besser beurteilen können, inwieweit Maschinen und sonstige Instrumente für Einzelberufe nötig sind und welche Preise gerechtfertigt werden können».[426] Im Einklang mit der Philosophie der ORT werde die Hilfe in Form eines Kredits gewährt, der nach einer Zeit der Etablierung im Einwanderungsland zurückzuzahlen sei.[427] Schulungen und Umschulungskurse, die der VSJF in Zusammenarbeit mit der ORT, der ZL, der SZF und dem Comité international pour le placement des intellectuels réfugiés[428] durchführte, waren in der Nachkriegszeit weiterhin von Bedeutung. 1947 konnte der VSJF berichten,

---

421 Silvain S. Guggenheim: Bericht über die Tätigkeit des Verbandes Schweizerischer Jüdischer Flüchtlingshilfen im Jahre 1943, Zürich, 1. 2. 1944, S. 4, AfZ, IB SIG-Archiv / 32.
422 Vgl. ebd.
423 Vgl. Picard, Die Schweiz und die Juden, 1994, S. 340.
424 Vgl. Jenny Meyer: Prot. VS VSJF, Zürich, 2. 7. 1944, S. 2, AfZ, IB VSJF-Archiv / 29.
425 Vgl. H. Müri: Prot. Ausschuss IV, Bern, 2. 10. 1944, S. 11, BAR, E9500.193#1969/150#28*.
426 VSJF: Rundschreiben Nr. 722, Zürich, 20. 11. 1945, AfZ, IB SIG-Archiv / 2413.
427 Vgl. ebd.
428 Dieses Komitee war 1933 von einem Personenkreis um William Rappard, Professor an der Universität Genf, gegründet worden. Das Komitee leistete finanzielle Unterstützung an geflüchtete Intellektuelle und unterstützte sie bei der Suche nach Arbeit und Unterkunft. Vgl. UEK, Die Schweiz und die Flüchtlinge, 2001, S. 66.

«daß nunmehr, mit geringen Ausnahmen, alle erfaßt wurden, die für eine berufliche Schulung in Betracht kamen».[429] Aufgelistet wurden 273 Flüchtlinge, die Kurse der ORT, OSE oder weiterer Institutionen besucht hatten. Die finanzielle Belastung, die dem VSJF durch die Ausbildungen entstanden sei, habe zugenommen, da andere Organisationen sich immer weniger an den Kosten beteiligt hätten. Einzig der Bund leiste in dieser Sache weiterhin Finanzhilfe.[430]

Die Beziehung zwischen der Leitung des SIG und Saly Mayer war seit dessen Rücktritt als Präsident des SIG angespannt. Da der SIG dringend auf das Geld des Joint angewiesen war, das über Saly Mayer an den Gemeindebund ausgezahlt wurde, musste Saly Braunschweig sich häufig als Bittsteller an seinen Vorgänger Mayer wenden, um die Flüchtlingshilfe weiterfinanzieren zu können.[431] Erschwerend kam hinzu, dass Saly Mayer, der in seiner Funktion als Vertreter des Joint weiterhin mit den Schweizer Behörden verhandelte, sich offenbar nicht veranlasst fühlte, Saly Braunschweig über die von ihm unternommenen Schritte zugunsten der verfolgten Glaubensgenossen in den besetzten Ländern zu informieren. Saly Braunschweig versuchte daraufhin im März 1944 in Anwesenheit Pierre Bigars, die Wogen in einem persönlichen Gespräch mit Saly Mayer zu glätten. In seiner Aktennotiz zur Besprechung hielt er fest: «Die Sachlage ist sehr kompliziert. Herr Pierre Bigar anerkannte meine Beschwerde und stellte fest, dass auch er von Herrn Saly Mayer keine Mitteilungen erhielt, dass zwischen Herrn S. Mayer und mir seit dem vergangenen Sommer jeglicher persönliche Kontakt aufgehört habe. Er bedauerte diesen Zustand und ersuchte Herrn Saly Mayer ebenfalls um Abhilfe.»[432]

Obwohl Saly Braunschweig und Saly Mayer auch nach dessen Rücktritt vom SIG noch eine lockere Freundschaft verbunden hatte – Saly Braunschweig hatte Saly Mayer beispielsweise gegen Kritik vonseiten Farbsteins verteidigt –, war ihre Korrespondenz nach der Demission Mayers von distanzierter Höflichkeit geprägt.[433] Das CC des SIG hielt im März 1945 fest, dass der Europavertreter des Joint, Joseph Schwartz, anlässlich einer gemeinsamen Sitzung mit der amerikanischen Gesandtschaft in Bern im Dezember 1944 darauf aufmerksam gemacht worden sei, «dass der S. I. G. seit die neue G. L. bestehe, durch Saly Mayer über die Fragen, die die Schweiz direkt berühren, nicht genügend, teils überhaupt nicht informiert werde».[434] Man habe den Joint daher aufgefordert, alle Aufgaben, «wie Einreisebemühun-

---

429 O. A.: TB VSJF 1947, Zürich, o. D., S. 10, AfZ, IB VSJF-Archiv / 3.
430 Vgl. ebd.
431 Vgl. dazu beispielsweise Saly Braunschweig: Schreiben an Saly Mayer, o. O., 14. 5. 1943, AfZ, IB SIG-Archiv / 2646.
432 Saly Braunschweig: Aktennotiz über meine Besprechung mit Herrn Saly Mayer, Zürich, 20. 3. 1944, AfZ, IB SIG-Archiv / 2646.
433 Vgl. Zweig-Strauss, Saly Mayer, 2007, S. 180 f.
434 G. Rosenblum: Prot. CC SIG, Zürich, 21. 3. 1945, S. 10, AfZ, IB SIG-Archiv / 98.

gen in die Schweiz»,⁴³⁵ mit dem SIG zu besprechen, bevor man sich an die Schweizer Behörden wende.⁴³⁶

Als weniger problematisch erwies sich die Verbindung zwischen Saly Mayer und dem VSIA, denn Silvain S. Guggenheim hatte bereits während der Unstimmigkeiten in der Leitung des SIG stets für Saly Mayer Partei ergriffen. Bezüglich der Finanzierung des jüdischen Flüchtlingswesens in der Schweiz stand Silvain S. Guggenheim daher in direktem Kontakt mit Saly Mayer.⁴³⁷ Auch Pierre Bigar, der als Nachfolger von Silvain S. Guggenheim die Präsidentschaft des VSJF übernahm, war ein Freund von Saly Mayer.⁴³⁸ Seine Vermittlungsversuche zwischen dem ehemaligen SIG-Präsidenten und der neuen Leitung waren daher wenig überraschend. Über die Beziehung zwischen Otto H. Heim und Saly Mayer ist wenig bekannt. Es ist anzunehmen, dass ihr Kontakt bis zur Übernahme der Präsidentschaft des VSJF durch Heim eher oberflächlich war. Otto H. Heim gehörte indessen nicht zum Personenkreis in der ICZ, der Saly Mayer persönlich angegriffen und kritisiert hatte. Auch in der Nachkriegszeit betonte er die widrigen Bedingungen, unter denen Saly Mayer hatte handeln müssen,⁴³⁹ und verteidigte den ehemaligen Gemeindepräsidenten gegen seine Kritiker.

Ende Dezember 1945 fand eine Besprechung zwischen Saly Mayer, Otto H. Heim und Siegfried E. Guggenheim-Ullmann, dem Quästor des VSJF, statt, in dem über die weitere finanzielle Beteiligung des Joint am jüdischen Flüchtlingswesen in der Schweiz diskutiert wurde. In dieser Sitzung betonte Saly Mayer vor allem, dass der VSJF nicht mit ähnlich hohen Unterstützungsgeldern an den VSJF wie während der Kriegszeit rechnen dürfe, da «der JOINT [...] zur Zeit gewaltige Aufgaben in den kriegsgeschädigten Ländern in Europa zu erfüllen»⁴⁴⁰ habe. Seiner Meinung nach standen nun das schweizerische Judentum und die schweizerischen Behörden in der Pflicht, die finanzielle Verantwortung für die Flüchtlinge zu übernehmen.

In seinem Bericht im Dezember 1945 hielt Otto H. Heim fest, dass «der V. S. J. F. [...] 85–90 % seiner Gelder vom JOINT»⁴⁴¹ erhalte. Der Joint habe sich zwar bereit erklärt, den VSJF «im Rahmen seiner Möglichkeiten»⁴⁴² wei-

---

435 Ebd.
436 Vgl. ebd.
437 Vgl. beispielsweise Silvain S. Guggenheim: Schreiben an Saly Mayer, o. O., 7. 1. 1944, sowie ein Schreiben vom 14. 5. 1944, AfZ, IB SIG-Archiv / 2646. An der Sitzung der GL des SIG vom 25. 4. 1946 äusserte sich Silvain S. Guggenheim entsprechend: «Seitdem Saly Mayer als Präsident des SIG zurückgetreten ist, verhandelt der V. S. J. F. mit dem Joint direkt.» Leo Littmann: Prot. GL SIG, Zürich, 25. 4. 1946, S. 3, AfZ, IB SIG-Archiv / 176.
438 Vgl. Zweig-Strauss, Saly Mayer, 2007, S. 182.
439 Vgl. Kapitel 8.4.3.
440 Otto H. Heim: Bericht über die Besprechung mit Herrn Saly Mayer, Zürich, 21. 12. 1945, S. 1, AfZ, IB SIG-Archiv / 2646.
441 Ebd., S. 2.
442 Ebd.

terhin zu unterstützen, jedoch seien neue Schritte zur Finanzierung des jüdischen Flüchtlingswesens in der Schweiz zu überprüfen.[443] Die finanzielle Lage des VSJF sah damit trotz der Rückwanderung und Weiterreise vieler Flüchtlinge auch nach Kriegsende düster aus. Wie Siegfried E. Guggenheim-Ullmann bereits an der Generalversammlung des VSJF im Juni 1945 betont hatte, musste der VSJF jeden Monat darum kämpfen, finanziell über die Runden zu kommen, Ende Mai 1945 habe man sich sogar für einen Extrazuschuss an den Joint wenden müssen.[444]

Vonseiten der Komitees des VSJF wurde der Joint auch kritisiert. Es wurden Einzelfälle genannt, in denen der VSJF im Auftrag des Joint an die Komitees geschrieben habe und die Auszahlung grösserer Beträge an Einzelpersonen veranlasst hatte. Die Komiteemitarbeitenden äusserten ihr Befremden darüber, dass sie wegen kleiner Beträge mit dem Vorstand des VSJF verhandeln müssten, während für einzelne Flüchtlinge aus für sie undurchsichtigen Gründen hohe Beträge vom Joint ausbezahlt würden. Otto H. Heim betonte in diesem Zusammenhang, dass der Joint auch Geld von Verwandten einzelner Flüchtlinge aus den USA vermittle, und gab zu Protokoll, dass es «im übrigen [...] nicht Sache des VSJF [sei], dem Joint Vorwürfe zu machen».[445] Pierre Bigar bestätigte diesen Sachverhalt: «Wir bekommen vom Joint Telegramme mit Anweisungen, und wir haben sie auszuführen, ohne weiter nachzufragen [...]. Das geht uns nichts an; wir haben Befehle auszurichten, und Schluss.»[446] Überdies bat er die Komiteemitarbeitenden, keine weiteren Diskussionen bezüglich dieser Gelder zu führen. Es handle sich dabei um Mittel des Joint und nicht um Gelder des VSJF.[447]

Die Voten von Pierre Bigar und Otto H. Heim stellen unmissverständlich klar, dass sich die VSJF-Mitarbeitenden den Weisungen des Joint kommentarlos zu fügen hätten, war man doch auf dessen Zahlungen in hohem Masse angewiesen und deshalb zu bedingungsloser Kooperation bereit. Pierre Bigar wies zudem darauf hin, dass ein zu grosses Aufheben um die Unterstützungsleistungen den Interessen des VSJF und der von ihm betreuten Flüchtlinge zuwiderlaufe, besonders wenn die Sache an die Öffentlichkeit gelange.

Auch wenn die unterschiedliche Höhe der Transaktionen laut Leitung des VSJF rechtens war, geht aus dem Protokoll hervor, dass einzelne Komiteemitarbeitende diese Ungleichbehandlung der Flüchtlinge nicht guthiessen.

---

443 Vgl. ebd. Im Tätigkeitsbericht des VSJF für 1945 war die Rede von 76 Prozent der Kosten des VSJF, die vom Joint übernommen worden seien. Vgl. Otto H. Heim: TB VSJF 1945, o. O., o. D., S. 25, AfZ, IB SIG-Archiv / 2393.
444 Vgl. o. A.: Prot. GV VSJF, Bern, 17. 6. 1945, S. 15, AfZ, IB SIG-Archiv / 2402.
445 Ebd., S. 43.
446 Ebd., S. 44.
447 Vgl. ebd.

Möglicherweise verbargen sich hinter der Skepsis einzelner Komiteemitglieder des VSJF in Bezug auf die Arbeitsweise des Joint auch persönliche Vorbehalte gegen Saly Mayer, dessen intransparente Aktionen bei vielen Schweizer Jüdinnen und Juden Misstrauen ausgelöst hatten und der teilweise wohl auch sinnbildlich für die kooperierende Politik des SIG gegenüber den Schweizer Behörden stand, die vor allem seit 1942 immer wieder kritisiert wurde.

Auch mit der HIAS gab es Konflikte finanzieller Natur. Im Mai 1946 machte Siegfried E. Guggenheim-Ullmann darauf aufmerksam, «dass wir täglich für die Emigrationen neue Summen auslegen müssen, für die keine Deckung vorhanden ist».[448] Die HIAS schulde dem VSJF noch 200 000 Franken. Falls die HIAS ihre Schulden beim VSJF nicht bezahle, werde man diesen Monat finanziell nicht über die Runden kommen. Weiter machte er darauf aufmerksam, dass die HIAS, wahrscheinlich ähnlich wie es beim Joint der Fall war, über die Schweizerische Nationalbank Dollar konvertiere, die entgegen den Abmachungen nicht für den Inlandbedarf gebraucht wurden. Otto H. Heim bezeichnete diese Praxis als Missstand und brachte seine Befürchtung zum Ausdruck, dass der VSJF in Misskredit gerate, falls die Nationalbank von der Sache erfahre. Die Vorstandsmitglieder störten sich dabei aber weniger an der Tatsache, dass die Nationalbank nicht über den Zweck der Transfers im Bild war, als daran, dass das Geld der HIAS Paris zufloss und nicht dem VSJF.[449]

In Konkurrenz zum Joint stand der World Jewish Congress (WJC), der 1936 in Genf aus der Vorgängerorganisation Comité des délégations juives hervorgegangen war und sich als weltweiter Repräsentant der Jüdinnen und Juden verstand. Als Sekretär in Genf amtete Gerhard M. Riegner, der vor allem den Auftrag hatte, die Vorgänge in Europa und die Verbrechen der Nationalsozialisten am europäischen Judentum zu dokumentieren, um später Entschädigungsforderungen stellen zu können. Nach der Besetzung Frankreichs 1940 wurde die Hauptvertretung des WJC nach New York verlegt. Das Verhältnis zwischen dem WJC und dem SIG war eher distanziert. Zwar war der SIG 1936 dem WJC beigetreten, doch vertrug sich die klare politische Haltung des WJC mit der politischen Vorsicht, die der SIG an den Tag legte, nur schlecht und führte dazu, dass Saly Mayer 1939 sogar den Austritt des SIG aus dem WJC vorschlug. Aufgrund der engen Verbindung von Saly Mayer mit dem Joint, der sich mit seiner unpolitisch-wohltätigen Haltung als Gegner des WJC verstand, verbesserten sich die Beziehungen zwischen dem SIG und dem WJC erst nach Mayers Rücktritt als SIG-Präsident. Riegner war allerdings mit einigen von Mayers Gegnern im Gemeindebund freundschaftlich verbunden,

---

448 Theodora Dreifuss: Prot. VS VSJF, Zürich, 6. 5. 1946, S. 2, AfZ, IB VSJF-Archiv / 31.
449 Vgl. ebd., S. 2 f.

unter anderem mit Paul Guggenheim, Benjamin Sagalowitz und Veit Wyler.[450] Für den VSJF wurde der WJC in der Nachkriegszeit von Bedeutung; dies im Zusammenhang mit der Unterstützung von Jüdinnen und Juden, die durch die nationalsozialistische Vertreibungs- und Vernichtungspolitik geschädigt worden waren. Der VSJF stand dabei in Fragen der Entschädigungszahlungen von Flüchtlingen mit dem WJC in Kontakt, in Einzelfällen aber auch bezüglich des Erhalts allfälliger kurzzeitiger Aufenthaltsbewilligungen von jüdischen DPs, die an Folgeschäden aus ihrer Zeit in den Konzentrationslagern von Nazideutschland litten. Solche als «Erholungsaufenthalte» deklarierte kurzzeitige Aufenthalte zogen für den VSJF viel Arbeit nach sich, wie an einem Fallbeispiel demonstriert werden soll.

Im November 1945 leitete der WJC den Brief einer Einzelperson aus London an den VSJF weiter. Der Antragsteller, A. G., beantragte in einem Schreiben ans Schweizer Konsulat in London einen Erholungsaufenthalt für seine Schwester M. G., die nach ihrer Inhaftierung in den deutschen KZs an Lungentuberkulose litt und sich in einem Berliner Krankenhaus befand. A. G. gab bekannt, dass er alle Kosten für die Visaerteilung und die Behandlung seiner Schwester in der Schweiz übernehmen würde.[451] Der WJC fragte beim VSJF an, ob der Verband bereit wäre, sich um diese Angelegenheit zu kümmern.[452] Der VSJF wandte sich daraufhin am 30. November an die eidgenössische Polizeiabteilung und bat angesichts des gesundheitlichen Zustands von M. G. um eine beschleunigte Bearbeitung für die Ausstellung einer Aufenthaltsgenehmigung. Nachdem vonseiten der eidgenössischen Fremdenpolizei keine Antwort eingetroffen war, fragten Else Finkler, eine Mitarbeiterin des VSJF, und Otto H. Heim Ende Januar 1946 erneut an, ob das Einreisegesuch prioritär behandelt werden könne.[453] Am 4. Februar 1946 wurde durch A. G. Geld überwiesen. Saly Mayer gab via Vermittlung der Joint-Vertretung in Paris den Auftrag, einen Betrag für M. G. bei der Zürcher Kantonalbank zu hinterlegen. Im Schreiben des Joint wurde die Hoffnung ausgedrückt, dass das Schweizer Konsulat in Berlin eher bereit sei, ein Visum auszustellen, wenn bereits eine finanzielle Garantie vorliege.[454]

---

450 Zum WJC allgemein vgl. Picard, Die Schweiz und die Juden, 1994, S. 96, 98, 114. Zu Gerhard M. Riegner und Saly Mayers Verhältnis zum WJC vgl. Mächler, Hilfe und Ohnmacht, 2005, S. 275 f.
451 Vgl. A. G.: Schreiben an das Schweizer Konsulat, Brixton, 7. 11. 1945, AfZ, IB VSJF-Archiv / G.602.
452 Vgl. WJC: Schreiben an den VSJF, Genf, 16. 11. 1945, AfZ, IB VSJF-Archiv / G.602.
453 Vgl. Else Finkler: Schreiben an die Eidg. Fremdenpolizei, o. O., 30. 11. 1945, sowie Else Finkler, Otto H. Heim: Schreiben an die Eidg. Fremdenpolizei, o. O., 31. 1. 1946, AfZ, IB VSJF-Archiv / G.602.
454 Vgl. Kopie eines Schreibens des Joint an den Central British Fund for Jewish Relief and Rehabilitation, o. O., 4. 2. 1946, AfZ, IB VSJF-Archiv / G.602.

Am 13. Februar 1946 gab die eidgenössische Fremdenpolizei bekannt, dass sie die Schweizer Vertretung ermächtigt habe, für M. und deren Schwester E. G. eine Einreisebewilligung zu erteilen.[455] Der VSJF informierte daraufhin M. G., die Joint-Vertretung in Paris und den WJC über den positiven Bescheid.[456] Am 28. Februar 1946 gab der WJC bekannt, dass er A. G. die positive Nachricht weitergeleitet habe. Da der WJC nicht in der Lage sei, weitere Verhandlungen zu übernehmen, habe man A. G. angewiesen, sich für alle weiteren Formalitäten direkt an den VSJF zu wenden.[457] Nachdem der WJC dem VSJF gegenüber bestätigt hatte, dass das Geld für M. G. hinterlegt worden war, wurde die Angelegenheit vom WJC als erledigt betrachtet.[458]

Der VSJF begab sich daraufhin über sein Komitee in Davos[459] ebenfalls auf die Suche nach einem möglichen Sanatoriumsplatz und wandte sich an die Vertretung des Joint in Berlin, damit diese M. G. bei den Ausreisevorbereitungen behilflich sei.[460] Am 8. April 1946 erkundigte sich A. G. per Telegramm beim VSJF, ob es Schwierigkeiten bei den Einreiseformalitäten gebe, da er keine Neuigkeiten erhalten habe.[461] Daraufhin schrieb der VSJF einen Brief an M. G. in Berlin, da aufgrund der erst kürzlich wieder eingerichteten Postverbindungen mit Deutschland nicht sicher war, ob sie den früheren Brief mit der positiven Nachricht bezüglich der Einreisebewilligung erhalten hatte.[462] Am 23. April 1946 telegrafierte A. G. erneut an den VSJF und schrieb von Schwierigkeiten bei der Erlangung der Ausreise- und Wiedereinreisebewilligung durch die amerikanische Regierung in Berlin. Er bat den VSJF daher, mit seinem Berliner Hauptquartier (gemeint war das Büro des Joint in Berlin) in Kontakt zu treten um die Angelegenheit zu beschleunigen, denn «it is becoming a matter of life and death».[463] Die Joint-Vertretung in Berlin bestätigte, dass die Visa für M. und E. G. bereits seit zwei Monaten vorlägen und dass die Verzögerung auf Schwierigkeiten aufseiten des amerikanischen Hauptquartiers in Frankfurt zurückzuführen seien.[464] Nach weiteren Interventionen des VSJF beim Joint in Paris und weiteren Bitten an die eidgenössische Fremden-

---

455 Vgl. Eidg. Fremdenpolizei: Schreiben an den VSJF, Bern, 13. 2. 1946, AfZ, IB VSJF-Archiv / G.602. Dass es sich um zwei Schwestern handelt, geht aus der vorherigen Korrespondenz nicht hervor.
456 Vgl. R. Schärf: Schreiben an M. G., o. O., 21. 2. 1946; R. Schärf: Schreiben an den Joint, o. O., 21. 2. 1946; R. Schärf: Schreiben an den WJC, o. O., 21. 2. 1946, AfZ, IB VSJF-Archiv / G.602.
457 Vgl. WJC: Schreiben an den VSJF, Genf, 28. 2. 1946, AfZ, IB VSJF-Archiv / G.602.
458 Vgl. WJC: Schreiben an den VSJF, Genf, 4. 3. 1946, AfZ, IB VSJF-Archiv / G.602.
459 Vgl. VSJF: Schreiben an das Komitee Davos, o. O., 6. 3. 1946, AfZ, IB VSJF-Archiv / G.602.
460 Vgl. VSJF: Schreiben an die Joint Vertretung in Berlin, o. O., 12. 3. 1946, AfZ, IB VSJF-Archiv / G.602.
461 Vgl. A. G.: Schreiben an den VSJF, London, 8. 4. 1946, AfZ, IB VSJF-Archiv / G.602.
462 Vgl. VSJF: Schreiben an M. G., o. O., 12. 4. 1946, sowie VSJF: Schreiben an A. G., Zürich, 18. 4. 1946, AfZ, IB VSJF-Archiv / G.602.
463 A. G.: Schreiben an den VSJF, London, 23. 4. 1946, AfZ, IB VSJF-Archiv / G.602.
464 Vgl. Joint: Schreiben an den VSJF, Berlin, 26. 4. 1946, AfZ, IB VSJF-Archiv / G.602.

polizei, die Einreisevisa zu verlängern,[465] konnte der VSJF Mitte Juni 1946 die beteiligten Hilfswerke informieren, dass M. und E. G. am 12. Juni 1946 in der Schweiz eingetroffen seien.[466] Die beiden Schwestern blieben über ein Jahr in der Schweiz. Die Unterhaltskosten wurden von A. G. getragen. Ab September 1947 gab es wieder Schwierigkeiten bei den Transaktionen. Es wurde daraufhin versucht, den Geldtransfer über die HIAS abzuwickeln, die sich aber weigerte, Geld für Unterhaltskosten zu transferieren.[467] Daraufhin musste das Komitee Davos bis auf Weiteres die Kosten für M. G. übernehmen. Diese verpflichtete sich mittels eines Schuldscheins, die Auslagen des Komitees Davos innerhalb Jahresfrist zurückzuzahlen.[468] Aus einem Briefwechsel zwischen Heinz Cohn, der seit 1948 die Präsidentschaft des Komitees Davos innehatte, und Otto H. Heim im Herbst 1949 geht hervor, dass das Komitee Davos gegenüber der Pension Villa Concordia, in der M. G. bis zu ihrer Ausreise nach London 1947 untergebracht war, eine Garantie zur Begleichung der Kosten übernommen hatte.[469] Daraus entwickelte sich ein Disput zwischen Otto H. Heim als Vertreter des VSJF und Josef Brumlik vom Komitee Davos. Dieser stellte sich auf den Standpunkt, dass die Zentrale des VSJF einen Teil der Kosten übernehmen müsse.[470] Heim gab dazu bekannt: «Ich persönlich habe der Jüdischen Flüchtlingshilfe Davos das Geld vorgestreckt, damit keine Betreibung für die überfälligen Frs. 867.35 erfolgt. Ich kann mich bestimmt nicht für einen Teil durch den Verband Schweiz. Jüdischer Fürsorgen decken lassen, sondern die Fürsorge der Jüdischen Gemeinschaft Davos ist voll und ganz für diesen Betrag verantwortlich, denn unter ihrer Garantie kam Frl. G. in die Schweiz.»[471]

Falls die Rückzahlung nicht bis Ende Jahr erfolge, sehe er sich leider gezwungen, «andere Schritte zu ergreifen».[472] In der Geschäftsleitung des SIG legte Otto H. Heim diese Situation ebenfalls dar und verlangte, dass Josef Brumlik abgesetzt und sein Salär gesperrt werde, bis klar sei, wer für den Fehlbetrag hafte.[473] Schliesslich bezahlte die Jüdische Gemeinschaft Davos den Fehlbetrag an Heim zurück. Gleichzeitig wurde aber versucht, über die

---

465 Vgl. o. A. (Eidg. Fremdenpolizei): Schreiben an den VSJF, Bern, 3. 5. 1946, AfZ, IB VSJF-Archiv / G.602.
466 Vgl. VSJF: Aktennotiz, o. O., 14. 6. 1946, sowie VSJF: Schreiben an die HIAS Paris, o. O., 14. 6. 1946; Theodora Dreifuss: Schreiben an den Joint Paris, o. O., 18. 6. 1946 und Else Finkler: Schreiben an den Joint Berlin, o. O., 26. 6. 1946, AfZ, IB VSJF-Archiv / G.602.
467 Vgl. HIAS London: Schreiben an die HIAS Zürich, o. O., 25. 11. 1947, AfZ, IB VSJF-Archiv / G.602.
468 Vgl. M. G.: Schuldschein, Davos, 20. 1. 1948, AfZ, IB VSJF-Archiv / G.602.
469 Vgl. H. Cohn: Schreiben an Otto H. Heim, Davos, 27. 9. 1949, sowie Otto H. Heim: Schreiben an Marcus Cohn, o. O., 30. 9. 1949, AfZ, IB VSJF-Archiv / G.602.
470 Vgl. Josef Brumlik: Schreiben an Otto H. Heim, Davos, 28. 10. 1949, AfZ, IB VSJF-Archiv / G.602.
471 Otto H. Heim: Schreiben an Josef Brumlik, o. O., 1. 11. 1949, AfZ, IB VSJF-Archiv / G.602.
472 Ebd.
473 Vgl. Leo Littmann: Prot. GL SIG, Bern, 19. 10. 1949, S. 3, AfZ, IB SIG-Archiv / 179.

Rechtsabteilung des VSJF die Schulden beim Bruder von M. G. einzutreiben.[474] Nachdem zwei Schreiben des VSJF an A. G. vom 3. Januar und 31. März 1950 unbeantwortet geblieben waren, versuchte der VSJF, über die HIAS in London Kontakt zum Bruder aufzunehmen.[475] Diese teilte dem VSJF am 22. Juni 1950 mit, dass A. G. drei Wochen zuvor verstorben sei.[476] Die offenen Rechnungen für den Kuraufenthalt von M. G. blieben, wie ein Mitarbeiter des Komitees Davos bemerkte, am VSJF hängen.[477] Dabei handelte es sich nicht um einen Einzelfall. Im Tätigkeitsbericht des VSJF von 1947 wurde festgehalten, dass vor allem von den Komitees in Davos und Leysin Patientinnen und Patienten betreut würden, «die aus kriegsgeschädigten Ländern hier einreisen und ihre Kur absolvieren wollten. Wir behandelten 48 Fälle von neu Einreisenden, bei denen wir Depots von Verwandten im Auslande erhielten, der Eidg. Fremdenpolizei gegenüber Garantien leisteten und die komplizierten Einreiseformalitäten erledigten. […] Sowohl bei den Patienten in Leysin und Davos als auch bei den zur Erholung in anderen Stätten der Schweiz befindlichen Personen handelt es sich in den meisten Fällen um Personen, für die bei der Einreise in die Schweiz Garantien vorlagen, die dann im Laufe der Zeit zurückgezogen wurden oder erschöpft waren, sodaß wir für deren Unterhalt und Heilungskosten aufzukommen hatten. Die vom VSJF geleistete Nachkriegshilfe belastete unser Budget nicht unwesentlich.»[478]

Die Unterhaltsgarantien, die der VSJF vor der Einreise von kranken jüdischen DPs in die Schweiz einholte, sicherten die jüdische Flüchtlingshilfe also nur bedingt gegen eine Übernahme von Behandlungskosten ab. Ab dem Zeitpunkt, an dem sich die DPs in der Schweiz befanden, wurden sie vom VSJF betreut. Mit internationalen jüdischen Organisationen um die Übernahme von nicht bezahlten Rechnungen in der Schweiz zu verhandeln, war für den VSJF zeitaufwendig und häufig nicht von Erfolg gekrönt.[479]

7.9 Sachverständigenkommission für Flüchtlingsfragen des schweizerischen Bundesrats: Otto H. Heim im Ausschuss IV

Verschiedene Schweizer Hilfswerke hatten schon vor 1943 wiederholt nach einer unabhängigen Instanz für die Beurteilung rechtlicher Fragen, die die Flüchtlinge betrafen, verlangt.[480] Nach einer Interpellation des Nationalrats

---

474 Vgl. Josef Brumlik: Schreiben an VSJF, Davos, 21. 12. 1949, AfZ, IB VSJF-Archiv / G.602.
475 Vgl. VSJF: Schreiben an A. G., o. O., 3. 1. und 31. 3. 1950, sowie VSJF: Schreiben an die HIAS London, o. O., 25. 5. 1950, AfZ, IB VSJF-Archiv / G.602.
476 Vgl. HIAS London: Schreiben an VSJF, London, 22. 6. 1950, AfZ, IB VSJF-Archiv / G.602.
477 Vgl. Ludwig Mandel: Schreiben an den VSJF, Davos, 4. 7. 1950, AfZ, IB VSJF-Archiv / G.602.
478 O. A.: TB VSJF 1947, Zürich, o. D., S. 14, AfZ, IB VSJF-Archiv / 3.
479 Vgl. Kapitel 8.2.2. und 8.2.3.
480 Vgl. Ludwig, Die Flüchtlingspolitik der Schweiz, 1957, S. 304.

Jacques Schmid fand am 23. Februar 1944 die konstituierende Sitzung der Sachverständigenkommission für Flüchtlingsfragen statt, die von Bundesrat Eduard von Steiger einberufen worden war. Die Kommission sollte Flüchtlingen als «Beratungs-, Kontroll- und Beschwerdestelle»[481] dienen. Sie sollte ausserdem dem Justiz- und Polizeidepartement, dem Territorialkommando und dem Kommissariat für Internierung und Hospitalisierung beratend zur Seite stehen.[482]

Die Sachverständigenkommission, die aus vier Arbeitsausschüssen bestand, setzte sich aus Vertreterinnen und Vertretern der Bundesbehörden, der Politik und der privaten Hilfswerke zusammen, Flüchtlinge nahmen in den Arbeitsausschüssen keinen Einsitz. Im März 1944 wurden 47 Personen in die Sachverständigenkommission berufen.[483] Die vier Arbeitsausschüsse waren wie folgt gegliedert: Arbeitsausschuss I: Disziplinarwesen (später: Rechtsfragen), Arbeitsausschuss II: Bildungswesen (später: geistige Betreuung, Bildungswesen und Freizeit), Arbeitsausschuss III: Nahrung, Kleidung und Unterkunft (später: Unterkunft und Materielles), Arbeitsausschuss IV: Nachkriegsprobleme (später: Weiterwanderung).[484] In einigen Arbeitsausschüssen wurden bald nach der Gründung Unterkommissionen geschaffen, beispielsweise eine Unterkommission für Kinderfragen und eine für Schulung und Umschulung der Flüchtlinge. Vollversammlungen der Sachverständigenkommission fanden im Februar 1944, im Oktober 1944 und im November 1947 statt.[485]

Durch die Begrenzung der Anzahl Mitglieder in den Unterkommissionen sollten regelmässigere Treffen und ein effizienteres Erarbeiten von konkreten Lösungsvorschlägen für offene Fragen gewährleistet werden.[486] Pfarrer Paul Vogt, der sowohl in Ausschuss IV als auch in dessen Unterkommission vertreten war,[487] machte dazu im September 1945 folgende Bemerkung: «Die Unterkommission hat sich als lebensnotwendig und lebensfähig erwiesen und hat wirklich gearbeitet.»[488] Seiner Ansicht nach wurden konkrete Lösungsvorschläge vor allem im kleinen Kreis erarbeitet.[489] Die Unterkommission erwies

---

481 O. A.: 10. Sitzung des Nationalrats, o. O., 30. 3. 1944, S. 125, www.amtsdruckschriften.bar.admin.ch/viewOrigDoc/100003166.pdf?id=100003166, 29. 6. 2020.
482 Vgl. Ludwig, Die Flüchtlingspolitik der Schweiz, 1957, S. 304.
483 Vgl. UEK, Die Schweiz und die Flüchtlinge, 2001, S. 266 f.
484 Vgl. Ludwig, Die Flüchtlingspolitik der Schweiz, 1957, S. 304.
485 Vgl. UEK, Die Schweiz und die Flüchtlinge, 2001, S. 267, sowie Lienert, Wir wollen helfen, 2013, S. 316, und Ludwig, Flüchtlingspolitik, 1957, S. 304.
486 Vgl. H. Müri: Prot. Ausschuss IV Sachverständigenkommission, Bern, 2. 10. 1944, BAR, E9500.193#1969/150#28*.
487 Vgl. EJPD: Arbeitsausschuss IV, o. O., Januar 1945, BAR, E9500.193#1969/150#1*.
488 U. Wildbolz: Prot. Ausschuss IV Sachverständigenkommission, Bern, 19. 9. 1945, S. 4, BAR, E9500.193#1969/150#28*.
489 Vgl. ebd. In eine ähnliche Richtung geht die Bemerkung von Regina Kägi-Fuchsmann an einer Sitzung der Unterkommission, an der über eine mögliche Fusion der Unterkommission mit anderen Stellen diskutiert wurde. Sie bemerkte dazu, «dass die Sitzungen der Unterkommis-

sich damit als essenziell für eine zeitnahe Besprechung konkreter Probleme, die im Zusammenhang mit der «Weiterwanderung» entstanden.[490] Für die in den Hilfsorganisationen Mitarbeitenden in der Unterkommission bestand die Möglichkeit, mit ihren Fragen direkt an die Vertreter der Bundesbehörden zu gelangen, was in diesem Gremium rege genutzt wurde. Auch Einzelschicksale konnten besprochen werden.[491] Ab Herbst 1945 ging die Frequenz der Sitzungen der Unterkommission zurück, so kam die Unterkommission zwischen dem 17. Oktober 1945 und dem 24. Januar 1946 gar nie zusammen.[492]

Eine Übersicht über die Tätigkeiten der einzelnen Arbeitsausschüsse findet sich im Ludwig-Bericht von 1957;[493] die nachfolgenden Ausführungen gehen vor allem auf die Arbeiten des Arbeitsausschusses IV ein, in dem Saly Mayer, Saly Braunschweig und Otto H. Heim tätig waren.[494]

In die Arbeitsausschüsse wurden zahlreiche Vertreterinnen und Vertreter aus den Hilfswerken berufen, die ihre jeweiligen Hilfsorganisationen auch in der SZF vertraten. Die SZF gab auch immer wieder Wahlempfehlungen an die Adresse von Bundesrat Eduard von Steiger ab. Aus den Reihen der Organisationen des Schweizer Judentums wurden etwa Georges Brunschvig, Robert Meyer oder Otto H. Heim, Silvain S. Guggenheim und Saly Braunschweig vorgeschlagen.[495] Robert Meyer wurde schliesslich anstelle von Heim in den Arbeitsausschuss II gewählt.[496] Seine Nominierung wurde vor allem von zionistischen Kreisen in der Schweiz nicht goutiert,[497] was dazu führte, dass der Konflikt bis vor das CC des SIG getragen wurde. Saly Braunschweig bemerkte in der entsprechenden Sitzung des CC, dass für den Arbeitsausschuss II der Sitz eines jüdischen Vertreters bisher vakant geblieben sei. Zu Robert Meyers Nomination gab er zu Protokoll: «Wir haben zuerst Otto H. Heim, den Vorsteher unseres entsprechenden V. S. J. F.-Ressorts angefragt. Sein Stellvertreter war Dr. Robert

---

sion für sie zu den wertvollsten gehören. In der grossen Flüchtlingskommission war jeweils das Resultat nicht so befriedigend.» U. Wilbolz: Prot. Unterkommission Arbeitsausschuss IV, Bern, 28. 3. 1945, S. 11, BAR, J2.55#1970/95#31*. Auch in der Sitzung der Unterkommission im Januar 1946 sprachen sich alle Mitglieder der Unterkommission dafür aus, dass die Sitzungen in einem regelmässigen Turnus weitergeführt werden sollten. Vgl. H. Müri: Prot. Unterkommission Ausschuss IV, Bern, 24. 1. 1946, S. 2 f., BAR, J2.55#1970/95#31*.

490 Vgl. Tschäppät: Prot. Ausschuss IV Sachverständigenkommission, Bern, 24. 1. 1945, sowie U. Wildbolz: Prot. Ausschuss IV Sachverständigenkommission, Bern, 19. 9. 1945, S. 4, BAR, E9500.193#1969/150#28*.
491 Vgl. dazu zum Beispiel H. Müri: Prot. Unterkommission Ausschuss IV, Bern, 18. 4. 1945, S. 3–6, BAR, J2.55#1970/95#31*.
492 Vgl. H. Müri: Prot. Unterkommission Ausschuss IV, Bern, 24. 1. 1946, S. 2, BAR, J2.55#1970/95#31*.
493 Vgl. Ludwig, Flüchtlingspolitik, 1957, S. 305–308.
494 In der Unterkommission war ausserdem Robert Meyer Mitglied. Vgl. EJPD: Arbeitsausschuss IV, o. O., Januar 1945, BAR, E9500.193#1969/150#1*.
495 Vgl. Milly Furrer: Prot. SZF, Zürich, 28. 2. 1944, S. 3 f., BAR, E4800.1#1967/111#145*.
496 Vgl. VSJF: Rundschreiben Nr. 439, Zürich, 13. 6. 1944, AfZ, IB SIG-Archiv / 2412.
497 Vgl. Leo Littmann: Prot. CC SIG, Zürich, 30. 3. 1944, S. 31, AfZ, IB SIG-Archiv / 96.

Meyer, der von Anfang an die organisatorische Arbeit dieses Ressorts geleistet hat. Otto H. Heim lehnte eine Berufung unter Hinweis auf seine Ueberbelastung ab und schlug statt seiner Dr. Robert Meyer als sachverständig vor.»[498]

Otto H. Heim hatte also den Namen Robert Meyer ins Spiel gebracht. Die Diskussion im CC des SIG macht deutlich, dass sich einige CC-Mitglieder allgemein an der Art und Weise, wie die jüdischen Sachverständigen nominiert wurden, störten. Persönliche Animositäten gegen Robert Meyer spielten zumindest im CC eine geringere Rolle als die Tatsache, dass Personen ohne die Konsultation der SIG-Gremien in die Sachverständigenkommission kooptiert wurden. Silvain S. Guggenheim bemerkte dazu verteidigend, dass «die Mandate in die Kommissionen»[499] persönlich vergeben würden und daher die «ernannten Mitglieder [...] nicht Vertreter ihrer Organisation»[500] seien. Dagegen wandte Marcus Cohn jedoch ein, dass die Nomination von Robert Meyer genau das Gegenteil beweise. In der anschliessenden Abstimmung konnten sich die CC-Mitglieder allerdings nur für die Nomination der vier ernannten Mitglieder in globo aussprechen, was zur Folge hatte, dass diese angenommen wurde. In einer zweiten Abstimmung ging es um die Frage, ob das Vorgehen, das «zur Berufung dieser Männer geführt»[501] habe, im Nachhinein genehmigt werden sollte. Eine knappe Mehrheit befürwortete dies.[502]

Im Juni 1944 wurde Georges Bloch, dessen Nomination von der GL des SIG bestätigt wurde,[503] in die Unterkommission III (Kinderfragen) berufen.[504] Neben Saly Braunschweig wurde Saly Mayer in den Arbeitsausschuss IV einberufen.[505] Zum Präsidenten des Arbeitsausschusses wurde Regierungsrat Oskar Stampfli (1886–1973) aus Solothurn ernannt, der auch das Amt des Präsidenten der Polizeidirektorenkonferenz innehatte.[506] Stampfli war freisinniger Regierungsrat und leitete das Polizeidepartement des Kantons Solothurn. Er nahm auch in der nationalen Asylpolitik eine bedeutende Rolle ein.[507]

---

498 Ebd.
499 Ebd., S. 32.
500 Ebd.
501 Ebd., S. 33.
502 Vgl. ebd.
503 Vgl. G. Rosenblum: Prot. CC SIG, Bern, 31. 8. 1944, S. 9, AfZ, IB SIG-Archiv / 97.
504 Vgl. Polizeiabt.: Schreiben an Georges Bloch, Bern, 29. 6. 1944, BAR, E9500.193#1969/150#2*. Georges Bloch wurde auf Empfehlung von W. Rickenbach, dem Präsidenten des Arbeitsausschusses III, in den Unterausschuss berufen.
505 Aus der Korrespondenz von Heinrich Rothmund mit Oskar Stampfli und Silvain S. Guggenheim geht hervor, dass Mayer von einem Vertreter des VSIA als Mitglied des Arbeitsausschusses IV vorgeschlagen wurde, mit grösster Wahrscheinlichkeit von Silvain S. Guggenheim selbst. Vgl. Heinrich Rothmund: Schreiben an Oskar Stampfli, Bern, 3. 4. 1944, sowie Heinrich Rothmund: Schreiben an Silvain S. Guggenheim, Bern, 3. 4. 1944, BAR, E9500.193#1969/150#29*.
506 Vgl. EJPD: Arbeitsausschuss IV, o. O., 6. 3./1. 6. 1944, sowie EJPD: Sachverständigen-Kommission für Flüchtlingsfragen [Adressliste], o. O., 6. 3. 1944/1. 6. 1944, BAR, E42643#2015/276#650*.
507 In den Forschungsarbeiten von Stefan Mächler wird ersichtlich, dass Stampfli eine antisemitische Grundhaltung hatte. Vgl. Mächler, Hilfe und Ohnmacht, 2005, S. 340 f.

In den Sitzungen der SZF berichteten die Vertreterinnen und Vertreter, die gleichzeitig in den Arbeitsausschüssen der Sachverständigenkommission tätig waren, regelmässig über die Beschlüsse der einzelnen Kommissionen.[508]

In einem Rundschreiben an seine Komitees veröffentlichte der VSJF im Juni 1944 die Namen der jüdischen Vertreter, die in den Arbeitsausschüssen der Sachverständigenkommission Einsitz hatten.[509] Gleichzeitig wurde aber darauf hingewiesen, dass sich die Komiteemitarbeitenden oder die Flüchtlinge nur in Fällen «von prinzipieller Bedeutung»[510] an die Sachverständigenkommission wenden sollten. Der VSJF wollte damit implizit der Gefahr einer Flut von Eingaben an die Sachverständigenkommission entgegenwirken und gewährleisten, dass die Zentralstelle des VSJF auch weiterhin eine Pufferfunktion zwischen den jüdischen Komitees, den von ihnen betreuten Flüchtlingen und den Schweizer Behörden einnehmen konnte. Publiziert würden die Namen der Zuständigen vor allem deshalb, «damit sich *jüdische* Interessenden [sic] nicht an die Vertreter anderer Organisationen wenden».[511] Diese Bemerkung könnte auf die Berichte gemünzt sein, wonach jüdische Flüchtlinge sich mit ihren Anliegen teilweise an nichtjüdische Hilfsorganisationen wie das Hilfswerk von Pfarrer Paul Vogt oder die «Kreuzritter»-Flüchtlingshilfe von Gertrud Kurz wandten, die in der Regel über mehr zeitliche Ressourcen verfügten als der VSJF und daher in gewissen Flüchtlingskreisen einen besseren Ruf genossen. Der VSJF hatte neben dem Kampf um finanzielle Ressourcen auch immer wieder seine Reputation zu verteidigen.[512]

Nach seiner anfänglichen Weigerung, der Sachverständigenkommission beizutreten, wurde Otto H. Heim Ende November 1944 doch noch Mitglied des Arbeitsausschusses IV (Weiterwanderung) und dessen Unterkommission (Schulung und Umschulung der Flüchtlinge).[513] Seine Nomination durch Bundesrat Eduard von Steiger ging auf eine Empfehlung von Saly Braunschweig zurück.[514] Begründet hatte Saly Braunschweig die Nomination mit der Einrichtung des Ressorts für Nachkriegsfragen im VSJF, «das sich speziell mit den Fragen der Berufsschulung und der Emigration befassen wird».[515] Heim sei mit solchen Fragen vertraut und daher für die Mitwirkung im Arbeitsaus-

---

508 So zum Beispiel Gertrud Kurz für Ausschuss I, Giacomo Bernasconi für Ausschuss II, Silvain S. Guggenheim für Ausschuss III und Paul Vogt für Ausschuss IV, vgl. Milly Furrer: Prot. SZF, Zürich, 24. 4. 1944, S. 6 f., BAR, E4800.1#1967/111#145*.
509 Vgl. VSJF: Rundschreiben Nr. 439, Zürich, 13. 6. 1944, AfZ, IB SIG-Archiv / 2412.
510 Ebd.
511 Ebd. (Hervorhebung im Original).
512 Vgl. Mächler, Hilfe und Ohnmacht, 2005, S. 409.
513 Vgl. Heinrich Rothmund: Schreiben an Otto H. Heim, Bern, 30. 11. 1944, BAR, E9500.193#1969/150#2*.
514 Vgl. Saly Braunschweig: Schreiben an Bundesrat von Steiger, Zürich, 24. 11. 1944, BAR, E9500.193#1969/150#2*.
515 Ebd.

schuss IV geradezu prädestiniert. Auch persönlich empfehle er Otto H. Heim, den er seit vielen Jahren kenne und der «mit Hingabe und Erfolg im Lokalcomité Zürich sowie seit einiger Zeit in der Leitung des Verbandes Schweizerischer Jüdischer Flüchtlingshilfen»[516] arbeite.

Otto H. Heim stiess an der dritten Sitzung des Arbeitsausschusses IV am 24. Januar 1945 zur Sachverständigenkommission. Neben Regierungsrat Stampfli, Präsident, und Professor William Rappard aus Genf, Vizepräsident, bestand der Arbeitsausschuss zu diesem Zeitpunkt aus zehn Mitgliedern, darunter Henry-Louis Henriod, den Otto H. Heim bei seiner Wahl als Präsident der SZF im April desselben Jahres gegen die kritischen Stimmen aus der jüdischen Presse verteidigen sollte,[517] Berta Hohermuth, Regina Kägi-Fuchsmann und Pfarrer Paul Vogt. In der Unterkommission für Schulung und Umschulung der Flüchtlinge waren neben Otto H. Heim unter anderem Viktor Adamina, der Chef der Fremdenpolizei Bern,[518] Giuseppe Crivelli, Berta Hohermuth, Robert Meyer, Nettie Sutro und Paul Vogt vertreten.[519] Dazu kamen weitere Mitglieder der SZF und der Bundesbehörden.[520] Die Vertreterinnen und Vertreter der Unterkommission waren an den Sitzungen des Ausschusses ebenfalls anwesend, dazu verschiedene Vertreter der Armee und der Bundesbehörden, wie zum Beispiel Heinrich Rothmund, Edouard de Haller, Robert Jezler und Otto Zaugg.[521] Heim hatte bereits ab dem 29. November 1944 an den Sitzungen der Unterkommission teilgenommen,[522] die wie diejenigen des Arbeitsausschusses IV in Bern stattfanden und deren Resultate, die nach ausführlicher Erörterung sämtlicher Fragen zustande kamen, in einer Zusammenfassung dem Gesamtausschuss zugänglich gemacht wurden.

In der ersten Sitzung des Ausschusses IV, die am 13. April 1944 stattgefunden hatte, hatte Heinrich Rothmund in einem Referat die bisherige Emigrationspolitik der Schweiz in Bezug auf die jüdischen Flüchtlinge seit

---

516 Ebd.
517 Vgl. Kapitel 7.5.1.
518 Vgl. Reynold Tschäppät: Prot. Ausschuss IV Sachverständigenkommission, Bern, 24. 1. 1945, BAR, E9500.193#1969/150#28*, sowie Senn, Hochkonjunktur, «Überfremdung» und Föderalismus, 2017, S. 270.
519 Vgl. EJPD: Arbeitsausschuss IV, o. O., Januar 1945, E9500.193#1969/150#1*. Robert Meyer und Giuseppe Crivelli waren auf Initiative des Arbeitsausschusses II als Verbindungsleute in den Arbeitsausschuss IV und die Sitzungen der Unterkommission delegiert worden. Vgl. Heinrich Rothmund: Schreiben an G. Bernasconi (Präsident Arbeitsausschuss II), Bern, 11. 11. 1944. BAR, E9500.193#1969/150#29*.
520 Vgl. Müri: Prot. Unterkommission des Arbeitsausschusses IV, Bern, 29. 11. 1944, BAR, J2.55#1970/95#31*.
521 Vgl. Reynold Tschäppät: Prot. Ausschuss IV Sachverständigenkommission, Bern, 24. 1. 1945, BAR, E9500.193#1969/150#28*.
522 Vgl. Müri: Prot. Unterkommission des Arbeitsausschusses IV, Bern, 29. 11. 1944, BAR, J2.55#1970/95#31*.

1933 erörtert. Dabei hatte er einmal mehr die Wichtigkeit der Transitmaxime betont.[523] Saly Braunschweig hatte sein Referat über die Aspekte der Rückwanderung aus jüdischer Sicht mit dem Hinweis auf die Massenvernichtung der Jüdinnen und Juden Europas eröffnet. Er hatte darauf aufmerksam gemacht, dass eine Rückwanderung von Jüdinnen und Juden nach Deutschland, Österreich und die «Oststaaten» den Flüchtlingen kaum zugemutet werden könne.[524] Seiner Meinung nach sollte «die Rückwanderung jedenfalls langsam, dafür aber systematisch, vorgenommen werden».[525] Paul Vogt schloss sich Braunschweigs Bitte an, dass Zwangsausweisungen von Flüchtlingen tunlichst zu vermeiden seien, und wandte sich mit einem Appell an die Behörden, die noch eintreffenden jüdischen Flüchtlinge bedingungslos aufzunehmen und den Rechtsschutz der Flüchtlinge zu garantieren. Zu diesem Zweck solle ein Ausweispapier für Staatenlose in Anlehnung an den Nansenpass[526] eingeführt werden.[527] Heinrich Rothmund hatte Paul Vogt geantwortet, dass der Arbeitsausschuss in der Frage der Flüchtlinge, die noch an der Schweizer Grenze einträfen, nicht zuständig sei. Die Forderung nach einer freiwilligen Ausreise der Flüchtlinge nach Kriegsende «wird sich je nach den Verhältnissen richten, die wir in der Nachkriegszeit antreffen werden, wobei es selbstverständlich ist, dass unnötige Härten vermieden werden».[528] Heinrich Rothmund, der sich bereits zuvor mit missionarischem Eifer gegen eine «Überfremdung» der Schweiz starkgemacht hatte, reagierte auf Forderungen der Flüchtlingshelfer mit seiner altbewährten Strategie, ausweichend zu reagieren und keine konkreten Zusagen zu machen. Auch auf den Hinweis von William Rappard, der auf die Wichtigkeit der Wiedervereinigung von Familien vor der Emigration hingewiesen hatte,[529] hatte Rothmund vage geantwortet, man würde «das Möglichste»[530] für die Flüchtlinge im Land tun, wobei er erneut explizit darauf hinwies, dass «am Grundprinzip, dass die Schweiz nur Durchgangsland sein kann, [...] unter gar keinen Umständen gerüttelt werden»[531] könne. Die Schweiz sehe nach Kriegsende wahrscheinlich wirtschaftlich schwierigen Zeiten entgegen und die Vorstellung, «dass

523 Vgl. Merz: Prot. Ausschuss IV Sachverständigenkommission, o. O., 13. 4. 1944, S. 1 f., BAR, E9500.193#1969/150#28*.
524 Vgl. ebd., S. 4.
525 Ebd.
526 Dieser Pass für staatenlose Flüchtlinge ging auf eine Anregung von Fridtjof Nansen, dem Oberkommissar des Völkerbundes für Flüchtlings- und Kriegsgefangenenwesen, zurück. Der Pass war für ausgewiesene antirevolutionäre Flüchtlinge nach der russischen Oktoberrevolution 1917 eingeführt worden. Vgl. o. A., Nansenpass, o. D.
527 Vgl. Merz: Prot. Ausschuss IV Sachverständigenkommission, o. O., 13. 4. 1944, S. 4 f., BAR, E9500.193#1969/150#28*.
528 Ebd., S. 5.
529 Vgl. ebd.
530 Ebd.
531 Ebd., S. 6.

Schweizer auswandern müssen, während sich Ausländer an ihren Platz setzen»,⁵³² sei ganz und gar unerträglich.

Die zweite Sitzung hatte am 2. Oktober 1944 stattgefunden. Hauptthemen waren die Umfrage von Aide aux émigrés bezüglich der Auswanderungspläne der Flüchtlinge und die Ausreisen nach Frankreich gewesen. Heinrich Rothmund hatte die Anwesenden darüber informiert, dass ein Ausweispapier geschaffen worden sei, das die Auswanderung auch für staatenlose Flüchtlinge ermöglichen sollte. Besagter Ausweis sei für drei Monate gültig, so lange hätten die betreffenden Flüchtlinge Zeit, sich im Einreiseland neue Papiere zu verschaffen.⁵³³ Diskutiert worden war überdies die Umschulung und Berufsschulung der Flüchtlinge in Zusammenarbeit mit der ORT.⁵³⁴ Weiterhin offen geblieben war die Frage, ob ältere Leute und Kinder, die in Pflegefamilien platziert worden waren, gegebenenfalls länger in der Schweiz bleiben könnten.⁵³⁵

Die Umschulung der Flüchtlinge war auch in der dritten Sitzung des Arbeitsausschusses IV im Januar 1945 Thema – der ersten Sitzung des Ausschusses IV, der Otto H. Heim beiwohnte.⁵³⁶ In Bezug auf die schriftenlosen Flüchtlinge erwähnte Robert Meyer das Problem, dass verschiedene Länder, zum Beispiel Frankreich, die Ausbürgerung der deutschen Jüdinnen und Juden nie anerkannt hätten und dass diese Flüchtlinge dementsprechend als deutsche Staatsbürgerinnen und -bürger behandelt würden. Er schlug deshalb einen Vermerk «ehemaliger Flüchtling» in den Pässen dieser Personen vor, damit ersichtlich werde, «dass sie nicht zu den Feinden gehörten».⁵³⁷ Im April 1945 berichtete Robert Meyer in der Unterkommission über eine neue Praxis der Polizeiabteilung, in Flüchtlings- und Emigrantenausweisen anstelle des Wortes «staatenlos» die ehemalige Staatsangehörigkeit der Betreffenden einzutragen. Er halte dies für problematisch in Bezug auf die «Weiterwanderung».⁵³⁸ Otto H. Heim unterstützte Robert Meyer bei seinem Antrag, «die Eintragung ‹staatenlos› in den Ausweisen zu belassen».⁵³⁹ Es wurde in der Unterkommission beschlossen, diese Frage an den Bürgerrechtsdienst weiterzuleiten.⁵⁴⁰ Wie aus Robert Meyers Ausführungen an der vierten Sitzung des Arbeitsausschusses IV hervorgeht, wurde befürchtet, dass ehemalige deutsche Jüdinnen

---

532 Ebd.
533 Vgl. H. Müri: Prot. Ausschuss IV Sachverständigenkommission, Bern, 2. 10. 1944, S. 8, BAR, E9500.193#1969/150#28*.
534 Vgl. ebd., S. 10 f.
535 Vgl. ebd., S. 5 f.
536 Vgl. Reynold Tschäppät: Prot. Ausschuss IV Sachverständigenkommission, Bern, 24. 1. 1945, S. 1, BAR, E9500.193#1969/150#28*.
537 Ebd., S. 7.
538 Vgl. H. Müri: Prot. Unterkommission Ausschuss IV, Bern, 18. 4. 1945, S. 10, BAR, J2.55#1970/95#31*.
539 Ebd.
540 Vgl. ebd.

und Juden, die als Flüchtlinge in die Schweiz gekommen waren, aufgrund des Bundesratsbeschlusses über die Sperre deutscher Vermögen keinen Zugriff auf ihre Bankkonten mehr hätten.[541] Robert Meyer setzte sich daher dezidiert gegen einen Vermerk ein, der die Betroffenen als «Deutsche» bezeichnete. Abgesehen vom Unrecht, Vermögen von Personen zu sperren, die von den Verfolgungen am meisten betroffen gewesen waren, führe die Sperre dazu, dass die Flüchtlinge ihre Emigration in ein Drittland nicht in Angriff nehmen könnten.[542] Es ist anzunehmen, dass dieses Argument die Behörden von der Wichtigkeit der Massnahme überzeugen konnte und dass der Schutz der Opfer dabei weniger im Vordergrund stand.

Im Januar 1945 wurde von der Gesamtkommission auch ein Vorschlag diskutiert, den Nettie Sutro in der Unterkommission vorgebracht hatte und der dahingehend lautete, dass man den Flüchtlingen eine «Reiseaussteuer» für ihre Ausreise zur Verfügung stelle.[543] Otto H. Heim wies in diesem Zusammenhang auf den Mangel an verfügbaren Kleidern hin.[544] Die Hilfsorganisationen – hier bezog er sich natürlich in erster Linie auf den VSJF – seien «nicht in der Lage, das notwendige Material aufzubringen».[545] Angesichts der Schwierigkeiten, die Kleiderkammern des VSJF mit genügend Material zu versorgen,[546] wird die Zurückhaltung von Heim in dieser Frage verständlich. Obwohl die Frage der Finanzierung nicht explizit angesprochen wird, dürfte das Zögern von Otto H. Heim auch darauf zurückzuführen sein, dass angesichts der Erfahrungen, die der VSJF mit den Behörden gemacht hatte, befürchtet werden musste, dass die Gelder für diese Reiseausstattung von jüdischer Seite, allenfalls mit der Unterstützung anderer wohltätiger Organisationen, generiert werden sollten.[547] Es überrascht daher kaum, dass Heim auf den Vorschlag des Präsidenten, man

---

541 Vgl. Robert Meyer: Bericht über die Tätigkeit des Unterausschusses IV, Bern, 19. 9. 1945, S. 4 f., BAR, E9500.193#1969/150#28*.
542 Vgl. ebd.
543 Vgl. Reynold Tschäppät: Prot. Ausschuss IV Sachverständigenkommission, Bern, 24. 1. 1945, S. 8, BAR, E9500.193#1969/150#28*. Unter «Reiseaussteuer» wurden in erster Linie Textilien und Gepäckstücke verstanden. Vgl. H. Müri: Prot. Unterkommission Ausschuss IV, Bern, 10. 1. 1945, S. 5, BAR, J2.55#1970/95#31*.
544 Bereits in der Sitzung der Unterkommission hatte er dazu das Wort ergriffen und als «Fachmann» aus der Textilindustrie mitgeteilt, dass «der Warenhunger» angesichts der Knappheit an verfügbaren Textilien gross sei und dazu führe, dass der Fachmann gegenwärtig die Ware dem Geld vorziehe. Vgl. H. Müri: Prot. Unterkommission Ausschuss IV, Bern, 10. 1. 1945, S. 4, BAR, J2.55#1970/95#31*.
545 Reynold Tschäppät: Prot. Ausschuss IV Sachverständigenkommission, Bern, 24. 1. 1945, S. 8, BAR, E9500.193#1969/150#28*.
546 Vgl. Kapitel 7.1.3.
547 In diese Richtung weist auch eine Bemerkung von Otto H. Heim an einer Sitzung der SZF im Juli 1945, als er unter dem Traktandum «Reiseausstattung der Emigranten und Flüchtlinge» darauf hinwies, dass, «wenn der V. S. J. F. die Leute aber von sich aus ausrüstet, [dies] nicht mit Schweizergeld, sondern mit ausländischem» geschehe. Vgl. Milly Furrer: Prot. SZF, o. O., 5. 7. 1945, S. 6, AfZ, IB SFH-Archiv / 45.

solle die Schweizer Spende für diese Aufgabe beiziehen, positiv reagierte. Es wurde beschlossen, die Frage in der Unterkommission weiter zu behandeln.[548] Im September 1945 teilte die SZF mit, dass die Schweizer Spende einen Kredit über 250 000 Franken für die «Reiseaussteuer» bewilligt habe, womit die Hilfswerke künftig Beiträge für die persönliche Ausstattung und die Berufsausrüstung (hier wurde insbesondere an Ausrüstungen von Ärztinnen und Ärzten und Personen in handwerklichen Berufen gedacht) leisten könnten. Ein Maximalbetrag der Beteiligung an den einzelnen Posten wurde festgelegt, wobei 75 Prozent der Ausgaben von der Schweizer Spende übernommen wurden.[549]

In der Unterkommission war ausserdem bereits ein Vorschlag von Robert Meyer diskutiert worden, der Weiterbildungskurse für Flüchtlinge befürwortete, die über eine juristische Ausbildung verfügten. Eine Erhebung mittels eines Fragebogens hatte ergeben, dass diese Idee bei den betroffenen Flüchtlingen auf fruchtbaren Boden fiel. An den Vorbereitungen war auch das Comité international pour le placement des intellectuels réfugiés in Genf massgeblich beteiligt. Man versprach sich von den Kursen eine Auffrischung der Kenntnisse der Juristinnen und Juristen, die ihnen bei einer «Rückwanderung» den Wiedereinstieg in diesen Mangelberuf erleichtern oder bei einer «Weiterwanderung», zum Beispiel in die USA, Vorteile verschaffen könnte.[550] Otto H. Heim wies auch auf die positive psychologische Komponente der Kurse hin, «denn viele Juristen hätten infolge ihrer Untätigkeit die Energie und den Mut verloren».[551] Da die Anwesenden keine Einwände gegen die Kurse erhoben, wurde der Vorschlag eine Woche später der Gesamtkommission unterbreitet, die ebenfalls grünes Licht gab, sodass die Kurse für Juristinnen und Juristen Ende März 1945 beginnen konnten.[552]

In einer Sitzung der Unterkommission im Februar 1945 ergriff Otto H. Heim die Gelegenheit, den anwesenden Bundesbehörden von einem Vorfall zu berichten, der während eines Austauschtransports von Zivilinternierten zwischen Deutschland und den Alliierten stattgefunden habe.[553] Unter den Zivilinternierten habe «sich eine Anzahl Südamerikaner aus Bergen/Belsen»[554] befunden, die, wie Heim erklärend anfügte, über südamerikanische Pässe ver-

---

548 Vgl. Reynold Tschäppät: Prot. Ausschuss IV Sachverständigenkommission, Bern, 24. 1. 1945, S. 8, BAR, E9500.193#1969/150#28*.
549 Vgl. Wildbolz: Prot. Ausschuss IV Sachverständigenkommission, Bern, 19. 9. 1945, S. 7, BAR, J2.55#1970/95#31*.
550 Vgl. H. Müri: Prot. Unterkommission Ausschuss IV, Bern, 17. 1. 1945, S. 2–4, BAR, J2.55#1970/95#31*.
551 Ebd., S. 4.
552 Vgl. H. Müri: Prot. Unterkommission Ausschuss IV, Bern, 1. 5. 1945, S. 12, BAR, J2.55#1970/95#31*.
553 U. Wildbolz: Prot. Unterkommission Arbeitsausschuss IV Sachverständigenkommission, Bern, 7. 2. 1945, S. 11, BAR, J2.55#1970/95#31*.
554 Ebd.

fügten.⁵⁵⁵ Diese Flüchtlinge seien für kurze Zeit in der Schweiz untergebracht worden, wobei sich viele in einem gesundheitlich bedenklichen Zustand befunden hätten und zwei Personen in der Schweiz verstorben seien. Es sei daraufhin «den Ehegatten und Angehörigen [...] nicht einmal gestattet [worden], bei der Beerdigung zugegen zu sein».⁵⁵⁶

Bei dem angesprochenen Vorfall handelte es sich um einen deutsch-amerikanischen Zivilinterniertenaustausch, der am 21. Januar 1945 mit 301 Austauschhäftlingen aus Bergen-Belsen gestartet war.⁵⁵⁷ Am 25. Januar 1945 traf der Zug in Kreuzlingen ein. Einige Schwerkranke kamen ins Kantonsspital Münsterlingen, die restlichen Austauschhäftlinge kamen über St. Gallen nach Bühler und wurden dort provisorisch untergebracht.⁵⁵⁸ Aus Berichten von Zeitzeuginnen und Zeitzeugen geht hervor, dass der extrem schlechte Gesundheitszustand vieler dieser Menschen eine Weiterreise verunmöglichte. Während sie in der Schweiz blieben, mussten ihre gesunden Angehörigen weiterreisen. Diese Rücksichtslosigkeit der Schweizer Behörden wurde von den Betroffenen als zusätzliches Trauma erlebt.⁵⁵⁹ Am 30. Januar 1945 reiste die Gruppe nach Genf weiter, danach nach Marseille. Jene Flüchtlinge, die über «echte» amerikanische Pässe verfügten, wurden nach Übersee gebracht. Aber die Mehrheit der Menschen, deren Pässe aus süd- und mittelamerikanischen Ländern oft nicht anerkannt wurden,⁵⁶⁰ wurden ins UNRRA-Lager Philippeville in Algerien verlegt.⁵⁶¹ Im «St. Galler Tagblatt» und in der «Volksstimme» erschienen zwei längere Artikel über den deutsch-amerikanischen Austausch,

---

555 Vgl. ebd. Auf Nachfrage von Otto H. Heim war die Strategie, wie der SIG und der VSJF zugunsten weiterer ähnlicher «Austausch-Aktionen» positiv wirken könnten, zuvor schon in einer Vorstandssitzung des VSJF von Saly Braunschweig erläutert worden. Vor allem sollte darauf hingewirkt werden, dass jüdische Seelsorger und Fürsorgerinnen und Fürsorger Zugang zu den Betroffenen erhielten. Überdies wollte der SIG verhindern, dass Familien getrennt würden. Aus dem Protokoll geht hervor, dass Jacob Zucker «den Transport auf dem Genfer Bahnhof kurz vor der Ausreise aus der Schweiz gesehen» habe. Er berichtete, dass einige der Austauschinternierten «in einem furchtbaren, kaum zu beschreibenden Zustand» gewesen seien. Vgl. Lilly Wolffers: Prot. VS VSJF, Zürich, 5. 2. 1945, S. 2, AfZ, IB SIG-Archiv / 2404.
556 U. Wildbolz: Prot. Unterkommission Arbeitsausschuss IV Sachverständigenkommission, Bern, 7. 2. 1945, S. 11, BAR, J2.55#1970/95#31*.
557 Vgl. Gring/Müller, Licht am Ende der Nacht, 2019, S. 30.
558 Vgl. ebd., S. 33.
559 Vgl. ebd., S. 33 f.
560 Jüdinnen und Juden, die im Besitz von lateinamerikanischen Pässen waren, wurden teilweise von den Nationalsozialisten in Zivilinterniertenlagern untergebracht und von Deportationen zurückgestellt, um gegen deutsche Gefangene ausgetauscht zu werden. Es entwickelte sich ein internationaler Handel mit solchen Pässen, der auch über diverse jüdische Personen in der Schweiz, das polnische Konsulat und Konsuln mittel- und südamerikanischer Länder in der Schweiz lief. Vgl. Häne, Wir arbeiten täglich bis Mitternacht, 2016, S. 61–66; Kamber, Der Verrat von Vittel, 1999, S. 6 f. Eine umfassende Untersuchung zu diesem Thema steht noch aus, das Jüdische Museum der Schweiz hat dazu jedoch im Herbst 2019 eine Ausstellung gezeigt. Vgl. o. A., Pässe, Profiteure, Polizei, o. D.
561 Vgl. Gring/Müller, Licht am Ende der Nacht, 2019, S. 34.

in denen über das Leid der Betroffenen berichtet wurde. Von beiden Zeitungen wurde kritisiert, dass auch jüdische Seelsorger keinen Zutritt zu den ehemaligen KZ-Häftlingen erhielten. Die Volksstimme berichtete weiter, dass es den Hinterbliebenen untersagt worden sei, am Begräbnis ihrer Familienmitglieder teilzunehmen, wie Otto H. Heim bereits erwähnt hatte.[562]

Heim wies Oscar Schürch, den Leiter der Flüchtlingssektion des EJPD, auf die öffentliche Empörung bezüglich der inhumanen Verordnung der Behörden hin.[563] Dieser nahm die Mitteilung zur Kenntnis, sprach der Unterkommission der Sachverständigenkommission aber die Zuständigkeit in solchen Fragen ab. Überdies gab er zu Protokoll, dass die Polizeiabteilung mit dem Vorfall nichts zu tun gehabt habe, und es stehe «im übrigen fest, dass die Schweiz oder die schweizerischen Behörden kein Verschulden trifft, wenn diese Flüchtlinge in so schlechtem Zustand transportiert worden sind».[564] Die Schweizer Behörden hätten keine Berechtigung, sich auf irgendeine Art und Weise in die Transporte zwischen den kriegführenden Mächten einzumischen.[565] Wie aus dem Protokoll des CC des SIG im März 1945 hervorgeht, scheiterte auch der SIG bei seinen Versuchen, zugunsten der Betroffenen bei den zuständigen Behörden zu intervenieren, an der Bürokratie. Von den Behörden – der SIG hatte sich nacheinander an die Stelle für auswärtige Interessen, den Territorialdienst und an die amerikanische Gesandtschaft gewandt – hatte sich keine als zuständig betrachtet.[566] Alle Bemühungen von schweizerisch-jüdischer Seite, die Verantwortlichen für die schlechte Behandlung der ehemaligen Häftlinge von Bergen-Belsen in der Schweiz zur Rechenschaft zu ziehen, liefen ins Leere.

In der Unterkommission des Ausschusses IV wurden im Laufe des Jahres 1945 konkrete Verbesserungsvorschläge der Lage einzelner Berufsgruppen von Flüchtlingen besprochen. Neben den bereits erwähnten Personen mit einer juristischen Ausbildung sollte die «Lage der Flüchtlings- und Emigrantenärzte»[567] verbessert werden. Deren Systemrelevanz wurde angesichts der zahlreichen gesundheitlich geschädigten Menschen in Europa nach Kriegsende als hoch eingeschätzt. Ausbildung, Weiterbildung und die Möglichkeit, praktische Erfahrungen zu sammeln, sollten folglich gezielt gefördert werden. Daher wurde die Einrichtung eines Sekretariats durch die SZF zwecks Koordinierung des Einsatzes von Ärztinnen und Ärzten in den «Lagern» und Heimen

---

562 Vgl. ebd., S. 36.
563 Vgl. U. Wildbolz: Prot. Unterkommission Arbeitsausschuss IV Sachverständigenkommission, Bern, 7. 2. 1945, S. 11, BAR, J2.55#1970/95#31*.
564 Ebd., S. 12.
565 Vgl. ebd.
566 Vgl. G. Rosenblum: Prot. CC SIG, Zürich, 21. 3. 1945, S. 11, AfZ, IB SIG-Archiv / 98.
567 Paul Vogt: Bericht der Unterkommission des Arbeitsausschusses IV, Bern, 19. 9. 1945, S. 5, BAR, J2.55#1970/95#27*.

begrüsst.[568] Die Unterkommission griff ausserdem auf eine Idee Otto H. Heims zurück[569] und regte die Anstellung eines Jugendsekretärs an, die ebenfalls von der SZF realisiert wurde.[570] Durch eine umfassende Beratung sollten Jugendliche bei der Wahl eines Berufes unterstützt werden. Weitere Neuerungen, die die Unterkommission im Zusammenhang mit der Schulung und Umschulung von Flüchtlingen als wichtig erachtete, waren die Einrichtung eines Seminars für pädagogische Hilfskräfte in Wallisellen[571] und ein «Studienheim für intellektuelle Flüchtlinge»,[572] das in Genf entstanden war. Im Sommer 1945 wurde von der SZF ein Informationsdienst initiiert, der die Flüchtlinge über die aktuellen Entwicklungen in Fragen der «Rück- und Weiterwanderung» aufklären sollte.[573]

Die Unterkommission betrachtete es als ihre Aufgabe, durch eine angemessene Vorbereitung der Flüchtlinge vor ihrer «Weiterwanderung» zum Wiederaufbau der kriegsgeschädigten Länder Europas konstruktiv beizutragen. Die Anregungen, die Expertinnen und Experten der Sachverständigenkommission lieferten, wiesen ein hohes Mass an praktischem Wissen über die Lage der Flüchtlinge aus. Die Sachverständigenkommission wurde vom Bundesrat erst im Hinblick auf das nahende Kriegsende eingerichtet und sollte in politischer Hinsicht in erster Linie der Verbesserung der Reputation der Schweiz dienen. Die Vertreterinnen und Vertreter der Hilfswerke scheinen sich dessen bewusst gewesen zu sein, sie äusserten sich aber nur andeutungsweise darüber. So wurde Paul Vogts Votum anlässlich einer Sitzung des Ausschusses IV, bei der er sich für die Möglichkeit bedankte, dass sich private und staatliche Institutionen in der Unterkommission austauschen könnten, folgendermassen protokolliert: «Wir glauben, dass diese zielbewusste Kleinarbeit nicht nur im Interesse der Flüchtlinge liegt, sondern ebensosehr im Interesse unserer lieben Schweizerheimat und der Geschichte ihres Asylrechts. In der Arbeit der Unterkommission spiegelte sich ein bisschen etwas wider vom Wandel der Gesinnung und Einstellung in der ganzen Praxis der Flüchtlingsbehandlung von 1933 bis 1945.»[574]

Ebenfalls thematisiert wurde an der Sitzung des Arbeitsausschusses IV vom 19. September 1945 die Zusammenarbeit der Flüchtlinge in der gemisch-

---

568 Vgl. U. Wildbolz: Prot. Ausschuss IV Sachverständigenkommission, Bern, 19. 9. 1945, S. 5, BAR, E9500.193#1969/150#28*.
569 Vgl. Müri: Prot. Unterkommission Ausschuss VI Sachverständigenkommission, Bern, 7. 3. 1945, S. 6, BAR, J2.55#1970/95#31*.
570 Vgl. ebd.
571 Vgl. Paul Vogt: Bericht der Unterkommission des Arbeitsausschusses IV, Bern, 19. 9. 1945, S. 6, BAR, J2.55#1970/95#27*.
572 Ebd.
573 Vgl. ebd., S. 6 f.
574 U. Wildbolz: Prot. Ausschuss IV Sachverständigenkommission, Bern, 19. 9. 1945, S. 8, BAR, E9500.193#1969/150#28*.

ten Kommission für «Rück- und Weiterwanderung» der SZF. Berta Hohermuth unterrichtete den Ausschuss IV über die wichtigsten Inhalte der Sitzungen, wodurch sie eine wichtige Funktion im Übermitteln der Bedürfnisse der Flüchtlingsvertretungen an die Behörden übernahm. Hohermuth betonte, dass die Schaffung der Flüchtlingsvertretung zu einer Entspannung der Lage beigetragen habe und eine gute Basis für eine Zusammenarbeit entstanden sei, die auf Vertrauen basiere.[575]

An derselben Sitzung berichtete Alfred Fischli, Mitarbeiter der Polizeiabteilung des EJPD, über den Stand der Auswanderung.[576] Zum Schluss seiner Ausführungen kam er auf den Aspekt der Freiwilligkeit der Auswanderung zu sprechen. Die Behörden würden «gemäss den vor allem in Montreux geäusserten Wünschen keinen anständigen Flüchtling zwingen, in ein Land auszureisen, wenn achtenswerte Gründe dagegen sprechen».[577] Dabei bezog er sich vor allem auf die «Rückwanderung» nach Deutschland, Österreich und Polen.[578] Das Zugeständnis der Behörden, ehemalige deutsche, österreichische und polnische Flüchtlinge nicht zur Repatriierung zu zwingen, schränkte er durch eine Bemerkung am Ende seiner Ausführungen jedoch wieder ein: «Allerdings wird es in manchen Fällen später nötig sein, den Druck zu verstärken, wenn anders die Ausreise nicht gefördert wird.»[579] Diese Aussage wurde von Berta Hohermuth in der anschliessenden Diskussion aufgenommen und sie sprach sich im Namen aller Hilfswerke gegen einen Zwang zur Auswanderung aus. Sowohl die Hilfswerke als auch die Flüchtlinge seien sich darüber im Klaren, dass bis auf wenige Ausnahmen alle Flüchtlinge emigrieren müssten. Sie wies in diesem Zusammenhang auch auf die wenig konstruktive Haltung einiger Kantone hin, die die Flüchtlinge mittels verschiedener Schreiben aufforderten, die Schweiz innerhalb einer gewissen Zeitspanne zu verlassen.[580] Die Hilfswerke gelangten auch zum wiederholten Mal mit der Frage an die Behörden, ob sie bereit seien, insbesondere bei älteren und gebrechlichen Menschen, aber auch bei Jugendlichen in Ausbildung von einer Ausreisepflicht abzusehen oder diese auf einen späteren Zeitpunkt zu verlegen.[581]

Die Polizeiabteilung hütete sich davor, eine verbindliche Antwort abzugeben, und erklärte, man müsse abwarten, wie sich die Verhältnisse entwickeln würden.[582] Saly Braunschweig plädierte besonders dafür, dass für ältere Menschen die Möglichkeit eines dauerhaften Aufenthalts geschaffen werde.[583] In

---

575 Vgl. ebd., S. 8–11.
576 Vgl. ebd., S. 12–15.
577 Ebd., S. 15.
578 Vgl. ebd.
579 Ebd.
580 Vgl. ebd., S. 17 f.
581 Vgl. ebd., S. 17–20.
582 Vgl. ebd., S. 18.
583 Vgl. ebd., S. 20.

der Nachkriegszeit sollte diese Frage an Bedeutung zunehmen und in eine Zusammenarbeit zwischen dem VSJF, der SZF und den Behörden in der Schaffung des Dauerasyls münden.[584]

Das besondere Augenmerk des VSJF galt dem Arbeitsverbot für Flüchtlinge, das es ihnen verunmöglichte, ihren Lebensunterhalt selbst zu bestreiten. Der VSIA war daher in der Vergangenheit in jenen Fällen aktiv geworden, bei denen insbesondere deshalb gute Chancen auf die Erteilung einer Arbeitsbewilligung bestand, weil nur eine jüdische Bewerberin oder ein Bewerber dem Anforderungsprofil einer zu besetzenden Arbeitsstelle gerecht werden konnte. Dies war beispielsweise bei den Wanderlehrern der Fall.[585] In einer Sitzung der Unterkommission des Ausschusses IV im Oktober 1945 wies Otto H. Heim darauf hin, dass ein Mangel an qualifizierten Fachkräften im Fürsorgebereich bestehe. Die etwa 35 Fürsorgerinnen und Fürsorger, die der VSJF eingestellt habe, würden «unter Bedingungen [arbeiten], die eigentlich kaum mehr haltbar sind. Um mit dem Gesetz nicht in Konflikt zu kommen, werden ihnen Zulagen zugesprochen.»[586] Er sei der Meinung, dass sowohl diese Personen als auch die Bürokräfte des VSJF eine Arbeitsbewilligung erhalten sollten, denn «[d]ie Einstellung von ein paar Hundert Flüchtlingen kann dem schweizerischen Arbeitsmarkt sicher nicht schädlich sein»,[587] so die Begründung von Heim. Alfred Fischli erwiderte darauf, dass es den Flüchtlingen nicht verboten sei, Arbeit zu suchen, und der VSJF dementsprechend Flüchtlinge auch einstellen dürfe. Erforderlich sei dazu einzig, mit dem Bundesamt für Industrie, Gewerbe und Arbeit (BIGA) Kontakt aufzunehmen.[588]

Diese Bemerkung muss als erstaunlich gewertet werden, war doch auf dem Flüchtlingsausweis vermerkt, dass die Flüchtlinge den schweizerischen Arbeitsmarkt nicht belasten dürften. Der VSJF hatte überdies auch in der Nachkriegszeit noch grosse Probleme damit, Arbeitsbewilligungen für Flüchtlinge zu erhalten, wobei sich oft die kantonalen Behörden querstellten. Der an der Sitzung ebenfalls anwesende Vertreter des BIGA relativierte Fischlis Aussage, indem er zwar bestätigte, dass auf dem schweizerischen Arbeitsmarkt in manchen Berufen ein Mangel an Schweizer Arbeitskräften herrsche und dass daher in diesen Branchen auch Flüchtlinge beschäftigt würden, dass aber beispielsweise kein zusätzlicher Bedarf an Büropersonal bestehe.[589] Das scheint ein Indiz dafür zu sein, dass Fischli von den mannigfaltigen Hürden, die Flüchtlinge beim Erlangen von Arbeitsbewilligungen zu überwinden hatten,

---

584 Vgl. Kapitel 8.3.
585 Vgl. Kapitel 7.7.
586 U. Wildholz: Prot. Unterkommission Ausschuss IV, Bern, 17. 10. 1945, S. 11, BAR, J2.55#1970/95#31*.
587 Ebd.
588 Vgl. ebd.
589 Vgl. ebd., S. 11 f.

kaum eine Ahnung hatte. Beharrlich wies Otto H. Heim darauf hin, dass in der Textil- und Lederindustrie ungefähr 15 000 Arbeitsplätze unbesetzt seien und es «deshalb kaum als Unglück bezeichnet werden [kann], wenn ein paar hundert Leute in der Schweiz bleiben und arbeiten wollen».[590] Alfred Fischli sah das anders: Die Schweiz erteile «lieber einigen tausend Italienern und Polinnen die Arbeitsbewilligung»[591] als Flüchtlingen, denn die Flüchtlinge seien zum Teil gut ausgebildet und es sei daher zu befürchten, dass sie später Schweizer in höheren Positionen konkurrieren könnten. Diese Betrachtungsweise stiess bei Paul Vogt auf keinerlei Verständnis.[592] In der Diskussion bildeten sich zwei Fronten: auf der einen Seite Otto H. Heim und Paul Vogt, die die Schwierigkeiten, vor die Flüchtlinge durch das Arbeitsverbot gestellt waren, aus der Praxis genau kannten, auf der anderen Seite die Vertreter der Behörden, die unumwunden zugaben, «dass allerdings und bewusst mit zwei Ellen gemessen wird»[593] und es «für uns ganz selbstverständlich [ist], dass wir den Schweizern den Vorrang geben müssen».[594] Bei der Suche nach einer Begründung für dieses ethisch fragwürdige Vorgehen verstiegen sich die Behördenvertreter offensichtlich zu absurden Schlussfolgerungen.

Mit dem Thema «Schulung der Jugendlichen» hatte sich der Arbeitsausschuss IV bereits in der Sitzung vom 24. Januar 1945 auseinandergesetzt und es kam auch in der Unterkommission häufig zur Sprache. Anlass zur Sorge bereitete die aus der Sicht des Arbeitsausschusses herrschende Orientierungslosigkeit bei vielen internierten Jugendlichen.[595] Der VSJF hatte daher mehrere Aufrufe gestartet, um für Jugendliche, die ohne Verwandtschaft in der Schweiz lebten, Patenschaften zu finden, die sich für die Betreuung dieser Jugendlichen während des «Lagerurlaubs» zur Verfügung stellten.[596] Betreffend die Ausbildung der Jugendlichen vertrat Robert Meyer eine eher harte Linie und warf die Frage auf, ob es nicht effektiver sei, Jugendlichen den Abbruch einer regulären Lehre nahezulegen und sie an den Kursen der ZL teilnehmen zu lassen, die in kürzerer Zeit zu einem Berufsabschluss führten.[597] William Rappard sprach in

---

590 Ebd., S. 12.
591 Ebd., S. 13.
592 Vgl. ebd.
593 Ebd.
594 Ebd.
595 Vgl. Paul Vogt: Bericht über die Arbeit des Unterausschusses, Bern, 24. 1. 1945, S. 1, BAR, E9500.193#1969/150#28*.
596 Vgl. ebd., S. 2.
597 Vgl. U. Wildbolz: Prot. Ausschuss IV Sachverständigenkommission, Bern, 19. 9. 1945, S. 19, BAR, E9500.193#1969/150#28*. Robert Meyer hatte sich in der Frage, ob Jugendliche, die kein Interesse an Umschulungskursen hätten, dazu gezwungen werden sollten, bereits früher als Hardliner erwiesen. Otto H. Heim hingegen zeigte mehr Verständnis für die schwierige Situation der Jugendlichen und hatte sich in der Sitzung der Unterkommission, an der dieses Problem zuerst erörtert worden war, gegen jeden Zwang ausgesprochen. Man könne nur versuchen, die Jugendlichen «zu überreden», hingegen würden sich Jugendliche kaum zu

diesem Zusammenhang auch die Befürchtung aus, dass sich den Jugendlichen mit zunehmender Eingewöhnung in der Schweiz während der verbleibenden Lehrzeit die Emigration noch schwerer falle. Otto Zaugg, der in dieser Frage direkt nach seiner Meinung gefragt wurde, sprach allgemein abwertend über die in der Schweiz verbliebenen Flüchtlinge: «Er [Otto Zaugg] stellt fest, dass die Qualität der Flüchtlinge in letzter Zeit schwer abgenommen habe. Es sind diejenigen zurückgeblieben, die sich nicht entscheiden können oder wollen oder auch sonst dem Leben passiv gegenüber stehen.»[598]

Diese Personen seien zum Teil schon lange in der Schweiz und kaum «für den Aufbau einer neuen Existenz zu begeistern».[599] Sie hätten sich mit dem Zustand, dass über sie bestimmt werde, arrangiert. Als positive Ausnahme hob Zaugg hingegen die Zionisten hervor.[600] Otto H. Heim bestätigte die Ansichten von Zaugg bezüglich der Lethargie gewisser Flüchtlinge teilweise, indem er darauf hinwies, dass der VSJF 2000–3000 «Emigrantinnen» und «Emigranten» unterstütze, deren Aufenthaltsdauer in der Schweiz in manchen Fällen bereits sieben Jahre betrage und deren Kinder sich längst eingelebt hätten und «überhaupt Schweizer geworden»[601] seien. Mit diesen Menschen müsse der VSJF direkt in Kontakt treten und ihnen nahelegen, sich auf ihre Emigration vorzubereiten. Henry-Louis Henriod schloss sich der Ansicht von Heim an: Je länger die Flüchtlinge in der Schweiz verblieben, desto schwieriger empfänden sie die Emigration.[602]

Die Wahl Otto H. Heims und Robert Meyers in die Sachverständigenkommission war für den VSJF deshalb von Nutzen, weil der Verband sowohl von den Beschlüssen als auch den Interna in der Diskussion um die Emigration der Flüchtlinge aus erster Hand erfuhr.[603] In einem Rundschreiben der Abteilung Kulturelles des VSJF berichtete Robert Meyer beispielsweise ausführlich über die Frage der Berufsausbildung jugendlicher Flüchtlinge. Er versuchte, die Komitees auf ihre Verantwortung hinsichtlich der fürsorgerischen Betreuung junger Flüchtlinge zu sensibilisieren, und bat sie, an die Jugendlichen zu appellieren, damit sich diese für einen Beruf entscheiden würden. Dabei wies er explizit auf die Berufskurse der ZL und der ORT hin.[604] Informationen, die

      etwas zwingen lassen, denn dies gehöre «auch zum Wesen dieses Entwicklungsstadiums». U. Wildbolz: Prot. Unterkommission Arbeitsausschuss IV Sachverständigenkommission, Bern, 7. 2. 1945, S. 12 f., BAR, J2.55#1970/95#31*.

598 U. Wildbolz: Prot. Ausschuss IV Sachverständigenkommission, Bern, 19. 9. 1945, S. 21, BAR, E9500.193#1969/150#28*.

599 Ebd., S. 22.

600 Vgl. ebd.

601 Ebd.

602 Vgl. ebd., S. 22 f.

603 Vgl. dazu zum Beispiel Otto H. Heim: Schreiben an die Mitglieder des Geschäftsausschusses des VSJF, Charlotte Spitz und Jacob Zucker, Zürich, 11. 1. 1945, AfZ, IB VSJF-Archiv / 24, sowie Robert Meyer: Rundschreiben Nr. 594, Zürich, 5. 3. 1945, AfZ, IB SIG-Archiv / 2413.

604 Vgl. Robert Meyer: Rundschreiben Nr. 594, Zürich, 5. 3. 1945, AfZ, IB SIG-Archiv / 2413.

die Vorbereitung der Flüchtlinge bezüglich ihrer «Weiterwanderung» betrafen, wurden also direkt aus der Sachverständigenkommission an die Komitees weitergegeben.

Sowohl Robert Meyer als auch Otto H. Heim konnten einige Anliegen des VSJF in der Unterkommission des Ausschusses IV direkt bei den Bundesbehörden deponieren und hatten einige, wenn auch kleine Erfolge zu verzeichnen.

Robert Meyer bewies in den Sitzungen der Unterkommission IV auch häufig Verhandlungsgeschick. So informierte er die Unterkommission am 1. Mai 1945 über die Schwierigkeiten, die den ehemaligen «Emigrantinnen» und «Emigranten» bei ihrer Emigration durch die «Wegweisung, verbunden mit Einreisesperren oder Einreisebeschränkungen»,[605] drohten. Es handelte sich dabei um einen Passus im ANAG, der besagte, dass illegal eingereiste Personen, zum Beispiel solche, die mit einem Besuchs- oder Durchreisevisum in die Schweiz eingereist und geblieben waren, bei einer allfälligen Ausreise in ein Drittland mit einer Einreisesperre belegt werden konnten. Da die illegale Einreise von Flüchtlingen üblich gewesen war, sah sich eine Grosszahl der «Emigrantinnen» und «Emigranten» mit diesem Problem konfrontiert. Robert Meyer stellte in der Unterkommission den Antrag, dass diese Praxis aufgehoben werden sollte, um die Chancen für ehemalige «Emigrantinnen» und «Emigranten», ein aufnahmewilliges Drittland zu finden, zu erhöhen.[606] Walter Meyer vom Emigrantenbüro der eidgenössischen Fremdenpolizei und Alfred Fischli wiesen darauf hin, dass nicht mehr viele Flüchtlinge von der Massnahme betroffen seien. Walter Meyer erklärte sich aber bereit, bezüglich dieser Regelung mit der Fremdenpolizei Rücksprache zu nehmen. Obwohl hinsichtlich der bisherigen Praxis keine endgültige Lösung versprochen wurde, wurde eine Neubeurteilung in Einzelfällen in Aussicht gestellt.[607] Mit diesem Zugeständnis begnügte sich Robert Meyer und gab in einem Rundschreiben des VSJF Ende Mai 1945 bekannt, dass die Komitees die betroffenen «Emigrantinnen» und «Emigranten» bezüglich der mit der eidgenössischen Fremdenpolizei getroffenen Vereinbarung in Kenntnis setzen sollten.[608] Die Gesuche sollten direkt an Walter Meyer gerichtet werden, dessen Adresse Robert Meyer ebenfalls angab.[609]

Ein weiterer Lichtblick ergab sich aus der Tatsache, dass Oscar Schürch eine Vorauszahlung der Bundessubventionen für die Auswanderung von Flüchtlingen in Aussicht stellte. In der Vergangenheit waren die Beiträge von Bund und HIAS oft erst im Nachhinein ausgerichtet worden, was das Budget des VSJF

---

605 H. Müri: Prot. Unterkommission Ausschuss IV, Bern, 1. 5. 1945, S. 10, BAR, J2.55#1970/95#31*.
606 Vgl. ebd.
607 Vgl. ebd.
608 Robert Meyer: Rundschreiben Nr. 636, Zürich, 22. 5. 1945, AfZ, IB SIG-Archiv / 2413.
609 Vgl. ebd.

stark belastet hatte. Die positive Nachricht wurde von Otto H. Heim umgehend an die Emigrationsabteilung des VSJF und von dieser an die Komitees des VSJF weitergeleitet.[610]

In einigen heiklen Punkten, wie bei der Ausrichtung des Taschengelds für ungarische Flüchtlinge,[611] zählten die Vertreter des VSJF bei den Verhandlungen mit den Behörden auch auf die Unterstützung von Vertreterinnen und Vertretern anderer Hilfswerke, zum Beispiel auf Paul Vogt, Nettie Sutro und Berta Hohermuth.[612]

Bereits im Zusammenhang mit Otto H. Heims Intervention gegen die Pressekampagne des «Israelitischen Wochenblatts», das Kritik an Henry-Louis Henriod, Gertrud Kurz und Paul Vogt geübt hatte, war darauf hingewiesen worden, dass VSJF-Vertreter bei Verhandlungen mit Behörden stets vom Support von Vertreterinnen und Vertretern christlicher Hilfswerke abhängig waren.[613]

Es lässt sich nicht abschliessend beurteilen, inwieweit die von Vertretern des VSJF und des SIG empfundene Abhängigkeit vom Wohlwollen anderer tatsächlich gegeben war. Fakt ist allerdings, dass VSJF und SIG in der Sachverständigenkommission über keine allzu starke Verhandlungsposition verfügten und mehrheitlich als Bittsteller auftraten, wobei sie jede sich bietende Gelegenheit ergriffen, um Wünsche und Empfehlungen vorzubringen, die dem Wohl der Flüchtlinge zuträglich waren. Immerhin kann gesagt werden, dass Vertreterinnen und Vertreter christlicher Hilfswerke genauso von der behördlichen Kooperationsbereitschaft abhängig waren wie die jüdischen Sachverständigen.

7.10 Interne Reorganisation des VSIA 1943/44

Seit der Ablösung von der Fürsorgekommission der ICZ übte der VSIA trotz seiner faktischen Abhängigkeit vom SIG weitgehend eine Selbstverwaltung aus. Die mangelnde Kontrolle des SIG von Vorgängen im VSIA wurde von den Dele-

---

610 Vgl. H. Müri: Prot. Unterkommission Ausschuss IV, Bern, 24. 1. 1946, S. 2 f., BAR, J2.55#1970/95#31*, sowie Charlotte Spitz: Rundschreiben Nr. 746, Zürich, 4. 2. 1946, AfZ, IB SIG-Archiv / 2414.
611 Es handelte sich dabei vor allem um jüdische Personen aus Ungarn, die mit dem zweiten «Kasztner-Zug» in der Nacht vom 6. auf den 7. 12. 1944 in der Schweiz eingetroffen waren. Vgl. Zweig-Strauss, Saly Mayer, 2007, S. 230 f. Der VSJF wurde nach dem Eintreffen der ungarischen Flüchtlinge vom Komitee in St. Gallen um Geld für die Verpflegung der Flüchtlinge angefragt. Daraufhin entbrannte im Vorstand des VSJF eine Diskussion darüber, welche finanziellen Hilfeleistungen das jüdische Flüchtlingswerk zu leisten habe, denn die Flüchtlinge seien durch Verhandlungen zwischen den Schweizer Behörden und dem Joint in die Schweiz gekommen, in die der VSJF nicht involviert gewesen sei. Daher sollte bezüglich der Finanzierung zuerst mit den Schweizer Behörden Rücksprache genommen werden. Vgl. Margrit Silberstein: Prot. VS VSJF, Zürich, 11. 12. 1944, S. 6 f., AfZ, IB SIG-Archiv / 2404.
612 Vgl. Erna Freudenberg: Prot. VS VSJF, Zürich, 15. 1. 1945, S. 4, AfZ, IB SIG-Archiv / 2404.
613 Vgl. Kapitel 7.5.1.

gierten des SIG zunehmend als unprofessionell taxiert. Im Zuge der Neugestaltung des SIG wurde daher auch die Reorganisation des VSIA angestossen.

Offiziell vorgeschlagen wurde eine Reorganisation des VSIA durch Delegierte der IGB an der Delegiertenversammlung des SIG im März 1943, in deren Rahmen Saly Braunschweig zum neuen Präsidenten des SIG gewählt wurde.[614] Neben der Namensänderung in «Verband Schweizerischer Jüdischer Flüchtlingshilfen» wurde verlangt, dass der Präsident des Verbandes einen Sitz im CC des SIG einnehme, um den Austausch zwischen SIG und VSJF zu gewährleisten. Auch solle der SIG auf die Reorganisation des VSJF Einfluss nehmen können.[615] Charles Liatowitsch, IGB-Delegierter im SIG, forderte gar, dass die Wahl des neuen Präsidenten des VSJF allein dem CC obliegen sollte.[616] Die Versammlung stimmte aber lediglich über die sechs Punkte ab, die die IGB vorgängig mit dem CC traktandiert hatte, sodass dieser Vorschlag nicht zur Debatte stand.[617] Dennoch unterstreicht das Votum die Stossrichtung der Forderung, der VSIA solle grundlegend seine Zugehörigkeit zum SIG anerkennen und sich dessen Regeln unterwerfen. Die Forderung nach einem demokratischen Vorgehen bei der Wahl des VSJF-Präsidenten wurde ein häufig geäussertes Desiderat jener Kräfte, die auch die Reorganisation des SIG und des VSJF vorantrieben. Personen in leitenden Positionen im jüdischen Flüchtlingswesen lehnten eine Einmischung des SIG in die Autonomie des Verbandes jedoch entschieden ab.

Für die Reorganisation wurde eine Kommission aus Mitgliedern des SIG (Saly Braunschweig, Armand Brunschvig, Alfred Goetschel) und des VSIA (Otto H. Heim, Georges Bloch, Josef Guggenheim-Fürst) gebildet, die von Silvain S. Guggenheim präsidiert wurde.[618] Laut Alfred Goetschel, Leiter des Flüchtlingskomitees Basel, sollte die Reorganisation des Verbands vor allem zu einer Dezentralisation der Arbeit führen.[619] Die Zentralstelle werde «zu sehr mit Einzelfällen»[620] belastet, daher laute das Ziel, die Komitees so auszubauen, dass diese die Betreuung der Flüchtlinge gewährleisten könnten.[621]

---

614 Vgl. o. A.: Prot. DV SIG, Bern, 28. 3. 1943, S. 10, AfZ, IB SIG-Archiv / 32.
615 Vgl. ebd., S. 23 f.
616 Vgl. ebd., S. 24.
617 Im Antrag der IGB an das CC des SIG war überdies gefordert worden, der VSJF solle «selbstverständlich ein Ressort des SIG sein». O. A.: Prot. CC SIG, Bern, 25. 2. 1943, S. 6, AfZ, IB SIG-Archiv / 95.
618 Vgl. o. A.: Prot. DV SIG, Bern, 28. 3. 1943, S. 24, AfZ, IB SIG-Archiv / 32. Im Tätigkeitsbericht des VSJF von 1943 wird Armand Brunschvig nicht als Mitglied der Reorganisationskommission genannt. Vgl. Silvain S. Guggenheim: Bericht über die Tätigkeit des Verbandes Schweizerischer Jüdischer Flüchtlingshilfen im Jahre 1943, Zürich, 1. 2. 1944, S. 7, AfZ, IB SIG-Archiv / 32.
619 Vgl. Theodora Dreyfuss, Jenny Meyer: Prot. GV VSIA, Bern, 6. 6. 1943, S. 10, AfZ, IB SIG-Archiv / 2402.
620 Ebd.
621 Vgl. ebd.

Zwischen dem Antrag der IGB und der Bewilligung des neuen Regulativs des VSJF durch den SIG vergingen eineinhalb Jahre, denn im Zuge der Reorganisation stellte der SIG fest, dass der VSJF über wenig definierte Strukturen verfügte und dass die leitenden Personen im VSJF sich weigerten, dem SIG Eingriffe in die Autonomie des Verbandes zu erlauben. Während die Reorganisation zu Kompetenzstreitigkeiten zwischen dem SIG und dem VSJF führte, wurde die Namensänderung in «Verband Schweizerischer Jüdischer Fürsorgen/Flüchtlingshilfen» ohne Debatte von der GV des VSIA genehmigt.[622]

Damit sich der Verband mit dem SIG auf ein neues Regulativ einigen konnte, musste der Spagat zwischen dem Anspruch des VSIA auf seine traditionelle Autonomie und der Forderung von SIG-Delegierten, dem SIG eine Kontrollfunktion in der Flüchtlingshilfe zuzugestehen, geschaffen werden. Veit Wyler äusserte sich an der Delegiertenversammlung des SIG dahingehend, dass der VSJF sich erst neue Statuten geben sollte, wenn der SIG sich neu formiert habe, denn es sei «schwierig, die Kompetenzen auszuscheiden; einerseits legt der V. S. J. F. dem S. I. G. Rechenschaft ab; andererseits organisiert er sich selber».[623] Ein Bericht, der vom SIG-Sekretariat im März 1944 angefertigt wurde, hielt fest, dass der Verband trotz der Übernahme der Flüchtlingshilfe mit der finanziellen Zusicherung des SIG seit 1935 autonom gearbeitet und den SIG lediglich durch seinen alljährlichen Tätigkeitsbericht über seine Aktivitäten informiert habe.[624] Silvain S. Guggenheim als Leiter des VSIA und Saly Mayer hätten sich zwar regelmässig abgesprochen und auf ein gemeinsames Vorgehen geeinigt, um auf politische Ereignisse angemessen reagieren zu können, dieses Vorgehen sei aber nirgends statutarisch festgeschrieben.[625]

Veit Wyler und andere Juristen im SIG waren sich einig, dass der VSJF über keine eigene Rechtspersönlichkeit verfüge, sondern dem SIG unterstehe.[626] In der DV des SIG im Mai 1944, in der es um die Reorganisation des VSJF ging, hielt Silvain S. Guggenheim bezüglich des Selbstbildes des jüdischen Flüchtlingswerks und seiner Verbindung zum SIG indessen fest, «dass der 1910 gegründete V. S. I. A. stets ein Verwaltungsorgan des S. I. G. war und heute noch ist. [...] Der Verband hat aber stets seine Tätigkeit autonom ausgeübt und nie war irgendwo davon die Rede, dass er ein Verwaltungsorgan des S. I. G. sei.»[627]

Silvain S. Guggenheim wertete die Tatsache, dass an der Generalversammlung des VSJF zehn Delegierte des SIG anwesend gewesen waren, als Beweis

---

622 Vgl. ebd.
623 O. A.: Prot. DV SIG, Bern, 23. 1. 1944, S. 8, AfZ, IB SIG-Archiv / 32.
624 Vgl. Sekretariat SIG: Bericht über die Zusammenarbeit SIG-VSJF, Zürich, 14. 3. 1944, S. 2, AfZ, IB SIG-Archiv / 2384.
625 Vgl. ebd.
626 Vgl. o. A.: Prot. DV SIG, Zürich, 17./18. 5. 1944, S. 32, AfZ, IB SIG-Archiv / 32.
627 Ebd., S. 33.

für die gute Zusammenarbeit zwischen dem SIG und dem Verband.[628] Auch diese Konstellation war aber letztlich nur zufällig entstanden; weil die Komitees des VSIA häufig von leitenden Personen aus den jeweiligen jüdischen Gemeinden geführt wurden, nahmen zahlreiche Leiter der Lokalkomitees gleichzeitig in der DV oder im CC des SIG Einsitz. Da auch diese Funktionen ehrenamtlich ausgeübt wurden, liegt die Vermutung nahe, dass die Komitees, wie es im VSIA und in der Jüdischen Flüchtlingshilfe Zürich der Fall war, auf einen kleinen Personenkreis wirtschaftlich abgesicherter Persönlichkeiten mit Erfahrung in den Gremien der Gemeinden zurückgriffen.

Silvain S. Guggenheims Ausführungen zeigen die Diskrepanzen in der Wahrnehmung des VSIA auf. Die Autonomie des VSIA gehe aus seinen Strukturen hervor. So habe der VSIA neben den Fürsorgestellen der Gemeinden eigenständig eine Kooperation mit den Frauenvereinen aufgebaut und sich – bis zur Übernahme der Flüchtlingshilfe 1934 – selbständig finanziert.[629] Silvain S. Guggenheim, der am Aufbau des VSIA mitbeteiligt gewesen war, verstand die kontinuierliche Entwicklung des Verbands zu einem exklusiven Flüchtlingshilfswerk als reine Reaktion auf die politischen Ereignisse, während Aussenstehende den Verband aufgrund des immensen Umfangs der zu bewältigenden Aufgaben als Hilfswerk des SIG zur Bewältigung der Flüchtlingskrise einstuften.

In der Retrospektive im Jahr 1943 wurde die Verbindung des VSIA zum SIG aus der Perspektive des Verbands dann auch so beschrieben: «Der Verband Schweizerischer Israelitischer Armenpflegen ist der Zusammenschluß der Armenpflegen und Fürsorgen der einzelnen Gemeinden; er ist in seinem organisatorischen Aufbau vom SIG unabhängig.»[630]

Weltanschauliche Motive bestimmten die Debatte um eine Reorganisation des VSIA. Wie oben dargestellt, forderten viele Gemeindemitglieder an den Gemeindeversammlungen der ICZ in Bezug auf die Arbeit des VSIA eine Konzentration auf die Kernaufgaben der Fürsorge und der Flüchtlingshilfe, während politische Aufgaben dem SIG zu überlassen seien.[631] Benjamin Sagalowitz stellte an der Gemeindeversammlung der ICZ am 17. Mai 1942 in einem längeren Votum seine Sicht bezüglich der Flüchtlingshilfe dar und stellte ausserdem die Frage, «wie unsere Hilfscomités eigentlich zusammengesetzt sind».[632] Er habe «den Eindruck, dass es auf einer gewissen gesellschaftlichen Basis geschieht, jedenfalls nicht auf Grund demokratischer Wahlen. Umso

---

628 Vgl. ebd.
629 Vgl. ebd.
630 VSIA: Ein Jahrzehnt Schweizerische Jüdische Flüchtlingshilfe 1933–1943, Zürich, März 1944, S. 9, AfZ, IB SIG-Archiv / 2382.
631 Vgl. Kapitel 5.2.3.
632 O. A.: Prot. GV ICZ, Zürich, 17. 5. 1942, o. S., AfZ, IB ICZ-Archiv / 147.

mehr wäre es erwünscht, dass Menschen herangezogen werden, die Qualifikationen und Erfahrungen auf dem politischen Gebiet besitzen.»[633]

Otto H. Heim und Georges Bloch bezogen in ihren Entgegnungen auf die implizite Frage nach der Zusammensetzung der Hilfskomitees keine Stellung. Ihre Stellungnahme hinsichtlich der von Benjamin Sagalowitz angebrachten Vorschläge scheint – dies suggeriert zumindest das Protokoll – höflich aber ablehnend gewesen zu sein. Beide wiesen darauf hin, dass Personen, die nicht im Flüchtlingswesen tätig seien, sich von den alltäglichen Problemen in der Flüchtlingsarbeit keine Vorstellung machen könnten.[634]

Für leitende Positionen im jüdischen Flüchtlingswesen, wie es in den 1930er-Jahren entstanden war, kamen grundsätzlich nur Personen aus wirtschaftlich abgesicherten Verhältnisse infrage, die bereit und in der Lage waren, ihre Erwerbstätigkeit und ihr Privatleben zugunsten einer wenig ruhmreichen Tätigkeit im Flüchtlingswesen hintanzustellen. Angesichts der Tatsache, dass sich der VSIA stets schwergetan hatte, aus dem kleinen infrage kommenden Personenkreis Freiwillige zu rekrutieren, war der von Benjamin Sagalowitz geäusserte Wunsch, die Wahlen demokratischer zu gestalten, wohl eher utopisch. Allerdings hatte er in der Sache durchaus recht, und es war ein offenes Geheimnis, dass ausschliesslich für Personen, die aus einem bestimmten gesellschaftlichen Milieu stammten, intakte Wahlchancen bestanden.

Während der Erneuerungswahlen der ICZ im Frühjahr 1943[635] entstand der Leitgedanke, Politik und Philanthropie zu trennen. Dies beeinflusste die Reorganisation des SIG und des VSIA massgeblich. Allerdings wurde das Argument, der VSJF als philanthropische Organisation solle keine Politik betreiben, unterschiedlich interpretiert. Silvain S. Guggenheim befürwortete zwar die Idee einer Reorganisation, vor allem im Hinblick auf den in der Flüchtlingshilfe herrschenden Personalmangel, er lehnte jedoch die Idee, den VSJF vollständig dem SIG zu unterstellen, mit der Begründung ab, eine vollständige Angliederung der jüdischen Flüchtlingshilfe an den SIG erziele entgegen den Erwartungen nicht den gewünschten Effekt der Entpolitisierung: «Es stelle sich die Frage, ob es nicht besser wäre, den VSIA unpolitisch zu führen und das wäre nicht der Fall, wenn die Flüchtlingshilfe ganz dem SIG unterstellt wäre.»[636]

Die «politische Frage» war weiterhin Gegenstand von Auseinandersetzungen. In der DV des SIG im Mai 1944 hielt Paul Guggenheim fest, dass der SIG hinsichtlich politischer Fragen in der Flüchtlingshilfe zu entscheiden habe, dass es aber unmöglich sei, genau zu definieren, was den Unterschied zwischen einer politischen und einer unpolitischen Frage ausmache. Der Statu-

---

633 Ebd.
634 Vgl. ebd.
635 Vgl. Kapitel 5.2.3.
636 O. A.: Prot. CC SIG, Bern, 25. 2. 1943, S. 7, AfZ, IB SIG-Archiv / 95.

tenentwurf des SIG definierte unter § 27 Abs. 3 den VSJF als ein Ressort des SIG.[637] Dagegen wehrten sich die Delegierten des VSJF und verlangten eine Streichung des Absatzes 3, wie es an der ausserordentlichen Generalversammlung des erweiterten Verbandsausschusses des VSJF am 8. Mai 1944 einstimmig beschlossen worden war.[638]

Otto H. Heim, der an der Delegiertenversammlung des SIG im Mai 1944 zum neuen CC-Mitglied des SIG gewählt wurde, äusserte sich dahingehend, «dass den Flüchtlingen mehr geholfen ist, wenn wir die Arbeit des V. S. J. F. weitgehend entpolitisieren».[639] Hier herrschte offenbar tatsächlich der von Paul Guggenheim erwähnte Konsens, während man sich bezüglich der Frage, wie die angestrebte Entpolitisierung vonstattengehen sollte, keineswegs einig war. Heim wies, ähnlich wie Silvain S. Guggenheim im Frühjahr 1943, darauf hin, dass diese seiner Ansicht nach kaum über eine stärkere Anbindung des VSJF an den SIG zu erreichen sei.

Weitere Redner wie Leon Wohlmann und Veit Wyler machten darauf aufmerksam, dass die Verantwortung in Fragen der Flüchtlingshilfe beim SIG liege und dass er für seine Tätigkeit Rechenschaft ablegen müsse. Es sei daher unumgänglich, dass Beschlussfassungen des VSJF vorgängig mit dem SIG abgesprochen werden sollten. Leon Wohlmann griff auch Silvain S. Guggenheim direkt an und beschuldigte ihn, einen autoritären Führungsstil im VSJF etabliert zu haben und nur Delegierte aus dem rechten parteipolitischen Spektrum zu ernennen: «Wer ist der Verband? Er hat keine Statuten, aber einen Entwurf. Herr Silvain S. Guggenheim sprach von Eistimmigkeit [sic]. Das ist kein Wunder. Er ernennt ja selbst alle Delegierten.»[640] Auf diesen Vorwurf reagierte Josef Bollag als Mitarbeiter des Flüchtlingskomitees Bern: «Es wurde gesagt, der Präsident des V. S. J. F. ernenne die Mitglieder. Wir wollen uns nicht blamieren. Herr Silvain S. Guggenheim ernennt keine Mitglieder. Er nimmt alle gerne entgegen, die sich ehrenamtlich zur Verfügung stellen und mitarbeiten wollen.»[641]

Saly Braunschweig unterstützte die Darstellung von Bollag.[642] Mit ihren Voten war aber natürlich kein Beweis erbracht worden, dass die Zusammensetzung des Vorstandes des Verbands nicht elitär war. Schliesslich erklärte sich die Versammlung bereit, Abs. 3 zu streichen, wenn der VSJF seinen Statutenent-

---

637 Vgl. o. A.: Prot. DV SIG, Zürich, 17./18. 5. 1944, S. 32, AfZ, IB SIG-Archiv / 32, sowie Lilly Wolffers: Prot. ausserord. GV Verbandsausschuss VSJF, Zürich, 8. 5. 1944, S. 1, AfZ, IB SIG-Archiv / 2402.
638 Vgl. Lilly Wolffers: Prot. ausserord. GV Verbandsausschuss VSJF, Zürich, 8. 5. 1944, S. 4, AfZ, IB SIG-Archiv / 2402.
639 O. A.: Prot. DV SIG, Zürich, 17./18. 5. 1944, S. 34, AfZ, IB SIG-Archiv / 32.
640 Ebd., S. 35.
641 Ebd., S. 38.
642 Vgl. ebd., S. 39.

wurf zurückziehe und in Zusammenarbeit mit dem SIG ein Regulativ über die künftige Kooperation zwischen VSJF und SIG ausarbeite.[643]

Abgesehen von der augenscheinlichen Namensänderung des VSIA in VSJF wurde im Zuge der Reorganisation eine «siebengliedrige Zentralstelle am Wohnsitz des Präsidenten»[644] geschaffen. Die Mitglieder der Zentralstelle, die im Oktober 1944 in «Vorstand» umbenannt wurde, hatten die Leitung je eines Ressorts des VSJF inne.[645]

An einer Sitzung der Zentralstelle des VSJF im Juni 1944 setzte Silvain S. Guggenheim seinen bereits früher angekündigten Rücktritt auf die Traktandenliste.[646] Er plädierte dafür, dass Georges Bloch, Otto H. Heim und Silvain Guggenheim-Wyler bis zur nächsten Generalversammlung des VSJF einen Nachfolger für das Amt des VSJF-Präsidenten präsentieren sollten.[647] An der darauffolgenden Sitzung wurde Pierre Bigar als Kandidat ins Spiel gebracht.[648] Angesichts der Tatsache, dass Bigar in Genf wohnhaft war, wurde die Verlegung der bisherigen Zentralstelle von Zürich nach Genf ins Auge gefasst.[649] Diese Idee wurde allerdings nie realisiert.

Pierre Bigar, 1889 in Colmar geboren und in der Schweiz aufgewachsen, war Besitzer eines Hotels und eines Warenhauses in Genf. Nach seinem Rückzug aus dem Wirtschafsleben leitete er während zweier Jahre unentgeltlich das Amt für Kriegswirtschaft in Genf. Er wurde als konservativ und behördentreu beschrieben.[650] An der DV des SIG vom 7. April 1940 war er für die jüdische Gemeinde Genf ins CC gewählt worden, woraufhin er im Mai 1940 gemäss Beschluss des CC Teil der dreiköpfigen Exekutive des SIG wurde, die über alle Handlungsvollmachten verfügte. Bigar war als Kassier des SIG tätig.[651]

Die Neuwahl des Präsidenten stand zusammen mit der Reorganisation des Verbandes auf der Traktandenliste der Generalversammlung des VSJF vom 22. Oktober 1944.[652] Im Vorfeld der Sitzung erschien ein Artikel im «Israelitischen Wochenblatt», der die mangelnde Transparenz des Verbandes in seinen Beschlussfassungen bemängelte. Das IW schrieb, dass man «von verschiede-

---

643 Vgl. ebd., S. 38–40.
644 Silvain S. Guggenheim: Bericht über die Tätigkeit des Verbandes Schweizerischer Jüdischer Flüchtlingshilfen im Jahre 1943, Zürich, 1. 2. 1944, S. 7, AfZ, IB SIG-Archiv / 32.
645 Vgl. o. A.: Prot. GV VSJF, Bern, 22. 10. 1944, S. 4, AfZ, IB SIG-Archiv / 2402.
646 Vgl. o. A.: Prot. Zentralstelle VSJF, Zürich, 7. 6. 1944, S. 1, AfZ, IB SIG-Archiv / 2403.
647 Vgl. ebd.
648 Vgl. Jenny Meyer: Prot. Zentralstelle VSJF, Zürich, 2. 7. 1944, S. 4, AfZ, IB SIG-Archiv / 2403.
649 Vgl. ebd.
650 Vgl. Mächler, Hilfe und Ohnmacht, 2005, S. 231.
651 Vgl. Claudia Hoerschelmann: Überblick über die Entwicklung des SIG-Personals nach Gremien gemäss dem Historischen Archiv im AfZ (1904–1985), in: Interne Dokumentation des Archivs für Zeitgeschichte zu AfZ, IB SIG-Archiv. Die Dokumentation wurde Barbara Häne auf Anfrage zur Verfügung gestellt.
652 Vgl. o. A.: Prot. GV VSJF, Bern, 22. 10. 1944, S. 1, AfZ, IB SIG-Archiv / 2402.

nen Vorgängen und Demissionen»[653] höre, dass aber nicht offen kommuniziert werde, wie die Wahlverfahren des VSJF geregelt seien: «Trotzdem ferner die Flüchtlingssache prinzipiell dem Gemeindebund untersteht und man erwarten könnte, daß man es beim V. S. J. F. mit einem demokratischen Verbande zu tun hat, da er doch das schweizerische Judentum in dieser Angelegenheit repräsentieren soll, ist keine Rede davon, daß das demokratische Grundprinzip angewandt wird. Man weiß immer noch nicht, nach welchen Prinzipien die Delegierten gewählt oder ernannt werden, jedenfalls ist die nicht geringe «Opposition» dabei nicht berücksichtigt.»[654]

Der Autor des Artikels im IW bezichtigte den VSJF darüber hinaus der Geheimniskrämerei; Beschlüsse würden hinter verschlossener Tür im kleinen Kreis getroffen.[655] Diese Vorwürfe deckten sich mit den Anschuldigungen, die 1942 gegen die Leitung des SIG geäussert worden waren und zur Demission von Saly Mayer geführt hatten. In der Tat hatte sich der VSJF trotz seiner Bemühungen um eine Reorganisation noch nicht zu einer Organisation entwickelt, die offene Wahlen für vakant gewordene Stellen im Verband in Betracht gezogen hätte. War es in den 1930er-Jahren noch üblich gewesen, die Präsidentschaft des Verbandes direkt an die Leitung der Fürsorgekommission der ICZ zu koppeln, musste der Verband sein Wahlverfahren nach dem Rücktritt von Silvain S. Guggenheim neu definieren. Ein offenes Bewerbungsverfahren für das Präsidentenamt war aber nicht vorgesehen. Obwohl mehrere etablierte Persönlichkeiten im SIG Max Gurny als Kandidaten ins Spiel brachten,[656] wurde eine Alternative zur Kandidatur von Pierre Bigar nicht ernstlich in Erwägung gezogen, zumal dieser schon seit Sommer 1943 eine tragende Rolle im VSJF gespielt hatte.[657] Jacob Zucker, der letztendlich an der Wahlversammlung des VSJF als Gegenkandidat aufgestellt wurde, war gegen Pierre Bigar chancenlos.[658] Er wurde jedoch in den Vorstand des VSJF gewählt, wodurch neu ein zionistischer Vertreter im Vorstand tätig war. Durch die Wahl von Fritz Mannes als Vertreter der IRG wurde diese Erweiterung des Spektrums um verschiedene Strömungen des Judentums im Vorstand des VSJF bestätigt.[659]

653 O. A.: Flüchtlingshilfe und Gemeindebund, in: IW 40 (1944), S. 11.
654 Ebd.
655 Vgl. ebd.
656 Vgl. Paul Guggenheim, Veit Wyler, Jacob Zucker et al.: Schreiben an den Vorsitzenden der DV des VSJF, o. O., 13. 10. 1944, AfZ, IB SIG-Archiv / 2384. Aufgrund eines Missverständnisses habe Fredy Guggenheim an der GV des VSJF die Kandidatur von Max Gurny zurückgezogen und Jacob Zucker als Kandidaten aufgestellt. Vgl. Otto H. Heim: Prot. VS VSJF, Zürich, 23. 10. 1944, AfZ, IB VSJF-Archiv / 29.
657 Vgl. zum Beispiel G. Rosenblum: Prot. CC SIG, Bern, 31. 8. 1944, S. 12, AfZ, IB SIG-Archiv / 97.
658 Vgl. o. A.: Prot. GV VSJF, Bern, 22. 10. 1944, S. 8, AfZ, IB SIG-Archiv / 2402. Von den 39 anwesenden stimmberechtigten Personen stimmten 32 für Bigar und nur vier für Jacob Zucker.
659 Vgl. ebd., S. 9.

Das Regulativ, das die Zusammenarbeit zwischen SIG und VSJF genauer definieren sollte, wurde am 31. August vom CC des SIG und am 22. Oktober 1944 vom VSJF bewilligt.[660] Nach den langwierigen Diskussionen wurde dies sowohl vonseiten des VSJF als auch vom SIG als Kompromiss betrachtet, denn gerade die Formulierungen bezüglich der Pflichten des VSJF gegenüber dem SIG blieben ziemlich vage. So gab etwa der Wortlaut des Regulativs in Punkt 3 («Die gesamte praktische Arbeit auf dem Gebiet der fürsorgerischen Betreuung führt der V. S. J. F. selbständig aus. In Fragen grundsätzlicher Bedeutung ist er an die Beschlüsse der Geschäftsleitung (G. L.) des S. I. G. gebunden»)[661] im CC des SIG und an der Generalversammlung des VSJF erneut Anlass zu Diskussionen.[662] Das Regulativ wurde dennoch tel quel übernommen, denn insgesamt war man sich einig, dass die schriftliche Vereinbarung einen Fortschritt gegenüber dem Status quo bedeutete.[663]

Die Reorganisation und der Rücktritt des langjährigen Präsidenten Silvain S. Guggenheim stellten nach der Übernahme der Flüchtlingshilfe 1935 für den VSJF die nächste grosse Bewährungsprobe dar. In der Folge kündigten mit Regina Boritzer und Jenny Meyer zwei langjährige Mitarbeiterinnen des Verbands, was von den Vorstandsmitgliedern auch als «ein gewisses Misstrauensvotum gegenüber dem neuen Vorstand»[664] interpretiert wurde. Die Suche nach einem Konsens, wie die Flüchtlingshilfe geleitet werden sollte, hatte den SIG und den Verband selbst zwischen Herbst 1942 und Dezember 1944 intensiv beschäftigt.

Auch nach der Annahme des Regulativs blieben die Absprachen in Detailfragen Gegenstand von Verhandlungen zwischen VSJF und SIG. Insbesondere die in Punkt 3 erwähnten Fragen bezüglich der Abgrenzung zwischen fürsorgerischer Arbeit und «Fragen grundsätzlicher Bedeutung»[665] gaben Anlass zu weiteren Diskussionen. So verlangte die Geschäftsleitung des SIG im November 1944, der VSJF solle Verhandlungen mit «Konsulaten, Gesandtschaften und Behörden»[666] in Zukunft nur «im Beisein eines Vertreters der GL des SIG»[667] abwickeln. Der Antrag von Robert Meyer, diese Forderung zu einem späteren Zeitpunkt wieder aufzunehmen, wurde von Saly Braunschweig mit dem Ver-

---

660 Vgl. Sekretariat SIG: Regulativ über die Zusammenarbeit des VSJF mit dem SIG, Zürich, 1. 12. 1944, AfZ, IB SIG-Archiv / 2385.
661 Ebd.
662 Vgl. o. A.: Prot. GV VSJF, Bern, 22. 10. 1944, S. 4, AfZ, IB SIG-Archiv / 2402, sowie G. Rosenblum: Prot. CC SIG, Bern, 31. 8. 1944, S. 14–17, AfZ, IB SIG-Archiv / 97.
663 Vgl. G. Rosenblum: Prot. CC SIG, Bern, 31. 8. 1944, S. 14–17, AfZ, IB SIG-Archiv / 97.
664 Otto H. Heim: Prot. Zentralstelle VSJF, o. O., 4. 10. 1944, AfZ, IB SIG-Archiv / 2403.
665 Sekretariat SIG: Regulativ über die Zusammenarbeit des VSJF mit dem SIG, Zürich, 1. 12. 1944, AfZ, IB SIG-Archiv / 2385.
666 O. A.: Prot. VS-Sitzung VSJF, Zürich, 4. 12. 1944, S. 2 f., AfZ, IB SIG-Archiv / 2404.
667 Ebd., S. 3.

merk, «dass die GL den Beschluss gefasst habe und daran nichts mehr zu ändern sei»,[668] abgelehnt.

7.11 Die Leitung des VSIA/VSJF 1938–1953: Silvain S. Guggenheim, Pierre Bigar und Otto H. Heim: Kontinuitäten und Brüche

Mit der Wahl Pierre Bigars wurde die Präsidentschaft der jüdischen Flüchtlingshilfe im Herbst 1944 einer Person übertragen, die im Gegensatz zu Silvain S. Guggenheim über keine langjährigen Erfahrungen im Fürsorgewesen verfügte.[669] Sein Engagement in der Flüchtlingshilfe hatte sich vor seinem Amtsantritt auf organisatorische Aufgaben beschränkt, die im Wesentlichen in der Generierung von Spendengeldern bestanden. Im Auftrag des SIG und mit ausdrücklicher Zustimmung Heinrich Rothmunds hatte er im Dezember 1940 eine Reise nach New York unternommen und im Rahmen einer Sammlung bei jüdischen Auslandsschweizern 100 000 Franken zugunsten der Flüchtlingshilfe gesammelt.[670] Als Kassier des SIG verkündete er an der Delegiertenversammlung im April 1940, die jüdische Gemeinschaft müsse unbedingt weiterhin für die Belange ihrer geflüchteten Glaubensgenossinnen und -genossen aufkommen. In dieser Hinsicht ging er mit Saly Mayer und Silvain S. Guggenheim einig.[671] An der CC-Sitzung des SIG im Februar 1942 hatte sich Pierre Bigar auch bereit erklärt, die Sammelaktion zugunsten des jüdischen Flüchtlingswesens zu koordinieren.[672]

Bigars Kandidatur für die Präsidentschaft des VSJF wurde vor allem im Hinblick auf die durchzuführenden Reformen des jüdischen Flüchtlingswesens «als die geeignetste»[673] betrachtet. Silvain S. Guggenheim bezeichnete ihn als ausgezeichneten Organisator, «auch nach seiner [Pierre Bigars] eigenen Ansicht».[674] Aufgrund von Pierre Bigars mangelnden Erfahrungen in Fragen der praktischen Flüchtlingsarbeit sollte sich die Zentralstelle, deren Verlegung nach Genf im Juli 1944 noch zur Debatte stand, aus Personen zusammensetzen, die über Erfahrung im Bereich der Fürsorge verfügten.[675]

Sylvain Guggenheim-Wyler, der gemeinsam mit Otto H. Heim und Georges Bloch mit der Suche nach einem Nachfolger für das Präsidentenamt

---

668 Ebd.
669 Vgl. o. A.: Prot. GV VSJF, Bern, 22. 10. 1944, S. 7, AfZ, IB SIG-Archiv / 2402. Pierre Bigar erwähnte gegenüber den Delegierten der GV, «dass die fürsorgerische Arbeit für ihn Neuland bedeutet, das er sich successive erwerben müsse».
670 Vgl. Mächler, Hilfe und Ohnmacht, 2005, S. 243 f.
671 Vgl. ebd., S. 233 f.
672 Vgl. o. A.: Prot. CC SIG, Bern, 11. 2. 1942, S. 4, AfZ, IB SIG-Archiv / 94.
673 Jenny Meyer: Prot. Zentralstelle VSJF, Zürich, 2. 7. 1944, S. 4, AfZ, IB SIG-Archiv / 2403.
674 Ebd.
675 Vgl. ebd.

betraut worden war, hatte zusammen mit Pierre Bigar und Georges Brunschvig die Sammlung für die Flüchtlingshilfe 1942 geleitet[676] und dürfte sich daher für dessen Nominierung für das Präsidentschaftsamt des VSJF starkgemacht haben. Entscheidend war aber vermutlich auch die enge Freundschaft, die Pierre Bigar mit Saly Mayer verband. Wie erwähnt, wurde die jüdische Flüchtlingshilfe vor allem aus Joint-Geldern finanziert, für deren Verteilung Mayer verantwortlich war. Es kann daher davon ausgegangen werden, dass er sich vor der anstehenden Wahl des neuen Präsidenten mit den Verantwortlichen der Zentralstelle des VSJF oder mit Silvain S. Guggenheim ausgetauscht hatte.[677] Resümierend lässt sich feststellen, dass die Wahl von Pierre Bigar zum Präsidenten des VSJF wohl vor allem taktischer Natur war.

Angesichts der Tatsache, dass Pierre Bigar von den Leitfiguren im VSJF als Präsidentschaftskandidat klar favorisiert wurde, kritisierte kaum jemand an der Generalversammlung des VSJF dessen Kandidatur. Lediglich Fredy Guggenheim aus St. Gallen, der Jacob Zucker als Kandidat nominiert hatte, äusserte vorsichtig Zweifel an Bigars Eignung für das Amt. Er begründete seine Bedenken einerseits mit dessen fehlenden Erfahrungen in der Fürsorge, andererseits – und hier wurde er von Gustave Dreyfuss aus Lausanne unterstützt – mit Zweifeln an seiner politischen Ausrichtung. Er argumentierte damit, «dass Herr Pierre Bigar als Präsident des VSJF an politischen Konferenzen *jüdische* Politik vertreten werde. Es geht darum, dass wir genau zu unterscheiden wissen zwischen schweizerischer Notwendigkeit und jüdischer Zwangsläufigkeit.»[678]

Fredy Guggenheim und Gustave Dreyfuss waren nicht überzeugt, dass Bigar gewillt sei, die Interessen der jüdischen Flüchtlinge gegenüber den schweizerischen Behörden dezidiert zu vertreten. Otto H. Heim hingegen hielt es für selbstverständlich, «dass er [Pierre Bigar] sich mit ganzer Kraft für die jüdischen Flüchtlinge einsetzen wird».[679]

Trotz der Qualifikationen von Pierre Bigar und der Unterstützung der Vorstandsmitglieder des VSJF verlief die Übergabe der Präsidentschaft nicht reibungslos. Dies war auf mehrere Faktoren zurückzuführen. Silvain S. Guggenheim erfreute sich mit seiner bescheidenen und gleichzeitig produktiven Art zugunsten des Flüchtlingswesens offenbar einer uneingeschränkten Beliebtheit, und auch wenn sowohl der SIG als auch das jüdische Flüchtlingswesen oft ins Kreuzfeuer der Kritik gerieten, scheint die Person Guggenheims mehr oder weniger sakrosankt gewesen zu sein. Darauf lassen auch die Reaktionen

---

676 Vgl. o. A.: Prot. CC SIG, Bern, 25. 3. 1942, S. 5, AfZ, IB SIG-Archiv / 94.
677 Zu einer ähnlichen Einschätzung kam Hanna Zweig-Strauss in der Beurteilung der Einflussnahme von Saly Mayer auf den VSJF. Vgl. Zweig-Strauss, Saly Mayer, 2007, S. 182.
678 Vgl. o. A.: Prot. GV VSJF, Bern, 22. 10. 1944, S. 7, AfZ, IB SIG-Archiv / 2402 (Hervorhebung im Original).
679 Ebd.

des Vorstandes der ICZ auf die Austrittserklärung von Silvain S. Guggenheim aus der ICZ schliessen.

Am 28. Mai 1945 gab Georg Guggenheim bekannt, dass Silvain S. Guggenheim aufgrund des verbalen Angriffs eines ICZ-Delegierten im SIG, Sigi Bollag, auf ehemalige im VSJF tätige Personen[680] am 11. Mai 1945 per Ende Jahr 1945 aus der Gemeinde austreten wolle. Da der Vorstand der ICZ in Silvain S. Guggenheims Augen nicht genügend von den Äusserungen des Delegierten Abstand genommen habe, könne er sich mit der Politik der ICZ nicht mehr identifizieren.[681] Die Austrittsankündigung wurde dem Vorstand «mit der Bitte um Wahrung strengster Diskretion»[682] mitgeteilt. Anfang Juni wurde eine separate Vorstandssitzung einberufen, um die Sache zu besprechen.[683] Einige Vorstandsmitglieder wollten für die kommende Generalversammlung der ICZ eine öffentliche Erklärung formulieren, in der sich der Vorstand vom Votum von Sigi Bollag distanzieren würde, denn Silvain S. Guggenheim sei «nicht ‹irgendein› Mitglied – sein Austritt würde grosse Folgen nach sich ziehen».[684] Es wurde vor allem die Befürchtung geäussert, weitere Gemeindemitglieder könnten solidarisch mit Silvain S. Guggenheim aus der Gemeinde austreten.[685] Trotz der Bemühungen des Vorstandes gab auch Fritz Guggenheim, der Bruder von Silvain S., Ende Juni 1945 seinen Austritt aus der ICZ bekannt. Der Vorstand beschloss, nicht weiter auf die Austrittserklärungen von Silvain S. und Fritz Guggenheim einzugehen,[686] vermutlich um den Fall nicht einer breiteren Öffentlichkeit bekannt zu machen. In den Vorstandssitzungen der ICZ im Jahr 1945 wurden die Austrittsankündigungen nicht mehr thematisiert,[687] und wie aus der Dokumentation der Ein- und Austrittsmeldungen der

---

680 Es handelte sich um Differenzen in der Frage, wie die Nachkriegshilfe des SIG zu gestalten sei. Sigi Bollag, ICZ-Delegierter im SIG, äusserte in der DV Zweifel am Sinn der Schaffung einer Kommission «Hilfe und Aufbau» und plädierte dafür, die Nachkriegshilfe dem VSJF zu übertragen. Als stossend empfand Silvain S. Guggenheim Sigi Bollags Mutmassung, die Kommission «Hilfe und Aufbau» sei vor allem geschaffen worden, um Personen, die aus dem VSJF ausgeschieden waren, ein neues Betätigungsfeld zu verschaffen. Explizit nannte Sigi Bollag Regina Boritzer, die das Sekretariat von «Hilfe und Aufbau» übernehmen sollte. Vermutlich fühlte sich Silvain S. Guggenheim ebenfalls angesprochen, da er die Leitung der Kommission übernahm. Im Anschluss an sein Votum wurde Sigi Bollag vom Gemeindebundspräsidenten Saly Braunschweig zurechtgewiesen. Vgl. Alice Brandenburger, Leo Littmann: Prot. DV SIG, Lausanne, 10. 5. 1945, S. 19, AfZ, IB SIG-Archiv / 32. Laut Protokoll des Vorstands der ICZ hatten viele Delegierte Sigi Bollags Äusserung ebenfalls empörend gefunden und mit «Pfui-Rufe[n]» quittiert. Vgl. C. Kreis: Prot VS ICZ, Zürich, 28. 5. 1945, S. 4, AfZ, IB ICZ-Archiv / 22.
681 Vgl. ebd., S. 4.
682 Ebd., S. 4 f.
683 Vgl. C. Kreis: Prot. VS ICZ, Zürich, 5. 6. 1945, AfZ, IB ICZ-Archiv / 22.
684 Ebd., S. 6.
685 Vgl. ebd., S. 7.
686 Vgl. C. Kreis: Prot. VS ICZ, Zürich, 16. 7. 1945, S. 2, AfZ, IB ICZ-Archiv / 22.
687 Ich danke Sabina Bossert, Fachreferentin Jüdische Zeitgeschichte am Archiv für Zeitgeschichte der ETH in Zürich, für die Durchsicht der entsprechenden Vorstandsprotokolle der ICZ 1945.

ICZ hervorgeht, traten die Brüder Silvain S. und Fritz Guggenheim per Ende 1945 tatsächlich aus der Gemeinde aus.[688] Inwieweit diese Tatsache in der ICZ bekannt war, lässt sich aus dem Archivmaterial nicht rekonstruieren. Nach dem Tod von Silvain S. Guggenheim wurde dessen Austritt wieder Gegenstand von Diskussionen im Vorstand der ICZ, und zwar im Zusammenhang mit der Bestattung. An einer gemeinsamen Besprechung von Fritz Guggenheim und einem Vorstandsmitglied wurde beschlossen, «den Austritt als nicht geschehen zu betrachten»,[689] unter der Bedingung, dass Fritz Guggenheim der ICZ erneut beitrete und die Steuerausfälle, die der Gemeinde durch die Austritte entstanden waren, begleiche.[690] Im Mai 1948 trat Fritz Guggenheim wieder in die Gemeinde ein.[691] Der diskrete Umgang mit dem Austritt von Silvain S. Guggenheim aus der ICZ zeugt von dessen hohem Ansehen in der ICZ und seinem hohen Bekanntheitsgrad im Schweizer Judentum.

Die Suche nach einem Ersatz für diese Überfigur im jüdischen Flüchtlingswesen gestaltete sich also von Beginn an schwierig. Silvain S. Guggenheims Nachfolger Pierre Bigar stand überdies seine mangelnde Erfahrung im Fürsorgewesen im Weg, und da er nur sehr lose Beziehungen zu den langjährigen Mitarbeitenden in der Zentralstelle des VSJF unterhalten hatte, galt er als unbekannte Grösse. Als problematisch sollte sich ausserdem seine enge persönliche Beziehung zu Saly Mayer erweisen, mit dem er auch nach dessen Rücktritt als Gemeindebundspräsident in Kontakt stand.[692] Seit dem Auftritt von Heinrich Rothmund vor dem CC des SIG am 20. August 1942, einige Tage nach der Grenzschliessung, wurde der Kontakt zwischen der Fremdenpolizei und der jüdischen Flüchtlingshilfe vor allem über die SZF aufrechterhalten, und die Beziehung zwischen dem VSIA und den Behörden hatte sich merklich abgekühlt.[693] Pierre Bigar trat hingegen als Vertreter einer behördenkonformen Politik auf und verhandelte trotz seiner Funktion als Präsident des VSJF auch ohne Absprache mit dem Vorstand mit den Behörden.

Erste Meinungsverschiedenheiten zwischen Pierre Bigar und den Mitarbeitenden an der Zentralstelle des VSJF manifestierten sich bereits im August 1944, nachdem Pierre Bigar Silvain S. Guggenheim während dreier Wochen vertreten hatte. Die Möglichkeit, die Zentralstelle nach Genf zu verlegen, die noch Anfang Juli diskutiert worden war, war zu diesem Zeitpunkt bereits verworfen worden. Auf die Gründe dafür wurde in den Sitzungen der Zentralstelle nicht weiter eingegangen, es ist jedoch davon auszugehen, dass auf die

---

688 Vgl. o. A.: Austritte 1945 (der Austritt von Silvain S. Guggenheim wurde 1946 als Nachtrag festgehalten), o. O., o. D., o. S., AfZ, IB ICZ-Archiv / 1725.
689 O. A.: Prot. VS ICZ, Zürich, 10. 2. 1948, S. 5, AfZ, IB ICZ-Archiv / 57.
690 Vgl. ebd.
691 Vgl. o. A.: Prot. VS ICZ, Zürich, 3. 5. 1948, S. 2, AfZ, IB ICZ-Archiv / 57.
692 Vgl. Mächler, Hilfe und Ohnmacht, 2005, S. 401.
693 Vgl. Kapitel 5.1.4.

in Zürich bereits vorhandene Infrastruktur und die vielen langjährigen Mitarbeitenden nicht verzichtet werden konnte. Da Pierre Bigar einen Umzug nach Zürich nicht in Betracht zog, wollte er zwei Tage pro Woche nach Zürich reisen. Während der restlichen Wochentage sollte Silvain S. Guggenheim als Mitglied des Ausschusses als Ansprechperson präsent sein, um die Führung der Geschäfte durch Jenny Meyer oder Regina Boritzer zu begleiten. Silvain S. Guggenheim lehnte einen weiteren Verbleib in einer leitenden Position jedoch kategorisch ab.[694] Saly Braunschweig schlug vor, ein Kollegium zu bilden, das den verschiedenen Ressorts vorstehe und sich regelmässig treffe, um die leitenden Mitarbeitenden bezüglich des Tagesgeschäfts zu instruieren. Silvain S. Guggenheim und Jenny Meyer standen diesem Vorschlag kritisch gegenüber, befürchteten sie doch, dass eine Zunahme des Arbeitsvolumens die in der Zentralstelle Mitarbeitenden überfordern könnte.[695] Dennoch wurde diese Idee weiterverfolgt. Das Kollegium sollte sich dabei neben Pierre Bigar aus Silvain S. Guggenheim, Sylvain Guggenheim-Wyler, Otto H. Heim, Robert Meyer, Berty Guggenheim-Wyler, Max Dreifuss, Josef Wyler und Georges Bloch zusammensetzen,[696] wobei ein kleinerer Kreis von Personen regelmässig in einem Ausschuss zusammenkommen sollte, «der meistens in Zürich anwesend sein soll».[697]

Sowohl Jenny Meyer als auch Regula Boritzer reichten im Herbst 1944 ihre Kündigung ein.[698] Die Beweggründe der beiden langjährigen Mitarbeiterinnen lassen sich nur erahnen, da sie schriftlich kaum Niederschlag gefunden haben. Wie bereits erwähnt, äusserte Jenny Meyer an der Sitzung der Zentralstelle ihre Befürchtung, dass ihre Arbeitslast, die bereits gross sei, mit der Abwesenheit des Präsidenten an den meisten Wochentagen zunehmen werde. Das deutet darauf hin, dass sie den von Pierre Bigar initiierten Reorganisationsmassnahmen skeptisch gegenüberstand. Es lässt sich aber nur vermuten, dass zwischen den Mitarbeiterinnen und Pierre Bigar auch persönliche Differenzen bestanden.

An der Generalversammlung des VSJF im Oktober 1944 würdigte Silvain S. Guggenheim bei der Bekanntgabe der Kündigung von Jenny Meyer und Regina Boritzer deren Leistungen für die jüdische Flüchtlingshilfe.[699] Zahlreiche Delegierte aus verschiedenen Komitees baten die beiden Mitarbeiterinnen, ihre Kündigung zurückzuziehen. Des Weiteren wurde an die neue Leitung des VSJF appelliert, die beiden Frauen zum Rückzug ihrer Kündigung zu bewegen.[700] Jenny Meyer ergriff an der Generalversammlung das Wort: «Sie können

---

694 Vgl. Jenny Meyer: Prot. Zentralstelle VSJF, o. O., 21. 8. 1944, S. 1, AfZ, IB VSJF-Archiv / 29.
695 Vgl. ebd., S. 2.
696 Vgl. ebd., S. 2 f.
697 Ebd., S. 3.
698 Vgl. o. A.: Prot. GV VSJF, Bern, 22. 10. 1944, S. 10, AfZ, IB SIG-Archiv / 2402.
699 Vgl. ebd.
700 Vgl. ebd., S. 10 f.

uns glauben, dass wir unseren Entschluss nicht leichten Herzens gefasst haben. Für den Appell sind wir Ihnen dankbar. Doch können wir Ihnen heute noch keine Antwort darauf geben.»[701]

In der Sitzung des Vorstandes des VSJF am darauffolgenden Tag gab Pierre Bigar bekannt, dass er das Gespräch mit Jenny Meyer bereits gesucht habe, diese jedoch nicht zu bewegen sei, ihre Kündigung zurückzuziehen. Er werde sich am darauffolgenden Tag auch mit Regina Boritzer treffen.[702]

Gründe für die persönlichen Differenzen zwischen Pierre Bigar und den beiden Fürsorgerinnen werden aus den Nachträgen von Robert Meyer und Pierre Bigar im Protokoll des Vorstandes ersichtlich.[703] Demnach hatte sich Pierre Bigar, in der Wahrnehmung von Robert Meyer, nicht genügend um den Verbleib von Regina Boritzer im VSJF bemüht, sondern sie im Gegenteil darauf hingewiesen, dass er noch nicht definitiv über ihre weitere Anstellung entscheiden könne, da er sich noch kein Bild von ihren Arbeitsleistungen gemacht habe.[704] Robert Meyer empfand diese Äusserungen als Affront gegen die langjährige Mitarbeiterin und gab zu Protokoll: *«Ich muss daraus den Schluss ziehen, dass der Präsident des VSJF im Gegensatz zur einmütigen G. V. auf eine weitere Mitarbeit von Frl. Boritzer keinen Wert legt.* [...] *Der Verband darf es nicht auf sich nehmen, nicht näher informierte Kreise im Glauben zu lassen, diese Mitarbeiterin lasse das Flüchtlingswerk leichtfertig im Stich.»*[705]

Für Robert Meyer lag es auf der Hand, dass Regina Boritzer nicht aus einer Laune heraus ihre Stellung gekündigt hatte, sondern dass Pierre Bigar zu wenig Interesse an einer weiteren Mitarbeit signalisiert habe. Pierre Bigar wünschte daraufhin ebenfalls Ergänzungen im Protokoll und legte seine Sicht der Dinge dar.[706]

Demgemäss habe Regina Boritzer zuerst erklärt, dass sie mit ihm nicht zusammenarbeiten könne und daher zurücktrete. Sie habe ihre Vorbehalte erklärt, woraufhin er lediglich gesagt habe, dass er noch nicht beurteilen könne, ob eine Zusammenarbeit aus seiner Sicht Sinn mache, da sich ihre bisherigen Berührungspunkte auf die Generalversammlung und die Vorstandssitzung am Vortag beschränkt hätten. Im Übrigen habe er ihre Erfahrung auf dem Gebiet der Fürsorge nie in Abrede gestellt.[707]

---

701 Ebd., S. 11.
702 Vgl. Otto H. Heim: Prot. VS VSJF, Zürich, 23. 10. 1944, AfZ, IB VSJF-Archiv / 29.
703 Vgl. o. A.: Nachtrag zum Prot. der VS-Sitzung vom 23. 10. 1944, o. O., o. D., AfZ, IB SIG-Archiv / 2404.
704 Vgl. ebd., S. 1.
705 Ebd., S. 1 f. (Hervorhebung im Original).
706 Vgl. ebd., S. 2.
707 Vgl. ebd. Seine schriftlichen Ausführungen in französischer Sprache lauteten: «[...] aussi bien qu'il est admis à un de mes premiers collaborateurs de déclarer qu'il lui est impossible de travailler avec moi, et qu'il en tire les conséquences, en donnant sa démission – aussi bien en sera-t-il permis quoique Président du VSJF de déclarer que je fais des réserves pour m'expri-

Ein Ereignis – zwei Interpretationen. Möglicherweise war in der Behandlung dieser heiklen Frage gerade auch die Sprachbarriere ursächlich. Obwohl die VSJF-Mitarbeitenden, die regelmässig mit internationalen Organisationen korrespondierten, mehrheitlich über gute Französischkenntnisse verfügt haben dürften, waren Missverständnisse bei Diskussionen, die in einer Fremdsprache geführt wurden und bei denen offensichtlich jedes Wort auf die Goldwaage gelegt wurde, vorprogrammiert. Die an dieser Stelle beschriebenen Konflikte lassen den Schluss zu, dass Pierre Bigars Präsidentschaft in der Zentralstelle des VSJF wohl von Anfang an nicht unumstritten war. Möglicherweise mangelte es ihm in gewissen Belangen am nötigen Fingerspitzengefühl, um solche Situationen zu entschärfen, und offenbar gelang es ihm nicht, den Mitarbeiterinnen ein Gefühl der Sicherheit und der Wertschätzung zu vermitteln. Auch unterschiedliche politische Gesinnungen könnten eine Rolle gespielt haben. Regina Boritzer hatte eine «sozialistische Vergangenheit»[708] und Jenny Meyer unterstützte wie ihr Mann Robert die Sozialdemokraten. Auch Robert Meyer und Jacob Zucker scheinen einige Vorbehalte in Bezug auf die politische Ausrichtung Pierre Bigars gehabt zu haben.

Bereits im November 1944 kam es zu weiteren Unstimmigkeiten zwischen dem Vorstand des VSJF und Pierre Bigar. Anders als Silvain S. Guggenheim pflegte Pierre Bigar einen autoritären Führungsstil, der vom Vorstand des VSJF mit Befremden zur Kenntnis genommen wurde. Als es anlässlich der geplanten Tagung in Montreux bezüglich der Beteiligung der jüdischen Freizeitgestalter aus den Flüchtlingskreisen zwischen Robert Meyer und Heinrich Rothmund zu Differenzen kam, wandte sich Pierre Bigar nach der Sitzung an Heinrich Rothmund und sicherte ihm seine Unterstützung zu. Die Vorstandsmitglieder des VSJF wiesen Pierre Bigar anschliessend darauf hin, dass politische Alleingänge im Bundeshaus laut Abmachung mit dem SIG zu vermeiden seien. Der Vorstand hatte aber vermutlich keine Kenntnis davon, dass Bigar der Polizeiabteilung zugesichert hatte, dass er Illoyalitäten seiner Mitarbeitenden gegenüber den Behörden nicht tolerieren werde und man sich an ihn, Pierre Bigar, wenden möge, falls es zu Problemen mit Robert Meyer komme.[709]

---

    mer, après avoir travaillé avec Mademoiselle Boritzer, ce que je n'avais pas encore fait lors de l'Assemblée Générale et le lendemain, – si oui ou non je puis travailler avec elle. Voilà tout ce que j'ai dit. Il n'a à aucun moment été mis en cause les capacités de travail de Mlle. Boritzer, que je reconnais en certaines branches être bien supérieures aux miennes. Si je donne à nouveau ces explications et cette fois ci par écrit, c'est dans l'unique but de conserver une collaboration franche et loyale avec tous mes collègues, ce qui n'est possible qu'en faisant des rapports précis des paroles prononcés.» (Hervorhebung im Original)

708 Vgl. Regina Boritzer, Interview geführt von Frau Hartmann, 1984, AfZ, IB SIG-Archiv / 2051. Marianne Lothar gab an, Regina Boritzer bei Freunden getroffen zu haben, die den Gewerkschaften nahestanden. Vgl. Marianne Lothar, Interview geführt von Ralph Weingarten, 1984, AfZ, IB SIG-Archiv / 2070.

709 Vgl. Mächler, Hilfe und Ohnmacht, 2005, S. 413, sowie S. 535 f., Anm. 23. Im Februar 1945 wies Pierre Bigar die Mitglieder des Geschäftsausschusses an, keine Briefe an Saly Mayer zu

Die inopportune Haltung von Pierre Bigar in dieser Angelegenheit wirkt auch deshalb so brisant, weil der gesamte Vorstand des VSJF sich mit der Auffassung von Robert Meyer, die Wünsche der Flüchtlinge nach einer eigenen Vertretung seien zu respektieren, einig erklärt hatte.[710] Der Antrag wurde «einstimmig – ohne die Stimme des Präsidenten – *angenommen*».[711] Dennoch wurde, wie beschrieben, die Tagung in Montreux Rothmunds Wunsch entsprechend ohne die demokratisch gewählten Vertreterinnen und Vertreter der Flüchtlinge durchgeführt.[712]

Der Vorstand des VSJF zeigte sich nach der Tagung enttäuscht über die blasse Vertretung der jüdischen Flüchtlingshilfe in Montreux, wobei auch diese Zurückhaltung bei der Präsentation der eigenen Leistungen teilweise auf Pierre Bigars Wunsch, den VSJF nicht in den Vordergrund zu stellen, zurückzuführen sein könnte. Dies lässt zumindest das Votum von Otto H. Heim vermuten, der den Vorstandsmitgliedern den Ablauf der Tagung schilderte und diesen Vorwurf so beiläufig anbrachte, dass er sich beinahe überlesen lässt: «*Herr Heim* drückt sein *Bedauern* darüber aus, dass *der Verband* und der *jüdische Standpunkt* ins Hintertreffen geraten seien. Es wurde Wert darauf gelegt, über die Organisationen gar nicht zu sprechen. Die Besprechungen mit Herrn Bigar führten zu dem Ergebnis, dass der Verband weder mit Zahlen noch mit Leistungen aufwarten wollte. Nun sieht es aber heute so aus, als wären Pfarrer Vogt und Fräulein Hohermuth die Zentren der Organisationen.»[713]

Robert Meyer pflichtete dieser Einschätzung der Vorgänge bei, worauf sich zwischen den Vorstandsmitgliedern eine Diskussion entspann, deren Inhalt nicht protokolliert wurde.[714]

Im Januar 1945 kam es erneut zu Differenzen, nachdem Robert Meyer und Jacob Zucker die Informationspolitik Pierre Bigars bemängelt hatten. Bigar hatte mit den Bundesbehörden bezüglich der Probleme der Dollarkonvertierung verhandelt, die Verhandlungsergebnisse aber nicht im Detail an den Vorstand des VSJF weitergegeben.[715] Robert Meyer und Jacob Zucker stellten sich auf den Standpunkt, dass Verhandlungen zwischen Bundesbehörden und Vorstandsmitgliedern des VSJF transparent an den Gesamtvorstand weiterzuleiten seien. Pierre Bigar weigerte sich aber, den Vorstand über die Ergebnisse aus seinen Gesprächen mit Heinrich Rothmund zu informieren, indem

---

versenden, «die nicht seine Unterschrift tragen», ein weiteres Beispiel für seinen autoritären Führungsstil. Vgl. Heim, O. H.: Prot. GA VSJF, Zürich, 6. 2. 1945, AfZ, IB VSJF-Archiv / 24.
710 Vgl. o. A.: Prot. VS VSJF, o. O., 22. 1. 1945, S. 1–4, AfZ, IB VSJF-Archiv / 30.
711 Ebd., S. 4 (Hervorhebung im Original).
712 Vgl. Kapitel 7.5.1.
713 Erna Freudenberg: Prot. VS VSJF, Zürich, 5. 3. 1945, S. 6, AfZ, IB SIG-Archiv / 2404 (Hervorhebung im Original).
714 Vgl. ebd., S. 6.
715 Vgl. Erna Freudenberg: Prot. VS VSJF, Zürich, 15. 1. 1945, S. 3 f., AfZ, IB SIG-Archiv / 2404.

er behauptete, «es sei nichts von besonderer Bedeutung verhandelt worden».[716] Diese für den Vorstand nicht nachvollziehbare Geheimniskrämerei dürfte das Misstrauen seiner Kritiker, die seine Loyalität gegenüber jüdischen Angelegenheiten anzweifelten, befeuert haben.

Im Mai 1945 gab Pierre Bigar der Geschäftsleitung des SIG seine Demission als Präsident des VSJF bekannt.[717] Als Grund dafür nannte er, dass aus seiner Sicht die Reorganisation des VSJF weitgehend abgeschlossen sei, was er später auch vor der GV des VSJF wiederholte.[718] In der Tat hatte er einige wesentliche Änderungen vorgenommen, die den Werdegang des VSJF von einem Verband mit schwachen Strukturen, der von der Improvisation lebte, zu einer professionell geführten Organisation einleiteten. So installierte er im Vorstand einen Geschäftsausschuss[719] und sorgte für eine klare Verteilung der Zuständigkeiten, indem er jedem Vorstandsmitglied ein eigenes Ressort zuteilte. Auch die übersichtlichere Darstellung im Jahresbericht des VSJF, bei der die Tätigkeitsfelder jedes Ressorts schematisch präsentiert wurden, dürfte auf Anregung Pierre Bigars etabliert worden sein.[720]

Als weitere Beweggründe für seinen Rücktritt nannte Bigar die geplante Wiederaufnahme seiner beruflichen Tätigkeit. Ausserdem wies er darauf hin, dass «die Führung des V. S. J. F. mit Wohnsitz in Genf eine schwere Beeinträchtigung des privaten und Familienlebens»[721] mit sich gebracht habe, ein Problem, das zu umgehen sei, wenn ein «Zürcher Herr[…]»[722] das Amt übernehmen würde. Pierre Bigar wiederholte seine bereits im Vorfeld seiner Wahl geäusserte Ansicht, dass die Anwesenheit des VSJF-Präsidenten während einiger Stunden täglich ausreiche und ständige Präsenz daher nicht nötig sei.[723] Die anwesenden GL-Mitglieder waren anderer Meinung und plädierten für ein vollamtliches Präsidium. Wie zu erwarten gewesen war, wurden bei Pierre Bigars Rücktritt keine persönlichen Differenzen thematisiert, war es doch für alle Beteiligten oberstes Gebot, bei einer offiziellen Amtshandlung wie einer Rücktrittserklärung die Contenance zu wahren.

Weder in den Protokollen des Geschäftsausschusses noch in denen des Vorstands des VSJF findet sich eine Bemerkung zu einer frühzeitigen Rücktrittsankündigung von Pierre Bigar, was eher unüblich ist, da Rücktrittsankündigungen immer protokolliert wurden. Möglicherweise hatte Bigar seinen Entschluss, nach der Beendigung der Reorganisationen im VSJF die Präsident-

---

716 Ebd., S. 4.
717 Vgl. o. A.: Prot. GL SIG, Zürich, 24. 5. 1945, S. 1, AfZ, IB SIG-Archiv / 175.
718 Vgl. ebd.
719 Vgl. Pierre Bigar: Beilage zum Prot. der GV des VSJF vom 17. 6. 1945 in Bern, AfZ, IB VSJF-Archiv / 16.
720 Vgl. o. A.: TB VSJF, 1. 11. 1944–31. 5. 1945, o. O., o. D., AfZ, IB VSJF-Archiv / 3.
721 O. A.: Prot. GL SIG, Zürich, 24. 5. 1945, S. 1, AfZ, IB SIG-Archiv / 175.
722 Ebd.
723 Vgl. ebd., S. 2.

schaft abzugeben, bereits bei seiner Nomination für das Präsidialamt bekannt gegeben. An der Generalversammlung des VSJF vom 17. Juni 1945 wurde Otto H. Heim als Präsidentschaftskandidat nominiert und ohne Gegenstimmen gewählt.[724] Seine Nomination kam nicht überraschend, amtierte er doch bereits unter der Präsidentschaft von Pierre Bigar als Vizepräsident und hatte den VSJF-Mitarbeitenden jederzeit als Ansprechperson zur Verfügung gestanden, wie Bigar in seiner Rücktrittsrede erwähnte.[725] Er dürfte also nach Silvain S. Guggenheims Rücktritt viele informelle Aufgaben, die mit der Präsidentschaft einhergingen, bereits übernommen haben.[726] Seit seiner Wahl zum Vizepräsidenten im Oktober 1944 hatte Heim auch täglich die Büros des VSJF an der Olga- und an der Lavaterstrasse besucht.[727] Bigar bezeichnete Otto H. Heim, zusammen mit Silvain S. Guggenheim, als «fidèle gardien de la présidence à Zurich».[728]

Im Anschluss an seine **Wahl präsentierte** Otto H. Heim neben der üblichen Antrittsrede ein ausführliches Arbeitsprogramm des VSJF für die kommenden Monate.[729] Lothar Rothschild beurteilte die Wahl von Heim positiv. Er wies darauf hin, wie wichtig es sei, dass der Präsident des VSJF dem Verband eine klare Richtung vorgebe, wobei er sich vor allem auf die klar ablehnende Haltung Heims in der Frage der «Rückwanderung» von Flüchtlingen nach Deutschland oder Österreich bezog.[730] Das Votum, in dem die Wichtigkeit einer «jüdischen Direktion» betont wird,[731] ist aber auch bezeichnend für eine Kursänderung im VSJF, der sich im Nachgang der Kriegsniederlage der Achsenmächte bereits abgezeichnet hatte und sich auch in der Haltung der jeweiligen Präsidenten des VSJF spiegelte.

Wie positionierten sich also die Leitungen des VSJF? Bei Silvain S. Guggenheim wurde häufig die wohltätige Komponente seiner Leitung hervorgehoben. Er stand der SIG-Leitung nahe und kritisierte bis 1942 nie öffentlich die schweizerische Flüchtlingspolitik, sondern lobte wiederholt die gute

---

724 Vgl. o. A.: Prot. GV VSJF, Bern, 17. 6. 1945, S. 32, AfZ, IB SIG-Archiv / 2402.
725 Pierre Bigar: Beilage zum Prot. der GV des VSJF vom 17. 6. 1945 in Bern, AfZ, IB VSJF-Archiv / 16.
726 Dafür spricht auch die Tatsache, dass er an einigen Vorstandssitzungen, an denen Pierre Bigar nicht teilnehmen konnte, als Vizepräsident bereits den Vorsitz eingenommen hatte. Vgl. Lilly Wolffers: Prot. VS VSJF, Zürich, 4. 12. 1944, S. 1, AfZ, IB VSJF-Archiv / 29.
727 Vgl. o. A.: Prot. GA VSJF, o. O., 25. 10. 1944, S. 2, AfZ, IB VSJF-Archiv / 23. Laut dem Protokoll hatte sich Otto H. Heim bereit erklärt, «während der Abwesenheit des Präsidenten täglich eine Stunde seiner Zeit abwechselnd in den Bureaux der Olga- und Lavaterstrasse zu verbringen».
728 Pierre Bigar: Beilage zum Prot. der GV des VSJF vom 17. 6. 1945 in Bern, AfZ, IB VSJF-Archiv / 16.
729 Vgl. o. A.: Prot. GV VSJF, Bern, 17. 6. 1945, S. 33–36, AfZ, IB SIG-Archiv / 2402.
730 Vgl. ebd., S. 39.
731 Vgl. ebd.

Zusammenarbeit mit den Behörden.[732] Er wurde deshalb aber nur selten direkt angegriffen. Die Kritik der Opposition richtete sich auch 1942/43 mehrheitlich gegen die SIG-Leitung, deren politische Ausrichtung infrage gestellt wurde. Das Niedrigprofil und die Kooperation des SIG und des VSJF mit den Behörden wurde erst durch die Opposition im SIG als schädlich für die «jüdische Sache» bezeichnet. Die Oppositionellen forderten auch eine Abkopplung wohltätiger Funktionen von politischen Vorgehensweisen, also eine Entpolitisierung des jüdischen Flüchtlingswesens, wobei Paul Guggenheim bereits darauf hingewiesen hatte, dass eine klare Trennlinie schwer zu ziehen sei.

Mit dem Siegeszug der Alliierten 1944 änderten sich die Bedingungen und es wurde vermehrt ein öffentliches Bekenntnis jener jüdischen Personen zum Judentum verlangt, die in der Öffentlichkeit standen. Im Gegensatz zu den Jahren 1930–1943 wurde den jüdischen Verbänden nicht mehr laufend vorgehalten, ihre Interessen stünden denen des Staates diametral gegenüber. Obwohl noch bis in die 1950er-Jahre klar war, dass die jüdische Flüchtlingshilfe Flüchtlinge grundsätzlich zur Weiterreise anzuhalten hatte, wurden die zuvor scharfen Grenzen des Konstrukts Überfremdungsgefahr langsam aufgeweicht. Darum wurden im VSJF zunehmend klare Verhandlungspositionen zugunsten der jüdischen Flüchtlinge gefordert. Im Zug der politischen Entwicklungen bis 1944 war es nicht möglich gewesen, an der Transitmaxime zu rütteln, denn diese war wegen der vermeintlichen «Überfremdungsgefahr» als Massstab der schweizerischen Interessen in der Flüchtlingspolitik definiert worden. Als sich ein Sieg der Alliierten abzuzeichnen begann, vor allem aber nach dem Kriegsende wurden Forderungen laut, dass sehr junge sowie alte und kranke Menschen eine Aufenthaltsbewilligung in der Schweiz erhalten sollten. Eine Schweiz, die sich gerne mit dem Nimbus der humanitären Tradition schmücke, könne vor allem nach dem Bekanntwerden der Shoah nicht mehr verlangen, dass Flüchtlinge per se ausreisen müssten, auch weil dies der Reputation der Schweiz nachhaltig Schaden zufügen würde, wie Befürworterinnen und Befürworter des Dauerasyls immer wieder betonten. Bigars politisches Agieren – unbedingte Kooperation mit den Behörden und autoritärer Führungsstil – unterschied sich kaum von der Ausrichtung, die im VSJF bis 1942 sehr stark vertreten war. Diese Ideologie galt allmählich nicht mehr als zeitgemäss.

---

732 So zum Beispiel auch im Bericht des VSIA an die Delegiertenversammlung des SIG im März 1939, als er die Grenzschliessung im Sommer 1938 verteidigte. Der Bundesrat habe sich zu dieser Massnahme «genötigt» gefühlt. Zur Beziehung des VSIA mit der eidgenössischen Fremdenpolizei gab Silvain S. Guggenheim bekannt, es hätten sich «notgedrungen verschiedene Auffassungen ergeben [...], weil die Staatsinteressen des Polizisten mit denen des Fürsorgers zu vereinbaren waren», allerdings dürfe er «wohl behaupten, dass wir bei der massgebenden Stelle volles menschliches Verständnis für die tragische Situation gefunden hatten und dass, um ein in Bern gefallenes Wort zu gebrauchen, versucht werde, das menschliche Gewissen mit dem amtlichen zu versöhnen». Silvain S. Guggenheim: Bericht des VSIA an die DV des SIG, o. O., 26. 3. 1939, AfZ, IB SIG-Archiv / 30.

Bereits anlässlich der Generalversammlung des VSJF im Oktober 1944 hatten einige Komiteemitglieder des VSJF öffentlich die Eignung Pierre Bigars für das Präsidialamt infrage gestellt, weil sie bezweifelten, dass er gewillt sein werde, jüdische Interessen vor staatspolitische zu stellen.[733] Während seiner kurzen Amtszeit sollte die Kritik an Pierre Bigars Loyalität den Behörden gegenüber nicht verstummen.

Aufgrund der Vielfalt von ideologischen und politischen Strömungen im heterogenen Schweizer Judentum war es ein Ding der Unmöglichkeit, einen Kandidaten für das Amt des Präsidenten des VSJF zu finden, der allen Forderungen hätte gerecht werden können. In der Person Otto H. Heims fand man aber eine konsensfähige Person. Heim stand zionistischen Strömungen offen gegenüber,[734] auch wenn er selbst nicht zionistisch orientiert war. Er sollte sich als Präsident erweisen, der mit den Vertretern verschiedener konfessioneller Strömungen tragfähige Kompromisse finden konnte.

Otto H. Heim war keinesfalls ein Anhänger der Opposition, die sich 1942 formiert hatte. Ähnlich wie Saly Braunschweig vertrat er mehrheitlich eine behördenkonforme Politik, leitete den VSJF jedoch in einem demokratischen Stil und scheute sich nicht vor Konflikten mit den Behörden, wenn es um die Interessen der Flüchtlinge ging, die, wie erwähnt, bis 1944 in der Schweiz fast keine Lobby hatten.[735] Überdies galt Heim aufgrund seines langjährigen Engagements im VSJF als erfahren in Bezug auf die Fürsorgearbeit. Anders als Pierre Bigar kannte er viele Mitarbeitende an der Zentralstelle persönlich und hatte den Ruf, umgänglich zu sein. Aus den Protokollen des Vorstands des VSJF geht hervor, dass er auch Personen, die selten das Wort ergriffen, zur Meinungsäusserung aufforderte und so einen partizipativen Führungsstil pflegte.[736] Auch wenn Otto H. Heim bei seiner Antrittsrede als Präsident

---

733 Vgl. o. A.: Prot. GV VSIA, Bern, 22. 10. 1944. S. 7 f., AfZ, IB SIG-Archiv / 2402.
734 Otto H. Heim verfasste in der Nachkriegszeit einen Artikel, in dem er sich mit Israel und dessen Verhältnis zur Diaspora auseinandersetzte, vgl. Otto H. Heim: Zionistische Weltorganisation und Ichud Olami – eine Entgegnung, in: Renaissance 19, Juli 1954, S. 11. Mit Jacob Zucker, der zionistisch orientiert war, gab es, wie Heim im Artikel schrieb, eine bereits lang andauernde, freundschaftliche Diskussion zum Thema. Vgl. ebd. Von Jacob Zucker erschien in der gleichen Nummer der Zeitschrift eine Replik auf Otto H. Heims Ausführungen. Vgl. Jacob Zucker: Replik, in: Renaissance 19, Juli 1954, S. 12 f. Mit Zucker arbeitete Heim lange Jahre zusammen, zunächst im Vorstand der ICZ, später im VSJF.
735 So äusserte er sich beispielsweise an der Sitzung des CC des SIG am 21. 3. 1945 über die Ungerechtigkeit, dass «17 Emigranten, die Mahlzeitencoupons gekauft hatten, vom Kriegswirtschaftsamt zu Bussen verurteilt und heute um 6 Uhr zum Bett herausgeholt und auf unbestimmte Zeit strafinterniert worden seien». Flüchtlinge würden «für das gleiche Vergehen viel schärfer bestraft werden als Schweizer». Er bat daher Saly Braunschweig, mit dem Rechtsanwalt Georges Brunschvig Rücksprache zu nehmen, wie darauf zu reagieren sei. Vgl. G. Rosenblum: Prot. CC SIG, Zürich, 21. 3. 1945, S. 12 f., AfZ, IB SIG-Archiv / 98.
736 Vgl. dazu zum Beispiel Lilly Wolffers: Prot. VS VSJF, Zürich, 25. 6. 1945, S. 5, AfZ, IB SIG-Archiv / 2404. Otto H. Heim forderte Else Finkler auf, ihre Meinung in der Frage einer möglichen Teilnahme von Flüchtlingen an den Sitzungen des Vorstands des VSJF zu äussern.

erwähnt hatte, dass er sich bewusst sei, «dass es mir nicht möglich sein wird, unser grosses Vorbild Herrn Silvain S. Guggenheim zu erreichen»,[737] denn der VSJF sei «das eigentliche Werk von Silvain S. Guggenheim»,[738] ist anzunehmen, dass sein Führungsstil dem von Guggenheim in den meisten Dingen sehr ähnlich war.

[737] O. A.: Prot GV VSJF, Bern, 17. 6. 1945, S. 32, AfZ, IB SIG-Archiv / 2402.
[738] JUNA: Silvain S. Guggenheim. Zum Andenken an einen jüdischen Wohltäter, AfZ, S. Biografien Sachthemen / 41.

8 «All the last 18 years Hitler has made me a social worker to help jews in need»: Otto H. Heim als Präsident des VSJF (1945–1955)

8.1 Überblick über die thematischen Schwerpunkte der jüdischen Flüchtlingshilfe in der Nachkriegszeit

Während Silvain S. Guggenheims Präsidentschaftszeit in der jüdischen Flüchtlingshilfe in der Schweiz vor allem dem Aufbau eines funktionierenden zentralen Organs gewidmet gewesen war und Pierre Bigar Abläufe und Organisation des VSJF konsolidiert hatte, stand der Beginn von Otto H. Heims Amtszeit im Zeichen des Abbaus. Heim fasste diesen Prozess 1954 so zusammen: «Von 10 000 unterstützten Flüchtlingen blieben 600; 23 000 jüdische Flüchtlinge befanden sich einmal in der Schweiz, wohl kaum mehr als 10 % dieser Zahl weilen heute noch in unserem Land. Ein Hilfswerk, das gewaltige Ausmasse angenommen hatte, konnte nach Jahren in ein bescheidenes Mass zurückgeführt werden.»[1]

Der zeitliche Rahmen der folgenden Darstellungen umfasst vor allem die Jahre nach Kriegsende bis zur Reorganisation des VSJF, die 1953 in die Wege geleitet und 1955 umgesetzt wurde. Um die Kontinuität des antisemitisch gefärbten Überfremdungsdiskurses zu demonstrieren, wird am Beispiel der Aufnahme jüdischer Flüchtlinge aus Ungarn und Ägypten in der Schweiz in den Jahren 1956 und 1957 exemplarisch die Arbeit des VSJF nach 1955 dargelegt. Für die Aufnahme ägyptisch-jüdischer Flüchtlinge in der Schweiz zeigte Otto H. Heim grosses Engagement.

Während der VSJF zu Beginn des Jahres 1945 noch 23 000 Personen betreute, von denen fast 10 000 finanziell unterstützt werden mussten,[2] reduzierte sich die Zahl der beim VSJF registrierten Personen ab Kriegsende aufgrund der Ausreise der Mehrheit der jüdischen Flüchtlinge bis Ende 1949 kontinuierlich.[3]

Obwohl die Mehrheit der Schweizer Jüdinnen und Juden nur indirekt von den Verfolgungen von NS-Deutschland betroffen gewesen war, stellte die Nachkriegssituation im In- und Ausland den VSJF vor neue Herausforderungen. In

---

1 Heim, Jüdische soziale Arbeit, 1954, S. 50.
2 Vgl. Mächler, Hilfe und Ohnmacht, 2005, S. 440.
3 Ende 1945 wurde die Zahl der jüdischen Flüchtlinge auf 13 000 geschätzt, wobei 11 571 vom VSJF betreut wurden, 6752 davon finanziell. Ende 1949 waren noch 3000 jüdische Flüchtlinge beim VSJF registriert; 2100 Flüchtlinge wurden vom Verband betreut und 1400 materiell unterstützt. Vgl. SIG: JB und Rechnungs-Ablage für das Jahr 1949, S. 12, AfZ, IB SIG-Archiv / 378.

der Schweizer Öffentlichkeit wurde die Shoah als Teil der deutschen Geschichte verstanden.[4] Was die Verfolgungs- und Vernichtungspolitik der Nationalsozialisten anging, wurde in der allgemeinen Wahrnehmung in der Schweiz erst Ende der 1990er-Jahre eine Verbindung zwischen der eigenen Abweisungspolitik an der Grenze und den daraus entstandenen fatalen Folgen für die Flüchtlinge gemacht, obwohl die Flüchtlingspolitik der Schweiz bereits in den 1950er-Jahren Gegenstand einer ersten historischen Untersuchung war.[5] Der VSJF war daher mit den Folgen des Krieges für die jüdische Bevölkerung Europas – Abertausende von umherirrenden jüdischen Displaced Persons, zerstörte jüdische Gemeinden und Versuche von vorwiegend amerikanischen jüdischen Organisationen, den Opfern beizustehen – direkt konfrontiert, während der Zweite Weltkrieg in der Schweiz zu keinem spürbaren Bruch geführt hatte. Dadurch entstand eine Diskrepanz im Erleben der Folgen der Nachkriegszeit zwischen jüdischen Schweizerinnen und Schweizern und dem Rest der Bevölkerung.[6] Vor allem die in der jüdischen Flüchtlingsarbeit tätigen Personen wurden dabei mit den Nachkriegsproblemen unmittelbar konfrontiert.

Die folgenden Darstellungen sollen einige der Probleme, die sich für den VSJF daraus ergaben, näher beleuchten. Eine Auswahl wird in je einem Unterkapitel untersucht, namentlich die Beziehungen zu den Schweizer Behörden, zum Joint und zur OSE Schweiz, die Einführung des Daueraysls 1948, die Reorganisation des VSJF ab 1953, die Reaktion des VSJF auf die neuen Flüchtlingswellen 1956 und die Rolle des VSJF im Allgemeinen und Otto H. Heims im Besonderen bei der ersten Aufarbeitung der Flüchtlingspolitik der Schweiz während des Zweiten Weltkriegs.

Diese Themen wurden hauptsächlich wegen der prominenten Rolle, die Heim darin spielte, gewählt. Sie bieten einen Einblick in einige Arbeitsfelder des VSJF in der Nachkriegszeit, ohne Anspruch auf Vollständigkeit.

Summarisch sollen im vorliegenden Kapitel einige weitere Spannungsfelder für den VSJF in der Nachkriegszeit erörtert werden. Auf eine eingehende Betrachtung einiger zentraler Tätigkeiten des VSJF muss jedoch verzichtet werden, und zwar aus den folgenden Überlegungen: Die Rolle des VSJF bei der Anmeldung von Wiedergutmachungsansprüchen der vom Hilfswerk betreuten Personen ist ein sehr umfangreiches Forschungsgebiet und führt über die Zeit nach 1955 hinaus.[7] Eine genaue Untersuchung dieses Themas wäre ein

---

4 Vgl. Keller, Abwehr und Aufklärung, 2011, S. 246.
5 Vgl. Koller, Fluchtort Schweiz, 2018, S. 160. Zum Ludwig-Bericht vgl. auch Kapitel 8.4.3.
6 Vgl. Keller, Abwehr und Aufklärung, 2011, S. 246, sowie Grädel, Die Schweiz nach dem Zweiten Weltkrieg, 2004, S. 32.
7 Wiedergutmachungsansprüche von Flüchtlingen, die vom VSJF betreut wurden, wurden aber bereits vor 1955 zu einem «sehr wichtige[n] Zweig unserer Fürsorgetätigkeit», wie im Geschäftsbericht der ICZ 1954 festgestellt wurde. Vgl. o. A.: 92. GB ICZ, Zürich, Mai 1955, S. 18, AfZ, IB SIG-Archiv / 663. Edith Zweig beschrieb den Umfang dieser Arbeit nach Kriegsende als «riesig». Edith Zweig, Interview geführt von Claude Kupfer, 1984, AfZ, IB SIG-Archiv / 2075.

Abb. 51: Régine und Otto H. Heim mit Hund Quick, undatiert.

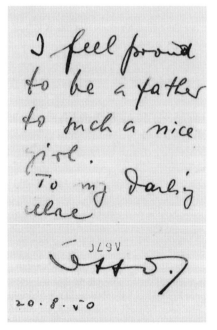

Abb. 52: Otto H. Heim, Bild und Bildrückseite mit persönlicher Widmung an Alice Siesel («I feel proud to be a father to such a nice girl. To my darling Alice»), 20. August 1950.

Abb. 53: Otto H. Heim, um 1950–1960.

Desiderat für eine künftige umfassende Forschungsarbeit. Die Betreuung der Buchenwald-Jugendlichen hingegen, ebenfalls ein grosses Tätigkeitsfeld des VSJF, wird nur kurz angeschnitten, da dazu bereits eine umfangreiche Studie vorliegt.[8]

Nach 1955 nahm diese Arbeit allerdings bedingt durch neue Gesetzgebungen in Deutschland und Österreich wesentlich an Umfang zu. Im Jahresbericht des VSJF von 1953 wurde es als Tätigkeitsgebiet beschrieben, «das im Jahre 1952 noch in den ersten Anfängen steckte». O. A.: JB und Rechnungsablage SIG und VSJF 1953, o. O., o. D., S. 8, AfZ, IB SIG-Archiv / 378. Die Zahl der Personen, die vom VSJF unterstützt wurden und bei der Anmeldung für Wiedergutmachung unterstützt worden seien, belaufe sich auf ungefähr 100. Bei weiteren rund 100 Personen sei ein Entscheid noch hängig. Vgl. ebd. Im Jahresbericht 1955 wurden die laufenden Fälle auf etwa 300 geschätzt, die Arbeit sei «äußerst kompliziert und zeitraubend» geworden, seit das Bundesentschädigungsgesetz in Kraft getreten sei. Vgl. o. A.: JB und Rechnungsablage VSJF 1955, Zürich, Januar 1956, S. 29 f., AfZ, IB SIG-Archiv / 378. 1958 wurden 368 Personen bei ihren Anträgen auf Wiedergutmachung vom VSJF unterstützt, 1959 waren es 323 Anträge. Vgl. o. A.: JB und Rechnungsablage VSJF 1958, Zürich, März 1959, S. 31, sowie o. A.: JB und Rechnungsablage VSJF 1959, o. O., o. D., S. 32, beides AfZ, IB SIG-Archiv / 378.

8 Vgl. Lerf, Buchenwaldkinder, 2010. Zur Betreuung der Buchenwald-Jugendlichen ausserdem Kapitel 7.6.2.

8.1.1   Rekurs- und Beschwerdekommissionen für Flüchtlinge

Der VSJF hatte sich vor allem ab 1943/44 bemüht, den Flüchtlingen mehr Rechte einzuräumen. Dazu gehörte beispielsweise ein zumindest formales Mitspracherecht, was die Planung der eigenen Zukunft anging,[9] und das Recht auf Beschwerde gegen Beschlüsse des Verbandes.

Im neuen Regulativ des VSJF von 1944 wurde festgehalten, dass «für sämtliche Angelegenheiten des jüdischen Flüchtlingshilfswerks»[10] eine Beschwerdeinstanz geschaffen werde, «an die alle beteiligten Flüchtlinge gegen Beschlüsse und Verfügungen von Seiten des V. S. J. F. und seiner Instanzen rekurrieren können».[11] Diese Beschwerdekommission wurde auf Antrag von Otto H. Heim eingerichtet und hatte sich Ende 1944 vollständig konstituiert. Ab Beginn des Jahres 1945 nahm die Rekurs- und Beschwerdeinstanz für Flüchtlinge ihre Arbeit auf.[12] Obwohl die Aufgabe der Beschwerdekommission nicht genauer beschrieben wurde, dürfte es sich in erster Linie um die Bearbeitung von Beschwerden gegen ablehnende Entscheide des VSJF für Unterstützungsgelder gehandelt haben.

Auf die Existenz der Kommission wurde einerseits durch eine Ankündigung im «Israelitischen Wochenblatt», andererseits durch ein Rundschreiben von Otto H. Heim, das an alle Komitees, Flüchtlingslager und Heime ging, aufmerksam gemacht.[13] Die Beschwerdekommission sollte aber nur als letztinstanzliche Stelle zum Einsatz kommen, allfällige Klagen gegen einzelne Fürsorgerinnen und Fürsorger sollten direkt an die Komitees beziehungsweise an die Zentralstelle, sofern es sich um VSJF-Mitarbeitende handelte, gerichtet werden.[14] 1945 war die Beschwerdestelle mit 16 Beschwerden konfrontiert, wobei die meisten Klagen als «nicht stichhaltig»[15] abgewiesen wurden. Im darauffolgenden Jahr gingen lediglich acht Beschwerden ein und 1947 zwölf.[16]

Im Dezember 1946 äusserte sich Otto H. Heim gegenüber dem Vorstand des VSJF kritisch über die Arbeit der Beschwerdeinstanz. Er stellte fest, dass die Entscheide häufig «willkürlich»[17] gefällt würden. Im Vorstand des VSJF

---

9   Vgl. Kapitel 7.5.1.
10 Sekretariat SIG: Regulativ über die Zusammenarbeit des VSJF mit dem SIG, Zürich, 1. 12. 1944, AfZ, IB SIG-Archiv / 2385.
11 Ebd.
12 Vgl. SIG: JB und Rechnungs-Ablage für das Jahr 1944, Zürich, 30. 3. 1945, S. 10, AfZ, IB SIG-Archiv / 378. Dass dieser Antrag auf Initiative Otto H. Heims gestellt wurde, geht aus dem Protokoll der Delegierten der ICZ zum SIG hervor, vgl. B. Sagalowitz: Prot. der Sitzung der Delegierten der ICZ zum SIG, Zürich, 11. 1. 1944, S. 3, AfZ, IB ICZ-Archiv / 228.
13 Vgl. Otto H. Heim: Rundschreiben Nr. 668, Zürich, 25. 7. 1945, AfZ, IB SIG-Archiv / 2413.
14 Vgl. Otto H. Heim: Rundschreiben Nr. 742, Zürich, 22. 1. 1946, AfZ, IB SIG-Archiv / 2414.
15 O. A.: JB und Rechnungs-Ablage für das Jahr 1945, S. 9, AfZ, IB SIG-Archiv / 378.
16 Vgl. o. A.: JB SIG 1946, S. 8, sowie o. A.: JB SIG 1947, o. O., o. D., S. 11, AfZ, IB SIG-Archiv / 378.
17 Theodora Dreifuss: Prot. VS VSJF, Zürich, 3. 12. 1946, S. 5, AfZ, IB VSJF-Archiv / 31.

wurden die Urteile des SIG wiederholt infrage gestellt, indem darauf hingewiesen wurde, dass die Beschwerdeinstanz die betroffenen Personen nicht so gut kenne wie die Vorstandsmitglieder des VSJF.[18] Der VSJF fühlte sich also durch die Beschwerdeinstanz bevormundet. Die Geschäftsleitung des SIG hingegen stellte sich gemäss einem Bericht von Otto H. Heim an den Vorstand des VSJF im Januar 1947 auf den Standpunkt, «dass der VSJF niemals reklamiere, solange die Entscheide zu seinen Gunsten ausfielen».[19]

Da die Instanz von Flüchtlingen kaum genutzt wurde, wurde sie 1950 aufgelöst. In der Folge fungierte die Geschäftsleitung des SIG während eines Jahres als Beschwerdestelle,[20] musste dann allerdings feststellen, dass sich die Klagen wieder mehrten und in ihren Sitzungen zu viel Raum einnahmen, woraufhin wieder eine kleine ständige Rekurskommission mit Sitz in Zürich eingesetzt wurde, die sich aus Georg Guggenheim, Georges Bloch und Daniel Guggenheim zusammensetzte.[21] Diese Personen waren in der Vergangenheit für den VSJF respektive die Jüdische Flüchtlingshilfe Zürich tätig gewesen (Georg Guggenheim, Georges Bloch) oder arbeiteten aktuell für sie (Daniel Guggenheim), wodurch sich über die Unabhängigkeit dieser Instanz zumindest diskutieren liesse. Die Hemmschwelle, sich an die Rekurskommission zu wenden, dürfte dadurch jedenfalls relativ hoch gewesen sein.

1949 setzte der SIG eine weitere Rekursinstanz ein, die spezifisch Beschwerden gegen Verfügungen des VSJF zur Streichung der Unterstützung behandeln sollte. «Gesunde und arbeitsfähige Menschen»[22] im Alter von 45 bis 50 Jahren, denen mit dieser Massnahme gedroht wurde, wurden per Rundschreiben des VSJF informiert, dass sie nur noch für drei Monate unterstützt werden würden. Gesamtschweizerisch ging das Schreiben an 421 Personen,[23] davon allein in Zürich «an 51 unterstützte Personen und an 107 in der Arbeit stehende».[24] Es wurde also gewissermassen prophylaktisch auch an Personen verschickt, die zu jener Zeit gar nicht auf die materielle Hilfe des VSJF angewiesen waren.

Wie war es dazu gekommen? Die Geschäftsleitung des SIG hatte den VSJF beauftragt, «die Emigrationsverhältnisse aller bei ihm registrierten Personen zu prüfen und in Fällen, in denen eine zumutbare Ausreisemöglichkeit besteht, auf deren Ausnützung hinzuwirken».[25] In erster Linie wurde dieser Entscheid aus finanziellen Gründen getroffen. Beeinflusst wurde die Massnahme jedoch durch internationale Entwicklungen: Durch die Staatsgründung Israels am

---

18 Vgl. Diskussion an der Vorstandssitzung im Juli 1947, Anni Fischelson: Prot. VS VSJF, Zürich, 7. 7. 1947, S. 5, AfZ, IB VSJF-Archiv / 32.
19 Theodora Dreifuss: Prot. VS VSJF, Zürich, 20. 1. 1947, S. 2, AfZ, IB VSJF-Archiv / 32.
20 Vgl. o. A.: JB SIG 1950, S. 11, AfZ, IB SIG-Archiv / 378.
21 Vgl. o. A.: JB SIG 1951, S. 7, AfZ, IB SIG-Archiv / 378.
22 O. A.: JB SIG 1949, S. 15, AfZ, IB SIG-Archiv / 378.
23 Vgl. ebd.
24 O. A.: 87. GB ICZ, Zürich, Mai 1950, S. 21, AfZ, IB SIG-Archiv / 663.
25 O. A.: JB SIG 1949, S. 15, AfZ, IB SIG-Archiv / 378.

14. Mai 1948 erhoffte sich der VSJF eine verstärkte Auswanderungsbewegung der noch in der Schweiz verbliebenen Flüchtlinge in den Nahen Osten. Wenn nötig sollten Flüchtlinge auch vehement zur Auswanderung nach Israel angehalten werden. Dies galt auch für Flüchtlinge, die auf die nötigen Papiere zur Auswanderung in ein anderes Drittland warteten, denn dieser Prozess konnte jahrelang dauern. Der VSJF nahm dazu im Schreiben an die Flüchtlinge Stellung: «Wir müssen Sie nachdrücklich darauf aufmerksam machen, dass wir [...] Sie nur noch für die Zeit von drei Monaten nach Erhalt dieses Briefes unterstützen können und dass wir daher zu unserem Bedauern Emigrationspläne, die sich erst in einem Jahre oder noch später durchführen lassen, nicht anerkennen können. Für diesen Fall weisen wir darauf hin, dass Ihnen die Tore Israels offen stehen, das für jeden Juden nicht nur ein zumutbares Auswanderungsland ist, sondern ein lockendes Ziel sein sollte [...].»[26] Der VSJF drohte also Flüchtlingen, die nicht innerhalb dreier Monate auswandern konnten, mit dem Entzug der Unterstützungsgelder.

Bereits im Januar 1949 hatte Otto H. Heim an der Sitzung der Geschäftsleitung des SIG die Frage gestellt, ob der SIG die Auswanderung nach Israel als zumutbar einschätze, was von den meisten Mitgliedern bejaht wurde. Den Einschätzungen von Heim zufolge sollten bis 500 Flüchtlinge innert weniger Monate nach Israel ausreisen können, wobei sich nur eine Minderheit für diese Emigrationsmöglichkeit interessierte.[27] Gleichzeitig machte Heim darauf aufmerksam, dass es sich für den VSJF um ein finanzielles Problem handle. Vonseiten der Behörden wurde ausserdem vermehrt Druck auf die Flüchtlinge und das Flüchtlingshilfswerk ausgeübt, denn die wirtschaftliche Lage in der Schweiz verschlechterte sich und es sei, so Otto H. Heim, zu befürchten, dass auch Flüchtlinge, die arbeitstätig seien, wieder fürsorgeabhängig werden könnten.[28] Damit erklärt sich die Tatsache, dass das Schreiben an viele Flüchtlinge ging, die zu diesem Zeitpunkt nicht finanziell vom VSJF abhängig waren.

Mit dem Brief wurden die Flüchtlinge auf ihr Recht hingewiesen, gegen den Entscheid zu rekurrieren. Die dafür zuständige Rekursinstanz hatte sich bis am 12. Mai 1949 konstituiert[29] und setzte sich aus Mitgliedern verschiedener jüdischer Gemeinden zusammen, wobei wiederum einige der Mitglieder in den Komitees des VSJF mitgearbeitet hatten[30] und damit eine enge Verbindung zum Flüchtlingshilfswerk hatten. Es wurde jedoch beschlossen, dass Flüchtlinge, die einen Rekurs gegen den Entscheid des VSJF einlegten, bei Bedarf ein

---

26 Leo Ortlieb: Schreiben an E. E., o. O., 8. 4. 1949, AfZ, IB VSJF-Archiv / E.32.
27 Vgl. L. Littmann: Prot. GL SIG, Bern, 20. 1. 1949, S. 2, AfZ, IB SIG-Archiv / 179.
28 Vgl. ebd.
29 Vgl. L. Littmann: Prot. GL SIG, Bern, 17. 5. 1949, S. 5, AfZ, IB SIG-Archiv / 179.
30 Als Beispiele sind in diesem Zusammenhang zu nennen Sylvain Guggenheim-Wyler und Leo Littmann (beide Zürich) sowie der «Ersatzmann» Max Biedermann (Winterthur), vgl. L. Littmann: Prot. GL SIG, Bern, 20. 1. 1949, S. 3, AfZ, IB SIG-Archiv / 179.

Mitglied der Flüchtlingsvertretung beiziehen konnten.[31] Die Flüchtlingsvertretung brachte an der Generalversammlung des VSJF 1950 über die Rekurskommission den Wunsch an, dass ein Vertreter aus ihren Reihen an deren Sitzungen teilnehmen könnte. Das lehnte der Präsident der Kommission, Sylvain Guggenheim-Wyler, mit der Begründung ab, dass nur Personen für die Rekursinstanz tätig seien, «die ausserhalb des VSJF standen».[32] Wie oben beschrieben, hatten aber einige Mitglieder, so auch Guggenheim-Wyler selbst, in der Vergangenheit in der jüdischen Flüchtlingshilfe gearbeitet, sodass deren Neutralität zumindest zweifelhaft scheint. Wie aus dem Votum von Sylvain Guggenheim-Wyler aber hervorgeht, konnte die Flüchtlingsvertretung in die hängigen Verfahren zumindest eingreifen, wobei Salomon Ehrmann darauf hinwies, dass die Flüchtlingsvertretung in einem Fall zu spät informiert worden sei.[33]

Bis Ende 1949 machten 99 Personen von ihrem Recht auf Rekurs Gebrauch, 33 Rekurse wurden gutgeheissen und 47 abgelehnt.[34] Personen, deren Rekurs gutgeheissen wurde, wurden wieder in die Unterstützung aufgenommen.[35] Die Rekurskommission, deren Arbeit als beendet angesehen wurde, wurde im Laufe des Jahres 1950 aufgelöst.[36] Personen, die Klagen gegen Entscheide des VSJF vorzubringen hatten, sollten sich fortan wieder an die 1944 geschaffene Beschwerdeinstanz des jüdischen Flüchtlingswerks wenden.[37]

8.1.2   Sammlungen für die Flüchtlingshilfe

Die Finanzen des VSJF blieben zwischen 1945 und 1955 ein allgegenwärtiges Thema. Obwohl der Bund sich seit 1942 in grösserem Masse an der Finanzierung des Unterhalts jüdischer Flüchtlinge beteiligte,[38] blieb die Finanzlast für die Schweizer Jüdinnen und Juden beträchtlich. Der Joint als wichtigster Geldgeber des VSJF reduzierte seine Unterstützungsleistungen mit dem Hinweis auf die jüdische Not in den kriegsbetroffenen Ländern Europas in der Nachkriegszeit kontinuierlich und erwartete vom Schweizer Judentum höhere Eigenleistungen aus den Sammlungen zugunsten der Flüchtlingshilfe.[39] Auch

---

31   Vgl. ebd.
32   A. Stamberger: Prot. GV VSJF, Zürich, 23. 4. 1950, S. 9, AfZ, IB VSJF-Archiv / 21.
33   Vgl. ebd.
34   Vgl. o. A.: JB SIG 1949, Zürich, 25. 1. 1950, S. 15, AfZ, IB SIG-Archiv / 378.
35   Vgl. Gerda Rosenblum: Prot. GL SIG, Bern, 1. 9. 1949, S. 4, AfZ, IB SIG-Archiv / 179.
36   Vgl. L. Littmann: Prot. GL SIG, Bern, 14. 12. 1949, S. 3, AfZ, IB SIG-Archiv / 179.
37   Vgl. o. A.: JB SIG 1949, Zürich, 25. 1. 1950, S. 15, AfZ, IB SIG-Archiv / 378.
38   Vgl. UEK, Die Schweiz und die Flüchtlinge, 2001, S. 183. Für eine detaillierte Darstellung der Beiträge des Schweizer Judentums und des Bundes zwischen 1939 und 1950 vgl. auch ebd., S. 205.
39   Vgl. dazu zum Beispiel L. Littmann: Prot. GL SIG, Bern, 7. 4. 1949, S. 3, AfZ, IB SIG-Archiv / 179.

die verspäteten Rückvergütungen jüdischer Partnerorganisationen an den VSJF führten punktuell zu finanziellen Engpässen.[40] Der Hauptgrund für die Finanzmisere lag aber in der Prämisse, dass das Schweizer Judentum und nicht der Staat für die finanzielle Unterstützung der jüdischen Flüchtlinge zuständig sei.

Die innerjüdische Kritik richtete sich jedoch hauptsächlich gegen den VSJF. Dieser wehrte den Vorwurf ab und drehte den Spiess gar um. Durch die schlechten Sammlungsergebnisse für die Flüchtlingshilfe unter Druck gesetzt, kritisierte Otto H. Heim mehrmals das in seinen Augen damit demonstrierte Desinteresse der jüdischen Bevölkerung in der Schweiz am Schicksal der Flüchtlinge. So wurde seine Wortmeldung in einer Sitzung des CC des SIG im Oktober 1945 folgendermassen protokolliert: «Auch die Aktion des S. I. G. hat sehr enttäuscht. Wenn die Indifferenz der schweizerischen Bevölkerung schon kaum zu entschuldigen ist, so hätten doch die Juden zeigen sollen, dass sie sich ihrer Pflicht stärker bewusst sind.»[41]

In der Vorstandssitzung des VSJF im Januar 1946 äusserte er erneut den Vorwurf der Gleichgültigkeit der Schweizer Jüdinnen und Juden gegenüber dem Flüchtlingsproblem[42] und auch im Jahresbericht des SIG von 1948 wurde das schlechte Sammlungsergebnis mit der Bemerkung quittiert, es sei «ein bedauerlicher Beweis für das mangelnde Verständnis, das von manchen Kreisen unserer wichtigen Aufgabe entgegengebracht wird».[43]

Die Sammlungsergebnisse waren Gegenstand häufiger Diskussionen an den Sitzungen der Geschäftsleitung des SIG.[44] Während 1938 das beste Sammlungsresultat erzielt worden war, konnte nach Kriegsende immer weniger Geld für die Flüchtlingshilfe generiert werden, wobei 1948 das schlechteste Resultat erreicht wurde.[45] Als direkte Folge davon musste der SIG Ende 1948 die Nachkriegshilfe durch «Hilfe und Aufbau» einstellen. Ein Teil der Aufgaben konnte an den VSJF übertragen werden, wobei sich der SIG mit verringerten finanziellen Beiträgen weiterhin an der Nachkriegshilfe beteiligte.[46]

---

40 Vgl. Kapitel 7.8.
41 O. A.: Prot. CC SIG, Bern, 25. 10. 1945, S. 3, AfZ, IB SIG-Archiv / 98.
42 Vgl. Theodora Dreifuss: Prot. VS VSJF, Zürich, 15. 1. 1946, S. 5, AfZ, IB VSJF-Archiv / 31.
43 O. A.: JB SIG 1948, o. O., o. D., S. 9, AfZ, IB SIG-Archiv / 378.
44 Exemplarisch für 1947 L. Littmann: Prot. GL SIG, 13. 2. 1947, S. 8 f., sowie Littmann L.: Prot. GL SIG, Bern, 5. 6. 1947, S. 2; L. Littmann: Prot. GL SIG, Bern, 9. 10. 1947, S. 1 f. und L. Littmann: Prot. GL SIG, Bern, 11. 12. 1947, S. 2, AfZ, IB SIG-Archiv / 177. Für 1949: L. Littmann: Prot. GL SIG, Bern, 16. 2. 1949, S. 2, sowie L. Littmann: Prot. GL SIG, 7. 4. 1949, S. 2; L. Littmann: Prot. GL SIG, Bern, 30. 6. 1949, S. 3; L. Littmann: Prot. GL SIG, Bern, 14. 12. 1949, S. 2, AfZ, IB SIG-Archiv / 179.
45 Vgl. L. Littmann: Prot. GL SIG, Bern, 14. 12. 1949, S. 2, AfZ, IB SIG-Archiv / 179. Zu den Sammlungsergebnissen vgl. auch o. A.: JB SIG 1948, o. O., o. D., S. 9, AfZ, IB SIG-Archiv / 378.
46 Vgl. Kapitel 7.6.2.

Die Kritik an der mangelnden Spendebereitschaft des Schweizer Judentums hatte ihren Ursprung in der Auffassung, dass Jüdinnen und Juden bereit sein sollten, mehr für jüdische Flüchtlinge zu leisten als die restliche Bevölkerung der Schweiz – eine Einstellung, die sich am deutlichsten im «Gentlemen's Agreement» von 1938 gezeigt hatte, jedoch bis in die Nachkriegszeit fester Bestandteil des schweizerisch-jüdischen Narrativs blieb. Kritik an dieser Haltung wurde nur vereinzelt geäussert. Bereits 1944 wies Walter Bär beispielsweise an einer Sitzung der ICZ-Delegierten im SIG darauf hin, dass die Flüchtlingssammlung sich zu einer «Judensteuer»[47] entwickeln würde. Es sei Sache der Behörden, die Flüchtlinge zu unterstützen. Veit Wyler unterstützte Bärs Votum und bezeichnete das «Gentlemen's Agreement» von 1938 als politischen Fehlentscheid. Eine Mehrheit der CC-Mitglieder der ICZ, so auch Otto H. Heim, wollte allerdings nicht einmal in der Delegiertenversammlung des SIG über die Bereitschaft des Schweizer Judentums, die Flüchtlingshilfe zu finanzieren, diskutieren, sodass lediglich beschlossen wurde, an der Delegiertenversammlung darauf hinzuweisen, «dass es sich um eine freiwillige Leistung handelt».[48]

Begründet wurde der Beschluss mit Befürchtungen, eine allfällige Kritik an der Zahlungspraxis würde zu einer Schlechterstellung jüdischer Flüchtlinge durch die Schweizer Behörden führen. Auch die Lockerungen der Einreisebestimmungen[49] wurden direkt auf die Bereitschaft der Schweizer Jüdinnen und Juden zurückgeführt, für den Unterhalt der jüdischen Flüchtlinge finanziell zu garantieren.[50] Die Aufgabe, Personal für die Sammlungen zu rekrutieren, gestaltete sich nach Kriegsende zunehmend schwierig. Für die Sammlung des Jahres 1949 fand sich in Zürich zunächst niemand, wobei die Sammlung aber letztlich doch noch «in Schwung»[51] gekommen sei. 1950 wurde aufgrund der Probleme, die man 1949 damit gehabt hatte, einen «geeigneten Aktionsleiter und die notwendigen Sammler zu finden»,[52] die jährliche Sammlung zugunsten der Flüchtlingshilfe durch einen fixen Betrag ersetzt, den die einzelnen Mitgliedsgemeinden an den SIG zu entrichten hatten und der durch einen bestimmten Schlüssel aus den vergangenen Sammlungsergebnissen der jüdischen Gemeinden errechnet wurde.[53] Das dabei zu erreichende Kontingent

---

47 B. Sagalowitz: Prot. der Sitzung der Delegierten der ICZ zum SIG, Zürich, 11. 1. 1944, S. 4, AfZ, IB ICZ-Archiv / 228.
48 Ebd.
49 Im Dezember 1943 hatte Heinrich Rothmund die Grenzwächter im Tessin aufgefordert, jüdische Flüchtlinge nicht mehr zurückzuweisen. Vgl. Koller, Fluchtort Schweiz, 2018, S. 41.
50 Vgl. B. Sagalowitz: Prot. der Sitzung der Delegierten der ICZ zum SIG, Zürich, 11. 1. 1944, S. 4, AfZ, IB ICZ-Archiv / 228.
51 G. Rosenblum: Prot. GL SIG, Bern, 15. 9. 1949, S. 1, sowie L. Littmann: Prot. GL SIG, Bern, 14. 12. 1949, S. 1, AfZ, IB SIG-Archiv / 179.
52 L. Littmann: Prot. GL SIG, Bern, 14. 12. 1949, S. 2, AfZ, IB SIG-Archiv / 179.
53 Vgl. o. A.: JB SIG 1950, o. O., o. D., S. 14, AfZ, IB SIG-Archiv / 378.

wurde in den 1950er-Jahren zweimal korrigiert, wobei es nach einer kurzzeitigen Reduktion 1953 bereits 1959 wieder nach oben anpasst werden musste.[54]

8.1.3 «Arbeitskolonien» für Flüchtlinge?

Die rechtliche Stellung der Flüchtlinge, insbesondere das Arbeitsverbot, war Gegenstand verschiedener Interventionen des VSJF bei den Schweizer Behörden in der Nachkriegszeit. Die Eingliederung der Flüchtlinge in den Arbeitsprozess lag dabei auch im Interesse des VSJF, um die Anzahl der Unterstützungsbedürftigen zu senken. In diesem Zusammenhang machte Benjamin Sagalowitz an der Generalversammlung des VSJF im April 1948 darauf aufmerksam, dass der VSJF die Interessen der Flüchtlinge bei der Beschaffung von Arbeitsplätzen nicht aus den Augen verlieren solle, es gehe nicht an, dass Flüchtlinge zu unzumutbaren Arbeiten gezwungen würden. Flüchtlinge sollten bei der Arbeitswahl ein Mitspracherecht haben, ansonsten sei die Aufforderung des VSJF an die Flüchtlinge, jede Arbeit anzunehmen, ein «Rückfall in die Arbeitslager-Mentalität».[55] Franz Wieler[56] erwiderte darauf, es sei für gewisse Berufssektoren, beispielsweise kaufmännische Berufe, beinahe unmöglich, vom Kanton eine Arbeitsbewilligung zu erhalten, sodass «vom fürsorgerischen Standpunkte aus [...] daher nichts anderes übrig [bleibe], als auf der ‹zumutbaren› Arbeitsannahme zu bestehen».[57] Nähere Umschreibungen, was als zumutbar eingeschätzt wurde, wurden keine gemacht.

Das Recht, Flüchtlingen Arbeitsbewilligungen zu erteilen, oblag den Kantonen und wurde dementsprechend unterschiedlich gehandhabt.[58] In der Abstimmung des Nationalrates über Beiträge des Bundes an private Flücht-

---

54 Vgl. o. A.: JB SIG 1953, o. O., o. D., S. 4, sowie o. A.: JB SIG 1959, o. O., o. D., S. 7, AfZ, IB SIG-Archiv / 378.
55 Charlotte Färber et al.: Prot. GV VSJF, Zürich, 18. 4. 1948, S. 15, AfZ, IB VSJF-Archiv / 19.
56 Franz Wieler wurde 1914 in Kreuzlingen geboren. Er studierte in Bern und Paris Jurisprudenz und war ab 1944 bis zu seiner Alija 1974 in seiner Anwaltspraxis in Zürich tätig. Franz Wieler war mit Doris, geborene Bloch, verheiratet und hatte drei Kinder. Nach seinem Rücktritt aus dem Vorstand des VSJF 1961 war Franz Wieler für die ICZ tätig, er war ICZ-Delegierter im SIG und zwischen 1967 und 1971 Präsident der Geschäfts- und Rechnungsprüfungskommission der ICZ. Zusammen mit dem Dichter Jehuda Amichay veröffentlichte Franz Wieler 1992 einen Foto- und Gedichtband und machte sich einen Namen als Landschaftsfotograf. Franz Wieler starb 1996 in Jerusalem. Vgl. o. A.: Todesanzeige Franz Wieler, in: IW 29 (1996), S. 33; R. G.: ICZ mit neuem Präsidenten, in: IW 39 (1971), S. 27; C.W.-M.: Klarer Wille zur Aktivität am 56. Delegiertentag des Schweizerischen Israelitischen Gemeindebunds in Montreux, in: IW 20 (1961), S. 7; W.-M.: Grünes Licht für die Israelaktion 1974, in: IW 18 (1974), S. 30; Roland Gradwohl: Ein neuer Foto-Gedichtband über die Judäische Wüste «Landschaft offenen Auges», in: IW 9 (1992), S. 19 f.
57 Charlotte Färber et al.: Prot. GV VSJF, Zürich, 18. 4. 1948, S. 15, AfZ, IB VSJF-Archiv / 19.
58 Vgl. o. A.: JB SIG 1947, o. O., o. D., S. 8, AfZ, IB SIG-Archiv / 378, und o. A.: TB VSJF 1948, Zürich, o. D., S. 16, AfZ, IB SIG-Archiv / 2395.

Abb. 54: Franz Wieler, undatiert, Foto: Jüdische Medien AG.

lingshilfsorganisationen vom 21. Dezember 1948 legte Nationalrat Emil Frei aus Winterthur die Probleme, die Flüchtlinge hatten, Arbeitsbewilligungen zu erhalten, dar.[59] Otto H. Heim, der im Sommer 1947 auch in den Vorstand der SZF gewählt worden war,[60] berichtete anlässlich einer Sitzung der SZF im November 1949 in Bezug auf den Kanton Zürich über «die grossen Schwierigkeiten mit dem Vorsteher des Arbeitsamtes in Zürich».[61] Durch die sinkende schweizerische Konjunktur ab 1948 wurden die Hürden, Arbeitsbewilligungen für Flüchtlinge zu erhalten, für die VSJF-Mitarbeitenden nicht geringer.[62]

Mit der schlechteren Wirtschaftslage wurde auch eine Ankündigung der Polizeiabteilung des EJPD Ende 1948, arbeitslos werdende Flüchtlinge in «Arbeitskolonien» einzuweisen, begründet.[63] Diese Drohung wurde sowohl vom VSJF als auch von der Geschäftsleitung des SIG mit Befremden aufgenommen.

59 Vgl. o. A.: 16. Sitzung Nationalrat, o. O., 21. 12. 1948, S. 363, www.amtsdruckschriften.bar.admin.ch/viewOrigDoc/10000382 7.pdf?id=100003827, 14. 9. 2020.
60 Vgl. Anni Fischelson: Prot. VS VSJF, Zürich, 7. 7. 1947, S. 6, AfZ, IB VSJF-Archiv / 32.
61 H. Weber: Prot. SZF, Zürich, 12. 11. 1949, S. 7, AfZ, IB SFH-Archiv / 187.
62 Vgl. Leo Ortlieb: JB der Jüdischen Flüchtlingshilfe Zürich 1948, o. O., 31. 12. 1948, S. 3, sowie Leo Ortlieb: JB der Jüdischen Flüchtlingshilfe Zürich 1949, o. O., 31. 12. 1949, S. 3, AfZ, IB VSJF-Archiv / 14.
63 Vgl. L. Littmann: Prot. GL SIG, Bern, 20. 1. 1949, S. 2, AfZ, IB SIG-Archiv / 179, sowie o. A.: JB SIG 1949, o. O., o. D., S. 10, AfZ, IB SIG-Archiv / 378.

Kenntnis von den Überlegungen des EJPD, arbeitslos gewordene Flüchtlinge in «Arbeitskolonien» einzugliedern, erhielt der VSJF vermutlich über entsprechende Vorschläge der eidgenössischen Fremdenpolizei in der Frage der Unterstützung einzelner Flüchtlinge. So hatte der VSJF im Herbst 1948 die Fremdenpolizei um eine Beteiligung an der Unterstützung des Flüchtlings M. W. gebeten. M. W. hatte mehrmals seine Arbeitsstelle verloren, woraufhin sich die Jüdische Flüchtlingshilfe Zürich wiederholt um Arbeitsbewilligungen bemüht hatte.[64] Da M. W. nicht in einem sogenannten Mangelberuf tätig war, sondern hauptsächlich Hilfsarbeiten verrichtete, war die Beschaffung der Arbeitsbewilligung beim Zürcher Arbeitsamt für die Flüchtlingshilfe jeweils mit Schwierigkeiten verbunden gewesen.[65]

Auf die Bitte um Unterstützung für M. W. reagierte die Polizeiabteilung des EJPD am 24. November 1948, indem sie das Gesuch mit der Begründung ablehnte, M. W. sei «gesund und arbeitsfähig».[66] Ausserdem schlug das EJPD vor: «Wenn er [M. W.] keine Beschäftigung in einem Mangelberuf findet, könnte er in die Arbeitskolonie Dietisberg[67] eintreten. Dort könnte er sich wenigstens nützlich machen. Die Aufenthaltskosten in Dietisberg würden im Monat nur Fr. 60.– betragen.»[68] Die Ankündigung, Flüchtlinge in «Arbeitskolonien» unterzubringen, sorgte im VSJF für grossen Unmut. «Arbeitskolonien» waren Anstalten, die die Schweiz seit dem 19. Jahrhundert zur «Nacherziehung» von Menschen eingerichtet hatte, die in Armut lebten oder ein von der Norm abweichendes soziales Verhalten zeigten. «Arbeitskolonien» galten dabei wie Strafanstalten, Zwangs- und Arbeitserziehungsanstalten als Teil des Massnahmenvollzugs.[69] Über Eignung und Zweckmässigkeit dieser Massnahme wurde auch an der Plenarversammlung der SZF diskutiert. Wie aus einem Protokoll der SZF im Dezember 1948 hervorgeht, hatte die Polizeiabteilung ihre Drohung, Flüchtlinge in «Arbeitskolonien» einzuweisen, zum Teil bereits umgesetzt. So berichtete Milly Furrer, «dass die Polizeiabteilung dazu übergegangen ist, junge arbeitsfähige Flüchtlinge die stellenlos wurden, in

---

64 Vgl. Helly Meyer: Schreiben an die Flüchtlingssektion des EJPD, o. O., 5. 11. 1948, AfZ, IB VSJF-Archiv / W.453.
65 Vgl. zum Beispiel Helly Meyer: Aktennotiz zu M. W., o. O., 21. 10. 1948, AfZ, IB VSJF-Archiv / W.453.
66 A. Meyer: Schreiben an die Jüdische Flüchtlingshilfe Zürich, Bern, 24. 11. 1948, AfZ, IB VSJF-Archiv / W.453.
67 Die Arbeitskolonie Dietisberg diente noch in den 1970er-Jahren als Anstalt zur Internierung von Personen, denen ein von der Norm abweichendes soziales Verhalten unterstellt wurde. Die Eingewiesenen sollten vor allem durch schwere körperliche Arbeit wieder in die Gesellschaft eingegliedert werden. Der Alltag war geprägt von Körperstrafen und einer schlechten Infrastruktur, wie aus einem Zeitzeugenbericht hervorgeht. Vgl. Strebel, Weggesperrt, 2010, S. 35–37.
68 A. Meyer: Schreiben an die Jüdische Flüchtlingshilfe Zürich, Bern, 24. 11. 1948, AfZ, IB VSJF-Archiv / W.453.
69 Vgl. Seglias/Heiniger/Bignasca, Alltag unter Zwang, 2019, S. 18.

Arbeitskolonien einzuweisen, wie z. B. Dietisberg, Enggistein oder Gampelen. [...] [Es] frägt sich doch, ob die Atmosphäre, die zwangsläufig in einer Arbeitskolonie mit den sehr zusammengewürfelten Insassen herrscht, das Richtige für die Flüchtlinge ist.»[70]

Milly Furrer betonte, dass sich die SZF der Möglichkeit, Flüchtlinge erneut in «Lagern» unterzubringen, nicht völlig entgegenstellen wolle, jedoch würden «Arbeitskolonien» nicht als geeigneter Ort zur Unterbringung arbeitslos gewordener Flüchtlinge betrachtet. Oscar Schürch gab bekannt, dass in nächster Zeit mit einer grösseren Arbeitslosigkeit unter Flüchtlingen gerechnet werden müsse und dafür noch «keine befriedigende Lösung gefunden werden»[71] konnte. Otto H. Heim schlug vor, im Januar eine Arbeitsgruppe zu bilden, die über dieses Problem mit Otto Zaugg ins Gespräch kommen solle.[72] Am gleichen Abend fand eine Vorstandssitzung des VSJF statt, an der Heim über die Sitzung der SZF berichtete. Aus seinen Ausführungen geht hervor, dass er die Ergebnisse aus der Besprechung ganz anders interpretiert hatte als die Polizeiabteilung. Er ging davon aus, dass es sich nicht um eigentliche «Arbeitskolonien» oder Arbeitslager handeln würde, sondern um «Familienkolonien [...], wo die Leute frei wären, einen normalen Lohn beziehen würden und selbst an ihre Unterhaltskosten beitragen sollten».[73] Im Übrigen sei «das Problem der Arbeitskolonien noch nicht aktuell».[74] Am 22. Dezember 1948 wiederholte die Polizeiabteilung des EJPD ihre Drohung, M. W. in eine «Arbeitskolonie» einzuweisen.[75] Auf dem Schreiben wurde handschriftlich vermerkt – vermutlich von Helly Meyer, die diese Sache bis anhin für die Flüchtlingshilfe Zürich bearbeitet hatte[76] –, dass Otto H. Heim und Jacob Zucker darüber in Kenntnis zu setzen seien.[77]

Daraufhin richtete Heim am 4. Januar 1949 einen Brief ans EJPD: «Wir möchten dringend davor warnen, Flüchtlinge in Arbeitskolonien einzuweisen und bitten Sie, mit Rücksicht auf die sehr ernsten Konsequenzen, die aus einer solchen Praxis entstehen könnten, dieses Problem in der nächsten Sitzung der Schweiz. Zentralstelle für Flüchtlingshilfe noch einmal zur Diskussion zu stellen. Wir hatten kürzlich in dieser Angelegenheit eine Besprechung mit der Flüchtlingsvertretung, die ihren ablehnenden Standpunkt mit einer begreifli-

---

70 H. Weber: Prot. SZF, Zürich, 7. 12. 1948, S. 10, BAR, E4800.1#1967/111#145*.
71 Ebd., S. 11.
72 Vgl. ebd.
73 Theodora Dreifuss: Prot. VS VSJF, Zürich, 7. 12. 1948, S. 3, AfZ, IB VSJF-Archiv / 33.
74 Ebd.
75 Vgl. Meyer (Polizeiabt. EJPD): Schreiben an die Jüdische Flüchtlingshilfe Zürich, Bern, 22. 12. 1948, AfZ, IB VSJF-Archiv / W.453.
76 Vgl. dazu zum Beispiel Helly Meyer (Jüdische Flüchtlingshilfe Zürich): Schreiben an die PA des EJPD, o. O., 2. 12. 1948, AfZ, IB VSJF-Archiv / W.453.
77 Vgl. Meyer (Polizeiabt. EJPD): Schreiben an die Jüdische Flüchtlingshilfe Zürich, Bern, 22. 12. 1948, AfZ, IB VSJF-Archiv / W.453.

chen Entrüstung vertrat. Wir halten es für selbstverständlich, dass an der von uns vorgeschlagenen Besprechung auch die Flüchtlingsvertretung teilnimmt.»[78]

Otto H. Heim schien sich in erster Linie darüber zu echauffieren, dass die Polizeiabteilung des EJPD ohne weitere Besprechung mit der SZF, geschweige denn der Flüchtlingsvertretung, dazu übergegangen war, die Einweisung in «Arbeitskolonien» als Druckmittel zu benützen, um sich der finanziellen Mitbeteiligung an der Unterstützung von Flüchtlingen zu entziehen.

Oscar Schürch, der Chef der Polizeiabteilung, schrieb daraufhin persönlich an Heim und liess den Präsidenten des VSJF wissen, dass er «mit Befremden vom Ton und Inhalt Ihres Schreibens [...] Kenntnis genommen»[79] habe. Es liege in der Natur der Sache, dass Hilfsorganisationen und Behörden «in einzelnen Fällen nicht immer den gleichen Standpunkt einnehmen».[80] Er störte sich insbesondere an der von Otto H. Heim ausgesprochenen «Warnung»,[81] die er als inopportun empfand. Eine allfällige Einweisung in eine «Arbeitskolonie» sei im Interesse der Flüchtlinge, die so «einer sinnvollen Tätigkeit»[82] nachgehen könnten. Alternativ würde man eine Wiedereinführung der Arbeitslager in Betracht ziehen. Schuld seien die schlechteren Verhältnisse in der Schweiz. Die von Heim erwähnte Entrüstung der Flüchtlingsvertretung stellte er in Abrede, jedenfalls sei nichts dergleichen an einer Sitzung der Gemischten Kommission erwähnt worden. Er, Schürch, habe sich auch beim Kanton erkundigt, welche Massnahmen bei «Schweizerbürgern» ergriffen würden, «die zwar arbeitsfähig sind, aber arbeitslos werden».[83] Diese würden nur «vorübergehend unterstützt»[84] und bei längerer Arbeitslosigkeit «in einer Arbeitskolonie oder dergleichen untergebracht».[85] Damit suche man zu verhindern, «dass sich ein Stellenloser längere Zeit in der Stadt herumtreibe und dem Müssiggang obliege».[86]

Es offenbart sich an dieser Stelle die zeitgenössische Wahrnehmung, welche Arbeitslosigkeit mit dem Unwillen der Betroffenen, einer regelmässigen Beschäftigung nachzugehen, gleichsetzte. Arbeitslose wurden dabei – vordergründig in ihrem eigenen Interesse – zur Nacherziehung in eine Institution wie eine «Arbeitskolonie» eingewiesen. Diese Zwangsmassnahmen geschahen im Zeichen staatlicher Kontrolle über das von der Norm abweichende Ver-

---

78 Otto H. Heim: Schreiben an die Polizeiabt. des EJPD, o. O., 4. 1. 1949, AfZ, IB VSJF-Archiv / W.453.
79 Oscar Schürch: Schreiben an den VSJF, Bern, 18. 1. 1948 [sic, 1949], BAR, E4260C#1974/34#682*.
80 Ebd.
81 Ebd.
82 Ebd.
83 Ebd.
84 Ebd.
85 Ebd.
86 Ebd.

haltensmuster, das im gesellschaftlichen Diskurs als unerwünscht definiert worden war und das es daher in den Augen der Behörden zu korrigieren galt.[87]

Die Empörung der Flüchtlingshilfe, die eine mögliche Diffamierung durch die Gleichsetzung von Flüchtlingen mit Sträflingen befürchtete, war daher berechtigt. Vor dem Hintergrund, dass die Flüchtlinge häufig unverschuldet arbeitslos wurden, weil sie wie im beschriebenen Beispiel nicht in einem Mangelberuf tätig waren und sich die Arbeitsämter deshalb nur schwerlich bewegen liessen, Arbeitsbewilligungen zu erteilen,[88] muss die Androhung der Einweisung in «Arbeitskolonien» als paradox bezeichnet werden, war doch letztlich der Verwaltungsapparat, der die Flüchtlinge als arbeitsunwillig darstellte, selbst für deren Arbeitslosigkeit verantwortlich. Darauf wies Otto H. Heim die Direktion der Fürsorge des Kantons Zürich in einem anderen Fall im August 1949 hin: «Im Nachtrag zu unserem Schreiben [...] müssen wir Ihnen mitteilen, dass die Fremdenpolizei die Arbeitsbewilligung für Obgenannten nicht bestätigt hat, sodass dieser nun arbeitslos ist.»[89]

Die Haltung der Geschäftsleitung des SIG in der Angelegenheit war gespalten, so waren die Mitglieder der Geschäftsleitung zwar einstimmig gegen die Einweisung der Flüchtlinge in «Arbeitskolonien», sprachen sich aber «ebenso einmütig»[90] gegen den Inhalt des Schreibens von Otto H. Heim aus, dessen «Ton bedauert»[91] wurde. Es wurde dennoch konstatiert, «dass die G. L. aber in Rücksicht auf die während der Kriegszeit gemachten Erfahrungen sich mit der Wiedereinrichtung solcher Arbeitskolonien nicht einverstanden erklären kann».[92] Einerseits wollte die Geschäftsleitung durch ein Communiqué klar Stellung gegen diese Massnahme beziehen, andererseits sollte der Chef der Polizeiabteilung weiterhin bei Laune gehalten werden. Eine Brüskierung der Polizeiabteilung durch jüdische Institutionen wollte der SIG unbedingt ver-

---

87 Vgl. Seglias/Heiniger/Bignasca, Alltag unter Zwang, 2019, S. 18.
88 Otto H. Heim nahm in diesem Zusammenhang die kantonale Fremdenpolizei Zürich in Schutz und erklärte vor allem die Arbeitsämter als verantwortlich bei der restriktiven Erteilung von Arbeitsbewilligungen. Vgl. Irene Eger: Prot. VS VSJF, Zürich, 2. 2. 1950, S. 2, AfZ, IB VSJF-Archiv / 35. Die Unwilligkeit der Arbeitsämter, Flüchtlingen Arbeitsbewilligungen zu erteilen, war in der SZF bereits seit Mitte 1946 als Problem erkannt worden. Vgl. M. Furrer: Prot. SZF, Zürich, 25. 6. 1946, S. 18–23, AfZ, IB SFH-Archiv / 45. Otto H. Heim nahm in seinem Votum direkt Bezug auf Angriffe des Nationalrats Werner Schmid auf die kantonale Fremdenpolizei. Schmid hatte im Nationalrat am 1. 4. 1949 eine kleine Anfrage an den Bundesrat gerichtet, ob es möglich sei, die Kantone zu bewegen, bei der Erteilung von Arbeitsbewilligungen an Flüchtlinge grosszügiger vorzugehen. Vgl. Ch. Oser: Kleine Anfrage Werner Schmid, o. O., 7. 6. 1949, Diplomatische Dokumente der Schweiz, https://dodis.ch/3124, 20. 11. 2020.
89 Otto H. Heim: Schreiben an die Direktion der Fürsorge im Kanton Zürich, o. O., 23. 8. 1949, AfZ, IB VSJF-Archiv / E.32.
90 L. Littmann: Prot. GL SIG, Bern, 16. 2. 1949, S. 2, AfZ, IB SIG-Archiv / 179.
91 Ebd.
92 Ebd.

meiden – ein Hinweis auf die fortbestehende Abhängigkeit des SIG vom Wohlwollen der Schweizer Behörden.

Im Jahresbericht 1949 konnte der SIG feststellen, dass die Sache einer möglichen Unterbringung von Flüchtlingen in «Arbeitskolonien» nicht weiterverfolgt worden war, was mit Genugtuung zur Kenntnis genommen wurde.[93]

8.1.4 Innerjüdische Kritik am VSJF und Reformen des Flüchtlings- und Fürsorgewesens

Weil die finanzielle Lage des VSJF sich trotz der abnehmenden Zahl von Unterstützungsfällen nicht verbesserte, wurde nach Kriegsende vonseiten der jüdischen Öffentlichkeit verschiedentlich der Vorwurf geäussert, der Verwaltungsapparat des VSJF sei zu gross und die Gehälter der Angestellten zu hoch.[94] Der SIG nahm zu dieser Kritik wiederholt Stellung, indem er in den Jahresberichten auf die Finanzlage des VSJF einging.[95]

1949 wurden die administrativen Kosten des VSJF einer genaueren Prüfung unterzogen.[96] Die Anschuldigung, die Saläre seien zu hoch, wurde für «nicht stichhaltig»[97] befunden. Gleichzeitig wurde der VSJF über den Kassier des SIG, Alfred Goetschel, angehalten, weiterhin Sparsamkeit walten zu lassen.[98] Otto H. Heim schlug an einer Vorstandssitzung des VSJF im Juni 1949 vor, «verschiedene Abteilungen des VSJF aufzulösen [...], z. B. de[n] Aerztliche[n] Dienst, die Kleiderkammer, die Rechtsabteilung und die Gemeindeküche»,[99] um Kosten einzusparen. Um die Ausgaben zu senken, erwog der VSJF sogar so drastische Massnahmen wie die Entlassung einiger seiner Mitarbeitenden, um sie dann wieder in die Unterstützung aufzunehmen. Damit hätte man zwar die Kosten insgesamt nicht gesenkt, jedoch das Bild verbessert. Irene Eger lehnte diese Überlegung als unethisch ab und der Vorstand des VSJF beschloss, vorläufig auf diesen Schritt zu verzichten.[100] Auch auf die Schliessung von Abteilungen des VSJF wurde vorläufig verzichtet.[101]

93 Vgl. o. A.: JB SIG 1949, o. O., o. D., S. 10, AfZ, IB SIG-Archiv / 378.
94 Vgl. zum Beispiel o. A.: Prot. CC SIG, Bern, 25. 10. 1945, S. 4, AfZ, IB SIG-Archiv / 98. Auch in der jüdischen Presse wurde kritisiert. Vgl. Adrien Blum: Probleme des Schweiz. Israelit. Gemeindebundes, in: Jüdische Rundschau Makkabi 6, 1946, S. 6, sowie A. B. [vermutlich Adrien Blum]: Zur 44. Delegierten-Versammlung des Schweizerischen Israelitischen Gemeindebundes, in: Jüdische Rundschau Makkabi 16, 1949, S. 1.
95 Vgl. SIG Jahresberichte 1946–1950, AfZ, IB SIG-Archiv / 378.
96 Vgl. Otto H. Heim: Schreiben an die Vorstandsmitglieder des VSJF, Zürich, 9. 6. 1949, AfZ, IB VSJF-Archiv / 34.
97 Gerda Rosenblum: Prot. GL SIG, Bern, 1. 9. 1949, S. 2, AfZ, IB SIG-Archiv / 179.
98 Vgl. Riwkah Schärf: Prot. GV VSJF, Zürich, 22. 5. 1949, S. 7 f., AfZ, IB VSJF-Archiv / 20.
99 Theodora Dreifuss: Prot. VS VSJF, Zürich, 13. 6. 1949, S. 2, AfZ, IB VSJF-Archiv / 34.
100 Vgl. ebd., S. 3.
101 Vgl. ebd.

Es darf davon ausgegangen werden, dass der Verband umsichtig wirtschaftete, denn die Buchhaltung des VSJF wurde seit der Reorganisation des Verbandes im Herbst 1944 zumindest periodisch durch eine Schweizer Treuhandgesellschaft geprüft,[102] zudem – auf Verlangen des Joint – von einer amerikanischen.[103] Der VSJF setzte die Verbesserungsvorschläge bezüglich Salären, Administrationskosten und Verbuchungsart gemäss Bericht der GL jeweils zufriedenstellend um.[104] Dennoch kursierte das Gerücht, die Spesen des VSJF seien zu hoch, weiterhin in den jüdischen Gemeinden.[105]

Als Ursache für die Stagnation der Ausgaben des VSJF sind einerseits die Übernahme diverser neuer Aufgaben («Hilfe und Aufbau» und Buchenwald-Jugendliche ab 1946,[106] Kinder, die vormals durch das SHEK betreut worden waren, ab 1948,[107] Flüchtlinge, die davor von der ZL in den «Lagern» betreut worden waren, und alle übrigen Fälle von «Hilfe und Aufbau» ab 1949)[108] zu sehen, andererseits die Professionalisierung des Verbandes ab 1944, die dazu geführt hatte, dass die Verwaltungsspesen tatsächlich nicht mit denen der Vorkriegsjahre und der ersten Kriegsjahre vergleichbar waren, als der Verband sein Personal wesentlich aus unbezahlten Hilfskräften rekrutiert hatte. Otto H. Heim setzte sich seither energisch dafür ein, dass die Angestellten des Verbandes eine zeitgemässe Entlöhnung erhielten und in die Sozialversicherungen aufgenommen wurden.[109] So stellte er an der Generalversammlung des VSJF 1949 fest, dass zwar gespart werden müsse, dass aber die Salärhöhe der

---

102 Vgl. o. A.: TB VSJF 1946, o. O., o. D., S. 24, AfZ, IB SIG-Archiv / 2394. Aus dem Tätigkeitsbericht des reorganisierten VSJF geht hervor, dass die grösseren Komitees ihre Rechnungen durch Treuhandfirmen überprüfen liessen. Die Jahresrechnung des VSJF von 1944 wurde ebenfalls von einer Treuhandgesellschaft überprüft. Vgl. o. A.: TB VSJF, 1. 11. 1944–31. 5. 1945, o. O., o. D., AfZ, IB VSJF-Archiv / 3. Die Rechnung des VSJF wurde zwischen 1944 und 1946 zumindest periodisch von einer Treuhandgesellschaft geprüft, vgl. o. A.: TB VSJF 1946, o. O., o. D., S. 24, AfZ, IB SIG-Archiv / 2394.

103 Aus einer Wortmeldung von Otto H. Heim an der GL des SIG im Juni 1949 geht hervor, dass eine Treuhandgesellschaft des Joint die Jahresrechnung des VSJF seit mindestens 1948 überprüfte, vgl. L. Littmann: Prot. GL SIG, Bern, 30. 6. 1949, S. 2, AfZ, IB SIG-Archiv / 179. 1953 wurde im Jahresbericht des SIG festgehalten, dass «die Buchhaltung des VSJF […] durch die Fides-Treuhandvereinigung und von der Treuhandstelle des American Joint Distribution Comittee in New York geprüft» werde, vgl. o. A.: JB SIG 1953, S. 12, AfZ, IB SIG-Archiv / 378.

104 Vgl. L. Littmann: Prot. GL SIG, Bern, 30. 6. 1949, S. 2, AfZ, IB SIG-Archiv / 179.

105 Vgl. Abraham Stamberger: Prot. DV SIG, Zürich, 27. 5. 1954, S. 13, AfZ, IB SIG-Archiv / 34.

106 Zu «Hilfe und Aufbau» vgl. zum Beispiel L. Littmann: Prot. GL SIG, Bern, 5. 9. 1946, S. 2, AfZ, IB SIG-Archiv / 176. Zur Übernahme der Buchenwald-Jugendlichen durch die Schweizer Spende vgl. zum Beispiel Otto H. Heim: Schreiben an Oscar Schürch, Zürich, 21. 6. 1946, AfZ, IB SIG-Archiv / 2778.

107 Es handelte sich dabei um ungefähr 400 Kinder und Jugendliche, die neu vom VSJF betreut wurden. Vgl. o. A.: TB VSJF 1948, Zürich, o. D., S. 11, AfZ, IB SIG-Archiv / 2395.

108 Vgl. o. A.: JB SIG 1949, o. O., o. D., S. 14, 16, AfZ, IB SIG-Archiv / 378.

109 Vgl. dazu zum Beispiel Irene Eger: Prot. VS VSJF, Zürich, 15. 6. 1954, S. 6, AfZ, IB VSJF-Archiv / 39.

Angestellten des VSJF nicht diskutierbar sei, denn der «Verband zahlt Beträge, die unter denen der Privatwirtschaft stehen».[110] Die Ausreise der noch in der Schweiz verbliebenen Flüchtlinge erwies sich ebenfalls als zähe Angelegenheit, herrschte doch nach wie vor an beliebten Auswanderungszielen wie zum Beispiel den USA eine strenge Quotenregelung.[111]

Dem wiederholten Ruf nach einem Abbau der Zentrale wurde dennoch Folge geleistet. Die Zentralstelle, die seit 1945 an der Olgastrasse 10 in Zürich ihre Büros eingerichtet hatte und noch 1947 das ganze Haus in Anspruch genommen hatte, hatte sich bis September 1949 so weit verkleinert, dass alle Büros, inklusive derjenigen der Jüdischen Flüchtlingshilfe Zürich, auf einem Stockwerk lagen.[112] 1950 stellte Otto H. Heim an der Generalversammlung des VSJF fest, dass «der Personalabbau [...] nunmehr die Grenzen des Erträglichen erreicht»[113] habe. Die verbliebenen 15 in der Zentrale des VSJF Mitarbeitenden würden «immense Arbeit»[114] leisten.

Ab 1946 wurde gefordert, dass der VSJ Fürsorgen wieder die Betreuung von Personen übernehme, die aus Gemeinden stammten, die selbst nicht über die nötigen finanziellen Mittel verfügten. Während der Kriegsjahre, vor allem aufgrund der Reorganisation des VSJF und der hohen Flüchtlingsbetreuungszahlen in den letzten beiden Kriegsjahren, war diese Praxis aber aufgegeben worden. Die Finanzierung dieser Betreuungsfälle sollte nun erneut von der Zentralstelle des VSJF übernommen werden, wobei die nötigen Gelder aus einem «noch zu ermittelnden Schlüssel von den Fürsorgekommissionen der jüdischen Gemeinden in der Schweiz [...] zusammen aufgebracht»[115] werden sollten. 1948 wurde beschlossen, dass «jede Gemeinde pro Mitglied dem V. S. J. Fürsorgen ab 1. Januar 1948 einen Beitrag von jährlich Fr. 6.–»[116] zahlen müsse. Die Zurückorientierung an den ursprünglichen Aufgaben der Fürsorge, die auch das sogenannte Passantenwesen beinhaltete,[117] sollte eine der Leitlinien sein, an denen sich die Reorganisationsbestrebungen des VSJF 1953 orientierten.[118]

Debattiert wurde in der Nachkriegszeit auch über die Beziehungen der Zentrale des VSJF zu den Komitees, die historisch bedingt eng mit den einzelnen jüdischen Gemeinden verbunden waren. Zürich sollte sich dabei als Spezialfall erweisen. Innerhalb der ICZ kritisierte Benjamin Sagalowitz bereits im Juni 1944, dass die Flüchtlingshilfe Zürich sich in den Kriegsjahren

---

110 Riwkah Schärf: Prot. GV VSJF, Zürich, 22. 5. 1949, S. 8, AfZ, IB VSJF-Archiv / 20.
111 Zu der Quotenregelung der USA vgl. Kapitel 7.6.1.
112 Vgl. L. Littmann: Prot. GL SIG, Bern, 14. 12. 1949, S. 4, AfZ, IB SIG-Archiv / 179.
113 A. Stamberger: Prot. GV VSJF, Zürich, 23. 4. 1950, S. 8, AfZ, IB VSJF-Archiv / 21.
114 Ebd.
115 L. Littmann: Prot. GL SIG, Zürich, 31. 1. 1946, S. 5, AfZ, IB SIG-Archiv / 176.
116 O. A.: JB SIG 1948, o. O., o. D., S. 11, AfZ, IB SIG-Archiv / 378.
117 Vgl. dazu zum Beispiel o. A.: JB SIG 1950, o. O., o. D., S. 16, AfZ, IB SIG-Archiv / 378.
118 Vgl. Kapitel 8.4.1.

zunehmend von der Fürsorgekommission der ICZ gelöst habe und dem VSJF unterstellt sei. Dadurch würde sich die Flüchtlingshilfe langsam der Kontrolle der Gemeinde entziehen, obwohl aus dem neuen Regulativ des VSJF hervorgehe, dass die lokale Flüchtlingshilfe den jeweiligen jüdischen Gemeinden unterstehen würde und diese damit die Verantwortung dafür zu tragen hätten.[119] Die enge Bindung der Jüdischen Flüchtlingshilfe Zürich an den VSJF sollte hinsichtlich der Reorganisationsbestrebungen des VSJF zu Beginn der 1950er-Jahre zunehmend zum Problem werden.[120]

Im August 1949 wurde in einer Absprache zwischen Otto H. Heim, Leo Littmann und Saly Mayer die Überlegung angestellt, dass sich der VSJ Flüchtlingshilfen gleichzeitig mit der IRO auf Ende Juni 1950 auflösen sollte. Die Betreuung der noch in der Schweiz verbliebenen Flüchtlinge sollte dann entweder von einer kleineren Zentralstelle übernommen werden, die direkt dem SIG angegliedert war, oder ganz den lokalen jüdischen Fürsorgestellen überlassen werden.[121] Gleichzeitig würden Vorstand und Präsident des VSJF zurücktreten. Dies wurde aus «politischen und taktischen Gründen»[122] in Erwägung gezogen, weil dann auch «das ganze Personal entlassen werden könnte und die Flüchtlinge die Ausreise ernster nehmen würden»,[123] so das Protokoll der Geschäftsleitung des SIG.

Die Auflösung des VSJF erwies sich jedoch als problematisch, denn es stellte sich die Frage, wer für Flüchtlinge aufzukommen habe, für die sich weder die Fürsorgestellen der Gemeinden noch der VSJ Fürsorgen verantwortlich sahen; namentlich Flüchtlinge, die anstatt des Dauerasyls eine Niederlassungsbewilligung erhalten hatten – wie es beispielsweise im Kanton Basel-Stadt 1949 Usus wurde –, und für die sogenannten Stranded Cases, für die der Joint keine Beiträge bezahlte.[124]

Das ungelöste Problem der Unterstützung von Personen mit Niederlassungsbewilligung sorgte für Diskussionsstoff in den Sitzungen der Geschäftsleitung des SIG. Für sogenannte ortsansässige Arme, also auch Personen, die eine Niederlassungsbewilligung erhalten hatten, aber später gegebenenfalls eine Unterstützung benötigten, waren eigentlich die Fürsorgestellen der jüdischen Gemeinden zuständig.[125] Dennoch konnte sich der SIG nicht auf den Standpunkt stellen, dass Niedergelassene von den jüdischen Gemeinden zu

---

119 Vgl. o. A.: Prot. GV ICZ, Zürich, 11. 6. 1944, S. 28–33, AfZ, IB ICZ-Archiv / 149.
120 Vgl. Kapitel 8.4.1.
121 Vgl. Otto H. Heim: Memorandum als vorläufige Stellungnahme des Präsidenten des VSJF zur Besprechung mit Saly Mayer und Leo Littmann, Zürich, 12. 8. 1949, S. 2, AfZ, IB SIG-Archiv / 2453.
122 G. Rosenblum: Prot. GL SIG, Bern, 1. 9. 1949, S. 1, AfZ, IB SIG-Archiv / 179.
123 Ebd.
124 Vgl. ebd., S. 3, sowie L. Littmann: Prot. GL SIG, Bern, 9. 11. 1949, S. 6 f., AfZ, IB SIG-Archiv / 179.
125 Vgl. Theodora Dreifuss: Prot. GA VSJF, Zürich, 5. 7. 1949, S. 1, AfZ, IB VSJF-Archiv / 27.

unterstützen seien, da die Gemeinde sich ausserstande sahen, die Kosten für diese Menschen zu tragen[126] – ein Dilemma, sollte doch der VSJ Flüchtlingshilfen eigentlich aufgelöst werden. Als komplex erwies sich auch die Frage, wer für die rund 400 ehemaligen Flüchtlinge, die unterdessen in Davos ansässig waren, aufkommen sollte, denn die jüdische Gemeinschaft Davos bestand lediglich aus etwa 15 ortsansässigen Familien.[127]

Als mögliche Lösung wurde über einen Ausbau des VSJ Fürsorgen nachgedacht, wobei auch dafür die nötigen Mittel fehlten. Weil die Weiterfinanzierung durch den Joint oder eine finanzielle Beteiligung durch die IRO als unsicher deklariert wurden, beschränkten sich die potenziellen Geldgeber auf den Bund und die jüdischen Gemeinden.[128] Zu einer finanziellen Stabilisierung des VSJF kam es Anfang der 1950er-Jahre, als viele Flüchtlinge das Dauerasyl erhielten, das von Bund und Kantonen mitfinanziert wurde.[129] Diese Entwicklung begünstigte die Integration der Flüchtlingshilfe in die Fürsorgestellen der jüdischen Gemeinden.[130]

Die Bestrebungen, die Flüchtlingshilfe in die Fürsorge einzubauen, wurden in den 1950er-Jahren weiterverfolgt. Die jüdischen Gemeinden sträubten sich jedoch gegen dieses Vorhaben, weil sie befürchteten, damit auch die Finanzierung der Flüchtlinge übernehmen zu müssen, obwohl das vom Verband deutlich bestritten wurde.[131] Für die Beschaffung des Geldes zur Unterstützung ehemaliger Flüchtlinge sollte auch weiterhin der SIG verantwortlich sein. Dabei kam es aber immer wieder zu Streitigkeiten in Fragen der Zuständigkeit.[132] 1953 wurde die Reorganisation des VSJF endgültig in Angriff genommen.[133]

---

126 Vgl. dazu zum Beispiel G. Rosenblum: Prot. GL SIG, Bern, 15. 9. 1949, S. 1 f., AfZ, IB SIG-Archiv / 179. Für Zürich wurde berechnet, dass 50 Niedergelassene die jüdischen Gemeinden jährlich 130 000 Franken kosten würden. Vgl. ebd., S. 2.
127 Vgl. L. Littmann: Prot. GL SIG, Bern, 20. 1. 1949, S. 2, sowie Leo Littmann: Prot. GL SIG, Bern, 19. 10. 1949, S. 3, AfZ, IB SIG-Archiv / 179. Gemäss Tätigkeitsbericht der Flüchtlingshilfe und Fürsorge Davos beliefen sich die Gesamtaufwendungen im Jahr 1947 auf rund 623 446 Franken. Vgl. o. A.: TB Flüchtlingshilfe und Fürsorge Davos 1947, o. O., o. D., S. 2, AfZ, IB VSJF-Archiv / 6.
128 Vgl. G. Rosenblum: Prot. GL SIG, Bern, 1. 9. 1949, S. 1 f., AfZ, IB SIG-Archiv / 179.
129 Vgl. Kapitel 8.3.
130 Vgl. o. A.: JB SIG 1951, o. O., o. D., S. 7, AfZ, IB SIG-Archiv / 378.
131 Vgl. o. A.: TB VSJF 1952, Zürich, o. D., S. 5, AfZ, IB SIG-Archiv / 2395.
132 Vgl. Briefwechsel zwischen Otto H. Heim (VSJF) und Gustave Dreyfuss (Komitee Lausanne), 1952, AfZ, IB SIG-Archiv / 2456.
133 Vgl. o. A.: JB SIG 1953, Zürich, 19. 1. 1954, S. 7, AfZ, IB SIG-Archiv / 378. Vgl. dazu auch Kapitel 8.4.1.

8.1.5 Folgen der Finanzmisere des VSJF für die Flüchtlinge

Der VSJF war bis 1950 oft zahlungsunfähig und überwies den Komitees das Geld für ihre laufenden Kosten dementsprechend häufig zu spät, woraus sich in der Folge ein Teufelskreis entwickelte.

Unter den Folgen der finanziellen Engpässe des VSJF litten die Flüchtlinge, die von verschiedenen Sparmassnahmen betroffen waren: Im Juli 1945 wurde beschlossen, dass Erholungsurlaube aus Arbeitslagern nur noch in dringenden Fällen bewilligt werden sollten.[134] Auch die Nachkriegshilfe konnte nur in einem engen Rahmen geleistet werden, so galt die Aktion «Wiedervereinigung der Familien», die Familienangehörigen von in der Schweiz weilenden Flüchtlingen die Einreise in die Schweiz erlaubte, damit sie gemeinsam emigrieren konnten, nur für Ehepartnerinnen und -partner und minderjährige Kinder der Flüchtlinge.[135] Der VSJF leistete Unterhaltsgarantien zugunsten dieser Familienmitglieder, weil die Behörden verschiedener Kantone sich im Gegenzug bereit erklärt hatten, auf die Hinterlegung einer Kaution bei der Erteilung von Toleranzbewilligungen zu verzichten.[136]

Die Jüdische Flüchtlingshilfe Zürich berichtete im Geschäftsbericht der ICZ von 1948, dass bedingt durch die finanzielle Lage des VSJF weniger ORT-Kurse durchgeführt, Praktika vergeben und Studienbewilligungen erteilt werden konnten.[137] Die finanzielle Unterstützung des VSJF deckte meistens knapp die elementaren Lebenserhaltungskosten, alle weiteren Auslagen, so auch Arzt- und Zahnarztkosten, zogen langwierige Verhandlungen mit dem VSJF nach sich.[138] Als ebenso belastend für die Flüchtlinge dürften die ständigen Nachfragen, wie es um ihre Emigration stehe, sowie die Vorgabe, jede zumutbare Arbeit annehmen zu müssen, gewirkt haben.[139] Ab 1949 bemühte

---

134 Vgl. o. A.: Prot. GA VSJF, Zürich, 11. 7. 1945, AfZ, IB VSJF-Archiv / 24.
135 Vgl. Otto H. Heim: Rundschreiben Nr. 764, Zürich, 18. 3. 1946, AfZ, IB SIG-Archiv / 2414.
136 Vgl. Otto H. Heim: Rundschreiben Nr. 738, Zürich, 7. 1. 1946, AfZ, IB SIG-Archiv / 2414.
137 Vgl. Leo Ortlieb: JB der Jüdischen Flüchtlingshilfe Zürich 1948, o. O., 31. 12. 1948, S. 2, AfZ, IB VSJF-Archiv / 14, sowie o. A.: 86. GB ICZ, Zürich, April 1949, S. 21, AfZ, IB SIG-Archiv / 663.
138 Zur Höhe der ausgezahlten Unterstützung vgl. Edith Zweig, Interview geführt von Claude Kupfer, 1984, AfZ, IB SIG-Archiv / 2075. Briefwechsel für zusätzliche finanzielle Unterstützungen, zum Beispiel für medizinische Massnahmen, findet man in diversen Flüchtlingsdossiers des VSJF, zum Beispiel W. M.: Schreiben an Charlotte Catala, Mogelsberg, 3. 9. 1945, sowie deren Antwort: Charlotte Catala: Schreiben an M. W., o. O., 4. 9. 1945, AfZ, IB VSJF-Archiv / W.453. Erich Goldschmidt, ein Arzt, der für das Komitee Zürich zuständig war, berichtete an der GV des VSJF 1946, dass «nur die allernötigsten Hospitalisierungen und Erholungsurlaube bewilligt» würden. Ausserdem erhalte der ärztliche Dienst viele «Gratismuster von Medikamenten» und viele Schweizer Ärzte würden Flüchtlinge unentgeltlich behandeln. Vgl. Theodora Dreifuss: Prot GV VSJF, Zürich, 16. 6. 1946, S. 11, AfZ, IB VSJF-Archiv / 17.
139 Vgl. Irene Eger: Prot. Ausschuss Jüdische Flüchtlingshilfe Zürich, Zürich, 14. 5. 1946, S. 2, AfZ, IB SIG-Archiv / 2405, sowie Otto H. Heim: Rundschreiben Nr. 32/47, Zürich, 14. 11. 1947, AfZ, IB SIG-Archiv / 2414.

sich der VSJF um eine Aufnahme der von ihm unterstützten Personen in eine Krankenkasse.[140] Ziel war eine Absicherung der medizinischen Versorgung, denn der VSJF wollte seinen eigenen ärztlichen Dienst auflösen.[141] 1951 wurden die von den Komitees St. Gallen[142] und Zürich[143] unterstützten Personen in die Krankenkasse aufgenommen. Damit konnte der VSJF weitere Kosten einsparen,[144] die Eingliederung der vom VSJF betreuten Personen in die Krankenkassen bedeutete aber auch einen Schritt in die vom VSJF angestrebte Normalisierung der Verhältnisse für die ehemaligen Flüchtlinge.

Für Differenzen zwischen den Flüchtlingen und dem VSJF sorgte die «Verpflichtungserklärung» für «Emigrantinnen», «Emigranten» und Flüchtlinge.[145] Diese Erklärung, die von allen Flüchtlingen unterzeichnet werden sollte, hatte zum Inhalt, dass die Unterstützungsleistungen des VSJF nur als Darlehen zu verstehen seien und damit zurückbezahlt werden sollten, sobald die finanzielle Situation der Flüchtlinge es erlaube.[146] Der Versand der Verpflichtungserklärungen war in Absprache mit der GL des SIG erfolgt.[147] Der VSJF drohte den Flüchtlingen, die sich weigerten, das Schreiben zu unterschreiben, mit einem Entzug der Unterstützung, woraufhin einige Flüchtlinge den Verband der Nötigung bezichtigten.[148] Gegen diesen Vorwurf wehrte sich der VSJF mit dem Hinweis, «dass der Verpflichtungsschein bereits 1938 verwendet wurde»[149] und «dass auch der Bund seine Emigrationsbeiträge nur gegen Verpflichtungsscheine verwendet habe».[150] Sowohl die Flüchtlingsvertretung als auch die SZF protestierten gegen die Praxis des VSJF, Flüchtlinge zur Unterzeichnung von Verpflichtungserklärungen zu bewegen.[151] 1947 wurde diese Methode bereits wieder aufgegeben, nachdem beschlossen worden war, dass ein Entzug der Unterstützung bei Personen, die sich weigerten, das Formular zu unterschreiben, widerrechtlich sei.[152]

---

140 Vgl. Irene Eger: Prot. GA VSJF, Zürich, 14. 3. 1949, S. 2, AfZ, IB VSJF-Archiv / 27.
141 Vgl. Irene Eger: Prot. GA VSJF, Zürich, 13. 6. 1950, S. 1, AfZ, IB VSJF-Archiv / 28.
142 Vgl. Irene Eger: Prot. VS VSJF, Zürich, 15. 5. 1951, S. 3, AfZ, IB VSJF-Archiv / 35.
143 Vgl. Irene Eger: Prot. VS VSJF, Zürich, 1. 11. 1951, S. 3, AfZ, IB VSJF-Archiv / 35.
144 Vgl. Walter Wreschner: Jüdische Flüchtlingshilfe Zürich, in: o. A.: 91. GB ICZ, Zürich, März 1954, S. 19, AfZ, IB SIG-Archiv / 663.
145 Vgl. Theodora Dreifuss: Prot. VS VSJF, Zürich, 3. 12. 1946, S. 3 f., AfZ, IB VSJF-Archiv / 31.
146 Vgl. o. A.: Schreiben an alle Emigranten und Flüchtlinge, Zürich, 5. 2. 1947, AfZ, IB SIG-Archiv / 2414.
147 Vgl. L. Littmann: Prot. GL SIG, Bern, 14. 11. 1946, S. 3, AfZ, IB SIG-Archiv / 176.
148 Vgl. Theodora Dreifuss: Prot. VS VSJF, Zürich, 5. 5. 1947, S. 3, AfZ, IB VSJF-Archiv / 32.
149 Theodora Dreifuss: Prot. VS VSJF, Zürich, 3. 12. 1946, S. 4, AfZ, IB VSJF-Archiv / 31.
150 Ebd. Robert Meyer machte darauf aufmerksam, dass der vormals verwendete Verpflichtungsschein sich inhaltlich vom aktuellen unterschieden habe; der alte Verpflichtungsschein habe «eine Sicherung gegen Unterstützungsbetrug» dargestellt, indem darauf hingewiesen worden sei, dass nur Mittellose das Recht auf Unterstützung hätten. Vgl. ebd.
151 Vgl. Theodora Dreifuss: Prot. VS VSJF, Zürich, 11. 2. 1947, S. 3 f., sowie Theodora Dreifuss: Prot. VS VSJF, Zürich, 3. 3. 1947, S. 1–3, AfZ, IB VSJF-Archiv / 32.
152 Vgl. o. A.: JB SIG 1947, o. O., o. D., S. 11, AfZ, IB SIG-Archiv / 378.

Das ständige Ringen, finanziell über die Runden zu kommen, wirkte auch zermürbend auf die Leitung des VSJF. In seiner Ansprache an die GV des VSJF am 18. April 1948 hatte Otto H. Heim bereits einen düsteren Ton angeschlagen. So hatte er angesprochen, dass es «etwas schwer geworden»[153] sei, «im VSJF mit Liebe und Freude zu arbeiten»,[154] und weiter, dass «die Arbeit [...] heute nicht mehr so schön und befriedigend wie ehedem»[155] sei. «Am schlimmsten»,[156] so Heim, seien die «finanziellen Sorgen».[157]

Die finanzielle Lage verschlechterte sich im Herbst 1948 und Frühjahr 1949 weiter, sodass sich Otto H. Heim im Juli 1949 an Georges Brunschvig wandte und um ein Darlehen des SIG bat, da Joint-Subventionen ausgeblieben waren, weil es Schwierigkeiten mit der Dollarkonvertierung gegeben hatte. Heim schrieb dazu: «Für unsere Arbeit bilden aber diese Erklärungen keinen Ausweg, denn wir müssen unsere Emigranten und Flüchtlinge weiter unterstützen und den Betrieb aufrechterhalten und dazu braucht es Geld.»[158] Weiter schrieb er: «Der Unterzeichnete verreist morgen für 14 Tage in die Ferien und wäre glücklich, wenn er wenigstens während dieser Zeit nichts über den V. S. J. F. hören müsste. Vielleicht geschieht doch ein Wunder. Auf alle Fälle möchten wir mit allem Nachdruck darauf hinweisen, dass die Leitung des V. S. J. F. nicht gewillt ist diese dauernde Finanzmisere ohne Aussicht auf Besserung hinzunehmen, und sie behält sich vor, die entsprechenden Konsequenzen daraus zu ziehen.»[159]

Ob sich diese implizite Ankündigung einer Demission nur auf die Person von Otto H. Heim bezog oder ob weitere Vorstandsmitglieder ihren Rücktritt erwogen, geht aus den Akten nicht hervor. Georges Brunschvig scheint die Drohung jedenfalls ernst genommen zu haben, denn er leitete umgehend die nötigen Schritte in die Wege, um für Entspannung in der finanziellen Situation des VSJF zu sorgen,[160] und so liess Heim seinen Worten keine Taten folgen.

Ebenfalls aus finanziellen Überlegungen gab sich der SIG sehr zurückhaltend in der Frage der Liberierung der Flüchtlinge aus dem Verwaltungsapparat der ZL, denn es wurde befürchtet, dass vom Schweizer Judentum erwartet werde, dass es die Betreuungskosten dieser Flüchtlinge übernehme.[161] Im Jahresbericht von 1950 gab der SIG ausserdem bekannt, dass die Flüchtlings-

---

153 Charlotte Färber et al.: Prot. GV VSJF, Zürich, 18. 4. 1948, S. 1, AfZ, IB VSJF-Archiv / 19.
154 Ebd.
155 Ebd.
156 Ebd.
157 Ebd.
158 Otto H. Heim: Schreiben an Georges Brunschvig, Zürich, 8. 7. 1949, AfZ, IB SIG-Archiv / 2453.
159 Ebd.
160 Vgl. Georges Brunschvig: Schreiben an Saly Mayer, o. O., 10. 7. 1949, AfZ, IB SIG-Archiv / 2453.
161 Vgl. L. Littmann: Prot. GL SIG, Bern, 9. 11. 1949, S. 6, AfZ, IB SIG-Archiv / 179.

hilfe sich aufgrund fehlender finanzieller Mittel dazu gezwungen sehe, «[a]bgesehen vom weiteren Personalabbau in der Zentrale des V. S. J. F. und bei den Comités [...] leider auch alle fürsorgerischen Leistungen auf ein Minimum»[162] zu reduzieren. Als Grundsatz gelte in Zukunft, «dass die Gesamtzahlungen im einzelnen Fall den Betrag nicht überschreiten dürfen, den die Behörden gemäss den landesüblichen Ansätzen ihrer Beitragsleistungen zu Grunde legen».[163]

8.1.6 Der VSJF ab 1944 – ein Ressort des SIG?

Zur Beziehung des SIG zum VSJF in der Nachkriegszeit lässt sich konstatieren, dass die mit der Reorganisation des VSJF von 1944 als wünschenswert deklarierte engere Zusammenarbeit durch die engere Bindung des VSJF an die Geschäftsleitung des SIG im Allgemeinen realisiert wurde. Ab 1943 nahm der Präsident des VSJF – damals noch Silvain S. Guggenheim – an den GL-Sitzungen des SIG teil.[164] Otto H. Heim wurde nach seiner Wahl zum Präsidenten des VSJF jeweils an die Sitzungen der Geschäftsleitung des SIG eingeladen, wenn Flüchtlingsfragen auf der Traktandenliste standen,[165] nach seiner Wahl in die Geschäftsleitung des SIG im Mai 1946 nahm er regelmässig an den Sitzungen der GL teil und berichtete an den Vorstandssitzungen des VSJF über die Beschlüsse des SIG. Umgekehrt war der Gemeindebundspräsident ab 1944 an den Sitzungen des Vorstandes des VSJF anwesend.[166] Gemäss Regulativ des VSJF konnten zwei nicht stimmberechtigte Delegierte der GL des SIG an den Sitzungen teilnehmen, sodass ein regelmässiger Austausch gewährleistet war.[167] Des Weiteren erhielt die GL des SIG die Protokolle der Geschäftsausschuss- und der Vorstandssitzungen des VSJF zugestellt, womit die GL über die laufenden Geschäfte des VSJF orientiert war.[168]

Ungeklärt blieb vorerst die Frage, ob der VSJF ein Ressort des SIG sei. Durch die Reorganisation von 1944 war der VSJF zwar formal enger an den SIG gebunden, behielt aber dennoch viele Eigenkompetenzen.[169] Die GL des

---

162 O. A.: JB SIG 1950, o. O., o. D., S. 9, AfZ, IB SIG-Archiv / 378.
163 Ebd.
164 Vgl. o. A.: TB SIG 1943, o. O., o. D., S. 6, AfZ, IB SIG-Archiv / 378.
165 Vgl. zum Beispiel G. Rosenblum: Prot. GL SIG, Bern, 8. 7. 1945, S. 1, AfZ, IB SIG-Archiv / 175.
166 Vgl. o. A.: JB SIG 1944, o. O., o. D., S. 10, AfZ, IB SIG-Archiv / 378. Protokolliert wurde Saly Braunschweigs regelmässige Anwesenheit an den Sitzungen des Vorstands (bis Oktober 1944 noch als «Zentralstelle» bezeichnet) ab August 1944, vgl. Jenny Meyer: Prot. VS VSJF, Zürich, 21. 8. 1944, S. 1, AfZ, IB SIG-Archiv / 2403.
167 Vgl. o. A.: Regulativ über die Zusammenarbeit des VSJF mit dem SIG, Zürich, 1. 12. 1944, AfZ, IB SIG-Archiv / 2385.
168 Vgl. Rosenblum, G: Prot. GL SIG, Bern, 1. 9. 1949, S. 5, AfZ, IB SIG-Archiv / 179.
169 Vgl. dazu zum Beispiel Stellungnahme der GL zur Personalfrage beim VSJF, L. Littmann: Prot. GL SIG, Bern, 13. 6. 1946, S. 6, AfZ, IB SIG-Archiv / 176.

SIG stellte diese Autonomie infrage, da der SIG auch die Kritik, die am VSJF geübt werde, zu tragen habe.[170] «Fragen grundsätzlicher Bedeutung»[171] des VSJF waren laut Regulativ mit der Geschäftsleitung des SIG abzusprechen.[172] Darunter wurde in erster Linie die Kommunikation mit den Schweizer Behörden verstanden.[173]

Im Jahresbericht des SIG 1951 wurde der VSJF unkommentiert das erste Mal als Ressort des SIG bezeichnet.[174] Obwohl sich der VSJF 1944 energisch gegen den Autonomieverlust gewehrt hatte, den eine solche Eingliederung in den SIG bedeutete, löste diese Formulierung 1951 keine Kontroverse innerhalb des Verbands aus. Der Verband, der sich bis Ende der 1940er-Jahre viele Veränderungen erfahren hatte, akzeptierte unter dem Zeichen neuer Grundvoraussetzungen die engere Bindung an den SIG, die letztlich bereits durch das Regulativ von 1944 ihren Anfang genommen hatte.

Die Autonomie des Verbands wurde damit zwar beschnitten, jedoch löste sich der Verband von seiner Struktur eines Vereins und wurde demokratisiert, womit eine weitere Forderung, die bereits 1944 laut geworden war, erfüllt wurde. Der Prozess der Reorganisation des VSJF nahm in den 1950er-Jahren durch die grundlegenden Umstrukturierungen im jüdischen Fürsorgewesen jedoch mehrere Jahre in Anspruch.[175]

8.1.7 Wiedergutmachungsansprüche[176]

Seit Kriegsende wurde die Frage nach Wiedergutmachungsansprüchen für die vom VSJF betreuten Flüchtlinge brisant.[177] Für den VSJF war die Unterstützung auf diesem Gebiet aufgrund der politischen Entwicklungen zwischen der Bundesrepublik Deutschland und Israel vor allem ab 1952 von Bedeu-

---

170 Vgl. L. Littmann: Prot. GL SIG, Zürich, 25. 4. 1946, S. 1, AfZ, IB SIG-Archiv / 176.
171 O. A.: Regulativ über die Zusammenarbeit des VSJF mit dem SIG, Zürich, 1. 12. 1944, AfZ, IB SIG-Archiv / 2385.
172 Vgl. Charlotte Färber et al.: GV VSJF, Zürich, 16. 6. 1947, S. 1, AfZ, IB VSJF-Archiv / 18.
173 Vgl. dazu zum Beispiel Georges Brunschvig: Schreiben an Otto H. Heim, o. O., 2. 12. 1949, AfZ, IB SIG-Archiv / 2453.
174 «Im Auftrag und als Ressort des SIG führt der Verband Schweizerischer Jüdischer Flüchtlingshilfen (VSJF) das Flüchtlingswerk durch.» O. A.: JB SIG 1951, o. O., o. D., S. 6, AfZ, IB SIG-Archiv / 378.
175 Vgl. Kapitel 8.4.1.
176 «Wiedergutmachung» bezeichnet zwei Bereiche: die Rückerstattung und die Entschädigung für die Opfer des Nationalsozialismus. Der Begriff wurde kontrovers diskutiert, da die durch die Verfolgungen erlittenen Verluste nicht wiedergutzumachen im Sinne von «ungeschehen machen» sind. Etymologisch hat «Wiedergutmachung» jedoch die breitere Bedeutung «ersetzen, bezahlen, sühnen», was die breite Akzeptanz dieses Terminus auch bei jüdischen Flüchtlingen deutscher Herkunft erklärt. Vgl. Scharffenberg, Die Wiedergutmachung nationalsozialistischen Unrechts, 2000, S. 4, sowie Hockerts, Wiedergutmachung in Deutschland, 2013.
177 Vgl. Otto H. Heim: TB VSJF 1945, o. O., o. D., S. 12, AfZ, IB SIG-Archiv / 2393.

tung.[178] Viele Flüchtlinge, die vom VSJF in der Nachkriegszeit betreut wurden, hatten Anspruch auf Wiedergutmachung durch Deutschland oder Österreich. Während in der Bundesrepublik Deutschland aber ab 1952 ein mehr oder weniger einheitliches System zur Entschädigung der Opfer des Nationalsozialismus eingerichtet wurde, war das in der DDR und in Österreich nicht der Fall.[179] Bis in die 1990er-Jahre herrschten in Österreich unübersichtliche Vorschriften für Wiedergutmachungszahlungen.[180] Der VSJF, der die vom Verband betreuten Flüchtlinge bei der Anmeldung ihrer Ansprüche unterstützte, stellte 1953 fest, dass es für Flüchtlinge aus Österreich «fast keine Entschädigungsmöglichkeit»[181] gebe. Die Situation verbesserte sich erst ab 1956 mit der Gründung des «Fonds zur Hilfeleistung an politisch Verfolgte, die ihren Wohnsitz und ständigen Aufenthalt im Ausland haben (Hilfsfonds)».[182] Die österreichische Wiedergutmachungsgesetzgebung war für den VSJF, der viele ehemalige österreichische Flüchtlinge betreute, zweifellos von Bedeutung, aber auch komplex. So wurde im Jahresbericht 1957 festgehalten, dass «die Bestimmungen […] derart kompliziert»[183] seien, «dass die Anspruchsberechtigten auf unseren Beistand bei der Antragstellung angewiesen sind».[184] Die eigentliche Arbeit des VSJF zur Unterstützung der ehemaligen österreichischen Flüchtlinge konnte erst Mitte der 1950er-Jahre in Gang gesetzt werden.

Über die Bedingungen von Reparationszahlungen aus Deutschland wurde an einer Konferenz in Paris im November 1945, an der sich 16 Nationen beteiligten, zum ersten Mal verhandelt. Das Abkommen, das im Januar 1946 getroffen wurde, war aber unbedeutend, denn die USA, die Sowjetunion und Grossbritannien hatten bereits an vorgängigen Treffen Grundbedingungen für Reparationszahlungen festgelegt. Diese Absprachen wurden aber zunächst keiner breiten Öffentlichkeit bekannt.[185] Die Rechtsabteilung des VSJF[186]

178 Vgl. o. A.: JB SIG und VSJF 1953, o. O., o. D., S. 8, AfZ, IB SIG-Archiv / 378.
179 Die DDR war ab 1973 Mitglied bei der UNO, woraufhin erste diplomatische Beziehungen mit den USA aufgenommen wurden. Die Claims Conference war in der Folge bemüht, die DDR zu einer Schuldanerkennung der Verfolgungs- und Vernichtungspolitik von NS-Deutschland zu bewegen, was aber erst im April 1990 nach dem Fall der Berliner Mauer gelang. Vgl. Henry, Confronting the Perpetrators, 2007, S. 15 f.
180 Die Claims Conference versuchte ab 1953, auch Wiedergutmachungsansprüche in Österreich zu stellen, der Erfolg blieb aber vor allem in den ersten Jahren bescheiden. Vgl. ebd., S. 15, 153.
181 O. A.: JB SIG und VSJF 1953, o. O., o. D., S. 9, AfZ, IB SIG-Archiv / 378.
182 O. A.: JB VSJF 1956, Zürich, Februar 1957, S. 33, AfZ, IB SIG-Archiv / 378.
183 O. A.: JB VSJF 1957, o. O., o. D., S. 31, AfZ, IB SIG-Archiv / 378.
184 Ebd.
185 Vgl. Ludi, Reparations for Nazi Victims in Postwar Europe, 2012, S. 26 f.
186 Ab 1945 war Robert Meyer neben der Ressortleitung der Abteilung für kulturelle Betreuung auch Leiter des Rechtsdiensts der SZF. Nach Robert Meyers Rücktritt aus dem Vorstand des VSJF wurde der Rechtsanwalt Franz Wieler in den Vorstand des VSJF gewählt und übernahm die Rechtsabteilung. Vgl. Otto H. Heim: TB VSJF 1945, o. O., o. D., S. 18, AfZ, IB SIG-Archiv / 2393, sowie Charlotte Färber et al.: Prot. GV VSJF, Zürich, 16. 6. 1947, S. 15, AfZ, IB VSJF-Archiv / 18. Neben der Behandlung von Wiedergutmachungsansprüchen war

sammelte daher ab 1946 zunächst «Beweismittel»,[187] also Unterlagen, die die Ansprüche belegten, die der Anmeldung von Forderungen in Deutschland und Österreich dienlich sein sollten.[188] Deutschland war zwischen 1945 und 1949 in vier Besatzungszonen der Alliierten unterteilt, wobei die gesetzlichen Grundlagen für Rechtsklagen je nach Bundesland unterschiedlich waren.[189] Der Verband informierte daher seine Komitees via Rundschreiben über neue Wiedergutmachungsgesetze in den Zonen Deutschlands oder Österreich.[190]

Ab November 1949 verhandelte die neu gegründete Bundesrepublik über Wiedergutmachungszahlungen mit Israel, wobei vor allem die Rede des Bundeskanzlers Konrad Adenauer vor dem Bundestag am 27. September 1951, in der er eingestand, dass Deutschland für die am europäischen Judentum verübten Verbrechen verantwortlich sei, einen Wendepunkt für die Beziehungen zwischen Israel und der Bundesrepublik Deutschland (BRD) bedeutete und die Weichen für Wiedergutmachungszahlungen stellte.[191] SIG und VSJF beobachteten die Verhandlungen mit grossem Interesse.[192] Am 10. September 1952 unterzeichneten Adenauer, der israelische Aussenminister Moshe Sharett und Nahum Goldmann als Vertreter der Claims Conference[193] das Luxemburger Abkommen. Der Vertrag verpflichtete die BRD zu Zahlungen in der Höhe von 3 Milliarden D-Mark an Israel und 450 Millionen D-Mark an die Claims Conference.[194]

Im Bundesentschädigungsgesetz, das am 1. Oktober 1953 in Kraft trat und die vorherigen Entschädigungsgesetze zusammenfasste, wurde definiert, welche Personen Anspruch auf Entschädigung hatten.[195] Im gemeinsamen Jahresbericht des SIG und des VSJF wurden die Kategorien so zusammengefasst:

---

die Rechtsabteilung hauptsächlich in Verhandlungen mit der Polizeiabteilung des EJPD und Verhandlungen um Aufhebung von Vermögenssperren involviert. Vgl. o. A.: TB VSJF 1947, Zürich, o. D., S. 3, 17 f., AfZ, IB SIG-Archiv / 2395. Der Rechtsdienst wurde zwar Ende 1949 offiziell aufgelöst, wurde aber de facto von Ruth Bernheimer und Franz Wieler in verkleinerter Form weitergeführt. Vgl. o. A.: TB VSJF 1950, Zürich, o. D., S. 17 f. und o. A.: TB VSJF 1951, Zürich, o. D., S. 9, AfZ, IB SIG-Archiv / 2395.

187 O. A.: TB VSJF 1946, o. O., o. D., S. 10, AfZ, IB SIG-Archiv / 2394.
188 Vgl. ebd. und o. A.: TB VSJF 1947, Zürich, o. D., S. 17, AfZ, IB SIG-Archiv / 2395.
189 Vgl. Henry, Confronting the Perpetrators, 2007, S. 4.
190 Vgl. o. A.: TB VSJF 1950, Zürich, o. D., S. 18, AfZ, IB SIG-Archiv / 2395.
191 Vgl. Henry, Confronting the Perpetrators, 2007, S. 5.
192 Vgl. o. A.: JB SIG 1951, o. O., o. D., S. 22, AfZ, IB SIG-Archiv / 378.
193 Die Conference on Jewish Material Claims Against Germany, kurz Claims Conference, war auf Initiative von Nahum Goldmann, dem Präsidenten des WJC, aus Vertreterinnen und Vertretern verschiedener Organisationen 1951 gebildet worden, um in Verhandlung mit der BRD eine Einigung in der Frage der Wiedergutmachungszahlungen zu finden. Vgl. Henry, Confronting the Perpetrators, 2007, S. 1–20.
194 Vgl. Ludi, Reparations for Nazi Victims in Postwar Europe, 2012, S. 112.
195 Vgl. o. A.: Bundesgesetz zur Entschädigung für Opfer der nationalsozialistischen Verfolgung (Bundesentschädigungsgesetz), o. O., 18. 9. 1953, Gesetze im Internet, www.gesetze-im-internet.de/beg/BEG.pdf, 4. 9. 2020.

«Entschädigungen für die Zeit des Freiheitsentzuges (sog. Haftentschädigung), für den durch Gewaltmassnahmen verursachten Tod des Ehegatten, der Kinder und der Eltern, für Schaden an Körper und Gesundheit, für Heilkosten, für Verlust des Vermögens, für Verdrängung aus dem Beruf und für Ausschluss von der erstrebten Ausbildung.»[196]

Erwähnt wurde überdies, dass die Verhandlungen mit den deutschen Entschädigungsbehörden viel Zeit in Anspruch nehmen würden, denn die Behörde habe eine grosse Menge Anträge zu bearbeiten. Es hätten aber bereits 100 Personen, die vom VSJF betreut wurden, Entschädigungszahlungen erhalten, und in weiteren 100 Fällen seien Anträge gestellt worden.[197] Im Jahresbericht des VSJF von 1954 wurde nach den ersten Erfahrungen, die der Verband mit der Bearbeitung der Fälle gemacht hatte, konstatiert, dass «die grösste Schwierigkeit [...] in der Beschaffenheit der Nachweise»[198] liege. Am einfachsten könne man «Schaden an der Freiheit»[199] belegen. Schwieriger sei dies bei «Schäden an Körper und Gesundheit»,[200] denn es musste anhand ärztlicher Atteste bewiesen werden, dass die gesundheitlichen Probleme tatsächlich auf die Verfolgung zurückzuführen waren.[201] Am meisten Mühe bereiteten aber «die Nachweise für die Ansprüche wegen Schaden am Vermögen und im beruflichen Fortkommen».[202] In diesen Fällen sei es besonders schwierig, Belege zu erhalten, denn kaum einer der Betreuten habe bei seiner Flucht die Gelegenheit gehabt, Unterlagen, die frühere Einkommensverhältnisse betrafen, mitzunehmen. Ausserdem seien viele Akten der Steuerbehörden, die als Beweise dienen könnten, durch den Krieg vernichtet worden.[203]

Als weitere Erschwernis habe sich erwiesen, dass viele Flüchtlinge aufgrund ihres Alters oder durch die traumatischen Erfahrungen der Flucht nicht in der Lage seien, «eidesstaatliche Versicherungen über ihre einstigen finanziellen Verhältnisse abzugeben».[204] Zum Teil konnte dieses Manko dadurch behoben werden, dass Personen, die die damaligen Verhältnisse der Betroffenen bezeugen konnten, gefunden werden konnten.[205]

Die Flüchtlinge waren beim Zusammenstellen der nötigen Unterlagen auf die Hilfe des VSJF angewiesen, denn die komplexen Bestimmungen, die Verhandlungen mit den zuständigen Behörden und die Suche von Nachweisen verbrauchten viele Ressourcen und setzten einen langen Atem voraus. Allein

---

196 O. A.: JB SIG und VSJF 1953, o. O., o. D., S. 8, AfZ, IB SIG-Archiv / 378.
197 Vgl. ebd.
198 O. A.: JB VSJF 1954, Zürich, 31. 1. 1955, S. 35, AfZ, IB SIG-Archiv / 378.
199 Ebd.
200 Ebd., S. 36.
201 Vgl. ebd.
202 Ebd.
203 Vgl. ebd.
204 Ebd.
205 Vgl. ebd.

dieser Sachverhalt führte dazu, dass manche Flüchtlinge sich schwertaten, ihre Wiedergutmachungsansprüche anzumelden. Der VSJF stellte in diesem Zusammenhang 1955 fest: «Manche ehemaligen Flüchtlinge haben sich auch zunächst nicht entschliessen können, mit deutschen Behörden in Verbindung zu treten, um ihre Ansprüche geltend zu machen, oder haben sich durch die Langwierigkeit des Verfahrens abschrecken lassen.»[206]

Wichtige Hilfeleistungen bei den Verfahren leistete die United Restitution Organization (URO),[207] die ursprünglich gegründet worden war, um die Opfer der Verfolgungen bei Rechtsklagen in der von den Alliierten besetzten Zone zu unterstützen. Die URO sammelte Dokumente, die die repressiven Massnahmen, die in den von NS-Deutschland besetzen Gebieten während des Zweiten Weltkriegs gegen ihre jüdischen Einwohnerinnen und Einwohner ergriffen worden war, sowie die Verfolgungen belegten.[208] Die URO versorgte den VSJF mit «wichtige[m] Material in Gestalt von Verordnungen und Gerichtsentscheidungen».[209] Auch wurde die URO vom VSJF direkt zu den Rechtsprozessen mit den deutschen Behörden in Wiedergutmachungsfragen hinzugezogen.[210]

Wie langwierig die Verhandlungen um Wiedergutmachung sein konnten, lässt sich beispielsweise an der Geschichte von E. W. demonstrieren, der weiter oben bereits als temporärer Mitarbeiter des VSJF vorgestellt worden ist.[211] Im Jahr 1956 verfasste er seinen Lebenslauf, aus dem die folgenden Angaben hervorgehen.

E. W. wurde 1905 unweit von Kassel geboren. Seine Eltern waren im Besitz eines Uhren- und Goldwarengeschäfts. Er liess sich 1933 in Hamburg nieder und arbeitete als selbständiger Vertreter. 1935 wurden die Eltern durch die Nürnberger Gesetze gezwungen, ihr Geschäft aufzugeben. Sie zogen daraufhin zu E. W. nach Hamburg. Er selbst musste Ende Dezember 1936 seine selbständige Erwerbstätigkeit aufgeben, da er vor allem für «arische» Firmen arbeitete. Er fand eine Stelle bei einer Firma als Zolldeklarant, erkrankte aber im Laufe des Jahres 1937 schwer an Lungentuberkulose und konnte aufgrund dieser Erkrankung im März 1938 nach Davos reisen. Zwei Jahre später, als seine Krankheit ausgeheilt war, war eine Rückkehr nach Deutschland unmöglich geworden. E. W. nahm daraufhin eine unbezahlte Stelle bei der Jüdischen Flüchtlingshilfe Davos an. 1945 heiratete er L. G., die 1936 in die Schweiz geflohen war und ebenfalls an Lungentuberkulose litt, 1951 zog das Ehepaar

---

206 O. A.: JB VSJF 1955, o. O., o. D., S. 30, AfZ, IB SIG-Archiv / 378.
207 Vgl. o. A.: JB VSJF 1957, o. O., o. D., S. 33, AfZ, IB SIG-Archiv / 378.
208 Vgl. Henry, Confronting the Perpetrators, 2007, S. 25, Anm. 55 sowie S. 36.
209 O. A.: JB VSJF 1955, o. O., o. D., S. 30, sowie o. A.: JB VSJF 1958, o. O., o. D., S. 32, AfZ, IB SIG-Archiv / 378.
210 Vgl. dazu zum Beispiel Irene Eger: Schreiben an die URO Hannover, Zürich, 25. 2. 1960, AfZ, IB VSJF-Archiv / W.93.
211 Vgl. Kapitel 7.1.4.

nach Zürich, wo E. W. eine Stelle bei Keren Hajessod[212] antreten konnte.[213] Am 3. März 1950 erhielten E. W. und seine Frau, nachdem ihr Gesuch zunächst abgelehnt worden war, Dauerasyl in der Schweiz.[214]

Bereits 1954 nahm L. W., die Frau von E. W., mit einem Anwalt in Düsseldorf Kontakt auf, um ihren Anspruch auf Wiedergutmachung zu klären. Dieser unterrichtete sie detailliert darüber, welche Schäden einklagbar seien.[215] Wie aus einer Aktennotiz von Irene Eger hervorgeht, wandte sich L. W. im Mai 1956 an den VSJF, damit sie Unterstützung bei ihren Wiedergutmachungsansprüchen erhalte,[216] im Juni trat auch ihr Ehemann an den VSJF heran, damit der Verband ihn bei den Anträgen auf Wiedergutmachung unterstütze.

Da sein Antrag auf Wiedergutmachung für ein sehr langwieriges Verfahren sorgte und den grössten Teil der im gemeinsamen Dossier von E. und L. W. vorhandenen Akten ausmacht, soll nachfolgend in erster Linie auf die Wiedergutmachungsansprüche von E. W. eingegangen werden. Für E. W. wurde ein Antrag auf Berufs- und Gesundheitsschaden gestellt.[217] Dafür mussten dem Amt für Wiedergutmachung in Hamburg, dem letzten Wohnort von E. W. vor seiner Ausreise in die Schweiz, verschiedene Zeugnisse zugestellt werden, so ein ärztliches Zeugnis und eine Bescheinigung des Sanatoriums, in dem er in der Schweiz hospitalisiert gewesen war.[218] Im Mai 1957 bat das Amt für Wiedergutmachung zusätzlich um Belege über sein Einkommen «nach der Emigration bis zum gegenwärtigen Zeitpunkt»[219] sowie um ein weiteres ärztliches Attest von einem Vertrauensarzt der konsularischen Vertretung der BRD.[220] Nachdem auch diese Unterlagen beim Amt für Wiedergutmachung Hamburg eingegangen waren, erkundigte sich Irene Eger im November 1957 zum ersten Mal, wie der Stand der Dinge sei.[221] Der zuständige Sachbearbeiter schrieb daraufhin an E. W., dass «noch weitere Ermittlungen über Ihr Einkommen vor Einsetzen der Verfolgung nötig»[222] seien. E. W. lieferte dem Amt für Wiedergutmachung darüber hinaus eine eidesstattliche Erklärung über seine

---

212 Die Zionistische Organisation hatte Keren Hajessod als wirtschaftlichen Entwicklungsfonds für Aufbauarbeiten in Palästina im Anschluss an die Balfour-Deklaration 1919 gegründet. 1921 wurde ein «Keren Hajessod Schweiz» eingerichtet. Vgl. Picard, Die Schweiz und die Juden, 1994, S. 252.
213 Vgl. E. W.: Lebenslauf, Zürich, Juni 1956, AfZ, IB VSJF-Archiv / W.93.
214 Vgl. W. Meyer: Schreiben an E. W., Bern, 3. 3. 1950, AfZ, IB VSJF-Archiv / W.93.
215 Vgl. Franz W. Engel: Schreiben an L. W., Düsseldorf, 5. 4. 1954, AfZ, IB VSJF-Archiv / W.93.
216 Vgl. Irene Eger: Aktennotiz zu L. W., Zürich, 28. 5. 1956, AfZ, IB VSJF-Archiv / W.93.
217 Vgl. Irene Eger: Schreiben an E. W., o. O., 5. 10. 1956, AfZ, IB VSJF-Archiv / W.93.
218 Vgl. Irene Eger: Schreiben an die Sozialbehörde Hamburg, Amt für Wiedergutmachung, o. O., 5. 11. 1956, AfZ, IB VSJF-Archiv / W.93.
219 Wittig: Schreiben an E. W., Hamburg, 22. 5. 1957, AfZ, IB VSJF-Archiv / W.93.
220 Vgl. ebd.
221 Vgl. Irene Eger: Schreiben an Sozialbehörde Hamburg, Amt für Wiedergutmachung, o. O., 12. 11. 1957, AfZ, IB VSJF-Archiv / W.93.
222 Wittig: Schreiben an E. W., Hamburg, 16. 11. 1957, AfZ, IB VSJF-Archiv / W.93.

beruflichen Tätigkeiten vor seiner Ausreise in die Schweiz[223] sowie ein lungenfachärztliches Gutachten.[224] Nachdem E. W. bis September 1959 nichts mehr vom Amt für Wiedergutmachung gehört hatte, erkundigte er sich selbst nach der aktuellen Sachlage.[225] Es wurde ihm mitgeteilt, dass ein weiteres ärztliches Gutachten erforderlich sei.[226]

Unterdessen erkundigte sich auch die Polizeiabteilung des EJPD bei der Abteilung Armenwesen des Kantons Graubünden, ob E. W. allfällige Wiedergutmachungszahlungen erhalten habe, denn er sei in der Zeit zwischen März 1950 und Juni 1951 mit Bundesmitteln unterstützt worden. Es sei zu prüfen, ob Familie W. in der Lage sei, die damaligen Unterstützungsbeträge zurückzuzahlen.[227]

Im Januar 1960 wurde der Antrag auf Entschädigung auf Berufsschaden vom Amt für Entschädigung Hamburg abgelehnt.[228] Daraufhin wandte sich Irene Eger an die URO und bat um eine Einschätzung, ob «Klage gegen den ablehnenden Bescheid»[229] erhoben werden solle. Die Verhandlungen zogen sich dahin. Gemäss einem Bescheid des Amts für Wiedergutmachung von August 1962 standen E. W. eine Entschädigung in der Höhe von 14 652 D-Mark sowie eine monatliche Rente für die erlittenen Gesundheitsschäden zu.[230] Nachdem in Absprache mit dem Rechtsdienst der SZF und der URO eine Klage als wenig erfolgversprechend eingeschätzt worden war, stimmte E. W. dem Entschädigungsangebot «schweren Herzens»[231] zu. Für den «Schaden im beruflichen Fortkommen» sollte E. W. laut einem Vergleich des Amts für Wiedergutmachung 9515 D-Mark erhalten.[232] E. W. lehnte dies ab und reichte durch einen Anwalt eine Klage auf Bewilligung einer Berufsschadensrente ein.[233] Bevor die

---

223 Vgl. E. W.: Eidesstaatliche Erklärung, Zürich, 29. 1. 1958, AfZ, IB VSJF-Archiv / W.93.
224 Vgl. Klaus Hoffmann: Lungenfachärztliches Gutachten, Wintermoor, 18. 3. 1958, AfZ, IB VSJF-Archiv / W.93.
225 Vgl. E. W.: Schreiben an das Amt für Wiedergutmachung Hamburg, Zürich, 9. 9. 1959, AfZ, IB VSJF-Archiv / W.93.
226 Vgl. Wittig: Schreiben an E. W., Hamburg, 15. 9. 1959, AfZ, IB VSJF-Archiv / W.93.
227 Vgl. Binggeli: Schreiben an das Erziehungsdepartement des Kantons Graubünden, Bern, 6. 1. 1960, AfZ, IB VSJF-Archiv / W.93.
228 Vgl. Brütt: Entschädigungssache E. W., Hamburg, 15. 1. 1960, AfZ, IB VSJF-Archiv / W.93.
229 Irene Eger: Schreiben an die URO Hannover, Zürich, 25. 2. 1960, AfZ, IB VSJF-Archiv / W.93.
230 Vgl. Amt für Wiedergutmachung: Entschädigungssache E. W., Hamburg, 2. 8. 1962, AfZ, IB VSJF-Archiv / W.93.
231 E. W.: Schreiben an Irene Eger, Zürich, 5. 11. 1962, AfZ, IB VSJF-Archiv / W.93.
232 Vgl. Gerken: Schreiben an die URO, Hamburg, 28. 5. 1963, AfZ, IB VSJF-Archiv / W.93.
233 Vgl. Irene Eger: Schreiben an Erich Köhler, o. O., 9. 1. 1964, sowie Ernst Köhler: Schreiben an das Landgericht 2. Entschädigungskammer Hamburg, Köln, 5. 3. 1964, AfZ, IB VSJF-Archiv / W.93. E. W. war vor allem mit der erfolgten Einstufung als Beamter des mittleren Dienstes nicht einverstanden. Er wollte als Beamter des gehobenen Dienstes eingestuft werden, was eine höhere Entschädigungssumme nach sich gezogen hätte. Vgl. Irene Eger: Schreiben an die URO, 27. 8. 1962, AfZ, IB VSJF-Archiv / W.93. Wie aus den Schreiben hervorgeht, handelte es sich dabei um Einschätzungen, die einer gewissen Willkür unterlagen, denn wie genau sich W.s

Verhandlungen zu einem Abschluss kommen konnten, verstarb E. W. jedoch am 16. März 1964.[234] Die Rechtsstreitigkeiten um Wiedergutmachungen von E. und L. W. zogen sich über Jahre weiter, denn das Gericht anerkannte keinen Zusammenhang zwischen der Todesursache von E. W. und den «Verfolgungsschäden» und sprach L. W. daher keine Witwenrente zu.[235] Die Klage von L. W. wurde 1968 abgewiesen.[236]

Die Polizeiabteilung des EJPD erkundigte sich im dargestellten Fall jährlich, ob E. W. Wiedergutmachungszahlungen erhalten habe.[237] Dabei lagen allerdings weniger die Rechtsansprüche von ehemaligen Flüchtlingen als deren Zahlungsfähigkeit nach erfolgten positiven Zusprüchen im Interesse der Polizeiabteilung. Nachdem E. und L. W. 1962 Entschädigungszahlungen erhalten hatten und dies pflichtbewusst der Polizeiabteilung mitgeteilt hatten, wurde festgelegt, auf welche Rückforderungsleistungen Bund, Kanton und das Hilfswerk (in diesem Fall der VSJF) Anspruch hatten, und es wurde eine Rückzahlung in Raten vereinbart.[238] Auch der VSJF profitierte also von Wiedergutmachungszahlungen. Wie aus dem dargelegten Fall hervorgeht, leistete der Verband aber auch beträchtliche Vermittlungsarbeit für Anwärterinnen und Anwärter auf Wiedergutmachung. Ebenfalls stark involviert war der Rechtsdienst der SZF. Dessen Leiter war ab 1950 Arthur Emsheimer, der vom VSJF in den Verhandlungen mit Wiedergutmachungsbehörden häufig zurate gezogen wurde.[239]

VSJF und SIG hatten sich nach der Einführung des Bundesentschädigungsgesetzes im Oktober 1953 gegenüber den Behörden vor allem dafür eingesetzt, dass Personen, die eine sogenannte Haftentschädigung erhielten, diesen Betrag vollumfänglich erhalten sollten. Der Antrag sei jedoch «auf Grund öffentlich-rechtlicher Bestimmungen abgelehnt worden».[240] Der VSJF

---

berufliche Karriere in Deutschland ohne die repressiven Massnahmen des Nationalsozialismus weiterentwickelt hätten, war letztlich reine Spekulation.

234 Vgl. Irene Eger: Schreiben an Erich Köhler, o. O., 17. 3. 1964, AfZ, IB VSJF-Archiv / W.93.
235 Vgl. Erich Köhler: Klage gegen das Amt für Wiedergutmachung, Hamburg, o. O., 13. 5. 1965, AfZ, IB VSJF-Archiv / W.93.
236 Vgl. Edith Zweig: Schreiben an L. W., o. O., 16. 8. 1968, AfZ, IB VSJF-Archiv / W.93.
237 Vgl. Binggeli: Schreiben an das Erziehungsdepartement des Kantons Graubünden, Bern, 6. 1. 1960, sowie Eidg. Polizeiabt.: Schreiben an den VSJF, Bern, 30. 9. 1960; Eidg. Polizeiabt.: Schreiben an den VSJF, Bern, 21. 3. 1961; Eidg. Polizeiabt.: Schreiben an den VSJF, Bern, 24. 1. 1962, AfZ, IB VSJF-Archiv / W.93.
238 Vgl. Eidg. Polizeiabt.: Schreiben an E. W., Bern, 21. 6. 1962, AfZ, IB VSJF-Archiv / W.93. E. W. beglich seine Schulden in der Höhe von 5000 Franken bereits Ende 1962, woraufhin das EJPD sich für die «prompte Regelung» bedankte und ihm «für die Zukunft alles Gute in unserem Lande» wünschte. Vgl. Eidg. Polizeiabt.: Schreiben an E. W., Bern, 6. 12. 1962, AfZ, IB VSJF-Archiv / W.93.
239 Arthur Emsheimer war seit 1946 für die SZF tätig, zunächst war er verantwortlich für den Informationsdienst des SZF. Vgl. Henriod, H. L.: JB SZF, 15. 5. 1945–12. 9. 1946, Zürich, 11. 9. 1946, S. 5, AfZ, IB SFH-Archiv / 6.
240 O. A.: JB SIG und VSJF 1953, o. O., o. D., S. 8 f., AfZ, IB SIG-Archiv / 378.

gab sich also in der Einforderung von in der Vergangenheit ausgezahlten Unterstützungsleistungen zurückhaltend, profitierte aber indirekt trotzdem von den Entschädigungsleistungen, denn viele vom Verband unterstützten Flüchtlinge konnten ihren Lebensunterhalt dank der Wiedergutmachungsleistungen zumindest zeitweise selbst finanzieren. Der VSJF registrierte 1958 eine merkliche Entlastung in seinen Unterstützungsleistungen, die direkt auf die «Zahlungseingänge aus Deutschland und Österreich»[241] zurückgeführt wurde.

Die Frage, ob Bund und Hilfswerke einen Teil der von ihnen gewährten Unterstützungsleistungen von den Personen, die Wiedergutmachungszahlungen für Gesundheitsschäden erhalten hatten, zurückfordern sollten, war seit der Unterzeichnung des Luxemburger Abkommens im Herbst 1952 Thema im Politischen Departement des Bundes und im SIG. In einem Brief an Georges Brunschvig vertrat Otto H. Heim im April 1953 folgenden Standpunkt: «Herrn Dr. Schürch, mit dem ich zwischen Genf und Bern unter anderem auch über dieses Thema [deutsche Wiedergutmachungszahlungen] sprach, erklärte ich von vorherein, dass meiner Ansicht nach durch diese deutsche Zahlungen die Leistungen der schweizerischen öffentlichen Hand zu Gunsten der jüdischen Emigranten und Flüchtlinge nicht beeinträchtigt werden sollten, hingegen hätten die Juden in der Schweiz einen Anspruch auf eine Entlastung in ihren Zahlungen durch Ueberweisungen aus diesen deutschen Geldern.»[242]

Heim verlangte also, dass die Hilfswerke durch eine Aussetzung der zu leistenden Unterstützungszahlungen entlastet würden. Der Bund sollte aber auf Rückzahlungsforderungen für erbrachte Leistungen verzichten. Vor dem Hintergrund, dass der VSJF mit Geldern des Schweizer Judentums und des Joint jüdische Flüchtlinge während Jahren fast ohne Bundesgelder unterstützt hatte, war die Forderung verständlich, wurde aber, wie oben beschrieben, vom Bund mit dem Hinweis auf öffentlich-rechtliche Bestimmungen abgelehnt. Das beschriebene Vorgehen von Otto H. Heim zeugt jedoch vom offensiven Auftreten des Präsidenten des VSJF gegenüber den Behörden, das im SIG teilweise kritisiert wurde.[243]

In einem Brief an Georges Brunschvig im Frühjahr 1955 berichtete Otto H. Heim, dass einige Bewohnerinnen und Bewohner des vom VSJF finanzierten Altersheims in Vevey grössere Wiedergutmachungsleistungen für erlittene Gesundheitsschäden erhalten hätten: «Die Behörden sind sich nicht recht einig darüber, ob sie verlangen sollen, dass ein Teil dieser Summen an sie zurück-

---

241 O. A.: JB VSJF 1958, Zürich, März 1959, S. 35, AfZ, IB SIG-Archiv / 378.
242 Otto H. Heim: Schreiben an Georges Brunschvig, Zürich, 8. 4. 1953, AfZ, IB SIG-Archiv / 2456.
243 Vgl. Kapitel 8.1.3.

gehen soll für die Unterstützungen, die die Eidgenossenschaft früher diesen Heiminsassen zukommen liess.»[244]

Der VSJF hätte einen Anteil von 20 Prozent an den zurückgeforderten Geldern erhalten. Otto H. Heim plädierte dafür, dass die Frage den Behörden überlassen werden müsse. Allerdings würde sich der VSJF auf den Standpunkt stellen, dass der Bund den Fällen «eine grosszügige und möglichst individuelle Behandlung»[245] zukommen lasse. Seinen Brief, den er mit dem Hinweis auf einen baldigen Spitalbesuch eröffnete («Bevor ich übermorgen in das Spital einrücke»),[246] schloss er mit der Bemerkung: «Ich wünsche Ihnen angenehme und nutzbringende GL-Sitzungen, die nun bestimmt ohne mich wesentlich ruhiger verlaufen werden als es auch schon der Fall war!»[247] Die Geschäftsleitung des SIG schloss sich Heim und dem VSJF in der Ansicht an, dass Fälle, in denen Personen Entschädigungsleistungen erhalten hatten, individuell behandelt werden sollten.[248]

Die Frage, welche Forderungen der Bund an ehemalige Flüchtlinge stellen sollte, wurde an Sitzungen der SZF mit den Hilfswerken erläutert. Die Vertreter der Polizeiabteilung, Oscar Schürch und Reynold Tschäppät, bezeichneten die Frage, ob der Bund Ansprüche auf Rückzahlung von geleisteten Unterstützungsgeldern verlangen solle, als «komplex».[249] Obwohl grundsätzlich während Lebzeiten der Flüchtlinge auf Rückforderungen verzichtet werden solle, wolle man bei denen, die einen «grösseren Kapitalbetrag etwa einen solchen von DM 30 000.– und mehr»[250] erhalten hätten, Unterstützungsleistungen zurückfordern. Bei Personen, die eine «grössere Rente»[251] erhielten, solle man monatlich einen gewissen Betrag auf ein Sperrkonto auszahlen lassen.[252]

Bis 1955 lagen die Verhandlungen um Wiedergutmachungszahlungen der jüdischen Flüchtlinge in der Schweiz in den Händen des VSJF. Der SIG stand darüber weder im Austausch mit dem Joint noch mit der Claims Conference. In einem Brief an den Joint betreffend die deutschen Wiedergutmachungszahlungen verwies das Sekretariat des SIG den Joint dabei explizit an Otto H. Heim und den VSJF.[253] Über die jüdische Presse hatte der SIG im Januar 1955

---

244 Otto H. Heim: Schreiben an Georges Brunschvig, Zürich, 17. 8. 1955, AfZ, IB SIG-Archiv / 956.
245 Ebd. Diesen Standpunkt des VSJF vertrat auch Heinz Cohn, der für das Komitee Vevey tätig war, an der Sitzung der SZF im Dezember 1955. Vgl. S. Hotz, A. Emsheimer: Prot. SZF, Zürich, 30. 12. 1955, S. 8, BAR, E4800.1#1967/111#145*.
246 Otto H. Heim: Schreiben an Georges Brunschvig, Zürich, 17. 8. 1955, AfZ, IB SIG-Archiv / 956.
247 Ebd.
248 Vgl. Georges Brunschvig: Schreiben an den VSJF, Bern, 3. 9. 1955, AfZ, IB SIG-Archiv / 956.
249 S. Hotz, A. Emsheimer: Prot. SZF, Zürich, 14. 12. 1955, S. 7, BAR, E4800.1#1967/111#145*.
250 Ebd., S. 8.
251 Ebd.
252 Vgl. ebd.
253 Vgl. o. A.: Schreiben an den Joint Paris, Zürich, 13. 7. 1955, AfZ, IB SIG-Archiv / 956.

ausserdem darauf hingewiesen, «dass der Gemeindebund in keiner organisatorischen Verbindung mit der ‹Claims Conference› in New York»[254] stehe. Dies sollte sich im April 1956 allerdings ändern, als Saul Kagan, der Sekretär der Claims Conference, sich an Georges Brunschvig wandte, um über eine mögliche Zusammenarbeit der Claims Conference und des SIG zur Installation eines längerfristigen Projekts, das in der Standing Conference resultierte, zu diskutieren.[255]

8.2 Finanzielle Probleme des VSJF in der Nachkriegszeit

8.2.1 «Die seinerzeitigen Abmachungen zwischen Herrn Dr. Rothmund und Herrn Saly Mayer konnten nicht für dauernd gedacht sein»: Beziehungen des VSJF zu Bund und Kantonen

Von 1933 bis zur Einführung des Dauerasyls im Jahr 1947[256] hatte der VSJF 66 Prozent der Gesamtaufwendungen für die Betreuung jüdischer Flüchtlinge getragen und dafür 46 Millionen Franken ausgegeben. Der Bund steuerte mit 3,2 Millionen Franken 8,5 Prozent an die Ausgaben des VSJF bei, wobei der grösste Teil der Bundesbeiträge zweckgebunden für die Ausreise der Flüchtlinge zu verwenden war.[257] Beiträge der Kantone erhielt die jüdische Flüchtlingshilfe ebenfalls nur punktuell. Der Kanton Zürich leistete wie der Bund Beiträge an die Emigrationskosten der jüdischen Flüchtlinge. Diese Subventionen wurden direkt mit den Hilfswerken verrechnet. Zwischen 1940 und 1942 bezahlte der Kanton Zürich rund 100 000 Franken, von 1946 bis 1949 nochmals Beträge in der Höhe von 15 000 Franken. Die Auszahlung an auswanderungswillige Flüchtlinge war an die Bedingungen geknüpft, dass die betreffende Person eine Toleranzbewilligung des Kantons Zürich vorweisen konnte und dass sich der Bund mit einem mindestens doppelt so hohen Betrag an den Kosten beteiligte. Diese Unterstützungen wurden vor allem vom Motiv geleitet, die Ausreise jüdischer Flüchtlinge zu beschleunigen, denn es wurde befürchtet, dass dem Kanton aus einer allfälligen späteren Fürsorgeabhängigkeit der Flüchtlinge höhere Kosten entstehen könnten.[258]

Die öffentliche Repräsentation des SIG hinsichtlich der eigenen Verdienste in der Flüchtlingshilfe blieb in der Nachkriegszeit bescheiden. Trotz der Diskus-

---

254 Georges Brunschvig: Notiz für Otto H. Heim, Zürich, 13. 10. 1955, S. 2, AfZ, IB SIG-Archiv / 956.
255 Vgl. Saul Kagan: Schreiben an Georges Brunschvig, New York, 21. 3. 1956, AfZ, IB SIG-Archiv / 957.
256 Vgl. Kapitel 8.3.
257 Vgl. UEK, Die Schweiz und die Flüchtlinge, 2001, S. 204 f.
258 Vgl. ebd., S. 210.

sionen im Anschluss an die Konferenz von Montreux, die sich darum gedreht hatten, dass die finanziellen Leistungen des Schweizer Judentums für die Flüchtlinge in der Öffentlichkeit transparenter präsentiert werden sollten,[259] entschloss sich die Geschäftsleitung des SIG im April 1946 dagegen, einen Bericht von Paul Rügger[260] an der Session des Völkerbundes in Genf zu korrigieren, wonach die Kosten für die Unterbringung der Flüchtlinge, die bis Ende 1945 über 100 Millionen betragen hätten, «vollständig von der Eidgenossenschaft getragen»[261] worden seien. Da Otto H. Heim, der Initiator der entsprechenden Meldung an den SIG, gleichzeitig die SZF über das Vorkommnis informiert hatte, wurde die Angelegenheit von der GL des SIG ad acta gelegt.[262]

Die neuen gesetzlichen Grundlagen zum Asylwesen, die 1947 und 1948 geschaffen wurden, änderten die Ausgangslage für die jüdische Flüchtlingshilfe. Am 7. März 1947 wurde der «Bundesratsbeschluss über Änderungen der fremdenpolizeilichen Regelung»[263] (Dauerasylbeschluss) gefasst, am 8. Oktober 1948 folgte das «Bundesgesetz über Abänderung und Ergänzung des Bundesgesetzes über Aufenthalt und Niederlassung der Ausländer»,[264] das Änderungen am ANAG von 1931 enthielt, und am 21. Dezember 1948 der «Bundesbeschluss über Beiträge des Bundes an private Flüchtlingshilfsorganisationen».[265] Auf kantonaler Ebene sorgte in Zürich das vom 19. Dezember 1948 angenommene «Gesetz über die Unterstützung von Ausländern mit Dauerasyl»[266] für wesentliche Verbesserungen für Flüchtlinge älteren Jahrgangs.[267] Wie die SZF festhielt, war es durch die Änderung des ANAG möglich geworden, schriftenlosen Ausländerinnen und Ausländern eine Niederlassungsbewilligung zu erteilen. Ebenfalls als positiv vermerkte die SZF, dass der Bund zur Hälfte

---

259 Vgl. Kapitel 7.5.1 und 7.11.
260 Paul Rügger war Mitarbeiter des EPD. Er verhandelte an der letzten Völkerbundsversammlung vom 18. 4. 1946 in Genf im Auftrag des Bundes mit der UNO. Vgl. Pitteloud, Paul Ruegger, e-HLS.
261 L. Littmann: Prot. GL VSJF, Zürich, 25. 4. 1946, S. 4, AfZ, IB SIG-Archiv / 176.
262 Vgl. ebd.
263 Oser: Prot. 18. Sitzung des Schweizerischen Bundesrates, o. O., 7. 3. 1947, S. 547, www.amtsdruckschriften.bar.admin.ch/viewOrigDoc/70014586.pdf?id=70014586&action=open, 11. 1. 2021.
264 Ch. Oser: Bundesgesetz über Abänderung und Ergänzung des Bundesgesetzes über Aufenthalt und Niederlassung der Ausländer, Bern, 8. 10. 1948, www.amtsdruckschriften.bar.admin.ch/viewOrigDoc/10036397.pdf?id=10036397, 14. 9. 2020.
265 O. A.: 16. Sitzung Nationalrat, o. O., 21. 12. 1948, S. 358–364, www.amtsdruckschriften.bar.admin.ch/viewOrigDoc/100003827.pdf?id=100003827, 14. 9. 2020.
266 O. A.: Gesetz über die Unterstützung von Ausländern mit Dauerasyl, Zürich, 27. 12. 1948, S. 206 f., StAZH, OS 38, Offizielle Sammlung der Gesetze, Beschlüsse und Verordnungen des Eidgenössischen Standes Zürich (Zürcher Gesetzessammlung), https://suche.staatsarchiv.djiktzh.ch/Dateien/106/D531593.pdf, 14. 9. 2020.
267 Vgl. o. A.: JB SZF 1948, Zürich, o. D., S. 3, AfZ, IB SFH-Archiv / 6.

die Kosten für die Unterstützung der sogenannten neuen Flüchtlinge[268] übernahm, während die Hilfswerke die andere Hälfte zu tragen hatten.[269] Wenig Entgegenkommen zeigte der Bund allerdings bei Unterstützungsleistungen der «Härtefälle». Als «Härtefälle» bezeichnete die SZF Flüchtlinge, die für die Beantragung eines Dauerasyls noch zu jung waren (unter 59 Jahren), aber aufgrund der «schwierigen Lebensumstände» – hier wurde implizit die Verfolgung durch NS-Deutschland angesprochen – «zu alt und zu gebrochen für den Aufbau einer neuen Existenz»[270] seien.

Der VSJF und besonders der Jurist Robert Meyer arbeiteten massgeblich am Gesetzesentwurf der SZF für das Dauerasyl mit. In der Frage, wie sich der VSJF an der Finanzierung der vom Verband betreuten Personen, die Dauerasyl beantragen könnten, beteiligen würde, zeigte Otto H. Heim angesichts der angespannten finanziellen Lage des VSJF grosse Zurückhaltung. Im Übrigen stellte er die Finanzierungsfrage der Flüchtlingshilfen bereits 1946 in einen grösseren Kontext und kritisierte die Selbstverständlichkeit, mit der sich der Bund in der Betreuung von ehemaligen Flüchtlingen auf die Kostenbeteiligung der Hilfswerke verliess. An einer Besprechung der SZF im Februar 1946 gab Heim einen Einblick in die finanzielle Lage des VSJF und nahm zum «Gentlemen's Agreement» von 1938 Stellung: «Die Hilfswerke verpflichteten sich seinerzeit gegenüber den Behörden, die Emigranten aus eigener Kraft durchzuhalten. Es stellt sich die Frage, ob dieses Gentlemen Agreement nicht berechtigterweise einmal zu Ende gehen dürfte.»[271] Auch an einer Vorstandssitzung des VSJF äusserte er sich entsprechend gegenüber Robert Meyer, der vom VSJF-Präsidenten eine verbindliche Aussage darüber verlangte, wie viele Personen mit Dauerasyl der VSJF potenziell unterstützen würde: «Herr Otto H. Heim macht weiter darauf aufmerksam, dass es selbstverständlich in unserem Interesse ist, dass wir eine möglichst grosse Anzahl von Dauer-Asylanten behalten. Nach seiner Ansicht wird das Problem eines Tages zu einer politischen Frage werden und der Bund wird sich auf die Dauer nicht darauf stützen können, dass die Leute finanziell von den privaten Hilfswerken unterstützt werden. Man muss verlangen, dass der Bund auch das seine tut. Wenn es dazu

---

268 Im VSJF und in der SZF wurden darunter Personen verstanden, die aufgrund der Entwicklungen in Osteuropa in den Westen flohen. Es handelte sich um Flüchtlinge, die aus politischen Gründen oder aufgrund der schlechten Lebensbedingungen in der Nachkriegszeit aus der Sowjetunion oder der sowjetischen Besatzungszone flohen. Der Begriff «neue Flüchtlinge» taucht im Jahresbericht des VSJF und der SZF im Jahr 1948 das erste Mal auf. In den Jahren 1945–1947 wurden aus Osteuropa fliehende Jüdinnen und Juden, wie in den Zwischenkriegsjahren üblich, pauschal als «Passanten» bezeichnet. Vgl. Tätigkeitsberichte des VSJF 1945–1948, AfZ, IB VSJF-Archiv / 3, sowie o. A.: JB SZF 1948, Zürich, o. D., S. 5, AfZ, IB SFH-Archiv / 6. Für einen Überblick über die Kriegsfolgen in Europa vgl. Vogel, Kriegsfolgen, 2015.
269 Vgl. o. A.: JB SZF 1948, Zürich, o. D., S. 3, 5, AfZ, IB SFH-Archiv / 6.
270 Ebd., S. 4, 7.
271 M. Furrer: Beschluss-Prot. Besprechung der Hilfswerke, Zürich, 27. 2. 1946, S. 1, AfZ, IB SFH-Archiv / 84.

kommt, dass wir für die Juden einstehen müssen, wird man die Mittel schon auftreiben.»[272]

Die Auffassung, dass die finanzielle Unterstützung von Flüchtlingen grundsätzlich Aufgabe des Bundes sei und nicht hauptsächlich von Hilfswerken geleistet werden müsse, vertrat Otto H. Heim zunächst gegenüber den Hilfswerken der SZF und den Vorstandsmitgliedern des VSJF, dann jedoch in zunehmendem Masse auch gegenüber den Behörden mit einer Vehemenz, die sich klar vom Vorgehen seiner Vorgänger in Verhandlungen mit den Schweizer Behörden unterschied. Die Tatsache, dass dieses offensive Vorgehen vom SIG zumindest geduldet wurde, zeugt von einer – wenn auch zögerlichen – neuen Beurteilung, welchen Standpunkt der SIG und sein Flüchtlingshilfswerk gegenüber den Behörden vertreten wollten. Angesichts der Unmöglichkeit, die für die Flüchtlingshilfe erforderlichen Summen durch eigene Sammlungen aufzubringen, und der zunehmenden Weigerung des Joint, hohe Beiträge für die Flüchtlinge in der Schweiz zu zahlen, sahen sich der SIG und der VSJF gezwungen, ihre Vorstellungen des jüdischen Partikularismus aufzugeben und Forderungen an die Sozialgesetzgebung des eigenen Staates zu stellen.[273] Wie aus der von Otto H. Heim protokollierten Besprechung zwischen ihm, Siegfried E. Guggenheim-Ullmann und Saly Mayer hervorgeht, wurde schon Ende 1945 über die Möglichkeit diskutiert, die Behörden aufzufordern, sich an der Finanzierung für die sogenannten Emigrantinnen und Emigranten zu beteiligen, denn «man kann nicht von uns verlangen, dass das gentlemen agreement, das für diese Kategorie im Jahre 1938 vereinbart wurde, auf unbestimmte Dauer eingehalten werden muss».[274] Ebenfalls müsse auf eine längere Sicht von den Behörden verlangt werden, den ehemaligen «Emigrantinnen» und «Emigranten» Arbeitsbewilligungen zu erteilen.

Otto H. Heim plädierte nicht nur für eine Kostenbeteiligung des Bundes für ältere Flüchtlinge, denen eine Weiterwanderung nicht zugemutet werden konnte, sondern auch für andere Gruppen von Flüchtlingen. Im April 1946 erwähnte er dazu beispielsweise an einer Vorstandssitzung des VSJF, er habe sich persönlich auf den Zugerberg begeben, wo ein Teil der Buchenwald-Jugendlichen untergebracht war. Sein Fazit dazu lautete, «dass der grosse Teil der Jungens mit Kleidern sehr schlecht versehen ist und auch Zahnbehandlungen schon monatelang auf Erledigung warten. Man braucht Geld für Kurse, gute Lehrer und Betriebsunfälle [...].»[275] Das Budget, das dem VSJF für die Nachkriegshilfe zur Verfügung stehe, sei in keiner Weise ausreichend. Die Beiträge des SIG für die Nachkriegshilfe müssten deshalb erhöht werden, jedoch

---

[272] C. Catala: Prot. VS VSJF, Zürich, 11.11.1946, S. 10, AfZ, IB VSJF-Archiv / 31.
[273] Vgl. hierzu Zweig-Strauss, Saly Mayer, 2007, S. 248–254.
[274] Otto H. Heim: Bericht über die Besprechung mit Herrn Saly Mayer, Zürich, 21.12.1945, S. 1, AfZ, IB SIG-Archiv / 2646.
[275] Theodora Dreifuss: Prot. VS VSJF, Zürich, 30.4.1946, S. 4, AfZ, IB VSJF-Archiv / 31.

«müsste auch dafür gesorgt werden, dass die Behörden in grösserem Umfange sich an der finanziellen Hilfe beteiligen».[276]

Im Februar 1948 berichtete Otto H. Heim, dass er anlässlich einer Besprechung mit Oscar Schürch in Bern die Frage nach höheren Bundesbeiträgen für die Flüchtlinge angesprochen habe.[277] Im Sommer 1948 wurden die Unterstützungsbeiträge für einige Flüchtlinge – dazu gehörten die vom VSJF unterstützten «frei lebenden Flüchtlinge» und die vom SHEK übernommenen Kinder – nach einem entsprechenden Antrag von Heim vom 9. Juni 1948 tatsächlich erhöht.[278]

Die finanzielle Beteiligung des Bundes war auch für die geplante Auflösung des VSJ Flüchtlingshilfen von Bedeutung. In der GL des SIG wurde im September 1949 darüber diskutiert, von welchen Stellen die jüdischen Flüchtlinge künftig unterstützt werden sollten. Ehemalige «Emigrantinnen» und «Emigranten», die vom Kanton eine Niederlassungsbewilligung erhalten hatten, sollten, falls sie unterstützungsbedürftig wurden, von den Fürsorgestellen der jüdischen Gemeinden unterhalten werden. Wie viele von ihnen letztendlich von den jüdischen Gemeinden unterhalten werden müssten, liess sich 1949 noch nicht abschätzen, es wurde jedoch davon ausgegangen, dass diese Kosten von den jüdischen Gemeinden alleine nicht zu bewältigen seien und dass dafür früher oder später weitere Erhöhungen von Bundesbeiträgen beantragt werden müssten.[279] Dieses Credo vertrat auch Georges Bloch in einem Brief an den Vorstand des VSJF im August 1949: «Jetzt haben unsere eidgenössischen und kantonalen Behörden Stellung zu nehmen, und wir dürfen es nicht zulassen, dass sie sich ‹grosszügig› zeigen auf dem Rücken des V. S. J. F. und des Joint, wie wir es aus guten Gründen so oft tolerieren mussten. Heute muss die gesetzliche Grundlage für die hier Verbleibenden fixiert werden […]. Die Vertreter Ihrer Organisation und des S. I. G. dürfen nicht mehr zögern, in voller Offenheit mit den Behörden die Situation klarzustellen, die beschränkten Möglichkeiten der Schweizer Juden ohne Hilfe des Joint aufzuzeigen.»[280]

Diesen Standpunkt vertrat Otto H. Heim als Präsident des VSJF im Dezember 1949 auch gegenüber den Behörden. Angesichts der Praxis der Liberierung der letzten ehemaligen Flüchtlinge aus der Internierung war es für den VSJF von grosser Wichtigkeit, dass der Bund sich an den Kosten für ehemalige «Emigrantinnen» und «Emigranten» beteiligen würde, denn der VSJF befürchtete, dass diejenigen, die arbeitstätig waren, bei einer allfälligen späteren

---

276 Ebd.
277 Vgl. Irene Eger: Prot. GA VSJF, Zürich, 12. 2. 1948, S. 1, AfZ, IB VSJF-Archiv / 26.
278 Vgl. Otto H. Heim: Schreiben an Oscar Schürch, Zürich, 9. 6. 1948, BAR, E4260C#1974/34#682*, sowie L. Littmann: Prot. GL SIG, Genf, 6. 9. 1948, S. 7, AfZ, IB SIG-Archiv / 178, und o. A.: JB SIG 1948, o. O., o. D., S. 8, AfZ, IB SIG-Archiv / 378.
279 Vgl. G. Rosenblum: Prot. GL SIG, Bern, 1. 9. 1949, S. 2, AfZ, IB SIG-Archiv / 179.
280 Georges Bloch: Schreiben an den VSJF, Zürich, 11. 8. 1949, S. 2, AfZ, IB VSJF-Archiv / 34.

Arbeitslosigkeit vom VSJF unterstützt werden müssten, weil die Kantone sie sonst ausweisen könnten.[281]

An der Plenarsitzung der SZF am 7. Dezember 1949 wurde die Polizeiabteilung des EJPD über den Antrag des Vorstandes der SZF unterrichtet, der Bund möge 50 Prozent an den Unterstützungskosten für die ehemaligen sogenannten Emigrantinnen und Emigranten übernehmen und 75 Prozent für die «neuen Flüchtlinge».[282] Oscar Schürch zeigte sich über den frühen Zeitpunkt des Antrags auf Erhöhung der Unterstützungsleistungen durch den Bund «überrascht»,[283] da der Bund seit Ende 1948 einen grösseren Beitrag an die ehemaligen «Emigrantinnen» und «Emigranten» leiste. Rodolfo Olgiati, der unterdessen die Präsidentschaft der SZF übernommen hatte, erklärte die Forderung mit Hinweis auf die schlechte finanzielle Lage der Hilfswerke.[284]

Otto H. Heim ergriff in der Diskussion zweimal energisch das Wort. Er betonte die finanziellen und organisatorischen Leistungen, die dem VSJF durch das «Gentlemen's Agreement» 1938 aufgezwungen worden seien und die immer noch Auswirkungen auf die Finanzen des VSJF hätten: «Herr Heim erwähnt, dass der Verband Schweiz. Jüd. Flüchtlingshilfen 310 Leute voll und 181 teilweise, ohne irgendwelchen Beitrag des Bundes unterstützt. Die seinerzeitigen Abmachungen zwischen Herrn Dr. Rothmund und Herrn Saly Mayer konnten nicht für dauernd gedacht sein.»[285]

Sowohl Heinrich Rothmund als auch Oscar Schürch reagierten auf die Forderungen der SZF zunächst ausweichend. Rothmund erwähnte, dass ihm auffalle, «dass gerade von jüdischer Seite die Frage der erhöhten Unterstützung durch den Bund aufgeworfen wurde»,[286] und liess es sich nicht nehmen, darauf hinzuweisen, «dass heute grosse Ausreisemöglichkeiten nach Israel bestehen»[287] und dass «für diejenigen, die nicht mehr auswandern können, […] das Dauerasyl geschaffen»[288] wurde. Er sah mit diesen beiden Möglichkeiten – Auswanderung nach Israel und Dauerasyl für ältere Menschen – den Beitrag des Bundes zur Unterstützung von «Emigrantinnen» und «Emigranten» also für genügend an. Ansprüche auf eine höhere finanzielle Beteiligung des Bundes von jüdischer Seite her waren für Rothmund nicht nur ungewohnt, er scheint sie auch als anmassend empfunden zu haben. Otto H. Heim forderte dennoch vehement die Unterstützung des Bundes für diese Kategorie von Flüchtlingen, die nie als solche bezeichnet worden war, und betonte das Element der Dis-

---

281 Vgl. L. Littmann: Prot. GL SIG, Bern, 9. 11. 1949, S. 6, AfZ, IB SIG-Archiv / 179, sowie Irene Eger: Prot. GA VSJF, 20. 7. 1948, S. 2, AfZ, IB VSJF-Archiv / 26.
282 H. Weber: Prot. SZF, Zürich, 7. 12. 1949, S. 3, BAR, E4800.1#1967/111#145*.
283 Ebd.
284 Vgl. ebd., S. 4.
285 Ebd.
286 Ebd.
287 Ebd.
288 Ebd.

kriminierung, das sowohl für den Verband als auch für die Flüchtlinge selbst hinter dem Begriff «Emigrant» stehe: «Was der Verband Schweiz. Jüd. Flüchtlingshilfen verlangt ist, dass Emigranten und Flüchtlinge gleich behandelt werden. Das schlägt nicht aus, dass die Auswanderungsmöglichkeiten nicht weiterhin ausgeschöpft werden. Der VSJF drückt sehr stark auf die Ausreise, doch bleiben immer Grenzfälle. Für den Verband gibt es zwischen Emigrant und Flüchtling keinen Unterschied, diese Bezeichnung stammt von den Behörden.»[289]

Otto H. Heim hinterfragte zwar nicht die Politik der Schweiz, Flüchtlingen ein Bleiberecht grundsätzlich abzusprechen. Allerdings plädierte er dafür, dass man in Einzelfällen grosszügig entscheiden solle. Wichtiger jedoch war seine Anmerkung, dass die Bezeichnung «Emigrant» als solche zu hinterfragen sei.

Sowohl Rothmund als auch Schürch gingen auf den Inhalt dieser Äusserungen nicht ein. Sie wollten die Zuständigkeit des Bundes in der Unterstützung «von Ausländern»[290] per se in Abrede stellen und wiesen auf die Verantwortung der Kantone und Gemeinden in der Unterstützung von mittellos gewordenen Ausländerinnen und Ausländern hin. Der evangelische Pfarrer Heinrich Hellstern machte darauf aufmerksam, dass die Gefahr bestehe, dass Kantone und Gemeinden Flüchtlinge, die unterstützungsbedürftig würden, wegweisen würden. Diese extreme Massnahme müsse doch, so Hellstern, besonders bei den «neuen Flüchtlinge[n]» aus Osteuropa vermieden werden.[291] Obwohl es nicht explizit angesprochen wurde, scheinen die Hilfswerke an das humanitäre Gewissen der Polizeiabteilung appelliert zu haben. Die Überlegung, dass der Schweiz ein Reputationsschaden drohe, wenn osteuropäische Flüchtlinge ausgewiesen würden, dürfte massgeblich dazu beigetragen haben, dass Heinrich Rothmund sich schliesslich bereit erklärte, den Antrag der Zentralstelle zu unterstützen.[292] In der Folge lud die Polizeiabteilung die Vertreter der Hilfswerke Ende April 1950 zu einer gemeinsamen Sitzung mit Bundesrat von Steiger nach Bern ein, woraufhin der Bund sich Mitte Mai bereit erklärte, künftig 60 Prozent der Kosten für «Emigrantinnen» und «Emigranten» zu übernehmen.[293] Ab 1950 leistete also der Bund auch einen grösseren Beitrag an die Unterstützung ehemaliger «Emigrantinnen» und «Emigranten». Als enttäuschend bezeichnete Ruth Bernheimer[294] im August 1950 den Entscheid, dass «Niedergelassene und zur Wohnsitznahme Zugelassene auf Grund dieser

---

289 Ebd., S. 5.
290 Ebd.
291 Vgl. ebd.
292 Vgl. ebd.
293 Vgl. H. Weber: Prot. SZF, Zürich, 14. 6. 1950, S. 2 f., BAR, E4800.1#1967/111#145*.
294 Ruth Bernheimer wurde 1907 in Diessenhofen geboren. Ab 1918 lebte sie mit ihrer Familie in Zürich. Sie studierte an der Universität Zürich Rechtswissenschaften. Nach ihrer Promotion arbeitete sie in einem Anwaltsbüro in Zürich. Sie verstarb 1955. Vgl. O. B.: Zum Gedenken an Dr. Ruth Bernheimer, in: IW 42 (1955), S. 26.

Vereinbarung keinen Zuschuss von den Behörden erhalten».[295] Ein Bundesbeschluss, der auf Ende 1950 erwartet wurde, sollte dies ändern.[296] Die Bundesbeiträge für Flüchtlinge wurden ab 1960 auf 75 Prozent erhöht und ab 1977 auf 90 Prozent.[297]

Neben den Flüchtlingen, «Emigrantinnen» und «Emigranten», die der VSJF während des Krieges bereits betreut hatte, kamen in der Nachkriegszeit verschiedene neue Gruppen hinzu, die je unter anderen Vorzeichen in die Schweiz gekommen waren und dementsprechend bezeichnet wurden. Neben den oben erwähnten «neuen Flüchtlingen» wurde die Gruppe der «Buchenwald-Jugendlichen», die vom SHEK übernommenen Kinder und «Tbc-Patienten», also an Tuberkulose erkrankte ehemalige KZ-Internierte, neu vom VSJF betreut.[298] Die Finanzierung von unterstützungsbedürftigen Personen musste ständig neu verhandelt werden, einerseits mit den Behörden,[299] andererseits mit nationalen und internationalen jüdischen Hilfswerken.

Im Fall der Buchenwald-Jugendlichen, für deren Aufenthalt und Betreuung in der Schweiz die Schweizer Spende unter der Leitung von Rodolfo Olgiati finanziell zuständig gewesen war, übernahm der VSJF nach langen Verhandlungen ab September 1945 die Betreuung. Im April 1946 gab Olgiati bekannt, dass die Schweizer Spende die Jugendlichen nicht länger unterstützen könne, da sich abzeichnete, dass für die Jugendlichen keine schnelle Ausreisemöglichkeit zu erwarten war. Olgiati war der Ansicht, dass der SIG nach Ablauf der geplanten Dauer der Hilfsaktion für sechs Monate für den Unterhalt der Jugendlichen zuständig sei, und versuchte, Druck auf den Gemeindebund auszuüben, damit dieser die finanzielle Verantwortung übernehme. Der SIG hatte die Buchenwald-Jugendlichen über die Kommission «Hilfe und Aufbau» im Oktober 1945 bereits mit 13 700 Franken pro Monat unterstützt. Der Gemeindebund war aber nicht in der Lage, darüber hinausgehende finanzielle Verpflichtungen zu übernehmen, und suchte nach anderen Wegen, damit die Jugendlichen in der Schweiz bleiben könnten.[300] In der Sitzung der GL im Mai 1946, in der das Problem diskutiert wurde, äusserte sich Otto H. Heim entschieden dagegen, dass die Buchenwald-Jugendlichen zurück nach Deutschland gebracht und erneut der UNRRA unterstellt würden. Durch seine Beziehungen zum SHEK wusste Heim ausserdem, dass die Schweizer Spende dem

---

295 Irene Eger: Prot. VS VSJF, Zürich, 22. 8. 1950, S. 4, AfZ, IB VSJF-Archiv / 35.
296 Vgl. Irene Eger: Prot. VS VSJF, Zürich, 1. 11. 1950, S. 2, AfZ, IB VSJF-Archiv / 35.
297 Vgl. Schweizerischer Bundesrat: Botschaft zum Asylgesetz und zu einem Bundesbeschluss betreffend Rückzug des Vorbehaltes zu Artikel 24 des Übereinkommens über die Rechtsstellung der Flüchtlinge, Bundesblatt 3/41, 31. 8. 1977, www.amtsdruckschriften.bar.admin.ch/viewOrigDoc/10047163.pdf?id=10047163, 15. 9. 2020.
298 Vgl. dazu zum Beispiel o. A.: TB VSJF 1948, Zürich, o. D., S. 10 f., AfZ, IB SIG-Archiv / 2395.
299 Vgl. dazu zum Beispiel o. A.: JB SIG 1948, o. O., o. D., S. 7 f., AfZ, IB SIG-Archiv / 378.
300 Vgl. Lerf, Buchenwaldkinder, 2010, S. 84–88.

Kinderhilfswerk «soeben neue Mittel»³⁰¹ zugesprochen habe. Er schlug vor, dass man die Schweizer Spende auf «den schlechten Eindruck»³⁰² aufmerksam mache, die eine «erzwungene Rückweisung nach Deutschland im Ausland wecken»³⁰³ würde. Gemäss Madeleine Lerf hatte die Schweizer Spende die Drohung, die Buchenwald-Jugendlichen zurück nach Deutschland zu schicken, nur gegenüber dem SIG geäussert, der Polizeiabteilung gegenüber hatte die Organisation die Haltung vertreten, dass eine Rückkehr der Jugendlichen als inopportun zu betrachten sei. In der Polizeiabteilung war die Idee einer Kostenübernahme der Buchenwald-Jugendlichen, die vormals der Schweizer Spende unterstanden hatten, deshalb bereits diskutiert worden. Ob der Vorschlag letztlich von der jüdischen Seite kam oder von der Polizeiabteilung, kann nicht abschliessend beantwortet werden.³⁰⁴

Am 21. Juni 1946 wandte sich Otto H. Heim an die eidgenössische Polizeiabteilung und bat Oscar Schürch, dass die Verantwortung und die Finanzierung der Buchenwald-Jugendlichen mit – wie bisher üblich – finanzieller Beteiligung des VSJF zukünftig von der Polizeiabteilung getragen würden. Robert Jezler gab in seinem Antwortschreiben am 28. Juni 1946 bekannt, dass das EJPD den Jugendlichen den vorläufigen Aufenthalt in der Schweiz weiterhin bewillige und sich an den Kosten, wie von Heim vorgeschlagen, beteilige.³⁰⁵

Eine finanzielle Aufgliederung der Fürsorgekosten zwischen dem VSJF und dem Bund wurde auch in der Unterstützung anderer Gruppen von Flüchtlingen in der Nachkriegszeit üblich, so für die Tbc-Kranken, die zur Erholung in die Schweiz kamen. Die Unterstützung ehemaliger KZ-Internierter führte allerdings oft zu langwierigen Verhandlungen zwischen dem VSJF, dem Bund und der OSE.³⁰⁶

8.2.2 «Der reiche Onkel aus Amerika»: Beziehungen des VSJF zum Joint

Die Abhängigkeit des VSJF von Zuwendungen des Joint blieb vor allem in den ersten Nachkriegsjahren gross. Während sich die amerikanische Hilfsorganisation zunehmend auf den Standpunkt stellte, dass die vorhandenen Geldmittel direkt Jüdinnen und Juden in kriegsbetroffenen Ländern zukommen sollten, und deshalb dem VSJF die Unterstützungsleistungen kürzte, übergab der SIG

---

301 Leo Littmann: Prot. GL VSJF, Bern, 22. 5. 1946, S. 6, AfZ, IB SIG-Archiv / 176.
302 Ebd.
303 Ebd.
304 Vgl. Lerf, Buchenwaldkinder, 2010, S. 88.
305 Vgl. Otto H. Heim: Schreiben an Oscar Schürch, Zürich, 21. 6. 1946, sowie Jezler: Schreiben an den VSJF, Bern, 28. 6. 1946, beides AfZ, IB SIG-Archiv / 2778.
306 Vgl. Kapitel 8.2.3.

dem Verband neue Aufgaben in der Nachkriegshilfe, für die weitere finanzielle Mittel erforderlich waren. Bund und Kantone zeigten Bereitschaft, in einigen Ausnahmefällen Aufenthaltsbewilligungen an jüdische Flüchtlinge zu erteilen, allerdings unter der Voraussetzung, dass weiterhin ein beachtlicher Kostenanteil von jüdischer Seite getragen wurde. Und was die Flüchtlinge selbst betraf, lebten sie mit den ausgezahlten Unterstützungsansätzen in der Schweiz am Existenzminimum. Da sie von ihren individuellen Flucht- und Verfolgungsgeschichten geprägt waren, machten Vergleiche mit der Situation ihrer Glaubensgenossinnen und -genossen im nahen Ausland daher keinen Sinn, was den Joint und Saly Mayer als dessen Vertretung in der Schweiz aber angesichts des nötigen Pragmatismus in der Verteilung der beschränkten Mittel nicht davon abhielt, auf die prekäre Lage der Jüdinnen und Juden im Ausland hinzuweisen. Für den VSJF bedeuteten die unterschiedlichen Haltungen aller beteiligten Parteien, dass er sich ständig zwischen den Fronten bewegte.

Nach einer Besprechung mit Saly Mayer berichtete Otto H. Heim bereits im Juli 1945 an einer Geschäftsausschusssitzung des VSJF, dass der Joint sich weder an der Nachkriegshilfe des SIG noch an einer Erhöhung der Unterstützungsgelder für «Emigrantinnen» und «Emigranten» finanziell beteiligen würde. Bezüglich der Hilfe des SIG im Ausland habe sich Saly Mayer auf den Standpunkt gestellt, dass das dafür nötige Geld in der Schweiz gesammelt werden solle – ob damit eine Beteiligung der Gesamtbevölkerung oder lediglich der Schweizer Jüdinnen und Juden gemeint war, blieb offen. Betont hatte Saly Mayer hingegen, dass im Ausland mit weniger Geld mehr für jüdische Flüchtlinge bewirkt werden könne als in der Schweiz. Der VSJF trat hingegen mit einer fordernden Haltung an Saly Mayer heran. Aus der Formulierung «Herr Mayer weigert sich, mehr als Fr. 450 000.– monatlich zu geben»[307] geht hervor, dass der VSJF der Ansicht war, ein gewisses Recht auf finanzielle Unterstützung durch den Joint zu haben.[308] Gleichzeitig war sich der Verband der «ungeheuren Not, in der immer noch Tausende von jüdischen Menschen im Auslande leben»,[309] und der sich daraus ergebenden Verpflichtungen des Joint bewusst. In seiner Eröffnungsrede an der Generalversammlung des VSJF im Mai 1949 konstatierte Otto H. Heim in diesem Zusammenhang, dass «die jüdische Not [...] immer noch ungeheuer»[310] sei und «der Joint, der reiche Onkel aus Amerika [...] sich wichtigeren Gebieten des sozialen jüdischen Aufbaus»[311] zuwende. Der VSJF bemühte sich um eine gute Zusammenarbeit mit Saly Mayer, der 1947 «das erste Mal seit vier Jahren»[312] wieder an einer

---

307 Else Finkler: Prot. GA VSJF, Zürich, 2. 7. 1945, S. 1, AfZ, IB VSJF-Archiv / 24.
308 Vgl. ebd.
309 O. A.: TB VSJF 1947, Zürich, o. D., S. 4, AfZ, IB SIG-Archiv / 2395.
310 Riwkah Schärf: Prot. GV VSJF, Zürich, 22. 5. 1949, S. 1, AfZ, IB VSJF-Archiv / 20.
311 Ebd.
312 Charlotte Färber et al.: Prot. GV VSJF, Zürich, 16. 6. 1947, S. 4, AfZ, IB VSJF-Archiv / 18.

Generalversammlung des VSJF teilnahm, was von Josef Brumlik, dem Leiter des Komitees Davos, als «glückliche Leistung des Vorstandes»[313] bezeichnet wurde.

Trotz der angekündigten Kürzungen der Joint-Subventionen nach Kriegsende gab der Joint dem VSJF die Zusage, auch im Jahr 1946 monatlich 400 000 Franken an das jüdische Flüchtlingshilfswerk in der Schweiz beizutragen.[314] Dennoch verbesserte sich die finanzielle Lage des VSJF 1946 nicht – im Gegenteil.

Wie bereits im Frühjahr 1945 präsentierte sich die finanzielle Lage des VSJF im April 1946 wiederum prekär. Otto H. Heim hatte die undankbare Aufgabe, die Komitees zur Sparsamkeit aufzufordern[315] und gleichzeitig gegenüber der Geschäftsleitung des SIG die Sachlage zu verteidigen, dass die Kosten des VSJF trotz zahlreicher Auswanderungen und Repatriierungen von Flüchtlingen nicht im Sinken begriffen waren.[316] Bis Ende Mai 1946 erhielt der VSJF einen grösseren Betrag von der HIAS New York, sodass die finanzielle Lage sich für einige Wochen entspannte.[317]

1948 verbesserte sich die finanzielle Lage des VSJF. Während die Einnahmen laut Saldovertrag des VSJF 6 468 953 Franken betrugen, mussten lediglich Ausgaben in der Höhe von 5 999 422 Franken getätigt werden.[318] Im Kommentar zur Jahresrechnung des VSJF für 1948 wurde darauf hingewiesen, dass der VSJF im Vergleich zum Vorjahr rund 500 000 Franken weniger eingenommen habe. Während er vom SIG und von der HIAS weniger Geld erhalten habe, habe man vom Joint rund 250 000 Franken mehr erhalten als 1947. Mehreinnahmen von 60 000 Franken hatte der VSJF von «dritter Seite»,[319] wobei hier an erster Stelle die Beiträge der Polizeiabteilung des EJPD eine Rolle spielten.[320] Wie bereits beschrieben, war die Stabilisierung nur von kurzer Dauer und bereits im Herbst 1948 zeichneten sich die nächsten finanziellen Probleme ab.[321]

---

313 Ebd.
314 Vgl. Leo Littmann: Prot. GL VSJF, Zürich, 25. 4. 1946, S. 1, AfZ, IB SIG-Archiv / 176. Gemäss der Gesamtübersicht der Einnahmen des VSJF 1933–1950 betrugen die Joint-Subventionen 1946 insgesamt 5 417 000 Franken. 1947 erhielt der VSJF vom Joint hingegen nur noch 3 973 000 Franken. 1948 wurde der Beitrag des Joint nochmals erhöht, danach gingen die Joint-Beiträge kontinuierlich zurück und betrugen 1950 noch 1 550 000 Franken. Vgl. VSJF: Übersicht über die Gesamtausgaben und über die Einnahmen seit dem Jahre 1933 bis einschliesslich 1950, o. O., o. D., AfZ, IB SIG-Archiv / 2434. Vgl. auch UEK, Die Schweiz und die Flüchtlinge, 2001, S. 205.
315 Vgl. dazu zum Beispiel Irene Eger: Prot. Ausschuss Jüdische Flüchtlingshilfe Zürich, Zürich, 14. 5. 1946, S. 2, AfZ, IB SIG-Archiv / 2405.
316 Vgl. Leo Littmann: Prot. GL VSJF, Zürich, 25. 4. 1946, S. 1–3, AfZ, IB SIG-Archiv / 176.
317 Vgl. Leo Littmann: Prot. GL VSJF, Bern, 22. 5. 1946, S. 5, AfZ, IB SIG-Archiv / 176.
318 Vgl. VSJF: Aufstellung über die Einnahmen im Jahre 1948, Zürich, 10. 2. 1949, AfZ, IB SIG-Archiv / 2453.
319 VSJF: Kommentar zur Jahresrechnung 1948, Zürich, 11. 2. 1949, AfZ, IB SIG-Archiv / 2453.
320 Vgl. ebd.
321 Vgl. Kapitel 8.1.5.

Im Januar 1949 bat der Quästor des VSJF den Präsidenten des SIG, Georges Brunschvig, um eine finanzielle Überbrückungszahlung zugunsten des VSJF in der Höhe von 100 000 Franken, weil die Ausgaben des VSJF pro Monat immer noch 400 000 Franken betrügen, der Verband jedoch vom Joint nur noch monatlich 250 000 Franken erhalte.[322] Saly Mayer gab in einem Schreiben an den VSJF bekannt, dass der Joint eigentlich gar nicht in der Lage sei, eine finanzielle Garantie für das erste Quartal 1949 in der genannten Höhe zu geben, hingegen sei auf jeden Fall mit einer weiteren Reduktion der Subventionen des Joint an den VSJF «ab April 1949» zu rechnen. Er wies gleichzeitig darauf hin, dass «die Auswanderung nach Jsraeli [sic] aus sozialen und menschlichen Erwägungen zumutbar ist und bereits in nächster Zukunft für 500 Personen aus der Schweiz ermöglicht werden könnte».[323] Da die Flüchtlinge in der Schweiz an dieser Möglichkeit wenig Interesse zeigen würden, sollten «geeignete Persönlichkeiten die Jsraeli-Auswanderung [sic] [...] stimulieren und [...] beschleunigen».[324]

Der Zeitpunkt der von Saly Mayer angekündigten Kürzung der Joint-Subventionen hing mit Schwierigkeiten beim Transfer von Dollars in die Schweiz ab April 1949 zusammen. Davon war neben dem Joint auch die HIAS betroffen, die ebenfalls ein wichtiger Geldgeber des VSJF war.[325]

Die hohe Belastung durch die ausstehenden finanziellen Mittel spiegelte sich in häufigen Wechseln im Quästorat des VSJF: Siegfried E. Guggenheim-Ullmann hatte dieses Amt rund ein Jahr inne, bevor er zurücktrat (1945/46), sein Nachfolger Sigi Teplitz immerhin zwei Jahre (1946–1948), danach übernahm Josef Rosenstein das Amt für ein Jahr (1948/49) und ab 1949 war Hugo Kahn-Willard Quästor.[326]

Als Reaktion auf den Brief von Otto H. Heim im Herbst 1949[327] wandte sich Georges Brunschvig an Saly Mayer. Er stellte klar, dass er sich «infolge der ständigen Herabsetzung der Zuschüsse des Joint»[328] gezwungen sehe, sich an den Bundesrat zu wenden und zu erklären, dass das schweizerische Judentum sich ausserstande sehe, weiterhin die nötigen Beträge für die jüdischen Flücht-

---

322 Vgl. Josef Rosenstein: Schreiben an Georges Brunschvig, Zürich, 17. 1. 1949, AfZ, IB SIG-Archiv / 2453.
323 Saly Mayer: Schreiben an den VSJF, St. Gallen, 28. 1. 1949, AfZ, IB SIG-Archiv / 2453.
324 Ebd.
325 Vgl. L. Littmann: Prot. GL SIG, Bern, 7. 4. 1949, S. 2, AfZ, IB SIG-Archiv / 179. Die beschriebenen Erschwernisse im Transfer hingen vermutlich mit Bestimmungen der Schweizerischen Nationalbank zusammen, die die Aufhebung von Einschränkungen in der Entgegennahme von Dollars für September 1949 angekündigt hatte und die zu einer vorübergehenden Abwertung des Dollars führte. Vgl. Schweizerische Nationalbank, Schweizerische Nationalbank 1907–1957, 1957, S. 157 f.
326 Zum Rücktritt von Josef Rosenstein und zur Übernahme des Quästorats durch Hugo Kahn-Willard vgl. L. Littmann: Prot. GL SIG, Bern, 7. 4. 1949, S. 2, AfZ, IB SIG-Archiv / 179.
327 Vgl. Kapitel 8.1.5.
328 Georges Brunschvig: Schreiben an Saly Mayer, o. O., 10. 7. 1949, AfZ, IB SIG-Archiv / 2453.

linge aufzubringen.³²⁹ Saly Mayer schlug dem SIG daraufhin vor, die IRO zur Mitfinanzierung des Schweizerischen Flüchtlingshilfswerkes zu bewegen, da die IRO jährlich mit 10 Millionen Franken Bundesgeldern subventioniert werde.³³⁰ Bereits im November 1949 wandte sich Heim erneut an Mayer, da dieser angekündigt hatte, für den Monat Dezember überhaupt keine Joint-Gelder mehr zugunsten des VSJF zur Verfügung stellen zu können.³³¹

Ende 1949, als innerhalb der Geschäftsleitung des SIG über die Fortführung der jüdischen Flüchtlingshilfe diskutiert wurde und einmal mehr die Finanzierung im Zentrum stand, wurde das Unverständnis des Joint gegenüber den schweizerischen Verhältnissen kritisiert. Der Joint könne «nicht begreifen [...], wieso die reiche Schweiz noch seine Hilfe braucht. Dem gegenüber wird festgestellt, dass in andern Ländern andere Verhältnisse herrschen, z. B. in England die Flüchtlinge frei arbeiten können.»³³² Die Schwierigkeiten in der Beschaffung von Arbeitsbewilligungen für Flüchtlinge wurden an dieser Stelle lediglich festgehalten, aber nicht kommentiert, während die Haltung des Joint bemängelt wurde.

Trotz der grundsätzlichen Weigerung des Joint, die Nachkriegshilfe des SIG zu finanzieren, wurden einige Aktionen auf diesem Gebiet gemeinsam mit dem VSJF durchgeführt, dazu zählt beispielsweise die Aufnahme von 94 tschechoslowakischen Kindern, die aus Konzentrationslagern befreit worden waren und am 5. Mai 1946 einen Erholungsaufenthalt in der Schweiz antraten. Die Kosten wurden vom Joint und der Tschechoslowakei getragen, für die Betreuung der Kinder war der VSJF zuständig. Ab dem 15. Mai wurden die Kinder im Heim Felsenegg auf dem Zugerberg untergebracht.³³³

Mit Unterstützung der Claims Conference konnten der SIG und der VSJF 1948 die Liegenschaft Les Berges du Léman in Vevey erwerben und ausbauen, die Platz für 120 alte und kranke Flüchtlinge bot.³³⁴ Nach einer Unterredung mit Charles Jordan³³⁵ im Jahr 1955 hatte sich Otto H. Heim im Namen des VSJF bereit erklärt, maximal sechs pflegebedürftige Personen aus dem DP-

---

329 Vgl. ebd.
330 Vgl. Sekretariat SIG: Notiz für Vizepräsident Alfred Goetschel, Zürich, 21. 7. 1949, AfZ, IB SIG-Archiv / 2453.
331 Vgl. Otto H. Heim: Schreiben an Saly Mayer, o. O., 24. 11. 1949, AfZ, IB SIG-Archiv / 2453.
332 G. Rosenblum: Prot. GL SIG, Bern, 1. 9. 1949, S. 3, AfZ, IB SIG-Archiv / 179.
333 Vgl. Leo Littmann: Prot. GL VSJF, Bern, 22. 5. 1946, S. 7, AfZ, IB SIG-Archiv / 176.
334 Vgl. Erlanger, Nur ein Durchgangsland, 2006, S. 236. Zur Beteiligung der Claims Conference an der Errichtung und Renovation des Gebäudes vgl. o. A.: Bestimmungen für das Heim in Vevey, o. O., o. D., AfZ, IB SIG-Archiv / 2656.
335 Charles Jordan (1908–1967) war seit 1941 Mitarbeiter des Joint. Ab 1948 arbeitete er für die Emigrationsabteilung des Joint in Paris, ab 1955 als Präsident des Joint in Europa. Vgl. Bauer, Jordan, Charles Harold, o. D. Mit Charles Jordan war Otto H. Heim befreundet und schrieb ihn in Briefen stets mit der vertraulichen Form «Charlie» an. Vgl. zum Beispiel Otto H. Heim: Schreiben an Charles Jordan, o. O., 5. 12. 1956, S. 1, AfZ, IB SIG-Archiv / 2377, und H. Schüler: Prot. DV SIG, Basel, 22./23. 5. 1968, S. 12, AfZ, IB SIG-Archiv / 35.

Lager Föhrenwald aufzunehmen, das 1955 endgültig aufgelöst worden war.[336] Heim hatte sein grundsätzliches Einverständnis unter der Bedingung erteilt, dass der Joint die Finanzierung übernehme und der SIG und die schweizerischen Behörden keine Einwände gegen die Aufnahme der DPs hätten.[337] Eine Einzelperson aus Föhrenwald wurde schliesslich tatsächlich im Heim in Vevey aufgenommen.[338]

Seit 1944 befasste sich der SIG mit der Herausgabe der sogenannten nachrichtenlosen Vermögen, also mit Geld, das auf Konten von Schweizer Banken und Versicherungen lag, deren Inhaberinnen und Inhaber aller Wahrscheinlichkeit nach von den Nationalsozialisten ermordet worden waren. Zusammen mit dem WJC machte der SIG 1946 Anspruch auf diese Vermögenswerte[339] und Reparationszahlungen des Intergovernmental Committee geltend, die sich zum Teil ebenfalls aus den «nachrichtenlosen Vermögen» zusammensetzen sollten. Der SIG versprach sich von einer allfälligen Auszahlung dieser Gelder an die Flüchtlingshilfe eine grössere Unabhängigkeit vom Joint. Der Joint bremste den SIG jedoch in seinen Bemühungen, sich einen Anteil an diesen Guthaben zu sichern. Im September 1946 wurde in der GL des SIG festgehalten, dass der Joint zwar die «Erfassung der erbenlosen jüdischen Vermögen in der Schweiz»[340] begrüsse, dass der SIG jedoch nur in Absprache mit dem Joint weitere Schritte in dieser Angelegenheit unternehmen solle. Der Joint machte gleichzeitig die Zusicherung, dass «den Ansprüchen des jüdischen Flüchtlingshilfswerkes in der Schweiz [...] volle Beachtung»[341] geschenkt werde. Der SIG musste also von seinen direkt angemeldeten Ansprüchen absehen, versprach sich davon aber die gesicherte Mitfinanzierung des eigenen Hilfswerks vonseiten des Joint.

1950 übernahm James P. Rice die Vertretung des Joint in der Schweiz.[342] Die Beziehung zwischen ihm und dem SIG blieb nicht konfliktlos, erwies sich Rice doch als härterer Verhandlungspartner und hatte – im Gegensatz zu Saly Mayer – keine persönliche Bindung zu den jüdischen Organisationen in der Schweiz.[343] Otto H. Heim stand in seiner Funktion als Präsident des VSJF in einem kontinuierlichen Austausch mit James P. Rice, er besuchte darüber

---

336 Zur Unterredung von Otto H. Heim mit Charles Jordan vgl. Otto H. Heim: Schreiben an den Vorstand des VSJF und die GL des SIG, Zürich, 11. 3. 1955, AfZ, IB SIG-Archiv / 2648. Zur Auflösung des DP-Lagers Föhrenwald und zur Rolle des Joint bei der Auflösung des Lagers vgl. Patt/Crago-Schneider, Years of Survival, 2019, S. 400–404.
337 Vgl. Otto H. Heim: Schreiben an den Vorstand des VSJF und die GL des SIG, Zürich, 11. 3. 1955, AfZ, IB SIG-Archiv / 2648.
338 Vgl. o. A.: JB VSJF 1955, Zürich, Januar 1956, S. 34, AfZ, IB SIG-Archiv / 378.
339 Vgl. Mächler, Hilfe und Ohnmacht, 2005, S. 430.
340 Leo Littmann: Prot. GL SIG, Bern, 5. 9. 1946, S. 3, AfZ, IB SIG-Archiv / 176.
341 Ebd. Diese Thematik wurde auch bei Hanna Zweig-Strauss aufgegriffen. Vgl. Zweig-Strauss, Saly Mayer, 2007, S. 249.
342 Vgl. ebd., S. 272.
343 Vgl. ebd., S. 252–254.

hinaus ab 1948 die internationale Europakonferenz des Joint regelmässig[344] und erstattete dem SIG und dem VSJF Bericht über die aktuellen Entwicklungen in Israel und die Unterstützungsleistungen des Joint in Ländern, in denen Jüdinnen und Juden neuen Verfolgungen ausgesetzt waren.[345]

Otto H. Heim beschwerte sich im Juni 1952 bei Georges Brunschvig über die Zusammenarbeit mit dem neuen Jointvertreter, indem er Brunschvig darauf aufmerksam machte, dass sich James Rice «zu viel Einspracherecht in unsere Arbeit anmasst».[346] Der Joint übte Druck auf den VSJF aus, Flüchtlinge, «Emigrantinnen» und «Emigranten», die über eine Bewilligung für die Einreise in ein Drittland verfügten, zur Ausreise aufzufordern, um die Unterstützungsleistungen des VSJF zu senken. Heim hingegen plädierte für ein grosszügiges Vorgehen in Fällen, in denen die Betroffenen unterdessen das Niederlassungsrecht und eine Arbeitsbewilligung erhalten hatten.[347] Das Antwortschreiben, das Heim als Reaktion auf die Forderungen von James P. Rice verfasste, ist unter mehreren Gesichtspunkten bezeichnend für seine Einstellung zur Flüchtlingshilfe im Allgemeinen und zur Rolle des Joint im jüdischen Flüchtlingswesen in der Schweiz im Besonderen. Es bilanziert nicht nur die Arbeit des VSJF und die behördliche Flüchtlingspolitik aus der Sicht von Otto H. Heim in der Retrospektive, sondern bildet auch die für Heim typische Spontaneität in der sozialen Interaktion ab, weshalb es hier nur leicht gekürzt wiedergegeben wird.

> «Dear Mr. Rice,
>
> I came home last night very late from Bern, and though I felt very tired, I read your express letter, which I found on my bed!
>
> If I did not appreciate your personal cooperation and if I did not feel real gratitude for the great help the A. J. D. C. has always been for the V. S. J. F., I would not trouble to try to clarify my position towards the V. S. J. F., towards Swiss Jewry, towards the Swiss authorities, towards A. J. D. C. and last but not least towards my own conviction.
>
> You know me well enough that I am not a friend of ‹de belles phrases ni de belles paroles sentimentales›. All the last 18 years Hitler has made me a social worker to help Jews in need. You cannot compare your experience with mine. […] I have to tell you that my long experience with the Jewish refugee problem

---

344   Vgl. zum Beispiel Anni Fischelson: Prot. VS VSJF, Zürich, 14. 9. 1948, S. 2, AfZ, IB VSJF-Archiv / 33, sowie Irene Eger: Prot. VS VSJF, Zürich, 12. 9. 1951, S. 2, AfZ, IB VSJF-Archiv / 36, und Irene Eger: Prot. VS VSJF, Zürich, 2. 12. 1952, S. 2, AfZ, IB VSJF-Archiv / 37.
345   Vgl. Otto H. Heim: Bericht über die Konferenz des American Joint Distribution Committee in Paris, Zürich, 22. 10. 1955, AfZ, NL Jean Nordmann / 27, sowie o. A.: Traktanden und Vororientierung der Sitzung der GL, Zürich, 18. 10. 1956, S. 2, AfZ, NL Jean Nordmann / 30.
346   Otto H. Heim: Schreiben an Georges Brunschvig, Zürich, 26. 6. 1952, AfZ, IB SIG-Archiv / 2456.
347   Vgl. ebd.

in Switzerland has been responsible for my conviction and therefore for my position.

You cannot know how humiliating was the (the) [sic] position of Jewish refugees in Switzerland during the first 10 years of Hitler's reign. The Swiss government allowed refugees to enter Switzerland only on the condition that they would leave our country as soon as possible. Until 1943 the government did not pay one cent for these refugees (emigrants). Saly Mayer, as president of the Schweiz. Israelit. Gemeindebund and as a representative of of [sic] A. J. D. C. took the guarantee that these emigrants would never fall to the charge of the authorities. Until 1948 the V. S. J. F. assisted these emigrants 100 %, which, of course, would not have been possible without the generous help of A. J. D. C.

For years and years Jews and wellmeaning non-jews fought to obtain from the authorities a new status to enable part of the refugees in Switzerland to stay here permanently. The Dauerasyl was the first victory won and the later ‹Bundesratsbeschlüsse› in 1948 and 1950 can be considered as a real success in our policy. Today the Swiss authorities are our most powerful financial partner, even if their understanding proved in many cases to be of financial consequences which may not always be pleasant to our organization, but who have to be accepted, because today we have succeeded in one of our aims, i. e. that former Jewish refugees can settle down in Switzerland and are disengaged from their original obligation to leave this country. We must never forget that we are handling human beings and that in a way we are responsible for the happiness of those we are working for. We cannot tackle this problem only with rational arguments and with figures. Personally I cannot sell my moral conviction for any amount and in the matter of forcing people to emigrate, it is my absolute conviction that we have no right whatever to put any pressure on those protegees who have the government's guarantee that they can stay in Switzerland.

[...]

The help of the A. J. D. C. has never been given on the condition that we follow its own policy. The A. J. D. C. helped us because there were Jews in need and the Swiss Jews were not able to finance this help alone, and if in future the 20 000 Jews in Switzerland are financially not strong enough to help their fellow Jews, we shall always try to get help from A. J. D. C. [...], but we shall never sell our convictions for money, and I am absolutely sure that the A. J. D. C. [...] will understand that our first problem is to help and only the second problem is to finance this help. And if a family who has the benefit of the Dauerasyl or under the new ‹Bundesratsbeschluss› belongs to a class for whom the government will pay 60 % [...] if such a family is settled in Switzerland and selfsupporting at present [...] I flately refuse to force them to leave the country [...]. We did not fight for years to be today where we are, to sabotage now our own work. [...]

I am a business man and I believe I have a real sense for figures. I was treasurer once and my secret aim is still to be again a treasurer of an organization (!), but figures alone do not impress me in my convictions, and sometimes I feel even proud if from a rational or financial point of view, I make a mistake in favour of our protegees. [...]

I am sure you do not mind my frank speaking and I do hope that you will try to understand that there are some problems which cannot be handled only with rational or financial arguments. One has to consider moral obligations and convictions, resulting out of the fact that I am a jew and a Swiss citizen.

This letter is nearly a speech and you know I hate speeches of this kind, but I thought it worth while [sic] to clarify my position once again.

With best regards,

Sincerely yours, [...]»[348]

Otto H. Heim machte James P. Rice mit seinem Brief darauf aufmerksam, dass die Unterstützung des Joint zugunsten des VSJF in der Perspektive des gemeinsamen philanthropischen Ziels zur Verbesserung der Lebensbedingungen von Jüdinnen und Juden, die Opfer von Verfolgungen geworden waren, zu betrachten sei. An erster Stelle, noch vor Überlegungen zur Finanzierbarkeit, müsse daher immer ein spontanes wohltätiges Agieren stehen. Im konkreten Fall, den Heim ansprach, hatten die betroffenen Flüchtlinge zwar eine Möglichkeit, zu emigrieren, und würden so im Falle einer späteren Fürsorgeabhängigkeit keine Kosten verursachen, jedoch wies Otto H. Heim auf die langwierigen Kämpfe des Schweizer Judentums für den Status quo hin, der einigen Flüchtlingen erlaubte, sich permanent in der Schweiz niederzulassen und eine Arbeit anzunehmen. Vor diesem Hintergrund wäre es, so Heim, nicht nur paradox, würde man die Flüchtlinge nun zur Ausreise zwingen, es würde auch seinen eigenen moralischen Überzeugungen widersprechen. Auf die grundsätzlich anderen Erlebnisse, die er persönlich in der Flüchtlingshilfe gemacht habe, im Vergleich zu denen von James P. Rice, geht Otto H. Heim im dritten Abschnitt ein. Die Erfahrung, aus reiner Not eine ungewohnte neue Rolle übernehmen zu müssen («Hitler has made me a social worker to help Jews in need»), habe seine moralischen Überzeugungen wesentlich mitgeprägt. Heim strich in seinem Brief auch die Errungenschaften des Schweizer Judentums in der Flüchtlingspolitik heraus.

Für die Joint-Konferenz, die im Herbst 1952 stattfinden sollte, hatte Otto H. Heim eine Rede vorbereitet, mit der er auf die Leistungen des Schweizer Judentums in der Finanzierung des VSJF aufmerksam machen wollte. Er werde damit, so Heim an Georges Brunschvig, «beweisen, dass das schweizerische Judentum im Verhältnis mindestens so viel leistet wie das amerikanische».[349] Dazu verglich er die Sammlungsergebnisse des amerikanischen Judentums zugunsten des Joint mit denen des Schweizer Judentums zugunsten des

---

348 Otto H. Heim: Schreiben an James P. Rice, Zürich, 26. 6. 1952, AfZ, IB SIG-Archiv / 2456.
349 Otto H. Heim: Schreiben an Georges Brunschvig, Zürich, 20. 10. 1952, AfZ, IB SIG-Archiv / 2456.

VSJF und hob hervor, dass diese Summen in der Schweiz von lediglich 4000 Gemeindemitgliedern aufgebracht werden mussten.[350]

Der VSJF blieb von der finanziellen Unterstützung des Joint abhängig und setzte sich daher auch aktiv für die gute Reputation der amerikanischen Organisation in der Schweiz ein. So erschien im Dezember 1953 ein Artikel von Otto H. Heim in der Zeitschrift «Das Neue Israel» unter dem Titel «Die Leistungen des ‹American Joint Distribution Committee›»,[351] nachdem sich James P. Rice im Februar 1953 an Heim gewandt hatte, um seinen Unmut über einen Artikel, der in der «Jüdischen Rundschau Maccabi» erschienen war, kundzutun. Rice hatte in seinem Schreiben auch die Frage aufgeworfen, ob es nicht Sache des SIG sei, in dieser Sache etwas zu unternehmen.[352] VSJF und SIG reagierten auf den Vorfall ähnlich, wie es im vergleichbaren Fall einer negativen Berichterstattung über Personen aus dem Umfeld der SZF 1945 der Fall gewesen war.[353] Obwohl sowohl der SIG als auch der VSJF keinen Einfluss auf die jüdischen Presseorgane in der Schweiz hatten, sahen sie sich berufen, Organisationen, zu denen ein gewisses Abhängigkeitsverhältnis bestand, durch Gegendarstellungen zu verteidigen.

Die Beiträge des Joint an den VSJF wurden in den 1950er-Jahren kontinuierlich gesenkt. Im Budget des Joint für den VSJF für 1950 war vorgesehen, dass der Joint noch 1,5 Millionen Franken an die Finanzen des VSJF beisteuern sollte, Bund und Kantone sollten zusammen weitere 1,5 Millionen Franken übernehmen. Es wurde geschätzt, dass Schweizer Jüdinnen und Juden weitere 600 000 Franken aufzubringen hätten, damit die Ausgaben des VSJF gedeckt wären.[354] Zwischen 1949 und 1952 wurden die Joint-Subventionen von 2 226 545 auf 606 631 Franken jährlich gekürzt, was einer Kürzung von etwa 72 Prozent entsprach.[355] Bis 1955 gingen die Beiträge des Joint an den VSJF nochmals um rund die Hälfte zurück und betrugen 300 000 Franken jährlich, 1959 steuerte der Joint noch 175 000 Franken an die Ausgaben des VSJF bei.[356]

Ein Teil der finanziellen Beiträge des Joint ab 1955 war für die Gründung eines Sozialfonds für die Angestellten des VSJF vorgesehen, die dadurch eine Kranken- und Altersversicherung erhielten.[357] Der Joint wiederum bezog die

---

350 Vgl. Otto H. Heim: Rede für die Joint-Konferenz, Zürich, 17. 10. 1952, AfZ, IB SIG-Archiv / 2456.
351 Otto H. Heim: Die Leistungen des «American Joint Distribution Committee», in: Das Neue Israel 6, 1953, S. 152 f.
352 Vgl. James P. Rice: Schreiben an Otto H. Heim, Genf, 19. 2. 1953, AfZ, IB SIG-Archiv / 2648.
353 Vgl. Kapitel 7.5.1.
354 Vgl. L. Littmann: Prot. GL SIG, Bern, 14. 12. 1949, S. 2, AfZ, IB SIG-Archiv / 179.
355 Vgl. o. A.: TB VSJF 1950, Zürich, o. D., S. 28, sowie o. A.: TB VSJF 1952, Zürich, o. D., S. 22, AfZ, IB SIG-Archiv / 2395. Einzeln aufgeführt und nicht in diese Zahl mit eingeschlossen ist die finanzielle Beteiligung des Joint an den Emigrationen.
356 Vgl. o. A.: JB VSJF 1955, Zürich, Januar 1956, S. 38, sowie o. A.: JB VSJF 1959, o. O., o. D., S. 40, AfZ, IB SIG-Archiv / 378.
357 Vgl. o. A.: JB SIG 1955, Zürich, 1. 1. 1956, S. 17, AfZ, IB SIG-Archiv / 378.

dafür nötigen Mittel von der Claims Conference. Die Initiative zur Gründung des Sozialfonds ging auf Otto H. Heim und weitere Vorstandsmitglieder des VSJF zurück, die nach einer Möglichkeit suchten, den ehemaligen Flüchtlingen, die im Dienst des VSJF tätig waren, eine Altersversicherung einzurichten.[358] 1958 wurde das Reglement des Sozialfonds für die Angestellten des VSJF und des SIG in Kraft gesetzt.[359]

Ebenfalls aus den Mitteln des Joint von der Claims Conference wurden die sogenannten Existenzdarlehen finanziert. Der VSJF konnte den Opfern des Nationalsozialismus daraus Darlehen zum Aufbau einer eigenen Existenz gewähren.[360] Die Abklärungen zur Erteilung dieser Darlehen an ehemalige Flüchtlinge beanspruchten ab 1954 viel Zeit in den Vorstandssitzungen des VSJF.[361]

8.2.3 *Nachkriegshilfe: Das Koordinationskomitee für Tbc-Aktionen*

Im Zusammenhang mit der Nachkriegshilfe befassten sich verschiedene jüdische Organisationen in der Schweiz mit der Frage, wie ehemalige KZ-Insassen, die an Tuberkulose erkrankt waren, in der Schweiz behandelt werden könnten. Tuberkulose, eine bis heute weltweit verbreitete bakterielle Infektionskrankheit, von der insbesondere immungeschwächte Menschen befallen werden, war eine der am weitesten verbreiteten Erkrankungen und Todesursachen in Konzentrationslagern.[362] Die Behandlung im Höhenklima galt lange Zeit als besonders förderlich für die Heilung von Lungentuberkulose; daher war besonders der Kanton Graubünden europaweit als «Sanatorium» für Lungenkranke bekannt.[363] Der Jahresbericht des SIG von 1946 hielt dazu fest, dass «die Schweiz […] infolge ihrer günstigen klimatischen Lage das Ziel und die Hoffnung vieler Kranken»[364] sei. Viele ehemalige KZ-Inhaftierte sowie verschiedene philanthropische jüdische Organisationen hätten sich mit Gesuchen an den

---

358 Vgl. Otto H. Heim: Aktennotiz über eine Besprechung mit Herrn Beckelmann, Direktor des American Joint Distribution Committee (Paris), Zürich, 10. 6. 1954, AfZ, NL Jean Nordmann / 24.
359 Vgl. o. A.: JB SIG 1958, Zürich, März 1959, S. 8, AfZ, IB SIG-Archiv / 378. Der Joint verlangte vom SIG, dass dieser sich mit einem Beitrag in derselben Höhe beteilige, was der Gemeindebund unter der Bedingung, dass auch die langjährigen SIG-Mitarbeitenden von diesem Fonds profitieren würden, akzeptierte. Vgl. A. Stamberger: Prot. DV SIG, La Chaux-de-Fonds, 9./10. 5. 1956, S. 47, AfZ, IB SIG-Archiv / 34.
360 Vgl. o. A.: 92. GB ICZ, Zürich, Mai 1955, S. 18, AfZ, IB SIG-Archiv / 663.
361 Vgl. dazu zum Beispiel Irene Eger: Prot. VS VSJF, Zürich, 15. 6. 1954, S. 3; Irene Eger: Prot. VS VSJF, Zürich, 13. 7. 1954, S. 4–7, beides AfZ, IB VSJF-Archiv / 39. Das Dossier enthält überdies die Anträge verschiedener Personen auf Existenzdarlehen.
362 Vgl. Wolters, Tuberkulose und Menschenversuche im Nationalsozialismus, 2011, S. 14.
363 Vgl. Schürer, Der Traum von Heilung, 2017, S. 13 f.
364 O. A.: JB SIG 1946, Zürich, 16. 1. 1947, S. 14, AfZ, IB SIG-Archiv / 378.

Gemeindebund gewandt, ihnen zu Plätzen in Schweizer Sanatorien zu verhelfen. Der SIG setzte sich in Zusammenarbeit mit anderen jüdischen Organisationen dafür ein, Tbc-Kranke in hoch gelegenen Gebieten in der Schweiz, vor allem in Davos, unterzubringen. Neben Davos spielte Leysin, eine Gemeinde im Kanton Waadt, bei der Behandlung von Tuberkulose während des Krieges und in der Nachkriegszeit eine wichtige Rolle.[365]

Auf Initiative der Kommission «Hilfe und Aufbau» wurde versucht, einen Konsens zwischen den verschiedenen Organisationen zu finden, die bemüht waren, tuberkulösen Patientinnen und Patienten einen Sanatoriumsplatz in der Schweiz zu verschaffen.[366] Im Frühjahr 1946 trafen sich die Vertreterinnen und Vertreter verschiedener Hilfswerke, darunter Silvain S. Guggenheim und Regina Boritzer für die Kommission «Hilfe und Aufbau», Otto H. Heim für den VSJF, Jacques Bloch für die OSE und Miriam Becker für den WJC, zu einer gemeinsamen Sitzung mit verschiedenen Personen aus dem Umkreis des «Etania-Trägervereins»,[367] um über Möglichkeiten zu diskutieren, wie man jüdische Tuberkulosekranke aus kriegsbetroffenen Ländern in Schweizer Heilstätten unterbringen könnte. Silvain S. Guggenheim und Otto H. Heim machten sich für ein gemeinsames Vorgehen stark, denn es sei die Pflicht der in der Schweiz ansässigen jüdischen Organisationen, Nachkriegshilfe zu leisten.[368] Alle anwesenden Organisationen wurden aufgefordert zu prüfen, in welchem Rahmen sie finanzielle Mittel zum Ankauf eines neuen Sanatoriums oder zur Hospitalisierung von jüdischen Lungenkranken in der Schweiz aufbringen könnten.[369] Jacques Bloch gab während der Sitzung bekannt, dass die OSE plane, mithilfe des Joint Jugendliche, die an Tuberkulose erkrankt waren, in Heilstätten in der Schweiz unterzubringen.[370]

Nach 1945 hatte die OSE Schweiz mit finanzieller Unterstützung des Joint zwei Sanatorien für Patientinnen und Patienten eingerichtet, die an Tuberkulose litten; Mon Repos in Davos und Bella Lui in Montana.[371] Im April 1947 berichtete die OSE Sektion Schweiz, dass sich in Mon Repos fast «100 ehemalige Deportierte aus Deutschland und Oesterreich»[372] befänden.

---

365 Vgl. Lerf, Buchenwaldkinder, 2010, S. 231.
366 Vgl. o. A.: JB SIG 1946, Zürich, 16. 1. 1947, S. 14, AfZ, IB SIG-Archiv / 378.
367 Die Etania war eine Heilstätte für Lungenkranke. Sie wurde 1919 eröffnet. Bis 1954 wurden rund 2600 jüdische Patientinnen und Patienten in der Etania behandelt. Vgl. Heim, Jüdische soziale Arbeit, 1954, S. 27.
368 Vgl. o. A.: Prot. der Sitzung über das jüdische Tuberkulose-Problem, Zürich, 11. 3. 1946, S. 2, AfZ, IB SIG-Archiv / 2775.
369 Vgl. ebd., S. 7.
370 Vgl. ebd., S. 3.
371 Vgl. Boris Tschlenoff: Memorandum of the Swiss OSE to the Medical Department of the AJDC, o. O., o. D. (vermutlich 1949), S. 1 f., GFH, 1195.
372 OSE Schweiz: Schreiben an den SIG, Genf, 14. 4. 1947, AfZ, IB SIG-Archiv / 2841.

Aus der Vereinigung von Vertreterinnen und Vertretern der Etania, der OSE, des VSJF und von «Hilfe und Aufbau» wurde ein «Koordinations-Komitee für Tbc-Aktionen» gebildet, das von Jean Nordmann präsidiert wurde.[373]

Der Kommission «Hilfe und Aufbau» unterstanden zu Beginn des Jahres 1947 81 Patientinnen und Patienten. Im Laufe des Jahres 1947 wurden 50 Personen entlassen und dafür 57 tuberkulosekranke Jüdinnen und Juden aufgenommen. Die meisten davon waren in den Heimen Anna Maria und Höhwald in Davos untergebracht, einzelne auch in der Etania und in weiteren Häusern. An der Finanzierung des Hauses Höhwald waren die Schweizer Spende und der Joint beteiligt. Als das Haus Anna Maria aufgegeben werden musste, wurde die Eugenia ersatzweise für sechs Monate gemietet, wobei neben der Kommission «Hilfe und Aufbau» weitere, nicht näher genannte jüdische Organisationen und die Polizeiabteilung im Rahmen der Unterbringung von tuberkulosekranken Buchenwald-Jugendlichen die Kosten trugen.[374]

Als Bedingung für die Einreise von Kranken galt eine Rück- oder Weiterreisegarantie. Der VSJF und die Kommission «Hilfe und Aufbau» gingen 1946 so vor, dass Gesuche von Personen, die nicht über eigene finanzielle Mittel oder Garantien von Verwandten oder Bekannten verfügten, über die Kommission «Hilfe und Aufbau» behandelt wurden, diejenigen von wohlhabenden Personen über den VSJF. Sie leiteten die Gesuche an die Kantone weiter, von denen einige als «wohlwollend und grosszügig»[375] in der Bewilligung der Anträge bezeichnet wurden, während andere viele ablehnten.[376]

Als eines der Hauptprobleme wurde 1947 im Koordinationskomitee die Rückkehr von geheilten Patientinnen und Patienten in ihre Herkunftsländer definiert, die insbesondere für die aus Deutschland eingereisten Personen als unmöglich betrachtet wurde. Es offenbarte sich einmal mehr die Abhängigkeit der philanthropischen jüdischen Organisationen in der Schweiz vom Joint: Dieser lehnte es ab, sich mit mehr als 50 Prozent an den Kosten für rekonvaleszente Tuberkulosekranke in der Schweiz zu beteiligen. Die OSE schlug vor, dass den häufig jungen Patientinnen und Patienten nach ihrem Kuraufenthalt eine Berufsausbildung finanziert werde, die wenn möglich in Frankreich oder Italien absolviert werden solle. Diese Massnahme wurde im Hinblick auf die Emigrationschancen der Tbc-Kranken als nötig erachtet, da viele nur über ungenügende Berufskenntnisse verfügten.[377]

---

373 Vgl. Regina Boritzer: Prot. Koordinations-Komitee für Tbc-Aktionen, Zürich, 28. 5. 1947, AfZ, IB SIG-Archiv / 2775.
374 Vgl. o. A.: JB SIG 1947, Zürich, 31. 12. 1947, S. 14 f., AfZ, IB SIG-Archiv / 378.
375 Theodora Dreifuss: Prot. GV VSJF, Zürich, 16. 6. 1946, S. 8, AfZ, IB VSJF-Archiv / 17.
376 Vgl. ebd.
377 Vgl. Regina Boritzer: Prot. Koordinations-Komitee für Tbc-Aktionen, Zürich, 28. 5. 1947, S. 2–4, AfZ, IB SIG-Archiv / 2775.

An der Sitzung des Koordinationskomitees im August 1947 nahmen auch zwei Mitglieder des Joint teil. Zu diesem Zeitpunkt befanden sich 411 Patientinnen und Patienten zur Behandlung von Tuberkulose in der Schweiz. Ladislao Molnar vom Joint hielt fest, dass die amerikanische Organisation die Koordination der Arbeit in der Schweiz begrüsse. Man habe vor allem dank der gut ausgebauten Infrastruktur der Schweizer Sanatorien viele Kranke in der Schweiz untergebracht, klimatische Faktoren seien hingegen zweitrangig.[378]

Meinungsverschiedenheiten zwischen dem Joint und dem Koordinationskomitee bestanden vor allem in der Frage, ob weitere tuberkulosekranke Personen in der Schweiz aufgenommen werden sollten. Der Joint lehnte dies aus Kostengründen ab, während die schweizerisch-jüdischen Organisationen darauf hinwiesen, dass täglich Anfragen aus Deutschland und Österreich einträfen und die Heilungschancen in der Schweiz allein aufgrund der Ernährungslage und durch die psychische Entlastung der Patientinnen und Patienten, Deutschland verlassen zu können, besser seien.[379] Otto H. Heim hielt jedoch gleichzeitig fest, dass «nicht die geringste Möglichkeit»[380] bestehe, «dass das schweizerische Judentum an den Kosten für Unterhalt und Umschulung der früheren Tbc-Kranken partizipieren könne».[381] Selbst für die Flüchtlinge, die vom VSJF unterstützt würden, sei nicht genügend Geld vorhanden. Mit anderen Worten: Obwohl die Kuraufenthalte von Tbc-Kranken in der Schweiz als unbedingt wünschenswert erachtet wurde, sah der VSJF keinen Spielraum für eine finanzielle Beteiligung an den daraus entstehenden Kosten, für die wiederum das Schweizer Judentum hätte aufkommen müssen.

Für das «Umschichtungsprogramm» wurde eine Zusammenarbeit mit der ORT ins Auge gefasst, die sich bereit erklärte, die Umschulung der ehemaligen Tbc-Kranken unter bestimmten Bedingungen zu übernehmen.[382] Sowohl die OSE als auch die Kommission «Hilfe und Aufbau» erklärten sich bereit, 20 Prozent der Lebensunterhaltskosten der genesenen Tbc-Kranken zu übernehmen, die von der Umschulung profitieren sollten, wenn der Joint die restlichen 80 Prozent übernehmen würde.[383] Die Realisierung der Kurse oblag schliesslich der ORT, während die OSE für die medizinische Betreuung zuständig war. Planung und Durchführung wurden ans Koordinationskomitee übertragen. Der Joint erklärte sich bereit, die verlangten 80 Prozent der Lebenskosten für die ehemaligen Patientinnen und Patienten zu tragen, sodass

378 Vgl. Regina Boritzer: Prot. Koordinations-Komitee für Tbc-Aktionen, Zürich, 21. 8. 1947, S. 3, AfZ, IB SIG-Archiv / 2775.
379 Vgl. ebd., S. 4–6.
380 Ebd., S. 6.
381 Ebd.
382 Vgl. Regina Boritzer: Prot. Koordinations-Komitee für Tbc-Aktionen, Zürich, 23. 10. 1947, S. 2, AfZ, IB SIG-Archiv / 2775.
383 Vgl. Regina Boritzer: Prot. Koordinations-Komitee für Tbc-Aktionen, Zürich, 21. 8. 1947, S. 7, AfZ, IB SIG-Archiv / 2775.

die Kurse 1948 starten konnten.[384] Im Sommer 1948 besuchten bereits rund 100 Personen das Ausbildungsprogramm für rekonvaleszente Tuberkulosekranke. Das Geld, das der Kommission «Hilfe und Aufbau» vom Joint zur Verfügung gestellt wurde, wurde über Saly Mayer an den VSJF ausgezahlt.[385] Aufgrund der hohen Kosten, die die Heilung und «Umschichtung» der Tuberkulosekranken verursachten, musste die Kommission «Hilfe und Aufbau» ihre Hilfsbestrebungen allerdings bereits Ende 1948 stark einschränken und auf Personen beschränken, die finanziell von Bekannten oder Verwandten unterstützt wurden.[386]

Bis 1950 hatten die meisten Tuberkulosekranken, die zur Behandlung in die Schweiz gekommen waren, das Land wieder verlassen. Ende 1950 waren noch rund 300 rekonvaleszente Tbc-Patientinnen und -Patienten in Sanatorien in der Schweiz untergebracht. Eine grössere Anzahl Tuberkulosekranker wurde dem VSJF im August 1950 von der OSE zur Betreuung übergeben.[387]

Die Übernahme dieser Menschen war konfliktreich, wie aus Briefwechseln zwischen Otto H. Heim, der OSE und dem Joint hervorgeht. In seiner Darlegung über die Kürzung der finanziellen Mittel des Joint an den VSJF im August 1949 ging Heim auch auf die Beiträge ein, die der Joint an die OSE bezahlte. Er habe in einer GL-Sitzung des SIG gehört, dass das Budget des Joint für die Schweiz eine Million Dollar betrage. Demgemäss würde der VSJF nur die Hälfte dieser für die Schweiz bestimmten Gelder vom Joint erhalten, «obwohl er bestimmt den überwiegenden Anteil der Flüchtlinge in der Schweiz betreut und unterstützt».[388] Heim deutete auch in einem Schreiben an Saly Mayer an, dass die Leistungen der OSE im Vergleich zu den vom Joint bezogenen Subventionen zu wünschen übrig lassen würden: «Ich vermute, dass unsere Freundin, die O. S. E., den Rest [des Budgets des Joint für die Schweiz] benötigt, d. h. dass wir uns in einer solch peinlichen finanziellen Situation befinden, weil die O. S. E. nach meiner, wie man zu sagen pflegt, unmassgeblichen Meinung, in Tat und Wahrheit aber nach meiner massgeblichen Meinung, vom Kuchen, den das Swiss Budget darstellt, einen viel zu grossen Anteil erhält.»[389]

Mit anderen Worten: Die OSE erhalte unangemessen hohe Summen vom Joint, die eigentlich dem VSJF zustünden. Die philanthropischen jüdischen Organisationen in der Schweiz standen also, obwohl sie auch zusammenarbeiteten, in direkter Konkurrenz um amerikanische Spendengelder.

---

384 Vgl. o. A.: JB SIG 1947, Zürich, 31. 12. 1947, S. 16, AfZ, IB SIG-Archiv / 378.
385 Vgl. L. Bardach: Prot. Koordinations-Komitee für Tbc-Aktionen, Zürich, 17. 6. 1948, S. 2 f., AfZ, IB SIG-Archiv / 2775.
386 Vgl. o. A.: JB SIG 1948, Zürich, 31. 12. 1948, S. 15–17, AfZ, IB SIG-Archiv / 378.
387 Vgl. o. A.: JB SIG 1950, Zürich, 24. 1. 1951, S. 12 f., AfZ, IB SIG-Archiv / 378.
388 Otto H. Heim: Schreiben an Saly Mayer, o. O., 4. 8. 1949, AfZ, IB SIG-Archiv / 2453.
389 Ebd.

Im Februar 1950 berichtete Otto H. Heim an einer Vorstandssitzung des VSJF von einer Besprechung zwischen dem Joint, dem VSJF und dem SIG. Er habe den Eindruck, so Heim, der Joint wolle, «dass der VSJF die Verantwortung für alle jüdischen Organisationen in der Schweiz übernehmen und somit der einzige Partner des Joint werden solle».[390] In einer Bemerkung deutete Heim an, dass er diese Vorstellung gerade in Bezug auf eine mögliche Übernahme der Tbc-Kranken der OSE Schweiz als illusorisch empfinde.[391] Die OSE Schweiz hatte sich mit der Betreuung der Tuberkulosefälle finanziell übernommen und Schulden beim VSJF und beim Sanatorium Mon Repos angehäuft.[392]

Am 23. April 1950 fand die Generalversammlung des VSJF statt. Als Gast nahm das erste Mal James P. Rice für den Joint teil.[393] Otto H. Heim erklärte während der Versammlung, dass sich aus seinen Gesprächen mit den Vertretern des Joint die Haltung herauskristallisiert habe, dass der Joint die Arbeit in Europa abschliessen wolle und sämtliche ausländische Tbc-Kranke in der Schweiz zur Auswanderung nach Israel zu bewegen seien. Entgegen den häufig festgestellten ungünstigen Voraussetzungen für tuberkulöse Jüdinnen und Juden sei der Joint überzeugt, dass die Bedingungen in Israel mittlerweile auch für rekonvaleszente Tbc-Kranke zumutbar seien. Für den VSJF bedeute dies, dass alle ehemaligen Tbc-Kranken in der Schweiz zu bewegen seien, innerhalb von drei Monaten nach Israel zu emigrieren. Nach diesem Stichdatum müssten alle Personen, die durch die OSE zur Heilung ihrer Tbc-Erkrankung in die Schweiz gekommen waren, vom VSJF übernommen werden, ohne zusätzliche Finanzierungshilfen des Joint.[394] Mehrere Votanten machten auf die Schwierigkeiten aufmerksam, die durch diese Vorgaben des Joint zu erwarten seien. Einerseits befänden sich noch viele rekonvaleszente Tbc-Kranke in der Umschulung, andererseits sei allgemein mit Widerstand zu rechnen, da viele von ihnen nicht nach Israel auswandern wollten.[395] Otto H. Heim selbst zeigte einerseits Verständnis für die Haltung des Joint, denn in Israel seien «unge-

---

390 Irene Eger: Prot. VS VSJF, Zürich, 2. 2. 1950, S. 1, AfZ, IB VSJF-Archiv / 35.
391 Vgl. ebd.
392 Die OSE Schweiz sperrte sich nicht gegen die Pläne des Joint, machte aber darauf aufmerksam, dass bisher alle jüdisch-philanthropischen Organisationen sich um ihre eigenen Tbc-Patientinnen und -Patienten gekümmert hätten. Ausserdem wurde darauf hingewiesen, dass die OSE bereits mit einem Defizit arbeite. Vgl. Boris Tschlenoff: Memorandum of the Swiss OSE to the Medical Department of the AJDC, o. O., o. D. (vermutlich 1949), S. 4, GFH, 1195. Zu den Schulden der OSE beim VSJF vgl. Emerich Krausz: Schreiben an das Sekretariat des SIG, Zürich, 6. 7. 1950, AfZ, IB SIG-Archiv / 2841. Zur Zahlungsunfähigkeit der OSE in Davos vgl. Irene Eger: Prot. VS VSJF, Zürich, 1. 11. 1950, S. 1, AfZ, IB VSJF-Archiv / 35, sowie G. Häsler: Schreiben an den Vorstand der Gemeinde Davos, Davos, 11. 11. 1950, und M. Silberroth: Schreiben an Georges Brunschvig, Davos, 21. 11. 1950, AfZ, IB SIG-Archiv / 2841.
393 Vgl. o. A.: Prot. GV VSJF, Zürich, 23. 4. 1950, S. 1, AfZ, IB VSJF-Archiv / 21.
394 Vgl. ebd., S. 17 f.
395 Vgl. ebd., S. 18 f.

heure Aufgaben»³⁹⁶ zu lösen. Jedoch könne der Verband nur in Ausnahmefällen neue Personen in die Unterstützung aufnehmen, alle anderen müssten zur Auswanderung bewegt werden – und dies schnell. Andererseits sei jeder «Tbc-Fall individuell zu behandeln».³⁹⁷ Die Versammlung entwarf entsprechend diesen Vorgaben ad hoc drei Richtlinien zum weiteren Vorgehen im Umgang mit Tbc-Kranken. Als massgeblich für den Entscheid, ob jemand ausreisefähig war oder nicht, wurde ein ärztliches Zeugnis angesehen. Auch bei allfälligen Rekursen gegen den Entzug der Unterstützung sei die «Ansicht des Arztes»³⁹⁸ entscheidend. Das galt jedoch nicht für rekonvaleszente Personen, deren Umschulung bereits beendet war.³⁹⁹ Diese hatten wenig Aussicht auf einen weiteren Verbleib in der Schweiz.

Im Mai 1950 beschloss der Vorstand des VSJF, sich der Tuberkulosekranken, die mit einer Garantie der OSE in die Schweiz gekommen und von ihr betreut worden waren, unter der Voraussetzung anzunehmen, dass der Joint sich zur Übernahme sämtlicher anfallender Kosten verpflichte.⁴⁰⁰ Otto H. Heim äusserte sich an einer Vorstandssitzung des VSJF aber dahingehend, dass «der Joint auch die moralische Verantwortung für diese Fälle mitzutragen»⁴⁰¹ habe, denn es sei «unmöglich diese Personen, denen der Joint durch seine Beauftragte, Miss Levy ausdrücklich tolerante Behandlung ihrer Emigration zugesagt hat, jetzt in so kurzer Zeit zur Auswanderung zu bringen, die in vielen Fällen kaum im Anfangsstadium der Vorbereitung steht».⁴⁰² Im August 1950 schrieb Heim mehrere Briefe an James P. Rice, in denen er diesen Standpunkt des VSJF vehement gegen den des Joint verteidigte, der sich nur teilweise finanziell für die ehemaligen Tbc-Fälle der OSE verpflichten wollte.⁴⁰³ Um die Differenzen bezüglich der ehemaligen OSE-Fälle zwischen dem VSJF und dem Joint zu bereinigen, wurden James P. Rice und Ruth Bernheimer, Quästorin des VSJF, an eine Sitzung der Geschäftsleitung des SIG am 19. September 1950 eingeladen.⁴⁰⁴ Der Joint erklärte sich nach diesen Verhandlungen mit

396 Ebd., S. 19.
397 Ebd.
398 Ebd., S. 20.
399 Vgl. ebd.
400 Vgl. Irene Eger: Prot. VS VSJF, Zürich, 15. 5. 1950, S. 3 f., AfZ, IB VSJF-Archiv / 35.
401 Irene Eger: Prot. VS VSJF, Zürich, 22. 8. 1949, S. 3, AfZ, IB VSJF-Archiv / 35.
402 Ebd.
403 Vgl. Otto H. Heim: Schreiben an James P. Rice, Ascona, 10. 8. 1950, sowie Otto H. Heim: Schreiben an James P. Rice, Ascona, 16. 8. 1950, AfZ, IB SIG-Archiv / 2841. Otto H. Heim befand sich, wie aus seinen Briefen hervorgeht, im Urlaub. Mindestens einen Brief diktierte er Alice Siesel, die ihren Urlaub bei ihm verbrachte. Vgl. die einleitenden Bemerkungen von Otto H. Heim im Brief vom 10. 8. 1950: «[...] we have a guest from England, a very nice girl and a perfect secretary [...].» Alice Alexander bestätigte, dass es sich dabei um ihre Person gehandelt habe. Vgl. Alice Alexander: E-Mail an die Verfasserin, London, 7. 1. 2019. Zu Alice Siesel vgl. Kapitel 6.1 und 6.2.
404 Vgl. L. Littmann: Prot. GL SIG, Bern, 19. 9. 1950, AfZ, IB SIG-Archiv / 180.

der Geschäftsleitung des SIG für die Finanzierung der ehemaligen OSE-Fälle unter der Bedingung bereit, dass deren Auswanderung prioritär behandelt werde.[405] Der Joint beglich auch die Schulden, die die OSE beim Sanatorium Mon Repos in Davos angehäuft hatte, und liess die Heilstätte schliessen.[406] Die Tbc-Kranken sowie die Rekonvaleszenten wurden neu einem Referat unterstellt, das von einer Fürsorgerin des Joint, Deborah Levy, geleitet wurde.[407]

1950 unterzog sich die OSE Reorganisationsmassnahmen,[408] was für den SIG und VSJF auch in Bezug auf die noch nicht bezahlten Schulden der OSE beim VSJF von Interesse war.[409] Ende März 1951 wandte sich James P. Rice an Otto H. Heim und nahm Stellung zu Gerüchten über die Absicht der OSE, das Sanatorium Mon Repos neu zu eröffnen. Er stellte klar, dass der Joint diese Bestrebungen in keiner Weise unterstütze und dass er im Falle eines weiteren finanziellen Debakels jede Verantwortung ablehne.[410] Die Ankündigung einer möglichen Wiedereröffnung des Sanatoriums und die gleichzeitigen Bestrebungen der OSE, prätuberkulöse Kinder in die Schweiz einreisen zu lassen und in einem gemieteten Hotel in Wengen unterzubringen, beschäftigten die Gremien des SIG während des ganzen Jahres.[411] Trotzdem konnte die OSE die Einrichtung in Wengen im Dezember 1951 eröffnen. Es wurden zwischen Dezember 1951 und August 1952 80 Kinder darin beherbergt, die aus verschiedenen kriegsbetroffenen Ländern Europas stammten, sowie Kinder aus nordafrikanischen Ländern, die im Anschluss an ihren Aufenthalt in die Schweiz direkt nach Israel emigrieren sollten.[412]

Für den VSJF problematisch war, dass sich Personen, die mit einer Garantie der OSE in die Schweiz gekommen waren, an die jüdische Flüchtlingshilfe wandten, wenn die OSE ihre Zahlungen an die Sanatorien einstellte. VSJF und SIG befürchteten, dass die säumigen Zahlungen zu einem Prestigeverlust der jüdischen Hilfswerke in der Schweiz insgesamt führen würden, was die Kan-

---

405 Vgl. Irene Eger: Prot. VS VSJF, Zürich, 1. 11. 1950, S. 1, AfZ, IB VSJF-Archiv / 35.
406 Zur Schliessung vgl. Irene Eger: Prot. VS VSJF, Zürich, 1. 11. 1950, S. 1, AfZ, IB VSJF-Archiv / 35. Zur Begleichung der Schulden vgl. M. Silberroth: Schreiben an Georges Brunschvig, Davos, 23. 11. 1950, AfZ, IB SIG-Archiv / 2841.
407 Vgl. o. A.: TB VSJF 1950, Zürich, o. D., S. 7, AfZ, IB SIG-Archiv / 2395. Vgl. dazu auch Jacob Zucker: Rundschreiben Nr. 10/50, Zürich, 6. 10. 1950, AfZ, IB SIG-Archiv / 2841.
408 Vgl. T. Gordonoff: Aufgaben und Tätigkeiten der Gesellschaft OSE in der Schweiz, Genf, o. D. (um 1953), S. 3, AfZ, IB SIG-Archiv / 2841.
409 Vgl. Georges Brunschvig: Schreiben an Otto H. Heim, o. O., 28. 2. 1951, AfZ, IB SIG-Archiv / 2841.
410 Vgl. James P. Rice: Schreiben an Otto H. Heim, Genf, 30. 3. 1951, AfZ, IB SIG-Archiv / 2841.
411 Zu den Diskussionen um die Wiedereröffnung von Mon Repos vgl. zum Beispiel M. Prywes: Schreiben an den SIG, Paris, 9. 5. 1951; James P. Rice: Schreiben an Georges Brunschvig, Genf, 17. 5. 1951; Union-OSE und OSE Schreiben an den SIG, Paris, 4. 6. 1951, alles AfZ, IB SIG-Archiv / 2841.
412 Vgl. OSE Schweiz: Bericht über das Präventorium in Wengen, Genf, August 1952, S. 1, AfZ, IB SIG-Archiv / 2841.

tone veranlassen könnte, auf weitere Gesuche um Einreisebewilligungen negativ zu reagieren. Diese Sorge scheint nicht aus der Luft gegriffen gewesen zu sein, drohte doch Heinrich Rothmund in einem Brief an Otto H. Heim im August 1952 damit, «zusammen mit den kantonalen Behörden die Praxis bei der Erteilung von Einreisebewilligungen an solche Ausländer [die über Garantien von jüdischen Hilfswerken wie der OSE und dem Labor Zionist Committee verfügten] neu zu prüfen».[413]

Der VSJF zögerte deswegen oft, die Behörden um Unterstützungsbeiträge für Tbc-Kranke zu ersuchen, die nicht mehr in der Lage waren, für ihre Behandlung aufzukommen. Otto H. Heim versuchte, mit der OSE in diesen Fällen zu verhandeln, ohne an die Behörden zu gelangen. Über die Bemühungen, die OSE zur Einhaltung der von ihr geleisteten Garantien zu bewegen, informierte Heim auch Georges Brunschvig laufend.[414] Die OSE Schweiz begründete ihre Absage, geleisteten Unterstützungsgarantien nachzukommen, zumindest in einigen Fällen damit, dass die Bürgschaften zum Zeitpunkt der Einreise der betroffenen Personen nicht von der OSE Schweiz, sondern von der Union OSE geleistet worden seien, die bis Ende 1945 ihre Büros am Standort der OSE Schweiz in Genf hatte.[415] In Fällen, in denen der VSJF schliesslich eingriff und die Betroffenen in die Unterstützung aufnahm oder ihre Emigration einleitete, versuchte Otto H. Heim daher auch, einen Teil der daraus entstandenen Kosten von der Union OSE zurückzuerhalten.[416]

Im August 1952 wandte sich die eidgenössische Fremdenpolizei mit der Frage an den VSJF, ob der Verband gewillt sei, sich an einer allfälligen Neueröffnung des Sanatoriums Mon Repos zu beteiligen. Otto H. Heim nahm Kenntnis von den Absichten der OSE, rund 60 neue Tbc-Kranke in der Schweiz unterzubringen, gab aber im Namen des SIG und des VSJF bekannt, keine weiteren Verpflichtungen in dieser Hinsicht eingehen zu können.[417]

Im November 1952 wurde auf Wunsch von James P. Rice ein Treffen zwischen dem Joint, dem VSJF und Heinrich Rothmund sowie Bundesrat Markus Feldmann arrangiert. Ziel von Rice war es, den Bund zu einer finanziellen Beteiligung an den ehemaligen Tbc-Fällen zu bewegen.[418] Aus dem Bericht, den Otto H. Heim über diese Besprechung anfertigte, geht hervor, dass Hein-

---

413 Heinrich Rothmund: Schreiben an Otto H. Heim, Bern, 26. 8. 1952, AfZ, IB SIG-Archiv / 2456.
414 Vgl. Otto H. Heim: Schreiben an Georges Brunschvig, Zürich, 30. 1. 1952, AfZ, IB SIG-Archiv / 2456.
415 Vgl. Otto H. Heim: Schreiben an das Sekretariat des SIG, Zürich, 28. 5. 1952, AfZ, IB SIG-Archiv / 2841.
416 Vgl. Otto H. Heim: Schreiben an die Union OSE Paris, o. O., 2. 7. 1952, AfZ, IB SIG-Archiv / 2456.
417 Vgl. Otto H. Heim: Schreiben an Robert Jezler, o. O., 20. 8. 1952, AfZ, IB SIG-Archiv / 2841.
418 Vgl. Otto H. Heim: Bericht über die Unterredung in Bern mit Herrn Dr. Rothmund und Herrn Bundesrat Feldmann, Zürich, 20. 11. 1952, AfZ, IB SIG-Archiv / 2456.

rich Rothmund empört über «die Zumutung [war], dass der Bund Beiträge an die Unterstützung von Personen leisten solle, die keine Flüchtlinge im Sinne der schweizerischen Gesetze und Verordnungen»[419] seien. Rothmund habe sich zudem «erbittert»[420] darüber geäussert, dass «internationale Organisationen wie das Labour Zionist Committee oder die OSE»[421] Tuberkulosekranken durch die von ihnen ausgestellten Garantien die Einreise in die Schweiz ermöglichten, sich später aber als unfähig erwiesen, die Unterstützung dieser Menschen zu übernehmen. Rothmund habe sich dagegen verwahrt, dass die OSE von ihren Verpflichtungen entbunden werde, und angekündigt, dass der VSJF nicht auf die Hilfe des Bundes zählen könne, wenn er Fälle, für die eigentlich die OSE aufzukommen habe, in die Unterstützung aufnehme.[422]

In den von Otto H. Heim protokollierten Äusserungen von Rothmund wurde auch der latent antisemitische Vorwurf zum Ausdruck gebracht, jüdische Organisationen würden sich absichtlich unlauterer Mittel bedienen, um sich Einreisebewilligungen quasi zu erschleichen. Heim nahm zu diesen impliziten Anschuldigungen von Heinrich Rothmund keine Stellung. Es ist anzunehmen, dass er die Haltung von Rothmund gegen die Einreise von Tbc-Kranken nicht befürwortete, dass er aber dessen Vorbehalte gegen die OSE teilte. Aus seinem Bericht lässt sich eine gewisse Schadenfreude über den negativen Eindruck lesen, den die OSE bei der Polizeiabteilung hinterlassen hatte. Bei der Zusammenkunft mit Bundesrat Feldmann sei die «groteske Situation»[423] zur Sprache gekommen, so Heim, «dass von Seiten des V. S. J. F. ein Beitrag des Bundes für die früheren OSE-Fälle verlangt wird und auf der anderen Seite ein Gesuch [der OSE] vorliegt, neue Fälle in die Schweiz zu bringen».[424] Heim berichtete weiter, er habe seine Skepsis in Bezug auf die OSE nicht zum Ausdruck gebracht, denn Heinrich Rothmund habe sich «ausgiebig»[425] über die OSE ausgelassen. Er selbst als Präsident des VSJF habe hingegen die Haltung des SIG vertreten, dass zwar alle Bestrebungen für jüdische Notleidende zu begrüssen seien, dass daraus aber keine Nachteile für das Schweizer Judentum und die Betreuten selbst entstehen sollten. Bundesrat Feldmann habe sich seiner entschiedenen Auffassung angeschlossen, dass der SIG zu allen Fragen, die die jüdische Sozialarbeit in der Schweiz betreffen würden, hinzuzuziehen sei.[426]

Trotz bestehender Differenzen und Schwierigkeiten in der Zusammenarbeit zwischen der OSE Schweiz und dem SIG einerseits und dem VSJF andererseits

---
419 Ebd., S. 1.
420 Ebd.
421 Ebd.
422 Vgl. ebd.
423 Ebd., S. 2.
424 Ebd.
425 Ebd.
426 Vgl. ebd.

wurde durch die Erklärung der OSE Schweiz 1953, sich als schweizerische Landesorganisation zu verstehen und nicht als Teil einer «Weltorganisation mit Sitz in der Schweiz»,[427] versucht, eine Einigung zwischen dem SIG und der OSE zu finden.[428] Mit dem Einverständnis der Geschäftsleitung des SIG wurde Ende 1954 beschlossen, dass Otto H. Heim Vorstandsmitglied der OSE Schweiz werden solle, falls diese bereit sei, gewisse Auflagen zu erfüllen.[429] Es wurde die Bedingung gestellt, dass der SIG bei den Projekten der OSE Schweiz ein Mitspracherecht erhalte und dass die Buchhaltung regelmässig überprüft werde.[430] Heim wurde daraufhin in den Vorstand der OSE kooptiert, wodurch der SIG die gewünschte ständige Einsicht in die Finanzlage der OSE erhielt[431] und Einfluss auf deren Tätigkeiten nehmen konnte.

8.3 Aufbruch in der schweizerischen Flüchtlingspolitik? Das Dauerasyl ab 1947

> «Der Grundsatz, dass die Schweiz für die Flüchtlinge nur als Transitland zu gelten habe, erfuhr so eine tiefgreifende Aenderung.»[432]

In der jüdischen Flüchtlingshilfe wurde bereits während der Kriegsjahre auf das Problem hingewiesen, dass ältere und kranke Flüchtlinge nicht mehr in der Lage seien, in ein Drittland weiterzureisen, wie dies die Transitmaxime verlangte. So hielt Otto H. Heim an einer Sitzung der Jüdischen Flüchtlingshilfe Zürich bereits im Januar 1941 fest, es sei «[e]ine nicht zu lösende Frage [...], was mit den zahlreichen alten, kranken, lebensunfähigen Menschen geschehen soll, die keine Kraft mehr haben und zu jeder Emigration unfähig sind».[433]

Im Oktober 1944 hatte die Polizeiabteilung gegenüber der SZF signalisiert, dass nach Kriegsende die Transitmaxime für alleinstehende alte und kranke Menschen möglicherweise nicht mehr gelten werde, falls die Hilfswerke bereit wären, für deren Unterhalt zu garantieren.[434] Bis ins Frühjahr 1946 griffen die

---

427 A. Schirmann: Schreiben an den SIG, Genf, 17. 8. 1953, AfZ, IB SIG-Archiv / 2841.
428 Vgl. ebd.
429 Vgl. Otto H. Heim: Schreiben an die OSE Schweiz, o. O., 17. 12. 1954, AfZ, IB SIG-Archiv / 2841.
430 Vgl. ebd.
431 Vgl. dazu zum Beispiel Otto H. Heim: Schreiben an die OSE Schweiz, Zürich, 18. 5. 1955, AfZ, IB SIG-Archiv / 2841. Vgl. auch diverse Unterlagen zum Kinderheim der OSE in Morgins 1955–1959, die dem SIG zugestellt wurden, AfZ, IB SIG-Archiv / 2841.
432 Otto H. Heim in der Retrospektive über das Dauerasyl. Vgl. Heim, Jüdische soziale Arbeit, 1954, S. 47.
433 M. Bollag: Prot. Jüdische Flüchtlingshilfe Zürich, Zürich, 28. 1. 1941, S. 2, AfZ, IB IFZ-Archiv / 2.
434 Vgl. Mächler, Hilfe und Ohnmacht, 2005, S. 420.

der SZF angeschlossenen Hilfswerke, darunter auch der VSJF, dieses positive Signal der Polizeiabteilung nicht mehr auf, wobei vermutlich einerseits finanzielle Überlegungen eine Rolle spielten, andererseits die Organisation der immensen Betreuungsaufgaben den Vorstand des VSJF vollständig absorbierte. Aktuell wurde das Thema einer dauerhaften Aufenthaltsbewilligung für alte und kranke Menschen in den Vorstandssitzungen des VSJF im März und April 1946,[435] wobei der VSJF sein Anliegen gegenüber der Polizeiabteilung aus strategischen Gründen vor allem über die SZF vertreten liess.[436] Die Polizeiabteilung stellte eine Abweichung von der weiterhin geltenden Transitmaxime zur Diskussion, weil, so Heinrich Rothmund, «alte Leute, welche keine Nachkommen mehr haben und für den Arbeitsmarkt nicht mehr in Frage kommen, vom fremdenpolizeilichen Standpunkt aus keine Gefahr für die Ueberfremdung darstellen».[437]

Treibende Kraft bei der Schaffung des Dauerasyls vonseiten der Hilfswerke war von Beginn an Robert Meyer.[438] In der Vorstandssitzung des VSJF vom 11. April 1946 berichtete er über einen Bundesratsbeschluss, der sich in der Entwurfsphase befinde und Aufenthalts- und Arbeitsbewilligungen der Flüchtlinge neu regeln solle. Es sei der Antrag gestellt worden, dass alten und kranken Menschen eine permanente Aufenthaltsbewilligung in der Schweiz gewährt werde. Robert Meyer war der Ansicht, dass der Bundesrat ein viel weitergehenderes Gesetz verabschieden sollte, das besonders Kindern und Jugendlichen ebenfalls die Möglichkeit eines dauerhaften Aufenthaltes in der Schweiz eröffne.[439] Unter Kinder und Jugendlichen – dies geht aus späteren Ausführungen von Robert Meyer hervor – wurden Minderjährige bis 22 Jahre verstanden, die «nicht mit oder zu ihren Eltern auswandern»[440] konnten. Otto H. Heim begrüsste Robert Meyers Initiative grundsätzlich, machte aber klar, dass für den grössten Teil der Flüchtlinge weiterhin nur die Emigration in ein Drittland oder die Repatriierung infrage komme.[441]

Der Vorstand des VSJF bestimmte eine Kommission, die Vorschläge zur Ausgestaltung des Dauerasyls formulieren sollte. Die Anregungen der Kommission wurden von der SZF übernommen. Unterdessen hatte der Bundesrat

---

435 Vgl. Theodora Dreifuss: Prot. VS VSJF, Zürich, 11. 3. 1946, S. 2, AfZ, IB VSJF-Archiv / 31.
436 Vgl. M. Furrer: Beschlussprot. einer Besprechung mit den Präsidenten der vier Ausschüsse der Flüchtlingskommission und Vertretern der eidg. Behörden, Bern, 4. 4. 1946, S. 3, AfZ, IB SFH-Archiv / 387. An dieser Sitzung war Silvain S. Guggenheim als Vizepräsident der SZF anwesend.
437 Ebd., S. 4.
438 Der damalige Präsident der SZF Henry-Louis Henriod dankte im Jahresbericht explizit Robert Meyer für die Formulierung des Gegenentwurfs der SZF. Vgl. Henriod, Henry-Louis: JB SZF, 15. 5. 1945–12. 9. 1946, Zürich, 11. 9. 1946, S. 14, AfZ, IB SFH-Archiv / 6.
439 Vgl. Theodora Dreifuss: Prot. VS VSJF, Zürich, 11. 4. 1946, S. 6 f., AfZ, IB VSJF-Archiv / 31.
440 Theodora Dreifuss: Prot. GV VSJF, Zürich, 16. 6. 1946, S. 5, AfZ, IB VSJF-Archiv / 17.
441 Vgl. Theodora Dreifuss: Prot. VS VSJF, Zürich, 11. 4. 1946, S. 6 f., AfZ, IB VSJF-Archiv / 31.

aber, ohne die SZF vorher zu informieren, einen Vollmachtenbeschluss über die Änderung der fremdenpolizeilichen Regelung vorbereiten lassen.[442] An der Generalversammlung des VSJF im Juni 1946 berichtete Otto H. Heim, dass Robert Meyer in Zusammenarbeit mit dem Arbeitsausschuss I der Sachverständigenkommission für Flüchtlingsfragen im Begriff sei, einen «Gegenentwurf zum Bundesratsbeschluss über Aenderung der fremdenpolizeilichen Regelung für Flüchtlinge und Emigranten»[443] auszuarbeiten. Ziel sei es, dass die Menschen, die Daueraysl erhalten würden, mit «der meistbegünstigten Ausländerkategorie, den Niedergelassenen, gleichgestellt werden sollen. Es muss ihnen die Möglichkeit gegeben werden, die Bezeichnung ‹Flüchtlinge› abzulegen und ihren Lebensunterhalt selbst zu verdienen.»[444]

In diesem Votum von Otto H. Heim zeigen sich auch erste Bestrebungen des VSJF, einzelne Flüchtlinge aus ihrem Sonderstatus zu befreien und sie in die jüdische Bevölkerung in der Schweiz zu inkludieren.

Robert Meyer stellte an der GV des VSJF 1946 die unter seiner Mitarbeit entstandenen Vorschläge der SZF für das Daueraysl vor, die er Ende Mai 1946 bereits vor dem Arbeitsausschuss I der Sachverständigenkommission vorgetragen hatte. Robert Meyer ging davon aus, dass ungefähr 4000–5000 Flüchtlinge Daueraysl erhalten könnten, wenn die Vorschläge der SZF angenommen werden würden.[445]

Das Asyl solle «dauernd, würdig und effektiv sein».[446] Dauernd, weil die Schweiz damit zur neuen Heimat für die Flüchtlinge werde, würdig, weil sie den Status «des bestgestellten Ausländers»[447] erhalten sollten, und effektiv, weil damit auch das Recht auf freie Annahme einer Arbeitsstelle verbunden sein sollte.[448] Robert Meyer präzisierte auch, welche Personen neben älteren Leuten über 55 Jahre, kranken Personen und Kindern und Jugendlichen eine Chance auf Daueraysl erhalten sollten, nämlich Flüchtlinge, die verwandtschaftliche Beziehungen in der Schweiz hatten, Personen, die besondere Leistungen auszuweisen hatten, und Flüchtlinge, für die eine Repatriierung als unzumutbar eingeschätzt wurde und für die keine Aussicht auf Emigration bestand.[449]

Der Gegenentwurf, den die SZF dem Parlament zum bundesrätlichen Entwurf über die Änderung der fremdenpolizeilichen Regelung präsentierte, ging allerdings nicht so weit wie dieses Programm. Er beinhaltete vor allem drei Punkte, nämlich die Schaffung eines anerkannten Ausweises für staatenlose

---

442 Vgl. o. A.: TB VSJF 1946, o. O., o. D., S. 14 f., AfZ, IB SIG-Archiv / 2394.
443 Theodora Dreifuss: Prot. GV VSJF, Zürich, 16. 6. 1946, S. 4., AfZ, IB VSJF-Archiv / 17.
444 Ebd., S. 3.
445 Vgl. Robert Meyer: Referat «Dauer-Asyl für Flüchtlinge», gehalten vor dem Ausschuss I der Sachverständigenkommission, o. O., 27. 5. 1946, S. 4, AfZ, IB SFH-Archiv / 387.
446 Ebd.
447 Ebd.
448 Vgl. ebd.
449 Vgl. ebd.

Flüchtlinge, denn ohne ein solches Papier konnte kein Antrag auf Dauerasyl gestellt werden, weiter eine Vollmacht des Bundes, Kantone zur Aufnahme von Flüchtlingen zu verpflichten, und schliesslich eine Garantie, dass Bedürftige und alte Menschen, die fürsorgeabhängig wurden, «wegen unverschuldeter Bedürftigkeit nicht ausgewiesen werden können».[450] Wie Robert Meyer bereits an der Sitzung der SZF Ende Mai 1946 gegenüber Rothmund klargemacht hatte, wurden diese Gegenvorschläge dem Programm der SZF nicht gerecht, sondern formulierten Minimalziele «im Rahmen des neuen Vollmachtenbeschlusses».[451]

Um den Forderungen der Hilfswerke in Bezug auf das Dauerasyl mehr Nachdruck zu verleihen, entschied sich die SZF für einen Gang an die Öffentlichkeit. Die SZF informierte die Presseorgane in der Schweiz durch eine eigens dafür produzierte Broschüre über den Inhalt der Gegenvorschläge zum Bundesratsentschluss.[452] Robert Meyer selbst publizierte die Gegenvorschläge in der «Roten Revue», der Zeitschrift der Sozialdemokraten in der Schweiz,[453] nachdem er sich an den Vorstandssitzungen des VSJF für ein öffentliches Auftreten eingesetzt hatte.[454]

Ende Oktober 1946 konnte Meyer dem Vorstand des VSJF berichten, dass einige der Vorschläge der SZF Eingang in den Bundesratsbeschluss gefunden hätten, davon ausgenommen die Forderung nach einem Ausweispapier für staatenlose Flüchtlinge. Er selbst sei aber nach einer gemeinsamen Konferenz zwischen der SZF und der Polizeiabteilung optimistisch, dass der Bundesrat auch auf dieses Begehren noch eintreten werde.[455]

Zusammen mit Paul Vogt hatte Robert Meyer am 23. September 1946 einen Brief an Bundesrat Eduard von Steiger gerichtet, in dem er auf die Wichtigkeit der Schaffung eines Ausweispapiers für staatenlose Flüchtlinge hingewiesen hatte. Die juristische Argumentation, dass die Kreation eines solchen Papiers keiner Gesetzesänderung bedürfe,[456] sondern in der Kompetenz des Bundesrates liege, dürfte auf Meyers Beitrag zurückzuführen sein. In einer GL-Sitzung des SIG Mitte November 1946 konnte Otto H. Heim daraufhin mitteilen, «dass die Schaffung eines Reisepasses in Vorbereitung ist».[457] In der Diskussion um das Dauerasyl wurden in der GL des SIG auch kritische Stimmen laut, die darauf hinwiesen, dass die Schweiz mit der permanenten Aufnahme von kranken und alten Menschen noch keinen «wirklichen Beitrag zur Linderung

---

450 Theodora Dreifuss: Prot. GV VSJF, Zürich, 16. 6. 1946, S. 6 f., AfZ, IB VSJF-Archiv / 17.
451 M. Furrer: Prot. SZF, Zürich, 25. 5. 1946, S. 5, AfZ. IB SFH-Archiv / 387.
452 Vgl. o. A.: TB VSJF 1946, o. O., o. D., S. 16, AfZ, IB SIG-Archiv / 2394.
453 Vgl. Meyer, Dauer-Asyl für Flüchtlinge in der Schweiz, 1946.
454 Vgl. Lilly Szönyi: Prot. VS VSJF, Zürich, 2. 9. 1946, S. 3, AfZ, IB VSJF-Archiv / 31.
455 Vgl. Theodora Dreifuss: Prot. VS VSJF, Zürich, 21. 10. 1946, S. 5, AfZ, IB VSJF-Archiv / 31.
456 Vgl. Robert Meyer, Paul Vogt: Schreiben an Bundesrat Eduard von Steiger, Zürich, 23. 9. 1946, AfZ, IB SFH-Archiv / 387.
457 L. Littmann: Prot. GL SIG, Bern, 14. 11. 1946, S. 3, AfZ, IB SIG-Archiv / 176.

des Flüchtlingselends»[458] geleistet habe, dieses Ziel sei erst erreicht, wenn auch für jüngere Personen die Möglichkeit eines dauernden Aufenthalts mit einer Arbeitserlaubnis bestünde.[459] Mit der Umsetzung der Minimalvorgaben sahen sich SIG und VSJF noch nicht am Ziel angekommen.

Durch Robert Meyers Engagement in der SZF verfügte der VSJF über einen Mitarbeiter, der die Interessen der jüdischen Flüchtlinge bei der Schaffung des Dauerasyls vertrat. Otto H. Heim dankte Robert Meyer an der Vorstandssitzung des VSJF daher «auf das wärmste für seine grosse Mühe und seinen Einsatz in dieser Frage, die von allergrösster Bedeutung sei».[460] Im Hinblick auf die gesetzliche Regelung, die älteren Menschen einen dauerhaften Verbleib in der Schweiz versprach, begann der VSJF auch damit, verschiedene Objekte zu sichten, die als Altersheim geeignet waren. Schliesslich errichtete der VSJF 1948 in Vevey das Alters- und Pflegeheim Les Berges du Léman,[461] nachdem sich der Verband «aus politischen Gründen»,[462] wie Otto H. Heim und Jacob Zucker in einem Memorandum an Saly Mayer festhielten, bereits 1947 am Kauf des Heims «Alpenruhe» beteiligt hatte.[463] Dieses Heim wurde von der SZF für Dauerasylberechtigte aller Konfessionen erworben. Wie aus dem Memorandum hervorgeht, wurde eine Beteiligung von jüdischer Seite her sowohl von den Schweizer Behörden als auch von der SZF erwartet.[464] Für den VSJF war indessen klar, «dass das zweite Heim für unsere jüdischen Schützlinge [...] selbstverständlich jüdisch geführt werden»[465] müsse. Neben Les Berges du Léman richtete der Verband daher 1948 zwei weitere kleine Heime für ältere Personen mit Dauerasyl in Lugano ein: die Villa Elise und den Bernerhof.[466] In der Villa Elise konnten 24 Personen untergebracht

---

458 Ebd., S. 4.
459 Vgl. ebd.
460 Theodora Dreifuss: Prot. VS VSJF, Zürich, 21. 10. 1946, S. 6, AfZ, IB VSJF-Archiv / 31.
461 Vgl. ebd., S. 6 f. Vgl. dazu auch Erlanger, Nur ein Durchgangsland, 2006, S. 235 f.
462 Otto H. Heim, Jacob Zucker: Memorandum betr. Erwerb von Liegenschaften im Zusammenhang mit der Frage des Dauerasyls in der Schweiz, Zürich, 11. 6. 1947, S. 2, AfZ, IB SFH-Archiv / 387.
463 Vgl. ebd. Leo Ortlieb hatte als Vorstandsmitglied des VSJF den Kauf des Hotels Alpenruhe in die Wege geleitet. Aufgrund der Forderung der SZF, das erste Heim interkonfessionell zu führen, wurde beschlossen, dass der Kauf von der SZF getätigt werden müsse. Der VSJF übernahm 50 Prozent der Kosten. Vgl. Theodora Dreifuss: Prot. VS VSJF, Zürich, 20. 1. 1947, S. 3 f., AfZ, IB VSJF-Archiv / 32.
464 Vgl. Otto H. Heim, Jacob Zucker: Memorandum betr. Erwerb von Liegenschaften im Zusammenhang mit der Frage des Dauerasyls in der Schweiz, Zürich, 11. 6. 1947, S. 2, AfZ, IB SFH-Archiv / 387.
465 Ebd. Das Memorandum wurde auch an den Vorstand des VSJF und an die Präsidenten der Lokalkomitees des VSJF geschickt, wie aus dem Begleitbrief von Otto H. Heim hervorgeht. Vgl. Otto H. Heim: Schreiben an den Vorstand des VSJF und die Präsidenten der Lokalkomitees, Zürich, 17. 6. 1947, AfZ, IB SFH-Archiv / 387.
466 Vgl. Charlotte Färber et al.: Prot. GV VSJF, Zürich, 18. 4. 1948, S. 4, AfZ, IB VSJF-Archiv / 19. Die Villa Elise wurde Ende 1949 geschlossen. Vgl. o. A.: JB SIG 1949, o. O., o. D., S. 12,

werden, im Bernerhof 35. Der VSJF beschäftigte im Bernerhof im September 1948 vier Angestellte und «einige Hilfskräfte»,[467] in der Villa Elise sechs Personen, «darunter eine Krankenpflegerin».[468] Zusätzlich hatte der VSJF mit dem Altersheim La Charmille in Riehen ein Abkommen geschlossen, wonach eine bestimmte Anzahl Personen, die vom VSJF unterstützt wurden, dort untergebracht werden konnte.[469]

Die Frage, ob die Hilfswerke das Dauerasyl mitfinanzieren sollten, war 1946 Gegenstand von Diskussionen in einer Kommission, die aus Vertreterinnen und Vertretern von Hilfswerken aus der SZF, darunter Otto H. Heim, Paul Vogt und Nettie Sutro,[470] zusammengesetzt war, sie wurde aber auch im VSJF kontrovers beurteilt. Einige Vertreter aus den Komitees des VSJF, vor allem aus dem Umkreis der Jüdischen Flüchtlingshilfe Zürich, lehnten eine Beteiligung komplett ab. Otto H. Heim und Silvain S. Guggenheim waren hingegen der Ansicht, der VSJF müsse sich bereit erklären, einen Teil der Kosten zu tragen, da andere schweizerische Hilfsorganisationen sich ebenfalls dazu verpflichtet hätten und der VSJF treibende Kraft hinter der Konstituierung des Dauerasyls gewesen war.[471]

Am 7. März 1947 wurde der «Bundesratsbeschluss über Änderung der fremdenpolizeilichen Regelung» in Kraft gesetzt. Das Gesetz galt befristet für zwei Jahre, bis zu diesem Zeitpunkt sollten die darin enthaltenen Bestimmungen in die ordentliche Gesetzgebung eingegangen sein.[472] Die neue Gesetzgebung wurde zwar von der SZF als Meilenstein betrachtet, vor der Einführung war es aber erneut zu Differenzen mit den Schweizer Behörden gekommen. In der SZF hatte die kurzfristige Mitteilung von Oscar Schürch, einen Tag bevor die erste Session der Vollmachtenkommission des Nationalrats in Sache Dauerasyl zusammentrat, für Unstimmigkeiten gesorgt. Besonders Robert Meyer zeigte sich konsterniert über die neuerliche Nichtbeachtung der Expertise der SZF[473] und teilte nach einer flüchtigen Durchsicht der neuen Entwürfe mit, es sei «höchst bedauerlich»,[474] dass auch im neuen Gesetzesentwurf keine Regelung gefunden worden sei, die den schriftlosen

---

AfZ, IB SIG-Archiv / 378. Zu Beginn des Jahres 1954 wurde auch der Bernerhof geschlossen. Vgl. o. A.: JB SIG 1953, Zürich, 19. 1. 1954, S. 10, AfZ, IB SIG-Archiv / 378.
467 Otto H. Heim: Schreiben an die Polizeiabt. des EJPD, Zürich, 29. 9. 1948, S. 1, BAR, E4260C#1974/34#682*.
468 Ebd., S. 2.
469 Vgl. ebd., S. 1.
470 Diese Kommission war auf Beschluss der SZF am 10. 9. 1946 gegründet worden. Vgl. M. Furrer: Prot. SZF, Zürich, 10. 9. 1946, S. 8, AfZ, IB SFH-Archiv / 387.
471 Vgl. Weiss: Prot. im Rahmen einer Sitzung des VSJF und jüdischen Gemeinden, Zürich, 22. 9. 1946, S. 5 f., AfZ, IB SIG-Archiv / 2406.
472 Vgl. Robert Meyer: Referat gehalten an der Sitzung der Sachverständigenkommission, o. O., 12. 11. 1947, S. 3, AfZ, IB SFH-Archiv / 357.
473 Vgl. M. Furrer: Prot SZF, Zürich, 25. 2. 1947, S. 7, BAR, E4800.1#1967/111#145*.
474 Ebd., S. 10.

Flüchtlingen das Recht auf eine «normale Aufenthaltsbewilligung (Aufenthalt oder Niederlassung)»[475] zusichert.

Entgegengekommen war der Bundesrat den Forderungen der SZF insofern, als Kindern ebenfalls das Dauerasyl zugesprochen werden konnte, jedoch nicht Jugendlichen zwischen 16 und 22 Jahren,[476] wie der VSJF ursprünglich gewünscht hatte. Weiter konnten Flüchtlinge mit Verwandten in der Schweiz berücksichtigt werden, wobei die Heirat mit einer Schweizer Bürgerin keinen Rechtsanspruch auf Dauerasyl beinhaltete. Personen, die besondere wissenschaftliche, kulturelle, künstlerische, soziale, humanitäre oder wirtschaftliche Leistungen geltend machen konnten, hatten ebenfalls Aussicht auf Dauerasyl.[477] Aufgrund dieser Bestimmungen wurde an einer Sitzung des Geschäftsausschusses des VSJF im März 1947 beschlossen, auch «für die einzelnen Mitarbeiter [des VSJF] den Antrag auf Aufenthalt anzuraten und zwar auf der Grundlage der humanitären Leistungen».[478] Ob einige Gesuche tatsächlich wegen dieser Vorgabe bewilligt wurden, lässt sich nicht abschliessend bewerten. Im Jahresbericht der Flüchtlingshilfe Zürich von 1950 wurde vermerkt, dass ein ehemaliger Mitarbeiter das Dauerasyl und die Niederlassungsberechtigung erhalten habe,[479] allerdings fehlen weitere Angaben zu diesem Antrag, weshalb nicht ausgeschlossen werden kann, dass das Gesuch aus anderen Gründen bewilligt worden ist. Nicht antragsberechtigt blieben weiterhin papierlose Flüchtlinge. Diesen konnte neu allerdings eine Aufenthaltsbewilligung erteilt werden.[480] Dennoch bedeutete der Ausschluss dieser Gruppe von Flüchtlingen für das Schweizer Judentum ein grosses Manko, denn wenn diese Personen unterstützungspflichtig wurden, musste der VSJF häufig die vollen Kosten übernehmen, um eine Ausweisung zu verhindern.

Alle Personen, die für das Dauerasyl in Betracht kamen, mussten über einen guten Leumund verfügen. Ausserdem sollte die Repatriierung in den Heimat- oder Herkunftsstaat unmöglich oder unzumutbar sein und es sollte keine Aussicht bestehen, dass die betreffenden Personen «bei nahen Angehörigen im Ausland unter zumutbaren Umständen unterkommen»[481] konnten. Vom VSJF wurde vor allem der Entscheid, dass das Dauerasyl nicht mit der Niederlassungsbewilligung gleichgestellt wurde, negativ gewertet, da damit kein freies

---

475 Ebd.
476 Vgl. o. A.: TB VSJF 1946, o. O., o. D., S. 17, AfZ, IB SIG-Archiv / 2394.
477 Vgl. ebd., S. 17 f.
478 I. Eger: Prot. GA VSJF, Zürich, 13. 3. 1947, S. 1, AfZ, IB VSJF-Archiv / 25.
479 Vgl. Leo Ortlieb: JB der Jüdischen Flüchtlingshilfe Zürich 1950, Zürich, 31. 12. 1950, S. 1, AfZ, IB VSJF-Archiv / 14.
480 Vgl. O. Schürch: Referat gehalten an der Sitzung der Sachverständigenkommission, o. O., 12. 11. 1947, S. 11, AfZ, IB SFH-Archiv / 357.
481 I. Eger: Prot. GA VSJF, Zürich, 13. 3. 1947, S. 17 f., AfZ, IB VSJF-Archiv / 25.

Arbeitsrecht mit dem Dauerasyl verbunden war. Der VSJF konstatierte, dass das Dauerasylgesetz mangelhaft bleibe, bis diese Forderung erfüllt werde.[482]

An einer Sitzung zwischen der Zentralstelle des VSJF und dessen Komitees im März 1947 wurde festgestellt, dass einige Kantone sich bei der Erteilung des Dauerasyls querstellen würden, da von ihnen eine finanzielle Beteiligung erwartet werde, deren Höhe allerdings noch nicht festgesetzt worden war. Die nicht erfolgte Verpflichtung der Kantone, den «Dauerasylantinnen» und «Dauerasylanten» die Niederlassung zu erteilen, habe ferner zur Folge, dass «keine wesentliche Besserung der Lage der Emigranten und Flüchtlinge»[483] eingetreten sei. Allgemein herrschte eine grosse Unsicherheit unter den Komiteemitarbeitenden, welche Personen aufgrund der Bestimmungen das Dauerasyl beantragen konnten und welche nicht.[484] Der Vorstand des VSJF war bemüht, die Kritik einzelner Komiteemitglieder zu entschärfen, gab aber gleichzeitig zu, dass sich der VSJF mit der bisher getroffenen Regelung zum Dauerasyl nicht zufrieden zeigen könne.[485] Robert Meyer bat um Anregungen aus den Reihen der Komitees, wie «die weitere Ausgestaltung des Dauerasylstatus»[486] in Angriff zu nehmen sei, und erklärte, wie der Anmeldeprozess für das Dauerasyl im Einzelnen ablaufen sollte.[487] Auch der SIG war mit den Bestimmungen über das Dauerasyl nur bedingt zufrieden, anerkannte aber die Bemühungen der SZF, positiven Einfluss auf die Gestaltung des Dauerasyls zu nehmen.[488]

In der Kommission für das Dauerasyl einigten sich die Vertreterinnen und Vertreter der Hilfswerke unterdessen darauf, für die Antragstellerinnen und -steller der eigenen Konfession gegenüber den Behörden eine Garantie über 50 Prozent für die Kosten der Unterbringung zu leisten.[489] Kontrovers diskutiert wurde die Frage, ob die Hilfswerke bei der Weiterleitung der Gesuche an die Behörden auch diejenigen Anträge berücksichtigen sollten, die wenig Aussicht auf Gewährung finden würden.[490] Einerseits standen dabei finanzielle Überlegungen im Zentrum, andererseits ideologische, denn besonders der VSJF plädierte dafür, dass möglichst viele ehemalige Flüchtlinge vom Dauerasyl profitieren sollten.[491] Milly Furrer berichtete hingegen von einer Unterredung mit Walter Meyer von der eidgenössischen Fremdenpolizei, der ihr gegenüber geäussert habe, dass die Behörden davon ausgegangen seien, dass

---

482 Vgl. ebd., S. 18.
483 I. Eger: Prot. Sitzung VSJF, Zürich, 30. 3. 1947, S. 3 f., AfZ, IB VSJF-Archiv / 55.
484 Vgl. ebd., S. 2.
485 Vgl. ebd., S. 4.
486 Ebd.
487 Vgl. ebd.
488 Vgl. Erlanger, Nur ein Durchgangsland, 2006, S. 233.
489 Vgl. Silvia Pozzi: Prot. SZF, Zürich, 2. 6. 1947, S. 1, AfZ, IB SFH-Archiv / 387.
490 Vgl. ebd., S. 2 f.
491 Vgl. ebd., S. 3.

die Hilfswerke nicht lediglich «die Funktionen eines Briefkastens»[492] übernehmen würden, sondern eine Vorwahl von Gesuchen, welche eine Chance auf Bewilligung hätten, treffen und diese Gesuche einreichen würden.[493] Otto H. Heim distanzierte sich klar von dieser Haltung der Behörden: «Herr Heim ist der Ansicht, dass die Finanzfrage in diesem Falle keine Rolle spielen darf. Es geht nicht an, dass schon beim Hilfswerk eine Auswahl getroffen wird. Der Entschluss über die Gewährung des Dauerasyls soll und muss einzig in den Händen der Behörden liegen.»[494]

Dieser Ansicht schlossen sich Robert Meyer und Pfarrer Jakob Oettli, der nach Paul Vogts Rücktritt als Flüchtlingspfarrer 1947 dessen Arbeit in der evangelischen Flüchtlingshilfe übernommen hatte,[495] und weitere Votanten an.[496] Den Bedenken, die Milly Furrer hinsichtlich der damit verbundenen finanziellen Verpflichtungen für die Hilfswerke anbrachte, begegnete Otto H. Heim folgendermassen: «Herr Heim hält es für eine Selbstverständlichkeit, dass die Hilfswerke sich nicht für ewig verpflichten können. Heute müssen wir aber dennoch den Mut haben, *ja* zu diesen Verpflichtungen zu sagen.»[497] Die Versammlung einigte sich letztendlich auf eine grosszügige Praxis bei der Weiterreichung der Gesuche an die Behörden.[498] Denselben Standpunkt vertraten Otto H. Heim und Robert Meyer auch an der Vorstandssitzung des VSJF, die am Abend des gleichen Tages stattfand. Der VSJF leistete also auch Garantien, einen Teil der Kosten für Gesuchstellerinnen und Gesuchsteller zu übernehmen, wenn diese gemäss den definierten Richtlinien für das Dauerasyl eigentlich nicht gesuchsberechtigt waren. Die als möglich erachtete Missbilligung dieses Entschlusses durch die Geschäftsleitung des SIG wurde dabei in Kauf genommen.[499]

Während sich der VSJF mit der SZF auf eine gemeinsame Linie im Umgang mit dem Dauerasyl einigen konnte, blieb die innerjüdische Kritik an den Bedingungen, unter denen Flüchtlingen ein permanenter Aufenthalt in der Schweiz ermöglicht wurde, nicht aus. Bereits in der DV des SIG im Mai 1947 zeigten sich viele Delegierte vom Bundesratsbeschluss über das Dauerasyl ent-

---

492 Ebd., S. 2.
493 Vgl. ebd.
494 Ebd., S. 3.
495 Vgl. Rusterholz, Als ob unseres Nachbars Haus nicht in Flammen stünde, 2015, S. 540 f.
496 Vgl. Silvia Pozzi: Prot. SZF, Zürich, 2. 6. 1947, S. 3 f., AfZ, IB SFH-Archiv / 387.
497 Ebd., S. 4 (Hervorhebung im Original).
498 Vgl. ebd., S. 5.
499 Vgl. Theodora Dreifuss: Prot. VS VSJF, Zürich, 2. 6. 1947, S. 3 f., AfZ, IB VSJF-Archiv / 32. Der VSJF wies in einem Schreiben an die Gesuchstellerinnen und Gesuchsteller darauf hin, dass «die auf Grund ihrer Mitfinanzierungsgarantie [der Hilfswerke] allfällig erfolgten Zahlungen als rückzahlbar zu betrachten» seien. Daher würde der VSJF gegebenenfalls auch an «Verwandte oder Garanten mit dem Ersuchen um Rückerstattung» herantreten. Vgl. Otto H. Heim: Vorlage eines Briefes an die Gesuchstellerinnen und Gesuchsteller um Dauerasyl, Zürich, o. D., AfZ, IB VSJF-Archiv / 27.

täuscht. Veit Wyler stellte namens der ICZ eine Resolution vor, die von der Geschäftsleitung des SIG verlangte, Massnahmen für eine Abänderung des Statuts zu ergreifen und dafür zu sorgen, dass möglichst viele Flüchtlinge eine Niederlassungsbewilligung erhielten.[500] In der Generalversammlung des VSJF Mitte Juni 1947 wurde ebenfalls kontrovers über das Dauerasyl diskutiert. Josef Bollag vom Komitee Bern verlangte, dass der VSJF sich öffentlich dazu äussere, dass das Dauerasyl die Situation der Flüchtlinge in der Schweiz nicht wesentlich verbessert habe. Die Schweiz habe mit dem Bundesratsbeschluss nicht zur Lösung des gesamteuropäischen Flüchtlingsproblems beigetragen, daher sei es die Pflicht des VSJF, «den Parlamentariern vom jüdischen Standpunkt aus vor Augen [zu] halten, dass es nicht zu verantworten ist, dass man alte und kranke Leute aus Gnade und Barmherzigkeit hierbleiben lässt, hingegen alle jüngeren, konkurrenzfähigen Personen zum Ausreisen veranlasst».[501]

Otto H. Heim gab zu verstehen, dass geschicktes politisches Taktieren des VSJF in dieser Sache nötig sei, denn «die anderen konfessionellen Organisationen [würden] durchaus nicht auf dem Standpunkt stehen, dass möglichst vielen Flüchtlingen und Emigranten in der Schweiz ein Dauerasyl gewährt werden solle. Der VSJF sehe die Schweiz nicht als Transitland an, aber die anderen Hilfsorganisationen seien dieser Ansicht.»[502]

Ohne die Unterstützung der SZF eine Verbesserung des Bundesratsbeschlusses zu verlangen, wurde von Heim nicht in Betracht gezogen. Robert Meyer machte darauf aufmerksam, dass die meisten Widerstände zur Erteilung des Dauerasyls nicht vonseiten der eidgenössischen Behörden, sondern von den Kantonen kommen würden.[503] Diese Einschätzung sollte sich in den Folgemonaten immer wieder bestätigen. Ein Antrag des Komitees Davos, der VSJF solle die Weiterleitung von Gesuchen um Dauerasyl sistieren, bis der SIG Schritte zur Änderung des Bundesratsgesetzes einreiche,[504] wurde von Otto H. Heim und Robert Meyer als kontraproduktiv für die Interessen der Flüchtlinge betrachtet. Meyer warnte die Komitees davor, sich der «sehr gefährlichen Illusion»[505] hinzugeben, dass die vom Komitee Davos vorgeschlagene Massnahme die gewünschte Reaktion beim Bund und den Kantonen hervorrufen würde. Wenn der VSJF die Gesuche nicht weiterleite, könne er

---

500 Vgl. G. Rosenblum, A. Adler: Prot. DV SIG, Montreux, 14./15. 5. 1947, S. 11, AfZ, IB SIG-Archiv / 33.
501 Charlotte Färber et al.: Prot. GV VSJF, Zürich, 16. 6. 1947, S. 7, AfZ, IB VSJF-Archiv / 18.
502 Ebd. Da der VSJF durchaus noch viele jüdische Flüchtlinge zur Emigration aufforderte, ist die Bemerkung, der VSJF verstehe die Schweiz nicht als Transitland, zu relativieren. Gerade in den Jahren 1948 und 1949 wurden viele Flüchtlinge zur Ausreise angehalten. Vgl. dazu Kapitel 8.1.1. Vermutlich wollte Otto H. Heim mit dieser Äusserung vor allem die isolierte Position des VSJF in der SZF unterstreichen.
503 Vgl. ebd., S. 8.
504 Vgl. ebd., S. 7.
505 Ebd., S. 10.

keine finanziellen Garantien für die Antragstellerinnen und -steller übernehmen, was mit grosser Wahrscheinlichkeit dazu führen würde, dass die Gesuche abgelehnt würden.[506] Überdies bemängelte auch er das mangelnde politische Fingerspitzengefühl und die Unkenntnis der schweizerischen Gesetzgebung, die manche Komiteemitglieder an den Tag legen würden. Es werde viel kritisiert, ohne dass konkrete Lösungsvorschläge geboten würden. Der Bund habe keine Handhabe, zu bestimmen, dass die Kantone Niederlassungsbewilligungen erteilten, dieses Recht sei Teil der kantonalen Souveränität und der Bund könne zu diesem Punkt allenfalls Empfehlungen aussprechen.[507]

Mit einer knappen Mehrheit wurde die vom Komitee Davos vorgeschlagene Resolution abgelehnt.[508] In den Diskussionen im VSJF spiegeln sich aber die Befürchtungen vieler Komiteemitglieder, dass das Dauerasyl zu einer rein symbolischen Geste vonseiten des Bundes verkomme, die nicht wesentlich zur Verbesserung der Lage der Flüchtlinge beitrage, sondern lediglich der Imagepflege diente.

Im November 1947 wurde eine Sitzung der Sachverständigenkommission für Flüchtlingsfragen zum Thema Dauerasyl einberufen.[509] Im Hinblick auf die Überführung des Dauerasylgesetzes in die ordentliche Gesetzgebung forderte Robert Meyer in seinem Referat im Namen der SZF erneut, der Bund möge einen Weg finden, damit die Erteilung des Dauerasyls automatisch mit einer Niederlassungsbewilligung einhergehe.[510] Es sei auch im Interesse des Bundes und der Kantone, so Robert Meyer, dass Dauerasylberechtigte ihren Lebensunterhalt selbst finanzieren könnten.[511] Weiter nahm Meyer Stellung zur Forderung, dass die Niederlassungsbewilligung nur an schriftenlose «Dauerasylantinnen» und «Dauerasylanten» erteilt werden könne, die sich seit mindestens zehn Jahren ununterbrochen in der Schweiz aufgehalten hätten. Zu Recht bemerkte er, dass dies bedeuten würde, dass frühestens im Jahr 1948 Niederlassungsbewilligungen für Flüchtlinge, die nach 1938 in die Schweiz gekommen waren, erteilt werden könnten.[512] Diese Formulierung richtete sich, obwohl in der Diskussion nicht direkt darauf eingegangen wurde, offensichtlich in erster Linie gegen jüdische Flüchtlinge, die den grössten Teil der nach 1938 in die Schweiz gekommenen Flüchtlinge ausmachten, und offenbart die Kontinuität der latent antisemitischen Haltung von Regierungsvertretern und Behörden, die weiterhin einen Einfluss auf die Gesetzgebung hatte.

---

506 Vgl. ebd.
507 Vgl. ebd., S. 9 f.
508 Vgl. ebd., S. 11.
509 Vgl. o. A.: TB SZF 1947, o. O., Mai 1948, S. 5, AfZ, IB SFH-Archiv / 6.
510 Vgl. Robert Meyer: Referat gehalten an der Sitzung der Sachverständigenkommission, o. O., 12. 11. 1947, S. 3 f., AfZ, IB SFH-Archiv / 357.
511 Vgl. ebd., S. 3.
512 Vgl. o. A.: Prot. Sachverständigenkommission für Flüchtlingsfragen, o. O., 12. 11. 1947, S. 20 f., AfZ, IB SFH-Archiv / 357.

Weiter brachte Robert Meyer gegenüber der Sachverständigenkommission den Wunsch an, dass die Möglichkeit, Flüchtlingen Dauerasyl zu gewähren, nicht temporär beschränkt bleibe, sondern Teil der neuen Gesetzgebung werde.[513]

Trotz der im März 1947 geäusserten Bedenken nahmen die Komitees des VSJF die Dauerasylgesuche ihrer Schützlinge auf und leiteten sie an den VSJF weiter.[514] Beim Bund waren bis November 1947 1171 Gesuche um Dauerasyl eingegangen.[515] Dabei handelte es sich in erster Linie um Anträge von jüdischen Personen.[516]

Die Forderung der SZF, auch schriftenlosen Flüchtlingen eine Niederlassungsbewilligung zu erteilen, wurde erst mit der Änderung des ANAG vom 8. Oktober 1948 in der Gesetzgebung verankert.[517] Gesuche um Dauerasyl konnten schliesslich bis zum 20. März 1950 eingereicht werden.[518]

Ein Problem, das durch die Einführung des Dauerasyls wieder evident wurde, war die Aufteilung der Flüchtlinge in «Emigrantinnen» und «Emigranten», die in der Regel über Toleranzbewilligungen der Kantone verfügten und für deren Aufenthalt bis 1947 allein die Hilfswerke aufgekommen waren, und «Flüchtlinge», die dem Bund unterstanden. Bis Ende 1948 waren nur in 89 Fällen Dauerasylgesuche von «Emigrantinnen» und «Emigranten» bewilligt worden, davon fast die Hälfte vom Kanton Basel-Stadt.[519] Im Jahresbericht des VSJF von 1948 wurde festgehalten, dass «die geringe Zahl der bewilligten Gesuche für Emigranten im Gegensatz zu Flüchtlingen»[520] auffalle. Der Unterschied beruhe auf der finanziellen Verpflichtung, die mit dem Dauerasyl einhergehe und die im Fall der Flüchtlinge lediglich den Bund und die Hilfswerke betreffe, für die «Emigrantinnen» und «Emigranten» hingegen müsse auch der Kanton aufkommen.[521] Laut Bundesbeschluss vom 16. Dezember 1947 lag die Beteiligung der Kantone bei einem Drittel.[522] Es

---

513 Vgl. Robert Meyer: Referat gehalten an der Sitzung der Sachverständigenkommission, o. O., 12. 11. 1947, S. 3 f., AfZ, IB SFH-Archiv / 357. Mit dem Bundesratsbeschluss vom 7. 3. 1947 war erst eine rechtliche Grundlage für die Erteilung des Dauerasyls geschaffen worden. Der Beschluss galt befristet bis zum 20. 3. 1949 und musste bis zu diesem Zeitpunkt in die ordentliche Gesetzgebung aufgenommen werden. Vgl. ebd., S. 1–3.
514 Vgl. o. A.: TB VSJF 1947, Zürich, o. D., S. 7, AfZ, IB SIG-Archiv / 2395.
515 Vgl. O. Schürch: Referat gehalten an der Sitzung der Sachverständigenkommission, o. O., 12. 11. 1947, S. 10, AfZ, IB SFH-Archiv / 357.
516 Aus dem Jahresbericht des VSJF von 1947 geht hervor, dass der Verband bis Ende 1947 die Gesuche von 985 Personen erhalten hatte. Vgl. o. A.: TB VSJF 1947, Zürich, o. D., S. 7, AfZ, IB SIG-Archiv / 2395.
517 Vgl. o. A.: JB SZF 1948, Zürich, o. D., S. 3, AfZ, IB SFH-Archiv / 6.
518 Vgl. H. Weber: Prot. SZF, Zürich, 7. 12. 1949, S. 9, BAR, E4800.1#1967/111#145*.
519 Vgl. o. A.: TB VSJF 1948, Zürich, o. D., S. 20, AfZ, IB SIG-Archiv / 2395.
520 Vgl. ebd., S. 8.
521 Vgl. ebd.
522 Vgl. o. A.: 14. Sitzung Nationalrat, o. O., 16. 12. 1947, S. 518–541, www.amtsdruckschriften. bar.admin.ch/viewOrigDoc/100003738.pdf?id=100003738, 25. 11. 2020. Vgl. weiter o. A.: Das Asylrecht in der Schweiz und die Frage des Dauerasyls. Richt-Referat zur Erläute-

könne jedoch positiv vermerkt werden, dass eine Volksabstimmung zugunsten des Dauerasyls im Kanton Zürich angenommen worden sei. Aufgrund des Resultats dieser Abstimmung erwartete der VSJF auch von anderen Kantonen eine positivere Haltung zur Erteilung des Dauerasyls an ehemalige «Emigrantinnen» und «Emigranten».[523]

Die Kantone gingen nach dem positiven Abstimmungsresultat aus Zürich tatsächlich zu einer liberaleren Praxis der Bewilligung von Dauerasylgesuchen über, auch wenn der VSJF 1949 zunächst feststellen musste, dass einige Kantone nun eher bereit waren, Niederlassungsbewilligungen zu erteilen, da ihnen daraus keine finanziellen Verpflichtungen erwuchsen, falls ein ehemaliger «Emigrant» fürsorgeabhängig wurde. Den VSJF stellte diese Lösung allerdings vor ein Dilemma: Einerseits hatte er die Kantone angehalten, Grosszügigkeit in der Erteilung der Niederlassungsbewilligungen zu zeigen. Andererseits zeugte der Zeitpunkt, an dem diese Praxis häufiger zur Anwendung kam, vom Unwillen der Kantone, finanzielle Verantwortung für die «Emigrantinnen» und «Emigranten» zu übernehmen. Flüchtlinge, die über eine Niederlassungsbewilligung verfügten und ihre Arbeitsstelle verloren, mussten vom VSJF unterstützt werden, andernfalls bestand die Gefahr, dass sie ausgewiesen wurden.[524]

Die Kantone agierten in der Erteilung des Dauerasyls höchst unterschiedlich, wie der VSJF immer wieder feststellen musste. Eine Übersicht über die Bewilligungspraxis der Kantone erhielt der VSJF über die Tätigkeitsberichte der einzelnen Komitees. So berichtete das Komitee Davos 1947, dass sich von den rund 100 Flüchtlingen, die vom Komitee erfasst worden waren, etwa ein Drittel für das Dauerasyl beworben habe.[525] Bis Ende 1948 hatten sich 43 Flüchtlinge angemeldet, aber nur zwei Personen das Dauerasyl erhalten,[526] während sich die Zahl der bewilligten Gesuche bis 1950 auf 25 erhöhte.[527]

Das Komitee Zürich hatte bis Ende 1948 Gesuche für 330 Personen eingereicht,[528] bis Ende 1949 war die Zahl der Personen, die ein Gesuch auf Dauerasyl stellten, auf 420 angewachsen, genehmigt wurden 247 Gesuche, während die Anträge von 81 Personen abgelehnt wurden.[529] Das Komitee Zürich vermerkte ausserdem Ende 1949 als positiv, dass im Kanton Zürich in der Regel

---

rung des «Gesetzes über die Unterstützung von Ausländern mit Dauerasyl» (Richtreferat für die Volksabstimmung im Kanton Zürich vom 19. 12. 1948), o. O., o. D., S. 25, AfZ, IB SFH-Archiv / 921.
523 Vgl. o. A.: TB VSJF 1948, Zürich, o. D., S. 8, AfZ, IB SIG-Archiv / 2395.
524 Vgl. Gerda Rosenblum: Prot. GL SIG, Bern, 1. 9. 1949, S. 1 f., AfZ, IB SIG-Archiv / 179.
525 Vgl. o. A.: TB Komitee Davos 1947, Davos, 31. 12. 1947, S. 5, AfZ, IB VSJF-Archiv / 6.
526 Vgl. o. A.: TB Komitee Davos 1948, o. O., o. D., S. 1, AfZ, IB VSJF-Archiv / 6.
527 Vgl. o. A.: TB Komitee Davos 1949, o. O., o. D., S. 1, AfZ, IB VSJF-Archiv / 6.
528 Vgl. o. A.: 86. GB ICZ, Zürich, April 1949, S. 23, AfZ, IB SIG-Archiv / 663.
529 Vgl. o. A.: 87. GB ICZ, Zürich, Mai 1950, S. 19, AfZ, IB SIG-Archiv / 663. Elf Gesuchstellerinnen und Gesuchsteller waren unterdessen ausgereist, gestorben oder hatten ihren Antrag zurückgezogen. Vgl. ebd.

mit der Erteilung des Dauerasyls die Gewährung einer Niederlassungsbewilligung einhergehe.[530] Nachdem im Jahr 1950 die letzten Gesuche bearbeitet worden waren, hatten in Zürich 279 Personen Dauerasyl erhalten.[531]

Das Komitee Genf berichtete im Januar 1950 über die Anstrengungen, die nötig waren, damit Flüchtlingen ein dauerhafter Aufenthalt gewährt wurde: «Ständige persönliche Vorsprachen und gute Beziehungen mit den Behörden waren erforderlich und erst im Dezember 1949 wurden unsere Bemühungen von Erfolg gekrönt und 23 Personen erhielten die Möglichkeit unter regulaeren Aufenthaltsbestimmungen in Genf zu bleiben.»[532]

Bis Ende 1950 wurden von den 1501 Gesuchen, die der VSJF eingereicht hatte, 896 bewilligt.[533] Einige Kantone, so Genf, St. Gallen und Graubünden, hatten jedoch erst gegen Ende 1949 angefangen, die Gesuche überhaupt zu bearbeiten.[534]

Vor allem die Kantone Neuenburg und Thurgau bereiteten dem VSJF Sorgen, denn sie weigerten sich rundheraus, eine Beitragsleistung für die Antragstellerinnen und -steller zu garantieren, was zur Folge haben konnte, dass Dauerasylgesuche von «Emigrantinnen» und «Emigranten» aus diesen Kantonen abgelehnt wurden.[535] Auch in Fällen, in denen das Dauerasyl gewährt worden war und die betreffende Person fürsorgeabhängig geworden war, verhielt sich der Kanton Thurgau unrühmlich, wie das folgende Beispiel demonstrieren soll.

J. P., geboren 1887, war im Dezember 1942 nach seiner Inhaftierung in den Internierungslagern Les Milles und Rivesaltes in letzter Sekunde die Flucht in die Schweiz geglückt.[536] J. P. selbst beschrieb seine Erlebnisse in den südfranzösischen Lagern in einem Brief an den VSIA: «Mangelnde Ernährung während mehr den [sic] 3 Jahren hatten zur Folge dass ich mehr wie 30 Kilo an Gewicht verloren habe. Während der letzten 4 Monate meiner Internierung erlebte ich 14 Deportationszüge, dreimal selbst war ich schon in solchen Zügen verladen; unvergessen lasten diese Ereignisse auf meinem Gemüt.»[537]

Nach dem Aufenthalt in verschiedenen «Lagern» in der Schweiz, darunter Büren an der Aare,[538] kam J. P. bei seinem Bruder in Diessenhofen unter, der aber selbst nur über eine Toleranzbewilligung verfügte.[539] Nachdem J. P. im

---

530 Vgl. Leo Ortlieb: JB der Jüdischen Flüchtlingshilfe Zürich 1949, o. O., 31. 12. 1949, S. 5, AfZ, IB VSJF-Archiv / 14.
531 Vgl. o. A.: 88. GB ICZ, Zürich, Mai 1951, S. 20, AfZ, IB SIG-Archiv / 663.
532 A. Levy: TB Komitee Genf 1949, Genf, 11. 1. 1950, S. 1, AfZ, IB VSJF-Archiv / 7.
533 Vgl. o. A.: JB SIG 1950, Zürich, 24. 1. 1951, S. 11 f., AfZ, IB SIG-Archiv / 378.
534 Vgl. o. A.: TB VSJF 1949, Zürich, o. D., S. 9, AfZ, IB VSJF-Archiv / 3.
535 Vgl. o. A.: Prot. GV VSJF, Zürich, 23. 4. 1950, S. 11, AfZ, IB VSJF-Archiv / 21.
536 Vgl. Kapitel 7.8.
537 J. P.: Schreiben an den VSIA, Diessenhofen, 1. 4. 1943, AfZ, IB VSJF-Archiv / P.166.
538 Vgl. ebd.
539 Vgl. VSIA: Schreiben an Paul Vogt, o. O., 6. 4. 1943, AfZ, IB VSJF-Archiv / P.166.

Arbeitslager Girenbad interniert worden war, setzte sich der VSJF wiederholt bei der Polizeiabteilung dafür ein, dass er für leichtere Arbeiten in ein Interniertenheim versetzt werde. Begründet wurde der Antrag damit, dass J. P. die Schule in Kreuzlingen besucht hatte und Schweizerdeutsch sprach, und mit seinem gesundheitlich angeschlagenen Zustand.[540] Nachdem sich Robert Wieler für J. P. eingesetzt hatte, kam er zwischen Ende 1943 und 1945 in Kreuzlingen unter und erhielt aufgrund einer Garantieerklärung der Israelitischen Gemeinde Kreuzlingen eine Toleranzbewilligung.[541] Im Juni 1947 stellte J. P. einen Antrag auf Dauerasyl mit einer Garantieerklärung des VSJF, sich gegebenenfalls an den Fürsorgekosten zu beteiligen.[542] Die Fremdenpolizei des Kantons Thurgau wandte sich in der Folge brieflich an Verwandte von J. P. und verlangte, dass sie eine Solidarbürgschaft für J. P. übernähmen. Der Kanton Thurgau sei nur unter der Voraussetzung, «dass Herr P. der öffentlichen Hand nicht zur Last fällt, d. h. weder eine Wohnsitzgemeinde im Kanton Thurgau, noch der Kanton selbst für den Unterhalt des Herrn P. aufkommen müssen»,[543] bereit, «ihn ins ordentliche fremdenpolizeiliche Verhältnis zu nehmen».[544] Im Auftrag von Michel Wieler, der einen Teil der Bürgschaft für J. P. hätte übernehmen sollen, wandte sich der Rechtsanwalt des VSJF, Franz Wieler, an die kantonale Fremdenpolizei Thurgau und lehnte die Unterstützungsverpflichtung für seinen Mandanten klar ab. Überdies bemerkte Franz Wieler in seinem Brief, dass es fraglich sei, ob es überhaupt rechtens sei, den Dauerasylbeschluss «von der Beibringung der verlangten Bürgschaft»[545] abhängig zu machen. Zugleich wandte sich der VSJF an die SZF und bat Milly Furrer um ihre Meinung, ob man die eidgenössische Fremdenpolizei bitten solle, «die Angelegenheit beim Kanton richtig zu stellen».[546] Nach der Intervention der eidgenössischen Fremdenpolizei erklärte sich der Kanton Thurgau am 8. März 1948 bereit, Dauerasyl zu den üblichen Bedingungen zu gewähren, allerdings

---

540 Vgl. VSIA: Schreiben an die Polizeiabt. des EJPD, o. O., 19. 4. 1943, AfZ, IB VSJF-Archiv / P.166.

541 Vgl. Robert Wieler: Schreiben an Regina Boritzer, o. O., 24. 11. 1943, sowie VSJF: Schreiben an das Emigrantenbüro der Eidg. Fremdenpolizei, o. O., 2. 8. 1945 und Wieler Robert: Schreiben an den VSJF, o. O., 8. 5. 1947, AfZ, IB VSJF-Archiv / P.166.

542 Vgl. Otto H. Heim: Schreiben an Robert Wieler, o. O., 21. 5. 1947, AfZ, IB VSJF-Archiv / P.166.

543 Abschrift eines Briefes der Fremdenpolizei des Kantons Thurgau an O. P., W. P. und Michel Wieler, Frauenfeld, 11. 6. 1947, AfZ, IB VSJF-Archiv / P.166.

544 Ebd. In einem Schreiben an Irene Eger wies J. P. darauf hin, dass er mit Michel Wieler, dem Vater von Robert Wieler, in keinem verwandtschaftlichen Verhältnis stehe und dass das auf Juni datierte Schreiben erst Anfang November bei seinem Bruder O. P. eingetroffen sei, was dem Schreiben eine zusätzlich kuriose Note verleiht. Vgl. J. P.: Schreiben an Irene Eger, Diessenhofen, 18. 11. 1947, AfZ, IB VSJF-Archiv / P.166.

545 Franz Wieler: Schreiben an die kantonale Fremdenpolizei Thurgau, Zürich, 22. 11. 1947, AfZ, IB VSJF-Archiv / P.166.

546 Irene Eger: Schreiben an Milly Furrer, o. O., 25. 11. 1947, AfZ, IB VSJF-Archiv / P.166.

sollte J. P. verpflichtet werden, monatlich 100 Franken auf ein Sparkonto einzuzahlen, das bis zu einem Betrag von 2500 Franken zugunsten des Kantons Thurgau gesperrt wurde.[547] An die Erteilung des Dauerasyls war also quasi eine Kautionspflicht in Raten geknüpft. Wie einem Brief der eidgenössischen Fremdenpolizei zu entnehmen ist, stammte die Idee aus deren Reihen.[548] Der VSJF stellte sich nicht gegen diese Vorgaben, sodass sich J. P. mit den Bedingungen ebenfalls einverstanden erklärte.[549]

Am 19. April 1948 erhielt J. P. Dauerasyl.[550] Zwischen 1948 und 1952 war er für den VSJF tätig,[551] zuletzt als Leiter des «Bernerhofs» in Lugano. Aus finanziellen Gründen musste der Verband im April 1952 die Kündigung aussprechen.[552] Daraufhin wandte sich Irene Eger an die kantonale Fremdenpolizei und bat um die Freigabe der von J. P. geleisteten Kaution, um seine Lebenskosten zu decken. In ihrem Schreiben erwähnte sie, dass sich der VSJF an Kanton und Bund wenden würde, wenn der Betrag aufgebraucht sei, um gemäss der üblichen Formel, nach der Bund, Kanton und Hilfswerk je ein Drittel zahlten, die Unterstützungsgelder an J. P. zu teilen.[553] Die Fremdenpolizei des Kantons Thurgau stellte sich aber quer und kündigte an, lediglich «einen Drittel der Unterhaltskosten von Fr. 300.– pro Monat, solange die Kautionssumme reicht»,[554] zu bezahlen. Danach sei die Fremdenpolizei Thurgau nicht mehr «zuständig über einen Unterstützungsbeitrag zu entscheiden».[555] J. P. müsse sich an das Armendepartement des Kantons wenden, sobald die Kaution aufgebraucht sei.[556]

Die Praxis einiger Kantone, für die Finanzierung des Dauerasyls zunächst auf Kautionen zurückzugreifen, hatte bereits 1948 für Diskussionen in der SZF geführt. Oscar Schürch hatte dazu Ende Dezember 1948 verkündet, dass der Bund keine Unterstützungsgelder bezahle, «so lange eine Kaution da ist».[557]

---

547 Vgl. Haudenschild (Fremdenpolizei Thurgau): Schreiben an die Eidg. Fremdenpolizei, Frauenfeld, 8. 3. 1948, AfZ, IB VSJF-Archiv / P.166.
548 Vgl. W. Meyer: Schreiben an den VSJF, Bern, 11. 3. 1948, AfZ, IB VSJF-Archiv / P.166.
549 Vgl. J. P.: Schreiben an den VSJF, Diessenhofen, 21. 3. 1948, AfZ, IB VSJF-Archiv / P.166. Der Verband unternahm erst 1952 gemeinsam mit der SZF Schritte gegen die Praxis der Behörden, von arbeitstätigen Inhaberinnen und Inhabern des Dauerasyls eine Kaution zu verlangen. Nach den Protesten der Hilfswerke wurde diese Methode eingestellt. Vgl. o. A.: JB SIG 1952, Zürich, 28. 1. 1953, S. 9, AfZ, IB SIG-Archiv / 378.
550 Vgl. W. Meyer: Schreiben an J. P., Bern, 19. 4. 1948, AfZ, IB VSJF-Archiv / P.166.
551 Vgl. dazu zum Beispiel Jacob Zucker: Schreiben an J. P., o. O., 19. 1. 1950, AfZ, IB VSJF-Archiv / P.166.
552 Vgl. Jacob Zucker: Schreiben an J. P., o. O., 9. 4. 1952, AfZ, IB VSJF-Archiv / P.166.
553 Vgl. Irene Eger: Schreiben an die kantonale Fremdenpolizei Thurgau, o. O., 18. 4. 1952, AfZ, IB VSJF-Archiv / P.166.
554 Fremdenpolizei Thurgau: Schreiben an den VSJF, Frauenfeld, 15. 5. 1952, AfZ, IB VSJF-Archiv / P.166.
555 Ebd.
556 Vgl. ebd.
557 H. Weber: Prot. SZF, Zürich, 7. 12. 1948, S. 9, BAR, E4800.1#1967/111#145*.

Er gehe davon aus, dass Kanton und Bund in so einem Fall von der Unterstützungspflicht ausgenommen seien, bis die Kaution aufgebraucht sei. Die Hilfswerke hingegen hätten ihren Anteil an der Unterstützung dennoch zu bezahlen.[558] Otto H. Heim hatte sich gegen diese Auslegung gewehrt, er sei «der Ansicht, dass auch die Hilfswerke keine Zahlungen vornehmen sollten, solange eine Kaution besteht».[559] Schürch hatte widersprochen, indem er darauf hingewiesen hatte, dass diese Auffassung nicht dem ursprünglichen Zweck der Kaution zur Absicherung der Behörden entspreche. Der Präsident Rodolfo Olgiati hatte die Anwesenden daraufhin gebeten, die Rechtsgrundlagen zur Beantwortung dieser Frage noch genauer zu studieren, womit die Diskussion beendet wurde.[560]

Gegen die Annahme, der Kautionsbetrag decke nur den Anteil des Kantons, wehrte sich der VSJF im Fall von J. P., indem er sich an die eidgenössische Polizeiabteilung wandte, die ihrerseits den Kanton darüber informierte, dass die Kaution zur Kostendeckung aller drei Stellen, also Bund, Kanton und Hilfswerk, diene.[561] Daraufhin drohte die Fremdenpolizei Thurgau damit, «J. P. das erteilte Dauerasyl [zu] entziehen».[562] Im VSJF wurde der Fall nun von Irene Eger an die Rechtsanwältin Ruth Bernheimer weitergegeben.[563] Diese schlug der eidgenössischen Polizeiabteilung vor, dem Kanton Thurgau insofern entgegenzukommen, als der VSJF bereit sei, auf die «Inanspruchnahme der Kaution für den auf uns entfallenden Drittel zu verzichten»,[564] falls sich die eidgenössische Polizeiabteilung ebenfalls bereit erkläre.[565] Diese wandte sich aber an den Regierungsrat des Kantons Thurgau und teilte ihm mit, dass es nicht zulässig sei, eine Ausweisung aus armenrechtlichen Gründen anzudrohen, sei das Dauerasyl einmal erteilt worden. Auch habe sich der Kanton durch die Gewährung des Dauerasyls für eine anteilige Kostenübernahme verpflichtet, sollte der Betroffene fürsorgeabhängig werden.[566]

Die Fremdenpolizei des Kantons Thurgau stellte sich weiterhin quer: Im August 1952 kündigte sie an, dass das auf die Jüdische Flüchtlingshilfe ent-

---

558 Vgl. ebd.
559 Ebd.
560 Vgl. ebd., S. 10.
561 Vgl. Irene Eger: Schreiben an die Eidg. Fremdenpolizei, o. O., 26. 5. 1952, AfZ, IB VSJF-Archiv / P.166.
562 Fremdenpolizei Thurgau: Schreiben an den VSJF, Frauenfeld, 9. 6. 1952, AfZ, IB VSJF-Archiv / P.166.
563 Vgl. Irene Eger: Schreiben an Ruth Bernheimer, Zürich, 11. 6. 1952, AfZ, IB VSJF-Archiv / P.166.
564 Ruth Bernheimer: Schreiben an das EJPD, o. O., 26. 6. 1952, AfZ, IB VSJF-Archiv / P.166.
565 Vgl. ebd.
566 Vgl. Rothmund: Schreiben an das Armendepartement des Kantons Thurgau, Bern, 1. 7. 1952, AfZ, IB VSJF-Archiv / P.166.

fallende Drittel auf keinen Fall aus der Kaution bezahlt werde.[567] Erneut versuchte die Polizeiabteilung des Kantons Thurgau, den Bruder von J. P. zur Unterstützung zu verpflichten, damit der Kanton keine Unterhaltskosten zu entrichten hätte.[568] Nach der Intervention von Otto H. Heim beim Polizeidepartement des Kantons Thurgau[569] und bei der Polizeiabteilung des EJPD[570] übernahm Heinrich Rothmund persönlich den Fall und setzte sich gegenüber dem Kanton Thurgau dafür ein, dass der Kautionsbetrag allen drei Partnern zugutekomme.[571] Auf Druck der Polizeiabteilung des EJPD erklärte sich der Kanton Thurgau schliesslich bereit, diese Konditionen in Bezug auf die Kaution zu akzeptieren. Das Kräftemessen auf den Schultern einer Einzelperson war damit aber noch nicht beendet, denn das EJPD liess den VSJF wissen, dass die kantonale Polizeiabteilung erwäge, J. P., falls er immer noch unterstützungspflichtig sei, wenn die Kaution aufgebraucht wäre, «in der Arbeitserziehungsanstalt Kalchrain für leichtere Küchen- und Essaalarbeiten [zu] verwenden».[572] Auf das Schreiben der eidgenössischen Fremdenpolizei nahm Otto H. Heim wie folgt Stellung: «Wir sind über den Inhalt und die Sprache dieses Vorschlags entsetzt und erschrocken. Ein herzkranker und nur noch beschränkt arbeitsfähiger 65-jähriger Mann, dessen ‹Verbrechen› einzig darin besteht, dass er 1942 nach langjähriger Internierung in französischen Lagern statt Deportation und Vergasung den Weg in die Schweiz wählte, soll in ein Arbeitserziehungslager geschickt werden, um dort neben liederlichen und arbeitsscheuen Verbrechern in Küche und Essaal Dienste zu verrichten. Und dies nur deswegen, weil einem eidgenössischen Stande ein ausgeglichener Staatshaushalt wichtiger ist als die Beachtung von Menschenrecht und Menschenwürde. Sie ersuchen uns um unsere Stellungnahme: Niemals werden wir zustimmen, dass Herr P. dem Polizeidepartement des Kantons Thurgau ‹überlassen› wird, und wir setzen alles Vertrauen in Ihren sehr verehrten Herrn Departementsvorsteher, dass es ihm gelingen wird, den Kanton Thurgau zum Rückzug seines unmenschlichen Vorschlages zu veranlassen.»[573]

567 Polizeidepartement Thurgau: Schreiben an die Polizeiabt. des EJPD, Frauenfeld, 15. 8. 1952, AfZ, IB VSJF-Archiv / P.166.
568 Vgl. ebd.
569 Vgl. Otto H. Heim: Schreiben an das Polizeidepartement Thurgau, o. O., 25. 8. 1952, AfZ, IB VSJF-Archiv / P.166.
570 Vgl. Otto H. Heim: Schreiben an die Polizeiabt. des EJPD, o. O: 25. 8. 1952, AfZ, IB VSJF-Archiv / P.166.
571 Vgl. Irene Eger: Aktennotiz zu J. P., Zürich, 5. 9. 1952, AfZ, IB VSJF-Archiv / P.166.
572 Polizeiabt. EJPD: Schreiben an den VSJF, Bern, 21. 10. 1952, AfZ, IB VSJF-Archiv / P.166. Der Vorschlag entspricht vermutlich einem direkten Zitat aus dem Brief des Polizeidepartements Thurgau an die eidgenössische Fremdenpolizei. Die eidgenössische Fremdenpolizei scheint diesem Vorschlag jedoch nicht abgeneigt oder zumindest offen gegenübergestanden zu haben. Vgl. ebd.
573 Otto H. Heim: Schreiben an die Polizeiabt. des EJPD, Zürich, 24. 10. 1952, AfZ, IB VSJF-Archiv / P.166. (Hervorhebungen im Original.)

Deutliche Worte vom Präsidenten des VSJF also, die von der Polizeiabteilung zur Kenntnis genommen, aber nicht weiter kommentiert wurden.[574]

Bereits 1949 hatte Otto H. Heim auf die Ankündigung, man werde Flüchtlinge, die unterstützungsbedürftig werden, in eine Arbeitskolonie einweisen, scharf reagiert, wobei ein Teil der Geschäftsleitung des SIG den Ton, in dem seine Ausführungen gehalten gewesen waren, beanstandet hatte.[575] In den Protokollen der GL des SIG finden sich im Fall von J. P. keine Hinweise darauf, dass der SIG in die Sache involviert gewesen wäre.[576] Auf die Drohung, J. P. in ein «Arbeitserziehungslager» einzuweisen, wurde den vorliegenden Akten des VSJF zufolge vorläufig nicht weiter eingegangen. Im Februar 1953 informierte Irene Eger J. P. darüber, dass seine Kaution Ende März aufgebraucht sein werde, und bat ihn, sich an den Kanton Thurgau zu wenden, damit dieser sich an seiner Unterstützung beteilige.[577]

Im April 1953 informierte der Kanton Thurgau die Polizeiabteilung des EJPD, dass der durch das Dauerasyl festgelegte Unterstützungsbeitrag im Staatsbudget des Kantons Thurgau nicht enthalten sei und dass daher der Regierungsrat in der nächsten Sitzung darüber zu beschliessen habe.[578] Die gesetzlichen Grundlagen zur Unterstützung der «Dauerasylantinnen» und «Dauerasylanten» waren also im Kanton noch nicht geregelt worden, obwohl das Dauerasylgesetz bereits seit März 1947, also sechs Jahre, in Kraft war. Auf diese Tatsache wies auch Irene Eger in einem Brief an Milly Furrer konsterniert hin.[579] Trotz mehrmaliger Nachfrage nach dem Stand der Dinge beim Armendepartement des Kantons Thurgau[580] liess ein Entscheid auf sich warten: Bis zum Herbst unterstützte der VSJF J. P. aus eigenen Mitteln, ohne die Beteiligung von Bund und Kanton.[581] Im September 1953 teilte die Polizeiabteilung des EJPD mit, es sei ein regierungsrätlicher Beschluss im Kanton Thurgau in Arbeit, der die Unterstützung von J. P. zu einem Drittel vorsehe.[582] Der Regierungsrat des Kantons Thurgau erklärte sich zwar durch einen Beschluss im Oktober 1953 grundsätzlich zur Übernahme eines Drittels der Kosten bereit,

---

574 Vgl. Polizeiabt. EJPD: Schreiben an den VSJF, Bern, 27. 10. 1952, AfZ, IB VSJF-Archiv / P.166.
575 Vgl. Kapitel 8.1.3.
576 Vgl. diverse Protokolle der GL des SIG Oktober–Dezember 1952, AfZ, IB SIG-Archiv / 182.
577 Vgl. Irene Eger: Schreiben an J. P., o. O., 17. 2. 1953, AfZ, IB VSJF-Archiv / P.166.
578 Vgl. Armendepartement des Kantons Thurgau: Schreiben an die Polizeiabt. des EJPD, Frauenfeld, 2. 4. 1953, AfZ, IB VSJF-Archiv / P.166.
579 Vgl. Irene Eger: Schreiben an die SZF, o. O., 4. 5. 1953, AfZ, IB VSJF-Archiv / P.166.
580 Vgl. Irene Eger: Schreiben an die Polizeiabt. des EJPD, o. O., 22. 7. 1953, AfZ, IB VSJF-Archiv / P.166.
581 Vgl. Franz Wieler: Schreiben an die Polizeiabt. des EJPD, o. O., 15. 9. 1953, AfZ, IB VSJF-Archiv / P.166. Der Bund übernahm sein Drittel der Auslagen nur, wenn der Kanton sich bereit erklärte, ebenfalls seinen Teil zur Unterstützung beizutragen.
582 Vgl. Polizeiabt. des EJPD: Schreiben an Franz Wieler, Bern, 24. 9. 1953, AfZ, IB VSJF-Archiv / P.166.

forderte aber gleichzeitig den VSJF auf, nochmals dessen Bruder «energisch»[583] zur Beteiligung an den Kosten aufzufordern. Sollte dieser nicht dazu bereit sein und J. P. keine Arbeitsstelle finden, so der Wortlaut des Regierungsratsbeschlusses, «behält sich der Regierungsrat vor, die weitere Zahlung des dem Kanton Thurgau obliegenden Drittels der Unterhaltspflicht gegenüber J. P. davon abhängig zu machen, dass dieser in ein thurgauisches Altersasyl eintritt».[584]

Anstelle des «Arbeitserziehungslagers» wurde neu also mit der Zwangseinweisung in ein «Altersasyl» gedroht. Irene Eger informierte Franz Wieler über den Entscheid und fügte die Frage an, ob gegen diese Anordnung sogleich Einspruch erhoben werden sollte.[585] Der VSJF nahm zur Ankündigung des Kantons, seine Unterhaltsbeteiligung von J. P.s Eintritt in ein «Altersasyl» abhängig zu machen, zunächst keine Stellung.

In der Folge beteiligte sich der Kanton Thurgau zwar an den Kosten für J. P., bestand aber weiterhin darauf, dass dessen Bruder einen Teil der Unterstützungskosten übernehme,[586] und verwies dabei auf die im Regierungsratsprotokoll festgehaltene Bestimmung, dass J. P. ansonsten in ein Heim eingewiesen werden könne.[587] Daraufhin schaltete sich Otto H. Heim ein und wies darauf hin, dass der Bruder von J. P. bereits über 70 Jahre alt sei und sich selbst in finanzieller Bedrängnis befinde. Weiter schrieb Heim: «Andererseits müsste die Durchführung der von Ihnen angedrohten Massnahme, d. h. die Einweisung des Herrn J. P. in ein thurgauisches Altersasyl, grösstes Aufsehen erregen. Es wäre unseres Wissens der erste und einzige Fall, in welchem ein Kanton zu einer solchen Massnahme schreiten würde. [...] Die Wellen, die die Einweisung in ein Altersasyl aufwühlen würde, wären umso grösser, als es sich unseres Wissens bei Herrn P. um den einzigen Fall handelt, der dem Kanton Thurgau unter den Flüchtlingen zur Last fällt. Es gibt Kantone mit hundert und mehr Flüchtlingen; nicht ein einziger hat je eine Massnahme, wie Sie sie ausdrücklich erneut androhen, auch nur ins Auge gefasst.»[588]

Eine Reaktion auf Otto H. Heims Schreiben findet sich in den Akten nicht. Der Kanton Thurgau musste sich aber trotz seines hartnäckigen Widerstands in der Folge an den Kosten der Unterstützung von J. P. beteiligen. Die lang-

583 Regierungsrat Thurgau: Auszug aus dem Protokoll, o. O., 12. 10. 1953, S. 4, AfZ, IB VSJF-Archiv / P.166.
584 Ebd.
585 Vgl. Irene Eger: Schreiben an Franz Wieler, o. O., 20. 10. 1953, AfZ, IB VSJF-Archiv / P.166.
586 Vgl. Armendepartement des Kantons Thurgau: Schreiben an die Jüdische Flüchtlingshilfe Zürich, Frauenfeld, 10. 12. 1953, AfZ, IB VSJF-Archiv / P.166.
587 Vgl. Armendepartement des Kantons Thurgau: Schreiben an die Polizeiabt. des EJPD, Frauenfeld, 19. 2. 1954, AfZ, IB VSJF-Archiv / P.166.
588 Otto H. Heim: Schreiben an das Armendepartement des Kantons Thurgau, o. O., 1. 3. 1954, sowie Armendepartement des Kantons Thurgau: Schreiben an die Jüdische Flüchtlingshilfe Zürich, Frauenfeld, 10. 12. 1953, beides AfZ, IB VSJF-Archiv / P.166.

wierigen Verhandlungen zwischen dem VSJF, den kantonalen Behörden und der Polizeiabteilung des EJPD zeugen aber von der immensen Arbeit, die für einen einzigen «Dauerasylanten» vonseiten des VSJF geleistet werden musste, wenn sich ein Kanton querstellte. Bei der kategorischen Weigerung des Kantons Thurgau, sich finanziell an der Unterstützung eines ehemaligen Flüchtlings zu beteiligen, dürfte es sich zwar um ein Extrembeispiel handeln, dennoch zeugen die häufigen Hinweise von VSJF-Komitee-Mitarbeitenden auf die schwierigen Verhandlungen mit den Kantonen von deren Unwillen, einen Teil der finanziellen Verantwortung zu übernehmen. Für die Flüchtlinge war nicht nur ein weiteres Mal eine Unsicherheit in Bezug auf ihren Rechtsstatus damit verbunden, sondern es zögerte sich auch der Eingang der Unterstützungsgelder hinaus, denn der VSJF stellte sich angesichts der eigenen finanziellen Probleme auf den Standpunkt, es seien die Zusprachen von Bund und Kanton abzuwarten.[589]

Eine Aussage von J. P. in einem Antwortschreiben an Otto H. Heim summiert die verzweifelte Lage, in die sich ehemalige Flüchtlinge versetzt sahen, recht gut. J. P. stellte dem Präsidenten des VSJF darin die Frage: «Würden Sie sehr geehrter Herr Heim, oder der Verband mich vielleicht umgehend wissen lassen, wovon ich in der Zwischenzeit leben soll?»[590]

Für ältere und kranke Flüchtlinge dürfte das Dauerasyl zwar in der Regel eine Erleichterung in der jahrelang unbeantworteten Frage, was nach Kriegsende mit ihnen geschehe, mit sich gebracht haben. Der tägliche Kampf um Fürsorgegelder hatte sich aber für unterstützungspflichtige ehemalige Flüchtlinge mit der Einführung des Dauerasyls nicht erledigt.

Die Betreuung von jüdischen Personen mit Dauerasyl blieb Sache des VSJF. An der Generalversammlung des VSJF im April 1950 stellte Otto H. Heim mit Genugtuung fest, dass bereits 875 Gesuche um Dauerasyl bewilligt worden seien und dass die Kantone dazu übergegangen seien, eine grosszügige Bewilligungspraxis zu üben. Dadurch habe «der Prozess der Normalisierung der Emigranten und Flüchtlinge grosse Fortschritte gemacht».[591] Viele Flüchtlinge hätten ausser dem Dauerasyl auch eine Niederlassungsbewilligung erhalten. Das Ziel des VSJF sei daher, die Flüchtlingshilfe einzustellen und damit den Prozess der Eingliederung der Flüchtlinge in die Gemeinden abzuschliessen. Heims Plädoyer an die Versammlung dazu: «Flüchtlinge und Emigranten, die die Niederlassung oder das Dauerasyl erhalten haben, sollten in Zukunft wie jeder andere Jude bei uns behandelt werden. Wenn die ehemaligen Flüchtlinge und Emigranten arm sind, haben sie sich an die jüdische Gemeinde vor Ort, wo

---

589 Vgl. Otto H. Heim: Schreiben an J. P., o. O., 29. 8. 1952, AfZ, IB VSJF-Archiv / P.166.
590 J. P.: Schreiben an Otto H. Heim, Kreuzlingen, 2. 9. 1952, AfZ, IB VSJF-Archiv / P.166.
591 O. A.: Prot. GV VSJF, Zürich, 23. 4. 1950, S. 1, AfZ, IB VSJF-Archiv / 21.

sie wohnen, zu wenden. Es darf kein Unterschied mehr gemacht werden zwischen ihnen und den hier ansässigen Juden.»[592]

Der Gedanke, dass einige ehemalige Flüchtlinge in der Schweiz bleiben würden, war zwar in jüdischen Kreisen zu Beginn der 1950er-Jahre nicht neu, mit dem Dauerasyl und der Erteilung von Niederlassungsbewilligungen war aber deren dauerhafter Verbleib zum ersten Mal rechtlich möglich geworden. Mit der Auflösung des Flüchtlingsstatus in seiner historischen Form sollte daher auch die Beendigung der jüdischen Flüchtlingshilfe einhergehen, so die Forderung aus dem Vorstand des VSJF.

8.4 Neue Herausforderungen für den VSJF in den 1950er-Jahren

8.4.1 «In allererster Linie ein ethisches Postulat»: Zur Reorganisation des VSJF 1953

Nachdem ein grosser Teil der Flüchtlinge die Schweiz bis Ende 1945 bereits verlassen hatte, zeichneten sich parallel zum Abbauprozess der jüdischen Flüchtlingshilfe die ersten Versuche einer Integration der verhältnismässig wenigen verbliebenen Flüchtlinge in die jüdischen Gemeinden ab. Die Motive dazu waren vielfältig: Neben finanziellen Überlegungen – der VSJF wollte die Zentralstelle in Zürich personell und strukturell weiter reduzieren – lassen sich auch Prozesse der Neudefinition der jüdischen Flüchtlingshilfe und des Verhältnisses des Flüchtlingswerks zum SIG daran festmachen.

Der Reorganisationsprozess des VSJF in der Nachkriegszeit war begleitet von Diskussionen über den Umgang mit den verschiedenen Begriffen zur Bezeichnung von jüdischen Ausländerinnen und Ausländern, die sich temporär in der Schweiz befanden. Die Betreuung der «Passantinnen» und «Passanten»[593] sollte grundsätzlich von den Fürsorgestellen der jüdischen Gemeinden übernommen werden. Nachdem an einer Sitzung des VSJF im September 1946 festgestellt worden war, dass die Zuständigkeit für die «Passantenfürsorge» in den jüdischen Gemeinden unterschiedlich geregelt war, wurde festgelegt, dass die jüdischen Gemeinden selbst entscheiden könnten, ob diese Aufgabe lokal vom Flüchtlingskomitee oder von der Fürsorge erledigt werde. Beschlossen wurde hingegen ein einheitliches Vorgehen bei den Unterstützungsleistungen.[594] Otto H. Heim stellte in der Diskussion klar, dass er persönlich die Unterstützung der «Passantinnen» und «Passanten» als Aufgabe der lokalen Fürsorge betrachte, und merkte an, dass es im Interesse der Gemein-

---

592 Ebd., S. 3.
593 Zur Bedeutung des Begriffs «Passant» in der Flüchtlingshilfe vgl. Kapitel 4.2.
594 Vgl. Weiss: Prot. im Rahmen einer Sitzung des VSJF und den jüdischen Gemeinden, Zürich, 22. 9. 1946, S. 4, AfZ, IB SIG-Archiv / 2406.

den liege, die lokalen Fürsorgen auszubauen.[595] Während die Betreuung der «Passantinnen» und «Passanten» wieder den Fürsorgestellen und Flüchtlingskomitees der jüdischen Gemeinden überlassen wurde, wurden die Kosten dafür weiterhin vom VSJF getragen.[596] «Passantinnen» und «Passanten» erhielten eine einmalige Unterstützung in der Höhe von 20–50 Franken, wobei Jacob Zucker im Juli 1948 feststellte, dass einige «Passantinnen» und «Passanten» diese Summe in verschiedenen jüdischen Gemeinden bezogen hatten. Als problematisch bezeichnete er auch die Tatsache, dass sich die Angaben der «Passantinnen» und «Passanten» nicht überprüfen liessen und sich daher nicht feststellen lasse, «ob es sich überhaupt um Juden und nicht etwa um ehemalige Nazis handelt, denn sie besitzen meist überhaupt keine Papiere».[597] Die einmaligen Unterstützungsleistungen sollten daher temporär sistiert werden, bis der VSJF eine Lösung für das Problem finden würde.[598]

Die Betreuung der ehemaligen Flüchtlinge, «Emigrantinnen» und «Emigranten» wurde nach 1945 als historische Aufgabe des VSJF[599] bezeichnet und die Fürsorgearbeit, die der VSJF für sie leistete, sollte durch ihre Integration in die jüdischen Gemeinden einen Abschluss finden. Historisch war diese Tätigkeit des VSJF insofern, als sie die ehemalige Kernaufgabe des VSJF seit 1935 war, mit deren Erledigung die Existenz des VSJ Flüchtlingshilfen per se infrage gestellt würde.

Um die Ausgaben des VSJF zu verringern, kam es ab 1946 lokal zu einem Abbau von Flüchtlingskomitees, die mit den Komitees grösserer Gemeinden fusionierten (Vevey mit Lausanne, Schaffhausen und Baden mit Zürich).[600] Andere Komitees, so Genf 1946 und Davos 1948, mussten reorganisiert werden,[601] was bei Letzterem mit Konflikten verbunden war, «da bis zu diesem Zeitpunkt die Jüdische Flüchtlingshilfe und die Jüdische Gemeinschaft Davos durch Personalunion der Leitung miteinander völlig verquickt waren».[602] Diese Konstellation, obwohl auch bei anderen Komitees nicht unüblich,[603] hatte sich in der Zusammenarbeit mit der Zentralstelle als ungünstig erwiesen. Das Komitee Davos fiel an den Generalversammlungen des VSJF zunehmend

---

595 Ebd.
596 Vgl. dazu Seidl: Prot. VS ICZ, Zürich, 14. 10. 1946, S. 9, AfZ, IB ICZ-Archiv / 23, sowie o. A.: TB VSJF 1946, o. O., o. D., S. 14, AfZ, IB SIG-Archiv / 2394.
597 Irene Eger: Prot. GA VSJF, Zürich, 20. 7. 1948, S. 1, AfZ, IB VSJF-Archiv / 26.
598 Vgl. ebd.
599 Vgl. dazu zum Beispiel Otto H. Heim: Bericht zum Entwurf der Statuten des Verbandes Schweizerischer Jüdischer Fürsorgen, Zürich, März 1951, S. 1, AfZ, IB SIG-Archiv / 2387.
600 Vgl. o. A.: TB VSJF 1946, o. O., o. D., S. 4, AfZ, IB SIG-Archiv / 2394.
601 Vgl. ebd. sowie o. A.: TB der Jüdischen Flüchtlingshilfe Davos für das Jahr 1948, o. O., o. D., S. 2, AfZ, IB VSJF-Archiv / 6.
602 O. A.: TB der Jüdischen Flüchtlingshilfe Davos für das Jahr 1948, o. O., o. D., S. 2, AfZ, IB VSJF-Archiv / 6.
603 Alfred Goetschel, der Präsident der IGB, war beispielsweise gleichzeitig auch Präsident des Lokalkomitees Basel. Vgl. Sibold, Bewegte Zeiten, 2010, S. 260.

durch eine oppositionelle Haltung auf,[604] die durch die Tatsache, dass dieselben Personen in der Leitung des Flüchtlingskomitees und in der jüdischen Gemeinde Davos Einsitz genommen hatten, die jüdische Flüchtlingsarbeit im Kanton Graubünden insgesamt betraf. Bei der jüdischen Gemeinschaft Davos handelte es sich um eine Stiftung mit einem Stiftungsrat. Da sich in Davos mehrere Hundert Tbc-Patientinnen und -Patienten befanden, die nach Kriegsende zur Erholung in die Schweiz gekommen waren, war die Zusammenarbeit zwischen dem Komitee Davos und der Zentrale des VSJF besonders wichtig und beschäftigte auch den SIG.[605]

Der Abbau an der Zentralstelle des VSJF in Zürich, aber auch bei den Komitees wurde mit der Idee verknüpft, dass nach Kriegsende die jüdischen Fürsorgestellen der Gemeinden die fortlaufenden Arbeiten in der Betreuung ehemaliger Flüchtlinge übernehmen sollten.

In seinem Bericht über das jüdische Flüchtlingshilfswerk an der Delegiertenversammlung des SIG im Mai 1947 kam Otto H. Heim auf den neu etablierten Dauerasylbeschluss zu sprechen. Im Zusammenhang mit dem Desiderat der jüdischen Flüchtlingshilfe, eine freie Niederlassung für Flüchtlinge zu erwirken, umriss Heim auch das weitere Programm des VSJF: «Künftig soll das Wort ‹Flüchtling› und ‹Emigrant› vergessen und einfach jüdischen Menschen geholfen werden, damit sie sich bei uns wohl fühlen und auch ihr Kontakt mit den einzelnen jüdischen Gemeinden ein stärkerer wird.»[606] Gegenüber der Generalversammlung des VSJF im Juni des gleichen Jahrs kam Otto H. Heim erneut auf die Neudefinition des Flüchtlingsstatus in der Schweiz zu sprechen und formulierte dabei das Ziel, dass die Begriffe «Emigrant» und «Flüchtling» für die vor oder während des Zweiten Weltkriegs in die Schweiz geflüchteten Jüdinnen und Juden aus dem Wortschatz verschwinden möchten: «Emigranten und Flüchtlinge sollen keine gesonderte, hier ansässige Schicht bilden, sondern sie sollen und müssen in die schweiz. jüdische Gemeinschaft genau so eingegliedert werden wie alle in diesem Lande wohnenden Juden, ob reich oder arm.»[607]

Mit dem Dauerasylbeschluss schien also der Zeitpunkt für eine Neuorientierung gekommen. Ehemalige Flüchtlinge, die fürsorgeabhängig wurden, sollten damit nicht mehr von gesonderten Stellen, den Flüchtlingskomitees des VSJF, sondern von den Fürsorgestellen der jüdischen Gemeinden unterstützt

---

604 Vgl. dazu zum Beispiel die Resolution gegen die Weiterleitung der Dauerasylgesuche von Flüchtlingen durch den VSJF, die vom Komitee Davos an der GV des VSJF 1947 vorgebracht wurde. Vgl. Kapitel 8.3. Gustave Dreyfuss bat das Komitee Davos, diesbezüglich «nicht systematisch Opposition zu treiben». Charlotte Färber et al.: Prot. GV VSJF, Zürich, 16. 6. 1947, S. 11, AfZ, IB VSJF-Archiv / 18.
605 Vgl. o. A.: JB SIG 1949, o. O., o. D., S. 4, AfZ, IB SIG-Archiv / 378.
606 G. Rosenblum, A. Adler: Prot. DV SIG, Montreux, 14./15. 5. 1947, S. 9, AfZ, IB SIG-Archiv / 33.
607 Charlotte Färber et al.: Prot. GV VSJF, Zürich, 16. 6. 1947, S. 1, AfZ, IB VSJF-Archiv / 18.

werden. Die Transitmaxime als unumstösslicher Bestandteil jeglicher Betreuung jüdischer Flüchtlinge sollte einer Neudefinition der eigenen Aufgaben in der Fürsorge weichen. Viele ehemalige «Emigrantinnen», «Emigranten» und Flüchtlinge befanden sich zu diesem Zeitpunkt schon über zehn Jahre in der Schweiz und ihre Kinder waren in der Schweiz geboren. Otto H. Heim definierte daher die Auflösung des VSJ Flüchtlingshilfen als Ziel. Dazu sollten die jüdischen Gemeinden in der praktischen Betreuung der Flüchtlinge stärker in die Pflicht genommen werden.[608]

Nach der Auflösung des VSJ Flüchtlingshilfen sollte der VSJ Fürsorgen die «Passantenfürsorge» übernehmen.[609] In der Generalversammlung des VSJF im April 1950 schlug Otto H. Heim vor, dass die Bezeichnung «Verband Schweizerischer Jüdischer Flüchtlingshilfen» ganz durch «Verband Schweizerischer Jüdischer Fürsorgen»[610] ersetzt werde. Heim wandte sich dabei an die anwesenden Delegierten mit der Frage, ob sie sich prinzipiell hinter diese Neuerung stellen würden.[611] Bedenken wurden vor allem hinsichtlich der Sammlungen für die Flüchtlingshilfe geäussert, da viele Anwesende mit finanziellen Einbussen rechneten, wenn neu Gelder für die «Fürsorge» gesammelt werden müssten.[612]

Probleme mit der Übergabe der Flüchtlinge an die Fürsorge zeichneten sich vor allem in Zürich ab. Damit alle drei jüdischen Gemeinden (ICZ, IRG und Agudas Achim) sich an den Betreuungsaufgaben beteiligen würden, schlug Otto H. Heim die Schaffung einer zentralen Fürsorgestelle vor.[613] Die Versammlung einigte sich darauf, einen Auftrag folgenden Wortlauts an den Geschäftsausschuss des VSJF zu stellen: «[...] die Umwandlung des V. S. J.-Flüchtlingshilfen in den V. S. J.-Fürsorgen zu prüfen und den Gemeinden und dem S. I. G. Vorschläge zu unterbreiten, wonach die Fürsorgen der jüdischen Gemeinden in Zürich die Betreuung der ehemaligen Flüchtlinge und Emigranten übernehmen.»[614]

Walter Fabian als Vertreter der Flüchtlinge äusserte aufgrund dieses Beschlusses die Hoffnung, dass der Vorstand des VSJF nach der Reorganisation weiterhin mit der Flüchtlingsvertretung zusammenarbeite und sich für die Rechte der Flüchtlinge bei den verschiedenen Unterstützungsstellen einsetze. Er wies in diesem Zusammenhang auf die immer noch unsichere globale Lage der Jüdinnen und Juden hin und brachte den Wunsch an, dass «eine

---

608 Vgl. ebd. sowie o. A.: JB SIG 1949, o. O., o. D., S. 17 f., AfZ, IB SIG-Archiv / 378.
609 Vgl. o. A.: JB SIG 1947, o. O., o. D., S. 11, AfZ, IB SIG-Archiv / 378.
610 O. A.: Prot. GV VSJF, Zürich, 23. 4. 1950, S. 1, AfZ, IB VSJF-Archiv / 21.
611 Vgl. ebd., S. 3.
612 Vgl. ebd., S. 3 f.
613 Vgl. ebd., S. 3.
614 Ebd., S. 5.

zentrale jüdische Stelle, wo alle die reichen Erfahrungen seit 1933 verwertet werden können»,[615] weiterhin Bestand haben werde.

Eine Kommission, die sich aus Jacob Zucker, Franz Wieler und Ruth Bernheimer zusammensetzte, entwarf in der Folge ein Regulativ, das die Betreuung der Flüchtlinge in die Hände der jüdischen Gemeinden legen sollte, während die finanziellen Mittel dazu sowie die Kontrolle über die Zahlungen weiterhin vom SIG und einer kleinen Zentralstelle des VSJF übernommen werden sollten.[616]

Das Regulativ, das die Zusammenarbeit zwischen dem VSJF und dem SIG definierte, bezeichnete den VSJF in Punkt 1 neu als «Verband Schweizerischer Jüdischer Fürsorgen» und legte fest, dass «die gemeinsame Pflege und Förderung der jüdischen Fürsorgen in der Schweiz und die Fortführung der vom bisherigen Verband Schweizerischer Jüdischer Fürsorgen und vom Verband Schweiz. Jüdischer Flüchtlingshilfen durchgeführten Aufgaben»[617] Zweck des Verbandes sei. Ebenfalls Eingang in das neue Übereinkommen fand die Formulierung, dass der VSJF «in Fragen grundsätzlicher Bedeutung, die die Fortführung des jüdischen Flüchtlingshilfswerks in der Schweiz betreffen»,[618] an die Beschlüsse der Geschäftsleitung des SIG gebunden sei. Genauer definiert wurden auch die Inhalte, über die der Präsident des VSJF der GL des SIG Bericht erstatten solle.[619] Das neue Regulativ wurde in der Vorstandssitzung des VSJF vom 12. März 1951 angenommen.[620] In einem nächsten Schritt sollte auch das bisherige Reglement des VSJF durch einen neuen Statutenentwurf ersetzt werden.[621]

Die Geschäftsleitung des SIG beschloss, eine Reorganisationskommission einzusetzen, um die Statutenänderung des VSJF zu begleiten, da die Reorganisation auch die Interessen der einzelnen jüdischen Gemeinden stark berührte. Die als «Sachverständigenkommission» oder «Kleine Kommission» bezeichnete Stelle setzte sich aus Otto H. Heim für den VSJF, Vertretern der einzelnen jüdischen Gemeinden sowie Leo Littmann und Georges Brunschvig für den SIG zusammen.[622] Die Kommission stellte fest, dass die Betreuung der Flüchtlinge in vielen Komitees der Gemeinden bereits durch «Organe der jüdischen

---

615 Ebd., S. 8 f.
616 Vgl. Otto H. Heim: Bericht zum Entwurf der Statuten des Verbandes Schweizerischer Jüdischer Fürsorgen, Zürich, März 1951, S. 1, AfZ, IB SIG-Archiv / 2387.
617 O. A.: Regulativ über die Zusammenarbeit des VSJF mit dem SIG, Zürich, März 1951, AfZ, IB VSJF-Archiv / 1.
618 Ebd.
619 Vgl. ebd.
620 Vgl. Otto H. Heim: Bericht zum Entwurf der Statuten des Verbandes Schweizerischer Jüdischer Fürsorgen, Zürich, März 1951, S. 1, AfZ, IB SIG-Archiv / 2387.
621 Vgl. ebd.
622 Vgl. o. A.: Kurzprot. Sachverständigenkommission SIG zur Prüfung eines neuen Stauts des VSJF, Zürich, 31. 5. 1951, AfZ, IB SIG-Archiv / 2387.

Gemeinde» erfolgen würde. Ein Sonderfall war die Flüchtlingshilfe Zürich, die sich aus Personen aus dem Umfeld der drei jüdischen Gemeinden konstituierte. 1953 wurde auf Anregung des VSJF die Leitung der Flüchtlingshilfe umgestellt,[623] sodass die Flüchtlingshilfe von Walter Wreschner als Vorstandsmitglied der ICZ geleitet wurde,[624] als Vizepräsidenten fungierten je ein Mitglied der IRG (Walter Rosenblatt) und der Agudas Achim (Wolf Rosengarten).[625]

Bereits in einem Bericht Ende 1952 stellte der VSJF fest, dass in Zürich Schwierigkeiten zu erwarten seien, da es Mitarbeitende gebe, die sowohl für die Zentrale des VSJF als auch für das Komitee Zürich tätig seien.[626] Diese Gewohnheit hatte sich nach der Verlegung der Büros der Flüchtlingshilfe Zürich an die Zentralstelle des VSJF an die Olgastrasse 10 im November 1946 wieder etabliert, da sich damit Kosten einsparen liessen.[627] Bis Ende 1954 wurde diese Situation gelöst, indem das Personal des Komitees Zürich und der Zentrale vollständig getrennt wurde, obwohl die Räumlichkeiten beider Institutionen sich weiterhin auf dem gleichen Stockwerk in der Olgastrasse in Zürich befanden. Gustav Plaschkes übernahm neu alle Arbeiten für das Komitee Zürich, während Irene Eger ausschliesslich für den VSJF tätig war.[628]

Bis alle Details der Reorganisation des VSJF geklärt und in einem Reglement zusammengefasst waren, vergingen vier Jahre.[629] In der Generalversammlung des VSJF im Juni 1952 wurde auf eine Besprechung über den neuen Statutenentwurf des VSJF nicht eingetreten, weil die anwesenden Komiteemitglieder, die gleichzeitig in den lokalen jüdischen Gemeinden wichtige Positionen einnahmen, sich dagegen aussprachen. Es wurden einerseits Bedenken geäussert, dass die Gemeindepräsidenten nicht genügend in die Verhandlungen mit einbezogen worden seien, andererseits wurde befürchtet, dass den jüdischen Gemeinden trotz der anderslautenden Zusage des VSJF Mehrkosten entstehen würden.[630] Otto H. Heim betonte in diesem Zusammenhang, «dass der S. I. G. Träger der Verantwortung [für die jüdische Flüchtlingshilfe] bleibt».[631]

In einem Zwischenbericht, den der VSJF zu den Reorganisationsmassnahmen im Dezember 1952 verfasste, wurde das Aufgabengebiet, das künftig von der Zentrale des VSJF an die Fürsorgestellen der Gemeinden übergeben

---

623 Vgl. o. A.: 91. GB ICZ, Zürich, Mai 1954, S. 4, AfZ, IB SIG-Archiv / 663.
624 Walter Wreschner hatte das Amt am 1. 1. 1953 von seinem Vorgänger Leo Ortlieb übernommen. Vgl. ebd., S. 17.
625 Vgl. Otto H. Heim: Schreiben an die Vorstandsmitglieder des VSJF, Zürich, 10. 4. 1953, AfZ, IB SIG-Archiv / 2456.
626 Vgl. o. A.: Bericht über die Reorganisation des VSJF, o. O., o. D. (Dezember 1952), S. 10, AfZ, IB SIG-Archiv / 2387.
627 Vgl. o. A.: 84. GB ICZ, Zürich, April 1947, S. 19, AfZ, IB ICZ-Archiv / 217.
628 Vgl. o. A.: 92. GB ICZ, Zürich, Mai 1955, S. 17, AfZ, IB SIG-Archiv / 663.
629 Diverse Zwischenberichte über den Stand der Reorganisation des VSJF sind im Dossier AfZ, IB SIG-Archiv / 2387 enthalten.
630 Vgl. I. Eger: Prot. GV VSJF, Zürich, 8. 6. 1952, S. 2–9, AfZ, IB SIG-Archiv / 2456.
631 Ebd., S. 6.

werden sollte, genauer umschrieben. Neben den Unterstützungen in alltäglichen und rechtlichen Angelegenheiten, wie zum Beispiel Hilfe beim Vermitteln einer Anstellung, sollten auch die Bearbeitung von Rechtsfragen, wie der Wiedergutmachungsfragen, und Verhandlungen mit der Fremdenpolizei neu in die Verantwortung der Gemeinden übergehen. Die Zentrale des VSJF sollte lediglich als «Rumpf-Zentrale» weiterbestehen.[632] Die so verkleinerte Zentrale sollte den Zahlungsverkehr zwischen den Behörden und den jüdischen Gemeinden überwachen und für die Flüchtlinge, die an Orten ohne jüdische Gemeinde lebten, zuständig sein. Dabei handelte es sich vor allem um die jüdischen Flüchtlinge in Davos, im Tessin und in Leysin.[633] Im Bericht wurde festgehalten, dass «[d]er Einbau der Flüchtlingshilfe in die lokale Fürsorge der Gemeinden [...] in allererster Linie ein ethisches Postulat»[634] sei. Finanzielle Überlegungen würden dabei eine untergeordnete Rolle spielen, es gehe vor allem um die Signalwirkung. Flüchtlinge sollten die Schweiz als neue Heimat betrachten können und von ihrem Sonderstatus befreit werden.[635] Die Vertreterinnen und Vertreter der Gemeinden äusserten erneut die Befürchtung, dass die neuen Aufgaben mit neuen finanziellen Verpflichtungen für die jüdischen Gemeinden einhergehen würden. Im Rahmen einer Sitzung der Kleinen Kommission wurde aber darauf hingewiesen, dass nach wie vor der SIG «für die Bereitstellung der Mittel verantwortlich»[636] sei. Ausserdem wurde beschlossen, dass die «Passantenkontrolle» in Zukunft ebenfalls direkt von den Gemeinden abzuwickeln sei, dafür sollten diese den bisher dazu vorgesehenen Betrag von 8 Franken pro Jahr und Gemeindemitglied nicht mehr an den VSJF entrichten müssen.[637]

Das neue Reglement des VSJF wurde am 2. März 1954 vom Vorstand des VSJF[638] und am 18. Mai 1955 vom CC des SIG genehmigt und in Kraft gesetzt.[639] Ab 1955 wurde der «Verband Schweizerischer Jüdischer Flüchtlingshilfen» in seiner bisherigen Form aufgelöst, bestehen blieb der «Verband Schweizerischer Jüdischer Fürsorgen» als Sozialressort des SIG.[640] Im neuen Reglement wurde festgehalten, dass der VSJF neben der Betreuung der Dauerasylberechtigten, ehemaligen Flüchtlingen, «Emigrantinnen» und «Emigran-

---

632 Vgl. o. A.: Bericht über die Reorganisation des VSJF, o. O., o. D. (Dezember 1952), S. 5–7, AfZ, IB SIG-Archiv / 2387.
633 Vgl. ebd., S. 22.
634 Ebd., S. 2.
635 Vgl. ebd., S. 3 f.
636 O. A.: Kurzprot. einer Sitzung der «Kleinen Kommission» zur Prüfung des neuen Statuts des VSJF, Bern, 18. 3. 1953, S. 1, AfZ, IB SIG-Archiv / 2387.
637 Vgl. ebd.
638 Vgl. Irene Eger: Prot. VS VSJF, Zürich, 2. 3. 1954, S. 4, AfZ, IB VSJF-Archiv / 39.
639 Vgl. o. A.: Reglement VSJF, Zürich, 11. 4. 1956, S. 1, AfZ, VSJF-Archiv / 1.
640 Vgl. o. A.: JB SIG 1955, Zürich, 1. 1. 1956, S. 7, AfZ, IB SIG-Archiv / 378. Im neuen Reglement des VSJF wurde in Art. 1 festgehalten, dass der VSJF ein Ressort des SIG bilde. Vgl. o. A.: Reglement VSJF, Zürich, 11. 4. 1956, Art. 1, S. 1, AfZ, VSJF-Archiv / 1.

ten» und «anderer hilfsbedürftiger Juden»,⁶⁴¹ die ihren Wohnsitz an einem Ort ohne jüdische Gemeinde eingenommen hatten, sowie sämtlicher ehemaliger Tbc-Kranken und der Bewohnerinnen und Bewohner des Heims in Vevey auch weiterhin für die Bearbeitung aller Auswanderungsfragen zuständig sei.⁶⁴²

Zürich blieb dabei ein Sonderfall: Hier wurden die ehemaligen Aufgaben des VSJF in der Flüchtlingshilfe nicht wie ursprünglich angedacht einer gemeinsamen Fürsorgeinstitution übertragen, sondern weiterhin von der lokalen Flüchtlingshilfe der drei jüdischen Gemeinden durchgeführt. Diese Sonderregelung wurde ausdrücklich von Otto H. Heim bewilligt.⁶⁴³

Gegenstand des neuen Reglements waren auch grundsätzliche Änderungen im Aufbau des VSJF. So wurde die Generalversammlung zugunsten einer Konsultativversammlung der Gemeindevertreterinnen und -vertreter abgeschafft, und der neue Geschäftsausschuss, der den bisherigen Vorstand des VSJF ersetzen sollte, wurde von der Delegiertenversammlung des SIG gewählt. Er sollte sich aus vier Mitgliedern zusammensetzen, wobei ein Platz für eine Vertreterin des BSJF reserviert war.⁶⁴⁴ Es wurde überdies festgehalten, dass «der Leiter des Fürsorgeressorts des S. I. G. [...] von Amtes wegen Präsident des Geschäftsausschusses und damit Präsident des V. S. J. F.»⁶⁴⁵ sei. Damit änderten sich die Bedingungen des ehemaligen jüdischen Flüchtlingswesens grundsätzlich. Die noch 1944 hart umkämpfte Autonomie musste zugunsten der endgültigen Eingliederung in den SIG aufgegeben werden. Die Forderung nach einer Demokratisierung des VSJF, indem die Delegiertenversammlung des SIG die wichtigen Ämter im Fürsorgewesen zu bestimmen habe, wurden nun umgesetzt.⁶⁴⁶

Aus juristischer Sicht ergab sich durch die Inkraftsetzung des neuen Reglements ein Problem: Der VSJF musste rechtlich aufgelöst werden.⁶⁴⁷ In einem Bericht, den Otto H. Heim zuhanden des CC des SIG über das Sozialressort verfasste, hielt er fest, dass die Delegiertenversammlung des SIG die Leitung des VSJF zu wählen habe, bevor der neue Verband Schweizerischer Jüdischer Fürsorgen in der Lage sei, «rechtmässig und rechtsgültig zu handeln».⁶⁴⁸ Die

---

641 O. A.: Reglement VSJF, Zürich, 11. 4. 1956, Art. 3, S. 1, AfZ, VSJF-Archiv / 1.
642 Vgl. ebd.
643 Vgl. Georg Guggenheim, Walter Wreschner: Schreiben an den SIG, Zürich, 2. 11. 1954, AfZ, IB SIG-Archiv / 2387. Die Unterstützung der «Passantinnen» und «Passanten» oblag aber den Fürsorgestellen der jüdischen Gemeinden. Vgl. o. A.: Bericht der Fürsorgekommission der ICZ, Zürich, Mai 1956, S. 1, AfZ, IB SIG-Archiv / 661.
644 Vgl. o. A.: Reglement VSJF, Zürich, 11. 4. 1956, Art. 3, S. 2, AfZ, VSJF-Archiv / 1.
645 Ebd., Art. 9, S. 2.
646 Vgl. Kapitel 7.10.
647 Vgl. Franz Wieler: Bericht zuhanden des Präsidenten des VSJF über die Inkraftsetzung des neuen Reglements des VSJF, Zürich, 1. 6. 1955, S. 2, AfZ, IB SIG-Archiv / 2387. Vgl. auch o. A.: Traktanden und Vororientierung zur 131. Sitzung der GL, Zürich, 4. 7. 1955, S. 1, AfZ, NL Jean Nordmann / 27.
648 Otto H. Heim: Bericht für das CC betreff Ressort «Soziale Arbeit», Zürich, 11. 8. 1955, AfZ, IB SIG-Archiv / 2396.

Inkraftsetzung der Reorganisationsmassnahmen erfolgte daher erst 1956.[649] An der Delegiertenversammlung des SIG im Mai 1956 wurde der Vorstand des VSJF mit Otto H. Heim als Präsident zur Wahl gestellt. Die Versammlung nahm die Zusammensetzung des Vorstandes einstimmig an,[650] womit die Reorganisation des VSJF als abgeschlossen galt.

8.4.2 Flüchtlinge aus Ungarn und Ägypten 1956

An die angestrebte Eingliederung der ehemaligen Flüchtlinge in die jüdischen Gemeinden war die Hoffnung geknüpft, dass der VSJF als Anlaufstelle für jüdische Flüchtlinge seinen Zweck erfüllt und dass sich die Lage für die jüdische Bevölkerung global so verbessert habe, dass es einen VSJ Flüchtlingshilfen nicht mehr brauche. Der neue VSJ Fürsorgen, der aus einer verkleinerten Zentrale in Zürich bestand, sollte sich vorwiegend der administrativen Aufgaben der Flüchtlingshilfe annehmen.

Bereits im Herbst 1956 zeigte sich jedoch, dass die Hoffnung auf eine globale Stabilisierung der Lage für jüdische Flüchtlinge utopisch gewesen war. Der Jahresbericht des VSJF von 1956 kommentierte die Geschehnisse so: «Wieder einmal haben auch wir Juden in der Schweiz die Ungewißheit jüdischen Schicksals erfahren. Wir glaubten, nur noch von ehemaligen Emigranten und Flüchtlingen sprechen zu dürfen, aber in den letzten Monaten des Berichtsjahres trat von neuem das durch die Massenauswanderung aus Ungarn und die Ausweisung der Juden aus Ägypten akut gewordene Flüchtlingsproblem an uns heran und forderte die bestmögliche Lösung.»[651]

Durch den gescheiterten Ungarnaufstand flüchteten rund 14 000 Menschen in die Schweiz, darunter auch rund 450 Jüdinnen und Juden.[652] Erste Station dieser Flüchtlinge war oft Österreich. Die ersten ungarischen Flüchtlinge trafen am 9. November 1956 in der Schweiz ein, viele weitere folgten. Aufgrund des überproportionalen Anteils von Jüdinnen und Juden an den Flüchtlingen stand Otto H. Heim in Kontakt mit dem Präsidenten der Israelitischen Kultusgemeinde Wien, der ihn über ihre Lage informierte.[653] Am 12. November 1956 richtete Heim ein Rundschreiben an alle wichtigen Stellen

---

649 Vgl. ebd.
650 Vgl. Abraham Stamberger: Prot. DV SIG, La Chaux-de-Fonds, 9. 5. 1956, S. 35, AfZ, IB SIG-Archiv / 34. Die Vorstandsmitglieder hatten sich alle bereit erklärt, weiterhin für den Vorstand tätig zu sein, mit Ausnahme von Vera Dreyfus-de Gunzburg, die den BSJF im Vorstand des VSJF vertrat. Ihr Platz wurde von Lotte Zucker übernommen. Vgl. Otto H. Heim: Schreiben an Lotte Zucker, Zürich, 11. 5. 1956, AfZ, IB VSJF-Archiv / 41.
651 O. A.: JB VSJF 1956, Zürich, Februar 1957, S. 30, AfZ, IB SIG-Archiv / 378.
652 Vgl. Einhaus, Für Recht und Würde, 2016, S. 155.
653 Vgl. Uhlig Gast, Die Flüchtlingshilfe des Verbandes Schweizerischer Jüdischer Fürsorgen, 2006, S. 3 f.

des SIG und des VSJF, die in die Frage der Betreuung der ungarisch-jüdischen Flüchtlinge involviert waren.[654] An einer Sitzung der SZF am 10. November 1956 sei beschlossen worden, dass die SZF die Koordinierung der Betreuung der neu eingereisten Flüchtlinge übernehme. Der VSJF habe die SZF und die ihr angeschlossenen Hilfswerke darum gebeten, «die in ihrem Wirkungskreis untergebrachten jüdischen Flüchtlinge sofort zu melden und hat auf seine zur Mitwirkung bereiten lokalen Flüchtlingshilfen in den verschiedenen Städten hingewiesen».[655] Überdies habe der VSJF sich umgehend darum gekümmert, dass ehrenamtliche Mitarbeitende aus weiteren jüdischen Organisationen, insbesondere aus den jüdischen Frauenvereinen, für administrative Arbeiten zur Verfügung stehen würden.[656]

Nach einer Anfrage des Schweizerischen Roten Kreuzes erklärte sich der Bundesrat zur Aufnahme von 2000 Ungarnflüchtlingen bereit, die Dauerasyl erhalten sollten. Durch den Bundesratsentschluss vom 27. November 1956 wurden nochmals 6000 Ungarnflüchtlinge dauerhaft in der Schweiz aufgenommen.[657] Bereits unmittelbar nach ihrer Ankunft hatte sich der VSJF dafür eingesetzt, dass die Flüchtlingsheime, in denen die Flüchtlinge zunächst gebracht wurden, von jüdischen Seelsorgern besucht werden konnten, und dass diejenigen, die Wert darauf legten, rituelle Verpflegung erhielten.[658]

An der Vorstandssitzung vom 26. November 1956 gab Otto H. Heim bekannt, dass die Betreuung der ungarischen Flüchtlinge den Hilfswerken nach Kantonen übertragen worden sei, da aber die Anzahl jüdischer Flüchtlinge «verhältnismässig gering»[659] sei, so die Einschätzung von Heim, habe er «ausdrücklich erklärt, dass der V. S. J. F. die jüdischen ungarischen Flüchtlinge betreuen wird».[660] Die Information, dass der VSJF die Betreuung der jüdischen Flüchtlinge aus Ungarn übernehmen würde, wurde vom SIG auch an die Schweizer Tageszeitungen weitergeleitet, sodass für eine Streuung der Nachricht gesorgt war.[661]

Als Ressortleiter für die Ungarnaktion wurde Bruno Guggenheim eingesetzt, der den Vorstand über einen Beschluss der Polizeiabteilung an einer

---

654 Das Schreiben ging an die Vorstandsmitglieder des VSJF, die Mitglieder der GL des SIG, das Sekretariat des SIG, den Präsidenten des CC des SIG, die JUNA, die Vorstandsmitglieder der Jüdischen Flüchtlingshilfe Zürich, an alle Komitees des VSJF und die Präsidentin des BSJF. Vgl. Otto H. Heim: Rundschreiben betr. Ungarische Flüchtlinge, Zürich, 12. 11. 1956, AfZ, NL Jean Nordmann / 30.
655 Ebd., S. 2.
656 Vgl. ebd., S. 2 f.
657 Vgl. Uhlig Gast, Die Flüchtlingshilfe des Verbandes Schweizerischer Jüdischer Fürsorgen, 2006, S. 6.
658 Vgl. ebd., S. 9.
659 Irene Eger: Prot. VS VSJF, Zürich, 26. 11. 1956, S. 4, AfZ, IB VSJF-Archiv / 41.
660 Ebd.
661 Vgl. o. A.: Vororientierung für die Sitzung der Geschäftsleitung vom 22. 11. 1956, o. O., o. D., S. 4, AfZ, NL Jean Nordmann / 30.

Sitzung der SZF am 23. November 1956 unterrichtete, wonach die Hilfswerke sich an der Unterstützung der Flüchtlinge aus Ungarn mit 40 Prozent zu beteiligen hätten. Er persönlich finde das unrichtig, da die Flüchtlinge einer Einladung des Bundes gefolgt seien und infolgedessen dieser für ihre Unterstützung aufkommen müsse.[662] Die Betreuung der jüdisch-ungarischen Flüchtlinge durch den VSJF sei deshalb wichtig, weil unter den Flüchtlingen selbst, die zum Teil in Massenunterkünften untergebracht seien, Antisemitismus herrsche.[663] Otto H. Heim berichtete in diesem Zusammenhang am 12. Dezember 1956 an Georg Guggenheim und Benjamin Sagalowitz, dass die ungarisch-jüdischen Flüchtlinge von nichtjüdischen Flüchtlingen für die Situation in Ungarn verantwortlich gemacht würden, indem behauptet werde, dass die Stalinisten in Ungarn jüdischer Abstammung seien.[664] Deshalb wurde es als eminent wichtig erachtet, die jüdischen Flüchtlinge so bald als möglich in einer anderen Umgebung unterzubringen.[665] Die organisatorischen Aufgaben wie das Beschaffen von Arbeitsplätzen und Wohnungen für die ungarischen Flüchtlinge wurden an der Zentralstelle des VSJF erledigt: Otto H. Heim, Irene Eger und Edith Zweig hatten in den Folgemonaten einen enormen Arbeitsaufwand zu erledigen.[666] Im Jahresbericht des VSJF von 1957 wurde deshalb festgestellt, dass dem VSJF «mit der Betreuung der ungarischen Flüchtlinge [...] eine neue Aufgabe erwachsen»[667] sei. Die kontinuierliche Reduktion des Personalbestands des VSJF seit 1945 zeigte nun Folgen, denn die Flüchtlingswellen aus Ungarn 1957 brachten eine deutliche Mehrbelastung der Mitarbeitenden mit sich. Im Jahresbericht des VSJF wurde auf für die von ihnen geleisteten Überstunden aufmerksam gemacht: «Nur die Eingeweihten wissen, wie oft das Personal bis zu 11 Stunden täglich gearbeitet hat.»[668] Trotz der Schwierigkeiten, die sich dem VSJF in der Organisation der materiellen Versorgung und sozialen Integration der jüdischen Flüchtlinge aus Ungarn ergaben, stellte sich dem Verband bald «ein noch

---

662 Vgl. Irene Eger: Prot. VS VSJF, Zürich, 26. 11. 1956, S. 4, AfZ, IB VSJF-Archiv / 41. Den Hilfswerken wurden schliesslich drei Fünftel ihrer Ausgaben für die Unterstützungsleistungen an ungarische Flüchtlinge zurückerstattet. Vgl. Hadorn, Bundesrat und Parlament in der Ungarnkrise, 2006, S. 64.
663 Darüber hatten Rabbiner Messinger und Nelly Bollag an den VSJF berichtet, die verschiedene Flüchtlingsheime besuchen konnten. Vgl. Uhlig Gast, Die Flüchtlingshilfe des Verbandes Schweizerischer Jüdischer Fürsorgen, 2006, S. 9.
664 Vgl. Otto H. Heim: Schreiben an Georg Guggenheim und Benjamin Sagalowitz, Zürich, 12. 12. 1956, AfZ, IB SIG-Archiv / 2377.
665 Vgl. Einhaus, Für Recht und Würde, 2016, S. 156.
666 Vgl. Uhlig Gast, Die Flüchtlingshilfe des Verbandes Schweizerischer Jüdischer Fürsorgen, 2006, S. 10 f.
667 O. A.: JB VSJF 1957, Zürich, März 1958, S. 28, AfZ, IB SIG-Archiv / 378.
668 Ebd., S. 36.

schwierigeres Problem»,[669] nämlich die Unterstützung von jüdischen Flüchtlingen aus Ägypten.[670]

Fast zeitgleich mit den ungarischen Flüchtlingen trafen am 25. November 1956 die ersten ägyptischen Flüchtlinge in der Schweiz ein. Der Konflikt zwischen Ägypten und Israel um den Suezkanal, in den auch Truppen aus Frankreich und England verwickelt waren, hatte sich im Herbst 1956 zugespitzt. Unter diesem als «Suezkrise» bezeichneten internationalen Konflikt kam es zu antisemitischen Agitationen der ägyptischen Regierung unter Gamal Abdel Nasser, die systematische Vertreibungen von ausländischen und einheimischen Jüdinnen und Juden und die Konfiszierung von deren Besitz mit einschlossen. Über die Ankunft von ägyptischen Flüchtlingen in der Schweiz wurde Georges Brunschvig am 25. November 1956, einem Sonntagabend, informiert. Noch am selben Abend leitete er die Information an Benjamin Sagalowitz weiter, der als Leiter der JUNA fortan die Berichte zur Vertreibung der jüdischen Bevölkerung Ägyptens für den SIG sammelte und erste Erkundigungen am Flughafen Kloten einholte.[671]

Am nächsten Morgen, 26. November, erstattete er Bericht an Georges Brunschvig[672] und vermutlich auch an Otto H. Heim, denn die Ankunft der Flüchtlinge aus Ägypten war bereits Gegenstand der Vorstandssitzung des VSJF am gleichen Abend.[673] Der Vorstand beschloss, dass der VSJF eine Unterhaltsgarantie für mittellose ägyptisch-jüdische Flüchtlinge übernehmen werde, während die Gemeinden deren Betreuung und auch die Erstversorgung, darunter den «Empfang in den Flughäfen»,[674] übernehmen sollten.[675] Otto H. Heim und Bruno Guggenheim schätzten Ende November 1956 die Lage so ein, «dass die neue Flüchtlingswelle für den VSJF keine allzugrossen Probleme fürsorgerischer oder finanzieller Art stellen wird. Möglich sind aber andererseits politische Schwierigkeiten.»[676] In den kommenden Monaten sollte sich diese Befürchtung bestätigen, wobei auch die Frage der Finanzierung den VSJF beschäftigen sollte.

Wie bereits von Hannah Einhaus dargestellt, war die Behandlung der Flüchtlinge aus Ungarn und derjenigen aus Ägypten durch die schweizerischen Behörden keineswegs dieselbe, obwohl sie fast gleichzeitig eingetroffen waren. Erstere wurden aus antikommunistischen Motiven bereitwillig in der Schweiz aufgenommen, obwohl sich darunter auch einige Jüdinnen und Juden

---

669 Ebd., S. 28.
670 Vgl. ebd., S. 29.
671 Vgl. Einhaus, Für Recht und Würde, 2016, S. 157 f.
672 Vgl. ebd., S. 157.
673 Vgl. Irene Eger: Prot. VS VSJF, Zürich, 26. 11. 1956, S. 4, AfZ, IB VSJF-Archiv / 41.
674 Ebd.
675 Vgl. ebd.
676 Otto H. Heim, Bruno Guggenheim: Probleme der jüdischen Flüchtlinge aus Ungarn, Zürich, 28. 11. 1956, AfZ, IB SIG-Archiv / 2377.

befanden, Letztere hingegen waren ausschliesslich jüdisch und wurden daher im Einklang mit der kontinuierenden antisemitischen Haltung der Fremdenpolizei hauptsächlich als «Überfremdungsfaktor» gewertet und dementsprechend behandelt.[677]

Bereits im Dezember 1956 stellte Otto H. Heim grundsätzliche Unterschiede im behördlichen Umgang mit den ungarischen und den ägyptischen Flüchtlingen fest, denn «jene sind gerettet, wenn sie in Oesterreich sind, während diese nur gerettet werden können, wenn sie eine Einreisemöglichkeit in ein anderes Land nachweisen können».[678] Mit anderen Worten: Jüdische Flüchtlinge aus Ägypten wurden nur aufgenommen, wenn die Schweiz lediglich als Transitland dienen würde – eine Zäsur im Umgang mit jüdischen Verfolgten nach den Ereignissen des Zweiten Weltkriegs lässt sich für die Schweiz daher nicht feststellen.

Mithilfe des IKRK und der Swissair organisierte der VSJF Sonderflüge aus Kairo. Eine Delegation der Agudat Israel, mit der der VSJF zusammenarbeitete, holte die Flüchtlinge an den Flughäfen in Zürich und Genf ab.[679] In einem Brief an Charles Jordan am 5. Dezember 1956 berichtete Otto H. Heim in dem ihm eigenen sarkastischen Tonfall über die neuen Aufgaben des VSJF in der Flüchtlingshilfe: «Krushtchev & Co. and Mr. Nasser Ltd. are responsible for the new wave of refugees.»[680] Während für die ungarischen Flüchtlinge in den meisten Fällen gesorgt sei, würden sich die Schweizer Behörden wenig geneigt zeigen, ägyptische Flüchtlinge aufzunehmen. Bisher könnten die ägyptischen Flüchtlinge daher nur für einige Stunden oder Tage in der Schweiz bleiben.[681]

Das Schreiben an den Joint diente fraglos dazu, diesen von Beginn an mit einzubeziehen, falls dem VSJF durch die Betreuung ägyptischer Flüchtlinge grössere Kosten entstehen würden. Sein Schreiben schloss Otto H. Heim mit dem Kommentar: «This is a lousy world and it seems that everything is still rather messy. I suppose you have a very quiet time and that you will soon close the office for lack of work!!!»[682]

Auch dem VSJF sollte die Arbeit nicht ausgehen. Bereits am darauffolgenden Tag schrieb Otto H. Heim erneut einen Brief an Jordan, um ihm mitzutei-

---

677 Vgl. Einhaus, Für Recht und Würde, 2016, S. 156, 163. Die Kontinuität des Begriffs «Überfremdung» in der Wahrnehmung der Schweizer Behörden in der Nachkriegszeit wird auch durch die Ausführungen über die schweizerische Flüchtlingspolitik von Oscar Schürch in der Retrospektive 1950 bezeugt, in der er «die Flüchtlingspolitik nahtlos in das ‹qualitative Problem› der Fremdenpolitik» einordnet und dabei eine klar antijüdische Haltung einnimmt. Vgl. Koller, Fluchtort Schweiz, 2018, S. 97–99.
678 Irene Eger: Prot. VS VSJF, Zürich, 10. 12. 1956, S. 4, AfZ, IB VSJF-Archiv / 41.
679 Vgl. Einhaus, Für Recht und Würde, 2016, S. 159.
680 Otto H. Heim: Schreiben an Charles Jordan, o. O., 5. 12. 1956, AfZ, IB SIG-Archiv / 2377. Die Bezeichnung «Nasser Ltd.» dürfte sich auf die Konfiszierung jüdischen Besitzes durch die Regierung Nasser beziehen.
681 Vgl. ebd.
682 Ebd.

len, dass Georges Brunschvig versuche, ein Abkommen mit dem Bundeshaus zu treffen, wodurch einigen ägyptischen Flüchtlingen ein permanenter Aufenthalt in der Schweiz gewährt werden solle. Er habe dem Präsidenten des SIG mitgeteilt, dass Schwierigkeiten in der Finanzierung nur zu erwarten seien, sobald es sich um 100 Flüchtlinge oder mehr handeln sollte. Der VSJF werde aber darauf bestehen, dass die Schweizer Behörden die üblichen 60 Prozent der Kosten für unterstützungsbedürftige Flüchtlinge übernehmen würden. Heim fragte in diesem Schreiben auch explizit, ob der Joint bereit sei, sich an allfälligen Kosten in der Betreuung jüdischer Flüchtlinge aus Ägypten zu beteiligen.[683] Der Joint stellte sich jedoch gemäss einer Aktennotiz von Georges Brunschvig ähnlich wie die Schweizer Behörden auf den Standpunkt, «dass das Problem auf internationalem Boden gelöst werden müsse».[684]

Am 14. Dezember 1956 war eine Besprechung im Bundeshaus zwischen Georges Brunschvig, Otto H. Heim und den Vertretern der eidgenössischen Fremdenpolizei Elmar Mäder, Oscar Schürch und Reynold Tschäppät vorgesehen. Zwei Tage vor der anberaumten Sitzung schrieb Heim einen Brief an Georges Brunschvig, um ihm, wie er formulierte, seine grundsätzlichen Ansichten betreffend die jüdischen Flüchtlinge aus Ägypten mitzuteilen: «Mit der Erlaubnis, ägyptische Flüchtlinge in die Schweiz aufzunehmen, wenn ihre Weiterreise nach Israel sichergestellt wurde, ist noch keine *Leistung* der Schweiz verbunden. Mir kommt es darauf an, zu versuchen, ob die Schweiz eine Anzahl Flüchtlinge aus Aegypten ohne die Verpflichtung der Weiterreise übernehmen kann. […] Ich befürchte […] dass die Schweizerische Zentralstelle für Flüchtlingshilfe wenig Enthusiasmus zeigen wird, auch ägyptische Flüchtlinge zu übernehmen. Die ihr angeschlossenen Hilfswerke beweisen bei jeder möglichen und unmöglichen Gelegenheit Angst vor den finanziellen Folgen, mit Ausnahme des VSJF, der wie sein Präsident optimistisch ist und bleibt […] aus der Ueberzeugung heraus, dass auch das Judentum in der Schweiz bereit ist, ein neues Opfer für neue Flüchtlinge zu bringen.»[685]

Wie aus Otto H. Heims Erklärungen hervorgeht, konnte das Schweizer Judentum in der Frage eines möglichen Bleiberechts ägyptischer Flüchtlinge nicht auf die Unterstützung der SZF zählen und musste selbst die Initiative ergreifen. Die Sitzung mit den Vertretern der Polizeiabteilung verlief allerdings trotz Heims Optimismus ernüchternd.

---

683 Vgl. Otto H. Heim: Schreiben an Charles Jordan, o. O., 6. 12. 1956, AfZ, IB SIG-Archiv / 2377.
684 Georges Brunschvig: Aktennotiz Ägyptische Flüchtlinge, o. O., 25. 5. 1957, AfZ, IB SIG-Archiv / 2377.
685 Otto H. Heim: Schreiben an Georges Brunschvig, Zürich, 12. 12. 1956, AfZ, IB SIG-Archiv / 2377 (Hervorhebung handschriftlich durch unbekannte Urheberschaft im Original vorgenommen, vermutlich durch Otto H. Heim oder Georges Brunschvig).

Die Behörden erklärten sich lediglich bereit, jüdischen Flüchtlingen in Kairo und Alexandria zweimonatige Transitvisa für die Schweiz auszustellen. Der VSJF übernahm für den Fall der Mittellosigkeit der jüdisch-ägyptischen Flüchtlinge eine zweimonatige Garantie für deren Unterhalt, diese Personen wurden also allein vom VSJF unterstützt.[686] Wie aus einer Aktennotiz unbekannter Urheberschaft hervorgeht, waren sich Georges Brunschvig und Otto H. Heim nicht einig, ob die Weiterreise der ägyptischen Flüchtlinge nach Israel generell als Bedingung gestellt werden könne. Während Brunschvig grundsätzlich dafür plädierte, hatte Heim die Meinung geäussert, «dass man auf die Flüchtlinge keinen Zwang ausüben kann».[687] Festgehalten wurde ausserdem, dass die Behörden keine Informationen «über die Gefähliche [sic] Situation der ‹Nichtmoslems› in Aegypten und die Verfolgungen»[688] gehabt hätten.[689]

Die Tatsache, dass die ägyptischen Flüchtlinge im Vergleich zu den ungarischen Flüchtlingen schlechter gestellt seien, wurde im Jahresbericht des VSJF 1956 erwähnt: «Im Gegensatz zu der Praxis gegenüber den Flüchtlingen aus Ungarn dürfen sich die Juden aus Ägypten nur vorübergehend in der Schweiz aufhalten.»[690] Die Berichterstattung des SIG konzentrierte sich hingegen mehrheitlich auf die Massnahmen, die der SIG ergriffen hatte, um über das Problem der Judenverfolgung in Ägypten publizistisch aufzuklären.[691] In der Sitzung des CC des SIG vom 21. Februar 1957 wurde die ungleiche Behandlung aber von mehreren CC-Mitgliedern angesprochen. Der Vorsitzende, Charles Liatowitsch, fasste die Stimmungslage zusammen: «Der Vorsitzende erinnert an die *schweizerische Asylrechtstradition*, die es erlaubt hätte, auch den ägyptischen Flüchtlingen Einlass zu gewähren. Wir können uns eines Gefühls der Bitterkeit angesichts der Diskrepanz in der Behandlung der Asylgewährung für die ungarischen und ägyptischen Flüchtlinge nicht erwehren.»[692]

Im Frühjahr 1957 stellten Georges Brunschvig, Otto H. Heim und Benjamin Sagalowitz fest, dass die ägyptischen Flüchtlinge nicht einmal von der Abmachung der Transitvisa – das einzige Zugeständnis der eidgenössischen Fremdenpolizei – hatten profitieren können, denn die Behörden hatten es versäumt, das Schweizer Konsulat in Kairo darüber zu informieren, obwohl das

---

686 Vgl. o. A.: JB VSJF 1957, Zürich, März 1958, S. 29, AfZ, IB SIG-Archiv / 378. Von den Behörden unterstützt wurden ägyptische Flüchtlinge, die als politische Flüchtlinge anerkannt wurden. Bis Ende 1957 war das allerdings lediglich bei vier Personen der Fall. Vgl. ebd., S. 29 f.
687 O. A.: Aktennotiz über die Besprechung auf der Polizeiabt. vom 14. 12. 1956 i. S. ägyptische Flüchtlinge, o. O., o. D., S. 1, AfZ, IB SIG-Archiv / 2377.
688 Ebd., S. 2.
689 Vgl. ebd.
690 O. A.: JB VSJF 1956, Zürich, Februar 1957, S. 31, AfZ, IB SIG-Archiv / 378.
691 Vgl. o. A.: JB SIG 1956, Zürich, Januar 1957, S. 20, AfZ, IB SIG-Archiv / 378.
692 Clara Schnetzer: Prot. CC SIG, Bern, 21. 2. 1957, S. 9 f., AfZ, IB SIG-Archiv / 110 (Hervorhebung im Original).

Teil der Abmachung vom 14. Dezember des Vorjahres gewesen war.[693] Damit wurden in Kairo und Alexandria für ägyptisch-jüdische Flüchtlinge weiterhin nur Schweizer Transitvisa für fünf Tage ausgestellt. Schriftliche Interventionen von Heim und Brunschvig bei den Behörden im März 1957 blieben ohne das gewünschte Ergebnis. Mäder antwortete nicht auf Heims Briefe, und Justizminister Markus Feldmann machte ein angebliches Missverständnis zwischen den jüdischen Organisationen geltend.[694]

Im Mai 1957 fasste die Delegiertenversammlung des SIG einstimmig eine Resolution des Inhalts, dass die Geschäftsleitung des SIG in Verhandlungen mit dem Bundeshaus versuchen solle, eine permanente Aufnahme eines Kontingents an ägyptischen Flüchtlingen in der Schweiz zu erwirken.[695] Die Geschäftsleitung des SIG reichte daraufhin ein Gesuch an den Bundesrat ein,[696] an dessen Ausarbeitung der VSJF und insbesondere Jacob Zucker wesentlich beteiligt gewesen waren.[697] Otto H. Heim berichtete dem CC im September 1957, dass die Kosten für die 152 Flüchtlinge, die als Folge der Suezkrise in die Schweiz gekommen seien, relativ hoch seien, was einerseits auf die alleinige finanzielle Unterstützung durch den VSJF zurückzuführen sei, andererseits auf die Schwierigkeiten, diese Menschen ins Erwerbsleben einzugliedern.[698] Dennoch solle versucht werden, anlässlich einer erneuten Besprechung im Bundeshaus, zu der Georges Brunschvig und Otto H. Heim eingeladen worden waren, eine Einreisegenehmigung für kranke und alte Flüchtlinge zu erwirken.[699] An der Sitzung mit Vertretern der eidgenössischen Fremdenpolizei sowie Markus Feldmann vom 20. September 1957 gelang es Brunschvig und Heim immerhin, dass 65 ägyptische Jüdinnen und Juden, die unterdessen den Flüchtlingsstatus erhalten hatten, den ungarischen Flüchtlingen gleichgestellt wurden, wobei nur unselbständig Erwerbstätige eine Arbeitsbewilligung erhielten. Feldmann machte in einem Brief an Brunschvig auf die Gefahr der «Überfremdung» aufmerksam, die durch den Zuzug ägyptischer Geschäftsleute drohe. Die Vereinbarung mit der Erteilung zweimonatiger Transitvisa wurde erst im Oktober 1957 umgesetzt, nachdem sowohl Heim als auch Brunschvig mehrfach bei den zuständigen Behörden interveniert hatten. Die Bedingungen, unter denen ein solches Visa erstellt werden konnte, blieben restriktiver als ursprünglich vereinbart.[700] Im Dezember 1957 berichtete Otto H. Heim dem CC, dass die Schweizer Regierung vorgesehen habe, im Rahmen des

---

693 Vgl. Otto H. Heim: Schreiben an Elmar Mäder, o. O., 14. 12. 1956, AfZ, IB SIG-Archiv / 2377.
694 Vgl. Einhaus, Für Recht und Würde, 2016, S. 159–162.
695 Vgl. o. A.: JB SIG 1957, Zürich, Januar 1958, S. 4, AfZ, IB SIG-Archiv / 378.
696 Vgl. C. Schnetzer: Prot. CC SIG, Bern, 5. 9. 1957, S. 3, AfZ, IB SIG-Archiv / 110.
697 Vgl. Otto H. Heim: Schreiben an Georges Brunschvig, Zürich, 14. 6. 1957, AfZ, IB SIG-Archiv / 2377.
698 Vgl. C. Schnetzer: Prot. CC SIG, Bern, 5. 9. 1957, S. 14, AfZ, IB SIG-Archiv / 110.
699 Vgl. ebd.
700 Vgl. Einhaus, Für Recht und Würde, 2016, S. 163.

eidgenössischen «Hard-Core-Programms»[701] in den darauffolgenden Jahren jeweils 50 Fälle aus Ägypten aufzunehmen. Der Bund würde die Unterhaltskosten für diese Flüchtlinge übernehmen, während die Hilfswerke für Anschaffungen und Taschengeld aufzukommen hätten.[702] Bis Ende 1957 waren 164 Personen aus Ägypten beim VSJF erfasst, die vom VSJF betreut und wenn nötig vorübergehend unterstützt wurden.[703] Bis Ende 1959 waren die meisten ägyptischen Flüchtlinge weitergereist oder in Drittländer emigriert.[704]

8.4.3 Aufarbeitung der Flüchtlingspolitik: Der Ludwig-Bericht

In einem Brief an Georges Brunschvig schrieb Otto H. Heim am 11. Juni 1954: «Wenn ich von Ihnen keinen anderen Bescheid erhalte, werde ich im Laufe der nächsten Woche einmal Herrn Dr. Rothmund telephonieren und ihm erklären, dass ich bei Gelegenheit gerne bei ihm vorbeikommen werde. Sie brauchen wegen meiner sonst berühmten bezw. berüchtigten ‹affektiven Spontaneität› keine Sorgen zu haben. Ich bin mir bewusst, dass mich Herr Dr. Rothmund nicht wegen meiner ‹schönen Augen› sprechen möchte […].»[705]

Der anberaumte Besuch von Otto H. Heim sollte für Diskussionen sorgen, denn Heinrich Rothmund war seit dem Frühjahr 1954 ins Kreuzfeuer der Kritik geraten. Ende März 1954 hatte die Zeitschrift «Der Schweizerische Beobachter» einen Artikel unter dem Titel «Eine unglaubliche Affäre» publiziert.[706] Darin bezichtigte die Zeitschrift den Chef der eidgenössischen Polizeiabteilung, Heinrich Rothmund, der direkten Beteiligung an den Verhandlungen mit den deutschen Behörden im Jahr 1938, die schliesslich zur Kennzeichnung jüdischer Pässe mit dem J-Stempel geführt hätten.[707] Der Artikel war von grosser Tragweite, nicht nur aufgrund des hohen Interesses der Öffentlichkeit, die bisher keine Kenntnis von der Rolle der Schweiz in den Verhandlungen mit Deutschland über die Kennzeichnung jüdischer Pässe gehabt hatte, sondern auch, weil er zur Folge hatte, dass das schweizerische Parlament zum ersten Mal die Rolle der Schweiz während des Zweiten

---

701 Zwischen 1951 und 1980 setzte der Bundesrat alle drei Jahre durch neue Beschlüsse Kontingente zur Aufnahme von besonders vulnerablen Gruppen von Flüchtlingen fest, darunter ältere, kranke oder behinderte Menschen. Vgl. Wimmer, Die Wiederansiedlung von Flüchtlingen in der Schweiz, 1996, S. 35–38.
702 Vgl. Clara Schnetzer: Prot. CC SIG, Bern, 12. 12. 1957, S. 17, AfZ, IB SIG-Archiv / 110.
703 Vgl. o. A.: JB VSJF 1957, Zürich, März 1958, S. 29, AfZ, IB SIG-Archiv / 378.
704 Vgl. o. A.: JB SIG 1959, Zürich, Januar 1960, S. 8, AfZ, IB SIG-Archiv / 378.
705 Otto H. Heim: Schreiben an Georges Brunschvig, Zürich, 11. 6. 1954, AfZ, IB SIG-Archiv / 2457.
706 Vgl. Koller, Fluchtort Schweiz, 2018, S. 125.
707 Vgl. Kapitel 5.1.2.

Weltkriegs untersuchen liess. Mit dem Bericht beauftragt wurde der Jurist Carl Ludwig.[708]

Die Vorwürfe gegen Rothmund waren Gegenstand von Debatten im SIG und im schweizerischen Parlament. Als Reaktion auf den «Beobachter»-Artikel hatte die DV des SIG in einer Resolution einen Bericht des Bundesrates gefordert. Im Parlament wurde eine Interpellation dazu vom Sozialdemokraten Hans Oprecht eingebracht.[709]

Dem «Beobachter» war es mit diesem Artikel zum ersten Mal gelungen, öffentlich eine Verbindung zwischen der schweizerischen Flüchtlingspolitik und der nationalsozialistischen Vertreibungs- und Vernichtungspolitik herzustellen.[710] Dabei stand Heinrich Rothmund im Zentrum. Dieser wehrte sich gegen die Anschuldigungen prompt durch eine Stellungnahme, in der er den Vorwurf, der J-Stempel sei auf seine Initiative eingeführt worden, als falsch bezeichnete. Er behauptete, es sei «wohl nie den massgeblichen Gestapobehörden in Berlin mit der gleichen Eindringlichkeit wie vom Unterzeichneten [Heinrich Rothmund] erklärt worden, dass die Schweiz mit dem deutschen Antisemitismus nichts zu tun haben wolle und dass keine Diskriminierung schweizerischer Juden zugelassen werde».[711]

Nach seiner energischen Abwehr des Vorwurfs des Antisemitismus wies Heinrich Rothmund sofort darauf hin, dass er über «die besten Beziehungen mit den Leitern der schweizerischen Judenschaft, namentlich mit Herrn Saly Mayer [...] und mit Herrn Silvain Guggenheim»[712] verfügt habe. Sie seien von ihm nicht nur stets über alle Weisungen, die die Flüchtlingspolitik betrafen, informiert worden, sie hätten sich auch «mit ihren Sorgen [...] regelmässig zum Unterzeichneten»[713] gewandt. Die Beziehungen, die Heinrich Rothmund zu Saly Mayer und Silvain S. Guggenheim gepflegt hatte, sollten ihm nun also als Beweis dafür dienen, dass er kein Antisemit sei. In den Folgemonaten wurde innerjüdisch generell über die Politik des SIG während des Zweiten Weltkriegs debattiert.[714] Beeinflusst durch die Versuche der Behörden, das Schweizer Judentum als Mitträger der repressiven Flüchtlingspolitik darzustellen und so zu instrumentalisieren, musste sich der SIG erneut mit seiner Beziehung zur eidgenössischen Fremdenpolizei während des Zweiten Weltkriegs befassen. Der Mangel an Handlungsalternativen zur Politik der Kooperation für das

---

708 Vgl. Kreis, Die Rückkehr des J-Stempels, 2000, S. 75.
709 Vgl. Picard, Die Schweiz und die Juden, 1994, S. 145.
710 Vgl. Kreis, Die Rückkehr des J-Stempels, 2000, S. 74.
711 Heinrich Rothmund: Stellungnahme zum Artikel im «Schweiz. Beobachter» Nr. 6 vom 31. 3. 1954 überschrieben: «Eine unglaubliche Affäre», Bern, 1. 4. 1954, S. 6, AfZ, NL Jean Nordmann / 24.
712 Ebd.
713 Ebd.
714 Vgl. Picard, Die Schweiz und die Juden, 1994, S. 156 f.

Schweizer Judentum wurde dabei fast gänzlich aus der Diskussion ausgeklammert. Die Debatte drehte sich vielmehr um die eigene Mitschuld.[715]

In seiner Stellungnahme zum «Beobachter»-Artikel thematisierte Heinrich Rothmund die Tatsache, dass 1938 überhaupt Verhandlungen explizit gegen die Einreise deutscher Jüdinnen und Juden in die Schweiz geführt worden waren, nicht. Als Rechtfertigung für die Abwehrmassnahmen diente das Argument, dass österreichische und deutsche Jüdinnen und Juden dauerhaft in der Schweiz hätten bleiben müssen, da es für sie keine Möglichkeit zur Aufnahme in einem Drittland gegeben hätte.[716] Die konstruierte Bedrohung durch die «Überfremdungsgefahr» wurde von Rothmund auch neun Jahre nach dem Krieg nicht hinterfragt, sondern als Fakt wiedergegeben. Auf die Folgen der Schweizer Abweisungspolitik für die jüdischen Flüchtlinge ging Rothmund hingegen überhaupt nicht ein.

Dass das Schweizer Judentum in einer Zwangslage mit den Schweizer Behörden kooperiert hatte, wurde weder von Personen aus dem Umfeld des SIG und VSJF noch von den Schweizer Behörden thematisiert. Der «Beobachter» hingegen zeigte sich in seiner Reaktion auf die Stellungnahme Rothmunds sensibler für die politischen Zwischentöne, indem er festhielt: «Überdies liegt doch auf der Hand, daß die jüdische Minderheit in der Schweiz normale Beziehungen mit Dr. Rothmund unterhalten *mußte*, um ihren im Dritten Reich so grausam verfolgten, nach der Schweiz geflüchteten Glaubensbrüdern wenigstens ein Minimum an Erleichterung zu verschaffen.»[717]

In dieser aufgeladenen Atmosphäre besuchte Otto H. Heim im Dezember 1954 Heinrich Rothmund in Bern, obwohl die Geschäftsleitung des SIG sich klar dagegen ausgesprochen hatte.[718]

Nach seinem Brief an Georges Brunschvig am 11. Juni 1954, in dem Otto H. Heim dem Präsidenten des SIG berichtet hatte, dass Rothmund ihn zu sprechen wünsche, war die Angelegenheit am 22. Juni 1954 in der Geschäftsleitung des SIG besprochen worden. Heim hatte darauf hingewiesen, «dass bei Dr. Rothmund eine starke Verstimmung gegen den S. I. G. besteht».[719] Rothmund vermutete hinter dem «Beobachter»-Artikel eine jüdische Urheberschaft.[720] Dieser Verdacht erwies sich allerdings als falsch und demonstriert wohl eher Rothmunds Reproduktion antisemitischer Stereotype einer jüdischen Einflussnahme auf Presseorgane. Sowohl Georges Brunschvig als auch Otto H. Heim befürchteten hingegen, dass Rothmunds Verärgerung Probleme

---

715 Vgl. Mächler, Hilfe und Ohnmacht, 2005, S. 20.
716 Vgl. Koller, Fluchtort Schweiz, 2018, S. 126 f.
717 O. A.: Notwendige Bemerkungen zum Fall Rothmund, in: Der Schweizerische Beobachter 28 (8), 30. 4. 1954, S. 429 (Hervorhebung im Original).
718 Vgl. Otto H. Heim: Stellungnahme an die Mitglieder des Vorstandes des VSJF, Zürich, 29. 12. 1954, AfZ, IB SIG-Archiv / 802.
719 L. Littmann: Prot. GL SIG, Bern, 22. 6. 1954, S. 5, AfZ, IB SIG-Archiv / 184.
720 Vgl. Picard, Die Schweiz und die Juden, 1994, S. 151 f.

in der Zusammenarbeit der eidgenössischen Fremdenpolizei und des VSJF bereiten könnte. Ein Besuch Heims bei Heinrich Rothmund wurde dennoch von der Geschäftsleitung des SIG als «zur Zeit nicht opportun»[721] bezeichnet. Angesichts der Brisanz der Vorwürfe, die gegen Heinrich Rothmund erhoben worden waren, übte sich der SIG in Zurückhaltung, denn einerseits sollte die Zusammenarbeit mit der eidgenössischen Fremdenpolizei nicht beeinträchtigt werden, die unterdessen vor allem durch ihre finanzielle Mitbeteiligung ein wichtiger Partner für den VSJF geworden war, andererseits brachte die Auseinandersetzung mit der eigenen Rolle in der schweizerischen Flüchtlingspolitik den SIG in eine schwierige Lage, denn es kursierten viele Gerüchte über die Zusammenarbeit des SIG mit den Schweizer Behörden zur Zeit des Nationalsozialismus.[722]

Im Dezember 1954 trat Heinrich Rothmund als Chef der Polizeiabteilung des EJPD zurück. In der Geschäftsleitung des SIG äusserte Otto H. Heim als Reaktion auf die Rücktrittsankündigung von Rothmund erneut seine Absicht, diesen zu besuchen. Die anderen Mitglieder der Geschäftsleitung baten ihn daraufhin nochmals, seinen Entscheid zu überdenken,[723] jedoch erfolglos.

Im Anschluss an seinen Besuch bei Heinrich Rothmund verfasste Otto H. Heim einen zweiseitigen Bericht, den er an alle Mitglieder der Geschäftsleitung sandte.[724] Darin beschrieb er den Verlauf des Gesprächs mit Rothmund, das eine halbe Stunde gedauert habe.[725] Als Motiv seines Besuchs gab Heim an, er habe sich bei Rothmund für die gute Zusammenarbeit bedanken wollen.[726] Er habe ausdrücklich erwähnt, dass es sich dabei um einen persönlichen Dank handle, «dass er aber in keiner Weise die politischen Fragen und die Haltung der Polizeiabteilung tangiere, die vor 1945 in Erscheinung getreten seien».[727] Seine eigenen guten Erfahrungen in der Zusammenarbeit mit der Polizeiabteilung würden sich auf die Nachkriegszeit beziehen.[728] Rothmund habe aber, so Otto H. Heim, die Gelegenheit sofort genutzt, um «auf sein Steckenpferd, die Judenfrage, zu sprechen»[729] zu kommen.

Auf den ersten Blick erstaunlich wirkt die Tatsache, dass Otto Heim in seinem Bericht vor allem über die persönlichen Beziehungen zwischen Heinrich Rothmund und dem Schweizer Judentum referierte. Rothmund habe von seinen Treffen mit Pierre Bigar und Aaron Syngalowski erzählt und sei dann

---

721 L. Littmann: Prot. GL SIG, Bern, 22. 6. 1954, S. 5, AfZ, IB SIG-Archiv / 184.
722 Vgl. Picard, Die Schweiz und die Juden, 1994, S. 155.
723 Vgl. L. Littmann: Prot. GL SIG, Bern, 11. 11. 1954, S. 4, AfZ, IB SIG-Archiv / 184.
724 Vgl. Otto H. Heim: Kurzbericht über den Besuch bei Herrn Rothmund, Zürich, 16. 12. 1954, S. 2, AfZ, IB SIG-Archiv / 802.
725 Vgl. ebd., S. 1.
726 Vgl. ebd.
727 Ebd.
728 Vgl. ebd.
729 Ebd.

«auf seine Differenzen mit dem Präsidenten des SIG zu sprechen [gekommen], der ihn dadurch enttäuscht habe, weil er vor der ihn angreifenden Publikation im ‹Beobachter› angenommen hatte, sich seiner freundschaftlichen Beziehung mit ihm rühmen zu dürfen».[730] Ausserdem nehme Rothmund «für sich in Anspruch, gegen den Antisemitismus in der Schweiz zu kämpfen (!!)».[731] Diese Bemerkung quittierte Otto H. Heim mit zwei Ausrufezeichen. Die Hervorhebung deutet darauf hin, dass Heim trotz seiner Skepsis gegen die Tendenz, die antisemitische Praxis der Behörden während des Zweiten Weltkriegs auf die Person Heinrich Rothmunds zu reduzieren, die Absurdität dieser Aussage vermerken wollte.

In einer Stellungnahme an den Vorstand des VSJF vom 29. Dezember 1954 kam Otto H. Heim auf sein Treffen mit Rothmund zurück, wobei er im Bericht vor allem seinen Entscheid, Rothmund überhaupt persönlich zu treffen, rechtfertigte.[732] Am Ende des Dokuments stellte er die Frage an die Vorstandsmitglieder, ob «die Angelegenheit an der nächsten Vorstandssitzung besprochen werden»[733] sollte, was als eigentliche Vertrauensfrage gewertet werden kann. Sein eigenmächtiges Handeln stand im Zentrum der Betrachtung, denn Otto H. Heim hatte, wie er selbst betonte, den Besuch weder in Absprache mit dem SIG noch mit dem VSJF durchgeführt.[734]

Im Bericht vermischten sich politische Aspekte und persönliche Ansichten des Schreibenden auf bemerkenswerte Weise. Otto H. Heim versuchte dabei gar nicht erst, seine eigenwillige Vorgehensweise zu rechtfertigen, sondern eröffnete seine Stellungnahme mit einer Entschuldigung, gefolgt von der Erklärung, er hätte seinen Beschluss so oder so in die Tat umgesetzt, auch wenn er von der ablehnenden Haltung der Geschäftsleitung des SIG gewusst habe und davon ausgegangen sei, dass sich auch der Vorstand des VSJF dagegen ausgesprochen hätte.[735] Heim begründete seinen Entschluss damit, es sei für ihn «keine Frage der politischen Klugheit oder der Opportunität, ob ich recht hatte, Herrn Dr. R. zu besuchen, sondern ist eine solche des Gewissens, des Taktes, der menschlichen Haltung».[736] Anschliessend nahm er Stellung zur schweizerischen Flüchtlingspolitik zwischen 1933 und 1945, die er wohl hart kritisierte, gleichzeitig aber davor warnte, Rothmund zum «Sündenbock für die gesamte, teilweise unheilvolle Flüchtlingspolitik der Schweiz»[737] zu machen. In seinen Augen sei vor allem der Bundesrat für diese Politik verant-

---

730 Ebd.
731 Ebd.
732 Vgl. Otto H. Heim: Stellungnahme an die Mitglieder des Vorstandes des VSJF, Zürich, 29. 12. 1954, S. 1, AfZ, IB SIG-Archiv / 802.
733 Ebd., S. 5.
734 Vgl. ebd., S. 1.
735 Vgl. ebd.
736 Ebd.
737 Ebd., S. 2.

wortlich. Er thematisierte anschliessend auch die Kritik aus jüdischen Kreisen an den SIG-Präsidenten Saly Mayer und Saly Braunschweig sowie an Silvain S. Guggenheim und betonte deren schwierige Lage, während des Zweiten Weltkriegs positiv zugunsten der jüdischen Flüchtlinge wirken zu können, ohne sich des Opportunismus verdächtig zu machen.[738]

Otto H. Heims Warnung, Rothmund nicht als Alleinverantwortlichen der antisemitisch gefärbten Flüchtlingspolitik der Schweizer Behörden während des Zweiten Weltkriegs darzustellen, mag gerechtfertigt gewesen sein, denn Heinrich Rothmund war letztlich ein Angestellter des Bundes und konnte lediglich Vorschläge anbringen, über die der Bundesrat zu entscheiden hatte. Dennoch war Rothmund nicht nur in den Augen der jüdischen Entscheidungsträger im Jahr 1954 eine höchst problematische Figur. Schon während des Krieges wurde die Zusammenarbeit zwischen Rothmund und Saly Mayer, die nie auf Augenhöhe stattfand und angesichts der Debatte von 1954 desaströse Auswirkungen auf die Wahrnehmung der Politik des SIG während des Zweiten Weltkriegs hatte, von einer Opposition im SIG kritisch beleuchtet. Nach den Enthüllungen des «Beobachters» im Frühjahr 1954, die zur Untersuchung der schweizerischen Flüchtlingspolitik durch Carl Ludwig führen sollten, begann Bundesrat Markus Feldmann tatsächlich damit, Material zu sammeln, das die Akzeptanz der damaligen Flüchtlingspolitik durch jüdische Entscheidungsträger beweisen sollte, zum Beispiel einen Dankesbrief von Saly Mayer an Rothmund aus dem Frühjahr 1943 und ein Telegramm des VSIA von 1938, das belegen sollte, dass das schweizerische Judentum die Grenzsperre im August 1938 begrüsst habe. Bei der Sammlung der Beweisführung, die das Schweizer Judentum letztlich für die restriktive Flüchtlingspolitik der Schweizer Behörden mitverantwortlich machen sollte, sekundierte Heinrich Rothmund dem Bundesrat.[739]

Otto H. Heim als Präsident des Flüchtlingswerkes des SIG konnte daher in seinen Berichten 1954 noch so sehr betonen, dass er Heinrich Rothmund als Privatperson und nicht als Repräsentant des Schweizer Judentums besucht habe: Die Gefahr einer Fehldeutung des Besuchs als Zeichen einer Entlastung Rothmunds durch das Schweizer Judentum blieb gross. Auffällig ist auch die Vermischung der öffentlichen und der privaten Ebene, die für die Zeit des Zweiten Weltkriegs bereits in der Beziehung zwischen Saly Mayer und Heinrich Rothmund beschrieben worden ist. Heinrich Rothmund zeigte dabei keine Skrupel, einen Brief, den Saly Mayer in der irrigen Annahme geschrieben hatte, es gebe zwischen ihm und Rothmund eine private Beziehung jenseits ihrer öffentlichen Funktionen, für politische Zwecke einzusetzen. Gleichzeitig zeigte sich Rothmund gegenüber Otto H. Heim pikiert über das Verhalten von

---

738 Vgl. ebd., S. 3.
739 Vgl. Picard, Die Schweiz und die Juden, 1994, S. 150 f.

Georges Brunschvig, der in Rothmunds Augen aufgrund des freundschaftlichen Verhältnisses verpflichtet gewesen wäre, ihn, Rothmund, öffentlich zu verteidigen.

Otto H. Heim wiederum gelang es ebenfalls nicht, die politische Dimension der persönlichen Beziehung zu Heinrich Rothmund vollumfassend zu erfassen. Mit seinem Besuch bei Rothmund legte er, wie aus späteren Akten hervorgeht, jedoch auch ein Bekenntnis zur Anerkennung der Politik seiner Vorgänger Saly Mayer, Saly Braunschweig und Silvain S. Guggenheim ab, die in seinen Augen keine Alternative zur Kooperation mit den Behörden gehabt hätten. Mit seiner Haltung wehrte er sich auch gegen die in seinen Augen ungerechtfertigte Kritik von jüdischer Seite an diesen Personen, denn aus Heims Perspektive nahmen diese Kritiker kaum jemals selbst eine Position im SIG oder VSJF ein, in der sie den Beweis hätten antreten müssen, dass eine Handlungsalternative möglich gewesen wäre. Dazu schrieb Heim in seiner Stellungnahme an die Vorstandsmitglieder des VSJF Ende Dezember 1954: «Ich selbst kann nach bald zwanzigjähriger Arbeit für die Flüchtlinge in der Schweiz trotzdem nicht den so strengen und unbedingten Standpunkt einnehmen, der von so Vielen vertreten wird, von denen die meisten immer stärker in der Kritik als im Handeln waren. Es ist nicht an mir, für den Bundesrat Entschuldigungsgründe für seine Politik zu finden, aber man muss sich der schweren Zeiten erinnern, die den Bundesrat zu seinen Massnahmen veranlassten. [...] Es ist auch heute leicht, Herrn Saly Mayer sel. für seinen von Herrn Bundesrat Feldmann zitierten überschwenglichen Brief an Herrn Dr. R. [Rothmund] über das Grab hinaus zu verurteilen, wobei auch ich der Meinung bin, dass hier des Guten etwas zuviel geschehen war. Die Herren Saly Mayer, Saly Braunschweig und Sylvain [sic] S. Guggenheim haben seinerzeit für die jüdischen Emigranten und Flüchtlinge gekämpft und nach bestem Wissen und Gewissen gehandelt.»[740]

Indem Otto H. Heim den Sinn der Aufarbeitung der Flüchtlingspolitik während des Zweiten Weltkriegs überhaupt hinterfragte und die Massnahmen der Behörden im Versuch, seine Amtsvorgänger nicht zu kritisieren, relativierte, verpasste er die Gelegenheit, das ungleiche Machtverhältnis zwischen der eidgenössischen Fremdenpolizei und dem Schweizer Judentum ins Zentrum der Debatte zu stellen. Seine Ausführungen sind symptomatisch für das damalige Selbstverständnis des SIG und des VSJF, die eigenen Verfehlungen in der Flüchtlingspolitik abgelöst vom Machtgefälle zur eidgenössischen Fremdenpolizei zu analysieren.

Überdies stellte sich Otto H. Heim mit der Bemerkung, Silvain S. Guggenheim hätte in seiner Situation sicher ebenso gehandelt und Heinrich Rothmund

---

740 Otto H. Heim: Stellungnahme an die Mitglieder des Vorstandes des VSJF, Zürich, 29. 12. 1954, S. 2 f., AfZ, IB SIG-Archiv / 802.

einen Abschiedsbesuch abgestattet, explizit selbst in eine Reihe mit den von ihm erwähnten jüdischen Persönlichkeiten, an deren Politik der Kooperation mit den Behörden 1954 Kritik geübt wurde. In der Betonung der guten privaten Beziehung, die abgelöst von der politischen Konstellation wirke, lässt sich eine gewisse Kontinuität in der Wahrnehmung jüdischer Persönlichkeiten an der Spitze des SIG und des VSJF feststellen. Weiter betonte Heim, dass während seiner Amtszeit Heinrich Rothmund dem VSJF in vielen Flüchtlingsfragen weitgehend entgegengekommen sei.[741] Trotz dieser positiven Anmerkungen zu seinen persönlichen Eindrücken von der Zusammenarbeit mit Rothmund hielt Otto H. Heim fest: «Ich lege Wert darauf, zu erklären, dass ich, wie jeder Jude, mit Bitterkeit, ja Erbitterung und tiefer Enttäuschung an die Zeit zurückdenke, in der jüdische Flüchtlinge in der Welt und in Europa umherirrten und so viele dabei den Tod fanden. [...] Für mich ist Herr Dr. R. [Rothmund] ein Exponat der Flüchtlingspolitik des Bundesrates und trägt damit bestimmt einen Teil der Verantwortung am tragischen Geschehen.»[742]

Er schloss seine Ausführungen mit der Bemerkung, die Behörden würden sich vermutlich darauf berufen, dass sie im Interesse der Schweiz so hätten handeln müssen, und stellte abschliessend die Frage: «Haben wir alle und immer unsere Pflicht getan und keine Fehler begangen?»[743]

Diese verallgemeinernden Aussagen wurden der Komplexität des Problems nicht gerecht und demonstrieren die relativierende Haltung, die Otto H. Heim zur Aufarbeitung der schweizerischen Flüchtlingspolitik in jenen Jahren einnahm. Er stand damit mitnichten allein da, denn trotz des gestiegenen Selbstbewusstseins, mit dem einige Vertreter des Schweizer Judentums gegenüber den Behörden seit Kriegsende auftraten, wurden die Konsequenzen der restriktiven Politik nur zögerlich öffentlich angeprangert. Angesichts der Millionen von ermordeten Jüdinnen und Juden lastete der Verdacht, öffentliche Repräsentanten des Schweizer Judentums hätten nicht alles in ihrer Macht Stehende getan, um jüdischen Flüchtlingen zu helfen, schwer auf dem Gewissen der Leitung des SIG und des VSJF. So schilderte Georges Brunschvig das allgemeine Befinden des SIG in Anbetracht des Ludwig-Berichts vor dem CC Ende 1957: «Eindeutig geht aus dem Bericht hervor, dass von den verschiedensten Seiten aus Fehler begangen wurden. Dies soll uns allen zur Lehre dienen, nie das Gebot der Nächstenliebe zu missachten.»[744] Mehrere Votanten des CC äusserten sich in einer ähnlichen selbstkritischen Manier.[745]

---

741 Vgl. ebd., S. 4.
742 Ebd., S. 5.
743 Ebd.
744 Clara Schnetzer: Prot. CC SIG, Bern, 12. 12. 1957, S. 10, AfZ, IB SIG-Archiv / 110.
745 Vgl. ebd., S. 11–13.

Der Ludwig-Bericht wurde dem Bundesrat 1957 vorgelegt.[746] Der SIG zeigte sich mit der Veröffentlichung des Berichts im Herbst zufrieden und hob insbesondere hervor, dass Carl Ludwig einen Zusammenhang zwischen der Angst vor der «Überfremdungsgefahr» durch Jüdinnen und Juden und der repressiven Flüchtlingspolitik der Schweiz hergestellt habe. Es habe sich gezeigt, so der Jahresbericht des SIG, «daß die Flüchtlingspolitik kein Ruhmesblatt für die Schweiz bildet».[747] Relativ ernüchtert musste der SIG jedoch im darauffolgenden Jahr feststellen, dass eine breite Debatte über die Resultate des Ludwig-Berichts im Parlament ausgeblieben war.[748]

Für Otto H. Heim hatte der Besuch bei Heinrich Rothmund keine Folgen. Die Vorstandsmitglieder des VSJF drückten anlässlich einer Aussprache in einer Vorstandssitzung vor allem ihr Missfallen über den Alleingang von Heim aus.[749] Das CC des SIG besprach die Angelegenheit in Abwesenheit von Otto H. Heim, der aus gesundheitlichen Gründen fehlte,[750] und hielt die ablehnende Haltung der CC- und GL-Mitglieder zu diesem Besuch fest. In einem Antrag wurde festgehalten, «dass es sich um einen Privatbesuch handelte»,[751] womit die Debatte darüber abgeschlossen wurde. Das eigenwillige Auftreten des VSJF-Präsidenten wurde angesichts seiner hohen Bereitschaft, sich leidenschaftlich für jüdische Flüchtlinge zu engagieren, in Kauf genommen.

---

746 Vgl. Kreis, Die Schweizerische Flüchtlingspolitik, 1997, S. 554 f.
747 O. A.: JB SIG 1957, Zürich, Januar 1958, S. 9, AfZ, IB SIG-Archiv / 378.
748 Vgl. o. A.: JB SIG 1958, Zürich, März 1959, S. 9, AfZ, IB SIG-Archiv / 378.
749 Irene Eger: Prot. VS VSJF, Zürich, 7. 2. 1955, S. 4, AfZ, IB VSJF-Archiv / 40. Die Protokollführerin war an der Aussprache zwischen den Vorstandsmitgliedern nicht anwesend, der genaue Inhalt der Diskussion hat daher keinen Eingang ins Protokoll gefunden und es ist durchaus denkbar, dass auch scharfe Kritik am Vorgehen von Otto H. Heim geäussert wurde.
750 Vgl. C. Schnetzer: Prot. CC SIG, Bern, 15. 3. 1955, S. 1, AfZ, IB SIG-Archiv / 108.
751 Ebd., S. 10.

9 Zusammenfassung und Schlussbetrachtungen

9.1 Entwicklungen in der jüdischen Flüchtlingshilfe 1933–1955

Der VSIA, 1908 als Dachorganisation der Armenpflegen der jüdischen Gemeinden gegründet, entwickelte sich bis in die 1940er-Jahre von einer Organisation mit losen Strukturen zu einem Flüchtlingshilfswerk, das Tausende von Flüchtlingen materiell und organisatorisch unterstützte. Die Schweizer Jüdinnen und Juden leisteten damit einen immensen Beitrag an die Unterstützung ihrer Glaubensgenossen, die der nationalsozialistischen Vertreibungs- und Vernichtungspolitik entkommen waren.

Obwohl sich die Schweiz im 19. Jahrhundert den Ruf erworben hatte, Flüchtlingen grosszügig Asyl zu gewähren, hatte sich diese humanitäre Praxis nach dem Ersten Weltkrieg mit der Überfremdungsdebatte, die antisemitische Tendenzen hatte, wesentlich geändert. Der Entscheid, jüdische Flüchtlinge nicht als politisch Verfolgte, sondern als Emigrantinnen und Emigranten zu behandeln und an der Grenze abzuweisen, hatte für die Betroffenen häufig fatale Folgen. Jüdische Flüchtlinge, denen der Grenzübertritt in die Schweiz dennoch gelang, erhielten bis 1942 praktisch keine staatliche Unterstützung. Durch das «Gentlemen's Agreement» von 1938 verpflichtet, übernahm das Schweizer Judentum finanzielle und logistische Aufgaben, die seine Ressourcen um ein Vielfaches überstiegen und die ohne die finanzielle Beteiligung jüdischer Organisationen aus dem Ausland niemals zu bewältigen gewesen wären. Der Verband Schweizerischer Israelitischer Armenpflegen, ursprünglich als Dachorganisation der Fürsorgestellen der jüdischen Gemeinden gegründet, musste sich für die Übernahme der Flüchtlingshilfe in den 1930er-Jahren neu erfinden und eine enorme Pionierarbeit leisten. Die Arbeit der jüdischen Flüchtlingshilfe unter den widrigen Bedingungen der 1930er- und 1940er-Jahre wurde auch nach dem Bekanntwerden des Ausmasses der Shoah in der Nachkriegszeit von staatlicher Seite nie anerkannt. Forderungen seitens des VSJF bezüglich der Verbesserung der Lebensbedingungen in den «Lagern» während der Kriegsjahre oder Forderungen, den rechtlichen Status der Flüchtlinge zu verbessern, wurde entweder nicht entsprochen oder sie wurden als anmassend dargestellt.

Die lokale Fürsorgekommission der ICZ hatte auf die Entwicklung des VSIA in der entscheidenden Phase in den 1930er-Jahren grossen Einfluss. 1935 übernahm der VSIA im Auftrag des SIG die Organisation der Flüchtlingshilfe. Eine Trennung des VSIA von der lokalen Fürsorgekommission der ICZ bestand zu diesem Zeitpunkt strukturell nur auf dem Papier – von 1925 bis 1938 hatte der Leiter der Fürsorgekommission der ICZ auch die Präsidentschaft des VSIA inne. Die Folge davon war, dass der SIG zwar die jüdische Flüchtlingshilfe finanzierte, jedoch auf die inneren Prozesse des VSIA kaum Einfluss hatte. Die Leitung der Zentralstelle des VSIA wurde ausschliesslich mit Personen aus dem Vorstand der ICZ besetzt. Obwohl erste Bestrebungen zur Trennung des VSIA von der Fürsorgekommission der ICZ 1938 in Angriff genommen wurden, waren weiterhin Personen aus dem Vorstand der ICZ im VSIA und später im VSJF tätig.

Vor dem Hintergrund, dass die Aufgaben in der Leitung der Flüchtlingshilfe viel Zeit in Anspruch nahmen und ehrenamtlich getätigt wurden, kam lediglich ein kleiner Kreis von wirtschaftlich abgesicherten Personen für diese Arbeit infrage, so auch Otto H. Heim, der 1940 die Leitung der Jüdischen Flüchtlingshilfe Zürich, eines Komitees des VSIA, übernahm. Die Jüdische Flüchtlingshilfe Zürich und die Zentralstelle des VSIA in Zürich arbeiteten trotz der räumlichen Trennung Ende 1939 eng zusammen.

Aufgrund von Streitigkeiten im SIG kam es 1943 zu einem Präsidentschaftswechsel, in dessen Zuge die Statuten des SIG revidiert wurden. Nun wurden auch Forderungen nach einer Reorganisation und Professionalisierung des VSIA laut. In der dafür eingesetzten Kommission waren neben Silvain S. Guggenheim als Präsident des VSIA auch Otto H. Heim und Georges Bloch tätig. Im Rahmen der Umstrukturierung änderte der VSIA nicht nur seinen Namen in «Verband Schweizerischer Jüdischer Flüchtlingshilfen/Fürsorgen» (VSJF), sondern auch seine innere Gliederung. Die Zentralstelle, im Herbst 1944 in Vorstand umbenannt, bestand neu aus zehn Personen, denen je ein Ressort zugeteilt wurde. Ein Geschäftsausschuss, bestehend aus dem neuen Präsidenten Pierre Bigar, dem Vizepräsidenten Otto H. Heim und Josef Wyler, trat wöchentlich zusammen. Im Vorfeld der Neukonstituierung der jüdischen Flüchtlingshilfe stand durch die Wahl des in Genf lebenden Pierre Bigar auch eine Verlegung der Zentralstelle nach Genf zur Debatte. Wie bereits in den Vorkriegsjahren wurde diese Idee aber verworfen, was im Wesentlichen auf die bereits vorhandene räumliche und personelle Infrastruktur der jüdischen Flüchtlingshilfe in Zürich zurückzuführen sein dürfte. Die Rolle des Standorts Zürich für den VSJF in den Jahren 1935–1955 ist damit von grosser Bedeutung für die Koordination des jüdischen Flüchtlingswesens in der Schweiz.

Auf die Vergabe der neuen Positionen im VSJF hatte der SIG auch 1943 keinen Einfluss. Eine Form von demokratischen Wahlen für die Besetzung der Ämter in der Leitung der jüdischen Flüchtlingshilfe, wie von einigen Delegierten der ICZ verlangt, wurde erst mit der zweiten Reorganisation des VSJF 1954 verwirklicht. Über das Verhältnis zwischen dem SIG und der jüdischen Flüchtlingshilfe wurde 1943 innerjüdisch heftig debattiert. Silvain S. Guggenheim, der den VSIA ab 1925 als Quästor und ab 1938 als Präsident in einer entscheidenden Phase seiner Existenz wesentlich geprägt hatte, verteidigte vehement und mit Erfolg die Autonomie des VSJF. Dabei wird deutlich, welch grossen

Einfluss Einzelpersonen auf die jüdische Flüchtlingshilfe ausübten. Vor allem in den ersten Jahren seines Bestehens wurde kaum Kritik an den Leitungsfiguren geäussert, war das Schweizer Judentum doch von den ehrenamtlichen Leistungen dieser Personen in hohem Grad abhängig. Diese widmeten dem Verband nicht nur den grössten Teil ihrer zeitlichen Ressourcen, sondern leisteten der Flüchtlingshilfe auch finanziellen Beistand. Durch ihre Vernetzung im jüdischen Bürgertum verfügten sie überdies über einen direkten Zugang zu wohlsituierten Schweizer Jüdinnen und Juden, die ebenfalls regelmässig um Spenden gebeten wurden.

Im Rahmen der Umstrukturierung von SIG und VSIA 1943 wurde der Versuch unternommen, die jüdische Flüchtlingshilfe durch die Wahl des Präsidenten besser in die Geschäftsleitung des SIG einzubinden. Diese Massnahme führte zu einem regelmässigeren Austausch in Fragen, die die Flüchtlingshilfe betrafen. 1951 wurde der VSJF das erste Mal offiziell als Ressort des SIG bezeichnet, mit der Annahme des neuen Reglements des VSJF im Mai 1955 war diese Entwicklung abgeschlossen.

Im Rahmen der Reorganisation des VSJF 1943 wurden zahlreiche Neuerungen im jüdischen Flüchtlingswesen etabliert, die zu einer Verbesserung der Lebensumstände jüdischer Flüchtlinge führen sollten. Dazu zählte die Gründung der Abteilung für kulturelle Betreuung und Seelsorge, die unter der Leitung von Otto H. Heim stand und Flüchtlingen Zugang zu geistigem Beistand und kulturellen Aktivitäten in den «Lagern» des Bundes bot. Durch die Abteilung RBK sollte die religiöse Bildung von jüdischen Kindern gewährleistet werden. In den Differenzen mit dem SHEK um die Unterbringung von jüdischen Kindern, die unbegleitet in die Schweiz gekommen und in christlichen Familien untergebracht worden waren, spiegelt sich die Angst, dass diese Kinder sich von ihren jüdischen Wurzeln entfernen könnten. Diese Befürchtungen und die Tatsache, dass unzählige jüdische Kinder und Jugendliche in den Konzentrationslagern ermordet worden waren, war Teil einer grösseren Debatte um die Zukunft des Judentums in Europa.

Neben der Leitung der jüdischen Flüchtlingshilfe arbeiteten bezahlte Fürsorgerinnen und Fürsorger für den Verband. Sie organisierten das praktische Tagesgeschäft und waren an der Schnittstelle zwischen den leitenden Gremien und den «freiwilligen» Arbeitskräften tätig. Analog zur Personalunion der Leitung des VSIA mit der Fürsorgekommission der ICZ waren auch die Fürsorgerinnen und Fürsorger zunächst sowohl für die Betreuungsfälle der ICZ als auch für den VSIA zuständig. Nach der Emigration von Thea Meyerowitz nach Palästina übernahm Jenny Meyer diese Stelle vorübergehend. Ab dem 1. März 1936 wurde Regina Boritzer als Fürsorgerin der ICZ eingestellt. Ab 1938 war sie zusammen mit Silvain S. Guggenheim nur noch für den VSIA tätig. Durch die Komplexität der Aufgaben und das stetig wachsende Arbeitsvolumen stellte der VSIA bis 1945 kontinuierlich mehr Personal ein. Die meisten Arbeitsplätze wurden dabei mit «Emigrantinnen», «Emigranten» und Flüchtlingen besetzt.

Nur wenige fürsorgerisch geschulte «Emigrantinnen» und «Emigranten», die im Besitz einer Arbeitsbewilligung waren, erhielten einen regulären Lohn für ihre Arbeit; dem weitaus grösseren Teil wurden Fürsorgegelder im Rahmen der Ansätze für Unterstützungsgelder des VSIA/VSJF sowie eine Mitarbeitendenzulage ausgezahlt. Während es im Alltag oft wenig Berührungspunkte zwischen jüdischen Flüchtlingen und Schweizer Jüdinnen und Juden gab, arbeiteten Flüchtlinge und ansässige Jüdinnen und Juden im Mikrokosmos der jüdischen Flüchtlingshilfe trotz der bestehenden Hierarchien eng zusammen. Wie in der vorliegenden Arbeit nachgewiesen werden konnte, entstanden dabei auch persönliche Beziehungen zwischen mitarbeitenden Flüchtlingen und leitenden Kräften des VSJF. Dies wurde einerseits anhand des Beispiels der Solidarisierung der einzelnen Flüchtlingskomitees mit ihren Mitarbeitenden demonstriert, andererseits am Beispiel des Verhältnisses von Otto H. Heim zu den Fürsorgerinnen im VSJF.

In der Vorkriegszeit bestand die Kernaufgabe des VSIA, bedingt durch die Transitmaxime, die als oberstes Postulat der Schweizer Flüchtlingspolitik definiert worden war, in der Unterstützung der Flüchtlinge bei der Emigration in ein Drittland. Diese Tätigkeit musste aufgrund der Kriegslage praktisch eingestellt werden. Ab 1944 wandte der VSJF jedoch wieder beträchtliche Ressourcen auf, um Flüchtlingen die Weiterreise in ein Drittland zu ermöglichen. Dafür arbeitete der VSJF mit der HICEM, später HIAS, zusammen. Ab Herbst 1944 war Otto H. Heim Leiter der neu konstituierten «Emigrationsabteilung des VSJF und der HICEM». Sowohl in Bezug auf die Emigration der Flüchtlinge als auch hinsichtlich der Finanzierung der jüdischen Flüchtlingshilfe durch das Schweizer Judentum werden erst nach Kriegsende Hinweise auf ein Umdenken dieser vom Schweizer Judentum verinnerlichten Eckpfeiler der schweizerischen Flüchtlingspolitik ersichtlich. Begünstigt wurde die Verabschiedung von solchen Vorstellungen durch die Tatsache, dass es zunehmend schwieriger wurde, die benötigten finanziellen Mittel für die Flüchtlingshilfe aus den eigenen Reihen und aus den Kassen des Joint zu generieren. Das amerikanische Hilfswerk hatte die jüdische Flüchtlingshilfe in der Schweiz während des Krieges mit beträchtlichen Summen unterstützt. Bedingt durch die immensen Aufgaben in der philanthropischen Arbeit für jüdische DPs in der Nachkriegszeit kürzte der Joint seine Subventionen für die kriegsverschonte schweizerisch-jüdische Flüchtlingshilfe laufend. Dadurch sahen sich SIG und VSJF gezwungen, bei den Schweizer Behörden häufiger um finanzielle Unterstützung für (ehemalige) «Emigrantinnen», «Emigranten» und Flüchtlinge nachzusuchen. Otto H. Heim scheute sich dabei nicht, in seiner Funktion als Präsident des VSJF mehrmals die Verbindlichkeit des 1938 abgeschlossenen «Gentlemen's Agreement» zumindest für die Nachkriegszeit öffentlich infrage zu stellen.

Um die eigene Verhandlungsbasis gegenüber den Behörden zu stärken, war der VSIA seit 1936 Mitglied der SZF. Viele Anträge auf Erhöhung der finanziellen Beiträge des Bundes an Flüchtlinge wurden über die SZF an die Schweizer Behörden herangetragen, und auch bei der Ausgestaltung des Dauerasylgesetzes für gewisse Flüchtlingsgruppen arbeiteten Personen aus dem Vorstand des VSJF eng mit der SZF zusammen. Eine Plattform für den Austausch mit den Schweizer Behörden bot ausserdem die 1944 vom Bundesrat einberufene Sachverständigenkommission für Flüchtlingsfragen, in die Otto H. Heim und mehrere andere Personen in leitenden Funktionen des VSJF und SIG im November 1944 berufen wurden. Obwohl die von der Kommission erzielten Resultate im Allgemeinen als bescheiden bezeichnet werden müssen, waren die direkten Einsichten in die Denkweise der Mitarbeitenden aus der eidgenössischen Polizeiabteilung für den VSJF von Vorteil. Überdies erweiterte Heim mit seiner Präsenz in der Sachverständigenkommission sein Beziehungsnetz um Kontakte zu Mitgliedern von Schweizer Behörden und Vertreterinnen und Vertretern anderer Hilfswerke.

Im Mai 1945 wurde Otto H. Heim Präsident des VSJF. Nachdem die meisten Flüchtlinge bis Ende 1945 in ein Drittland weitergereist waren, wurde die jüdische Flüchtlingshilfe zunehmend mit Nachkriegsproblemen konfrontiert. Dazu zählten zum Beispiel die Betreuung und finanzielle Unterstützung von an Tuberkulose erkrankten ehemaligen KZ-Häftlingen, die mit Garantien verschiedener philanthropischer jüdischer Organisationen zur Erholung in die Schweiz kamen. Bedingt durch die Schaffung des Dauerasyls betreute der VSJF darüber hinaus vermehrt alte und kranke Flüchtlinge. Während sich der ehemalige Verband Schweizerischer Israelitischer Armenpflegen von seinen Wurzeln in der Fürsorge gelöst und zu einem eigenständigen Flüchtlingswerk entwickelt hatte, folgte ab Kriegsende eine Abbauphase, als deren Ziel die Wiedereingliederung des Flüchtlingswesens in die Fürsorgestellen der jüdischen Gemeinden definiert wurde. Otto H. Heim setzte sich ab 1947 dezidiert dafür ein, dass die Begriffe «Flüchtling» und «Emigrant» in Zukunft obsolet und alle unterstützungsbedürftigen Personen ohne Ausnahme gleichbehandelt würden. Diese Überlegungen waren mit der Hoffnung verbunden, dass die Aufgaben der jüdischen Flüchtlingshilfe als erledigt betrachtet werden könnten – eine Annahme, die sich bereits im November 1956 als trügerisch erweisen sollte. Nicht nur gelangte im Zuge des Ungarnaufstandes eine grosse Anzahl neuer jüdischer Flüchtlinge ins Land, der VSJF sah sich auch mit Glaubensgenossen konfrontiert, die vor den Repressionen in Ägypten geflohen waren. Die Tatsache, dass hinsichtlich der Flüchtlinge aus Ungarn, unter denen sich auch einige Jüdinnen und Juden befanden, eine Willkommenskultur herrschte, ägyptische Flüchtlinge, die ausschliesslich jüdisch waren, aber allenfalls kurzfristige Aufenthaltsbewilligungen analog zu den Toleranzbewilligungen erhielten, die jüdischen «Emigranten» während des Zweiten Weltkriegs ausgestellt worden waren, sorgte im VSJF und im SIG für Konsternation. Es hatte sich gezeigt, dass der Zweite Weltkrieg keinen wesentlichen Einfluss auf die antisemitische Grundhaltung in der eidgenössischen Fremdenpolizei hatte.

In seiner Abschiedsrede vor der Delegiertenversammlung des SIG bezeichnete Otto H. Heim die Namensänderung des Verbandes Schweizerischer Jüdischer Flüchtlingshilfen in «Verband Schweizerischer Jüdischer Fürsorgen» von 1955 als «naiv».[1] Es habe sich leider herausgestellt, so Heim, dass angesichts weiterer jüdischer Flüchtlinge aus mehreren Teilen der Welt an eine Beendigung der Tätigkeit des jüdischen Flüchtlingswerks auch nach dem Zweiten Weltkrieg nicht zu denken sei.[2]

Im Rahmen des Abbauprozesses an der Zentralstelle des VSJF und bei den Komitees erwies sich der Standort Zürich wiederum als Spezialfall: Während bei vielen Flüchtlingskomitees wie in der Vorkriegszeit eine Personalunion zwischen der Leitung der Komitees und Vorstandsmitgliedern der lokalen jüdischen Gemeinde bestand und sich die Flüchtlingshilfe daher relativ problemlos in die Fürsorge der jüdischen Gemeinde zurückführen liess, hatte sich die Jüdische Flüchtlingshilfe Zürich weitgehend von der ICZ abgelöst und eng mit dem Vorstand des VSJF zusammengearbeitet. Die Flüchtlingshilfe Zürich blieb daher bis auf Weiteres bestehen.

Die verkleinerte Zentralstelle des VSJF wandte sich neuen Betreuungsaufgaben zu. Dazu zählten zum Beispiel die Unterstützung ehemaliger Flüchtlinge beim Beantragen von Wiedergutmachungsansprüchen in Deutschland und Österreich und die Bearbeitung von Anträgen auf Existenzdarlehen, die der VSJF aus Geldern der Claims Conference finanzierte.

Im Jahr 1966 sollte die nächste Reorganisation des VSJF in Angriff genommen werden, die die Betreuung der Flüchtlinge endgültig in den Aufgabenbereich der Fürsorgestellen der Gemeinden übertragen sollte.[3] Die Argumente für das Vorhaben, die Aufgaben in der Flüchtlingshilfe an die Gemeinden zu delegieren, hatten sich nicht geändert und bezweckten in erster Linie die vollständige Integration der Flüchtlinge ins Gemeinwesen, wobei auch finanzielle Überlegungen eine Rolle spielten.

Im Gegensatz zur Mehrheitsbevölkerung, die den Zweiten Weltkrieg und die Shoah nicht als Zäsur erlebte, gab es im Schweizer Judentum kaum Personen, die nicht direkt oder indirekt von der Vertreibungs- und Vernichtungspolitik der Nationalsozialisten betroffen gewesen wären. Das unmittelbare Erleben der Dimensionen der Shoah in der Nachkriegszeit war damit für das Schweizer Judentum ungleich anders. Die Weigerung der Schweizer Behörden,

---

1 Otto H. Heim: Abschiedsrede, gehalten an der DV des SIG, Basel, 23. 5. 1968, S. 2, AfZ, NL Otto und Régine Heim / 21.
2 Vgl. ebd.
3 Vgl. Otto H. Heim: Schreiben an Jacques Zucker, o. O., 6. 7. 1966, sowie Otto H. Heim: Beilage zur Einladung zur VS VSJF, Zürich, 25. 10. 1966, AfZ, IB VSJF-Archiv / 48.

einen Zusammenhang zwischen der eigenen Abweisungspolitik und der Shoah herzustellen, und eine antisemitische Grundtendenz in den Reihen der eidgenössischen Fremdenpolizei erklären die empathielose Haltung, die die Schweizer Politik in der Nachkriegszeit gegenüber der jüdischen Flüchtlingshilfe, Shoah-Überlebenden und Flüchtlingen an den Tag legte. Eine umfassende wissenschaftliche Aufarbeitung der Rolle der Schweiz im Zweiten Weltkrieg wurde erst in den 1990er-Jahren iniitiert. Aus den Erkenntnissen der Untersuchungen der Unabhängigen Expertenkommission Schweiz – Zweiter Weltkrieg resultierte ein langsames Umdenken in der Schweizer Politik und Gesellschaft, was den Umgang der Schweiz mit jüdischen Flüchtlingen im Zweiten Weltkrieg betraf. Die Diskussionen um die Zahl der Abgewiesenen und den Umgang mit jüdischen Flüchtlingen in der Schweiz dauern bis zum heutigen Tag an.

9.2   Zum Leben und Wirken von Otto H. Heim

> «Drei historische Ereignisse gaben meinem Leben eine besondere Prägung und Wertung: Die grauenhaften Jahre der Nazi-Zeit, die 6 Millionen Juden das Leben kosteten – dann aber auch die Niederschlagung dieser fürchterlichen Herrschaft im zweiten Weltkrieg und schliesslich die Errichtung des Staates Israel, der jedem Juden neuen Halt und neues Vertrauen gibt.»[4]

Diese Bilanz zog Otto H. Heim in einer Rede zu seinem 70. Geburtstag am 17. November 1966.
Otto H. Heim hatte sich seit seinen ersten öffentlichen Auftritten in den 1930er-Jahren bis in die 1960er-Jahre zu einer der wichtigsten Persönlichkeiten in der Flüchtlingsarbeit des Schweizer Judentums entwickelt.
Seine Jugend und die jungen Erwachsenenjahre liessen noch nicht erahnen, dass sich Heim vom grossbürgerlichen Bonvivant zum Flüchtlingshelfer entwickeln würde. Ein öffentliches Wirken von Otto H. Heim für das schweizerische Judentum lässt sich ab 1933 belegen. Heim war zu diesem Zeitpunkt 37 Jahre alt. Im Kampf gegen den Antisemitismus in der Schweiz schloss er sich zunächst dem Bund Schweizer Juden an. Dieser patriotisch orientierte Bund verlangte vom SIG eine entschlossenere Haltung im Kampf gegen Antisemitismus. Der Bund Schweizer Juden verlor jedoch Mitte der 1930er-Jahre an Bedeutung, und Heim wandte sich der Arbeit in der jüdischen Gemeinde zu. 1935 wurde er in den Vorstand der ICZ gewählt und als Vizepräsident der

---

4 Otto H. Heim: Rede zur Feier des 70. Geburtstags, o. O., 17. 11. 1966, S. 2, AfZ, NL Otto und Régine Heim / 6.

lokalen Fürsorgekommission zum ersten Mal mit der steigenden Zahl jüdischer Flüchtlinge in der Schweiz konfrontiert. Heims Hinwendung zu einer Betätigung in der ICZ zeichnete sich durch ein allmähliches Herantasten an die wohltätige Arbeit aus. Obwohl Otto H. Heim in den 1950er-Jahren gegenüber James P. Rice den Gedanken äusserte, dass die Umstände ihn zu einem Flüchtlingshelfer gemacht hätten, geht bereits aus seinen Aufsätzen in der JPZ in den 1930er-Jahren hervor, dass er von einer tiefen Verankerung eines sozialen Bewusstseins im Judentum überzeugt war. Nach diesem Grundsatz lebte er zunehmend auch selbst, indem er seine Energie der Mitarbeit im Flüchtlingswesen widmete. Otto Heim schrieb an Rice, dass er von seinem Naturell und seinen Fähigkeiten her lieber Kassier geblieben wäre. Dennoch plädierte er dafür, den Einsatz für Menschen in Not an die erste Stelle zu setzen, auch wenn die finanzielle Lage dies manchmal schwerlich zulasse.

Otto Heim schrieb dem Judentum auch ein inhärentes Demokratiebewusstsein zu, das Juden zu wertvollen Bürgern im Schweizer Staatsgefüge mache – ein wichtiges Argument gegen den Antisemitismus, der in den 1930er-Jahren in Form der frontistischen Bewegung auch die Schweizer Demokratie bedrohte. Im Umgang mit den Menschen, die vor dem Nationalsozialismus in die Schweiz geflüchtet waren, sollten sich aber in der Nachkriegszeit unterschiedliche Interpretationen zwischen den in der jüdischen Flüchtlingshilfe tätigen Personen und den Schweizer Behörden zeigen. Otto Heim appellierte unmissverständlich an die Behörden, eine grosszügige Auslegung des Bleiberechts von ehemaligen Flüchtlingen, ganz im Einklang mit der häufig heraufbeschworenen humanitären Tradition der Schweiz, zuzulassen. Seine klare Haltung verschaffte ihm auch den Respekt der bei der eidgenössischen Fremdenpolizei tätigen Personen. So schrieb Hans Mumenthaler, Chef der Ausländer- und Fürsorgesektion, folgende Glückwunschkarte anlässlich von Heims 70. Geburtstag: «Es ist mir ein Bedürfnis, Ihnen auch im Namen des zurzeit abwesenden Herrn Direktor Dr. Schürch zu diesem Ihrem Ehrentag recht herzlich zu gratulieren. [...] Gestatten Sie mir, Ihnen bei gleicher Gelegenheit für Ihr langjähriges Wirken in der Flüchtlingssache den besten Dank der Polizeiabteilung auszusprechen. Sowohl Herr Direktor Schürch wie auch ich haben Ihre offene, klare und verständnisvolle Art immer ausserordentlich zu schätzen gewusst. Sie haben damit [...] unserer gemeinsamen Sache einen grossen Dienst geleistet.»[5]

Für seine Leistungen in der Flüchtlingshilfe wurde Otto H. Heim allseits geschätzt und anerkannt. Es gelang ihm trotz seiner eigenwilligen Art, zum Wohle der Flüchtlinge mit ganz unterschiedlichen Akteuren Beziehungen zu pflegen. Heim schuf sich auf diese Weise ein Netzwerk, das weit über den Kreis

---

5 Hans Mumenthaler: Glückwunschkarte anlässlich des 70. Geburtstags von Otto Heim, Bern, 17. 11. 1966, AfZ, NL Otto und Régine Heim / 4.

seiner Herkunft aus dem jüdischen Bürgertum hinausging. Davon zeugen zahlreiche Glückwunschkarten, die Heim im November 1966 erhielt. Unter den vielen Gratulantinnen und Gratulanten befanden sich auch ehemalige Flüchtlinge[6] und Flüchtlingshelferinnen und -helfer von christlichen Hilfswerken, wie zum Beispiel Gertrud Kurz.[7]

In jüdischen Kreisen hatte sich Otto H. Heim zu diesem Zeitpunkt schon lange einen Namen gemacht. So schrieb Salomon Bollag, ein ehemaliger Mitarbeiter, er denke «in Dankbarkeit [...] stets daran dass ich in Zeiten wo einem die gebratenen Tauben nicht in den Mund fielen für Sie tätig sein durfte».[8] Der Präsident des SIG, Georges Brunschvig, verfasste folgende Glückwunschkarte: «Ein kleiner Rückblick auf vergangene Jahre wird Ihnen zeigen, dass ein Grossteil Ihres Wirkens dem Wohle des Mitmenschen galt. [...] Ich verbinde damit den Wunsch, dass es Ihnen vergönnt sei, noch viele Jahre mit dem Ihnen eigenen Temperament der Allgemeinheit zu dienen.»[9]

Der Vorstand des VSJF schrieb an seinen langjährigen Präsidenten: «Sehr verehrter und lieber OHH, [...] Wir wissen, dass Sie bei diesem Anlass keine grossen Ehrungen suchen, dass Sie unseren Dank nicht wollen, [...] aber wir machen uns zu Interpreten all jener, denen Ihre jahrzehntelange Hilfstätigkeit gegolten und geholfen hat. Und weiter machen wir uns zu Interpreten aller ehemaligen Mitstreiter und Mitarbeiter im Vorstand des V. S. J. F., indem wir Ihnen doch unseren herzlichsten Dank abstatten für Ihre Führung, kollegiale Gesinnung und anspornenden Eifer, für Ihre hin und wieder auch recht temperamentvolle Art, die nie eine hohe Loyalität vermissen liess.»[10]

Gemeinsam war den Schreiben, dass neben der Hilfstätigkeit von Heim sein Temperament erwähnt wurde, sodass man sich des Eindrucks nicht erwehren kann, dass diese Eigenschaft eines seiner herausragenden Wesensmerkmale war und auch sein Wirken für die Flüchtlinge mitprägte.

Otto H. Heim war sich seines energischen und manchmal aufbrausenden Charakters bewusst und thematisierte diese Eigenart sogar in offiziellen Schreiben. Obwohl Heims Agieren häufig vor dem Hintergrund seiner bürgerlichen jüdischen Herkunft zu verstehen ist, durch deren Milieu er massgeblich geprägt wurde, manifestierte sich in seinem leidenschaftlichen Debattieren und im gelegentlichen Ignorieren gesellschaftlicher Konventionen ein

---

6   Vgl. beispielsweise Karl und Jutta Urbach: Glückwunschtelegramm anlässlich des 70. Geburtstags von Otto Heim, Darmstadt, 16. 11. 1966, AfZ, NL Otto und Régine Heim / 5.
7   Vgl. Gertrud Kurz: Glückwunschtelegramm anlässlich des 70. Geburtstags von Otto Heim, Bern, 17. 11. 1966, AfZ, NL Otto und Régine Heim / 5.
8   Salomon Bollag: Glückwunschkarte anlässlich des 70. Geburtstags von Otto Heim, o. O., 14. 11. 1966, AfZ, NL Otto und Régine Heim / 3.
9   Georges Brunschvig: Glückwunschkarte anlässlich des 70. Geburtstags von Otto Heim, Bern, 16. 11. 1966, AfZ, NL Otto und Régine Heim / 4.
10 Vorstand VSJF: Glückwunschkarte anlässlich des 70. Geburtstags von Otto Heim, Zürich, 17. 11. 1966, AfZ, NL Otto und Régine Heim / 4.

ihm eigenes schweizerisch-jüdisches Selbstbewusstsein. Seine auf Transparenz bedachte, impulsive Art sorgte zwar sowohl in den eigenen Reihen als auch bei der Polizeiabteilung des EJPD bisweilen für Irritation, gleichzeitig verschaffte er sich gerade dadurch Gehör. Seinen Anliegen wurde zwar nicht immer entsprochen, aber im Gegensatz zum zurückhaltenden Vorgehen seiner Vorgänger Silvain S. Guggenheim und Pierre Bigar löste sein Aktionismus häufig Reaktionen aus und konnte nicht ignoriert werden. Hinter seiner Gewohnheit, persönliche Bemerkungen in offizielle Briefe einfliessen zu lassen – etwas, das im gesellschaftlichen Konsens als eher ungewöhnlich gilt – dürfte auch ein gewisses Kalkül gesteckt haben, denn im Allgemeinen sorgte dies bei den offiziellen Stellen, mit denen er regelmässig verkehrte, dafür, dass er als Mensch nahbar wirkte, als jemand, der sich mit Herzblut für Menschen einsetzte, die Opfer von Verfolgungen geworden waren. Es existieren nur wenige Egodokumente von Otto Heim. Umso aufschlussreicher sind daher viele seiner standardisierten Schreiben, die auch von seinem Sinn für Humor zeugen. Die Tatsache, dass viele Drittpersonen sein Temperament immer wieder erwähnten, und zwar auch ihm selbst gegenüber, weist darauf hin, dass ihm dieser Charakterzug im Allgemeinen nicht übelgenommen wurde, sondern eher mit einem Augenzwinkern quittiert wurde.

Heim war im VSJF auf Konsens bedacht und kein Freund politischer Extrempositionen. Er verstand es, mit verschiedenen Interessengruppen eine gemeinsame Basis zu finden, und zeigte dabei keine Berührungsängste. Im VSJF wirkte er damit ähnlich wie sein Vorgänger Silvain S. Guggenheim einend und er stellte den Dienst an der Sache über persönliche Animositäten. Von gesellschaftlichen Konventionen schien er ohnehin nicht viel zu halten, was ihm von vielen Personen, die aus einem anderen Milieu stammten, hoch angerechnet wurde. Eine Zeitzeugin beschrieb ihn als mutige Person mit Zivilcourage, die sich nicht scheute, Missstände öffentlich anzusprechen. Gerade seine Position und seine wirtschaftliche Unabhängigkeit hätten ihm ein Handeln in diesem Sinne erlaubt.[11]

Analysiert man seinen umstrittenen Besuch bei Rothmund im Jahr 1954, wird ersichtlich, dass Heim auch eine gewisse Unberechenbarkeit an den Tag legte, die ebenfalls als Teil seines eigenwilligen Temperaments verstanden wurde. Sowohl die Mitglieder des Vorstands des VSJF als auch die Leitung des SIG waren mit dieser Aktion nicht einverstanden – Letztere hatte ihn sogar ausdrücklich gebeten, davon abzusehen –, aber Konsequenzen hatte Heims Eigenmächtigkeit vordergründig keine. Die Tatsache, dass er über 20 Jahre Präsident des VSJF blieb, zeugt davon, dass seine offensive Art zugunsten der Flüchtlinge allgemein akzeptiert und zuweilen auch explizit begrüsst wurde. Trotz seiner manchmal überdeutlichen Worte gegenüber den Schweizer Behör-

---

11 Vgl. Interview mit B. S., S. 84.

den blieb Heim als wichtiger Repräsentant des jüdischen Flüchtlingswesens mehrheitlich unangefochten, was auch auf einen Wandel im Selbstbewusstsein der Schweizer Jüdinnen und Juden hinweist, der sich zum ersten Mal bei den politischen Umbrüchen in der Leitung des SIG und VSJF während des Zweiten Weltkriegs abzeichnete und sich in der Nachkriegszeit zunehmend manifestierte. Seine Wahl zum Präsidenten des VSJF im Jahr 1945 war Ausdruck einer offensiveren Haltung zugunsten der Flüchtlinge, die sich mit dem Bekanntwerden des Ausmasses der Shoah und den Niederlagen der Achsenmächte im Verlauf der 1940er-Jahre immer mehr verfestigte.

Zwischen 1955 und 1968 war Otto H. Heim weiterhin als Präsident des VSJF tätig. Die Aufgaben, die er in dieser Funktion übernahm, waren vielfältig. Eine gewisse Kontinuität lässt sich hinsichtlich der Frage der Finanzierung des Flüchtlingswesens feststellen, die Otto H. Heim weiter beschäftigte und in mehrere Verhandlungen mit der Polizeiabteilung des EJPD einerseits,[12] mit verschiedenen internationalen jüdischen Hilfswerken wie dem Joint[13] und der Claims Conference[14] andererseits mündete. Im VSJF leitete Otto H. Heim weiterhin die Vorstandssitzungen und bemühte sich um Konsens in so wichtigen Fragen wie der Leitung des Altersheims Les Berges du Léman in Vevey, der Verteilung von Geldern der Claims Conference für Existenzdarlehen und nicht zuletzt der Betreuung von jüdischen Flüchtlingen,[15] bei denen es sich hauptsächlich um Nachkriegsflüchtlinge aus Osteuropa und aus nordafrikanischen Ländern handelte. Darüber hinaus nahm Otto H. Heim als Präsident des VSJF und Mitglied der Geschäftsleitung des SIG wichtige repräsentative Aufgaben wahr und vertrat das Schweizer Judentum an Konferenzen des Joint.[16] Er war an der Konstituierung der Standing Conference of European Jewish Commu-

---

12 Vgl. zum Beispiel zur Besprechung der Kostenaufteilung in Einzelfällen Sekretariat SIG: Traktanden und Vororientierung der 120. Sitzung der GL, Zürich, 18. 6. 1954, S. 3, AfZ, NL Jean Nordmann / 24; Irene Eger: Prot. VS VSJF, Zürich, 16. 11. 1959, AfZ, IB VSJF-Archiv / 44; Leo Littmann: Prot. GL SIG, Bern, 13. 1. 1960, S. 2, AfZ, IB SIG-Archiv / 190.
13 Dazu exemplarisch L. Littmann: Prot. GL SIG, Bern, 6. 11. 1957, S. 6, AfZ, IB SIG-Archiv / 187, sowie Otto H. Heim: Aktennotiz über Besprechung mit Charles Jordan, Zürich, 25. 11. 1958, AfZ, IB VSJF-Archiv / 43.
14 Vgl. zum Beispiel Otto H. Heim: Schreiben an die Claims Conference, o. O., 24. 6. 1957, AfZ, IB SIG-Archiv / 957; Leo Littmann: Prot. GL SIG, Bern, 15. 12. 1960, S. 3, AfZ, IB SIG-Archiv / 190; Mark Uveeler: Schreiben an Otto H. Heim, New York, 3. 6. 1963, AfZ, IB SIG-Archiv / 498.
15 Vgl. zum Beispiel I. Eger: Prot. VS VSJF, Zürich, 26. 3. 1957, S. 1, AfZ, IB VSJF-Archiv / 42; Clara Schnetzer: Prot. DV SIG, Basel, 14./15. 5. 1958, S. 11, AfZ, IB SIG-Archiv / 34, sowie Clara Schnetzer: Prot. DV SIG, Lausanne, 6./7. 5. 1959, S. 13, AfZ, IB SIG-Archiv / 34, und Otto H. Heim: Schreiben an Jean Nordmann, o. O., 25. 11. 1968, AfZ, IB SIG-Archiv / 736.
16 Vgl. L. Littmann: Prot. GL SIG, Bern, 27. 8. 1958, S. 1, AfZ, IB SIG-Archiv / 188; L. Littmann: Prot. GL SIG, Bern, 28. 9. 1959, S. 2, AfZ, IB SIG-Archiv / 189; L. Littmann: Prot. GL SIG, Bern, 21. 4. 1960, S. 4, AfZ, IB SIG-Archiv / 190.

nity Services in der Nachfolge der Claims Conference massgeblich beteiligt.[17] Trotz der Ernsthaftigkeit seiner Tätigkeiten verlor Heim seinen Humor nicht. So hielt er an der Rede zu seinem 70. Geburtstag fest: «Wenn mein seliger Vater noch leben würde, so wäre ich sicher, dass er mich auch heute morgen beim Gratulieren wie jedes Jahr – bis zu meinem 54. Geburtstag [–] ermahnt hätte, es sei nun endlich Zeit, dass ich vernünftig würde. […] Ich möchte an meinem 70. Geburtstag keine Beichte ablegen; – sie wäre vielleicht *zu* interessant; ich möchte auch keine resignierte Abdankungsrede halten, denn ich gedenke keineswegs daran, abzudanken, sondern ich hoffe – not to add years to life, but to add life to years.»[18]

Eine enge Freundschaft bis ins hohe Alter verband Otto H. Heim mit Georges Bloch und Josef Wyler, die einen ähnlichen sozialen Hintergrund hatten wie er selbst. Eine Bestätigung für diese Freundschaft findet sich sowohl in den Erinnerungen von Zeitzeuginnen und Zeitzeugen als auch in einer Rede von Otto H. Heim zum 60. Geburtstag von Josef Wyler im Jahr 1964. Heims Rede bietet dabei einen sehr plastischen Einblick in ihre Freundschaft: «Wir sind nun an die 20 Jahre befreundet. Dass meine Frau und ich sozusagen chronische Mitesser an den Freitagabenden bei Dir sind, sei an dieser Stelle erwähnt und wie es sich für uns arme Schlucker gehört mit einem ‹Gott vergelt's› herzlich verdankt. Dann treffen wir uns jeden Sonntagmorgen um 7.30 Uhr und wir haben es mit Dir fertiggebracht, dass Du – wer würde es glauben, – tatsächlich um 7.31 oder 7.32 erscheinst, einmal war es sogar 7.28. Früher erstürmten wir den Gipfel des Uetlibergs; in den letzten Jahren sind wir, besonders Deine Freunde älter geworden und wir treffen uns nur am Degenried […] und der wichtigste Teil dieses Sonntagmorgens ist der gemütliche, gute café-complet-extra in Witikon.»[19]

Im Mai 1968 trat Otto H. Heim von seinen Ämtern als Präsident des VSJF und Mitglied der Geschäftsleitung des SIG zurück.[20] Bei dieser Gelegenheit ordnete er seine Leistungen in der Flüchtlingshilfe folgendermassen ein: «‹Es ist uns gegeben, am Werk zu arbeiten, aber es ist uns nicht gegeben, es zu vollenden.› – So der Talmud. – Wenn ich nun Abschied nehme von diesem Werk, an dem ich mitgearbeitet habe, so geschieht dies ohne falsche Bescheidenheit. Meine Kollegen und ich selbst, wir sind uns bewusst, dass wir etwas getan

---

17 Vgl. Astorre Mayer: Schreiben an Otto H. Heim, o. O., 21. 2. 1964, AfZ, IB SIG-Archiv / 1083; Murray M. Sklar: Schreiben an Otto H. Heim, o. O., 5. 5. 1964, AfZ, IB SIG-Archiv / 1083, sowie Murray M. Sklar: Schreiben an Otto H. Heim, o. O., 29. 10. 1964, AfZ, IB SIG-Archiv / 1083.
18 Otto H. Heim: Rede zur Feier des 70. Geburtstags, o. O., 17. 11. 1966, S. 1 f., AfZ, NL Otto und Régine Heim / 6 (Hervorhebung im Original).
19 Otto H. Heim: Rede zum 60. Geburtstag von Josef Wyler, o. O., o. D. (1964), AfZ, NL Otto und Régine Heim / 21.
20 Vgl. H. Schüler: Prot. DV SIG, Basel, 22./23. 5. 1968, S. 11, AfZ, IB SIG-Archiv / 35.

Abb. 55: Sitzung der Geschäftsleitung des SIG, von links nach rechts: Otto H. Heim, Georg Guggenheim, Alfred Goetschel, Georges Brunschvig, Basel, 22. Mai 1968.

haben, etwas geleistet haben, das uns sinnvoll scheint, und auch unserem Leben Sinn und Inhalt gab und gibt.»[21]

Auch nach seinem Rücktritt nahm er bis zu seinem Tod am 12. Mai 1978 als Ehrenpräsident des VSJF noch regelmässig an den Sitzungen des Vorstandes teil.[22] Heim hatte alle wichtigen Stationen des VSJF seit der Auslagerung des VSIA aus der Fürsorgekommission der ICZ 1939 miterlebt und zwei Reorganisationen des VSJF mit angestossen. «Die geleistete soziale Arbeit, die Hilfe im tragischen Geschehen unserer Zeit, ging und geht uns alle an, Juden und Nichtjuden. [...] Wir alle müssen danken dafür, dass es uns vergönnt war, Elend zu lindern und Menschenleben zu retten. Die Gemeinschaft, in der wir leben, müssen wir einem Ziele zuführen, das uns das Leben lebenswert und sinnvoll erscheinen lässt. Das Verständnis von Mensch zu Mensch, die Bereitschaft, dem Anderen durch die Tat zu helfen, sind Wegweiser zu dieser Gemeinschaft.»

---

21 Otto H. Heim: Abschiedsrede, gehalten an der DV des SIG, Basel, 23. 5. 1968, S. 1, AfZ, NL Otto und Régine Heim / 21.
22 Vgl. nk: Zürcher Nachrufe. Abschied von Otto H. Heim, in: IW 20 (1978), S. 26.

So aufgefasst, muss jede soziale Arbeit, jede soziale Tat zur sozialen Gesinnung führen, ohne die der Aufbau unserer Welt Sinn und Wert verliert.»[23]

Otto H. Heim hat den VSJF über Jahrzehnte mitgeprägt. Seine manchmal harsche und unverblümte Art führte dazu, dass sich Personen in seinem Umfeld brüskiert fühlen konnten. Seine unkonventionelle Direktheit und Nonchalance wurden aber gleichzeitig oft positiv hervorgehoben. Otto H. Heim war für sein eigentliches Lebenswerk, die soziale Arbeit für seine jüdischen Mitmenschen, unermüdlich im Einsatz. Er sah diese Tätigkeit in der jüdischen Flüchtlingshilfe als sinnstiftend und fühlte sich dazu berufen.

23 Heim, Jüdische soziale Arbeit, 1954, S. 51.

Abbildungsnachweis

Abb. 1–15:   Privatbesitz André Blum, Romainmôtier.
Abb. 16:   AfZ, NL Georges Bloch / 4.
Abb. 17:   Privatbesitz André Blum, Romainmôtier.
Abb. 18–19:   Privatbesitz Beatrice Seifert, Zürich.
Abb. 20:   Privatbesitz Walter Heim, Comano.
Abb. 21–22:   AfZ, IB SIG-Archiv / 378.
Abb. 23:   AfZ, S JUNA / 927.
Abb. 24:   AfZ, Das Neue Israel 4, 1958.
Abb. 25:   AfZ, NL Veit Wyler / 83.
Abb. 26:   AfZ, NL Wyler-Bloch / 65.
Abb. 27:   BAR, E4264#1985/196#12144*.
Abb. 28–33:   Privatbesitz Familie Gezow, Eilon.
Abb. 34:   AfZ, NL Otto und Régine Heim / 37.
Abb. 35–36:   Privatbesitz Familie Gezow, Eilon.
Abb. 37:   AfZ, NL Otto und Régine Heim / 37.
Abb. 38–39:   BAR, E4264#1985/196#5211*.
Abb. 40:   Privatbesitz Margaret Schwartz, Ramat-Gan.
Abb. 41–42.: Privatbesitz Madeleine Erlanger, Zürich.
Abb. 43–45:   AfZ, IB VSJF-Archiv / 383.
Abb. 46:   AfZ, IB IFZ-Archiv / 2.
Abb. 47:   AfZ, NL Edith Zweig / 11.
Abb. 48:   BAR, E4264#1988/2#25144*.
Abb. 49:   Privatbesitz Familie Gezow, Eilon.
Abb. 50:   AfZ, BASJ-Archiv / 497.
Abb. 51–52:   Privatbesitz Alice Alexander, London.
Abb. 53:   AfZ, NL Otto und Régine Heim / 14.
Abb. 54:   AfZ, IW 9, 1992.
Abb. 55:   AfZ, NL Georges Brunschvig / 32.

Abkürzungen

AfZ	Archiv für Zeitgeschichte der ETH Zürich
ANAG	Bundesgesetz über Aufenthalt und Niederlassung der Ausländer
BAR	Schweizerisches Bundesarchiv, Bern
BSJ	Bund Schweizer Juden
BSJF	Bund Schweizerischer Jüdischer Frauenvereine
BVH	Bund für Volk und Heimat
CC	Centralcomité
DP	Displaced Person
DV	Delegiertenversammlung
EJPD	Eidgenössisches Justiz- und Polizeidepartement
EPD	Eidgenössisches Politisches Departement (heute: Eidgenössisches Departement für auswärtige Angelegenheiten, EDA)
GA	Geschäftsausschuss
GB	Geschäftsbericht
GL	Geschäftsleitung
GV	Generalversammlung
HIAS	Hebrew Immigrant Aid Society
HICEM	Zusammenschluss von drei jüdischen Migrationsorganisationen 1927: Hebrew Immigrant Aid Society (HIAS), New York; Jewish Colonization Association (ICA), London; Vereinigtes Comité für Auswanderung (Emigdirect), Berlin
HIJEFS	Hilfsverein für jüdische Flüchtlinge in Schanghai
ICZ	Israelitische Cultusgemeinde Zürich
IFZ	Israelitischer Frauenverein Zürich
IGB	Israelitische Gemeinde Basel
IKRK	Internationales Komitee vom Roten Kreuz
IRG	Israelitische Religionsgesellschaft Zürich
IRO	International Refugee Organization
IW	Israelitisches Wochenblatt der Schweiz
JB	Jahresbericht
Joint	American Jewish Joint Distribution Committee
JPZ	Jüdische Pressezentrale Zürich
JUNA	Jüdische Nachrichtenagentur
ORT	Organisation, Reconstruction, Travail
OSE	Œuvre de secours aux enfants
RBK	Abteilung religiöse Betreuung der Kinder
SAK	Schweizerische Arbeitsgemeinschaft für kriegsgeschädigte Kinder

SARCIS	Service d'aide aux réfugiés civils internés en Suisse
SHEK	Schweizerisches Hilfswerk für Emigrantenkinder
SIG	Schweizerischer Israelitischer Gemeindebund
SRK	Schweizerisches Rotes Kreuz
SRK, Kh	Schweizerisches Rotes Kreuz, Kinderhilfe
StABS	Staatsarchiv Basel-Stadt
StAZH	Staatsarchiv des Kantons Zürich
SZF	Schweizerische Zentralstelle für Flüchtlingshilfe
TB	Tätigkeitsbericht
Tbc	Tuberkulose
UEK	Unabhängige Expertenkommission Schweiz – Zweiter Weltkrieg
UGIF	Union générale des israélites de France
UNRRA	United Nations Relief and Rehabilitation Administration
URO	United Restitution Organization
VS	Vorstandssitzung
VSIA	Verband Schweizerischer Israelitischer Armenpflegen (ab Mitte 1943 VSJF)
VSJF	Verband Schweizerischer Jüdischer Flüchtlingshilfen/Fürsorgen (bis Mitte 1943 VSIA)
WJC	World Jewish Congress
YMCA	Young Men's Christian Association
ZL	Eidgenössische Zentralleitung der Heime und Lager (ab 1946), vorher: Zentralleitung der Arbeitslager für Emigranten

Quellen und Literatur

Quellen

Archiv für Zeitgeschichte, ETH Zürich (AfZ)

IB BSJF-Archiv
IB ICZ-Archiv
IB IFZ-Archiv
IB JUNA-Archiv
IB Kulturgemeinschaft Emigranten
IB SFH-Archiv
IB SIG-Archiv
IB Union Jüdischer Flüchtlinge
IB VSJF-Archiv
NL Pierre Bigar
NL Georges Bloch
NL Marcus Cohn
NL Herman Levin Goldschmidt
NL Rudolf Grob
NL Georg Guggenheim
NL Otto und Régine Heim
NL Ernst Kaldeck
NL Gertrud Kurz
NL Rachel Michel-Frumes
NL Jean Nordmann
NL Hugo und Trudy Wyler-Bloch
NL Louis und Rosa Wyler
NL Veit Wyler
NL Edith Zweig
PA Biographische Sammlung
S Biografien Sachthemen
Zeitungen und Zeitschriften: Das Neue Israel (1948–1986), Israelitisches Wochenblatt (IW) (1901–2001), Jüdische Presszentrale (JPZ) (1918–1940), Jüdische Rundschau Maccabi (1941–2001)

Archiv OSE, Paris

Doulut, Alexandre: Liste des enfants internés à Rivesaltes, zugestellt von Dominique Rotermund, Archiv OSE, Paris, am 6. 2. 2020.

Central Database of Shoah Victims' Names der israelischen Gedenkstätte Yad Vashem

https://yvng.yadvashem.org, 28. 1. 2020.

Ghetto Fighters House Archive, Israel (GFH)

Alfred – Alf Schwarzbaum Collection Catalog
Collection Section

Diplomatische Dokumente der Schweiz

Online-Datenbank Dodis, www.dodis.ch, 19. 1. 2021.

Schürch, Oscar: Das Flüchtlingswesen in der Schweiz während des zweiten Weltkrieges und in der unmittelbaren Nachkriegszeit (1933–1950). Bericht des Eidg. Justiz- und Polizeidepartementes, Bern 1952, http://dodis.ch/18911, 10. 9. 2019.

Schweizerisches Bundesarchiv, Bern (BAR)

Ausländische Fremdenpolitik und fremdenpolizeiliche Beziehungen mit dem Ausland, E4300B#C
Bundesamt für Ausländerfragen: Personenregistratur (1979–2003), E4301*
Eidgenössisches Kommissariat für Internierung und Hospitalisierung: Zentrale Ablage (1944–1946), E5791*
Eidgenössisches politisches Departement: Handakten Max Petitpierre, Bundesrat (1945–1961), E2800*
Flüchtlingskommission, E9500.193#1
Online-Amtsdruckschriften, www.amtsdruckschriften.bar.admin.ch/start.do, 19. 1. 2021
Polizeiabteilung: Handakten Heinrich Rothmund, Chef (1919–1960), E4800.1*
Polizeiabteilung: Personenregistratur (1901–1979), E4264*
Polizeiabteilung: Zentrale Ablage (1931–1978), E4260C*
Rechtliche Stellung und Behandlung neutraler Personen und Vermögens in kriegsführenden Staaten, E2001E#B.51.3.
Schweizer Hilfswerk für Emigrantenkinder (SHEK), J2.55#1
Schweizerischer Vaterländischer Verband, J2.11*
Schweizer Spende für die Kriegsgeschädigten in Europa, J2.142-01#1

Staatsarchiv Basel-Stadt (StABS)

IGB-REGa Israelitische Gemeinde Basel, 1807–2004
Protokolle: Regierungsrat

Staatsarchiv des Kantons Bern

V JGB Archiv der Jüdischen Gemeinde Bern, 1848–2016

Staatsarchiv des Kantons Zürich (StAZH)

Patentschriften
Protokolle des Kantonsrates
Protokolle des Regierungsrates

Mündliche Quellen

Aufgenommene und transkribierte Gespräche, geführt von Barbara Häne; Transkripte auf Anfrage bei der Verfasserin einsehbar.

Interview mit Alice Alexander: Gespräch über Otto H. Heim, London, 26./27. 3. 2018.
Interview mit André Blum: Gespräch über Otto H. Heim, Romainmôtier, 13. 1. 2020.
Interview mit Madeleine Erlanger: Gespräch über Otto H. Heim, Zürich, 28. 11. 2018.
Interview mit Amira Gezow: Gespräch über Otto H. Heim, Kibbuz Eilon, 3. 4. 2019.
Interview mit Fred Guggenheim: Gespräch über Otto H. Heim, Zürich, 29. 10. 2018 (Gedächtnisprotokoll).
Interview mit Marc Heim: Gespräch über Otto H. Heim, Comano, 7. 8. 2017.
Interview mit Walter Heim: Gespräch über Otto H. Heim, Comano, 7. 8. 2017.
Interview mit Walter Strauss: Gespräch über Otto H. Heim, Spreitenbach, 5. 9. 2017.
Interview mit B. S.: Gespräch über Otto H. Heim, Zürich, 15. 10. 2018.

Weitere Tondokumente

Laugwitz, Burkhard: Erlebte Geschichten mit Amira Gezow, Erlebte Geschichten, Westdeutscher Rundfunk WDR, 26. 1. 2014, www1.wdr.de/radio/wdr5/sendungen/erlebtegeschichten/amiragezow100.html, 9. 2. 2018.
Schöner, Anja: Shoah-Gedenktag: Amira Gezow, Audio Portal of Community Radios, freie-radios.net, 28. 1. 2011, www.freie-radios.net/38709, 9. 2. 2018.

Filme

Lindtberg, Leopold: Marie-Louise, Stella Video, Zürich 1943.
Kasics Kaspar: Closed Country, Distant Lights Filmproduktion GmbH, Zürich 2007.

Literatur

Abrams, Lynn: Oral History Theory, London 2010, 2. Auflage 2016.
Aeppli, Felix: Kurt Guggenheim, in: e-HLS, https://hls-dhs-dss.ch/de/articles/009174/2007-03-20, 26. 11. 2020.
Allolio-Näcke, Lars, Britta Kalscheuer, Arne Manzeschke (Hg.): Differenzen anders denken. Bausteine zu einer Kulturtheorie der Transdifferenz, Frankfurt am Main 2005.
Aumüller, Jutta: Assimilation. Kontroversen um ein migrationspolitisches Konzept, Bielefeld 2009.
Bauer, Yehuda: Jordan, Charles Harold, Encyclopedia.com, o. D., www.encyclopedia.com/religion/encyclopedias-almanacs-transcripts-and-maps/jordan-charles-harold, 23. 9. 2020.
Bauer, Yehuda: «Onkel Saly» – die Verhandlungen des Saly Mayer zur Rettung der Juden 1944/45, in: Vierteljahrshefte für Zeitgeschichte 2 (1977), S. 188–219, www.ifz-muenchen.de/heftarchiv/1977_2_2_bauer.pdf, 25. 1. 2021.
Bauer, Yehuda: American Jewry and the Holocaust. The American Jewish Joint Distribution Committee, 1939–1945, Detroit 1989.
Bein, Alexander: «Der jüdische Parasit». Bemerkungen zur Semantik der Judenfrage, in: Vierteljahrshefte für Zeitgeschichte 2 (1965), S. 12–49, www.ifz-muenchen.de/heftarchiv/1965_2_1_bein.pdf, 22. 12. 2020.
Belot, Robert (Hg.): Guerre et frontières. La frontière franco-suisse pendant la Seconde Guerre mondiale, Neuchâtel 2002.
Bendkower, Sigmund: Prophetenvogel, in: Turicum. Schweizer Kultur und Wirtschaft 25/2 (1994), S. –9.
Benz, Wolfgang, Barbara Distel (Hg.): Herrschaft und Gewalt. Frühe Konzentrationslager 1933–1939 (Geschichte der Konzentrationslager 1933–1945 2), Berlin 2002.
Bloch, René, Jacques Picard (Hg.): Wie über Wolken. Jüdische Lebens- und Denkwelten in Stadt und Region Bern, 1200–2000, Zürich 2014.
Blum, Sarah: La communauté israélite de La Chaux-de-Fonds de 1933 à 1945, Neuchâtel 2012.
Bodenheimer, Alfred (Hg.): «Nicht irgendein anonymer Verein …» Eine Geschichte der Israelitischen Cultusgemeinde Zürich, Zürich 2012.
Borgstedt, Angela: Das nordbadische Kislau. Konzentrationslager, Arbeitshaus und Durchgangslager für Fremdenlegionäre, in: Wolfgang Benz, Barbara Distel (Hg.): Herrschaft und Gewalt. Frühe Konzentrationslager 1933–1939 (Geschichte der Konzentrationslager 1933–1945 2), Berlin 2002, S. 217–229.
Bornstein, Heini: Insel Schweiz. Hilfs- und Rettungsaktionen sozialistisch-zionistischer Jugendorganisationen 1939–1946, Zürich 2000.
Bortenschlager, Wilhelm: Der Dramatiker Fritz Hochwälder, Innsbruck 1979.
Bossert, Sabina: David Frankfurter (1909–1982). Das Selbstbild des Gustloff-Attentäters (Jüdische Moderne 20), Köln 2019.
Bourdieu, Pierre: Die feinen Unterschiede. Kritik der gesellschaftlichen Urteilskraft, 24. Auflage, Frankfurt am Main 2014.
Brenner, Michael: Kleine jüdische Geschichte. Die Geschichte der Juden von der Antike bis heute, München 2008.

Brenner, Michael: Nach dem Holocaust. Juden in Deutschland 1945–1950, München 1995.
Brumlik, Micha: Kein Weg als Deutscher und Jude. Eine bundesrepublikanische Erfahrung, München 1996.
Brunschwig, Annette: Heimat Biel. Geschichte der Juden in einer Schweizer Stadt vom Spätmittelalter bis 1945 (Beiträge zur Geschichte und Kultur der Juden in der Schweiz 15), Zürich 2011.
Brunschwig, Annette, Ruth Heinrichs, Karin Huser: Geschichte der Juden im Kanton Zürich. Von den Anfängen bis in die heutige Zeit, Zürich 2005.
Brylla, Charlotte: Der semantische Kampf um den Begriff des Nordens in Schweden zur Zeit des Nationalsozialismus, in: Jan Hecker-Stampehl, Hendriette Kliemann-Geisinger (Hg.): Facetten des Nordens. Räume – Konstruktionen – Identitäten, Berlin 2009 (Berliner Beiträge zur Skandinavistik 17), S. 159–174, https://edoc.hu-berlin.de/bitstream/handle/18452/2617/brylla.pdf, 22. 12. 2020.
Bürgi, Markus: Robert Briner, in: e-HLS, https://hls-dhs-dss.ch/de/articles/005918/2002-12-30, 29. 4. 2020.
Businger, Susanne: Stille Hilfe und tatkräftige Mitarbeit. Schweizer Frauen und die Unterstützung jüdischer Flüchtlinge, 1938–1947, Zürich 2015.
Chessex, Pierre: Georges Bloch, in: e-HLS, https://hls-dhs-dss.ch/de/articles/047892/2002-11-13, 21. 12. 2020.
von Cranach, Philipp: Judentum nach 1945, in: e-HLS, https://hls-dhs-dss.ch/de/articles/011376/2016-02-01/#HNach1945, 4. 11. 2019.
Curio, Claudia: Verfolgung, Flucht, Rettung. Die Kindertransporte 1938/39 nach Grossbritannien (Dokumente-Texte-Materialien 59), Berlin 2006.
Davenport-Hines, R. P. T. (Hg.): Business in the Age of Depression and War, New York 1990.
Degen, Bernard: Rationierung, in: e-HLS, https://hls-dhs-dss.ch/de/articles/013782/2010-08-02, 30. 12. 2020.
Dimmel, Nikolaus, Tom Schmid: Selbstverwaltung. Die demokratische Organisation der sozialen Daseinsordnung, Wien 2019.
Doulut, Alexandre: Les Juifs au camp de Rivesaltes: internement et déportation (1941–1942), Paris 2014.
Düring, Marten et al. (Hg.): Handbuch Historische Netzwerkforschung. Grundlagen und Anwendung (Schriften des Kulturwissenschaftlichen Instituts Essen zur Methodenforschung 1) Berlin 2016.
Eichholzer, Erika: Eugénie Meyer-Perlmann (1905–1974), Archiv für Frauen-, Geschlechter- und Sozialgeschichte, o. D., https://frauenarchivostschweiz.ch/portraits.html, 22. 12. 2020.
Eidenbenz, Mathias: «Blut und Boden». Zu Funktion und Genese der Metaphern des Agrarismus und Biologismus in der nationalsozialistischen Bauernpropaganda R. W. Darrés (Geschichte und Hilfswissenschaften 580), Bern 1993.
Eidgenössische Kommission für Frauenfragen (Hg.): 3.6. Die Stellung von Frau und Mann im Bürgerrecht, in: o. A.: Frauen Macht Geschichte. Zur Geschichte der Gleichstellung in der Schweiz, o. D., www.ekf.admin.ch/ekf/de/home/dokumentation/geschichte-der-gleichstellung--frauen-macht-geschichte/frauen-macht-geschichte-18482000.html, 30. 11. 2020.

Einhaus, Hannah: Georges Brunschvig. Ein Netzwerker par excellence, in: René Bloch, Jacques Picard (Hg.): Wie über Wolken. Jüdische Lebens- und Denkwelten in Stadt und Region Bern, 1200–2000, Zürich 2014, S. 399–403.

Einhaus, Hannah: Für Recht und Würde. Georges Brunschvig: Jüdischer Demokrat, Berner Anwalt, Schweizer Patriot (1908–1973) (Beiträge zur Geschichte und Kultur der Juden in der Schweiz 17), Zürich 2016.

Erlanger, Simon: «Nur ein Durchgangsland». Arbeitslager und Internierungsheime für Flüchtlinge und Emigranten in der Schweiz 1940–1949, Zürich 2006.

Erlanger, Simon: «Schädlingsbekämpfung» – Schweizer Juden zwischen interner Disziplinierung und Abwehr, in: Bulletin der Schweizerischen Gesellschaft für Judaistische Forschung (SGJF) 14 (2005), S. 3–19.

Esser, Hartmut: Soziologie. Spezielle Grundlagen. Die Konstruktion der Gesellschaft, Frankfurt am Main 2000.

Etzemüller, Thomas: Biographien. Lesen – erforschen – erzählen, Frankfurt am Main 2012.

Finney, Patrick (Hg.): Authenticity. Reading, Remembering, Performing, London, New York 2019.

Fliedner, Hans-Joachim: Die Judenverfolgung in Mannheim 1933–1945, Stuttgart 1971.

Favez, Jean-Claude: Marcel Pilet-Golaz, in: e-HLS, https://hls-dhs-dss.ch/de/articles/004641/2011-02-03, 18. 9. 2019.

Fivaz-Silbermann, Ruth: La fuite en Suisse. Migrations, stratégies, fuite, accueil, refoulement et destin des réfugiés juifs venus de France durant la Seconde Guerre mondiale, Genf 2017.

Friedländer, Saul: Das Dritte Reich und die Juden. Die Jahre der Verfolgung 1933–1939. Die Jahre der Vernichtung 1939–1945, München 2008.

Fritsche, Christiane: Ausgeplündert, zurückerstattet und entschädigt. Arisierung und Wiedergutmachung in Mannheim, Heidelberg 2013.

Fritsche, Christiane, Johannes Paulmann (Hg.): «Arisierung» und «Wiedergutmachung» in deutschen Städten, Köln, Weimar, Wien 2014.

Fuchs, Thomas: Johannes Baumann, in: e-HLS, https://hls-dhs-dss.ch/de/articles/004139/2004-06-10, 10. 2. 2020.

Fuhse, Jan Arendt: Soziale Netzwerke. Konzepte und Forschungsmethoden, Konstanz, Münster 2018.

Funk, Michael, Uriel Gast, Zsolt Keller: Eine kleine Geschichte des Schweizerischen Israelitischen Gemeindebundes (1904–2004), in: SIG: Jüdische Lebenswelten Schweiz. 100 Jahre Schweizerischer Israelitischer Gemeindebund (SIG), Zürich 2004, S. 23–55.

Gallas, Elisabeth: «Das Leichenhaus der Bücher». Kulturrestitution und jüdisches Geschichtsdenken nach 1945 (Schriften des Simon-Dubnow-Instituts 19), Göttingen 2016.

Gast, Uriel: Von der Kontrolle zur Abwehr. Die eidgenössische Fremdenpolizei im Spannungsfeld von Politik und Wirtschaft 1915–1933, Zürich 1997.

Gehringer, Andreas: «Der Teufel sei ein Jude, sonst hätte er sie geholt». Basler Wucherprozesse im Ersten Weltkrieg, in: Sabina Bossert, Erik Petry (Hg.): Bulletin der Schweizerischen Gesellschaft für Judaistische Forschung (SGJF) 24, Basel 2015, S. 5–22.

Gerson, Daniel: Otto H. Heim, in: e-HLS, www.hls-dhs-dss.ch/textes/d/D48634.php, 13. 4. 2020.
Gerson, Daniel: 1862–1914: Bürgerliches Selbstbewusstsein, Etablierung, Akkulturation, erste Spaltung und Anfeindungen, in: Alfred Bodenheimer (Hg.): «Nicht irgendein anonymer Verein ...» Eine Geschichte der Israelitischen Cultusgemeinde Zürich, Zürich 2012, S. 21–80.
Gerson, Daniel, Sabina Bossert, Madeleine Dreyfus et al.: Schweizer Judentum im Wandel. Religionswandel und gesellschaftspolitische Orientierungen der Juden in der Schweiz, Basel 2010, S. 3, www.snf.ch/SiteCollectionDocuments/nfp/nfp58/NFP58_Schlussbericht_Gerson.pdf, 24. 11. 2020.
Gerson, Daniel, Claudia Hoerschelmann: Der Verband Schweizerischer Jüdischer Fürsorgen/Flüchtlingshilfen (VSJF), in: SIG: Jüdische Lebenswelten Schweiz. 100 Jahre Schweizerischer Israelitischer Gemeindebund (SIG), Zürich 2004, S. 56–71.
Gerson, Fabian: «... ohne Abschied von ihnen nehmen zu können!» (Memoiren von Holocaust-Überlebenden 13), Zürich 2014.
Gezow, Amira: Walter und Ida Siesel, o. D., www.mannheim.de/de/tourismus-entdecken/stadtgeschichte/stolpersteine/verlegeorte/familie-siesel, 11. 2. 2020.
Ginzburg, Carlo: Microhistory: Two or Three Things That I Know about It, in: Hans Renders, Binne de Haan (Hg.): Theoretical Discussions of Biography. Approaches from History, Microhistory, and Life Writing, Amsterdam 2014, S. 139–166.
Ginzburg, Carlo: Der Käse und die Würmer. Die Welt eines Müllers um 1600, Frankfurt am Main 1979.
Glaus, Beat: Die Nationale Front. Eine Schweizer faschistische Bewegung 1930–1940, Zürich 1969.
Goehrke, Carsten, Werner G. Zimmermann (Hg.): «Zuflucht Schweiz». Der Umgang mit Asylproblemen im 19. und 20. Jahrhundert, Zürich 1994.
Grädel, Markus: Die Schweiz nach dem Zweiten Weltkrieg – ein fruchtbarer Boden für europäische Integrationspläne. Europäische Kongresse in der Schweiz 1944–1949, Bern 2004.
Grandner, Margarete, Edith Saurer (Hg.): Geschlecht, Religion und Engagement. Die jüdische Frauenbewegung im deutschsprachigen Raum 19. und frühes 20. Jahrhundert, Wien 2005.
Gring, Diana, Peter Müller (Hg.): «Licht am Ende der Nacht». Die Transporte aus dem KZ Bergen-Belsen nach St. Gallen, St. Gallen 2019.
Grunder, Hans-Ulrich: Fritz Wartenweiler, in: e-HLS, https://hls-dhs-dss.ch/de/articles/009087/2015-11-17, 28. 4. 2020.
Gudehus, Christian, Ariane Eichenberg, Harald Welzer (Hg.): Gedächtnis und Erinnerung. Ein interdisziplinäres Handbuch, Stuttgart 2010.
Guggenheim, Georg: Abwehr und Aufklärung, in: Schweizerischer Israelitischer Gemeindebund (Hg.): Festschrift zum 50jährigen Bestehen, Zürich 1954, S. 57–84.
Guggenheim, Kurt: Alles in Allem, Zürich 1953.
Guth Biasini, Nadia: Jules Dreyfus, in: e-HLS, www.hls-dhs-dss.ch/textes/d/D21247.php, 8. 1. 2019.
de Haan, Binne: Personalised History. On biofiction, source criticism and the critical value of biography, in: Hans Renders, Binne de Haan, Jonne Harmsma (Hg.): The Biographical Turn. Lives in History, London, New York 2017, S. 53–67.

Haas, Gaston: «Wenn man gewusst hätte, was sich drüben im Reich abspielte ...» 1941–1943. Was man in der Schweiz von der Judenvernichtung wusste, Basel (Beiträge zur Geschichte und Kultur der Juden in der Schweiz 4), Frankfurt am Main 1994.
Haber, Peter, Erik Petry, Daniel Wildmann: Jüdische Identität und Nation. Fallbeispiele aus Mitteleuropa, Köln 2006.
Hadorn, Urs: Bundesrat und Parlament in der Ungarnkrise, in: George Zabratzky (Hg.): Flucht in die Schweiz. Ungarische Flüchtlinge in der Schweiz, Zürich 2006, S. 62–67.
Haefeli-Waser, Ueli: Oral History, in: e-HLS, https://hls-dhs-dss.ch/de/articles/027838/2012-11-26, 22. 1. 2020.
Häne, Barbara: «Wir arbeiten täglich bis Mitternacht». Marcus Cohn – Flüchtlingspolitik und Fluchthilfe im Zweiten Weltkrieg aus der Perspektive eines jüdischen Basler Bürgers, Masterarbeit, Universität Basel, Basel 2016.
Häsler, Alfred A.: Das Boot ist voll. Die Schweiz und die Flüchtlinge 1933–1945, Zürich 1989.
Hagemeister, Michael: Die «Protokolle der Weisen von Zion» vor Gericht. Der Berner Prozess 1933–1937 und die «antisemitische Internationale» (Veröffentlichungen des Archivs für Zeitgeschichte des Instituts für Geschichte der ETH Zürich 10), Zürich 2017.
Haggenmacher, Peter: Paul Guggenheim, in: e-HLS, https://hls-dhs-dss.ch/de/articles/015769/2008-03-11, 30. 11. 2020.
Happe, Katja, Barbara Lambauer, Clemens Maier-Wolthausen: Die Verfolgung und Ermordung der europäischen Juden durch das nationalsozialistische Deutschland 1933–1945, Bd. 12: West- und Nordeuropa Juni 1942–1945, Oldenbourg 2015.
Haumann, Heiko: Geschichte, Lebenswelt, Sinn. Über die Interpretation von Selbstzeugnissen, in: Brigitte Hilmer, Georg Lohmann, Tilo Wesche (Hg.): Anfang und Grenzen des Sinns, Weilerswist 2006, S. 42–54.
Haumann, Heiko (Hg.): Acht Jahrhunderte Juden in Basel. 200 Jahre Israelitische Gemeinde Basel, Basel 2005.
Haumann, Heiko: Von der Gründung einer neuen Gemeinde bis zur Stabilisierung jüdischen Lebens. Juden in Basel während des 19. Jahrhunderts, in: Heiko Haumann (Hg.): Acht Jahrhunderte Juden in Basel. 200 Jahre Israelitische Gemeinde Basel, Basel 2005, S. 61–85.
Haumann, Heiko: Lebensgeschichtlich orientierte Geschichtsschreibung in den Jüdischen Studien: Das Basler Beispiel, in: Klaus Hödl (Hg.): Jüdische Studien. Reflexionen zu Theorie und Praxis eines wissenschaftlichen Feldes, Innsbruck 2003 (Schriften des Centrums für Jüdische Studien 4), S. 105–122.
Haumann, Heiko (Hg.): Der Erste Zionistenkongress von 1897. Ursachen, Bedeutung, Aktualität, Basel 1997.
Haumann, Heiko et al. (Hg.): Juden in Basel und Umgebung. Zur Geschichte einer Minderheit, Basel 1999.
Haunfelder, Bernd: Kinderzüge in die Schweiz. Die Deutschlandhilfe des Schweizerischen Roten Kreuzes 1946–1956, Münster 2007.
Hauss, Gisela, Susanne Maurer (Hg.): Migration, Flucht und Exil im Spiegel der Sozialen Arbeit, Zürich 2010.

Hecker-Stampehl, Jan, Hendriette Kliemann-Geisinger (Hg.): Facetten des Nordens. Räume –Konstruktionen – Identitäten (Berliner Beiträge zur Skandinavistik 17), Berlin 2009.
Heim, Gabriel: Ich will keine Blaubeertorte, ich will nur raus. Eine Mutterliebe in Briefen, Berlin 2013.
Heim, Otto H.: Jüdische soziale Arbeit und Flüchtlingshilfe in der Schweiz, in: Schweizerischer Israelitischer Gemeindebund (Hg.): Festschrift zum 50jährigen Bestehen, Zürich 1954, S. 25–56.
Heini, Alexandra: «Wir werden nicht ruhen, bis das Hakenkreuz über der Kuppel des Bundeshauses flattert!» Der Basler Nationalsozialist Ernst Leonhardt gegen den Schweizer Staat, in: Basler Zeitschrift für Geschichte und Altertumskunde 119 (2019), S. 35–57.
Heinze, Carsten: Identität und Geschichte in autobiographischen Lebenskonstruktionen. Jüdische und nicht-jüdische Vergangenheitsbearbeitungen in Ost- und Westdeutschland, Wiesbaden 2009.
Heller, Daniel: Eugen Bircher, in: e-HLS, https://hls-dhs-dss.ch/de/articles/005018/2018-02-21, 11. 2. 2020.
Hemmendinger, Judith: Les enfants de Buchenwald. Que sont devenus les 1000 enfants juifs sauvés en 1945, Lausanne 1984.
Hennings, Verena: Jüdische Wohlfahrtspflege in der Weimarer Republik (Geschichte der jüdischen Wohlfahrt in Deutschland 3), Frankfurt am Main 2008.
Henry, Marilyn: Confronting the Perpetrators. A History of the Claims Conference, London 2007.
Hiebl, Ewald, Ernst Langthaler (Hg.): Im Kleinen das Grosse suchen. Mikrogeschichte in Theorie und Praxis, Innsbruck 2012.
Hilmer, Brigitte, Georg Lohmann, Tilo Wesche (Hg.): Anfang und Grenzen des Sinns, Weilerswist 2006.
Hockerts, Hans Günter: Wiedergutmachung in Deutschland 1945–1990. Ein Überblick, Bundeszentrale für politische Bildung, 7. 6. 2013, www.bpb.de/apuz/162883/wiedergutmachung-in-deutschland-19451990-ein-ueberblick, 4. 12. 2020.
Hödl, Klaus (Hg.): Jüdische Studien. Reflexionen zu Theorie und Praxis eines wissenschaftlichen Feldes (Schriften des Centrums für Jüdische Studien 4), Innsbruck 2003.
Hoerschelmann, Claudia: Überblick über die Mitglieder in den SIG-Gremien gemäss dem Historischen Archiv im AfZ (1904–1985), in: Interne Dokumentation des Archivs für Zeitgeschichte zu AfZ, IB SIG-Archiv. [Die Dokumentation wurde Barbara Häne auf Anfrage zur Verfügung gestellt.]
Hoerschelmann, Claudia: Exilland Schweiz. Lebensbedingungen und Schicksale österreichischer Flüchtlinge 1938–1945, Innsbruck 1997.
Horisberger, Christina: Heim, Régine, in: SIKART Lexikon zur Kunst in der Schweiz, www.sikart.ch/KuenstlerInnen.aspx?id=4000718&Ing=de, 9. 2. 2018.
Horisberger, Christina: Heim, Régine, in: Biografisches Lexikon der Schweizer Kunst. Unter Einschluss des Fürstentums Liechtenstein, Zürich 1998, S. 471 f.
Hüllemann, Brigitte: Einführung in die Traumatherapie, Heidelberg 2019.

Hürter, Johannes, Jürgen Zarusky (Hg.): Besatzung, Kollaboration, Holocaust. Neue Studien zur Verfolgung und Ermordung der europäischen Juden (Schriftenreihe der Vierteljahrshefte für Zeitgeschichte 97), München 2008.

Hubler, Lucienne: René de Weck, in: e-HLS, https://hls-dhs-dss.ch/de/articles/014907/2013-06-18, 18. 9. 2019.

Huser, Karin: Benjamin Sagalowitz, in: e-HLS, https://hls-dhs-dss.ch/de/articles/024908/2011-02-07, 25. 9. 2019.

Huser Bugmann, Karin: Schtetl an der Sihl. Einwanderung, Leben und Alltag der Ostjuden in Zürich 1880–1939 (Veröffentlichungen des Archivs für Zeitgeschichte des Instituts für Geschichte der ETH Zürich 2), Zürich 1998.

Illi, Martin: Zürich (Kanton). 4.1.3. Unter der Demokratischen Verfassung von 1869 bis in die 1960er Jahre, in: e-HLS, https://hls-dhs-dss.ch/de/articles/007381/2017-08-24, 28. 11. 2020.

Jansen, Dorothea: Einführung in die Netzwerkanalyse. Grundlagen, Methoden, Anwendungen, Opladen 1999.

Jorio, Marco: Geistige Landesverteidigung, in: e-HLS, www.hls-dhs-dss.ch/textes/d/D17426.php, 6. 5. 2019.

Jorio, Marco: Judenstempel, in: e-HLS, https://hls-dhs-dss.ch/de/articles/049159/2015-03-10, 4. 1. 2021.

Jost, Hans Ulrich: Politik und Wirtschaft im Krieg. Die Schweiz 1938–1948, Zürich 1998.

Joye-Cagnard, Frédéric: Oscar Schürch, in: e-HLS, https://hls-dhs-dss.ch/de/articles/031880/2010-04-28, 10. 2. 2020.

Kadosh, Sara: Jewish Refugee Children in Switzerland 1939–1950, in: John K. Roth, Elisabeth Maxwell (Hg.): Remembering for the Future (The Holocaust in an Age of Genocide 2), Basingstoke 2002, S. 281–293.

Kamber, Peter: Der Verrat von Vittel. Wie fiktive Pässe aus Übersee hätten vor der Deportation retten sollen, in: Basler Magazin 16 (1999), S. 6 f.

Kamis-Müller, Aaron: Antisemitismus in der Schweiz 1900–1930, Zürich 1990.

Kanyar Becker, Helena: Vergessene Frauen. Humanitäre Kinderhilfe und offizielle Flüchtlingspolitik 1917–1948, Basel 2010.

Karg, Herma: Die Einwanderung der Heimatvertriebenen als Problem der amerikanischen Innenpolitik 1945 bis 1952, Dissertation Universität Konstanz, Konstanz 1979.

Kauders, Anthony D.: Unmögliche Heimat. Eine deutsch-jüdische Geschichte der Bundesrepublik, München 2007.

Keller, Erich: Bürger und Juden. Die Familie Wyler-Bloch in Zürich 1880–1954, Biografie als Erinnerungsraum (Veröffentlichungen des Archivs für Zeitgeschichte des Instituts für Geschichte der ETH Zürich 9), Zürich 2015.

Keller, Thomas: Transkulturelle Biographik und Kulturgeschichte. Deutsch-Französische Lebensgeschichten (Internationales Archiv für Sozialgeschichte der deutschen Literatur 38), Berlin, Boston 2013, https://doi.org/10.1515/iasl-2013-0009, 9. 11. 2020.

Keller, Stefan: Grüningers Fall. Geschichten von Flucht und Hilfe, Zürich 1993.

Keller, Zsolt: Jacob Zucker, in: e-HLS, https://hls-dhs-dss.ch/de/articles/048637/2013-10-16, 18. 7. 2019.

Keller, Zsolt: Abwehr und Aufklärung. Antisemitismus in der Nachkriegszeit und der Schweizerische Israelitische Gemeindebund (Veröffentlichungen des Archivs für Zeitgeschichte des Instituts für Geschichte der ETH Zürich 6), Zürich 2011.
Kersten, Wolfgang, Anne und André L. Blum: Régine Heim. Liebe als kosmischer Akt. Kabbalistische Glasfensterkunst im Zürcher Friedhof Friesenberg, in: Georges Bloch Jahrbuch des Kunsthistorischen Instituts Universität Zürich 11–12 (2004/05), S. 240–267.
Kersten, Wolfgang, Anne Blum, André L. Blum: Régine Heims Glasfensterkunst im Friedhof Oberer Friesenberg, 1994–96. Eine kritische Bestandesaufnahme, in: Kunst und Architektur in der Schweiz 56/2 (2005), S. 49–55.
Kersting, Daniel, Marcus Leuoth (Hg.): Der Begriff des Flüchtlings. Rechtliche, moralische und politische Kontroversen, Berlin 2020.
Kersting, Daniel: «Flüchtling» – Einführung in einen umkämpften Begriff, in: Daniel Kersting, Marcus Leuoth (Hg.): Der Begriff des Flüchtlings. Rechtliche, moralische und politische Kontroversen, Berlin 2020, S. 1–40.
Kinne, Michael, Johannes Schwitalla: Sprache im Nationalsozialismus (Studienbibliographien Sprachwissenschaft 9), Heidelberg 1994.
Knoch-Mund, Gaby: Antisemitismus, Mittelalter bis 1848, in: e-HLS, https://hls-dhs-dss.ch/de/articles/011379/2009-11-18, 10. 9. 2019.
König, Paul (Hg.): Die Schweiz unterwegs 1798–? Ausgewählte Geschichtsschreibung und -Deutung, Zürich 1969.
Koller, Guido: Fluchtort Schweiz. Schweizerische Flüchtlingspolitik (1933–1945) und ihre Nachgeschichte, Stuttgart 2018.
Koller, Guido: Geschichte digital. Historische Welten neu vermessen, Stuttgart 2016.
Koller, Guido: Der J-Stempel auf schweizerischen Formularen, in: Schweizerische Zeitschrift für Geschichte 49/3 (1999), S. 371–374.
Kreis, Georg: Die Rückkehr des J-Stempels. Zur Geschichte einer schwierigen Vergangenheitsbewältigung, Zürich 2000.
Kreis, Georg: Die Schweizerische Flüchtlingspolitik der Jahre 1933–1945, in: Schweizerische Zeitschrift für Geschichte 47/4 (1997), S. 552–579, www.e-periodica.ch/digbib/view?pid=szg-006%3A1997%3A47#696, 20. 11. 2020.
Kröger, Ute: «Zürich, du mein blaues Wunder». Literarische Streifzüge durch eine europäische Kulturstadt, Zürich 2004.
Kupfer, Claude, Ralph Weingarten: Zwischen Ausgrenzung und Integration. Geschichte und Gegenwart der Jüdinnen und Juden in der Schweiz, Zürich 1999.
Kurmann, Fridolin: Augustin Keller, in: e-HLS, https://hls-dhs-dss.ch/de/articles/003771/2010-09-08, 28. 12. 2020.
Kury, Patrick: Max Ruth, in: e-HLS, www.hls-dhs-dss.ch/textes/d/D49106.php, 4. 12. 2018.
Kury, Patrick: Wer agiert? Der Überfremdungsdiskurs und die schweizerische Flüchtlingspolitik, in: Franz X. Eder (Hg.): Historische Diskursanalysen. Genealogie, Theorie, Anwendungen, Wiesbaden 2006, S. 205–221.
Kury, Patrick: Jüdische Lebenswelten in einer Zeit raschen Wandels. Ostjuden, Zionistenkongresse, Überfremdungsängste um 1900, in: Heiko Haumann (Hg.): Acht Jahrhunderte Juden in Basel. 200 Jahre Israelitische Gemeinde Basel, Basel 2005, S. 140–160.

Kury, Patrick: Über Fremde reden. Überfremdungsdiskurs und Ausgrenzung in der Schweiz 1900–1945, Zürich 2003.
Kury, Patrick: «Man akzeptierte uns nicht, man tolerierte uns!» Ostjudenmigration nach Basel 1890–1930 (Beiträge zur Geschichte und Kultur der Juden in der Schweiz 7), Basel, Frankfurt am Main 1998.
Kury, Patrick: Veit Wyler, in: Heiko Haumann (Hg.): Der Erste Zionistenkongress von 1897. Ursachen, Bedeutung, Aktualität, Basel 1997, S. 211–212.
Lätt, Jean-Maurice: Jacques Schmid, in: e-HLS, https://hls-dhs-dss.ch/de/articles/003080/2011-08-16, 29. 6. 2020.
Laffitte, Michel: L'UGIF, collaboration ou résistance? in: Revue d'histoire de la Shoah 185, 2006, S. 45–64.
Laharie, Claude: Gurs: 1939–1945. Ein Internierungslager in Südwestfrankreich, Biarritz 2005.
Langenegger, Catrina: Die Flüchtlingslager des Territorialkommandos Basel, in: Basler Zeitschrift für Geschichte und Altertumskunde 119 (2019), S. 87–105.
Lasserre, André: Frontières et camps. Le refuge en Suisse de 1933 à 1945, Lausanne 1995.
Leimgruber, Matthieu, Martin Lengwiler (Hg.): Umbruch an der «Inneren Front». Krieg und Sozialpolitik in der Schweiz, 1938–1948, Zürich 2009.
Leimgruber, Matthieu: Schutz für Soldaten, nicht für Mütter. Lohnausfallentschädigung für Dienstleistende, in: Matthieu Leimgruber, Martin Lengwiler (Hg.): Umbruch an der «Inneren Front». Krieg und Sozialpolitik in der Schweiz, 1938–1948, Zürich 2009, S. 75–99.
Lerf, Madeleine: Paul Vogt, in: e-HLS, https://hls-dhs-dss.ch/de/articles/010898/2014-12-27, 26. 12. 2020.
Lerf, Madeleine: Otto Zaugg, in: e-HLS, https://hls-dhs-dss.ch/de/articles/047218/2013-07-02, 14. 4. 2020.
Lerf, Madeleine: «Buchenwaldkinder» – eine Schweizer Hilfsaktion. Humanitäres Engagement, politisches Kalkül und individuelle Erfahrung (Veröffentlichungen des Archivs für Zeitgeschichte des Instituts für Geschichte der ETH Zürich 5), Zürich 2010.
Lienert, Salome: «Wir wollen helfen, da wo Not ist». Das Schweizer Hilfswerk für Emigrantenkinder 1933–1947, Zürich 2013.
Longhi, Silvano: Exil und Identität. Die italienischen Juden in der Schweiz (1943–1945), Berlin, Boston 2017.
Ludi, Regula: Marianne Lothar, in: e-HLS, https://hls-dhs-dss.ch/de/articles/009348/2009-10-15, 6. 4. 2020.
Ludi, Regula: Reparations for Nazi Victims in Postwar Europe, New York 2012.
Ludwig, Carl: Die Flüchtlingspolitik der Schweiz, in: Paul König (Hg.): Die Schweiz unterwegs 1798–? Ausgewählte Geschichtsschreibung und -deutung, Zürich 1969, S. 478–481.
Ludwig, Carl: Die Flüchtlingspolitik der Schweiz in den Jahren 1933 bis 1955. Bericht an den Bundesrat zuhanden der eidgenössischen Räte, Bern 1957, https://dodis.ch/17417, 6. 1. 2021.
Lussy, Hanspeter, Barbara Bonhage, Christian Horn: Schweizerische Wertpapiergeschäfte mit dem «Dritten Reich». Handel, Raub und Restitution (Veröffentlichungen der UEK 14), Zürich 2001.

Mächler, Stefan: Hilfe und Ohnmacht. Der Schweizerische Israelitische Gemeindebund und die nationalsozialistische Verfolgung 1933–1945 (Beiträge zur Geschichte und Kultur der Juden in der Schweiz 10), Zürich 2005.
Mächler, Stefan: Kampf gegen das Chaos – die antisemitische Bevölkerungspolitik der eidgenössischen Fremdenpolizei und Polizeiabteilung 1917–1954, in: Aram Mattioli (Hg.): Antisemitismus in der Schweiz 1848–1960, Zürich 1998, S. 357–421.
Magnússon, Sigurður Gylfi: The life is never over. Biography as a microhistorical approach, in: Hans Renders, Binne de Haan, Jonne Harmsma (Hg.): The Biographical Turn. Lives in History, London, New York 2017, S. 42–52.
Magnússon, Sigurður Gylfi; Szijártó, István M.: What is Microhistory? Theory and Practice, New York 2013.
Mahrer, Stefanie: Kurze Vorgeschichte der ICZ, in: Alfred Bodenheimer (Hg.): «Nicht irgendein anonymer Verein …» Eine Geschichte der Israelitischen Cultusgemeinde Zürich, Zürich 2012, S. 15–20.
Maier, Lilly: Arthur und Lilly. Das Mädchen und der Holocaust-Überlebende: zwei Leben, eine Geschichte, München 2018.
Mayer, Marcel: Saly Mayer, in: e-HLS, www.hls-dhs-dss.ch/textes/d/D18273.php, 11. 1. 2019.
Masé, Aline: Naum Reichesberg (1867–1928). Sozialwissenschaftler im Dienst der Arbeiterklasse, Zürich 2019.
Mattioli, Aram (Hg.): Antisemitismus in der Schweiz 1848–1960, Zürich 1998.
Meinen, Insa: Die Deportation der Juden aus Belgien und das Devisenschutzkommando, in: Johannes Hürter, Jürgen Zarusky (Hg.): Besatzung, Kollaboration, Holocaust. Neue Studien zur Verfolgung und Ermordung der europäischen Juden (Schriftenreihe der Vierteljahrshefte für Zeitgeschichte 97), München 2008, S. 45–79.
Mendelsohn, John (Hg.): Rescue to Switzerland. The Musy and Saly Mayer Affairs (Holocaust Series 16), New York, London 1982.
Metzger, Thomas: Antisemitismus in der Stadt St. Gallen 1918–1939, Freiburg 2006.
Meyer, Robert: Dauer-Asyl für Flüchtlinge in der Schweiz, in: Rote Revue 25/12 (1946), S. 417–421, http://docplayer.org/32878829-Dauer-asyl-fuer-fluechtlinge-in-der-schweiz.html, 5. 10. 2020.
Mommsen, Hans: Das NS-Regime und die Auslöschung des Judentums in Europa, Göttingen 2014.
Morawietz, Katharina: Die Kulturgemeinschaft der Emigranten in Zürich 1941–1945. Ein kulturelles Engagement als Beispiel der Selbsthilfe von Flüchtlingen, Lizenziatsarbeit Universität Basel, Basel 2005.
Morris-Reich, Amos: Assimilation, in: Enzyklopädie jüdischer Geschichte und Kultur, Bd. 1, Stuttgart 2011, S. 171–176.
Neyer, Gerda: Auswanderungen aus Österreich. Von der Mitte des 19. Jahrhunderts bis zur Gegenwart, in: Institut für Demographie der Österreichischen Akademie der Wissenschaften (Hg.): Demographische Informationen (1995/96), Sammelband, S. 60–70, www.jstor.org/stable/23026764, 17. 12. 2020.
Niethammer, Lutz: Fragen – Antworten – Fragen. Methodische Erfahrungen und Erwägungen zur Oral History, in: Julia Obertreis (Hg.): Oral History, Stuttgart 2012, S. 31–71.

o. A.: Biografie Bigar, Pierre, Archiv für Zeitgeschichte, o. D., http://onlinearchives. ethz.ch/detail.aspx?guid=151a6296cd55422a981a720e5e55bf0b, 1. 12. 2020.

o. A.: Biografie Guggenheim, Georg, Archiv für Zeitgeschichte, o. D., http://online-archives.ethz.ch/detail.aspx?guid=abd843ced8924182b098fca35f0e31d5, 2. 1. 2019.

o. A.: Biografie Zweig, Edith, Archiv für Zeitgeschichte, o. D., http://onlinearchives. ethz.ch, 21. 12. 2020.

o. A.: Bundesgesetz zur Entschädigung für Opfer der nationalsozialistischen Verfolgung (Bundesentschädigungsgesetz), o. O. 18. 9. 1953, Gesetze im Internet, www. gesetze-im-internet.de/beg/BEG.pdf, 4. 9. 2020.

o. A.: Cheib, in: Schweizerisches Idiotikon, Bd. 3, o. O. 1891, S. 100, https://digital. idiotikon.ch/idtkn/id3.htm#!page/30099/mode/1up, 1. 1. 2021.

o. A.: Entfremdung, die, duden.de, o. D., www.duden.de/rechtschreibung/Entfremdung, 2. 12. 2020.

o. A.: Fritz Hochwälder, geschichte.wiki.wien.gv.at, o. D., www.geschichtewiki.wien. gv.at/Fritz_Hochw%C3%A4lder, 8. 12. 2020.

o. A.: Geschichte der AKL, B'nai B'rith Augustin Keller-Loge Zürich, o. D., www.akl. ch/die-loge/geschichte-der-akl, 28. 12. 2020.

o. A.: Geschichte des EDA, Eidgenössisches Departement für auswärtige Angelegenheiten EDA, 27. 11. 2017, www.eda.admin.ch/eda/de/home/das-eda/geschichte-des-eda.html, 18. 9. 2019.

o. A.: Gurny, Max, Netzwerk von Bibliotheken und Informationsstellen in der Schweiz (Nebis), o. D., https://opac.nebis.ch/F/YSRGEDJ3Q9IFM6LU97J3F-1DYTFQLL1HH4VXNK7K5MT12RHDITI-05450?func=find-b&amp=&amp=&amp=&amp=&find%5Fcode=SYS&request=005250861&local%5Fbase=NEBIS&CON%5FLNG=GER&pds_handle=GUEST, 18. 11. 2019.

o. A.: International Refugee Organization, britannica.com, o. D., www.britannica. com/topic/International-Refugee-Organization-historical-UN-agency, 19. 11. 2020.

o. A.: Nansenpass, Rechtslexikon.net, o. D., www.rechtslexikon.net/d/nansenpass/ nansenpass.htm, 20. 12. 20.

o. A.: Nationalrat Sommersession 1954, Auszug aus dem stenographischen Prot., Bern 16. 6. 1954, S. 7, www.eda.admin.ch/dam/parl-vor/2nd-world-war/1950-1969/ fluechtlingspolitik-obrecht.pdf, 4. 1. 2021.

o. A.: Opfer der Verfolgung der Juden unter der nationalsozialistischen Gewaltherrschaft in Deutschland 1933–1945, Chronologie der Deportationen aus Frankreich, Das Bundesarchiv, 4. 12. 2019, www.bundesarchiv.de/gedenkbuch/chronicles. html?page=3, 25. 2. 2020.

o. A.: Pässe, Profiteure, Polizei, Jüdisches Museum der Schweiz, o. D., www.juedisches-museum.ch/de/paesse-profiteure-polizei.html, 19. 1. 2021.

o. A.: Schwartz, Joseph J., Yad Vashem, The World Holocaust Remembrance Center, o. D., www.yadvashem.org/odot_pdf/Microsoft%20Word%20-%206004.pdf, 18. 1. 2021.

o. A.: Rightous among the Nations Honored by Yad Vashem, Yad Vashem, The World Holocaust Remembrance Center, 1. 1. 2019, www.yadvashem.org/righteous/statistics.html, 25. 2. 2020.

o. A.: Traumatherapie, Verband Psychotherapeutinnen Zentralschweiz VPZ, o. D., www.verband-vpz.ch/?pg=20.25.90, 21. 12. 2020

o. A.: Tschump, Tschumpel, in: Schweizerisches Idiotikon, Bd. 14, o. O. 1986, S. 1739, https://digital.idiotikon.ch/idtkn/id14.htm#!page/141739/mode/1up, 27. 11. 2020.
Obertreis, Julia (Hg.): Oral History, Stuttgart 2012.
Oehler Brunnschweiler, Marlen: Schweizer Judentümer. Identitätsbilder und Geschichten des Selbst in der schweizerisch-jüdischen Presse der 1930er Jahre (Jüdische Moderne 15), Köln, Weimar, Wien 2013.
Patt, Avinoam et al. (Hg.): The JDC at 100. A Century of Humanitarianism, Detroit, Michigan, 2019.
Patt, Avinoam, Kierra Crago-Schneider: Years of Survival. JDC in Postwar Germany, 1945–1957, in: Avinoam Patt et al. (Hg.): The JDC at 100. A Century of Humanitarianism, Detroit, Michigan, 2019, S. 361–420.
Perrenoud, Marc: Hans Frölicher, in: e-HLS, https://hls-dhs-dss.ch/de/articles/014845/2007-06-05, 18. 9. 2019.
Perrenoud, Marc: Franz Rudolf von Weiss, in: e-HLS, https://hls-dhs-dss.ch/de/articles/014908/2013-10-11, 18. 9. 2019.
Petry, Erik: Gedächtnis und Erinnerung. Das «Pack» in Zürich, Köln 2014.
Petry, Erik: «Wir sind liberal!» Die ICZ zwischen äusserer Bedrohung und innerer Sinnsuche (1915–1947), in: Alfred Bodenheimer (Hg.): «Nicht irgendein anonymer Verein …» Eine Geschichte der Israelitischen Cultusgemeinde Zürich, Zürich 2012, S. 81–162.
Petry, Erik: Teilnehmende Beobachtung oder Oral History? Zur Quellenkritik von Interviews, in: Peter Haber, Erik Petry, Daniel Wildmann: Jüdische Identität und Nation. Fallbeispiele aus Mitteleuropa, Köln 2006, S. 140–154.
Pfister-Ammende, Maria (Hg.): Die Psychohygiene. Grundlagen und Ziele, Bern 1949.
Picard, Jacques: Gebrochene Zeit. Jüdische Paare im Exil, Zürich 2009.
Picard, Jacques: Die Schweiz und die Juden 1933–1945. Schweizerischer Antisemitismus, jüdische Abwehr und internationale Migrations- und Flüchtlingspolitik, Zürich 1994.
Pitteloud, Jean-François: Paul Ruegger, in: e-HLS, https://hls-dhs-dss.ch/de/articles/014885/2010-11-23, 25. 11. 2020.
Regierungsräte der Kantone Basel-Stadt und Basel-Landschaft (Hg.): Juden in Basel und Umgebung. Zur Geschichte einer Minderheit, Basel 1999.
Renders, Hans, Binne de Haan, Jonne Harmsma: The Biographical Turn. Lives in History, London, New York 2017.
Renders, Hans, Binne de Haan (Hg.): Theoretical Discussions of Biography. Approaches from History, Microhistory, and Life Writing, Amsterdam 2014.
Roschewski, Heinz: Rothmund und die Juden. Eine historische Fallstudie des Antisemitismus in der schweizerischen Flüchtlingspolitik (Beiträge zur Geschichte und Kultur der Juden in der Schweiz 6), Basel 1997.
Rothschild, Lothar: Gesinnung und Tat. Festschrift zum 80jährigen Jubiläum des Israelit. Wohltätigkeitsvereins (Chewra Kadischa) und des Israelit. Frauenvereins, St. Gallen 1948.
Rusterholz, Heinrich: «… als ob unseres Nachbars Haus nicht in Flammen stünde». Paul Vogt, Karl Barth und das Schweizerische Evangelische Hilfswerk für die Bekennende Kirche in Deutschland 1937–1947, Zürich 2015.
Ryan, Donna F.: The Holocaust and the Jews of Marseille. The Enforcement of Anti-Semitic Policies in Vichy France, Urbana, Chicago 1996.

Salewski, Michael: Deutschland und der Zweite Weltkrieg, Paderborn 2005.
Scharffenberg, Heiko: Die Wiedergutmachung nationalsozialistischen Unrechts in Schleswig-Holstein dargestellt an Flensburger Fallbeispielen, Flensburg 2000, S. 4, www.zhb-flensburg.de/fileadmin/content/spezial-einrichtungen/zhb/dokumente/dissertationen/scharffenberg/wiedergutmachung.pdf, 4. 12. 2020.
Schmid-Weiss, Gertrud: Schweizer Kriegsnothilfe im Ersten Weltkrieg. Eine Mikrogeschichte des materiellen Überlebens mit besonderer Sicht auf Stadt und Kanton Zürich (Zürcher Beiträge zur Geschichtswissenschaft 10), Köln 2019.
Schmidlin, Antonia: Berta Hohermuth, in: e-HLS, https://hls-dhs-dss.ch/de/articles/032118/2014-10-20, 9. 12. 2020.
Schmidlin, Antonia: Eine andere Schweiz. Helferinnen, Kriegskinder und humanitäre Politik 1933–1942, Zürich 1999.
Schnellbach, Christoph: Diplaced Persons (DPs), Online-Lexikon zur Kultur und Geschichte der Deutschen im östlichen Europa, 2015, https://ome-lexikon.uni-oldenburg.de/begriffe/displaced-persons-dps, 31. 12. 2020.
Schoeps, Julius H.: Die missglückte Emanzipation. Wege und Irrwege deutsch-jüdischer Geschichte, Berlin, Potsdam, Bodenheim 2002.
Schreiber, Sabine: Hirschfeld, Strauss, Malinsky. Jüdisches Leben in St. Gallen 1803 bis 1933 (Beiträge zur Geschichte und Kultur der Juden in der Schweiz 11), Zürich 2006.
Schulze Wessels, Julia: Flüchtlinge als Grenzfiguren, in: Daniel Kersting, Marcus Leuoth (Hg.): Der Begriff des Flüchtlings. Rechtliche, moralische und politische Kontroversen, Berlin 2020, S. 209–214.
Schürer, Christian: Der Traum von Heilung. Eine Geschichte der Höhenkur zur Behandlung der Lungentuberkulose, Baden 2017.
Schütz, Alfred, Thomas Luckmann: Strukturen der Lebenswelt, Konstanz, 2. Auflage, München 2017.
Schweizer, Thomas (Hg.): Netzwerkanalyse. Ethnologische Perspektiven, Berlin 1989.
Schweizerischer Israelitischer Gemeindebund (Hg.): Festschrift zum 50jährigen Bestehen, Zürich 1954.
Schweizerische Nationalbank (Hg.): Schweizerische Nationalbank 1907–1957, Zürich 1957, www.snb.ch/de/mmr/reference/hist_fest_snb_1957/source/hist_fest_snb_1957.de.pdf, 11. 1. 2021.
Schweizerische Zentralstelle für Flüchtlingshilfe (Hg.): Flüchtlinge wohin? Bericht über die Tagung für Rück- und Weiterwanderungs-Fragen in Montreux. Aussprache zwischen Behörden, Hilfswerken und Flüchtlingen. 25. Februar bis 1. März 1945, Zürich 1945.
Scriba, Arnulf: Der «Arierparagraph», Lebendiges Museum online, 23. 6. 2015, www.dhm.de/lemo/kapitel/ns-regime/ausgrenzung-und-verfolgung/arierparagraph.html, 30. 11. 2020.
Scriba, Arnulf: Die deutsche Westoffensive 1940, Lebendiges Museum online, 19. 5. 2015, www.dhm.de/lemo/kapitel/der-zweite-weltkrieg/kriegsverlauf/westoffensive-1940.html, 26. 9. 2019.
Seglias, Loretta, Kevin Heiniger, Vanessa Bignasca et al.: Alltag unter Zwang. Zwischen Anstaltsinternierung und Entlassung (Veröffentlichungen der Unabhängigen Expertenkommission Administrative Versorgung 8), Zürich 2019.

Senn, Tobias: Hochkonjunktur, «Überfremdung» und Föderalismus. Kantonalisierte Schweizer Arbeitsmigrationspolitik am Beispiel Basel-Landschaft 1945–1975, Zürich 2017.
Shaw, Christine: The Large Manufacturing Employers of 1907, in: R. P. T. Davenport-Hines (Hg.): Business in the Age of Depression and War, New York 1990, S. 1–19.
Shoah Resource Center: HICEM, yadvashem.org, o. D., www.yadvashem.org/odot_pdf/Microsoft%20Word%20-%206368.pdf, 25. 5. 2020.
Shochat, Azriel, Judith R. Baskin, Yehuda Slutsky: Haskala, in: Encyclopaedia Judaica, Bd. 8, o. O. 2007, S. 434–436, http://go.galegroup.com/ps/retrieve.do?resultListType=RELATED_DOCUMENT&userGroupName=unibas&inPS=true&contentSegment=9780028660974&prodId=GVRL&isETOC=true&docId=GALE|CX2587508507, 22. 12. 2020.
Sibold, Noëmi: Bewegte Zeiten. Zur Geschichte der Juden in Basel von den 1930er bis in die 1950er Jahre (Beiträge zur Geschichte und Kultur der Juden in der Schweiz 14), Zürich 2010.
Sibold, Noëmi: «… Mit den Emigranten auf Gedeih und Verderb verbunden». Die Flüchtlingshilfe der Israelitischen Gemeinde Basel in der Zeit des Nationalsozialismus (Beiträge zur Geschichte und Kultur der Juden in der Schweiz 8), Zürich, München 2002.
SIG: Jüdische Lebenswelten Schweiz. 100 Jahre Schweizerischer Israelitischer Gemeindebund (SIG), Zürich 2004.
Sieber, Christian: Internierten-, Arbeits-, Emigranten- und Flüchtlingslager im Kanton Zürich 1933–1950. Eine Übersicht, in: Zürcher Taschenbuch 2009, Zürich 2008, S. 161–175, www.geschichtsverein.ch/Sieber_Lager_Kanton_Zuerich.pdf, 29. 4. 2020.
Société d'histoire de la montagne (Hg.): Les Résistances sur le Plateau Vivarais-Lignon, 1938–1945. Témoins, témoignages et lieux de mémoires. Les oubliés de l'Histoire parlent, Polignac 2005.
Speck, Anton-Andreas: Der Fall Rothschild. NS-Judenpolitik, Opferschutz und «Wiedergutmachung» in der Schweiz 1942–1962 (Beiträge zur Geschichte und Kultur der Juden in der Schweiz 9), Zürich 2003.
Spörri, Balz, René Staubli, Benno Tuchschmid: Die Schweizer KZ-Häftlinge. Vergessene Opfer des Dritten Reiches, Zürich 2019.
Stadelmann, Jürg, Selina Krause: «Concentrationslager» Büren an der Aare 1940–1946. Das grösste Flüchtlingslager der Schweiz im Zweiten Weltkrieg, Baden 1999.
Steffen Gerber, Therese: Ernst Delaquis, in: e-HLS, www.hls-dhs-dss.ch/textes/d/D31877.php, 4. 12. 2018.
Steffen Gerber, Therese: Heinrich Rothmund, in: e-HLS, https://hls-dhs-dss.ch/de/articles/031878/2012-06-26, 30. 11. 2020.
Strebel, Dominique: Weggesperrt. Warum Tausende in der Schweiz unschuldig hinter Gittern sassen, Zürich 2010.
Strobl, Ingrid: Die Angst kam erst danach. Jüdische Frauen im Widerstand 1939–1945, Frankfurt am Main 1998.
Ströker, Elisabeth (Hg.): Lebenswelt und Wissenschaft in der Philosophie Edmund Husserls, Frankfurt am Main 1979.

Summerfield, Penny: Histories of the Self. Personal Narratives and Historical Practice, London, New York 2019.
Sutro, Nettie: Jugend auf der Flucht 1933–1948. Fünfzehn Jahre im Spiegel des Schweizer Hilfswerks für Emigrantenkinder, Zürich 1952.
Thürer, Andreas: Schweizerischer Vaterländischer Verband, in: e-HLS, www.hls-dhs-dss.ch/textes/d/D17416.php, 10. 10. 2018.
Uhlig Gast, Christiane: Die Flüchtlingshilfe des Verbandes Schweizerischer Jüdischer Fürsorgen VSJF für die jüdischen Flüchtlinge aus Ungarn 1956, Zürich 2006.
Ulbricht, Otto: Mikrogeschichte. Menschen und Konflikte in der Frühen Neuzeit, Frankfurt am Main 2009.
Unabhängige Expertenkommission Schweiz – Zweiter Weltkrieg (Hg.): Die Schweiz, der Nationalsozialismus und der Zweite Weltkrieg. Schlussbericht, Zürich 2002.
Unabhängige Expertenkommission Schweiz – Zweiter Weltkrieg (Hg.): Die Schweiz und die Flüchtlinge zur Zeit des Nationalsozialismus, Zürich 2001.
Voegeli, Yvonne: Frauenstimmrecht, in: e-HLS, https://hls-dhs-dss.ch/de/articles/010380/2015-02-17, 2. 9. 2019.
Vogel, Thomas: Kriegsfolgen, Bundeszentrale für politische Bildung, 30. 4. 2015, www.bpb.de/geschichte/deutsche-geschichte/der-zweite-weltkrieg/202284/kriegsfolgen, 20. 1. 2021.
Vogt, Stefan: Subalterne Positionierungen. Der deutsche Zionismus im Feld des Nationalismus in Deutschland 1890–1933, Göttingen 2016.
Watzinger, Karl Otto: Geschichte der Juden in Mannheim 1650–1945, Stuttgart 1984.
Weber, Charlotte: Gegen den Strom der Finsternis. Als Betreuerin in Schweizer Flüchtlingsheimen 1942–1945, Zürich 1994.
Weill-Lévy, Anne, Karl Grünberg, Joëlle Isler Glaus: La discrimination, principe directeur de la politique d'immigration. Suisse: Un essai sur le racisme d'Etat (1942–2002), Lausanne 1999.
Weingarten-Guggenheim, Elisabeth: Zwischen Fürsorge und Politik. Geschichte des Bundes Schweizerischer Jüdischer Frauenorganisationen, Zürich 1999.
Weingarten, Ralph: Saly Braunschweig, in: e-HLS, www.hls-dhs-dss.ch/textes/d/D21248.php, 8. 1. 2019.
Weingarten, Ralph: Martin Littmann, in: e-HLS, https://hls-dhs-dss.ch/de/articles/014921/2008-11-27, 6. 11. 2019.
Weingarten, Ralph: Lothar Rothschild, in: e-HLS, https://hls-dhs-dss.ch/de/articles/014940/2010-11-16, 31. 12. 2020.
Welzer, Harald: Das kommunikative Gedächtnis. Eine Theorie der Erinnerung, München 2002.
Werner, Christian: Für Wirtschaft und Vaterland. Erneuerungsbewegungen und bürgerliche Interessengruppen in der Deutschschweiz 1928–1947, Zürich 2000.
Wichers, Hermann: Regina Boritzer, in: e-HLS, https://hls-dhs-dss.ch/de/articles/028014/2003-01-07, 22. 12. 2020.
Wicki-Schwarzschild, Margot und Hannelore: Als Kinder Auschwitz entkommen. Unsere Deportation von Kaiserslautern in die französischen Internierungslager Gurs und Rivesaltes 1940/42 und das Leben danach in Deutschland und in der Schweiz, Konstanz 2011.

Wiehn, Erhard Roy: Eine verdichtete Familiensaga, in: Raffael Wieler-Bloch: Richard Liebermann. Der gehörlose Porträt- und Landschaftsmaler 1900–1966, Konstanz 2010, S. 206–209.
Wieler-Bloch, Raffael: Richard Liebermann. Der gehörlose Porträt- und Landschaftsmaler 1900–1966, Konstanz 2010.
Wimmer, Andreas: Die Wiederansiedlung von Flüchtlingen in der Schweiz. Eine Analyse der bisherigen Praxis und Diskussion von Handlungsoptionen, Schweizerisches Forum für Migrationsstudien, Ein Auftrag des Bundesamtes für Flüchtlinge EJPD, Neuenburg, Dezember 1996.
Wisard, François: Les Justes suisses. Des actes de courage méconnus au temps de la Shoah, Genf 2007.
Wollenhaupt, Jonas: Die Entfremdung des Subjekts. Zur kritischen Theorie des Subjekts nach Pierre Bourdieu und Alfred Lorenzer, Bielefeld 2018.
Wolf, Walter: Frontenbewegung, in: e-HLS, https://hls-dhs-dss.ch/de/articles/017405/2006-12-01, 28. 11. 2020.
Wolters, Christine: Tuberkulose und Menschenversuche im Nationalsozialismus. Das Netzwerk hinter den Tbc-Experimenten im Konzentrationslager Sachsenhausen (Geschichte und Philosophie der Medizin 10), Stuttgart 2011.
Zabratzky, George (Hg.): Flucht in die Schweiz. Ungarische Flüchtlinge in der Schweiz, Zürich 2006.
Zaugg, Otto: Einige Erfahrungen über die Führung von Heimen und Lagern für kriegsbetroffene Menschen, in: Maria Pfister-Ammende (Hg.): Die Psychohygiene. Grundlagen und Ziele, Bern 1949, S. 207–216.
Zeitoun, Sabine: L'Œuvre de secours aux enfants (O. S. E.) sous l'occupation en France. Du légalisme à la résistance (1940–1944), Paris 1990.
Zollinger, Konrad: Frischer Wind oder faschistische Reaktion? Die Haltung der Schweizer Presse zum Frontismus 1933, Zürich 1991.
Zürcher, Christoph: Eduard von Steiger, in: e-HLS, https://hls-dhs-dss.ch/de/articles/004645/2012-11-07, 2. 12. 2020.
Zweig, Ronald W.: German Reparations and the Jewish World. A History of the Claims Conference, London 2001.
Zweig-Strauss, Hanna: Saly Mayer (1882–1950). Ein Retter jüdischen Lebens während des Holocaust (Jüdische Moderne 6), Köln 2007.
Zweig-Strauss, Hanna: David Farbstein (1868–1953). Jüdischer Sozialist – sozialistischer Jude, Zürich 2002.

Personenregister

Abraham, Sophie 93, 99
Adamina, Viktor 355
Adenauer, Konrad 418
Alexander, Alice (geb. Siesel) 21, 29, 156, 158, 161-164, 168, 176, 179 f., 180, 181, 182-186, 189, 393, 450

Bär, Walter 400
Baer, Werner 306
Becker, Miriam 445
Bernheimer, Ruth 418, 432, 450, 470, 479
Bigar, Pierre 27, 89, 98, 147, 149, 220 f., 234, 236, 237, 286, 295, 297, 306, 343-345, 374 f., 377 f., 380-386, 388, 391, 494, 502, 510
Bircher, Eugen 148
Bloch, Georges 46-50, 67, 88, 94, 105-107, 110-115, 137, 143, 150-152, 159 f., 173, 190, 191, 196, 207, 213, 220-222, 236, 252, 256 f., 280, 283, 291, 306, 307, 315-321, 323, 326, 332, 353, 369, 372, 374, 377, 381, 396, 430, 502, 512

Bloch, Fritz 59
Bloch, Jacques 445
Bloch, Jenny (geb. Margot) 47, 48, 159
Bloch, Léon 103, 112, 261
Bloch, Marcel 233
Bloch, Werner 119
Bloch-Roos, Salomon 218
Blum, André 34, 45, 139, 210
Blum, Paul M. 136
Bollag, Josef 373, 463
Bollag, Leopold 35
Bollag, Salomon 509
Bollag, Sigi 379
Boritzer, Regina 100, 111-113, 115, 122, 221 f., 234, 250, 252, 254, 256, 264 f., 275, 280, 290, 296, 307 f., 312 f., 321 f., 376, 379, 381-383, 445, 503
Bosshardt, Eduard 65
Brandeis, Leopold 320, 322
Brandeis, Therese 228, 230
Braunschweig, Edi 50
Braunschweig, Elsa 109, 203
Braunschweig, Ernst 320
Braunschweig, Max 54, 61
Braunschweig, Saly 53 f., 58-61, 66, 87, 89, 94-97, 99 f, 104 f., 109-111, 114, 116 f., 119, 125, 130, 132, 135, 138, 140, 142-144, 146 f., 149-151, 203, 257 f., 266, 271, 289, 292, 294, 300, 306 f., 309, 341, 343, 352-354, 356, 360, 363, 369, 373, 376, 379, 381, 388, 496 f.

Braunschweig-Schwab, Maurice 138, 251
Briner, Robert 256, 280 f.
Brumlik, Josef 243-245, 248, 264, 349, 436
Brunschvig, Armand 150, 198 f., 201, 341, 369
Brunschvig, Georges 26, 34, 133, 149, 306, 313, 333, 352, 378, 388, 414, 424, 426, 437, 440, 442, 452, 479, 486, 488 f., 490 f., 493, 497 f., 509, 513

Brunschvig, Jean 313
Brunschwig, Paul 66 f.

Cohn, Heinz 349, 425
Cohn, Marcus 132, 353
Crivelli, Giuseppe 355

De Haller, Edouard 355
Delaquis, Ernst 80 f.
De Weck, René 129
Dinichert, Paul 128
Dränger, Jacob 275

Dreifuss, Max 221, 236, 257, 318, 320, 327, 332-335, 381
Dreifuss, Theodora 231, 253, 265, 303
Dreyfus, Armand 125
Dreyfus-Brodsky, Jules 52, 119, 134
Dreyfus-de Gunzburg, Paul 133, 306, 308
Dreyfuss, Gustave 269, 271, 378, 411, 477

Eger, Irene 253, 263, 286, 303, 407, 421 f., 468, 469 f., 472 f., 480, 485
Ehrmann, Salomon 266-268, 274, 294, 398
Einstein, Albert 79
Eisfelder, Hanna 158
Emsheimer, Arthur 423
Erlanger-Wyler, Madeleine 108, 111, 203, 206, 207 f.
Ettlinger, Erna 265, 266

Fabian, Walter 478
Farbstein, David 153
Feldmann, Markus 34, 452 f., 490, 496 f.
Fiderer, Chaim 240
Finkler, Else 347, 388
Fischli, Alfred 363-365, 367
Frajdenraich, Boris 45, 140
Frajdenraich, Brandla 45
Frajdenraich, Fela 45, 206
Frei, Emil 402
Frey, Hans 82
Frölicher, Hans 128 f.
Furrer, Milly 403 f., 461 f., 468, 472

Gerhard, Georgine 328
Gezow, Amira (geb. Siesel, Charlotte) 15, 21, 29, 134, 155-174, 176-190, 207, 210
Gidion, Albert 257
Goetschel, Alfred 113, 132, 135, 147, 149, 150, 218, 226, 245, 246, 247, 306, 313, 331, 369, 407, 476, 513

Goldmann, Nahum 100, 418
Goldschmidt, Hermann Levin 268
Grünwald, David 323
Guggenheim, Alice Rosine (geb. Heim) 35, 37
Guggenheim, Bruno 210, 333, 335, 484, 486
Guggenheim, Daniel 396
Guggenheim, Fred 135, 333
Guggenheim, Fredy 375, 378
Guggenheim, Fritz 379 f.
Guggenheim, Georg 55, 57, 87, 93, 119, 127, 130, 132, 144, 147 f., 150-153, 217, 250, 313, 379, 396, 485, 513
Guggenheim, Kurt 38
Guggenheim, Marcel 320
Guggenheim, Max 89
Guggenheim, Paul 55, 130, 149, 288 f., 293, 306, 347, 372 f., 387
Guggenheim, Paula 333
Guggenheim, Saly 56, 61
Guggenheim, Silvain S. 88-90, 92 f., 99, 105-108, 112-117, 123 f., 126 f., 132, 149-151, 153, 190, 192, 194 f., 213, 215-218, 220, 226, 232, 239, 245, 257, 258, 261, 262, 264, 271, 280 f., 284, 289, 294, 295, 300, 306 f., 313, 330, 342, 344, 352-354, 369-381, 383, 386, 387, 389, 391, 415, 445, 455, 459, 492, 496 f., 502 f., 510
Guggenheim-Fürst, Josef 150, 369
Guggenheim-Ullmann, Siegfried E. 89, 221, 236, 258, 266, 291, 311, 344-346, 429, 437
Guggenheim-Wyler, Berty (Bertha) 88, 93, 99, 107, 108-110, 112, 143, 203, 221, 231, 236, 244, 314, 381
Guggenheim-Wyler, Sylvain 89, 151, 220 f., 230, 236, 265, 266, 291, 374, 377, 381, 397, 398
Gurewicz, Saul 174, 196, 283, 331
Gurny, Max 149, 306, 375

Guttmann, Adolf 176
Haber, Alfred 302
Hafner, Robert 65
Hallheimer, Willy 89
Heim, Alice Rosine (siehe: Guggenheim, Alice Rosine)
Heim, Berta (geb. Blum) 35 f., 139 f.
Heim, Joseph 35 f., 40, 69
Heim, Max 40
Heim, Paul Nathan 34, 37, 40, 117
Heim, Régine (geb. Frajdenraich) 44-46, 111, 156-160, 168, 173, 177-184, 188, 190, 194, 206, 252, 263, 393
Heim, Walter 34, 45, 69, 135
Heim, Walter Max 35, 37, 41, 43
Hellstern, Heinrich 432
Hendeles, Israel 203, 210
Hendeles, Leah 203 f., 206, 207 f.
Hendeles, Margaret (siehe: Schwartz, Margaret)
Henriod, Henry-Louis 288, 355, 366, 368, 455
Herzl, Theodor 76 f.
Hochwälder, Fritz 263
Hohermuth, Berta 174, 177 f., 282, 284, 290, 355, 363, 368, 384
Hümbelin, Charlotte 310 f.
Hüttner, Erwin 93, 98 f., 101-105, 160, 217, 220, 223, 249

Jakob, Eva Hanne 157-159
Jehouda, Josua 266, 271
Jezler, Robert 355, 434
Jordan, Charles 438, 487
Jung, Jules 217

Kägi-Fuchsmann, Regina 351, 355
Kagan, Saul 426
Kahn, Bernhard 102
Kahn-Willard, Hugo 261, 437
Kasznter, Rezsö 25, 368

Kater, Marianne (siehe: Lothar, Marianne)
Klee, Hans 290, 294
Klein, Berthe 173 f.
Kratzenstein, Julius 114, 139 f., 143 f., 145
Kühl, Julius 130
Kurz, Gertrud 287 f., 354, 368, 509

Lambert, Ruth 341
Lang, Otto 65
Leonhardt, Ernst 62, 64
Levy, Deborah 450 f.
Levy, Saly 150
Liatowitsch, Charles 308, 369, 489
Liebermann, Richard 167
Littmann, Leo 256, 258, 321, 397, 410, 479
Littmann, Martin 88, 99, 112, 137 f.
Lothar, Marianne (geb. Kater) 112, 114, 141, 222, 232, 258, 263, 299, 383
Lothar Deutsch, Ernst 263
Ludwig, Carl 15, 26, 353, 491 f., 496, 498 f.

Mächler, Albert 81
Mäder, Elmar 488, 490
Maillot, Charles Edmond 45
Mandel, Ludwig 237 f.
Mannes, Fritz 221, 236, 278, 375
Mannes, Therese 329
Mayer, Saly 24 f., 54, 57 f., 59, 60-62, 98, 117, 119, 123-125, 127, 130, 132, 134, 147, 149, 151, 213 f., 223, 226, 239, 242, 311, 316-318, 321, 324, 336, 339 f., 343 f, 346 f., 352 f., 370, 375, 377 f., 380, 383, 410, 426, 429, 431, 435, 437-439, 441, 448, 458, 492, 496 f.

Messinger, Eugen 317
Messinger, Jacques 317 f.
Messinger, Joseph 266, 317
Meyer, Albert 217

Meyer, Helly 404
Meyer, Jenny (Eugénie, geb. Perlmann) 110 f., 114, 222, 244, 322, 376, 381-383, 503
Meyer, René 192, 323 f.
Meyer, Robert 110, 151, 221, 236, 242, 266, 275-278, 280, 284-286, 289, 292-295, 298, 299, 301, 306, 335, 352 f., 355, 357-359, 365-367, 376, 381-384, 413, 417, 428, 455-459, 461-465
Meyer, Walter 367, 461
Meyerowitz, Thea 111, 503
Molnar, Ladislao 447
Motta, Giuseppe 120, 129
Mumenthaler, Hans 508

Nasser, Gamal Abdel 486 f.
Nordmann, Jean 306, 307, 309, 313, 331, 446
Nordmann, Paul 320

Oettli, Jakob 462
Olgiati, Rodolfo 294, 431, 433, 470

Picard, Georges 272
Pilet-Golaz, Marcel 129
Plaschkes, Gustav 480

Rappard, William 342, 355 f., 365
Reis, Paul 261
Rice, James P. 439-443, 449-452, 508
Riegner, Gerhart M. 130, 306, 346, 347
Rosen, Irvin 301
Rosenblatt, Walter 480
Rosengarten, Wolf 480
Rosenstein, Josef 437
Rosner, Fritzi 202 f.
Rothmund, Heinrich 28, 30, 80, 123, 124, 127, 131 f., 226, 256, 280 f., 284, 288, 298, 353, 355-357, 377, 380, 383 f., 400, 426, 431 f., 452 f., 455, 457, 471, 491-499, 510
Rothschild, Lothar 264, 293, 320 f., 386
Ruda, Max 266
Rügger, Paul 427
Ruth, Max 80 f., 127

Sagalowitz, Benjamin 130, 152, 153, 272, 347, 371 f., 401, 409, 485 f., 489
Salin, Edgar 130
Samuel, Vivette 168
Schauffer, Bessie 179
Schmid, Jacques 351
Schmuklerski, Hermann 216
Schmuklerski, Hugo 88, 113, 150, 257
Schürch, Oscar 30, 298, 361, 367, 404 f., 424 f., 430-432, 434, 459, 469 f., 487, 488, 508
Schulte, Eduard 130
Schwartz, Joseph 214, 343
Schwartz, Margaret (geb. Hendeles) 203-211
Seeburger-Vogel, Ellen 159
Sharett, Moshe 418
Siesel, Alice (siehe: Alexander, Alice)
Siesel, Charlotte (siehe: Gezow, Amira)
Siesel, Ida (geb. Bendix) 161-164, 168, 170 f.
Siesel, Walter 163-168, 170 f.
Silberstein-Biedermann, Thekla 88, 137, 150, 234
Simon, Wilhelm 92
Solna, Walter 257
Spitz, Charlotte 286, 296, 297, 302, 304
Spivak, Salomon 50
Stampfli, Franz 30
Stampfli, Oskar 353, 355
Sternbuch, Isaak 327
Stiebel, Erwin 139, 150
Strumpf, David 114, 138-141, 143

Sutro, Nettie 159 f., 170, 173 f., 206, 306, 329, 355, 358, 368, 459
Syngalowski, Aaron 341 f., 494
Taubes, Zwi 88, 137-146, 231, 266
Teplitz, Sigi 437
Tschäppät, Reynold 425, 488
Tschlenoff, Boris 341

Vogt, Paul 193, 195, 284, 287 f., 351, 354-356, 362, 365, 368, 384, 457, 459, 462
Von Steiger, Eduard 28, 131, 193, 276 f., 281, 286 f., 351 f., 354, 432, 457
Von Weiss, Franz Rudolf 128, 129

Wartenweiler, Fritz 257
Weil, Eugen 93, 99
Weill, Joseph 168, 173, 340
Weinberg, Irmgard 174 f.
Weisflog, Heinrich 65
Weiss, Igor 157-159
Weizmann, Chaim 188
Wertheimer, Lotte 320
Wicki-Schwarzschild, Hannelore 166
Wicki-Schwarzschild, Margot 166
Wieler, Franz 401 f., 417, 418, 468, 473, 479
Wieler, Michel 468
Wieler, Robert 331, 468
Wohlmann, Leon 373
Wolffers, Lily 323
Wreschner, Walter 34, 107, 480
Wyler, Hans 108, 203, 207
Wyler, Hugo 38, 88, 135, 150, 203
Wyler, Jacques 228
Wyler, Josef 48-50, 152, 221 f., 228, 234, 236, 266, 291, 381, 502, 512
Wyler, Joseph 108
Wyler, Max 49, 108
Wyler, Melanie (geb. Bernheim) 108
Wyler, Roselies (geb. Braunschweig) 203, 206, 207-209

Wyler, Trudy (geb. Bloch) 38, 203
Wyler, Veit 152 f., 222, 243, 275, 305, 308, 323, 347, 370, 373, 400, 463
Wyler, Victor 216
Wyler-Guggenheim, Willy 56

Zaugg, Otto 269, 276 f., 298, 342, 355, 366, 404
Zucker, Jacob 99-101, 105-107, 146, 150, 151, 221, 236, 239, 242 f., 250 f., 286, 291 f., 293, 294, 298, 301, 306, 310, 327-329, 360, 375, 378, 383 f., 388, 404, 458, 476, 479, 490
Zweig, Edith (geb. Weiss) 27 f., 222, 244, 250-254, 300, 303, 392, 485